Benjamin Constant
Œuvres complètes

Correspondance générale
IX

Benjamin Constant
Œuvres complètes
Série Correspondance générale
IX

Benjamin Constant

Correspondance générale
IX
(1813–1815)

Textes établis et annotés par
Cecil Courtney, Adrianne Tooke et Dennis Wood

avec la collaboration de
Boris Anelli et Paul Rowe

De Gruyter

ISBN 978-3-11-029271-8
e-ISBN 978-3-11-029325-8

Library of Congress Cataloging-in-Publication Data
A CIP catalog record for this book has been applied for at the Library of Congress.

Bibliografische Information der Deutschen Nationalbibliothek
Die Deutsche Nationalbibliothek verzeichnet diese Publikation in der Deutschen
Nationalbibliografie; detaillierte bibliografische Daten sind im Internet
über http://dnb.dnb.de abrufbar.

© 2013 Walter de Gruyter GmbH, Berlin/Boston

Satz: pagina GmbH, Tübingen
Gesamtherstellung: Hubert & Co. GmbH und Co. KG, Göttingen
∞ Gedruckt auf säurefreiem Papier
Printed in Germany
www.degruyter.com

Table des matières

Liste des illustrations

Illustrations dans le texte

Introduction au neuvième volume

Les années 1813–1815 marquent pour Benjamin Constant une période sombre, dans l'isolement et la monotonie de la vie conjugale à Göttingen. Exclu depuis longtemps de toute activité politique, il fouille avec acharnement dans la célèbre bibliothèque universitaire à la recherche d'une solide documentation qui étayera son œuvre maîtresse sur l'histoire des religions. Trois ans plus tard l'engagement politique qu'il a tant souhaité lui aura valu un semi-exil à Bruxelles, en compagnie de Charlotte, et une nouvelle période de travail opiniâtre, cette fois-ci sur l'apologie de ses engagements pendant les Cent-Jours.

L'itinéraire de Constant pendant ces trois années, si fertiles en événements pour lui, est marqué de manière indélébile non seulement par l'ambition de se faire un nom dans le domaine politique, mais aussi par l'extrême variabilité de ses désirs, dont il semble souvent être le jouet impuissant. Au cours de ce trajet, c'est le *Journal intime* qui «appliquera le baromètre à son âme», pour reprendre la formule de Jean-Jacques Rousseau dans ses *Rêveries*, mais les lettres de Constant ne seront pas moins riches en aperçus.

Au début de 1813, il se console des déceptions de la vie de couple dans la recherche et dans la fréquentation du «Gelehrten-Club», où il rencontre des professeurs de l'université de Göttingen et des savants de passage. Le seul ami qu'il peut voir régulièrement est Charles de Villers ; ses autres amitiés, avec Germaine de Staël, Hochet et Sismondi par exemple, sont à la merci des services postaux en temps de guerre. En effet, le long conflit européen n'est pas encore terminé, malgré l'échec dc la campagne de Russie, et la ville de Göttingen fait toujours partie du royaume impérial de Westphalie, dont Constant visite de temps en temps la capitale, Cassel. Mais au printemps 1813, des incursions de cosaques dans la région sont un signe précurseur des lourds échecs français de l'été et de la défaite décisive de Napoléon par les Alliés à Leipzig, les 16–19 octobre 1813. Pendant un séjour à Groß Schwülper, terre des Marenholtz près de Brunswick, Constant est de nouveau tenté par l'action politique et se demande dans son *Journal* : «semper ego auditor tantum ?» (Juvénal), «serai-je toujours simple auditeur ?». Il est clair que la chute de Napoléon est proche et Constant se rend à Hanovre dans l'espoir de se mettre au service du prince Bernadotte, éventuel prétendant au trône de France. Le 22 novembre 1813, il commence la rédaction d'un de ses meilleurs ouvrages politiques, *De l'Esprit de conquête et de l'usurpation*, traité anti-napoléonien qui paraîtra le 30 janvier 1814 à Hanovre, chez les frères Hahn.

Le beau succès de cet ouvrage encourage Constant dans ses ambitions politiques. Le prince Bernadotte lui décerne l'ordre suédois de l'Etoile polaire, mais Constant hésite encore avant de s'attacher à la fortune du prince, qu'il rejoint à Liège, le 3 mars 1814. Bernadotte hésite, lui aussi, et finira par perdre la partie : les Alliés insistent pour mettre Louis XVIII sur le trône, et lorsque Constant regagne Paris le 15 avril le nouveau régime y sera fermement installé, avec l'appui des vainqueurs. En revanche Constant aura le plaisir de revoir ses amis Hochet et Reinhard ainsi que des collègues du «Gelehrten-Club», et d'avoir la possibilité de publier des pamphlets politiques. Mais c'est en vain qu'il essaie de défendre l'ami qu'il a laissé à Göttingen, Charles de Villers, qui perdra son poste de professeur à la suite d'une injuste campagne menée contre lui. Puis il revoit Germaine de Staël et Albertine pour la première fois depuis 1811 et reprend le fil d'une amitié qui sera toujours fluctuante. Le décès d'Anne de Nassau, survenu à Lausanne le 27 mai 1814, met un terme non seulement aux brillantes et spirituelles lettres que Constant adresse à sa tante depuis sa jeunesse, mais également à l'espoir qu'il avait nourri qu'elle lui laisse une grande partie de sa fortune : il ne recevra en fait qu'un legs assez modeste.

L'été de 1814 sera consacré à des écrits politiques, notamment sur la liberté de la presse, et il notera amèrement dans son *Journal* le 17 juillet : «je ne serai jamais rien dans ce pays, si je ne parviens pas par le gouvernement, et c'est difficile». Il continue ses lectures d'*Adolphe* et dans les milieux libéraux sa réputation s'étend. Mais la stabilité et le calme de son existence à Paris sont bouleversés le 31 août, lorsque soudain et inopinément il tombe follement amoureux d'une amie qu'il connaît depuis des années sans paraître en avoir jusque-là apprécié les charmes, Juliette Récamier. Cette passion va le dominer entièrement, nuit et jour, pendant plus d'un an et bouleverser sa vie affective, car Juliette ne répondra jamais à son amour. Malgré les protestations et les bouderies de Constant, elle continuera de permettre à d'autres hommes de lui faire la cour. Pour plaire à Juliette, Constant prépare un *Mémoire* en faveur de l'ami de celle-ci, Joachim Murat, roi de Naples, et le 26 septembre 1814, il provoquera en duel son rival, le comte Auguste de Forbin. En même temps il n'abandonne pas tout à fait ses ambitions dans le domaine politique, il achète une maison à Paris qui le rend éligible et sa brochure *De la responsabilité des ministres* sera publiée le 2 février 1815 chez Nicolle.

Le débarquement de Napoléon à Golfe-Juan le 1er mars 1815 consterne Constant et le 11 mars, il publie un article incendiaire contre lui dans le *Journal de Paris*. La fuite du roi et l'arrivée de Napoléon à Paris le jettent dans un complet désarroi : craignant pour sa vie, il se réfugie dans la région de Nantes, puis rejoint la capitale le 28 mars. Malgré la situation embarrassante dans laquelle il se trouve, aucune démarche n'est entreprise contre lui par l'Empereur. Fort encouragé par ce qu'il croit entendre des intentions libérales de Napoléon, et malgré un avertissement qu'il reçoit de Lafayette, Constant accepte une invitation au Palais des Tuileries le 14 avril. Son entrevue avec l'Empereur le séduit et elle sera suivie par d'autres : Constant sera chargé de rédiger selon ses principes l'*Acte additionnel aux constitutions de l'Empire,* et le 20 avril il sera nommé au Conseil d'Etat. Vivement critiqué et pour la volte-face qu'il semble avoir faite et pour la nouvelle constitution, qu'on surnomme «la benjamine», Constant ne jouira pas longtemps de sa notoriété, car bientôt la France sera de nouveau en guerre. Entre-temps il se querelle violemment avec Germaine de Staël, qui lui demande pour la dot d'Albertine le remboursement de ses anciennes dettes, et le 28 mai il se bat en duel avec le comte de Montlosier, ami de Juliette Récamier, et le blesse à la main. Il publie les *Principes de politique applicables à tous les gouvernemens représentatifs* le 30 mai 1815.

Après la défaite de l'Empereur à Waterloo, le 18 juin 1815, Constant se trouve à nouveau dans une situation délicate. Il fait partie d'une commission chargée de porter des propositions de paix aux Alliés fin juin – début juillet, mais il craint d'être proscrit par Louis XVIII. Il ne le sera pas, mais dans l'atmosphère vindicative qui suit le retour du Roi, il sera témoin de beaucoup de condamnations, et essayera en vain de sauver La Bédoyère et le maréchal Ney. La «Chambre introuvable», fort réactionnaire, prépare des lois répressives ; Constant reste, cependant, à Paris, entièrement subjugué par son amour pour Juliette Récamier, qui rebondit en septembre 1815, à tel point qu'il fait appel au mysticisme de leur amie commune, Mme de Krüdener. Mais le climat de répression et d'épuration ne fait que s'aggraver en France, et le 31 octobre, il choisit un semi-exil volontaire. Il s'arrache à Juliette et, le cœur gros, se rend à Bruxelles, où Charlotte le rejoindra le 1er décembre. Cette année si décisive pour l'Europe et si tumultueuse pour Constant finira par motiver sa créativité : il travaille de façon résolue à une apologie, et son roman *Adolphe,* dont il a fait de nombreuses lectures depuis des années, et qu'il vient encore de lire à Mme de Bérenger à Bruxelles, paraîtra enfin quelques mois plus tard.

C'est avec un très grand plaisir que nous remercions tous ceux qui nous ont aidés dans nos recherches et ont facilité la publication de ce volume. Nous remercions toutes les institutions et toutes les personnes qui ont bien voulu nous communiquer les manuscrits et les illustrations utilisés dans ce volume : Archives de Barante, Le Puy ; Biblioteca cantonale, Pescia ; Bibliothèque nationale, Paris ; Bibliothèque historique de la ville de Paris ; Bibliothèque de l'Institut, Paris ; Bibliothèque de Genève ; Bibliothèque cantonale et universitaire, Lausanne ; Collection Jean-Daniel Candaux (Genève) ; Lilly Library, Bloomington, Indiana ; National Library of Scotland, Edimbourg ; Die Sächsische Landesbibliothek – Staats-und Universitätsbibliothek, Dresde ; Staats-und Universitätsbibliothek, Hambourg ; Universitätsbibliothek, Leipzig ; Universiteitsbibliotheek, Amsterdam ; Victoria and Albert Museum, Londres.

Nous exprimons toute notre reconnaissance à ceux qui ont bien voulu nous aider de leur compétence, particulièrement Étienne Hofmann, ancien directeur de l'Institut Benjamin Constant (Lausanne) et Marianne Berlinger-Konqui, dont le travail sur la préparation d'une chronologie de la vie de Benjamin Constant nous a été des plus utiles. Nous tenons également à exprimer notre gratitude envers tous les membres de la Commission de la Correspondance des *Œuvres complètes* de Benjamin Constant et particulièrement Jean-Daniel Candaux, qui a assuré la révision du volume. Nous remercions aussi Michelle Courtney qui a bien voulu relire les épreuves.

Notre dette de reconnaissance est très grande à l'égard de l'Université de Cambridge, particulièrement à l'University Computing Service où le traitement informatique a été pris en charge par Rosemary Rodd.

Abréviations et sigles bibliographiques

ABC : *Annales Benjamin Constant.*

AC : Archives communales.

Académie : *Dictionnaire de l'Académie française* [les diverses éditions utilisées sont indiquées par leur date].

Achard : Lucie, Achard, *Rosalie de Constant, sa famille et ses amis*, Genève : Ch. Eggimann & Cie, 1901–1902, 2 vols.

ACV : Archives cantonales vaudoises, Lausanne.

Archives Rudler : Archives Rudler, Lausanne, BCU ; photocopies à Christ's College, Cambridge.

AGR : Archives générales du Royaume, Bruxelles.

AN : Archives nationales, Paris.

Baldensperger (1908) : Fernand Baldensperger, «Lettres à Böttiger (1804–1814)», *Revue politique et littéraire (Revue bleue),* 5ᵉ série, 9 (18 avril 1908), pp. 481–486.

Barante (1906) : Baron de Barante, «Lettres de Benjamin Constant à Prosper de Barante», *RDM*, 15 juillet 1906, pp. 241–272; 1ᵉʳ août 1906, pp. 528–567.

BC : Biblioteca comunale.

BCU : Bibliothèque cantonale et universitaire, Lausanne.

Behler (1989) : Ernst Behler, «Benjamin Constant und Karl August Böttiger (mit Texten und Briefen)», *ABC*, n° 10 (1989), 95–132.

Berckheim, Journal : Juliette de Berckheim, Journal, 14 cahiers, 1806–1824, Archives de la Ville de Genève, Palais Eynard, Genève.

BFA : Bernadotteska Familjearkivet, Riksarkivet, Stockholm.

BGE : Bibliothèque de Genève, Genève.

BM : Bibliothèque municipale.

BnF : Bibliothèque nationale de France, Paris.

CG : La présente édition de la *Correspondance générale de Benjamin Constant.*

Charrière de Sévery (1911–1912) : William et Clara de Charrière de Sévery, *La Vie de société dans le Pays de Vaud à la fin du dix-huitième siècle*, Lausanne : Bridel ; Paris : Fischbacher, 1911–1912, 2 vols.

Colet (1864) : *Lettres de Benjamin Constant à Mme Récamier* avec introduction et épilogue par Mme Louise Colet, Paris : E. Dentu, 1864.

Constant, Rosalie de, *L'Herbier peint* : *L'herbier peint de Rosalie de Constant : le dessin de fleurs à la fin du XVIIIe siècle*, éd. Breton, Luc ; Hofmann, Anne ; Magnin-Gonze, Joëlle ; Moret, Jean-Louis ; Müller, Gino, La Bibliothèque des Arts, Lausanne et Musée botanique cantonal, Lausanne 2008.

Cordey (1974) : Benjamin Constant, *Cent lettres* choisies et présentées par Pierre Cordey, Lausanne : Bibliothèque romande, 1974.

Corr. La Harpe-Alexandre Ier : *Correspondance de Frédéric-César de La Harpe et Alexandre Ier, suivie de la correspondance de F.-C. de La Harpe avec les membres de la famille impériale de Russie*, publiée par Jean-Charles Biaudet et Françoise Nicod, Neuchâtel : La Baconnière, 1978–1980, 3 vols.

Correspondance de La Harpe : *Correspondance de Frédéric-César de La Harpe sous la République helvétique*, 4 volumes, publiée sous la direction de Étienne Hofmann, Neuchâtel : A la Baconnière (tomes I et II) et Genève : Slatkine (tomes III et IV), 1982–2004.

Courtney, Bibliography (1981) : C. P. Courtney, *A Bibliography of Editions of the Writings of Benjamin Constant to 1833*, London : Modern Humanities Research Association, 1981.

Courtney, *Guide* (1985) : C. P. Courtney, *A Guide to the published works of Benjamin Constant*, Oxford : The Voltaire Foundation, 1985. (*Studies on Voltaire and the eighteenth century*, 239).

Crépet (1867 : Eugène Crépet, «Benjamin Constant, d'après une correspondance de famille complètement inédite», *Revue nationale et étrangère* (1867), 161–188; 415–459.

Crépet (1868 : Eugène Crépet, «Une correspondance inédite de Benjamin Constant», *Revue moderne*, 45 (1868), 531–552; 46 (1868), 241–259.

Delinière (1989) : Jean Delinière, *Karl Friedrich Reinhard : ein deutscher Aufklärer im Dienste Frankreichs (1761–1837)*, Stuttgart : Kohlhammer, 1989.

Daudet (1912) : Ernest Daudet, *La police politique : chronique des temps de la Restauration, d'après les rapports des agents secrets et les papiers du cabinet noir, 1815–1820*, Paris : Plon-Nourrit, 1912.

Déchery, «Benjamin Constant à Luzarches» : Maurice Déchery, «Benjamin Constant à Luzarches. Lettres inédites», *Benjamin Constant et la Révolution française (1789–1799)*, publié sous la direction de Dominique Verrey et d'Anne-Lise Delacrétaz, Genève : Droz, 1989, pp. 151–168.

Deguise (1966) : Pierre Deguise, *Benjamin Constant méconnu. Le livre de la Religion. Avec des documents inédits*, Genève : Droz, 1966.

Deguise (1983) : Pierre Deguise, «Letttres de Prosper de Barante à Benjamin Constant suivies d'additions inédites aux lettres de Constant à Barante», *ABC*, n° 3 (1983), 33–88.

Dierolf (1906) : Georges Dierolf, «Lettres inédites de Benjamin Constant», *Le Gaulois du dimanche*, 27–28 janvier 1906, pp. 1–2.

DHS : *Dictionnaire historique de la Suisse*, version française, Hauterive : Giles Attinger, 9 volumes parus, 2002–2010.

Duvergier de Hauranne : Duvergier de Hauranne, Ernest, *Histoire du gouvernement parlementaire en France, 1814–1848*, Paris : Michel Lévy frères, Imp. Simon Raçon et Comp. 1857–71.

Efros (1939) : Abraham Efros, «Yuliya Kryudener : frantsuzkie pisateli», *Literaturnoe nasledstvo*, 33–34 (1939), 142–181, 191–194.

Froissard (1884) : Frédéric Froissard, «Mme de Krüdener d'après des documents inédits», *Bibliothèque universelle et Revue suisse*, 24 (1884), 302–321; 503–532.

Galiffe : J.A. Galiffe et al., *Notices généalogiques sur les familles genevoises*, Genève : Barbézat, Jullien, Gruaz, 1829–1995, 7 vols.

Généalogies vaudoises : *Recueil de Généalogies vaudoises*, publié par la Société vaudoise de généalogie, Lausanne : Bridel (vol, I) ; Lausanne : Payot (vols II-III), 1923–1950, 3 vols.

Glachant (1906) : Victor Glachant, *Benjamin Constant sous l'œil du guet*, Paris : Plon-Nourrit, 1906.

Guillemin (1959) : Henri Guillemin, «Une correspondance inédite de Benjamin Constant», *La Table ronde*, n° 135 (mars 1959), 57–95. Réimpression : Guillemin, *Éclaircissements*, Paris : Gallimard, 1961.

Guillemin, *Mme de Staël* (1959) ; Henri Guillemin, *Mme de Staël, Benjamin Constant et Napoléon*, Paris : Plon, 1959.

Harpaz (1977) : Benjamin Constant, *Lettres à Madame Récamier (1807–1830)*, édition critique, avec introduction et commentaires par Ephraïm Harpaz, Paris : Klincksieck, 1977.

Harpaz (1992) : *Lettres : 1807–1830; Benjamin Constant et Madame Récamier*, édition critique refondue et augmentée par Ephraïm Harpaz, Paris : Klincksieck, 1977.

Hasselrot (1952) : *Lettres à Bernadotte. Sources et origine de l'Esprit de conquête et de l'usurpation*, publiées par Bengt Hasselrot, Genève : Droz ; Lille : Giard, 1952.

Hasselrot, *Nouveaux documents* (1952) : Bengt Hasselrot, *Nouveaux documents sur Benjamin Constant et Mme de Staël*, Copenhague : Ejnar Munksgaard, 1952.

Herriot (1904) : Edouard Herriot, *Madame Récamier et ses amis*, Paris : Plon-Nourrit, 1904, 2 vols.

HHSA : Haus-Hof-und Staatsarchiv, Vienne.

Isler (1879) : *Briefe von Benj. Constant – Görres – Goethe – Jac. Grimm – Guizot – F. H. Jacobi -Jean Paul – Klopstock – Schelling – Mad. de Staël – J. J. Voss und vielen Anderen. Auswahl aus dem handschriftlichen Nachlasse des Ch. de Villers*, herausgegeben von M. Isler, Hamburg : Otto Meissner, 1879. Seconde édition 1883.

Jequier (1978) : Marie-Claude Jequier, «Frédéric-César Laharpe, Benjamin Constant et Mme de Staël face à la Suisse (1797–1814)», *RHV*, 86 (1978), 39–56.

King (1978) : Norman King, «Après les Cent-Jours : trois lettres de Benjamin Constant écrites en 1815», *Cahiers staëliens*, n° 25 (1978), 25–44.

King (1986), «Trois Mémoires» : Norman King, «Trois mémoires de Constant écrits en mars 1814», *ABC*, n° 6 (1986), 17–30.

King et Candaux (1980) : Norman King et Jean-Daniel Candaux, «La correspondance de Benjamin Constant et de Sismondi, (1801–1830)», *ABC*, n° 1 (1980), 81–172.

King et Hofmann (1983) : Norman King et Étienne Hofmann, «Les lettres de Benjamin Constant à Sieyès, avec une lettre de Constant à Pictet-Diodati», *ABC*, n° 3 (1983), 89–110.

Kloocke, *Biographie intellectuelle* (1984) : Kurt Kloocke, *Benjamin Constant ; une biographie intellectuelle*, Genève : Droz, 1984.

Kloocke, *Correspondance* (1993) : *Madame de Staël – Charles de Villers – Benjamin Constant : Correspondance*, établissement du texte, introduction et notes par Kurt Kloocke et al., Francfort [etc.] : Peter Lang, 1993.

Lafayette, *Mémoires* : Marie-Joseph Du Motier, marquis de Lafayette, *Mémoires, correspondance et manuscrits du général Lafayette, publiés par sa famille*, Paris : Fournier aîné ; Leipzig : Brockhaus & Avenarius, 1837–1838, 6 vols.

Lauris (1904) : Georges de Lauris, «Benjamin Constant : Lettres inédites», *La Revue*, 1er mai 1904, pp. 1–18; 15 mai 1904, pp. 151–159.

Lenormant (1882) : *Lettres de Benjamin Constant à Madame Récamier, 1807–1830*, publiées par l'auteur des *Souvenirs* de Mme Récamier, Paris : Calmann Lévy, 1882 [=1881]. Seconde édition, 1882.

Léon (1928) : *Lettres de Madame de Staël à Benjamin Constant*, publiées pour la première fois en original par Madame la baronne de Nolde, avec une introduction et des notes par Paul L. Léon, Paris : Kra, 1928. Autre édition : *Revue de Paris*, 35e année, 1er mars 1928, pp. 5–26; 15 mars 1928, pp. 303–340.

Levaillant (1956) : Maurice Levaillant, *Une amitié amoureuse : Madame de Staël et Madame Récamier, lettres et documents inédits*, Paris : Hachette, 1956.

Levaillant (1958) : Maurice Levaillant *Les Amours de Benjamin Constant*, Paris : Librairie Hachette, 1958.

Ley (1967) : Francis Ley, *Bernardin de Saint-Pierre, Madame de Staël, Chateaubriand, Benjamin Constant et Madame de Krüdener (d'après des documents inédits)*, Paris : Aubier, Éditions Montagne, 1967.

Ley, Madame de *Krüdene*r : Francis Ley, *Madame de Krüdener, 1764–1824 : romantisme et Sainte-Alliance*, Paris : H. Champion, 1994.

Lüthy, *La Banque protestante* : Herbert Lüthy, *La Banque protestante en France de la Révocation de l'Édit de Nantes à la Révolution*, Paris : SEVPEN, 1959–1961, 2 vols. (*Affaires et gens d'affaires*, 19).

Mackintosh, *Memoirs* (1855) : *Memoirs of the Life of the Right Honourable Sir James Mackintosh*, edited by his son, Robert James Mackintosh, London : Edward Moxon, 1835, 2 vols. Seconde édition, 1836.

Melegari (1887) : [Dora Melegari], «Lettres de Benjamin Constant à sa famille», *Revue internationale*, 14 (1887), 24–53, 200–232, 355–379, 584–605.

Melegari (1889) : [Dora Melegari], «Benjamin Constant : lettres à sa tante, la comtesse de Nassau», *Revue internationale*, 21 (1889), 5–32, 149–177, 302–324. Réimpressions : Paris : Albin Michel, [1928] ; Paris : Stock, 1931.

Melegari (1895) *Journal intime de Benjamin Constant et lettres à sa famille et à ses amis*, précédés d'une introduction par D. Melegari, Paris : Ollendorff, 1895.

Melegari (1904) : Dora Melegari, «Lettres inédites de Mme de Staël», 21 novembre 1904, p. 1; 5 décembre 1904, p. 1; 12 décembre 1904, p. 1.

Menos (1888) : *Lettres de Benjamin Constant à sa famille, 1775–1830*, précédées d'une introduction, d'après des lettres et des documents inédits, par Jean-H. Menos, Paris : Savine, 1888. Reimpression : Paris : Stock, Delamain et Boutelleau, 1931.

Mistler (1945) : Benjamin Constant, *Journal intime, précédé du Cahier rouge et d'Adolphe*, éd. Jean Mistler, Monaco : Éditions du Rocher, 1945; seconde édition, 1946.

Mistler (1949) : Benjamin Constant et Madame de Staël, *Lettres à un ami. Cent onze lettres inédites à Claude Hochet*, publiées avec une introduction et des notes par Jean Mistler, Neuchâtel : à la Baconnière, [1949].

Mistler (1950) : Jean Mistler, «Benjamin Constant et Mme Récamier», *RDM*, 1er septembre 1950, pp. 81–96.

Mottaz : Eugène Mottaz, *Dictionnaire historique, géographique & statistique du canton de Vaud*, Lausanne : Rouge, 1914, 2 vols.

MP : Musée panukrainien, Kiev.

Nicolson (1949) : Harold Nicolson, *Benjamin Constant*, Londres : Constable, 1949.

NLS : National Library of Scotland, Edimbourg.

Nolde (1907) : *Madame de Staël and Benjamin Constant. Unpublished Letters together with other Mementos from the Papers left by Mme Charlotte de Constant.* Edited by Mme de Constant's Great-Granddaughter Baroness Elisabeth de Nolde. Translated from the French by Charlotte Harwood, New York et Londres : G. Putnam's Sons, 1907.

Nolde (1928) : *Lettres de Madame de Staël à Benjamin Constant publiées pour la première fois en original* par Madame la Baronne de Nolde, avec une introduction et des notes par Paul L. Léon. Paris : Kra, 1928. Autre édition : *Revue de Paris*, 35e année, 2, (mars-avril 1928), 5–13.

ODNB : *Oxford Dictionary of National Biography.*

Pange (1968) : Comtesse Jean de Pange, «Quelques lettres inédites de Benjamin Constant à Auguste et Albertine de Staël entre 1815 et 1830», *Actes du Congrès de Lausanne (Lausanne, octobre 1967)*, édités par Pierre Cordey et Jean-Luc Seylaz, Genève : Droz, 1968, pp. 119–127.

(1835) : Jean-Pierre Pagès, *Dictionnaire de la conversation et de la lecture*, Paris : Belin Mandart, 1835. Seconde édition, 1860.

Pellegrini (1932) : Carlo Pellegrini, «Lettere inedite di Benjamin Constant al Sismondi», *Pegaso*, 4 (1932), 641–660.

Pellegrini (1934) : Carlo Pellegrini, *Madame de Staël. Il gruppo cosmopolita di Coppet*, Firenze : Le Monnier, 1938; seconde édition, Bologna : Pàtron, 1974.

Privat (1908) : [Raoul Privat], «Trois lettres inédites de Benjamin Constant [à Mme de Krüdener]», *Journal de Genève*, 9 mars 1908.

Quilici et Ragghianti : Leana Quilici et Renzo Ragghianti, «Lettres curieuses sur la Renaissance orientale des frères Humbolt, d'August Schlegel et d'autres», site http ://www.eliohs.unifi.it

RDM : *Revue des deux Mondes.*

RGADA : Rossiiskii gosudarstvennyi arkhiv drevnikh aktov, Moscou.

RHLF : Revue d'histoire littéraire de la France.

RHV : *Revue historique vaudoise.*

RNB : Rossiiskaia national'naia Biblioteka, Saint Pétersbourg.

Roulin (1954) : Alfred Roulin, «Lettres inédites de Benjamin Constant à sa cousine Rosalie», *Nouvelle NRF*, n° 14 (février 1954), pp. 370–384.

Roulin (1955) : Benjamin et Rosalie de Constant, *Correspondance, 1786–1830,* publiée avec une introduction et des notes par Alfred et Suzanne Roulin, Paris : Gallimard, 1955.

Roulin (1967) : Alfred Roulin «Lettres de Benjamin Constant à Jean-Samuel de Loys», *RHV*, 75 (1967), 159–173.

RP : *Revue de Paris*.

Rudler, *Adolphe* (1919) : Gustave Rudler (éd.), *Adolphe*, édition historique et critique, Manchester : Imprimerie de l'Université, 1919.

Rudler, *Bibliographie* : Gustave Rudler, *Bibliographie critique des œuvres de Benjamin Constant, avec documents inédits et fac-similé*, Paris : A. Colin, 1909.

Rudler (1813) : Gustave Rudler, «Lettres de B. Constant à M. et Mme Degérando», *Bibliothèque universelle et Revue suisse*, 49 (1913), 449–485.

Rudler, (1924) : Gustave Rudler, «Quelques lettres écrites d'Angleterre à Benjamin Constant», *French Quarterly*, 6 (1924), 101–114.

Seznec (1952) : «Deux lettres de Benjamin Constant sur *Adophe* et *Les Cent Jours*», in *The French Mind : Studies in honour of Gustave Rudler,* éd. Will Moore, Rhoda Sutherland, Enid Starkie, Oxford : Clarendon Press, 1952.

Sismondi, *Epistolario* : J. C. L. Sismonde de Sismondi, *Epistolario*, raccolto con introduzione e note a cura di Carlo Pellegrini, [et pour le t. V, par Norman King et Robert de Luppé], Florence : La Nuova Italia, 1933–1975, 5 vols.

Smiles (1891) : Samuel Smiles, *A Publisher and his friends. Memoirs and Correspondence of the late John Murray*, London : John Murray, 1891, 2 vols.

Solovieff (1970) : *Madame de Staël, ses amis, ses correspondants : choix de lettres (1778–1817)*, présenté et commenté par Georges Solovieff, Paris : Klincksieck, 1970.

Staël, *Corr. gén.* : Madame de Staël, *Correspondance générale*, texte établi et présenté par Béatrice W. Jasinski, Paris : Pauvert (vols. I-IV) ; Hachette (vol. V) ; Klincksieck (vol. VI), 1960–1993, 6 vols.

Strodtmann (1879) : Adolf Strodtmann, *Dichterprofile, Literaturbilder aus dem neunzehntnen Jahrhundert*, Stuttgart : Abendheim'sche Verlagsbuchhabdlung, 1879, 2 vols.

SUB : Staats- und Universitätsbibliothek, Hambourg.

Talleyrand, *Mémoires* : Talleyrand, *Mémoires*, Londres 1891–1892, 5 vols

Thomas (1914) : Louis Thomas, «Lettres inédites de Benjamin Constant», *Revue politique et littéraire (Revue bleue)*, 52ᵉ année, n° 16, 18 avril 1914, pp. 481–486; 25 avril 1914, pp. 519–524.

Wittmer (1908) : Louis Wittmer, *Charles de Villers 1765–1815. Un intermédiaire entre la France et l'Allemagne et un précurseur de Mme de Staël*, Genève : Georg ; Paris : Hachette, 1908.

Viredaz (1986) : Christian Viredaz, «Vingt textes oubliés de Benjamin Constant», *ABC*, n° 6 (1986), 31–80.

Wood, *Constant* (1993) : Dennis Wood, *Benjamin Constant. A biography*, Londres et New York : Routledge, 1993.

Chronologie

1813

Janvier : BC s'ennuie à Cassel, capitale du royaume de Westphalie, où il séjourne depuis le 5 décembre 1812. Il se querelle souvent avec Charlotte, fréquente les Reinhard, et poursuit ses recherches sur l'histoire des religions.

18 janvier : BC se rend seul à Göttingen, et le lendemain dîne au *Gelehrten-Club*.

27 janvier : ayant bien travaillé à Göttingen, BC rentre à Cassel à cheval.

1er février : après plusieurs scènes avec Charlotte, BC retrouve Charles de Villers à Göttingen. Il fréquentera le *Gelehrten-Club* et le *Civil-Club*, dînera au Hardenberg, et continuera ses recherches.

9 février : l'offensive russe se poursuit et les troupes russes entrent à Varsovie.

21 février : BC reçoit une lettre de Fanny Randall, amie anglaise de Germaine de Staël et institutrice d'Albertine de Staël. La lettre le pousse à écrire dans son Journal : «Tout est fini entre M^{de} de St. et moi».

2 mars : BC rejoint Charlotte à Cassel, il y restera jusqu'au 2 avril. Leurs disputes recommencent.

7 mars : à l'occasion d'un dîner, BC lit son roman, *Adolphe*.

11 mars : entrée des Russes à Berlin. Dès le 8 mars des nouvelles d'une crise militaire et politique en Allemagne parviennent à Cassel.

15–23 mars : BC travaille à son épopée en vers, *Florestan ou le siège de Soissons*, satire anti-napoléonienne. Il la reprendra vers la mi-mai et en juillet. Le 10 août il en lira les trois premiers chants au Hardenberg.

25 mars : BC note dans son Journal : «que ma femme est un fardeau, vu la manière que j'ai prise avec elle !». Il lit *Adolphe* devant un public à Cassel.

30 mars : «Scène très violente avec Charlotte» (Journal).

31 mars : on apprend à Cassel que des cosaques ont franchi l'Elbe.

3 avril – 19 septembre : séjour à Göttingen. Vie monotone et pleine de regrets. Les disputes avec Charlotte continuent pendant tout l'été. BC se réfugie dans ses recherches sur la religion, qui avancent beaucoup.

7 avril : les cosaques ont atteint les environs de Göttingen. Le prince Eugène se replie sur la rive gauche de l'Elbe.

2 mai : victoire de l'armée française sur les Russes et les Prussiens à Lützen, au sud-est de Leipzig.

3 mai : BC essaie par correspondance d'aider la veuve de son père, Marianne Magnin, à récupérer l'argent qu'elle a perdu dans la mésaventure de sa «rente d'Irlande».

7–9 mai : BC se souvient dans son Journal de sa dernière soirée à Lausanne avec Germaine de Staël deux ans auparavant, le 7 mai 1811, de leurs adieux, de son attachement à Albertine de Staël, qu'il considère comme sa fille, et de la scène entre Charlotte et Mme de Staël à l'auberge de Sécheron.

20–21 mai : ayant pris Dresde (7–8 mai), Napoléon est victorieux à Bautzen (Saxe).

4 juin : l'armistice de Pleiswitz est signé, qui sera valide jusqu'au 20 juillet, et qui sera prolongé jusqu'au 10 août 1813. L'armée française est en train d'évacuer l'Espagne.

21 juin : ayant travaillé d'arrache-pied pendant plusieurs semaines à son manuscrit sur la religion, BC conçoit un nouveau projet : «Travaillé dans le sens du nouveau plan, avec rapidité et succès. Au fond c'est un nouvel ouvrage» (Journal).

2 juillet : BC apprend avec émotion par les journaux que Germaine de Staël a quitté la Suède, s'étant embarquée à Göteborg le 9 juin pour se rendre à Londres. Elle y est arrivée le 18 juin.

7 juillet : il reçoit une lettre de Germaine de Staël, la première depuis trois mois, qui lui donne le lendemain «l'une des plus mauvaises journées de regret et de dégout que j'aïe eues depuis longtems» (Journal). Il aimerait savoir l'opinion de Germaine sur ce qu'il écrit.

12 juillet : Albert, fils cadet de Germaine de Staël, est tué en duel à Doberan, près de Rostock.

22 juillet : BC écrit dans son Journal : «Travaillé. mon ouvrage est encore un fouillis».

31 juillet : «Charlotte dolente et plaignante, humeur, ennui, dégout de la vie. Sottise que j'ai faite, énorme sottise» (Journal).

3 août : au milieu des déceptions de la vie conjugale qui lui donnent une «tristesse profonde», BC reçoit une lettre de Sismondi qui lui remonte le moral.

12 août : il reçoit deux lettres de Germaine de Staël. Dans celle du 3 août, ponctuée de regrets, elle lui parle de *De l'Allemagne* qu'a acheté l'éditeur londonien John Murray. La lettre provoque une scène de la part de Charlotte.

6 septembre : à propos de Germaine de Staël, BC écrit dans son Journal : «J'ai fait une sottise en rompant».

11 septembre : Charlotte quitte Göttingen et précède BC à Brunswick.

19 septembre : BC quitte Göttingen lui-même. «Le pauvre Villers étoit bien triste en me quittant» (Journal du 18 septembre).

20 septembre : arrivée de BC à Groß Schwülper, près de Brunswick, terre du fils de Charlotte, Wilhelm von Marenholtz. BC y séjournera avec Charlotte du 21 au 28 septembre et travaillera tranquillement.

29 septembre – 1ᵉʳ octobre : course à Brunswick.

30 septembre : la ville de Cassel, capitale du royaume de Westphalie, est prise par les cosaques, le roi Jérôme s'est déjà enfui. Elle sera reprise par Kellermann quelques jours plus tard et le roi Jérôme y rentrera le 6 octobre, mais le front restera très mouvant. Jérôme abandonnera définitivement son royaume le 26 octobre.

2 – 8 octobre : séjour à Groß Schwülper. BC travaille à son poème *Florestan ou le siège de Soissons* jusqu'au 20 octobre. Il aspire à jouer un rôle politique dans le nouvel ordre qui suivra la défaite définitive de Napoléon.

9 octobre – 2 novembre : BC quitte Groß Schwülper et séjourne à Brunswick.

15–16 octobre : occupation de Brunswick par les cosaques du colonel Alexandre Tchernytchov.

16–19 octobre : grande victoire des Coalisés sur Napoléon à Leipzig, sous Schwarzenberg, Blücher et le prince-régnant Charles-Jean de Suède. La nouvelle parviendra à BC le 25 octobre, qui s'exclamera dans son Journal : «Quel bouleversement! Nemesis».

20 octobre : BC travaille de nouveau à son *Polythéisme*.

1ᵉʳ novembre : BC apprend que Bernadotte, Prince royal de Suède, qui envisage de succéder à Napoléon, est à Göttingen.

2 novembre : BC part pour Hanovre dans l'espoir de rencontrer Bernadotte et de lui offrir son soutien.

4 novembre – 5 février 1814 : séjour de BC à Hanovre. Charlotte et son fils Wilhelm von Marenholtz l'y rejoignent le 4 novembre.

6 novembre : BC dîne avec le prince Bernadotte. «Il a été d'une amitié extrême» (Journal).

7 novembre : entrevue avec Bernadotte. BC intervient en faveur de son beau-fils Wilhelm von Marenholtz, compromis pour avoir fait la campagne de Russie, et il prépare un mémoire qui inspirera le manifeste du Prince royal. Il songe de plus en plus à s'attacher à la fortune de Bernadotte. BC dînera avec lui les 9, 10, 12 et 13 novembre, et aura un dernier entretien le 14 avant le départ du Prince.

17 novembre : mort du comte de Narbonne-Lara, qui succombe au typhus pendant le siège de Torgau (Saxe).

22 novembre : BC reprend l'ouvrage qui sera *De l'esprit de conquête et de l'usurpation,* et qu'il terminera fin janvier 1814.

28 novembre : «Mon ouvrage politique prend figure» (Journal).

30 novembre : BC rencontre August Wilhelm Schlegel qui lui donne des nouvelles de Germaine de Staël. Il le reverra plusieurs jours de suite.

6–18 décembre : BC continue à rédiger *De l'esprit de conquête et de l'usurpation,* ouvrage de théorie politique anti-napoléonienne, dont l'impression commence le 18 décembre chez les frères Hahn, à Hanovre.

23 décembre : les Autrichiens entrent en Alsace.

31 décembre : «Corrigé les dernières feuilles. La chose me parait superbe» (Journal).

1814

1ᵉʳ janvier : l'Empire français se dégrade. Le roi Louis XVIII invite les Français à bien accueillir les armées des Coalisés.

Première quinzaine de janvier : BC s'impatiente de la lenteur de son éditeur hanovrien, Heinrich Wilhelm Hahn. L'auteur travaille à la seconde partie du livre pendant que la première s'imprime.

25 janvier : il décide de ne pas garder l'anonymat et de mettre son nom à *De l'esprit de conquête et de l'usurpation*.

29 janvier : en France Napoléon essaie d'endiguer l'avance des Coalisés. Echec de Blücher à Brienne.

30 janvier : *De l'esprit de conquête et de l'usurpation* est publié à Hanovre, chez les frères Hahn. Il paraîtra en français chez John Murray, à Londres, en mars 1814.

3–4 février : entrevues avec Bernadotte. BC décide de rejoindre le Prince royal à son quartier-général de Bückebourg (Basse-Saxe).

5 février : BC se rend à Bückebourg.

7 février : Bernadotte confère à BC l'ordre suédois de l'Etoile polaire, décoration qu'il a déjà décernée à Charles de Villers. Le lendemain BC écrira dans son Journal, à propos du Prince royal : «je me dévoue à lui pour la vie».

9 février : BC retourne à Hanovre. Pendant les jours suivants il est plongé dans l'indécision. Cependant, le 27 février 1814 Charlotte acceptera de voir partir son mari qui suivra le quartier général de Bernadotte jusqu'à Liège.

17–22 février : séjour à Göttingen.

27 février : le maréchal Soult est battu par le duc de Wellington aux batailles d'Orthez et d'Aire, près de Bayonne.

28 février : BC quitte Göttingen pour se rendre au quartier-général de Bernadotte à Liège.

5 mars : Napoléon refoule les cosaques à Berry au Bac.

7 mars : arrivée de BC à Liège.

8 mars – 7 avril : séjour de BC à Liège en compagnie d'Auguste de Staël et de Schlegel.

9 mars : non sans difficulté, BC réussit à voir le Prince royal. Déçu par son accueil, BC attendra son heure. En France les événements militaires se précipitent.

13 mars : victoire de Napoléon sur les Russes à Reims.

25 mars : Bernadotte quitte Liège pour se rendre à Paris. Défaite des forces françaises face aux Autrichiens à Fère Champenoise.

27 mars : BC reprend contact avec son ancien camarade d'études à Edimbourg, Sir James Mackintosh, qui vient de lui écrire.

30–31 mars : signature de l'armistice par Marmont et entrée des alliés dans Paris.

3 avril : la déchéance de Napoléon est votée par le Corps législatif.

6 avril : abdication sans conditions de Napoléon. Le Sénat appelle Louis XVIII à monter sur le trône.

8 avril : ayant décidé de suivre Bernadotte à Paris, BC quitte Liège et arrive à Bruxelles le lendemain. Il écrira dans son Journal le 10 : «Grande indécision. irai-je tout de suite ou non».

13–15 avril : BC se met en route pour Paris en compagnie d'Auguste de Staël.

15 avril : BC revoit son ami Claude Hochet à Paris.

17 avril : BC constate que la cause de Bernadotte est définitivement perdue. Le Prince royal a quitté la capitale le 10 avril.

18 avril : BC écrit un article, «Des Révolutions de 1660 et de 1688 en Angleterre et de celle de 1814 en France», qui paraîtra le 21 avril dans le *Journal des débats*.

20 avril : les «Adieux de Fontainebleau» de Napoléon. Cependant, fidèle à l'ordre de l'Empereur, le maréchal Davout défendra la place forte de Hambourg jusqu'au 27 mai 1814.

22 avril : la troisième édition de *De l'esprit de conquête et de l'usurpation* est mise en vente à Paris.

24 avril : BC écrit au ministre hanovrien Ernst Friedrich von Münster pour défendre son ami Charles de Villers, qui risque de perdre son poste de professeur à la suite d'une campagne menée contre lui à l'Université de Göttingen.

3 mai : entrée du roi Louis XVIII à Paris. Le même jour commence le «règne» de Napoléon à l'île d'Elbe (3 mai 1814 – 26 février 1815), dont il a reçu la souveraineté suivant le traité de Fontainebleau (11 avril 1814).

5 mai : BC travaille à ses *Réflexions sur les constitutions*.

7 mai : BC est présenté au tsar Alexandre Ier.

12 mai : arrivée de Germaine de Staël à Paris. BC lui rendra visite le lendemain. «Elle a changé, est maigre et pâle» (Journal, 13 mai). Il reverra avec plaisir Albertine de Staël.

14 mai : BC dîne chez Degérando et le lendemain chez Germaine de Staël.

22 mai : il retravaille la préface des *Réflexions sur les constitutions,* qui paraîtront le 24 mai.

25 mai : il passe la soirée avec le tsar Alexandre Ier. La rencontre donne à BC l'espoir de se voir décerner un ordre de chevalerie russe.

27 mai : la tante de BC, la comtesse Anne de Nassau, meurt à Lausanne. BC recevra la nouvelle de son décès le 3 juin 1814.

31 mai : il rédige l'un des trois nouveaux chapitres à ajouter à la nouvelle édition de *De l'esprit de conquête et de l'usurpation.*

4 juin : il est fort déçu lorsqu'il apprend que dans son testament sa tante de Nassau lui a légué beaucoup moins d'argent qu'il ne l'avait espéré.

19 juin : BC dîne chez Germaine de Staël et y rencontre Wellington.

22 juin : BC assure à son ami Charles de Villers qu'il fait tout ce qu'il peut pour que sa chaire lui soit restituée à Göttingen.

27 juin : il reçoit une lettre de son demi-frère Charles de Rebecque qui lui demande de faire régler ses dettes à Genève. BC paiera ces dettes et essaiera de lui trouver un poste.

29 juin : il commence à écrire sa brochure *De la liberté des brochures, des pamphlets et des journaux, considérée sous le rapport de l'intérêt du gouvernement,* qui paraîtra le 7 juillet 1814.

1er juillet : différends financiers entre BC et Germaine de Staël qui veut marier sa fille Albertine de Staël à Victor de Broglie. Mme de Staël essaie en même temps de récupérer les deux millions de francs prêtés par son père Jacques Necker au Trésor de la France avant la Révolution.

14 juillet : Mme de Staël quitte Paris et passera l'été à Coppet.

23 juillet : BC fait une lecture publique d'*Adolphe* chez Antoine-Athanase Roux de Laborie. Selon le Journal, «les femmes qui étaient là ont toutes fondu en larmes».

24 juillet : lecture d'*Adolphe* chez la marquise de Catellan, amie de Juliette Récamier. «succès» (Journal).

28 juillet : la seconde édition de *De la liberté des brochures* sort de presse.

15 août : BC commence ses *Observations sur le Discours de S. E. le ministre de l'Intérieur en faveur du projet de loi sur la liberté de la presse*. Elles paraîtront le 18 août.

31 août : BC tombe follement amoureux de Juliette Récamier, qu'il connaît depuis 1800. Pendant les mois à venir, cette passion, qui n'est pas réciproque et qu'il appelle un «paroxysme» d'amour, l'obsédera, à l'exclusion de la plupart de ses autres activités.

6–12 septembre : BC passe des journées idylliques avec Juliette Récamier à la maison de campagne de la marquise de Catelan, à Angervilliers. «Je ne suis pas encore aimé, mais je lui plais [...] ceci met un vif interet dans ma vie. Je sens dans mes veines une chaleur inusitée» (Journal, 7 septembre 1814).

13 septembre : «Cet amour pour Juliette me tourmente horriblement. Je n'ai pas la force de m'en rendre maitre» (Journal). A la demande de Juliette, il prépare un *Mémoire* en faveur de l'ami de celle-ci, Joachim Murat, roi de Naples, que le gouvernement de Louis XVIII refuse de reconnaître.

20 septembre : Germaine de Staël regagne Paris et louera une maison à la campagne, à Clichy.

26 septembre : BC provoque en duel son rival, le comte Auguste de Forbin, amant de Juliette Récamier. Un arrangement aura lieu le lendemain.

13 octobre : «Il est absurde [...] de me laisser dévorer par un amour de roman, comme à 18 ans», écrit BC à propos de Juliette Récamier (Journal).

21 octobre : Mario Schinina, marquis de Sant'Elia, envoyé secret de Joachim Murat, roi de Naples, propose à BC de faire partie d'une délégation qui représentera de façon non officielle les intérêts de Murat au congrès de Vienne. Ayant accepté cette mission le 21 octobre, BC la refusera le 24.

27 octobre : «Lettre de ma femme. Elle déclare n'avoir pas envie de venir [à Paris] et n'être pas insensible à l'affection du D. de C. [duc de Cambridge] : j'ai donc aussi perdu ce cœur là» (Journal). BC pensera à rentrer en Allemagne pendant les semaines à venir, mais finalement ne partira pas.

29 octobre : il va chez Anna Lindsay et veut renouer avec elle.

7 novembre : BC reçoit de Naples le *Mémoire* qu'il a rédigé en faveur de Murat, sans doute avec des observations de la part de Joachim et Caroline Murat. Il se querelle avec son ami Hochet : «Hochet, lourd, pesant, stupide» (Journal).

12 novembre : il achète une maison à Paris, rue Neuve de Berry, n° 6, entre l'avenue des Champs Elysées et la rue du Faubourg Saint-Honoré.

14 novembre : querelle entre Germaine de Staël et Juliette Récamier, causée sans doute par la passion de BC pour Juliette. «M^de de St. [...] est un serpent, dont la vanité est féroce. Elle me hait au fonds et je le lui rends» (Journal).

20 novembre : BC dîne chez son ancien camarade d'études écossais Sir James Mackintosh.

26 novembre : il achète un terrain devant sa maison.

28 novembre : BC revoit le marquis Schinina et considère encore la proposition du 21 octobre.

9 décembre : il rejette la proposition de Schinina.

13 décembre : il commence sa brochure *De la responsabilité des ministres,* qui paraîtra le 2 février 1815 chez Nicolle.

30 décembre : il envoie les premières feuilles de sa brochure *De la responsabilité des ministres* à l'imprimeur.

1815

Première semaine de janvier : BC dîne chez Germaine de Staël à Clichy, chez Juliette Récamier et chez Anna Lindsay. Il achète du terrain autour de sa maison parisienne. Il continue à souffrir à cause de sa passion pour Juliette et regrette sa femme Charlotte, qu'il a l'intention d'aller chercher en Allemagne.

4 janvier : BC reçoit les premières épreuves de *De la responsabilité des ministres.*

18 janvier : La cour que fait le comte de Forbin à Juliette irrite BC, à tel point qu'il se demande s'il devrait le tuer en duel (Journal).

23 janvier : BC donne une lecture de son roman *Adolphe* chez Mme de Vaudemont.

24 janvier : il aide Germaine de Staël qui cherche la restitution des deux millions de francs que son père Jacques Necker avait prêtés au Trésor.

Janvier-février : BC rédige les mémoires de Juliette Récamier pour elle.

9–10 février : publication de la brochure *De la responsabilité des ministres.*

Fin février-mars : il prépare une seconde édition de *De la responsabilité des ministres*, mais elle ne sera publiée qu'en 1818.

3 mars : scène entre Germaine de Staël et Juliette Récamier à propos de BC.

6 mars : la nouvelle du débarquement de Napoléon à Golfe-Juan, qui a eu lieu le 1er mars, parvient à BC à Paris.

9 mars : BC apprend le décès de son ami Charles de Villers, qui est mort à Göttingen le 26 février 1815.

10 mars : «Mon article de demain met ma vie en danger. Vogue la galère» (Journal).

11 mars : parution d'un article incendiaire de BC contre Napoléon dans le *Journal de Paris*. Germaine de Staël quitte Paris en hâte pour se réfugier à Coppet. En cours de route elle écrit à BC pour le supplier de se sauver.

13 mars : Napoléon approche. «Essayé de mille choses pour organiser la résistance. Tout faiblit dans la main» (Journal).

14 mars : BC écrit un nouvel article violent contre Napoléon qui paraîtra le lendemain dans le *Journal des Débats*.

20 mars : le roi Louis XVIII quitte Paris avec sa cour et son gouvernement dans la nuit du 19 au 20 mars. Napoléon arrive au Palais des Tuileries avant la nuit du même jour.

21 mars : craignant pour sa vie, BC se réfugie chez le diplomate américain William Harris Crawford (1772–1834), ministre des États-Unis à Paris.

23 mars : BC quitte Paris avec l'intention de retrouver son ami Prosper de Barante, préfet de la Vendée, à Nantes.

25 mars : ayant appris que Nantes est aux mains des bonapartistes et que Barante n'y est plus, il fait demi-tour.

28 mars : BC rentre à Paris. «promesses rassurantes» (Journal).

30 mars : BC rend visite à Joseph Bonaparte, frère de l'Empereur. «Espérances ; y aurait-il vraiment chances de liberté ?» (Journal).

31 mars : «Les intentions sont libérales : la pratique sera despotique. n'importe» (Journal).

3 avril : ayant l'intention de partir pour l'Allemagne, BC obtient un passeport de Fouché. Il commence les *Principes de politique* dans leur version de 1815.

8 avril : il revoit Joseph Bonaparte et exclut un ralliement éventuel à l'Empereur : «ils ne le veulent pas, et je ne le veux pas» (Journal).

11 avril : BC reçoit une lettre de La Fayette en date du 9 avril dans laquelle le général exprime ses réserves à l'égard d'un ralliement éventuel de la part de BC.

14 avril : l'Empereur l'invite à une entrevue au Palais des Tuileries. «Longue conversation. C'est un homme étonnant. Demain je lui porte un projet de constitution» (Journal).

15 avril : seconde entrevue avec Napoléon. «Mon projet de constitution a eu peu de succès. Ce n'est pas precisément de la liberté qu'on veut» (Journal).

16 avril : BC continue à rédiger l'Acte additionnel aux constitutions de l'Empire.

19 avril : longue entrevue avec Napoléon. «Beaucoup de mes idées constitutionnelles adoptées» (Journal). La nomination de BC au Conseil d'État interviendra le lendemain. Lecture d'*Adolphe* chez Juliette Récamier.

20 avril : «Lettre de Mde de St. elle voudroit que je ne fisse rien pour ma fortune, et que je lui donnasse le peu que j'ai. Jolie combinaison ! Ni l'un ni l'autre» (Journal). Il s'agit encore de la dot d'Albertine.

22 avril : courtisan, BC assiste au lever de l'Empereur et dîne chez Fouché. Il y défend la nouvelle constitution.

29 avril : il écrit un article qui paraîtra dans le *Journal de l'Empire* le 1ᵉʳ mai 1815 et s'intitule «Comparaison de l'Ordonnance de réformation de Louis XVIII avec la Constitution proposée à la France le 22 avril 1815».

30 avril : un royaliste anonyme réimprime et distribue le violent article de BC du 19 mars 1815 contre Napoléon.

1ᵉʳ mai : «Serai-je député ? je le voudrais» (Journal).

3 mai : BC entend publier une version condensée de ses *Principes de politique* de 1806 : «Il me faut d'ici au plus court tems possible un ouvrage qui rétablisse ma réputation et constate mes principes» (Journal). Il y travaille du 4 au 29 mai, et l'ouvrage sera annoncé par le *Journal de Paris* le 1ᵉʳ juin. Défaite de Joachim Murat par l'armée autrichienne à Tolentino.

4 mai : «La guerre sûre. La nation se défendra-t-elle ? j'en doute» (Journal).

13 mai : «Soirée chez l'Empereur. Causé longtems avec lui. Il entend très bien la liberté» (Journal).

19 mai ; la dispute sur la dot d'Albertine s'envenime : «Lettre de Mde de St. Voilà donc la guerre entre nous. Je le veux bien. Je la ferai de bon cœur»

(Journal). BC recevra une lettre furieuse de Germaine de Staël le 27 mai et encore le 2 juin.

21 mai : fuite de Murat pour la France.

28 mai : BC se bat en duel avec le comte de Montlosier qui est blessé à la main par l'épée de BC. Il semble que la querelle se soit portée sur l'Acte additionnel.

30 mai : les *Principes de politique applicables à tous les gouvernemens représentatifs*, commencés le 3 avril 1815, sont publiés à Paris par Eymery.

7 juin : discours de Napoléon, qui quittera Paris pour son quartier général, situé à Laon, le 12 juin.

15 juin : «Découragement et envie de transiger partout. Je crois qu'il n'y a que moi qui lui [c'est-à-dire, à Napoléon] sois fidèle. C'est bizarre» (Journal).

18 juin : BC apprend la nouvelle d'une victoire, probablement la victoire de Napoléon à la bataille de Ligny (16 juin).

20 juin : BC lit *Adophe* chez la reine Hortense de Hollande. La nouvelle de la défaite de Napoléon à Waterloo parvient à Paris. Elle sera rendue publique le lendemain.

21 juin : Fouché diffuse la nouvelle que l'Empereur a l'intention d'établir une dictature. Par conséquent La Fayette déclare que les Chambres siégeront en permanence.

22 juin : abdication de Napoléon en faveur de son fils.

24 juin : désigné en qualité de secrétaire d'une des deux commissions de négociation, BC part pour Haguenau (Bas-Rhin).

25–30 juin : BC se rend à Laon et ensuite à Haguenau. Négociations difficiles avec les représentants des Alliés.

3 juillet : départ de Haguenau.

6 juillet : rentré à Paris le 5 juillet, il soumet un rapport écrit au gouvernement provisoire.

8 juillet : craignant une réaction violente de la part des royalistes, BC commence à rédiger un mémoire apologétique pour justifier sa conduite. Il le fera parvenir au roi Louis XVIII.

15 juillet : n'arrivant pas à s'enfuir aux Etats-Unis, Napoléon se rend au capitaine Maitland du «Bellérophon», à Rochefort, et sera transporté à Plymouth. Déporté à vie, il sera transféré au «Northumberland» le 7 août et débarquera sur l'îlot rocailleux de Sainte-Hélène le 15 octobre 1815.

18 juillet : Fouché, qui prépare les listes de proscription pour le Roi, fournit un passeport à BC, qui entend s'exiler en Angleterre.

24 juillet : BC est radié de la liste des proscrits. «Grand succès de mon mémoire. Message direct du Roi» (Journal).

4 août : *L'Indépendant* publie une lettre au Rédacteur dans laquelle BC réfléchit sur les «circonstances dans lesquelles se trouvent la France et l'Europe».

12 août : BC rend visite à Charles de La Bédoyère, condamné à mort, ayant reçu une lettre de Mme de La Bédoyère le 9 août. «Il est calme et courageux» (Journal).

14–22 août : élection de la nouvelle chambre des députés, la «Chambre introuvable», très favorable à Louis XVIII. Cette chambre suspendra la constitution le 18 octobre 1815 et, entre octobre 1815 et janvier 1816, votera des lois répressives qui mettront en place une deuxième terreur blanche.

Vers le 15 août : BC écrit à Aglaé Ney, femme du maréchal dans laquelle il répond à une consultation que la générale a faite auprès de lui. Arrivé à Paris sous escorte, le maréchal Ney sera incarcéré à la Conciergerie.

19 août : La Bédoyère est fusillé en fin de journée, BC a essayé en vain d'obtenir sa grâce.

22–25 août : BC reprend son poème, *Le Siège de Soissons*, et y travaille.

2–3 septembre : sa passion pour Juliette Récamier reprend BC de façon violente.

4 septembre : conversation sur la religion avec Mme de Krüdener chez Juliette Récamier. BC lui écrira le lendemain et lui fera «un tableau de mon affreux malheur» (Journal).

7 septembre : «Conversation avec Mme de Krüdner. Elle me fait un grand bien» (Journal). Le lendemain il lira un chapitre du roman inédit *Othilde* de Mme de Krüdener.

24 septembre : sa passion pour Juliette Récamier continue : «il faut décidément partir pour finir cette démence» (Journal). Mme de Krüdener lui a proposé le 23 septembre de l'emmener à Bade.

26 septembre : Germaine de Staël quitte Coppet pour l'Italie. Elle y soignera son amant John Rocca, qui est très malade.

27 septembre : BC termine le compte rendu d'un ouvrage du comte de Montlosier, *Des désordres actuels de la France et des moyens d'y remédier*, qui paraîtra le 1er octobre dans *Le Courrier*.

2 octobre : sous l'influence de Mme de Krüdener, qui veut les unir spirituellement, BC et Juliette prient ensemble.

12 octobre : BC travaille à un morceau sur la religion pour Juliette Récamier.

16 octobre : il termine un second article sur le livre de Montlosier qui paraîtra le 18 octobre dans *Le Courrier*.

17 octobre : BC fait allusion dans son Journal aux difficultés financières de sa débitrice, la comtesse Du Roure.

21 octobre : il dîne chez Auguste de Staël avec le réformateur anglais Sir Samuel Romilly (1757–1818).

28 octobre : étant donné le climat de répression en France de la «Chambre introuvable», BC décide de partir.

31 octobre – 3 novembre : BC se rend à Bruxelles, mais regrette Juliette Récamier.

9 novembre : il écrit à Charlotte pour la prier de le rejoindre à Bruxelles et décide de reprendre le travail sur son apologie. Il y travaillera pendant le reste du mois et en décembre.

20 novembre : il lit son roman *Adolphe* à Mme de Bérenger.

1er décembre : Charlotte rejoint BC à Bruxelles. Il ne l'a pas vue depuis le 23 février 1814. Elle lui rapporte le manuscrit de son *Polythéisme*. Au début, il trouve la présence de sa femme pénible, mais le 26 décembre 1815 il écrira dans son Journal : «Le Linon est un ange. J'y suis tout revenu. Je ne m'en sépare pas de ma vie».

7 décembre : au petit matin le maréchal Ney est exécuté à Paris, avenue de l'Observatoire. Cette nouvelle parvient à BC à Bruxelles le 11 décembre.

12 décembre : BC hésite entre un éventuel voyage en Angleterre et et un retour en France où il publierait peut-être son apologie.

15 décembre : «Va pour l'Angleterre avec le Linon [Charlotte]» (Journal).

16 décembre : «lettre de Macintosh, va pour l'Angleterre» (Journal). Il répondra à Sir James Mackintosh le lendemain.

19 décembre : «Difficulté pour un passeport pour l'Angleterre ; nous tacherons de la lever» (Journal). Il recevra ce passeport le 30 décembre qui lui permettra d'arriver à Douvres avec sa femme le 25 janvier 1816.

24 décembre : «L'apologie devient forte. Je voudrois déjà être en Angleterre» (Journal).

31 décembre : en lisant les journaux parisiens, BC se demande s'il est excepté du projet d'amnistie. En fait, ayant été nommé conseiller d'État après le 23 mars, il n'est pas menacé par cette loi.

CORRESPONDANCE

IX
(1813–1815)

2347

Benjamin Constant à la comtesse Anne-Pauline-Andrienne de Nassau

4 janvier 1813

Göttingue ce 4 Janvier 1813

Je ne puis me résigner, ma chère tante, à ne plus avoir de vos nouvelles, quoique je ne sache que l'un des inconvéniens d'une longue absence est de fatiguer même l'amitié. Je suis si triste de cette absence que je puis à peine me résoudre à en parler. Rosalie m'a fait sentir que les détails dans les- 5 quels j'entrais sur mes affaires ne laissoient pas que d'être ennuyeux. Je me sentais le besoin de me prouver ainsi qu'aux autres que le parti que j'avais pris étoit aussi sensé que désagréable : mais je me flattais peut être en croyant toutes ces explications nécessaires. Elles ne l'étoient que pour moi. Ce que m'a dit Rosalie[1], votre silence, ma chère tante m'en a convaincu 10 plus encore.

Je vous écris de Cassel, quoique je date ma lettre de Göttingue parce que c'est à Göttingue qu'il faut que votre réponse soit adressée, si vous avez la bonté de me répondre. Je suis venu accompagner ici ma femme qui a voulu passer l'hyver auprès de son fils[2] et de sa famille. Come il arrive toujours, ce 15 sejour a fort trompé nos espérances. Il y a peu de société, point de conversation aucun interet, aucune confiance, et à la science près c'est Gottingue, avec cette privation de plus[3]. Les courtisans sont aussi occupés de leurs places que les professeurs de leurs livres, avec cette difference qu'on peut causer sur ce qui occupe ceux ci, au lieu que l'interet que prennent les autres 20 à leur propre fortune doit rester étranger à quiconque n'a pas un motif personnel de le partager. Il y a de grands diners, ou l'on ne dit pas un mot, des assemblées de 200 personnes, ou l'on joue assez cher pour que défendre son argent soit une affaire sérieuse. On ne se voit que là, et l'on est de la sorte entre la solitude et la foule, c'est à dire ennuyé tour à tour de soi et des 25 autres.

J'ai vu ici un petit compatriote qui m'a veritablement intéressé. C'est un jeune de Saugy[4] dont vous connoissez surement la mère. Il étoit ici depuis quinze jours, quand j'y suis arrivé, de sorte qu'il avoit déja été présenté presque partout ou j'aurais pu l'introduire. Il ne m'est resté qu'à lui faire 30 coñoître M. de Fürstenstein[5] qui m'a promis de s'intéresser à lui, pour le faire placer bientot dans un régiment, come officier. Du reste il a prévenu tout le monde en sa faveur.

Il y aura assez de places vacantes pour lui dans l'armée ou il veut entrer. Vous aurez appris, ma chère Tante, come tout le [monde] les pertes[6] que la 35 saison a occasionnées. Elles seront réparées bientot. Mais la chose n'en est pas moins bien triste pour beaucoup d'individus. Le frère[7] d'un de mes amis intimes, professeur à Göttingue, en a été victime d'une manière bien douloureuse. Il étoit fixé à Moscou depuis nombre d'années. Il y avoit formé un établissement d'éducation et fait une assez jolie fortune. A l'arrivée des Francois il resta dans la ville, et c'en fut assez pour qu'à leur départ il fut obligé de les suivre. Il partit donc à la suite de l'armée avec sa femme[8] et quatre enfans en bas âge. Un officier qui vient d'arriver rencontra cette malheureuse famille à Smolensk. Deux enfans étoient deja morts de froid, et la mère avoit été obligée de les laisser sur le grand chemin. Elle en portoit un troisième, et le Père avoit enveloppé le quatrième qui étoit mourant et le portoit co̅me un paquet. Il est très probable, co̅me les difficultés ont redoublé avec les rigueurs de la saison, que tous auront péri avant d'avoir franchi la distance qui les séparoit encore des frontières.

Pardon, ma chère Tante, de vous entretenir de récits et d'images si peu gayes. Je le suis peu moi même, je ne sai si ma vie trop sédentaire durant l'année qui vient de s'écouler m'a donné quelque germe de maladie qui influe sur ma disposition morale, ou si la vue de toutes les souffrances qui sont répandues sur le globe a influé sur ma santé. Mais j'eprouve assez de malaise physique et de découragement d'esprit. On me conseille l'exercice, et l'espèce d'abattement contre lequel on m'ordonne ce remède m'empèche d'en faire usage. Si le commencement d'obstructions que les médecins m'annoncent n'étoit pas accompagné surtout depuis un mois de douleurs assez vives et assez fréquentes, je ne serais pas faché de voir les avant coureurs de la grande délivrance que dans les circonstances actuelles il me semble que tout le monde doit plus ou moins désirer.

La santé de ma femme n'a pas non plus été très bonne. La rigueur de l'hyver l'a fait souffrir de maux d'yeux et de maux de tête. Elle jouït moins de la société de son fils qu'elle ne l'espérait parce que sa place à la cour prend les trois quarts de son tems. Nous nous rejouissons tous deux d'un joli été en Suisse. Alors je tacherai de me secouer, pour cesser d'être malade, afin d'être moins ennuyeux. Ma femme me charge de vous exprimer tout son tendre respect et le plaisir que lui donne d'avance l'idée de vous revoir. Elle s'impa[tiente] quelquefois à la mort de ses affaires, mais l'impatience ne sert à rien.

Les dernières nouvelles que j'ai reçues de Suisse m'ont inquiété sur la santé de notre bonne M^de de Charrière[9]. Il y a bien peu d'espérance qu'elle se remette à son àge ; mais je me flatte qu'elle vivra encore et que nous la retrouverons avec sa gaiété et sa tranquillité d'ame si admirables dans son état.

Adieu ma chère tante. Je voudrais esperer que vous me répondrez, et j'aime au moins à croire que ma longue absence ne nuira pas à votre amitié dont j'ai chaque jour plus besoin. Mille respects et encore plus de tendresses.

Manuscrit *Genève, BGE, Ms. Constant 36/1, ff. 241–242; 4 pp.; orig. autogr.

Édition Menos (1888), pp. 478–481.

Texte **35** [monde]] *le ms. porte* : bon **69** s'impa[tiente]] *lettres omises à la suite d'un saut de page*

Notes
1 Voir la lettre 2335 de BC à Rosalie du 1er décembre 1812 (*CG*, VIII, pp. 570–571).
2 Wilhelm Ernst August Christian von Marenholtz (1789–1865), fils que Charlotte avait eu de son premier marriage avec Wilhelm Albrecht Christian, baron von Marenholtz (1752–1808). Il venait de quitter l'armée, après avoir fait la campagne de Russie.
3 On se souvient qu'en 1806 la ville de Cassel était devenue la capitale du nouveau royaume de Westphalie sous Jérôme Bonaparte (1784–1860), frère de Napoléon, qui y avait créé un État-modèle. Cependant les contributions de guerre frappaient durement les habitants de ce royaume. Voir Jacques-Olivier Boudon, *Le roi Jérôme, frère prodigue de Napoléon*, Paris : Fayard, 2002.
4 Jules Frossard de Saugy (1795–1869), qui appartenait à une famille de Vinzel (Vaud). Il était officier dans l'armée de Westphalie ; en 1815, il passera dans l'armée russe à laquelle il restera attaché jusqu'en 1828. Revenu avec la rang de chef d'escadron, il est nommé inspecteur général des milices vaudoises en 1834. Il s'établira en 1844 à Lyon et y dirigera une manufacture de matériel de chemin de fer. Voir la lettre de Rosalie de Constant du 1er décembre 1812.
5 Pierre-Alexandre Le Camus (1774–1824), comte de Fürstenstein, ministre de la secrétairerie d'État et des relations extérieures à Cassel. En 1809, il a épousé Caroline Adelaide Christine Julie von Hardenberg (1784– ?), fille aînée du frère de Charlotte de Constant, le comte August Wilhelm Karl von Hardenberg (1752–1824)
6 Il s'agit, bien entendu, de la funeste campagne de Russie de 1812 et de la récente retraite de la Grande Armée, harcelée par les cosaques et accablée par les rigueurs du froid.
7 Le frère cadet de Charles de Villers, Frédéric-François-Xavier Villers (1770–1846); voir aussi la lettre 2348 du 13 janvier 1813 de BC à Claude Hochet. L'armée française, entrée dans Moscou le 14 septembre 1812, quitte la capitale russe le 20 octobre pour gagner Smolensk à la mi-novembre.
8 François de Villers avait épousé Mlle Runge, sœur du peintre Otto Runge (1777–1810), auteur de *Die Farbenkugel* (1810) (*La Sphère des couleurs*).
9 Angélique de Charrière de Bavois (1732–1817), cousine de BC que Rosalie et lui appelaient leur tante.

2348

Benjamin Constant à Claude Hochet

13 janvier 1813

Cassel ce 13 Janvier 1813

Je profite pour vous écrire, pour la troisième fois, soit dit sans reproche, depuis que je n'ai pas eu de vos nouvelles, de l'occasion de M. de Maupertuis[1] qui désire faire connoissance avec vous, mon cher Hochet. Il va à Paris pour des affaires. Il est très lié avec tous mes amis et Parens d'ici, entr'autres 5 avec M. de Furstenstein[2] que vous connoissez, et je vous demande pour lui tous vos bons offices. J'ai quitté, depuis environ six semaines ma studieuse retraite de Göttingue pour venir ici ou ma femme désiroit voir sa famille. Je revisiterai bientot Gottingue dont l'atmosphére me convient mieux. J'ai d'ailleurs le besoin d'aller voir notre pauvre Villers à qui le sort de son frère 10 vient de faire éprouver un affreux chagrin. Ce frère émigré avoit fait une assez belle fortune et formé un vaste établissement à l'Université de Moscou ou il étoit professeur. Il s'etoit marié depuis peu d'années, et avoit quatre enfans en bas age. Lors de la prise de Moscou, il crut que le meilleur parti étoit de rester. En conséquence, à la Retraite des Francois, il dut les suivre. 15 Vous imaginez quelle entreprise, avec une femme et quatre petits enfans. Un officier l'a vu pour la dernière fois avant Smolensk, et les plus mauvais momens. Il avoit déja laissé sur la route deux enfans gelés, sa femme portoit le troisième mourant, et lui le quatrième. Il est plus que probable qu'ils auront tous péri entre Smolensk et Wilna[3]. Je crains que cette cruelle nou- 20 velle n'accable Villers, qui aimoit beaucoup son frère, et qu'elle n'achève d'abattre son courage et de détruire sa santé deja chancelante. Je serais auprès de lui depuis plusieurs jours si l'arrivée de M. de Narbonne[4] ici ne m'avoit retenu. Je n'ai pu résister au desir de causer avec lui ce qui est une bonne fortune rare dans nos climats hyperboréens. Si vous le voyez a Paris 25 ou il sera sous peu, il vous dira bien des choses curieuses que je ne puis écrire.

L'air de Cassel n'a pas été favorable à mon ouvrage qui durant un mois n'a pas avancé d'une ligne[5]. Je m'etais enyvré d'érudition et d'antiquités, et au milieu de cette ville moderne[6], habitée par des gens plus modernes en- 30 core, car rien ne ressemble à aucun passé, la tête me tourne et sans m'in- teresser à ce qui ne m'intéressoit pas, je ne m'intéresse plus à ce qui m'in- téressoit. Notre Ministre, M. Reinhard,[7] et Siméon[8] sont ma seule ressource. J'espère qu'en me retrouvant parmi des gens sérieusement et fortement oc- cupés je reprendrai aussi quelque vigueur d'ame : car à présent j'eprouve 35 une vraïe défaillance d'ame et une atonie morale que je ne puis surmonter.

J'ai négligé de repondre à Prosper quand je le savais à Napoléon[9], et actuellement je ne sais plus ou lui écrire. Si par hazard il est a Paris dites lui que je l'aime de tout mon cœur et que dès que mon bon sens sera revenu je lui écrirai, et si enfin vous me répondez mandez moi ou il est.   40

Adieu cher Hochet. Je sens que je vous suis bien attaché puisqu'il me reste la force de solliciter de vos lettres malgré un silence obstiné. J'ai non pas recu mais appris des nouvelles de notre Amie[10] qui rendent mon apologie bien faible et vous doñent gain de cause. Hélas ! Hélas.

O miseras hominum mentes ![11],   45

Cependant mon Ami silence et respect au passé.

a Monsieur / Monsieur Hochet / Secretaire de la Coñission / du Contentieux près Son / Excellence le grand Juge / Rue Grange Batelière / N° 21 / a *Paris*

Manuscrit   *Paris, BnF, N.a.fr. 11909, ff. 81–82; 4 pp., l'adresse p. 4; orig. autogr.

Éditions   **1.** Lauris (1904), p. 155.   **2.** Mistler (1949), n° 99, pp. 231–233.

Notes
[1] Non identifié (voir ci-dessous, lettre 2350, du 29 janvier, note 3).
[2] Voir la lettre précédente, note 5.
[3] C'est-à-dire entre le 12 novembre (date de l'arrivée de la Grande Armée à Smolensk) et le 8 décembre (date de l'arrivée de celle-ci à Vilna). Voir, à ce sujet, Wittmer (1908), p. 434.
[4] Louis-Marie-Jacques-Amalric, comte de Narbonne-Lara (1755–1813), fils naturel de Louis XV, sera nommé ambassadeur de France à Vienne en mars 1813. Il mourra pendant le siège de Torgau.
[5] Allusion à son ouvrage sur la religion.
[6] Voir la note 3 de la lettre précédente. Le nouvel état de Westphalie, qui avait remplacé le gouvernement oppressif de Guillaume Ier de Hesse, proclamait son adhésion aux principes modernes de liberté et d'égalité.
[7] Karl Friedrich, ou Charles-Frédéric Reinhard (1761–1837), diplomate français d'origine allemande, en mission à Cassel depuis 1808 et ami de Charles de Villers. Voir au Répertoire.
[8] Joseph-Jérôme, comte Siméon (1749–1842), ministre de la justice du royaume de Westphalie qui avait tenté d'y introduire des réformes nées du Code civil, notamment la liberté du culte, et qui allait prendre sa retraite en 1813.
[9] Il s'agit de La Roche-sur-Yon, baptisée Napoléon-Vendée par un décret du 25 mai 1804 et qui reprendra son ancien nom en 1815. Rappelons que Prosper de Barante était, depuis 1809, préfet de la Vendée.
[10] Germaine de Staël. BC a noté dans son Journal le 11 janvier : «Narbonne. Souvenirs. M^{de} de St. est bien perdue pour moi. Je ne m'en relèverai pas». Germaine de Staël se trouvait en Suède depuis le 24 septembre 1812.
[11] C'est-à-dire *Pauvres esprits humains !* (Lucrèce, *De Natura rerum*, II, v. 14).

2349

Benjamin Constant à Marianne de Constant

28 janvier 1813

Göttingue ce 28 Jan
1813

Votre lettre du 25 Décembre[1] m'est parvenue fort tard, à cause d'une course que j'avais faite à Cassel.

Je suis bien faché des délais qu'éprouve le payement que vous avez droit 5 d'attendre. D'après la lettre des Dehne[2], vous pouvez vous adresser à eux pour toutes les affaires que vous aurez dans le pays qu'ils habitent. La lettre que vous m'avez envoyée dit positivement qu'ils vous envoyent le Compte de ce qu'ils vous redoivent, et qu'ils désirent que vous les chargiez par la suite de toutes les Commissions que vous aurez à leur confier et qu'ils 10 s'empresseront de s'en acquitter[3].

Je vous remercie des détails dans lesquels vous avez cru nécessaire d'entrer. J'ai en vous la plus entière confiance, et j'aurai toujours un plaisir véritable à me prêter à tout ce qui pourra vous convenir.

Si à l'expiration des termes que vous avez pris, vous vous trouviez em- 15 barassée, je tacherois de faire en sorte, avec le Consentement de vos enfans, d'anticiper sur les payemens que j'aurai à faire, tous les six mois, de manière que vous n'ayez pas à vendre Brévans, ni à faire aucune opération qui vous fut préjudiciable[4]. Tout ce qui dépendra de moi sera à votre disposition et vous y pouvez compter. 20

Il m'est assez difficile de prévoir encore quand je pourrai prendre congé de cette partie de l'Allemagne. Les affaires[5] pour lesquelles j'y suis venu sont loin d'etre terminées, les circonstances actuelles ne facilitent pas les remboursemens que nous attendons.

J'espere qu'à quelque Epoque que je retourne a Paris Je vous retrouverai, 25 en passant à Brévans, que j'y embrasserai Louïse et Charles, et que je vous réitérerai les assurances de ma sincère et inviolable affection.

BC.

Manuscrit   *Lausanne, BCU, Fonds Constant I, Co 17; 2 pp.; orig. autogr.

Texte   **5** des] des ⟨[?]⟩

Notes
[1]   *CG*, VIII, lettre 2341.
[2]   Banquier hollandais qui s'occupait des intérêts de Juste de Constant. Il avait pris la succession de son père, Johann Christoph von Daehne, après le décès de celui-ci en janvier 1803. Voir la lettre 1020 de la mi-février 1803 de Juste de Constant à BC (*CG*, V, p. 53, note 3).

³ Il s'agit de paiements dus à Juste de Constant (mort le 2 février 1812) par la caisse de retraite hollandaise. Voir la lettre du 25 décembre 1812 de Marianne de Constant à BC (*CG*, VIII, pp. 581–583).

⁴ BC s'était engagé à assurer une pension aux enfants de Marianne. Voir les lettres du 10 et 16 avril 1812 de BC à Marianne (*CG*, VIII, lettres 2286 et 2291); voir aussi, ci-dessous, la lettre du 20 avril 1813 de BC à Marianne.

⁵ Il s'agit des affaires d'argent de Charlotte dont la fortune est entre les mains de ses trois frères von Hardenberg. Voir la lettre de BC à Rosalie de Constant du 13 octobre 1812 (*CG*, VIII, lettre 2333).

2350

Benjamin Constant à Claude Hochet

29 janvier 1813

Je trouve votre lettre chez moi depuis quelques jours, cher Hochet, en arrivant d'une course que j'ai faite à Cassel. Je vous ai écrit depuis mes deux lettres[1] auxquelles vous répondez[2], par un francois[3], qui est parti pour Paris, et dont on sait déja l'arrivée, de sorte que ma lettre est entre vos mains. Mais je suppose d'apres votre disposition au silence, que, satisfait de 5 m'avoir écrit récem̄ent, vous ne me répondrez pas tout de suite, et en conséquence je vous remercie de votre lettre du 18 Decembre, com̄e un créancier remercie d'un bon à compte un mauvais débiteur.

Ne vous étoñez pas de ma comparaison. Elle m'est suggérée par les affaires[4] pour lesquelles j'ai été à Cassel et qui ne se sont pas terminées aussi 10 vite que celle de l'interruption de notre correspondance. Vous avez répondu à ma seconde lettre, et les gens qui ont entre leurs mains la plus grande partie de la fortune de ma femme n'ont pas encore répondu à ma vingtieme som̄ation. Les grands Propriétaires de ce pays-ci se sont imposés, vu les circonstances le devoir de ne pas payer leurs dettes, pour tenir sans doute 15 leurs capitaux plus à la disposition de l'état.

Je m'impatienterais rudement d'être retenu ici par ces misérables affaires, si je m'astreignais à m'en occuper réellement. Mais je ne le fais que pour la forme ; toute propriété me parait aujourdhui si incertaine, que je vis au jour le jour, sans inquiétude de détail parce que l'inquiétude, s'appliquant à tout, 20 ne peut ni diminuer ni s'accroitre par une circonstance de plus. Je ne sais ou plutot je sais à quelle époque quelqu'un disoit à un octogénaire, nous avons tous 80 ans. Aujourdhui quiconque a dans sa poche de quoi vivre un mois, peut dire aux millionaires, nous som̄es tous également riches.

J'ai perdu mon tems à Cassel entre quelques Francois qui m'ont rappelé 25
les diners de Paris com̄e le soleil de Westphalie rappele le soleil de Provence.
Même dans les momens du loisir le plus complet, on est dans cette Capitale
pur de toute littérature et de toute pensée, à plus forte raison n'y songe-t-on
pas dans un tems ou chacun croit avoir des motifs de s'occuper de lui même,
avec un interet voisin de l'anxiété. Un pauvre Diable qui a la mauvaise 30
habitude de se laisser distraire par des idées générales du soin de sa fortune
ou des jouissances qu'il en tire, c'est à dire du Turbot qu'il mange, ou des
20000 livres d'appointemens qui representent des Turbots futurs, ne sait à
qui parler, et se demande s'il rêve ou s'il est fou. Je me retrouve avec bonheur entre des fous de mon espèce et j'ai repris déja une vie nouvelle et un 35
redoublement d'activité.

Ce que vous me dites sur Villers[5] est vrai, quoique Pich.[6] voye trop en
noir, et croye trop qu'un pays ou il n'a pas été Ministre ne peut offrir de
garantie à personne. Ceci n'est pas une attaque contre Pichon, que j'aime et
que j'estime. Mais je pense qu'il met trop d'importance à quelques paroles 40
d'un subalterne, dont le Chef même a échoué contre notre ami. Malgré cela,
sa situation est pénible, son intérieur triste, et le sort que vient d'éprouver
son frère[7] lui a été un coup dont j'ai peur qu'il ne se relève jamais tout a fait.
Vous savez peut être deja que ce frère établi à Moscou et parvenu à une
espece d'aisance, avoit cru, à l'entrée des Francois, devoir y rester et se faire 45
employer par eux. Il a été en conséquence obligé de les suivre dans leur
retraite, avec une fem̄e et quatre enfans. Deux etoient déja morts de froid
avant Smolensk. Le père et la mère portoient les deux autres mourans dans
leurs bras en entrant dans cette ville. Un officier Westphalien les y a vus.
Depuis on n'en [a] point de nouvelles, et il est a peu près certain que tous 50
ont péri.

Si vous voyez Guizot[8], remerciez le de ma part et de celle de Villers. Il
nous a envoyé le discours qu'il a prononcé a l'ouverture de son cours d'histoire[9]. Il est sage, très sage, et il y a même des pensées sous entendues qui
sont nobles et élevées. Je n'ai pas voulu l'importuner d'une lettre pour lui 55
exprimer ma reconaissance de son souvenir.

J'espère que nous nous verrons cet été, et vous me direz si je suis parvenu
a rendre intelligible quelques unes des idées qui sont en foule chez les allemands, par exemple dans ce pauvre Creutzer[10] qui en effet est le plus confus
et le plus obscur des écrivains, mais qui est une mine féconde d'apercus 60
ingénieux et de faits qu'on n'avoit pas remarqués, et dont il tire des résultats
admirables pour qui sait les pêcher au milieu de ce cahos. J'ai toujours sur le
Cœur vos accusations d'obscurité.

Adieu cher Hochet. Je vous suis bien tendrement attaché.

Si vous etiez un des Cavaliers que les Municipalités équippent avec tant ₆₅
de zèle, vous passeriez par Gottingue et Villers et moi nous vous y recevrions bien.

29 Janvier.

Manuscrit   *Paris, BnF, N.a.fr. 11909, ff. 83–86; 8 pp.; orig. autogr.

Éditions   **1.** Lauris (1904), p. 155.   **2.** Mistler (1949), n° 100, pp. 233–236.

Texte   **46**   en] *ajouté dans l'interligne*   **49**   bras] bras ⟨avec⟩   **50**   [a]] *omis par inadvertance*

Notes
¹ BC a écrit à Hochet le 2 décembre 1812 (*CG*, VIII, lettre 2336) et le 13 janvier (lettre 2348).
² Il s'agit de la lettre de Hochet du 18 décembre, lettre 2338.
³ Vraisemblablement le M. de Maupertuis mentionné par BC dans sa lettre à Hochet du 13 janvier.
⁴ Le règlement de créances que Charlotte de Constant avait sur des membres de la famille von Hardenberg.
⁵ Voir la lettre de Hochet à BC du 18 décembre 1812 (*CG*, VIII, pp. 575–577).
⁶ Louis-André Pichon (1771–1854), diplomate aux États-Unis, à La Haye et à Berne, ensuite conseiller d'État sous le roi Jérôme de Westphalie qui le nomma ensuite intendant général des Finances du royaume. Il venait de donner sa démission en 1812 et allait devenir un critique sévère du régime napoléonien à la chute de l'Empire.
⁷ Voir les lettres 2347 et 2348.
⁸ François-Pierre-Guillaume Guizot (1787–1874). Grand admirateur de la philosophie alle-mande, comme Charles de Villers et BC, Guizot avait été nommé professeur d'histoire moderne à la Faculté des lettres de Paris en 1812 par Louis de Fontanes, grand maître de l'Université.
⁹ *Discours prononcé pour l'ouverture du cours d'histoire moderne, le 11 décembre 1812*, Paris : Le Normant, 1812.
¹⁰ Georg Friedrich Creuzer (1771–1858), auteur de *Symbolik und Mythologie der alten Voelker, besonders der Griechen* (1810–1812) qui sera traduit en français et complété sous le titre de *Religions de l'antiquité considérées principalement dans leurs formes symboliques et mytho-logiques* par J.D. Guignaut, 10 vols., Paris, 1825–1852. En fait, Guignaut remaniera le texte de Creuzer pour le rendre plus accessible au public francophone.

2351

Benjamin Constant à la comtesse Anne-Pauline-Andrienne de Nassau

30 janvier 1813

Göttingue ce 30

Je ne puis bien voir dans votre lettre, ma chère tante, si c'est une réponse à
celle que je vous ai écrite au comencement du mois, ou si je dois à M^de
Charrière¹ le bonheur d'avoir enfin reçu quelques lignes de votre main.

Dans ce dernier cas, qui me parait le plus probable, vous aurez vu, jusqu'au moment ou votre lettre partoit, que je ne pouvais pas me résigner à n'en plus recevoir. Je ne conviens point que, parce qu'on coñoit réciproquement ses sentimens, qu'on sait les grands faits, que chacun apprend à ses dépens dans le tems ou nous soñes, et qu'on n'a pas de gout pour les réflexions, il ne reste plus rien à écrire. Les sentimens sont toujours bons à répéter, les faits, on tache d'y penser le moins possible, les réflexions, on n'en fait point, et puis il y a toujours les petits faits particuliers, qui concernent les parens, les amis, les connoissances. Ces faits conservent toujours leur interet, et même je trouve que depuis quelque tems ils ont pris plus d'interet encore qu'autrefois. C'est une si vilaine chose que l'espèce humaine en général, si bête, si lâche, si fausse, qu'on est obligé de se détacher d'elle et les individus héritent de tout ce qu'on lui ote. On aime mieux ses parens et ses amis depuis qu'on ne peut plus aimer les hoñes. On se rejette sur les affections particulières, avec d'autant plus de vivacité, qu'il n'y a plus que celles là. Il n'y a donc pas un petit fait de société que je n'aime mieux aujourdhui que tout événement historique.

A propos, ma chère Tante, vous souvenez vous de cette friponne de Jacqueline[2] que le ciel confonde, et qui a mis depuis si longtems le désordre dans la famille ou elle s'est formée. Les nouvelles que j'en avais recu m'ont fait espérer un instant qu'elle seroit chassée. Elle s'etoit avisée de s'introduire dans d'autres maisons, ou elle avoit fait de ses tours ordinaires et ou l'en avoit rudement punie. Mais depuis quelques jours, j'ai recu des lettres des enfans de la maison, et il parait que cette coquine s'est emparée de nouveau de l'esprit du Père, de sorte qu'il a meme engagé les voisins a retirer leur plainte. Helas ma chere Tante, cette pauvre famille ne sera jamais délivrée de cette carogne[3] là.

Pardon de mes expressions, mais j'espère que vous les trouverez à la hauteur du sujet.

Je félicite bien sincèrement Antoinette[4] de sa nouvelle famille. Vous auriez du me mander le nom du jeune neveu qu'elle m'a donné, pour que je puisse attacher un nom propre à l'interet que j'y prens. La pauvre Rosalie[5] m'a écrit une lettre fort triste, mais deja calme et qui me fait espérer qu'elle reprendra bientot du courage. La necessité de soigner M^de de Charrière lui en rendra. J'ai revu à Cassel M. de Narbonne[6], anciene conoissance qui m'a rappelé bien des souvenirs. Il est revenu de Moscou a pied mangeant de la chair de cheval, et il a l'air tout rajeuni. Son esprit est aussi agréable qu'il y a vingt ans, et sa figure meme a conservé de la Noblesse et de la grace.

Adieu ma chere Tante, je ne veux pas comencer une 2de page parce que je la remplirais et que vous me trouveriez trop bavard. Mille tendres respects.

B. 45

Manuscrit *Paris, BnF, N.a.fr. 17269, ff. 145–146; 4 pp.; orig. autogr.

Édition Melegari (1895), n° 137, pp. 385–386.

Notes
¹ Voir la lettre 2347, note 9. La lettre de Mme de Nassau n'a pas été retrouvée.
² Allusion voilée à Napoléon (voir la lettre du 20 avril 1814 de BC à Mme de Nassau : «Napoléon, qu'il n'est grâce à Dieu, plus nécessaire de nommer Jacqueline»).
³ *Friponne, libertine, femme de mauvaise vie.*
⁴ Antoinette-Adrienne-Louise de Loys (1785–1861), fille de Jean-Samuel de Loys et de Pauline de Chandieu (1760–1840). En 1809 elle avait épousé Aimé-Benjamin Grenier (1770–1846), de Vevey, capitaine au service de Hollande.
⁵ La meilleure amie lausannoise de Rosalie de Constant, Charlotte Hardy (1760–1812) venait de mourir. La lettre de Rosalie à BC n'a pas été retrouvée. Voir la lettre 2353.
⁶ Voir la lettre 2348 du 13 janvier, note 4.

2352

Benjamin Constant à Prosper de Barante

30 janvier 1813

Göttingue ce 30 Janv.

Que de tems s'est écoulé, cher Prosper, depuis que j'aurais du répondre à votre dernière lettre[1]! Je ne sais quel découragement m'avoit saisi. Je trouve qu'il y a des momens ou l'on évite les conversations ou les correspondances qui rappellent la pensée et mettent l'esprit en mouvement, comme au milieu 5 d'une douleur très profonde, pour un ami qu'on a perdu, on évite de prononcer le nom de celui qu'on regrette. J'ai d'ailleurs eu des courses à faire, et dans un état d'ame ou l'occupation unique d'un travail suivi est la seule ressource, et ou l'immobilité est nécessaire pour ne pas être privé de cette ressource, et rejeté dans le monde qu'on veut fuir, les courses, les voyages, 10 les déplacemens ne sont propres qu'a désorganiser et à rendre incapable de quoique ce soit. Je ne suis à mon aise que quand je suis rentré dans une série d'idées qui ne se mêle en rien au présent. Alors, au bout de quelques heures, je me refais un atmosphère et une société ou je respire : et j'oublie complètement tout ce qui n'est pas cette Société de morts qui ont sur nous l'avan- 15 tage d'avoir vécu d'une vie forte et réelle, tandis que nous somes des morts qui comme celui de l'Arioste[2] n'avons conservé des habitudes vivantes que celles de nous battre, ce qui nous donne l'air du courage, parce que nous risquons bravement une vie que nous n'avons plus.

Je ne sais absolument pas ce que je ferai au Printems. Je voudrais bien 20 vous voir, mais vous serez peut etre si occupé de toutes les mesures que l'enthousiasme général propose, mais que la prudence administrative régularise, que nous jouïrions peu l'un de l'autre. Il est pourtant probable que je ferai une course en France à une époque peu éloignée.

Villers a eu un bien affreux chagrin du sort de son frère. J'en ai ecrit les 25 détails à Hochet³ qui vous les communiquera, si cõe je le suppose ma lettre vous trouve à Paris. Je n'ai aucune nouvelle directe de notre amie⁴, mais bien des articles de gazette, et des détails par les voyageurs. Elle est non seulement tranquille, mais heureuse et parle de son bonheur. Simonde a-t-il exécuté son projet, et est-il à Paris pour faire imprimer son cours de litté- 30 rature⁵? Il a eu beaucoup de succès à Genève. Mais ce n'est pas une preuve qu'il en aura autant là ou le style est plus important que les idées, et ou l'on a des doctrines recues dont il est défendu de s'écarter. On dit que Schlegel donne un cours de Littérature à Stockolm⁶. Les rayons du soleil de Coppet brillent encore au nord et au midi, mais l'astre même a disparu. 35

Adieu cher Prosper. Je languis de vous voir. Vous êtes pour moi le Representant d'un meilleur siecle, car aujourdhui les années sont des siecles, et nous nous rapetissons à pas de géant. Voila une figure ou vous reconnoitre[z] l'incohérence tudesque⁷. Je vous embrasse. Ecrivez-moi.

Manuscrit   *Le Puy, Archives du Château de Barante ; 4 pp.; orig. autogr.

Éditions   **1.** Barante (1906), pp. 550–551 (avec coupure).   **2.** Deguise (1983), p. 85 (fragment).

Texte   **38** reconnoitre[z]] *Le ms. porte :* reconnoitre

Notes
¹ Celle du 23 septembre 1812 (*CG*, VIII, lettre 2328).
² Nous n'avons pu repérer la source de cette allusion dans le *Roland furieux* de l'Arioste ; il est possible que BC se trompe d'auteur.
³ Voir la lettre 2348.
⁴ Germaine de Staël qui se trouvait à cette époque à Stockholm auprès de son ami Bernadotte, prince héritier du trône de Suède.
⁵ *De la littérature du midi de l'Europe* de Simonde de Sismondi qui paraîtra en quatre volumes en 1813, chez Treuttel & Würtz, à Paris, soulignera, comme l'avait déjà fait Germaine de Staël, les rapports entre la littérature et les institutions politiques et sociales.
⁶ Le *Cours de littérature dramatique* d'August-Wilhelm von Schlegel (1767–1845) qui paraîtra en 1813. A cette époque Schlegel séjourne à Stockholm avec Germaine de Staël.
⁷ BC est fort conscient du fait que pendant son long séjour en Allemagne son français a pu subir l'influence du style allemand.

2353

Benjamin Constant à Rosalie de Constant

début février 1813

J'espere, Ma chère Rosalie, que je n'ai pas besoin de vous dire, que votre lettre du 15 X^{bre1} ne m'est parvenue qu'au bout de six semaines. Vous m'aurez rendu assez de justice pour croire que je vous aurai répondu bien plutot sans cette circonstance. Votre lettre est restée Je ne sai com̄ent à Göttingue, chez un de mes amis[2] que j'avais chargé de retirer les miēnes, et qui, en me renvoyant les autres, a laissé par mégarde la votre dans son tiroir. Pardon de cette longue justification, mais j'en ai besoin. Je ne me pardoñerais pas, dans un moment ou vous êtes affligée, et ou vous me faites espérer que mes lettres vous font un peu de bien, de ne pas avoir contribué, autant que cela peut m'être accordé, à vous consoler ou à vous distraire.

Quoique je connusse Mad^e Hardy[3] bien moins que je ne l'aurais désiré, je la regrette sincèrement. J'avois été frappé de la justesse de son esprit, et de la réunion très rare d'une grande finesse d'aperçus avec une droiture de raison qui semble quelquefois exclure cette finesse. Car on ne marche pas toujours aussi droit, quand on remarque tout ce qui est de droite et de gauche. Comme société donc et Conversation, je la regrette pour moi-même. Mais je la regrette bien plus pour vous qui avez tant besoin et d'affection et d'occasion de vous livrer à l'épanchement de vos pensées, ce que vous faites trop peu et avec trop peu de monde. Je hâte de mes vœux le moment qui nous réunira, parce que j'espère vous arracher ces mouvemens de confiance et d'abandon, auquels vous vous refusez, au grand préjudice de votre bonheur et de celui des gens qui vous aiment. Je ne vous connois qu'un seul defaut en Amitié : c'est de ne pas croire suffisamment à l'affection de vos amis. Mais le Ciel ne veut pas que nous soyons parfaits en quoi que ce soit.

Vos nouvelles sur la santé de Me de Charrière m'ont fait bien plaisir. Le jeune De Saugy[4] m'avoit inquiété. Je lui avais écrit. Je vois par une lettre de M^{de} de Nassau[5] qu'elle se disposoit à me répondre. Mais depuis huit jours que sa réponse m'est annoncée, rien ne m'est encor parvenue. Dites lui, chère Rosalie, mille choses de ma part, et priez la, pour peu que cela la fatigue de ne pas m'écrire elle même.

J'ai vu, dans votre lettre, un petit reproche indirect sur ma négligence de la Biographie[6]. Il y a bien quelque chose à dire sous ce rapport, et je ne puis pas me justifier entièrement. Cependant ce genre de travail ne me fait aucun plaisir. Un des nombreux défauts de mon esprit que j'ai bien étudié com̄e mon instrument, et que je juge tout aussi avantageusement que d'autres

peuvent le faire, c'est de ne pouvoir qu'avec beaucoup de peine se circon-
scrire dans un objet, et de com̃encer toujours par aller de coté et d'autre
avant de tracer sa route et ses limites. C'est un petit inconvénient quand il
s'agit d'un grand ouvrage, parce qu'il ne se reproduit qu'une fois. Mais le
plus petit article m'oblige à un travail presqu'aussi long, avant que je par- 40
vienne à me débarasser d'une foule d'idées inutiles, et le tems que j'y perds
vaut plus que ne peut valoir ce qui en résulte. J'ai cependant envoyé l'article
de notre bisayeul et celui de votre Pere[7].

Je ne sais ou est la chanoinesse[8], au milieu de sa gloire. Elle n'est de rien
dans l'ouvrage qu'elle a publié, si ce n'est pour les fautes de francois, mais 45
cela seul lui donne une assez grande part, car elles sont iñombrables. Elle y a
ajouté ensuite une ou deux dissertations fort dévotes et fort mystiques, mais
si mal écrites et si affirmatives que les uns doivent être rebutés du style, et les
autres de la manière dont elle décrit la hiérarchie des esprits célestes avec
autant de détails qu'elle parleroit de ses deux servantes, si elle en avoit deux. 50
Cependant, com̃e je vous l'ai dit, c'est un livre qui restera, et qui, parmi nos
savans d'Allemagne, a fait une grande sensation, com̃e contenant des choses
qu'on ne trouve nulle part ailleurs.

Malgré vos doutes sur mes projets de l'été, je ne doute pas qu'ils ne se
réalisent. Quoique nos affaires n'ayent pas avancé d'un pas, il faudra bien 55
en finir d'une manière ou d'une autre, d'ici à Pâques, et le dernier parti sera
de laisser une procuration pour que l'on agisse à la rigueur et de nous en
aller.

Je crois bien que sans mon ouvrage, j'aurais trouvé impossible de prolonger aussi longtems mon séjour. Mais ce travail m'a consolé de l'ennui 60
constant et varié tout à la fois que ce pays ci procure. J'ai senti combien je
gagnais à chaque jour, durant lequel je n'ai d'autre pensée que celles qui se
rapportent à mon livre, et je me suis résigné.

A Pâques nous quitterons décidément Cassel et Gottingue et après une
course à Hanovre ou des parens de ma femme nous invitent nous nous 65
mettrons en route pour vos environs. Il est possible que nous nous arrêtions
quelques jours en route, surtout à Hanau ou j'ai une grande envie de faire
une visite à Villars. Mais nous n'en serons pas moins dans le courant du
Printems en Suisse[9].

Adieu chere Rosalie Je vous embrasse et vous aime tendrement. 70

Manuscrit   *Genève, BGE, Ms. Constant 36/2, ff. 222–223; 4 pp.; orig. autogr.

Édition   Roulin (1955), n° 132, pp. 174–176.

Texte   **4** Votre] Votre *récrit au-dessus de* ⟨Cette⟩   **6** votre] la votre *récrit au-dessus de* ⟨celle ci⟩   **22** connois] connois⟨se⟩   **68** nous] nous *récrit au-dessus de* ⟨[...]⟩

Notes

[1] Cette lettre du 15 décembre 1812 n'a pas été retrouvée.

[2] Villers (voir la lettre 2360, quatrième alinéa).

[3] Voir la lettre 2351, note 5.

[4] Voir la lettre 2347, note 4.

[5] Cette lettre n'a pas été retrouvée.

[6] Il s'agit de la *Biographie universelle* dont il a été question dans la lettre de BC à Rosalie du 1er décembre 1812 (*CG*, VIII, lettre 2335).

[7] Les articles «Constant de Rebecque (David)» et «Constant de Rebecque (Samuel)» publiés dans le tome IX (1813), pp. 464–465 de la *Biographie universelle* (Courtney, *Bibliography*, p. 208 et *OCBC*, III, 2, pp. 1193–1195.).

[8] Marie-Elisabeth Polier (1742–1817), chanoinesse de l'Ordre réformé du Saint-Sépulcre en Prusse, cousine de l'orientaliste lausannois Antoine-Louis Polier (1741–1795) qui, en rentrant en Europe, avait rapporté une riche collection de manuscrits. En 1809, Marie-Elisabeth Polier avait publié une *Mythologie des Hindous* d'après ces manuscrits, sous la forme d'un dialogue imaginaire entre un informateur indigène Ram Tchound et Antoine-Louis Polier. Schopenhauer (1788–1860) allait lire la *Mythologie* en 1814 et en subir l'influence.

[9] Le cousin de B C, Guillaume-Anne, dit Constant de Villars (1750–1830), qui était en garnison à Hanau. Voir la lettre 2362, note 6.

2354

Benjamin Constant à Marianne de Constant

15 février 1813

ce 15 fevrier

Je me réjouïs bien sincèrement de ce que vous avez reçu le payement qui facilite l'arrangement de vos affaires. N'ayez pas d'inquiétude sur ce qui a été anticipé sur la pension. Si, comme je l'espère, et comme j'y travaille, je sors des embarras contre lesquels j'ai lutté depuis dix huit mois, et qui peut 5 être touchent à leur terme, je ferai tout ce qui sera en mon pouvoir pour que vous n'en éprouviez point. De toute manière, vous pouvez compter, en may, sur des avances qui ne sont point un inconvénient pour moi, puisque ce n'est qu'une différence de date, à laquelle je me prêterai toujours volontiers. Je prends une part sincère à vos chagrins sur la maladie de Charles et de 10 Louïse: vous me ferez bien plaisir de m'en donner des nouvelles, et de leur dire combien je fais de vœux pour eux. Je vous ai écrit[1], il y a environ trois semaines. Ma femme vous embrasse tendrement.

Croïez à mon inaltérable et dévouée affection.

B.C. 15

à Madame / Madame de Rebecque, / à Brévans, / près Dole, / Dep^t du Jura / France.

Manuscrit *Lausanne, BCU, Fonds Constant I, Co 18; 4 pp., pp. 2–3 bl., adresse p. 4; timbres : GOETTINGEN ; F^{co} WESTPHÄL. / GRÄNZE ; ALLEMAGNE / PAR / STRAS-BOURG ; HESSE ; orig. autogr.

Texte   **8**   qui] qui ⟨me [...]⟩

Note
[1] La lettre 2349 du 28 janvier.

2355

Benjamin Constant à Jean-Charles-Léonard Simonde de Sismondi

22 février 1813

J'apprends, cher Simonde, que vous êtes à Paris[1]. Vous y aurez surement vu un bon nombre de mes amis et de mes connoissances. Cela vous aura fait penser à moi, mais pas assez malheureusement pour vous doñer le besoin de m'écrire. Je prends un moyen plus sur d'obtenir de vos nouvelles. Je sai deja que vous avez été parfaitement bien accueilli. Je n'avais pas besoin de l'app- 5 rendre pour le savoir, mais je suis bien aise des témoignages qui vieñent confirmer ma certitude. Depuis le très long tems qui s'est écoulé, sans que nous nous écrivissions[2] je n'ai pas bougé d'ici ; car je ne compte pas deux ou trois courses à Cassel[3], d'autant plus que je les ai toujours abrégées de manière à ce qu'elles ne dérangeassent point ma vie. Je ne sai si mon séjour 10 se prolongera encore. J'ai des affaires qui ne finissent point[4], mais les cir- constances sont quelquefois plus fortes que les affaires. J'en ai d'ailleurs aussi à Paris, et je ne pourrai me dispenser d'y aller, dans le Courant de l'été. Je crains bien de ne plus vous y trouver, et cela m'afflige. Si vous êtes à Genève, nous nous y verrons peut-être. Je voudrais beaucoup vous revoir, et 15 pour vous même et pour ce passé orageux mais animé qui forme dans notre vie à tous deux une longue époque.

Take her for all in all, we'll never see the like of her again[5].

Depuis cette époque, les interets doux restent encore. Les interets vifs ont cessé. Le monde s'écroule et je dors. Il ne me reste de cette époque que mon 20 ouvrage : et je l'aime peut-être autant parce qu'il s'y rattache que pour toute autre raison. J'y ai travaillé, j'y travaille encore avec acharnement, je ne l'ai pas achevé, mais je m'en crois le maître. J'espère que vous en serez content. Ne croyez pas ce qu'on vous dira de mes opinions. Je vous écris ceci parce

qu'on m'a questionné la dessus, et que le très petit nombre de gens qui 25
pensent encore à moi m'ont soupçonné d'exageration dans un sens puis
dans l'autre. Avec de la bonne foi, il est impossible de trouver la route sans
la chercher, et pendant qu'on la cherche, on va de droite et de gauche. Ce
que je crois, c'est que vous trouverez que nous pensons assez de même : j'en
conclus que vous trouverez aussi que j'ai raison. 30

Vous allez faire imprimer à Paris votre cours de Littérature[6]. J'en suis bien
curieux. Votre histoire a eu dans toute l'Allemagne un succès prodigieux.
J'ai vu des jeunes gens enthousiastes de vous, comme on ne l'est plus qu'ici.
Mais en publierez-vous la suite ? Je la désire. Il ne faudrait pas qu'un si beau
monument restât incomplet[7]. 35

Voyez-vous M. Suard[8]? Si cela est, comme je le souhaite pour tous deux,
dites lui que je ne regrette guères dans Paris que les soirées ou l'on causoit
chez lui. En Allemagne, on pense, on sent, mais on ne cause pas. Je crois
que la conversation me paraitroit aujourdhui une Chose surnaturelle. Voyez
vous Prosper[9] et Hochet? Ils ont eu l'amitié de soutenir avec moi une Cor- 40
respondance qui m'a aidé à supporter courageusement la solitude de Gottingue. Vous n'avez pas d'idée de cette solitude. J'ai passé hier quelques
heures chez un Professeur[10] qui littéralement depuis trois semaines n'avoit
vu que ses ecoliers en public, et sa femme et ses deux enfans en particulier :
et ce n'est pas un homme plus insociable que d'autres : Ils vivent tous de la 45
sorte. On s'y fait très bien. On a des heures d'abattement, puis on se relève,
et l'on n'a à s'entendre qu'avec soi, ce qui devient facile quand l'extérieur ne
vous trouble pas. On vit pour l'avenir dans sa pensée, et au jour le jour pour
tout le reste de l'existence.

Avez vous rencontré un de mes Amis appelé Fauriel. Il avoit une grande 50
admiration pour votre ouvrage et une grande estime pour vous. Rappelez
moi à lui. Je lui recommande une petite Bibliothèque allemande qu'il a prise
sous sa protection[11].

Adieu cher Simonde. Si vous m'aimez encore écrivez moi, et Croyez moi
pour la vie a vous. 55

BC

Gott. ce 21 février

Manuscrit *Pescia, BC, Raccolta Sismondi, A.5.146; 4 pp.; orig. autogr.

Éditions **1.** Pellegrini (1932), pp. 649–650; (1938), pp. 210–212; (1974), pp. 259–261.
2. King et Candaux (1980), pp. 136–139.

Texte *Note de Sismondi en tête de la dernière page de la lettre :* Gottingue 21 Février 1813 /
Benj. Constant. **9** abrégées] abrégées ⟨autant⟩ **42** solitude.] *phrase ajoutée dans
l'interligne*

Commentaire et Notes   Selon le Journal, BC dîna chez le professeur Georg von Sartorius von Waltershausen (voir ci-dessous, note 10) de Göttingen le 21 février ; cette lettre date donc du 22.

1   Sismondi se trouve à Paris depuis le 14 janvier 1813 et vit dans un appartement de l'Hôtel Mirabeau, rue de la Paix (King et Candaux (1980), p. 136).
2   Nous ignorons depuis quand la correspondance de BC et Sismondi était interrompue.
3   BC a séjourné à Cassel du 5 décembre 1812 au 18 janvier 1813 et du 27 janvier au 2 février 1813.
4   Voir la lettre de BC à Marianne de Constant du 28 janvier 1813, note 5.
5   BC se souvient de Hamlet qui parle de son père : «He was a man, take him for all in all, I shall not look upon his like again» (Acte I, scène 2), *C'était un homme auquel, tout bien considéré, je ne retrouverai pas de pareil* (traduction de Victor Hugo). BC applique cette citation à Germaine de Staël, comme il l'a déjà fait dans sa lettre à Hochet du 9 août 1812 (*CG*, VIII, lettre 2319, note 12.).
6   Voir la lettre 2352, note 5.
7   Allusion à l'*Histoire des républiques italiennes du moyen âge* de Sismondi, dont huit tomes avaient été publiés entre 1807 et 1809. La suite de l'ouvrage ne paraîtra qu'en 1815 (t. 9 à 11) et 1818 (t. 12 à 16).
8   Jean-Baptiste-Antoine Suard (1734–1817), homme de lettres chez qui BC avait logé à Paris en 1786–1787, avant son «escapade d'Angleterre».
9   Prosper de Barante.
10   Voir le Journal du 21 février 1813: «Dîné chez Sartorius». Il s'agit de Georg Friedrich Christoph, Freiherr von Sartorius von Waltershausen (1765–1828), nommé professeur d'histoire à Göttingen en 1802, ami de Goethe, auteur d'une *Geschichte des Hanseatischen Bundes* (1802–1808) et traducteur de *The Wealth of Nations* d'Adam Smith.
11   C'est chez Fauriel que BC a laissé tous ses livres allemands en partant pour la Suisse au début de 1811. Voir sa lettre à Fauriel du 10 septembre 1811 (*CG*, VIII, lettre 2236).

2356

Jean-Charles-Léonard Simonde de Sismondi à Benjamin Constant

1ᵉʳ mars 1813

Combien votre lettre me fait de plaisir, cher Benjamin, elle m'a donné une émotion de joie qui passe de beaucoup ce que vous supposez ; c'est que je vous aime d'une amitié vive et franche, bien plus que vous ne savez, bien plus surement que vous ne m'aimez, peut-être bien plus que vous n'êtes accoutumé à être aimé : sans doute il y a pour nous un lien primitif en elle[1], mais il y en a un autre aussi, we shall never find the like, but if ever I found it it was in you[2]. Je ne sais pas qui de nous deux a suspendu la correspondance, il ne me sembloit pas que ce fut moi, mais si cela est, ne l'attribuez à aucun réfroidissement, mes lettres ne me semblent jamais dire ce que je veux dire ; je me décourage presque toujours en les commençant, par cette impossibilité de parler de ce qui remplit l'ame, elles m'ennuient, et elles doivent ennuyer les autres bien plus encore. Il y a tant de sujets sur lesquels nous sommes en parfaite harmonie, pourquoi ne l'avons-nous pas été sur tous[3]? Ah que le monde a mal tourné et que de belles chances ont été perdues et dans les combinaisons publiques et dans les privées ! Vous me faites cependant un sensible plaisir en m'annonçant que nous serons d'accord dans les idées que vous développez par votre ouvrage. Je vous ai vu toucher aux deux extrêmes, et j'en ai été chaque fois effrayé, mais en effet quand la lutte est finie la modération revient d'elle même, l'ame reprend son niveau comme les liquides longtems agités. Les facultés diverses de la raison d'une part, de l'imagination et de la sensibilité de l'autre, sont trop éminentes en vous, pour que vous vouliez jamais en sacrifier aucune, c'est dans leur harmonie, et non dans l'asservissement de l'une ou de l'autre que se trouve la grandeur de l'homme. Je ne veux pas plus que vous sans doute dessécher le cœur, en lui ôtant les espérances, les consolations qu'il trouve dans ces croyances élevées dont les malheurs des tems augmentent encore le prix. Il est impossible que vous vouliez plus que moi abandonner la seule des conquêtes de ce siècle que nous ayons conservée, cette liberté de penser gage et garantie de celles mêmes qu'on nous a ravies. Je suis loin de regarder le penchant à croire comme une foiblesse qu'on doive juger en pitié ou en mépris ; c'est une conséquence d'une de nos facultés les plus éminentes, c'est un attribut de notre imagination, c'est une des sources de nos plus vives jouissances ; mais il faut se tenir en garde contre les excès de cet appetit de l'ame, comme on se tient en garde contre ceux des appétits des sens. La foi est comme l'amour celui qui ne peut pas la ressentir, celui qui s'y abandonne en aveugle tombent tous deux au dessous de la dignité humaine. Le goût du surnaturel vous avoit saisi la dernière fois que je vous ai vu, avec une vivacité qui tenoit sans doute à la nouveauté d'impressions semblables en vous, mais ce qui m'effrayoit davantage c'étoit votre admiration pour un seul homme courageux qui vous portoit à adopter la religion dont il est le chef[4]. Cette religion est si essentiellement oppressive, elle est si ennemie de la pensée que les vertus même qu'on déploye pour elle sont des calamités, parce qu'elles séduisent les ames nobles. C'est une verge terrible qui semble aujourd'hui entre nos mains, mais au moment où le maître voudra il pourra s'en saisir pour nous en frapper, qu'il sacrifie les incrédules à l'Eglise, et elle ne demande pas mieux que de les payer au prix de ses prétendues libertés. Le dernier concordat[5] peut montrer comment ce grand courage s'achète. Que je suis impatient cependant de voir votre livre. Déja dans son état antérieur il étoit une des choses les plus fortes de pensée et d'éloquence qui eussent jamais été écrites : et il a encore gagné. Ne prétendez point à le perfectionner indéfinîment. Il y a un terme aux amendemens comme à toute chose. Je crains que vous ne l'ayez déja dépassé. Tandis que vous acquérez peut être de nouvelles idées, vous vous fatiguez des anciennes et cependant celles la aussi sont nécessaires. Je désire ardemment que vous ne tardiez plus à l'apporter à Paris et à le publier. J'y serai probablement deux ou trois mois encor. Après demain je dois commencer l'impression de mon cours[6] et il a quatre volumes. Je m'engage il est vrai à revoir si l'on veut jusqu'à trois épreuves par jour, mais les imprimeurs ne seront pas si pressés que moi, et j'ai bien peu d'espérance d'être à Genève avant la fin de May. Là aussi au reste j'espérerai vous voir, si nous ne nous rencontrons pas à Paris. J'y vois en effet plusieurs de vos amis, et vous faites alors toujours un lien entre nous. J'ai trouvé Mr Fauriel plein de sentimens élevés, d'amabilité, d'esprit. Mais je crains bien qu'il ne s'élève jamais à une réputation digne de son mérite, il a un découragement qui anéantit ses facultés, en même tems qu'il s'impose toujours une tâche trop forte. C'est cette proportion juste entre le caractère et les facultés, plus que l'esprit, plus que le talent, qui donne ou qui ôte la force de produire. Je vois assez souvent Mr et Me Suard[7], et je leur ferai vos complimens. Ah cher ami dans quelle déplorable privation de toute société il faut que vous soyez tombé pour regretter leur sallon. Je ne puis pas y tenir de l'impatience que me donne Me Suard. Je sais bien qu'elle a de l'esprit, de l'instruction, de l'ame même, mais tout est détruit par son insupportable affectation. Il faut renoncer à jamais entendre en elle l'accent de la vérité dès qu'il y a plus de deux personnes dans la chambre, toujours sur ses échasses, elle veut à toute force q[ue cha]cun y monte aussi. Prosper est dans la Vendée à faire sa conscript[8]. Sa femme est ici sur le p[oint] d'accoucher[9]. Hochet a été fort aimable pour moi : il vous est très vivement attaché. D'ailleurs je vois une société très variée, à peu près toute celle de notre amie[10], et même au delà. Je me suis abandonné à ce mouvement de carnaval. J'ai cherché à connoître le monde, comme on fait une affaire, je lui ai donné tout mon tems, il ne faudroit pas que cela durât trop, car au milieu de ce tourbillon aucun travail, aucune pensée n'est possible. Mais mon impression qui va commencer va me donner des occupations forcées, et bientôt après je retournerai à Genève pour travailler d'une manière plus sérieuse. Depuis bien longtems je suis privé de nouvelles de notre amie, à présent il y a de bonnes raisons pour cela, mais auparavant elle y a mis assez de négligence. Adieu cher ami, que j'écrive ou que je me taise, croyez que mon sentiment est invariable, vous devez y compter comme vous comptez sans doute sur notre harmonie dans les choses sur lesquelles tout langage est interdit.

Paris 1er Mars 1813.

P.S. J'ai fait vos complimens à Me Suard; elle y a été infiniment sensible, elle m'a chargé de vous dire combien souvent elle vous regrettoit, combien vous aviez animé par la conversation la plus piquante ce sallon que vous aviez la

bonté de regretter, combien enfin vous y étiez désiré de nouveau[11]. Elle
parloit avec un sentiment très vrai et très vif, et cette fois je lui ai trouvé de   95
l'esprit.

à Monsieur / Monsieur B. Constant de Rebecque / à Cassel / Roy^e de Westphalie.

Manuscrit   *Genève, Collection J.-D. Candaux ; 4 pp., adresse p. 4; timbres : P : R : N° 3;
orig. autogr.

Édition   King et Candaux (1980), pp. 139–142.

Texte   **74** cha]] *lettres emportées par une déchirure*   **75** p[oint]] *lettres emportées par une
déchirure*   **97** Cassel] écrit d'une autre main dans l'interligne au-dessus de ⟨Göttingue⟩

Notes
[1]   Germaine de Staël.
[2]   *Nous ne retrouverons jamais sa pareille, mais si jamais je l'ai trouvée, c'est en vous.*
[3]   Sismondi, qui n'aime pas Charlotte, aurait voulu que BC conserve son lien avec Germaine
     de Staël. Pour sa part BC vient d'écrire dans son Journal le 21 février : «Tout est fini entre
     M^de de St. et moi».
[4]   Sismondi se souvient de l'époque où BC s'intéressait vivement à la secte des Ames intéri-
     eures que dirige son cousin Charles de Gentils de Langalerie (1751–1835), surtout en 1807.
[5]   Le Concordat de 1813, signé le 25 janvier.
[6]   Voir la lettre du 1er mars à Mme d'Albany dans laquelle Sismondi écrit que le manuscrit de
     son ouvrage «est actuellement entre les mains des censeurs, mais une partie doit m'être
     rendue la semaine prochaine pour commencer l'impression» (Sismondi, *Epistolario*, I, p.
     407).
[7]   Amélie Suard née Panckoucke (1750–1830), salonnière et femme de lettres, sœur de l'éditeur
     Charles-Joseph Panckoucke (1736–1798). Elle avait épousé Jean-Baptiste Suard le 16 janvier
     1766. Voir sur ce mariage, Suzanne Tucoo-Chala, *Charles-Joseph Panckoucke et la librairie
     française, 1736–1798*, Pau : Marrimpouey, 1977, pp. 111–113.
[8]   Conscription (allusion ironique à la nomination de Barante comme préfet).
[9]   Voir la lettre 2358, note 4.
[10] Germaine de Staël.
[11] Au cours de l'hiver 1786–1787, BC avait fréquenté le salon de Mme Suard et y fait allusion
     dans *Ma Vie*.

2357

Benjamin Constant à Charles de Villers

13 mars 1813

ce 13 Mars

Imaginez, cher Villers, que je reçois une lettre de la Sybille[1], en date du 22
février, qui m'apprend que, de toutes celles que je lui ai écrites les 22 Janvier

4 février et 12 du même mois, aucune ne lui est parvenue. Je suis dans un vrai chagrin de ces obstacles invisibles qui entravent notre correspondance. J'en suis aussi faché pour Sjöbring[2], car la lettre[3] ou je le recommandais est celle du 4 février, et le 22 elle étoit encore ou perdue ou en route. Je viens donc, cher Villers, recourir à vous, et pour lui et pour moi, et vous prier de faire parvenir l'incluse[4]. De toutes mes lettres depuis quatre mois, les deux seules qui soient arrivées sont les deux que vous avez bien voulu faire passer. Je renouvelle dans celle çi tout ce que j'avais mandé dans une précédente, relativement à Sjöbring. Je ne saurais vous dire combien je suis faché de ce contretems, qui achève de rompre une amitié à laquelle vous savez que je tiens beaucoup. La Sybille attribue mon silence à des *fagots*[5] qu'on a répandus. Je suppose qu'ils se rapportent à un mariage, car elle me dit, vous n'avez surement pas cru qu'il put y avoir rien de nouveau dans ma situation. Mariée ou non[6], je voudrais qu'elle eut mes lettres.

Rien d'intéressant ici. La Gazette de Berlin[7] arrive toujours. Elle me rappelle un masque que j'ai vu représentant le jour et la nuit, une moitié du corps blanche, et l'autre noire. La moitié de la Gazette est russe et l'autre francaise.

Adieu cher Villers, je vous demande pardon de mes importunités : je vous aime et vous embrasse.

Je ne mets que l'adresse des banquiers, indiquez ou ajoutez le nom de la ville coῘe vous voudrez. Adieu.

à Monsieur / Monsieur de Villers / Professeur / à Göttingue.

Manuscrit   *Hambourg, SUB, Nachlass Charles de Villers, Mappe 12, ff. 495–496; 4 pp., p. 3 bl., l'adresse p. 4; timbre : CASSEL 13 MÄRZ 181[3]; orig. autogr.

Éditions   **1.** Isler (1879), n° 23, p. 44.   **2.** Kloocke (1993), n° 53, pp. 136–137.

Texte   **3** que] que ⟨je [?]⟩ [*en surcharge*]

Notes
[1] Germaine de Staël. Voir le Journal du 13 mars 1813, «Lettre de la voyageuse. Les miennes ne lui parviennent pas».
[2] Per Sjöbring (1776–1842), spécialiste suédois des langues hébraïque et araméenne et futur professeur à Uppsala, qui se trouvait à Göttingen depuis 1811. Il travaillait avec le célèbre orientaliste allemand Oluf Gerhard Tychsen (1734–1815), de l'Université de Rostock. Voir Hasselrot, *Nouveaux documents*, (1952), pp. 81–82.
[3] Non retrouvée. On ignore à qui BC recommandait Sjöbring.
[4] BC ne sait pas où se trouve Germaine de Staël. Aucune des lettres de BC dont il est question ici n'a été retrouvée.
[5] *Académie* (1786): «Conter des fagots [..] conter des fadaises, des sornettes».
[6] Voir la lettre 2358 de Claude Hochet à BC.
[7] La *Königlich Privilegierte Berlinische Zeitung von Staats- und Gelehrten Sachen* (1721–1934), journal généralement connu sous le titre de *Vossische Zeitung*.

2358

Claude Hochet à Benjamin Constant

vers le 15 mars 1813

Paris

Vous devez être bien mecontent de moi cher Benjamin ; je merite bien vos
reproches, je les accepte tous, excepté celui pourtant qui m'accuseroit du
moindre refroidissement à votre egard. Je vous suis toujours tendrement
attaché, je desire chaque jour davantage de vous revoir, causer une ou deux 5
heures avec vous seroit un des plus grands plaisirs qu'on put me procurer,
mais je ne sais plus vous ecrire, parce qu'il y a une pensée premiere, toujours
presente, et qu'il faut toujours ecarter, et j'ai peur que les cosaques[1] n'in-
terceptent quelque courrier. On nous dit à Paris qu'ils vont jusqu'à vos
portes. On nous dit votre Allemagne dans une si grande agitation, que j'en 10
espere plustot votre retour ici. Vous, prêtre des muses, il vous convient de
vous derober le plustot possible à toutes ces scenes de tumulte. J'ai grande
impatience de lire votre ouvrage, je suis bien sur d'avance malgré mes mauvaises plaisanteries qu'il sera aussi clair que profond. Mais quelle epoque
pour occuper les esprits de pareilles questions ! Je suis presque tenté de me 15
rejouir de vos eternelles lenteurs qui vous meneront jusqu'au temps où quelque repos sera donné à l'Europe. Si j'en croyois vos lettres, celle ci vous
trouveroit faisant les préparatifs de votre depart, je le desire bien vivement,
car je vais vivre en garcon presque tout mon eté. Je vous apprendrai que ma
femme est accouchée il y a huit jours d'un garcon[2], et comme elle le nourrit, 20
elle compte passer toute la belle saison à la campagne. J'aimerois fort que
vous fussiez alors à Paris, nous chercherions à recommencer nos diners de
garcons, si aimables, et si gays. Ce souvenir me ramene à ce pauvre Villers
dont vous me parlez d'une maniere si touchante[3], je vous prie de lui dire que
j'ai eté bien vivement emu de ses malheurs, ce pere, cette mere, ces quatre 25
enfants succombant à la fois est un des faits les plus douloureux que j'aye
entendus et pourtant combien en a-t'on raconté ici des mêmes lieux et du
même temps qui ont causé une horreur dont malgré notre frivolité on n'est
pas encor remis. Voilà un autre de nos convives qui eprouve un sort tout
different. Prosper est à l'apogée de la felicité, s'il faut en croire le sot vul- 30
gaire ; et pourtant je vois par ses lettres qu'il n'est pas heureux. Quoiqu'il en
soit il est nommé depuis trois jours prefet d'une des premieres villes de
France, de Nantes, et sa femme est accouchée d'une fille[4]. Cela est un vrai
bonheur ; quant à l'autre c'est aujourd'hui un bien triste metier que celui de
Prefet, et je m'applaudis chaque jour davantage d'avoir resisté à la tentation 35

d'entrer dans cette carriere, à une epoque ou j'aurois pu me la faire ouvrir. Il est vrai que je n'y aurois pas tenu longtemps, ce qui m'auroit epargné les chagrins du moment, mais je n'en serois pas aujourd'hui sur un meilleur pied. Croiriez vous que j'ai recu de S[5]. une lettre de Germaine, lettre fort triste et fort touchante, elle est toute en souvenirs du passé, et ne me dit rien de ses relations actuelles. Seroit-il vrai qu'elle fut mariée[6]? Le bruit en court à Paris. Je ne puis ni ne le veux croire. Independamment de mille autres considerations plus ou moins fortes, auroit-elle ainsi sacrifié sa fille[7] a un penchant aussi insensé ? Je dis sacrifié, car quel homme d'un nom convenable voudra devenir le gendre de Mad[e] R. Ecrivez moi à ce sujet tout ce que vous en savez. Votre derniere lettre toute mysterieuse sur ce point m'a fort inquietté. Je porte, comme vous le dites trop de respect au passé, pour ne pas garder au fond de mon cœur tout ce que j'apprendrai sur elle. J'ai plus que personne la religion des souvenirs. —— On cherche dans ce moment à faire un peu de bruit sur la comedie nouvelle de M. Etienne[8]. Mais l'opinion ne se laisse pas prendre à de pareilles distractions. C'est une mauvaise comedie, aussi pauvre d'invention qu'il est possible, dont l'action est sans motif, et dont les principaux caracteres sont faux. Le style vise à l'effet, et par cela même manque de naturel et de verité. Ce sont des tirades d'epitres, ou des traits d'epigrammes. Geoffroy[9], à tout prendre l'a fort bien jugée il y a cependant un role qui est fort bon, c'est celui du chambellan à qui l'intrigante destine la fille du negociant. Ce role a eté observé d'après nature. Ce chambellan est un homme fort meticuleux fort circonspect, qui redoute par dessus tout de se compromettre. *Il* attend de la cour des ordres pour penser[10]. Ne trouvez vous pas ce vers fort joli ? Je vous en dirai bientot un autre encor plus joli. Cette intrigante lui propose sa niece, il trouve le mariage fort desirable et n'y oppose aucune objection. Il importe que l'affaire soit terminée promptement, pour que le pere n'ait pas le temps de s'y opposer il le sent, mais il ne veut rien decider avant qu'il ait su si ce mariage plait ou non *à la cour*. L'intrigante se moque de [ses] scrupules, lui dit que chacun est libre de se marier comme [lui plait]. Il est ebranlé, mais bientot sa nature l'emporte, et il lui [dit]

Moi, je ne veux en rien paroitre independant[11].

Ne trouvez vous pas ce vers de caractere, tout à fait piquant. Je m'etonne encor qu'on l'ait laissé passer ; voilà ce que c'est qu'etre un homme de la police.

Adieu, cher Benjamin, je vous aime, et vous embrasse de tout cœur.

Monsieur / Benjamin Constant / Membre de la Societé Royale de / Gottingue / à *Gottingue* / *Westphalie*

Manuscrit   *Lausanne, BCU, IS4222/7; 4 pp., l'adresse p. 4; timbres : P ; [ ]OURSES / GOET-
TINGEN ; orig. autogr.

Texte   *Sur la page de l'adresse : calculs de la main de Benjamin Constant.*   **47** respect]
respect ⟨pour⟩   **59**   *Il*] *le ms. porte* ⟨Il il⟩   **65** [ses]] *mots emportés par une déchirure*
66 plait]] *mot emporté par une déchirure*   **67** [dit]] *mot emporté par une déchirure*
74 *Gottingue*] *Une main inconnue a biffé* Gottingue *et ajouté* Cassels

Commentaire et Notes   Pour la date de cette lettre, voir la note 4 (date de nomination de
Barante comme préfet et date de naissance de sa fille).
    D'après les allusions à la pièce d'Étienne et au compte rendu de Geoffroy (voir les notes 8 et
9) cette lettre doit dater de la mi-mars 1815.

¹ A cette époque l'armée russe avance vers Berlin et fin mars des groupes de cosaques fran-
   chiront l'Elbe. Cependant, malgré la retraite de Russie, la Grande Armée est loin d'être
   vaincue et, au début mai 1813, Napoléon va relancer sa campagne en Europe centrale. Le 2
   mai, il battra les Russes et les Prussiens à Lützen, en Saxe occidentale.
² En 1807, Claude Hochet avait épousé Gabrielle Boignes qui lui donnera quatre enfants. Son
   fils aîné, Prosper (1810–1883), lui succédera dans ses fonctions au Conseil d'Etat. Les précisions manquent sur les autres enfants.
³ Voir la lettre 2348.
⁴ Le 12 mars 1813, Prosper de Barante est nommé préfet de la Loire-Inférieure et s'installera à
   Nantes le 7 avril. Après sa rupture définitive avec Germaine de Staël, il a épousé le 27
   novembre 1811 Césarine d'Houdetot, qui vient de lui donner, le 13 mars, le premier de ses
   sept enfants, Marie-Adélaïde-Suzanne, future baronne de Nervo.
⁵ Stockholm (la lettre à laquelle Hochet fait allusion n'a pas été retrouvée).
⁶ A la fin de 1810, Germaine de Staël a rencontré Albert-Michel-John Rocca (1788–1818),
   jeune officier et grand blessé de la guerre d'Espagne, et a accouché de leur fils, Louis-Alphonse Rocca, le 7 avril 1812, à Coppet. Elle épousera secrètement John Rocca le 10
   octobre 1816 et mourra l'année suivante.
⁷ Albertine (1797–1838) qui épousera, le 20 février 1816, Victor, duc de Broglie (1785–1870).
⁸ *L'Intrigante, ou l'École des familles*, comédie en cinq actes et en vers de Charles-Guillaume
   Étienne (1777–1845), qui vient d'être représentée pour la première fois au Théâtre Français,
   à Paris, le 6 mars 1813. La pièce d'Étienne sera interdite à la douzième représentation par
   ordre de Napoléon, qui juge offensantes certaines allusions à la Cour.
⁹ Julien-Louis Geoffroy (1743–1814), critique dramatique et littéraire, qui fait un compte
   rendu de *L'Intrigante* dans le *Journal de l'Empire* [*Journal des débats*] du 9 mars 1813 : «Les
   défauts essentiels de la pièce, et auxquels il ne paroît pas qu'il y ait remède, sont le défaut de
   comique, le défaut d'action et d'ensemble, le mérite de l'ouvrage est dans quelques détails
   agréables, dans quelques vers heureusement tournés. Le fond est totalement vicieux ; c'est
   une conception fausse et malheureuse : l'auteur s'est trompé sur le sujet». On se souvient que
   Hochet avait publié lui-même plusieurs articles sur le théâtre.
¹⁰ La Baronne dit à propos du Comte de Saint-Fart : «Tour à tour humble et fier, dédaigneux
   et timide, / Il n'ose faire un pas que la cour n'en décide ; / Avant elle jamais il ne veut
   prononcer, / Et je crois qu'il attend des ordres pour penser». (Acte I, scène VI, p. 17).
¹¹ La Baronne : «Mais sans blesser en rien l'autorité suprême,/ Quand on est bien épris on peut
   dire qu'on aime.» Le Comte : «Dans ma position je dois être prudent, / Et je ne veux en rien
   paraître indépendant» (Acte I, scène VII, p. 19).

2359

Fanny Randall à Benjamin Constant

24 mars 1813

Mercredi matin 24 Mars

Pourquoi ne m'écrivez vous pas cher ami, pourquoi avez vous cessé tout d'un coup d'écrire à notre amie[1]. Elle me mande qu'il y avoit lorsqu'elle m'écrivit le 19 fév[2]. plus de deux mois qu'elle n'avoit pas reçu une ligne de vous. Jusqu'à l'amitié donc vous tient elle si peu à cœur que dans ce senti- 5 ment encore, vous vous plaisez à la faire souffrir. — Votre silence l'afflige plus que vous ne le croyez ou peut être je devrois mieux dire *autant* que vous le désirez — cher ami pourquoi est-il tant d'inconséquence dans votre cœur, pourquoi me dire que vous souffrez de l'idée que tout est tellement *changé* entre vous et Elle que presqu'autant vaudrait il dire *fini* — et loin de rien 10 faire pour conserver et pour donner de la douceur au lien qui pourroit encore (si vous le voudriez de bonne foi) répandre tant de charme sur la vie de l'un et de l'autre on diroit que vous vous êtes imposé la pénible *tache d'user* ce qu'une longue expérience a du vous prouver vous ne pouvez pas briser — Au nom du Ciel cher ami ne soyez pas ainsi : Si vous étiez heu- 15 reux[3], si en brisant sa vie vous aviez su arranger la vôtre je vous laisserois la tranquillité du sort que vous aurez (?) choisi — vous seriez à l'abri des conseils car j'aurois depuis longtems cessé de vous aimer et de vous estimer ; mais que gagnez vous en mettant votre propre ame pour ainsi dire en exile ? La triste satisfaction que vous faites souffrir la sienne aussi — mon Dieu 20 n'est ce pas donc assez de sentir pret à tomber sur nous les evenemens malheureux qui par les lois immuables de la Nature ne cessent de planer sur nos tetes, faut il passer cette vie si courte pour aimer, à dedaigner le bonheur que la providence jette encore sous nos pas, parce qu'il ne se presente pas à nous precisement sous les formes qu'avoient voulu nos caprices ou notre 25 vanité, ne pourez vous pas assez vous remettre à l'inexorable tems pour tout briser sans vouloir aller au devant de lui les rapports qui pourroient encore exister entre vous et elle, ne sont ils pas les plus nobles, les plus purs et par consequent les plus durables qui puissent subsister sur cette terre s'il suffit à votre bonheur qu'on rend justice à tout ce que vous avez de si hautement 30 superieur dans l'esprit et les connoissances, si votre ame suffit à elle même, si vous ne voulez pas d'autre bonheur que les jouissances de l'amour propre alors pourquoi n'êtes vous pas heureux dans le pays qui certes aujourdhui est le plus fait pour vous apprecier ; mais si votre ame a besoin d'etre com- prise, si votre esprit blasé sur l'admiration qu'il inspire sans doute toujours a 35 besoin de se communiquer alors ne jettez pas irrevocablement loin de vous le seul être qui puisse veritablement vous apprecier — c'est assez pour la celebrité que d'etre admiré, mais l'ame a besoin d'etre sentie, d'etre comprise et surtout de se communiquer. Je ne vous parle que de vous de l'importance de changer votre manière d'être d'apres l'intime conviction que 40 j'ai, que sans ce changement vous detruisez les moyens qui vous sont encore offert de jouir de beaucoup de bonheur.

Aug[4] est parti cette nuit pour la rejoindre il s'arretera trois ou quatre jours à V[ ][5]. Je suppose que les premieres lettres (d'elle) après l'arrivée d'Aug me diront ses projets definitifs à l'égard des Doxat[6] et le moment de 45 l'exécution de ces projets — j'attend ces lettres pour regler la marche des miens. Au moment ou j'aurois reçu [j'es]père l'argent[7] dont j'ai besoin pour terminer differentes affaires ici et pour l'execution de mon projet — que faites vous il me semble que votre etablissement actuel à G[8]. doit finir à Paques. Mandez moi ce que vous faites ecrivez donc à notre amie et en 50 contribuant autant que vous le pouvez (et cela est beaucoup je vous assure) à son bonheur. Vous trouverez je n'en doute pas le votre ce seroit une noble et juste manière de reparer les erreurs qui ont gaté autant votre propre vie que la sienne.

adieu — adieu — 55

Surtout aujourdhui ce depart d'Ag[9] me semble etre une separation de plus avec elle et par consequent un vrai malheur pour moi.

Je viens de lire sur les journaux francois que vous etes membre de l'accademie de G[10]. Je suppose que c'est une chose qui vous fait plaisir et je vous en félicite Repondez moi donc. 60

Mr Langallerie[11] est dans un très mauvais etat de santé à la suite d'une maladie dans laquelle pendant près de 3 semaines on desesperoit de sa vie — Adieu. Je suis cruellement triste et ebranlée.

Monsieur / Monsieur Benjamin Constant / de Rebecque / à Göttingue / *Westphalie* / Allemagne. 65

Manuscrit L'orig., qui faisait partie de la collection Arthur de Cazenove, n'a pas été retrouvé ; nous le reproduisons d'après une *transcription dactylographiée conservée dans les Archives Rudler.

Texte *Les indications de lacunes sont celles qui se trouvent dans la transcription de Rudler.*

Commentaire et Notes L'auteur de cette lettre est Frances, dite Fanny Randall (1777–1833), fidèle amie et confidente de Germaine de Staël et institutrice anglaise d'Albertine de Staël depuis 1809.

[1] Germaine de Staël qui séjourne à Stockholm du 24 septembre 1812 jusqu'au mois de juin 1813.
[2] Lettre non retrouvée.
[3] Fanny Randall n'ignore ni les sentiments fluctuants de BC à l'égard de Charlotte ni ses querelles avec elle dont témoigne abondamment son Journal à cette époque, par exemple : «Le plus grand inconvénient de ma vie, c'est d'être marié» (7 avril 1813).

⁴ Auguste de Staël.
⁵ Ville non identifiée.
⁶ Doxat & Divett, maison de banque à Londres, fondée en 1779 par le Suisse Jean-Alphonse Doxat (1759–1849), ce qui signifie donc «les projets pour l'Angleterre de Germaine de Staël».
⁷ Nous ignorons à quel arrangement Fanny Randall fait allusion ici.
⁸ Göttingen.
⁹ Auguste de Staël.
¹⁰ BC est membre de la Société royale des sciences de Göttingen depuis le 17 décembre 1812.
¹¹ Charles Gentils de Langalerie (1751–1835), cousin de BC.

2360

Benjamin Constant à Charles de Villers

vers le 26 mars 1813

Cher et très cher Villers, je vois chaque jour plus qu'il vaut mieux dans ce monde etre débiteur que créancier. Cependant quand j'avais des dettes je pensois autrement, ce qui prouve que j'ai la maladresse de ne trouver que les inconvéniens des situations. On me promet depuis huit jours un Acte que je dois emporter à Göttingue. Et après l'avoir attendu jusqu'à présent, il arrive ₅ que par je ne sai quels événemens de voyages, de Cour et de Chasse tout est remis à dix ou douze jours. Il en résulte qu'il faut que j'attende et que mon projet de vous revoir est encore ajourné. On nous dit ici d'étranges nouvelles. Le Préfet de Hambourg tué[1], les Autorités de Lunebourg à Göttingue. Dites donc ce qu'il y a de vrai là dedans, ce dernier point doit être à votre ₁₀ Connoissance. Du reste on attend toujours l'Empereur, et ses Armées, au nombre de 20000 hommes, dont il y a six mille sous le viceroi[2] paroissent n'etre destiné a repousser les Russes que sous la conduite de S.M. elle même. On dit que cela sera très facile, plus ils avancent plus ils s'affaiblissent moins les francais ont de terrein a défendre plus ils sont forts, ils le seroient encore ₁₅ plus sous les murs de Paris. Au reste les nouvelles se croisent, et se multiplient de manière à donner des lecons de scepticisme au plus intrépide croyant, et cõe on a défendu la Gazette de Berlin et celle de Leipsic, il n'y a plus que des oui dire dont le son tantot agréable et tantot facheux, n'est qu'une musique souvent étouffée et presque toujours en sourdine. Je sup- ₂₀ pose ou je crains que Sieveking[3] ne soit parti quand vous recevrez cette lettre. Les 15 jours qu'il avoit accordés a M. de Reinhard[4] sont écoulés et les circonstances n'ont fait que motiver de plus en plus son voyage. J'aurais voulu le voir auparavant, d'abord parce que je l'aime, ensuite parce que j'aurais eu une commission a lui donner, s'il avoit voulu me rendre ce ser- ₂₅ vice. C'eut été, et s'il est encore auprès de vous, je vous prie de lui dire de ma part, c'eut été, si comme on l'annonce ici tout en le niant, Il rencontre chez lui l'Ami de la Sybille[5], de lui dire qu'en tout tems et en tout lieu je lui suis devoué *à lui*, et que je ne demande qu'une occasion de le voir pour lui consacrer tout ce que j'ai de forces et de moyens, afin de terminer son entreprise de Biographie[6], que je prefère encore à mon Polythéisme. J'espere qu'il ne dira pas non Tali auxilio nec defensoribus istis – opus eget[7].

On nous annonce pendant que je vous écris de grandes nouvelles. Les Russes battus par le g[al] Morand[8] près de Stralsund[9], les mêmes Russes à Hambourg, enfin que sais-je ? Je voudrais être pres de vous, ce qu'au reste je voudrais toujours, independamment de toutes nouvelles.

J'espère que vous avez recu ma lettre avec celle y incluse[10]. Je suis bien aise de vous dire pour que vous puissiez le dire a Sjöbring[11] que depuis J'ai recu une Réponse[12] a ma recomandation pour lui.

J'ai une vraie honte de vous prier de m'envoyer encore mes lettres pour lesquelles je vous donne plus de peine qu'elles ne valent. Surtout ecrivez moi. J'ai soif de recevoir quelque chose de vous. Si je varie tant dans mes projets je ne puis pas dire n'accusez que les Dieux qui la firent si belle mais accusez mes créanciers. J'aimerais mieux etre à Göttingue avec mon argent qu'ici a l'attendre.

Vous savez que le petit Reinhard[13] a été très mal. Harnier[14] a craint pour la santé et la raison de la mère. Mais il est mieux.

Avez vous causé avec Seckendorff[15] sur le Magnétisme ? Il dit des choses bien incroyables, mais qui sont bien dans votre sens.

Faites moi le plaisir de savoir à la Bibliothèque si le Mythologisches Taschenbuch de Mayer[16] de l'an 1813 s'y trouve. Je l'ai ici, mais il m'est assez important de le retrouver à Göttingue.

Adieu cher Villers ecrivez moi.

Respects a M[de] Rodde[17].

Voilà-t-il pas que le sort se moque encore de moi pendant que je vous écrivois, j'ai recu ce qui retardoit mon départ. De sorte que je partirai sans faute sous quatre à cinq jours. Il en resulte que je vous prie *de ne pas m'envoyer mes lettres* mais si vous voulez m'écrire un mot, vous me ferez un vif plaisir.

Manuscrit   *Hambourg, SUB, Nachlass Charles de Villers, Mappe 12, ff. 464–465; 4 pp.; orig. autogr.

Éditions   **1.** Isler (1879), n° 8, pp. 14–17.   **2.** Kloocke (1993), n° 55, pp. 140–142.

Texte   *Note au crayon* [*de la main de Villers* ?] *en tête de la lettre* : Cassel März 1813.
14   moins] moins *récrit au-dessus de* ⟨plus⟩   **27**   ici] *ajouté dans l'interligne*   **28**   et] *ajouté dans l'interligne*   **37**   incluse[10].] incluse. ⟨Au reste⟩   **38**   dire] dire ⟨que⟩   **41**   lesquelles] pour les *ajouté dans l'interligne*

Notes

[1]   Il s'agit du soulèvement de Hambourg de février 1813, mais la nouvelle de cette mort était fausse.

[2]   Eugène de Beauharnais (1781–1824), vice-roi d'Italie.

[3]   Karl Sieveking (1787–1847), professeur d'histoire à l'université de Göttingen depuis mai 1812 où il enseignait l'histoire italienne, ami de Charles de Villers et de Mme Rodde, plus tard diplomate hambourgeois. En 1813 il se détournera de l'histoire pour défendre les intérêts de Hambourg et des autres villes hanséatiques. Voir Heinrich Sieveking, *Karl Sieveking 1787–1847. Lebensbild eines hamburgischen Diplomaten aus dem Zeitalter der Romantik*, Hambourg : Alster, 1923, 3 vols.

[4]   Voir, sur Karl Friedrich Reinhard (1761–1837) futur diplomate au service de France, le Répertoire.

[5]   L'ami de Germaine de Staël, c'est-à-dire le prince suédois Bernadotte dont BC soutient les ambitions.

[6]   Nouvelle allusion à Bernadotte.

[7]   *Cette heure n'exige pas une telle aide ni de tels défenseurs*, Virgile, *Enéide*, II, 551–2, mots qu'Hécube, reine de Troie, adresse à son mari Priam dans la ville de Troie incendiée par les Grecs.

[8]   Joseph Morand (1757–1813), commandant de division qui sera tué le 2 avril 1813 à Lunebourg.

[9]   Ces nouvelles sont fausses.

[10]   Non retrouvée.

[11]   Voir, sur Sjöbring, la lettre 2357, note 2. Nous ignorons à quelles lettres BC fait allusion ici.

[12]   Non retrouvée.

[13]   Charles-Frédéric-Albert Reinhard, né en 1802.

[14]   Richard Maria von Harnier (1775– ?), médecin à Cassel et à Bad Pyrmont, ami des Reinhard.

[15]   Le baron Gustav Anton von Seckendorf (1775–1823), (pseudonyme Patrick Peale), professeur à l'Université de Göttingen et plus tard à Brunswick. Voir *OCBC*, VII, p. 656.

[16]   Friedrich Majer, auteur du *Mythologisches Taschenbuch*, Weimar, 1813.

[17]   Dorothea von Rodde, née von Schlözer (1770–1825), compagne de Charles de Villers.

2361

Benjamin Constant à Charles de Villers

29 mars 1813

Vous savez bien, très cher Villers, comme tout va dans la vie. Ce qu'on désire s'ajourne toujours, et ce qui ennuye ne finit pas. Une misérable lessive[1] a retenu ma femme, et la peur de ma femme sur les cent mille contes qui se sont succédés m'a retenu. Il n'y avoit de réel que sa peur, mais c'étoit un mal réel, qui l'a emporté sur mon impatience. Nous arriverons donc ₅ ensemble au plutard après demain. Je vous apporterai votre argent ; je vous apporterai vos livres ; je vous apporterai votre papier ; quant au vin, je crains fort que cela ne me soit impossible ; je verrai pourtant, et je le ferai dans le cas d'une impossibilité insurmontable, mettre à la diligence, ou à un roulier[2], ce qui, d'ici à Göttingue, ne doit pas être beaucoup plus lent[3]. 10

Cassel a eu sur moi son effet accoutumé. Je suis stupide au moral et las au physique : et je crois que de retour à Göttingue, il faudra que je dorme quelque tems avant de reprendre l'usage de mes facultés. Le tems que j'ai perdu cet hyver n'a qu'un bon effet, c'est qu'il me rend nécessaire de passer six mois de plus avec vous. Et sauf la force majeure, je me propose de 15 prendre Göttingue pour mon azyle, quelque bruit qui gronde autour, et quelques couleurs qui y flottent. J'espère que mon ardeur littéraire sera protégée par le respect de ce siècle eclairé pour la science. Il est de la gloire de Göttingue de servir d'égide à tous ceux qui laissent aller le présent pour ne s'occuper que du passé. D'ailleurs nous sommes vous et moi dans la 20 même cathégorie à peu près, et ce que vous supporterez, je me résigne à le supporter. M[de] de C. ira voir à Hanovre[4] des Parens qui l'y invitent.

Dès mon arrivée dans vos murs je vais donc m'occuper de trouver un bon appartement, ou ma femme si elle veut venir me voir, trouve un lit, quoique je doute qu'elle en fasse souvent usage. Je suppose que les appartemens 25 seront assez faciles à trouver. L'université ne sera pas très nombreuse en Etudians cette année : et je profiterai des places vacantes pour en trouver une à mon gré.

Le Départ de Siev.[5] fachera et chagrinera beaucoup son oncle[6]. Nous avons eu à ce sujet une conversation dans laquelle il m'a dit des choses très 30 raisonables tout en ayant la justice de convenir qu'à l'age de S. il auroit peut-être senti autrement. Au reste, il est très possible que celui ci trouve des obstacles à continuer sa route, nous le reverrons alors, et je jouirai de cet effet particulier des calamités publiques.

Grace au ciel, je vous écris dans une chambre ou il n'y a qu'une chaise, et 35 ma femme n'en a que deux et couche par terre ; j'aime extrêmement cet arrangement qui me garantit de tous les retards auxquels sa paresse et la mienne auroient pu nous exposer. Il n'y a pas moyen d'habiter ici, et nous en partirons de force, ce qui est la manière la plus sure de faire une chose. Par parenthèse, je recois de Suisse une lettre qui m'a été renvoyée de Gott- 40 ingue ce qui prouve que ne me voyant pas arriver les gens de la poste croyent qu'il faut m'envoyer les lettres que je ne vais pas chercher. Cõe j'irai pourtant après demain, veuillez leur renouveller l'injonction de tout garder jusqu'à ma venue.

Qu'est ce donc que cette Echaffourée des Etudians et des conscrits ? 45 Leist[7] m'en a parlé avec le plus grand effroi. Je vous fais des questions cõe si vous pouviez y répondre. Adieu cher Villers a revoir Mardi ou Mercredi au plutard.

à Monsieur / Monsieur de Villers / Professeur / à Göttingue

Manuscrit   *Hambourg, SUB, Nachlass Charles de Villers, Mappe 12, ff. 466–467; 4 pp., adresse p. 4; timbres : 29 MÄRZ 18[13] CASSEL : GOETTINGEN / [ ]; orig. autogr.

Éditions   **1.** Isler (1879), n° 9, pp. 17–19.   **2.** Kloocke (1993), n° 56, pp. 143–145.

Texte   *Note au crayon [de la main de Villers ?] en tête de la lettre :* März 13 / Cassel zwischen 5. März und 3. Apr. 1813.   **42**   qu'il] qu'il [⟨...⟩] faut

Notes
1 Grosse perte au jeu ou à la bourse. Nous ignorons s'il faut l'entendre au sens littéral – comme son mari, Charlotte avait l'habitude de jouer – ou s'il s'agit de l'argent que les frères de Charlotte lui doivent.
2 Voiturier qui transporte des marchandises.
3 BC quittera Cassel le 3 avril et séjournera à Göttingue pour la dernière fois jusqu'au 19 septembre 1813.
4 Selon le Journal, Charlotte se rend seule à Hanovre entre les 4 et 6 avril.
5 Karl Sieveking. Voir la lettre 2360, note 3. En mars 1813 Sieveking retourne à Hambourg, à l'annonce d'un soulèvement contre Napoléon, et deviendra diplomate au service de la ville.
6 Le diplomate français Karl Friedrich Reinhard. Sieveking a dû choisir entre une carrière diplomatique et celle de professeur d'université.
7 Justus Christoph Leist (1770–1858), professeur de droit à Göttingue.

2362

Benjamin Constant à Rosalie de Constant

vers le 4 avril 1813

Vous désirez une longue lettre, chère Rosalie, vous savez que je suis toujours disposé à vous écrire, et que ce m'est toujours un plaisir. Vous me demandez des détails sur moi. Je ne vous les ai jamais épargnés. Enfin vous avez envie que nous causions, et c'est tout ce que j'aime que de causer avec vous. Je comence par ce qui me regarde, parce que je suis pressé de finir de ce qui ne 5 touche que moi. Au milieu des Bouleversemens publics, qui ont influé sur toutes les affaires privées, ma feme a continué à presser ses débiteurs, et avec de la douceur et de la suite, nous avons mieux réussi que je n'espérois, quoique ce ne soit encore qu'en partie. Nous avons obtenu environ 11000 Ecus de ce Pays, c'est à dire entre 40 et 50 mille francs de France. On nous 10 en doit encore à peu près 90 mille, sans ce que ma femme a dans les terres de son fils. Notre principal débiteur à présent est à Vienne[1] et doit en revenir dans le courant du mois prochain. Nous ne pouvons guères esperer que des suretés, ou des à compte. Tout ce que je désire, c'est que l'affaire soit en règle de manière à ne pas nous laisser exposés à perdre le capital. Aussitot le 15 retour attendu, il y aura quelque chose de décidé. Voilà pour nos affaires d'argent. Mes entreprises littéraires ont un peu souffert de mon séjour à Cassel. Des courses à Göttingue n'ont pas suppléé à un établissement fixe, et il y a toujours eu beaucoup de tems de perdu dans les déplacemens. J'ai donc moins avancé que je ne comptais. Je tacherai à dater de la semaine prochaine de ne plus laisser échapper le peu de jours qui me restent. Ma femme va à Hanovre[2] où je serai peut être forcé de me rendre aussi, mais je n'y resterai que le moins que je pourrai et je tirerai encore une fois de Göttingue le parti que j'en ai déja tiré. Je serai alors, à ce que j'espère, à même de finir mon travail ailleurs, car j'ai tant lu que j'ai déjà quelque peine à mettre en ordre toutes mes troupes, et comme il faut une borne à tout, je n'aurai bientot plus qu'à profiter de ce que je sai, en me résignant à ce que j'ignore. Voilà pour mes projets littéraires. Mais au milieu de tous ces projets, tant de finance que de littérature, Il y a des chances qui peuvent les déranger. Nous sõmes assez près du théâtre des plus grands evenemens. Sans entrer dans des détails défendus, je puis dire que nous avons déjà eu assez près de nous des habitans de contrées lointaines. Beaucoup de gens se seroient en allés à notre place. Mais l'étude est cosmopolite, et les dangers extérieurs ne sont rien pour qui coñoit assez la vie pour l'évaluer. Ma femme est ou sera au milieu de sa famille. Je serai au milieu d'une grande bibliothèque, et le plus (je ne dis pas le pis) qui puisse arriver, c'est que j'aille rejoindre ceux que je lis ; je me trouverais en ce cas là tout de suite en pays de coñoissance. Je me propose donc de ne penser à rien de ce qui se passera autour de moi. De la sorte ce sera cõme si rien ne se passoit. J'ai souvent dormi au bruit du tonnere qui ressemble fort au bruit du canon. La musique Tartare[3] ressemble assez à l'orchestre du grand opéra. L'agitation ne peut jamais venir du dehors à moins que l'intérieur ne s'y prête. J'ai été plus agité et plus malheureux au milieu du repos le plus profond que je ne pourrais l'être dans une ville prise d'assaut.

Le petit De Saugy[4] a été nommé sous Lieutenant. C'etoit l'objet de son ambition et je l'ai vu au comble de la joye. Je ne sai si j'ai contribué a sa nomination : dans tous les cas j'y suis pour peu de chose. Tout au plus j'ai avancé le moment de quelques mois. Mais quoiqu'il en soit je prends un vif interet à lui, parce qu'il a tant d'ardeur que cette ardeur, quel que soit son objet, me touche, et je suis sur qu'il se distinguera, dès la première occasion. L'idée de faire la guerre l'enchante, et il ne se console pas de n'avoir pas été de la dernière campagne. Il est impossible de pousser le zèle plus loin. Au reste il aura de quoi réparer le tems perdu. Je crois la carrière ouverte pour longtems à son occupation favorite.

Je serais fort curieux de partager avec vous chere Rosalie la lecture des manuscrits de M[de] Hardy[5]. Je n'ai jamais douté de la justesse de son esprit, et la parfaite justesse donne toujours à l'esprit beaucoup d'étendue. L'absence de prétentions donne aussi du repos à la pensée, qui peut aller son chemin, sans se fausser pour faire effet. Songez-vous à publier quelques portions de ces écrits, vu leur etat d'imperfection, c'est à dire de non achê- 60 vement, met-il obstacle à ce que le public en profite ? Je voudrais de toute manière être avec vous pour ce travail, mais il n'y a rien pour quoi je ne fusse pas toujours bien aise d'etre avec vous.

Je suis moins en correspondance avec Villars[6] que je ne voudrais. Nous nous écrivons de loin en loin. Quand j'ai reçu sa dernière lettre[7], rien n'étoit 65 encore décidé pour Jules[8], qu'il desiroit retirer du service, auquel sa santé ne le rend pas propre. Je ne sais s'il l'aura pu. Juste me paroit fournir une très belle carrière. Il y a bien quelques inconvéniens à faire voile sur un vaisseau qui navigue si obliquement, et qui court risque d'échouer à force de pru- dence. Mais comme Juste n'est et ne peut être de longtems en première ligne, 70 il a moins à craindre que d'autres, et j'espère qu'il réussira autant que le souhaite son père et certainement je m'y intéresse presqu'autant que lui. Le séjour à Hanau[9] dont je me réjoüissois beaucoup devient impossible à prés- ent, cõme tout sejour hors de chez soi, ou hors de l'endroit où on se trouve dans le moment même. Si je n'avais pas habité Gottingue depuis 18 mois, je 75 n'imaginerais pas de m'y rendre. L'aspect d'un arrivant dans les circonstan- ces actuelles inspire toujours de l'étonnement, et de la défiance. Tout le monde se trouve de manière à ne pas supposer qu'on vienne volontairement partager ce sort, et l'on suppose toutes sortes de motifs aux étrangers qui surviennent. Dix huit mois de Résidence et mes relations de famille et lit- 80 téraires sont devenues une espèce d'indigénat. Après Lausanne et Paris, il n'y a aucun lieu ou je sois plus domicilié que Göttingue.

Je me réjoüis bien de ce que vous me dites de la santé de notre bonne Tante[10]. Il faut que dans le courant de cet été nous la retrouvions comme nous l'avons laissée. Ma femme se fait une fête de la revoir. Elle nous 85 procurera, comme elle l'a déja fait, les plus doux momens de notre séjour en Suisse. Nous serons assis auprès d'elle dans votre joli sallon, nous boirons de votre bon thé, et nous achèverons le journal de Charles[11], que j'ai laissé au moment le plus intéressant.

Adieu chère Rosalie. Répondez moi. J'espère que les cõmunications ne 90 seront jamais assez interceptées pour que vos lettres ne me parvieñent pas. Je vous embrasse mille et mille fois.

Manuscrit   *Genève, BGE, Ms. Constant 36/2, ff. 224–225; 4 pp.; orig. autogr.

Éditions   **1.** Menos (1888), n° 200, pp. 484–487.   **2.** Roulin (1955), n° 133, pp. 176–179.

Notes

[1] Un des frères de Charlotte von Hardenberg, peut-être Ernst Christian Georg August von Hardenberg (1754–1825), envoyé extraordinaire et ministre plénipotentiaire du Hanovre à Vienne.

[2] Voir la lettre 2361, note 4.

[3] BC fait allusion à l'avancée des Russes.

[4] Voir, sur Saugy, la lettre 2347, note 4.

[5] Voir la lettre 2351, note 5.

[6] Le cousin de BC, Guillaume-Anne, dit Constant de Villars (1750–1838), fils de Constant d'Hermenches (1722–1785) et officier au service de Hollande.

[7] Non retrouvée.

[8] Il s'agit des deux fils de Guillaume-Anne Constant, dit Constant de Villars. L'aîné, Juste-Thierry (1786–1867), officier au service de Prusse, avait été blessé à la bataille d'Auerstadt en 1806 et était chambellan à la cour de Vienne en 1813. Jules-Thierry-Nicolas (1787–1837), qui avait été officier lui aussi dans l'armée prussienne, allait devenir chambellan du roi des Pays-Bas en 1814. Voir *CG*, I, p. 440.

[9] Ville d'Allemagne (Hesse) où habitait Guillaume-Anne Constant, dit Villars, cousin de BC. Les 30–31 octobre 1813 Napoléon allait y vaincre l'armée austro-bavaroise.

[10] Angélique de Charrière de Bavois.

[11] Il s'agit vraisemblablement d'un journal manuscrit des voyages de Charles de Constant, frère de Rosalie.

2363

Benjamin Constant à Prosper de Barante

7 avril 1813

Je me hate de répondre à votre lettre[1], cher Prosper, parce qu'on ne sait pas pendant combien de tems, encore, si la moitié des bruits qui courent sont vrais, mes lettres pourront se transporter jusqu'à vous. Nous sommes deja coupés d'une partie de l'Europe. Il y a des villes à 30 lieues de nous dont nous ne pouvons avoir aucunes nouvelles, et Göttingue s'insularise chaque jour d'avantage. Des affaires et mon Polythéisme, et Villers m'y retiennent. Sans mes affaires, je n'aurais aucun motif raisoñable dans l'acception commune du mot, pour y rester. Sans mon Polythéisme, je n'y resterais pas, quelles que fussent mes affaires. Et sans Villers, je n'aurais pas la force d'y rester, même pour mon ouvrage, parce que sa conversation est le seul délassement que je puisse trouver ici. Mais cette triple combinaison me fait demeurer, quand bien des gens se sauvent. Il est vrai qu'ils mettent à eux un grand interet, et que je n'ai pas ce bonheur. Je ne puis guères craindre un avenir dont j'espère si peu : et les chances de la vie ne m'effrayent pas, parce que je n'en vois aucune de bonne. La seule chose pour laquelle j'aie et j'acquière chaque jour une invincible répugnance, c'est l'agitation. Je resterais, je crois, dans un hopital de pestiférés, plutot que d'en sortir en courant : et je vois sans inquiétude venir le moment ou toute sortie d'ici sera impossible, parce que cela finira le bourdonnement d'irrésolution qui fait autour de mes oreilles un bruit monotone et fatigant. Mais après avoir pris 20 la plume pour que ma lettre vous parvienne encore, je songe à ce que je mettrai dans cette lettre, et je ne le vois guères. Vous parler éternellement de mon ouvrage, m'ennuyeroit plus que vous. Je ne pourrais vous en rien dire qui vous en donnât une idée moins vague que celle qui peut vous en être restée. Il faudra vous le lire, quand il sera fait, mais je me fatiguerais et vous 25 fatiguerais en vain, si je voulais en traiter par lettre. Vous parler des affaires publiques, ne conviendrait ni à moi qui suis éloigné de tout ce qui y a rapport, ni à vous qui marchez à grands pas et brillamment dans la carriere administrative. Vous dire quelque chose sur notre Amie[2], je le voudrais bien, mais je ne sais rien que de très vague. Toute communication est interrompue 30 depuis longtems, et la communication qui existoit n'étoit point sans gêne. Je ne crois point que les Bruits de mariage[3] qui ont couru aient le moindre fondement. Sa situation extérieure est brillante, comme partout. Elle parait heureuse, comme partout, à ceux qui ne la coñoissent pas. Elle s'agite et souffre surement, comme partout et coñe toujours. De tems en tems, à 35 d'assez longs intervalles, je rêve d'elle, et ces rêves mettent dans ma vie pour plusieurs heures après que le rêveil est venu, un mouvement inusité, comme quand nos soldats passoient auprès d'un grand feu, à Smolensk ou sur la Berezyna[4]. Du reste ma vie est calme, assez douce quand je travaille, mais pesante et desorganisée quand je ne travaille pas. Le monde m'est étranger, 40 je n'ai plus d'identité qu'avec quelques idées. Quand je les interromps et que la chaine s'en brise je ne suis plus qu'une poussière inquiète et souffrante.

Je viens de lire la correspondance d'Horace Walpole en Anglois[5], non pas ses lettres à M^{de} Dudeffand, mais à ses amis et sur M^{de} Dudeffand, et sur la France. J'ai pris beaucoup meilleure opinion, il y a dans sa conduite et dans 45 ses lettres, de la droiture, de la noblesse, et beaucoup d'esprit. Ses jugemens sur notre revolution m'auroient bien scandalisé autrefois. Je les signerois aujourdhui, ainsi que ceux sur notre nation en général. C'est une lecture toujours intéressante que celle d'une correspondance qui dure près de cinquante ans. On voit tant d'esperances qui n'ont pas de suite, sans que celui 50 qui les avoit concues en soit plus malheureux, tant de projets dont les uns échouent sans que celui qui les avoit formés s'en trouve plus mal, et dont les plus facheux d'ordinaire sont ceux qui réussissent, qu'on se calme sur soi même, et qu'on finit par voir que le mieux est de gagner la fin de la vie sans trop de douleurs. 55

Adieu cher Prosper. Je desire que ma lettre vous parvienne, et je vous supplie d'en risquer une en reponse, le plutot que vous pourrez. Nous ne disons rien qui ne puisse être lu par le monde entier, et le moment de notre réunion devient trop incertain pour que vos lettre[s ne me s]oient pas né-cessaires.   60

Au moment ou je finis cette lettre, j'en recois une de Hochet[6] qui m'an-nonce les couches de M[de] de Barante. Je vous en félicite de tout mon Cœur. C'est un bonheur qu'une telle inquiétude de moins, et parmi les chances de la vie, les relations de pere et de fille sont peutetre l'une de celles qui pro-mettent le plus de bonheur. Ce 7 Avril.   65

à Monsieur / Monsieur de Barante / Préfet de la Loire inférieure / à Nantes / Loire inférieure / France

---

Manuscrit   *Le Puy, Archives du Château de Barante ; 4 pp., l'adresse p. 4; orig. autogr.

Édition   Barante (1906), pp. 564–566.

Texte   **38** sur] sur *écrit dans l'interligne au-dessus d'un mot lourdement biffé*   **52** mal] mal⟨heur⟩   **59** s]] *lettres manquantes par une déchirure de cachet*   **61** moment] à partir de Au moment *la suite est écrite sur la page d'adresse*

Notes
[1] Non retrouvée.
[2] Voir la lettre 2366 du 17 avril 1813 de Germaine de Staël à BC, où elle parle d'une époque «avant que la communication fût interrompue».
[3] Voir la lettre 2358, note 6.
[4] Au passage de la Bérézina (Biélorussie), du 26 au 29 novembre 1812, l'armée française, harcelée par les Russes sous Koutousov, avait subi de nombreuses pertes, peut-être de 30.000 hommes.
[5] Il s'agit des *Works of Horatio Walpole, Earl of Orford*, éd. Mary Berry, London : Robinson and Edwards, 1798, 5 vols. On trouve dans cette collection notamment les lettres de Walpole à Hume sur Rousseau.
[6] La lettre 2358, qui lui annonce la naissance du premier des sept enfants de Prosper de Barante, Marie-Adélaïde-Suzanne.

2364

Benjamin Constant à Claude Hochet

7 avril 1813

Göttingue ce 7 Avril

Vous dire, cher Hochet, que votre lettre[1] m'a fait grand plaisir, seroit répéter ce que je vous ai dit bien souvent. Je ne me plains point de vous, quoique votre silence ait été long, et m'ait été pénible. Mais c'est déjà beaucoup que vous vous souveniez de moi, au milieu de Paris, après plus de deux ans 5 d'absence. Vous me dites dans votre lettre ce que tout le monde m'écrit sur les inconvéniens de ce séjour. Il est certain que l'Allemagne en général n'est pas le lieu que ceux qui croyent au repos doivent choisir dans ce moment. Mais je ne crois à aucun repos, sinon à celui qu'on se donne à soi même et sur lequel les circonstances ne peuvent rien : et tout mouvement me semble 10 une dépense certaine pour une très incertaine recette. Je reste donc ici, au milieu des bruits, des nouvelles contradictoires, des passages de troupes, et des attentes diverses qui varient chaque jour, suivant les craintes ou les désirs, plus que suivant les faits que nous ignorons d'une manière admirable. Tout Prêtre des Muses que je suis, dites vous[2], j'ai un certain penchant 15 pour l'église militante. Cõe spectacle, c. à d. et non come action, ceci n'est plus de mon ressort. La Musique tartare[3] n'est pas plus étourdissante que le Tam-tam de l'opera. J'ai souvent dormi et souvent travaillé au bruit du tonnerre qui vaut bien celui du Canon : et avec l'exemple d'Archimède[4] je me consolerai de tout. Le Pis qui puisse m'arriver c'est d'aller voir ceux que 20 je lis, et je continuerai la conversation. Ne croyez vous pas qu'on cause aussi bien avec le Consul Ciceron qu'avec le Lieutenant colonel de la même famille dont le Moniteur[5] a fait mention ? Mon ouvrage gagnera aussi à cette prolongation de séjour. Cet hyver ne lui a pas été très favorable. Il m'a fallu courir à Cassel pour des affaires, et les déplacemens me désorganisent tou- 25 jours. J'ai fait bien des choses pour mettre un terme à ces déplacemens continuels, et je suis un peu plus ambulant encore qu'autrefois. C'est ainsi que les projets s'accomplissent : pour arriver à son but, il vaut la moitié du tems autant échouer que réussir. Avez vous rencontré à Paris ma jolie Niece[6] que vous avez vue chez moi il y a trois ans ? Elle accompagne la Reine de 30 Westphalie[7], et j'espère qu'elle n'est pas rigoureusement confinée à Meudon. Villers a reçu la nouvelle peu certaine, mais pourtant probable que son frère[8] qu'il croïoit mort comme je vous l'ai mandé, a échappé avec sa femme et l'un de ses enfans, et est réfugié chez une famille Polonaise, ou il attend qu'il puisse se rapprocher de la France. Son sort n'en est pas moins triste. Le fruit 35 de douze ans de peines n'en est pas moins perdu, et il faut qu'il commence à 40 ans une nouvelle lutte contre la vie et la pauvreté. Prosper marche à pas de géant dans sa carrière. Il se pardonne d'en être content, en s'estimant de n'en être pas heureux. Je me réjouïs de tous ses succès, et je l'aime de gout et de cœur. Conservez moi M. Suard. Je veux absolument le retrouver à Paris. Merci de vos détails sur l'Intrigante[9]. Les deux vers que vous citez sont jolis. C'est un admirable siècle que celui ou l'on n'a qu'à descendre dans son propre cœur pour y trouver les sentimens qu'on veut peindre. L'esprit est parvenu à tirer parti des bassesses du caractère, non seulement cõe moyen d'arriver, ce qui est de tous les tems, mais comme moyen d'étude de talent et de fidélité descriptive, ce qui appartient exclusivement à ce tems ci. Vous ne me parlez point de Simonde, qui, pourtant dans une lettre qu'il vient de m'écrire, se loue beaucoup de votre amitié[10]. Je ne crois point Germaine mariée[11]. La correspondance avec elle est beaucoup plus difficile ici qu'a Paris. Cependant elle a trouvé moyen de me faire dire qu'elle espéroit que je ne croyois pas à des bruits absurdes qui avoient couru sur elle, et certes ce bruit là seroit le plus absurde de tous. Du reste je ne sai rien sur elle, sinon qu'ostensiblement sa situation est bonne, qu'elle voit beaucoup de monde, et qu'on la croit heureuse. Vous voyez que c'est tout comme autrefois. Tout ce qui tient à elle m'ébranle et me fait mal.

Adieu cher Hochet. Ecrivez moi. Si cõe vous le craignez vos lettres tombent entre les mains des cosaques, elles contribueront à civiliser ces barbares du Nord qui ont l'insolence de nous appeller les barbares du Midi. Si elles m'arrivent, elles me feront un des plus vifs plaisirs que je puisse avoir.

Pardon, cher Hochet, si je mets une lettre pour Prosper sous votre couvert[12], ce n'étoit pas mon intention. Je voulois l'envoyer directement : mais j'ai réfléchi que Prosper n'étoit peut être pas encore dans son nouveau chef lieu, et que ma lettre se perdroit, et n'en pouvant changer l'adresse déja écrite, je recours à votre Amitié. Adieu.

Manuscrit　*Paris, BnF, N.a.fr. 11909, ff. 87–88; 4 pp.; orig. autogr.

Édition　Mistler (1949), n° 101, pp. 236–239.

Texte　**17** ressort.] Cõe spectacle ... ressort. *ajouté dans l'interligne*　**29** rencontré] ⟨vu⟩ **44** parti] *ajouté dans l'interligne*　**65** Adieu.] *alinéa ajouté à l'envers en haut de la troisième page et continué en haut de la deuxième*

Notes
[1]　La lettre 2358.
[2]　Dans la lettre 2358, de Hochet à BC (vers le 15 mars 1813).
[3]　A la fin de mars, l'Elbe a été franchie par les cosaques s'avançant vers l'ouest. BC fait une allusion discrète ici aux mouvements de troupes et à des escarmouches dont il fait mention dans son Journal le lendemain 8 avril : «Quelle bagarre autour de nous !».

⁴ Archimède, absorbé par un problème scientifique, ne s'aperçut pas de la prise de Syracuse et fut tué par un soldat romain qui s'irrita de ce qu'il refusait de le suivre sans avoir achevé la démonstration de son problème (Plutarque, *Les Vies des hommes illustres : Vie de Marcellus*, XXV).

⁵ Allusion non repérée. Dans *Le Moniteur* du samedi 3 avril 1813, on trouve un long compte rendu d'une nouvelle édition des *Oraisons choisies* de Cicéron, mais aucune allusion à un lieutenant-colonel Cicéron.

⁶ Il s'agit probablement de Caroline Adelaïde von Hardenberg, nièce de Charlotte et épouse du comte de Fürstenstein (voir la lettre 2347, note 5).

⁷ Catherine de Würtemberg (1783–1835), par son mariage à Jérôme Bonaparte en 1807, Catherine Bonaparte, reine de Westphalie.

⁸ Voir la lettre 2348.

⁹ Voir la lettre 2358, note 8.

¹⁰ Dans la lettre 2356 à BC du 1ᵉʳ mars 1813.

¹¹ Voir la lettre 2358, note 6.

¹² Sans doute celle que BC a écrit le même jour (la lettre 2363).

2365

Benjamin Constant à Charles-Frédéric Reinhard

10 avril 1813

Ma femme a emporté par inadvertance le livre que vous avez eu, Monsieur, la Bonté de me prêter, et je me croirais coupable envers Charles[1], si je le gardais, parce que vous m'avez dit qu'il n'en avoit pas encore fini la lecture. Je m'empresse donc de le renvoyer par la première occasion qui se présente. J'en profite pour vous témoigner la Reconnoissance que m'ont inspiré tou- 5 tes vos bontés pour ma femme et pour moi pendant notre séjour à Cassel. C'est à Madame de Reinhard[2] et à vous Monsieur que nous devons bien des heures agréables, dont nous conserverons toujours un vif souvenir. Si les Circonstances le permettent, nous vous reverrons cet été ; mais l'avenir est trop incertain pour autoriser des projets, et c'est au passé que je m'attache, 10 pour me retracer les momens que vous avez bien voulu m'accorder. Ils balancent seuls le repos et la retraite dans laquelle je suis rentré, et il me faut toute la fermeté de mes résolutions studieuses pour ne pas retourner a Cassel, c'est a dire auprès de vous. Faites, si vous le voulez bien, agréer à Madame de Reinhard les sentimens que ma femme lui a voués, et mon 15 sincere hommage, et veuillez accepter l'assurance de mon attachement inviolable et respectueux.

Benjamin Constant

Gottingue ce 10 Avril 1813

Manuscrit   *Paris, BnF, N.a.fr. 13627, ff. 9–10; 4 pp., pp. 2–4 bl.; orig. autogr.

Édition   Dierolf (1906), p. 1.

Commentaire et Notes   Sur le destinataire, voir le Répertoire.

[1] Le fils de Reinhard (voir la lettre 2360, note 13).
[2] Christine Frederike Reimarus, (1771–1815), fille du professeur Johann Albert Heinrich Reimarus (1729–1814) de Hambourg. Voir *Une femme de diplomate. Lettres de Madame Reinhard à sa mère, 1789–1815.-Traduites de l'allemand et publiées par la baronne de Wimpffen, née Reinhard, sa petite fille*, Paris : Picard, 1901.

2366

Germaine de Staël à Benjamin Constant

17 avril 1813

Stoc, ce 17 avril

J'ai vu M. de Wangenheim[1], singulier sort que celui qui nous a rapprochés—. Je lui remets ces lignes pour vous. J'ai reçu une lettre de vous et de Villers avant que la communication fût interrompue ; quand en recevrai-je maintenant ? C'est toujours Copenhague qui me paraît le meilleur, et bientôt Doxat et Divett[2]. — Ce que je ne conçois pas c'est comment votre goût pour les lettres ne s'est pas manifesté plus tôt et comment il ne se manifeste pas à présent —. Je ne parle pas en aucune manière de moi, mais de vous. Comment les Doxat ne vous tentent-ils pas ; enfin que faites-vous de votre rare génie[3]? Ce qui vous manque c'est de la décision, et moi depuis que j'en ai je m'en trouve très bien. — Je ne demande rien en mon nom, mais ne pouvez-vous rien faire de vous-même ? — Ah ! Quand une fois j'allais de Coppet à Lausanne vous rechercher chez Rosalie, avais-je attendu que vous m'en priassiez ? Mais je manque à ma résolution, se plaindre que vos mouvements ne soient pas spontanés n'est-ce pas empêcher qu'ils le soient ? Albert[4] est parti pour Stralsund —. L'écrit de Wilhelm[5] en français vous est-il parvenu ? J'attends Auguste[6] à chaque instant et dès qu'il sera arrivé j'irai à la campagne des Casenove[7].

Éditions   1. Nolde (1907), pp. 115–116.   2. *Léon (1928), pp. 38–39.   3. Kloocke (1993) n° 57, pp. 146–147.

Texte   *Notes de Léon :*   **5** Copenhague] *Madame de Staël écrit* Coppenhague. *Le deuxième feuillet de la lettre a été découpé à la hauteur de la phrase qui subsiste, le reste manque sans qu'on puisse dire si la lettre se terminait ainsi ou continuait.*

Notes

[1] Georg Christian Ernst Ludwig August, comte von Wangenheim (1780–1851), militaire hanovrien et parent de la mère de Charlotte, Eléonore von Wangenheim. La mère du comte, née comtesse Eichstaedt-Peterswald, avait épousé en secondes noces le baron Claus von Decken (1742–1826), ministre d'État à Hanovre. En 1813, le comte von Wangenheim est en mission à Stockholm où il prépare le débarquement des troupes suédoises dans le Mecklembourg.

[2] C'est-à-dire l'Angleterre.

[3] En effet, BC écrira *De l'esprit de conquête* à la fin de 1813.

[4] Albert de Staël (1792–1813), fils cadet de Germaine, qui s'est engagé comme sous-lieutenant dans l'armée suédoise en septembre 1812.

[5] August Wilhelm von Schlegel (1767–1845) dont le livre *Sur le système continental et sur ses rapports avec la Suède* venait de paraître en février 1813, à Stockholm, mais qui porte sur la page de titre «Hambourg». Germaine de Staël a peut-être collaboré à cet ouvrage.

[6] Auguste-Louis de Staël (1790–1827), fils aîné de Germaine.

[7] Allusion à un banquier huguenot établi à Londres pour désigner une nouvelle fois «l'Angleterre»: Jean-Henri Cazenove (1737–1817) était régent de la Banque d'Angleterre.

2367

Benjamin Constant à la comtesse Anne-Pauline-Andrienne de Nassau

20 avril 1813

Göttingue ce 20 avril 1813

Je me hâte, ma chère Tante, de répondre à votre lettre du 3 de ce mois, qui a été un peu retardée parce qu'elle m'a cherché à Cassel, pendant que j'étais ici. Il y a erreur dans la démarche que l'on a faite auprès de vous. Mais il n'en peut résulter aucun embarras pour vous ma chère Tante. La somme[1] déposée entre vos mains n'est que la sureté du payement d'une rente représentée par cette somme. Les Intérêts n'ont rien de commun avec cette sureté. Je paye la rente, vous ne me payez que les intérêts, de sorte que ce n'est pas entre vos mains qu'on peut mettre opposition au payement d'une rente dont vous n'etes point chargée. J'explique tout ceci dans une lettre ci incluse[2] qui mettra le procureur de M. Monod[3] au fait de l'affaire, et je suppose que, dès qu'ils l'auront lue, ils sentiront que ce n'est nullement à vous qu'ils doivent s'adresser. Pardon de l'ennui de la visite que vous avez reçue. Il ne se renouvellera plus.

Je suis faché que vous veuilliez rembourser cette somme déjà en février prochain. Au reste, je ne voudrais pour rien au monde, ma chère Tante, vous demander quelque chose qui vous fut incommode. D'ici là nous nous reverrons, et je prendrai tous les arrangemens qui pourront être les plus conformes à vos intentions.

Mille grâces de tous les détails que vous me donnez. Ce que vous me dites 20 de la disposition morale de Me de Charrière[4] me fait grand plaisir, parce que la disposition morale est toujours une preuve de l'état physique, et j'espère que la gaité de notre bonne tante indique que son état, quoique sans espoir d'une guérison entière, n'est pas dangereux. Je me promets un grand plaisir en la revoyant. Je mets ce plaisir au second rang, vous devinez celui qui est 25 au premier.

J'ai dit à Rosalie dans une de mes dernières lettres[5] que nous étions parvenus, malgré les inconvéniens du moment à nous faire rembourser d'une so͞me d'environ 45000 fr. de F^{ce}. C'est quelque chose. Il en reste encore environ 60000 à faire rentrer, mais je n'espère pas réussir aussi bien, et ce ne 30 serait pas même un motif pour prolonger notre séjour dans ce pays ci, si nous n'attendions chaque jour notre débiteur qui est allé à Vienne et qui doit revenir chez lui. Il est nécessaire, même dans l'hypothèse très probable que nous n'en tirions que peu de chose pour le moment, que [nous] sachions sur quoi compter pour l'avenir. 35

Ce n'est pas que ce pays n'offre actuellement un séjour moins paisible que l'année dernière. Les détails seroient longs et ennuyeux à écrire : mais il y a et il y aura toujours plus d'étrangers dans nos environs : et les logemens devie͞nent étroits et les denrées chères. Pourvu que la co͞munication entre nous, chère Tante, ne soit pas interrompue, je me resigne volontiers aux 40 petites inco͞modités passagères. Mais ce me serait une grande privation que de ne pouvoir pas vous écrire et recevoir de vos lettres. Au reste, ce n'est qu'une conjecture, encore très incertaine, et que l'interruption qui a eu lieu ici de toute correspondance avec Hambourg[6] a suggérée a quelques personnes. Quant à moi, vous pensez bien ma chère tante que je vous écrirai 45 toujours tant qu'il y aura un moyen.

Je suis faché de la rechute du chev^r de Langalerie[7]. C'est ou ce sera un home d'esprit de moins, qui avoit sur des sujets intéressans des idées très originales et une manière très persuasive de les exprimer. Le fond du sys-tême est une affaire que personne ne peut juger que pour soi. Mais ce 50 systeme a des cotés doux, et dans de certains momens, fait du bien à l'ame.

Je ne suis point agréé a l'université, mais à la société des Sciences de Gottingue[8]. Ce n'est qu'un titre honorifique que les Savans d'ici ont bien voulu me conférer, et qui ne rapporte rien et n'astreint à rien. Je dois leur choix à un livre qui n'est pas encore achevé. Je souhaite qu'il réponde aux 55 espérances que quelques personnes en ont concues.

Il y a longtems que je n'ai rien recu de Marianne. Je vais lui écrire pour l'affaire de Larguier[9]: ses dernieres lettres étoient très amicales et paraisso-ient de très bonne foi. Elles étoient même destinées à me do͞ner des armes contre ses enfans, s'ils vouloient, après sa mort, me manquer de parole. 60

C'est une personne que sa situation fausse[10] a entrainée quelquefois dans une mauvaise marche mais qui valait mieux que sa situation.

Je crois comme vous, ma chère Tante, que rien ne corrigera notre cousine Jacqueline[11]. Mais sa famille est si éclairée sur les vices et la mauvaise conduite de cette vilaine personne que je ne crois pas, qu'avec toute son habileté en fait de mensonges, elle parvienne désormais à tromper personne : et j'espère vraiment qu'elle est et restera hors d'état de nuire. Oh ! la mechante carogne[12]! comme elle nous a tous fait enrager ! pardon si mes expressions ne sont pas nobles : je les proportionne au sujet.

Je suis bien édifié du présent de noces[13] demandé à M. Selon par sa future. Je suppose que c'est la fille de Catherine du Rosoy, qui étoit aussi une personne capable, et une ménagère distinguée. Je ne sais si elle savoit traire les vaches. Mais les générations se perfectionnent[14], quoiqu'on dise que l'espèce humaine se détériore.

C'est une heureuse rencontre et un spectacle edifiant que le double amour qui a lieu dans la maison Miliquet[15]. Je voudrais seulement que come subordination filiale Mlle de Kloest ne logeat pas dans le même etage que Mlle Nicolas[16].

J'ai très bonne opinion de mon cousin de Loys l'ainé[17]. Il est aimable tout à fait, autant que j'ai pu en juger à Heidelberg. Il me semble que Lausanne reconquiert dans la nouvelle génération ce qu'elle paraissait avoir perdu dans la notre. Mais il y a bien à faire pour remonter au rang de la précédente. Il est vrai que les circonstances n'ont pas été favorables à la gaïté. J'ai toujours trouvé que l'on s'amusoit encore plus qu'on n'auroit pu l'espérer. Tout le monde a appris comme les habitans du Vesuve a dormir sur un volcan.

Que peut-on *craindre* pour ce pauvre d'Albenas[18]? Il me semble qu'il n'y a guères qu'a espérer pour lui. Avec une situation si triste, une fortune détrui[te,] une femme laide, une mauvaise santé, la mort n'est-elle pas ce qui peut arriver de mieux. Au reste je retracte mon opinion pour peu qu'il tienne à la vie. Il ne faut en rien juger pour les autres.

Adieu ma chere Tante. Je traverse en Idée les armées nombreuses et diverses, pour me transporter aupres de vous. J'espère que bientot le plaisir de vous revoir ne sera pas simplement d'imagination.

à Madame / Madame de Nassau, / née de Chandieu / à Lausanne / *Canton de Vaud* / Suisse.

Manuscrit   *Genève, BGE, Ms. Constant 36/1, ff. 243–245; 6 pp., l'adresse p. 6; timbre : GOETTINGEN ; orig. autogr.

Édition   Menos (1888), pp. 481–484 (avec coupures).

Texte   *Note de Mme de Nassau sur la page d'adresse :* 20 avril 1813.   **31**   si] si ⟨je⟩
34   [nous]] *omis par inadvertance*   **70**   noces] noces ⟨appor⟩   **77**   ne] *ajouté dans l'interligne*
89   détrui[te,]] *lettres emportées par le trou du cachet*

Notes
1   Voir la lettre du même jour à Marianne de Constant, lettre 2368.
2   Cette lettre n'a pas été retrouvée.
3   Il s'agit de M. «Monnot» (plus exactement, Monod-Puerari), auquel BC fait allusion dans
   sa lettre du 23 juin 1812 à Pierre Girod : «Vous m'aviez écrit une fois sur une cession que
   Charles [de Rebecque] avoit faite d'une portion de sa pension à M. Monnot, en m'invitant à
   en prendre note, pour ne payer à Charles que la portion qu'il n'avait pas cédée» (*CG*, VIII,
   p. 512). BC accepte de payer cette créance et dans sa correspondance de 1813 et 1814 il sera
   très souvent question des sommes d'argent transmises à Monod et des demandes de ce
   dernier (désigné Monod-Puerary dans la lettre du 15 septembre 1814 de BC à Marianne).
   Mais pour des raisons qui ne sont pas claires, les choses se compliquent et la dette ne sera
   réglée définitivement qu'en 1823 (quittance datée du 9 mai 1823: «J'ai reçu de Monsieur
   Benjamin Constant la somme de deux cent francs, qu'il m'a payés de la part de son frère,
   Monsr Charles Constant de Rebecque comme formant le dernier solde de ce qu'il devoit à
   mon frère, M. Gérard Monod de Genève, — au moyen de quoi je reconnois au nom de mon
   frere que tous les comptes entre lui & Monsr Charles Constant, sont définitivement réglés.
   [signé] J. Monod» (Paris, BnF, N.a.fr. 18831 f. 110). Il s'agit de Gérard Monod-Puerari
   (1765–1836) et de son frère Jean (1765–1836), fils de Gaspard-Joel Monod (1717–1782) et de
   Suzanne-Madeleine Puerari (1737–1799).
4   Angélique de Charrière de Bavois (1735–1817).
5   Voir la lettre 2362 à Rosalie de Constant.
6   BC semble faire allusion à des rumeurs d'une insurrection à Hambourg contre les Français
   (cf. la lettre 2361, note 5).
7   Charles de Gentils de Langalerie, cousin de BC ; voir les lettres 2356, note 4, et 2359, dernier
   paragraphe.
8   Voir la lettre 2359, note 10.
9   Il doit s'agir du procureur Jean-Samuel Larguier auquel BC fait allusion dans la lettre 2515.
10   Il s'agit de l'union irrégulière de Juste de Constant et de Marianne Magnin. Leur mariage,
   que BC ignora pendant longtemps, a probablement eu lieu vers 1792, mais Marianne avait
   déjà donné deux enfants à Juste, Charles en 1784 et Louise en 1792.
11   Napoléon. Voir la lettre du 30 janvier 1813 à Mme de Nassau, note 2.
12   Voir la lettre 2351, note 3.
13   Le présent de noces serait une vache (voir la suite). Jean-Jacques Sellon (1782–1839), chambellan de Napoléon Ier et membre du Conseil Représentatif à partir de 1814, fonda à Genève
   la Société de la Paix en 1820. Il épousa, le 31 mars 1813, Alexandrine-Françoise-Cécile de
   Budé de Boisy, fille d'Isaac de Budé de Boisy et de Catherine-Aimée-Marguerite Rolaz du
   Rosey (1766–1848). Elle mourra à Pregny, le 26 septembre 1863.
14   Thème que BC développera de façon plus sérieuse dans ses écrits sur la politique et la
   religion.
15   Jean-Philippe Michel Milliquet (1762–1838), député 1808–1813 et 1815–1817, conseiller municipal à Pully en 1824.
16   La baronne Jacobi von Kloest, fille de l'ambassadeur de Prusse à Londres de 1792 à 1816
   (voir Staël, *Corr. gén.*, VII, p. 59); BC l'avait déjà rencontrée en 1810 à Coppet (*CG*, VIII,
   lettre 2083 et note 11). Mlle Nicolas semble être la fille de Louis David Dugué ou Nicolas dit
   Dugué (1769–1858), fils de François-Louis-Ferdinand Duguet ou Du Gué. Nicolas dit Dugué est conseiller municipal à Lausanne, de 1812 à 1816, et deviendra fabricant de chocolat
   en 1818.
17   Jean-Louis de Loys (1791–1865), fils aîné de Jean-Samuel de Loys de Middes. BC l'avait vu,
   ainsi que son frère François de Loys (1795–1833) à Heidelberg le 29 juin 1811 (voir Journal :
   «Passé la journée avec les jeunes Loys»).

[18] Il s'agit sans doute de Jean-Baptiste-Abram-Louis d'Albenas, de Rolle (1769–1855), neveu du baron de Montolieu, et de sa femme Antoinette, née Rosset, d'Echandens, dont une fille, Laure-Cécile-Henriette-Athenaüs, sera baptisée à Lausanne en août 1814 et un fils, Auguste-Samuel-Louis, en avril 1818. Aux Archives cantonales vaudoises sont conservés des «lettres et reçus envoyés à la maison de commerce d'Albenas-Favre & Charrière à Ouchy, 1815–1818» (Lausanne, ACV, P Albenas 185).

2368

Benjamin Constant à Marianne de Constant

20 avril 1813

Göttingue ce 20 Avril
1813

Je vous envoïe, chère Amie, car à présent que tout est éclairci entre nous, il m'est doux de vous appeler cõme je le fesois dans mon enfance, une lettre[1] que M[de] de Nassau m'a transmise, et qui, au fond, ne signifie rien pour elle, 5 mais qui l'a inquiétée, parce que toute apparence de difficulté, qui lui viendroit pour des affaires qui lui sont étrangères, l'inquiète et lui déplait. J'ai répondu par une lettre au Procureur, écrivain de celle-ci, et j'ai expliqué cõment le Capital seul, déposé entre les mains de M[de] de Nassau, étoit simplement la sureté d'une Rente viagère, et n'avoit nul rapport aux interets 10 que M[de] de Nassau me païoit, de sorte que la sõmation de ne rien payer ne doit point porter sur ces Interets de M[de] de Nassau à moi, mais sur la Rente que je paye. Il est probable que le Résultat de cette explication sera une sõmation personnellement adressée à moi.

Voici maintenant ce que je vous propose. Je me chargerai très volontiers 15 de satisfaire la créance de M. Monod[2] si Charles peut arranger avec lui que je pourrai le payer en différens termes, à peu pres pareils à ceux qu'il avoit pris. Les circonstances de la guerre et des difficultés particulières que j'ai rencontrées dans mes affaires me mettent hors d'état de l'acquitter tout de suite, comme je l'aurais voulu pour vous tirer d'embarras. Mais je consens à 20 payer cette somme en trois époques, de six en six mois, à commencer du 1er 9bre prochain, et si cela vous agrée je me mettrai vis à vis de M. Monod à la place de Charles. Je ne doute pas qu'il ne l'accepte. Je l'aurais écrit à Charles si je n'avais mieux aimé faire passer cette proposition par vous, parce que c'est surtout à vous que je voudrais épargner tout désagrément de la part de 25 M. Monod ou d'autres.

Quant au Remboursement qui devroit avoir lieu de Charles à moi, je désire qu'il n'en soit aucunement question. Si, comme ce que vous m'avez

mandé de sa conduite me le fait espérer, il ne se trouve dans aucun autre
embarras de ce genre, je serai charmé de l'avoir sorti de celui-ci.   30

Il y a bien longtems que je n'ai reçu de vos nouvelles. Je suis toujours
retenu ici par des affaires. Il est possible que la communication entre nous
soit interrompue. Je n'ai pas besoin de vous recomander dans votre réponse
de ne me parler absolument que d'affaires privées. Tout le reste est inutile et
a des inconvéniens.   35

Je vous prie d'embrasser de ma part Louïse et Charles et de croire à mon
inaltérable affection.

B.C.

à Madame / Madame de Rebecque, / à Brévans, / près Dôle, / Dép^t du Jura.
/ En France.   40

Manuscrit *Lausanne, BCU, Fonds Constant I, Co 19; 4 pp., p. 3 bl., adresse p. 4; timbres :
GOETTINGEN ; ALLEMAGNE / PAR / STRASBOURG ; F^{co} WESTPHÄL. / GRÄNZE ;
HESSE ; orig. autogr.

Texte   **36** de] de ⟨me⟩

Notes
1 Non retrouvée.
2 Voir la lettre 2367, note 3.

2369

Charles de Rebecque à Benjamin Constant

début mai 1813

Monsieur et cher frere
J'ai reçu avec un bien vif sentiment de reconnoissance l'offre généreuse que
vous avez bien voulu exprimer dans votre lettre[1] a ma mère, je vais ecrire a
Monsieur Monnod[2] de cesser ses demarches et je lui demande si les termes
que j'avais choisis et que vous préferez lui conviennent ce dont je ne doute   5
pas, vous trouverez la quittance[3] que vous me demandez, j'espère qu'elle
remplira notre but.

Daignez mon cher frere me rappeller au souvenir de madame de Constant
et agréez l'expression de mon invariable attachement et de ma reconnaissance.   10

Ch^{es} de Rebecque

Manuscrit   *Lausanne, BCU, Fonds Constant I, Co 136; 2 pp., p. 2 bl.; orig. autogr.

Texte   **6**   pas,] pas, ⟨une⟩

Notes
[1] Il s'agit de la lettre 2368 du 20 avril 1813, de BC à Marianne.
[2] Voir la lettre 2367, note 3.
[3] Le reçu mentionné par Marianne de Constant dans la lettre suivante.

2370

Marianne et Louise de Constant à Benjamin Constant

3 mai 1813

Le 3 may 1813

[*Marianne de Constant écrit* :]
J'ai eté si acablée de maladie et de tracasserie que je n'ai pas voulu vous
ecrire pour eviter de vous en fatiguer, mais l'affaire de Monod[1] en est encore
une nouvelle. Si j'avois connu ce que Charles avoit promis malgré l'extreme   5
besoin que j'avois de sa pension j'aurois rempli son engagement plutot que
les miens je vous remercie de vouloir bien venir a mon secour, car n'ayant
rien recu d'Angleterre[2] et ayant mangé d'avence la rente de mes enfants je
me vois forcée d'emprunter mille francs pour payer deux autre créancier de
Geneve auxquels votre pere avoit promis de le faire et que j'ai fixé en juin,   10
cet encor 300£. et malgré mon extreme econnomie il faut un peu d'argent
pour vivre d'autant plus que ma petite campagne ne rendra a peu pres rien
cette annee. Le bled a été gatte, la vigne paroit avoir souffert il n'y a que du
foin. Le bras de Charles a eté si mal pendant trois mois que sa poitrine etoit
attaquée et que le chirurgien craignait d'etre forcé a l'imputation du bras.   15
Cela va moins mal. Mais il a perdu sa petite place et cela lui donne de
l'humeur sans que je sache comment l'occuper utilement, si je puis trouver
18 mille francs de Brevans je le vendrai quoiqu'avec un vrai chagrin, mais si
comme je le crain Mr Achard m'a laisse perdre ma rente d'Irlande l'interet
de cette petite campagne ne peut pas me nourir pardon de tous ce details le   20
titre d'amie que vous voulez me rendre et que je crois avoir merité dans tout
les tems est mon titre aupres de vous. Je joins ici un recu de Charles pour
que dans le cas ou l'on vous adresseroit quelque saisie vous prouviez que
vous ne lui devez rien jusqu'au mois de novembre et si dans ce tems la vous
avez la bonté de payer les deux cent francs vous nous laisserez une ressource   25
pour payer les frais de nos maladie, j'ai été obligée de payer un compte a un
pretendu ami de votre pere qui avoit agit pour lui aupres des ministre quoi-

que ses demarches soyent aussi peu certaine qu'elle aye peu reussi comme les lettres de votre pere contiennent les demandes de les faire je n'ai pas cru devoir me laisser attaquer juridiquement le passé. Le present tout est contre nous et a mon age avec mes infirmités on n'a pas grand courage ni esprit pour sortir d'embaras. Il me paroit aussi que vous avez les votre j'esperai que nous vous aurions vu cette année mais vous n'en parlez pas ne nous oubliez pas et croyez a notre sincere attachement. J M. de Rebecque

[*Louise de Constant écrit :*]

Puisque maman ne vous dit rien pour moi en particulier mon cher frere il faut que vous me permettiez de vous remercier de ce que vous voulez bien faire nous y sommes tous tres sensibles comme nous le serons toujours a toutes les preuves d'amitié que vous nous donnerez. J'ai vu une Dame qui m'a beaucoup parlé de vous et qui m'a chargée de ses complimens pour vous : c'est une sœur d'un Mr de Roussillon[3] auquel vous avez rendu bien des services dans la revolution elle en est tres reconnaissante et ne m'a parlé que pour me le dire : j'ai lu dans les gazettes l'annonce d'un ouvrage[4] de vous on l'attend avec impatience. Vous pensez bien que je suis de ce nombre si cependant il n'est pas trop savant pour moi adieu mon cher frere rapellez moi au souvenir de M[eme] de Constant je n'ai point oublie les bontés dont elle m'a comblée : recevez l'assurance de mon tendre attachement.

Louise

Manuscrit   *Lausanne, BCU, Fonds Constant I, Co 659; 2 pp.; orig. autogr.

Texte   **1** 1813] *date de la main de Louise de Constant*

Notes
[1] Voir la lettre 2367, note 3.
[2] La rente d'Irlande que Marianne a perdue à Londres à cause de la négligence de Jacques Achard-Bontems, père de la femme de Charles de Constant, dit «le Chinois». Voir la lettre 2375.
[3] Il s'agit probablement de Jean-François-*Camille* Malarmey de Roussillon (1769–*post* 1800) ou de son frère *Pierre*-Louis (1770–1802). Originaires de Besançon, ils émigrèrent en 1793 et pendant quelque temps séjournèrent dans la Principauté de Neuchâtel, où Isabelle de Charrière les prit sous sa protection. Pour les rapports de BC avec eux, voir le Répertoire, *CG*, IV, p. 603. La sœur à qui Louise fait allusion est Perrette-Françoise de Malarmey de Roussillon, née en 1766 à Besançon ; voir Fleury Vindry, *Les demoiselles de Saint-Cyr, 1686–1793*, Paris : Champion, 1908, p. 436.
[4] Nous n'avons pas réussi à identifier les gazettes dont il est question ici.

2371

Benjamin Constant à Rosalie de Constant

10 mai 1813

Göttingue ce 10 may 1813
Je ne puis m'empêcher, chère Rosalie, de me réjouïr des idées qu'on se fait
chez vous du pays que j'habite, puisque votre inquiétude me prouve votre
interet. On ne doit compter sur rien dans la vie, de sorte que je me garderai
bien de vous dire que l'avenir ne sera pas plus troublé que le présent ; mais 5
jusqu'à ce jour au moins, nous jouïssons ici de la tranquillité la plus parfaite. Nous entendons quelquefois, et nous croyons entendre souvent le
bruit éloigné du canon. Les nouvelles circulent, fausses ou vrayes, avec une
grande célérité. Du reste, tout est dans le train ordinaire. Les professeurs
donnent leurs lecons, les femes des professeurs jouent au Whist, je travaille 10
et je presse mes débiteurs. Il n'y a donc rien de changé. Je ne compte pas
prolonger mon sejour au delà du tems ou j'aurai obtenu, soit un payement,
soit des suretés. Je voudrais aussi ne pas l'abréger, par des craintes mal
fondées, de manière à perdre la seule occasion que j'aurai d'arranger la
fortune de Charlotte et de perfectionner mon Livre. Le reste est indépendant 15
de moi, et je tache toujours de ne pas penser à ce à quoi je ne puis rien. Vos
lettres me font un grand plaisir, et votre amitié entre pour beaucoup dans
l'idée que j'ai de retourner à Lausanne. En attendant continuez moi cette
correspondance, qui rompt d'une manière si douce la monotonie de Göttingue, et croyez que chaque fois que je recois une de vos lettres, j'en suis plus 20
content et plus heureux.

J'ai vu passer ici, il y a quelques jours, une personne qui a habité longtems
le Pays de Vaud, et que je crois que vous y aurez vue. C'est une C^t^esse de
Rudenschiold[1], qui a surtout séjourné à Rolle. Elle s'est mise en route dans
un mauvais moment, et se trouve forcée de faire halte à Hanovre. Elle n'y 25
coñoit pas un chat. Je lui ai envoyé des lettres de recomandation pour
quelques personnes. Mais la société ne doit pas être brillante, dans une ville
dont on barricade les portes de deux jours l'un. Nous n'avons pas encore ma
femme et moi exécuté le projet d'y aller. On vit au jour le jour et on s'y
habitue.   30

Je vous prie de ne pas me rendre responsable du titre alambiqué donné
dans les journaux à l'ouvrage[2] qui m'occupe. Je n'ai été pour rien come bien
vous pensez dans ces articles de journaux, et ceux qui les ont rédigés, ont
cherché à exprimer ce qu'ils ont supposé être dans mon livre faute de savoir
ce qui y est. Son titre sera, je crois, car si j'en trouve un meilleur, je le 35

prendrai, de la religion, depuis sa forme la plus grossière jusqu'à sa forme la plus épurée. J'y travaille avec suite, et quand je puis avec ardeur. Mais les difficultés sont encore assez grandes, et lorsque je crois les avoir toutes vaincues, il s'en présente tout à coup de nouvelles que je recõmence à combattre avec courage. Quand j'aurai fini ce que je puis faire ici, et ce que je ne pourrais guères faire qu'ici, il me faudra bien six mois ou peut être plus pour la rédaction définitive, et il faudra ensuite que je consulte à Paris même, pour savoir si l'air de l'Allemagne ne m'aura pas trop germanisé. Je me souviens que des livres allemands que je trouvais tout à fait inintelligibles en France, me sont devenus tout à fait clairs, quand je les ai lus ici, quoique je n'eusse pris personne pour me les expliquer. Je puis en conclure que ce qui ici me semble très clair pourroit bien etre fort obscur en France, et je ne puis pas en conscience exiger que mon public fasse le voyage de Göttingue pour me comprendre. Il faut donc que je voye s'il y a rapport entre ce que j'écris, et les têtes francaises. Vous sentez que pour toutes ces opérations il me faut encore du tems. Qui peut s'en promettre ? Personne, mais il faut agir cõme si on y comptoit. Si par hazard il vient à manquer, on n'est plus là pour le regretter, et celui qu'on a eu a été bien employé.

Je m'apercois que je bavarde inexcusablement sur mon livre et que je suis plus auteur que je ne croyois. On l'est toujours sans s'en douter. Je suis bien fâché que Charles[3] ait été malade. Je le suis en tout de ce que vous n'êtes pas arrangés de manière à vous voir plus souvent et à jouïr plus l'un de l'autre. Je voudrais que votre réunion avec lui pût se concilier avec l'empire légitime et digne de ma cousine. Un empire établi ne doit pas être ombrageux, et certes vous n'avez pas d'intentions hostiles. Si jamais je suis aussi voisin de vous que Charles, j'espère en profiter bien plus.

Ceci me ramène à votre idée de la campagne de M. Hankin[4]. Elle a bien du charme. Mais il faut d'abord que nous ayons encore rattrappé 60000 fr. et traversé 2 ou 3 cent mille hõmes. Il est vrai que si les choses vont toujours comme dans ces jours derniers le nombre pourra bien être un peu diminué. Enfin, c'est un bien joli projet, et il a deja le bon effet de me faire plaisir en perspective, en attendant qu'il se réalise. Ma femme partage tous mes desirs à cet égard. Elle a beaucoup plus d'aversion pour ce pays-ci que moi. Elle croit, et l'expérience me fait craindre qu'elle n'ait raison, qu'il est mauvais pour ses yeux, qui effectivement ne se remettent guères depuis qu'elle y est, et cette souffrance est plus pénible, là ou il n'y a que peu de société, et point de distractions que la lecture. Les miens, par esprit de contradiction, soutiennent très bien beaucoup de travail. Tout le monde à Göttingue est couché à onze heures, ce qui leur convient fort : si Charlotte ne souffrait pas, je jouïrais encore plus de tout ce que je trouve ici. Mais cette prolongation d'un mal qui auroit du passer il y a longtems me tourmente.

Vous ne m'avez jamais dit si Charles avoit eu la bonté d'écrire pour moi aux Doxat[5] et s'il en avoit reçu une réponse. Je suis ici dans l'impossibilité de m'adresser à eux, ne sachant point leur adresse.

Il m'arrive une lettre toute amicale[6] de M^de de Nassau, et qui me fait un grand plaisir. Elle me donne des détails sur tout Lausanne, et je m'oriente dans la société que deux ans d'absence ont un peu effacée de mon esprit. Je suis bien aise que le chevalier de Langalerie[7] se rétablisse. Je n'ai pas suivi la route qu'il m'avoit tracée ; mais il a mis dans ma marche quelque chose de plus calme et de moins inquiet dont je lui sai gré. Je voudrais pouvoir vous donner quelques nouvelles du jeune de Saugy[8]. Mais je n'en sai point. Il peut actuellement satisfaire amplement sa passion favorite. Jamais guerre ne promit d'etre plus sanglante. Malgré les raisons qui retiennent Villars à Hanau[9], je le plains d'y être. C'est bien lui qui est au centre de l'incendie, ou plutot du deluge de sang qui coule et qui coulera. Adieu chere Rosalie. Embrassez mille fois ma Tante[10] pour Charlotte et pour moi. Nous nous rejouissions beaucoup d'etre ses voisins et ses locataires.

à Mademoiselle / Mademoiselle Rosalie de Constant, / à Lausanne, / Canton de Vaud, / *Suisse*

Manuscrit   *Genève, BGE, Ms. Constant 36/2, ff. 226–227; 4 pp., adresse p. 4; timbre : GOETTINGEN ; orig. autogr.

Éditions   **1.** Menos (1888), n° 201, pp. 487–490.   **2.** Roulin (1955); n° 134, pp. 179–182.

Texte   **6**   ce] ce *ajouté dans l'interligne au-dessus de* au *corrigé en* a   **34**   livre] livre ⟨plutot que⟩   **77**   moi] pour moi *ajouté dans l'interligne*

Notes

[1] Magdalena-Charlotte, comtesse de Rudenschöld (1766–1823), avait été mêlée aux intrigues de la cour de Suède et jetée en prison. Libérée, elle s'installa en Suisse en 1801, où elle se lia d'amitié avec Germaine de Staël. BC la rencontra lorsqu'elle regagnait la Suède en 1813.

[2] Voir la lettre 2370, note 4.

[3] Le frère de Rosalie.

[4] Georges Hankin (1759–1839), d'origine irlandaise, locataire de *Petit-Bien* et ensuite d'une campagne appartenant à la famille Hollard de Lausanne.

[5] Allusion aux banquiers Doxat et Divett et non à «des projets pour l'Angleterre»; voir la lettre 2359, note 6.

[6] Non retrouvée.

[7] Voir la lettre 2356, note 4 et 2367, note 7.

[8] Voir la lettre 2347, note 4.

[9] Le cousin de BC qui était en garnison à Hanau. Voir la lettre 2362, notes 8 et 9.

[10] Angélique de Charrière de Bavois.

2372

Fanny Randall à Benjamin Constant

10 mai 1813

Lundi soir 10 mai
Votre dernière lettre[1] cher ami m'a fait une vraie peine. Si j'y répondais en
detail je dirai tout ce que je pense et je m'en repentirais car il ne faut
défendre ses amis que vis à vis des accusateurs qui ne sont pas decidé
d'avance de n'etre pas convaincu. Je me bornerai donc à vous dire que la
personne[2] que vous avez cru *plus zélé que delicate* est incapable de faire une
action aussi meprisable que celle de soustraire une lettre — J'ai su par Mad
Rudenschold[3] que vous avez reçu dernièrement une lettre de notre amie[4] la
maniere la plus sûre a present d'écrire est par Vienne. J'ai reçu une lettre la
semaine passée elle était du 7 mars on me dit de m'informer si vous recevez
regulierement vos lettres — une chose qui m'a fait assez de peine mais qui
me donne encore plus d'irritation contre Mr de Sabran est son arrestation.
Voici le fait. — Une personne de ses amies[5] lui avait écrit une lettre simplement d'amitié, cette lettre est tombée entre les mains de la police qui la
donne à un de ses agens pour la porter à Mr de Sabran. L'homme chargé de
cette affaire dit à Mr de Sabran que dans le cas qu'il aurait envie de répondre à cette lettre d'une maniere plus libre qu'on ne pourrait faire par la poste,
il se chargerait de cette réponse. Mr de Sabran au lieu de rien soupçonner se
confonde en remerciements et l'homme apres avoir insisté sur l'abandon
avec laquelle il pourrait ecrire le quitta en lui disant qu'il reviendra le lendemain chercher sa lettre — Elzéar ecrit sa lettre et la remet à cet homme
sans la signer et sans y mettre d'adresse — La lettre fut donné toute de suite
à l'Empereur et le lendemain le 15 à 7 heures du matin Elzéar fut enlevé de
chez lui. Arrivé à la police on lui interrogea en le prevenant d'avance que s'il
reconnaissait sa lettre et qu'il avouait le nom de la personne à qui elle etait
adressée — il serait tout simplement envoyé à Vincennes, tandis que s'il niait
l'un et l'autre de ces faits d^t on avait d'ailleurs ttes les preuves possibles on
serait forcé de le traduire devant les tribunaux et les suites en seraient probablement les plus funestes — il a reconnu sa lettre qui est dit on la +
violente et la + blessante qu'on pût ecrire contre le gouv^t — il declara
formellement et sur serment que la personne à qui cette lettre était adressée
ne l'av^t provoquée ni directement ni indirectement — il a été envoyé à Vincennes — mais Mad de Boufflers[6] a eu la permission de le voir et on lui
accorde des livres des plumes du papier et de l'encre de sorte qu'il est mieux
qu'on n'aurait du l'esperer après une action qui me parait le comble de la

cruauté envers sa mere et de l'indélicatesse envers la personne à qui il avait adressé cette lettre où la miserable vanité de faire de l'esprit l'a fait compromettre le bonheur de tant de personnes — Auguste[7] doit etre y arrivé à l'heure qu'il est. J'ai eu de ses nouvelles de Berlin du 17. Il partait pour Stralsund pour s'y embarquer. Mad. de Rud. m'ecrit que vous comptez 40 passer encore dix mois a G. Continuez je vous en prie de m'écrire — Je suis seule, triste et assez souffrante de santé depuis six semaines — Votre amie du moins amie elle se dit Mad Sauzie[8] vient de perdre Mad. Baraban[9] elle est mort samedi apres avoir beaucoup soufferte — Adieu cher ami ecrivez moi je crois que l'*amertume* est une sort *d'anticoquetterie* que vous vous plaisez à 45 employer quand vous avez ecrit pendant un temps des lettres douces sensibles et faites pour attacher à vous tous ceux qui les reçoivent — alors crainte de vous faire trop aimer vous réprenez de l'amertume de la sécheresse etc. Ne le faites plus cette vie n'est point assez longue pour qu'on ait le temps de faire et défaire ainsi l'affection. Adieu Adieu écrivez moi.   50

Monsieur / Monsieur Benjamin de Constant / de Rebecque / Göttingue / Westphalie

---

Manuscrit   L'orig., qui faisait partie de la collection d'Arthur de Cazenove, n'a pas été retrouvé ; nous le reproduisons d'après une *transcription dactylographiée conservée dans les Archives Rudler.

Notes
[1] Non retrouvée.
[2] Il s'agit de la mésaventure arrivée à Elzéar de Sabran, compromis et mis en prison à cause d'une lettre adressée par lui à Germaine de Staël et interceptée par la police napoléonienne en avril 1813. Il risqua d'être fusillé. Voir le Journal, 19 mai 1813: «Elzéar. Diable de femme. Fanny folle».
[3] Voir, sur Madame de Rudenschöld, la lettre précédente, note 1.
[4] La lettre 2366 apparemment.
[5] Germaine de Staël.
[6] Il s'agit de la mère d'Elzéar de Sabran, Françoise-Elénore de Jean de Manville (1749–1827) qui épousa, en premières noces, Joseph, comte de Sabran (†1775), et en secondes noces, en 1800, le chevalier Stanislas Jean de Boufflers (1738–1815).
[7] Auguste de Staël, fils de Germaine de Staël.
[8] Non identifiée.
[9] Il s'agit probablement d'Élisabeth Le Maire (1731–1813), veuve (sans descendance) de Jacques-André Baraban (mort en 1788). Galiffe, t. II, pp. 411–412 et 30–31.

2373

Germaine de Staël à Benjamin Constant

20 mai 1813

Ce 20. may-
1813.

Il y a deux mois que rien de vous ne m'est arrivé il y a deux ans[1] que je ne vous ai vu —— Vous souvenez vous quand vous pretendiez que nous ne serions pas séparés —— je puis le dire, vous avez manqué une belle carrière à part de tout le reste et moi que déviendrai-je dans l'isolement de mon esprit ? Avec qui puis-je parler et me conserverai-je moi même ? Mon fils ainé[2] est avec moi il est nommé secrétaire de légation aux Etats Unis je l'accompagne jusques chez les Doxat[3] où il reste quatre mois à la campagne avec moi —— Albert[4] est avec son patron —— Wilhelm[5] aussi il me reviendra mais en attendant son absence fait que je suis encor plus seule —— Ma fille[6] est charmante elle vous écrira de Göth[a][7]. Ce sera son dernier adieu, ainsi que le mien ; mais j'espère encore que vous éprouvez le besoin de nous revoir et de ne pas laisser périr ce que Dieu vous avait donné[8].

Dites a Villers que son frère[9] a été de nouveau fait prisonnier par les Cosaques, qu'il a été ramené à Moscou et jeté en prison ou peut-être envoyé en Sibérie. Il devrait faire intercéder pour lui auprès de l'Empe[reur] Alexandre ; j'ai écrit de mon côté à Moscou, mais il a mal agi et, là-bas, on est sévère envers soi et envers les autres. —— Je ne sais rien au sujet de sa femme, ni de ses enfants, mais je m'en informerai par écrit.

J'irai chez les Doxat et j'y resterai et attendrai, ou j'y mourrai peut-être, qui sait ce que Dieu exigera de nous. —— J'ai toujours des lettres de vous auprès de moi, je n'ouvre jamais mon secrétaire sans les prendre à la main ; je contemple l'adresse. Tout ce que j'ai souffert par ces lignes me fait frissonner et, pourtant, je voudrais en recevoir de nouveau. Mon père, vous et Mathieu[10] demeurez dans une partie de mon cœur qui est fermée à jamais, —— j'y souffre toujours et malgré tout, —— j'y suis morte et j'y vis —— et si je périssais dans les flots, ma voix appellerait ces trois noms dont un seul m'a été funeste ——. Est-il possible que vous ayez tout brisé ? Se peut il qu'un désespoir tel que le mien ne vous ait pas arrêté non vous êtes coupable et c'est votre admirable esprit qui me fait encor illusion —— adieu adieu —— ah pouvez vous comprendre ce que j'éprouve —— envoyez à Fanny quelques lignes —— c'est affreux d'ignorer ainsi tout de vous ! adieu ——

Manuscrit   L'orig. n'a pas été retrouvé ; il faisait partie de la collection Alexandrine de Roth-schild (voir *Inventaire de la bibliothèque de Madame Alexandrine de Rothschild* [annotée par J. Guérin]; [1992], I, n° 106), et a été mis en vente à l'Hôtel Drouot les 9 et 20 juin 1996, avec extrait (fac-similé) dans le *catalogue.

Éditions   **1.** Strodtmann (1879), II, pp. 24.   **2.** Nolde (1907), pp. 124–127 (traduction anglaise de Strodtmann).   **3.** *Léon (1928), n° 6, *RP*, pp. 18–19, et vol., pp. 39–41. **4.** Solovieff (1970), p. 445 (avec coupure).   **5.** Kloocke (1993), n° 58, pp. 148–149.

Texte   *Le début de la lettre, jusqu'à écrira et la fin, à partir de vous ayez tout brisé, sont donnés d'après la reproduction du *catalogue de vente ; le reste d'après Léon (1928).*   **12** Göth[a]] *mot illisible, peut-être Göthaborg*

Notes
[1]   Germaine de Staël et BC se sont quittés le 8 mai 1811, à Lausanne.
[2]   Auguste de Staël.
[3]   C'est-à-dire en Angleterre.
[4]   Albert de Staël.
[5]   Schlegel.
[6]   Albertine.
[7]   Göteborg.
[8]   Germaine laisse-t-elle entendre ici qu'Albertine est la fille de BC ?
[9]   Voir la lettre 2364.
[10]   Mathieu de Montmorency.

2374

Benjamin Constant à Therese Huber

28 mai 1813

Göttingue ce 28
may 1813.
J'ai appris avec un vif regret que ma Reponse à votre aimable lettre ne vous est jamais parvenue. Je l'avois pourtant mise moi-même à la poste, en m'informant si l'adresse étoit suffisamment claire. Enfin c'a été une tentative de 5 plus inutile. Ce n'est malheureusement pas la seule qui ait eu ce sort là. Mais je m'en afflige pourtant beaucoup, car je n'ai oublié ni le tems que nous avons passé ensemble, ni l'amitié que nous nous sommes voués, ni tous les souvenirs qui nous sont comuns. C'est plus que jamais le moment de vivre de souvenirs. Nous ne sommes pas riches d'espérances.   10
   Mon regret de ce que vous avez pu me soupconner de négligence auroit du me porter à m'en justifier plutot. Mais je ne sai quel découragement pèse sur moi et me rend paresseux en dépit de mon intention et de mes sentimens mêmes. Beaucoup de travail, d'ennuyeuses affaires d'argent, des courses à Cassel pour ces affaires, ont pris mon tems et mes forces, et j'ai laissé avec 15

douleur et remords les jours, les semaines, et les mois s'accumuler. Enfin je veux pourtant secouer cette apathie, et me ranimer pour vous dire que je vous suis tout aussi attaché que jamais, que les tems de notre fraternité et le souvenir de notre excellent Huber[1] sont présens et le seront toujours à mon cœur et à ma mémoire, et que ce me seroit un bien vif plaisir que de causer avec vous.

Je vois trop rarement, mais toujours avec un sentiment de vénération Madame Heyne[2], la noble compagne d'une vie illustre et admirablement employée. J'ai voulu refaire connoissance avec Madame Reuss[3], mais elle m'a paru avoir conservé peu de traces de nos entrevues d'il y a 20 ans.

Je ne puis guères vous donner de nouvelles de la personne célèbre[4] dont vous me parlez. Depuis son départ de Suisse les communications ont toujours été difficiles et sont depuis longtems tout à fait interrompues. Je fais des vœux pour elle, mais je ne puis plus faire que des vœux.

Mon séjour ici se prolonge toujours, et je n'en suis pas fâché. Je ne vois devant moi qu'un immense vuide au lieu d'avenir, et Göttingue est une Isle ou je suis bien aise de faire la station la plus longue possible, avant de me lancer de nouveau dans un monde qui m'est devenu tout étranger, et auquel je ne pense qu'avec un dégout mêlé d'effroi.

Madame de Constant a été bien sensible à ce dont vous m'avez chargé pour elle. Je voudrais que le sort nous poussât dans vos environs, ou vous amenât ici pendant que nous y somes encore. Il y a si peu de gens qui se conviennent qu'on devroit se réunir et fonder une colonie. Mais ou ? J'avais cru longtems le somet du Caucase un lieu assez sur. Mais j'ai appris que des émigrés qui s'y étoient établis en ont été chassés par des officiers francois.

Je sai que votre fille ainée[5] est à Berlin. J'espère que vous êtes content de son etablissement. Mad^e Heyne m'a dit que vous aviez de grandes espérances des talens de votre fils[6]. Il a de quoi tenir du coté paternel et maternel.

Je ne vous écris rien sur la politique. Nous avons été longtems presque le théatre de la petite guerre qui a précédé la grande : et même alors nous étions fort mal instruits. A présent que les armées s'éloignent, nous le somes plus mal encore. C'est rarement un malheur et c'est souvent un bien.

Si mon long silence ne vous a pas tout à fait rebuté, vous me ferez un bien grand plaisir de me répondre, et je remettrai désormais mes lettres à Madame votre mere qui veut bien se charger de celle-ci.

Adieu, ma chère Sœur, car nos anciens noms ne doivent pas avoir vieilli, puisque nos sentimens sont les mêmes. Je vous suis bien tendrement et inviolablement attaché.

BC.

Gott. 28 May. 13.

Manuscrit   *Lausanne, BCU, Fonds Constant I, Co 3233; 4 pp.; orig. autogr.

Texte   *Au début de la lettre, d'une autre main :* M. Benjamin Constant.   **13** me] me ⟨p⟩
49   mes] *le ms. porte :* mes mes *(inadvertance en tournant la page)*

Notes
[1]   Le mari de Therese, Ludwig Ferdinand Huber, est mort le 24 décembre 1804. On se souvient que BC s'était lié d'amitié avec Ludwig Ferdinand et Therese Huber chez Isabelle de Charrière, dont Ludwig Ferdinand (1764–1804) était le traducteur allemand. Voir au Répertoire, *CG*, tomes II à V.
[2]   Therese Heyne, née Weiss, mère de Therese Huber, veuve de l'humaniste de l'Université de Göttingen Christian Gottlob Heyne (1729–1812).
[3]   Il s'agit de la sœur de Therese Huber, Marianne Louise Charlotte Heyne (1768–1834), qui en 1799 épousa Jeremias David Reuss (1750–1837), professeur d'histoire à l'université et depuis 1803 Hofrat à Göttingen. BC a dû la rencontrer lors de son séjour à Göttingen en avril 1794 (voir *CG*, II, lettres 274 à 276).
[4]   Germaine de Staël.
[5]   Émilie-Louise (1795–1831).
[6]   Victor-Aimé (1800–1869).

2375

Benjamin Constant à Charles de Constant

29 mai 1813

Je m'adresse à vous, mon cher Charles, pour une affaire qui m'intéresse beaucoup. Marianne m'écrit de Brévans, qu'elle ne reçoit point sa rente viagère[1], et qu'elle craint que Mr Achard ne la lui laisse perdre. Je ne sai si cette crainte est fondée, et s'il y a quelque formalité dont la négligence l'exposeroit à ce danger. Ce qui est certain, c'est que je serais très faché ₅ qu'elle essuyât cette perte. Je n'ai qu'à me louer d'elle depuis que nos affaires sont terminées : et je mets un vif interet à ce que ceux que mon père a aimés et qui l'ont soigné jusqu'à son dernier moment soient le plus possible dans l'aisance. Je tache d'y contribuer de mon mieux, mais il serait cruel que le hazard les privât d'une portion de leur revenu. Je vous supplie donc, mon ₁₀ cher Cousin, de faire ce qui dépendra de vous, pour que Marianne ait des nouvelles de sa rente, et s'il se peut sa rente elle même. Je compte sur votre bonté pour elle et votre amitié pour moi. Par la même occasion, faites moi le plaisir de me dire où j'en suis avec les Doxat[2]. Voilà deux ans et demi que je n'ai pas une ligne. Rosalie vous a fait ma petite comission, et m'a dit que ₁₅ vous aviez bien voulu vous en charger. Si vous en savez le résultat, je vous aurai bien de la recoñoissance de me le mander.

A présent que la partie affaires de cette lettre est traitée, il seroit bien dans mon desir de vous écrire quelque chose d'interessant. Mais le style épistolaire est devenu depuis quelque tems assez difficile. Il faut le soigner, coῆe si l'on écrivoit pour le public.

J'ai su par Rosalie que vous aviez été malade et que vous étiez guéri, de sorte que j'ai eu la bonne nouvelle en même tems que la mauvaise. J'espère qu'il n'y aura pas eu de rechute. La santé est à peu près le seul plaisir qui nous soit laissé, et il est chaque jour plus nécessaire pour supporter tout le reste.

Quand je retournerai en Suisse, je trouverai surement St Jean[3] bien embelli. Il échappera j'espère à tous les projets de fortification dont on le menace. L'empire n'a pas besoin de ce boulevard, et vous et ceux qui comme moi espèrent vous y aller voir, ont besoin de vos beaux arbres et de votre belle terrasse. Il est doux d'avoir un tel azyle, pendant qu'ailleurs on brule par jour cinq à six villages, en tuant par semaine quinze à vingt mille hommes. Nos enfans se trouveront bien au large : car quelqu'activité qu'on mette à en faire, elle ne peut pas égaler celle qu'on met à les tuer.

Je suis toujours ici, partageant ma vie entre l'occupation d'écrire à des débiteurs qui ne me lisent pas trop, et celle d'écrire[4] pour un public qui peut être ne me lira guères. J'admire le front avec lequel nous autres auteurs nous prétendons occuper de nos idées, bonnes ou mauvaises, des gens qui ont devant eux des batteries qui font un feu roulant sur toutes les maisons ou nos lecteurs sont logés. Mais comme n'être pas lu est une chose négative, et par conséquent un malheur qui ne peut pas se démontrer, chacun croit y échapper. Les uns se rejettent sur leur cotterie, les autres sur les inconnus, et enfin la postérité nous reste toujours, et elle a cela de bon qu'elle ne couronne les gens que quand ils ne sont plus là pour écouter leurs sentences, ce qui est un grand agrément.

Donnez moi des nouvelles de tout ce qui vous intéresse ; vous ne sauriez me faire un plus grand plaisir. Ma femme se rappelle au souvenir de la vôtre[5], a laquelle je vous prie de dire bien des choses de ma part. Ne négligez pas, je vous en prie, l'affaire de la pauvre Marianne et croyez moi pour la vie tout à vous.

B.C.

Gott. ce 29 May 1813.

à Monsieur / Monsieur Charles de Constant / de Rebecque, / à St Jean, / près Genève, / Dép. du Léman / *France.*

Manuscrit   *Genève, BGE, Ms. Constant 34, ff. 82–82 *bis* ; 4 pp., p. 3 bl., adresse p. 4; timbres : GOETTINGEN ; ALLEMAGNE / PAR / MAYENCE ; F^co WESTPHÄL. / GRÄNZE ; HESSE ; orig. autogr.

Notes
1   La «rente d'Irlande» dont Achard est chargé à Londres. Voir la lettre 2370.
2   Voir la lettre 2371, note 6.
3   La propriété de Charles de Constant, Saint-Jean, située aux portes de Genève. Les enfants de Samuel de Constant ont hérité cette propriété de leur grand-mère Pictet.
4   A Göttingen, BC travaille non seulement à son ouvrage sur la religion, mais aussi à son épopée en vers, *Florestan, ou Le Siège de Soissons.*
5   Anne-Louise-Renée, dite Ninette, fille de Jacques Achard.

2376

Benjamin Constant à la comtesse Anne-Pauline-Andrienne de Nassau

1ᵉʳ juin 1813

Gött. ce 1ᵉʳ Juin
Vous pensez bien, ma chère Tante, qu'il m'a fallu une raison pour être resté près de quinze jours, sans répondre à la bonne et aimable lettre[1] que vous m'avez fait le plaisir de m'écrire. C'est que j'ai eu des affaires domestiques très désagréables. Cette chienne de Jacqueline[2] a recomencé ses farces, et j'ai vu que mes parens, que je croïois enfin éclairés sur le caractère de cette coquine, se laissoient duper par elle cõme auparavant. J'en ai été véritablement presque malade, et dans un tel découragement que je n'ai pas eu la force de prendre la plume. Cõme cependant tout ce découragement ne sert à rien, il faut le combattre, et tacher de penser à autre chose, or je ne coñois pas de meilleure distraction que de vous écrire, et je m'y mets après m'etre secoué du mieux que j'ai pu. Ce n'est pas que j'aie perdu toute espérance de voir notre famille[3] débarassée de cette étrangère qui s'y est fourrée on ne sait cõment : mais nous avons perdu quelques incidens, et mes cousins s'obstinent à s'en remettre à des avocats[4] dont la bêtise est prouvée. Enfin la volonté du ciel soit faite, mais je voudrais bien voir Jacqueline renvoyée dans son village.

Celui de mes beaux frères[5] qui est à Vienne actuellement (le dernier avec lequel nous avons des affaires, les autres ayant a peu près terminé à notre satisfaction) annonce toujours son arrivée ; mais ne revient pas. Je doute même que les circonstances lui permettent de traverser les armées. Cela retarde nos négotiations. Ma femme écrit sans cesse, et s'impatiente. Elle auroit autant d'envie que moi de passer un joli été en Suisse.

Je profite de tous ces retards pour travailler tant que je peux. Gottingue est un excellent endroit pour cela. Il n'y auroit pas moyen d'y vivre sans occupation, et il faut se la créer soi même. Mais pour finir, il faut que je parte d'ici. La Bibliothèque est un océan dans lequel on se perd. A peine ai-je lu ce qui m'a paru indispensable, que je découvre quelque chose de plus indispensable à lire. Si je restois ici vingt ans, je ne serais pas plus avancé dans la composition de mon livre qu'aujourdhui. En Suisse, ou je n'aurai plus le moyen de faire des acquisitions nouvelles, je mettrai j'espère en ordre ce que j'ai acquis.

J'ai reçu de Marianne et de son fils Charles une réponse conforme à ce que j'attendais. Celui-ci doit avoir écrit à M. Monod[6], et je suis sur que vous n'entendrez plus parler de cette affaire. Jamais vous ne pouvez, dans aucun cas, ma chère Tante, avoir à en traiter avec d'autres qu'avec moi, et même si je venais à mourir, ce qui m'empêcheroit de m'en occuper, il n'en résulteroit autre chose que la faculté deja stipulée pour les enfans de Marianne de demander ce capital, après l'avertissement requis, s'ils ne vouloient plus de la rente viagère que mes héritiers devroient leur payer. Mais dans aucun cas vous ne pouvez être responsable d'aucun payement, au delà des 3 p% stipulés. Encore pour qu'on saisit ces 3 p% entre vos mains, faudrait-il que j'eusse négligé de payer la ditte rente.

L'état de santé de M. de Corcelles[7] doit ce me semble le rendre indifférent sous le rapport pecuniaire au testament de sa sœur, et je ne pense pas qu'il ait une sensibilité bien profonde sous les autres rapports. Je plains presqu'également lui et les Demoiselles qui le consolent de ses maux. Je le plains lui de l'usage qu'il n'en fait pas, et elles de l'usage qu'il en fait.

Je coñois M. de Golowkin[8] d'ancienne date. Il a beaucoup d'esprit, et brode très bien les histoires qu'il fait. C'est de l'esprit francois, et de la grace francoise, dont les Russes sont plus susceptibles qu'aucun autre peuple. Au bout d'un certain tems, il y a dans cette grace et dans cet esprit une sorte de monotonie, mais elle séduit pourtant toujours. Je l'ai éprouvé en retrouvant à Cassel M. de Narbonne[9]. Le fonds de cet esprit est de n'attacher d'importance à rien, qu'à ce dont on ne parle pas, c'est a dire à son bien être personnel et à sa fortune. Mais on glisse sur le reste, effleurant tout et souriant de tout, ce qui donne une grande supériorité momentanée sur les gens qui ont encore la naïveté d'attacher du sérieux à quelque chose. Aussi ne suis-je point surpris du succès dont vous me parlez. Du reste on dit ses ouvrages écrits d'une manière piquante, et je le crois d'après sa conversation.

Les amours des deux générations Polier n'aboutiront donc à rien ! Je crois que le père et le fils se tiennent mutuellement en respect[10]. Au reste, il y a longtems que pour Godefroy l'amour n'est que du coté de la Dame. Elle en a pour deux, coñe cela se fait dans ces cas là. Je suis charmé que M. de Loys ne soit plus aussi enchanté par la *prosodie* de M[de] de Lafléchère[11]. Je n'ai jamais trouvé qu'elle eut rien de distingué, sinon une certaine elégance de

figure et d'esprit, sans aucune valeur réelle dans l'un ni beauté dans l'autre.
Je crois fermement que M. de L. n'en étoit amoureux que grammaticale-
ment.   70

Il me semble que vous pouvez ma chere tante vous consoler de n'avoir pas
lu le roman de Jeannette[12]. Ses ouvrages sont très inférieurs a sa conversation, quoique celle-ci ne soit pas sans defaut mais il y a du mouvement et
quelquefois de l'originalité. C'est précisément ce dont ce qu'elle écrit manque. Il n'y a d'original que le style qui n'est pas francais.   75

Adieu ma chere Tante. Depuis que ma lettre est commencée, j'ai recu
quelques nouvelles qui me font espérer que nous serons défaits de Jacqueline. Quelle terrible chose qu'une maîtresse dans une famille! cependant je
ne répondrais pas que la coquine ne reprit son ascendant sur notre vieux
parent : mais elle parait, à ce qu'on m'écrit, en avoir un peu perdu. Je   80
voudrais bien vous porter la nouvelle que notre famille est enfin épurée. Ce
long procès, ces éternelles chicanes me fatiguent plus que je ne puis le dire.

Conservez moi un peu d'amitié. J'espere toujours en aller jouïr bientot, et
je m'en fais une fete qui me console de tous les ennuis et de toutes les
tribulations de la vie.   85

Manuscrit   *Genève, BGE, Ms. Constant 36/1, ff. 246–247; 4 pp.; orig. autogr.

Édition   Menos (1888), pp. 491–493 (avec coupures).

Notes
[1] Non retrouvée.
[2] Nom codé de Napoléon. On ignore de quels «parens» il s'agit ici, à moins qu'il ne s'agisse du
peuple français.
[3] Encore une fois, il semble s'agir des Français ou de l'Europe en général.
[4] Les Alliés et leurs chefs militaires ?
[5] Ernst Christian Georg August von Hardenberg (voir la lettre 2362, note 1).
[6] Voir la lettre 2367, note 3.
[7] Allusion à Jonathan Polier (né en 1733) seigneur de Corcelles-le-Jorat et à sa sœur Mari-
anne-Charlotte (née en 1735). *Généalogies vaudoises*, t. I, p. 172.
[8] Le comte Fédor (ou Théodore) Golowkin (1766–1823), diplomate russe que Germaine de
Staël comptait parmi ses amis. Il a fait de longs séjours à Lausanne et publiera, à Genève en
1821, des *Lettres diverses recueillies en Suisse*. Voir Léonard Burnand, «Fédor Golowkin sur
les traces de Voltaire : genèse des *Lettres diverses recueillies en Suisse*», *Revue Voltaire*, n° 2
(2011), p. 265.
[9] Voir la lettre 2348, note 4.
[10] Voir la lettre du 28 mars 1810 (*CG*, VIII, pp. 91–93, notes 9 et 10), où BC fait des allusions
sarcastiques aux projets de mariage des deux Polier père et fils. Il s'agit de Henri-Étienne-
Georges-Fitz-Roger Polier de Vernand (frère de la romancière Mᵐᵉ de Montolieu) et de son
fils Jean-Noé-Godefroy Polier. Le père (1754–1821), qui était membre du Grand Conseil
vaudois de 1808 à 1814, avait épousé en 1778 Sophie de Loys, morte en 1802; en 1814 il
épousa, en secondes noces, Mary Heath Nicholl, du comté de Derby, qui mourra en 1855.
Jean-Noé-Godefroy (1754–1833) qui devint gouverneur, puis grand maître du prince Gustave Vasa (1799–1877), mourra célibataire ; nous ne disposons pas de précisions sur les
projets de mariage auxquels BC fait allusion.

¹¹ Il s'agit peut-être d'Angélique de La Fléchère, qu'Antoine Polier de Bottens épousa en secondes noces en 1779. Pour M. de Loys, voir la lettre 2367, note 17.

¹² Il s'agit probablement de *La Veuve anglaise, ou la Retraite de Lesley Wood* (Paris : Paschoud, 1813), par Jeanne-Françoise («Jeannette») Polier de Bottens, fille d'Antoine-Noé et sœur de Madame de Montolieu.

2377

Benjamin Constant à Claude Hochet

5 ou 6 juin 1813 à 5 h. du matin

Göttingue ce 5 Juin 1813

Quoique vous n'ayez pas encore répondu à ma dernière lettre, mon cher Hochet, je viens vous demander un petit service. Je vois, dans les journaux, que les volumes 7 et 8 de la Biographie¹ ont paru, et les Articles des Empereurs d'Autriche sont annoncés comme de ma façon. De ces articles je n'en ai fait que deux, dont l'un est fort insignifiant. Ce sont les articles de Charles le Gros, et de Charles 4². Les autres me sont tout à fait étrangers. J'ai écrit aux Michaud, pour leur dire, avant que la livraison fut publiée, que j'espèrais qu'ils auroient pris leurs mesures, pour que les articles que je n'avais pas faits ne me fussent pas attribués, et je me suis servi de la phrase commune, en pareil cas, c'est à dire, que je ne voulois pas usurper une gloire qui ne m'étoit pas due. Ils ne m'ont pas répondu, et le Journal de l'Empire me cite cõme l'auteur de tous ces articles³. Maintenant, je ne mets pas assez d'importance à des choses personnelles, pour vouloir reclamer publiquement, hors le cas d'extrême nécessité. Je vous prie donc, cher Hochet, de lire tous les articles Charles, Empereurs d'Autriche, nomément Charles Quint, et de me dire ce que vous en pensez. S'ils sont tout simplement ce qu'ils doivent être, il m'est fort égal qu'on me les attribue. Mais si, par hazard, on avoit profité de l'occasion, pour y mettre des opinions, ou des allusions, qui ne seroient pas d'accord avec ce que vous savez de moi, et je n'ai pas changé dans ces deux années, mandez-le moi, je vous en supplie, tout de suite, et faites copier les phrases qui vous auroient frappé. Plus les articles seroient beaux dans ce sens, plus je serais empressé de les désavouer. C'est un véritable service que je demande à votre Amitié.

Prosper a répondu à ma lettre, d'ou je conclus que vous avez aussi reçu la votre, puisque la sienne y étoit renfermée⁴. Mais sa réponse est si courte si découragée, si pâle que cela me décourage à mon tour. Il y a une malédiction sur les gens que la nature avoit destinés à ce qui n'est plus possible. Ils dépérissent les uns moralement, les autres à la fois physiquement et mora- lement. C'est le cas de Villers. Depuis quelque tems il n'est plus reconnois- sable. Souffrant, distrait, détaché de tout, sans intérêt pour ce qu'on lui dit, il a l'air de ne plus tenir à ce monde, que par l'ennui qu'il en éprouve. Le malheur de son frère, qui, au reste, est retrouvé, lui a porté un coup, dont les suites ne se font remarquer qu'actuellement : je crois que l'arrivée de M. Rodde[5], qui est venu se mettre en tiers, contribue aussi aux désagrémens de sa vie. Mais, quoi qu'il en soit, je suis tout triste de voir cette métamorphose ou plutot ce dépérissement, et je m'en inquiéte, autant que je m'en afflige.

Moi, je ne me sens pas encore dans cette Disposition apathique. Le travail me soutient, et si, quelquefois, je suis saisi de l'affadissement universel, je m'en relève au bout de peu d'heures ou de peu de jours. Vous voyez que jusqu'ici je n'ai pas lieu de me repentir d'être resté à Göttingue. Si les cir- constances le permettent, j'y resterai jusqu'à la fin de 7bre. A cette époque, à moins d'événemens dont je ne puis disposer, j'aurais fini la première rédac- tion de l'ouvrage qui m'occupe, et je retournerai le polir et le perfectionner à Paris. Je sens qu'il est bon que je m'éloigne d'une Bibliothèque, qui a l'in- convénient d'offrir trop de choses qu'on voudrait employer toutes, et au milieu desquelles on se perd, quand on s'abandonne à la tentative de tout parcourir, et de tout connoître. C'est ce qui fait que nos savans d'ici devien- nent presque tous des compilateurs. 300000 volumes pésent sur eux, et, lorsqu'ils ont extrait de ces 300000 volumes ce que les autres ont dit sur une chose, il ne leur reste ni tems pour penser, ni place pour dire ce qu'ils auroient pu tirer de leur propre fonds. Sans Göttingue, il n'y a aucun doute que mon ouvrage n'auroit pas valu ce qu'il pourra valoir, mais si je restais à Gottingue, je ne le finirais jamais.

J'ai vu annoncé dans les Journaux la littérature du Midi, de Simonde[6]. C'est-il bon ? Il est très capable de bien faire, et il [a] de nobles mouvemens et des opinions saines et élevées. A-t-il su donner à son livre une unité de plan dont quelquefois il s'est écarté dans son histoire ? A-t-il su sacrifier des digressions et des discussions étrangéres au sujet ? Enfin son style a-t-il gagné ? Je m'intéresse beaucoup à lui còme à un des hòmes les plus esti- mables et les meilleurs que je conoisse. Je suppose qu'il est reparti de Paris, ou il ne vouloit rester que jusqu'après l'impression de son livre.

On m'a mandé de Suisse que Juliette[7] alloit retourner auprès de vous. Je doute toujours du bien, tant qu'il n'est pas opéré. On m'a aussi mandé une histoire d'Elzéar[8] qui m'a fait beaucoup de peine. Notre amie devroit bien réfléchir qu'on n'a le droit d'exposer que les gens qu'on aime beaucoup. Le danger n'est pas fait pour les amis du 2^d dégré. Elz. a mille bonnes qualités, et je suis vraiment tout à fait triste et inquiet pour lui.

Vous ne devinez pas à quelle heure je vous écris. J'entends dans ce moment sonner cinq heures du matin. J'ai pris toutes les habitudes de Gottingue, je me couche à 10 h. et je me leve à quatre, et comme je ne dine qu'a cinq heures du soir, cela me donne des matinées de treize heures, a quelques interruptions de peu de minutes près, et je m'en trouve parfaitement. Cette manière a un autre avantage, au moins pour moi. C'est le matin que la vie se présente dans toutes ses tristesses. Je la rapprends tous les jours en me réveillant, et quand je reste à réfléchir sur le passé et sur l'avenir dans mon lit, mon imagination se rembrunit de telle sorte que mes pensées m'accablent. Je leur échappe à présent en me mettant au travail avant qu'elles aïent pu me saisir.

Adieu mon cher Hochet. N'oubliez pas les articles de la Biographie et surtout n'oubliez que votre Amitié et vos lettres sont un bonheur et une consolation pour moi. Je me réjouïs bien de vous voir.

à Monsieur / Monsieur Hochet / Sécretaire de la Commission du / Contentieux près S.E. le grand Juge / Rue Grangebatelière N° 21 / *a Paris*

Manuscrit   *Paris, BnF, N.a.fr. 11909, ff. 89–90; 4 pp., l'adresse p. 4; cachet postal [à l'arrivée]: 18 Juin 1813; timbre : GOETTINGEN ; orig. autogr.

Éditions   **1.** Lauris (1904), pp. 155–156.   **2.** Mistler (1949), n° 102, pp. 239–243.

Texte   **15** lire] de lire *ajouté dans l'interligne*   **22** frappé] frappé⟨s⟩   **25** Prosper] Prosper ⟨de Barante⟩   **33** coup,] coup, ⟨d'on⟩   **51** dire] dire ⟨q⟩   **56** [a]] *omis par inadvertance*   **57** élevées.] elevées ⟨deux mots biffés illisibles⟩   **63** Juliette] Mme Récamier, *ajouté par une autre main dans l'interligne*   **65** Elzéar] et Elzéar de Sabran, *ajouté par une autre main dans l'interligne*

Notes
[1]   La *Biographie universelle*, publiée à Paris par Michaud frères.
[2]   Ces articles se trouvent dans le tome VIII de la *Biographie universelle*, pp. 160–161 et 161–166.
[3]   Le 5 mai 1813, une annonce a paru dans le *Journal de l'Empire* : «La quatrième livraison de la *Biographie universelle* de messieurs Michaud, formant les tomes VII et VIII, vient de paroître [...]. Parmi les nombreux articles qu'on remarque dans cette quatrième livraison, nous citerons [...] les Charles, empereurs d'Allemagne, par M. Constant de Rebecq [...]». Comme on le voit, dans cet article il n'est pas question des empereurs d'Autriche mais d'Allemagne.
[4]   Allusion aux lettres du 7 avril à Barante et à Hochet (lettres 2363 et 2364). La réponse de Barante n'a pas été retrouvée.
[5]   Le baron von Rodde, mari de la compagne de Villers.
[6]   Le 11 juin 1813, le *Journal de l'Empire* annoncera que «Les IIIe et IVe volumes de *La Littérature du midi de l'Europe* viennent de paroître» et en donnera un bref résumé.
[7]   Juliette Récamier venait de passer quelques mois en Italie.
[8]   Elzéar de Sabran (voir la lettre 2372), note 6.

2378

Benjamin Constant à Jean-Charles-Léonard Simonde de Sismondi

2 juillet 1813

Gott. ce 2 Juillet

J'ai reçu, cher Simonde, vos deux lettres. J'aurais répondu plutot à la première[1], si, ayant laissé passer quelque tems sans vous écrire, je n'avais craint
que votre séjour à Paris ne fut trop court pour que vous pussiez recevoir ma
réponse. Dans ma dernière lettre à Fanny[2], je l'avais priée de m'informer de
votre arrivée à Genève. Mais pour la première fois elle a négligé de m'écrire.
Je n'ai pas de ses nouvelles depuis plus de six semaines.[3]

Je vous remercie bien du présent[4] que vous me destinez. Je le trouverai à
Paris ou je serai forcé d'aller passer une partie de l'hyver. J'espère vous voir
auparavant en Suisse ou je serai probablement vers la fin de l'été. Je suis
retenu ici par des affaires et j'en profite pour travailler. Mais d'autres affaires me rappelleront en France, et je ne puis plus les retarder.

Je n'ai pas besoin de vous dire que je vous lirai avec un extrême plaisir. Je
retrouverai en vous cette langue qu'on ne parle plus et ces pensées qui nous
sont communes et dont l'échange a fait longtems le charme de ma vie. Elles
disparaissent de notre terre. Il est heureux qu'elles soient encore recueillies
dans quelques esprits et dans quelques ames.

Je crois que vous serez content de la direction qu'a prise mon ouvrage. Il
me semble qu'à présent nous devons nous rencontrer sur tous les points. Je
ne sai si je pourrai trouver à sa publication les facilités que vous m'annoncez. Mais je l'achève sans m'en mettre en peine. J'ai encore prodigieusement
à faire, mais j'ai pourtant prodigieusement avancé.

Je vous écris dans un moment d'émotion très vive. Je viens de lire dans les
papiers le départ de notre amie[5] dont je n'ai pas eu depuis plus de trois mois
une seule ligne. Qui m'eut dit que j'apprendrais par une gazette la chose la
plus importante de sa vie ? Il y a eu dans notre correspondance depuis son
voyage quelque chose d'excessivement bizarre. Elle s'est plainte sans cesse
de ne rien avoir de moi, et cependant je lui écrivais come ses autres amis et
sans doute plus souvent. Elle n'a répondu qu'à deux de mes lettres[6]. Mais
l'une d'entr'elles était de nature à lui prouver que je ne pouvais jamais cesser
de lui écrire, et cependant elle m'en a toujours accusé. En général je n'ai que
trop vu une sorte de lutte et d'embarras de ses liens actuels[7], et des mouvemens contraires auxquels elle cédoit alternativement. Je n'ai jamais rien
pu savoir de Fanny à cet égard, parce qu'elle n'est que notre amie plus
décidée dans ce qu'elle a fait, et le justifiant plus fermement et avec moins de

nuances, parce qu'elle n'est pas un juge, mais une dépendance morale de la personne qu'elle justifie. J'ai eu quelques soupçons que mes lettres étoient vues par l'homme à qui j'ai si malheureusement et par ma faute livré sa vie, et ma conviction inébranlable est que deux de ses lettres à moi lui ont été dictées par lui. Tout cela est une sombre énigme que j'ai tellement à me reprocher que je ne passe peut être pas une heure sans que ma pensée en soit remplie. Ce que d'autres disent et ecrivent là dessus, et le blâme que certaines démarches motivées par ce nouveau lien ont excité ne produisent en moi aucun effet contr'elle, mais contre moi. Maintenant je ne sais plus si nous nous reverrons jamais, et il y a sur mon ame un poids de souvenirs qui ne me quitte pas un instant. Quelle fatalité que par la violence de la lutte, par le genre de moyens dont elle s'est servi, et par les bizarres défauts de mon etrange caractère, les deux esprits les plus faits l'un pour l'autre et qui se manqueront toujours l'un à l'autre soient probablement à jamais séparés. Car je ne vois guères de possibilité de nous réunir. Elle s'est obstinément et sêchement refusée à m'en faciliter les moyens indiqués convenus et signés autrefois par elle, et je suis tenté de croire qu'à l'exception de quelques retours subits et passagers, elle est plus disposée à éviter qu'a désirer ma présence. Helas ! je ne le lui reproche pas. Je lui ai fait beaucoup de mal, j'ai été inconcevablement dur. Elle avoit l'air si puissante qu'on la combattoit sans ménagemens, et au fond de nos ames ou du moins de la mienne il y avoit, il y a encore un tel lien entre nous que j'etais obligé pour lui résister d'etre d'autant plus violent que c'etoit une espèce de suicide.

Je vous parle bien longuement, cher Simonde, d'une triste et irréparable chose. Mais je ne puis en parler qu'a vous et il est dans ma destinée de ne jamais ouvrir la bouche sur la chose qui m'occupe jour et nuit, uniquement, perpetuellement exclusivement. Car son idée se mèle à mon travail[8] et souvent quand j'en suis content, je gémis de si bien faire sans pouvoir le lui montrer. Mais il est de mon devoir rigoureux de ne laisser voir à personne cette partie de moi même, qui affligeroit profondément et sans utilité une femme qui m'inspire un autre genre d'affection et une profonde reconoissance. Il est impossible de concevoir plus de douceur de bonté, de tendresse, de complaisance pour tous mes gouts, de menagemens pour toutes mes bizarreries tristes et nombreuses, un desir plus constant et plus assidu de me voir heureux, un partage plus vrai de toutes les peines qu'elle remarque en moi, une occupation plus exclusive de tout ce qui peut me distraire ou parait me convenir. Lui montrer la seule chose sur laquelle rien ne puisse rien seroit une cruauté gratuite, et j'ai fait assez de mal dans ma vie, j'ai vu couler assez de larmes, j'ai froissé assez de cœurs qui m'aimoient, pour que ma funeste expérience m'ait donné le besoin de donner le bonheur que je ne puis recevoir que bien imparfaitement, et que je mérite bien peu.

Ceci entre nous cher Simonde. Encore une fois ce n'est qu'à vous que je parle, et l'abyme ne s'ouvre que pour se hater de se refermer. Je ne vous demande qu'une chose, c'est de me transmettre tout ce que vous saurez par Fanny ou autrement de notre Amie. Que je sache une fois et sa position, et surtout s'il se peut son arrivée heureuse et en sureté.

Je reste ici jusqu'à la fin de septembre. Vous aurez donc bien le tems de me répondre. Mandez moi ce que Fanny devient et si elle part ou reste[9] et dites lui de m'écrire. Apprenez moi aussi si vous serez encore à Genève dans le mois d'Octobre. Je voudrais bien vous y voir. Causer avec vous seroit pour moi un plaisir bien vif, vous lire quelque chose de ce que j'ai fait me serait aussi bien nécessaire. Villers que j'aime beaucoup est tellement absorbé par une situation pénible entre un mari le plus ennuyeux des homes et une femme la plus exigeante des femmes[10], et de plus tourmenté de fortune, de santé et même de position peu assurée, que nous ne causons que de ce qui se présente, à bâtons rompus, et sans aucune suite. Le reste des homes qui habitent Göttingue et qui ont tant de titres à la célébrité littéraire ne sont occupés que d'eux. Nul ne parle avec l'autre ni de ses propres pensées qu'il veut écrire, ni des pensées de l'autre auxquelles il ne s'intéresse pas. On dirait des muets laborieux, qui, à des epoques fixes, viennent se montrer ce qu'ils ont fait tous seuls. Alors ils se font une révérence, il n'est plus question de rien entr'eux et chacun retourne a l'ouvrage.

J'ai un peu pris de cette manière. Elle a son bon comme son mauvais coté. Quand on n'a point d'autre juge que soi, on devient lorsqu'on est de bonne foi, plus severe pour soi même et moins paresseux. Il y a dans ce que j'ai fait jadis bien des choses que j'aurais mieux faites, si j'en avois été seul responsable. Mais ma paresse m'engageoit a essayer si ce que je trouvois imparfait seroit toléré, et mon humeur sans que je m'en aperçusse forcoit les autres à la tolérance.

Cependant avant de rien publier, si publication y a, il faut que je voye si je me suis par trop enyvré de mes idées et je voudrais bien que ce fut vous qui vous chargeassiez de me dégriser. Malgré vos éloges de Paris je ne me sens pas une grande disposition à m'y établir. Dans le tems ou notre Amie, au milieu de nos orages, attachoit son dernier bonheur a me voir vivre dans le pays ou elle vouloit habiter, j'ai rompu tous les liens que j'avois fondés pendant quinze [ans] vendu ma campagne et qui pis est ma bibliothèque, et cette dernière privation me serait pénible, pour un etablissement durable. J'ai besoin d'un travail continuel pour n'etre pas abyme de mes pensées et cependant il y a dans mon cœur un découragement et dans mon esprit une paresse qui se fatigue des moindres obstacles. J'ai perdu l'habitude de la Conversation et d'ailleurs de quoi peut-elle à présent se composer ? Le monde ressemble à ce Perroquet d'un Amiral qui s'etant trouvé sur un vaisseau lors d'une bataille, avoit oublié tous les mots qu'il savoit et ne repetoit que Pon, Pon, Pon. Au reste ce n'est pas a nous, dans aucun tems, ni a nous surtout dans ce tems ci a faire un projet. Les miens se bornent à six mois ou un an et je trouve encor le terme bien long et mes plans bien téméraires en allant jusques là. Ceci jusqu'en 7bre Lausanne pour quelques parens, Genève pour vous, Paris pour mon Notaire[11], Nantes pour Prosper, voilà sauf les événemens ma route probable.

Adieu cher Simonde. Il est tems de vous debarasser de cette énorme lettre. Repondez moi vite et longuement et croyez que personne ne vous aime avec une plus entiere et tendre amitié.

à Monsieur / Monsieur Simonde de Sismondi, / à Genève / Dep^t du Léman, / *France.*

Manuscrit *Pescia, BC, Raccolta Sismondi, A.5.147; 8 pp., p. 7 bl., adresse p. 8; timbre : GOETTINGEN ; orig. autogr.

Éditions **1.** Pellegrini (1932), pp. 650–654; (1938), pp. 212–215; (1947), 262–267. **2.** King et Candaux (1980), pp. 142–146.

Texte *Note de Sismondi sur la page d'adresse :* «Gottingen 2 Juillet 1813 / Benj. Constant». **36** un] *ajouté dans l'interligne* **80** fois] fois⟨[...]⟩ **111** [ans]] *omis par inadvertance*

Notes
[1] La lettre 2356 du 1er mars 1813; la deuxième n'a pas été retrouvée.
[2] Non retrouvée.
[3] Il s'agit donc de la lettre 2372 de Fanny Randall en date du 10 mai 1813 que BC a reçue le 19 mai 1813.
[4] Les quatre volumes de la *Littérature du midi*, qui avaient paru en juin 1813.
[5] Germaine de Staël a quitté Göteborg le 9 juin 1813, accompagnée de son fils Auguste, de sa fille Albertine et de son amant et futur époux John Rocca. Elle a débarqué à Harwich et a gagné Londres le 18 juin au soir. Elle passera deux mois dans la capitale anglaise et y négociera la publication de *De l'Allemagne* avec l'éditeur John Murray, dont le contrat date du 12 juillet 1813. Sur ce séjour, voir Simone Balayé, *Les Carnets de voyage de Madame de Staël. Contribution à la genèse de ses œuvres*, Genève : Droz, 1971.
[6] Il s'agit probablement des lettres de Germaine de Staël à BC des 17 avril et 20 mai (2366 et 2373).
[7] Allusion à John Rocca; voir la lettre 2358, note 6.
[8] Le Journal révèle que BC se sent très isolé à Göttingen et qu'il aimerait connaître l'opinion de Germaine sur son ouvrage sur la religion : «Je n'ai personne pour m'aider à juger de ce que je fais. C'est un grand mal. Hélas ! Je l'ai voulu» (13 juin 1813).
[9] Selon King et Candaux (p. 145, note 312), Fanny Randall n'a pu rejoindre Germaine de Staël en Angleterre à cause d'une obscure histoire de fraude. Germaine de Staël ne réussira pas à faire régler cette affaire.
[10] Mme de Rodde. Voir la lettre 2360, note 17. Selon Louis Wittmer, pp. 442–443, note 2, elle tenait Villers dans un état de «sujétion étroite».
[11] Pierre Fourcault de Pavant (1762–1859).

2379

Benjamin Constant à Charles de Constant

10 juillet 1813

Gottingue ce 10 Juillet 1813

Je vous envoye, mon cher Cousin, l'autorisation ou procuration nécessaire pour l'Achat que je désire être fait par M.M. Doxat. Ils me semblent qu'ils mettent bien des formalités pour des choses dans lesquelles, vu les Circonstances, il en faudrait le moins qu'il est possible. Je me suis contenté comme 5 quittance de ce que je leur envoyois d'un petit bout de lettre d'eux sans date, et j'ai trouvé cela tout simple. Enfin voilà l'autorisation, la désignation des fonds, le domicile élu, la signature en toutes lettres. Je m'en remets à vous pour leur faire tenir cette Pièce, comme vous avez la bonté de me l'offrir, ce dont j'ai une Véritable Reconnoissance, car depuis que Rosalie m'a mandé[1] 10 qu'ils vous avoient mandé qu'ils m'avoient mandé par une lettre qui ne m'est jamais parvenue, qu'ils baissoient l'interet j'ai envie de tirer de cette petite somme un meilleur profit. J'ai expliqué à Rosalie pourquoi avec toute confiance en eux, j'aime mieux un placement indépendant d'eux, parce que leur existence est toujours comprise dans la sureté de ce placement, et que 15 celle de ce placement ne l'est pas dans la leur. Je suppose que ce placement fait, ces MM. se chargeront d'en percevoir les Interets, dont je ne veux pas toucher un sol mais que je désire voir employer de la même manière que le Capital actuel. Faites moi le plaisir de bien leur expliquer cela, qui au reste est bien clair, mais de votre part cela leur fera plus d'effet que de la mienne. 20

Je vois dans une lettre de Mad^e de Nassau que votre santé n'est pas aussi bonne que je le désirerais. Vous ne m'en dites rien dans votre lettre[2]. J'ai aussi fortement que vous la maladie qui vous incommode, si Mad^e de Nassau ne se trompe pas, et je n'ai trouvé que des sangsues qui me soulageassent. Autrefois cette incommodité se jetoit sur ma poitrine avec une telle 25 violence que l'on eut cru que je n'avais pas deux jours à vivre, et cependant c'etoit tellement accidentel qu'a peine l'application de sangsues faite, je ne me ressentais plus à la poitrine, meme de l'ébranlement qu'elle avoit éprouvé. Je voudrais bien que vous trouvassiez ce moyen efficace. Rien ne me feroit plus de plaisir que de vous savoir bien portant et heureux. 30

Je doute de la paix[3]. Ce n'est pas que les Anglois et tous les Coalisés n'ayent fait assez de bêtises pour que personne ne puisse croire qu'ils en feront moins à l'avenir, de sorte que la paix est aux yeux de tous ceux qui réfléchissent, de quelqu'opinion qu'ils soyent, le besoin universel. Mais il n'en résulte pas qu'elle se fasse, au moins par suite des negociations actu- 35 elles. Voltaire[4] appeloit le superflu une Chose nécessaire. Il parait qu'on regarde aujourdhui le nécessaire coͫe une Chose superflue, donc je conclus que la paix étant nécessaire a tout le monde la guerre se prolongera.

Si vous voyez M^{de} De Saugy[5], dites lui que j'ai parlé il y a quelques jours à un off^{er} revenu de Dresde, qui y avoit laissé son fils en très bonne santé, s'étant deja fort distingué, très aimé du Général sous les ordres duquel il est, et ne pouvant manquer d'avancer rapidement.

Je dois une réponse à Rosalie[6] depuis plus de tems que je n'ai coutume d'en laisser passer sans lui écrire. Je reparerai ma faute le plutot que je pourrai. Je suis horriblement occupé, à finir l'ouvrage dont vous me parlez. De ce que tout le monde écrit, vous concluez qu'on lit plus que jamais. Cela ne m'est pas clair. J'ai touj[ours cru que] lorsque tout le monde parle personne n'ecoute.

Adieu mon cher Cousin pardon de vous importuner relativement aux Doxat. Je vous en remercie bien sincèrement. Mille choses tendres à ma Cousine, et remettez vous, de manière à jouïr de la vie et à ce que vos amis jouïssent de vous.

B.C.

à Monsieur / Charles de Constant Rebecque, / à Saint Jean, / près Genève, / Léman / France.

Manuscrit   *Lausanne, BCU, IS 4211; 4 pp., adresse p. 4; timbre : GOETTINGEN ; orig. autogr.

Texte   *Calculs d'une autre main sur la page d'adresse. D'une autre main sur la p. 3:* ecrite p^r Mr Benjamin de Constant   **36**   superflu] ⟨nécessaire⟩   nécessaire] nécessaire ⟨superflue⟩ **47**   que]] *lettres emportées par une déchirure*

Notes
[1]   Lettres non retrouvées.
[2]   Lettre non retrouvée.
[3]   L'armistice de Pleiswitz, entre Napoléon et les alliés, signé le 4 juin jusqu'au 20 juillet, sera prolongé jusqu'au 10 août 1813. L'armée française est en train de se retirer d'Espagne et le 29 juillet des négociations de paix s'ouvriront à Prague.
[4]   Voltaire, *Le Mondain* (1736), vers 22–23: «Le superflu, chose très nécessaire / A réuni l'un et l'autre hémisphère».
[5]   Voir la lettre 2347, note 4.
[6]   BC répondra à la lettre (non retrouvée) de Rosalie le 3 août 1813 (lettre 2382).

2380

Benjamin Constant à Charles-Julien de Chênedollé

10 juillet 1813

Je ne sais malheureusement rien de Mme de Staël depuis son départ de Suisse il y a un an et demi. Toutes les communications avec le pays[1] qu'elle a habité sont fermées depuis longtemps. J'ai rencontré Koreff[2] à Bâle il y a précisément deux ans. Il accompagnait Mme de Custine[3] en Italie. Je sais qu'il a été à Genève ensuite, mais j'ignore s'il est de retour à Paris. Je ne le crois point disposé à s'établir ailleurs, et tant que la paix ne sera pas faite, Berlin n'offre rien de séduisant pour un homme qui veut briller et qui doit vivre de son travail.

B. Constant

Gottingue 10 juillet 1813

Manuscrit L'orig., qui faisait partie de la collection de la comtesse d'Annoville, n'a pas été retrouvé ; nous le reproduisons d'après une *transcription dactylographiée conservée dans les Archives Rudler.

Édition Mme Paul de Samie, «Chateaubriand et la marquise de Custine», *RHLF*, 44 (1937), 208–228.

Commentaire et Notes Le destinataire de cette lettre est Charles-Julien Lioult de Chênedollé (1769–1833), poète et ami de Chateaubriand.

[1] La Suède.
[2] Voir sur Koreff, le Répertoire.
[3] Delphine de Sabran (1770–1826), femme d'Armande-Philippe, marquis de Custine et mère d'Astolphe Louis Léonor, marquis de Custine (1790–1857).

2381

Benjamin Constant à la comtesse Anne-Pauline-Andrienne de Nassau

29 juillet 1813

Göttingue ce 29 Juillet

Je ne connais que les Gaulois et vous, ma chère Tante, qui bruliez vos lettres, après les avoir écrites. Mais au moins ne bruloient ils que celles qu'ils adressoient aux morts[1]. Ils croyoient que c'étoit le moyen qu'elles leur parvinssent. S'il en etoit de même pour les vivans, ce seroit une grande priva- 5 tion pour les inspecteurs de la poste. Malheureusement, les lettres que vous brulez ne me parvieñent pas.

La personne que j'attens de Vienne[2] pour fixer l'époque de mon retour ne vient toujours point, et ne répond rien aux lettres de ma femme ce qui nous met dans un assez grand embarras. Voilà la sixième année que pour une somme de plus de 60000 fr. elle ne touche pas un sol d'interet. Comme il faut pourtant songer à partir, nous attendrons encore quelques semaines et nous remettrons toute cette affaire à un avocat. Elle sera difficile à traiter juridiquement, parce que toute communication est interceptée entre le Meklenbourg où les terres sont situés et ce pays-ci. C'est ce qui en partie et concurremment avec les ménagemens de famille nous a engagés à ne rien faire encore. Mais il faudra pourtant s'y déterminer.

Pour expédier tout de suite les objets d'affaire, je vous remercie, chere Tante du compte que vous m'avez envoyé et qui est parfaitement en règle. Nous terminerons tout, comme vous le voudrez à mon arrivée en Suisse. Si vous desirez rembourser, pour n'avoir dans aucun cas rien à faire avec les enfans de Marianne[3], je n'y mets pas d'opposition, d'autant que je pourrai lui donner une autre hypothèque. Vous me demandez pourquoi je ne préfère pas la rembourser. C'est que je n'en ai pas le droit. Il est stipulé que je ferai à ses enfans une rente viagère de 1500 fr. et qu'ils pourront demander en place 15000 fr. de capital, mais tant qu'ils ne le veulent pas, je suis tenu à la rente. Or jusqu'à présent, ils préfèrent cette rente, et il en sera de même au moins aussi longtems que Marianne vivra.

Je crois vous avoir mandé que je connoissois assez le Comte Golowkin[4] c'est un homme de beaucoup d'esprit, qui a parfaitement les manières francaises, et le ton des francais les plus aimables. Il saisit et décrit très bien tous les ridicules, et se moque assez de tout et de tous. Mais il a une bonhommie extrême dans l'habitude de la vie, ce qui est un grand mérite pour les amours propres secondaires. Je ne connais rien de ce qu'il a écrit. Mais les Russes ont une facilité extrême à parler et à écrire toutes les langues.

J'ai reçu il y a peu de tems une lettre de Charles[5] qui n'annoncoit point sa mauvaise santé. Il parloit avec beaucoup de gaîté et de détail sur sa manière de vivre, le point de vue sous lequel il envisageoit les choses, l'interet qu'il mettoit à tout, et le bonheur dont il jouïssoit. Moi qui m'intéresse au bonheur, en lui même, indépendamment des individus heureux, et qui de plus m'intéresse beaucoup à Charles, je serais bien faché que le sien fut si tristement interrompu. Je le serais aussi pour Rosalie, qui n'est qu'à moitié pour le plaisir, mais qui est toute entière dans la peine pour ceux auxquels elle est attachée.

Je ne sai, ma chère Tante, si j'ai autant changé sur les objets dont vous me parlez et que je devine, que vous paraissez le croire. Ce que je n'aime pas aujourdhui est précisément, sous d'autres noms et sous des formes beaucoup plus vilaines, ce que je n'aimais pas autrefois. C'est précisement parce que je n'ai pas changé sur le fond des choses que je suis d'accord sur les faits particuliers avec les gens dont j'etais le plus séparé jadis. Ce n'est pas que je veuille me donner pour immuable. C'est une pauvre vanité que celle là. Il n'y a que les pierres qui ne changent pas, parce qu'elles sont pierres. Dans la longue éducation que nous recevons dans ce monde, et qui est d'autant plus désagréable que nos précepteurs sont des écoliers cõme nous, et d'ordinaire les plus mauvais sujets de la classe, nous apprenons chaque jour quelque chose fort à nos dépens : et il faudrait se boucher les yeux et les oreilles pour ne rien apprendre. Encore cõme les coups de baton font une notable partie de l'éducation, apprendrait-on par le dos.

Il est décidé que je ne saurai pas le nom primitif de la 3me Mad. Ooster[6]. Elle se marie, elle a des enfans, toujours pour moi sous le voile de l'ano- nyme. C'est pousser la pudeur bien loin. Je regrette pour M. Ooster que la Polygamie ne soit pas permise. Il auroit eu une famille patriarchale, de cent ou deux cents enfans.

Je sais l'histoire des Espèces d'animaux perdues. Cuvier[7] vient de publier l'analyse des diverses couches de terre accumulées l'une sur l'autre par au- tant de révolutions du globe, et contenant chacune des espèces anéanties, dont on retrouve les ossemens. Il y en a quatorze, notre terre actuelle com- posera la 15e, et les savans futurs y trouveront des conquérans ossifiés. Si c'est alors une espèce perdue, croyez vous qu'ils la regrettent ?

Je ne suis pas étonné du plaisir que vous ont fait les Romans de Mad^e de Charrière[8]. C'etoit une personne de l'esprit le plus étendu que j'aie jamais rencontré. Comme cet esprit alloit toujours droit son chemin, il passoit sur le Ventre à bien des choses, mais il avoit le grand mérite d'être exempt de toute affectation, d'exister pour lui même et par lui même, sans se dénaturer pour plaire aux spectateurs, de sorte qu'il y avoit toujours au fond de la vérité du Naturel et de la force. Ce n'est pas que M^{de} de Charrière ne mit beaucoup de prix au succès. Mais elle vouloit le conquérir, et non l'acheter. Quand elle ne l'obtenoit pas, elle en étoit mécontente mais pas humiliée, et elle restoit toujours dans son originalité, ce qui étoit un grand charme. Je mets le tems que j'ai passé avec elle parmi deux ou trois époques de la vie que je regretterai [tou]jours.

La mort n'est pas aussi expéditive dans ce pays-ci qu'en Suisse. On ne meurt pas d'apoplexie, mais de fievres nerveuses, qui durent quinze à vingt jours, mais qui emmenent leur monde en grand nombre. Elles ont ceci de particulier qu'on tombe souvent dans le délire des le comencement de la maladie et qu'on n'en sort plus. J'ai vu mourir ainsi un jeune hõme de 28 ans qui n'a pas pendant 30 jours eu un instant sa tête à lui. Ces maladies font assez de ravage dit-on dans les armées. Mais les recrues arrivent plus vite que les morts ne partent. On diroit qu'il y a un défi entre la mort et les recruteurs. La première finira bien par gagner la gageure. Mais les seconds font une belle résistance. J'espere ma chere Tante qu'aucune maladie ne vous atteindra de si tot. J'ai encore beaucoup à causer avec vous dans ce monde, et j'ai peur que dans l'autre on ne soit si dégouté de celui ci qu'on n'en veuille plus parler, quoiqu'on ait bien le tems.

Adieu ma chère Tante. Je me remets à mon travail. Car depuis quelque tems j'ai redoublé de diligence pour mettre à profit les derniers momens de mon séjour. J'ai pris la manière de vivre des Professeurs de Gottingue, sauf le diner que j'ai toujours reculé jusqu'a six heures du soir pour avoir toute la journée devant moi. Mais je me lève à cinq heures du matin, et je travaille à peu de minutes d'interruption près pendant treize heures sans désemparer. Si cela devoit durer, je ne crois pas que je le soutînsse : mais quand je serai loin de notre belle Bibliothèque, j'aurai le tems de me reposer. Mes yeux ne s'en trouvent pas mal et c'est surtout là ce qui m'intéresse.

Je dois depuis longtems une reponse a Rosalie[9]. Je payerai cette dette la semaine prochaine. Je me reproche ma négligence, car je lui suis réellement attaché, et je ne voudrais pas qu'elle en doutât. J'espère que la santé de M^{de} de Charrière[10], si elle ne peut pas se remettre se soutiendra encore longtems dans le même état. C'est à cette époque de la vie que l'age devroit s'arrêter, et le tems suspendre sa marche. On a appris a ne rien attendre des homes ni des choses, on n'a plus le chagrin des espérances trompées. On prend les plaisirs un à un, minute à minute avec une espece de surprise qui augmente la jouïssance. J'en sai quelque chose, car intérieurement j'ai 80 ans : et je vous prie de me parler toujours ma chère Tante comme a quelqu'un qui est de beaucoup votre Ainé.

Pour cette fois il faut bien que je vous dise adieu sérieusement. Si je me laissais aller à continuer à vous écrire, je finirais ma lettre sur le bout de la table et elle ressembleroit à vos lettres brulées.

Mille et mille tendres amitiés.

à Madame / Madame de Nassau, / née Chandieu, / à Lausanne, / Canton de Vaud, / *Suisse.*

Manuscrit *Paris, BnF, N.a.fr. 17269, ff. 147–148; 4 pp., la fin du texte et l'adresse p. 4; timbre : GOETTINGEN ; orig. autogr.

Éditions **1.** Melegari (1887), pp. 599–601. **2.** Melegari (1895), n° 136, pp. 381–385.

Texte   *Note de Mme de Nassau sur la page d'adresse :* B. 29 juillet 1813.   **53** recevons]
⟨fesons⟩   **81** [tou]] *lettres emportées par le trou du cachet.*

Notes
[1] Diodore le Sicule (V, 28) rapporte que, selon Posidonius, «certains [Gaulois] jettent des lettres destinées à leurs morts sur leur bûcher funéraire afin qu'ils puissent les lire».
[2] Ernst Christian Georg August von Hardenberg (1754–1825), frère de Charlotte von Hardenberg, envoyé extraordinaire et ministre plénipotentiaire du Hanovre à Vienne.
[3] Voir la lettre 2376.
[4] Voir la lettre 2376, note 8.
[5] Voir la réponse de BC, lettre 2379.
[6] Il s'agit d'une des femmes de Matthieu (ou Matthias) Ooster, d'Amsterdam, seigneur de Muggesfelde dans le duché de Holstein et rentier. Le 28 décembre 1803, il avait épousé, à l'église de Saint-Sulpice, près de Lausanne, Christine-Elisabeth-Rosalie, fille de Jean-Ferdinand (ou Jean-Frederich) de Montrond. Il leur naîtra un fils à Lausanne, Matthieu Cornelys, en 1807 et d'autres enfants. Le 13 juin 1811, Christine-Elisabeth-Rosalie mourra à l'âge de 27 ans, et sera enterrée à Ouchy. Matthieu Ooster épousera à une date inconnue Catherine-Françoise-Marguerite-Louise de Rovéréaz, et en janvier 1814, il leur naîtra une fille, Henriette-Louise.
[7] Georges-Léopold-Chrétien-Frédéric-Dagobert baron de Cuvier (1769–1832) venait de publier ses *Recherches sur les ossements fossiles de quadrupèdes* (1812). BC profite de l'occasion pour faire allusion à des «conquérans ossifiés», futur sort de Napoléon.
[8] Isabelle de Charrière (1740–1805), auteur des *Lettres écrites de Lausanne* et amie de BC pendant sa jeunesse.
[9] BC écrira cette réponse le 3 août 1813, la lettre 2382.
[10] Angélique de Charrière de Bavois.

2382

Benjamin Constant à Rosalie de Constant

3 août 1813

Gottingue ce 3 Aoust.
J'ai été si occupé, chère Rosalie, que je n'ai pu vous écrire aussitot que je l'aurais désiré. J'ai chargé Charles de vous demander pardon de ma part[1]. Il est d'autant plus juste que vous me pardonniez, qu'en ne vous écrivant pas, je me fais plus de mal qu'à vous, puisque je me prive de vos lettres. Comme ⁵ malgré la lenteur de mes affaires et ma disposition à rester en place, quand une fois je suis quelque part, mon séjour ici ne peut se prolonger au delà de cet automne, je profite des derniers momens pour achever ce que je ne pourrai pas faire ailleurs. Malgré tous mes efforts je n'aurai pas tiré de Göttingue la moitié du profit que j'aurais voulu en tirer. Il est vrai que si ¹⁰ j'avais profité de ses ressources quatre fois plus que je ne l'ai fait, j'aurais encore pu dire que je n'avais fait que la dixième partie de ce que j'aurais du faire.

Au milieu de ma lettre, chere cousine, j'en reçois une de M^de de Nassau qui se plaint de ce que je ne lui écris pas. J'ai mis moi même une lettre pour elle à la poste il y a peu de jours[2], elle doit être bientot entre ses mains. Mais veuillez le lui dire, et ajoutez que je lui répondrai incessamment à celle que je viens de recevoir. Elle me parle de mon retour avec une bonté qui ajoute à mon impatience de me retrouver chez elle. Je n'ai absolument de motifs de retard que l'attente de l'arrivée d'un homme[3] qui est à Vienne, qui doit à ma femme 60 à 80 mille fr. et dont elle n'a pas pu tirer un sol d'interet depuis six ans. Comme il a fait le voyage de Vienne pour arranger ses affaires et qu'il a promis de prendre à son retour des arrangemens il est nécessaire que nous le voyons.

Savez vous que vous m'embarassez un peu en me conseillant de ne pas mettre le mot de religion dans le titre de mon ouvrage ? Ordinairement, le titre d'un ouvrage indique ce dont il traite. Cependant chere Rosalie, pour vous faire plaisir, je l'intitulerai comme vous voudrez, même si vous le voulez en votre honneur cours de botanique[4]. A parler sérieusement, je crois que je ferai encore un changement au titre que je vous avais mandé, et que je trouve encore trop long et trop abstrait, et que je mettrai simplement des religions de l'antiquité. Au reste, avant de batiser l'enfant il faudrait qu'il fut né, et il ne l'est pas.

J'espère que Charles vous a dit ce que je lui avais mandé relativement au jeune Saugy[5]. Je n'en ai plus entendu parler depuis. Il est surement à Dresde attendant que la cessation de l'armistice le rende à son occupation favorite, ce qui ne doit pas tarder, à moins que la bêtise n'aille toujours en progression géométrique.

Mad^e de Nassau m'a inquiété sur la santé de Charles. Ce qu'il m'a écrit annonçoit cependant une très bonne disposition morale, preuve ordinaire d'une assez bonne disposition physique. Mandez moi ce qui en est, chère Rosalie. J'espère que je n'ai pas besoin de vous dire que rien ne peut m'intéresser davantage. Est-il tout à fait hors d'inquiétude pour ses beaux arbres de St Jean[6]. Je crains toujours pour lui, d'autant qu'il me semble que la manie de fortifier va toujours en augmentant. Il n'y aura bientot plus que des citadelles dans le monde. Il est vrai que bientot aussi le monde n'aura plus que des soldats pour habitans. Nous sommes les derniers restes d'une inutile génération qui ne sait pas faire l'exercice, et qui ne sera pas remplacée. Quand je pense au public qui se forme et a l'obstination avec laquelle je continue un ouvrage dont l'epoque est passée comme celle de tout ce qui ne tient pas au mêtier de tuer et d'etre tué, je me compare à ce chevalier de l'Arioste[7] qui combattait toujours sans s'apercevoir qu'il étoit mort.

Mad[e] de Nassau m'a mandé l'avanture de M[de] de Montriché[8] qui aura produit bien du scandale dans notre morale ville de Lausanne, ou les amours sexagénaires de M. de Branles[9] et de M[de] de Montolieu[10] étoient un objet de censure. Moi je suis surtout frappé dans cette histoire de la manière dont rien ne dérange les habitudes sociales et conjugales. Le monde est en feu, on tue, on ruine, on menace, tous les peuples et tous les individus d'un bout de la terre à l'autre, chacun s'occupe à nager de son mieux dans ce naufrage général, et dans cette bagarre inouïe, les femmes trouvent encore le tems d'être infidèles et ce qui est beaucoup plus étonnant, car pour le premier cela se fait en un tour de main, les maris trouvent celui d'être jaloux.

Mr de Golowkin[11] continue-t-il à s'amuser et à amuser les autres ? Qu'est ce que c'est qu'un M. de Los Rios[12] dont Mad[e] de Nassau me parle, en me disant qu'il est éclipsé par M. de Golowkin. Pour comprendre l'éclipse, encore faut-il savoir de quel astre il est question. Dites à Constance[13] que j'ai vu ici un beau jeune home appelé M. d'Adeleps[14] qui dit la connoitre beaucoup et qui est encore amoureux de M[de] de Cottens[15].

Adieu chere Rosalie ne me punissez pas de mon silence et répondez moi bien vite. Je vous écrirai plus regulierement, si toutefois je ne prends pas la rougeole, qui est dans toute la ville et dont je ne crois pas, ne l'ayant pas eue, que je puisse me garantir.

BC

à Mademoiselle / Rosalie de Constant, / à Lausanne, / Canton de Vaud, / Suisse

---

Manuscrit *Genève, BGE, Ms. Constant 36/2, ff. 228–229; 4 pp., adresse p. 4; timbre : GOETTINGEN ; orig. autogr.

Éditions   **1.** Menos (1888), n° 203, pp. 493–496.   **2.** Roulin (1955), n° 135, pp. 185–187.

Texte   **71** pas] *ajouté dans l'interligne*

Notes
[1] Voir la lettre 2379.
[2] Voir la lettre 2381.
[3] Ernst Christian Georg August von Hardenberg, frère de Charlotte.
[4] Rosalie se passionnait pour les fleurs. Elle a fait plusieurs séjours dans les Alpes vaudoises, aux environs de Bex, pour y cueillir des fleurs pour sa collection. Voir *L'herbier peint de Rosalie de Constant. Le dessin de fleurs à la fin du XVIIIe siècle*, éd. Joëlle Magnin-Gonze, Jean-Louis Moret, Gino Müller, Lausanne : La Bibliothèque des Arts, Musée botanique cantonal, 2008.
[5] Voir la lettre 2379.
[6] Voir la lettre 2375, note 3.
[7] Voir la lettre 2352, note 2.
[8] Il s'agit peut-être de l'épouse ou veuve de Samuel Mayor, baron de Montricher.
[9] Samuel-François-Louis Clavel de Brenles (1761–1843), jurisconsulte et juge au Tribunal d'Appel 1802–1826, fils de Jacques-Abram-Élie-Daniel (1717–1771), seigneur de Brenles, juriste, et d'Étienne Chavannes, femme de lettres.

[10] Isabelle de Montolieu (1751–1832), romancière lausannoise et amie intime de Rosalie de Constant. Elle avait 35 ans quand elle épousa, en secondes noces, le baron Louis de Montolieu, âgé de 56 ans.

[11] Voir la lettre 2376, note 8.

[12] Non identifié, mais voir la lettre 2392.

[13] Constance Cazenove d'Arlens (1755–1825), fille de Constant d'Hermenches et cousine de BC et de Rosalie.

[14] Il doit s'agir du baron von Adelebsen mentionné dans la lettre 2392; voir 2392 note 23.

[15] Laure Cazenove d'Arlens, fille de Constance d'Arlens et petite fille de Constant d'Hermenches. En 1809, elle avait épousé Charles Garcin de Cottens.

2383

Germaine de Staël à Benjamin Constant

3 août 1813

Ce 3 août 1813. Doxaville[1].
Je ne sais si ma lettre vous est parvenue, je risque celle-ci par l'occasion d'un grand voyageur à Pragues[2]. Comme il s'en suivra, je crois, la paix, ceux qui voudront voyager le pourront, mais ceux qui le pourront, le voudront-ils ? Ce que je puis dire c'est que dans la maison[3] que j'habite le talent est très 5 apprécié, l'argent qu'on y dépense est d'un tiers en dessus de partout ailleurs, mais voilà tout. Je vous ai mandé que j'ai vendu ma robe[4] quinze cents livres, c'est assez bien pour une qui n'est pas selon la coupe du pays —. C'est par Vienne sous l'adresse de Mr. de Friez et à Mme Complainville chez Messieurs Doxat[5] qu'il faut m'écrire si toutefois vous m'aimez encore. Moi 10 je n'ai pas changé, vous avez perdu mon bonheur, mais je ne nie pas votre puissance. — Serait-il possible d'aller à Berlin même pour Madame Olive[6], elle n'y passerait que pour vous revoir. — Mais qui peut savoir ce que vous voulez ? Au moins tout ce que vous aviez imaginé pour vous servir de prétexte est faux, vous le savez à présent. — Dieu vous bénisse ; ma fille[7] est 15 bien, je doute qu'elle puisse s'établir ici, il y a tant de femmes et tant d'argent. — Dans tous les cas j'y reste deux ans ; écrivez-moi. — Ah, ne vous reverrai-je jamais ?

Éditions   **1.** Nolde (1907), pp. 131–133.   **2.** *Léon (1928), n° 7, *RP*, pp. 19–20, et vol., pp. 42–43.   **3.** Solovieff (1970), p. 452 (avec coupures).   **4.** Kloocke (1993), n° 59, p. 150.

Notes

[1] C'est-à-dire, Londres.

[2] Le 29 juillet 1813, des négociations de paix se sont ouvertes à Prague.

[3] Allusion voilée à l'Angleterre.

⁴ C'est-à-dire son livre, *De l'Allemagne*.
⁵ Autant de manières d'indiquer qu'il faut écrire à Londres. Il s'agit de Jeanne-Anne-Olive
   Complainville, femme de chambre de Germaine de Staël et épouse de l'homme d'affaires de
   Mme de Staël, Joseph Uginet, dit «Eugène» (1771–1853). Voir *CG*, IV, p. 142, note 1.
⁶ La femme de Joseph Uginet.
⁷ Albertine de Staël. Dans son Journal BC s'exclame le 1er août 1813: «Mieux travaillé. Mais
   tristesse profonde. Albertine !!».

2384

Benjamin Constant à la comtesse Anne-Pauline-Andrienne de Nassau

7 août 1813

Göttingue ce 7 Aoust 1813

Deux ou trois jours après que ma dernière lettre¹ eut été mise à la poste, j'ai
reçu la vôtre, ma chere Tante, et j'ai vu avec peine, que vous m'accusiez de
négligence. Quoique je sois justifié maintenant, et que ma lettre précédente
contienne la réponse aux questions que vous m'adressez, relativement au   5
Remboursement que vous désirez faire, j'ajouterai quelques mots à ce que je
vous ai déjà écrit là dessus. Je compte offrir à Marianne ou pour mieux dire
à ses enfans le Remboursement au 2 février 1814, et ce ne sera qu'après leur
réponse que je saurai si je dois rembourser ou non². Mais, dans le cas très
probable ou ils préféreroient la continuation de la rente, cela ne doit point 10
vous géner. Vous savez que nous avons placé a Paris une somme assez forte.
Je désire, pour bien des raisons, la retirer, aussitôt que je le pourrai, pour la
placer ailleurs. Mais j'ai déjà éprouvé quelques difficultés. L'hypothèque est
très sure, et je n'ai rien à craindre ni pour le capital ni pour les interets : mais
les circonstances actuelles rendent tous les remboursemens de capitaux dif- 15
ficiles. En conséquence, comme plus la somme à rembourser sera réduite,
plus je faciliterai le remboursement du reste, je compte, si votre intention est
de rembourser, offrir à Marianne la garantie d'une somme égale à celle qui
doit toujours rester assurée, et transporter cette garantie sur une portion de
ma créance à Paris, laquelle alors je ferais mettre sous mon nom. Par là je   20
diminuerais la somme que j'aurai à redemander, ce qui mettrait mon débiteur plus à même de me rembourser le reste. Vous voyez ma chère Tante,
que je n'ai point de raison de vous prier de conserver la somme en question
si vous aimez mieux la rembourser, et même dans le cas ou il vous conviendroit de ne pas faire ce remboursement, je préfererais toujours donner à   25
Marianne l'autre hypothèque. J'espère au reste que nous aurons tout le tems
d'en causer, mais pour que vous soïez instruite longtems d'avance de la
réponse de Marianne, je vais lui écrire à ce sujet.

J'ai vu par les papiers les ravages que les inondations[3] font en Suisse, et dans beaucoup d'autres pays. Nous avons aussi ici des pluyes continuelles. La nature s'en met par l'eau, cõe les hões par le feu. Tous les villages de la Saxe sont brulés. Ceux de la Suisse et de l'Alsace sont entrainés par les rivières. Je voudrais que notre petit et heureux pays fut épargné, ne fut-ce que pour l'honneur du miracle.

Pendant que les élémens font des leurs, les maladies ne veulent pas rester en arrière. Il nous arrive sous peu de jours quatre cent françois qui nous apporteront la fièvre nerveuse qui a déjà fait tant de dégats dans les environs de Dresde. Cela ne fait pas le même plaisir aux professeurs que si 400 étudians, ni aux mères que si 400 épouseurs arrivoient.

Je suis bien aise pour ma tante de L.[4] que la guérison de son mari soit parfaite. Sauf la pureté avec laquelle M[de] Lafl.[5] parle le francois, je ne lui coñois pas d'agrémens qui me parussent devoir prolonger la maladie ou amener des rechutes. Elle m'a toujours paru froide et affectée. Il est vrai que je n'ai pas le talent de tirer parti des gens que je ne coñois pas : aussi ne prononcé-je point sur leur amabilité. J'ai vu des gens qui me paraissoient les plus insignifians du monde devenir aimables avec des interlocuteurs plus adroits que moi, et ces expériences m'ont convaincu que ce n'etoit pas en eux mais en moi qu'etait la faute.

Je serai toujours bien aise de tout ce qui me prouvera que Jacqueline[6] n'a plus autant de crédit sur la famille qu'elle a tant tourmentée qu'elle en avoit autrefois. Mais c'est bien peu que l'on ait annullé la donation qui lui a été faite du jardin près de la maison qu'elle a volée. C'est tout ce qu'on lui a laissé prendre sous de faux prétextes qu'il faut lui oter, sans quoi on lui laisse une apparence de droit dont elle ne cessera jamais d'abuser. On me mande au reste que le procès va recommencer avec plus de vivacité que jamais, les parties de Jacqueline ayant interjetté appel. Quand je pense à cette histoire, le sang me bout, et je compose des mémoires dans ma tête. Mais je me calme ensuite, parce que je n'y pourrais rien que par des conseils à nos parens, qui déja n'ont pas été suivis. Enfin je souhaite bien quand nous nous reverrons, ma chère Tante, que Jacqueline soit tout à fait expulsée de la famille. Il n'y aura de repos qu'alors pour mon oncle, et ses enfans, et pour bien d'autres, qui y sont intéressés de près ou de loin.

Je ne sai si je vous avais mandé que pour mieux profiter de mes derniers momens de sejour ici, j'avais imaginé de me lever à 5 heures, et de travailler jusqu'à 6 du soir. Il en est resulté un sommeil qui me poursuit à présent toute la journée. J'ai essayé de dormir aussi longtems que j'en avois envie, mais je n'ai pas pu y réussir. Plus je dors, plus j'ai envie de dormir, cõe l'appétit vient en mangeant. Je tacherai pourtant de vous arriver réveillé.

Adieu ma chère Tante, je vous remercie de vos bonnes lettres que je reçois
comme des échappées du feu, et en conséquence avec d'autant plus de ten-   70
dresse et de plaisir. Quand vous en avez jeté une dans les flammes[7], vous
n'avez pas besoin si le remords vous prend, de l'éteindre pour me l'envoyer.
Mettez la à la poste toute allumée la pluye se chargera je crois de l'éteindre
en route.

Adieu chère et bonne Tante.   75

à Madame / Madame de Nassau / née de Chandieu, / Lausanne, / Canton de
Vaud, / *Suisse.*

Manuscrit *Genève, BGE, Ms. Constant 36/1, ff. 248–249; 4 pp., l'adresse p. 4; timbre :
GOETTINGEN ; orig. autogr.

Édition   Menos (1888), pp. 496–498.

Notes
[1] La lettre 2381 du 29 juillet.
[2] Voir la lettre 2376 du 1er juin.
[3] Des crues exceptionnelles et dévastatrices frappèrent l'Europe en 1813, et dans le bassin de
    la Vistule il y eut l'inondation la plus catastrophique du dernier millénaire.
[4] Antoinette-Pauline de Loys-Chandieu épouse de Jean-Samuel Loys de Middes. Voir au
    Répertoire.
[5] Madame de Lafléchère (voir la lettre 2376, note 11.)
[6] Nouvelle allusion à Napoléon. Si «l'expulsion» de «Jacqueline» signifie la défaite de la
    Grande Armée, il faudra attendre la défaite décisive de Leipzig, les 16–19 octobre 1813, qui
    mettra un terme à la présence française à l'est du Rhin.
[7] Voir la lettre 2381, note 1.

2385

Benjamin Constant à Marianne de Constant

10 août 1813

Il y a bien longtems que je n'ai reçu de vos nouvelles. Indépendamment de
ce qu'elles m'intéressent toujours, je désirerais savoir quelle a été la réponse
de M. Monod[1]. Je n'ai rien reçu de son Procureur à Lausanne, auquel
j'avais écrit, en conséquence de sa lettre à M[de] de Nassau. J'ignore donc si le
payement par termes, pour lequel je voulois me mettre, vis à vis de M.   5
Monod à la place de Charles et que j'avais prié ce dernier d'accepter, com̄e
une petite marque d'amitié, a été compté par ledit M. Monod, et j'attens de
vous un mot qui me dise si je dois lui envoyer une traite conforme à ma
proposition, et qui seroit de 200 fr. ou bien je l'adresserais à Charles qui la
lui feroit tenir, ce qui vaudroit encore mieux.   10

Comme d'ici au mois de 9bre les communications peuvent redevenir difficiles, je vous envoye ci joint un Mandat au 1er 9bre pour le sémestre payable d'avance à cette époque.

C'est le 2 fevrier 1814 que vos enfans doivent se décider sur la question de savoir s'ils préfèrent le remboursement des 15000 fr. ou la continuation de la rente. Je désire savoir leur intention le plutot qu'ils pourront me la faire parvenir, parce que dans les deux cas je dois prendre des arrangemens. Il est possible, s'ils préfèrent la continuation de la rente viagère, que Mad^e de Nassau veuille pourtant rembourser le capital dans lequel cas il faut que je leur donne une autre garantie du même genre, c'est à dire que je replace 15000 fr. dont je ne pourrai disposer que pour les rembourser s'ils le veulent. Dans le cas ou vos enfans voudroient le remboursement au 2 février 1814 il est encore plus nécessaire que j'en sois instruit, pour en informer Mad^e de Nassau.

Je serai encore ici assez longtems pour recevoir votre reponse à ma lettre. Croyez à mon sincère attachement.

B Constant

Göttingue ce 10 Aoust 1813.

P.S Après la réception de votre lettre, j'ai écrit à Charles de St Jean[2] avec beaucoup d'instance pour qu'il ne négligeât pas vos affaires, et vous rendit tous les services qui peuvent faciliter le payement arriéré de votre tontine. Il m'a répondu qu'il vous avoit déjà écrit, et que vous deviez avoir sa lettre au moment ou je recevrais la sienne.

Manuscrit   *Lausanne, BCU, Fonds Constant I, Co 20; 2 pp.; orig. autogr.

Notes
[1]   Voir les lettres 2367, 2369 et 2370.
[2]   La lettre 2379.

2386

Benjamin Constant à Charles-Frédéric Reinhard

10 août 1813

Gottingue ce 10 Aout 1813

Monsieur

J'apprends par Monsieur de Villers que Madame de Reinhard[1] arrive aujourdhui à Cassel et je ne puis résister au desir de vous prier si vous avez un

moment de loisir de me donner des nouvelles de l'effet des eaux de Dri- 5
bourg[2] sur sa santé. L'interet que j'y prens et que ma femme partage bien
sincèrement me servira j'espère d'excuse auprès de vous.

La nouvelle se répand ici, par le Commissaire de police, depuis hier, que
l'armistice est prolongé[3] de nouveau, les uns disent jusqu'au 1er de septembre, les autres indéfiniment. L'arrivée du Duc de Vicence[4] à Prague donne 10
une certaine vraisemblance à cette rumeur, à moins que cette arrivée, par les
conjectures qu'elle a fait naître, n'ait fait supposer ce qui sembloit probable.

Le silence de Votre Excellence relativement à la possibilité d'un passeport
pour le Mecklenbourg me fait craindre qu'elle n'ait trouvé ma question
absurde. Nous somes néanmoins dans une position désagréable à cet égard. 15
Il seroit indispensable que nous arrangeassions nos affaires avec mon beau
frère de Drönnewitz[5] avant de retourner en France ou les miennes m'appellent : et nous ignorons même s'il y a possibilité de faire parvenir une
lettre dans ce pays là. Votre Excellence ne croit-elle pas que ma femme en sa
qualite d'Allemande et par conséquent de Westphalienne pourroit obtenir 20
de M. de Bongard[6] un passeport pour elle ; moi come Francois je renoncerais alors à y aller.

Voilà Wittenberg supprimé[7] tout comme Dresde. Le vent n'est pas bon
pour les universités. Il est vrai que c'est un vent d'orage. Croyez vous qu'il
purifie l'air. Villers s'est très bien tiré de sa querelle avec M. de Coningx[8]. Il 25
laissera je crois à présent les Magnétiseurs et anti-Magnétiseurs se battre.
J'ai reconnu dans la brochure de M. de Coningx un homme frotté de l'esprit
de M. de Pau[9], et ne sachant pas que le tems des petites epigrames prétendues philosophiques est passé. Je voudrais au moins qu'il sut l'ortographe
des Noms qu'il copie. Il me semble qu'un home qui écrit trois fois la Phytie 30
n'a pas le droit de se moquer du temple de Delphes. Bayle etoit incrédule,
spirituel et érudit, Voltaire avoit rétranché l'érudition. Ces Messieurs ré-
tranchent l'esprit. Reste l'incrédulité toute seule, qui est un caput mortu-
um[10] assez peu amusant.

Oserais-je vous prier Monsieur de mettre aux pieds de Madame de Rein- 35
hard mes respectueux homages, de lui faire agréer les complimens empressés
de ma femme et de recevoir l'assurance des sentimens d'attachement sincère
et respectueux que je vous ai voués.

B Constant

à Son Excellence / Monsieur le Baron / de Reinhard / Ministre de France, / *à* 40
Cassel.

Manuscrit   *Lausanne, BCU, IS 4213; 4 pp., adresse p. 4; timbres : 12 AOVT 1813; GOET-TINGEN ; orig. autogr.

Notes

1 Voir, sur Mme Reinhard, la lettre 2365, note 2.
2 Bad Driburg, ville d'eau allemande près de Paderborn. BC a fait un séjour à Dribourg en mai 1793, vers la fin de son premier mariage avec Minna von Cramm et lors de la première époque de son amitié avec Charlotte.
3 Il n'en est rien : après une espèce de trève, les hostilités reprennent et le 18 août 1813, le maréchal français Louis Nicolas Davout (1770–1823) remportera une victoire à Lauenbourg.
4 Armand-Augustin-Louis, marquis de Caulincourt, duc de Vicence (1773–1827), ministre plénipotentiare au congrès de Prague, où les négociations de paix s'étaient ouvertes le 29 juillet 1813.
5 Un des frères de Charlotte von Hardenberg dont les terres se trouvaient à Drönnewitz (Mecklembourg-Poméranie), probablement Carl Philipp von Hardenberg (1756–1840).
6 Non identifié.
7 L'université de Wittenberg a été fermée par Napoléon en 1813 et ses bâtiments ont été occupés par les troupes françaises. La ville sera reprise par les Prussiens en 1814 et en 1817 les universités de Wittenberg et de Halle seront amalgamées.
8 Charles de Villers s'intéresse au magnétisme animal lorsqu'en 1783 il est incorporé au régiment d'artillerie de Metz à Strasbourg, ville où fleurissent l'occultisme et la franc-maçonnerie et où le comte de Cagliostro, alchimiste et franc-maçon, fait des guérisons. Villers sera membre de la *Société harmonique du régiment de Metz* où des officiers, persuadés des salutaires effets du «somnambulisme magnétique», opèrent la magnétisation sur leurs soldats. *Le Magnétiseur amoureux* (1787), petit roman que Villers publiera à Besançon à l'âge de vingt-deux ans, s'inscrit dans la polémique autour du mesmérisme qui caractérise la France pré-révolutionnaire. Villers y met en scène six personnages ayant des points de vue divergents sur le dogme mesmérien. Selon François Azouvi, qui a réédité ce texte (Paris : Vrin, 2006) le livre «frappe par son audace» (p. 14), et la «compréhension du pouvoir thérapeutique de l'hypnose» dont y fait preuve Villers ne sera pas dépassée même par les hypnotiseurs du XIXe (p. 12). Coningx n'a pas été identifié.
9 Non identifié.
10 *Tête de mort.*

2387

Benjamin Constant à Jean-Charles-Léonard Simonde de Sismondi

13 août 1813

Göttingue ce 13 Aoust
1813

Je vous remercie bien de votre lettre[1], cher Simonde. Elle m'a fait beaucoup de bien. Il y a dans votre raison quelque chose de juste et de sur, qui me seroit bien, nécessaire à consulter, toutes les fois que le découragement s'empare de moi, ce qui arrive très fréquemment, et d'une manière quelquefois si entière, que je suis incapable d'autre chose que de promener sur ma vie passée des regards stupides. Depuis que j'ai découvert que je devais accuser mon caractère de la plupart des souffrances dont j'accusais et punissais les autres, il s'est fait en moi une révolution que je ne puis arrêter. J'ai défendu à mon caractère de se mêler de mes actions ou de mes paroles. Mais j'ai perdu aussi le mouvement qui me soutenoit encore. Je suis cõme un paralytique qui a trouvé dans l'immobilité le moyen d'éviter les chutes, mais aussi ne marche-t-il plus.

Hélas, nous ne nous verrons pas cet automne. Je me hâte de vous le mander, pour ne pas influer d'un seul jour sur vos projets, d'une manière qui, en vous derangeant, me seroit inutile. Je ne puis finir mes affaires ici, avant les derniers jours d'octobre, et Dieu sait si même alors elles seront finies. Comme à coté de ces affaires[2] est la Bibliothèque d'ici, je ne me tourmente pas pour moi du retard qu'elles m'imposent. Ma femme qu'elles regardent est beaucoup plus fâchée que moi de ne pouvoir pas quitter ce climat qu'elle déteste et qui lui fait mal.

J'ai recu hier deux lettres de notre amie[3], l'une du jour de son départ, l'autre après son arrivée[4] la dernière est du 29 Juin. Elle me parle de deux choses seulement, des hommages qu'elle rencontre partout, et dont je me réjouis pour elle, et de tout ce qu'elle doit au jeune et généreux cœur[5] qui s'est voué à elle. Ces déclarations reviennent périodiquement, ce qui me fait croire qu'elles ne coulent pas de source. Mais quand dans quelque lettre elle a laissé voir de l'ennui, elle croit devoir réparer par une déclaration bien formelle. Elle m'écrivoit dans l'avant dernière qui m'est arrivée en même tems, on dit que vous avez demandé si j'etais mariée, avez vous pu croire à cette absurde folie ? Enfin je suis hors d'inquiétude pour elle, au moins quant à ses projets. Je crains qu'elle ne s'ennuye deja : mais l'air est pur et bon, et où ne s'ennuye-t-on pas a présent. Je suppose que Fanny[6] a aussi des lettres, sans quoi je lui aurais mandé mes nouvelles, que je vous prie au reste de lui communiquer.

Faites moi le plaisir de me mander ou en est le change. Demandez le à Fanny. Je désirerais beaucoup le savoir et je ne puis ici l'apprendre de personne.

Votre ouvrage[7] sur la Littérature du Midi est arrivé ici à la Bibliothèque, mais il ne sera pas en circulation avant mon départ. Le seul abus de cet établissement, c'est la tyrannie du relieur. Il lui faut 9 mois d'ordinaire pour relier un livre nouveau. La Patience allemande s'accommode de cette marche qui ne fait que retarder d'environ une année la marche de la littérature à notre egard. Les Professeurs sont exceptés de la Règle, parce qu'ils annoncent les Livres dans leur gazette Littéraire et les reçoivent à cet effet brochés ou en feuilles. Bref, je ne verrai pas votre Ouvrage ici, ce qui me chagrine.

Je lis à l'instant une nouvelle dont j'aime à douter encore. C'est la mort d'Albert[8] en Duel. Les dates n'y sont malheureusement que trop, et le Caractère aussi. Cependant il y a si souvent de l'exagération qu'un Duel ou une 50 Blessure un peu grave a pu occasionner cet affreux Bruit. Ce serait un choc bien douloureux pour sa mère, quoique leurs natures se convinssent peu. Mais la mort comme tout irrévocable embellit ce qu'on perd. Je suis horriblement triste de voir brisé un être que j'avais vu croitre depuis l'age de deux ans. 55

Je suis arrivé au 16 Aoust, tout en écrivant cette lettre que j'ai été obligé d'interrompre, et qui est restée comencée. Ce 16 Aoust est le dernier jour de l'Armistice[9]. Si on en croit toutes les nouvelles, dès demain le sang coulera. Nous somes un peu plus loin de la Guerre que nous ne paraissions en être, au printems. Le Ciel est bien noir et la terre sera bien rouge. J'espère que 60 vos lettres me parviendront tout à travers.

C'est le Professeur Boutterwek[10] d'ici qui publiera l'analyse de votre ouvrage. Êtes vous curieux de l'avoir ? Je vous l'offre avec d'autant plus d'empressement que je sais d'avance qu'il en dira du bien. Je tacherai pendant qu'il a les 4 volumes pour en rendre compte de les obtenir de lui l'un après 65 l'autre, afin de les lire un peu plutot. Dites moi comment il faut vous ecrire en Italie[11]. Vous allez vous mettre peut être au milieu de la guerre. Vous au Midi et moi au Nord. Nous retrouverons nous une fois à la paix. Jamais come autrefois !! Adieu cher Simonde.

Manuscrit   *Pescia, BC, Raccolta Sismondi, A.5.148; 4 pp.; orig. autogr.

Éditions   **1.** Pellegrini (1932), pp. 654–656; (1938), pp. 215–217; (1974), pp. 267–270. **2.** King et Candaux (1980), pp. 146–149.

Texte   *Note de Sismondi au haut de la p. 4:* Goettingen 13 Août 1813 / B. Constant. **49**   trop,] trop, ⟨mais⟩

Notes
[1] Une lettre du 27 juillet signalée dans la liste autographe dressée par Sismondi des «Lettres écrites depuis mon retour à Genève le 10 juin 1813» (Châteauroux, BM, Ms. 45, f. 1*v*, cité par King et Candaux, p. 146, note 317). D'après le Journal, BC la reçoit le 3 août.
[2] Il s'agit de l'argent que Charlotte attend de son frère. BC quittera Göttingen le 19 septembre 1813 pour rejoindre sa femme au château de Gross Schwülper, près de Brunswick.
[3] BC a reçu ces lettres de Germaine de Staël (non retrouvées) le 12 août 1813.
[4] Germaine de Staël est arrivée à Londres le 18 juin 1813.
[5] John Rocca. Voir la lettre 2358, note 6.
[6] Fanny Randall.
[7] *De la littérature du midi de l'Europe.*
[8] Voir la lettre 2388, note 1.
[9] En effet, l'Autriche a déclaré la guerre à la France le 12 août 1813.
[10] Friedrich Bouterwek (1766–1828), critique, romancier et professeur de philosophie à l'université de Göttingen. Sismondi s'était servi en écrivant sa *Littérature du midi* du livre de Bouterwek, *Geschichte der Poesie und Beredsamkeit seit dem Ende des dreizehnten Jahrhunderts*, Göttingen : J.F. Röwer, 1801–1819, 12 vols.

[11] Sismondi quittera Genève pour l'Italie le 25 septembre 1813. Il reverra sa mère à Pescia et travaillera dans les bibliothèques de Florence jusqu'au 4 juin 1814.

2388

Prosper de Barante à Benjamin Constant

vers la mi-août 1813

Vous me donnez une heureuse attente, mon cher Benjamin, et bien qu'elle doive encore etre longue, je me plais à en voir le terme de loin. Vous ne pouvez vous figurer ce que ce sera pour moi de vous revoir. Je suis si loin et depuis si longtems de tout ce qui nous lie, de tout ce qui est rapport entre nous, que me retrouver et causer avec vous, c'est l'idée de la resurrection 5 pour un mort enfermé dans sa bière ; si j'étais moins découragé, si je savais me faire le grand bien de m'occuper, selon mon cœur et mon gout, toute cette partie de mon ame qui touche à la vôtre, ne serait pas si souffrante mais je ne la sens que par le malaise ; un effet presque physique m'avertit à tous les momens du jour tantôt vaguement, tantôt avec une pointe acérée, 10 qu'il me manque quelque chose, et que je porte à faux. Il me semble toujours que j'attends une circonstance qui me dilatera le cœur ; et chaque jour au contraire, j'en apprends qui l'oppressent davantage. Mais la vie interieure et réelle est du moins douce et facile ; sans cela, je ne sais ce que je pourrais faire de moi.   15

J'ai lu avec chagrin la mort de ce pauvre Albert[1]. J'ai songé à la peine qu'en ressentirait une personne dont la trace même est perdue pour moi ; j'ai su qu'elle s'etait encore éloignée non par la distance, mais par une plus complette séparation. On m'a dit aussi qu'elle était séparée de Schl.[2] et qu'elle avait eu à se plaindre de lui. Ainsi il ne lui reste rien de sa vie passée. 20 Elle recommence une existence entierement nouvelle. J'espère qu'il lui reste encore assez de mouvement, de courage et d'illusion pour jetter ainsi les fondemens d'une situation toute renouvellée. Il me semble que nous manquerions de force pour une telle tâche. Mais que le fond de son cœur doit être triste. Quel sera maintenant son recours contre le dégout, et la lassi- 25 tude ? Par où échapper à un avenir devenu fixe et invariable, si du moins on en juge par les probabilités du moment.

Apportez moi votre polytheisme[3]. Il est après vous ce qui m'intéresse le plus. Venez avant que j'aye perdu ce qu'il faut pour le sentir et le juger. J'espère du moins être le dernier qui resterai capable de le lire. Mais pressez 30 vous, au train des choses, il n'y aura bientot plus personne. Je vous dirai que vous m'avez paru un peu étranger de remarquer encore les anecdotes de l'institut : cela n'a même plus l'ombre, ni le souvenir du moindre intérêt. Pour moi, après les circonstances actuelles qui ecrasent mon imagination, et qui me préocupent sans cesse, je n'ai pu rien trouver qui me parut digne de remarque que le procès de Michel[4]. Je suis surpris chaque jour en lisant le journal de voir, la boue appelée de la boue, d'entendre dire qu'un homme qui vole est un frippon, enfin de remarquer qu'on laisse une chose se montrer telle qu'elle est. Je crois rêver. Et je me frotte les yeux.

Vous ne m'avez rien dit du livre de Simonde[5] et il me semble que je vous en avais parlé. Remarquez qu'il n'a pas excité le moindre murmure parmi les orthodoxes de la littérature. Il y a deux ou trois ans que l'on eut mis en rumeur tous les vrais croyans. Mais tout cela est calmé ; en vérité on ne saurait le trouver mauvais, si cette indifférence provenait de l'effet trop grand des événemens ; si la gravité des choses réelles était la cause du peu d'intérêt qu'on attache aux choses de l'imagination. L'abbé de Dangeau[6] disait au milieu des desastres de la guerre de la succession : «je n'en ai pas moins deux mil verbes bien conjugués dans mon portefeuille»; encore toute littérature qui reste petite et froide, qui n'est pas pénétrée de ce que l'histoire du tems présent a de grave et de triste, peut bien s'éteindre et finir, sans que je lui donne le moindre regret. Mais j'ai peur que nous n'ayons perdu Horace et Tibulle, sans gagner Tacite[7]. Je crois toujours à cette tendance chinoise. Un peu plus de bien être, combiné avec l'ensemble des choses nous pousserait là infailliblement. Je lis de tems en tems les mémoires de ces braves jésuites[8] et leur naïf enthousiasme pour ce bel ordre de la Chine, pour cette nation où la vie des individus s'est éteinte, et où tout marche par une mécanique générale, où les genérations se succedent tellement sans s'interesser à elles mêmes, ni à leurs devancières qu'on ne peut trouver d'histoire ; vous devez avoir lu dans cette collection pour votre polythéisme. Tout ce qui concerne la religion m'a paru incomplet et obscur. Mais d'où vient cette métaphysique si subtile, qui forme évidemment la base de l'idolatrie symbolique de l'orient, idolatrie toute différente du fetichisme perfectionné, et qui est venue le modifier ? Vous me direz ce que vous avez appris et pensé là dessus ; mais il faut vous voir. Il faut retremper notre amitié, elle est vive parmi les souvenirs, il faut qu'elle revienne dans le présent. Adieu, cher Benjamin, j'ai besoin de vous, pour me croire tout à fait vivant.

35
40
45
50
55
60
65

Manuscrit   *Lausanne, BCU, Fonds Constant I, Co 997; 4 pp., p. 4 bl.; orig. autogr.

Éditions   **1.** Deguise (1966), pp. 271–273.   **2.** Deguise (1983), pp. 76–78.

Commentaire et Notes   La présente lettre date probablement de peu après le 8 août 1813 (date du numéro du *Journal de l'Empire* que Barante vient de lire ; voir la note 4).

¹ Albert, fils cadet de Germaine de Staël et sous-lieutenant dans la cavalerie suédoise, a eu la tête tranchée dans un duel au sabre avec un officier russe, à Doberan, près de Rostock, à la suite d'une querelle de jeu, le 12 juillet 1813.
² August-Wilhelm von Schlegel.
³ Selon le Journal, BC travaille à des chapitres de son ouvrage sur la religion en juillet 1813.
⁴ Michel (1772–1815). Le 8 août 1813, le *Journal de l'Empire* publie deux lettres sur le procès qui oppose «Reynier et Boissière accusés» à «Michel jeune leur accusateur». Reynier et Boissière «annoncent dans les journaux qu'ils vont faire paroître des Mémoires imprimés contre Michel jeune, leur accusateur ; et ils ajoutent qu'on a tenté de corrompre les ouvriers de deux imprimeurs, pour se procurer les épreuves de ces *Mémoires prêts à être rendus publics*.» Nous ignorons le fond de cette affaire.
⁵ *De la littérature du midi de l'Europe.*
⁶ L'abbé Louis de Dangeau (1643–1723), grammairien, frère de Philippe, marquis de Dangeau (1638–1720), auteur de célèbres *Mémoires*.
⁷ C'est-à-dire que la France a perdu des poètes dont les vers étaient gracieux et mélancoliques, comme le sont ceux des poètes latins Horace et Tibulle, sans pour autant trouver un grand historien grave et concis comme Tacite, historien de Rome.
⁸ Barante pense sans doute aux *Lettres édifiantes et curieuses* (1703–1776) et peut-être aux *Nouveaux mémoires sur l'état présent de la Chine* (1697) du jésuite français Louis Le Comte (1655–1728), aux *Sinensis imperii classici sex* de François Noël (1651–1729), sinon au livre de Nicolas Trigault (1577–1628), *De christiana expeditione apud Sinas suscepta ab Societate Jesu. Ex P. Matthaei Ricci commentariis libri V* (1615).

2389

Benjamin Constant à Marianne de Constant

vers le 20 août 1813

J'apprends par vos enfans¹ que vous êtes triste et inquiète. Comptez sur moi, pour tout ce qui sera en mon pouvoir. Ils m'ont demandé un remboursement de 2000 fr. et je leur envoye tout consentement et j'ai envoyé en Suisse ma procuration. Il faut qu'ils en écrivent a Made de Nassau. Malgré ce remboursement, je continuerai avec plaisir a payer la rente en entier jusqu'a ce que vous me disiez que vos affaires sont en meilleur état. Ainsi que l'idée d'une diminution de revenu ne vous empeche pas de profiter du moyen que vos enfans vous offrent de sortir d'embarras. Si le cahos dans lequel toutes les fortunes se trouvent est enfin débrouillé par une paix quelconque je tacherai de faire encore mieux. Je n'ai plus entendu parler de M. Monod, et je vous en demandais des nouvelles dans ma dernière lettre² dans laquelle je vous envoïais un mandat pour le mois de Novembre.
Prenez courage, et croyez a ma tendre et sincère Amitié.

BC.

Manuscrit   *Lausanne, BCU, Fonds Constant I, Co 247; 2 pp., p. 2 bl.; orig. autogr.

Notes
[1] Lettre non retrouvée.
[2] La lettre 2385.

2390

Benjamin Constant à Charles et Louise de Constant

20 août 1813

Göttingue ce 20 Aoust

Bien volontiers, mes chers amis, Je ferai tout ce que vous désirez. Mais à la distance ou je suis, je dois vous prier de vous adresser à Mad^e de Nassau, n'ayant pas d'autres fonds disponibles que ceux déposés entre ses mains pour la sureté de la rente. En conséquence, je lui écris, et come elle m'a deja 5 annoncé que probablement elle rembourseroit le 2 février 1814, je ne doute pas qu'elle ne puisse avancer la somme que vous souhaitez. Comme elle est très prudente en affaires et très scrupuleuse dans les engagemens qu'elle a pris, elle voudra que toutes les formalités soient remplies pour la décharger de toute responsabilité vis à vis de vous ou de moi, quant à la partie de la 10 somme qu'elle payera : de sorte qu'il seroit bon je crois que votre mère et vous donnassiez une procuration à quelqu'un à Lausanne pour faire ce qui sera nécessaire et ce que Mad^e de Nassau croira devoir être fait. D'après ce que votre mère m'a dit de ses relations avec M. de Langallerie[1], je crois qu'il ne refuseroit pas de soigner ses interets à cet égard. J'envoye de mon coté 15 ma procuration en blanc à Mad^e de Nassau. Il faut que nous ayons à Lausanne des gens qui puissent lever les petites difficultés de forme : car s'il falloit écrire à Dole et ici, pour avoir des explications, l'epoque à laquelle vous avez besoin de la somme en question ne suffiroit pas. Si j'avais eu des fonds disponibles autrement, je vous aurais envoyé lad^e somme, sauf à ré- 20 diger ensuite les clauses mentioñées dans votre lettre. Mais personne ne me paye ni ma femme, et nous vivons au jour le jour. S'il y avoit enfin une paix, les affaires ne seroient pas dans un si déplorable état.

Je ne mets qu'une seule condition à cet arrangement, c'est que la rente que je vous ai faite ne subira aucune réduction, jusqu'à ce que vos circons- 25 tances ne soïent plus embarassées. Le capital sera réduit de 15 a 13 mille francs, parce que cela ne vous nuit en rien, ce capital n'étant qu'une garan- tie, dont vous pouvez toujours suivant la teneur de nos arrangemens, exiger le remboursement à des termes convenus : mais je continuerai à vous payer

une rente de 1500 fr. fr. et je désire que vous agréïez cette fois la preuve de 30
mon amitié.

Si par impossible M^de de Nassau ne pouvoit pas vous remettre les 2000 fr.
en question à l'epoque fixée par votre créancier, elle le fera surement le
plutot qu'elle pourra, et la certitude que vous en pourrez donner à votre
créancier l'engagera à attendre. 35

Voici un petit mot pour votre mère². Je l'engage à ne pas se trop tourmenter sur ses affaires. Si elle veut me faire passer un certificat de vie,
j'essayerai de le faire parvenir. Dans tous les cas elle et vous pouvez compter
sur moi. Je lui ai envoye Il y a peu de jours une traite pour le mois de
novembre. 40

Adieu mes chers amis ecrivez de suite d'une manière pressante a Mad^e de
Nassau. Ma lettre pour elle avec ma procuration part avec celle-ci.

Mille amitiés donnez moi des nouvelles de votre mère.

B.C.

a Mademoiselle / Louise Constant de Rebecque / à Brévans, / Dole / Dép^t 45
du Jura / France

Manuscrit *Lausanne, BCU, Fonds Constant I, Co 44 ; 4 pp., p. 3 bl., adresse p. 4 ; timbre :
GOETTINGEN ; orig. autogr.

Notes
¹ Charles Gentils de Langalerie
² La lettre précédente.

2391

Benjamin Constant à la comtesse Anne-Pauline-Andrienne de Nassau

20 août 1813

Je vous écris bien à la hâte ma chere Tante pour vous demander si vous
pouvez rendre à Marianne et à ses enfans le service de leur payer en déduc-
tion du capital de 15000 fr. de France ou de 10000 de Suisse la somme de
2000 fr. de France. Les deux enfans m'écrivent qu'ils sont à la veille d'etre
poursuivis pour une lettre de change de cette somme, et je voudrais bien leur 5
éviter des désagrémens. Je joins ici une procuration en blanc pour que dans
le cas ou ce remboursement ne vous gêneroit pas, mon procuré que vous
choisirez passat un acte conforme à la teneur de cette procuration pour
votre sureté et la mienne. J'ai conseillé aux enfans de Marianne de donner la
leur à quelqu'un à Lausanne pour la même chose. 10

Je desire bien que cela ne vous dérange en rien. Je voudrais faire pour cette famille tout ce que je puis sans me préparer des embarras, car c'est beaucoup moins l'argent que je regrette que les prétentions que je crains. Je me suis chargé de la dette de Charles envers M. Monod. Du moins je l'ai offert à Marianne qui l'a accepté : et dans ma reponse à la demande des 15 2000 fr. je leur ai dit, quoiqu'ils m'offrissent comme de droit de réduire la rente proportionellement que je consentais à la reduction du capital, mais que je leur payerais la rente en entier, aussi longtems que leurs affaires seroient embarassées.

Ils vous écriront au sujet de ce remboursement. Je vous ai deja mandé 20 dans deux lettres[1] qu'au 2 février 1814 je leur donnerai une autre garantie pour que cette affaire ne vous incommode plus : il m'en restera toujours une bien vive recoñoissance.

Je suis forcé de finir pour que ma lettre parte. Je vous en ai écrit deux précédement depuis votre dernière a moi.   25

Mille bien tendres respects.

BC.

à Madame / Madame de Nassau / née de Chandieu, / à Lausanne, / Canton de Vaud, / *Suisse.*

Manuscrit *Genève, BGE, Ms. Constant 36/1, f. 250; 2 pp., l'adresse p. 2; timbre : GOET-TINGEN ; orig. autogr.

Texte *Sur la page d'adresse, de la main de Mme de Nassau, calculs, et* : Procuration de mon Neveu Benj.

Commentaire et Note
Le contenu de cette lettre indique qu'elle date probablement du même jour que celle du 20 août à Charles et Louise (lettre 2390).
[1] Lettres 2381 et 2384

2392

Rosalie de Constant à Benjamin Constant

20 août 1813

Il est triste lorsqu'on s'ecrit aussi peu d'avoir encor a se gronder cependant je ne puis m'en empecher et meme au lieu de dire mon alphabet comme on le conseillait a l'empereur Auguste[1] je veux ecrire pendant que ma colere dure ce n'est pas de ce que vous ne m'ecrivés gueres quoique cela me deplaise assés mais je sais comme le tems echappe et ce sentiment de confiance qui 5 fait qu'on aime a parler de soi a quelqu'un qui s'y interesse ne se donne pas s'il n'est pas inspiré, c'est biographiquement[2] que je veux vous gronder cher Benjamin. Dites moi pourquoi vous avez laissé faire a un autre l'article de M[de] de Charriere qu'on appelle St Hyacinthe et qu'on depeint tres mal vous seul pouriés rendre raison de ce caractere et des qualites rares unies aux bizarreries c'est ce qui fait le merite d'un tel ouvrage que de faire connaitre le caractere et les actions de ceux dont seulement on a lu les ecrits ce pouvait etre le cadre de mille pensées je m'attendais a un morceau charmant de vous a un hommage rendu a votre amie qui m'aurait confirmé dans l'idée que toujours il reste quelque chose dans le cœur pour ceux qu'on a veritablement aimé vous et ce docteur Usteri[3] m'avez bien desappointée vos deux Charles[4] sont beaux et bons mais c'etoient pourtant de sottes gens je regrette toujours de ne pas voir entre vos mains quelque belle vie ou au moins quelque tems remarquable de l'histoire quoique cela soit plus connu c'est pourtant ce qu'on va relire de preference Mr de Lalli[5] a fait un superbe Charles Ier pourquoi n'avés vous pas fait Charles Quint ou Charles le Téméraire? Vous avés raison de vous moquer de moi sur le titre de votre livre[6] il n'a dans le fond d'importance que pour les premiers momens avant que le livre soit lu mais je suis comme la bonne de cet enfant je voudrais avec plus de zele que de lumieres le garantir de tout mal nous voila bien avances puisqu'il n'est pas encore né je comprends que vous devenez difficile a mesure que votre travail se prolonge il n'y a pas grand mal puisque ce travail est un plaisir et que le tems n'est pas encore redevenu bon c'est le tems qui est mort dans ce moment mais celui la s'enfuit aussi vous en avés encor beaucoup devant vous et j'espere que vous n'attendrés pas que vous soyes mort pour savoir quelle est votre place, je suis bien aise que les petoffes[7] de Lausanne vous interessent cela prouve que vous etes meilleur Lausannois qu'on ne le croirait d'abord vous auriés du me donner l'exemple les petoffes academiques de Gottingue m'amuseraient beaucoup parce qu'elles sont autour de vous et qu'elles ont une autre tournure que les notres je ne sais si cela nous fait honneur ou non mais l'histoire Montricher[8] a fait bien peu d'effet et entre deux personnes malheureuses dont l'une etoit coupable c'est sur la coupable que tout l'interet s'est porté Mr de Los Rios[9] est un Espagnol longtems persecuté en France mais pour des affaires civiles il y a un peu perdu de l'energie castillane c'est precisement a ce qu'il me semble le pendant de Mr Hankin[10] pour la figure et le degré d'esprit avec de plus quelque de chose de grand Seigneur qui tient a je ne sais quoi et qui le releve un peu d'ailleurs le meilleur Lausannois du monde tres poli jouant au wisth et mangeant des meringues con amore et quoiqu'il soit ruiné il a pour 3 mille fr. de breloques a sa montre. Mr de Golowkin[11] est allé se rafraichir a Interlachen pour revenir faire plus que jamais les plaisirs de la societé le voisinage Huber[12] nous fait grand plaisir c'est la qu'on cause et qu'on ecoute bien Pierre et sa jolie femme[13] qui arrivent de Paris nous le racontent sous un rapport interessant les arts et les savans qu'ils ont beaucoup et bien vus. Mde de Nassau est a Vidi[14] depuis quelque de tems ou nous avons bien du plaisir a la trouver nous disons toujours quelques mots de vous, il est vrai que je me suis tourmentée de la santé de Charles[15] qui me semblait s'etre derangée cet hiver un malheur eprouvé ote toute securité mais Dieu soit beni il me parait s'etre bien remis seulement il est devenu delicat mais sans devenir blond je l'attends ce soir c'est un grand plaisir en perspective ce qui l'attire c'est une fete ou plutot une reunion d'agriculteurs a Dorigni[16] on vient de tout le canton Mr de Loys expose ses experiences ses perfectionnemens ses recolte il fait des discours 2 a 300 compatriote dinent ensemble sous une feuillée on chante des airs faits pour la circonstance nous irons tourner autour depuis Vidi. Mr de Loys fait un vrai bien au païs eh bien on n'a pas imaginé de l'indiquer pour le grand conseil ce qui prouve que la reconnaissance n'est pas le principe de la democratie je crois bien qu'il n'y en a d'autre ici que le vin de Lavaud[17], Villars[18] tient courageusement a Hanau malgré toutes les vexations de ce tems et tout ce qu'il voit passer sous ses fenetres, son fils Jules parle de venir faire connaissance avec nous Victor[19] est l'objet de notre sollicitude nous savons bien mal ce qui se passe autour de lui seulement on voit que son eleve[20] lui fait grand honneur sa femme et ses enfans se sont encore eloignés de nous. Quand toute ces barrieres tomberont-elles l'armistice vaut pourtant mieux que le massacre s'il se prolonge encor un peu on ne pourra pas recommencer avant l'hiver vos nouvelles du jeune Saugy[21] ont fait respirer sa mere qui vous en remercie vivement et qui n'en reçoit pas d'autres dites donc toujours ce que vous en saurez, Charles vous a recommandé le Persan[22] qui n'est pas un mage d'Orient qu'en faites vous ce baron d'Adlebsen[23] s'était bien vanté d'etre parent de ma cousine. Il a fait le plaisir des jeunes societes je leur dirai bien son souvenir vous savez qu'on garde toujours ce qui interesse le plus pour la fin parlons donc de votre retour si retour y a c'est donc en hiver que nous vous reverrons. Le bel appartement de M^de de Nassau sera tout a point il y a toujours quelque chose a louer et moi qui ne louerai que vous je me rejouirai tout de meme vous ne parlés point des yeux de ma cousine Charlotte ce qui me fait esperer qu'ils sont bien et qu'elle nous aime toujours un peu je desire bien par interet pour les votre que vous ne preniés pas la rougeole si vous l'aviés j'espere qu'elle serait assés bonne pour nous donner de vos nouvelles et que vous vous soigneriés comme il faut il faudrait savoir renoncer a tout travail pour assés longtems et s'ennuyer tranquillement que ne suis je la pour vous y aider mais il vaut encor mieux n'avoir pas la rougeole ecrire pour la posterité surtout a ses amis et les aimer en tout tems en toute situation ma Tante[24] continue a etre passablement et vous dit beaucoup d'amitiés.

A Monsieur B. de Constant / de la Societé royale des Sciences / a Göttingue / Westphalie   90

Manuscrit   *Lausanne, BCU, Ms. 326(1); 6 pp., adresse p. 6; timbre et cachet postal illisibles ; orig. autogr.

Édition   Roulin (1955), n° 136, pp. 187–190.

Texte   **49** ont] *ajouté dans l'interligne*   **86** ecrire] ecrire ⟨a ses amis et⟩   posterité] posterité ⟨et⟩

Notes

[1] «Quand on est en colère, il ne faut rien dire ni faire, avant d'avoir récité l'alphabet» (conseil donné à Auguste par son précepteur Athénodore le stoïcien). Cf. Molière, *L'École des femmes*, Acte II scène 4: «Un certain Grec disoit à l'empereur Auguste / Comme une instruction utile autant que juste, / Que, lorsqu'une aventure en colère nous met, / Nous devons, avant tout, dire notre alphabet, / Afin que dans ce temps la bile se tempère, / Et qu'on ne fasse rien que l'on ne doive faire» (discours d'Arnolphe).

[2] Voir la lettre de BC à Rosalie de février 1813 (n° 2353). Il s'agit de l'article par Paul Usteri consacré à Isabelle de Charrière dans le tome VII (1813) de la *Biographie universelle* de Michaud qui lui donne en effet le faux nom de Saint-Hyacinthe.

[3] Paul Usteri (1768–1831), médecin, journaliste et homme d'état suisse qui avait fait partie de la «Consulta» de 1803. Rosalie semble reprocher à Usteri d'avoir participé à cette initiative de Napoléon qui avait abouti à l'Acte de Médiation de 1803.

[4] Les articles de la *Biographie universelle* sur Charles III le Gros et Charles IV.

[5] Allusion à l'article sur Charles Ier, signé Lally-Tolendal, dans la *Biographié universelle*, t. IX (1813), pp. 199–220.

[6] Voir la lettre 2382 de BC à Rosalie du 3 août 1813.

[7] Affaires de peu d'importance.

[8] Cf. la lettre 2382 où BC fait allusion à l'histoire de Mme de Montricher.

[9] Non identifiée, voir la lettre 2382.

[10] Voir la lettre 2371 de BC à Rosalie du 10 mai 1813, note 4.

[11] Voir la lettre 2376, note 8.

[12] Pierre Huber (1777–1840), fils du savant genevois François Huber (1750–1831), spécialiste des abeilles. Pierre Huber, savant lui-même, était l'auteur de *Recherches sur les mœurs des fourmis indigènes* (1810).

[13] Louise Burnaud, originaire d'Yverdon.

[14] Maison de campagne située tout près de Lausanne et appartenant à la famille de Loys.

[15] Frère de Rosalie.

[16] Maison de campagne appartenant à l'agronome Jean-Samuel de Loys de Middes (1761–1825), époux d'Antoinette-Pauline de Chandieu (1760–1840), sœur cadette de la mère de BC.

[17] Le vin blanc du vignoble de Lavaux qui s'étend entre Lausanne et Montreux.

[18] Voir, sur Constant de Villars et son fils, la lettre 2362, notes 6, 8 et 9.

[19] Il s'agit du frère de Rosalie, Jean-Victor de Constant (1773–1850), qui en 1798 épousa Isabelle-Catherina-Anna Jacoba, baronne de Lynden-Hoevelaeken. Voir *CG*, I, p. 442. En 1792, il avait pris du service en Hollande et devint gouverneur militaire du prince d'Orange.

[20] Le prince d'Orange, futur roi Guillaume Ier.

[21] Voir la lettre 2347, note 4.

[22] S'agirait-il d'un chat ?

[23] Le baron von Adelebsen dont le château ancestral se trouvait à Adelebsen, près de Göttingen.

[24] Angélique de Charrière de Bavois.

2393

Marianne de Constant à Benjamin Constant

27 août 1813

Monsieur

J'ai recu votre lettre[1] du 10 aoust avec la lettre de change pour le 1[r] novembre dont je vous remercie ainsi que de l'interet que vous voulez bien prendre a nous. Mais je suis seule depuis huit jours et je le serai encor autant Louise est a St Loup pres de Grey chez son amie Klinglin[2] qui me l'a demandée 5 avec tant d'amitié que j'ai forcé Louise a faire ce voyage de dix lieux malgré la peine qu'elle se faisoit de me quiter dans l'état ou je suis toujours souffrante et fort triste la nécessité de l'unir toujours plus aux d'Esclans[3] avec qui elle est en famille chez la cadette de leur fille m'a determinée a m'en separer. 10

Charles est parti pour Besancon ou un de ses amis veulent le placer comme aide de camp chez le general Valette[4] commendant en second de Besançon on dit que cela peut valoir deux mille francs. Il est allé se presenter et ne sera de retour que les premier jours de septembre, je ne puis donc pas vous envoyer leur recu et encor moins repondre positivement sur l'article de l'ar- 15 gent placé mais je crois qu'il ne desire pas le rembourcement et dans tous les cas croyez Monsieur qu'eux et moi ne feront rien qui puisse vous deranger et sans consulter vos convenances. Mes enfants m'ont bien offert de me tirer de mes deptes en vous demandant la somme qui m'est indispensablement necessaire. Mais j'ai essayé de mettre Brevans en vente et peut etre que d'ici 20 a deux mois je ferai cette vente sans quoi j'avoue que je puis etre tres a plaindre et peut etre aussi ne pourrez vous pas leur faire cette avence et j'avoue que l'idée de leur manger leur petit capital me fait une peine mortelle. Si pourtant je ne peux pas vendre sans trop perdre j'accepterai la demande qu'il veulent vous faire et que cela m'evitera des angoisses qui ne 25 sont pas favorable a une santé toujours plus detruite.

Je vous remercie Monsieur d'avoir recommandé ma tontine[5] a Mr de Constant.[6] J'en ai reçu il est vrai une lettre mais qui me dit seulement qu'il ecrira a son beau pere. Mais depuis deux mois je n'ai reçu aucune nouvelles et je meur de peur que si l'on a laissé ecouler deux ans sans rien toucher mes 30 trois actions ne soyent repartagées si j'avois reçu ces deux ans et demi je serai a peu pres au courant mais tout est contre moi une grele a detruit tout le produit du clos. Hor le foin et m'a forcée a raccommodé les fenestre et une partie du couvert que je ne puis finir de remettre en etat dans le denuement ou je me trouve. Charles et moi avons ecris a Mr Monnod pour lui 35

annoncer que vous aviez l'extreme bonté de vouloir bien lui payer les engagements de Charles et il a repondu qu'il acceptois et qu'il esperoit qu'au 1^r novembre vous lui fairiez donner deux cent frans Charles a reduit par un compte qu'il lui a envoyé la somme a 700 francs avec son aveu voyez donc Monsieur la maniere que vous trouverez la plus commode de m'envoyer ou   40
a Monnod cette traite par Mr Girod[7]. Je vous rend encor mille grace de venir a notre secour.

Vous ne pensez donc plus a venir voir votre tante[9] il me semble pourtant que se seroit bien le moment et j'avoue que je serais bien contente de vous savoir plus pres de nous dans un tems pareil des que mes enfans auront recu   45
la lettre que je leur ecris ou qu'il seront de retour ils vous remercieront eux meme et repondrons positivement pour moi je fais les vœux les plus sincere pour votre santé et je vous prie de m'en donner de tems en tems des nouvelles. Et de croire a mon sincere attachement.

J M de Rebecque   50

Brevans le 27 aoust 1813.

Manuscrit   *Lausanne, BCU, Fonds Constant I, Co 635; 2 pp.; orig. autogr.

Notes
[1]   La lettre 2385.
[2]   Il s'agit d'une amie d'enfance de Louise de Constant, Arthemine de Masson d'Esclans, qui en août 1812 avait épousé August, baron de Klinglin (1785–1863), propriétaire du château de Saint-Loup-lès-Gray (Haute-Saône).
[3]   Allusion à la famille du baron Charles-Marie-Pierre-Félix Masson d'Esclans (1763–1812), ancien membre de l'Assemblée constituante et depuis 1808 président du canton de Gray et maire de Saint-Loup-lès-Gray. Arthemine (voir la note précédente) était sa fille.
[4]   Antoine-Joseph-Marie de Valette (1748–1823).
[5]   La tontine d'Irlande de Marianne.
[6]   Charles de Constant, dit le Chinois, dont le beau-père est le banquier genevois Jacques Achard-Bontems (1747–1828), associé de la banque londonienne Doxat & Divett.
[7]   Notaire genevois avec lequel BC correspondait régulièrement en 1811.
[8]   Mme de Nassau.

2394

Benjamin Constant à Charles-Frédéric Reinhard

13 septembre 1813

Göttingue ce 13 7bre 1813

Monsieur,

Je ne veux pas partir pour Hanovre[1], sans vous demander vos ordres tant pour Göttingue, pendant que j'y suis encore que pour Hanovre quand j'y serai, si toutefois tout ce qu'on dit circuler dans les environs me permet d'y 5 arriver. Je suis si accoutumé aux fausses nouvelles que je n'accorde pas une grande confiance à celles qu'on débite, et à moins d'une evidence complète, je suivrai tranquillement mes projets. Je serais bien heureux si quelques commissions venant de vous, Monsieur, donnoient à mon voyage l'interet que m'inspire toujours le désir de vous temoigner mon dévouement. 10

Mr de Fouquet[2] qui se vante chaque fois qu'il revient de Cassel de vos Bontés pour lui m'a rapporté de M^{de} de Reinhardt des nouvelles qui m'ont fait trouver sa visite agréable, ce qui n'est pas toujours le Cas. Il m'a assuré que sa santé et celle de Charles[3] sont parfaitement remises.

Villers est toujours assez souffrant de ses migraines. Je voudrais l'engager 15 à faire une course avec moi à la terre des Marenholz[4] ou j'irai d'ici passer quelques jours et ou ma femme est déjà. Mais parmi nos bruits est celui d'une reculade de Monsr d'Eckmühl[5], et je ne voudrais pas conduire Villers dans ses bras ou sous sa griffe.

Voila le magnétisme bien triomphant dans la personne de son chevalier, et 20 M. de Coningk[6] doit s'étonner du peu de succès de son Epitre Voltairienne. Nous attendons ici la belle Julie[7]. J'espère la voir enfin à son passage, et oublier avec elle tout ce qui se passe autour de nous.

M. Heeren[9] nous annonce une nouvelle edition de ses idées dans laquelle il ajoute un livre tout nouveau sur les Indiens. Je suis fort impatient de 25 savoir com̃ent il jettera quelque lumière sur ce chaos. Je l'attends impatiemment pour profiter de sa manière de voir qui est toujours claire, ce qui n'est pas un mérite comme en Allemagne.

Votre Excellence ne trouve-t-elle pas que nous som̃es bien heureux de nous enfoncer ainsi dans le passé, au milieu des coups de Canon du présent. 30

Agréez je vous prie et veuillez faire agréer à Madame de Reinhard tous mes hom̃ages auxquels ma femme joindroit si elle etoit ici l'expression de tous ses sentimens bien sincères.

B. Constant

à Son Excellence / Monsieur le Baron de Reinhard de / Ministre de France /   35
à Cassel

Manuscrit   *Paris, BnF, N.a.fr. 13627, ff. 13–14; 4 pp., p. 3 bl., adresse p. 4; orig. autogr.

Édition   Dierolf (1906), p. 2 (avec coupure).

Notes
1   On manque de précisions sur ce projet de voyage.
2   Non identifié.
3   Charles-Frédéric-Albert (1802–1873), fils de Reinhard.
4   Gross Schwülper, près de Brunswick.
5   Louis-Nicolas Davout, duc d'Auerstaedt, prince d'Eckmühl (1770–1823). Hostile au roi
    Jérôme, après l'occupation de la Westphalie et de la Rhénanie par les Français, le maréchal
    Davout avait brimé Charles de Villers qui s'opposait à l'annexation des villes hanséatiques.
    Davout avait même fait insérer dans la *Hamburgische Neue Zeitung* du 27 avril 1811 un faux
    rapport sur la prétendue arrestation de Villers, insinuant que Villers était indigne d'être
    chargé de l'éducation des jeunes. Fin avril 1811, le pro-recteur de l'université de Göttingen
    s'était plaint au baron de Leist contre cette campagne de vilification. Mais Constant se
    trompe sur les intentions militaires de Davout : en réalité, sur ordre de Napoléon, il allait
    défendre farouchement la place forte de Hambourg et ne se rendit que le 27 mai 1814.
6   Voir la lettre 2386, note 8.
7   Juliette Récamier?
8   Arnold Hermann Ludwig Heeren (1760–1842), nommé professeur de philosophie à Göttin-
    gen en 1787, historien, auteur de nombreux ouvrages sur l'Antiquité dont *Ideen über die
    Politik, den Verkehr und den Handel der vornehmsten Völker der alten Welt*, Göttingen,
    1793–1812, 3 vols.

2395

Louise de Constant à Benjamin Constant

18 septembre 1813

Brevans le 18 Septembre 1813
J'ai trouvé votre bonne lettre mon cher Frere a mon retour de St Loup ou
j'avois passé quelques jours chez M^{eme} de Klinglin[1]. Je viens bien vite vous
remercier de la maniere aimable et bonne avec laquelle vous nous rendez
service. Charles Maman et moi en sommes aussi recconnaissants l'un que   5
l'autre et bien touchés je vous assure de l'amitie que vous nous temoignez.
Nous avons deja recu la reponse de Madame de Nassau qui consent a nous
avancer deux mille francs et meme offre de les donner avant l'epoque du
premier novembre ce que nous acceptons le chevalier de Langalerie se charge de tout mais ce qui sera un obstacle c'est la difficulté de faire entrer de   10
l'argent a raison des Escomptes et du change qui feroient une grande reduction nous tacherons de trouver du papier sur Lyon ou Paris. Ce qui ne
laisse pas d'etre difficile.

La rente que vous voulez bien nous continuer mon cher Frere nous sera d'autant plus utile que le meme jour ou nous avons recu votre lettre Mr Charles Constant a ecrit a maman que sa rente d'Anglettere est probablement perdue parce que les certificats envoyés a tems et en grand nombre ont ete presentés trop tard[2]. Vous sentez combien cette reduction arrive dans une circonstance facheuse d'autant plus qu'un peu de soin de la part de Mr Achard aurait pu la prevenir ; si Mr Achard n'etoit pas le beau pere de Mr Constant certainement nous serions en droit d'exiger qu'il nous en tint compte. Mais nous ne voulons pas troubler la paix de la famille malgré tout le mal qu'une negligence aussi impardonable nous fait pour le present et l'avenir.

Le Projet de Charles et le mien n'est point de retirer le capital de la rente de 1500.fr. puisqu'il est placé d'une maniere solide et avantageuse, ainsi donc mon cher frere si M[eme] de Nassau pouvoit le garder il me semble que cela vous eviteroit beaucoup d'arrangemens fort ennuyeux d'ailleurs mon cher Frere soyez bien sur que nous nous preterons avec empressement a tout ce qui pourra vous convenir. Pour payer differentes choses pressées et fournir aux depenses journaillieres nous avons negocié votre lettre de change dont maman vous a je crois accusé la reception — Maman vous remercie de votre petite lettre[3] et des consolations que vous voulez bien lui donner. Votre amitié sera toujours la plus precieuse de toutes croyez qu'elle est necessaire a notr[e] bonheur et recevez mon cher frere l'as[surance] de mon tendre attachement.

Louise de Rebecq[ue]

Je dois vous dire encore que M[eme] de Nassau non seulement veut bien nous avancer l'argent mais qu'elle l'a fait avec une grace et un interet auxquels nous sommes bien sensibles.

Monsieur B :: de Constant / A Gottingue / Royaume de Westphalie

Manuscrit   *Lausanne, BCU, Fonds Constant I, Co 914; 4 pp., adresse p. 4; timbres : 38/DÔLE ; R.N°.3; orig. autogr.

Texte   *Quelques lettres ont été emportées par une déchirure.*

Notes
[1] Voir la lettre 2393, de Marianne de Constant à BC.
[2] Voir la lettre 2393.
[3] Non retrouvée.

2396

Benjamin Constant à la comtesse Anne-Pauline-Andrienne de Nassau

23 septembre 1813

Grossen Schwelper près de Brunswick ce 23 7bre 1813

Mon départ de Göttingue pour une Terre ou je suis venu passer quelques jours avec ma femme, m'a empêché, ma chère Tante, de répondre aussitot que je l'aurais voulu à votre lettre[1] du 31 du mois dernier. Je commence par l'article des affaires, pour le couler vite à fond.   5

Je vous envoye ci jointe la déclaration que vous desirez, relativement aux 966 fr. de Suisse que vous avez bien voulu laisser porter sur l'acte de 10000 fr. fait en ma faveur, et en vertu de la dite déclaration vous vous trouverez ne devoir, comme en effet ma chère Tante vous n'avez recu de moi, que 9034 fr. J'ai rappelé dans la déclaration les différens billets que nous nous étions   10 donnés pour éclaircir cette affaire.

Quant à l'envoi des 966 fr. au moment du remboursement, il y a une petite erreur, vu que Ce n'est jamais à Marianne ou à ses enfans, mais seulement à moi du consentement de Marianne que vous pouvez être tenue de rembourser, puisque Marianne ne veut point l'extinction de la rente   15 viagère, qui en effet lui est ainsi qu'à ses enfans beaucoup plus profitable qu'un remboursement.

Si donc, comme cela me paraît être votre désir et comme cela entre en effet dans mes convenances, vous souhaitez rembourser au 2 février 1814 ou trois mois après, il faudra que je donne à Marianne une autre sureté de la   20 même somme, qu'elle l'accepte, et qu'alors elle consente à ce que le dépot fait entre vos mains cesse, et à ce que vous me remboursiez purement et simplement, etant déchargée de toute responsabilité vis à vis d'elle. Vous voyez donc ma chère Tante que comme vous aurez à me rembourser moi, il ne pourra jamais être question de me rembourser plus que ce que vous aurez   25 reçu de moi, et qu'il seroit inutile que je vous envoyâsse 966 fr. pour que vous me les rendissiez à moi-même.

Je vais écrire à Marianne pour savoir d'elle 1° Si ses enfans désirent encore les 2000 fr. de France pour lesquels je vous ai envoyé une procuration et à eux une lettre pour vous. 2° Si elle ne veut décidément pas être   30 remboursée, c'est à dire ses enfans, dans lequel cas je chargerai mon Notaire de Paris de faire un acte de sureté pour elle pareil à celui qui a été fait pour la somme déposée entre vos mains, et je la prierai de charger quelqu'un à Paris d'examiner le dit acte, pour qu'elle puisse ensuite consentir à ce que vous me payiez la somme que vous avez reçue de moi, et sur laquelle elle   35 n'aura plus nulle prétention.

Vous voyez ma chère Tante que ce n'est pas une affaire compliquée. Dans aucun cas, elle ne peut vous causer de l'embarras. Et dès que j'aurai la réponse de Marianne, je vous en instruirai, pour que vous vous en convainquiez par vous même. 40

Je quitte les affaires pour causer avec vous ma chère Tante et je cõmence par vous parler de ce qui m'occupe le plus, c'est à dire de mon retour. Nous avons reçu la nouvelle presque certaine que le Cte Charles Hardenberg[2] notre dernier débiteur, mais pour la somme la plus considérable, est de retour dans ses terres du Mecklenbourg. C'est ce que nous attendions pour 45 régler nos affaires avec lui de la manière la plus cõmode pour tous les deux. Il ne nous reste qu'une difficulté, celle de nous rapprocher de lui ou de lui faire parvenir nos Lettres ; car depuis le renouvellement des hostilités, toute cõmunication est interrompue, mais cet état de choses ne peut se prolonger. Ses terres étant précisément sur la frontière, il est impossible que la cõmu- 50 nication ne soit pas bientot rouverte, et nous profiterons du premier moment. Ces circonstances rendent urgent que nous prenions nos suretés. Ma femme n'a jamais cru en avoir besoin vis à vis d'un frère ; mais personne n'est le maître de son bien dans la situation actuelle du monde, et malgré son intention, chacun peut être entrainé à manquer aux engagemens les plus 55 sacrés. Cõme nous nous bornons à demander la signature de ses fils[3] qui sont majeurs et qui devant hériter d'un de leurs oncles[4] seront un jour fort riches, et que cette signature ne peut être refusée, l'affaire sera terminée je pense aussitot que nous aurons le moyen de lui faire parvenir notre demande, et je ne mets pas en doute que nous ne puissions partir avant le cõmence- 60 ment de l'hyver.

En attendant nous sõmes venus passer une 15e de jours ici[5], et j'ai revu pour la 2de fois depuis 20 ans Bronsvic ou j'ai débuté[6] dans la vie il y en a 25. Cela n'est pas gai. On a toujours des souvenirs plus ou moins tristes, quand il s'agit d'un espace de 25 ans, et moi qui ai changé plus souvent qu'un autre 65 toutes mes situations, je suis plus qu'un autre entouré des fantomes du passé. Aussi je vis beaucoup plus avec le passé qu'avec le présent, et les trois quarts du tems que je passe en société, je rentre en moi même, et je me transporte à quelqu'époque antérieure, dont je me retrace tous les détails même locaux, jusqu'à ce que les objets me deviennent beaucoup plus présens 70 que ceux qui m'entourent. Quoiqu'il n'y ait rien dans mes souvenirs qui me satisfâsse, car je ne crois pas que jamais homme ait plus bizarrement repoussé les diverses et nombreuses occasions de bonheur qui se sont offertes, cette manière d'exister est pourtant de beaucoup celle que je préfère. Elle a une immobilité qui ressemble à du calme, et tant d'années passées dans l'agita- 75 tion tranquillisent et consolent sur le peu qui reste encore à traverser. Je m'aperçois que je ne vous parle que de moi, chere tante, ce qui pourrait bien n'etre guères amusant, et je veux mieux employer la demie-feuille qui est encore blanche.

Je me suis informé avec l'interet du souvenir d'une personne[7] que vous avez vue et qui a jadis porté mon nom. Elle est dans une assez boñe position de fortune ; la Princesse à qui elle a été attachée lui a laissé une pension assez considérable, et elle se trouveroit fort à son aise sans une passion bizarre qui augmente chaque jour et qui la met souvent dans de grands embarras. Vous croirez que j'exagère, mais les nombres sont d'une exactitude que j'ai vérifiée par curiosité. Elle a *120* oiseaux, *2* écureuils, *36* chats, *8* chiens, et encore quelques autres animaux que je ne sais coment classer, pies, corbeaux, poissons &c[a]. Tout cela vit dans une grande salle à coté de sa chambre, et il lui faut 3 feñes pour entretenir cette ménagerie dans une propreté tolérable. Outre cela tous les petits garcons de la ville s'amusent à jeter dans son jardin tous les chats et chiens abandonnés et elle les nourrit jusqu'a ce qu'elle ait pu les placer.

Cette lettre, ma chere tante a été retardée par quelques evenemens militaires inattendus qui ont interrompu et qui pourront en se renouvellant interrompre encore la communication. Je vous prie donc de ne pas m'attribuer le silence que je pourrais paraitre garder à votre égard, si par hazard vous ne receviez pas aussi régulierement de mes nouvelles que par le passé. Je me hate de mettre cette lettre a la poste pour que s'il est possible elle vous parvienne. Croyez a mon désir bien vif de vous revoir et aimez un peu votre neveu malgré la distance et la difficulté croissante de s'écrire. Adieu chere et bonne Tante.

a Madame / Madame la Comtesse / de Nassau, née / de Chandieu / Lausanne / Canton / de Vaud / Suisse

---

Manuscrit   *Genève, BGE, Ms. Constant 36/1, ff. 251–252; 4 pp., la fin du texte et l'adresse p. 4; timbre : BRAUNSCHWEIG/30-SEP ; orig. autogr.

Édition   Menos (1888), pp. 498–500 (avec coupures).

Texte   *Note de Mme de Nassau sur la page d'adresse* : 23 7bre 1813.

Notes
[1]   Non retrouvée.
[2]   Voir la lettre 2386, note 5.
[3]   Peter Theodor (1786–1813) et Carl Ludwig August (1791–1865).
[4]   Voir *Ascendance directe et descendance sommaire de Charlotte von Hardenberg*, CG, II, pp. 533–534.
[5]   BC et Charlotte sont arrivés à Gross Schwülper, non loin de Brunswick, le 20 septembre 1813.
[6]   BC a vécu à Brunswick du 2 mars 1788 au 8 août 1794.
[7]   Wilhelmine von Cramm (1758–1823), première épouse de BC qui ne s'était pas remariée.

2397

Benjamin Constant à Charles de Constant

30 septembre 1813

Je viens m'informer auprès de vous, mon cher Cousin, si vous n'avez pas reçu la lettre[1] qui contenait l'autorisation que vous m'aviez dit être nécessaire pour que Mrs Doxat[2] m'achetassent des fonds, (3 p%) avec les 2500 ou 600 Lv St. qu'ils ont à moi. J'ai toujours compté sur votre amitié dans cette affaire, que j'ai commencée avec vous, et d'après la confiance que vous 5 m'avez inspirée pour cette maison. Depuis le mois d'avril 1811 je n'en ai pas eu une ligne. Cependant la comunication est facile de toute manière, et l'on a à Geneve des lettres du 10 aout 1813. Il me semble donc qu'ils auroient pu m'écrire un mot et que l'achat qu'eux mêmes m'ont conseillé auroit pu se faire depuis qu'ils ont mes directions comme ils les ont désirées. Vous 10 m'avez donné tant d'assurances de l'interet que vous voulez bien y prendre que j'espère tout à fait en vous, et je vous supplie de me mander ou j'en suis, pour une somme qui fait une grande partie de ma fortune, et dont ces Messrs, à ce que m'insinue une phrase de Rosalie[3] écrite, il y a plus d'un an, ne veulent plus me payer l'interet que vous aviez stipulé en leur nom. Faites 15 moi donc l'extrême plaisir de mettre pour une fois et seulement jusqu'à ce que vous puissiez me transmettre la certitude que j'ai des fonds achetés pour moi, une bonté suivie dans cette affaire qui est bien simple et qui ne peut vous donner aucune peine. Si Messrs Doxat avoient bien voulu acheter quand ils en ont reçu de moi la premiere injonction ce qu'ils pouvoient 20 puisqu'ils m'avoient eux mêmes conseillé cet emploi de fonds, et que ma lettre les y autorisoit, j'aurais fait une meilleure affaire. Enfin mon cher Cousin qu'elle se fasse de manière ou d'autre et engagez ces Messieurs à prendre la petite peine de vous écrire la dessus. Je vous le demande en grace.

Est-il vrai que Marianne a perdu sa rente[4]; je ne puis le croire. M. Achard 25 avoit tous les certificats nécessaires. Il seroit affreux que cette perte vint augmenter les privations ou les embarras de cette famille. J'ai fait ce que j'ai pu pour la secourir, mais il me semble que M. Achard se doit de faire ce qu'il pourra pour faire réintégrer Marianne dans ses droits.

J'en reviens à mon affaire. Je vous supplie de faire que Mrs Doxat rem- 30 plissent mes instructions qu'ils se sont implicitement engagés à suivre puisqu'ils ont bien voulu recevoir mes fonds.

Nous sommes ici dans une position agitée, mais qui se calmera bientot. Moi étranger et spectateur je ne prends part à rien et je ne crains que les ruptures momentanées de comunication. Veuillez me répondre à Göttingue, 35

et croire à ma reconnoissance, si vous voulez bien me presser une réponse de
Mrs Doxat et à ma tendre amitié.
ce 30 7bre

                                                              BC.

a Monsieur / Charles de Constant   40

Manuscrit   *Genève, BGE, Ms. Constant 34, ff. 83–84; 4 pp., p. 3 bl., adresse p. 4; orig.
autogr.

Texte   **20** pouvoient] ce qu'ils pouvoient *ajouté dans l'interligne*   **23** fasse] fasse⟨nt⟩

Notes
[1] Non retrouvée.
[2] Voir la lettre 2359, note 6.
[3] En effet, BC lui-même a fait allusion à plusieurs reprises à l'argent qu'il avait placé à
Londres chez Doxat & Divett dans ses lettres à Rosalie, par exemple le 21 août 1811: «Je
voudrais bien que Charles, dans l'occasion, apprît de Messrs Doxat ce qu'ils ont décidé sur
les fonds que je leur ai remis» (*CG*, VIII, p. 346).
[4] Voir la lettre 2370.

2398

Benjamin Constant à Rosalie de Constant

30 septembre 1813

                                                        ce 30 7bre

Chere Rosalie, je voudrais bien vous écrire longuement, mais il est si peu
certain que cette lettre vous parvienne, que l'on n'a pas le courage de causer
à travers toutes les armées qui se succèdent dans ce petit coin de pays. Je ne
viens donc que vous dire que je vous aime beaucoup, et tout autant au   5
milieu du canon que nous entendons assez, que par le plus beau silence du
monde. Faites moi le plaisir de faire tenir cette lettre[1] à Charles et de le prier
de me répondre. C'est la seconde que je lui écris sans réponse, et sans accuser son amitié, je désire qu'il veuille bien m'aider à terminer une affaire
que j'ai comencé avec lui.   10
    La pauvre Marianne parait avoir perdu sa rente uniquement par la faute
de M. Achard. Cela me fait une peine extrême. Je cherche à la secourir de
mon mieux et M^de de Nassau⟩ s'y est pretée avec une parfaite bonté. J'aurais
voulu que Charles eut quelque pitié d'elle, et engageât son beau père à ne
pas lui causer cette perte par sa négligence.   15
    Je demande à votre amitié chere Rosalie de faire que Charles arrange
mon affaire avec Mrs Doxat. Ce que je desire, qu'on achete des fonds, pour

lesquels j'ai donné toutes les autorisations nécessaires, avec de l'argent
qu'on a à moi depuis 3 ans me semble bien facile et bien légitime. Faites que
Charles ne s'impatiente pas contre moi, et me traite avec l'amitié à laquelle   20
je mets tant de prix. J'ai fait toute cette affaire sur la confiance qu'il m'a
inspirée pour sa maison[2], et depuis le mois d'Avril 1811 je n'en ai pas une
ligne.

Adieu chere Rosalie je vous embrasse tendrement j'espère vous revoir
bientot et je vous suis tendrement attaché.   25

à Mademoiselle / Rosalie de Constant / à Lausanne / Canton de Vaud /
Suisse.

Manuscrit   *Genève, BGE, Ms. Constant 36/2, f. 230; timbre : BRAUNSCHWEIG / 30-SEP ;
2 pp., adresse p. 2; orig. autogr.

Édition   Roulin (1955), n° 137, p. 190.

Notes
[1]   La lettre précédente.
[2]   La banque londonienne de Doxat & Divett.

2399

*Benjamin Constant à la comtesse Anne-Pauline-Andrienne de Nassau, née de
Chandieu*

30 septembre 1813

Bronsvic ce 30 7bre 1813

Au moment ou je venais de mettre hier ma lettre à la poste, ma chère Tante,
j'ai reçu la votre[1] du 10 7bre et comme la communication qui s'est rouverte
n'est pas refermée, je recommence a vous ecrire, dans l'espoir que cette
seconde missive aura le tems de vous arriver comme la première.   5

J'éprouve la même peine et la même indignation que vous sur les procédés
de M. Achard[2], et je vous avoue qu'il y a (ceci entre nous) un homme dont je
suis presque plus mécontent dans cette affaire, c'est mon cousin Charles de
St Jean[3]. C'est lui qui en a toujours été chargé, et il y a quatre mois que je lui
en ai écrit de la manière la plus pressante et la plus propre à le toucher. Je   10
n'en ai tiré qu'une reponse vague ou il me disoit que Marianne aimoit la
plainte et se plaisoit à s'allarmer. Si l'événement est sans remède, elle n'aura
eu que trop raison, et Charles avec le moindre interet l'aurait préservée de
cette perte qui dans ses circonstances est un vrai malheur pour elle. Mais

avec assez d'esprit, c'est l'homme le plus égoïste que je coñoisse, et comme il 15
est très impatient, il se met à l'abri des reproches par la vivacité avec laquelle
il se fache, et cette même vivacité lui donne un air d'étourderie qui fait
illusion sur son égoïsme. On conclut des défauts qu'il a à des qualités qu'il
n'a pas. Le service que vous pouvez rendre à Marianne ma chère Tante c'est
de temoigner et faire témoigner le plus vivement dans le public le blame que 20
vous trouvez que la conduite de M. Achard mérite. J'ai dans l'idée qu'ils y
peuvent encore quelque chose, et ce blame parvenant à Charles par Rosalie
pourroit faire quelqu'effet sur eux. J'en écris à Rosalie dans le même sens.

Ce pays ci est toujours dans une position très curieuse[4], mais qu'il est
impossible de décrire, parce que la description feroit probablement suppri- 25
mer la lettre. Il est impossible que sous peu de jours l'état ne soit plus fixe.
J'ai appris à me renfermer en moi même au milieu du bruit extérieur et je
fais un assez bon usage de cette sçience. Jacqueline est bien malade. On a
essayé de divers remedes, et elle a été à droite et à gauche dans différens
bains[5], mais on ne croit pas qu'elle puisse en revenir, et si même elle se 30
guérissoit momentanément, elle aura perdu tout son embonpoint, et tous les
attraits dont elle étoit si fière. Vous savez que je déteste la coquetterie dans
les femmes. Celle de Jacqueline passoit la permission de sorte que j'avoue
que je ne la plains gueres.

Le remue ménage qui a eu lieu ces jours derniers m'a empeché chere Tante 35
de répondre à plusieurs articles de votre lettre, nomément à celui qui regar-
doit le pauvre jeune Albert[6] qui a péri si malheureusement. J'en ai été fort
touché. Il n'etoit point méchant, et ce qu'on pouvoit lui reprocher tenoit à
son age et à des gouts très naturels a cet age là. Il se conduisoit très bien
depuis qu'il voyoit une carrière honorable ouverte devant lui. Enfin je 40
l'avais vu depuis l'age de deux ans jusqu'à celui de 19 et j'ai été triste de sa
mort comme d'une partie de mes souvenirs engloutie dans le vaste abyme.

Il est possible que les evenemens nous rapprochent du créancier[7] que nous
guettons depuis si longtems, et si cela arrive, notre retour près de vous sera
accéléré. Je vous assure que je le desire bien mais vous sentez que c'est à 45
présent ou jamais qu'il faut tacher de s'assurer le peu que les circonstances
laissent encore intact au milieu de la ruine générale. A vue de pays je ne
crois pas que nous ayons besoin de plus d'un mois pour terminer.

Adieu ma chere Tante. J'aurais peut être du ne pas vous accabler de deux
lettres successives, mais comme elles peuvent ne pas arriver, je veux multi- 50
plier les chances de vous prouver que je ne vous oublie pas un instant de ma
vie. Dans ma lettre de hier, je vous ai envoyé toutes les declarations, quittances, et papiers que vous avez désirés.

Adieu encore je vous embrasse bien tendrement et je sauterai de joye
quand je vous embrasserai en réalité. 55

a Madame / Madame la Comtesse de / Nassau née de Chandieu / a Lausanne / Canton de Vaud / *Suisse*

Manuscrit   *Genève, BGE, Ms. Constant 36/1, ff. 253–254; 4 pp., l'adresse p. 4; timbre : BRAUNSCHWEIG/30-SEP ; orig. autogr.

Édition   Menos (1888), pp. 501–503.

Texte   **48**   pas] *ajouté dans l'interligne*

Notes
[1] Non retrouvée.
[2] Allusion à la perte de la rente de Marianne.
[3] Charles de Constant dont la maison de campagne se trouve à Saint-Jean, près de Genève. On se souvient que depuis longtemps BC et son cousin ne s'entendent pas. Selon la lettre 2401, Juste de Constant avait offensé son neveu Charles, qui par conséquent avait cessé de s'occuper des affaires financières dont il s'était chargé.
[4] Le 30 septembre 1813, les troupes russes de Tchernitchev qui déferlent sur l'Allemagne chassent le roi Jérôme et occupent momentanément Cassel. Cependant le 10 octobre, Napoléon remportera une victoire sur Blücher à Düben (Saxe), mais sera vaincu de façon décisive à Leipzig, les 16–19 octobre 1813.
[5] Peut-être une allusion à Bad Düben (Saxe) où Napoléon installe son quartier-général.
[6] Albert de Staël, fils de Germaine, a été décapité par le sabre d'un officier russe lors d'un duel qui a eu lieu le 12 juillet 1813.
[7] Le frère de Charlotte von Hardenberg.

2400

Benjamin Constant à Charles de Villers

11 octobre 1813

Mon cher Villers, je vous avois écrit une longue lettre, toute pleine de bavardages. Mais j'ai eu honte de vous l'envoyer, dans un moment ou les grandes nouvelles que les feuilles du Moniteur du 9[1]. nous apportent doivent absorber toute votre attention et je me borne à un petit signe de vie, pour que vous ne m'oubliez pas tout a fait. Je suis maintenant à Bronsvic[2] même, ou les sœurs de mon beau fils[3] sont rentrées parce que le séjour d'une campagne leur paraissait peu sur. Je me réjouis de me retrouver dans une ville ou les communications sont plus faciles. Car à la campagne nous ne recevrions nos lettres que par hazard et de la manière la plus irrégulière. J'en profite pour vous ecrire tout de suite. Votre lettre du 3[4] ne m'est parvenue que hier 10. Je suis faché que vous n'ayez pas reçu celle qui contenoit des billets pour la Bibliothèque. Vous n'y auriez vu d'ailleurs, outre ces billets que je vous renverrai, que ce que j'aimerai toujours à vous répéter, que je

vous dois deux années paisibles et douces à Göttingue, ce qui n'est pas peu
par le tems qui court. Je dis que je vous les dois : car sans vous je n'y aurais 15
pu rester deux mois. Vous m'y teniez lieu de souvenirs et de patrie.

Nous voyons encore de tems à autre des passages de troupes Russes ou
Prussiennes. On dit qu'elles marchent à la rencontre du Prince d'Eckmühl[5]
qu'on dit avoir passé Lunebourg et être à six lieues en deçà. Tout est d'ailleurs paisible, et l'on ne connoit l'agitation que par la lecture. 20

Après une petite Station ici, je ferai, si les routes sont praticables, une
course à Hanovre[6] pour y prendre un appartement pour une partie de l'hyver, et de la je médite une course à Göttingue qui me fait plus de plaisir que
tout le reste. En attendant, ecrivez moi, je vous en supplie. Je puis encore
recevoir votre reponse et j'en ai un vrai besoin. Mille respects a Madᵉ Rodde, 25
et croyez mon amitié éternelle, comme le souvenir de toutes les bonnes
heures que nous avons passées ensemble.

B^{ic} ce 11 8bre 1813

à Monsieur / Monsieur de Villers / Professeur / à *Göttingue*

Manuscrit   *Hambourg, SUB, Nachlass Charles de Villers, Mappe 12, ff. 468–469; 4 pp.,
adresse p. 4; timbre : BRAUNSCHWEIG ; GOETTINGEN / [ ]; orig. autogr.

Éditions   **1.** Isler (1879), n° 10, pp. 19–20.   **2.** Kloocke (1993), n° 60, pp. 151–152.

Texte   *Note au crayon [de la main de Villers ?] en tête de la lettre :* 11 Oct. 1813.

Notes
1   Le *Moniteur westphalien* du 9 octobre 1813 contenait un article sur la prise de Cassel le 30
    septembre 1813 et son occupation pendant quelques jours par les cosaques du brillant
    colonel Alexandre-Ivanovitch Tchernitchev (1779–1857) qui venaient de chasser le maréchal
    Augereau de Berlin. Les troupes du roi Jérôme reprendront Cassel et il reviendra à Cassel le
    16 octobre. Les 15–16 octobre, les cosaques de Tchernitchev occuperont Brunswick.
2   BC s'est rendu de Gross Schwülper à Brunswick le 9 octobre 1813. La maison de campagne
    des von Marenholtz se trouve à une dizaine de kilomètres au nord-ouest de Brunswick.
3   Les demi-sœurs de Wilhelm Ernst August Christian von Marenholtz (1789–1865), fils de
    Charlotte.
4   Non retrouvée.
5   Davout occupe la ville de Hambourg avec 30.000 troupes.
6   BC pense déjà aux conséquences de la défaite de Napoléon et rencontrera le prince Ber-
    nadotte à Hanovre le 6 novembre.

2401

Benjamin Constant à la comtesse Anne-Pauline-Andrienne de Nassau

17 octobre 1813

Bronsvic ce 17 8ᵇʳᵉ 1813

Je vous ai écrit[1] il y a environ 15 jours, ma très chère Tante, et je souhaite bien que vous ayez reçu ma lettre, malgré les difficultés des communications, difficultés qui ne font que croître. Je hasarde encore celle ci sans beaucoup d'espoir, car ceci vient d'etre plein de Russes, et de Co- 5 saques, Cassel l'est de francois, et cõme de raison tout ce qui vient des uns est suspect aux autres. Je me bornerai donc à répondre en peu de lignes aux différens objets positifs de votre lettre, car la vraisemblance que la mieñe soit perdue ote tout plaisir de causer.

Il est impossible d'avoir dans ce moment des nouvelles de Jules du Saugy. 10 Aucune lettre ne nous arrive de là. Mais son silence n'est nullement une raison pour que sa mère en soit plus inquiète que d'ordinaire. Les corps des armées opposées sont semés comme sur un échiquier, et il y a toujours 20 à parier contre un qu'une lettre est perdue. Si cõme cela peut arriver à chaque instant, je rencontre quelqu'un qui puisse m'en donner des nouvelles, je les 15 transmettrai tout de suite soit à vous ma chère Tante, soit à Rosalie pour Mᵈᵉ du Saugy[2].

Je vous ai déja mandé que Marianne ne veut point, ni ses enfans etre remboursée, et qu'en conséquence ce n'est point à elle, mais à moi de son consentement que le remboursement doit se faire, vu l'obligation ou je serai 20 alors de refaire un placement pareil au premier, seulement reduit à 13000 fr. de Fᶜᵉ à cause du payement de 2000 que vous avez [eu] la bonté de lui faire avec tant d'obligeance. Il est donc parfaitement inutile que je vous envoye les 966 fr. de Suisse, vu que si vous effectuez le remboursement, c'est entre mes mains qu'il aura lieu, et que je ne ferais ainsi que vous remettre ce que 25 vous auriez à me rendre. La seule difficulté, c'est l'interruption possible de toute correspondance, et l'obstacle qui va peut être se trouver à mon départ, car les Russes ne laissent passer personne au delà de la ligne qu'ils occupent, quand une fois on est dedans. Dans ce cas, j'aurais une grace à vous de- mander, ce seroit de suspendre le remboursement, et cõme cela peut n'etre 30 pas dans vos convenances, je vous proposerais de garder seulement l'argent en dépot sans m'en payer aucun interet. Au reste, il est très possible que les difficultés qui nous séparent soïent levées avant ce tems, et je profiterai de la première possibilité pour me rapprocher de vous. Pardon mille fois de ce que je vous importune ainsi de toute cette affaire. Mais j'ai 800 mille com- 35 plices des embarras que je vous cause bien malgré moi.

Comme il est encore plus impossible de faire tenir une lettre à Brevans que chez vous ma chere Tante, je vous prie d'y transmettre le petit billet ci joint[3]. C'est pour l'acquit de la dette à Mr Monod, dont je me suis chargé, afin de diminuer les embarras de Marianne. 40

Je suis bien faché de la perte qu'elle éprouve, et je ne suis point entièrement convaincu que M. Achard n'y soit pour rien. Mon père avoit blessé Charles, de St Jean, et celui ci ayant refusé de se mêler des affaires dont il s'etoit chargé précédemment, Marianne a été forcée de recourir à d'autres. Cette perte m'afflige beaucoup pour elle. 45

Adieu chere Tante. Dieu veuille que cette lettre vous parvienne, sans quoi vous m'accuserez bien à tort. Tout en vous écrivant je vois passer des nuées de Cosaques à longue barbe et à longue lance. Ma lettre pourra bien tomber en leurs mains. Je [ne] crains pas qu'ils la lisent, mais qu'ils la déchirent, et cela me force à finir. Je vous embrasse bien tendrement. 50

B.C.

à Madame / Madame de Nassau, / née de Chandieu / à Lausanne / en Suisse.

Manuscrit *Genève, BGE, Ms. Constant 36/1, ff. 255–256; 4 pp., p. 3 bl., l'adresse p. 4; timbre : BRAUNSCHWEIG/18-OCT ; orig. autogr.

Texte *Note de Mme de Nassau sur la page d'adresse :* 17 8bre 1813.   **22** [eu]] *omis par inadvertance*   **49** [ne]] *omis par inadvertance*

Notes
[1] La lettre 2399, du 30 septembre 1813.
[2] D'après les lettres 2379 (10 juillet) et 2382 (3 août), Saugy était à Dresde.
[3] Non retrouvé.

2402

Benjamin Constant à Charles de Villers

vers le 28 octobre 1813

J'espère, cher Villers, que vous avez reçu ma petite Lettre[1] d'il y a quelques jours, et je me flatte d'une reponse demain ; mais je ne puis résister au besoin de causer avec vous, pour me dédoṁager de l'impossibilité ou je suis de causer ici avec un être vivant. Il y a bien, dans cette grande et vilaine ville[2], deux ou trois personnes qui ont le sens commun. Mais le tout est si 5 ennuyeux que cela m'ote le courage de chercher ceux qui le sont moins :

j'espère toujours m'en aller, et mes retards tiennent à de petites choses de ménage, de sorte que je ne veux pas me doñer la peine de remuer pour une ou deux soirées, et je reste dans ma complète apathie, travaillant un peu, dormant beaucoup et ajournant à notre réunion le réveil de mon existence intellectuelle. Ce n'est pas qu'il n'y ait de quoi se réveiller, et je compte bien que nous nous réveillerons ensemble. Mais tout seul, j'aime autant dormir.

Nous avons toujours ici le même Régime que ci devant c'est à dire que nous n'en avons point du tout. L'habitude que prennent les gouvernans de cet interrégne ; classe très active qu'on appelle les Strassenjunge[3], de casser les fenêtres et d'enfoncer les portes des maisons dont les habitans passent pour avoir des opinions différentes des leurs est la seule institution sociale dont on s'apercoive. On ne peut pas nier que ce ne soit une institution sociale, car ils se rassemblent pour délibérer sur ces expeditions, et ils se rassemblent ensuite pour les exécuter. Il y a eu ce soir deux maisons traitées de la sorte, on dit qu'il y en a plusieurs sur la liste, de facon que personne ne peut désesperer que son tour ne vienne. Il en sera comme des cerises dont on mange les plus petites après les plus grosses, seulement on commence ici par les maisons des petits et on arrivera à celle des grands. Les Bourgeois de Bronsvic ont refusé de former une garde Nationale parce que le Maire les a choqués par sa manière de le leur proposer, et pour le punir ils se laissent piller, ce qui n'est point mal-entendu, car ils lui prouvent par là qu'il n'a plus d'autorité.

Les nouvelles[4] d'un plus grand intérêt vous sont coñues aussi bien qu'à moi, de sorte que je ne vous en parle pas. Je recois votre lettre du 26. Je ne conçois pas que le Quäker[5] n'ait pas eu de mes nouvelles. Je serais tenté de dire, coñe Ciceron[6] à Catilina vous abusez beaucoup &c[a]. Vous me ferez un grand plaisir de me mander si rien n'est encore arrivé à la réception de cette lettre-ci. Je vous assure que je ne regrette pas moins les momens que j'ai passés loin de vous que vous ne pouvez le faire. Il a fallu un malheur particulier pour nous séparer précisement quand la théorie des couleurs[7] qui nous a occupés si longtems prend une nouvelle forme par vos decouvertes sur les bulles ou boules de savon. Je n'attends pour ma course a Han. et de là à Göttingue que la confirmation de la nouvelle que vous m'annoncez du départ de mon cousin[8] qui vous a une fois si bien péroré à la Bibliothèque. Je déteste ce bavard et je ne veux pas retourner là ou je serais exposé à le rencontrer. Cette ennuyeuse ville-ci n'a de bon que d'etre hors de ses courses habituelles. Quand une fois il sera certain que ses affaires l'auront appelé ailleurs, je serai tout content.

Adieu cher Ami, répondez moi sur le Quaker, et repondez vite : car ce sera probablement vers le milieu de l'autre semaine que je partirai. A vous pour la vie.

a Monsieur / de Villers / Professeur / à Göttingue

Manuscrit   *Hambourg, SUB, Nachlass Charles de Villers, Mappe 12, ff. 470–471; 4 pp., p. 3 bl., adresse p. 4; timbre : BRAUNSCHWEIG ; orig. autogr.

Édition   **1.** Isler (1879), n° 11, pp. 20–22.   **2.** Kloocke (1993), n° 61, pp. 153–154.

Texte   *Note au crayon [de la main de Villers?] en tête de la lettre* : Braunschweig nach dem 26 Oct. 1813.

Commentaire et Notes   BC répond à une lettre non retrouvée de Villers du 26 octobre.

[1]   La lettre 2400, du 11 octobre 1813.
[2]   Brunswick.
[3]   *Les jeunes de la rue.*
[4]   La défaite de Napoléon à la bataille de Leipzig des 16–19 octobre 1813.
[5]   Probablement Bernadotte.
[6]   «Quo usque tandem abutere, Catilina, patientia nostra?», premiers mots du premier discours de Cicéron contre Catilina, *Jusques à quand abuserez-vous de notre patience, Catilina?*
[7]   Villers s'intéresse au livre que Goethe a consacré à la manière dont les couleurs frappent à la fois les yeux et les sentiments, *Zur Farbenlehre* (1810).
[8]   Peut-être s'agit-il de Jean-Victor de Constant (1773–1850), demi-frère de Rosalie.

2403

Benjamin Constant à la comtesse Anne-Pauline-Andrienne de Nassau,

28 octobre 1813

Quoique je vous aie envoyé, ma chère Tante, les papiers que vous désiriez, et que vous ayez du recevoir trois lettres de moi, depuis la derniere des votres qui m'est parvenue[1], je veux pourtant vous écrire quelques mots, les lettres que je reçois de Suisse me prouvant, à ma grande surprise et satisfaction, que la communication n'est pas interrompue, co͞me je le croyois. Mon motif 5 pour vous écrire est de vous dire, chère tante, que Mad^lle Jacqueline de S.[2] a perdu enfin un incident très important pour le fonds de notre procès, et qu'il n'y a guères de moyen pour elle, de rétablir ses affaires, de manière à dépouiller ses parties de leur fortune comme elle s'en étoit flattée. Des détails de jurisprudence[3] vous fatigueroient inutilement : il suffit de vous dire qu'on 10 me mande qu'à la dernière audience les témoins qu'elle avoit invoqués, parce qu'elle s'en croyoit sure, ont déposé contr'elle au moment ou elle s'y attendoit le moins[4], ce qui a tellement embarassé ses avocats que leur plaidoyer, quelqu'artificieusement qu'ils l'eussent arrangé, n'a produit aucun effet. Elle a donc été condamnée sur plusieurs de ses prétentions, en plein, et 15 avec dépens. Elle en a appelé et répand, comme à son ordinaire, des mémoires remplis d'invectives et de mensonges. Mais les juges, dont ce dernier événement m'a donné meilleure opinion que je n'en avois, ne se laisseront pas donner le change, et je ne doute pas que d'ici a peu de tems, nous n'ayons la nouvelle que le jugement definitif a mis en possession de leur patrimoine mes pauvres neveux que cette coquine vouloit dépouiller pour ses Batards.

La tournure de ce procès, indépendamment de la satisfaction qu'on éprouve toujours, quand on voit la justice triompher, m'est agréable encore sous un rapport plus personnel. L'incertitude ou me jetoit la possibilité qu'elle depouillat des persoñes de ma famille, avec lesquelles j'aurais été obligé de partager ma fortune, genoit le voyage que je dois faire pour l'arranger. Mais à présent rien ne s'y oppose, et je ne doute pas que je ne prenne des arrangemens tolérables avec les débiteurs de ma femme[5], d'ici à un tems très court, ce qui me procurera le moyen de retourner enfin en Suisse, ou je voudrais être depuis si longtems.

On répand ici toutes sortes de nouvelles relativement à cette Suisse. On dit que l'Autriche et la Bavière, s'étant alliées, envoyent un corps de troupes par la Suisse pour entrer en France. Vous saurez mieux que moi ce qui en est. Nous sommes inondés de nouvelles vraïes ou fausses, et il est difficile de les distinguer. Il est certain seulement que de bien grands événemens ont eu lieu, et suivant toute apparence, de plus grands se préparent.

Ce sera avec un bien grand plaisir que je me verrai enfin près de vous. Cette espérance me soutient depuis bien longtems, et m'a aidé à supporter toutes les petites tribulations d'un séjour à la fois agité et monotone. Ce n'est pas que je n'y aie vu de tems en tems des choses intéressantes, et j'en verrai peut être encore pendant le peu de tems que j'ai à y séjourner. Mais par bonheur pour ce pays, les grands evenemens bien que se passant dans son voisinage ne l'ont jamais entamé, ce qui fait qu'on y a été plus inquiet par oui dire que réellement spectateur, et que la société n'a pas été plus amusante en elle même, quoique les objets fussent d'un plus grand interet qu'a l'ordinaire. Je suis sur que Lausanne vaut mille fois mieux.

Adieu ma chere Tante. Vous me pardonnerez, j'espère, cette inutile lettre en faveur de ma nouvelle du procès de Jacquelline, et je m'en prévaux coñe prétexte pour vous répéter que je vous aime avec une tendresse qui ne finira qu'avec moi.

Je m'apercois, en voulant plier ma lettre qu'elle ne peut partir sans enveloppe : et je profite en conséquence du papier blanc qui me reste pour vous dire encore quelques mots. Les grandes nouvelles paraissent se confirmer. L'empereur Napoléon est à Erfurt[6] ou peut-être encore plus près d'ici. On ignore sa route ultérieure. Il y a des gens qui prétendent qu'il a dessein de se retirer sur Magdebourg et alors il passeroit au milieu de nous. Au reste toutes les nouvelles se croisent excepté la fondamentale qui se confirme. Quelle influence ceci pourra-t-il avoir sur le pays de Vaud ? J'espère qu'il sera protégé du Ciel come il l'a été jusqu'à présent. 60

Je vais faire sous peu de jours une petite course à Hanovre pour y prendre des renseignemans sur les moyens d'arranger peut être sans voyage ultérieur les affaires qui m'ont retenu si longtems éloigné de vous. Mais mon adresse est toujours à Gottingue, c'est la que je vous prie de m'adresser votre réponse, mes lettres me parviennent de là fort exactement, et c'est le seul 65 endroit ou je sois sur de m'arrêter encore avant mon départ.

Adieu encore ma chere et bonne Tante. Le moment ou il ne me sera plus nécessaire d'écrire pour m'entretenir avec vous me sera bien doux.

à Madame / Madame de Nassau / née de Chandieu / à Lausanne / Suisse

Manuscrit   *Genève, BGE, Ms. Constant 36/1, ff. 257–259; 6 pp., l'adresse p. 6; timbre : BRAUNSCHWEIG/28-OCT ; orig. autogr.

Édition   Menos (1888), pp. 503–506.

Texte   *Note de Mme de Nassau sur la page d'adresse :* Recu le 12 9bre 1813.   **44**   y] *ajouté dans l'interligne*

Notes
[1] Les «trois lettres» envoyées par BC à sa tante sont celles des 23 septembre, 30 septembre et 17 octobre ; en ce qui concerne les «papiers», il s'agit de la déclaration jointe à la lettre du 23 septembre ; la dernière lettre reçue par BC de sa tante est celle (non retrouvée) dont il avait accusé réception dans sa lettre du 30 septembre.
[2] On lit en filigrane que Napoléon a été vaincu par les Coalisés à la bataille de Leipzig ou «bataille des Nations» (16–19 octobre 1813), la plus grande défaite qu'il ait subie. Elle entraînera la libération de l'Allemagne et précipitera la chute de l'Empereur.
[3] Dans les «détails de jurisprudence» on sous-entend la défection inattendue des Saxons et de la cavalerie wurtembourgeoise au cours de la bataille, les Saxons s'étant joints à l'aile gauche des Alliés, commandée par Bernadotte.
[4] La coalition anti-française – Prussiens, Autrichiens, Russes et Suédois – lance un assaut acharné et l'Empereur est obligé de retirer ses troupes de Leipzig. Un tiers de la Grande Armée ne peut traverser l'unique pont sur la rivière Elster qu'a fait sauter trop tôt un caporal du génie, et se noie ou se rend aux Alliés. Dans la bataille, Napoléon perd le maréchal Joseph Antony Poniatowski et les généraux Vial, Rochambeau et Delmas.
[5] Les frères de Charlotte.
[6] Le 23 octobre, ce qui reste de la Grande Armée se réunit autour d'Erfurt. Les troupes françaises repasseront le Rhin à Mayence, le 2 novembre 1813.

2404

Benjamin Constant à la comtesse Anne-Pauline-Andrienne de Nassau
1ᵉʳ novembre 1813

Puisque, par miracle, ma chère Tante, les lettres traversent les formidables armées qui me séparent de vous, j'en veux risquer encore, en priant Dieu qu'il l'ait en sa sainte et digne garde. Je commence par vous remercier de ce que vous voulez bien continuer encore quelques momens à être dépositaire de la somme qui constitue la sureté de Marianne (moins les 966ᶠʳ de Suisse 5 que je ne vous ai pas remis.) J'espère toujours être de retour auprès de vous, avant l'echeance du Remboursement, c'est à dire avant le 2 février prochain. Mais mon très cher beau frère[1], et très inexact débiteur, vient enfin d'arriver de Vienne dans sa terre qui est à 20 milles, 40 lieues d'ici. On nous l'annonce, et s'il ne vient pas, nous irons le voir. Il en résulte qu'après avoir attendu 10 si longtems, ce n'est pas le moment d'abandonner la partie. Je vous ai donc, ma chère Tante, mille obligations de ce que vous consentez à ne pas Rembourser à un jour fixe. Ma femme, qui est aussi intéressée que moi à ce que je ne parte pas, avant d'avoir fini cette affaire, puisque c'est sa fortune que je defends, partage ma reconnoissance. Vous dites que je ne vous ai pas parlé 15 d'elle, et vous me demandez ou elle est. Elle a toujours été ou j'etais, sauf huit jours, pendant lesquels elle m'a précédé a la terre de son fils ou je l'ai rejointe. Elle a supporté avec une extrême bonne grace un long séjour à Gottingue, ville qui n'est pas faite pour que les femmes s'y amusent. Je tache de l'en recompenser en passant quelque tems à Hanovre au milieu de sa 20 famille. Et nous jouïrons tous deux avec un grand plaisir du sejour de la Suisse, après ce long exil en Allemagne. Ce n'est pas que ce pays ne soit intéressant dans les circonstances présentes. Je voudrais pouvoir vous en donner des détails. Mais pour que ma lettre vous arrive, il faut qu'elle ne vaille pas la peine de vous arriver. J'ai vu un instant mon cousin Victor, 25 arrivant d'Angleterre et allant à Berlin. Comme la plus grande partie du tems que nous avons passé ensemble s'est écoulée au milieu de 1000 personnes, le lieu n'étoit pas favorable aux confidences. Je l'ai trouvé vieilli ce qui ne m'a pas étonné. Il y avoit 22 ans que je ne l'avais vu. Pendant que vous vous occupez de Sermon et autres objets de litérature la ville que 30 j'habite s'occupe de reorganiser son ancien Gouvernement que la Westphalie[2] avoit supplanté. Les conversations en conséquence se partagent en deux points qui sont les mêmes, quel que soit l'interlocuteur. Le premier point est son propre mérite, le second les torts de ses concurrens. Quoique les détails varient dans chaque sujet le fond commence à me sembler mo- 35 notone. Ce n'est pas cependant la monotonie de la vérité. Je ne vois que gens qui se vantent les uns d'avoir refusé tout ce qu'ils n'ont pas obtenu, les autres d'avoir été forcé d'accepter ce qui n'a été accordé qu'à leurs importunités.

Tandis que Godefroy Polier[3] s'occupe du passé de la Suède, j'ai eu occasion de m'occuper du présent. J'ai retrouvé ici dans le Pᶜᵉ Royal actuel une ancienne connoissance, et l'élévation du rang n'avoit rien changé à ses souvenirs.

Si on veut, ma chère Tante, Le procès de Jacqueline est perdu. Dites donc à ses parties qu'ils ne perdent pas de tems. Elle en profitera pour de nouvelles chicanes.

Je ne veux pas grossir ma lettre d'une enveloppe, parce que plus elles sont lourdes plus elles parvieñent difficilement. Adieu chere Tante. Je vous aime de toute mon ame.

A Madame / Madame la Comtesse de / Nassau, née de / Chandieu / Lausanne / pays de Vaud / Suisse

---

Manuscrit *Genève, BGE, Ms. Constant 36/1, ff. 263–264; 4 pp., l'adresse p. 4; timbre : HANNOVER ; orig. autogr.

Édition Guillemin (1959), pp. 92–93 (avec coupures).

Texte *Note de Mᵐᵉ de Nassau sur la page d'adresse :* 1ᵉʳ 9ᵇʳᵉ 1813.

Notes
[1] Ernst Christian Georg August von Hardenberg (voir la lettre 2362, note 1).
[2] Après le désastre de Leipzig, le roi Jérôme a abandonné son royaume de Westphalie, le 26 octobre 1813, et s'est réfugié en France. Avec la fin de la domination napoléonienne, l'ancien régime se rétablit en Allemagne.
[3] Allusion à Jean-Noé-Godefroy Polier, grand maître du prince Gustave Vasa (voir la lettre 2376, note 10).

2405
Marianne de Constant à Benjamin Constant
4 novembre 1813

Je vous rend mille et mille grace Monsieur de tout ce que vous faites pour m'aider a faire honneur a mes affaires mais helas en depouillant mes enfants en acceptant ce que vous faites pour payer Monnod. Je ne peux me mettre tout a fait au courant, appres avoir employé les deux mille francs je dois encor 400 francs et il ne me reste pour les six mois que trois cent francs. Je

trouverai je le sais du credit mais ayant perdu ma rente d'Irlande avec quoi
payerai-je j'ai mis Brevans en vente depuis huit mois mais il ne c'est pas
presenté une ame. Il ne m'a rapporte que cinq voiture de foin, ni grain ni   10
v[in] et la grele a fais au toit un degat que je suis hor d'etat de reparer. Je
dois tout mon malheur a Mrs Achard et Constant s'ils avoient fait usage
d'un des cinq certificat de vie que les lettres de Mr Charles font foi que j'ai
envoyé ils auroit été accepté ou refuse dans le premier cas ils auroient eté
payé dans le second ils auroient eu le tems de m'envoyer un modele de ceux   15
exigé et comme on a deux ans p[our re]clamer je n'aurai pu être rayée mais
le fait est que ces Mes[sieurs se] sont trouvé trop grand seigneur pour envoyer ici leur commis recevoir mon dividende ; si j'avois remis mes affaires
moi meme a un Banquier il seroyent bien obligés de m'en [terminer]. Mais
c'est Mr Charles Constant qui a laisse mes actions dans sa maison et il faut   20
que je finisse mes triste dernier jours dans la misere parce que j'ai le malheur
d'avoir affaire a lui et dans les circonstances generale les miennes agravent
mes angoisses et ma terreur qui est extreme. Croyez pourtant Monsieur que
je n'en suis pas moin touchée de ce que vous avez fait. Madame de Nassau y
a mis beaucoup de bonne grace au milieu de la plus extreme exactitude elle a   25
profité de cette ocasion pour avertir positivement mes enfants qu'elle veut
vous rembourcer j'en suis tres fachée je le lui ecris en accusant la reception
de la lettre de change pour Monnod qu'elle devroit attendre que vous vin-
ciez pour prendre vous meme les arrengements que vous voudres. Mes enfans s'en rapportent a vous a cet egard. Charles a recommence a travailler   30
dans un bureau mais helas ce bureau existera-t il encore longtems je vous
envoye ma lettre par Madame de Nassau suposant que c'est la seule route
par ou elle peut vous arriver plaignez nous Monsieur et croyez a notre
reconnoissance et a notre attachement.
Brevan 4 9bre 1813   35

                                                                    J M. R.[1]

A Monsieur / Monsieur Benjamin de Constant

Manuscrit   *Lausanne, BCU, Fonds Constant I, Co 636; 2 pp., adresse p. 2; orig. autogr.

Texte   *Plusieurs lettres ont été emportées par une déchirure ; nous les rétablissons entre [ ].*

Note
[1]   Initiales de Jeanne-Marie de Rebecque ?

2406

Benjamin Constant à Charles de Villers

13 novembre 1813

Hanovre ce 13 9bre

Bonjour cher Villers. Vous traitez rigoureusement vos amis absens. Vous ne m'avez rien fait dire de l'arrivée du Prince Royal[1] de Suède. Vous ne m'avez pas donné depuis plus de 15 jours le plus petit signe de vie. J'aurais pourtant voulu savoir comment Vous vous trouvez dans l'Université régénérée[2], et s'il 5 n'y a pas d'inconvénient et si vous avez un moment de loisir, je vous prie de me le dire. Vous savez autant que nous les nouvelles. Le Prince Royal est toujours ici. Je l'ai retrouvé le même qu'à Paris[3], et cela m'a été très doux. Je suis du reste abymé de dînés, de cours, de bals, et je n'ai pas une idée dans la tête. Je n'ai plus même la force de regretter les tems ou je menais une vie 10 studieuse et ce n'est que faiblement que je me condamne de perdre mon tems. Quand j'aurai trouvé un logement pour ma femme, et que la ville d'Hanovre sera rentrée dans son calme habituel, je verrai à faire une course à Göttingue. Malgré votre oubli sévère, j'ai besoin de vous revoir.

J'ai su que Mad^e Rodde[4] avoit fait les honneurs de Göttingue à son 15 libérateur. Je l'en félicite. Göttingue ne pouvoit pas être mieux représenté. Pourquoi votre Prefet[5] est-il devenu fou. Ce n'est pas la peine d'etre invisible pendant deux ans pour se faire remarquer de la sorte dans un moment si peu opportun. Au reste je juge sur des bruits vagues mais s'ils sont vrais, sa conduite est digne des petites maisons.[6] 20

Adieu cher Villers. Mille choses à Mad^e Rodde. Ecrivez moi si vous le pouvez, et malgré vos oublis, croyez que je vous suis attaché pour la vie.

B

a Monsieur / Monsieur de Villers / *Göttingue*

Manuscrit   *Hambourg, SUB, Nachlass Charles de Villers, Mappe 12, ff. 472–473; 4 pp., p. 3 bl., adresse p. 4; orig. autogr.

Éditions   **1.** Isler (1879), n° 12, pp. 22–23.   **2.** Kloocke (1993), n° 62, pp. 155–156.

Notes
[1] Bernadotte, maréchal de France et prince héréditaire de Suède, ayant pris part à la bataille de Leipzig, s'était trouvé à Göttingen le 2 novembre, alors que BC, qui voulait à tout prix le rencontrer, séjournait à Brunswick. BC avait enfin dîné avec «le Béarnais», comme il l'appelle dans son Journal, le 6 novembre à Hanovre (Bernadotte naquit à Pau). BC avait déjà écrit dans son Journal le 29 septembre 1812 : «Le Béarnais. Il n'est rien que je ne fasse». Voir, sur Bernadotte, le Répertoire.
[2] Le nouveau gouvernement était en train de réorganiser l'université de Göttingen.

³ BC a pu rencontrer Bernadotte à Paris en 1802, dans le cercle de Mme de Staël.
⁴ Le prince Bernadotte avait rendu visite à Mme Rodde à Göttingen le 2 novembre 1813. Voir, à ce sujet, Wittmer (1908), p. 435.
⁵ Le préfet de Göttingen, Daniel Heinrich Delius, continuait à soutenir le roi Jérôme, qui s'était enfui en France.
⁶ C'est-à-dire d'un asile d'aliénés.

2407

Benjamin Constant à Bernadotte

15 novembre 1813

Monseigneur !
Votre Altesse Royale me pardonnera, si pour mieux m'assurer la possibilité d'être à Ses Ordres, je prens la liberté de l'importuner un instant. — Je crains qu'avec mes passe-ports actuels, dont l'un est Français, l'autre West-phalien (je n'en pouvais avoir d'autres avant cette époque), je ne puisse, si V.A.R. daigne m'appeler auprès d'Elle traverser les troupes qui seront 5 entr'Elle et moi. — J'ose donc, Monseigneur, la supplier, si Elle m'honore d'un Ordre pareil, de donner celui qu'on m'expédie le passeport nécessaire pour que rien n'arrête ou ne retarde ma route¹.
En réitérant à Votre Altesse Royale l'expression du devouement, de la reconnaissance et du désir que j'éprouve de me consacrer à Sa noble cause, 10 j'ai l'honneur d'être Monseigneur
de Votre Altesse Royale
le très-humble et très
obéissant Serviteur
Constant. 15
Hanovre 15 9bre

Manuscrit   *Stockholm, Riksarkivet, Löwenhielm 6c (E 4688); 2 pp., p. 2 bl.; copie ancienne.

Édition   Hasselrot (1952), p. 24.   1. Selon le Journal (16 novembre), le prince Bernadotte a envoyé à BC «un moyen de le rejoindre».

1. Portrait de Bernadotte. Lithographie de François-Séraphin Delpech, d'après François Gérard.

2408

Benjamin Constant à Curt von Stedingk

15 novembre 1813

Monsieur le Général

Votre Excellence pardonnera l'indiscretion que je com̄ets en prenant la liberté de m'adresser à Elle, dans l'impossibilité ou j'ai été de découvrir la personne qui doit delivrer a mon beau-fils, le Baron de Marenholz[1], le Brévet qui l'attache à l'Etat Major de Son Altesse Royale. Je n'aurais pas importuné Votre Excellence, si j'eusse connu un autre Moyen. L'interet qu'Elle a bien voulu témoigner à mon Beau fils m'enhardit à recourir à ses Bontés, dans le désir qu'il éprouve d'avoir ce Brevet en arrivant ici, pour que tout soit en règle, lorsqu'il aura le bonheur de rejoindre Monseigneur le Prince Royal. Si Votre Excellence veut bien me faire la grace de me mander ce que je dois faire pour obtenir ce Brévet, Elle me rendra un grand service, et je ferai aussitot les Démarches Nécessaires.

Je suis, Monsieur le général,

de Votre Excellence

Le très humble et très

obéissant serviteur

de Constant

am Steinweg N° *234*.

Hanovre ce 15 Novembre

1813

Manuscrit   *Stockholm, Riksarkivet, Elghammar 130; 2 pp., p. 2 bl.; orig. autogr.

Édition   Hasselrot (1952), p. 25.

Commentaire et Notes   La présente lettre s'adresse au comte Curt Bogislaus Ludvig Kristoffer von Stedingk (1746–1837), général et homme d'état suédois qui avait participé à la guerre d'Indépendance des États-Unis, auteur de *Mémoires posthumes*, Paris : Bertrand, 1844–1847, 3 vols. Il commandait l'armée suédoise en Allemagne et en Hollande.

[1] BC et sa femme s'inquiètent de l'avenir de Wilhelm von Marenholtz qui a fait la campagne de Russie sous Napoléon et qui par conséquent risque d'être compromis sous le nouveau régime. BC essaie d'obtenir un poste pour lui dans l'état-major du prince Bernadotte.

2409

Benjamin Constant à Charles de Constant

23 novembre 1813

Hanovre ce 23

Je n'ai pas répondu tout de suite à votre bonne lettre[1], mon cher cousin, parce que l'idée qu'on a toujours dans ce tems ci que les lettres n'arrivent pas, décourage et empêche d'écrire. Je veux pourtant, au risque de faire une tentative inutile, vous remercier du soin que vous avez bien voulu prendre 5 de mander mes desirs à M.M. Doxat. Je leur ai écrit directement et j'espère que l'affaire est en règle.

J'ai eu le plaisir de rencontrer ici Victor, mais pour bien peu de momens. Il avoit promis de revenir l'après diner ; ses affaires l'en ayant empêché, je l'ai retrouvé le soir à un grand bal ; mais ma femme a perdu l'occasion de 10 renouveller connoissance avec lui comme elle s'en flattoit. Elle étoit encore au lit quand il a passé chez moi le matin, et elle a été trop paresseuse pour aller au grand bal de la Bourgeoisie, ayant été trois jours de suite à des fêtes, dont elle se trouvoit d'autant plus fatiguée qu'elle en avoit perdu l'habitude.

Le moment de notre arrivée ici correspondoit à des arrivées plus impor- 15 tantes et d'un grand interet. Je suis bien aise de l'avoir vu, et je voudrais pouvoir vous en parler avec détail. Mais c'est impossible avec toutes les chances que courent les lettres.

Je vous prie mon cher cousin de me rendre deux petits services qui ne vous causeront aucun embarras. Le premier est de vous faire payer la lettre 20 de change ci incluse, et de m'avertir quand vous aurez recu le montant. Le second est de faire tenir à mon Notaire la lettre aussi ci jointe[2] qui le pré- vient de ma traite sur lui. Je ne mets pas l'adresse exacte de mon notaire parce qu'il a changé de logement : mais en ajoutant le nom de la ville et en l'envoyant à celui qui a signé pour vous notre transaction d'il y a trois ans, 25 mon ignorance sera facilement suppléée. Une raison additionelle pour ne pas mettre l'adresse en entier, c'est la chance que ma lettre ne se perde et qu'on n'abuse de la traite qu'elle renferme.

Pardon cher cousin. J'espère que vous ne trouverez pas que j'abuse de votre amitié sur laquelle vous m'avez appris à compter. 30

Veuillez me repondre à Gottingue, ou j'ai toujours mon établissement fixe, au milieu des courses que nécessitent mes demarches pour faire payer ma femme de ce qu'on lui doit, chose que les circonstances rendent difficile.

Par parenthèse, si vous pouviez ne pas envoyer ma lettre et ma traite par la poste, mais en charger quelqu'un allant d'une autre manière, je le dési- 35 rerais, parce que j'ai toujours peur, quelqu'innocent que soit mon séjour que les circonstances ont forcément prolongé, que la date du pays n'effarouche des gens ombrageux.

Monsieur / Charles Constant de / Rebecque / à St *Jean*

Manuscrit   *Genève, BGE, Ms. Constant 34, ff. 85–86; 4 pp., p. 3 bl., adresse p. 4; orig. autogr.

Texte   *Note du destinataire sur la page d'adresse* : Rep^du le 28. X^bre 1813.

Notes
[1] Non retrouvée, sans doute une réponse à la lettre 2397 de BC du 30 septembre 1813.
[2] Non retrouvée.

2410

Benjamin Constant à Rosalie de Constant

23 novembre 1813

Hanovre ce 23 9bre 1813

Pour cette fois, chere Rosalie, je ne conçois rien à votre lettre[1]. Mais sans me perdre dans mille conjectures, je vais vous dire ce qui me semble le plus propre à dissiper des doutes que je ne fais qu'entrevoir. L'explication vraye et simple de la manière d'écrire que vous attribuez j'ignore à quelle cause, c'est que la guerre fesant éprouver beaucoup de retards et de difficultés à toutes les correspondances, même les plus innocentes, et [que mes] lettres, à plusieurs époques et dans plusieurs endroits, ayant été brulées après avoir été ouvertes, je me suis senti fort découragé pour l'épanchement et la causerie de l'amitié, par l'idée qu'il y avoit dix contre un que ce que j'écrirais seroit lu par des étrangers et brulé ensuite sans même parvenir à sa destination. Quant au reste, je ne puis mieux faire que de vous mander l'histoire de mon été. Ma femme et moi, comme vous savez, nous avons passé l'hyver à Cassel. Au printems, nous nous sommes établis de nouveau à Göttingue, ou nous sommes restés, sans nous quitter d'un jour, depuis le mois d'Avril jusqu'a celui de Septembre. A cette époque ma femme m'a précédé d'une semaine à une terre de mon beau-fils, ou je l'ai rejointe et ou nous avons passé quinze jours. Ensuite nous sommes allés ensemble à Bronsvic, ou nous avons séjourné un mois, et de là nous sommes venus à Hanovre, ou la famille de ma femme qui nous avoit invités souvent à cette visite, nous a comblés de prévenances et d'amitiés. Nous y attendons celui de ses frères qui a une grande portion de sa fortune en ses mains et quand nous aurons pris un arrangement tolérable, nous irons vous revoir.

Voilà chère Cousine tout ce que je puis répondre à des obscurités que je ne débrouille que très imparfaitement. Faites moi le plaisir de faire tenir par une occasion s'il est possible la lettre ci jointe[2] à votre frère. Je le remercie bien de ce qu'il a bien voulu écrire aux Doxat.

J'ai eu le plaisir de voir un instant Victor, mais bien en passant, et ma femme qui suivant sa louable coutume n'étoit pas levée a dix heures du matin, l'a manqué tout à fait. Il n'a pu revenir comme il nous l'avoit promis l'après dinée : et elle a été trop paresseuse pour aller à un Bal énorme, ou je l'ai revu au milieu de 800 à 1000 personnes.

J'ai su par quelqu'un de Bronsvic qui avoit parlé à un domestique de Villars, lequel (domestique) y a passé, que Villars avoit moins souffert de tout le tapage de la retraite que je ne le craignois. C'étoit à la vérité avant la dernière bataille de Hanau.[3]

Je ne puis rien vous dire de Jules de Saugy[4]. L'armée westphalienne a disparu : et tous les officiers et soldats ont pris service contre la Dynastie qui régnoit dans ce ci devant Royaume. Je ne sai ce que Jules aura fait.

Adieu chère Cousine. Je vous embrasse bien tendrement et Charlotte se réjouït de recommencer les soirées d'il y a trois ans.

Mille choses à ma bonne tante.

a Mademoiselle / Rosalie de Constant / à Lausanne / Pays de Vaud / *Suisse*

Manuscrit   *Genève, BGE, Ms. Constant 36/2, ff. 231–232; 4 pp., adresse p. 4; timbre : HAN-NOVER ; orig. autogr.

Éditions   **1.** Menos (1888), n° 208, pp. 506–508.   **2.** Roulin (1955), n° 138, pp. 191–192.

Texte   7 mes]] *omis par inadvertance*   34 (domestique)] *ajouté dans l'interligne*

Notes
[1]   Non retrouvée.
[2]   La lettre précédente.
[3]   La ville de Hanau se trouvait sur la route qui menait de Fulda à Francfort. Après le désastre de Leipzig, la Grande Armée battait en retraite et se dirigeait vers Mayence. L'armée aus-tro-bavaroise sous le général Karl Philipp von Wrede (1767–1838), ainsi que des cosaques sous Tchernitchev, tentèrent en vain de lui barrer la route à Hanau, les 30–31 octobre 1813.
[4]   Voir la lettre 2401, note 2.

2411

Benjamin Constant à Charles de Villers

23 novembre 1813

Hanovre ce 23

Je n'ai pas déploré moins que vous, je vous le jure, cher Villers, la fatalité
qui nous a séparés l'un de l'autre, dans un moment ou nous aurions plus
que jamais jouï d'être ensemble. Il y en a si peu de bons dans la vie que,
lorsqu'on en perd, on ne s'en console pas. Ce sera toujours un chagrin pour   5
moi, que d'avoir manqué les réunions de Göttingue a cette époque : et vous
m'auriez été nécessaire, non seulement comme compagnon de joye, mais
aussi pour m'aider à mettre un peu de raison et d'ordre dans mes idées.
Depuis les grandes révolutions qui ont eu lieu, je n'ai pas, grace au Ciel, vu
un bipède qui eut le sens commun : et la solitude intellectuelle dans laquelle   10
j'ai vecu, en fesant que mes propres idées se sont retournées sans cesse sur
elles mêmes, m'ont donné une espèce de vertige douloureux et agité, dont je
ne puis me défaire encore. Dans cette bonne ville-ci, on ne s'occupe que de
la réorganisation du Gouvernement Hanovrien : et par cette réorganisation
on n'entend guères que l'éloignement de toutes les formes et de tous les   15
Individus qui ont tenu de loin ou de près au prétendu Royaume de Westphalie : On ne sait rien de France ; on n'y songe pas plus que si elle n'existoit
pas ; et c'est pourtant là qu'est encore la destinée de l'Europe. Il en résulte
que je ne puis fixer mes pensées. J'essaye de travailler, sans rien finir, faute
de données, et parce que je n'ai personne qui puisse fortifier de son assen-   20
timent ce que je commence au hazard[1], et sans savoir sur quel terrain je
marche.

Trève de ce bavardage, qui, par lettres, ne peut mener a rien. Je ferai
toujours avec empressement ce qui pourra vous être utile. Mais, outre qu'un
étranger, malgré des relations de famille, ne peut influer beaucoup, personne   25
n'est encore autorisé à rien décider, sur l'Université de Göttingue. On laisse
tout provisoirement in statu quo, et l'on évite même de se prononcer. Je
crois donc qu'il est inutile de rien demander avant l'arrivée de M. de Münster[2], qui portera, dit-on, toutes les instructions relatives à ce qui est à confirmer, à réorganiser ou à défaire.   30

Depuis le départ du Prince Royal[3], la plus grande tranquillité ou même
nullité règne dans la vie sociale. Chacun est si occupé à conserver ou à
conquérir, que les amusemens et les réunions ont absolument cessé. Je suis
invité ce soir pour la première fois depuis dix jours à une soirée chez le Duc
de Cumberland[4]: et j'ai passé cinq jours sans voir ame qui vive. Il n'y a pas   35

jusqu'aux vieilles femmes qui n'aient suspendu leurs parties accoutumées pour vaquer a des soins plus importans, dont je ne puis me mêler, n'ayant ni droit ni but pour pénétrer dans leurs affaires intérieures.

Ce que je sai, c'est que les hommes sont partout les mêmes, que dès qu'il y a succès, il y a intolérance excessive, que des homes dont on disoit un bien 40
général, avant la révolution qui vient de se faire, sont la bête noire de tout le monde, parce qu'ils ont de gré ou de force, occupé une place, que d'autres dont j'ai vu par écrit les supplications multipliées pour être placés en West-phalie, se vantent de n'avoir rien accepté, parce qu'ils n'ont rien obtenu. Tout cela seroit amusant, si ce n'etoit pas si monotone. 45

Adieu cher Villers. Je suis cloué ici par un arrangement[5] que j'ai fait, et d'apres lequel je puis être libre dans trois jours ou ne pas l'etre dans un mois. J'attends aussi Schlegel[6] que j'ai grande envie de voir. Je me désole de n'etre pas auprès de vous. Je vous aime et vous embrasse.

Herrn / Professor von Villers / Hochwohlgebohren / *Göttingen* 50

Manuscrit   *Hambourg, SUB, Nachlass Charles de Villers, Mappe 12, ff. 474–475; 4 pp., adresse p. 4; timbre : HANNOVER ; orig. autogr.

Édition   **1.** Isler (1879), n° 13, pp. 23–25.   **2.** Kloocke (1993), n° 65, pp. 160–162.

Texte   **18** résulte] résulte⟨ra⟩   **41** avant] ⟨pour⟩ avant

Notes
[1] Allusion à *De l'esprit de conquête et de l'usurpation*. Selon le Journal (22 novembre), BC travaillait à ce texte le jour précédent : «Repris un ouvrage de politique. Tâtonnement. Misère.»
[2] Ernst Friedrich Graf von Münster (1766–1839), ministre du gouvernement hanovrien. Le comte von Münster revient de son exil en Angleterre.
[3] Bernadotte a quitté Hanovre le 14 ou 15 novembre 1813.
[4] Le prince Ernest Augustus (1771–1851), qui deviendra Ernst August Ier, roi de Hanovre en 1830, était duc de Cumberland et Teviotdale depuis 1799. Il était le cinquième fils du roi George III d'Angleterre, qu'il représentait à Hanovre.
[5] Il s'agit peut-être de quelque complot avec le prince Bernadotte.
[6] August-Wilhelm von Schlegel (1767–1845), qui a quitté Germaine de Staël et que BC reverra le 30 novembre.

2412

Benjamin Constant à Charles de Villers

27 novembre 1813

Hanovre ce 27

Mon cher Villers j'ai fait ou je fais une petite brochure que je veux faire imprimer, avec ou sans mon nom je n'en sai rien encore[1]. Je voudrais trouver un libraire qui 1° eut des relations avec des libraires d'autres villes pour qu'elle se répandit, avec la Suisse si faire se peut, parce que de la ma brochure percerait en France 2° qui me donât de l'argent pour avoir ma brochure parce que c'est toujours bon et qu'il serait plus intéressé à ce qu'elle se vendit. 3° que s'il ne me doñoit pas d'argent l'imprimât a ses fraix, ou à fraix et bénéfice comũns. Pouvez vous me trouver cela à Göttingue ? pouvez vous me l'indiquer ailleurs ? Pensez à cette petite affaire avec votre amitié constante et répondez moi. Ma brochure est intitulée *De l'Esprit de conquête* et du Despotisme à cette époque de la Civilisation Européenne. Despotisme est-il scabreux ? mettons arbitraire.

J'ai causé de Göttingue à un bal chez le Duc avec le Pere[2] de l'homme qui a été envoyé pour l'organisation provisoire, et un M. d'Arnswaldt homme de beaucoup d'esprit, le fils du Ministre[3]. J'ai vu avec plaisir 1° la resolution probable de ne rien changer au personnel de l'Université. 2° le sentiment dans tous deux que pour vous personnellement, il étoit d'un coté juste, de l'autre désirable de vous conserver comme un des Ornemens de l'Université.

Je vous ai écrit il y a quelques jours une plus longue lettre[4]. Mille Amitiés. Bien des choses à M^{de} Rodde.

B

Tournez.

Je recois votre lettre[5] du 25. Je n'ai ni vu ni entendu parler de votre M. Ruk[6], de sorte que je ne sai sur quoi portoit votre recommandation, mais s'il se présente et que j'y puisse quelque chose, assurément je ne négligerai rien.

Sieveking[7] n'est pas de retour. Je ne puis trop vous dire ce qu'il est. Il porte un uniforme, mais il m'a dit que cet uniforme étoit de fantaisie. Je le crois représentant, (plus ou moins volontaire) des Villes anséantiques, et courier diplomatique par occasion. Je garde votre lettre pour la lui remettre.

Il n'est aucun moyen de rien faire décider sur l'université ni les Professeurs par les Ministres avant l'arrivée du Cte Münster[8], mais d'après la disposition que j'ai entrevue je vous crois sur de la durée, sinon de l'amélioration qui est plus difficile, vu qu'on a de très grands projets d'économie.

Eckmühl[9] n'a nullement battu personne. Il est sur une montagne, domi-   35
nant Haarbourg, avec 10000 hoṁes, et ayant promis de tirer sur la ville à
boulets rouges avant de se retirer. Il y a 5000 tués à Hambourg.
Adieu cher Villers.

Mon adresse est chez Breuel à coté de la Librairie de Hahn[10].

An den Herrn / Professor von / Villers Hochwohlgb / zu *Göttingen*   40

Manuscrit   *Hambourg, SUB, Nachlass Charles de Villers, Mappe 12, ff. 476–477; 4 pp., p. 3
bl., adresse p. 4; timbre : HANNOVER ; orig. autogr.

Éditions   **1.** Isler (1879), n° 14, pp. 25–27.   **2.** Kloocke (1993), n° 66, pp. 163–165.

Texte   **21** Rodde] *ajouté de la main de Villers* : «Déc. 13.»

Notes
[1] *De l'esprit de conquête et de l'usurpation* paraîtra le 30 janvier 1814 à Hanovre chez Hahn,
portant sur la page de titre le nom de «Benjamin Constant-Rebecque, Membre du Tribunat,
éliminé en 1802, Correspondant de la Société Royale des Sciences de Göttingue».
[2] Non identifié
[3] August von Arnswaldt (1798–1855), fils du ministre d'État de Hanovre Karl Friedrich von
Arnswaldt (1768–1845). Ce dernier sera nommé à la curatelle de l'Université de Göttingen.
[4] La lettre 2411.
[5] Non retrouvée.
[6] Personnage non identifié.
[7] Karl Sieveking (1787–1847), professeur d'histoire à l'université de Göttingen. Voir la lettre
2360, note 3.
[8] Voir la lettre 2411, note 2.
[9] Voir la lettre 2400, note 5. Davout ne se résignera à évacuer Hambourg que le 27 mai 1814.
[10] Voir, sur les Hahn, la lettre 2419.

2413

Benjamin Constant à la comtesse Anne-Pauline-Andrienne de Nassau

29 novembre 1813

Hanovre 29 9bre
Je reçois à l'instant votre lettre du 16, ma chère tante, et quoique je vous
aye écrit il y a trois jours[1], je reprends la plume pour vous récrire encore et
vous remercier du plaisir que je vous dois. J'espère que vos yeux sont ré-
tablis, sans quoi je me reprocherais de vous donner la peine de me lire, la   5
mauvaise encre que l'on a ici ajoutant à la difficulté de ma mauvaise écriture. Mon papier boit tellement malgré le soin que j'y mets que je ne sai

comment je ferai à l'autre page. Mais co̅m̅e je n'y suis pas encore, je vais en avant, sans m'inquiéter de l'avenir. Dans ce siècle ci quand on a une page devant soi c'est un siècle. Pendant qu'on la remplit un royaume peut s'écrouler. 10

Je voudrais pouvoir vous rendre compte de ce séjour des gens de toutes les Nations qui s'y trouvent, de tout ce qu'on y fait, de tout ce qu'on y dit, de tout ce qu'on y espère. Cela vous amuseroit : mais comme, si j'essaïois de vous amuser ainsi, il s'ensuivroit que je ne vous amuserais point du tout, 15 parce que ma lettre resteroit en route, je supprime tous mes beaux détails pour en venir à nos affaires. C'est une jouïssance de voir comment tout le public s'est enfin prononcé sur Jacqueline[2]. Il ne lui reste pas un défenseur, hors de ses parens, qui eux mêmes réchignent assez. Je voudrais seulement qu'on se dépêchât d'obtenir le jugement définitif. 20

Je ne conçois pas ce qui a mis dans la tête de Rosalie[3] que ma femme n'étoit pas auprès de moi. Elle m'a écrit une lettre pour me demander aussi je ne sais quelles explications, dans un style si énigmatique que je n'y ai rien du tout compris. Ce qu'il y a de sur c'est que depuis les trois ans que nous sommes dans ce pays, si je mets ensemble tous les jours que nous avons 25 passés l'un sans l'autre nous n'avons pas été séparés deux mois, et que nommément nous ne nous sommes quittés que huit jours durant tout l'été. Je ne saurais assez me louer de la complaisance avec laquelle elle a supporté le séjour de Gottingue, fort ennuyeux pour elle, et en tout il est impossible de mettre dans les petites co̅m̅e dans les grandes choses plus de bonté, 30 d'affection, de raison et de douceur.

J'ai lu à Cassel, il y a environ un an le Roman du Roi d'Hollande[4]. C'est du meilleur homme du monde, mais il n'y a ni style, ni idées, ni caractères, ni interet. La seule chose qu'on ait pu trouver à y louer, parce qu'on y a bien taché, c'est la description d'une inondation hollandaise, dont l'auteur avoit 35 été témoin oculaire, et qu'il a décrite avec une sorte d'exactitude. Ce n'est pas le seul Roman que cette famille ait composé. Le Roi d'Espagne[5] en a fait un intitulé la famille Arabe, et l'on nous annonce un poème Epique de Lucien[6], qui va l'imprimer en Angleterre.

Savez vous qu'une espèce de peste s'est déclarée à Torgau[7], à peu près à 60 40 lieues d'ici. Les malades ont de petites taches noires sur la peau, et meurent le même jour. Il est mort 900 personnes en une Nuit parmi lesquelles 30 factionnaires à leur poste. M. de Narbonne[8] le gouverneur de Torgau en est mort un des premiers. Sa mort m'a fait de la peine. Je l'avais connu il y a bien longtems. Je l'avais revu il y a un an à Cassel, toujours aussi aimable 45 qu'autrefois. Avec lui meurt un genre d'amabilité dont la France actuelle ne reproduira plus les formes. Je le regrette comme un moule élégant, brisé. M^de d'Arlens[9] en sera aussi fâchée. Il avoit été bien, je crois, pour son fils dans une dernière circonstance.

Je ne suis pas étonné que la France reconnoisse la neutralité de la Suisse. 50
Il me parait plus problematique de savoir si les autres Puissances la reco-
ñoîtront. Dieu veuille préserver de toutes les calamités que tant d'autres
pays ont éprouvées ce pays si heureux jusqu'à présent ! Un article des journaux sur les fortifications de Geneve m'inquiète pour St Jean et ses beaux
arbres. J'ai toujours trouvé bien avanturé de planter et d'embellir sur un 55
terrain aussi menacé.

Je me crois à peu près sur d'avoir payé les 2 objets portés sur la note
Genevoise que vous avez eu la bonté de m'envoyer. Je pourrai le savoir dès
que je serai retourné à Göttingue. J'y ai un livre de compte[10] de toute ma
dépense depuis 1795, que j'ai conservé parce qu'il me sert de Journal. Si le 60
payement de ces deux objets ou de l'un des deux n'y est pas porté, c'est que
je les dois. Dans tous les cas je réglerai cette affaire dès que je serai pres de
vous, ma chere Tante, ce qui, Dieu merci, ne tardera pas de beaucoup.

J'ai ri de ce que vous me dites sur les pères qui ne voudroient pas que
leurs enfans fissent usage du jugement qu'ils leur souhaitent. On est toujours 65
faché de voir les gens tourner contre nous les armes que nous leur avons
mises entre les mains. Je ne coñois que l'Avare[11] qui fut bien aise d'etre
mordu par son chien de garde. C'est que ce chien ne le mordoit pas pour son
propre compte.

Adieu chère et bonne Tante. J'espère que cette innocente lettre vous ar- 70
rivera.

à Madame / Madame la Comtesse / de Nassau, née de / Chandieu, / à
Lausanne, / pays de Vaud, / *Suisse.*

Manuscrit   *Genève, BGE, Ms. Constant 36/1, ff. 260–262; 6 pp., l'adresse p. 6; timbre :
Hannover ; orig. autogr.

Édition   Menos (1888), pp. 508–510.

Texte   *Note de Mme de Nassau sur la page d'adresse :* 29 9bre 1813.   **40**   peu] peu[...]

Notes
[1] Lettres non retrouvées.
[2] Napoléon.
[3] Voir la lettre 2410 du 23 novembre 1813 à Rosalie.
[4] Louis Bonaparte (1778–1846), frère cadet de Napoléon, roi de Hollande (1806–1810) et
    comte de Saint-Leu. Après son abdication il cultiva les lettres et publia en 1812 *Marie ou les
    peines de l'amour* qui donne un tableau des mœurs hollandaises.
[5] Joseph Bonaparte (1768–1844), frère aîné de Napoléon, roi de Naples et puis roi d'Espagne
    (1808–1813), auteur d'un roman intitulé *La famille arabe* (voir Owen Connelly, *The Gentle
    Bonaparte : A Biography of Joseph, Napoleon's elder brother*, New York : Macmillan, 1968).
[6] Lucien Bonaparte (1775–1840), le second des frères de Napoléon, prince de Canino et de
    Musignano. Prisonnier des Anglais de 1810 jusqu'en 1814, il sera l'auteur de *Charlemagne
    ou l'Eglise délivrée. Poème épique en vingt-quatre chants* (Londres : Longman, 1814, 2 vols).

⁷ Ville forte de Saxe, située sur l'Elbe entre Wittenberg et Meissen. Le 19 octobre 1813, une épidémie de typhus, maladie infectieuse transmise par les puces et les poux, s'y déclare et fera des centaines de morts. Torgau sera bombardé par les Prussiens fin novembre-début décembre et capitulera les 26–27 décembre 1813.

⁸ Nommé gouverneur de Torgau et chargé par Napoléon de la défendre le 13 septembre 1813, Narbonne succombera à l'épidémie le 17 novembre 1813.

⁹ Constance Cazenove d'Arlens.

¹⁰ Un certain nombre des livres de dépenses (ou de compte) de BC ont été conservés, mais uniquement pour la période 1814 à 1830. Voir *OCBC*, VII, 307–532.

¹¹ BC semble penser à la comédie de Molière du même nom, ou peut-être à une autre pièce de Molière, mais nous n'avons pas pu identifier cet incident.

2414

Germaine de Staël à Benjamin Constant

30 novembre 1813

Ce 30 novembre.

Enfin après trois mois de silence un mot de vous à ma fille¹ m'est arrivé, il était du 12 septembre et c'est hier que je l'ai reçu. — Mais ce matin Schlegel² m'écrit du 30 octobre qu'il ne vous a point trouvé à Göttingue ; — se peut-il que vous n'ayez pas été rejoindre le prince Royal³? Il vous estime tant, il a une si belle perspective et si conforme à nos sentiments ! Ne ferez-vous donc rien de vous, de ce vous si supérieur que vous m'avez ôtez ? — La seule action de votre vie aura été contre moi. — Certes vous revoir serait renaître, mais où et comment ? Je ne demanderai pas mieux que d'aller à Berlin le printemps prochain, mais votre situation ne rend-elle pas tout difficile ? Il faut pourtant se revoir avant de mourir. — Moi et mon livre⁴ nous avons un grand succès ici, mais j'ai le cœur toujours oppressé. — Jamais je ne respirerai, tout est gâté, tout est perdu pour moi, par vous, par vous ! Dieu vous le pardonne ! — Je ne crois pas que ce pays convienne à ma fille. Ce pauvre Albert⁵, ne l'avez-vous pas pleuré ? Je ne voudrais pas mourir sans vous avoir revu, sans avoir encore parlé comme je parlais. Mais je voudrais mourir après ; — car vous m'avez détruite au fond de l'âme et vous me détruiriez encore. Adieu, adieu ! — Je suis toujours ce que j'étais et vous pouvez encore vous dire que je n'ai versé de larmes que sur le sort de mon malheureux enfant et sur vos lettres. — Le reste est un nuage, mais la vraie vie est une douleur. — Adieu, écrivez-moi donc à présent chez Monsieur de Rehausen⁶, ministre de Suède. Il n'y a rien à craindre ; je ne conçois pas ce qui vous empêche de communiquer avec moi par la Hollande chaque semaine.

Éditions   **1.** Nolde (1907), pp. 133–135.   **2.** *Léon (1928), n° 8, *RP*, pp. 20–21, et vol., pp. 43–45.   **3.** Solovieff (1970), p. 467 (avec coupures).   **4.** Kloocke (1993), n° 67, pp. 166–167.

Texte   *Note de Léon : A la quatrième page se trouve calligraphiée d'une autre main l'adresse :* Monsieur, Monsieur Benjamin Constant.

Notes
[1] Cette lettre de BC à Albertine de Staël n'a pas été retrouvée.
[2] BC rencontrera August Wilhelm von Schlegel le même jour, 30 novembre 1813, à Hanovre. En 1812, Schlegel est devenu le secrétaire privé de Bernadotte, et par la suite sera son propagandiste en Allemagne.
[3] On se souvient que BC a eu une entrevue avec Bernadotte, le 6 novembre 1813, à Hanovre.
[4] *De l'Allemagne.*
[5] Voir la lettre 2388, note 1.
[6] Gotthard Mauritz, baron von Rehausen (1761–1822), ambassadeur de Suède à Londres. Il vient de trouver un poste aux États-Unis pour Auguste de Staël, qui finira cependant par devenir secrétaire de légation auprès du général Kurt Bogislaus von Stedingk (1746–1837), ambassadeur de Suède à Paris et l'une des plus anciennes connaissances de Germaine de Staël.

2415

Benjamin Constant à Charles de Villers

4 décembre 1813

Schlegel[1] a arrangé l'affaire de ma Brochure d'une Manière qui me convient mieux, cher Villers, que l'envoi à Brockhauss[2], lequel n'est pas à Leipzig tout à fait à l'abri de la censure, comme je l'ai appris de Schlegel même. Merci donc de Votre offre dont je ne profiterai pas à présent.

Le Ministre Decken[3] est très bien pour vous. Dans une conversation ou 5 l'on rappeloit vos titres à la Reconnoissance Allemande, il en a lui même rappelé auxquels on ne pensoit pas, et qui tiennent plus directement à ce pays ci, un Mémoire[4] fait par vous à l'epoque de l'occupation je crois. Enfin sa disposition est très boñe. Mais comme je vous l'ai deja marqué tout doit venir d'Angleterre. Or donc je remets à Schlegel pour la faire partir du 10 Quartier général une lettre[5] pour M^{de} de Stael dans laquelle je lui parle de votre affaire comme vous pouvez le désirer. Schlegel écrit de son coté. Je ne sais lequel a aujourdhui plus de Crédit près d'elle, Schlegel ou moi. Sa dernière lettre[6] à moi est du 29. Juin, et Schlegel en a du 22 Octobre. Il en est des premiers sentimens comme du trône, on ne retombe pas à la seconde 15 Place, mais a la dernière et ce pourrait bien être mon Cas. Quoiqu'il en soit, j'espère que par Schlegel ou par moi ou par tous deux votre affaire sera faite. Certain il est que tout le monde vous rend justice et fait des vœux pour que votre position soit améliorée. Il faut que ceux qui le peuvent fassent mieux que des vœux. 20

L'arrivée de Schlegel m'a fort remonté. Je com̃ence à reconnoître ce que je niois jadis, c'est que les besoins de communication intellectuelle sont aussi impérieux et aussi douloureux que les besoins physiques. Je prétendais qu'en ce sens on devoit se suffire à soi même. J'etais comme les riches qui disent qu'ils vivroient d'un morceau de pain. La disette m'a forcé à convenir que 25 l'abondance est précieuse.

Sieveking[7] débarque à l'instant chez moi. Il passe par Göttingue. Il est à souffler sur les trois charbons éteints ci devant les villes Hanséatiques et ne peut pas parvenir à les rallumer suffisamment. Il vous remettra cette lettre, et s'arrêtera je crois quelques heures avec vous. 30

Mandez moi si vous avez rattrappé la lettre[8] dans laquelle étoit contenue la Note des livres que j'ai à vous et à la Bibliothèque, sans quoi, pour le bon ordre je la referai. Ma brochure et la correction d'une autre[9] que j'ai promis à Schlegel de soigner me fixeront ici je crois pour tout le mois de Janvier. Ne seriez vous pas tenté dans les Vacances de Noel d'y faire une petite course. 35 Cela me feroit bien du plaisir et ferait du bien à vos affaires.

Je donne à diner aujourdhui à Schlegel Sieveking Schmid de Brème[10], Perthès[11], voilà-t-il assez de conspirateurs. Si les revenans dont vos libraires ont peur revieñent en effet, ce sera nous qui seront des ombres, et nous l'aurons bien mérité. Il y avoit une francaise qui s'en doñoit à cœur joye et 40 qui quand on lui reprochoit de ne pas ménager les apparences disoit qu'elle vouloit jouïr de sa mauvaise réputation. J'en dis autant relativement à Napoléon.

Sieveking vous dira que la position de la Steckniz[12] est abandonnée.

Adieu cher Villers. Je vous aime tendrement. 45

Herrn Professor / von Villers / Hochwohlgeboren / Göttingen

Manuscrit   *Hambourg, SUB, Nachlass Charles de Villers, Mappe 12, ff. 478–479; 4 pp., adresse p. 4; orig. autogr.

Éditions   **1.** Isler (1879), n° 15, pp. 27–29.   **2.** Kloocke (1993), n° 68, pp. 168–170.

Texte   *Note au crayon [de la main de Villers ?] en tête de la lettre :* «vor dem 5ᵗ Dec 1813». **34**   ici] ici ⟨le⟩

Notes
[1]   On se souvient que l'ami de Germaine de Staël, August Wilhelm von Schlegel (1767–1845) était à cette époque secrétaire du prince Bernadotte.
[2]   Friedrich Arnold Brockhaus (1772–1823) qui fondera en 1817 la célèbre maison d'édition F. A. Brockhaus Verlag, à Leipzig. Ami de Charles de Villers, avec lequel il correspond, Brockhaus vit à cette époque à Altenbourg, où il vient de publier le premier numéro de la revue *Deutsche Blätter*, le 14 octobre 1813.
[3]   Claus von der Decken (1742–1826), ministre d'État hanovrien et membre de la curatelle de l'université de Göttingen. Selon le Journal, BC a dîné avec Decken chez Georg von Wangenheim, le 2 décembre 1813.

[4] Il s'agit de l'*Appel aux officiers de l'armée de Hanovre qui peuvent et veulent mettre à profit le loisir de leur position*, que Charles de Villers a publié à Lübeck le 20 juin 1803, qui encourageait les officiers français à s'intéresser à la culture de l'Allemagne. Voir à ce sujet Wittmer (1908), pp. 173–175.

[5] Non retrouvée.

[6] Non retrouvée.

[7] BC note l'arrivée à Hanovre de Karl Sieveking (1787–1847) (d'où la datation de la présente lettre), professeur d'histoire à l'Université de Göttingue, dans son Journal le 4 décembre 1813, ainsi que le dîner qu'il lui offre. Avec Johann Heinrich Smidt et Friedrich Christoph Perthes (voir plus loin les notes 10 et 11) Sieveking est en mission officielle des villes hanséatiques auprès des souverains alliés pour défendre l'indépendance de ces villes vis-à-vis de la politique du Hanovre et de la Suède. BC semble douter du succès éventuel de cette mission.

[8] Non retrouvée.

[9] «Ma brochure» est *De l'esprit de conquête* (cf. la lettre 2412, du 27 novembre, à Villers). L'autre brochure est celle d'August Wilhelm von Schlegel intitulée *Dépêches et lettres interceptées par des partis détachés de l'armée combinée du Nord de l'Allemagne. Première partie, contenant les pièces relatives à l'Empire français*, s.l. [Hanovre], 1814. Schlegel ne signera pas son ouvrage. Voir plus loin la lettre de BC à Charles de Villers du 19 janvier 1814, note 8.

[10] Johann Heinrich Smidt (1773–1857), homme d'État et bourgmestre de Brême.

[11] Friedrich Christoph Perthes (1772–1843), libraire à Hambourg et ami de Charles de Villers. Avec Sieveking, Perthes joue un rôle important dans les pourparlers qui assureront la liberté des villes hanséatiques.

[12] La Stecknitz, affluent de l'Elbe, rejoint cette rivière à Lauenburg et s'appelle aujourd'hui la Delvenau. L'armée française abandonne cet obstacle naturel, rendant plus facile l'avancée des Alliés vers Hambourg.

2416

Benjamin Constant à Bernadotte

4 décembre 1813

Monseigneur

Je ne puis laisser partir Monsieur Schlegel sans prendre la liberté de me rappeler au Souvenir de Votre Altesse Royale. Je ne Lui dis rien de nouveau en Lui répétant que c'est d'Elle que j'attends et le bonheur de la France et le mien qui seroit d'y contribuer, en concourant à sa délivrance. M. Schlegel pourra, Monseigneur, soumettre à V.A.R. les idées qui se sont présentées à 5 nous comme possibles ou comme utiles. Dans la crainte de fatiguer Votre attention, Monseigneur, Je me refere à ce qu'il croira digne de quelques uns de vos instans, et, en me bornant à Vous réitérer que je suis, pour la vie, à tous les instans, à la disposition de V.A.R. je la prie d'agréer le profond respect avec lequel j'ai l'honneur d'etre 10
    Monseigneur
     de Votre Altesse Royale

Le très humble et très
obéissant serviteur
Constant

Hanovre ce 4 X^{bre} 1813

Manuscrits   **1.** *Stockholm, BFA ; coté d'une main ancienne : «*Diver. 7.*»; 2 pp., p. 2 bl.;
orig. autogr.   **2.** Stockholm, Riksarkivet, Löwenhielm 6c (E4688); copie ancienne.   **3.** *Ibid* ;
copie ancienne.

Édition   Hasselrot (1952), p. 26.

2417

Germaine de Staël à Benjamin Constant

12 décembre 1813

Ce 12 décembre 1813 [Londres].
Ah pourquoi Albert[1] n'est-il pas avec vous ? J'ai été bien émue de vous
savoir auprès du Prince ; vous avez vu par ma lettre précédente[2] que tel était
mon désir. — Hier Lord Liverpool[3] m'a dit qu'il avait lu un projet d'adressé[4] du prince aux Français qui était la plus belle chose qu'il eut vue de sa vie.   5
— Le plus difficile néanmoins reste à faire car il serait fou d'espérer qu'on
puisse renverser l'homme[5] malgré la nation. — L'opposition ici est mécontente du titre de prince souverain donné au Stathouder[6]; en effet on se
persuade trop que le mot de république est de mauvaise compagnie et le
paysan ivre[7] de Luther est bien près à se rejeter de l'autre côté. Prenez garde   10
qu'il ne nous arrive pas — *sic vos non vobis*[8]. Cependant ce pays est admirable, il y a un fonds de liberté chez les ministres comme chez les Whigs[9].
Tout, hors la cour, en est pénétré. Je voudrais bien causer avec vous et il me
semble que de Hollande vous pourriez aisément faire une course ici. —
Enfin faites ce qui vous convient et ne perdez plus vos rares talents, c'est   15
tout ce que je désire. — Si vous voulez faire publier ici votre ouvrage sur les
religions je vous propose un bon arrangement avec les libraires d'ici pour
vous imprimer[10]. — Au reste je ne vais sur rien qu'en tremblant avec vous ;
vous me paraissez un de ces beaux terrains du royaume de Naples miné en
dessous par le volcan. — Quoique le pays soit admirable, il me semble   20
qu'Albertine[11] ne s'y plaît pas et tous les maris sont absents. — Nous irons à
Berlin donc quand on le pourra, c'est-à-dire, je crois, dans 18 mois. —

Mackintosh¹² se rappelle à vous et vous avez des amis de collège en Ecosse,
à ce qu'il dit, qui ont gardé une haute idée de vous. Mon ouvrage¹³ a un
succès inouï ici ; — qu'en dit-on en Allemagne ? Au reste on a mieux à   25
penser. — J'ai écrit à [ ] rappelez-moi au souvenir du général Löwenhielm¹⁴.

Éditions   **1.** Nolde (1907), pp. 138–141.   **2.** *Léon (1928), n° 9, *RP*, pp. 21–22, et vol., pp.
45–47.   **3.** Kloocke (1993), n° 69, pp. 171–172.

Texte   *Notes de Léon* :   **26**   [ ]] *mot illisible.*   J'ai … Löwenhielm] *écrit au haut de la
première page en face de la date.*

Notes
¹ S'agit-il du fils de Germaine de Staël, tué en duel, ou plutôt d'Albert-John Rocca
 (1788–1818), son deuxième mari ?
² La lettre 2414 du 30 novembre.
³ Robert Banks Jenkinson, deuxième comte de Liverpool (1770–1828), premier ministre de
 1812 à 1827, Tory et adversaire acharné du radicalisme.
⁴ Selon Kloocke (1993), p. 171, note 4, le texte se trouve dans *Recueil des ordres de mouvement, proclamations et bulletins de S.A.R. le prince royal de Suède, commandant en chef de
 l'armée combinée du Nord de l'Allemagne en 1813 et 1814*, Stockholm : Eckstein.
⁵ Napoléon.
⁶ Guillaume Iᵉʳ d'Orange (1772–1843), fils de Guillaume V, stathouder de Hollande (voir ci-
 dessous, lettre 2437, note 16).
⁷ Allusion à l'apologue attribué à Luther: «L'humanité est comme un paysan ivre à cheval ;
 quand on la relève d'un côté elle tombe de l'autre» (*Martin Luthers Werke, kritische Gesamt-
 ausgabe, Tischreden*, 1–6, Weimar ; Hermann Böhlaus Nachfolger, 1912–1921, t. I, n° 631, p.
 298).
⁸ Vers composés par Virgile lorsqu'il découvre qu'un certain Bathylle, poète médiocre, s'est
 attribué son propre travail et en a été loué par l'empereur Auguste. Ils expriment l'amertume
 de voir un autre recevoir la récompense qu'on mérite soi-même : «Hos ego versiculos feci,
 tulit alter honores : / Sic vos non vobis nidificatis aves ; / Sic vos non vobis vellera fertis
 oves ; / Sic vos non vobis mellificatis apes ; / Sic vos non vobis fertis aratra boves.», *Un autre
 a été loué pour ces vers que j'ai écrits moi-même : ainsi vous construisez un nid, ô oiseaux, et ce
 n'est pas pour vous ; vous portez de la laine, ô moutons, et ce n'est pas pour vous ; vous faites
 du miel, ô abeilles, et ce n'est pas pour vous ; vous tirez la charrue, ô boeufs, et ce n'est pas
 pour vous.* Germaine de Staël avertit BC des risques de travailler pour autrui.
⁹ Le ministère du comte de Liverpool est tory, c'est-à-dire de tendance conservatrice, alors
 que les whigs sont les précurseurs des libéraux et plus ouverts aux réformes.
¹⁰ Cette proposition ne semble pas avoir eu de suite.
¹¹ Albertine (1797–1838), fille de Germaine de Staël, épousera Achille-Léonce-*Victor*-Charles
 de Broglie (1785–1870) à Livourne, le 15 février 1816.
¹² Sir James Mackintosh (1765–1832), voir au Répertoire.
¹³ *De l'Allemagne*.
¹⁴ Gustaf Carl Fredrik, comte von Löwenhielm (1771–1856), militaire et diplomate suédois,
 collaborateur de Bernadotte.

2418

Benjamin Constant à Charles de Villers

12 décembre 1813

ce 12

Mon très cher Villers, Sieveking ne vous a-t-il pas remis une lettre[1] de moi, dont il s'est chargé il y a déja 9 jours et qu'il devoit vous donner le lendemain, si tant est qu'il n'ait pas été assassiné en route ? Je vous y disais que j'avais causé avec M. de Bremer[2] sur vous, et qu'il étoit très bien disposé. Plus que Schlegel emportoit une lettre de moi[3] a M^{de} de Stael, dans laquelle je lui fesais votre Commission et y joignois de ma part tout ce que vous savez que je pense. Actuellement on annonce ici le Duc de Cambridge[4] et M. de Münster[5]. Les uns les attendent demain d'autres plus tard, mais tous s'accordent à dire que leur arrivée est très prochaine. Je vous en préviens, et n'ai pas besoin d'ajouter que je ferai tout ce qui sera en mon pouvoir pour vous servir. Je vous ai mandé aussi que Schlegel avoit arrangé mon affaire de Publication avec les Hahn[6]. Je leur remettrai demain le com̄encement, et j'espère que la chose sera imprimése dans une quinzaine de jours[7]. Je n'ai pas voulu disputer avec les Hahn pour l'honoraire. Ils me donnent 300 exemplaires, au lieu d'argent. Je ne sai trop ce que j'en ferai. Si vous pouvez me l'indiquer, vous m'obligerez, mais sans prendre pour moi d'engagement avec aucun libraire parce que peut être me deferai-je de 200 a 250 exemplaires ici. J'en reserve 50 au moins pour des présens et pour un envoi en Angleterre. Quand cela sera fini, j'executerai mon projet favori celui d'aller vous faire une visite. Tout cela est subordonné aux événemens, qui ne sont pas encore assez fixes pour ne pas faire entrer au nombre des dérangemens possibles beaucoup de chances inattendues. On répandoit dernièrement que Blücher[8] avoit été battu. J'espère que cela n'est pas. Ou en êtes-vous de votre Croisade[9] du 19e siècle ? il faut avoir parlé avant de mourir. Je suis plus content de moi depuis que je travaille. Je m'exagère comme on le fait toujours le mérite de ce que j'écris, et je me prédis quelque succès. C'est une illusion nécessaire pour faire mieux, et je ne la combats pas.

J'ai été fort content de Schlegel[10]. Il est de cœur et d'ame dans la chose, et je me réjouïs pour lui de sa position dont il est content. Il m'a fort remonté. Je lui dois d'avoir repris de l'activité. Il est de fait que quand on vit avec le vulgaire des hom̄es on s'hébète et on s'affaiblit. Nous som̄es d'une espèce différente, et il est mortel pour nous de nous mésallier.

Racontez moi donc quelque chose de Göttingue ma seconde patrie. On dit que l'ardeur belliqueuse entraine tous vos Etudians. Je voudrais bien y être, moi qui ne puis pas m'offrir comme houzard. Ici le nombre des hoᵐes avec qui causer est infiniment petit. Rehberg[11], mais il est invisible à cause de toutes les affaires de détail qui l'accablent, Stieglitz[12], mais il est toujours courant auprès de ses malades, et Arnswaldt[13], ce dernier est le seul dont je jouïs. Il a de la vivacité dans l'esprit et il connoit toutes mes connoissances 40 de Paris, de sorte que nous repassons le tems qui n'est plus en France. Je n'en reçois comme bien vous pensez aucune nouvelle : et je n'y écris pas. J'y ai malheureusement de l'argent dont j'aurais assez besoin et que je voudrais en sortir. Je l'ai essayé. Je ne sai si cela me réussira.

Savez-vous si Heeren[14] a publié sa 3ᵉ édition dans laquelle il devoit y avoir 45 une section sur les Indiens. Je l'attends avec impatience. Des que j'aurai achevé mon expédition politique, je me remets à mon Polythéisme, et Heeren me sera fort utile, s'il a débrouillé le cahos des Incarnations.

Le Prince Royal balaye toujours les entours de Davoust[15]. Il mange les hors d'œuvre, et enjolivemens, mais n'a point encore attaqué le corps de la 50 Bête. Il y a huit jours qu'on avoit répandu que Davoust ne voulant pas se rendre à Bernadotte cherchoit quelqu'autre corps qui le prit, et que dans cette recherche il étoit déjà à Lunebourg. Cette nouvelle ne plaisoit pas trop ici, ou il auroit pu passer avant de se faire prendre : mais il n'y avoit rien de vrai dans ce bruit, et nous sommes d'une parfaite tranquillité, sauf l'Epi- 55 zootie qui inquiète deux classes nombreuses, 1° tous les gens qui boivent du lait, 2° tous ceux qui craignent pour eux quand les bêtes sont menacées. Cette dernière classe devroit comprendre bien du monde mais je vois des gens d'une inconcevable securité.

La caisse de Sieveking est arrivée chez moi, et je la lui garde, à son retour 60 des quartiers Généraux entre lesquels il postillonne. Savez-vous des nouvel- les de son Oncle[16].

Adieu cher Villers. Je vais m'habiller pour un grand bal[17] chez le Duc de Cumberland. C'est un bal d'adieu, car il part demain. Donnez moi donc de vos nouvelles. Votre silence m'inquiète tantot pour vous et tantot pour Sie- 65 veking.

Mille Respects à Mᵈᵉ Rodde.

Manuscrit   *Hambourg, SUB, Nachlass Charles de Villers, Mappe 12, ff. 480–481; 4 pp.; orig. autogr.

Éditions   **1.** Isler (1879), n° 16, pp. 29–31.   **2.** Kloocke (1993), n° 70, pp. 173–175.

Texte   *Note au crayon [de la main de Villers ?]* : Janv Dec. 1813.

Notes
[1] La lettre 2415 du 4 décembre 1813.
[2] Friedrich Franz Dietrich Graf von Bremer (1759–1836), ministre des affaires extérieures du Hanovre.

³ Non retrouvée.
⁴ Le prince Adolphus Frederick, duc de Cambridge (1774–1850), septième fils du roi George III d'Angleterre, arrivera à Hanovre 19 décembre 1813. Il sera vice-roi de Hanovre de 1816 à 1837.
⁵ Graf Ernst Friedrich Herbert zu Münster-Ledenburg (1766–1839), homme d'État hanovrien.
⁶ Voir les lettres 2419 et 2421.
⁷ *De l'esprit de conquête* ne paraîtra que le 30 janvier 1814.
⁸ Gebhard Leberecht von Blücher (1742–1819), célèbre général prussien dont l'intervention à la bataille de Waterloo en 1815 sera décisive.
⁹ Allusion à un ouvrage non identifié de Charles de Villers.
¹⁰ BC fait allusion au soutien qu'August-Wilhelm von Schlegel donne au prince Bernadotte et à la cause de l'Allemagne libérée du joug napoléonien. Voir à ce sujet Otto Brandt, *August Wilhelm Schlegel. Der Romantiker und die Politik*, Stuttgart et Berlin : Deutsche Verlags-Anstalt, 1919.
¹¹ August Wilhelm Rehberg (1757–1836).
¹² Johann Stieglitz (1767–1840), médecin à Hanovre, auteur de plusieurs ouvrages dont *Ueber den thierischen Magnetismus*, Hanovre : Hahn, 1814.
¹³ Voir la lettre 2412, note 2.
¹⁴ Voir la letter 2394, note 8.
¹⁵ Voir la lettre 2394, note 5. On se souvient que les troupes de Davout sont retranchées dans la place forte de Hambourg.
¹⁶ Il s'agit de Karl Friedrich Reinhard qui a transmis un message de Napoléon au roi Jérome à Aix-la-Chapelle.
¹⁷ Voir le Journal de ce même jour, 12 décembre 1813.

2419

Benjamin Constant à Heinrich Wilhelm et Bernhard Dietrich Hahn

17 décembre 1813

Euer Wohlgeboren
Außerdem gütigst bemerken das die Verzögerung des Drucks meines Werkes[1] mir und Ihnen Nachtheil bringt. In den gegenwärtigen Umständen, kann das was jezt Einfluß hätte und lessenswerth wäre, plötzlich einen großen Theil seines Interesses verlieren, zum Beyspiel durch einen unerwarteten Friedens Schluß. Dringend muß ich also bitten um Beschleunigung, da meine Absicht durch langeres Aufschieben gänzlich vereitelt wäre.   5

ergebenst
v Constant D^{ec} 17=13

Eben erhalt ich einen Brief aus Leipsig wo man mich um mein Werk von Seiten des Hn Brockhaus[2] bittet und sehr vortheilafte Bedingungen vor-   10
schlägt. hätte ich irgenwie neue Verzogerungenn zu befürchten, so würde ich

dises annehmen. bitte also um bestimmtes Versprechen um schleunigen An-
fang, so daß ich morgen früh etwas erhalte.

d. 17. Dec. 1813, / v. Constant / hier / Herrn Buchhändler / Hahn / Wohlgeboren».   15

Manuscrit   *Amsterdam, Universiteitsbibliotheek, 42 Bt 3; 2 pp.; orig. autogr.

Texte   *Note du destinataire sur la page d'adresse* : d. 17. Dec. 1813, / v. Constant / [ ].

Commentaire et Notes   Heinrich Wilhelm Hahn (1760–1831) a fondé la maison d'édition
Hahn, la Hahnsche Buchhandlung, à Hanovre en septembre 1792 avec son frère cadet Bernhard Dietrich Hahn sous le titre de «Gebrüder Hahn». La maison était située au numéro 32 de
la Leinstraße. Son fils Heinrich Wilhelm Hahn (1795–1873) lui succédera à la direction de cette
librairie qui existe encore aujourd'hui. *De l'esprit de conquête* paraîtra chez Hahn le 30 janvier
1814.

¹ Le 13 décembre 1813, BC écrit dans son Journal : «remis le commencement [*de l'Esprit de
   conquête*] à l'imprimeur». Pour son impatience avec Hahn voir également ci-dessous, lettres
   2420 et 2421.
² La lettre de Brockhaus à BC n'a pas été retrouvée.

Traduction
*Veuillez remarquer, Monsieur, que le retard dans l'impression de mon ouvrage nous désavan-
tage tous les deux. Dans les circonstances actuelles un texte qui peut avoir une influence et qui
mérite d'être lu risque de perdre soudain une grande partie de son intérêt si, par exemple, un traité
de paix inattendu est conclu. Je dois donc vous demander de manière urgente d'accélérer l'impression de cet ouvrage, car mon projet va échouer complètement s'il est retardé plus longtemps.*
*J'ai reçu d'ailleurs une lettre de Leipzig dans laquelle Monsieur Brockhaus me demande mon
ouvrage et me propose des conditions très avantageuses. Si je dois craindre de nouveaux retards,
j'accepterai cette offre. Je vous demande donc une promesse claire de reprendre le travail au plus
vite, de sorte que je reçoive quelque chose tôt dans la matinée.*

2420

Benjamin Constant à Charles de Villers

21 décembre 1813

                                                                    ce 21
Je voudrais bien aussi causer avec vous, cher Villers, mais je n'ai pas un
moment à moi, et, sans avoir rien à faire que ce que je me suis imposé, je me
trouve aussi affairé que tous ceux qui m'entourent, ce qui n'est pas peu dire.
J'ai com̄encé l'impression de ma brochure¹, avant d'en avoir fini la moitié, 5
de sorte que je travaille tant que je peux, pour ne pas retarder mon impri-
meur², que je presse d'un autre coté, comme si j'étois prêt, parce qu'il va très

lentement. Cela, joint à l'arrivée des grands personnages, les cours le matin, les dinés, et les assemblées le soir, compose un genre de vie assez fatigant. Je serai bien aise, quand ma philippique[3] sera finie, parce que j'irai me reposer près de vous. Jusqu'alors, je suis cloué.

L'affaire de mon beau frère[4] me fait beaucoup de peine. Tout le monde croit ici au reste que l'on ne poussera pas la chose avec rigueur. Il est certain que le pauvre homme n'a nullement entendu malice à sa conduite. Il ne s'est pas assis sur le trone electoral, pour plusieurs raisons, dont la première est, qu'il n'y avoit pas de trône.

Le Duc de Cambridge[5] est arrivé hier, il a été reçu avec un enthousiasme dont on ne peut donner d'idée. M. de Munster[6] est avec lui, et renferme dans sa poitrine la destinée de tout le monde. Aussi chacun le regardoit-il avec des yeux qui auroient voulu le pénétrer. On aura encore quelque tems à attendre, car il part demain pour le Quartier général du Prince Royal et tout est en suspens jusqu'à son retour. Le Duc de Bronsvic[7] est arrivé ce soir. Il part demain, dit-on, pour se rendre enfin chez lui. Un de ses aides de camp, ou pour mieux dire son aide de camp a apporté la nouvelle, qu'il prétend sure, de la prise d'Anvers[8]. Du reste on ne sait rien, pas même si le Rhin est passé[9]; on avoit affirmé, que Bordeaux étoit pris, mais il parait que Wellington[10] n'a pas même passé Bayonne.

Sieveking[11] et Perthès[12] ont traversé Hanovre, sans s'y arrêter plus d'une heure. Le premier est venu chez moi. La caisse que j'ai à lui m'a valu un quart d'heure de visite. Il a apporté peu de nouvelles. Il prétend que les Empereurs et Rois sont de la meilleure intelligence du Monde, que les renforts arrivent en nombres infinis. On a offert la paix à Napol. avec la Barrière du Rhin, et en n'exigeant que la Restitution de la Hollande, de l'Illyrie et d'une portion de l'Italie, dont le reste auroit composé un dédommagement pour le Vice Roi[13]. On dit qu'il avoit accepté ces bazes : mais l'Angleterre a voulu pour la Hollande une garantie de forteresses en Belgique et tout a été rompu. Les Empereurs doivent s'etre réunis le 19 à Fribourg[14] en Brisgau, pour négocier de là la question de la neutralité de la Suisse. Il vaudrait mieux la forcer. Me voici au bout de tous mes *On dit*.

Je vois, à la manière dont vous sousignez *l'Arbitraire* que c'est là le titre que vous me conseillez. Mais j'en ai un meilleur que tous les deux, auxquels j'avais pensé d'abord, c'est de l'esprit de conquête et de l'usurpation. Je crois qu'il y a sur l'usurpation des choses assez neuves à dire. Rehberg[15] qui a lu d'office la 1ere feuille imprimée, en est fort content.

A propos d'impression, je commence à craindre que les Pièces Interceptées[16] que surement Schlegel vous a montrées, et auxquelles il avoit fait une très jolie préface, que vous aurez vue aussi, ne paraissent point. Je n'en ai encore aucune nouvelle, et déjà on m'avoit assuré que le Pce Royal y avoit

renoncé. J'en suis fâché, bien qu'il y eut quelque fatras dans ces pièces, la
publicité est toujours bonne.   50

D'Eckmühl et du Nord[17], rien. Un armistice avec les Danois[18]. Bennigsen[19] va rejoindre le P^ce Royal pour tomber sur Hambourg. Il est bien à
desirer qu'on nous délivre enfin de la bête féroce de Davoust.

J'ai revu avec attendrissement, en qualité de Membre du Gelehrten
Club[20], le jeune Meding[21] qui a endossé l'uniforme et qui attend ses com-   55
militons[22] pour aller aux coups de fusil. Il m'a raconté des détails sur la
chute de la Monarchie Westphalienne à Cassel et à Göttingue. Savez-vous
que Schulenbourg de Emden[23] a été l'un des gardes du corps qui ont accompagné l'Ex Roi jusqu'au Rhin, d'ou ils ont été renvoyés avec 20 gros dans
leur poche en echange de leurs uniformes et de leurs chevaux qu'on a gar-   60
dés? Que fait Reinhard[24], et ou est-il? et que fait le gros Osterhausen[25]? Je
n'entends pas plus parler de Sartorius[26] que s'il étoit mort. Rehberg se plaint
de n'avoir pas recu depuis un mois vos gelehrte Anzeigen[27], qu'il a payées
jusqu'à la fin de l'année. Merci de votre article sur le suicide. Il m'a fait
grand plaisir, mais j'attens avec plus d'impatience encore celui que Toel-   65
ken[28] m'a dit être commencé sur le systême continental[29]. J'ai trouvé Toelken
comme un boulet rouge, militaire, Diplomate, écrivain[30]. Il s'est emparé de
la traduction de ma brochure[31], j'en suis bien aise. Il n'en sera pas comme du
Polythéisme. Il y mettra mon nom. Mais en tout je l'ai aimé de l'enthousiasme dont il est plein, quoiqu'il m'ait fait perdre une matinée à m'expliquer   70
la constitution de Brème et le Schütting[32], dont je n'avais que faire. Adieu
cher Villers. Ecrivez moi. Ma femme vous dit mille choses. Rappelez nous à
Mad^e Rodde.

Manuscrit   *Hambourg, SUB, Nachlass Charles de Villers, Mappe 12, ff. 482–483; 4 pp.; orig.
autogr.

Éditions   **1.** Isler (1879), n° 17, pp. 32–34.   **2.** Kloocke (1993), n° 71, pp. 176–180.

Texte   *Note au crayon [de la main de Villers?] en tête de la lettre*: Dec. 1813.

Notes
[1] *De l'esprit de conquête*.
[2] Voir la lettre 2419.
[3] *De l'esprit de conquête* est un réquisitoire vigoureux et éloquent contre Napoléon, tout
comme les harangues de Démosthène contre Philippe de Macédoine ou les *Philippiques* de
Cicéron contre Marc-Antoine.
[4] August Wilhelm Karl Graf von Hardenberg (1752–1824), frère aîné de Charlotte, avait été
nommé préfet du département de la Fulda par le roi Jérôme de Westphalie, ensuite grand-
veneur en 1808 et chambellan de la cour en 1811. A la chute de ce royaume napoléonien la
conduite du beau-frère de BC faisait l'objet d'une enquête juridique et il allait bientôt se
retrouver dans une prison militaire à Hanovre.
[5] Voir la lettre 2418, note 4.
[6] Voir la lettre 2411, note 2.

⁷ Friedrich Wilhelm, duc de Brunswick-Wolfenbüttel (1771–1815), qui reprend possession de ses états le 22 décembre 1813 et sera tué à la bataille des Quatre-Bras, le 16 juin 1815.

⁸ En réalité cette ville ne sera prise par les Alliés qu'en 1814.

⁹ Napoléon a franchi le Rhin à Mayence le 7 novembre 1813, pour se rendre à Saint-Cloud. Entre le 21 et le 31 décembre 1813, les trois armées alliées passent le Rhin et envahissent la France.

¹⁰ Après sa victoire de Vitoria en Espagne (21 juin 1813), le duc de Wellington envahit la France. Le 27 février 1814, il vaincra l'armée du maréchal Soult aux batailles d'Orthez et d'Aire, près de Bayonne.

¹¹ Voir la lettre 2360, note 3.

¹² Voir la lettre 2415, note 11.

¹³ Eugène-Pierre, prince de Beauharnais (1781–1824), fils de Joséphine Tascher de la Pagerie et du vicomte Alexandre-François-Marie de Beauharnais (1760–1794). Beau-fils de Napoléon, le prince de Beauharnais avait été nommé vice-roi d'Italie en 1805, après la proclamation de l'Empire.

¹⁴ L'empereur d'Autriche se rend à Fribourg-en-Brisgau (Bade), quartier-général du prince de Schwarzenberg le 15 décembre 1813 et rencontre le tsar le 22. Le 30 décembre 1813, se tiendra un conseil de guerre, avec la participation du général autrichien Johann von Hiller, qui arrive d'Italie.

¹⁵ Voir la lettre 2418, note 11. Rehberg exerce les fonctions de censeur à Hanovre.

¹⁶ Voir la lettre 2415, note 9.

¹⁷ Fidèle à l'ordre de Napoléon, Davout défendra la place forte de Hambourg jusqu'au 27 mai 1814.

¹⁸ Le 15 décembre 1813, le Danemark ayant conclu un armistice avec la Coalition, Napoléon perd son dernier allié.

¹⁹ Levin Graf von Benningsen (1735–1826), général russe né à Brunswick, un des vainqueurs de Leipzig.

²⁰ Association de professeurs et d'élèves de l'université de Göttingen.

²¹ Le fils de Franz August Ludolf von Meding (1765–1849), ministre d'État hanovrien.

²² *Ses compagnons d'armes*, mais en Allemagne le mot désigne également des camarades d'études.

²³ Philipp Ernst Alexander Graf von Schulenburg-Emden (1762–1820), depuis 1812 conseiller d'État au ministère de la justice du royaume de Westphalie. Sur la véracité de cette conduite du roi Jérôme de Westphalie, voir Kloocke, *Correspondance* (1993), p. 179, note 2.

²⁴ Pour Reinhard, voir le Répertoire.

²⁵ Commandant de la police à Göttingen. Selon le Journal, BC et sa femme ont passé une soirée chez Osterhausen le 19 avril 1812.

²⁶ Georg Friedrich Sartorius (1765–1828), nommé professeur d'histoire à Göttingen en 1802, auteur d'une *Geschichte des Hanseatischen Bundes* (1802–1808) et traducteur de la *Wealth of Nations* d'Adam Smith.

²⁷ Les *Göttingischen Gelehrten Anzeigen*, la revue la plus ancienne d'Allemagne, fondée en 1739. Charles de Villers vient d'y publier un compte rendu élogieux des *Réflexions sur le suicide* (Stockholm, 1813) de Germaine de Staël, le 4 décembre 1813.

²⁸ L'historien de l'art Ernst Heinrich Tölken (1785–1869), auteur d'une brochure intitulée *Ankündigung und Plan wissenschaftlicher Vorträge über die Mythologie, besonders der Griechen*, Göttingen : Dieterich, 1812.

²⁹ Ce compte rendu paraîtra dans les *Göttingischen Gelehrten Anzeigen* du 1ᵉʳ juin 1814.

³⁰ Fils de Heinrich Tölken, marchand de Brême, Ernst Heinrich Tölken fit des études de théologie à Göttingen, mais se passionna également pour l'histoire, la philosophie et la philologie. Membre de la Gesetzlose Gesellschaft, fondée à Berlin en 1809 pour encourager la réforme du gouvernement prussien, Tölken allait être nommé, à l'âge de trente ans, professeur d'histoire de l'art à l'université de Berlin et devenir secrétaire de la Königlichen Akademie der Künste. Comme on le voit, la grande diversité d'intérêts du jeune Tölken était faite pour plaire à BC, qui ne semble pas lui en vouloir de n'avoir pas suffisamment reconnu

sa dette envers lui. Tölken mentionne les travaux de BC dans la préface de sa brochure de 1812, *Ankündigung und Plan wissenschaftlicher Vorträge über die Mythologie, besonders der Griechen*. Sur cette affaire, voir la lettre de BC à Charles de Villers de septembre-octobre 1812 (*CG*, VIII, lettre 2322).

31 Cf. Journal, 15 décembre 1813: «Toelken arrivé. Il veut le [*De l'esprit de conquête*] traduire»; mais la traduction allemande publiée en 1814, à Hanovre, chez Hahn, est de Johann Jakob Stoltz (Courtney, *Bibliography*, 10e).

32 En 1806, Brême, dont Tölken est originaire, s'était déclarée «ville libre hanséatique» mais avait été intégrée à l'Empire français en 1810. Le Schütting, construit en 1537–1538, est le nom de la maison où se tiennent les réunions des marchands de Brême.

2421

Benjamin Constant à Heinrich Wilhelm et Bernhard Dietrich Hahn

21 ou 22 décembre 1813

Euer Wohlgeboren

Habe ich, jezt daß der erste Theil[1] beendigt ist, einen Vorschlag zu thun, der Ihnen, nach Ihrer vorigen Aussage, angemehm seyn wird, den ich aber nich früher thun wollte, weil die Langsamkeit des Druckens mich befürchten ließ, daß sogar der erste Theil nie beendigt würde. Ich schlage Ihnen also vor, den ersten Theil in Bereitschaft zu halten, um ihn, sobald wir es für   5 nöthig achten, verschicken zu können den 2ten[2] aber, der ohngefahr 6 Bogen lang seyn wird, oder 8, eiligst drucken zu laßen, und daß das Ganze zusammen erscheint, welches gewiß, für mich, als Verfaßer und für Sie, als Verkaüfer beßer ist. Dann müßen Sie aber besorgen, daß ich 3 Bogen oder wenigstens 2 1/2 wochentlich erhalt, sodaß alles in 3 Wochen spätestens   10 beendigt wird.

ergebenst

v Ct. 1813 Decbr.

Herrn Buchhändler / Hahn / Wohlgeboren

Manuscrit *Amsterdam, Universiteitsbibliotheek, 42 Bt 3; 2 pp., adresse p. 3; orig. autogr.

Texte *Note du destinataire sur la page d'adresse*: «1813. Im Decbr. / hn von Constant / alhier».

Notes
1 BC écrit dans son Journal le 19 décembre: «Corrigé la 1ère feuille» et le 21: «Fini la 1ère partie. Mon imprimeur va comme une tortue, et peut tout faire manquer». La présente lettre, qui affirme que le travail de l'imprimeur sur la première partie est terminé, doit dater du 21 ou 22 décembre.

² Il s'agit de la «Seconde partie : De l'Usurpation», (pp. 68 à 208 de l'édition).

Traduction
   Monsieur, Maintenant que la première partie est terminée, j'ai une proposition à vous faire qui, d'après ce que vous m'avez déjà dit, vous sera agréable, mais que je ne voulais pas vous faire plus tôt, parce que la lenteur de l'impression me faisait craindre que même la première partie ne serait jamais complétée. Je vous propose donc de garder cette première partie afin qu'au moment où nous le jugerons nécessaire, vous puissiez y joindre la deuxième (qui comprendra environ six ou huit feuilles d'épreuves que vous ferez imprimer au plus vite) et que le tout puisse paraître ensemble, ce qui évidemment pour moi, en tant qu'auteur, et pour vous, en tant que vendeur, est mieux. Mais ensuite vous devrez faire en sorte que je reçoive trois feuilles d'épreuves, ou au moins deux et demi, par semaine, de sorte que le tout soit terminé en trois semaines au plus tard.

2422

Benjamin Constant à Bernadotte

23 décembre 1813

Monseigneur
Le bruit qui se répand, que Votre Altesse Royale va se diriger sur la Hollande, me porte à prendre la liberté de Lui rappeler les lettres qu'Elle a eu la bonté de me promettre pour la Princesse Radzivill[1] et le grand chambellan à Berlin.[2]
   Je suis occupé à faire imprimer quelque chose qui, j'espère, sera utile. ₅
J'oserai en mettre un exemplaire[3] aux pieds de Votre Altesse Royale. Ce sera ensuite que je profiterai de Votre bonté, Monseigneur, en portant à Berlin les Lettres qui me seront si précieuses.
   Je n'ai pas besoin de répéter à Votre Altesse Royale l'expression de tous les sentimens qu'Elle me connoit, et qui ne peuvent jamais changer, et je me ₁₀
borne à Lui offrir l'hommage de l'admiration et du respect avec Lesquels je suis,
                    Monseigneur
                       de Votre Altesse Royale
                          Le très humble et très obéissant serviteur   ₁₅
                                                            Constant
Hanovre ce 23 Décembre 1813.

Manuscrit   *Stockholm, BFA ; coté d'une main ancienne : «N° 9.»; 2 pp.; orig. autogr.

Édition   Hasselrot (1952), p. 27.

Texte   *Note, d'une main ancienne, en tête de la lettre :* 23. X^{bre} 1813. Constant. *et sous la signature, d'une autre main :* Hanovre
   23. X^{bre} / 1813 / B. Constant

Notes

[1] La princesse Louise (1770–1836), fille de Ferdinand de Prusse et épouse du prince Anton-Heinrich Radziwill (1775–1833). Elle s'était liée d'amitié avec Germaine de Staël à Berlin en 1804.

[2] D'après Hasselrot, il s'agit du prince de Sayn-Wittgenstein (1769–1843), plus tard ministre de la police du roi Frédéric-Guillaume III.

[3] *De l'esprit de conquête.*

2423

Benjamin Constant à Charles de Villers

29 décembre 1813

Hanovre ce 29

J'aimerais bien autant que vous, cher Villers, que nous fussions ensemble, au lieu d'être à je ne sais combien de milles l'un de l'autre. Mais je ne vois aucune possibilité de faire une course, avant que mon entreprise pamphlétaire[1] ne soit terminée. Elle ne l'est pas, il s'en faut. Tantot je presse mon 5 imprimeur, tantot je fais des vœux, comme aujourdhui, par exemple, pour que sa lenteur me donne le tems de revoir quelques morceaux qui viennent d'etre achevés. Je suis alternativement à le talonner, et à me tourmenter pour qu'il ne me rattrappe pas : et tout-bien calculé, je suppute que nous en avons encore lui et moi pour six semaines. Dois-je ou non mettre mon nom 10 à cette Brochure ? tout le monde sait que c'est moi, mais il y a à mettre son nom à une attaque qui devient chaque jour plus directe une sorte de hardiesse dont je ne puis calculer l'impression même sur le parti contraire, ou l'on n'aime pas les choses si décidées. L'Anonyme a plus de douceur, et me fera peut être mieux recevoir, si j'ai jamais besoin d'un azyle, quod Deus 15 avertat[2]. Conseillez moi la dessus. Le nom du monstre[3] n'est pas prononcé mais je ne crois pas que jamais on l'ait si bien analysé et montré plus vil et plus odieux.

Je vous félicite de votre étoile Polaire[4]. Je voudrais que celle du Prince le conduisit à Hambourg[5]. Je crois completement et en son génie et en ses 20 intentions excellentes. Mais je crains que sa lenteur ne les fasse mecoñoître. Il y a concert de plaintes d'un bout de la Germanie à l'autre.

On repandoit hier que le monstre avoit été tué à l'opéra. Si on avoit representé Andromède[6], j'espererais que Persée s'est trompé. Je ne puis d'ailleurs vous mander aucune nouvelle, quoique je voye tous les jours, soit 25 à diné soit à soupé tous les personnages marquans d'ici. Je m'exténue à écrire en Angleterre[7]. Il y a peu de couriers royaux qui n'emportent quelqu'une de mes lettres. Mais je ne recois pas une ligne de réponse. Schlegel ne m'a pas non plus écrit.

La lettre que vous m'envoyez de Suisse[8] ne dit rien de décidé sur la neu- 30 tralité. Elle prouve seulement qu'on l'espère toujours. J'espère que vous m'en enverrez bientot une qui m'annoncera que je puis tirer pour quelques milliers de francs de Paris que j'ai taché de faire venir, sans quoi je com- mencerai à éprouver les inconvéniens de l'état d'émigration.

L'ouvrage de Rehberg[9] est en effet très distingué. Ici je n'ai pas vu une 35 ame qui m'en ait parlé. Ce n'est pas une ville littéraire. Panthéisme ou Polythéisme, qu'importe ? Je ne me facherai pas contre Blumenbach[10] pour une syllabe de plus ou de moins. Mais il n'est question à présent d'aucun Théisme quelconque. C'est contre le Diable que j'écris.

Mon pauvre beau frère[11] est ici depuis plusieurs jours. Personne n'avoit 40 osé demander la permission de le voir, et tout le monde prétendoit que ce seroit impossible. Ma femme et moi l'avons demandé, et on l'a accordée, non seulement pour nous, mais pour tous les parens sans exception. Les individus sont bien plus pusillanimes que les Gouvernemens ne sont rigou- reux. J'y vais après avoir fermé cette lettre. On me dit à l'instant que la 45 grande armée a passé le Rhin[12] à Fribourg, au nombre de 180,000 hommes. Nous verrons si les Francois tiendront à cet enragé qu'ils noment Empereur. C'est la chose la plus inouïe que cette obstination, et tout dégrisé que j'étais de cette nation, je ne l'aurais pas cru bête à ce point. Je voudrais, par amour-propre d'auteur, qu'ils le renversâssent, quinze jours après que mon 50 livre aura paru.

Adieu, cher Villers. Mille choses à M^{de} Rodde. Ma femme se rappelle à votre souvenir. Je vais me hâter d'en finir de mon entreprise anti-napolé- onnienne, pour être libre de vous embrasser.

Herrn von Villers / Professor und Ritter / des Polar Sterns / zu / *Göttingen* 55

Manuscrit *Hambourg, SUB, Nachlass Charles de Villers, Mappe 12, ff. 484–485; 4 pp., adresse p. 4; orig. autogr.

Éditions **1.** Isler (1879), n° 18, pp. 35–37. **2.** Kloocke (1993), n° 72, pp. 181–183.

Texte *Note au crayon [de la main de Villers ?] en tête de la lettre :* Dec. 1813.

Notes
[1] *De l'esprit de conquête et de l'usurpation.*
[2] *A Dieu ne plaise.*
[3] Napoléon.
[4] L'Ordre royal suédois de l'Étoile polaire, à la devise *Nescit occasum*, «[l'étoile] ne se couche jamais». Bernadotte décernera également cette prestigieuse croix à BC le 7 février 1814 (Journal).

⁵ C'est-à-dire à affronter les troupes de Davout retranchées dans la place forte de Hambourg.
⁶ BC pense sans doute à la tragédie en musique *Andromède* (1682) de Marc-Antoine Char-pentier (1643–1704) ou au *Persée* (1682) de Jean-Baptiste Lully (1632–1687). Selon la my-thologie grecque, le héros Persée, ayant coupé la tête de Méduse et rentrant chez lui, ren-contre la belle Andromède, liée sur un rocher et exposée aux fureurs d'un monstre marin. Monté sur son cheval ailé Pégase, Persée tue le monstre, libère Andromède et devient son époux.
⁷ On ignore à qui BC écrit en Angleterre, à moins que ce ne soit à Germaine de Staël.
⁸ Allusion à une lettre non retrouvée.
⁹ La critique du *Code Napoléon* du philosophe allemand et correspondant de Kant, August Wilhelm Rehberg (1757–1836), *Über den Code Napoleon und dessen Einführung in Deutsch-land*, Hanovre : Hahn, 1814. De tendance plutôt conservatrice, Rehberg y analyse les élé-ments du *Code* qui s'inspirent de la Révolution française. BC citera cet ouvrage dans *De l'esprit de conquête*, première partie, chapitre 13 («De l'uniformité»).
¹⁰ Johann Friedrich Blumenbach (1752–1840), anatomiste et anthropologue, professeur de médecine à Göttingen. Il s'agit de la nomination de BC à la Société royale des sciences de Göttingen. Blumenbach a peut-être écrit *panthéisme* pour *polythéisme* dans une lettre à Charles de Villers.
¹¹ Le comte August Wilhelm Karl von Hardenberg est incarcéré dans une prison militaire. Voir la lettre 2420, note 4.
¹² Voir la lettre 2420, note 9.

2424

Benjamin Constant à la comtesse Anne-Pauline-Andrienne de Nassau

31 décembre 1813

Hanovre ce 31 Decembre 1813

J'ai reçu, ma chère Tante, votre lettre¹ du 12. Je suis bien aise de voir que les lettres continuent à traverser toute cette belliqueuse Europe, sans qu'on en fasse des cartouches : et je depêche encore celle ci au milieu des 7 ou 8 cent mille hoͫes qui nous séparent.   5

Notre débiteur² est enfin arrivé de Vienne, et dès qu'il aura eu le tems de prendre haleine, nous conviendrons avec lui de quelque chose. Je ne pense pas que ce soit l'affaire de plus d'un mois ou de six semaines, et je fais mille beaux projets pour passer cet été en Suisse. S'il vous convenoit ma chère Tante de nous louer votre appartement, à dater du 1ᵉʳ d'avril, nous serions   10 bien heureux de nous trouver logés chez vous. Je m'en remets à vous pour toutes les conditions. Vous savez ce qui est nécessaire pour deux personnes, deux femmes, et un domestique, en tout cinq individus. J'indique le mois d'avril parce que si nos affaires sont terminées en février, il faudra bien, vu la saison, le peu de sureté des routes, les mauvais chemins et les retards, six   15 autres semaines pour faire ces deux cent lieues, d'autant plus que nous aurons des visites à faire à droite et à gauche d'ici à Francfort.

J'espère que les armées alliées, si elles traversent la Suisse[3], comme nos gazettes nous l'assurent, auront achevé leur passage longtems avant cette époque. Dieu fasse que le pays n'en souffre que le moins possible. Malgré la frayeur qu'elles inspirent, ces armées que j'ai vues de près sont beaucoup plus douces à vivre qu'on ne le croit. Les Cosaques ont toute l'enfance que donne l'absence de la Civilisation, et quand on s'est familiarisé avec eux, on voit qu'ils n'ont de terrible, pour ce qui n'est pas l'ennemi, que leur longue barbe. Ils sont très religieux, ont un grand respect pour les femmes, et un amour passionné pour les enfans.

Avez vous par hazard connu en Suisse un Anglais nommé Bloomfield[4], qui m'a dit y avoir été élevé ? Il est à présent colonel aux gardes et favori du Prince Régent[5]. Il est venu installer ici le Duc de Cambridge[6], et toutes les Autorités Hanovriennes à qui l'écroulement du Royaume de Westphalie a rendu leur place. Hanovre fourmille d'Anglais, avec lesquels je rapprends leur langue. On n'en finit pas de diners et de soupers et ma vie contraste beaucoup avec ma studieuse retraite de Göttingue. Nous ne manquons pas non plus de compatriotes du Cte Golowkin[7], mais ils ne sont pas aussi littéraires que lui. C'est le Général Bennigsen[8], c'est le Général Czernicheff[9], avec ses cosaques, ils passent et repassent comme des ombres.

En même tems que je vous ai écrit la lettre à laquelle vous m'avez fait le plaisir de me répondre, j'en ai écrit une à Rosalie, dans laquelle j'en avois inséré une pour Charles de St Jean[10], à qui je demandais un petit service. Je ne suis pas étonné de n'avoir pas encore reçu de réponse de lui, mais je voudrais bien savoir si ma lettre à Rosalie est parvenue. Je l'espère, vu l'heureux voyage de la mienne à vous. Mais si vous avez occasion de le demander à Rosalie, vous me ferez un bien grand plaisir.

Je ne sai si je vous ai répondu chere Tante au sujet du compte de deux chapeaux[11] dont on vous a incommodé. Il y en a un que je suis bien sur de ne pas devoir. Mais je ne puis rien dire de positif relativement à l'autre, que je n'aïe fait une Course à Göttingue, course que l'arrivée de l'homme qui est cause de mon long séjour ici a retardée et retarde encore. Ce n'est qu'à Göttingue que je trouverai les papiers qui me mettront moi même au fait.

J'aurai bien des affaires à régler de Suisse, car je tacherai d'arranger tout par lettres, ne croyant nullement Paris un séjour agréable tant que les circonstances resteront ce qu'elles sont. D'ailleurs ma malheureuse parenté avec Jacqueline[12] m'obligeroit peut être à la voir, et je n'ai aucune envie de partager son adversité, m'étant toujours tenu éloigné de son bonheur. Son procès n'est pas encore jugé, m'écrit-on : mais il est a la dernière instance. J'espère que nos cousins le gagneront et qu'enfin cette friponne laissera toute la famille tranquille.

Les gazettes nous disent que l'on fortifie Genève[13]. Cela me fait trembler pour les beaux arbres de S. Jean. Charles se repentira peut etre d'avoir quitté l'autre campagne ou il étoit si bien, pour aller en embellir une comprise dans le plan des fortifications d'une ville frontière. Priez Rosalie de m'en dire un mot. J'y prens un vif interet.

Voilà le Stathouder[14] rétabli, ou plutot transformé en Prince souverain des Provinces unies. La mort est quelquefois une chose bien heureuse. Si mon pauvre père vivoit, sa pension seroit supprimée, et toutes sortes de désagrémens pourroient aggraver cette privation. Quand on songe à tout ce qui peut arriver d'inopiné dans la vie, on a envie d'en sortir, comme d'un bois. Je n'ai aucune nouvelle de Marianne et je ne puis pas lui écrire. Vous me rendez un grand service en gardant la somme qui lui sert de sureté jusqu'à mon arrivée. Je finirai alors tout avec elle, et je lui donnerai une autre hypothèque. D'ici rien n'est fesable, toute correspondance étant interrompue.

Tachez, je vous en supplie, ma chère Tante, de faire que nous logions dans votre appartement. Cela doublera le bonheur de mon séjour en Suisse. A moins de mort ou de force majeure, rien ne m'empechera d'y être, avant le 1er Avril[15]. Si alors votre appartement étoit deja vacant, nous pourrions entrer de suite. Sans cela j'aime bien mieux rester quelque tems à l'Auberge et n'etre logé que chez vous.

Vous souvenez [vous] de cette Made de Decken[16] tante de ma femme à qui vous avez donné une si belle assemblée, et qui vous paraissait si originale. Elle est remontée à toutes les prospérités que l'invasion francaise lui avoit enlevées. Son Mari est premier Ministre du pays d'Hanovre, et elle est au comble du bonheur. Nous la voyons sans cesse, nous soupons aujourdhui chez elle pour y attendre le premier de l'an.

A propos du 1er de l'an je voudrais bien suivant l'usage me rappeler à toutes les personnes pour lesquelles je fais des vœux à cette époque. Mais l'incertitude que mes vœux écrits arrivent me decourage de les envoyer. Je les dépose a vos pieds chere Tante, pour que vous attestiez mon attention.

J'ignore tout à fait ce qu'est devenu le pauvre petit Jules de Saugy depuis la débacle Westphalienne. Tous ses camarades ont pris parti pour la Cause allemande. Je suppose qu'il en a fait autant, vu son ardeur pour la guerre, qu'il aime pour elle même. L'escadron dans lequel il servoit avait deja passé aux Prussiens au mois d'Aoust. Mais comme quelques officiers, dont plusieurs Francais, avoient refusé de suivre le gros de la Troupe, je n'ai pu savoir quel parti il avait pris. Il m'avoit intéressé par sa douce figure, et sa jeunesse, indépendamment des recommandations de Rosalie qui auroient suffi pour m'y faire prendre interet. Je ne sais ce que fait Villars[17] ni s'il retournera en Hollande, à présent que la Hollande a repris son ancienne forme. Je le suppose. Je lui écrirai ces jours-ci à Hanau pour le savoir.

Le monde ressemble à un chat qu'on a voulu noyer dans une rivière. Il en 100
est ressorti tant bien que mal : et il fait a present sa toilette, polissant ses
poils avec sa langue, passant ses pattes sur ses oreilles et lechant sa queue
qui est encore salie de son avanture.

Adieu ma chère Tante. Permettez vous que je dise mille Choses à Mad. de
Loys et à Mad^e de Charrière. Je serai bien heureux de vous revoir. Veuillez 105
toujours adresser à Göttingue. C'est mon quartier général.

à Madame / Madame la Comtesse / de Nassau née de / Chandieu, / à
Lausanne, / *Suisse*.

Manuscrit   *Paris, BnF, N.a.fr. 17269, ff. 149–150; 4 pp., la fin du texte et l'adresse p. 4; orig.
autogr.

Éditions   **1.** Melegari (1887), pp. 603–605   **2.** Melegari (1895), n° 138, pp. 386–389.

Texte   *Note de Mme de Nassau sur la page d'adresse* : 31 Xbre 1813.   **25**   les] ⟨tous[?]⟩
37   tems] *ajouté dans l'interligne*   **77**   rester] ⟨loger⟩   **79**   [vous]] *omis par inadvertance*
100   rivière.] rivière. ⟨Ell⟩

Notes
1 Non retrouvée.
2 Le frère de Charlotte.
3 Lors de la Diète extraordinaire réunie à Zurich le 18 novembre 1813, la Suisse avait proclamé à nouveau sa neutralité, mais le pays fut envahi par les coalisés qui le traversèrent. Le
   2 décembre 1813, le prince von Schwarzenberg avait annoncé à ses troupes que, sous peine
   de punition sévère, il fallait respecter le territoire de la Suisse, qui était un pays neutre. Le 23
   décembre 1813, les Alliés avaient atteint Berne et Neuchâtel et le 27 décembre, Lausanne. Le
   30 décembre, avant la prise de Genève, le comte Ferdinand Bubna von Littitz (1768–1825),
   général autrichien, mit ses forces en garde à Nyon contre tout acte de pillage.
4 Le lieutenant-général Benjamin Bloomfield (1762–1846), militaire irlandais et aide de camp
   du prince de Galles (1811–1814). Il sera créé premier baron Bloomfield d'Oakhampton et
   Redwood en 1825.
5 George Augustus Frederick (1762–1830), fils de George III et futur George IV, fut appelé à
   la régence en 1811, lorsque son père fut atteint de démence.
6 Voir la lettre 2418, note 4.
7 Voir la lettre 2376, note 8.
8 Voir la lettre 2420, note 19.
9 Alexandre Tchernitchev (1779–1857), colonel de cosaques. Voir la lettre 2400, note 1.
10 Voir les lettres 2409 et 2410.
11 Nous ignorons à quel compte BC fait allusion ici.
12 C'est-à-dire les mauvais rapports entre BC et Napoléon.
13 Voir la lettre 2425, du 7 janvier 1814, de Rosalie à BC, note 5.
14 Voir la lettre 2417, note 6.
15 Il n'en sera rien. BC s'installera à Paris le 15 avril 1814.
16 La comtesse Eichstaedt-Peterswald qui avait épousé en premières noces le comte von Wangenheim, et en secondes noces le baron Klaus von der Decken (1742–1826).
17 Voir la lettre 2362, note 9.

2425

Rosalie de Constant à Benjamin Constant

7 janvier 1814

Vous m'avés fait bien plaisir cher Benjamin de ne rien entendre a ma lettre[1] et cependant de me comprendre. La maniere meme dont vous me repondés qui ne va pas tout a fait a ce que j'entendais me fait plaisir croyés cependant que ce n'etait pas de moi seule que venaient mes visions il faudrait etre bien tristement fou pour s'en creer gratuitement de facheuses 5 dans un tems ou on a bien de la peine a s'empecher de mourir de chagrin des realités et des inquietudes bien fondées mais je ne trouve pas que les peines publiques distrayent de l'interet qu'on prend a ceux qu'on aime. On a au contraire plus besoin d'eux et de leur bonheur que jamais, surement vous vous serés un peu inquietté de nous, nous avons longtems esperé que notre 10 neutralité[2] serait respectée c'etait une belle contenance qui satisfaisait autant a l'amour de la patrie qu'au desir de conserver notre bonheur et un asile a la paix exilée de partout peut etre que les esperances données chaque jour ont empeché de prendre des mesures en rapport avec la declaration peut etre aussi que tout aurait eté inutile il a donc fallu recevoir et voir passer tous les 15 braves gens du nord et nous trouver encor heureux que notre coin de païs n'aye pas eté plus accablé quoiqu'il y ait eu bien des maux particuliers et que surement cela ne soit pas fini encore nous faisons des vœux ardens pour leur succes rien n'est plus juste que leur cause et que leur vengeance cependant tout ce qui annonce de grands malheurs pour un païs quelconque ou tant 20 d'innocens souffriront serre le cœur. Il faudrait que cela finit bientot chaque jour que cet etat de choses se prolonge augmente les malheurs et les craintes. Vous avés su que l'ancien gouvernement de Berne[3] a voulu bravement profiter de la presence de ces grandes armées pour reunir a eux les deux Cantons qui ont recouvré leur independance et qui pendant 10 ans de bonheur 25 et de paix s'y sont fort attachés les habitans de ces 2 cantons ont temoigné unanimement le vœu de ne point se soumettre le mouvement d'Arau a eté assés beau lorsque sous les armes et en presence des forces autrichiennes ils ont juré qu'ils voulaient conserver leur independance. Le sentiment a eté le meme chez nous et en reponse a des especes de promesses que contenait une 30 espece de declaration non officielle venue de Berne toutes les familles qui auraient eté a meme d'en profiter ont declaré que dans aucun cas elles n'accepteraient rien. Cela a fort touché les partisans de la democratie qui ont promis si nous revenons a un etat tranquille de faire de concert quelques bons changemens au gouvernement un meilleur mode d'election et plus 35

d'acces aux nobles et aux riches si Dieu permettait que nous en vinssions la
a la paix et que vous fussiés parmi nous cher Benjamin que vous n'eussiés
pas de plus grands interets ailleurs ce serait alors que vous pourriés etre utile
et faire beaucoup de bien a ce païs par vos lumieres et avec la douceur que
vous avés acquise vous inspireries surement de la confiance aux deux partis   40
et cet emploi de votre esprit ne serait pas indigne de vous, mais en viendrons[-nous] la ? Je ne sais trop comment dans l'etat des choses on peut en
avoir l'ésperance les puissances alliées temoignent des sentimens bien genereux de bienveuillance et de desinteressement envers les Suisses, deja Geneve[4] est livrée a elle meme cependant on n'a point proclamé son indepen-   45
dance en la quittant on y est dans une espece de suspension qui tient encor
plus de la crainte que de la joye St Jean[5] sauvé de ce qui le menaçait serait un
grand bonheur dont l'esperance nous ravit. Geneve tient a la France de
maniere que sa ruine entraine de nouveau celle des fortunes je pense avec un
peu de consternation qu'il est assés vraissemblable qu'il ne me restera pas le   50
sol n'ayant conservé de nos debris ainsi que ma sœur[6] qu'une rente en
France cela est triste dans l'age ou un peu d'independance et de bien etre
sont plus necessaires que jamais ma bonne Tante[7] ne m'abandonnera pas
mais je connais sa position et il me sera dur de lui etre a charge plustot qu'en
secours je suis plus en peine encor pour la pauvre Lisette que pour moi elle   55
est moins legere de toute maniere enfin Dieu peut etre ne nous abandonnera
pas, je crains bien aussi qu'il n'y ait de la perte pour vous dans tout cela cher
Benjamin vous aurez reçu la reponse de Charles[8] deja quand votre lettre est
arrivée il n'y avait aucun change sur Paris mais il a fait ce qu'il a pu faire,
Victor[9] nous [a] aussi parlé de votre rencontre mais vous cher Benjamin   60
vous auriez du nous en dire un peu plus sur lui tout nous aurait vivement
interressé j'aurais aimé a le revoir par vos yeux en attendant mieux nous
avons quitté notre paisible chaumiere[10] tout le monde nous a crié qu'il etait
fou a 2 femmes seules de rester sur une grande route dans une petite maison
qu'un coup de poing enfoncerait lorsque d'immenses armées menacaient   65
d'inonder le païs et que nous aurions peut etre la guerre nous sommes donc
venues dans le haut de la maison de ma Tante ou nous sommes comme au
haut d'une tour voyant tout passer et a l'abri il faut encor se trouver heureux nous avions passé une automne tres agreable par la societé les voisins
la bonne santé de ma Tante et sa sociabilité, cette bonne santé se soutient   70
heureusement je ne sais si le reste se retrouvera tout me parait derangé et
obscur et la ruine en perspective ne donne de facilité a rien l'evenement de
cette guerre influera sur tous les sorts particuliers, je ne sais si la liberté
donnée par les puissans vaut autant est aussi durable que celle qu'on ac-
quiert soi meme enfin je ne sais rien et il faudrait etre un bien grand pro-   75
phete pour entrevoir quelques lueurs dans l'avenir j'en voudrais au moins

sur ce qui vous interesse cher Cousin ou etes vous dans qu'elle disposition d'esprit et de cœur d'esperance ou de crainte ? Pouvés vous ecrire ? L'Allemagne si longtems malheureuse commence a respirer mais il doit y avoir encor bien des souffrances on parle de disette de maladie ces fleaux nous menacent aussi. Dites moi ou vous en etes avec eux Jules[11] fils de Villars qui est ici depuis cet eté ne tardera pas a aller rejoindre ses parens pour aller sans doute en Hollande c'est la ou ils retrouveront une belle et bonne existence il faut l'esperer c'est un joli garcon dont les manieres sont agreables bien imbu de toutes les idées allemandes trouvant qu'il faut etre Baron pour exister et qu'un Baron a de grands droits au bonheur en attendant ses parens ont bien souffert et sont dans une grande penurie actuelle adieu j'attends de vos nouvelles mon Dieu on n'ouvre point les lettres c'est un pretexte que je n'admets point.

Lausanne 7 janvier 1814

Ma Tante veut que je vous dise mille amities de sa part que n'etes vous au coin de notre feu.

A Monsieur B. de Constant / de l'academie des Sciences / a Göttingue

---

Manuscrit   *Lausanne, BCU, Ms. 326(2); 4 pp., l'adresse p. 4; timbre : LAUSANNE / 7 Janvier ; orig. autogr.

Édition   Roulin (1955), n° 139, pp. 192–195.

Texte   **2** me] me ⟨repondre⟩   **26** cantons] les habitans... cantons *récrit au-dessus de* ⟨ils⟩ **36** riches] riches, ⟨mais en[...]⟩   **41** viendrons[-nous]] *omis par inadvertance*   **60** [a]] *omis par inadvertance en tournant la page*   **66** aurions] que nous aurions *ajouté dans l'interligne* **92** feu] *post-scriptum écrit sur un pli de la page d'adresse*

Notes
[1] Rosalie de Constant se réfère à la lettre de BC du 23 novembre 1813.
[2] Voir la lettre du 31 décembre 1813, note 3.
[3] Le 21 décembre 1813, les armées des Alliés étaient entrées en Suisse. Quelques membres du gouvernement de Berne avaient profité du désir des Autrichiens de voir se rétablir en Suisse le régime antérieur non seulement à l'Acte de Médiation de 1803, mais aussi à la Constitution helvétique (1798–1803). Le 24 décembre 1813, ils avaient proclamé en allemand à leurs anciens sujets la restauration de l'oligarchie bernoise dans les pays de Vaud et d'Argovie (en allemand Aargau, dont le chef-lieu est la ville d'Aarau). Mais cette tentative de reprise de pouvoir avait été repoussée par les habitants de ces cantons qui se levèrent pour sauvegarder leur indépendance. Le 28 décembre 1813, Frédéric-César de La Harpe (1754–1838) intervient auprès du tsar Alexandre Ier à Fribourg-en-Brisgau. Le tsar écrit à La Harpe le 3 janvier 1814: «On ne souffrira pas que l'existence des cantons de Vaud et d'Argovie soit compromise ou inquiétée par celui de Berne. La Diète va être rassemblée et c'est elle seule qui réglera constitutionnellement les changements qu'elle jugera nécessaire d'apporter à l'Acte de Médiation.»
[4] Le 30 décembre 1813, la ville de Genève a été prise sans combats importants par le général Ferdinand von Bubna und Littitz qui commande 12000 soldats autrichiens. Le préfet Capelle s'enfuit et la garnison française se retire sur Rumilly (Savoie), le 20 janvier 1814, où elle va résister aux Alliés. La place est confiée au général Zeichmeister par Bubna, qui rejoint l'armée de Bohême à Lons-le-Saulnier.

[5] Le comte Bubna avait ordonné que les Genevois renforcent leurs murs défensifs.

[6] Louise-Philippine, dite Lisette de Constant (1759–1837), disciple des piétistes lausannois dont le chef est son cousin Charles de Langalerie.

[7] Angélique de Charrière de Bavois.

[8] Non retrouvée. Voir les lettres de BC à Charles de Constant et à Rosalie du 23 novembre 1813.

[9] Voir la lettre 2402, note 8, de BC à Charles de Villers, écrite vers le 28 octobre 1813.

[10] La maison de Mme de Charrière de Bavois, voisine du Petit-Bien, à Lausanne.

[11] Jules-Thierry-Nicolas Constant de Villars (1787–1837). Voir la lettre 2362 de BC à Rosalie de Constant, note 8.

2426

Benjamin Constant à John Murray

8 janvier 1814

Sir,

In addition to the letter you will find inclosed with the printed sheets I have had the pleasure of directing to you, through favour of Col. Bloomfield[1], I think it necessary to inform you, that I intend changing the Preface, and putting in its place an Introduction, concerning the past and present Situation of France[2], which Introduction however, can be finished only after the whole Book, as that Situation itself may undergo many and important changes till that time. I beg therefore, you would cut out of the leaves in your possession the two pages, printed in larger letters, and which follow immediately the Title page, and show them to none, as they are not, in their present State, to make a part of the Book.

I am Sir

Sincerely yours

B Constant Rebecque

Hanover Jany the 8th
1814

Mr John Murray / Bookseller / Albemarle Street / No. 14 / London

---

Manuscrit Edimbourg, NLS, Ms. 40264; 4 pp., pp. 2–3 bl., l'adresse p. 4; orig.autogr.

Commentaire et Notes Le destinataire est John Murray (1778–1843), libraire londonien qui publia en mars 1814 la seconde édition de *De l'esprit de conquête* (Courtney, *Bibliography*, 10b).

[1] Voir, sur Bloomfield, la lettre 2424, note 4.

[2] Dans la première édition (celle publiée le 30 janvier 1814 à Hanovre par les frères Hahn), la préface (de deux pages) est imprimée sur un feuillet intercalé entre l'Avertissement et la

Table des matières, ce qui indique qu'il s'agit d'une adjonction tardive. Dans l'édition Murray la préface est placée également après l'Avertissement, mais n'est pas intercalée ; elle fait partie, avec l'Avertissement, d'un cahier de quatre feuillets, ce qui indiquerait que l'imprimeur n'a pas supprimé les deux pages auxquelles BC fait allusion. La très brève préface des deux éditions est identique ; BC a dû renoncer à son projet d'Introduction sur l'état de la France.

Traduction
   Monsieur,
   Outre la lettre et les feuilles imprimées que vous trouverez ci-incluses, et que j'ai eu le plaisir de vous adresser grâce à l'obligeance du colonel Bloomfield, je crois devoir vous informer que j'ai l'intention de changer la Préface et mettre à sa place une Introduction consacrée à la situation de la France par le passé et à l'époque actuelle. Cependant cette Introduction ne pourra être achevée que lorsque le livre tout entier sera terminé, puisque la situation elle-même pourra subir entretemps beaucoup de changements importants. Je vous prie donc de retirer des feuilles que vous possédez les deux pages imprimées en plus gros caractères et qui suivent immédiatement la page de titre. Je vous demande de ne les montrer à personne, car dans leur état actuel elles ne doivent pas faire partie du livre.
   Je vous prie d'agréer, Monsieur, l'expression de mes sentiments les meilleurs.
   B Constant de Rebecque
Hanovre, le 8 janvier

2427

Germaine de Staël à Benjamin Constant

8 janvier 1814

[Londres], ce 8 janvier 1814.
Non, certes, je ne vous oublie pas ; je voudrais le pouvoir, car je porte une douleur au fond de l'âme que la distraction peut bien étouffer pour quelque temps, mais qui se réveille aussitôt que je suis seule. − C'est celle du bonheur irrémédiablement perdu ! Si vous aviez le caractère de l'ami[1] qui m'est fidè-   5
lement dévoué, j'aurais été trop heureuse ; je ne le méritais pas ! − Vous revoir serait renaître pour mon esprit et pour une faculté d'espérer qui s'est éteinte en moi avec tout le reste. − J'irai au continent si vous ne venez pas ici, il me semble qu'on peut le faire à présent, − mais qui sait ce qui adviendra du monde ! La liberté court autant de danger d'un côté comme de   10
l'autre, - mais avant tout il est nécessaire que celui[2] qui est en dehors de la nature humaine ne la gouverne plus. − J'ai remis un mémoire[3] qui m'a été envoyé par Schlegel au ministre ici, − il était écrit comme tout ce qui vient de vous. - Je ne crois pas que ce style, cette fermeté, cette clarté de langage se retrouvent nulle part ailleurs. Vous étiez né pour le plus haut rang, si vous   15
aviez connu la fidélité envers vous-même et envers les autres. −

Je vous enverrai par Schlegel des recommandations[4] pour Villers, mais je confie cette lettre à un voyageur et je ne veux pas manquer cette occasion. – M. Achard[5] m'a promis de régler les affaires de Marianne. Quant à votre achat, il n'avait pas reçu d'ordre à ce sujet. Les fonds ont haussé mais pour ceux qui croient à la paix, il est probable qu'ils hausseront encore. –

Avez-vous vu la préface de mon livre ?[6] Et savez vous l'effet de cette préface sur le continent ? Si vous vouliez vendre vos ouvrages ici, je pense pouvoir vous être utile en ceci et ce qui se réfère à la politique des événements aurait une grande valeur. – Je partirai pour la Grèce quand je vous aurais revu, le poème «Richard»[7] est mon dernier souvenir. – Ah ! Benjamin, vous avez dévasté ma vie ! Pas un seul jour ne s'est écoulé depuis dix ans sans que mon cœur n'ait souffert par vous – et, pourtant, je vous ai tant aimé ! C'est cruel, laissons cela, mais jamais je ne pourrai vous pardonner, car jamais je ne pourrai cesser de souffrir. – Le pauvre M. de Narbonne[8], il n'était que léger, mais il s'est aussi précipité dans la ruine. –

Tâchez de me mander vos plans exactement, – les miens tiennent beaucoup à Albertine[9]; que doit-il advenir d'elle ? Jusqu'à présent ce qui s'est présenté ne lui plaît pas ; et ce pays est curieux. – Ah ! Le terrain mouvant de cette vie est une chose pénible, et rien n'a de durée que la douleur ! – Ecrivez-moi.

Éditions   **1.** Strodtmann (1879), II, pp. 26–27.   **2.** Nolde (1907), pp. 142–145 (traduction anglaise de Strodtmann).   **3.** *Léon (1928), pp. 22–24, et vol. pp. 47–49 (traduction française de Strodtmann).   **4.** Solovieff (1970), p. 470 (avec coupures).   **5.** Kloocke (1993), n° 73, pp. 184–185.

Texte   **1** [Londres]] Londres *est ajouté entre crochets carrés par Léon, qui écrit* : Bien que Strodtmann ne mette pas de crochets, ils sont absolument nécessaires, car en janvier 1814, Madame de Staël n'aurait jamais risqué de mettre Londres en toutes lettres même si, comme c'est le cas pour cette lettre, elle la confiait à un «voyageur».

Notes
[1] Albert-John Rocca.
[2] Napoléon.
[3] Il pourrait s'agir du *Mémoire sur les communications à établir avec l'intérieur de la France*, rédigé par BC le 8 novembre 1813 (*OCBC*, VIII, 2, pp. 835–837).
[4] Germaine de Staël écrira au comte Ernst Friedrich von Münster le 10 janvier 1814 (Kloocke (1993), pp. 193–194) pour lui recommander Charles de Villers, «l'un des hommes les plus éclairés que l'Allemagne et peut être la France puisse[nt] citer».
[5] Le banquier genevois Jacques Achard (1747–1828). Voir la lettre de BC à Anne de Nassau du 30 septembre 1813, note 2. Il s'agit de questions financières entre BC et sa belle-mère, Marianne Magnin.
[6] *De l'Allemagne*, qui a paru à Londres en 1813.
[7] Poème sur les croisades de Richard Cœur de Lion auquel Germaine de Staël travaille depuis 1812. Elle le laissera inachevé.
[8] Voir la lettre 2413, note 8.
[9] Voir la lettre 2417, note 11.

2428

Benjamin Constant à Charles de Villers

9 janvier 1814

Hanovre ce 9

Dès que je rencontrerai M. de Bremer[1], cher Villers, je prendrai du mieux que je pourrai, les informations que vous désirez, relativement à votre Etoile. J'en ai pris ce soir, par occasion, relativement à l'Université de Göttingue et à vous en particulier. Votre Article sur le système continental[2] vient à merveille : car on trouve depuis quelque tems qu'il est un peu étrange que jusqu'à la fin de l'année inclusivement, dit-on, il n'y ait pas eu une ligne qui contient la moindre chose, contre ce qui a pesé si longtems sur l'Allemagne, et en faveur ou en joye de ce qui a été rétabli. Cette prudence devenoit presqu'imprudente. J'enverrai demain votre Article à M. d'Arnswaldt[3], qui sans vous connoître est un de vos chauds partisans et qui le montrera où il croit que cela pourra être utile. Nous avons le projet lui et moi de faire ensemble une course à Gottingue, dans le mois de février. Je m'en fais une fête. Il faut pour cela que mon usurpation[4] soit achevée. J'ai fini mon esprit de Conquête : et si mon imprimeur vouloit aller vite, tout seroit prêt dans quinze jours. Je profite de l'horreur bien juste pour l'usurpation, pour rappeler, du mieux que je puis, que même, sous les non usurpateurs, la liberté est une bonne chose. C'est très nécessaire à dire. Prenons garde que Luther n'ait encore raison, et que le monde ne soit de nouveau le paysan yvre qui tombe de l'autre coté[5]. Que de maux ce Corse[6] a faits ! Que de maux il causera peut être ! Que de gens, après avoir tué l'instituteur, ne demanderont pas mieux que de profiter des leçons ! Je ne suis pas étonné de ne rien recevoir de Suisse. Mes correspondans ont mieux ou pis à faire. Les uns reprennent leur indépendance à Genève : les autres perdent la leur dans le pays de Vaud[7]. Le sort de ce petit gouvernement me touche. Il avoit le grand mérite d'etre anonyme, et de ne faire de mal à personne. J'ai plaint et estimé les Bernois devant leur défaite et leur adversité : mais cette lourde patte d'ours[8] qu'ils lèvent au premier moment me déplaît et me scandalise. Je suis bien aise de ne pas être en Suisse à présent. Quand j'y irai, car il faudra bien que j'y aille, tout sera rangé de manière ou d'autre, et on aura repris le droit de se taire. Aujourdhui, chacun sera obligé de parler et je parlerais mal, au gré de bien des gens.

    L'affaire de mon beau-frère[9] me tourmente et m'afflige. Je crains qu'on ne veuille pas se donner un démenti. Les meilleurs gouvernemens s'otent quel-

quefois la faculté d'être justes. Je le vois souvent, et ma femme lui tient 35
encore plus souvent compagnie. Je ne comprends pas que la sienne[10] ne
vienne pas ici. Elle pourroit le consoler, et adoucir sa solitude qui est dure à
supporter. Cela vaudroit autant que de rester au Hardenberg sans soulager
personne. Je n'aime pas la dignité quand elle empêche de faire du bien.

Avez vous quelque idée de la manière dont tout ceci tournera. Je crois 40
l'Allemagne délivrée, la Hollande aussi[11]. Mais que fait Napoléon? Coment
croit-il repousser les ennemis qui le cernent ? Nous ne savons rien de la
France. Le peu qui nous parvient annonce, sauf les bruits qui ne se vérifient
pas, une tranquillité d'autant plus bizarre qu'on ne voit pas de grands efforts, et que les coalisés avancent. Le discours au Corps législatif[12] est re- 45
marquable comme mesure. Seroit on assez bête pour faire la paix ?

Ou en êtes-vous de votre Croisade[13]? Je l'attens avec impatience. J'espère
qu'elle n'est plus uniquement dans votre tête. Pour vous meme dans les
circonstances, il seroit bon que vous écrivissiez. Paresseux que vous êtes,
n'êtes vous pas honteux que moi qui vis cõe un imbécille, loin de la Ville 50
Savante, et dans le brouhaha du Monde, je vous devance ? Quand je dis tout
cela, c'est dans l'hypothèse, malheureusement probable, que vous n'avez
rien fait. Si je me trompe, je me retracte, et au lieu de vous blamer, je vous
loue.

Mille choses à tous ceux qui à Gottingue se souviennent encore de moi. 55
J'avais dit à Blumenbach le fils[14] de vous demander et de me rapporter
l'ouvrage[15] de Mad^e de Stael. Je suppose qu'il ne l'a pas fait, puisqu'il ne m'a
parlé de rien depuis son retour. Tout le monde me le demande ici. Si vous
trouviez une occasion de me l'envoyer, vous me feriez plaisir.

Adieu cher Villers. Mille respects a M^de Rodde, Je vous embrasse ten- 60
drement.

an den Herrn / Professor von Villers / Hochwohlgebohren / *Göttingen*

Manuscrit   *Hambourg, SUB, Nachlass Charles de Villers, Mappe 12, ff. 486–487; 4 pp., p. 3
bl., l'adresse p. 4; timbre : HANNOVER ; orig. autogr.

Édition   **1.** Isler (1879), n° 19, pp. 37–39.   **2.** Kloocke (1993), n° 74, pp. 186–188.

Texte   **1** 9] *Note à l'encre [de la main de Villers ?] qui complète la date* : (janv. 14).

Notes
[1] Friedrich Franz Dietrich Graf von Bremer (1759–1836), ministre des affaires extérieures du
    Hanovre. Il s'agit de l'Ordre royal suédois de l'Étoile polaire.
[2] Voir la lettre 2420, note 29.
[3] August von Arnswaldt (1798–1855), *curator* de l'université de Göttingen. Voir la lettre de
    BC à Villers du 27 novembre 1813, note 3.
[4] *De l'esprit de conquête et de l'usurpation* qu'imprime Hahn à Hanovre.

[5] Voir la lettre 2417, note 7.

[6] Napoléon.

[7] Voir la lettre de Rosalie de Constant à BC du 7 janvier 1814, notes 3 et 4.

[8] Sur ses armoiries la ville de Berne est représentée par un ours.

[9] Voir la lettre de BC à Villers du 21 décembre 1813, note 4. Le comte *August* Wilhelm Karl von Hardenberg, (1752–1824), frère aîné de Charlotte, se trouve dans une prison militaire à Hanovre, accusé d'avoir travaillé pour le gouvernement impérial de Westphalie.

[10] Marianne Charlotte Christine Caroline Lucie Catharine von Hardenberg, née Gräfin von Schlieben (1762–1846).

[11] Le 23 décembre 1813, les Autrichiens étaient entrés en Alsace. Mais déjà en novembre 1813, chassée par les Russes qui entraient en Frise et dans la province de Groningue, l'armée française s'était retirée de Hollande. Le 15 novembre 1813, un gouvernement provisoire néerlandais avait été constitué à Amsterdam.

[12] Selon Kurt Kloocke (1993), p. 187, note 5, il pourrait s'agir d'un discours de Fontanes devant le Sénat, au cours de la séance du 27 décembre 1813, qui fut publié dans le *Moniteur* du 28 décembre 1813, dans lequel il parle d'une résistance modérée. Le 1er janvier 1814, Louis XVIII avait invité les Français à bien accueillir les Alliés.

[13] Il s'agit d'un ouvrage que Villers n'a pu terminer. Voir la lettre 2418, note 9.

[14] Il s'agit du fils de J. Fr. Blumenbach, Georg Heinrich Wilhelm Blumenbach (1780-après 1840), juriste employé dans l'administration du pays de Hanovre.

[15] Un exemplaire ou jeu d'épreuves de l'édition supprimée de *De l'Allemagne* appartenant à Charles de Villers.

2429

Albertine de Staël à Benjamin Constant

10 janvier 1814

ce 10 janvier 1814.

Je suis bien heureuse, cher ami, de nous sentir plus rapprochées[1] de vous ; nous pourrons avoir des lettres souvent. D'ailleurs, depuis que vous êtes de ce côté du monde libre je me crois tout près de vous. Il n'y a plus que la mer entre nous et elle au moins n'empêche pas de s'écrire et de se dire ce qu'on   5
pense. Je passe ma vie avec des gens qui vous ont connu, Sir James Mackintosh[2], etc. J'ai tant de plaisir à parler de vous, je ne peux pas voir votre écriture ou entendre de vos nouvelles sans une émotion qui ne vient pas seulement de l'affection que j'ai pour vous mais de tous les souvenirs et de toutes les impressions d'enfance ; vous êtes pour moi bien plus qu'une per-   10
sonne, il me semble que vous avez emporté une quantité de choses que je ne retrouverai qu'en vous revoyant. J'aurais cependant peur de vous lorsque je vous verrai ; je crains que vous ne me trouviez pas ce que vous espériez de moi. Mais pour ma mère le bonheur serait complet, elle n'a aucune liaison, ni dans la société, ni dans la famille, qui puisse seulement vous rappeler un   15
moment ; elle y gagne peut-être car elle travaille beaucoup plus, mais vous

manquez à son existence. Je respecte et j'admire ce pays-ci beaucoup quoiqu'il ne réponde pas à mon idéal ; mais on a tort de ne pas y être heureux, je
sens parfaitement que si je valais mieux je m'y trouverais mieux. Nous avons
des espérances superbes, on ne parle ici que de la contre-révolution. Notre 20
situation n'est plus si simple qu'elle l'était car ma mère souffre de voir les
alliés en France et les Autrichiens à Coppet. Elle est fixe dans les mêmes
opinions et tout le monde tourne autour d'elle, ce qui fait qu'elle a l'air de
changer lorsqu'elle est la seule personne invariable. En arrivant ici elle se
trouvait ministérielle ; à présent, elle se trouve près de l'opposition, elle a 25
pourtant dit et pensé les mêmes choses. Fanny[3] a perdu sa sœur et se trouve
sans argent à Vevey donnant des leçons pour vivre, cela fait une pitié affreuse. Quand je compare le château de Coppet à ceci, je me trouve bien isolée, il
n'y a pas dans tout ce pays-ci une personne qui m'intéresse autant qu'un
seul de nos amis dispersés. Ecrivez-nous souvent ; Schlegel[4] est ébloui de sa 30
place, il n'est pas en faveur mais il est auprès d'un Prince et c'est tout ce
qu'il lui faut ; il écrit rarement et il ne nous dit guère que ce qu'il y a dans les
gazettes. Adieu, cher ami, écrivez-moi et mettez Bertichon[5] en vedette à
cause du respect que vous me devez depuis que j'ai seize ans.

Éditions   **1.** Nolde (1907), pp. 155–158.   **2.** *Léon (1928), pp. 24–25, et vol., pp. 50–52.
3. Kloocke (1993), n° 75, pp. 189–190.

Texte *Notes de Léon :*   **1** 1814] Londres *ajouté entre crochets carrés par Léon.*   **4** me]
Après le me *un mot biffé.*   **14** n'a] *Le* n'a *dans l'interligne rajouté de la main de Madame de
Staël.*   **23** qu'elle] elle *dans l'interligne au-dessus d'un* on *biffé.*

Notes
[1] Depuis la chute du régime napoléonien en Hollande et en Allemagne, les communications
    entre Hanovre et Londres, où se trouvent Albertine de Staël et sa mère, sont à nouveau
    possibles.
[2] Voir au Répertoire.
[3] Fanny Randall.
[4] August Wilhelm von Schlegel est auprès du Prince Royal de Suède Bernadotte.
[5] Diminutif du prénom Albertine.

2430

Germaine de Staël à Benjamin Constant

10 janvier 1814

10 janvier 1814.
Je vous ai écrit par un voyageur allant en Hollande hier de manière que je
n'ajouterai que quelques lignes à celle d'Albertine. – Ma santé est très mauvaise et c'est bien moi qui pourrais mourir. – Vous m'avez appris à ne plus
croire à rien de durable dans ce monde et tout est songe depuis que je ne 5
conçois plus rien ni à vous ni à moi. – Car, se peut-il qu'un tel homme ait
méprisé une telle affection et qu'une telle femme n'ait pas su se faire aimer,
quand elle aimait du plus profond de son être ; mais laissons cela. – Vous
passiez, dit Mackintosh, pour l'être du monde le plus extraordinaire à Edin-
bourgh[1] et en effet je pense que vous l'êtes dans tous les sens. Tout ce que 10
vous dit Albertine est vrai, vous voyez qu'elle a de l'esprit et de la grâce,
avec cela elle est belle mais elle a de l'indolence et je ne sais si elle se fera
sentir par les autres. – Je vous envoie une lettre pour le comte de Münster[2]
dont Villers fera ou non usage à son choix. – A-t-il des nouvelles de son
frère[3], je m'y intéresse et je pourrais écrire pour lui à Mr. de Balaschoff[4], 15
ministre de la police russe, s'il y avait lieu et que l'on me donnât les renseignements nécessaires. – Il faut tâcher de s'aider dans ce monde avant que
d'en partir. N'avez-vous donc aucune idée de la probabilité de la contre-
révolution et pensez-vous que le cours des choses à cet égard nous épar-
gnera ? Les hommes de ce parti sont ici assez polis pour moi mais je me 20
connais et je les connais, et s'il n'y a pas de conditions nous serons Lord
Russel et Lord Sidney[5]. – Je suis étonnée que vous ne soyez pas resté auprès
du Prince Royal; c'est lui que je voudrais pour Guillaume Trois[6]. Vous me
paraissez bien isolé à Hanovre pour un tel moment. – Enfin tâchez de savoir
ce que vous voulez faire, alors je m'arrangerai pour vous voir quelque part. 25
Mon projet était d'aller en Ecosse cet été, de faire imprimer ma vie politique
de mon père[7] l'autre hiver et de partir au printemps de 1815 pour Berlin et
de là pour le midi par la Suisse s'il n'y a pas de France. Mais... mais...
mais... Enfin que faites-vous, tâchez donc le savoir ?
Écrivez-moi – chez Monsieur de Rehausen[8], ministre de Suède.   30

Éditions   **1.** Nolde (1907), pp. 152–154.   **2.** *Léon (1928), pp. 52–54.   **3.** Solovieff (1970),
pp. 470–471 (avec coupures).   **4.** Kloocke (1993), n° 76, pp. 191–192.

Texte   1 1814] Londres *ajouté entre crochets carrés par Léon.*   **20** parti] de ce parti *dans l'interligne.*   **30** Écrivez-moi … Suède] *phrase écrite sur la première page en face de la date.*

Notes
1   Voir le Répertoire, et aussi Wood, *Constant* (1993), pp. 43–62.
2   Voir la lettre 2411, note 2 et la lettre 2457 note 2.
3   Le frère cadet de Villers, Frédéric-François-Xavier Villers (1770–1846), n'a pas péri pendant la retraite de Moscou, mais soupçonné d'avoir collaboré avec les occupants français, il a été arrêté par les autorités russes en Pologne ou en Allemagne. Il sera enfin libéré et se fixera à Dresde.
4   Germaine de Staël écrit *Badaschoff*, mais il s'agit d'Alexandre Dmitriévitch Balachov (1770–1837), général et homme d'état russe, ministre de la police russe de 1810 à 1813. Pendant l'invasion de la Russie, Balachov était avec l'armée russe à Vilna (Vilnius).
5   William, Lord Russell (1639–1683) et Sir Algernon Sydney (1623–1683) furent accusés d'insurrection contre le roi Charles II et décapités le 21 juillet 1683. En évoquant ceux qui s'étaient opposés à la dynastie catholique des Stuarts, restaurée avec Charles II en 1660, Germaine de Staël pense évidemment à un éventuel retour des Bourbons en France.
6   Guillaume III (1650–1702), prince d'Orange, stathouder, roi d'Angleterre à partir du 13 février 1689. Protestant fervent, Guillaume d'Orange avait remplacé le roi Stuart Jacques II (1633–1701), catholique et francophile, à la suite de la «Glorieuse Révolution» de novembre 1688. On voit aisément l'analogie avec la situation en France en 1814, dans laquelle Germaine de Staël voudrait que le prince Bernadotte joue le rôle d'un Guillaume d'Orange.
7   Les *Mémoires sur la vie politique de mon père, par Mme de Staël-Holstein*, suivis des *Mélanges de M. Necker* paraîtront en 1818 (Paris et Londres, chez Colburn) avec une préface de BC.
8   Voir la lettre 2414, note 6.

2431

Benjamin Constant à Heinrich Wilhelm Hahn et Bernhard Dietrich Hahn

14 janvier 1814

14 Jan 14

Euer Hochgeborenen

betrifft 19 nicht dabei
Bitte ich um die Note der Exemplare die Sie mir schon geschickt ; und sende
Ihnen hierbei 19. zurück wo die Druckfehler nicht angezeigt sind[1], welche 5
Anzahl von den mir gelieferten abgezogen werden müssten. Zugleich wollte
ich erst für Ihr eigenes Interesse die Ihrigen bald möglichst in Umlauf zu
bringen. Die englische Ausgabe[2] wird sehr bald fertig sein wenn sie es nicht
schon ist. Sie werden sich vielleicht wundern, wenn ich Ihnen zeige, was mir
für diese englische Ausgabe angeboten ist und ich auch angenommen[3]. Sind 10
meine Exemplare nach Göttingen angekommen, senden Sie mir so viele wie
Sie können bis meine Zahl vollständig ist.

Herrn Gebrüder Hahn / Hochgeb

Gruss
von Constant
15

Manuscrit   *Leipzig, UB, Sammlung Kestner ; 2 pp.; orig. autogr.

Notes
[1] La première édition comporte, ajouté à la fin du volume, un feuillet d'errata.
[2] Celle de John Murray, publiée à Londres fin mars 1814 (Courtney, *Bibliography*, n° 10b).
[3] Voir la lettre de BC du 12 février à Mme de Nassau où il écrit : «L'ouvrage va être réimprimé en Angleterre, d'où un libraire m'a fait des offres avantageuses pour une seconde édition augmentée».

Traduction
A propos de 19 [exemplaires] qui ne sont pas sous ce pli
Je vous demande un mémorandum concernant les exemplaires que vous m'avez déjà envoyés, et je vous renvoie ci-joint dix-neuf exemplaires où les fautes d'impression n'ont pas été indiquées : ils doivent être déduits du nombre de ceux qui m'ont été fournis. En même temps je voudrais, dans votre propre intérêt, les faire circuler le plus tôt possible. L'édition anglaise sera bientôt terminée, si elle ne l'est pas déjà. Vous seriez peut-être étonné si je vous montrais ce qu'on m'a offert et que j'ai accepté pour cette édition anglaise. Est-ce que mes exemplaires sont arrivés à Göttingue ? Envoyez-moi autant que vous le pouvez jusqu'à ce que j'aie reçu tous ceux qui me sont dûs. Salutations.

2432

Germaine de Staël à Benjamin Constant

18 janvier 1814

Ce 18 janvier 1814.
Je ne conçois pas comment mes lettres ne vous parviennent pas ; je vous ai écrit dix fois par le Quartier Général, directement, de toutes les manières. – Votre livre n'est point arrivé à mon libraire Murray, Albemarle street. – Il dit que, si vous lui donnez un manuscrit avant qu'il paraisse sur le conti- 5 nent, il le paiera bien. – Plus si c'est politique, moins si c'est philosophie. Mais en vérité ne vaut-il pas mieux attendre la France ? On croit ici à la restoration si généralement que, soit que cela me plaise ou non, je m'y prépare en vivant bien littérairement. On sera tranquille à ce que je crois. Il vaut mieux tout ajourner à ce temps. – J'irai en Ecosse et en Irlande[1] cet été 10 – mais je crains que ce pays ne m'offre rien pour Albertine et alors je n'y veux pas rester. Croyez-vous qu'en Allemagne je trouverai l'homme qu'il lui faut ? Elle n'est pas taciturne mais elle a été désappointée, les héros de romans manquent ici et l'excès de fortune du pays fait que nous sommes à la

lettre pauvres, ce qui ne laisse pas d'être désagréable quand on n'y est pas   15
accoutumé. - Ajoutez à cela la contre-révolution qui sera tout au plus généreuse[2] pour nous, – et vous comprendrez qu'on peut être triste. Il n'y a de
net que la peine et ce misérable tyran nous a fait un mal qui durera longtemps après lui. – Mon admiration pour ce pays n'est pas diminuée, j'y suis
très bien personnellement, mais Albertine est ma seule vie dans ce monde et   20
je commence à craindre qu'elle ne serait pas heureuse ici. – Parlez-moi sur
elle, aidez-moi si vous le pouvez, que ferait-elle si je mourais demain, et ma
santé est bien affaiblie. Adieu. Ah, vous avez perdu notre sort !

Voilà une lettre de Mackintosh[3] pour vous – c'est un homme excellent
mais qui s'effraye un peu à la Garat[4].   25

Éditions   **1.** Nolde (1907), pp. 158–160.   **2.** *Léon (1928), pp. 55–56.   **3.** Kloocke (1993),
n° 78, pp. 195–196.

Texte   **1** 1814] Londres *ajouté entre crochets carrés par Léon..*   **25** *phrase écrite sur la
première page en face de la date.*

Notes
[1] Il n'en sera rien. Après l'abdication de Napoléon le 6 avril 1814, Germaine de Staël se
     ralliera sans grand enthousiasme aux Bourbons, rentrera à Paris le 12 mai 1814 et se ré-
     installera à Coppet au cours de l'été 1814.
[2] Germaine de Staël essaie de récupérer l'argent que son père, le banquier Jacques Necker,
     avait prêté avant 1789 au trésor public de la France.
[3] Non retrouvée.
[4] Dominique-Joseph Garat (1749–1833) qui avait changé d'allégeance plusieurs fois pendant
     sa longue carrière politique et qui passait plutôt pour un opportuniste bavard que pour un
     homme vraiment timide. Sous peu il allait louer les Bourbons et l'occupation étrangère.

2433

Benjamin Constant à Charles de Villers

19 janvier 1814

Je puis enfin, mon cher Villers, vous rendre compte, de la commission dont
vous m'aviez chargé, et vous dire quelques petites choses sur vous. J'ai
différé jusqu'a ce que je le pusse à vous écrire :

1° J'ai vû hier pour la 1ere fois depuis votre lettre M. de Bremer à souper
chez le Duc[1]. Je lui ai parlé de vous, sans lui faire de question positive, ce   5
que vous désiriez que j'évitâsse. A votre nom, il s'est frappé le front et s'est
écrié Mon Dieu ! J'ai oublié de lui répondre. J'ai tant de lettres à écrire, &c[a].
Ensuite il m'a dit : je ne vois aucun inconvénient à ce qu'il porte l'ordre[2] que
le P[ce] R[al] lui a envoyé, vû les relations du P[ce] avec ce pays, où il commande.»

Je lui ai objecté que vous ne vouliez rien faire que de l'aveu de votre gou- ₁₀
vernement : il m'a repliqué : que le gouvernement ne pouvoit qu'être toujours très-satisfait de tout ce qu'on fesoit d'accord, ou en vertu de quelque
disposition du P^ce R^al. D'ailleurs, a-t-il ajouté, le P^ce va arriver, et il faudra
bien alors que M. de Villers porte l'ordre qu'il lui a donné.» Je lui ai demandé, si je pouvois vous écrire là dessus. Il m'a dit qu'*Oui*. Je ne crois pas ₁₅
que lui vous réponde parce que rien n'étant officiellement décidé, par le
Gouvernement anglois sur les Professeurs placés à Göttingue par celui de
Westphalie, les Ministres d'ici ne peuvent rien écrire qui ait l'air de préjuger
la décision.

Au reste, quant à ce dernier Article, vous pouvez être parfaitement tran- ₂₀
quille. M. d'Arnswaldt³ qui étoit deja très fort votre partisan, sur votre
réputation, mais qui est devenu votre ami très chaud d'après nos conversations sur vous, en a eu une avec M. de Münster⁴, dont il m'a rendu un
compte très exact. Ce dernier l'a consulté sur les Professeurs placés à Göttingue depuis l'invasion, et Arnswaldt lui a parlé de vous dans les termes les ₂₅
plus honorables et avec la plus grande chaleur, lui disant que c'étoit un
honneur pour Göttingue de vous posséder, que vous étiez devenu un nom
national en Allemagne, que si l'on ne vous traitoit pas très bien, il y auroit
un concert de blâme dans toute l'Europe, &c^a. En me racontant cela, il m'a
ajouté qu'il n'avoit pas eu le mérite de combattre pour vous, ou d'eclairer ₃₀
M. de Münster, lequel au contraire lui avoit paru partager son opinion en
tout point.

Enfin, j'ai eu moi même, au grand etonnement de tous les courtisans qui
pensent qu'une conversation d'un quart d'heure avec le Duc de Cambridge⁵
n'appartient qu'à eux, une conversation de pres d'une heure, d'abord sur ₃₅
Gottingue, mais que j'ai bien vite amenée sur vous. Il vous connoissoit déja,
il m'a dit avoir lû vos ouvrages avant son dernier départ d'Allemagne, et
s'est exprimé de la manière la plus satisfaisante. Quoiqu'il n'ait pas d'influence directe sur ce qui regarde l'université, son opinion, qu'en cas de
besoin il exprimerait sans doute, seroit sûrement d'un grand poids.   ₄₀

Mon *bericht*⁶ fait, je finis, car je n'ai pas un moment à moi. Mon libraire
m'a rattrappé⁷, et je dois éviter qu'il ne s'en doute, sans quoi il retomberoit
dans ses premières lenteurs. J'écris donc à force pour preparer une feuille
pour demain. De plus je corrige mes épreuves, ce qui abyme mes yeux, de
plus encore je corrige la correspondance interceptée⁸ qu'on publie, et enfin ₄₅
je dine et je soupe en ville. Aussi ma tête, mes yeux, mes nerfs sont souffrans. La paix est faite⁹, modérée glorieuse et bonne. Notre P^ce R^al a victo-
rieusement répondu à tous les murmures. Il arrive incessamment¹⁰. On dit
qu'il passera 15 jours ici. Vous devriez y venir. Cela seroit bon pour vous
sous tous les rapports.   ₅₀

Adieu. Je bavarde et n'en ai ma foi pas le tems.

C[t]

Ce 19

Manuscrit   *Hambourg, SUB, Nachlass Charles de Villers, Mappe 12, ff. 488–489; 4 pp.; orig. autogr.

Éditions   **1.** Isler (1879), n° 20, pp. 39–41.   **2.** Kloocke (1993), n° 79, pp. 197–198.

Texte   *Note au crayon [de la main de Villers ?] en tête de la lettre :* 19 Janv. 1814; *et à la fin, note à l'encre :* Hannovre Ce 19 Janv. 14.

Notes
[1]   La lettre de Villers à laquelle BC avait répondu le 9 janvier, n'a pas été retrouvée. Selon le Journal, BC avait dîné chez le duc de Cambridge le 18 janvier 1814. On n'y trouve aucune mention du ministre Friedrich Franz Dietrich Graf von Bremer (1759–1836).
[2]   Il s'agit de l'ordre de l'Étoile polaire.
[3]   Voir la lettre 2428, note 3.
[4]   Voir la lettre 2411.
[5]   Voir la lettre 2418, note 4.
[6]   *Rapport* en allemand.
[7]   En effet le 17 janvier BC avait noté dans son Journal : «Peu avancé. Mon imprimeur va me regagner.»
[8]   Voir la lettre 2415, note 9. On ignore si BC a collaboré à cet ouvrage de Schlegel ou s'il ne fait qu'en corriger les épreuves.
[9]   On ne sait de quel événement BC parle ici, puisque les combats vont continuer jusqu'à la signature de l'armistice entre la France et les Alliés, le 23 avril 1814.
[10]   Le prince Bernadotte arrivera à Hanovre le 2 février 1814.

2434

Germaine et Albertine de Staël à Benjamin Constant

23 janvier 1814

Ce 23 janvier, 1814

[*De Germaine de Staël*]

J'ai reçu vos feuilles[1] et j'en suis dans l'admiration. – Le seul homme qui les ait lues, Mackintosh en a reçu la même impression et il ne peut pas y avoir là dessus deux avis mais voici ce que je vous propose – voulez-vous les faire 5 imprimer sans aucun nom propre ? Cette forme à la Montesquieu[2] vous paroit elle suffisamment pressante pour le tems actuel ? Le libraire en parcourant le 1er chapitre a dit, que sans noms propres il en donneroit cent louis mais cinq fois autant avec des noms – Si vous voulez vous détacher de la circonstance publiez votre grand ouvrage – si vous voulez vous rattacher à 10 la circonstance mettez des noms propres – si j'ai tort ordonnez courier par courier, et vous serez obéï − Murray dit que vous n'êtes pas encor très connu ici qu'il faut vous y faire connoitre par cet écrit et qu'après tout ce que vous ferez sera payé très cher − je vous fais part de mon opinion et de celle du libraire[3], c'est à vous de décider ! − 8 jours après l'arrivée du reste des feuilles ₁₅ et de votre réponse à cette lettre l'ouvrage paraîtra, − mais pour recevoir ici beaucoup d'argent la publication n'en doit pas être faite auparavant sur le continent ; le contraire est préférable[4]. − Enfin une dernière question et la plus importante : − votre sentiment est-il toujours le même qu'il y a trois mois ? Ne voyez-vous pas le danger que court la France ? Ne sentez-vous ₂₀ pas le vent de la contre-révolution[5] qui souffle en Hollande, en Suisse et qui renversera bientôt tout en France ? Je suis comme Gustave Vasa[6], j'avais attaqué Christiern − mais on a placé ma mère sur le rempart ; − est-ce le moment de parler mal des Français, lorsque les flammes de Moscou menacent Paris ? − Pesez bien tout cela et décidez, mais sans flatterie ! Dites-vous ₂₅ que votre talent est incomparable, − fixez-lui son cours, mais ne soyez pas incertain de sa force !

Le duc de Berry[7] est venu me voir et je ne suis pas mal avec les Bourbons. − S'ils reviennent, il faudra se soumettre, car tout vaut mieux que de nouveaux troubles ; mais ils n'ont changé en rien, ni surtout ceux qui font leur ₃₀ entourage ; et tandis que le pouvoir absolu de Napoléon avait toute l'Europe contre lui, le leur sera raffermi par elle. − Je voudrais bien [en] causer avec vous, mais de quoi ne voudrais-je pas causer avec vous ? C'est cependant nécessaire, car nos esprits du moins seront toujours en sympathie l'un avec l'autre. ₃₅

Voulez-vous qu'on mette votre nom[8] sur votre ouvrage ? Tout le monde le saura, sauf le public qui fait la renommée de l'auteur. − Il n'est plus temps d'exciter [les esprits] contre les Français, on ne les hait que trop − quant à l'homme[9], quel cœur libre pourrait souhaiter qu'il fût renversé par les cosaques ? Les Athéniens disaient de Hippias[10]: «Nous vous le refusons, si ₄₀ vous nous le réclamez». − Il doit signer une paix humiliante, et la France doit réclamer une ass[emblée] représentative ; mais tant que les étrangers y sont, pouvons-nous les aider ? L'opposition ici est de mon avis, et vous savez je si hais Napoléon. Réfléchissez mûrement à ce que vous êtes en train de faire. On peut tout dire dans un grand ouvrage ; mais dans un pamphlet, ₄₅ qui est une action, il faut bien choisir le moment. − On ne doit pas dire du mal des Français lorsque les Russes sont à Langres. − Que Dieu me bannisse de France, plutôt que de m'y faire rentrer à l'aide des étrangers ! Je vous ai dit mon opinion, dorénavant vous pouvez compter que je vous servirai avec exactitude et empressement. Ecrivez-moi, je n'ai pas cessé de vous écrire, je ₅₀ ne cesserai jamais. − Vous m'avez fait beaucoup de mal, et plus je vis ici, plus je vois que votre caractère n'est pas moral. Mais j'estime le talent qui est en vous et le sentiment qui a rempli mon cœur pendant tant d'années, – aussi serai-je pour vous toujours une amie, vous n'en devez jamais douter.

Quelle crise, ce moment ! La liberté est la seule chose qui est dans le sang 55 de toutes les époques, dans tous les pays et dans toutes les littératures, – la liberté et ce qu'on n'en peut séparer, l'amour de la patrie. – Mais quelle combinaison qui nous fait trembler devant la défaite d'un tel homme ! La France n'a-t-elle pas deux bras : un pour chasser l'ennemi, et l'autre pour renverser la tyrannie ? – Pourquoi le Sénat n'appellerait-il pas le Prince de 60 Suède[11] comme négociateur de la Paix ? Il devrait être le Guillaume III de la France[12]. - Pourquoi n'allez-vous pas le voir ? Pourquoi ne pousse-t-il pas seul avec ses Suédois une pointe vers Paris ? Cela serait possible. Je l'ai vu de près et je le tiens pour le meilleur et le plus noble des hommes qui puissent régner. – Je me laisse entraîner à causer avec vous. – Le duc de 65 Berry est à Jersey, le duc d'Angoulême chez lord Wellington[13]; – le comte d'Artois[14] est parti pour recruter en Suisse, en sa qualité d'ancien Colonel-Général. Chacun d'eux n'a qu'un seul aide de camp avec lui. – Le Gouvernement d'ici dit seulement qu'ils ne sont pas prisonniers. – Le pays n'est pas pour eux mais très violemment contre Bonaparte! En effet il n'y a qu'un 70 armistice de possible avec lui, – et la France, la France, si elle aimait la liberté ! - Dites-moi si toutes mes lettres vous sont parvenues ; répondez à celle-ci vite et en détails, je vous en prie, – Albertine vous a écrit aussi.

[D'Albertine de Staël:]

Voilà une lettre de Sir James Mackintosh[15] sur votre ouvrage. Il faut que 75 je vous dise toute mon admiration sur ce que vous avez écrit, j'ai été entrainée en le lisant comme je l'eusse été un roman. C'est beaucoup, que des idées puissent me faire cette impression. Je me donne comme exemple de l'effet sur le *vulgaire*.

Manuscrit   Non retrouvé. Collection particulière inconnue. Un *fac-similé de la première page (texte des premières 15 lignes et du post-scriptum d'Albertine) se trouve dans le catalogue de vente de Sotheby's Monaco S.A.M., vente du 16 et 17 octobre 1989.

Éditions   **1.** Strodtmann (1879), II, pp. 27–29.   **2.** Nolde (1907), pp. 160–166 (traduction anglaise de Strodtmann).   **3.** *Léon (1928), pp. 57–62 (traduction française de Strodtmann). **4.** Solovieff (1970), pp. 471–472 (avec coupures).   **5.** Kloocke (1993), n° 80, pp. 199–201.

Texte   **14** vous] *Jusqu'ici, nous avons reproduit le texte du catalogue de Sotheby (1989). A partir de ce mot le texte est donné d'après Léon (1928).*   **74** *Le texte du post-scriptum d'Albertine est reproduit d'après le catalogue de Sotheby (1989).*

Notes
[1] Celles d'un jeu d'épreuves de *De l'esprit de conquête et de l'usurpation.*
[2] C'est-à-dire (d'après le contexte) en évitant toute allusion directe à des personnalités politiques contemporaines.

³   John Murray (1778–1843), dont la maison d'édition était située au 50 Albemarle Street, dans le quartier londonien de Mayfair, connaissait beaucoup d'écrivains et publiait les romans de Walter Scott et de Jane Austen ainsi que les poésies de Byron.

⁴   L'édition de Hanovre, chez Hahn, paraîtra la première, le 30 janvier 1814, celle de Murray fin mars.

⁵   Sous peu Germaine de Staël se ralliera à regret elle-même aux Bourbons.

⁶   Germaine de Staël se souvient de la tragédie *Gustave Wasa* (1733) du dramaturge français Alexis Piron (1689–1773) qui met en scène le dilemme de Gustave (Gustav Eriksson Vasa, Gustave Iᵉʳ, roi de Suède (1496–1560)), dont la mère est prise en otage par Christierne (Christian II, roi de Danemark et de Norvège (1481–1559)). Christierne écrit à Gustave à propos de sa mère et d'Adélaïde, princesse de Suède : «Ou deviens Parricide, ou fléchis ma colère, / Gustave. Je t'accorde une heure pour le choix. / Songe à ce que tu peux : songe à ce que tu dois. / Ou rends-moi la Princesse, ou vois périr ta mère» (Acte V. scène 3). En réalité Christian II, dont la cruauté et la perfidie lui valurent le titre de «Néron du Nord», se vengea de Gustave Vasa, qui venait de le détrôner en 1523, en tuant sa mère et sa sœur.

⁷   Charles-Ferdinand d'Artois, duc de Berry (1778–1820), second fils du comte d'Artois, futur roi Charles X et de Marie-Thérèse de Sardaigne. Le duc de Berry est à Londres où il prépare le retour de la monarchie des Bourbons. Il sera assassiné à Paris en sortant de l'opéra, le 13 février 1820, par un ouvrier nommé Louvel.

⁸   On lit sur la page de titre de la première édition de l'*Esprit de conquête* et de l'édition de Londres : «Par Benjamin de Constant-Rebecque, membre du Tribunat, éliminé en 1802, Correspondant de la Société Royale des Sciences de Göttingue».

⁹   Napoléon.

¹⁰   Tyran connu pour sa cruauté, Hippias fut expulsé d'Athènes en 510 avant J.-C. Il se réfugia chez les Perses qui menacèrent d'attaquer Athènes si les Athéniens ne rétablissaient pas la tyrannie de Hippias. Les Athéniens s'y refusèrent et maintinrent la démocratie malgré cette menace.

¹¹   Comme on le sait, BC est toujours en contact avec Bernadotte, dont il soutient les ambitions.

¹²   Voir la lettre 2430, note 6.

¹³   Louis-Antoine d'Artois, duc d'Angoulême (1775–1844), fils du futur Charles X, est avec le duc de Wellington dans le sud de la France et prépare le retour des Bourbons.

¹⁴   Le futur Charles X, roi de France (1757–1836), frère cadet de Louis XVIII. En 1814, il est nommé lieutenant-général du royaume, se rend en Franche-Comté et fait une entrée triomphale à Paris le 12 avril 1814. A la mort de son frère Louis XVIII en 1824, il montera sur le trône.

¹⁵   Non retrouvée.

2435

Benjamin Constant à Charles de Villers

27 janvier 1814

Qu'arrive-t-il donc à nos lettres, mon très cher Villers? La votre du 18¹ m'est parvenue aujourdhui 27. Je vous en ai écrit une longue, le 19². Vous est-elle arrivée. Je vous y parlais surtout de vous et de vos affaires.

Savez-vous que je crois un peu que votre désespoir sur les François est un masque que prend votre paresse, pour vous justifier à vos yeux ? Comment n'avez vous pas encore commencé votre croisade[3]? Je ne suis point aussi mécontent de la nation que vous. Elle ne le renverse[4] pas encore, mais elle ne le défend pas, et cela suffit pour qu'il tombe.

Je suis encore moins mécontent de votre Godefroy[5]. Il a fait ce qu'il devoit envers son pays, et il s'est conduit noblement, en laissant dire, jusqu'à ce qu'il eut assuré à ses concitoyens actuels ce qu'il leur avoit promis. Il a fondé sa popularité, qui lui étoit très nécessaire, pour les mener plus loin. Maintenant il marche.

Je voudrais plus de rapidité : mais j'espère que cela ira. Dieu nous préserve de la paix que le lâche corse[6] demande à genoux. Dieu nous préserve d'un petit crétin d'Angoulême[7], dont on parle, mais qui, j'espère, n'est pas à craindre et tout ira. Rougissez donc de votre inaction. Laissez la vos Récensions, qui ne font rien à la France. Écrivez le plus vîte possible. Il n'y a pas de tems à perdre. Chevalier de l'étoile polaire, sic itur ad Astra.[8]

Je vous donne un assez bel exemple. Dimanche ou Lundi, je vous enverrai une brochure[9] de 200 et tant de pages. C'est tout ce qu'on peut exiger d'un honnête homme en six semaines. Au commencement je mettais des mittaines : mais le sujet m'a entraîné ; et j'ai tout dit, et pris l'home corps à corps. Il en arrivera ce que Dieu voudra. J'espère que l'ouvrage est bon, je suis sur que l'action est bonne. Le reste n'est pas mon affaire. J'y mets mon nom, parce qu'il ne faut rien faire à demi.

Le Prince Royal arrive la semaine prochaine. Je ne sais si ce sera pour longtems. Mais je m'en réjouïs sous mille rapports. Vous devriez venir le remercier ici. Vous arrangeriez peut-être d'un tour de main toutes vos affaires. Nous retournerions peut-être ensemble, car j'irai à Göttingue dès que le Prince sera parti[10].

Vous avez tort de faire la recension de la Sybille sur mon édition[11]. Celle d'Angleterre est différente. Il y a des notes sur les endroits que la censure avoit retranchés. Il y a une préface, ou elle raconte son exil d'une manière très piquante. Votre recension sera fort imparfaite, si vous ne parlez de rien de tout cela. Pour vous aider néanmoins, si vous avez déjà commencé, voici la Préface[12] mal traduite en allemand.

Je vis toujours, malgré mes travaux, au milieu d'un monde inouï, et j'ai bien besoin de me reposer. Il n'y a pas jusqu'à ma femme qui regrette quelquefois la solitude de Göttingue, quand la fatigue est trop forte. Car du reste on est admirablement bon pour nous ici.

Adieu cher Villers, ne soyez plus si inexcusablement paresseux, et ne vous en prenez pas à l'espèce humaine. Je crois qu'elle ira bien, tot ou tard. Nous n'en serons peut être pas les témoins, mais qu'importe.

Ce 27 Janv[r]

an den / Herrn von Villers / Professor der Diplomatie / &c^a &c^a / Hoch-wohlgebohren / zu *Göttingen*

Manuscrit   *Hambourg, SUB, Nachlass Charles de Villers, Mappe 12, f. 490; 2 pp., la fin du texte et l'adresse p. 2; timbre : Hannover ; orig. autogr.

Éditions   **1.** Isler (1879), n° 21, pp. 41–43.   **2.** Kloocke (1993), n° 81, pp. 202–204.

Texte   *Note au crayon [de la main de Villers ?] en tête de la lettre* : 27 Janv. 1814.   **32**   de] *ajouté dans l'interligne*

Notes
[1]   Non retrouvée.
[2]   La lettre 2433.
[3]   Voir, sur la «croisade» (ouvrage sur lequel Villers travaille), la lettre 2428, note 13.
[4]   C'est-à-dire Napoléon.
[5]   Sans doute une allusion voilée à Bernadotte. Godefroy de Bouillon, duc de Basse-Lorraine (1058–1100), chef de la première Croisade et premier roi de Jérusalem.
[6]   On comprend mal cette remarque de BC, car Napoléon n'a pas cessé de résister aux Alliés.
[7]   Voir la lettre 2434, note 13.
[8]   *Macte nova virtute, puer : sic itur ad astra,* «Courage, vertueux enfant, c'est ainsi qu'on s'élève jusqu'aux cieux» (Virgile, *Enéide*, IX, 641). Voir les lettres 2423 et 2428.
[9]   *De l'esprit de conquête et de l'usurpation.*
[10]   BC se rendra à Bückeburg (Basse-Saxe), ville située à 30 km à l'ouest de Hanovre, le 6 février 1814, et y rencontrera le prince Bernadotte, qui lui décerne l'Ordre de l'étoile polaire. BC le quittera le 8 février. Il arrivera à Göttingen avec Charlotte le 24 février 1814.
[11]   Il s'agit d'une édition de *De l'Allemagne* (1810) mutilée par la censure napoléonienne. Voir l'article de Simone Balayé, «Madame de Staël et le gouvernement impérial en 1810, le dossier de la suppression de *De l'Allemagne*», *Cahiers staëliens*, 19, (1974), pp. 3–77.
[12]   Une traduction allemande de cette Préface avait paru indépendamment du livre, en guise de prospectus, en décembre 1813, à Berlin chez Hitzig, sous le titre de *Frau von Staël's Verbannung aus Frankreich von ihr selbst erzählt. Als Prospectus der Übersetzung ihres neuen Werkes : Über Deutschland, mit einer kurzen Übersicht des Inhalts desselben.*

2436

Benjamin Constant à Bernadotte

27 janvier 1814

Monseigneur,
Je viens remercier respectueusement et avec une profonde reconnoissance Votre Altesse Royale, de ce qu'elle a bien voulu penser à moi, et de ce qu'elle a daigné me faire dire par Marenholz[1]. Si au moment ou sa lettre[2] m'est parvenue, le départ de V.A.R. n'eut pas déja été annoncé ici, d'une manière   5 positive, je n'aurais pas perdu un instant pour me rendre à Kiel. Mais la certitude de ne L'y plus trouver, et l'assurance qu'on me donnoit qu'Elle

viendrait ici, ou s'en rapprocheroit au moins, jointes au désir d'achever l'impression d'un ouvrage[3], susceptible de produire peut être quelqu'effet en France, m'ont fait croire qu'il valoit mieux attendre quelques jours, pour avoir sur la marche de V.A.R. des données plus fixes. J'apprends enfin avec bonheur qu'Elle passe par Hanovre.

Le moment est venu, Monseigneur, ou Vos grandes destinées doivent s'accomplir. Le prétendu Conquérant du monde[4] se montre tellement vil qu'il doit révolter les François par sa bassesse actuelle, encore plus que par sa démence précédente. J'ai taché à la fin de mon ouvrage, de rendre énergique un appel à l'honneur de la Nation. Mais, Monseigneur, n'est-il pas à craindre que cet homme n'obtienne la paix, en sacrifiant la moitié de la France ? Le sang bout, quand on voit la gloire Républicaine ternie par l'assassin de la République, qui semble n'avoir voulu la remplacer que pour l'avilir.

J'envoye à M. Schlegel, Monseigneur, les premières feuilles de ce petit ouvrage. Si V.A.R a un moment de loisir, et daigne s'en faire rendre compte, je serais bien heureux d'obtenir son approbation.

Votre Altesse Royale a conféré à Villers une faveur[5] dont il est bien glorieux. Je m'en suis réjouï pour lui, comme de tout ce qui lui porte avantage, mais non sans moi même lui porter envie, d'une telle marque de bienveillance de la part de celui que je regarde comme le Sauveur de la liberté.

Je prie V.A.R. d'agréer nos remerciemens bien vifs, de ma femme et de moi, pour Votre extrême bonté envers mon beau-fils. Il ne s'est éloigné de V.A.R. qu'avec un profond regret et un bien sincère enthousiasme.

Je suis avec respect et un desir ardent de Lui prouver mon dévouement sans bornes,

Monseigneur

de Votre Altesse Royale

le très humble et très obéissant serviteur

Benjamin Constant de Rebecque

Hanovre ce 27 Janvier
1814.

Manuscrit   1. *Stockholm, BFA ; 2 pp.; orig. autogr.   2. Stockholm, Riksarkivet, Löwenhielm 6c (E4688); copie ancienne.

Édition   Hasselrot (1952), pp. 28–29.

Texte   *Note en tête de la lettre* : Benjamin.   **4**   Marenholz[1]] *note d'une autre main ajoutée au bas de la p. 1:* beaufils de M. B. Constant.   **16**   précédente] précédente *suivi de* +   **21**   l'avilir.] l'avilir *suivi de* +, renvoi à la note suivante d'une main inconnue, écrite sur une page annexe :* NB. Cette insulte faite à la gloire et à la grandeur malheureuses affecta le P[ce] au point qu'il fut longtems à hésiter de voir Mr B. Constant.   **33**   *note d'une autre main ajoutée à la p. 2 :* Mr Villers avait reçu à Gottingue lors du passage du P[ce] après la bataille de Leipsic la décoration de l'étoile polaire.

Notes

[1] Wilhelm Ernst August Christian von Marenholtz (1789–1865), fils de Charlotte. Voir la lettre de BC à von Stedingk du 15 novembre 1813 à propos de son beau-fils.

[2] Non retrouvée.

[3] *De l'esprit de conquête et de l'usurpation.*

[4] Napoléon.

[5] BC sollicite la croix de l'Ordre de l'Étoile polaire. Voir la lettre 2423, note 4.

2437

Benjamin Constant à Rosalie de Constant

29 janvier 1814

Votre lettre[1] m'a fait d'autant plus de plaisir, chère Rosalie, que je m'affligeois d'être si longtems sans rien recevoir de vous. Depuis ma dernière lettre[2], il s'est encore passé bien des choses, et le monde a fait des pas en avant. Mon individu a suivi la marche générale ; je vous enverrai bientot un petit ouvrage[3] que je viens de publier, et qui est tout-à fait un acte de devoir et de conscience. Je n'en ai pas seul le mérite. J'en ai été fortement sollicité par des amis et même par d'autres. Je voulois d'abord n'y pas mettre mon nom : mais l'anonyme, à ce qu'on prétendoit auroit nui à l'effet. C'est, je crois, ce que jusqu'à présent j'ai écrit de mieux. Le résultat *mondain*[4] (vous me trouverez bien mystique), n'est pas de mon ressort, puisqu'il ne dépend pas de moi. Mais je suis tranquille, parce que l'action est bonne.

Ce séjour est depuis trois mois le passage de tout ce qui va au grand Quartier-général, et de tout ce qui en vient, d'ou il résulte une galerie perpétuelle de tous les personnages qui influent sur le moment actuel. Nous attendons le Prince de Suède[5] qui y a déja été, et la grande Duchesse d'Oldenbourg[6], sœur de l'Empereur de Russie, vient d'arriver. De là des bals et des soupés perpétuels, qui, joints au travail forcé que j'avais entrepris, et à la correction des épreuves, n'ont pas fait de bien à mes yeux. Je compte sauf les événemens, aller me reposer à Göttingue, pendant que ma femme finira ses affaires avec son frère qui est enfin arrivé, après quoi nous partirons pour la Suisse[7].

Puisque Charles a négocié ma lettre de change et en a reçu le payement, par ses correspondans, je ne puis éprouver aucune perte que celle du change d'alors. J'espère bien qu'il n'en éprouvera aucune non plus, et je le suppose. Il n'auroit surement pas placé son argent chez les Mallet[8], s'il n'en eut été sur. Quant à moi, si le sortir de France m'eut été impossible, j'aurais mieux aimé le laisser chez Fourcault[9], et je conseillerais à Charles de l'y faire remettre. Dans ce cas je lui en répondrais. Faites moi l'amitié de lui mander cela de ma part, avec mille et mille remercimens.

Je ne puis nier que je ne sois enchanté des deux choses qui se sont passées dans notre pays, l'une l'adhésion à la grande Coalition, libératrice de l'Europe, l'autre, la probabilité que le Canton de Vaud reste indépendant. Ce premier point étoit vraiment indispensable, pour n'avoir pas d'éternels reproches à se faire, dans un moment ou il est question de secouer un joug tel qu'il n'en avoit jamais existé. Il n'y a pas de considérations particulières ou momentanées qui puisse l'emporter sur ce but. Si Dieu nous préserve d'une mauvaise et trop prompte paix, le monde sera délivré : et l'on continuera dans la route d'amélioration dont le rusé demi sauvage échappé de Corse[10], nous avoit fait sortir. Quant à l'indépendance du Canton de Vaud, j'ai éprouvé un vif mouvement de surprise et de mécontentement en lisant le prétendu arrêté de Mrs de Berne[11]. J'ai désapprouvé la Révolution de 1798, mais je trouve absurde après 16 ans de vouloir remettre au rang de sujets d'une aristocratie des gens qui se sont gouvernés paisiblement, au milieu de circonstances assez épineuses. Ce que j'en dis est bien désintéressé : car je ne puis rien prétendre pour moi ; non certes que je trouve le théâtre trop petit, ou un plus grand théâtre préférable : au contraire. Mais les épines des relations avec les hommes sont les mêmes, que la Sphère soit grande ou petite, et ce sont ces épines que je crains. Je n'aime à parler aux hommes que de loin et de leurs interets généraux. J'ai une partie souffrante au fond de l'ame, que toute tracasserie politique ou sociale envenime et rend extrêmement douloureuse. Le travail, et la séparation totale de mes interets avec ceux des autres, me donnent seuls quelque repos.

J'espère bien que les craintes que vous avez sur les finances de France ne se réaliseront pas. Si vos rentes sont sur l'état, il me parait impossible qu'une nouvelle banqueroute ait lieu, parce que Bonaparte n'aura pas le tems de la faire, et que durant le peu de momens qu'il s'agitera encore sur son trone usurpé, il n'aura pas non plus d'interet à anéantir le capital de la dette. Il pourra y avoir suspension du payement des interets, ce qui seroit déjà un grand mal, si cela duroit : mais il est impossible que cela dure trois mois, de quelque manière que les choses tournent. L'idée du malheur que vous éprouveriez, ainsi que Lisette, m'a fait frémir. J'espère alors que vous permettriez à vos amis de faire ce dont leur cœur auroit si besoin, et comme il y auroit plus d'un candidat pour obtenir de vous cette faveur, je m'inscris en ordre de date, et comme l'un des premiers. Je verrais si votre amitié est à l'épreuve, et si vous me tiendriez la parole que vous m'avez si souvent donnée, de me faire plaisir, quand vous le pourriez. Dites bien des choses à Lisette de ma part.

Je croiois Villars depuis longtems en Hollande, et cela m'avoit empeché de lui écrire. Ce que vous me mandez m'engage a risquer une lettre pour Hanau. J'ai ri de votre Baron allemand, notre cousin Jules[12]. Je l'ai vu avant qu'il sut ce que c'étoit qu'un Baron, se roulant par terre, et n'examinant pas quel titre on devoit lui donner. Je suis presque faché qu'il ait quitté le service de Wirtemberg, précisément quand ce service devenoit honorable, après avoir fait une campagne pour la plus détestable cause du monde.

Le Duc de Cambridge,[13] et encore plus un de ses aides de Camp m'ont fait à plusieurs reprises l'éloge de Victor. Son élève[14] lui fait grand honneur. J'aurais voulu que son père[15] reprit le titre de Stathouder, plutot que celui de Prince Souverain[16] qui ne signifie rien ou signifie trop. Mais il ne faut pas trop disputer sur les mots, pendant que le tonnerre gronde encore.

Par parenthèse, voilà, je crains, le mariage de M^de Bird[17] devenu bien plus mauvais. Son mari aura perdu tout ce qu'il avoit acquis, si tant est qu'il ne soit pas tué, noyé, brulé, ou gelé, car ces différens genres de mort ont été au service de tout le monde. Que fait-elle ? Est-elle toujours restée dans l'heureux état de stérilité qui consoloit sa famille. C'est bien le moment d'y persévérer.

Mad^e de Nassau m'écrit des lettres charmantes. J'ai une vraïe impatience de la revoir : et comme vers ce tems, l'horizon sera tout à fait éclairci, je me promets un joli été en Suisse. Je serai bien aise de quitter ce climat de loup. Je vous écris entouré de six pieds de neige. On fait des courses de traineaux qui ne valent pas mon petit char suisse. Aussi n'en suis-je pas. Je confie ma femme à des mains plus habiles ou plus zélées et je la rejoins à souper.

La pauvre Marianne[18], dans sa retraite de Brévans, aura vu avec effroi les hommes du Nord arriver à Dôle. Elle est disposée à se désoler, de sorte que malgré ses opinions, elle aura trouvé dans cette inondation militaire, une cause de désolation. Je n'ai pu lui répondre depuis trois mois, et n'en ai reçu aucune nouvelle. La vie m'attriste, quand je vois comme chacun se demène dans son trou particulier, pour arriver au trou général.

Vous me faites bien plaisir de me donner de si bonnes nouvelles de la santé de notre excellente tante de Charrière[19]. Il faut qu'elle assiste, comme tout ce qui est bon, à la renaissance de ce monde. Je me réjouïs de la revoir. Je comptais avoir bien des choses à raconter, sur les peuples venus de si loin. Mais ils sont arrivés chez vous plus vite que moi, et je serai bien moins intéressant que je n'espérais. J'aurais pu donner des lettres à tous les cosaques à qui j'ai donné la main, et avec lesquels j'ai bu de l'eau de vie. Mais je ne prévoïois pas leur route.

Victor m'avoit dit qu'il repasserait par ici, j'en désespère, puisqu'il n'a pas passé encore. Je le suppose auprès de son prince. J'aurais un vrai besoin de trouver quelqu'un qui connut mes anciennes relations de Suisse et de France pour en causer. Je suis quelquefois dans ce monde tout nouveau comme parmi des Ombres.

Adieu chère Rosalie. Je vous aime bien tendrement. J'espère qu'il ne vous arrivera aucun malheur de fortune ou autre : mais au moins je demande au ciel qu'il ne vous en arrive que de ceux qu'il soit en mon pouvoir de partager ou de réparer.

Hanovre ce 29 Janvier 1814.

à Mademoiselle / Rosalie de Constant, / à Lausanne, / Canton de / Vaud / *Suisse.*

Manuscrit   *Genève, BGE, Ms. Constant 36/2, ff. 233–234; 4 pp., adresse p. 4; timbre : HAN-NOVER ; orig. autogr.

Éditions   **1.** Menos (1888), n° 210, pp. 511–515.   **2.** Roulin (1955), n° 140, pp. 195–198.

Texte   **58**   du] du ⟨la De⟩

Notes
1   La lettre 2425 du 7 janvier 1814.
2   La lettre 2410 du 23 novembre 1813.
3   *De l'esprit de conquête et de l'usurpation.*
4   C'est-à-dire dans ce monde.
5   Bernadotte.
6   La grande duchesse Catherine-Paulowna (1788–1819), quatrième fille du tsar Paul Ier et sœur préférée du tsar Alexandre Ier. Elle avait épousé en 1809 le grand duc Pierre-Frédéric-Georges de Holstein-Gottorp-Oldenbourg, mort en 1812. En 1816 elle épousera Guillaume Ier, roi de Wurtemberg.
7   Il s'agit vraisemblablement d'Ernst Christian Georg August von Hardenberg, envoyé extraordinaire et ministre plénipotentiaire du Hanovre à Vienne.
8   Banquiers genevois.
9   Pierre Fourcault de Pavant, notaire parisien de BC.
10   Napoléon.
11   Voir la lettre 2425, note 3.
12   Voir la lettre 2362 de BC à Rosalie de Constant, écrite vers le 4 avril 1813, notes 6 et 8.
13   Voir les lettres de BC à Villers du 12 décembre 1813, note 4, et du 19 janvier 1814, note 1.
14   Jean-Victor de Constant (1773–1850), demi-frère de Rosalie, avait été gouverneur militaire du prince d'Orange.
15   Il s'agit de Guillaume Ier (1772–1843). Le fils de celui-ci, Guillaume II (1792–1849) est l'élève de Victor de Constant.
16   Voir la lettre 2417, note 6. Il s'agit de Guillaume Ier (1772–1843), prince d'Orange-Nassau, qui a débarqué à Scheveningen le 30 novembre 1813 et qui vient de se déclarer «prince souverain» de Hollande, comme le dit BC. Son fils est le futur Guillaume II (1792–1849) qui a servi en Espagne sous le duc de Wellington et qui est rentré en Hollande lui aussi en 1813.
17   Anna-Wilhelmine-Françoise-Constance, née en 1783, fille aînée de Guillaume-Anne, dit Constant de Villars (1750–1838), qui avait épousé en 1808 Octave-Georges-Antoine Birde de Moudon, capitaine de grenadiers au service de France.
18   Rappelons que Marianne habitait à Brevans, près de Dole, dans l'est de la France qu'envahissaient les Alliés.
19   Angélique de Charrière de Bavois.

2438

Benjamin Constant à Charles de Villers

29 janvier 1814

ce 29

Il me sera impossible, cher Villers, de vous avertir à tems de l'arrivée du Prince de Suède. J'ai vu avant-hier un colonel Ankarswardt[1], envoyé par lui, qui me l'a annoncé pour le 4 ou le 5. Aujourdhui a passé un autre officier d'ordonnance, que je n'ai pas vu, mais qui va préparer des quartiers à Bükebourg[2], et qui dit que le prince doit y être le 7. Si cela est, il ne s'arrêtera que très peu de tems ici. Ce qui paraît sur, c'est que son passage aura lieu entre le 1er jour pour lequel tout le monde le croit annoncé, et le 5. Quant au séjour, il peut se prolonger, mais il peut aussi n'être que d'une nuit. Vous devriez donc vous arranger de manière à arriver ici le 1er et a y passer 8 jours[3]. Vous seriez sur de ne pas le manquer. Vous verriez clair dans vos affaires ici, vous seriez présenté au Duc. Vous feriez connoissance avec Arnswaldt[4], qui en seroit charmé, vous causeriez avec Rehberg[5], et vous me combleriez de joye. Je suis tout à fait libre, n'ayant plus qu'à corriger demain ma 14e et dernière feuille[6]. Voyez si cela vous arrange et mandez le moi tout de suite, à moins que vous n'arriviez, ce qui seroit encore mieux.

Vale et me ama.

Herrn / Professor von Villers / Hochwohl gebr / *Göttingen.*

Manuscrit *Hambourg, SUB, Nachlass Charles de Villers, Mappe 12, ff. 491–492; 2 pp., adresse p. 2; orig. autogr.

Éditions   **1.** Isler (1879), n° 22, p. 43.   **2.** Kloocke (1993), n° 82, pp. 205–206.

Texte *Note au crayon [de la main de Villers?] en tête de la lettre* : Janv 1814.

Notes
[1] Johan August Anckarsvärd (1783–1874), qui vient d'être nommé colonel le 19 janvier 1814. Le prince royal arrivera à Hanovre de son quartier général de Buxtehude le 2 février 1814.
[2] Bückeburg, ville de Basse-Saxe située à 30 kilomètres à l'ouest de Hanovre.
[3] BC essaie de faire en sorte que Villers puisse défendre sa cause – celle de garder son poste à l'Université de Göttingen – auprès du duc de Cambridge.
[4] Voir la lettre 2428, note 3.
[5] Voir la lettre 2414, note 11.
[6] Il s'agit de *De l'esprit de conquête et de l'usurpation.* BC note dans son Journal du 28 janvier 1814 : «Il n'y a plus qu'une feuille à corriger».

2439

Benjamin Constant à Bernadotte

29 janvier 1814

Monseigneur,

L'occasion de M. de Bodenhausen[1] m'enhardit à joindre quelques mots à ceux que j'ai pris la liberté d'adresser à Votre Altesse Royale, par le colonel Ankarswärdt[2]. Ce n'est que pour Lui réitérer mon ardent désir de La voir, dans un moment ou chaque minute décide de la plus importante des Causes. V.A.R. verra, par l'Ouvrage que j'ai publié, et dont j'aurais osé joindre un Exemplaire[3], si j'en avais eu un Complet, que, faute de pouvoir servir cette Cause plus activement, je l'ai servie, comme j'en ai eu jusqu'ici la faculté. Je désire que V.A.R. (elle m'a permis de l'espérer) m'ouvre des moyens plus directs de me dévouer à Elle. Je me flatte toujours qu'Elle viendra ici. Dans le cas ou quelque circonstance changeoit cette marche, je La supplie de m'indiquer ou Elle me permettra d'aller La trouver.

       Je suis avec Respect

          Monseigneur

             de Votre Altesse Royale

                Le très humble et très obéissant serviteur

                    Benjamin Constant

Hannovre ce 29 Janvier 1814

Manuscrit 1. *Stockholm, BFA ; 2 pp., p. 2 bl.; orig. autogr. 2. Stockholm, Riksarkivet, Löwenhielm 6c (E4688); copie ancienne.

Édition Hasselrot (1952), p. 30.

Notes
[1] Carl Bodo von Bodenhausen, fonctionnaire de la chancellerie de la guerre, à Hanovre.
[2] Voir la lettre précédente, note 1. La lettre antérieure citée par BC est celle qu'il avait adressée à Bernadotte le 27 janvier (lettre 2436).
[3] Le 27, BC n'en avait pu envoyer que les premières feuilles.

DE L'ESPRIT

DE CONQUÊTE

ET

DE L'USURPATION,

DANS LEURS RAPPORTS

AVEC LA CIVILISATION EUROPÉENNE.

Par

BENJAMIN DE CONSTANT-REBECQUE,

*membre du Tribunat, éliminé en 1802, Correspondant
de la Société Royale des sciences de Göttingue.*

1 8 1 4.

2. Page de titre de *De l'esprit de conquête et de l'usurpation,* première édition, Hanovre: Hahn, 1814.

2440

Benjamin Constant à un correspondant non identifié.

31 janvier 1814

Il y a bien longtems que je n'ai pu avoir ni vous demander de vos nouvelles.
Mais j'ai bien pensé à vous, dans les jours de détresse que vous avez eus à
traverser.

Je vous envoye un petit écrit[1], qui vous prouvera que j'ai taché de profiter
à ma manière du Commencement de la délivrance du monde. J'espère qu'il   5
vous parviendra heureusement. Je serai charmé si vous en approuvez quelque chose : et je le serai aussi de vous savoir bien, après toutes vos tribulations.

Cette petite excursion dans les interets de la terre a un peu suspendu mes
relations avec les habitans de l'Olympe du Valhalla &cᵃ. Je vais les repren-   10
dre[2], avec les nouvelles richesses que vous avez bien voulu me fournir. Mille
tendres amitiés.

                                                               B. Constant.

Hanovre ce 31 Janvier 1814.

Manuscrit   *Bloomington, The Lilly Library, Indiana University, Lafayette Mss.; 2 pp., p. 2
bl.; orig. autogr.

Édition   John Isbell et Jason Thomas, «Benjamin Constant et Lafayette dans les archives de
Bloomington, Indiana : six textes inédits», *ABC* 21 (1998), pp. 75–91 (p. 82).

Note
[1] *De l'esprit de conquête et de l'usurpation.*
[2] Allusion à son ouvrage sur la religion.

2441

Benjamin Constant à Bernadotte

3 février 1814

Monseigneur
Je ne sai si le colonel Ankarswärdt aura pu remettre à Votre Altesse Royale
la lettre que j'ai pris la liberté de lui adresser. Je joins ici un petit ouvrage[1]
composé depuis que j'ai eu l'honneur de la voir. Je crois qu'il seroit utile s'il
pouvoit pénétrer en France. Mʳ Schlegel[2] m'en a paru content. Les circons-

tances sont telles, Monseigneur, qu'aujourdhui ou jamais les espérances qui 5
m'attachent encore à la France peuvent se réaliser. V.A.R. décidera si je
puis avancer leur accomplissement. Je désire ardemment recevoir ses ordres
et lui soumettre mes idées. La servir est mon vœu, et je n'y renoncerai
qu'avec un regret profond. J'attens ses ordres pour me présenter chez elle, et
je mets à ses pieds l'hommage de mon dévouement, de mon admiration et de 10
mon respect.

Benjamin Constant

Hanovre ce 3 février 1814.

Manuscrits   **1.** *Stockholm, BFA ; 2 pp., p. 2 bl.; orig. autogr.   **2.** Stockholm, Riksarkivet, Löwenhielm 6c (E4688); copie ancienne.

Édition   Hasselrot (1952), p. 31.

Notes
[1] Il s'agit de *De l'esprit de conquête et de l'usurpation*, dont BC n'avait pu envoyer que les
premières feuilles à Bernadotte le 27 janvier.
[2] Voir la lettre 2429, note 6.

2442

Benjamin Constant à Bernadotte

3 février 1814

Monseigneur,
J'aurai l'honneur de remettre demain à Votre Altesse Royale les Notes[1]
qu'Elle a bien voulu desirer. Je les avais déja ébauchées : mais je voudrais les
resserrer encore, et quelques heures de cette nuit me serviront à les achever.
J'ai repensé, Monseigneur, à l'offre pleine de bonté de V.A.R. C'est mon
vœu le plus ardent, et je serai heureux si Elle me permet de me dévouer à 5
Elle. Elle connoit ma position ici, qui seroit agréable et distinguée, sans le
desir qu'a tout ami de la France et de la liberté de voir ce beau pays délivré
et d'y vivre. Je dois a la meilleure des femmes et à sa famille de ne changer
cette situation que pour l'améliorer, mais quand je dis l'améliorer, Monseigneur, j'entends bien plus ce qui est honorable que des avantages d'un autre 10
genre auxquels je n'ai jamais attaché de prix. Je pense même que pour ne
pas choquer les Suédois en suivant V.A.R. je dois avoir un titre qui me fasse
de ce bonheur un devoir. J'ajoute que vu l'ouvrage que je viens de publier[2],
V.A.R. en m'attachant à Elle, donneroit un témoignage de plus de son
adhésion aux principes de liberté dont Elle est l'espoir et le glorieux défen- 15

seur, et sous ce rapport je pourrais La servir encore mieux en France. Mais désigner un titre m'est impossible, tous étant, suivant mon cœur, également précieux des qu'ils m'attacheroient à vous, et la différence n'existant que pour le monde. V.A.R. seule peut juger de celui qui conviendroit le mieux pour que je n'allasse en apparence sur les brisées d'aucun Suédois. 20

Quoiqu'il en soit, Monseigneur, je supplie V.A.R. de me dire ce qu'elle croit n'avoir nul inconvénient, et je le repète, je serai trop heureux si je puis lui consacrer ce que j'ai de talens et de forces.

Comme le tems est court et que si j'ai le bonheur de suivre V.A.R. j'aurai quelques arrangemens à faire avant mon depart, il seroit important que 25 pour que je fusse plutot à même de me rendre utile, Elle daignat m'informer de ses intentions.

Je mets a ses pieds l'hommage de mon respect

Benjamin Constant

ce 3 février 30

Manuscrit   1. *Stockholm, BFA ; 4 pp., p. 4 bl.; orig. autogr.   2. Stockholm, Riksarkivet, Löwenhielm 6c (E4688); copie ancienne.

Édition   Hasselrot (1952), pp. 31–33.

Texte   *Note en tête de la lettre* : Benjamin.

Notes
[1]   On ignore de quelles notes il s'agit. Sur son entrevue avec le prince Bernadotte BC écrit le même jour dans son Journal : «Causé. Offres positives, puis vagues. Travaillé la nuit».
[2]   *De l'esprit de conquête et de l'usurpation.*

2443

Bernadotte à Benjamin Constant

3 février 1814

Au Baron Benjamin Constant.
Hanovre le 3 fev
J'ai lû avec attention votre ouvrage de *L'Esprit de Conquête & de l'usurpation*, dans leurs rapports avec la Civilisation Européene, il contient d'excellentes Leçons pour tout ceux que le hazard de la fortune ou de la naissance 5 a appellé à gouverner les peuples. Je trouve les principes que vous y avés émis aussi justes qu'utiles dans leur application. Et certainement si on les avaient suivis, Le Bonheur & la tranquillité de L'Europe n'auraient pas été exposées aux dangers qui depuis plus de vingt ans en ont menacé L'existence. 10

Je vous prie de me faire parvenir quelques Exemplaire de votre livre que je vais envoyer à mon fils[1] & aux personnes qui l'entourent.

Le Roi[2], m'ayant confié un certain nombre de croix de son ordre de L'Etoile polaire, pour en decerner au mérite & aux talens ; je ne saurais en faire un meilleur usage qu'en vous envoyant cette decoration.   15

Manuscrit   *Stockholm, BFA ; Copie de Lettres et d'Ordres depuis le 14 Août 1812 jusqu'au 16 Février 1814; copie.

Édition   Hasselrot (1952), pp. 33–34.

Texte   **15** vous] vous ⟨en⟩

Notes
[1] Le prince Bernadotte avait épousé, le 16 août 1798, Désirée Clary (1777–1860), sœur de la femme de Joseph Bonaparte, Julie Clary. Ils eurent un seul enfant, Oscar (1799–1859), futur Oscar Ier roi de Suède et de Norvège.
[2] Charles XIII (1748–1818), roi de Suède de 1809 à 1818.

2444

Benjamin Constant à Bernadotte

5 février 1814

A Son Altesse Royale Monseigneur le Prince de Suède.

Monseigneur,
L'état de malheur[1] et de déchirement dans lequel le délire de Napoléon a jeté la France, en même tems qu'il porte la douleur au fond des cœurs francois, réveille aussi, par la perspective de la dissolution de ce qui existe, les droits   5
ou les prétentions de ce qui a existé précédemment. Sans vouloir préjuger en rien les intentions des Hautes Puissances alliées, j'ose, Monseigneur, en ma qualité de l'un des derniers Représentans du peuple francois, et de l'un des Mandataires qui furent écartés illégalement[2], lorsque l'usurpateur de la France voulut fouler aux pieds la constitution qui l'avoit investi du pouvoir,   10
et que les puissances alliées avoient reconnue, présenter aussi les justes reclamations d'une nation que les infortunes n'ont privée ni de son antique gloire, ni de sa place éminente dans le monde civilisé : c'est a Votre Altesse Royale que je m'adresse, Monseigneur, comme au plus illustre de nos anciens chefs, comme au Guerrier francais qui avoit défendu et aggrandi ce   15
beau territoire qu'un Corse a laissé envahir et mutiler. Monseigneur, le Peuple francois au milieu de ses erreurs, voulut la liberté. Votre Altesse

Royale partagea ce vœu, et par un rare et mémorable exemple, Elle a porté sur les marches du trone, cette noble passion, que tant d'hommes abjurent quand ils atteignent le pouvoir. De qui, Monseigneur, la France peut-elle attendre la fin de ses maux, si ce n'est du plus juste, comme du plus vaillant de ses anciens défenseurs ? Suédois par l'adoption d'un Monarque vénérable[3] et le choix d'un peuple libre, vous ne pouvez à nos yeux cesser d'appartenir à la France. Vous fûtes son orgueil et vous êtes son espoir. Monseigneur, que le peuple qui vous vit naître au milieu de lui, doive à votre intervention cette liberté sage et modérée, trésor inestimable, la première des dignités de l'espèce humaine. Je reclame ce bienfait, au nom de votre patrie primitive, de cette patrie, qui gémissante et déchirée suit encore d'un regard d'amour vos destinées glorieuses. Il ne me convient nullement d'émettre mon vœu sur la forme du gouvernement qu'il faut à la France. L'expérience nous a tous éclairés sur l'insuffisance des noms pour assurer les réalités. Mais que ce gouvernement doit être juste, libre et limité, est une vérité gravée dans le cœur de tout homme de bien de la France et de l'Europe. Cette vérité retentit dans le cœur genereux de Votre Altesse Royale. Elle ne sera pas étrangere à l'ame du monarque magnanime qui a vu le fléau du genre humain se briser dans ses immenses états.

J'ose au nom de la nation que j'ai représentée et qui ne m'a point désavoué, car je n'ai payé de tribut ni à la fureur des factions ni a la bassesse de la servitude, j'ose, au nom de ce Tribunat, qui n'a pas rempli sans quelque courage des fonctions difficiles, et qui n'a cessé d'exister que de fait, et non de droit, invoquer d'un heros l'intervention de sa gloire et du poids de son suffrage pour obtenir de ses augustes alliés, après la chute de l'étranger qui s'est glissé jusqu'au trône, une Constitution qui garantisse les droits éternels de la propriété, de la liberté individuelle, et religieuse, de la représentation nationale, de l'indépendance des Tribunaux, et du developpement des lumières et de la pensée.

Que Votre Altesse Royale daigne agréer l'hommage des espérances d'une Nation que le despotisme condamne au silence, mais dont tous les regards se fixent sur Elle : qu'Elle me permette d'y joindre celui du respect le plus profond.

Benjamin Constant
Membre du Tribunat

Hanovre ce 5 février 1814.

Manuscrits   **1.** *Stockholm, HMK arkiv ; coté, d'une main ancienne : «N° 2»; 4 pp.; orig. autogr.   **2.** Uppsala, UB, Ur : F859b ; copie ancienne.

Édition   **1.** Hasselrot (1952), pp. 34–37.   **2.** *OCBC*, VIII, 2, pp. 871–872.

Texte *Note en tête de la lettre :* Benjamin Constant.   **11** reconnue,] et que... reconnue *ajouté dans la marge de gauche*

Notes
1. Dans son édition de ces lettres Bengt Hasselrot écrit : «Cette lettre, dont le ton diffère si nettement des autres, était sans doute destinée à être montrée à l'empereur Alexandre et à des sympathisants en France et ailleurs. On y retrouve quelques-unes des idées directrices et jusqu'aux expressions du *Projet corrigé*» (p. 37, note 1). Pour le *Projet corrigé*, voir *OCBC*, VIII, 1, pp. 857–866.
2. On se souvient que BC avait été éliminé du Tribunat, avec d'autres tribuns, au début de 1802.
3. Le 21 août 1810 Bernadotte avait été élu successeur du roi Charles XIII de Suède, qui l'avait adopté.

2445

Bernadotte à Benjamin Constant

8 février 1814

Monsieur le Baron Benjamin Constant ; Vous avez occupé une place importante dans le Gouvernement consulaire et Vous l'avez remplie d'une manière honorable. Vous n'avez aucun reproche à Vous faire, et plutot que de trahir Vos devoirs, Vous Vous êtes laissé écarter des affaires publiques et Vous Vous êtes éloigné de France.

Le cours des évènemens et mes engagemens avec les alliés m'appellent vers ce pays. Je puis avoir besoin de m'entourer d'hommes impartiaux qui, étrangers aux passions et aux haines qui égarent les esprits au milieu des dissentions civiles, puissent me donner des renseignemens utiles. Ainsi, sans prévoir encore comment Vos lumières pourront être employées, il me sera agréable de Vous avoir auprès de moi et je Vous invite à Vous rendre auprès de ma personne, dès que Vos affaires pourront Vous le permettre ; et comme un pareil voyage[1] doit naturellement exiger des mesures préparatoires pour Vos intérêts, Je pense que Vous devez Vous en occuper dès ce moment, afin de pouvoir partir à la première invitation que je Vous ferai. Sur ce je prie Dieu qu'Il Vous ait, Monsieur le Baron, en Sa sainte et digne garde etant
Votre affectionné
Charles. Jean.

à Mon Quartier-Général
de Bückeburg le 8 février 1814.

à Monsieur le Baron Benjamin / Constant

Manuscrit   **1.** *Lausanne, BCU, Fonds Constant I, Co 976; 4 pp., pp. 3–4 bl., l'adresse sur l'enveloppe ; orig. autogr.   **2.** Stockholm BFA, Copie (mise au net) de Lettres et d'Ordres, depuis le 14 Août 1812 jusqu'au 16 Février 1814; copie, datée «Buckenbourg le 7 f. 1814».

Édition   Hasselrot (1952), pp. 37–38.

Note
[1]   Cependant, ayant reçu cette lettre du prince Bernadotte qui semble lui offrir tout ce qu'il peut désirer, BC est plongé dans l'indécision, comme le montre son Journal. Charlotte y est sans doute pour quelque chose, mais le 27 février 1814 elle acceptera de voir partir son mari qui suivra le quartier général de Bernadotte jusqu'à Liège et s'attachera au Prince comme publiciste.

2446

Benjamin Constant à un libraire

11 février 1814

Monsieur Je vous envoye douze exemplaires d'un ouvrage que je viens de publier[1]. Je vous prie de les vendre à mon compte.

Je vous en ferai tenir davantage si vous le desirez. J'en ai 200 environ à ma disposition. N'étant pas sur d'être ici lors de votre réponse, je vous prie de la faire parvenir à Monsieur de Villers Professeur à Göttingue. Je vous 5 salue très parfaitement.

Benjamin de Constant

Hanovre ce 11 février 1814.

Vous déduirez les frais de port sur la vente des exemplaires.

Manuscrit   Lausanne, BCU, IS 5551/1; 2 pp., p. 2 bl.; orig. autogr.

Note
[1]   *De l'esprit de conquête.*

2447

Benjamin Constant à la comtesse Anne-Pauline-Andrienne de Nassau

12 février 1814

Hanovre ce 12 février 1814

Je reçois à l'instant, ma chère Tante, votre lettre[1] du 14 Janvier. Je compte toujours partir pour la Suisse dans le mois de Mars ou d'avril. Assurément votre extrême bonté, dans tout ce que vous nous offrez, pour que nous joignions au plaisir de vous revoir celui de loger chez vous, est un nouveau motif de nous presser de faire ce voyage. J'accepte donc tout ce que vous voulez bien me proposer. Nous payions un misérable logement chez Silliex[2] trois Louis et il n'y avoit que deux mauvaises chambres. Il est donc bien clair que cinq pour l'un des meilleurs de la ville, et beaucoup plus vaste et mieux meublé, avec une vue superbe, n'est pas un prix trop élevé. Si l'occasion se présentoit pour vous, ma chère Tante de le louer précisément pour le mois d'avril alors je vous demande la préférence pour cette époque ; sinon, je fixerais, toujours en me soumettant à vos convenances le commencement du loyer au 1er de May, parce qu'a vue de pays, quoique mes affaires dussent aller plus vite, je prévois que pour ne pas partir, avant que je les aye rangées d'une manière fixe et qui ne m'oblige pas à quelque nouvelle course J'en aurai une à faire en Meklenbourg[3], afin de constater que la créance de ma femme est inscrite aux hypothèques. Quoique mon créancier soit son frère et un très honnête homme, je me suis apercu qu'il n'y avoit pas toujours une vérité complète dans ce qu'il disoit. Cette inscription qui est indispensable pour notre sureté auroit du être faite il y a quatre ans, et j'ai des lettres de lui où il dit l'avoir fait faire lui même. Il se trouve que cela n'est pas. Il l'explique du mieux qu'il peut, et vous savez que la parole se prête à tout. Mais pour lui épargner la peine d'avoir dans six mois une pareille explication a nous donner, il faudra, quand il m'aura dit avoir fait faire l'inscription qui malheureusement en Mecklenbourg ne peut avoir lieu qu'avec son consentement que je vérifie la chose sur les lieux mêmes. J'avais envie, ma chère Tante, de ne pas vous parler de la possibilité de ce petit retard. Mais j'ai réfléchi que si je louois à dater du 1er Avril et que je n'arrivasse qu'au mois de May[4], il y auroit un combat de délicatesse entre nous, pour le loyer du tems que je n'aurois pas occupé votre appartement : et pour tout éclaircir je vous prie 1° dans le Cas où vous pourriez le louer au mois d'avril de me donner la préférence, et alors je le payerai, comme de raison à dater du 1er Avril. 2° Si personne ne se presente et que mon loyer puisse ne commencer qu'au premier de May, je le prends du 1er de May. Je vous répète, ma chère Tante que je ne prends ces précautions que parce que je vous connois et que vous seriez capable de me tromper à votre désavantage et lors même que le marché seroit fait de ne pas vouloir accepter un loyer pour un tems ou je ne l'aurais pas encore occupé.

Maintenant que me voilà bien et heureusement logé pour cet été parlons un peu de celui qu'il n'y a plus qu'à désigner par son nom. Je crois qu'il a recu à peu près le coup de grace dans les environs de Brienne[5]. Nous venons de recevoir la nouvelle que les 1er 2 et 3 février Il a été battu, a perdu 12000 prisonniers, et 73 pièces de canon. Ce qu'il y a de bien remarquable c'est que cette première défaite en France, dans le pays qu'il a tyrannisé et où il a attiré tous les fléaux de la guerre, a eu lieu a coté du Bâtiment dans lequel il a été élevé par la charité de Louis XVI qu'il a remplacé, et par la faveur de M. Necker, dont il a banni la fille. L'Ecole militaire[6] théâtre de sa première jeunesse et la ville entière ou cette Ecole se trouve ont été brulées.

J'ai chargé un libraire[7] d'ici chez lequel j'ai fait imprimer une brochure de 200 pages et qui se trouvoit en envoyer à M. Pott[8] à Lausanne, de dire à ce dit Pott d'en remettre des exemplaires à quelques personnes, dont je lui ai donné la liste, à la tête de laquelle vous êtes, ma chère Tante, et après vous, Made de Loys et Rosalie. J'espère qu'il s'acquittera de ma commission. Ceux qui jusqu'ici ont lu l'ouvrage m'en ont paru assez contents et j'ai reçu de quelques personnes des témoignages flatteurs d'estime et d'approbation. Je n'ai pu laisser passer cette grande crise sans faire au moins ce qui dépendait de moi pour en accélérer le succès. L'ouvrage va être réimprimés en Angleterre, d'ou un libraire[9] m'a fait faire des offres fort avantageuses pour une seconde édition augmentée.

Il me parait qu'on est tracassé en Suisse par d'anciens regrets qu'il faudroit bien étouffer dans un moment ou ils ne peuvent que faire tort à tout ce qu'il y a de bon et de raisonnable à faire. Je puis me rendre le témoignage que j'ai toujours désapprouvé la revolution de 1798[10], et que je m'y suis même opposé à Paris autant qu'il en étoit en moi. Mais je trouve qu'en 1814 Il ne faut plus reparler de prétendus privilèges qui n'étoient excusables que parce qu'ils avoient subsisté depuis longtems, et qu'on risquoit en les atteignant d'ebranler un tolérable édifice. Maintenant qu'ils ont été renversés, il faudroit n'y plus penser. Beaucoup de choses qui auroient été bonnes à conserver sont mauvaises a rétablir.

Je suis j'ai peur a la veille d'avoir une sotte discussion avec Charles de St Jean[11] qui a fait pour moi une petite affaire a peu près comme M. Achard[12] a fait celles de Marianne. Je lui ai envoyé un billet *à son ordre* sur mon notaire de Paris. En l'acceptant et se le fesant payer il est clair qu'il s'en chargeoit. Il a imaginé d'en remettre le montant (4000 fr. de Fce) aux Mallets[13] qui sont ses correspondans, tandis que s'il ne vouloit pas faire venir cet argent il devoit le laisser ou il étoit. Puis il m'écrit qu'il espere que les Mallets ne feront pas banqueroute, et me fait écrire par Rosalie qu'elle craint que je n'éprouve de la perte, mais qu'il a fait ce qu'il a pu. Je n'ai pas fait semblant de comprendre l'insinuation, et j'ai repondu en douceur, que je ne pouvois 80 rien perdre, Charles ayant négocié pour lui ma lettre de change qui étoit à son ordre : que j'etois charmé qu'il fut sur que les Mallets ne lui causeroient aucune perte, et qu'il pouvoit en juger mieux que moi : mais que j'avais peu de confiance aux banquiers dans les circonstances actuelles et que si l'argent étoit a moi j'aimerais mieux le laisser chez mon notaire que chez les Mallets: 85 que je lui donnois le même conseil, sauf ses lumières plus exercées que les miennes, et que s'il fesoit remettre les 4000 fr. au notaire je lui en répondrais. Ne parlez pas de ceci : mais il est certain que je n'ai jamais vu faire d'affaires aussi négligemment que mon très cher cousin. Il y a trois ans que j'ai placé des fonds par lui en Angleterre. Il s'est chargé à diverses reprises 90 de faire acheter pour ces fonds des stocks. Il m'a écrit que la chose était faite ; et il y a 15 jours que les banquiers Anglois m'écrivent qu'ils n'ont recu de lui aucun ordre assez positif. Au reste ils me mandent qu'ils ne déséspèrent pas de reparer l'erreur qui a privé Marianne de ses rentes d'Irlande.

Je suis bien faché de la perte que vous avez éprouvé chez M. Cossard[14]. Je 95 me confirme chaque jour plus dans ma défiance de tous banquiers quelconques. Mais je voudrais bien que vous n'eussiez pas de nouveau fourni une triste preuve de leur peu de solidité. J'aime encore mieux les hypotheques quelque difficile qu'il soit d'en retirer les interets, et d'en deplacer les capitaux. Au moins risque-t-on moins de perdre ces derniers. 100

Si je conserve mes yeux, et que je ne devienne pas imbécille, J'aurais moins d'inquiétude sur mes affaires pécuniaires. Le libraire Anglais[15] auquel j'avais envoyé la moitié de mon livre pendant l'impression m'a fait offrir 500 Livres sterling pour le manuscrit. Malheureusement, ou heureusement, car sans cela le livre seroit arrivé trop tard, il étoit imprimés en entier quand 105 l'offre m'est parvenue, de sorte que pour cette fois je ne tirerai rien de mon travail. Mais l'offre est d'un bon augure pour l'avenir.

Adieu chere Tante. Vous devez être fatiguée de lire mon griffoñage mais vous en dechiffrerez toujours assez pour y voir que je vous aime de toute mon ame et que je me réjouïs du fond du cœur de me réunir à vous. 110

Manuscrit   *Genève, BGE, Ms. Constant 36/1, ff. 265–269; 10 pp.; orig. autogr.

Édition   Guillemin (1959), pp. 93–95 (fragments).

Texte   **42** environs] ⟨plaines⟩   **55** Ceux] ⟨Les⟩ *en surcharge*   jusqu'ici] qui jusqu'ici *récrit au-dessus de* ⟨personnes qui⟩   **70** conserver] ⟨retablir⟩   **76** pas] pas ⟨le⟩

Notes

[1] Non retrouvée.

[2] Non identifié.

[3] Voir la lettre 2386, du 10 août 1813, note 5.

[4] Il n'en sera rien : BC ne quittera le quartier-général de Bernadotte à Liège que pour se rendre à Bruxelles et ensuite à Paris.

[5] BC se trompe. En réalité c'est Napoléon qui a vaincu les Coalisés à Brienne, le 29 janvier 1814; Blücher et Gneisenau ont été obligés de fuir le château de Brienne. L'empereur sera victorieux également à Champaubert, Montmirail et Montereau au mois de février 1814. Le 13 mars, il prendra Reims. Cependant la ville de Paris sera prise par les Alliés les 30–31 mars et Napoléon abdiquera inconditionnellement le 6 avril 1814.

[6] Napoléon a passé une partie de sa jeunesse à l'École militaire de Brienne (1779–1784) avant d'intégrer celle de Paris.

[7] Il s'agit des frères Hahn et de *De l'esprit de conquête et de l'usurpation*.

[8] Il s'agit probablement du libraire Jules-Henri Pott & Cie., de Lausanne.

[9] L'édition de *De l'esprit de conquête et de l'usurpation* qui sera publiée à Londres par John Murray.

10. Il s'agit de la proclamation de la République helvétique en 1798 dont la constitution était semblable à celle de la France et qui éliminait la tradition fédérale suisse. Voir la lettre 2425, note 3.

11. Charles de Constant dit «le Chinois», frère de Rosalie.

12. Voir la lettre 2370 de Marianne et Louise de Constant du 3 mai 1813, note 2.

13. Mallet frères et Cie, banquiers parisiens d'Anne de Nassau.

14. Il s'agit probablement de Jean Cossart, banquier à Londres (Lüthy, II, p. 237).

15. John Murray.

2448

Benjamin Constant à Bernadotte

13 février 1814

Monseigneur,

Je ne puis laisser partir le Comte Podewils[1] pour le quartier-général de Votre Altesse Royale, pour ce quartier-général vers lequel tous mes vœux sont tournés, et que je regrette amèrement de n'avoir pas suivi[2] de Bückebourg, malgré la permission que la bonté de Votre Altesse Royale m'avoit donnée de revenir ici pour arranger mes affaires, je ne puis, dis-je, Monseigneur, laisser partir le Comte Podewils sans profiter de cette occasion pour témoigner encore une fois à Votre Altesse Royale ma vive et profonde reconnoissance, et pour lui exprimer de nouveau mon desir ardent de servir aux nobles destinées auxquelles il est manifeste qu'Elle est réservée. Oui, Monseigneur, ma Conviction en est plus intime que jamais, Vous serez le sauveur de la France, après avoir été le vengeur de la Suède et le libérateur de l'Allemagne. Il n'y a pas un cœur Francois qui ne palpite aux premières paroles de Votre Altesse Royale, Vous ressusciterez cette Nation, que Vous avez défendue. Vous ferez sortir des Francois de terre, comme Pompée des Légions, en frappant du pied le sol qui Vous a vu naître[3]. Vous opérerez le dernier et le plus étonnant des prodiges de la liberté.. Car il étoit bien moins difficile aux chefs de la France en 1789 de profiter d'un enthousiasme universel, qu'il ne l'est de créer un enthousiasme qui semble éteint. Vous le créerez, Monseigneur. A votre voix reparaitra le courage, l'energie, avec toutes les vertus qui semblent nous avoir abandonnés. Buonaparte a été le mauvais génie de l'espèce humaine : Vous en serez le bon génie, et Vos deux immortalités si différentes descendront jusqu'à la postérité la plus reculée, pour prouver que la Providence ne trahit jamais la cause du bien, et qu'elle place le remède à côté du mal. Votre Nom apprendra aux amis de la liberté dans toutes les générations futures, qu'il ne faut jamais désespérer de cette cause Sainte, et si des tems d'oppression reviennent, les Pères vous nommeront à leurs enfans pour les préserver du découragement et pour leur rendre la confiance. Quelques mots clairs aux Francois qui jusqu'à présent voyent avec horreur le tyran qui les opprime, mais avec un étonnement mêlé de soupcon les étrangers qui s'avancent, et tout ce peuple si remuable, si susceptible d'être ému, se réunira sous vos étendarts. Vous rassurerez les esprits qu'allarme une politique qui leur est inconnue. Vous prononcerez des paroles de sagesse, au milieu des cris de la vengeance et du trouble de la terreur, des paroles de liberté, à travers les velléités de despotisme auxquelles Votre Altesse Royale seule peut imposer par sa gloire et ses inébranlables principes. Toutes les idées généreuses se réveilleront. Votre nom sera leur symbole.

Puissé-je, Monseigneur, être appelé à concourir de mes faibles moyens à de si nobles succès, à des succès qui n'auront pas eu d'exemple dans l'histoire, et dont la mémoire fera du bien, longtems après que les générations actuelles auront cessé d'exister. Vos augustes alliés vous devront de voir la France se détacher entièrement de la cause de Napoléon, et le monde alors pourra conclure avec la France une paix que le gouvernement de cet homme rendroit toujours funeste et honteuse, quelles qu'en fussent les conditions.

Plus je pense aux événemens qui se pressent, plus il m'est douloureux, Monseigneur, de n'être pas auprès de Votre Altesse Royale. Je crains que je n'éprouve des retards sur la route, n'ayant pas de moyens de force pour avoir des chevaux, et entendant dire par tout le monde que les couriers seuls en obtiennent. Si Votre Altesse Royale ne m'a pas encore envoyé l'ordre[4] que j'attends avec une si vive impatience, j'ose La supplier d'y joindre un passeport de courier, pour que je surmonte les difficultés qu'on m'assure être insurmontables pour les particuliers sans mission, qui restent quelquefois quinze jours au même endroit sans obtenir la faculté de poursuivre leur route.

Je mets aux pieds de Votre Altesse Royale mes vœux pour Sa prospérité 55
qui est celle du monde, mon dévouement, mon espoir qu'Elle m'appèlera
auprès d'Elle et l'hommage du plus profond respect.

Benjamin Constant

Hanovre ce 13 février
1814   60

Manuscrit   *Stockholm, BFA ; coté d'une main ancienne : «N° 10.»; 4 pp.; orig. autogr.

Édition   Hasselrot (1952), pp. 38–41.

Texte   *Notes en tête de la lettre :* N° 10; Benjamin Constant. / Hanovre. 13 fevrier 1814.;
Hanovre 13 fev^r 1814 / B. Constant.

Notes

1   On ignore de quel membre de la famille allemande von Podewils il s'agit ici.
2   Le 12 février 1814, BC écrit dans son Journal, à propos de sa décision de quitter le quartier-
    général du prince Bernadotte : «Je regrette de n'être pas parti avec les autres. Je ne saurai
    comment les rejoindre».
3   Célèbre répartie que la *Vie de Pompée* de Plutarque (chapitre LXI) attribue à Pompée le
    Grand (Gnaeus Pompeius Magnus), général et homme d'État romain (106 av. J.-C.–48 av.
    J.-C.) pendant la guerre civile : «Quand on lui disait que si César marchait contre Rome on
    ne voyait pas avec quelles troupes on pourrait lui résister, il répondait avec un air riant et un
    visage serein qu'il ne fallait pas s'en inquiéter, qu'en quelque endroit de l'Italie qu'il frappât
    du pied, il en sortirait des légions.» (*Les Vies des hommes illustres*, traduction de Dominique
    Ricard, Paris : Didier, 1844).
4   BC semble être parti pour Liège muni de la lettre 2445 de Bernadotte du 8 février sans
    attendre un ordre officiel.

2449

Germaine de Staël à Benjamin Constant

27 février 1814

27 février 1814.

Je vous ai écrit [par] le dernier courrier, et je vous envoie votre morceau[1] sur
la destinée imprimése [*sic*] dans l'*Ambigu*. – L'usurpation, etc., sera publiée
la semaine prochaine[2] et je vous manderai ce qu'on en dira. Mon fils[3] vous
verra, j'imagine ; mandez-moi donc vos projets. – Les miens, à moi, sont de 5
retourner en Suisse au printemps 1815 et de là en Italie, mais je veux vous
revoir où que ce puisse être et je vous demande à cet égard vos résolutions.
Ma santé est très mauvaise et je ne sais si je pourrai surmonter l'époque
fâcheuse de la vie des femmes où je me trouve. – Je voudrais donc vous
revoir, si je dois mourir bientôt comme si je dois vivre. Ecrivez-moi donc ce 10

que vous ferez. – Je pense que les alliés ont mal fait de vouloir aller à Paris, les cœurs français s'en sont révoltés et on a donné à celui qui n'avait rien fait que pour lui-même l'air du dévouement. On a donné l'air du vainqueur au vaincu, - enfin on a mal fait et c'est parce qu'on a compté sur un parti Bourbon qu'on a commis cette faute. – Moi-même je ne pouvais plus penser   15 qu'à la France et lui s'est trouvé défendant la liberté, quel blasphème ! – J'ai tant pris d'opium pour ne pas souffrir cette fois physiquement que je suis dans l'état où j'étais quand vous me faisiez mal à l'âme, – c'est beaucoup plus doux. – Adieu, souvenez-vous de moi. Personne n'a pu vous aimer comme je vous ai aimé. Adieu – adieu. – Albertine vous aime toujours.   20

Éditions   **1.** Nolde (1907), pp. 167–168.   **2.** *Léon (1928),   n° 15, *RP*, p. 307, et vol., pp. 62–64.   **3.** Kloocke (1993), n° 83, p. 207.

Texte   **1**   1814] [Londres] *ajouté par Léon. Note de Léon :*   **13**   lui-même] même *dans l'interligne.*

Notes
[1] «Commentaire sur la réponse faite par Buonaparté le [14] novembre 1813, à la Députation du Sénat,», *L'Ambigu*, 20 février 1814, pp. 552–558. Ce texte est reproduit par Hasselrot (1952), pp. 7–14 et *OCBC*, VIII, 2, pp. 849–853.
[2] L'édition de Londres de *De l'esprit de conquête et de l'usurpation* paraîtra fin mars 1814, chez John Murray.
[3] Effectivement Auguste de Staël, aide de camp de Bernadotte, rencontrera BC à Liège le 10 mars 1814, après avoir accompagné sa mère à Londres.

2450

Benjamin Constant à Bernadotte

7 mars 1814

Monseigneur,
Heureux au possible de ce que Votre Altesse Royale m'a dit qu'Elle approuvoit mon arrivée[1], et croyoit que je pourrois être utile, j'ose, pour n'éprouver aucune entrave dans cette utilité quelconque, lui exposer ce qui est indispensable matériellement, pour que je puisse la suivre, et je ne fais   5 que répéter, Monseigneur, vos propres paroles. Votre Altesse sait déjà que je ne désire ni place ni titre. La décoration[2] dont elle m'a honoré comble mes vœux. Mais pour me mettre à même de La servir, il est nécessaire qu'Elle constate que sa volonté me donne les mêmes droits qu'à tous ceux qui l'accompagnent, quant aux logemens, aux moyens de voyager, et à l'hon-   10 neur d'être admis à sa table. Le bonheur de m'entretenir avec Votre Altesse Royale est tel que je ne reclamerais aucune de ces facilités secondaires, si

elles n'étoient indispensables à quiconque a l'avantage d'être appelé par Votre Altesse Royale à résider dans son Quartier général. Hier au matin, j'ai erré quatre heures sans pouvoir trouver un asyle, et m'etant fait loger bien malgré moi par billet, j'ai vu mes droits contestés et je les ai sentis contestables. Il en seroit de même partout ou j'arriverais au milieu de la Suite nombreuse de Votre Altesse Royale, et il y auroit non seulement de la souffrance dans cette situation, mais du ridicule, que feroient ressortir volontiers maints esprits malins ou plaisans. Ce seroit bien pis pour les voyages, si, seul entre tous, je n'avois pas de moyens légaux d'aller. Enfin hier au soir, quand Votre Altesse Royale me fit dire qu'Elle ne pourroit me voir qu'aujourdhui, j'ai du m'éloigner comme exclu de sa table, parce que personne ne me proposoit de rester, et que nul ne sait ce que Votre Altesse a daigné me dire à Bückebourg[3].

Pardon, Monseigneur, si je commence par Vous entretenir de minuties qui ne regardent que moi. Ces minuties sont malheureusement inhérentes à la vie, et, dans le cahos d'un quartier général, nul individu ne peut s'en tirer sans l'ordre du Maître, ni s'en passer honorablement. Je suis Votre Altesse Royale, en qualité de volontaire civil, comme d'autres en qualité de volontaires Militaires. Je crois qu'il n'y a que du bonheur dans les deux cas, et point de danger : mais s'il y avoit du danger, ce seroit autant pour moi qui, si j'étais pris serais fusillé, que pour ceux qui ne seraient que prisonniers de guerre. J'ose donc reclamer la meme considération de leur part que celle que j'ai pour eux.

La lettre dans laquelle Votre Altesse Royale m'a fait l'insigne honneur de m'appeler auprès de sa personne implique nécessairement tout ce que je demande. Mais pour que le sens de cette lettre soit mis en pratique, il est besoin de trois phrases détaillées. J'ose donc croire que Votre Altesse Royale ne me trouvera pas coupable d'indiscretion.
Je suis avec respect

> Monseigneur
> de Votre Altesse Royale
> le très humble, très
> devoué et très obéissant serviteur
> Benjamin de Constant

Liège ce 7 Mars 1814

Manuscrit   1. *Stockholm, BFA ; 4 pp., p. 4 bl.; orig. autogr.   **2.** *Ibid* ; copie ancienne, cotée «Copie 91.»

Édition   Hasselrot (1952), pp. 41–43.

Texte *Notes en tête de la lettre :* 7ᵉ Mars ; Liège 7 Mars 1814. / Benjamin de Constant, / demande de la / considération.   **20** pis] *ajouté dans l'interligne*

Notes
[1] Son projet ayant reçu l'approbation de Charlotte, BC a quitté Göttingue le 28 février et gagné Liège le 7 mars 1814. Il s'est arrêté en route à Hagen, Elberfeld et Cologne.
[2] L'ordre suédois de l'Étoile polaire.
[3] Voir la lettre de BC à Bernadotte du 13 février 1814, note 5. BC est parti prématurément sans invitation officielle de la main de Bernadotte, ce qui lui cause bien des désagréments dès son arrivée à Liège. Voir également le Journal des 7, 8 et 9 mars 1814.

2451

Benjamin Constant à la comtesse Anne-Pauline-Andrienne de Nassau

19 mars 1814

Liège ce 19 Mars 1814

Vous serez étonnée, ma chère Tante, de la date de cette lettre. Je vous écris du quartier général du Prince de Suède, qui a eu la bonté de m'inviter à me rendre auprès de lui, par une lettre[1] très obligeante, en m'envoyant l'ordre de l'étoile polaire. Je ne sais encore combien de tems j'y serai. Ma femme est 5 restée à Hanovre, parce qu'une femme ne peut suivre un quartier général. Je crois, si des événemens majeurs n'ont pas lieu, que j'irai bientot la reprendre pour aller en Suisse, car cette petite course ne change rien à mes projets de cet été.

Les nouvelles de Suisse[2] sont si vagues et contradictoires que je ne me 10 permets pas le moindre fait ni la moindre réflexion dans cette lettre. On ne peut dans aucun cas vous rendre responsable de l'avoir reçue, puisque vous ne pouvez empêcher qu'on ne vous écrive. Je me borne à bien des vœux pour que ce pauvre pays ne devienne pas le théâtre de la guerre.

Si j'avais cru que l'envoi de mon livre eprouvat assez de lenteurs pour que 15 vous ne l'eussiez pas encore le 26 février je vous l'aurais envoyé directement. A présent il est trop tard car surement vous l'aurez reçu. Il a été réimprimé en Angleterre et traduit en anglais[3]. Mais je n'ai encore vu aucune des critiques ou des analyses qu'on a pu en faire. Je ne verrai pas non plus, de sitôt, les injures qu'il me vaudra d'un certain côté, et qui seront comme 20 toutes celles qui partent de ce côté là.

J'ai reçu des nouvelles du procès de Jacqueline[4]. Elle a renoué ses chicanes et même gagné de petits incidens. Ses parties adverses ont fait des fautes : mais j'espere encore qu'en dernière instance elle perdra, car ses pretentions sont évidemment injustes.

25

Adieu chère Tante. Mille respects et mille tendresses.

à Madame / Madame de Nassau, née de Chandieu, / à Lausanne, / pays de Vaud, / *Suisse.*

Manuscrit   *Genève, BGE, Ms. Constant 36/1, f. 270; 2 pp., l'adresse p. 2; timbres : LIEGE ; R :N° 2; orig. autogr.

Édition   Menos (1888), pp. 515–516.

Notes
¹ La lettre 2445.
² A la fin de 1813, l'Acte de Médiation de 1803 avait été suspendue et, en prévision de la chute imminente de Napoléon, des discussions se poursuivaient dans tous les cantons suisses en vue d'une nouvelle constitution.
³ En réalité *De l'esprit de conquête et de l'usurpation* devra attendre 1941 pour être traduit en anglais, mais une traduction allemande paraîtra en 1814 et une traduction suédoise en 1815. Voir, sur ces traductions, Courtney, *Bibliography* 10e et 10f et *Guide* A10/t1 à A10/t3.
⁴ En fait Napoléon avait refoulé les cosaques à Berry-au-Bac le 5 mars, avait été victorieux à la bataille de Craonne contre les armées russes et prussiennes du général Blücher le 7 mars, et avait écrasé les Russes à Reims le 13 mars 1814. Par contre les Prussiens avaient été victorieux à Laon les 9–10 mars et la ville de Bordeaux s'était rendue aux Anglais sans combat le 12 mars.

2452

Germaine de Staël à Benjamin Constant

22 mars 1814

Londres, ce 22 mars.

Vous me priez de continuer *l'exposé de mes idées*, je voudrais vous prier de continuer à exposer les vôtres. – Avez-vous oublié ce que vous avez écrit contre les étrangers et vous figurez-vous un roi soutenu par les lances des cosaques ? – Vous me dites que je suis *désintéressée dans mes vœux*, oui, certes ; mais vous, vos relations ont fait de vous un chambellan. – Croyez-vous donc que Bonaparte ne puisse pas se montrer dans une assemblée de princes ! Quarante batailles sont aussi une noblesse. – Je hais l'homme, mais je blâme les évenements qui me forcent en ce moment à lui souhaiter du succès. – Voulez-vous donc qu'on foule la France aux pieds ? Un homme, quel qu'il soit trouve sa fin, mais le destin de la Pologne¹ trouvera-t-il sa fin ? - Si les Français rappelaient les Bourbons sous condition, ce serait bien beau, mais ne voyez-vous pas qu'on fera de 25 années un long crime et de la légitimité des princes un article de foi ? – J'ai lu votre mémoire²; Dieu me

garde de le montrer ! Je ne ferai rien contre la France ; je ne tournerai pas 15
contre elle dans son malheur, ni la renommée que je lui dois, ni le nom de
mon père qu'elle a aimé. – Ces villages brûlés sont sur la route où les
femmes se jetèrent à genoux pour le voir passer. – Vous n'êtes pas Français,
Benjamin. - Tous les souvenirs de votre enfance ne sont pas attachés à cette
terre, – voilà d'où vient la différence entre vous et moi ; – mais pouvez-vous 20
vraiment désirer voir les cosaques dans la rue Racine ? – Le tyran est encore
en ce moment couvert de la gloire militaire des Français ; mais que seraient
ces Français s'il ne leur restait plus que le souvenir de leurs actes législatifs
et de leurs actions civiques ? – Enfin, si vous craigniez l'invasion des étrangers en 1792 – alors qu'on égorgeait tous les jours, alors que la France 25
n'avait pas l'Europe pour ennemie, qu'en est-il à présent ? – Je sens en moi-
même que j'ai raison, car mon émotion est involontaire et contraire à mes
intérêts personnels.

Que faites-vous, vous verrai-je ici, en Suisse ou à Berlin ? Votre livre est
très admiré par les connaisseurs, mais les sots réclament plus de noms pro- 30
pres ; - on veut le traduire[3] et comme tout dans ce pays sa renommée grandit de jour en jour.

Albertine vous écrira dans 8 jours. –

Renvoyez-moi Schlegel[4], je ne puis vivre sans lui.

Éditions   **1.** Strodtmann (1879), II, pp. 29–30.   **2.** Nolde (1907), pp. 171–173 (traduction anglaise de Strodtmann).   **3.** *Léon (1928), pp. 64–66 (traduction française de Strodtmann).
4. Solovief (1970), pp. 471–475 (avec coupures).   **5.** Kloocke (1993), n° 86, pp. 210–211.

Texte   **1** mars] 1814 *ajouté entre crochets carrés, par Léon*

Notes
[1] En 1807 Napoléon avait créé le duché de Varsovie, état satellite de l'Empire. Mais il était
   clair que, Napoléon vaincu, la Pologne perdrait la mesure d'autonomie dont elle jouissait.
   Après le Congrès de Vienne de 1815, le duché de Varsovie allait devenir le royaume de
   Pologne sous la domination de la Russie.
[2] «Considérations sur la paix à faire ou à ne pas faire avec Napoléon», mémoire daté du 10 ou
   11 mars 1814. Voir à ce sujet l'article de Norman King, «Trois mémoires de Constant écrits
   en mars 1814», *ABC*, 6 (1986), pp. 17–30 et *OCBC*, VIII, 2, pp. 877–882.
[3] Voir la lettre 2451, note 3.
[4] August Wilhelm von Schlegel arrivera à Liège le 26 mars 1814 et BC dînera avec lui le soir
   même (Journal).

2453

Benjamin Constant à Sir James Mackintosh

27 mars 1814

Liege, March 27th, 1814.

Your letter[1] found me no longer at Hanover, but at the head quarters of the
Prince of Sweden, where I thought it my duty to repair, as soon as he
entered France. However averse I am in general to any steps which seem to
co-operate with foreign forces against French independence, every consid- 5
eration must yield, in my opinion, to the necessity of overturning the most
systematical and baneful tyranny, that ever weighed, with iron weight, on
mankind. My last publication[2], a copy of which I hope you have received,
has already explained to you, I suppose, what are my notions on modern
patriotism. It cannot, like that of the ancients[3], be irrevocably confined 10
within the narrow bounds of a particular territory. Liberty, religious feel-
ings, humanity, are the general property of our species ; and when the government of a nation attempts to rob the world of all that ought to be dear to
every inhabitant of the world − when it tramples on every idea, every hope,
every virtue − that nation, as long as it consents to be the tool of that 15
government, is no longer composed of fellow-citizens, but of enemies that
must be vanquished, or madmen that must be chained.

There is a great difference between the system of Buonaparte and that of
Robespierre[4]. The last was a series of bloody but stupid and uncalculated
crimes which, though fatal for the present hour, did not extend their in- 20
fluence over the time that was to follow. Such a perpetual and indiscrimin-
ate slaughter could never be set up as a pattern for future governments of
any kind. Had I therefore been then in France, I would have concurred to
defend it against invasion, even while it groaned and bled under a brutish
tyrant and his fellow-murderers. The despotism of Buonaparte is not in the 25
same case. It has enough of civilisation to deceive those who only seek a
pretence for proclaiming themselves deceived. Robespierre could only be
supported by wretches, who knew they set themselves at war with every
feeling respected in every country and in every age. Buonaparte draws into
his nets those numerous honest men, who wish for the benefit of becoming 30
rogues without publicly changing their colours, and encourages by his protection all the rogues that find it convenient to call themselves honest men.
He teaches degradation to the people and tyranny to the men in power ; he
poisons everything that was pure, levels everything that was high, and
makes of this miserable earth a sea of mud and blood, where the huge 35

monster delights to prance and strut, surrounded with the subordinate monsters he has created and instructed. He must fall before we can think of anything else ; he must fall, that we may have time to think of anything else. I am sometimes vexed, but never frightened, at the attempts other governments, even while they struggle against him, are making to establish their own despotism. Let us pull down the master, and easy will it be to check those awkward apprentices.   40

I perceive that I have launched into a long exposition of my political creed ; but as I know this creed is not entirely yours[5], I could not resist the desire of justifying my line of conduct in your opinion, which is to me of so great value[6].   45

Alas ! All the friends[7] of my youth disappear ; and Scotland, if ever I see it again, will present me with nothing but funeral stones.

I have often boasted of your friendship, when your literary and political eminence were my only mode of communicating with you, unknown to yourself, and when I had but very faint hopes of your remembering me. You   50 may, therefore, well believe that the renewal of that friendship has been one of the greatest pleasures I have ever experienced.

Your old and ever

Devoted and attached friend,   55

B. Constant.

Éditions   **1.** *Mackintosh, *Memoirs* (1835), II, pp. 270–272; *Memoirs* (1836), II, pp. 275–277.   **2.** Nicolson, *Benjamin Constant* (1949), pp. 213–214.

Notes
[1] Cette lettre de Sir James Mackintosh (1765–1832), ancien camarade d'études de BC à l'université d'Edimbourg, n'a pas été retrouvée.
[2] *De l'esprit de conquête et de l'usurpation.*
[3] BC aborde ici un thème qu'il développera plus tard, celui de l'originalité de la liberté selon les modernes, notamment dans *De la liberté des anciens comparée à celles des modernes*, discours prononcé à l'Athénée royal de Paris en 1819.
[4] On peut comparer le jugement que BC prononce ici sur Robespierre avec celui qu'il rend sur les Jacobins dans les lettres qu'il a adressées à Isabelle de Charrière lors de son long séjour à la cour de Brunswick, de 1788 à 1794.
[5] Voir, sur Mackintosh, le *Répertoire*.
[6] Depuis sa jeunesse BC admire l'esprit universel qu'est Mackintosh et dont il fait l'éloge dans *Ma Vie*.
[7] Mackintosh vient sans doute d'annoncer à BC le décès d'un de leurs condisciples d'Édimbourg des années 1783–1785.

Traduction
Votre lettre m'est parvenue, non à Hanovre où je ne me trouve plus, mais au quartier-général du prince de Suède, où j'ai cru devoir me rendre dès que ce prince a fait son entrée en France. Quelque peu disposé que je sois en général à toute démarche qui paraisse prêter concours à des forces étrangères et agir contre l'indépendance de la France, tout doit céder, à mon avis, à la nécessité de renverser la tyrannie la plus systématique et la plus funeste qui ait jamais pesé de tout

son poids de fer sur l'humanité. Je suppose que ma publication la plus récente, dont vous aurez reçu, je l'espère, un exemplaire, vous a déjà révélé mes sentiments sur le patriotisme moderne. A la différence du patriotisme des Anciens, ce patriotisme ne saurait rester dans les limites étroites d'un seul territoire. La liberté, les sentiments religieux, l'humanité sont le propre de notre espèce, et lorsque le gouvernement d'une seule nation essaie de dérober au monde tout ce qui devrait être cher à tous les habitants du monde, quand il bafoue toute idée, tout espoir, toute vertu, cette nation-là, aussi longtemps qu'elle consent à n'être que l'instrument de ce gouvernement, n'est plus composée de concitoyens, mais d'ennemis à vaincre ou de fous à enchaîner.

    Il y a une grande différence entre le système de Buonaparte et celui de Robespierre. Ce dernier a commis une série de crimes sanglants, certes, mais stupides et peu calculés, et qui, bien que funestes à l'époque, n'ont pas eu d'influence sur la période ultérieure. Un tel carnage incessant et aveugle ne saurait instituer une marche à suivre pour d'autres gouvernements, quels qu'ils soient. Si je m'étais trouvé en France à cette époque, j'aurais concouru à la défendre contre l'envahisseur, même quand elle gémissait et saignait sous un tyran brutal et ses compagnons meurtriers. Le despotisme de Buonaparte n'est pas du même genre. Il comporte assez de civilisation pour tromper ceux qui ne cherchent qu'un prétexte pour se dire trompés. Robespierre n'avait pour appui que des misérables, conscients d'être en guerre avec les sentiments respectés par les hommes de tous les pays et de toutes les époques. Buonaparte attire dans ses filets les nombreux hommes honnêtes qui, sans changer ouvertement de principes, veulent tirer profit en devenant des coquins, et il encourage, en les protégeant, tous les coquins à qui il convient de se dire des hommes honnêtes. Au peuple il inculque l'avilissement, et aux hommes du pouvoir la tyrannie ; il empoisonne tout ce qui était pur, il nivelle par le bas tout ce qui était élevé, et fait de cette malheureuse terre une mer de boue et de sang où le grand monstre lui-même se complaît à se pavaner, entouré des monstres subalternes qu'il a créés et formés. Il faut qu'il soit renversé avant que nous puissions penser à autre chose ; il faut qu'il tombe afin que nous ayons le temps de penser à autre chose. Parfois je me fâche, mais je n'ai jamais peur des tentatives d'autres gouvernements qui, tout en luttant contre lui, essaient d'établir leur propre despotisme. Mettons à terre le maître ; il sera facile ensuite d'arrêter les activités de ses apprentis maladroits.

    Je m'aperçois que je me suis lancé dans une longue exposition de mes principes politiques. Mais comme je sais que ces principes ne sont pas entièrement les vôtres, je ne pouvais résister au désir de justifier ma conduite à vos yeux, car votre opinion m'est d'une si grande valeur.

    Hélas ! tous mes camarades de jeunesse disparaissent, et si jamais je revois l'Ecosse, elle n'aura que des pierres tombales à me montrer.

    Je me vantais souvent de votre amitié à une époque où, à votre insu, vos éminents ouvrages littéraires et politiques étaient mon seul moyen de rester en contact avec vous, et où je n'avais qu'un faible espoir que vous vous souveniez de moi. Par conséquent, vous pouvez croire que le renouvellement de notre amitié a été l'un des plus grands plaisirs que j'aie jamais goûtés.

    Votre vieil ami fidèle et dévoué
    B. Constant.

Painted by Sir T.Lawrence.   Engraved by Edw.ᵈ Smith.

3. Portrait de Sir James Mackintosh par Edward Smith, d'après Sir Thomas Lawrence.

2454

Benjamin Constant à Karl August Böttiger

30 mars 1814

Liège ce 30 Mars 1814

Votre lettre[1], mon Respectable Ami, ne m'a plus trouvé à Hanovre mais au Quartier général du Prince de Suède, dont la bonté, en m'envoyant une preuve de son approbation pour mon ouvrage[2], m'a déterminé à venir l'en remercier sur les lieux. L'espérance de me rapprocher de la France, ou je 5 crois que je pourrais être utile, si j'arrive au moment de la refonte générale que les armes auront amenée, mais que la raison doit accomplir, m'a aussi fait un devoir de me rapprocher de ce pays, si malheureux en sens opposés depuis si longtems. Les nouvelles de hier, la victoire, probablement décisive[3] de la grande Armée sur Buonaparte, Macdonald[4], et Marmont[5], la sépara- 10 tion ou ce dernier se trouvoit être de Paris, et la marche de la plus grande partie des forces alliées sur cette capitale, présagent un terme assez prompt à la puissance de l'Usurpateur. Je me suis borné jusqu'à présent à vouloir à tout prix, la fin de cette puissance, convaincu par une longue expérience que c'etoit beaucoup quand les hommes s'entendent sur une idée, et qu'ils ne 15 peuvent jamais s'entendre sur deux. Quand ce premier but, essentiel pour l'Europe, sera atteint, il faudra s'occuper de questions plus particulières à la France. Je voudrais beaucoup, en réponse au peu de mots, que vous m'écri- vez là dessus, me livrer avec vous à une conversation épistolaire. Malheu- reusement, ce ne seroit pas un tête à tête[6], et ces matières ne peuvent pas se 20 traiter en public. Je me bornerai donc à vous dire, que je serais de votre opinion, pour l'individu[7] que vous indiquez, parce que tout individu m'est égal, s'il y a constitution libre et representation nationale, mais ces deux choses sont incompatibles, à ce qu'on assure, et à ce que j'ai toutes les raisons possibles de craindre, avec le susdit individu. 25

Je suis bien flatté du jugement que vous portez sur mon livre, et je lui souhaite le succès dont vous voulez bien le croire digne. J'en désire beau- coup une traduction allemande. Sans la négligence d'un jeune Dr de Göt- tingue qui avoit à toute force voulu s'en charger, et qui, depuis, lancé dans la diplomatie Hanséatique, n'a fini que la première feuille, la traduction 30 auroit paru, en même tems que l'original[8]. A mon départ, une autre per- sonne disoit vouloir entreprendre ce petit travail[9]. Mais comme j'ai quitté Hanovre le lendemain, j'en ignore le résultat. Si vous n'avez pas vu de traduction annoncée, c'est qu'elle n'a pas eu lieu et alors assurément, M. de Nostiz[10] me feroit honneur et plaisir. Comment vous dire ce que je ferai, 35 mon digne ami? Fata viam invenient[11]. Si la tournure des choses ne me satisfait pas, et il y a des chances, pour qu'un ami obstiné de la liberté ne soit pas absolument content, j'habiterai ou la Suisse ou l'Allemagne, ou toutes deux tour à tour, ayant dans l'un de ces pays, ma famille et dans l'autre celle de ma femme, qui est devenue pour moi une nouvelle famille aussi chère et aussi attachée que la première. J'avais pensé à l'Angleterre mais M^{de} de Stael qui a 30000 écus de rente s'y trouve pauvre[12]. Que seroit-ce de moi qui en ai 5 ou 6? De toute manière, je crois le joug de fer rompu, la Monarchie universelle *exploded*[13] de sorte qu'il y aura toujours un lieu ou l'on puisse écrire et penser. Nos petits enfans seront plus heureux. Car quoiqu'on fasse, il y aura dans cinquante ans liberté en Europe. Les peuples ont sauvé leurs chefs, et les libérateurs auront bien quelqu'influence sur les délivrés.

Adieu mon cher Ami

pour la vie tout à vous

B.C.

à Monsieur / Charles Böttiger, / Conseiller aulique ; / Directeur des Musées, &^{ca} &c^a / à Dresde, / *Saxe.*

Manuscrit   *Dresde, SL, h 37, Bd. 25, Nr. 45; 4 pp., adresse p. 4; orig. autogr.

Édition   Baldensperger (1908), pp. 485–486.

Commentaire et Notes   Pour Karl August Böttiger (1760–1835), voir le Répertoire.

[1] Non retrouvée.

[2] *De l'esprit de conquête et de l'usurpation* ; voir les lettres du 3 et du 8 février de Bernadotte à BC.

[3] Il s'agit des défaites de Marmont et Mortier et de Pacthod face aux Autrichiens sous Schwarzenberg, le 25 mars 1814, à Fère Champenoise (Marne), située à 40 kilomètres au sud-ouest de Châlons-en-Champagne. Ce fut la dernière grande bataille avant la chute de Paris, le 30 mars 1814.

[4] Le maréchal Étienne-Jacques-Joseph-Alexandre MacDonald, duc de Tarente (1765–1840), qui avait été victorieux à Wagram en 1809.

[5] Le maréchal Auguste-Frédéric-Louis Viesse de Marmont, premier duc de Raguse (1774–1852). Après la prise de Paris par les Alliés, Marmont traitera secrètement avec eux, ce qui rendra inévitable l'abdication de Napoléon.

[6] BC veut dire que leur correspondance sera lue par des censeurs militaires.

[7] Louis XVIII?

[8] Voir la lettre 2420, notes 30 et 31.

[9] Une traduction par le théologien zurichois Johann Jakob Stolz (1753–1821) paraîtra en 1814 à Hanovre, chez les frères Hahn: *Ueber den Eroberungsgeist und die Usurpation, im Verhältniss zur europäischen Bildung* (Courtney, *Bibliography*, 10e).

[10] Nous ignorons de quel membre de la famille allemande von Nostitz il s'agit ici.

[11] *Le destin trouvera un chemin.*

[12] Voir la lettre 2383 de Germaine de Staël à BC du 3 août 1813, «l'argent qu'on y [c'est-à-dire en Angleterre] dépense est d'un tiers en dessus de partout ailleurs».

[13] *sautée* ou *détruite.*

2455

Germaine de Staël à Benjamin Constant
1ᵉʳ avril 1814

Londres, ce 1ᵉʳ avril 1814.
J'ai remis votre mémoire[1] à la légation d'Autriche, ils disent qu'il y a beaucoup d'esprit mais qu'ils ne conçoivent pas trop bien comment on pourrait
ôter le père en gardant le fils[2]. – En effet, c'est le moyen d'exécution qui
manque. – Tout le monde est d'accord avec vous sur la régence, mais le fait 5
est que si Bonap[arte] est renversé l'ancien régime sera rétabli, c'est peut-être
meilleur, mais c'est triste. –

Votre lettre m'a émue par l'idée que vous pourriez venir ici[3] – mais je n'y
crois pas. Ce que je puis vous *affirmer*, c'est que M. de Rocca se conduira
avec vous comme avec M. de Montmorency[4]; – notre affection mutuelle est 10
fondée pour la vie, il m'a soutenue dans mon malheur avec une générosité et
une tendresse de cœur que je n'oublierai jamais ; il est devenu tout autre et
vous ne reconnaîtrez ni ses manières ni sa conversation. – *Ne songez donc*
pas à lui comme obstacle, mais faites pour vous ce que votre cœur vous
inspirera. Ce n'est pas huit jours, c'est la vie qu'il faudrait arranger dans le 15
même lieu ; mais le ferez-vous ? L'instabilité de vos résolutions est si grande,
– vous êtes bien sûr, trop sûr de mon accueil !

Vous me demandez pourquoi Albertine n'aime pas l'Angleterre. En vérité,
la société est si nombreuse et si silencieuse parmi les jeunes gens que je
conçois son ennui, d'ailleurs il n'y a ici que l'amour et jusqu'à présent ce 20
n'est rien. – Elle préfère l'Allemagne. Je resterai ici encore quatorze mois, –
j'irai en Ecosse[5] le 1ᵉʳ de juin, – je ferai tout pour vaincre sa disposition et à
dix-huit ans juste je la ramènerai sur le continent. – Je me tourmente souvent de la crainte que tout moi ne soit pas ce qui lui sert. Ah ! Le passé, le
passé ! – C'est vous qui avez perdu nos vies par l'instabilité de votre carac- 25
tère, - nous serions unis ici et appuyés l'un sur l'autre si vous n'aviez pas
tout déchaîné contre moi. – Adieu ! – Soyez fidèle à la France et à la liberté,
il n'y a rien sans amitié.

Monsieur Benjamin Constant de Rebecque, chevalier de l'Etoile Polaire,
chez M. Dubois, banquier, à Liège. Pays-Bas.   30

Éditions   **1.** Strodtmann (1879), II, pp. 30–31.   **2.** Nolde (1907), pp. 173–175 (traduction
anglaise de Strodtmann).   **3.** *Léon (1928), pp. 66–68.   **4.** Kloocke (1993), n° 8, pp. 212–213.

Texte   *Note de Léon :* Le texte authentique de cette lettre m'a été communiqué par M. Gentili di Giuseppe [...].

Notes
1 Il s'agit du «Mémoire sur la régence» écrit à Liège le 22 mars 1814. Voir l'article de Norman King, «Trois mémoires de Constant écrits en mars 1814», *ABC*, 6 (1986), pp. 24–27, et *OCBC*, VIII, 2, pp. 893–897.
2 BC se fait le champion d'une régence de l'impératrice Joséphine (qui sera emportée par une pneumonie le 29 mai 1814) en faveur du fils de Napoléon, roi de Rome, duc de Reichstadt (1811–1832).
3 Il semble que BC pense déjà à un séjour en Angleterre. Il s'y rendra finalement le 25 janvier 1816.
4 Albert-John Rocca était fort jaloux des anciens amants de Germaine de Staël et il avait failli se battre en duel avec BC peu avant le départ de celui-ci pour l'Allemagne.
5 Il n'en sera rien. Germaine de Staël rentrera à Paris le 12 mai 1814. Ayant apporté son appui à Bernadotte, elle essaiera d'y établir de bons rapports avec le nouveau régime de Louis XVIII qui s'installe. BC écrira dans son Journal à ce propos le 8 avril : «Quelle incorrigible intrigaillerie».

2456

Benjamin Constant à Talleyrand

3 avril 1814

Vous avez glorieusement expliqué une longue énigme[1], et quelque bizarre, quelqu'inconvenante que soit peut être cette manière de vous en féliciter, je ne puis résister au besoin de vous remercier d'avoir à la fois brisé la tyrannie, et jeté des bazes de liberté. Sans l'un, je n'aurais pu vous rendre graces de l'autre. 1789 et 1814 se lient noblement dans votre vie. Vous ressemblerez   5 dans l'histoire à Maurice de Saxe[2], et vous ne mourrez pas au moment du succès. Vous n'accuserez pas cet hommage de s'adresser à la prospérité seule. Le passé doit me préserver de ce soupcon. Il n'y a pas non plus d'interet personnel dans ma demarche. Pour fuir un joug que je ne pouvois briser, j'avais quitté la France, et bien que je m'en sois rapproché pour tenter de la   10 servir, des liens que je chéris tendent a me fixer ailleurs. Mais il est doux d'exprimer son admiration quand on l'éprouve pour un homme qui est en même tems le sauveur et le plus aimable des Francois. J'écris ces mots après avoir lu les bazes de la constitution décrétée. Pardon si je n'ajoute aucun de vos titres[3]. L'Europe et l'histoire vous les donneront avec bonheur : mais le   15 plus beau sera toujours celui de Président du Sénat[4] le 3 Avril 1814. Hommage et respect

Benjamin Constant

Manuscrit Catalogue de vente à Paris (*Précieux autographes*), Nouveau Drouot, le 4 décembre 1981, n° 52, avec *fac-simile.

Édition Talleyrand, *Mémoires* (1891–1892), II, 261.

Texte **3** ne] *ajouté dans l'interligne*

Notes

[1] Napoléon abdiquera inconditionnellement le 6 avril 1814 et Talleyrand pense déjà à la suite. Le tsar Alexandre s'installera chez Talleyrand rue Saint-Florentin, et avec le roi de Prusse et le représentant de l'Autriche Talleyrand réussira à imposer aux Français le retour de Louis XVIII et des Bourbons ainsi qu'une constitution libérale. L'énigme que Talleyrand, homme de tous les régimes, vient d'expliquer à BC dans une lettre non retrouvée est peut-être celle de sa conduite sous Napoléon dont il a entrevu depuis longtemps la chute. On se souvient que Talleyrand avait démissionné de son poste de Ministre des relations extérieures en 1807 et avait critiqué l'Empereur qui l'avait humilié publiquement plus d'une fois.

[2] Maurice, comte de Saxe (1696–1750), né à Goslar en Allemagne, l'un des plus grands capitaines français. Promu maréchal de France en 1743, vainqueur des trois grandes batailles de Fontenoy (1745), de Raucoux (1746) et de Lawfeld (1747), le maréchal de Saxe devait mourir d'une fièvre peu après, au château de Chambord.

[3] Charles-Maurice de Talleyrand-Périgord, était alors Grand chambellan et prince de Bénévent.

[4] Lors d'une convocation extraordinaire, le Sénat conservateur, réuni le 1er avril 1814 sous la présidence de Talleyrand, arrête que soit «établi un gouvernement chargé de pourvoir aux besoins de l'administration, et de présenter au Sénat un projet de constitution qui puisse convenir au peuple français». Ce gouvernement provisoire, constitué de Talleyrand, Jaucourt, Dalberg, Beurnonville et Montesquiou, maintiendrait et proclamerait «la liberté des cultes et des consciences, ainsi que la liberté de la presse». Il assurerait également qu'«aucun Français ne pourra être recherché pour les opinions politiques qu'il aurait pu émettre». Le 2 avril, le même Sénat proclame la déchéance de Napoléon Bonaparte.

2457

Benjamin Constant à Charles de Villers

11 avril 1814

Brusselles ce 11 Avril 1814

Voilà donc, cher Villers, la grande tragédie finie par une parodie aussi sâle de la part du 1er acteur que la tragédie avoit été sanglante. L'homme de la destinée, l'Attila de nos jours, celui devant qui la terre se taisoit, n'a pas su mourir[1]. Je l'avois toujours dit, mais on ne me croyoit pas, et tout le monde ⁵ reste confondu. La Perspective du reste est tolérable, si elle dure. On promet la liberté de Religion, celle de la Presse, la Représentation Nationale. A ce prix, certes, va pour les Bourbons. Mais c'est jusqu'à présent le sénat qui parle[2], et derrière est cette masse avide de faire du bruit, qui se jette ventre à terre, suivant sa coutume. L'Empereur de Russie est le seul homme dans ces ¹⁰ circonstances dont la magnanimité repose l'ame. Sans lui, cette digne Nation Francoise établiroit le gouvernement Turc.[3]

Des choses particulières je ne vous en dirai point et pour cause. Le Prince est parti hier[4] pour Paris. Je l'y suivrai bientot. Je le répète, si les principes proclamés sont maintenus, tout peut aller. Mais le rocher de Sysiphe roule derrière nous et qui y a-t-il pour l'arrêter ? Les hommes qui quatorze ans ont rampé sous Buonaparte. Cependant je veux espérer d'eux. Si grace à l'Empereur Alexandre, il n'y a pas de lutte des formes de liberté pourront subsister. Mais s'il y a lutte, le peuple françois rugira de soif de l'esclavage, il le demandera à grands cris, il appelera ceux qui reclameront des assassins et des anarchistes, et il obtiendra ce qu'il aura voulu et ce que certes il aura bien mérité. De toute manière, le bien viendra du dehors, le mal du dedans.

J'ai recu ici, dans une lettre de M^de de Stael du 10 Janvier, l'incluse[5] que je vous envoye. Par l'événement, le retard n'y fait rien, puisque Munster est encore absent de Hanovre. Si vous voulez m'écrire que ce soit ici, chez Messrs Hagemans et Caroly Banquiers[6]. Votre lettre me suivra. Mais ne comptez pas trop qu'elle arrive. Presque toutes se perdent.

Adieu cher Villers. Le monstre est vaincu l'Europe est délivrée. Il en est d'elle comme des Rues que l'on balaye. On y élève de grands tas de boue[7] pour que le reste soit propre. Ce grand tas de boue c'est ... vous devinez quoi. Mais il reste l'Allemagne, l'Angleterre, la Suède, l'Espagne, et les Prussiens ont réhabilité la figure humaine.

Mille amitiés
bien des choses a M^de Rodde.

Manuscrit   *Hambourg, SUB, Nachlass Charles de Villers, Mappe 12, f. 497; 2 pp.; orig. autogr.

Éditions   **1.** Isler (1879), n° 24, pp. 45–46.   **2.** Kloocke (1993), n° 91, pp. 224–225.

Texte   **16** ans] *ajouté dans l'interligne*

Notes

[1] Cependant, le lendemain Napoléon, qui a abdiqué sans conditions le 6 avril, tentera de s'empoisonner, dans la nuit du 12 au 13 avril 1814.

[2] Voir la lettre précédente, note 4. Le Sénat a voté le 1er avril la déchéance de Napoléon et la constitution dite «des rentes». Cette constitution sera écartée le 2 mai 1814 par la déclaration de Saint-Ouen, qui reconnaîtra l'autorité de Louis XVIII, «roi par la grâce de Dieu» et «rappelé par l'amour de son peuple». Ce texte, qui promet une future constitution sous forme d'une charte, est un compromis que le tsar Alexandre Ier obligera le roi à signer avant de permettre son entrée dans Paris, ville occupée par les Alliés.

[3] C'est-à-dire une tyrannie.

[4] Bernadotte a quitté Liège pour se rendre à Nancy le 25 mars 1814, accompagné des comtes suédois Löwenhielm et Brahe. Très hésitant sur la politique à mener, il revient à Liège le 4 avril. Le Journal ne cache pas la déception de BC devant la maladresse et l'indécision du prince. Bernadotte quittera Bruxelles le 10 avril et gagnera Paris dans la nuit du 12 au 13 avril 1814. Cependant il est évident que la partie que le prince a jouée depuis plusieurs mois est définitivement perdue, ainsi que l'espoir qu'elle a fait naître chez BC.

[5] Voir la lettre 2430, qui renferme une lettre pour le comte de Münster «dont Villers fera ou non usage à son choix». Pour le texte de cette lettre, voir Kloocke, *Correspondance* (1993), pp. 193–194.

⁶ Banquiers bruxellois. BC a suivi Bernadotte à Bruxelles. Parti de Liège le 8 avril 1814, BC est arrivé à Bruxelles le jour suivant.
⁷ BC parle de la France dans son Journal du même jour : «La nation est de la boue. Laissons cette boue se reposer, que l'eau soit plus claire».

2458

Benjamin Constant à Alexandre-Charles-Omer Rousselin de Saint-Albin

15–30 avril 1814

[...]Paris [...] Faites moi le plaisir de me mander à quelle heure ce matin je pourrai vous trouver chez vous le plutot possible [...].

Manuscrit   Non retrouvé. Le texte que nous reproduisons est tiré du *Catalogue Charavay, Bulletin supplémentaire n° 20, 1960, pièce n° 3046; 3/4 p.; signature : «BC».

Commentaire   Il n'est pas possible de dater avec précision cette lettre, que nous plaçons parmi celles que BC a écrites peu de temps après son retour à Paris, le 15 avril 1814.

2459

Benjamin Constant à Claude Fauriel

15–30 avril 1814

J'ai été plusieurs fois pour vous voir, mon cher Fauriel. On m'a dit a 9 heures du soir qu'a 9 heures vous vous etiez toujours couché, et à 2 heures après midi que vous etiez toujours sorti à deux heures. Je voudrais avoir des nouvelles des livres que vous avez bien voulu garder pendant mon absence[1]. Des que j'aurai un appartement je vous en debarasserai. Mille amitiés.

Monsieur / Fauriel / grande Rue Verte, N° 30.

Manuscrit   Paris, BI, Ms 2328, f. 533; 2 pp., l'adressse p. 2; orig.autogr.

Texte   *Note sous l'adresse* : mon adresse / Hotel Vauban, rue Honoré / n° 366. / Benjamin Constant.

Note

¹ BC avait laissé ses livres allemands chez Fauriel avant de partir pour la Suisse en 1811 (voir *CG*, VIII, lettre 2236 et ci-dessus, lettre 2355, note 11). La présente lettre doit dater de peu après son retour à Paris, le 15 avril 1814.

2460

Benjamin Constant à Claude Fauriel

18–30 avril 1814

J'envoye, mon cher ami, une malle pour vous débarrasser d'une partie de mes livres. Je continuerai de tems en tems. J'ai pensé qu'il valoit mieux les faire prendre ainsi au hazard que vous donner la peine de les rassembler tous en une fois, et je les rangerai à fur et à mesure. Pourquoi ne venez-vous pas me voir ?

Mille amitiés.

B.C.

Édition   Glachant (1906), p. 119.

2461

Benjamin Constant à Marianne de Constant

19 avril 1814

Paris ce 19 Avril 1814

Il y a longtems que je n'ai pu vous écrire, et aujourdhui même je suis si pressé que je n'ai que le tems de tracer quelques lignes. Mais je m'empresse de vous envoyer une traite pour que le payement qui écheoit au 1ᵉʳ May ne soit pas retardé.

Comme les routes sont peu sures, dit-on, et que beaucoup de lettres se perdent, je vous prie de m'accuser réception de celle ci, avant de négocier la traite, pour que je puisse donner avis au notaire chargé de la payer, sans quoi il ne la payeroit pas, vu qu'elle porte qu'elle ne doit l'être que suivant mon avis, et que je ne le donnerai qu'après votre réponse, pour être sur qu'elle ne tombera pas en d'autres mains.

La traite est de 650 fr. ce qui fait l'interet des 13000 fr. restant depuis que vous en avez recu 2000 du capital. J'aurais désiré vous ajouter 100 fr. tout de suite, parce que je ne voudrais pas que la rente de vos enfans fut diminué, et je tacherai de le faire incessamment. Mais on a tant de peine à avoir de 15 l'argent, et mon espèce de campagne[1] avec le Prince de Suède m'en a tant couté, que je ne puis pour le moment payer que juste ce que je dois.

Donnez moi de vos nouvelles. J'en suis impatient Et croyez à ma sincère amitié.

à Madame / Madame de Rebecque, / à Brévans, / près Dôle, / Dép[t] du Jura. 20

Manuscrit *Lausanne, BCU, Fonds Constant I, Co 21; 4 pp., pp. 2–3 bl., adresse p. 4; timbre : P ; orig. autogr.

Note
[1] Depuis le 28 février BC a suivi à grands frais le quartier-général de Bernadotte à Liège, et ensuite à Bruxelles. Comme il l'a écrit dans son Journal, le 12 avril à Bruxelles : «Rester ici est stupide. Tout le monde s'en va. Je puis être à Paris et mettre de la dignité dans ma conduite, et nous verrons». Il est donc parti de Bruxelles le 13 avril et a gagné Paris le 15 avril 1814.

2462

Benjamin Constant à la comtesse Anne-Pauline-Andrienne de Nassau

20 avril 1814

Paris ce 20 Avril 181[4]

Peu de jours après la lettre[1] que je vous ai écrite de Liège, ma chère Tante, (Dieu sait si vous l'avez reçue, car les postes sont dans un desordre inouï) le Prince de Suède venant ici, j'ai profité de cela pour l'accompagner, et pour essayer de terminer mes affaires d'argent, que mon séjour sur territoire alors 5 ennemi m'avoient empêché de soigner. J'ai trouvé deux beaux-frères[2], l'un ministre d'Hanovre auprès des alliés, l'autre president des états de Prusse, mais fait prisonnier dans un des derniers exploits de Napoléon, et deux cousins germains, le grand chancelier[3], et M. de Stein[4]. Cela m'a engagé à écrire à ma femme à qui j'avois donné rendez vous en Suisse, de passer par 10 ici pour voir ses parens. Je l'attens dans une quinzaine de jours[5]. Pendant ce tems là je finirai mes affaires ; je laisserai ma femme jouïr huit jours du spectacle très curieux que Paris offre, puis nous irons passer notre été auprès de vous.

Les choses prennent ici une très bonne tournure. Il est impossible d'être plus modéré que Monsieur[6], et si les aboyeurs qui passent d'un parti à l'autre pour aboyer toujours plus forts que les maîtres, ne gâtent pas la disposition actuelle, il y a lieu à beaucoup de satisfaction et d'espérance.

C'est toujours un grand bien que la chute de Napoléon, qu'il n'est, graces à Dieu, plus nécessaire de nommer Jacqueline. Mais qu'avez vous dit de ce dénouement ? A-t-on jamais réuni plus de bassesse à plus d'insolence ? Vous aurez vu qu'il a marchandé pour tirer le plus d'argent possible, redemandé sa cave, ses voitures, &c[a]. Ce maître du monde s'est vengé de notre révolte, en nous avilissant encore un peu plus, en nous montrant de quel gredin nous avons été les esclaves. Il a trouvé que l'espèce humaine ne valoit pas qu'il lui donnat le plaisir d'une mort héroïque, et je ne puis nier qu'il n'ait eu raison. Il est parti, à ce qu'on dit, car cela n'est pas encore bien sur, pour l'Isle d'Elbe[7], ou il portera suivant le traité le titre d'Empereur. Grace à Dieu, il y a à présent quelques pays ou l'on peut aller sans être sous son empire.

On réimprime ici, pour la troisième fois, l'ouvrage[8] qui l'a déja été en Allemagne et en Angleterre. J'espère que Pott[9] a remis les exemplaires destinés pour Lausanne à leur adresse c'est à dire à vous, ma chère tante, à M[de] de Loys, à Rosalie, et au Marquis de Langalerie. Sinon, je serai à même, avant que votre réponse puisse m'arriver, de vous en faire parvenir.

Mon petit séjour ici ne change rien à mes projets ni j'espère au bonheur que vous m'avez promis d'occuper un appartement chez vous. Je n'ai aucune envie de passer à Paris plus que le tems absolument nécessaire. Si j'avois pu prévoir la rapidité des événemens, j'aurais pris ma femme avec moi ; mais je ne savais quand je sortirais des quartiers généraux, et le séjour n'en est guères convenable à une femme. Si elle m'eut accompagné, nous aurions pu repartir plutôt.

J'ai trouvé chez moi en rentrant une carte de Jules De Saugy, qui malheureusement n'a pas laissé son adresse. Mais cela prouve qu'il a échappé à tous les dangers, et qu'il se porte bien. J'en suis charmé pour lui et pour sa mère.

La Nation se conduit dans cette circonstance cõe dans toutes les autres. Elle crie à tue-tête contre le tyran dont elle a baisé les pieds pendant quatorze ans, et lui dispute les talens mêmes qui pourroient servir d'excuse au long esclavage qu'elle a supporté.

Les Parisiens contemplent avec beaucoup d'étonnement et un peu de honte les cosaques dont ils se sont tant moqués. Ces figures étrangères, ces longues barbes, ces lances, et ces bivouacs au milieu de Paris font un étrange effet. Il me frappe moins, parce que j'ai voyagé avec les Cosaques pendant trois mois.

La petite affaire dans laquelle je trouvais le procédé de Charles Con- 55
stant[10] un peu bizarre s'est terminée à ma satisfaction, parce que le banquier
qui avoit reçu les fonds n'a pas fait banqueroute. S'il avait manqué, j'aurais
eu des difficultés fort désagréables : mais c'est heureusement fini.

Mandez moi je vous prie si, comme vous l'avez témoigné, vous désirez
toujours rembourser le capital de Marianne. Je puis à présent lui proposer 60
une autre hypothèque, et alors je vous débarasserai de ces fonds. Ce n'est,
comme vous pensez bien, que dans le cas ou cela vous conviendroit et parce
que vous m'en avez parlé la première.

Pendant que j'écris, ma chère tante, je reçois une bien ancienne lettre[11] de
vous qui m'est renvoyée de Göttingue. Le moment où votre appartement 65
sera vacant cadre on ne peut mieux avec celui de notre arrivée en Suisse. Ma
femme ne peut guères être ici avant une quinzaine de jours. En supposant
que je lui en accorde 15 autres pour y voir [ses] connoissances, nous arriverons à la fin de May, ce qui [ ]ment, ce me semble, ce qui nous convient à
tous. 70

Vous êtes bien obligeante et bien indulgente sur mon ouv[rage.] Je suis
plus charmé de ce qu'il vous a fait plaisir que je ne le serais de tout autre
succès. C'est demain ou après demain qu'on le met en vente ici.

Adieu ma chère tante, je finis malgré moi, pour ne pas faire une envelop-
pe à cette lettre. Je me réjouïs bien de vous voir. Mille et mille tendresses. 75
Répondez moi, je vous en prie, chez Mr Fourcault de Pavant, Notaire, rue
St Honoré, n° 343.

A Madame / Madame de Nassau, / née de Chandieu, / à Lausanne, / pays de
Vaud, / *Suisse.*

Manuscrit   *Genève, BGE, Ms. Constant 36/1, ff. 271–272; 4 pp., l'adresse p. 4; timbre : P ;
orig. autogr.

Édition   Menos (1888), pp. 516–519.

Texte   *Plusieurs lettres ont été emportées par une déchirure*   **1**   181[4]] *le ms. porte* : 1812

Notes
[1] La lettre 2451 du 19 mars 1814.
[2] Il s'agit d'Ernst Christian Georg August von Hardenberg (1754–1825), ministre du Hanov-
    re, et probablement d'August Wilhelm Carl von Hardenberg (1752–1824).
[3] Karl August prince von Hardenberg (1750–1822), homme d'État prussien, nommé chan-
    celier de Prusse en 1810. Voir à ce sujet le livre d'Ingo Hermann, *Hardenberg : Der Reform-
    kanzler*, Berlin : Siedler Verlag, 2003.
[4] Heinrich Friedrich Karl, Baron von und zum Stein (1757–1831), homme d'État prussien qui
    avait dressé un programme de réformes que Karl August von Hardenberg essayait d'ap-
    pliquer.
[5] BC a quitté sa femme au Hardenberg, près de Göttingen, le 23 février 1814, et ne la reverra
    que le 1er décembre 1815, à Bruxelles.

[6] Le comte d'Artois.
[7] Le 11 avril 1814 une convention a été rédigée garantissant à Napoléon la souveraineté de l'île d'Elbe : c'est, le «traité de Fontainebleau» que Napoléon a signé le 13 avril. Après les fameux «Adieux de Fontainebleau» du 20 avril, il gagnera l'île d'Elbe le 4 mai 1814. Il lui sera permis d'avoir une escorte de 1000 hommes et de régner comme «Empereur d'Elbe» sur les 110.000 habitants de l'île dont il se charge de réformer le gouvernement.
[8] La troisième édition, «revue et augmentée» de *De l'esprit de conquête et de l'usurpation* qui paraîtra chez Le Normant et Nicolle fin avril 1814 (Courtney, *Bibliography*, 10d). BC en retire tout ce qui pourrait blesser la sensibilité du peuple français.
[9] Voir la lettre 2447, note 8.
[10] Voir sur cette «petite affaire» la lettre de BC à Mme de Nassau du 12 février 1814, et note 11.
[11] Non retrouvée.

2463

Benjamin Constant à Charles de Villers

21 avril 1814

Paris ce 21 Avril 1814.

Je ne puis dire, mon cher Villers, à quel point j'ai été surpris, consterné et indigné de la nouvelle que vous m'annoncez. Je me rappelle que M. d'Arns-waldt[1] me disoit en propres termes, que, si l'on ne vous conservoit pas à Göttingue, il s'éléveroit dans toute l'Allemagne un cri d'indignation, et je ne ⁵ m'explique pas, comment M. d'Arnswaldt étant adjoint à la curatelle de l'université, a pu laisser passer une telle injustice, contre laquelle lui même s'étoit si fortement prononcé.[2]

J'écris au Comte Münster qui est encore ici, et je lui dis ce que j'en pense, et dans le rendez-vous que je lui demande, je ne manquerai pas de lui en ¹⁰ parler avec tout le sentiment que j'eprouve. J'écrirai aussi à M. d'Arnswaldt, pour lui rappeler ses propres paroles, et lui demander l'explication de cette inconcevable iniquité[3].

Quand je verrai le Prince Royal, ce qui n'est ici ni fréquent ni facile, j'en ferai aussi mention : mais ce n'est pas sur son appui qu'il faut compter. Ses ¹⁵ dispositions seroient sans doute très bonnes mais il y a des choses qui ne peuvent s'écrire et qui l'empêcheront je crois de se mêler de rien de ce qui ne le regarde pas ou la Suède directement. Cependant je ne négligerai rien, et j'espère plus du Cte Munster que de personne.

Ce que j'espère encore plus, c'est que votre réputation, votre considéra- ²⁰ tion en Allemagne, vos efforts personnels à Hanovre, produiront facilement un retour à la justice, retour qui est plus nécessaire à l'honneur[4] de l'ad-ministration qu'à vous même.

Il y a un mot bien absurde dans votre lettre cher Villers. Ils me laissent du pain, dites vous, et ils m'otent l'honneur. Qui diable peut vous oter l'honneur ? Et je ne dis pas seulement l'honneur, mais la gloire ? Songez donc que vous avez en Allemagne une réputation colossale, et que ce n'est pas à vous, mais à eux qu'ils feroient tort.

Ici je n'ai vu que gens qui vous appellent et vous desirent, et si vous vouliez avoir une place à Paris, vous en auriez cent pour une.

Je travaille depuis huit jours à déterrer l'adresse du Général Suchtelen[5], et je n'en puis venir à bout. Des que je l'aurai découvert, je lui parlerai de l'affaire de M. votre frère[6]. Il est probable que je serai présenté sous peu à l'Empereur Alexandre, et bien que cela ne soit pas conforme à l'étiquette, je tacherai de lui en parler à lui même directement.

Je suis ici depuis huit jours : la disposition est bonne. Celle des Princes replacés sur le trône est excellente. Il y a des fous qui crient, les uns, pour être récompensés et un plus grand nombre encore pour n'etre pas punis. Mais l'opinion est éveillée. Tout le monde a peur de l'agitation, et on est comme les animaux pris dans des pièges, immobile de cette peur, chose très salutaire pour le moment. J'écris dans les journaux des articles[7] qu'on prétend faire du bien. M. de Talleyrand est admirable d'esprit et de sagesse[8]. Il est possible et probable que nous aurons de la liberté... du reste, la nation est ce qu'elle a toujours été, et ce que nous en avons dit cent fois ensemble : de sorte que je ne le repète pas[9].

J'ai vu M. Stapfer[10], et je lui remettrai aujourdhui votre livre[11] avec le mien qu'on a réimprimés ici. M[de] Caffarelly[12] est encore absente. Tous ceux que j'ai vus se rappellent à vous. J'ai écrit à ma femme de venir, et de me rapporter mon Polythéisme[13]. Gardez l'autre caisse[14], je vous prie, car nous nous reverrons bien une fois. Je suis horriblement occupé, et je ne fais pas le quart de ce que je voudrais faire.

La durée de mon sejour ici dépend des événemens, ou pour mieux dire de la tournure que l'opinion prendra. Comme je vous l'ai dit, j'espère beaucoup, mais il est possible que mes espérances soïent trompées, et comme alors il n'y a plus rien à attendre d'une nation qui sera toujours obstinée à repousser le bien qui s'offroit, je chercherai un azyle ailleurs, car je suis trop fatigué pour lutter contre la folie et la bassesse.

Adressez votre réponse cher Villers, hotel Vauban, Rue St Honoré, N° *366*. Puissiez vous m'annoncer qu'on vous a rendu justice. Mille choses tendres à M[de] Rodde. Je vous aime et vous embrasse.

Manuscrit   *Hambourg, SUB, Nachlass Charles de Villers, Mappe 12, ff. 498–499; 4 pp.; orig. autogr.

Édition   **1.** Isler (1879), n° 25, pp. 46–48.   **2.** Kloocke (1993), n° 92, pp. 225–228.

Notes

[1] Voir la lettre 2433.

[2] Karl Friedrich von Arnswaldt écrira à Charles de Villers le 30 avril 1814 : «Les changements à Göttingue ont été faits sans ma participation ; je n'ai aucune connoissance des motifs qui ont influé sur la décision de S. A. R. le prince Régent ; je ne puis par conséquent prévoir avec certitude le succès d'une application directe de votre part». Voir Kloocke (1993), pp. 232–233 et 236.

[3] Les lettres de BC à Münster et à Arnswaldt n'ont pas été retrouvées. Ernst Friedrich von Münster répondra à BC le 24 avril 1814 (lettre 2467), en évoquant «des doutes sur la question s'il [Villers] devait être reçu au nombre des professeurs et [...] ce n'était pas seulement M. Rehberg qui avait ces doutes».

[4] Villers touchera une pension égale à ses appointements et sera invité à quitter le pays. (Kloocke, (1993), p. 226, note 3).

[5] Le baron Piotr Kornilovitch (Jan Peter van) Suchtelen (1751–1836), ingénieur militaire et diplomate russe d'origine néerlandaise que Germaine de Staël avait connu à Saint-Pétersbourg et qui faisait partie de la suite du prince Bernadotte.

[6] Frédéric-François-Xavier de Villers (1770–1846), frère cadet de Villers. On se souvient que ce frère, que BC et Charles de Villers avaient cru perdu après la retraite de Moscou, s'est fixé à Dresde. Accusé d'abord par les autorités russes d'avoir collaboré avec l'armée de Napoléon, il semble devoir sa liberté à l'intervention de Germaine de Staël, BC et d'autres.

[7] «Des révolutions de 1640 et 1688 en Angleterre, et celle de 1814 en France», *Journal des débats*, 21 avril 1814. Voir le Journal de BC des 18 et 21 avril 1814.

[8] Voir le Journal, 21 avril : «Vu Talleyrand. Pas mal»

[9] «Quel peuple. Cela ira mal» (Journal du 19 avril 1814).

[10] Philippe-Albert Stapfer (1766–1840), théologien protestant d'origine bernoise, ancien homme politique helvétique qui résidait à Paris depuis plusieurs années et qui était en relations épistolaires avec BC, notamment au sujet des écrits de BC sur la religion. Voir au Répertoire.

[11] Les *Constitutions des trois Villes Libres – Anséatiques, Lubeck, Brêmen, Hambourg. Avec un Mémoire sur le Rang que doivent occuper ces villes dans l'organisation commerciale de l'Europe. Avec une carte coloriée*, ouvrage qui venait de paraître en 1814, à Leipzig chez Brockhaus.

[12] La comtesse Juliette d'Hervilly (1759–1830), fille de l'émigré Louis-Charles d'Hervilly (1756–1795) et femme du général Marie-François-Auguste de Caffarelli du Falga (1766–1849). Elle «appartenait au milieu libéral groupant Mme Récamier, Ballanche, Sismondi, Degérando, Villers etc., et entretint une longue correspondance avec Charles-Victor de Bonstetten» (Roulin, Pléiade p. 1536). Sur ce personnage voir l'article de Suzanne Fiette, «Noblesse d'Ancien Régime et aristocratie moderne : l'exemple de la comtesse d'Hervilly (1759–1830)», *Romantisme* 70 (1990), pp. 59–68.

[13] C'est-à-dire son ouvrage sur la religion.

[14] BC avait l'habitude de transporter ses manuscrits dans des caisses. Le 23 juillet 1816, il laissera son ouvrage sur la religion chez son ancien précepteur, le pasteur anglican Nathaniel May, à Lighe, dans le Kent.

2464

Benjamin Constant à Frédéric-César de La Harpe

21 avril 1814

Monsieur,

Monsieur Stapfer[1] a bien voulu m'écrire des choses si obligeantes, sur ce que vous aviez bien voulu lui dire de mon ouvrage[2], que je m'adresse à vous avec confiance pour savoir si cet ouvrage a été, comme j'ai osé le désirer, mis aux pieds de S.M. l'Empereur Alexandre, par Monsieur le Comte de Nesselrode[3], à qui je l'ai adressé dans cet espoir. La crainte que le paquet n'aît pas 5 été remis à Monsieur de Nesselrode me fait hazarder de vous supplier de prendre à cet égard une information qui me rassure. J'ai ajouté dans ma lettre l'expression de mon vœu d'être présenté à S.M. Voir le sauveur de la civilisation et le libérateur de l'Europe, est un avantage auquel aucun Européen ne peut renoncer. 10

Pour me faire pardonner par vous, Monsieur, de vous entretenir ainsi d'objets individuels, je crois ne pouvoir mieux faire, que de vous soumettre quelques considérations qui non seulement me semblent importantes mais urgentes : le salut de la France est dans les mains de votre Empereur : et en recommandant à votre attention des réflexions qui ont un but noble et utile, 15 on est sur de les faire arriver au Souverain le plus magnanime par l'organe le plus digne de les lui exposer.

Un danger menace aujourdhui et le bien que l'Empereur Alexandre veut faire à la France délivrée, et par là même, j'ose le dire, la gloire de cette sublime entreprise, qui, si nous avons, par l'Empereur Alexandre, une liberté noble et sage, sera sans exemple dans les Annales des Siècles. 20

Tandis que les alliés et Monsieur lui même proclament l'oubli de toutes les divisions, et la nécessité d'une constitution libérale, des hommes s'agitent, pour être, comme on l'a dit, plus Royalistes que le Roi. Les uns ne veulent aucune constitution ; les autres font briller la hache contre des fonctionnaires avec lesquels l'Empereur Alexandre a daigné traiter, qui sont présidés 25 par M. de Talleyrand, qui, dans la Circonstance, a rendu de grands services, et enfin qui aux yeux de quiconque a pris part à la révolution, en paraissent l'avant-garde.

Je n'attache pas une importance superstitieuse à l'idée d'une constitution 30 écrite[4]. De vieux gouvernemens, dans des tems calmes, peuvent s'en passer, parce que les habitudes et les transactions de l'autorité avec les interets et les droits des individus y suppléent. Mais dans un tems encore orageux, et avec un gouvernement nouveau, (car un gouvernement rétabli est nouveau) il

faut qu'une constitution rassure les esprits. Il le faut surtout, parce qu'on a 35
montré l'espérance d'une constitution, comme garantie. En trompant cette
espérance, c'est la garantie même qu'on a l'air de retirer. Toutes les adhésions ont porté sur une constitution, aussi bien que sur le rétablissement de
la Dynastie. Ne pas donner de constitution est remettre ces adhésions dans
un état d'incertitude : car c'est détruire une des conditions auxquelles on a 40
adhéré.

Quant au Sénat, certes, je ne défens pas sa conduite. Tous les francois ont
à s'en plaindre, et quand Buonaparte m'a dénoncé comme tribun, le Sénat
s'est empressé de m'expulser. Mais l'attaquer aujourdhui, au moment où il
existe encore beaucoup d'inquiétudes, et où la satisfaction qu'on témoigne 45
est au fonds troublée par beaucoup de craintes, c'est donner à ces germes de
fermentation une force immense. Que les individus qu'on attaque ne soient
pas irréprochables, peu importe. On a traité avec eux. On leur a donc donné
une garantie. Si on y manque, d'autres se croiront menacés, et la confiance
disparaîtra, la confiance, qui tient à deux circonstances miraculeuses, la 50
suprême magnanimité revêtue du pouvoir suprême, et la modération annoncée par la Dynastie rentrée. Le Sénat a été pis que faible : mais quel
appui auroit-il trouvé, s'il eut voulu être courageux ? Nous avons essayé au
Tribunat une opposition bien réservée, et les mêmes hommes qui déclament
aujourdhui ont applaudi à notre expulsion. 55

Si nous regardons autour de nous, nous verrons l'armée défiante, le peuple étonné de voir ses anciens supérieurs qu'il avoit oubliés reprendre leur
suprêmatie, tous ceux qui ont des places craignant de les perdre, les nouveaux nobles effarouchés de la rivalité des anciens, les hommes qui ont agi
dans la révolution se demandant si on leur tiendra parole et si la modération 60
annoncée ne se démentira pas.

Si l'on n'arrête pas l'impulsion que des hommes en dehors du gouvernement et qui font passer leurs intentions pour les siennes veulent imprimer à
l'opinion, il arrivera de deux choses l'une.

Ou cette impulsion grossissant produira dès à présent une explosion ; car 65
l'innombrable foule qui s'est jadis compromise voit dans une constitution
une sauvegarde et tient les yeux fixés sur ceux qui sont plus en vue et
compromis comme elle. Dans l'absence d'une constitution, elle verra l'arbitraire planant sur sa tête. Dans les attaques contre le Sénat, elle verra sa
proscription. En vain agira-t-on doucement. Cette foule croira qu'on ajour- 70
ne, qu'on veut désarmer avant d'atteindre, et de toutes les passions chez les
françois, la plus furieuse, c'est la peur. Alors le triomphe des alliés, jusqu'à
présent si beau, sera rembruni d'une manière bien triste. Il faut que l'histoire
puisse dire que pas une plainte ne s'est élevée, que pas une goutte de sang
n'a été versée depuis l'entrée de l'Empereur Alexandre, que tous les cœurs se 75

sont ralliés à lui, et qu'il n'y a pas eu besoin de tourner contre aucune portion du peuple une seule lame. C'est là ce qui fera de sa gloire une gloire unique.

Ou l'opinion, se formant dans le sens de la réaction, attendra pour s'exercer le départ des troupes. Mais aucune constitution n'existant, les vengeances commenceront : et alors, à la plus belle époque de l'histoire se rattachera une époque funeste. L'histoire dira toujours : l'Empereur Alexandre a tout vaincu, et il a été le plus magnanime des vainqueurs. Mais elle sera forcée d'ajouter : Il n'a pu assurer la durée de sa protection généreuse : à son départ le bonheur de la France a été troublé. Contre son vœu les blessures se sont rouvertes. Il ne faut pas, Monsieur, que cette admirable page historique soit ternie d'aucune de ces deux manières. Il ne faut pas qu'un désappointement ou des souvenirs facheux puissent se rallier même indirectement au plus beau nom que les fastes humains aïent à retracer. L'histoire doit pouvoir dire : après le départ du sauveur de l'Europe, son génie a veillé sur la France, il lui a légué le bonheur et la liberté, et ses bienfaits ont été durables.

C'est à vous, Monsieur, que le monde remercie de l'avoir formé[5], à vous dont le nom se prononce avec reconnoissance, toutes les fois que le sien est prononcé avec admiration, à être le noble intermédiaire entre lui et le bien public qu'on menace peut être sans le vouloir. Qu'il ne craigne pas d'exercer sa tutélaire influence : elle sera puissante sur les Princes qu'il a ramenés au trone de leurs ayeux : elle sera sans bornes sur les hommes qu'il protégera.

Qu'il remplisse donc les espérances en appuyant de son imposant suffrage une constitution libre. Qu'il empêche le torrent de déborder en conservant la barrière d'un Sénat dont les individus, outre qu'ils ont sans doute rendu un grand service, ont ce mérite, de circonstance, qu'ils sont une digue contre les vagues qui menacent tout ce qui a servi la révolution.

Revenu en France pour voir si on peut être utile ou tranquille, ayant d'ailleurs un azyle au dehors, si ces deux choses sont impossibles, je ne suis intéressé, dans cette question, que parce qu'une chance noble a reparu pour l'espèce humaine, et je m'adresse à vous, Monsieur, parce que je vous regarde comme ayant la mission de protéger cette chance.

Je me hâte de finir cette lettre deja trop longue, en réitérant la [confiance] par laquelle je l'ai commencée, et en vous priant d'agréer l'hommage de mon respect.

B. de Constant

ce 21 Avril 1814.

Manuscrit   *Lausanne, BCU, Fonds de La Harpe, J50(1); 4 pp.; orig. autogr.

Édition   Jequier (1978), pp. 52–54.

Texte   **108** [confiance]] *mot omis par inadvertance*

Commentaire et Notes   La présente lettre s'adresse à Frédéric-César de La Harpe (1754–1838), homme politique vaudois et ancien précepteur du tsar Alexandre Ier de Russie.

[1] Voir la lettre précédente, note 10.
[2] La troisième édition de *De l'esprit de conquête et de l'usurpation.* Voir la lettre 2462, note 10. Voir aussi Journal, 20 avril 1814: «Mon ouvrage avance. Il sera en vente après demain. Essayons de le présenter à Alexandre».
[3] Charles-Robert, comte de Nesselrode (1780–1862), homme d'État russe d'origine allemande. Le tsar Alexandre Ier faisait entièrement confiance à Nesselrode, qui participera au congrès de Vienne et sera très influent sur la scène politique européenne. «Envoyé mon ouvrage à Nesselrode pour Alexandre. C'est un essai. Nous verrons sous peu quel effet il produit», (Journal du 22 avril 1814). Voir Journal, 25 avril : «Nesselrode ne me répond pas. Nous essayerons demain [26 avril] par Suchtelen et La Harpe». La Harpe répondra à BC le 26 (lettre 2468).
[4] Dans la déclaration de Saint-Ouen, Louis XVIII promettra d'«octroyer une charte» au peuple français.
[5] A l'invitation de Catherine II, Frédéric-César de la Harpe avait été précepteur de son petit-fils, le futur tsar Alexandre Ier, de 1782 à 1795.

2465

Benjamin Constant à Joseph-Marie Degérando

24 avril 1814

J'ai été bien sensible, mon cher Ami, à votre obligeant souvenir. Je me proposais de demander à Mathieu[1] où vous demeuriez pour aller vous chercher. Il m'a été bien doux d'être prévenu par vous.

Vous savez déjà que je ne suis rien auprès du Prince de Suède. J'ai associé mon sort à celui des hommes qui le suivaient, lorsqu'il s'approchait de la 5 France non encore déchirée. Mais je n'ai eu d'autre lien avec lui que l'attachement que ses bontés m'ont inspiré pour la vie, et le désir commun que nous nourissions de voir finir les malheurs de notre pays.

Si je puis apprendre quelquechose de relatif à Hambourg[2] je vous en informerai ; c'est plutôt par la Russie que vous pourriez avoir des nouvelles 10 certaines. Les Suédois n'ont plus rien à faire avec ce siège, dont on n'avait du reste il y a peu de jours aucune nouvelle. Ma femme qui est à Hanovre m'a écrit du 31 mars[3] que Davoust continuait à faire des sorties, à dévaster les environs, et à expulser les habitants. Je pense toutefois qu'il se rendra, quand il saura l'abdication de son digne maître[4].   15

Bien que les postes soient rétablies, les lettres arrivent peu et mal, ce qui me fait croire que l'argent arriverait plus mal encore. Je fais passer les miennes par les courriers que le Gd chancelier[5] fait partir, et je lui remets mes lettres en mains propres. Je vous offre du reste tous mes services, dès que la reddition de Hambourg sera connue.

Je vous embrasse avec une vive impatience de vous voir.

Constant.

24 avril 1814.

A Monsieur / De Gerando / Conseiller d'Etat, / Rue de Varennes, / n° 31.

Manuscrit   L'orig. autogr. n'a pas été retrouvé. Nous le reproduisons d'après une *transcription dactylographiée déposée à la BCU, Lausanne, dans le Fonds René Le Grand Roy, carton 4.3.1.

Texte   **4** déjà] *la copie dactyl. porte* : ⟨dàjà⟩   **12**   a] *la copie dactyl. porte* : ⟨à⟩

Notes
[1]   Mathieu de Montmorency (1767−1826) qui n'a pas joué un rôle politique sous l'Empire, mais qui sera maréchal de camp sous Louis XVIII et accompagnera le roi à Gand pendant les Cent-Jours.
[2]   Le siège de Hambourg, capitale du département des Bouches de l'Elbe sous l'Empire, finira le 27 mai 1814.
[3]   Lettre non retrouvée.
[4]   Le maréchal Davout ne se rendra que sur ordre du nouveau roi, Louis XVIII, et sur ce point BC a parfaitement raison.
[5]   Karl August Prince von Hardenberg (voir la lettre 2462, note 3).

2466

Germaine de Staël et Albertine de Staël à Benjamin Constant

24 avril 1814

Ce 24 avril 1814 Londres.

[*De Germaine de Staël :*]
Je suis tout à fait d'avis qu'il faut se rallier aux Bourbons – et j'espère qu'ils souhaiteront l'éloignement des troupes étrangères, ce qui me paraît plus essentiel à la liberté que tous les Sénats du monde. – Je reviendrai cocarde blanche[1], le plus sincèrement du monde et pensant bien plus à l'indépendance qu'à la liberté, dont en vérité les Français ne sont guère dignes. – Du reste la politique est finie pour moi et j'irai en Grèce écrire mon poème sur les croisades de Richard[2]. – Je vous ai écrit quant à ce qui vous regarde que mon ami[3] est aussi loin que vous d'une algarade, il ne songe plus à une jalousie tout à fait sans motifs ; – quant à Madame de Constant, si cela lui convient, je serai charmée de la recevoir chez moi, et je ne l'accuse nulle-

ment[4] de ce dont il m'était autrefois trop cruel de vous accuser vous-même. – Votre esprit et vos talents seront toujours l'objet de mon admiration et causer avec vous, si vous aimez encore mon entretien, sera toujours le pre- 15 mier de tous mes plaisirs.

[*D'Albertine de Staël:*]

Vous m'avez écrit une lettre charmante, cher ami, dont je vous remercie de tout mon cœur. Ce que vous dites sur Schlegel[5] est parfaitement juste, mais à présent il vous aime tendrement. Je suis toute triste de quitter l'An- 20 gleterre quoique, certainement, je ne m'y sois pas beaucoup amusée. Mais un Anglais est un être si noble et si vrai ! J'espère qu'ils viendront sur le continent et là ils seront très agréables. Ici ils se ressemblent trop extéri- eurement ; de la même manière qu'il faut tenir à un parti en politique, il faut tenir à une classe dans la société, soit des *fashionables*[6] ou même des anti- 25 fashionables. Un Anglais cherche à se faire partie de quelque chose plutôt q[ue d'ê]tre un tout lui-même. Les Français imitent les autres pour faire effet et les Anglais pour n'être pas regardés. J'ai un peu peur de la France que je ne connais pas, mais ce dont je me réjouis c'est de vous revoir et de retrou- ver votre esprit pour lequel j'ai un souvenir de patrie. Vous trouverez ma 30 mère maigrie et faible de santé mais vous verrez plus que jamais combien c'est une personne admirable. Adieu.

Éditions   **1.** Nolde (1907), pp. 175–178.   **2.** *Léon (1928), pp. 310–312, et vol., pp. 69–71. **3.** Solovieff (1970), pp. 475–476 (avec coupure).   **4.** Kloocke (1993), n° 93, pp. 229–230.

Texte *Notes de Léon :*   **23** ils] *Il y avait un* ne *écrit et biffé.*   **27** d'ê]tre] *Un morceau de papier collé à la lettre cache les lettres entre crochets.*

Notes

[1] Couleur de la Royauté, à la différence de la cocarde tricolore, emblème de la Révolution.
[2] Voir la lettre 2427, note 7.
[3] Albert-John Rocca.
[4] Allusion à l'entrevue orageuse de Charlotte avec Germaine de Staël à Sécheron, près de Genève, le 9 mai 1809.
[5] On ignore ce que BC a dit sur August Wilhelm von Schlegel, mais on sait que Schlegel jouait un rôle politique en Europe après la chute de Napoléon. Ayant soutenu la cause de Bernadotte, il s'est occupé ensuite de l'avenir de l'Allemagne libérée.
[6] *Les gens à la mode.*

2467

Ernst Friedrich von Münster à Benjamin Constant

24 avril 1814

Monsieur le Baron

Je vous prie d'agréer tous mes remerciemens pour le Volume[1] intéressant que Vous avés eu la bonté de m'envoyér. J'avais dès longtems désiré de le lire mais on s'est arraché le peu d'exemplaires qu'on en avait et je n'ai pu me le procurer.   5

Ce que Vous voulés bien me dire de Monsieur de Villers me fait de la peine. J'ai l'avantage de le connaitre et j'estime beaucoup ses écrits par lesquels il a fait conaitre la littérature allemande aux Français. Vous sentés bien Monsieur le Baron que vivant loin d'Hanover et me trouvant accablé d'affaires il m'est impossible de connaitre tout l'intérieur de l'organisation   10 de l'Université de Göttingen. Cet institut m'intéresse particulièrement et j'ai cru faire un bon choix en proposant au Roi de charger Mr d'Arnswald de la direction de l'université. Mr d'Arnswald pensait favorablement au suject de Monsieur Villers lorsque je lui en parlais à Hannovre. Je n'ignore pas qu'il existait dès lors des doutes sur la question s'il devait être reçu au nombre des   15 professeurs et que ce n'était pas seulement M. Rehberg qui avait ces doutes, comme vous paraissez le croire[2]. – Depuis que j'ai quitté l'Allemagne je n'ai aucun rapport sur cet objet – peut-être le trouverai-je à Londres.

Agréez, Monsieur le Baron, l'assurance de ma haute considération avec laquelle j'ai l'honneur d'être   20

Votre très humble et très obéissant serviteur

Le cte de Münster

ce 24 avril 14

Manuscrit   *Hambourg, SUB, Fonds Villers, carton 17; orig. autogr.

Édition   Kloocke (1993), n° 94, pp. 231–232.

Notes
[1] *De l'esprit de conquête et de l'usurpation.*
[2] Sur cette campagne menée à l'université de Göttingen contre Charles de Villers, voir la lettre 2463 note 2.

2468

Frédéric-César de La Harpe à Benjamin Constant

26 avril 1814

Monsieur

J'avais deja lu avec un vrai plaisir, et beaucoup de fruit, le bel ouvrage[1] dont
vous avez bien voulu me faire Don ; il est bien digne de vous.

Les réflexions que vous faites sur ce qui se passe sont très justes ; je les
partage bien sincèrement. Pour que la planche devienne un pont solide, il   5
faut de la fermeté, de la persévérance, surtout un g^d esprit de justice, et des
idées vraiment libérales.

Je suis bien convaincu que la personne[2] dont vous me parlez pense de
même ; mais son respect pour les droits d'autrui est tel, qu'elle ne croit pas
avoir celui d'éxercer sur l'Administration étrangère d'autre influence que   10
celle des conseils de l'amitié et du bon Exemple. – Les Alliés ont voulu
détruire un Système qui faisoit le malheur de l'Europe. Après y avoir réussi,
ils ont dit aux Francois : Nous vous rendons à votre indépendance, usez en
pour vous organiser aussi bien que vous le pourrez : que le passé vous serve
de lecon, et surtout ne perdez pas de vue, les idées libérales. S'ils eussent été   15
plus loin, ils se seroient compromis, ne fut-ce que par le manque des données sur les hom̄es et sur les choses, et le vernis étranger donné à l'organisation actuelle, l'eut décriée pour jamais. – Leurs conseils pourront, il faut
l'espérer, produire encore quelque chose. –

Je demanderai à M^r le Cte de Nesselrode[3], si votre paquet lui est parvenu.   20
Je ne doute pas non plus que l'Empereur qui desire connoitre les hom̄es
distingués par leur mérite, ne s'empresse, de marquer un jour où ils puissent
lui être présentés. Les Affaires ne le lui ont pas permis jusqu'à présent.

Agréez Monsieur les assurances de la haute considération avec laquelle
j'ai l'hoñeur d'être   25

Votre très humble
et très ob^t Servit^r
F.C. Laharpe

Le 26. Av. 1814

A Monsieur / Monsieur de Constant de / Rebecque / rue Honoré G^d Hotel   30
Vauban / N. 366. / a Paris

Manuscrit   *Paris, BnF, N.a.fr. 18831, ff. 179–180; 4 pp., p. 3 bl., adresse p. 4; orig. autogr.

Texte   **2**   deja] *ajouté dans l'interligne*

Notes
[1] *De l'esprit de conquête et de l'usurpation.*
[2] Le tsar Alexandre Ier de Russie (1777–1825). Voir la lettre 2464.
[3] Voir la lettre 2464, note 3.

2469

Marianne et Louise de Constant à Benjamin Constant

30 avril 1814

[*Marianne de Constant écrit* :]

Je vous remercie Monsieur d'avoir songez a nous[1] des votre arrivée a Paris pour venir a notre secour dans un moment aussi urgent ou le logement, les requisitions des troupes sont fort au dessu de nos moyens j'ai remis la Lettre de change de 650 fr a Mrs Williers Banquiers[2]. Je vous prie ⁵ d'en prevenir Mr Fourcault[3], lorsque mes enfants m'ont donné deux mille francs pour que je fisse honneur aux deptes de leur pere ils n'ont jamais pensé le faire a vos depends et quoiqu'ils ayent ainsi que moi accepté avec reconnoissance ce que vous avez bien voulu faire se sera toujours comme vos convenances vous dirigeront. Toutes les circonstances sont contre eux et ¹⁰ moi. On m'a fait perdre par mauvaise volonté ma rente d'Irlande[4] j'ai été grelée l'année derniere et depuis quatre mois on loge chés nous un ou deux officier quatre hommes et quatre chevaus et j'ai maintenant en cantonnement un officier son domestique a nourir loger lui et tout le bagage du Regiment et demain nous en aurons encor de nouveaus en passage qui se ¹⁵ renouvellera pendant une quinsaine. Quoique je partage avec tous les honetes gens et tres vivement le bonheur d'avoir un gouvernement sage et moderé sous un Roi légitime je ne puis pas sentir que nous nous ruinons sans espoir d'en être jamais dedomagé. J'ai pourtant eté bien contente que l'etat des choses vous permette de revenir en France faire usage de vos talens ²⁰ avec liberté. On m'a beaucoup parle d'un ouvrage[5] sur ce qui occupe et interesse tout le monde dont vous avez eu beaucoup d'agremens il n'est point encor a Dole dont je suis bien fachee car tout ce qui vien de vous m'interessera toujours vivement j'ai vu avec plaisir dans un journal un desaveu d'un precedant article[6] et j'aime a penser que se sera en vrai francois ²⁵ que vous etes venu pour vous fixer plus pres de nous. Louise qui vous avoit ecris par Lausanne une lettre perdue[7] san doute veut que je lui cede ma plume et je le fais en vous assurant de mon sincere attachement.

[*Louise de Constant écrit :*]

Votre retour en France me fait mon cher frere un tres grand plaisir sur-   30
tout lorsqu'il arrive par des evenemens aussi desirés qu'inattendus et qui je
l'espere vont vous mettre a meme de jouer dans ce pays le rôle qui vous
convient ; quoique vous ne nous parliez point de tout ce qui vous interesse.
Les gazettes nous ont apris tout le succes de votre dernier ouvrage – j'aurais
bien le droit de vous faire quelques reproches de nous laisser dans une   35
ignorance aussi complette sur ce qui vous regarde et de laisser au public le
soin de nous en instruire : mais j'aime mieux vous prier de penser a l'avenir
que notre amitié s'occupe de vous, et que rien de ce que vous faites ne peut
nous etre indifferent.

Maman vous parle de tous les inconveniens qui pour nous accompagnent   40
le bonheur de revoir enfin nos bons souverains : vous voyez qu'ils sont tres
grands et auront pour nous des suites tres facheuses mais nous avons tant
fait de mal dans les autres pays que nous devons nous trouver bien heureux
de n'etre pas plus maltraités.

Vous savez que le Comte d'Artois[8] a ete longtems dans cette province –   45
tous ceux qui ont eu le bonheur de l'aprocher sont revennus penetrés de sa
bonté et de son oubli du passé il faut esperer que vingt cinq ans de malheur
nous auront apris a aprecier le bien qui nous est rendu.

Nous avons recu des lettres du chevalier qui a eprouvé de grands revers de
fortune lui et tous les habitans du Jardin[9] continuent a nous montrer beau-   50
coup d'amitié et d'interet.

Si M^eme de Stael veut bien se rapeller encore qu'elle a eu beaucoup de
bontes pour moi soyez assez bon mon cher frere pour lui offrir ma respec-
tueuse reconnaissance.

Veuillez donner avis le plutot possible a Mr Fourcault Pavant de l'arrivée   55
de la lettre de change : pour eviter toute difficulté avec le Banquier de Dole.

Adieu mon cher frere conservez moi un peu d'amitié et de bienveillance et
comptez sur ma tendre affection.

Louise Constant de Rebecque

Le 30. avril 1814   60

Monsieur B : de Constant / de Rebecque. Chez Mr Fourcaut / de Pavant rue
St Honoré / n° 343 / A *Paris*

Manuscrit   *Lausanne, BCU, Fonds Constant I, Co 637; 4 pp., adresse p. 4; cachet postal : 3 Mai 1814; timbre : E. 3; orig. autogr.

Texte   **31**   qu'inattendus] *le ms. porte :* que qu'inattendus   **43**   trouver] *écrit en surcharge sur* trouverez

Notes

¹ Il s'agit de la lettre 2461 du 19 avril de BC à Marianne.
² Non identifiés.
³ Pierre Fourcault de Pavant, notaire parisien de BC.
⁴ Voir la lettre 2370, note 2.
⁵ *De l'esprit de conquête et de l'usurpation* dont BC ne semble pas avoir envoyé un exemplaire à Marianne et Louise.
⁶ Dans le numéro du 16 avril du *Journal des Débats* on lit : «M. Benjamin Constant, secrétaire intime de S. A. le prince royal de Suède, accompagne ce prince et est arrivé à Paris ce soir». La rectification suivante de BC a paru le 18 avril : «Au rédacteur, – Monsieur, je lis dans votre journal un article qui est sans fondement. Je ne suis pas secrétaire intime de S. A. le prince de Suède ; je n'ai point l'honneur d'occuper une place auprès de sa personne. Il m'a permis de séjourner quelque temps à son quartier-général, mais je n'ai l'honneur de lui être attaché que par les sentiments d'admiration et de reconnoissance qu'il inspire à tous ceux qui l'approchent. Je suis etc...»
⁷ Non retrouvée.
⁸ Artois, Charles-Philippe, comte d' (1757–1836), frère de Louis XVIII (1755–1824) et lui-même futur Charles X, qui avait vécu en exil au palais de Holyrood, à Édimbourg. Nommé lieutenant-général du royaume en 1814, il avait fait son entrée à Berne avec les Alliés le 15 avril 1814.
⁹ Peut-être s'agit-il du cousin de BC, le chevalier Charles de Gentils de Langalerie (1751–1835) qui dirigeait le groupe quiétiste lausannois des «Ames intérieures».

2470

Benjamin Constant à Rosalie de Constant

2 mai 1814

Paris ce 2 May 1814

Il faut enfin que je vous écrive, chère Rosalie. Voilà longtems que je me le propose, et des affaires de tout genre me forcent toujours à renvoyer d'un moment à l'autre. J'ai écrit, il n'y a pas plus de huit jours à M^de de Nassau¹; elle vous aura dit comment et pourquoi je suis venu ici. J'y attends ma 5 femme, qui ne tardera pas, j'espère, à arriver, et nous ne tarderons pas non plus à aller en Suisse. J'ai besoin d'y retrouver une vie paisible. Celle de Paris est fatigante. Il m'importoit d'abord de finir des affaires que la tyrannie renversée m'avoit empêché de traiter, même par lettres. Elles ne sont pas terminées, parce que j'ai besoin d'une réponse de Marianne² de Brévans, et il 10 y a plusieurs jours que je devrois l'avoir. Ensuite, j'ai voulu saisir le premier moment, pour voir coment je serais. Mes opinions, que je ne désavoue point, pouvoient me valoir des ennemis. Mais le tems de l'esprit de parti est passé. On est d'une tolérance extrême, fondée sur l'égoisme. Chacun est tellement occupé de soi que personne n'a le tems de penser aux autres, et je 15 n'ai reçu que des preuves de bienveillance de ceux mêmes dont j'étais autrefois le plus séparé.

Les Princes qui reviennent sont admirables de modération. Ce qui les entoure n'est pas tout à fait aussi raisonnable. Mais la situation est si difficile que la nécessité ramène à la raison, malgré qu'on en ait.   20

Je suppose qu'on vous a remis mon livre[3], dont il y avoit un exemplaire pour vous. Mad[e] de Nassau m'en a écrit, et m'a paru contente de cet ouvrage. On vient de le réimprimer ici. Il y a assez de succès. J'en publierai bientot un autre[4], qui, j'espère, n'en aura pas moins.

Ma femme me rapportera mon travail[5] de Göttingue que j'irai finir près   25 de vous. Il n'y a plus qu'à le retoucher, car toutes les recherches sont achevées. Je l'abrégerai fort. Le public de nos jours n'a pas le tems de lire.

Où en est Charles avec St Jean[6]? Pictet-Diodati[7] m'en a donné des nouvelles inquiétantes. Comme au fond il n'est pas content d'avoir perdu sa place de législateur, il exagère peut être. Dites moi ce qui en est. J'ai arrangé   30 l'affaire des Mallets[8] et je l'en remercie.

Si le petit Corse qui a fini si bizarrement m'avoit mis dans sa confidence, je n'aurais pas vendu ma petite campagne[9], tous mes meubles, et la plus grande partie de ma bibliothèque, choses que je regrette à présent beaucoup. Mais Il paraissoit si bien établi ! La Nation étoit si complaisante ! J'ai envie   35 de leur faire un procès à l'un et à l'autre, pour m'avoir dupé.

Adieu chère Rosalie. Je vous aime bien tendrement. Mille choses à ma tante de Charrière.

a Mademoiselle / Rosalie de Constant / à Lausanne / Canton de Vaud / *Suisse.*   40

Manuscrit   *Genève, BGE, Ms. Constant 36/2, ff. 235–236; 4 pp., adresse p. 4; orig. autogr.

Édition   Roulin (1955), n° 141, pp. 198–199.

Notes
[1] Voir la lettre 2462 du 20 avril 1814.
[2] Voir la lettre précédente du 30 avril 1814 de Marianne et de Louise de Constant.
[3] *De l'esprit de conquête et de l'usurpation.*
[4] *Réflexions sur les constitutions, la distribution des pouvoirs, et les garanties, dans une monarchie constitutionnelle*, dont la préface est datée «Paris, ce 24 mai 1814» (Courtney, *Bibliography*, 11).
[5] C'est-à-dire le manuscrit de son livre sur la religion.
[6] Voir la lettre 2375, note 3.
[7] Jean-Marc-Jules Pictet de Sergy, dit Pictet-Diodati (1768–1828), avocat et homme politique genevois qui avait représenté le département du Léman au Corps législatif jusqu'à la chute de Napoléon. Il fera partie du Conseil représentatif de Genève.
[8] Voir la lettre 2447, note 13.
[9] Les Herbages, propriété située en Seine-et-Oise, que BC avait vendue en 1810.

2471
Benjamin Constant à Joseph-Marie Degérando
autour du 1ᵉʳ mai 1814

Mon article[1] n'est pas dans les journaux : je n'en suis pas fâché. La lettre de Marigniéz[2] à moi m'a montré qu'il étoit toujours possible d'etre mis en scène, et quoique cette lettre soit polie je déteste l'exhibition. Mais je voudrais, cher Degérando, savoir coment M. Anglès[3] vous a répondu, pour juger des dispositions. Un mot à loisir et dites moi coment vous vous portez.   5

Mille amitiés

Hotel Vauban N° 366
rue Sᵗ Honoré.

Au moment ou je ferme ceci, je reçois votre billet[4], je suis aussi embarassé que vous, parce que je ne comprens pas l'observation. Cependant comme il   10 s'agit de faire du bien et qu'il est trop heureux que nous vivions dans un régime ou le Ministre de la Police discute des idées, et approuve les plus libérales, je consens de grand cœur à la suppression du commencement, que moi meme je n'aimais pas entièrement, et voici le retranchement fait d'un trait de plume.   15

Reste à savoir s'il faut attendre ou non que la declaration du Roi ait paru[5]. Je m'en remets la dessus comme sur le reste à M. Anglès à qui vous pourriez assurer que tout ce qui dependra de moi pour être utile dans le sens d'une monarchie modérée, je le ferai avec empressement.

Tout a vous   20
C.

Monsieur / De Gerando / Conseiller d'Etat / Rue de Varennes N° 31

Manuscrit   *Lausanne, BCU, Ms. 282(1); 4 pp., p. 3 bl., adresse p. 4; orig. autogr.

Édition   Rudler (1913), pp. 458–459.

Texte   **1** Mon] ⟨L'article⟩ Mon

Commentaire et Notes   L'allusion dans le Journal de BC à l'article de Marignié indique que la présente lettre date des jours qui suivent le 30 avril (voir ci-dessous, note 2). Elle est en tout cas antérieure à la lettre de BC à Dégérando du 3 mai (voir la lettre suivante).

[1] Article non identifié sur la constitution, que BC ne semble pas avoir publié. Voir la lettre suivante : «il me semble qu'il est tardif et inutile, une Constitution étant promise». Voir aussi *OCBC*, VIII, 2, p. 927.

[2] Il s'agit de l'ultra-royaliste Jean-Etienne-François de Marignié (vers 1755–1832), journaliste et auteur dramatique qui avait traduit les *Memoirs of My Life* d'Edward Gibbon, collaborateur au *Mercure* et au *Publiciste*. Il venait de publier, le 5 avril 1814, une *Lettre à Sa Majesté l'empereur de Russie, sur le projet de nouvelle constitution.* Le 30 avril 1814, BC écrit

dans son Journal : «Lettre de Marignié.». Peu de temps après Marignié publiera l'article suivant : «A Monsieur Benjamin Constant, en réponse à l'article inséré dans le *Journal des débats* d'aujourd'hui 21. sous le titre de : «Des Révolutions de 1660 et de 1648 en Angleterre et de celle de 1814 en France», *L'Ambigu, ou variétés littéraires et politiques*, 10 mai 1814 (t. 45, 1814), pp. 342–345.

3 Jules-Jean-Baptiste, comte Anglès (1778–1828), ministre de la Police générale sous le gouvernement provisoire, du 3 avril 1814 au 15 mai 1814. Voir *Royauté ou empire : la France en 1814 d'après les rapports inédits du comte Anglès*, [extraits choisis par] Georges Firmin-Didot, Paris : Firmin-Didot, [1897?].

4 Non retrouvé. Il s'agit d'une «observation» du comte Anglès, semble-t-il, sur l'article non identifié que BC vient de mentionner.

5 Allusion à la déclaration de Saint-Ouen, datée du 2 mai et publiée le matin même.

2472

Benjamin Constant à Joseph-Marie Degérando

3 mai 1814

Je suppose, mon cher Degerando, que vous avez reçu mon article abrégé[1], comme M. Anglès l'avoit désiré. Mais il me semble qu'il est tardif et inutile, une Constitution étant promise[2]. Je déteste d'avoir l'air de vouloir faire parler de moi, sans utilité pour la chose. Je vous prie donc instamment de le retirer à l'heure même. Je le trouverais inconvenant aujourdhui. Rendez-moi   5
ce service. Je vous en saurai bien bon gré.

Mille Amitiés
B.C.

ce 3 May

à Monsieur / Le Baron Degerando, Conseiller d'Etat, / Rue de Varennes / N°   10
31

Manuscrit   *Lausanne, BCU, Ms. 282(2); 4 pp., pp. 2–3 bl., l'adresse p. 4; orig. autogr.

Édition   Rudler (1913), p. 459.

Note
1 Voir la lettre précédente. BC a supprimé le début de son article manuscrit «d'un trait de plume», comme le souhaitait le comte Anglès, ministre de la Police générale.
2. Voir la lettre précédente, note 5.

2473

Benjamin Constant à John Murray

3 mai 1814

Sir,

I should wish to have printed in England, with my name, a book on the future constitution of France[1]. But it must be published soon enough to be sent here during the course of this month, as I intend to have it sold and put in circulation before the Constitution we have to expect to be presented to 5 the sanction either of the Legislative body or the people[2]. I wish to have one hundred pounds for the Manuscript and one hundred copies sent me by some safe means, and not by the post, as I likewise request you to answer this letter, by favor of some friends, whom you will beg to deliver it in my own hands. The length of the Book will be between two and three hundred 10 pages[3]. If you can point out to me a manner of sending it by some private opportunity, you will oblige Sir

your humble

obedient servant

B Constant   15

Paris hotel Vauban
Rue St Honoré
No. 366
May the 3d. 1814.

Mr Murray / Bookseller / Albemarle Street / London   20

Manuscrit   Edimbourg, NLS, Ms. 40204; 4 pp., pp, 2–3 bl ; l'adresse p. 4; orig. autogr. Note sur la page de l'adresse : «Constant Esqr /3rd May 1814»; note sur un pli de la lettre : «Reflexions sur l'état actuel de la Norvège.»

Texte   9   to] to ⟨you⟩ delivrer

Notes
[1] Il s'agit des *Réflexions sur les constitutions, la distribution des pouvoirs et les garanties, dans une monarchie constitutionnelle.* C'est à cet ouvrage que BC fait allusion dans son Journal du 24 avril ; «Fait un nouveau plan d'ouvrage, que nous pourrons achever en moins de rien. Il faudra prendre un arrangement avec un libraire». Voir aussi le Journal du 28 avril : «Censeur qui ne veut pas qu'on imprime pour ni contre la constitution. Lettres vives là-dessus». Le censeur a fini, pourtant, par accepter l'ouvrage, qui fut publié le 25–26 mai à Paris par Nicolle et Gide (Courtney, *Bibliography*, 11a). Pour des précisions sur la préparation et la réception de l'édition parisienne voir le Journal du 4 et des 21 au 24 avril 1814.
[2] En réalité Louis XVIII réussit à écarter la prétention du Sénat ou du corps législatif de lui imposer, comme condition préalable à son investiture, une constitution qui aurait subor-

donné son autorité à celle de la nation. La Charte constitutionnelle, «octroyée» par le roi, sera publiée le 4 juin.

3 L'édition (voir ci-dessus, note 1) comporte 16 pages préliminaires et 168 pages de texte suivies d'une Table des matières de deux pages.

Traduction
3 mai 1814
Monsieur,
Je voudrais faire imprimer en Angleterre, avec mon nom sur la page de titre, un livre sur la future constitution de la France. Mais il faut qu'il soit publié assez rapidement pour être expédié en France au cours de ce mois-ci, car j'ai l'intention que le livre soit mis en vente et en circulation avant que la Constitution que nous attendons soit soumise au vote du Corps législatif ou du peuple. Je voudrais recevoir cent livres pour le manuscrit et je vous demande que cent exemplaires du texte imprimé me soient envoyés par quelque moyen sûr, et non par la poste. De même, je vous prie de répondre à cette lettre par des amis à qui vous demanderez de me remettre votre réponse en main propre. Il s'agit d'un livre de deux à trois cents pages. Si vous pouvez m'indiquer, Monsieur, comment je pourrai vous envoyer mon manuscrit par quelque moyen privé, vous obligerez votre humble et obéissant serviteur.

2474

Benjamin Constant à Marianne de Constant

5 mai 1814

Paris ce 5 May 1814.

Je reçois votre lettre du 30 Avril[1]. J'ai prévenu Mr Fourcault[2] et la lettre de change sera payée à l'instant même.

Mille remercimens de tout ce que vous me dites d'obligeant sur mon livre[3]. Son succès a de beaucoup dépassé mon attente. Je vous en envoye un 5 exemplaire par ce Courier.

Je voudrais que nous profitâssions de mon séjour ici pour arranger une petite affaire que l'intention ou Mad^e de Nassau se montre de rembourser le capital déposé entre ses mains rend nécessaire à terminer. Vous m'avez écrit fort obligeamment que vous vous en remettiez à moi pour tous les arran- 10 gemens à prendre. Mais je désire que vous nommiez un homme qui veille à vos Interets, et qui s'assure de l'hypothèque que je substituerais à celle de Mad^e de Nassau. Si cela vous convient, il faut que vos enfans envoyent ici une procuration portant pouvoir d'accepter l'hypothèque que j'offrirai, et de donner main levée de celle déposée entre les mains de Mad^e de Nassau. 15 Indiquez-moi l'homme que vous aurez choisi, et je l'aboucherai avec mon notaire. Peut etre vaudrait il mieux que ce ne fut pas celui que mon père avoit chargé de nos malheureuses discussions, parce que tout seroit plus amical de la part d'un homme qui n'auroit que vos instructions, sans sou-

venir d'antécédens. Au reste, c'est une simple observation dont vous êtes 20
juge. Je suis faché de vous donner de la peine à ce sujet : mais c'est la
troisième fois que M^de de Nassau m'en parle, et quand je serai en Suisse, elle
voudra certainement terminer.

J'espère vous voir à mon passage en me rendant à Lausanne, et vous
trouver débarassée de vos hotes[4]. J'attens ma femme ici, à chaque instant, et 25
je ne pense pas que nous tardions à en repartir pour passer l'été en Suisse.

Je n'ai pas pu faire la commission de Louïse[5], auprès de M^de de Stael, qui
n'est point encore arrivée. Si je la vois, je m'en acquitterai soigneusement.

Vous ne me parlez point de Charles. Je vous demande de ses nouvelles.
J'embrasse tendrement Louïse, et je vous prie de croire à mon Amitié.   30

B.C.

Je vous envoye une petite traite, pour le petit supplement dont je vous
avais parlé : je n'ai pu la mettre qu'au 1er Juillet, parce que ce ne sera qu'à
cette époque qu'il me rentrera quelques fonds. Actuellement les dépenses de
Paris et celles de la toilette a laquelle j'etais peu habitué me ruinent.   35

Manuscrit   *Lausanne, BCU, Fonds Constant I, Co 22; 2 pp.; orig. autogr.

Notes
[1] La lettre 2469.
[2] Pierre Fourcault de Pavant, notaire parisien de BC.
[3] *De l'esprit de conquête et de l'usurpation.*
[4] Les soldats cantonnés à Brevans chez Marianne.
[5] Voir la fin de la lettre 2469 de Marianne et Louise de Constant à BC du 30 avril 1814

2475

Heinrich Friedrich Karl von Stein à Benjamin Constant

6 mai 1814

Monsieur

C'est le Cte Münster[1] qui pourra etre util[e] a l'estimable Mr de Villers, et
qui le sera certainement a ce digne hoͫe, je ne manquerois point d'apuier
ses interets de tous les moiens qui sont a ma disposition.

Agrées Monsieur l'assurance de ma reconnaissance pour le don que vous
m'avés fait de votre interessant ouvrage[2] et des sentiments de la haute con- 5
sidération avec laquelle j'ai l'honneur d'etre

Monsieur

Votre très humble et très obeiss[ant] serviteur

Fried. v. Stein

Paris le 6 May 1814.   10

Manuscrit   *Hambourg, SUB, Fonds Villers, carton 17; orig. autogr.

Édition   Kloocke (1993), n° 98, p. 237.

Commentaire et Notes   Sur le baron von Stein voir la lettre 2462, note 4.

¹ Voir la lettre d'Ernst Friedrich von Münster à BC du 24 avril 1814.
² *De l'esprit de conquête et de l'usurpation.*

2476

Benjamin Constant à Karl Friedrich von Arnswaldt

autour du 7 mai 1814

[...]
Il me semble que la régence de Hann. ne peut trouver du plaisir à faire du mal à l'une des plus illustres victimes de l'ennemi du peuple allemand, le Pr. d'Eckmühl. Quand cette nouvelle est parvenue ici à l'Institut, on en a été singulièrement frappé. Je voudrais que l'Université qui possède M. de Villers, et ceux qui sont ses collègues, connussent bien sa réputation, tant allemande que française. Ils verraient que c'est un homme bon à conserver.   5

[...] Je suis arrivé ici au milieux des plus grandes nouvelles. Si on considère leur Théâtre et leur influence, elles sont bien imposantes. Si on considère les acteurs, c' à d, du côté de la France, c'est bien misérable. La nation qui se plait à dire, que l'homme qu'elle a encensé pendant quatorze ans, était   10 dépourvu même de facultés ordinaires, et n'était qu'un ignoble et grossier aventurier, s'abaisse plus que lui. Certes, je le haissais bien, et je l'ai prouvé, quand il était sur le trône. Mais ce peuples de corbeaux déchirant un cadavre, est un dégoutant spectacle.

Manuscrit   Hambourg, SUB, Fonds Villers, carton 12, f. 502; *copie partielle de la main de Charles de Villers écrite sur le billet de BC qui accompagnait la lettre du comte de Münster du 24 avril 1814.

Édition   Kloocke (1993), n° 99, p. 238.

Texte   *Le texte que nous imprimons ici est une copie partielle de la main de Villers de la lettre de BC à Arnswaldt.*

De la main de Charles de Villers au début de la copie : Il y dit entre autres :   **7** *De la main de Charles de Villers au début de la seconde moitié de sa copie :* Sur la politique du jour.

Commentaire et Note

Le 21 avril BC écrit au comte Münster ; sa lettre n'a pas été retrouvée, mais nous possédons la réponse du comte en date du 24 avril. Le 21 avril BC avait aussi l'intention d'écrire à Arnswaldt ; cette lettre n'a pas été écrite au moment même et BC ne s'est exécuté qu'en recevant la réponse de Stein (lettre 2475) relative à la même affaire, datée du 6 mai. D'où la datation proposée ici à titre d'hypothèse.

2477

Benjamin Constant à Charles de Villers

autour du 8 mai 1814

J'ai écrit très vivement au Comte de Münster, cher Villers. Voici sa réponse, qui témoigne de l'interet[1]: Je l'ai revu depuis, et il a été fort bien, mais ajournant tout à son voyage en Angleterre. Voici une lettre pour M^r d'Arnswaldt[2]. Faites la lui parvenir, si vous le trouvez convenable.

Je suis accablé de travail[3] et d'affaires. Je finis donc, mais vous savez bien   5 que si ma lettre est courte, mon attachement et la part que je prens a tout ce qui vous regarde sont éternels et indestructibles.

BC.

à Monsieur / Monsieur de Villers, / Göttingue

Manuscrit   *Hambourg, SUB, Nachlass Charles de Villers, Mappe 12, f. 502; 2 pp.; orig. autogr.

Éditions   **1.** Isler (1879), n° 27, pp. 50–51.   **2.** Kloocke (1993), n° 100, p. 239.

Commentaire et Notes   Cette lettre est postérieure au 6 mai 1814 (voir le début de la lettre 2479), mais de peu, puisque BC récrira à Villers le 15 mai.

[1] Voir la lettre 2467, du 24 avril de Münster à BC.
[2] Non retrouvée ; voir la lettre 2475.
[3] BC rédige ses *Réflexions sur les constitutions, la distribution des pouvoirs, et les garanties dans un monarchie constitutionnelle,* dont la préface est datée «Paris, ce 24 mai 1814» (Courtney, *Bibliography,* 11).

2478

Benjamin Constant à Charles-Frédéric Reinhard

14 mai 1814

Je suis au desespoir d'être privé de l'honneur de faire ma cour à Monsieur et
à Mad° de Reinhard aujourdhuy à diner, étant depuis plusieurs jours engagé
chez Mr Degerando avec M.M. Ancillon¹ et De la Harpe.
                    Mille Respects
                        Constant   5
ce 14

a Monsieur / Monsieur le Baron / de Reinhard / Boulevard Montmartre / N°
10

Manuscrit   *Paris, BnF, N.a.fr. 13627, ff. 18–19; 4 pp., pp. 2–3 bl., adresse p. 4; orig. autogr.

Texte   *D'une autre main, sous l'adresse :* Boulevard Poissonniere N° 19.

Commentaire et Note   Cette lettre doit dater du 14 mai 1814; voir Journal sous cette date :
«Dîné chez Degérando. Ancillon» et la lettre du 15 mai à Reinhard où il exprime «encore de
nouveaux regrets».
¹ Johann Peter Friedrich Ancillon (1766–1837), pasteur, précepteur du prince Henri de Prusse, historien et homme d'état prussien, auteur du *Tableau des révolutions du système politique
  de l'Europe depuis le XVe siècle* (1803–1805, 4 vols).

2479

Benjamin Constant à Charles de Villers

15 mai 1814

Mon cher Villers, je charge M. de Bodenhausen¹ de vous porter cette lettre.
Je ne sai si mes précédentes vous sont parvenues. La dernière² contenoit une
lettre du Cte Münster et un billet de M. de Stein. Voici un mot de Stapfer³, et
j'ai vu M. de La Harpe depuis, qui m'a dit que l'Empereur lui avoit dit que
l'ordre de relacher votre frère⁴ etoit donné. M. de Münster a aussi promis à   5
M^de de St. d'arranger votre affaire ; dès qu'il seroit en Angleterre. C'est tout
ce qu'il est possible d'espérer et de faire ici. Il n'y a personne qui ne soit
indigné du traitement que vous éprouvez. Quelqu'accoutumé qu'on soit aux
injustices, celle-ci étoit trop révoltante et trop inattendue.

Que vous dirai-je de ce pays ? Rien n'est décidé. On promet une consti- 10
tution. Beaucoup de gens mettent leur vanité à dire qu'il n'en faut point, et
une quantité de benêts qui croyent que c'est à la mode le repètent. Il n'y a ni
esprit public ni esprit de liberté. Le seul sentiment national qu'on remarque,
c'est une grande irritation contre les étrangers. Jamais je ne me suis senti
plus cosmopolite.   15

Mon ouvrage[5] a été réimprimé ici avec assez de succès. On va en faire une
nouvelle édition[6]. J'en achève un autre[7] sur les articles constitutionnels, tels
que je les désire. J'ignore s'il paraîtra, et s'il plaira. Cela m'est assez égal. Je
le fais de devoir, et ce sera peut être la dernière chose que j'écrirai sur la
France.   20

J'attends ma femme dont je n'ai aucune nouvelle recente. Dans sa dernière[8], elle me paraîssoit disposée à venir : mais je devrais avoir une réponse
à mes invitations positives. Elle pourroit, si elle étoit partie tout de suite,
arriver d'un jour à l'autre.

Je ne crois pas que je reste longtems ici. Paris me deplait : l'Allemagne 25
m'a gaté. J'y trouvois moins de conversation, mais plus de réalité. Ici je me
sens au milieu de gens qui n'ont que des apparences de vie, et cette absence
de nature vivante devient fatigante à la longue.

J'ai été chez M^de de Caffarelly[9], mais sans la trouver. Les Reinhard[10] me
comblent d'amitiés. Leur situation n'est pas agréable. Le Gouvernement 30
ancien leur devoit de l'argent, et le Gouvernement nouveau ne s'est pas
encore expliqué sur le payement, qu'il aura de la peine à effectuer, quand
même il le voudroit. La pénurie est extrême : et comme on voudroit recon-
struire tout ce qui a été détruit, et conserver tout ce qui a été construit, on
sera fort embarassé.   35

Le plus clair de la chose, c'est que l'Europe est sauvée. Mais la Chine[11]
Européenne ne l'est pas. Je suis fort indécis sur mon avenir. Votre déplacement de Göttingue, s'il a lieu, ce que j'espère encore ne pas devoir être,
achève de me laisser dans l'incertitude. Je regardais Gottingue comme une
patrie, tant que vous y étiez.   40

J'espère que M. de Münster[12] vous tiendra parole. Il s'interesse à vous très
vivement et de la meilleure foi du monde. Avez vous reçu ma lettre pour
Arnswald[13] et la lui avez-vous remise ? Je ne puis croire qu'Arnswald ne
travaille pas à vous faire rendre justice, après tout ce qu'il m'a dit.

Adieu, cher Villers, je prens bien part à vos peines. Celles qui sont rela- 45
tives à votre frère sont finies, graces au ciel, et j'espère qu'il en sera bientot
de même des autres.

Je vous embrasse mille fois. Bien des respects à M^de Rodde.

BC
ce 15 May.   50

à Monsieur / Monsieur de Villers, / Göttingue.

Manuscrit   *Hambourg, SUB, Nachlass Charles de Villers, Mappe 12, ff. 500–501; 4 pp., p. 3 bl., l'adresse p. 4; timbre : HANNOVER ; orig. autogr.

Éditions   **1.** Isler (1879), n° 26, pp. 48–50.   **2.** Kloocke (1993), n° 101, pp. 240–242.

Notes
¹ Carl Bodo von Bodenhausen, un fonctionnaire de la chancellerie de la guerre à Hanovre, qu'il faut distinguer de l'officier du même nom au service du roi Jérôme (Kloocke, 1993, p. 240, note 2).
² La lettre 2477 et, pour «les précédentes», 2457 et 2463.
³ Voir sur Stapfer, la lettre 2463, note 10. Cette lettre n'a pas été retrouvée.
⁴ Sur le sort du frère de Villers, voir les lettres 2430, note 3 et 2463, note 6.
⁵ Il s'agit de la réimpression de *De l'esprit de conquête et de l'usurpation*, «revue et augmentée», qui a paru à Paris le 12 mai 1814 (Courtney, *Bibliography*, 10c).
⁶ Cette nouvelle édition paraîtra au mois d'août 1814 (Courtney, *Bibliography*, 10d).
⁷ Voir la lettre 2473, note 1.
⁸ Non retrouvée.
⁹ La comtesse d'Hervilly. Voir la lettre 2463, note 12.
¹⁰ BC voit souvent les Reinhard, qui sont établis à Paris.
¹¹ La France.
¹² Voir la lettre 2467.
¹³ Non retrouvée, voir la lettre 2475.

2480

Benjamin Constant à Charles-Frédéric Reinhard

15 mai 1814

Encore de nouveaux Regrets, Monsieur. Mad^e de Stael qui est arrivée¹ et qui vouloit que je dinâsse avec elle hier m'a fait promettre positivement de diner avec elle aujourdhui. J'espérais faire ma cour hier à Madame de Reinhard²: mais le diner Métaphysico politique s'est prolongé jusqu'a 10 h. Permettez moi de vous demander à diner pour demain, si cela ne vous dérange pas. Je ₅ ne serai que plus content si c'est absolument avec vous et Madame de Reinhard. Je hazarde cette proposition parce que je suis encore engagé Mardi³, et que je ne me console pas d'avoir deux fois refusé un des plus grands plaisirs que je puisse trouver à Paris.

Mille homages   ₁₀
B Constant

ce 15.

a Monsieur / Monsieur le Baron / de Reinhardt / Boulevard Montmartre N°
10

Manuscrit   *Paris, BnF, N.a.fr. 13627, ff. 20–21; 4 pp., pp. 2–3 bl., l'adresse p. 4; orig. autogr.

Notes
[1] On se souvient que le Premier Consul avait interdit le séjour à Paris à Germaine de Staël, le
    10 février 1803. Elle a quitté Londres le 8 mai 1814 et est rentrée à Paris le 12 mai après une
    absence de douze années. BC lui a rendu visite le lendemain. Elle louera l'ancienne demeure
    des Récamier à Clichy et les personnalités du jour s'y retrouveront, entre autres le tsar
    Alexandre Ier, Talleyrand et le duc de Wellington.
[2] Déjà malade, la femme de Charles-Frédéric Reinhard, Christine Reimarus, fille cadette du
    philosophe allemand Hermann Samuel Reimarus (1694–1768), que Reinhard avait épousée
    le 12 octobre 1796, devait mourir le 19 février 1815.
[3] Le 17 mai 1814.

2481

Benjamin Constant à Charles de Villers

23 ou 24 mai 1814

J'ai reçu fort tard, cher Villers, votre lettre du 6 May[1]. Celle qui devoit
contenir l'extrait de mon livre[2] ne m'est jamais arrivée. Les couriers vont
toujours détestablement, et même les couriers des cabinets sont, dit-on,
quelquefois attaqués par les Paysans et dépouillés de leurs depêches. Je ne
vois pas ce que les Paysans francais peuvent faire de depêches ou Russes ou   5
Allemandes.

   Je vous ai envoyé le billet de Stapfer relativement à votre frère[3]. La mise
en liberté est sure, mais ce qui ne l'est pas, c'est la possibilité de continuer a
séjourner dans le pays. Une mesure générale ordonne à tous les francais
employés durant l'occupation, de quitter la Russie. Stapfer vient de me le   10
mander et nous nous proposons d'essayer par M. De La Harpe d'obtenir
une exception pour votre frère, si cela se peut.

   Je vous ai marqué aussi que M. de Münster[4] avoit donné à Mad[e] de Stael
qui lui a parlé de vous, les mêmes assurances qu'à moi. Je voudrais bien que
vous exécutâssiez votre projet de venir ici[5], mais si c'est pour obtenir quel-   15
que chose de relatif à l'Allemagne, vous auriez du venir plutot. Il est probable que tout le monde partira vers les premiers jours de Juin. Si c'est pour
un établissement en France, ce que malheureusement vos liens[6] ne me permettent pas d'espérer, je crois que vous en trouveriez bien facilement un qui
vous conviendroit. Tout le monde vous desire, vous aime, vous regrette et   20
vous appelle.

Il y a je ne sais quelle confusion, dans ce que vous me marquez relativement aux Livres de la Bibliothèque et aux Vôtres. Les dits Livres sont tous à
Hanovre. Ma femme est chargée, en venant ici (si elle y vient[7]) de rapporter
tous les livres qu'elle trouvera à Göttingue et de les soumettre à vôtre in-   25
spection. Ce que vous reclamerez soit comme propriété de la Bibliothèque,
soit comme votre propriété vous sera remis. Je vous prie de ne prendre
aucun des miens, surtout ni Creutzer[8] et Néander[9] dont j'ai besoin, ni Staud-
lin[10] qui m'a donné son ouvrage dont j'ai besoin aussi. Du reste je suis sur
qu'il ne manque pas un seul livre.   30
Je viens d'en publier un qui paraitra demain ou après demain[11]. J'ai cédé,
(c'est le langage de tous les auteurs) mais il est de fait que j'ai cédé même
avec quelque répugnance aux gens qui m'ont pressé d'offrir des bazes pour
les garanties constitutionnelles à donner à la liberté en France. J'ai écrit tout
ce que je pense à ce sujet, et je n'ai pas eu de but personnel. Je ne sai si les   35
aboyeurs de Paris se mettront après moi. Ils n'ont pas osé le faire, à l'occasion de mon esprit de Conquête[12] dont l'edition est déjà épuisée et dont on
fait une nouvelle édition. Mais un succès est une raison pour que le public
aime à en refuser un second.
Reinhard que je vois assez souvent désire bien que vous arriviez, et nous   40
parlons sans cesse de vous. Je ne puis vous dire combien ce qui vous arrive
m'afflige sous tous les rapports, pour moi, autant que pour vous, et plus, car
votre réputation vous ouvre toute l'Allemagne. Mais tous mes projets de
Göttingue ou j'avais toujours l'idée de retourner chercher encore quelques
bonnes et paisibles années, sont détruits pour jamais. Je ne pourrais ni ne   45
voudrais y vivre sans vous. Vous m'y avez servi de patrie comme je vous le
disais une fois. D'ailleurs je suis en défiance de vos professeurs. Je ne sais s'il
n'y en a point qui ait contribué à cette indigne affaire[13], et comme je ne sais
pas quels ils sont, je serais mal à mon aise avec presque tous.
Vous devriez arriver bien vite cher Villers et m'amener ma femme. Ce   50
serait pour moi un double plaisir à la fois. Elle peut vous donner une place,
et votre amitié me rassurerait sur son voyage.
Adieu. Si ma lettre vous parvient, répondez moi hotel Vauban, rue S^t
Honoré, N° 366.
Mille choses a M^{de} Rodde.   55

Manuscrit   *Hambourg, SUB, Nachlass Charles de Villers, Mappe 12, ff. 503–504; 4 pp.; orig.
autogr.

Éditions   **1.** Isler (1879), n° 28, pp. 51–53.   **2.** Kloocke (1993), n° 106, pp. 249–251.

Notes

1. Non retrouvée.
2. Peut-être s'agit-il des *Réflexions sur les constitutions*.
3. Non retrouvé ; voir la lettre 2479, note 3.
4. Voir la lettre 2479.
5. Charles de Villers est déjà trop malade pour quitter l'Allemagne et mourra à Göttingen le 26 février 1815.
6. C'est-à-dire avec Dorothea von Rodde, née von Schlözer (1770–1825), sa compagne.
7. BC et Charlotte ne se reverront que le 1er décembre 1815, à Bruxelles.
8. Voir la lettre 2350, note 10.
9. Johann August Wilhelm Neander (1789–1850), théologien protestant et historien de l'église, professeur à Heidelberg et ensuite à Berlin. Son ouvrage sur l'église chrétienne sous le règne de Julien l'Apostat, *Über den Kaiser Julianus und sein Zeitalter : Ein historisches Gemälde* (1812), l'avait rendu célèbre.
10. Carl Friedrich Stäudlin (1761–1826), théologien protestant et professeur à Göttingen, auteur de plusieurs ouvrages, dont les *Ideen zur Kritik des Systems der christlichen Religion*, Göttingen : Vandenhoeck und Ruprecht, 1791. Nous ignorons de quel livre il s'agit ici.
11. Le dépôt légal des *Réflexions sur les constitutions* est des 25–26 mai 1814, ce qui permet de dater cette lettre du 23 ou 24 mai 1814.
12. La quatrième édition de *De l'esprit de conquête et de l'usurpation* sortira au mois d'août 1814.
13. Voir la lettre 2463, note 2.

2482

Benjamin Constant à la comtesse Anne-Pauline-Andrienne de Nassau

24 mai 1814

Paris ce 24 May 1814

Je vous envoye, ma chère tante, un livre[1] que l'on m'a engagé à publier, parce qu'on a cru qu'il pouvoit être utile dans les circonstances présentes. J'ai peur que vous ne le trouviez moins intéressant que celui que vous avez bien voulu juger si favorablement. Il roule sur des questions de détail, qui n'ont d'interet que parce qu'elles vont toutes être discutées. J'ai peur de plus que le livre ne se ressente de la rapidité avec laquelle je l'ai, non pas composé, mais rédigé. Les matériaux étoient prets, à la vérité ; mais je n'ai commencé à les rassembler que lundi dernier[2], et le seul fait de l'avoir copié en huit jours est un tour de force.

On fait une nouvelle édition de mon Esprit de conquête[3], de sorte que je ne sors pas des épreuves et des imprimeurs. Je ne m'attendais pas à un succès pareil, dans un moment où tout le monde a trop à faire pour avoir le tems de lire.

Je vois avec peine que vous doutez de ma résolution d'aller en Suisse. Elle est plus inébranlable que jamais[4]. Je n'attends que ma femme ou des nouvelles de sa marche, car je lui ai laissé le choix de se rendre directement en Suisse, ou de venir ici. Je n'ai pu lui refuser d'y venir, si elle en avoit envie parce que les trois quarts de sa famille, deux de ses frères, et des nièces, cousins et neveux s'y trouvent. Mais depuis le 26 Avril je n'ai pas un mot 20 d'elle. Les postes sont encore très mal organisées. Les lettres se perdent, et même il y a des couriers qui ont été arrêtés et pillés par les paysans. Comme je n'ai pu indiquer à ma femme la meilleure route, parce que cela dépend de la marche des troupes alliées qui s'en retournent, je suis cloué ici jusqu'à ce que j'aïe de ses nouvelles, ce qui au reste ne peut tarder. Mais je me regarde 25 si vous le permettez comme votre locataire à dater du 1ᵉʳ Juin, quand meme je n'arriverais qu'un mois plutard. Je ne veux pas me laisser enlever le bonheur de loger auprès de vous.

Il n'y a aucune nécessité, ma chère tante, que vous vous dérangiez le moins du monde pour rembourser le capital qui est entre vos mains. Je ne 30 vous l'avais proposé que parce que vous m'aviez paru le désirer : mais s'il vous convient de le garder, j'en suis enchanté, pour tout le tems que vous le voudrez. Je crois que Marianne en sera charmée aussi, car sur la proposition que j'avais faite de lui donner une autre hypothèque, elle ne m'a point répondu, ce qui me fait penser qu'elle aime mieux celle qu'elle a. Au reste, 35 quand même elle accepteroit ma proposition, cela ne changeroit rien à nos arrangemens entre vous et moi. Il en résulteroit seulement que vous n'auriez plus l'obligation de ne rembourser qu'avec son consentement.

Je ne puis pas vous donner des nouvelles fraîches du grand monde, puisque pour achever mon livre j'ai été obligé de m'enfermer et même de refuser 40 ma porte à ceux qui venoient me voir. Il y a donc plus de huit jours que je ne sais et n'entends rien. Avant ce tems je me suis fait présenter à l'Empereur Alexandre[5]; je l'ai été avec M. de Chateaubriand. Il n'y avoit que nous deux. L'Empereur a été plein d'obligeance : le seul inconvénient c'est qu'il entend avec beaucoup de difficulté. Mais il a une grande simplicité, une grande 45 bonté et des opinions telles qu'on n'en espérerait pas sur le trône. Comme c'étoit l'homme et non l'Empereur que je voulois voir, je ne me suis pas fait présenter aux autres Princes, non que leur conduite ne soit superbe, mais Alexandre est encore remarquable sous tant d'autres rapports ! Je me suis donc contenté de voir les autres dans de grandes réunions ou tout Paris est 50 invité.

On travaille à la paix, et les Journaux font effort pour prouver qu'elle sera bonne. Ce qui est à désirer, c'est qu'elle soit longue : et je l'espère, l'Europe est fatiguée. Ce sera un charme que de voyager cõme autrefois. Buonaparte nous a fait sentir tout le prix de la liberté et du repos. 55

Le Prince de Suède n'est plus ici depuis longtems[6]. Vous aurez déjà su que c'étoit par je ne sai quelle erreur qu'on m'avoit indiqué cõme son sécretaire intime[7]. Il m'avoit invité à me rendre auprès de lui, et je l'avais fait, d'abord parce que je l'aime beaucoup, et en second lieu parce que je voulois faire tout ce qu'un individu peut faire pour coopérer à ce qui étoit l'interet de tous les individus comme de toutes les nations. Si je n'ai pas fait grand chose, ce n'a pas été faute de le désirer.

On commence aujourdhui les discussions préalables pour la constitution. Je ne doute pas que les choses n'aillent bien. Toutes les intentions sont très bonnes. Je dine aujourdhui avec un membre de la Commission qui me donnera des nouvelles de la première conférence.

Vous êtes bien peu curieuse chere tante si vous avez si peu d'envie d'aller à l'Isle d'Elbe[8]. Si le nouveau souverain, car vous savez qu'il conserve le titre d'Empereur, vouloit me promettre de ne pas m'emprisonner, et que ma visite ne me fit pas de tort à mon retour dans la bonne compagnie, j'y ferais avec empressement un petit voyage. J'exigerais pour condition qu'il me montrât ses portefeuilles. Il en a emporté 25 énormes, contenant toutes les lettres qu'il a reçues et tous les projets qu'on lui a proposés. Il pretend qu'il fera imprimer tout cela et qu'il prouvera que tous les francois sont des coquins. Il doit y avoir des gens fièrement inquiets. Je me sais bon gré de n'avoir pas de quoi l'être.

Je reçois votre lettre du 12[9] pendant que j'écris, ma chère Tante. J'ai trouvé l'adresse de M[de] de Vimeux[10] en effet autrefois chez le chevalier de Boufflers[11] et je vais y envoyer pour la lui demander. Votre lettre sera remise au plutard demain. J'aurai bien volontiers été chercher M[r] de St Denis[12]: mais il m'a envoyé votre lettre par la petite poste. Or comme la petite poste ne dit pas les adresses des gens qui l'employe, il m'est impossible de découvrir ou il loge. Il en est de même de mon cousin de Loys[13], qui, si je comprens bien une lettre de Rosalie qui m'est aussi venue par la petite poste, est aussi à Paris. Elle me prie de le mener chez M[de] de Duras[14], que je n'ai jamais vue qu'en Suisse : je l'aurais pourtant fait bien volontiers, et je me serais presenté hardiment, sous la protection d'un aussi joli jeune homme. Mais comment le trouver ? A moins qu'il ne repasse lui même je ne vois aucun moyen. J'ai été quinze jours à déterrer un Général Russe[15], Ambassadeur, et logé par le Gouvernement, tant il est difficile de trouver ici les gens que l'on cherche.

J'espère que M[r] et M[de] Polier[16] se trouveront bien de leur mariage, l'un et l'autre. M[de] Polier a certainement de l'esprit et du mouvement.

Adieu chère et bonne tante. Je vais passer chez M. de Boufflers pour être à même de faire votre commission.

à Madame / Madame la Comtesse de Nassau, / née de Chandieu, / à Lausanne, / Canton de Vaud, / *Suisse*.

Manuscrit   *Genève, BGE, Ms. Constant 36/1, ff. 273–274; 4 pp., l'adresse p. 4; timbre : P ; orig. autogr.

Édition   Menos (1888), pp. 519–522.

Notes

[1] Les *Réflexions sur les constitutions*, publiées fin mai 1814.

[2] BC a donc commencé à rédiger les *Réflexions* le lundi 16 mai 1814.

[3] Voir la lettre 2479, note 6.

[4] BC ne se rendra pas en Suisse et ne reverra pas sa tante de Nassau, qui mourra le 27 mai 1814, à Lausanne. Il n'apprendra cette nouvelle que le 3 juin 1814.

[5] BC a rencontré le tsar Alexandre Ier le 7 mai 1814.

[6] Bernadotte a quitté Paris le 30 avril à cause de troubles en Norvège. Le 17 mai 1814, la Norvège a rejeté le traité de Kiel, par lequel les coalisés avaient donné ce pays, alors province danoise, à la Suède, et elle a déclaré son indépendance. Par conséquent l'armée suédoise pénétrera en Norvège en juillet 1814.

[7] Voir la lettre 2469, note 6.

[8] Voir la lettre 2462, note 7.

[9] Non retrouvée.

[10] Il s'agit probablement de Marie-Sophie Gilet, épouse Vimeux (née 1749), fille adoptive de Charles-Auguste de Ferriol, comte d'Agental (1700–1788). Mme Vimeux et son ami Florian ont joué un rôle important comme organisateurs, et metteurs en scène.

[11] Stanislas-Jean, chevalier de Boufflers (1738–1815).

[12] Il s'agit vraisemblablement d'un Senarclens de Saint Denis. (voir Mottaz, t. II, p. 597).

[13] L'un des fils de Jean-Samuel de Loys de Middes (1761–1825), époux d'Antoinette-Pauline de Chandieu (1760–1840), sœur cadette de la mère de BC. Il doit s'agir soit de Jean-Louis (1791–1865), soit de François-Jean-Antoine-Louis de Loys (1795–1833).

[14] Claire de Durfort, duchesse de Duras (1777–1828), dont le père, le comte de Kersaint, avait été guillotiné en 1793, s'était exilée à Philadelphie et ensuite aux Antilles avec sa mère, avant de vivre en Suisse et à Londres. A la Restauration son salon des Tuileries sera fréquenté entre autres par Humboldt, Talleyrand et Germaine de Staël. Elle sera en correspondance avec Rosalie de Constant et avec Chateaubriand; son roman *Ourika*, dont le personnage principal est une Sénégalaise, paraîtra en 1823.

[15] Non identifié ; voir la lettre 2463, note 5.

[16] Voir, sur les Polier, la lettre 2376, note 10.

2483

Benjamin Constant à Rosalie de Constant

25 mai 1814

Paris ce 25 May

Vous avez été en effet, chère Rosalie, bien longtems sans m'écrire[1]. Je suis bien aise que mon livre[2] vous ait fait quelque plaisir. Ceux qui disent que je l'ai publié trop tard, ne songent pas que je l'ai publié un mois après la délivrance du lieu que j'habitais, et jusqu'alors il n'y avoit pas moyen d'im-   5
primer. Je crois qu'il n'a paru en Suisse que longtems après. Mon libraire d'Allemagne m'a dit que celui de Lausanne[3] n'avoit pas voulu le mettre en

vente, parce qu'il avoit encore peur de Buonaparte. Mais le livre a paru à Hanovre le 19 Janvier[4], autant que je m'en souviens. Du moins je sai que la lettre du Prince de Suède est du 8 février[5], et il étoit en vente quelque tems avant. La France n'étoit pas délivrée, et il n'étoit donc pas trop tard pour travailler à ce qu'elle le fut. Ce n'est pas que je veuille reclamer le mérite du courage. J'étais en sureté et bien décidé à ne pas me remettre sous le joug. Je ne risquois qu'une partie de ma fortune, et il y a tant de gens qui ont tout risqué, qu'auprès des Prussiens par exemple, tout sacrifice pâlit. Ceux qui disent que j'ai publié mon livre trop tot [auraient-ils] voulu que j'attendisse que la chûte fut bien decidée. Je ne sai pas attaquer les morts.

Pendant que je vous parle de cet ouvrage, je viens d'en publier un autre[6]. Je veux chercher une occasion de vous en envoyer un exemplaire ainsi qu'à Mad[e] de Nassau. Le peu de personnes qui l'ont lu, car il n'est imprimé que depuis hier[7] m'en paraissent contens. Nous verrons dans peu de jours si le public le sera de même. Je ne sors pas des épreuves. L'édition de mon esprit de conquête est épuisée : et j'ai des additions à faire à la quatrième[8] qui s'imprime. Tout cela sera fini d'ici à huit jours. Si ma femme que j'attens avec une impatience difficile à peindre arrive enfin, nous partirons bientot pour la Suisse. Les couriers sont toujours interceptés, et les lettres n'arrivent pas. Tous les Allemands qui sont ici sont dans le même cas et dans les mêmes inquiétudes que moi. Si cela dure, il faudra que je retourne à Hanovre pour me mettre à la piste de ma femme, en partant des dernières traces que j'ai d'elle. Elle avoit une grande impatience de me rejoindre, et après dix lettres que je ne sais si elle a reçues, la dernière que j'ai d'elle est du 26 Avril[9], et ne me dit rien sur son voyage.

Je félicite Charles de ses espérances de rétablir St Jean. L'indépendance de Genève paraît bien assurée. Je n'en dirais pas autant de son aggrandissement. On n'est point disposé à céder le pays de Gex[10], et les promesses qu'on a faites de ne pas démembrer l'ancienne France, semblent s'y opposer formellement. J'ai entendu hier l'Empereur de Russie se déclarer de la manière la plus franche et la plus noble en faveur de l'accomplissement exact et scrupuleux de toutes ces promesses.

Adieu chère cousine. Il est possible que vous voyez arriver tout à coup ma femme au milieu de vous : et alors je serai bien prompt à la rejoindre. Je n'attens qu'une certitude sur sa route. Je me fais une grande fête de vous revoir. Mille tendres amitiés à notre excellente tante Charrière[11].

B.

A Mademoiselle / Rosalie de Constant, / à Lausanne, / Canton de Vaud / *Suisse*

Manuscrit   *Genève, BGE, Ms. Constant 36/2, ff. 237–238; 4 pp., l'adresse p. 4; timbre : P ; orig. autogr.

Éditions   **1.** Menos (1888), n° 214, pp. 523–524.   **2.** Roulin (1955), n° 142, pp. 200–201.

Texte   **16** [auraient-ils]] *le ms. porte :* auroit-il

Notes

[1] La dernière lettre de Rosalie qui soit conservée date en effet du 7 janvier 1814.
[2] *De l'esprit de conquête et de l'usurpation.*
[3] Voir la lettre 2447, notes 7 et 8.
[4] Plus exactement, le 30 janvier, d'après le Journal.
[5] La lettre 2445.
[6] Les *Réflexions sur les constitutions.*
[7] Voir lettre 2481, note 11.
[8] Voir, pour cette quatrième édition, qui ne paraîtra qu'en août, Courtney, *Bibliography*, 10d.
[9] Non retrouvée.
[10] Par le traité de Paris de 1815, Genève n'obtiendra de la France que la cession de Versoix, et non pas de tout le Pays de Gex.
[11] Angélique de Charrière de Bavois.

2484

Benjamin Constant au comte Nicolaï Aleksandrovitch Tolstoï

25 mai 1814

Oserais-je Monsieur vous prier, en acceptant l'hommage d'un des exemplaires ci inclus de vouloir bien en transmettre un autre à S.A.R ? Joignez-y, je vous prie l'hommage des Sentimens que vous me connoissez, & recevez vous même l'assurance de ceux que je vous ai voués pour la vie.

B Constant

ce 25 May

Manuscrit   Lausanne, BCU, IS 5289; 2 pp., p. 2 bl.; orig. autogr.

Commentaire
Pour le destinataire (non nommé) de la présente lettre, voir la lettre suivante, de BC à La Harpe, deuxième paragraphe : «J'ai pris la liberté d'offrir à S.M. hier matin, dans un paquet adressé à M. de Tolstoy, l'ouvrage dont j'ai eu l'honneur de vous envoyer aussi hier matin, Monsieur, un exemplaire».

2485

Benjamin Constant à Frédéric-César de La Harpe

26 mai 1814

Monsieur,

Ayant eu le bonheur de passer hier quelques heures avec S.M. l'Empereur Alexandre, je ne puis résister au besoin de vous dire de quelle profonde vénération, mêlé d'une surprise involontaire, chaque mot qui lui échappoit me remplissoit toujours davantage. On est tenté de se croire transporté dans un séjour surnaturel quand on voit ces principes professés par le souverain 5 d'un empire où le pouvoir absolu existe depuis si longtems, et quand on réfléchit à l'effet qu'auroient produit sur la destinée de toute l'espèce humaine des principes contraires, on est pénétré d'une reconnoissance, qui arrache des larmes. J'ai rarement éprouvé une émotion aussi vive que lorsque j'ai vu sa superbe figure s'animer d'une noble indignation en parlant de 10 la traite des nègres[1] et ce rapprochement du premier souverain du monde, incontestablement dans ce moment-ci, prenant un si vif interet au sort de malheureux esclaves à 2000 lieues de lui, fesoit sur l'ame un effet qu'on ne peut décrire.

J'ai pris la liberté d'offrir à S.M. hier matin, dans un paquet adressé à M. 15 de Tolstoy[2], l'ouvrage[3] dont j'ai eu l'honneur de vous envoyer aussi hier matin, Monsieur, un exemplaire. Mais il ne lui avoit pas été remis encore hier au soir, ce qui assurément n'est pas étonnant. Cependant l'Empereur a daigné me dire qu'il s'en informeroit en rentrant. Je tiens beaucoup à ce qu'il l'ait, et j'ai l'espoir, d'après ce que quelques hommes estimables et amis 20 de toutes les idées nobles m'ont dit de cet ouvrage, après l'avoir parcouru, que vous même, Monsieur, vous le trouverez digne, au moins par l'intention, d'être mis sous les yeux de l'Empereur. J'ai reçu hier soir un billet[4] de M. le Comte de Nesselrode, m'annonçant la réception de deux autres ouvrages[5], dont j'ai fait hommage, il y a beaucoup plus longtems. Ce billet me 25 fait craindre que M. de Nesselrode n'ait cru que le paquet que j'ai adressé hier à M. de Tolstoy n'étoit que la répétition de cet ancien homage. Il contenoit toutefois une lettre[6] que j'ai le desir de voir lire par S.M.

J'ai aussi bien vivement Monsieur celui de vous voir, quand je ne vous incommoderai pas, et si vous vouliez me le faire dire, j'en serais très heu- 30 reux. Mes occupations littéraires etant terminées pour le moment, je voudrais changer mon repos en jouïssance, en causant quelques instans avec vous.

Agréez l'hommage de tout mon respect.

Constant.

35

Paris 26 May 1814.

à Monsieur / Monsieur De La Harpe, / Rue de Condé, / N° 5.

Manuscrit   *Lausanne, BCU, Fonds de La Harpe, J50(2); 4 pp., p. 3 bl., l'adresse p. 4; orig.
autogr.   Jequier (1978), p. 55.

Notes
¹ La traite des noirs avait été abolie dans l'Empire britannique le 25 mars 1807. Elle l'avait été
déjà en France en 1794, mais Napoléon l'avait rétablie à Saint-Domingue (Haïti) en 1802. Il
allait abolir ce commerce de nouveau le 29 mars 1815, pendant les Cent-Jours. Mais la traite
des noirs ne sera abolie définitivement par la France qu'en 1831 et, comme on le sait, BC lui-
même jouera un rôle important dans le mouvement anti-esclavagiste.
² Le comte Nicolaï Aleksandrovitch Tolstoï (1761–1816), maître des cérémonies à la cour du
tsar Alexandre Iᵉʳ. Voir la lettre 2484.
³ Les *Réflexions sur les constitutions*.
⁴ Non retrouvé.
⁵ Il s'agit de *De l'esprit de conquête* et peut-être du livre de Villers que BC avait envoyé à
Stapfer en avril (voir la lettre 2463 de BC à Villers du 21 avril, note 11).
⁶ Non retrouvé.

2486

Benjamin Constant à la comtesse Anne-Pauline-Andrienne de Nassau

1ᵉʳ juin 1814

Paris ce 1ᵉʳ Juin 1814

J'ai enfin, ma chere Tante, des lettres de ma femme, mais des lettres¹ qui me
désolent. Les couriers vont avec une si cruelle inexactitude, que mes premières lettres de Paris ne lui sont point parvenues, et les autres qui se ré-
féroient aux premières lui ont été moins intelligibles qu'il n'auroit fallu, de ₅
sorte qu'elle me paraît dans un assez grand vague sur mes projets, et que je
ne puis deviner dans sa réponse aux épitres qu'elle a reçues si elle vient ici ou
si elle attend de nouvelles directions. Si elle a pris ce dernier parti, j'en ai
encore pour un mois, et cependant je ne puis m'éloigner, de peur de la
manquer, si elle s'est mise en route. Je ne puis vous dire à quel point cela me ₁₀
contrarie, car quand j'aurai fini la 2ᵈᵉ édition² de mon ouvrage, qui sera
terminée dans cinq ou six jours, je n'ai rien au monde à faire dans cette ville

RÉFLEXIONS

SUR LES

CONSTITUTIONS,

LA DISTRIBUTION DES POUVOIRS,

ET LES GARANTIES,

DANS UNE MONARCHIE CONSTITUTIONNELLE.

Par BENJAMIN DE CONSTANT.

PARIS,

H. NICOLLE, à la Librairie Stéréotype, rue de Seine, n°. 12.
GIDE, fils, rue de l'Arcade Colbert, n°. 2.

M.DCCC.XIV.

4. Page de titre des *Réflexions sur les constitutions, la distribution des pouvoirs, et les garanties*, Paris: H. Nicolle, 1814.

qui m'ennuye au fond, malgré l'interet des événemens et mes nombreuses connoissances : et je brule de revoir ma femme qui me manque horrible- ment, parce que j'ai pris l'habitude de ne pas me passer d'elle, et de l'amener 15 auprès de vous. Si je recois d'elle un mot qui m'indique qu'elle n'est pas partie je lui donne rendez-vous en Suisse. Mais les infernales postes ne vont pas, et à mesure que [les] souverains partent, les occasions des couriers deviennent plus rares. J'en ai cherché une pour vous envoyer le dernier ouvrage que j'ai publié[3], et qui a eu assez de succès. Si mon cousin de Loys[4] 20 (car nous nous sommes enfin découverts) peut me la procurer, vous aurez incessamment cet opuscule.

J'ai passé une soirée intéressante, en très petit comité, avec l'Empereur Alexandre. Il cause très bien et l'on remarque surtout en lui une jeunesse de Cœur, une honnêteté, un amour du bien qui ne sont point appris ni joués, 25 mais que son regard, son accent, et la manière dont il s'anime attestent être sa pensée et son sentiment le plus profond. J'ai revu aussi le Duc de Brons- vic dont mon beau fils est Aide de camp[5], et le Prince d'Orange qui m'a parlé de Victor[6] avec une grande bienveillance. Dites-le je vous prie à Ro- salie. 30

Malgré tout cela, je ne demande au ciel que ma femme et de partir pour Lausanne. Ce me sera un jour de joye que celui de me retrouver avec elle auprès de vous[7]. Vous savez chère Tante que c'est à dater d'aujourdhui que nous occupons votre appartement[8]. Cet espoir me fait trop de plaisir pour que je renonce au titre de votre locataire, dut-il être honorifique encore 35 quelque tems.

Je ne vous mande rien de ce pays-ci. Les Francois sont toujours des françois, et ils en sont très contens, car ils s'applaudissent de tout leur cœur, quand leurs comédiens leur font des complimens sur le théâtre. J'en ai été témoin hier à la représentation des etats de Blois[9], pièce assez célèbre parce 40 que Buonaparte l'avoit défendue, mais qui, malgré les honneurs qu'elle a recus de la proscription, est froide et ennuyeuse. Cela ne l'a pas empêché de réussir a peu près et cela ne l'empêchera pas d'être louée tout à fait. Les éloges sont dans ce pays des ordres du jour, qui appartiennent de droit à la circonstance. Il n'y a qu'à bien saisir son moment. On a regardé la France 45 comme un foyer d'anarchie ; c'est au contraire la cazerne la mieux disci- plinée. Ce qui trompe, c'est que les soldats fesant volteface, tirent avec le même zèle tantot d'un coté et tantot d'un autre.

Adieu ma chère Tante conservez moi votre amitié. J'irai bientot la re- clamer. 50

à Madame / Madame la Comtesse de / Nassau née de / Chandieu, / à Lausanne, / Canton / de Vaud, / en Suisse.

Manuscrit   *Genève, BGE, Ms. Constant 36/1, ff. 275–276; 4 pp., l'adresse p. 4; timbre : P ; orig. autogr.

Édition   Menos (1888), pp. 525–526.

Texte   **18** [les]] *omis par inadvertance lors du saut de page.*

Notes
[1] Non retrouvées.
[2] Il s'agit de la seconde édition française (c'est-à-dire la quatrième édition) de *De l'esprit de conquête* (voir Journal du 31 mai au 18 juin 1814).
[3] Les *Réflexions sur les constitutions*, publiées le 26 mai 1814.
[4] Voir la lettre 2482, note 13.
[5] Wilhelm Ernst August Christian von Marenholtz.
[6] Voir la lettre 2437 de BC à Rosalie de Constant du 29 janvier 1814, note 14.
[7] Mais Mme de Nassau mourut trois jours avant.
[8] Voir la lettre 2447, où il est question d'occuper l'appartement à partir du 1er mai.
[9] Les *États de Blois, tragédie en cinq actes et en vers* de François-Juste-Marie Raynouard (1761–1836), créée au Théâtre de Saint-Cloud le 22 juin 1810 et imprimée en 1814. Elle vient d'être jouée pour la première fois au Théâtre Français, le 31 mai 1814. Voir le Journal du 31 mai 1814.

2487

Benjamin Constant à Rosalie de Constant

15 juin 1814

Paris ce 15 Juin

Je n'ai pas eu, chère Rosalie, le courage de vous repondre, et encore à présent je suis bien peu disposé à écrire. La perte de M^{de} de Nassau[1] gate tous mes projets, et je n'aime ni à penser ni à parler de tout ce qui s'unissoit dans ma tête avec l'espérance de passer longtems une vie paisible auprès 5
d'elle. Maintenant, je crois que j'irai chercher ma femme en Allemagne, si elle n'arrive pas d'ici à la fin du mois : et j'employerai cette automne à terminer ses affaires qui ne l'étoient pas entièrement, mais que je voulois laisser jusqu'à une autre epoque, pour ne pas prolonger une absence qui avoit déjà beaucoup trop duré. N'ayant plus un motif aussi pressé, Il me 10
convient même comme calcul d'argent de n'avoir pas des affaires qui m'obligent l'année prochaine à un voyage de 400 lieues, que je puis faire plus lestement celle ci étant seul et trouvant encore à Hanovre tout mon établissement. Ce ne sera donc probablement qu'au commencement de l'hyver que je vous verrai. 15

Je n'ai rien compris aux trois quarts de votre dernière lettre[2]. Je ne sais pas pourquoi vous imaginez que ma femme ne se presserait pas de quitter l'Allemagne, tandis que j'espère qu'elle a quelqu'envie de me rejoindre, ni pourquoi vous supposez que je ne pourrai m'arracher de Paris, ni quelle est votre crainte, que je ne revienne en Suisse autrement que par ma propre 20 volonté, ni à quel char ou à quel sort vous craignez que je ne m'attache. Peut être chère Rosalie la peine que j'eprouve, et une espèce d'accablement qui en résulte, m'ont ils oté une partie de mon intelligence. Mais il est de fait que votre lettre est pour moi une suite d'énigmes. Je ne vous en aime pas moins : et quand une fois nous nous reverrons, je me réjouïs d'en avoir le 25 mot.

Dites mille choses à notre excellente tante de Charrière. Hélas ! comme le nombre de ceux qu'on aime et dont on est aimé diminue ! Adieu chere Rosalie conservez vous pour moi et pour vous, car malgré l'obscurité de vos lettres, votre amitié est un des biens les plus précieux qui me restent encore. 30

Manuscrit   *Genève, BGE, Ms. Constant 36/2, f. 239; 2 pp.; orig. autogr.

Éditions   **1.** Menos (1888), n° 116, pp. 527–528.   **2.** Roulin (1955), n° 143, pp. 201–202.

Texte   **21**   ne] *ajouté dans l'interligne*

Notes
¹ La comtesse Anne de Nassau est morte le 27 mai 1814; BC n'a appris son décès que le 3 juin. Par son testament, qui est une énorme déception pour BC, elle lui lègue une rente annuelle et viagère de 1.600 francs de Suisse, plus une somme de 3.000 francs et, sa vie durant, un cinquième du revenu de «son action dans la tontine d'Irlande». Le testament original du 26 janvier 1807 ainsi qu'une copie d'un second testament du 9 juillet 1812 est conservé à Paris, BnF, N.a.fr.1886, ff. 143–146 et 146–146; une copie de ces deux testaments est conservée également à Lausanne, ACV, K XIX 29/3. Voir aussi l'article de Cécile-René Delhorbe, «La famille maternelle de Benjamin Constant», *RHV* (1967), pp. 120–158, qui comprend une transcription du second testament.
² Comme cette lettre n'a pas été retrouvée, nous ignorons la nature exacte des remarques de Rosalie auxquelles BC, fait objection ici.

2488

Benjamin Constant à Charles de Villers

15 juin 1814

Paris 15 Juin

Cher Villers, je voulois vous écrire depuis plusieurs jours. Mais j'ai eu des chagrins et des affaires. J'ai perdu une vieille parente que j'aimais, et je l'ai regrettée. J'avois cru qu'elle me laisserait une grande partie de sa fortune, et elle m'a laissé très peu de chose, et j'ai regretté son héritage¹. Cependant je 5 n'ai point négligé vos interets. J'ai remis toutes vos pièces à M. de Münster, avec qui j'ai diné chez le chancelier Hardenberg[2] la veille du départ de tous ces personnages pour l'Angleterre. Münster m'a promis de tout faire pour réparer l'infamie que vous avez éprouvée, et il m'a paru de très bonne foi. Je ne doute pas qu'il n'en résulte quelque chose de bon. Je serai bien heureux d'y avoir contribué.

Il est possible et même probable que je vous reverrai bientot. Ma femme a tant tardé à arriver que je viens de lui proposer d'aller la retrouver en Allemagne. La mort de la personne qui étoit le but de mon voyage à Lausanne ayant rendu cette course inutile, je préférerais consacrer cet été à finir les affaires de ma femme avec ses frères, et revenir ici cet hyver. Je n'ai dans ce moment rien de bien pressé à faire. Quand j'aurai achevé une quatrième édition de mon Esprit de conquête, dont je corrige actuellement les épreuves[3], je puis interrompre mes occupations littéraires. J'ai donc écrit à ma femme de ne pas bouger, si ma lettre qui est partie il y a cinq ou six jours la trouve encore à Hanovre, et dans ce cas, aussitot sa réponse reçue, je me mets en route. Je désire presque que cela s'arrange ainsi, plutot que d'avoir un voyage à faire en Mecklenbourg à une autre époque, ce qui double et la peine et la dépense.

Je ne vous dirai rien de ce pays-ci. Il n'y a de changé que le Gouvernement, qui est doux et bon d'intention. La Nation est la même, et rien certainement ne la changera, puisque rien n'a pu la changer.

Reinhard[4] a obtenu une très belle place qui lui convient fort. J'en suis bien aise pour lui et pour moi, et pour ma femme pour qui ce sera une maison agréable, comme souvenirs allemands. J'ai passé dix fois chez M[de] de Caffarelly, sans parvenir à la trouver. J'ai fait vos commissions à tous vos amis de Paris, qui tous vous saluent et voudroient vous voir parmi eux.

Je vous ai déjà mandé, je crois, que je n'avais jamais reçu celle de vos lettres qui contenoit l'extrait de mon livre[5]. La régularité des postes n'est pas encore rétablie. Adieu cher Villers mille choses à Mad[e] Rodde. Je vous embrasse tendrement.

A Monsieur / de Villers / Chevalier de l'Ordre de l'Etoile / polaire / a Göttingue / pays d'Hanovre / Allemagne

---

Manuscrit   *Hambourg, SUB, Nachlass Charles de Villers, Mappe 12, ff. 505–506; 4 pp., p. 3 bl., l'adresse p. 4; timbre : P ; orig. autogr.

Éditions   1. Isler (1879), n° 29, p. 53–55.   2. Kloocke (1993), n° 108, pp. 253–254.

Notes
[1] Voir la lettre précédente, note 1.
[2] Voir Journal 1er juin : «Dîné avec le grand Chancelier». Il s'agit, sans doute, du «grand chancelier», cousin de Charlotte, à qui BC fait allusion dans sa lettre du 20 avril à Anne de Nassau: Karl Auguste prince von Hardenberg (1750–1822), nommé chancelier de Prusse en 1810.
[3] Cette nouvelle édition de *De l'esprit de conquête et de l'usurpation* sera augmentée de deux chapitres.
[4] Karl Friedrich Reinhard a été nommé directeur de chancellerie au Ministère des Affaires étrangères le 14 mai 1814 et, après les Cent-Jours, sera membre du Conseil d'État à dater du 24 août 1815. Il sera nommé Pair de France en 1832.
[5] Le compte rendu de *De l'esprit de conquête et de l'usurpation* par Charles de Villers a paru dans les *Göttingische Gelehrte Anzeigen* du 23 avril 1814, tome 65, pp. 641–645.

2489

Benjamin Constant à Charles de Villers

22 juin 1814

22 Juin

Cher Villers, j'ai reçu seulement hier votre lettre du 30 May[1]. Je ne conçois rien à ces retards. M. Reinhard avoit depuis huit jours celle du 6 Juin[2]. J'ai écrit tout de suite et avec toute la force dont je suis capable à M. de Münster[3] qui est en Angleterre. M^de de St. y a joint un billet. Si ma lettre le trouve   5 encore, j'ose espérer qu'il fera cesser cette incroyable et feroce persécution. S'il n'étoit plus en Angleterre, c'est qu'il seroit allé à Hanovre, et alors vous ne devez pas hésiter à l'aller trouver et à reclamer courageusement. Je sai qu'il est beaucoup plus raisonnable que les gens qui mènent les affaires en son absence. Je suis d'une indignation que je ne puis vous peindre, et si je ne   10 voulois pas attendre le résultat de ce que M. de Münster m'a positivement promis et de ma lettre ainsi que de la votre, j'enverrais un narré de toute cette affaire au Morning chronicle[4], qui instruiroit le Prince Régent[5] de ce qui se passe en son nom. Je suis faché que vous ne soiez pas venu ici tout de suite. Vous y auriez vu M. de Münster, Stein, Wellington, et nous aurions   15 remué ciel et terre pour vous faire rendre justice. A présent, il est trop tard, tout le monde est parti. Mais j'ai encore quelque espérance que vos lettres et la conviction où M. de Münster m'a déclaré être qu'on vous fesoit tort produiront un bon résultat. Je ne saurais vous dire quelle horreur cette infamie m'a donné pour Göttingue que j'aimais tant. Reinhard qui sait que   20 j'ai une occasion pour vous écrire, m'a dit qu'il m'enverroit une lettre : mais s'il tarde encore un peu celle-ci partira seule, car il faut qu'elle soit envoyée avant Minuit.

D'Avoust[6] a passé incognito à Paris, et est allé se cacher dans sa terre. Qui auroit dit que vous trouveriez dans Rehberg[7] un autre D'Avoust !   25

Je vous ai déja mandé qu'il etoit possible que je vous revisse bientot, si ma femme n'arrivoit pas[8]. J'aurai un bien grand bonheur à vous embrasser, et une vraie consolation à dire à tout le monde qu'il est impossible d'imaginer une conduite plus bête, plus dure, plus ingrate que celle qu'on tient envers vous.   30

J'ai raconté dans ma lettre à Münster votre refus de rediger le Moniteur[9] avec des conditions très brillantes. Certes, je ne connois pas un professeur de Gottingue qui en eut fait autant, au moins pas parmi ceux qui se joignent à cette infame persécution.

Adieu cher Villers ne perdez pas courage, et songez que la raison et la   35 justice finissent toujours par triompher.

Mille choses a Mad[e] Rodde je n'ai pas besoin de vous dire de croire a mon ardente et inviolable amitié.

a Monsieur / Monsieur de Villers / Chevalier de l'Etoile Polaire / à Göttingue   40

Manuscrit   *Hambourg, SUB, Nachlass Charles de Villers, Mappe 12, ff. 507–508; 4 pp., p. 3 bl.; orig. autogr.

Éditions   **1.** Isler (1879), n° 30, pp. 55–56.   **2.** Kloocke (1993), n° 109, pp. 255–256.

Notes
[1] Non retrouvée.
[2] Non retrouvée.
[3] Il s'agit de la lettre (non retrouvée) que BC adressa à Münster en recevant «hier» la lettre retardée de Villers.
[4] Journal londonien fondé en 1769 et de tendance whig, à la différence de la *London Gazette*, de tendance tory. *The Morning Chronicle*, souvent poursuivi en justice par le gouvernement, compte William Hazlitt parmi ses journalistes à cette époque. BC écrira au rédacteur en chef de ce journal à propos d'*Adolphe*, le 23 juin 1816, pour affirmer que les personnages du roman «n'ont aucune ressemblance avec aucune personne de ma connaissance».
[5] Le futur George IV, roi d'Angleterre.
[6] Après l'évacuation de Hambourg, qui a eu lieu les 27 et 28 mai, Davout regagne Paris le 17 juin 1814 et reçoit du général Dupont l'ordre de résider hors de la capitale. De sa propriété de Savigny, Davout enverra à Louis XVIII un *Mémoire au roi* pour justifier sa conduite à Hambourg, place forte qu'il a continué à défendre contre les Alliés bien après la déchéance de Napoléon. Il ne prêtera pas serment au roi Louis XVIII et donnera son appui à Napoléon pendant les Cent-Jours. Comme on le sait, Davout est un ennemi acharné de Charles de Villers et s'est toujours opposé au professorat de ce dernier à Göttingen.
[7] Selon Kurt Kloocke, «les soupçons contre le secrétaire de la chancellerie, August Wilhelm Rehberg, n'étaient pas sans fondements, mais peut-être exagérés. Rehberg se faisait pourtant le porte-parole d'une faction qui était opposée à un renouvellement du professorat de Villers» (p. 256, note 2).
[8] BC ne reverra sa femme que le 1er décembre 1815. Charles de Villers mourra le 26 février 1815, à Göttingen, sans revoir son ami BC.

⁹ *Moniteur westphalien* ou *Westphälischer Moniteur*, journal bilingue du royaume de Westphalie, fondé par Jacques de Norvins (1769–1854) et publié à Cassel entre fin décembre 1807
et la chute du royaume napoléonien. Charles de Villers avait décliné le poste de rédacteur en
chef de ce journal qui lui avait été offert en 1812.

2490

Benjamin Constant à Marianne de Constant

27 juin 1814

Je recois de Charles¹ une lettre dans laquelle il y a de l'obscurité, et je
m'adresse à vous pour en avoir l'explication, ne désirant rien plus que de
m'entendre toujours avec vous et vos enfans.

Il m'écrit que les arrangemens que nous avons à prendre pour votre fortune devant bientot avoir lieu, et le delai étant expiré, il me prie de donner ₅
des ordres &cᵃ. Quels arrangemens doivent avoir lieu ? Quel délai est expiré ? Mᵈᵉ de Nassau désirant se débarasser de la somme dont elle étoit dépositaire, m'avoit écrit dans ce sens, et en conséquence je vous avais dit que
je vous offrirais une autre hypothèque. La mort subite de Madᵉ de Nassau
retarde tout arrangement. L'hypothèque est entre les mains de son héritier ₁₀
M. de Loys², et il est assurément tout aussi solide que Mad. de Nassau, de
sorte que pour la sureté de la rente cette mort ne change rien. Mais il faut
pour effectuer le remboursement, s'il doit avoir lieu, que j'en prévienne M.
de Loys, que je sache quand il lui convient de le faire, que je sache de plus si
vos enfans y consentent, &cᵃ. Il n'y a donc aucun arrangement à faire, il n'y ₁₅
a point de délai expiré, et les phrases de Charles me sont inintelligibles.
Expliquez les moi je vous prie.

Charles parait me savoir mauvais gré de ce que je n'ai pas reussi encore a
lui procurer une place. J'ai remis sa note à la seule personne que je connusse
et qui fut en état de me rendre un service. Cette personne accompagne le ₂₀
Duc d'Angoulême³ et jusqu'à son retour, je ne pourrai rien savoir. Mais je
n'ai nul crédit, ma position personnelle le prouve, et quand toute la France
demande des places, il est difficile de les obtenir.

J'attends votre réponse, pour voir s'il y a quelque chose que vous ou vos
enfans désiriez, et qui soit, ou dans mes engagemens, ou dans mes possibi- ₂₅
lités. Je crois vous avoir prouvé mes dispositions. Rien ne les changera, tant
que je pourrai me flatter qu'on leur rend justice.

Mille amitiés
B. Constant

Paris 27 Juin 1814   ₃₀

Manuscrit   *Lausanne, BCU, Fonds Constant I, Co 102; 2 pp.; orig. autogr.

Notes
1   Cette lettre du demi-frère de BC, Charles-Louis Constant de Rebecque, n'a pas été retrou-
    vée.
2   Jean-Samuel de Loys de Middes (1761–1825) avait épousé Pauline de Chandieu, tante ma-
    ternelle de BC et sœur de Mme de Nassau. Voir au Répertoire.
3   Louis-Antoine d'Artois, duc d'Angoulême (1775–1844), fils aîné du futur roi Charles X qui
    se trouvait en Espagne, aux côtés de Wellington en 1814. Nous ignorons l'identité de la
    personne qui l'accompagne à laquelle BC fait allusion ici.

2491

Benjamin Constant à un notaire

27 juin 1814

Monsieur,
Je prens la liberté de vous envoyer deux lettres[1] pour Brévans, parce que je
désire avoir la certitude que ma réponse à celles que je viens de recevoir soit
partie et ait passé par vos mains. Apres avoir examiné avec mon Notaire la
possibilité de substituer à l'hypothèque que j'ai donnée en Suisse, une hypothèque à Paris, et avoir relu les lettres relatives à cette petite affaire, dans   5
lesquelles je vois exprimé le désir de laisser les choses dans l'etat ou elles
sont, combiné neanmoins [av]ec l'offre de les changer, si je le désire, il [me
sem]ble qu'il vaut mieux n'y rien changer [ ]t, les suretés etant pleines et
entières [ ]deux parts. Je m'entendrai à mon passage à Bréva[ns], tout ce qui
pourra être agréable à [Madame] de Rebecque ainsi qu'à Charles et à Louïse;   10
mais jusques alors, nos affaires etant parfaitement réglées, et nul changement ne pouvant avoir lieu, sans un consentement mutuel, revêtu de toutes
sortes de formalités, il vaut mieux que tout reste dans l'etat present.
Veuillez, Monsieur, agreer l'assurance de ma consideration infiniment distinguée.   15
                                                             B de Constant
Paris ce 27 Juin 1814.

Manuscrit   *Lausanne, BCU, Fonds Constant I, Co 103; 2 pp.; orig. autogr.

Texte   *Plusieurs lettres ont été emportées par une déchirure.*

Commentaire et Note
1   Il s'agit sans doute de la lettre précédente de BC à Marianne de Constant du 27 juin 1814 et
    peut-être d'une réponse au fils de Marianne, Charles-Louis Constant de Rebecque.

2492

Ernst Friedrich von Münster à Benjamin Constant

4 juillet 1814

a Londres ce 4 juillet 1814

Monsieur le Baron,

vous avés grand tord de me faire des excuses[1] en me rappellant l'affaire de
Mr de Villers. Je vous dois au contraire bien des remerciemens de m'avoir
fourni l'occasion de me justifier sur la négligence dont on pourrait m'ac- 5
cuser sur le retard de la décision que Votre ami doit attendre avec anxiété.
La présence des souverains qui ont visité Londres, n'a laissé du tems que
pour les affaires les plus urgentes et il m'a été impossible jusqu'ici de porter
celle de Mr de Villers à la connaissance du Prince regent. Je rends justice à la
façon de penser de Mr de V. et a ses mérites ; mais je dois de l'autre coté 10
disculper Mr R que Vous soupçonnés être son ennemi personnel[2]. Je tacherai d'arranger la chose au mieux et je desire beaucoup que Mr de V. puisse
en attendant se calmer. Je lui écrirai a ce sujet une couple de mots et je
saurai empêchés qu'on ne le presse point sur son départ avant que j'aye pu
soumettre de nouveau l'affaire au Prince. 15

Accablé d'affaires avant mon départ de Paris j'ai oublier de vous remercier pour l'ouvrage intéressant[3] que Vous m'aviés fait l'honneur de m'envoyer. Il m'a beaucoup intéressé et je l'ai lu avant que d'être arrivé à Calais −

Vous savez sans doute que j'ai fait mettre fin a l'affaire du Cte de Hardenberg[4]. 20

Agrées Monsieur le Baron l'assurance de la considération distinguée avec
laquelle j'ai l'honneur d'être

Votre Très honorable et très obeissant serviteur.

Le Cte de Münster

A Monsieur / Monsieur le Baron Benjamin de Constant / à Paris 25

Manuscrit   *Hambourg, SUB, Fonds Villers, carton 17; orig. autogr.   Kloocke (1993), n°
110, pp. 257–258.

Notes
[1] Voir la lettre 2489, note 3.
[2] Voir la lettre 2489, note 7.
[3] *De l'esprit de conquête et de l'usurpation.*
[4] Voir la lettre 2428, note 9.

2493

Marianne de Constant à Benjamin Constant

5 juillet 1814

La mort de Madame de Nassau ayant changé les circonstances qui vous avoit engagé Monsieur a vouloir donner a mes enfants une autre sureté nous ne demandons pas mieux que cet argent reste en Suisse et dans les mains de Mr de Loÿs[1] et cela ne demandera qu'un mot de sa part qu'il y consent ; si l'on n'etoit pas mortel cette précaution seroit inutile avec vous aux dispo- 5 sition duquel moi et mes enfans rendent justice toute les fois que nous en ecrivons et parlons. Ne croyez donc jamais Monsieur que nous ne soyons pas plus que contens de vos procedez depuis deux ans nous demandons seulement de nous continué le meme interet dont nous avons chaque jours plus besoin car appres avoir logé 50 officiers allemand nous sommes depuis 10 hier chargé de francois qu'il faut nourir gens et bête pendant six semaine ou deux mois et il ne me reste pas un sol des 650 francs que vous nous avez envoyé seulement la traite de cent francs pour vivre quatre mois. Ces cette misere qui fais desirer si vivement a Charles de rentrer au service et lui avoit fais regarder comme sur les esperances que vous avez bien voulu lui donner 15 de vous interesser aupres du Ministre de la marine[2] carriere qu'il croyait moins recherchée que les autres militaires. Je ne sais ce qu'il vous a ecris dans son chagrin de voir ses esperances diminuées ny voye que son ardeur de faire quelque chose qui le mette au dessu du besoin il avoit ainsi que toute la France cru qu'il ne faudroit avoir que du devouement au Roi pour 20 etre employé maintenant. Chacun est triste et meme tres mal a propos me-contens mais l'egoïsme francois auroit bien merité un chapitre dans votre ouvrage[3] que je vous l'avoue m'avoit aussi donné des pretention pour vous que je ne veux qu [. . .] pour l'interet general plus que pour vous mes espe-rances a votre egard son encor déçue sur l'heritage de votre tante que M[r] de 25 Jacquemont[4] nous avoit dis vous regarder. A t'elle suivi sa coutume de donner a qui a deja trop.

J'espere pourtant que vous n'en viendrez pas moins en Suisse et a Brevans ou malgré l'officier francois vous retrouverez votre ancien logement ainsi que Madame Constant a qui nous offrons mille tendre respects. 30

Je suis enfin parvenue a rattraper votre ouvrage goutté de tout le monde et que je peus etudier a mon aise mais avec un sentiment douloureux de penser que la nation a laquelle il devroit etre utile n'en est pas digne car l'egoïsme nous menace encor de peu de tranquilité adieu Monsieur donne nous de vos nouvelles de tems en tems personne ne les recevra avec plus de 35 plaisir que votre vielle amie M.R.

Brevans 5 juillet 1814

Manuscrit   *Lausanne, BCU, Fonds Constant I, Co 638; 2 pp.; orig. autogr.

Texte   **24** [. . .]] *mot illisible*

Notes
[1] Voir la lettre 2490 de BC à Marianne de Constant du 27 juin 1814.
[2] On se souvient que le demi-frère de BC, Charles-Louis Constant de Rebecque, avait voulu faire carrière dans la marine, mais qu'un accident survenu en 1811 avait mis fin à ses ambitions.
[3] *De l'esprit de conquête.*
[4] Garde du corps de Monsieur, dont la famille habite la Franche-Comté, près des propriétés qu'y possédait Juste de Constant ; voir BC, *Mémoire apologétique adressé au Roi*, 21 juillet 1815 (*OCBC*, X, 1, pp. 51 et 59.)

2494

Benjamin Constant à Daunou

8 juillet 1814

Je vous envoye, mon cher Ancien collégue, une 4ᵉ edition de mon Ouvrage[1] sur l'usurpation et la conquête. Je vous prie de lire les deux chapitres que j'ai ajoutés. Je mets tant de prix à votre suffrage que j'ai toujours sur le Cœur d'avoir été soupçonné par vous d'une abjuration quelque légère qu'elle fut de mes anciens principes. Je crois que mes explications vous prouveront ma 5 fidélité.

Salut et estime.

Constant

ce 8 Juillet 1814

Manuscrit   *Paris, BnF, N.a.fr. 21881, f. 222; 2 pp., p. 2 bl.; orig. autogr.

Note
[1] Voir, au sujet de la quatrième édition de *De l'esprit de conquête* (publiée avant le mois d'août 1814, avec deux chapitres supplémentaires), Courtney, *Bibliography*, 10d et *OCBC*, VIII, 1, pp. 536–544.

2495

Benjamin Constant à Joseph-Marie Degérando

peu après le 9 juillet 1814

Je vous renvoye, cher Degerando, les premières feuilles de votre Mémoire[1]. J'ai déja dit à Madame Degerando ce que j'en pensais. Je le trouve une des choses les plus lumineuses, les plus fortes, les plus entrainantes, pour ceux qui entrent une fois dans cet ordre d'Idées, enfin les plus propres à vous mettre au premier rang des penseurs que j'aie jamais lus. Je ne sai si vos 5 nouvelles fonctions[2] vous permettront de l'achever, c'est à dire d'en poursuivre l'impression. Mais si vous n'en avez pas le tems ce sera bien dommage.

Je me suis bien réjouï de votre Nomination. C'est un signe qu'on revient aux hommes à idées libérales. Mais il ne faut pas qu'il arrive cette fois cõme 10 à une autre époque, ou des hõmes à idées libérales, par reconnoissance de ce qu'on étoit revenu à eux, abandonnoient les idées, qui, bien qu'en défaveur, étoient l'unique et vraye cause de ce qu'on revenoit à eux.

J'aurais été vous voir, mais je crains la rougeole que je n'aye pas eue et qui me réduiroit avec mes mauvais yeux à un état d'oisiveté fort ennuyeux 15 faites moi dire quand je pourrai aller chez vous sans inconvénient Vous avez recu mon dernier envoi d'avanthier sur les Journaux[3].

Mille hõmages a M^de Degerando et mille Amitiés.   BC.

A Monsieur le Baron / Degerando Conseiller d'etat / Rue de Varennes N° 31.   20

Manuscrit   *Lausanne, BCU, Ms. 282(3); 4 pp., adresse p. 4; orig. autogr.

Éditions   Rudler (1913), pp. 460–461.

Commentaire et Notes   Voir, pour la date de cette lettre, les notes 3 et 4.

[1] Nous ignorons la nature exacte de ce mémoire ; peu de temps après, les intérêts de J.-M. Dégérando allaient se porter sur l'éducation élémentaire.

[2] Allusion à la nomination, le 5 juillet, de Degerando au Conseil d'État.

[3] *De la liberté des brochures, des pamphlets et des journaux*, dont le dépôt légal date des 9–10 juillet 1814 (Courtney, *Bibliography*, 12a). BC dit dans l'avant-propos de la seconde édition que la première avait précédé le projet de loi sur la presse (qui fut voté le 5 juillet 1814).

DE
LA LIBERTÉ
DES BROCHURES, DES PAMPHLETS
ET
DES JOURNAUX,

CONSIDÉRÉE SOUS LE RAPPORT DE L'INTÉRÊT
DU GOUVERNEMENT;

PAR BENJAMIN DE CONSTANT.

DE L'IMPRIMERIE DE A. BELIN.

A PARIS,

CHEZ H. NICOLLE, A LA LIBRAIRIE STÉRÉOTYPE,
RUE DE SEINE, N°. 12.

1814.

5. Page de titre de *De la liberté des brochures, des pamphlets et des journaux*, Paris: H. Nicolle, 1814.

2496

Benjamin Constant à Charles de Villers

12 juillet 1814

Cher Villers

Je n'ai qu'un moment pour vous écrire. Voici une incluse[1] de M. de Münster, qui vous fera un peu de plaisir. Elle me fait espérer mieux. Il dit vous avoir écrit directement. Le voyageur[2] qui porte ceci part et je finis en vous embrassant. Voici des ouvrages publiés depuis vous. La 4ᵉ edition[3] contient   5
deux chapitres nouveaux p 197–230, lisez-les. Adieu cher Villers.

B.C.

Paris ce 12 Juillet 1814

Manuscrit   *Hambourg, SUB, Nachlass Charles de Villers, Mappe 17; 2 pp., p. 2 bl.; orig. autogr.

Éditions   **1.** Rudler, *Bibliographie* (1909), p. 28.   **2.** Kloocke (1993), n° 111, p. 210

Notes
[1] La lettre 2492.
[2] Bernhard August von Lindenau (voir la lettre 2507 de BC du 12 août à Villers).
[3] Outre la quatrième édition de *De l'esprit de conquête et de l'usurpation*, publiée avec des additions importantes, BC envoie à son ami sans doute ses *Réflexions sur les constitutions* et sa brochure *De la liberté des brochures, des pamphlets et des journaux, considérée sous le rapport de l'intérêt du gouvernement*, qui a paru à Paris chez Nicolle, le 10 juillet 1814.

2497

Benjamin Constant à Charles de Constant

14 juillet 1814

Je profite de l'occasion de Mᵈᵉ de Stael[1] mon cher Cousin pour vous envoyer une nouvelle édition de mon esprit de conquête et des exemplaires de deux autres brochures[2] que j'ai publiées depuis ce tems. Comme il est possible que vous ayiez lu les précédentes éditions du premier ouvrage, je vous préviens qu'il n'y a de changé dans celle ci que les deux chap. qui sont indiqués   5
comme ajoutés, p. 197–230. Faites moi le plaisir de faire passer l'autre paquet[3] à Rosalie. L'idée de charger Mᵈᵉ de Stael de ce paquet ne m'étant venue qu'une heure avant son départ, je n'ai que le tems de finir en vous embrassant bien tendrement. Mille choses a ma Cousine.

B.C. 10

Paris
ce 14 Juillet 1814.

Manuscrit   *Genève, BGE, Ms. Constant 34, f. 87; 2 pp., p. 2 bl.; orig. autogr.

Édition   Menos (1888), p. 529.

Notes
¹ Germaine de Staël quitte Paris le même jour pour regagner Coppet, où elle passera l'été. BC
   écrit dans son Journal le 14 juillet 1814 : «Mme de St. partie. Nous sommes sur un bon pied
   ensemble».
² Voir la lettre 2496, note 2.
³ Selon toute probabilité BC envoie les mêmes ouvrages à sa cousine Rosalie.

2498

Benjamin Constant à Marianne de Constant

15 juillet 1814

Paris ce 15 Juillet

J'ai recu de Mr de Loys¹ le consentement à garder la somme déposée entre
les mains de M^de de Nassau. Sa lettre ayant trait à beaucoup d'autres choses
et m'étant par là même nécessaire à garder, je ne puis vous l'envoyer ; mais
je lui ai déja récrit que je le priois de me transmettre ce consentement à part, 5
et je vous le ferai tenir aussitot.

Comme cependant il peut venir une époque où il ne convienne plus à M.
de Loys de rester depositaire je m'occuperai à trouver des fonds pour vous
donner sur une autre hypothèque la même sureté. Rien ne sera ni ne peut
être fait sans le consentement de vous même et de vos enfans, ainsi vous 10
n'avez point d'inquiétude à avoir. Mais je vous prie de m'envoyer copie de
tout ce que Girod² a conclu avec vous et eux en 1812. J'en ai déjà une copie,
vidimée, mais elle est restée en Allemagne. Je ne vous demande qu'une copie
à la main pour que si le déplacement a lieu, les mêmes mots soïent employés,
afin de prévenir toute erreur. C'est pour que rien ne nous embarasse à 15
l'avenir, quand M. de Loys voudra rembourser, si le cas arrive, que je
m'adresse ainsi à vous d'avance.

Je suis charmé de ce que vous me mandez, et je vous assure que mes
sentimens méritent ceux que vous me temoignez.

J'ai eu du malheur dans l'affaire de Charles³. Je m'étais adressé d'abord à 20
une personne qui est partie avec le Duc d'Angoulême, ensuite à une autre,

qui, chargée du personnel avoit encore plus de moyens, et dont j'avais fait la connoissance exprès. Mais je vois dans les journaux que cette personne a perdu sa place.

Il y a tant de demandes que le crédit même est souvent sans efficacité. La 25 nation francaise n'est plus qu'une aggrégation de petitionnaires.

Assurez Charles de mon amitié, dites mille choses à Louise et croyez a mon tendre attachement.

B.C.

Manuscrit *Lausanne, BCU, Fonds Constant I, Co 23; 2 pp.; orig. autogr.

Notes
¹ Voir la lettre de BC à Marianne de Constant du 27 juin 1814 et la réponse de celle-ci du 5 juillet.
² Pierre Girod, l'avocat que BC avait consulté dans la pénible affaire d'argent qui l'avait opposé à son père. Voir le Journal du 13 avril 1812
³ Voir la lettre 2490 de BC à Marianne de Constant du 27 juin 1814, note 3 et la réponse de celle-ci.

2499

Jean-Samuel de Loys à Benjamin Constant

23 juillet 1814

Lausanne ce 23 juillet 1814

Monsieur Benjamin de Constant à Paris

Puisqu'il entre dans vos convenances que ma femme¹ garde aux mêmes conditions exprimées dans l'acte contre feu Madame de Nassau sa sœur, les treize mille livres tournois qu'elle restoit vous devoir ; Ma femme consent à 5 prolonger de trois ans le terme de rembours qui avoit été indiqué par Madame de Nassau votre tante ce fevrier dernier. Vous pouvés en aviser Madᵉ de Rebecque; puisque ces treize mille livres forment la garantie de la rente viagere que vous payiés a ses enfans. Veuillés agreer, Monsieur l'expression de mon attachement et de mon dévoument sinceres. 10

J. S. de Loÿs.

Manuscrit *Paris, BnF, N.a.fr. 18831, f. 77; 2 pp., p. 2 bl.; orig. autogr.

Notes
¹ Pauline née de Chandieu, tante maternelle de BC et sœur de Mme de Nassau.

2500

Benjamin Constant à Louis-Gabriel Michaud

fin juillet 1814

Je suis bien faché Monsieur de ne m'etre pas trouvé chez moi quand vous avez bien voulu y passer. Votre carte m'a rappelé la Biographie, qui étoit peut être le but de votre visite. Je suis forcé de vous avouer avec regret, que, soit mauvais état de santé, occupations survenues, et surtout affaires personnelles que j'ai du finir, il m'a été impossible de faire les articles demandés, et je ne prévois pas que je puisse m'y mettre à tems. Agréez mes sincères excuses et mes complimens empressés.

B de Constant

Monsieur / Michaud, Imprimeur / du Roi / Rue des bons enfans / N° *14*

Manuscrit   *Paris, Bibl. de l'Assemblée Nationale, Ms. 1619; 4 pp., pp. 2–3 bl., l'adresse p. 4; orig. autogr.

Commentaire
   Cette lettre date probablement de peu avant la lettre 2501 de BC à Laborie.

2501

Benjamin Constant à Antoine-Athanase Roux de Laborie

fin juillet 1814

Cher Laborie, je viens charger votre obligeance d'une négotiation, avec d'autant plus de confiance que vous êtes mêlé dans la petite affaire qui en fait le sujet.
   Vous m'avez engagé à travailler à la biographie, et vous avez fixé des conditions que M. Michaud¹ et moi avons acceptées. Je devais livrer 100 articles. On ne m'en parle plus, et je crois qu'on s'en passera très bien, ce qui me convient, parce que j'ai autre chose à faire. J'ai fait quatorze articles²,

qui ont eu un grand succès. Je ne veux point d'argent, mais je recompose ma bibliothèque que j'ai vendue, quand notre honorable maître d'avant le 31 Mars m'a fait quitter la France. Il est de toute justice que M. Michaud me paye en livres. Arrangez donc qu'ils m'en fournissent pour la somme qu'ils me doivent au prorata de nos conventions.

M^de de Stael étant partie[3], il faudra nous chercher pour nous voir.

Mille Amitiés

B.C.

A Monsieur / Monsieur Laborie / Rue St Dominique N° 30.

Manuscrit   *Lausanne, BCU, Ms. 278(2); 4 pp., pp. 2–3 bl., l'adresse p. 4; orig. autogr.

Édition   Courtney, *Bibliography* (1981), p. 211 (les deux premiers paragraphes).

Texte   *Une autre main a ajouté sur la page d'adresse :* Hotel de Vauban.

Commentaire et Notes   Le destinataire de cette lettre est Antoine-Athanase Roux de Laborie (1769–1842), ami des frères Bertin et l'un des actionnaires du *Journal des débats*. En 1814, il est devenu secrétaire général du gouvernement provisoire. Le 23 juillet BC fait une lecture publique d'*Adolphe* chez Laborie : «Lu mon roman à Mme Laborie. Les femmes qui étaient là ont toutes fondu en larmes» (Journal).

[1]   Louis-Gabriel Michaud.
[2]   Voir pour les quatorze articles écrits par BC et publiés dans la *Biographie universelle*, tomes 1, 2, 6, 8 et 9 (1811–1813), Courtney, *Bibliography* (1981), pp. 208–211, et *OCBC*, III, pp. 1143–1195.
[3]   Le 14 juillet 1814. D'où la datation (approximative) de la présente lettre.

2502

Benjamin Constant à Prosper de Barante

fin juillet 1814

Mon cher Prosper,

Je suis tout honteux. Une affaire qui m'a pris a 7 heures du matin et qui a duré jusqu'a présent m'a non-seulement fait oublier votre invitation, mais forcé tellement à parler que je suis hors d'état de lire. Comme il n'est pas juste de vous avoir fait attendre pour rien, je vous envoye le Roman[1] en vous priant de ne le communiquer à personne, c'est à dire de ne le mettre entre les mains de personne, mais seulement de le lire aux personnes a qui vous vouliez que je le lusse. Je vous demande de m'indiquer un moment ou je puisse être présenté à M^de de Barante puisque j'en perds l'occasion ce matin.

Mille Amitiés

B.C.

Manuscrit   Le Puy, *Archives du Château de Barante ; orig. autogr., 2 pp., p. 2 bl.

Édition   Barante (1906), pp. 566–567.

Commentaire

Cette lettre fait allusion au manuscrit d'*Adolphe*, qui ne paraîtra qu'en juin 1816, à Londres, et que BC a pris l'habitude de lire en société, par exemple le 22 juillet chez Laborie et le 24 chez Mme de Catellan (voir Journal sous ces dates).

2503

Benjamin Constant à un correspondant non identifié

30 juillet 1814

J'ai bien du regret Monsieur de ce que vous ne pouvez accepter le petit déjeuner que j'ai pris la liberté de vous proposer, et mon desir de ne renoncer que le moins possible au plaisir que j'espérais m'engage à vous faire observer que votre visite au chateau sera probablement terminée avant que nous soyions separés, et que vous nous trouveriez, cinq ou six au plus, qui serons bien charmés de vous voir chez Beauvilliers[1] jusqu'a deux heures.

Mille complimens

Constant

ce 30 Juillet 1814

Manuscrit   *Paris, BHVP, Ms. 3044, f. 132; 2 pp., p. 2 bl.; orig. autogr.

Note

[1] Antoine Beauvilliers (1754–1817), l'un des meilleurs cuisiniers de l'époque et l'auteur de *L'Art du cuisinier* (1814). En 1782 il avait ouvert, rue de Richelieu, le premier véritable grand restaurant parisien, La Grande Taverne de Londres. Ce correspondant anonyme pourrait être le baron Louis, ou Talleyrand: voir Journal, 31 juillet : «Déjeuné. Louis. Talleyrand.»

2504

Albertine de Staël à Benjamin Constant

2 août 1814

2 août.

Je suis bien étonnée, cher ami, que nous n'ayons pas de lettres de vous depuis quinze jours que nous sommes ici[1]. Il me semble que dans un pareil moment, quand vous savez que ma mère désire avoir des détails sur ses affaires[2] et sur Paris, c'était un devoir d'amitié que d'écrire. Vous êtes amical 5 en présence ; mais, en absence, quand vous ne vous *ennuyez* pas, vous oubliez vos amis. Ma mère se trouve assez bien comme santé de Coppet mais elle est inquiète de ce qui [se] passe là-bas et elle aurait besoin de nouvelles. Je suis très heureuse à Coppet, je cours, je monte à cheval et je sens avec plaisir que je ne regrette point Paris. Une *seule chose est* nécessaire dans la 10 vie comme dans la religion et on est heureux d'être indépendant de tout le reste. On ne peut se retrouver ici sans que mille choses vous rappellent. Si vous y étiez ne sentiriez-vous pas qu'il faut tâcher de réparer par du soin dans les petits détails l'irréparable mal qu'on a fait en grand ? Il y a bien des choses qui manquent à Coppet. Vous m'amusez tant quand je vous vois que 15 je ne vous sais mauvais gré de rien, mais de loin je suis moins douce. Les Bernois parlent aussi de tout rétablir et veulent reprendre les nouveaux cantons par *droit divin*. Mais le pays de Vaud ne les écoute pas, ils sont *presque* tous *Français* ici. Simonde est revenu d'Italie révolté des persécutions qu'on y fait souffrir. Il y a ici quelques Anglais assez agréables. 20 Du reste la société de nos voisins recommence et je crains que le monde ne m'ait pervertie, car je ne jouis plus autant de l'esprit du général *Frossard*[3]. Ces sortes de gens ont pourtant un avantage, ils me rappellent mes anciennes pensées comme un vieux meuble que je n'aurais pas vu depuis longtemps, ils ne sont rien par eux-mêmes mais le son de leur voix me remet à 25 deux ans de distance. Dites au général La Fayette que je pense à lui bien souvent et que je le prie de ne pas m'oublier. C'est le seul juste de Sodome auquel je vous demande de parler de moi. Vous n'êtes certes pas un des justes, cependant, comme je vous l'ai dit, vous me plaisez comme une nouvelle et une ancienne connaissance à la fois. Je ne vous comprends pas, je 30 crois que personne ne vous est nécessaire, vous avez besoin de l'esprit de vos amis mais pas d'eux-mêmes ; cinq indifférents agréables valent pour vous le meilleur ami. Adieu, écrivez-nous donc.

Albertine.

[*De la main de Madame de Staël*].   35
Votre silence m'a blessée, je ne m'y attendais pas, c'est trop.

Éditions   **1.** *Léon (1928), n° 19, *RP*, pp. 312–313, pp. 71–73.   **2.** Kloocke (1993), n° 112,
pp. 260–261.

Texte   **1** août] 1814, Coppet *ajouté, entre crochets carrés, par Léon, d'après lequel la date
est de la main de Madame de Staël. Notes de Léon :*   **2** nous] nous *écrit au-dessus de la
première ligne.*   **8** nouvelles] quand elle n'y est *biffé.*   **19** *presque*] *dans l'interligne.*
24 vu] vu *dans l'interligne.*   **33** ami] ami *dans l'interligne.*

Notes
¹ Germaine de Staël s'est réinstallée à Coppet avec sa fille le 19 juillet 1814. Elle y restera
   jusqu'au 30 septembre.
² En 1777, le père de Germaine de Staël, Jacques Necker, avait prêté la somme de 2.400.000
   francs à l'État français. Mme de Staël attend le résultat des négociations sur le remboursement de cette somme, dont le futur mariage d'Albertine de Staël avec le duc Victor de
   Broglie va dépendre.
³ Marc-Étienne Frossard (1757–1815), général suisse au service d'Autriche.

2505

Benjamin Constant à Marianne de Constant

6 août 1814

Paris ce 6 Aoust 1814
Je vous envoye la lettre¹ par laquelle Mr de Loys consent à garder les 13000
fr. qui servent de garantie à la Rente viagère. Il ajoute dans la lettre particulière qu'il m'écrit que dans tous les tems, après un avertissement convenable, il sera disposé à me les rembourser. J'espère que cet arrangement   5
vous conviendra.

Vous aurez vu dans les journaux que M^r le Duc d'Angoulême² est toujours en course, ce qui fait que je n'ai pu encore revoir la personne que
j'avais chargée de la demande de Charles.

Quelques affaires me retenant ici plus longtems que je ne croyois, il est   10
possible que j'engage ma femme à venir, au lieu d'aller la chercher, de sorte
que vos lettres me trouveront toujours ici.

Pardon de la brièveté de celle ci. Je suis tellement occupé depuis quelque
tems que je ne puis qu'écrire très brièvement : mais vous êtes j'espère convaincue que je vous suis sincèrement et tendrement attaché.   15

BC.

Manuscrit   *Lausanne, BCU, Fonds Constant I, Co 24; 2 pp., p. 2 bl.; orig. autogr.

Notes
[1] Voir la lettre 2499 de Jean-Samuel de Loys à BC du 23 juillet 1814.
[2] Voir la lettre 2490, note 3.

2506
Marianne de Constant à Benjamin Constant

10 août 1814

Je vous aurais envoye Monsieur les papiers[1] que vous demandez beaucoup
plutot sans les embaras de loger encor des troupes francoise et l'etat lan-
guissant ou nous avons tous étés je vous conjure encor de croire a notre   5
entiere confiance pour les suretés que vous voudrez donner d'appres vos
convenances et a toute notre reconnoissance pour vos procedez depuis que
nous avons terminé des affaires que je regrette toujour de n'avoir pas traité
entre nous pendant la vie de votre pere continuez nous Monsieur la meme
amitié et ayé surtout un peu pitié de moi que la perte de ma rente d'Irlande   10
force non seulement a ruiner mes enfants mais engage Louise a refuser de se
marier au meme homme[2] dont nous vous avons parlé dont la famille la
persecute mais qui dit si je me marie ma mere sera sans pain ou sera a la
charge d'un gendre ce n'est point a moi qu'elle le dit mais j'ai surpris une
lettre a la sœur ou elle dit positivement qu'elle ne veut pas me quiter ce   15
mariage n'est peut etre pas bien a desirer mais il lui donnoit une famille ou
elle est cherie un peu d'aisance et un apuis a ma mort j'ai cherche depuis un
an a vendre Brevans mais personne ne se presente moins que jamais et il
faut que je meure avec l'amertume de dire que je suis a charge aux autres et
que les circonstances accelere notre ruine nous avons employé a nourir les   20
Autrichiens plus de la rente d'une année mais cet assé vous fatiguer de mes
peine que je vous dise plutot combien vos ouvrages[3] sont gouté on m'arache
le premier un homme aimable et capable de en juger vint hier me demander
en grace de le lui repretter encor c'est le Marquis de Souffroy[4] ancien amis
de votre pere il a lu aussi celui sur la liberte de la presse tout en rendant   25
justices a vos raisons il vous demande un magistrat qui punisse la diffa-
mation que l'on repand sur la religion le gouvernement et meme les personnes sou prétexte de dire la verité on repond direz vous de ce qu'on est force
de signer, mais tous les hommes sont-ils assé intact pour entreprendre un
proces criminel a celui qui sous pretexte de differente façon de penser at-   30
taquera sa naissance les mœurs de toute une generation ne vaut-il pas mieux

prevenir la faute que la venger et cette meme nation incapable des vertus republiquaine n'est elle pas aussi incapable de celles qui rendent cette liberté indéfinie sans danger. Pardon de se bavardage ce qui n'en est pas un c'est de vous demander si vous et Madame de Constant ne viendrez pas en Suisse si 35 nous n'aurons pas le bonheur de vous poceder quelques jours dans notre chaumiere vous nous l'avez promis et nous vous sommons tous trois de nous tenir parole et de croire au vrai et sincere attachement de tous les habitans de Brevans.

J M. R 40

10 aoust 1814

Manuscrit　　*Lausanne, BCU, Fonds Constant I, Co 639; 2 pp., p. 2 bl.; orig. autogr.

Texte　　　**27** le gouvernement] ⟨la politique⟩

Notes
[1]　Voir la lettre 2498 de BC à Marianne de Constant du 15 juillet 1814.
[2]　S'agit-il du lieutenant-colonel Claude-Louis-François-Marie Balluet d'Estournelles (1772–1837), que Louise épousera en 1817?
[3]　Il semble s'agir de *De l'esprit de conquête et de l'usurpation* et de la brochure *De la liberté des brochures, des pamphlets et des journaux, considéréé sous le rapport de l'intérêt du gouvernement*.
[4]　Personnage non identifié.

2507

Benjamin Constant à Charles de Villers

12 août 1814

N'avez vous pas reçu de moi, cher Villers, par M. de Lindenau[1], un paquet de livres et une lettre qui en contenoit une de M. de Münster[2]? Si vous n'avez rien de tout cela, informez-vous en, Je vous prie, à l'observatoire de Gotha. Je serais faché que le tout fut perdu, et recommence à le craindre, ne recevant point de vos nouvelles. J'ai remis mes paquets pour vous avec 5 d'autres pour ma femme à M. de Lindenau le 12 du mois dernier. J'ai recu depuis une lettre de vous du 5 Juillet[3], à laquelle je n'ai pas repondu parce que j'espérais toujours en recevoir une en réponse à celle du 12[4].

Je ne puis vous écrire en detail sur Paris d'abord parce que je n'ai presque pas de tems à moi ; c'est ridicule à dire, mais c'est vrai : 2° parce que ce que 10 je pourrai vous mander, quoique très bon à écrire et fort satisfesant, se compose d'une foule de petits détails, trop minutieux, et pourtant necessaires à développer. Ce que je puis affirmer, c'est que je crois les circonstances heureuses, le gouvernement plein de sagesse, et pour la première fois la nation animée d'un véritable esprit public. Si vous lisiez les journaux francais, vous y trouveriez de tems en tems mon opinion exprimée de manière à être, j'ose le croire, utile et tendant au but que nous cherchons tous à atteindre, l'établissement d'une sage et réelle liberté.

J'ai vu dernierement Mad^e votre sœur^5 chez M^{de} de Caffarelly. Elle se portoit bien, et désirait pour son mari deux choses dont il a obtenu l'une, la légion d'honneur. Donnez moi donc de vos nouvelles, dites moi si vous avez reçu ma lettre et celle du comte Münster: et si vous ne les avez pas reçues reclamez les de Lindenau. La seconde vous sera peut être agréable a garder.

Adieu cher Villers Mille choses a M^{de} Rodde. Je vous embrasse tendrement.

BC

12 Aout.

a Monsieur / Monsieur de Villers / chevalier de l'ordre de l'Etoile / polaire / à Göttingue / pays d'Hanovre / Allemagne

---

Manuscrit   *Hambourg, SUB, Nachlass Charles de Villers, Mappe 12, ff. 509–510; 4 pp., l'adresse p. 4; orig. autogr.

Éditions   **1.** Isler (1879), n° 31, pp. 56–57.   **2.** Kloocke (1993), n° 113, pp. 262–263.

Notes
[1] Bernhard August von Lindenau (1779–1854), astronome à l'observatoire de Seeberg, près de Gotha. Voir le livre d'Ingeborg Titz-Matuszak, *Bernhard August von Lindenau (1779–1854). Eine politische Biographie*, Weimar : Böhlaus Nachfolger (Veröffentlichungen aus Thüringischen Staatsarchiven), 2000.
[2] BC avait envoyé à Villers la lettre de Münster le 12 juillet (voir la lettre 2496, note 1 et la lettre de Münster à BC du 4 juillet (2492).
[3] Non retrouvée.
[4] La lettre de BC à Villers du 12 juillet 1814.
[5] Marguerite-Françoise-Victoire, sœur aînée de Charles de Villers, qui a épousé le militaire Ferdinand-Ernest de Limousin-Dalheim.

2508

Benjamin Constant à Juliette Récamier

vers la mi-août 1814

Voici Madame l'ouvrage[1] que vous avez bien voulu désirer. Je l'ai copié à la hâte & je souhaite que vous puissiez le lire. Je suis charmé que ma détermination de ne pas le publier s'accorde avec mon desir de ne pas blesser ceux qui ont le bonheur de vous approcher. Par la meme raison, Je vous supplie de ne laisser jamais sortir cet ouvrage de vos mains & de ne le 5 confier à qui que ce soit au monde. Je me repose sur la promesse que vous avez bien voulu deja men donner.

Mille respectueux hommages

B.

Manuscrit   *Paris, BnF, N.a.fr. 13265, ff. 20–21; coté d'une main ancienne : «10»; 4 pp., pp. 2–4 bl.; orig. autogr.

Éditions   **1.** Lenormant (1882), n° 6, pp. 12–13.   **2.** Harpaz (1977), n° 7, p. 30.   **3.** Harpaz (1992), n° 12, pp. 45–46.

Texte   **2** vous] vous ⟨le⟩

Commentaire et Notes   Entre 1800, époque où BC avait rencontré Juliette Récamier pour la première fois (voir ci-dessous la lettre du 16 décembre 1814), et le moment présent, leurs relations restent au niveau d'une amitié plutôt affectueuse. Exilée depuis le mois de novembre 1811, Juliette vient de revenir en France vers la mi-juin à la suite de l'abdication de Napoléon le 6 avril : sa présence aux dîners et aux soirées auxquels assiste BC est notée dans le Journal dès le 17 juillet 1814. Ce n'est que le 31 août 1814 qu'aura lieu le coup de foudre sidérant (voir la lettre du 1er septembre 1814). L'«ouvrage» en question doit être *Adolphe*. BC en avait fait une lecture publique le 23 juillet 1814 chez Mme Laborie (voir Journal sous cette date), une autre le 24, chez la marquise de Catellan, amie de longue date de Juliette Récamier. En supposant que Juliette avait demandé une copie du roman le 24 juillet, cette lettre daterait de la mi-août, compte tenu du délai nécessaire au travail de copie.

[1]   *Adolphe* ne sera publié à Londres, que le 7 juin 1816.

2509

Germaine de Staël à Benjamin Constant
17 août 1814

[Pourquoi n'est-ce pas vous qui m'avez écrit le premier ? Je vous en avais prié à mon départ[1], et, pour vous en faire un genre de devoir,] je vous avois demandé de me tenir instruite des nouvelles qui touchent à ma grande affaire[2]. [Vous avez laisser [*sic !*] écouler trois semaines[3] sans m'écrire une seule ligne, et maintenant vous me mandez ce qu'on a dit à Auguste[4]! Ce n'est pas 5 tout,] vous me dites dans deux pages avec le style de l'acquit de conscience on dit que le d[uc] de Broglie pense à votre fille elle-même a été contristée de cette légereté sur un tel intéret. [C'est Auguste qui vous aura probablement dit cela ; néanmoins] je ne sais ce que j'aurois donné pour une ligne de plus sur un tel sujet. Mr de Broglie est précisément celui que je désire par dessus 10 tout et ne puis me représenter comment on traite avec cette légereté un tel interet. Moi je sais que dès que vous avez cessé de vous ennuyer[5] j'ai cessé d'être quelque chose pour vous. Du jour où vous avez vu le prince de Suède[6] le style de vos lettres a changé puisqu'alors rien ne fut différent de 8 jours avant si ce n'est que je suis pour vous la belle angélique[7] et que je vous 15 reviens comme un remords qu'on ne sent que quand on est malheureux. J'ai la triste puissance de lire au fonds du cœur. Mais écrivez-moi sur Albertine et tachez de vous conserver ce qu'il faut au moins d'émotion pour votre talent. Votre lettre du Journal des débats[8] étoit presque comme celle à moi de la dernière édition c'est à dire quand vous aviez chose à penser. [M. de 20 Rocca n'a reçu ni votre brochure, ni son Thucydide. J'aurais reçu volontiers la seconde édition de la liberté de la presse[9] sous bande, vous pourriez me l'envoyer à Genève. – La lettre de Madame Monthuissier Malesherbes[10] m'a mis dans un état d'irritation que je ne puis décrire ! Et vous connaissez les sentiments qui m'ont agité à sa lecture.] Graces à Dieu mon pere ne sera pas 25 ainsi défendu. [– J'ai bien fait de m'éloigner ;] quand me conseillez-vous de revenir et prendrai-je Clichy ou une maison à la ville[11]? [Conseillez-moi à ce sujet ! J'ai ici une] agréable société angloise. J'ai beaucoup aimé Coppet depuis que j'y suis de mon choix. J'y prie beaucoup le ciel en m'adressant à mon Saint[12]. Vous souvenez-vous que vous avez été mystique[13]? Est-il vrai 30 que vous avez écrit que la liberté de la presse *ne devoit pas attaquer le républicanisme.* Ils le disent à Genève où ils sont aristocrates à la Calvin ou plutot illibéralement[14].

[Adieu. Ecrivez-moi.]

Les affaires de Suisse s'appaiseront et les 19 cantons resteront[15].   35

Manuscrit   L'orig., qui faisait partie de la collection Alexandrine de Rothschild (I, n° 106), n'a pas été retrouvé ; nous le reproduisons d'après un *résumé (avec extraits) publié dans le catalogue Drouot-Richelieu (Paris), 19–20 juin 1996, n° 462, complété par des passages tirés de Léon (1928).

Éditions   **1.** Strodtmann (1879), II, pp. 36–37.   **2.** Nolde (1907), pp. 207–210 (traduction anglaise de Strodtmann).   **3.** *Léon (1928), pp. 84–86 (traduction française de Strodtmann). **4.** Solovieff (1970), p. 495 (fragment).

Texte   *Ajouté en tête de la lettre par Léon* : [Coppet, ce 17 août]
   1 *Nous mettons entre crochets les passages de la lettre tirés de Léon (1928). Note de Léon : Dans le catalogue de vente la lettre est datée erronément* : Coppet 17 août [1815].

Notes
[1] Germaine de Staël était partie de Paris le 14 juillet pour arriver à Coppet le 19.
[2] Le mariage d'Albertine de Staël et Victor de Broglie.
[3] BC aura donc écrit à Germaine de Staël vers le 10 août une lettre non retrouvée.
[4] BC avait dîné avec Auguste de Staël le 13 août (voir Journal, sous cette date).
[5] Voir ci-dessus la lettre d'Albertine de Staël à BC du 2 août 1814, qui le taquine également sur ce point.
[6] Il est vrai, en effet, qu'un changement dans le style épistolaire de BC est sensible, ne serait-ce que d'une façon provisoire, depuis le début de ses relations avec Bernadotte.
[7] L'amante délaissée de *Roland* (1778), tragédie lyrique de Niccolò Piccinni, jouée pour la première fois à l'Académie royale de Musique de Paris, le 27 janvier 1778. Le livret en avait été écrit par Philippe Quinault pour Jean-Baptiste Lully en 1685.
[8] Il s'agit de la *Lettre au Rédacteur du Journal des Débats* de BC, rédigée le 13 juillet, imprimée le 28 juillet et publiée dans le *Journal des Débats* du 4 août (voir Journal, sous ces dates). L'objet de cet article est encore la loi sur la presse.
[9] Il s'agit de la brochure de BC intitulée *De la liberté des brochures, des pamphlets et des journaux, considérée sous le rapport de l'intérêt du gouvernement*, dont la seconde édition, «revue et considérablement augmentée», a été publiée début août (Courtney, *Bibliography*, 12b).
[10] Non identifiée.
[11] Germaine de Staël sera de retour à Paris le 19 septembre. Elle louera une maison d'abord à Clichy et ensuite en ville.
[12] Jacques Necker.
[13] En août 1807 BC avait été attiré par le groupe quiétiste de son cousin Charles de Langalerie (1751–1835), épisode que BC met dans son roman autobiographique *Cécile*.
[14] Voir la lettre de Germaine de Staël à BC du 18 août 1814, note 11.
[15] Le 20 mars 1815 le Congrès de Vienne reconnaîtra le territoire des dix-neuf cantons suisses de l'Acte de médiation de 1803.

2510

Germaine de Staël à Benjamin Constant

18 août 1814

Ce 18 août.

Quand vous avez vu que je reviendrais près de vous, vos lettres ont changé de ton et celles que vous m'avez écrites de Paris à Londres[1] m'ont profondément blessée. – Quand je suis revenue, je vous ai trouvé d'accord avec vos lettres, pas un regard, pas une inflexion ne trahissait en vous un souvenir et je vous admirais quelques fois d'être si spirituel et si peu inspiré tout ensemble[2]. - Cela m'a fait de la peine mais cela valait mieux, car quinze ans d'un sentiment si profond sont une cruelle blessure dont il ne serait que trop aisé de faire sortir du sang. Mais laissons cela. – Le rejet de la liberté de la presse[3] et ce qu'on a dit sur l'Angleterre a ranimé mon ancien cœur ; mais laissons encore cela. – Je désire seulement d'être payée[4] et j'en serais très reconnaissante. C'est pour Albertine que je le désire, elle est si agréable, elle gagne tellement qu'il n'y a rien qu'elle ne mérite. – Je vous l'ai dit, ce que je souhaiterais, ce serait Victor de Broglie[5]. – Tâchez de faire parler d'elle devant lui, on peut la louer certes sans rien exagérer. Sa figure est encore embellie et tous les Anglais ici en sont enthousiastes. – La famille Humboldt[6] est ici trois filles, un fils, un instituteur et la mère, cela est fort agréable d'esprit, mais sa fille est horrible[7]. – La princesse de Galles[8] doit arriver ici le mois prochain, mais je n'ai nulle envie de l'y attendre. Mandez-moi quand vous croyez que je peux revenir – quand la délibération des pairs sera finie, je ne sais pourquoi elle serait longue. – Je suis toujours inquiète de mes affaires et je voudrais être là pour les surveiller. – Mad[ame] de Constant[9] arrivera-t-elle bientôt à Paris ? – J'ai vu vos parents ici il n'y a de changé que les visages ; – les esprits sont aussi un peu flétris mais du reste cela va bien. Le Général Filangieri[10] a passé ici ; il m'avait fait dire qu'il voulait épouser Albertine, mais c'était quand elle était si enfant qu'il ne valait pas la peine d'y répondre. – Je lui crois le même désir, mais il a pris un air bonapartiste. – A propos, savez-vous que les Genevois sont très illibéraux ? Ils enlèvent l'acceptation de leur mauvaise constitution[11] comme de petits tyrans et craignent l'esprit, comme si le danger à cet égard était grand chez eux. – C'est comique et triste comme le monde en petit. – J'ai écrit à Auguste que je croyais qu'il valait mieux que notre nom ne fût pas prononcé au Corps législatif. – Qu'en pensez-vous ?

Éditions   **1.** Nolde (1907), pp. 74–76.   **2.** *Léon (1928), pp. 313–315 et vol. pp. 74–76. **3.** Solovieff (1970), pp. 486–487 (avec coupures).   **4.** Kloocke (1993), n° 114, pp. 264–265.

Texte   *Ajouté par Léon après 18 août* : [1814, Coppet]   *Notes de Léon :*   **18** d'esprit] d'esprit *dans l'interligne.*   **20** peux] *dans l'interligne au-dessus d'un mot biffé.*

Notes
1 Ces lettres de BC n'ont pas été retrouvées.
2 Voir le Journal de BC du 13 mai 1814 : «Peu travaillé à cause de ma visite à Mde de St. Elle a changé, est maigre et pâle. Je ne me suis laissé aller à aucune émotion. A quoi bon ?».
3 L'article 8 de la Charte de juin 1814 avait garanti la liberté d'expression. Cependant la loi du 21 octobre 1814 rétablira la censure en France.
4 Voir la lettre 2504, note 2.
5 Achille-Léonce-*Victor*-Charles de Broglie (1785–1870), troisième duc de Broglie et fils de Victor de Broglie (1756–1794), prince de Broglie, qui avait péri sur l'échafaud révolutionnaire. Voir au Répertoire.
6 Friedrich *Wilhelm* Christian Karl Ferdinand Freiherr von Humboldt (1767–1835), diplomate, philosophe, et philologue allemand, ami de Goethe et de Schiller. Le 29 juin 1791 il avait épousé Caroline Friederike von Dacheröden (1766–1829).
7 Wilhelm von Humboldt et sa femme Caroline von Dacheröden avaient trois filles et trois fils : Caroline (1792–1837), Adelheid (1800–1856), Gabriele (1802–1887), Wilhelm (1794–1831), Theodor (1797–1871) et Hermann (1809–1871); voir Gabriele von Bülow, *Ein Lebensbild aus den Familienpapieren Wilhelm von Humboldts und seiner Kinder, 1791–1887*, Berlin : E.S. Mittler und Sohn, 1893.
8 Caroline Amelia Elisabeth, princesse de Brunswick-Wolfenbüttel (1768–1821), fille de Charles Guillaume Ferdinand, duc de Brunswick (1735–1806). Elle avait épousé le 8 avril 1795, à Londres, le futur roi George IV d'Angleterre (1762–1830). Dès le début de leur mariage le couple eut de la peine à s'entendre, et en 1814 la princesse de Galles quitta l'Angleterre pour voyager seule en Europe.
9 BC ne reverra Charlotte que le 1er décembre 1815, à Bruxelles.
10 Carlo Filangieri, prince de Satriano (1784–1867), militaire italien et fils de Gaetano Filangieri (1752–1788), auteur de la célèbre *Scienza della legislazione* (1780) sur laquelle BC écrira un *Commentaire* (1822–1824). Le général Filangieri avait combattu à Ulm et à Austerlitz sous Napoléon. Germaine de Staël ne se trompe pas sur le penchant bonapartiste de Filangieri. Le 3 avril 1815, il sera grièvement blessé par les Autrichiens au passage du Panaro, dans le duché de Modène, dans une bataille qui opposera l'armée de Joachim Murat, roi de Naples, aux forces autrichiennes.
11 Allusion sans doute à la restauration de l'ancien régime à Genève. Le vote sur la nouvelle constitution de Genève aura lieu entre le 22 et le 24 août 1814.

2511

Benjamin Constant à Alexandre Rousselin de Saint-Albin

18 août 1814

Garat[1] m'écrit, cher Alexandre, que votre diné ne peut avoir lieu aujourd-huy[2], et me prie de fixer avec vous un autre jour. Je suis engagé demain, samedi, et dimanche[3]. Prévenez moi quelques jours d'avance. Je desire bien que nous nous voyons.

Mille Amitiés. ₅

B.C.

a Monsieur / de St Albin / Rue d'Anjou N° 9

Manuscrit   *Paris, BnF, N.a.fr. 13123, ff. 126–127; 4 pp., pp. 2–3 bl., l'adresse p. 4; orig. autogr.

Notes
¹ BC a dîné avec Garat le 27 août 1814 (Journal). Il est possible que cette lettre ait été écrite quelques jours avant.
² Jeudi, 18 août.
³ Demain, samedi, et dimanche : c'est-à-dire les 19, 20 et 21 août.

2512

Benjamin Constant à Charles-Frédéric Reinhard

20 août 1814

Je ne veux pas Monsieur retarder jusqu'à lundi a vous renvoyer l'ouvrage de notre Ami Villers¹. Comme il ne me consulte pas sur sa publication, je ne me sens pas le droit de rien décider à cet égard : mais ayant résumé ses deux propositions, dont la première est que l'armée francaise est un tas de bri- gands abjects, et dont l'autre est qu'il ne faut pas de Constitution, je crois ₅ que l'une et l'autre auraient pour l'auteur des inconvéniens, dans un mo- ment ou l'on cherche a ramener l'armée, et ou tous les hommes sages dé- sirent que l'on marche constitutionnellement. Tout le talent de Villers n'a pu suppléer a la connoissance du lieu et du tems, que son éloignement ne lui permet pas d'avoir.   10

J'espère que Sieveking² vous a remis mes nouvelles observations³. Tout en défendant la liberté de la Presse, j'espère n'en user que poliment.

Je prendrai la liberté de vous demander a diner lundi⁴ si cela ne vous dérange pas. Mes momens les plus heureux sont ceux que je passe auprès de vous et de Mad^e de Reinhard.   15

Mille respects

Constant

20 Aoust

Manuscrit   *Paris, BnF, N.a.fr. 13627, ff. 22–23; 4 pp., pp. 2–4 bl.; orig. autogr.

Texte   *Note au crayon, après la date :* 1814.

Notes

[1]   Il s'agit peut-être de l'ouvrage suivant de Villers : *Constitutions des trois villes libres-anséatiques, Lübeck, Bremen et Hambourg*, Leipsic : F.A. Brockhaus, 1814.

[2]   Voir, sur Sieveking, la lettre 2360, note 3.

[3]   Il s'agit des *Observations sur le discours de S. E. le ministre de l'Intérieur en faveur du projet de loi sur la liberté de la presse*, qui seront publiées à Paris par Nicolle dès le 20 août 1814. Le ministre en question est François-Xavier-Marc-Antoine, ancien abbé de Beaulieu et duc de Montesquiou-Fezensac (1756–1832), ministre de l'Intérieur du 13 mai 1814 au 20 mars 1815, et un fidèle des Bourbons.

[4]   Le 22 août.

2513

Benjamin Constant à Charles de Constant

21 août 1814

Paris 21

N'avez vous pas recu mon cher cousin un paquet et une lettre de moi[1], par M[r] de La Rive[2] a qui Mad[e] de Stael m'a dit les avoir confiés ? Il y a longtems qu'ils devroient être entre vos mains. Cela m'inquiète parce que j'y avais joint un paquet pour Rosalie pour repondre à une de ses lettres ; elle m'en a 5 écrit une depuis[3], à laquelle j'ai différé de repondre, croyant toujours qu'elle m'annonceroit l'arrivée de mon paquet. Faites le reclamer je vous prie chez le M[r] de La Rive qui arrive de Paris je ne sai pas lequel c'est, n'en ayant point vu.

Le paquet contenoit quelques ouvrages que j'ai publiés et dont les jour- 10 naux vous auront rendu compte. Je pourrais vous en envoyer un de plus mais j'ai peur de vous faire payer un port énorme.

J'espère vous voir bientot, car il est possible que j'aille en Allemagne par la Suisse si ma femme ne me rejoint pas avant la fin de l'autre mois. Les routes sont peu sures dit-on sur les bords du Rhin, ou les armées bivoua- 15 quent encore. La paix n'est pas bien assurée. Tout le monde la desire, mais ce n'est pas une raison pour qu'elle se consolide.

Donnez-moi donc des détails sur St Jean. S'est-il relevé de toutes les tribulations francoises et autrichiennes ? Je voudrais vous y savoir tranquille et heureux. Je voudrais bien aussi vous y voir. Paris ne manque pas d'interet, 20 mais il me fatigue. Ma santé est mauvaise, et je crois que je commence à

OBSERVATIONS

SUR

LE DISCOURS PRONONCÉ

PAR S. E. LE MINISTRE DE L'INTÉRIEUR

EN FAVEUR DU PROJET DE LOI

SUR LA LIBERTÉ DE LA PRESSE,

PAR M. BENJAMIN DE CONSTANT.

DE L'IMPRIMERIE DE MAME FRÈRES.

A PARIS,

CHEZ H. NICOLLE, LIBRAIRE, RUE DE SEINE, N° 12.

1814.

6. Page de titre des *Observations sur le discours prononcé par S.E. le Ministre de l'Intérieur*, Paris: H. Nicolle, 1814.

ressentir les approches de la vieillesse. Il faut bien que cela vienne, un peu plutot, un peu plutard.

Que fait ma cousine[4]? Que font vos enfans ? Rappelez moi au souvenir de la première, et croyez à mon sincère et inviolable attachement.   25

B.C.

hotel Vauban rue St Honoré
n° *366.*

J'espère que Louïse[5] vous conservera encore bien longtems, mais croyez que dans tous les cas je prendrai toujours un vif interet à elle et que je ne   30
demanderai jamais mieux que d'aller autant au delà que je le pourrai des engagemens que j'ai pris.

Manuscrit   *Genève, BGE, Ms. Constant 34, f. 88; 2 pp.; orig. autogr.

Édition   Menos (1888), pp. 529–530.

Notes
[1] Voir la lettre de BC à Charles de Constant du 14 juillet 1814, note 1.
[2] De La Rive, famille patricienne genevoise. Peut-être s'agit-il de Pierre-Louis de La Rive (1753–1817), peintre genevois ?
[3] Cette lettre de Rosalie n'a pas été retrouvée.
[4] Ninette Achard.
[5] Henriette-Anne-*Louise*, fille cadette de Charles de Constant, née en 1800.

2514

Germaine de Staël à Benjamin Constant

25 août 1814

Ce 25 août 1814, Coppet.
Je n'ai rien lu de si piquant et de si spirituel que vos Observations[1], c'est un chef-d'œuvre de pensées sérieuses et de plaisanteries brillantes. Vous n'avez rien fait selon moi d'aussi parfait dans son genre. – Je l'ai lu à Lady Davy[2] qui est ici et nous faisions des exclamations à chaque ligne. – Mais de grâce   5
dites-moi l'effet que cela a produit parmi les amis et les adversaires. – Il faut aussi que je vous parle d'une chose qui me trouble beaucoup, c'est la lettre dont voici la copie faite par Schlegel[3]. Je ne sais pas si c'est une manière d'escroquer de l'argent ou si j'ai vraiment cette horreur à craindre. – Il serait dangereux d'écrire *un mot* à cette adresse ; mais si vous aviez un laquais   10
assez intelligent pour savoir qui y demeure, ou si le malheur voulait que

vous entendiez parler de cet ouvrage[4], je vous supplie d'aller chez Beugnot[5] de ma part et de le faire supprimer. – Vous sentez quel mal cela pourrait faire et je ne puis dans cette circonstance m'adresser qu'à vous. – Ce n'est pas pour moi vous le croyez bien, c'est pour ma fille que je suis troublée. Un mot de réponse sur les deux sujets de cette lettre.

Les notes à votre seconde édition[6] m'ont très intéressée ; un journal anglais le Times[7] says *the admirable little pamphlet* of M. B.C. on the liberty of press. Toute l'Angleterre est à Sècheron[8]. Faites donc envoyer vos brochures chez Paschoud[9], au reste à Genève ils ne sont guère libéraux.

Éditions   **1.** Nolde (1907), pp. 182–183.   **2.** *Léon (1928), n° 21, *RP*, p. 315, et vol., pp. 76–77.   **3.** Kloocke (1993), n° 115, p. 266.

Notes

[1] Il s'agit des *Observations sur le discours de S.E. le ministre de l'Intérieur.*

[2] Lady Davy (1780–1855), amie écossaise de Germaine de Staël et femme de la haute société. Fille et unique héritière de Charles Kerr, fils de William Kerr de Kelso, en 1799 Jane Kerr avait épousé Shuckburgh Apreece, qui était décédé en 1807, et en 1810 elle avait visité les îles Hébrides avec son parent, Sir Walter Scott. Le 12 avril 1812, elle avait épousé en secondes noces le célèbre chimiste Sir Humphry Davy (1778–1829), futur inventeur de la lampe de sûreté pour les mineurs. Pendant dix-huit mois (octobre 1813-avril 1815) les Davy, accompagné du physicien Michael Faraday (1791–1867), visitèrent des laboratoires en France, en Suisse, en Italie et dans le sud de l'Allemagne.

[3] Cette lettre de chantage n'a pas été retrouvée.

[4] Le 30 août 1814 BC écrira dans son Journal : «Libelle annoncé contre Mde de Stael». On ignore si cette brochure a paru et le nom de l'auteur. Aucun exemplaire n'en a été localisé.

[5] Jean-Claude Beugnot (1761–1835), directeur général de la police depuis le 13 mai 1814.

[6] Il s'agit de la brochure *De la liberté des brochures, des pamphlets et des journaux, considéréé sous le rapport de l'intérêt du gouvernement*, dont la seconde édition venait de paraître.

[7] On trouve dans le *Times* de Londres du 12 août 1814 le commentaire suivant sur la séance de la Chambre des députés du 6 août 1814 consacrée à la censure : «The three chief speakers are M. FLEURY, M. GALLOIS and M. DUMOULARD. The first argues from expediency in favour of the censorship ; the second is more metaphysical, and we observe frequently fills his pitcher from M. BENJAMIN CONSTANT'S well, who has published a small tract on the subject entitled «De La Liberté Des Brochures, Des Pamphlets, et Des Journaux». M. CONSTANT was the great friend – we suppose is now – of Madame DE STAEL.» («*Les trois principaux orateurs sont M. Fleury, M. Gallois et M. Dumoulard. Le premier base son argument sur l'utilité de la censure ; le second est plus métaphysique, et l'on observe fréquemment qu'il remplit sa cruche au puits de M. Benjamin Constant, qui a publié un petit pamphlet sur le sujet intitulé* De la liberté des brochures, des pamphlets, et des journaux. *M. Constant a été le grand ami – nous supposons qu'il l'est encore – de Madame de Staël*»). Jean-Antoine Gallois (1755–1820), ancien tribun, était hostile à la première Restauration. Ajoutons que la remarque de Germaine de Staël est plus positive que le compte rendu du *Times*.

[8] Auberge qui se trouvait aux portes de Genève.

[9] Jean-Jacques Paschoud (1768–1823), l'imprimeur-libraire genevois qui avait publié le *Wallstein* de BC en 1809.

2515

Benjamin Constant à Marianne de Constant

27 août 1814

Je vous remercie de m'avoir fait tenir la copie de l'acte[1], d'autant plus, que, contre mon attente, j'en aurai besoin pour l'affaire du deplacement de la somme qui vous sert de garantie, et que M. de Loys m'avoit annoncé qu'il garderoit, comme vous l'avez vu par la lettre que je vous ai envoyée[2]. Par une postérieure lettre[3], il m'écrit que l'acte que j'avais passé avec Mad. de 5 Nassau ne portant que le 3 p% et l'engagement pris par elle de me payer le 5 lui ayant été inconnu à lui, il n'avoit cru s'engager qu'à l'interet porté dans l'acte, et qu'il ne convient pas à l'hoirie de garder ce capital, a un taux plus élevé. Il en résulte qu'il faut que je vous donne une autre hypothèque. M. Dumouchet de Jacquemont[4] m'ayant offert de se charger de vous représen- 10 ter à ce sujet, je vous prie de lui envoyer c'est à dire vos enfans une procuration portant pouvoir.

1° d'accepter une hypothèque de 13000 fr. en remplacement de celle que je vous avois donnée sur Mad[e] de Nassau.

2° Après cette hypothèque acceptée et le depôt de l'acte fait entre ses 15 mains pour dépôt, comme il en avoit été fait un dans les mains du Chevalier de Langalerie, de me donner décharge de l'hypothèque entre les mains de M. de Loys, de manière à ce que je puisse retirer ce capital, dont sans cela je ne puis disposer, et dont M. de Loys veut être débarassé dans le courant du mois prochain. Je vous envoye sa lettre. 20

Faites faire je vous prie le tout en bonne forme suivant l'avis des persoñes que vous croirez devoir consulter. Je vous ai indiqué Mr de Jacquemont, d'après la lettre de Charles, parce que je le suppose investi de la confiance de vos enfans, et qu'il y mettra tout le zèle que l'amitié dont il fait profession pour vous permet d'en attendre. 25

J'ai recu du Procureur Larguïer[5] à Lausanne une lettre assez cavaliere pour me sommer de payer à M. Monod-Puerary[6] la somme de 580 fr. res- tant de la dette de 780, sur laquelle je vous ai envoyé 200 fr. il y a quelques mois. Comme je ne me trouve pas en fonds pour solder la totalité de cette petite dette, dont je me suis chargé du reste bien volontiers, je lui ai répondu 30 que je m'en tenois aux offres que vous ou Charles aviez du lui faire passer, c'est à dire à payer 200 autres francs au mois de 9bre, que je vous transmet- trais un mandat à cette époque. J'ai ajouté, comme vous aviez paru le dé- sirer, puisqu'en 1812 Charles m'avoit déjà envoyé des quittances pour 1813 que j'etais en avance pour le payement que je vous devois, de sorte qu'il ne 35 falloit pas mettre opposition chez moi, ce que vous savez que M. Monod avoit deja voulu faire entre les mains de M^{de} de Nassau. Je ne doute pas que M. Monod n'accepte le mode de payement que je propose.

Je vous enverrai incessamment les deux traites pour le mois de 9bre veuillez faire passer à M. de Jacquemont les papiers necessaires et toutes vos in- 40 structions. Je ne voudrais pas être forcé à prolonger mon séjour ici, si par les retards que la peur de voyager seule a apportés à l'arrivée de ma femme, je suis obligé de l'aller chercher. Informez M. de Jacquemont que la somme est de 13000 fr. vu le payement qui vous a été fait par M^{de} de Nassau l'année dernière. 45

Croyez à mon bien sincère attachement.

B Constant

Paris 27 Aoust 1814
Hotel Vauban, rue St Honoré n° 366.

Manuscrit   *Lausanne, BCU, Fonds Constant I, Co 25; 2 pp.; orig. autogr.

Notes
1   Voir la lettre 2498.
2   La lettre 2505.
3   Non retrouvée.
4   Voir la lettre 2493, note 4.
5   Jean-Samuel Larguier, voir la lettre 2367 note 9.
6   Voir, sur Monod-Puerary, la lettre 2367, note 3.

2516

Jean-Samuel de Loys à Benjamin Constant

28 août 1814

Lausanne ce 28 / Aoust 1814

Monsieur

Je recois à l'instant la lettre[1] que vous m'avès fait l'honneur de m'écrire le 20/C^{nt}; j'aurai celui de vous rappeller que ma réponse portoit sur deux points seulement : Madame de Nassau avoit-elle changé postérieurement à 5 l'acte du 30/may 1812, quelque chose a sa teneur rélativement au taux de l'intérêt ? Telle etoit ma premiere question à laquelle vous me faites une réponse positive par le compte que vous avès en main, que j'ignorois ; qu'il me suffit pour en être assuré que vous me disiés l'intéret au cinq pour cent. Ma seconde observation, Monsieur, portoit sur le desir naturel que j'aurois 10

eu de connoitre ce taux avant de me determiner à garder cette somme comme vous me l'avès demandé, non que le taux du trois pour cent fut un
intéret suffisant entre nous ; mais j'attendois pour proposer sa fixation que
vous m'envoyassiès le compte qui m'a determiné à vous en parler. Car
comme j'avois l'honneur de vous le dire cinq pour cent est ici un taux qu'on 15
ne peut plus atteindre avec sureté et Mad^e de Nassau n'a placé cet hyver que
au 4 1/2 et même au 4 pr cent les sommes qu'elle avoit eu le désir de vous
rembourser en Mars ; ou en fevrier ; comme elle l'avoit fixé : Après cette
explication à laquelle j'ajouterai que l'intéret tend encor journellement à
descendre dans notre paÿs ; je vous ferai en bref les deux propositions al- 20
ternatives suivantes, l'une desquelles m'est suggérée uniquement par la
crainte de l'embarras que je ne voudrois point vous causer, et le dérangement de votre voyage dont je ne voudrois point etre cause ; ou bien je vous
rembourserai ici les Ls13000− tournois en septembre prochain sur la décharge voulue par l'acte ; ou je vous garderai cette somme encor une année 25
au quatre et demi pour cent ; mais seulement dans le cas où cela vous
arrangeroit mieux, et si dans le courant de cette année vous trouvés un
placement qui vous convienne davantage, consenti par la famille Rebecque ;
en m'avertissant quatre mois à l'avance je vous rembourserai avec plaisir et
empressement. Plus haut j'ai dit *ici* m'étant fait une loi dans la multiplicité 30
de mes affaires de ne point m'écarter du texte précis des actes dont je suis
responsable : J'ai l'honneur de vous répondre par le retour du courier ; que
de mon coté je ne fasse pas perdre un jour à vos arrangemens ; ils sont tels
que je vous rembourse ici le mois prochain, ou non ; veuilliès aussi me le
dire par le retour du courier afin que je dispose de l'argent destiné à ce 35
remboursement. Je suis fâché, Monsieur de cet etat suspensif qui tient uniquement a ce que vous ne m'ayiès pas donné connoissance a tems ; d'une
modification que je ne pouvois savoir et dont l'indication me suffit pour
regarder comme en régle le compte que vous m'avès fourni dans votre lettre
précedante. Je pressens par votre derniere, quoique vous ne m'en disiès rien, 40
que vous avès reçu en remises sur Paris le solde du susdit compte ; vous
voudrès bien me l'annoncer pour la bonne règle.

Je crois avoir eu l'honneur de vous dire que [ma femme] avoit mis à part
sans les ouvrir, vos lettres et [ ] elle me charge de vous assurer de son bien [ ]
attachement ; Agréès je vous prie l'expression [de] mon entier dévouement. 45
Votre très Obeis^nt ser[viteur]

J.S. de Loÿs

à Monsieur / Monsieur Benjamin de Constant / chès Mr Foucault de
Pavant / notaire rue St Honoré n° 343 / à *Paris*

Manuscrit *Paris, BnF, N.a.fr. 18831, ff. 78–79; 4 pp., l'adresse p. 4; timbre : SUISSE PAR/PONTARLIER ; orig. autogr.

Texte *Plusieurs lettres ont été emportées par une déchirure.*   **17**   cent] et même au 3 pr cent *ajouté dans l'interligne*   **21** l'une] *ajouté dans l'interligne*

Note
[1] Non retrouvée.

2517

Charles de Rebecque à Benjamin Constant

29 août 1814

   Mon tres cher frere,
Je viens d'ecrire a Mr Monnot[1], relativement a ma dette dont vous avez bien
voulu vous charger. Une lettre de lui avoit fixé cette créance a la somme de
700f. au lieu de celle de 780. 200f. ont été donnés a Mr Monnot a compte de
cette somme plus une autre somme de 40f. payée par moi. Il ne lui est donc
redu que 460f. Ainsi il ne peut en exiger 580. Je vous suplie de ne pas lui en 5
payer davantage. Je ne sais mon très cher frere comment vous exprimer tous
mes regrets de vous avoir attiré une lettre désagréable de la part de son
agent, c'est une fatalité attachée a ma malheureuse destinée qui fait éprouver a ceux qui me sont les plus chers des désagremens qui ne devroient
retomber que sur moi.   10
   Malgré tout l'ennui que cette afaire vous donne permettez moi de vous
demander s'il ne seroit pas possible de faire quelque chose, qui me tire du
repos fatiguant dans lequel je suis plongé. Je suis si malheureux que j'ose
croire que vous daignerez faire ce que vous pourrez pour moi. Une place
quelconque, pourvu que j'aie une occupation qui me soit utile. Pardon si je 15
vous ennuye tant de moi, mais vous savez que je n'ai point d'autre protecteur que vous, que je suis sans fortune, et souvent soufrant. Tout cela n'est
pas un titre en ma faveur, mais c'en est un a la votre.
   Je ne vous parle pas de nos afaires. Maman les traitera avec vous.
   Je desirerais bien lire tous vos derniers ouvrages on en parle beaucoup, s'il 20
n'y a point d'indiscretion a vous les demander je vous prie de me les envoyer.
   Daignez agréer mon très cher frere l'hommage de mon profond attachement.

Ch^es de Rebecque 25

Brevans le 29 aoust 1814

Manuscrit   *Lausanne, BCU, Fonds Constant I, Co 133; 2 pp.; orig. autogr.

Texte   *Plusiers mots ont été emportés par une déchirure.*   **15**   que] *le ms. porte :* que que
18   un] *ajouté dans l'interligne*

Note
[1]   M. Monod-Puerary.

2518

Marianne de Constant à Benjamin Constant

30 août 1814

Mes enfants font partir aujourdhui une procuration pour Mr de Jaquemond
elle est aussi detaillée et aussi etendue qu'on peut la faire *dit le notaire*
j'espere donc Monsieur que rien de notre cotté ne vous retiendras mais il se
pourrait pourtant que Mr de Jacquemont attaché a la garde du Comte
d'Artois fut en voyage a sa suite car il est annoncé ici pour le commence- 5
ment de septembre alors je vous avoue que je ne saurai a qui m'adresser
avant son retour mais dans ce cas le genereux Monsieur de Loÿs ferai peut
etre l'effort de garder les treize mille francs au *3* pour quinze jours de plus si
vous avez quelqu'autre moyen indiqué le nous. Croyez que si cela me re-
gardoit seule je vous dirai que je m'en rapporte a vous mais cet la volonté de 10
votre pere je ne me crois pas en droit d'y rien changer il parroit que Madame de Nassau a legué a ses heritier son avarice avec son bien.

Je suis bien fâchée de l'ennui que vous donne l'impertinance de Monnod[1]
nous avons la lettre ou il dit que la créance n'est que de 700 francs sur
laquelle il en a recu 200 quoique Charles assure n'avoir promis que deux 15
cent francs par an je vous avoue que je crain que ce ne soye 200 francs tous
les six mois et d'après la lettre que vous eutes la bonté de m'ecrire et dont
j'ai copié les propres mots j'ai dis que vous vouliez bien vous mettre a la
place de Charles. Ce dernier a egare la lettre ou Monnod y consentoit mais
son recu en fais fois je le voudrais ici si je ne craignais qu'il ne fus necessaire 20
pour repousser une barre s'il s'avisoit de la faire.

Il nous reste bien peu d'espoir de vous voir puisque sans doute Madame
Constant aimera mieux Paris que la Suisse et que les occupations dont tout
le monde parle vous retiendront en France puisse-t-elle contribuer a votre
bonheur comme a votre gloire. Croyez que personne ne s'y interesse plus 25
vivement que nous trois.

J. M de Rebecque

Brevans 30 Aoust 1814

Je renvoye la lettre de mʳ de Loys incertaine si le compte qu'elle contien vous peut etre utile.   30

Manuscrit   *Paris, BnF, N.a.fr. 18831, f. 49; 2 pp., p. 2 bl.; orig. autogr.

Notes
[1]   M. Monod-Puerary. Voir la lettre précédente.

2519

Benjamin Constant à Juliette Récamier

1ᵉʳ septembre 1814

Ne m'envoyez pas le Mémoire – il pourroit se perdre, parce que je suis forcé de sortir – j'irai chez vous le prendre[1], à l'heure que vous voudrez – depuis une heure jusqu'à cinq avant diner – savez vous que je n'ai rien vu, durant cette vie déjà si longue et que vous troublez, rien au monde de pareil à vous hier ? – je vous ai portée chez Beugnot[2], chez M. de Talleyrand[3], chez moi,   5 partout – j'en suis triste et presqu'étonné – certes je ne plaisante pas, car je souffre – je me retiens sur une pente rapide – il vous est si égal de faire souffrir dans ce genre – les anges aussi ont leur cruauté – enfin pour l'amour du Roi Jm[4] remettez moi le memoire vous même – Il ne seroit pas prudent de me l'envoyer – partez vous ce soir – allons-nous à Angervilliers Diman-   10 che[5], ou quand vous voudrez – que diable me font mes autres engagemens ? – revenez vous demain[6] – votre absence m'importune. Savez vous que vous avez mis quelque volonté a me rendre fou[7]? – que ferez vous si je le suis – enfin le mémoire en mains propres aujourdhui, c'est un devoir à vous de ne le pas risquer – c'est un devoir de diplomatie ? –   15

a Madame / Recamier / Rue Basse du / Rempart N° 32

Manuscrit   *Paris, BnF, N.a.fr. 13265, ff. 38–39; coté d'une main ancienne : «20»; 4 pp., p. 3 bl., l'adresse p. 4; orig. autogr.

Éditions   **1.** Colet (1864), n° 1, pp. 3–4.   **2.** Lenormant (1882), n° 7, pp. 13–14. **3.** Harpaz (1977), n° 9, pp. 34–35.   **4.** Harpaz (1992), n° 14, pp. 50–51.

Commentaire et Notes   D'après les allusions de BC au fait qu'il avait vu Juliette Récamier «hier» et aux visites qu'il avait rendues à Beugnot et à Talleyrand (voir la note 3), il ressort que ce billet date du 1ᵉʳ septembre 1814 (voir Journal sous cette date). Juliette vient d'inviter BC à rédiger un Mémoire pour Joachim Murat, c'est-à-dire Joachim 1ᵉʳ, roi de Naples et beau-frère de Napoléon, d'une manière si séduisante que tout en connaissant Juliette depuis 1802 BC en est tombé amoureux fou. Voir, à ce propos, dans le Carnet, la note suivante : «Mme Récamier se met en tête de me rendre amoureux d'elle. J'avais 47 ans. Rendez-vous qu'elle me donne, sous prétexte d'une affaire relative à Murat, 31 août. Sa manière d'être dans cette soirée : Osez ! me dit-elle. Je sors de chez elle amoureux fou. Vie toute bouleversée» (*OCBC*, VIII, p. 302). Voir aussi la note du Journal, sous cette date : «Mme Récamier. Ah ça ! Deviens-je fou ?...». C'est surtout pour plaire à Juliette que BC entreprend cette tâche. Pour le Mémoire pour Murat, voir *OCBC* IX,1, pp. 189–209. En ce qui concerne le «Mémoire» dont il est question à la première phrase de la présente lettre, il doit s'agir, non pas de celui de la main de BC, qui est postérieur au 6 septembre, mais d'un autre mémoire, émanant sans doute des Murat eux-mêmes. C'est ce Mémoire-ci que BC voudrait aller chercher en personne (pour des raisons personnelles autant que politiques) et qui lui servira de tremplin. Cette hypothèse est confortée par les toutes premières phrases du mémoire qu'il rédigera plus tard, qui impliquent que BC dispose de papiers qui esquissaient déjà des réflexions sur la question qu'il va aborder à son tour (voir *OCBC* IX,1, p 207, note 1).

[1] D'après le Journal, BC ne verra pas Juliette Récamier avant le 2 septembre.
[2] Germaine de Staël avait prié BC (lettre du 25 août 1814) de demander à Claude Beugnot de faire supprimer un libelle dirigé contre elle. Pour Beugnot, voir ci-dessus la lettre de Germaine de Staël à BC du 25 août, note 5.
[3] Ministre aux Affaires étrangères depuis le 13 mai 1814, Talleyrand jouera un rôle important au Congrès de Vienne et notamment, en ce qui concerne BC, dans les discussions sur le statut futur du roi Joachim de Naples. Les visites chez Beugnot et chez Talleyrand sont signalées dans le Journal comme ayant eu lieu le 31 août.
[4] Pour Joachim Murat, roi de Naples, voir Commentaire.
[5] Situé dans le canton de Dourdan, arrondissement de Rambouillet, Seine-et-Oise, le château d'Angervilliers est la maison de campagne de la marquise de Catellan. Amélie-Louise-Marie-Madeleine Julien (1776 ou 1777–1841) épousa en 1793 le marquis Jean-Antoine de Catellan-Caumont (1759–1838), ancien avocat général au Parlement de Toulouse, en 1789. Élu député de la Haute-Garonne à la Chambre introuvable, il se distinguera par son opposition aux ultra et sera battu aux élections suivantes. Louis XVIII le nommera pair de France en 1819. Sa femme fut une des plus fidèles amies royalistes de Juliette Récamier ; elle lui avait rendu visite durant son exil à Châlons et la recevra souvent dans sa propriété d'Angervilliers. «Dimanche», c'est le 4 septembre. Juliette Récamier partira en effet pour Angervilliers, le 4 (voir Journal, 3 septembre); BC l'y rejoindra le 6 et restera jusqu'au 12. Il se souviendra de ce séjour comme d'une espèce de paradis de trop courte durée, et dont il ne tardera pas à être chassé à jamais dès son retour à Paris.
[6] BC et Juliette Récamier se verront en effet le 2 septembre ; voir Journal, sous cette date.
[7] Même phrase dans le Journal du 31 août (voir ci-dessus, Commentaire).

2520

Benjamin Constant à Juliette Récamier

nuit du 1–2 septembre 1814

Demain soir, demain soir – qu'est ce que c'est que ce soir là ? – il commencera pour moi à 5 heures du matin – demain, c'est aujourdhui – grace à Dieu, hier est passé – je serai donc à votre porte à 9 h.[1] – on me dira que vous n'y

7. Juliette Récamier; miniature par Jean Urbain Guérin, d'après François Gérard. © Victoria and Albert Museum, Londres.

êtes pas – j'y serai entre dix et onze – me dira-t-on encore que vous n'y êtes pas ? – je souffre d'avance de ce que je souffrirai – je parie que vous ne me 5 croyez pas – c'est que vous ne me connoissez point – il y a en moi un point mystérieux - tant qu'il n'est pas atteint, mon ame est immobile – si on le touche, tout est décidé – il est peut être encore tems – je ne pense qu'à vous mais je puis peut être encor me combattre. Je n'ai vu que vous depuis ces deux jours – tout le passé, tout votre charme que j'ai toujours craint est 10 entré dans mon cœur – il est de fait que j'ai peine a respirer en vous écrivant – prenez y garde – vous pourrez me rendre trop malheureux pour n'en etre pas malheureuse – je n'ai jamais qu'une pensée – Vous l'avez voulu – cette pensée c'est vous – politique, société, tout a disparu – je vous parais fou peut être – mais je vois votre regard – je me repete vos paroles – je vois cet 15 air de pensionaire qui reunit tant de grace à tant de finesse – j'ai raison d'etre fou – je serais fou de ne l'etre pas.

A ce soir donc – mon Dieu, si vous n'etes pas la plus indifférente des femmes, combien vous me ferez souffrir dans ma vie ? – aimer, c'est souffrir – mais aussi c'est vivre – et depuis si longtems je ne vivais plus – peut être 20 n'ai-je jamais vécu d'une telle vie – encore une fois à ce soir –

a Madame / Juliette Recamier / Rue Basse du rempart / N° 32.

Manuscrit   *Paris, BnF, N.a.fr. 13265, ff. 36–37; coté d'une main ancienne : «19»; 4 pp., l'adresse p. 4; orig. autogr.

Éditions   **1.** Colet (1864), n° 2, pp. 5–6.   **2.** Lenormant (1882), n° 8, pp. 14–16.
3. Cordey (1974), n° 63, pp. 170–171.   **4.** Harpaz (1977), n° 10, pp. 35–36.   **5.** Harpaz (1992),
n° 15, pp. 51–52.

Commentaire et Notes   Nous supposons que Juliette Récamier avait répondu le 1er septembre
à la lettre 2519, en proposant un rendez-vous non pour l'après-midi du 2, comme l'avait
souhaité BC, mais pour le soir. Ce billet daterait donc de la nuit du 1–2 septembre, après
minuit («demain, c'est aujourd'hui»).

¹ 9 heures du soir, le 2 septembre. Ce rendez-vous est signalé dans le Journal, comme ayant eu
lieu.

2521

Benjamin Constant à Marianne de Constant

15 septembre 1814

Paris ce 15 7bre 1814

Au moment où j'allois prendre mes mesures pour finir l'affaire de notre hypothèque, et transporter sur quelque autre créance votre garantie, j'ai recu de Mr de Loys la lettre ci incluse[1], par laquelle il consent à garder encore un an la somme en question au 4$\frac{1}{2}$. Quoique j'eusse pu avoir le 5 ici, 5
j'ai préféré laisser cette somme entre ses mains pour m'éviter les embarras du déplacement. Voilà donc l'affaire en règle.

Je vous envoye 2 traites, l'une pour le semestre echeant d'avance le 1er 9bre prochain, l'autre de 350 fr. pour [q]ue Charles puisse payer d'autant le Sieur Monod. J'ai substitué la somme de 350 fr. à celle de 200, parce que 10
vous paraissez croire que je me suis engagé à payer 200 fr. tous les six mois et non pas toutes les années, ce qui est très possible. J'ai oublié ce que je vous ai écrit la dessus dans le tems. Enfin la dette sera presqu'acquittée, et je tâcherai de vous faire tenir le reste, pour que ni vous ni moi n'en entendions plus parler. 15

Remerciez beaucoup Charles de sa lettre[2]. Je ferais pour lui tout ce que je pourrais, si je pouvais quelque chose. Mais il y a un grand gâchis dans les affaires. Je souhaite qu'elles aillent, car tout changement seroit pis, mais ...

Je vous enverrai par la diligence une collection complette de ce que j'ai publié depuis mon retour ici, puisque vous voulez bien y mettre quelqu'in- 20
teret.

Je vous embrasse bien tendrement.

B.C.

Manuscrit   *Lausanne, BCU, Fonds Constant I, Co 26; 2 pp.; orig. autogr.

Texte   **9** [q]] *lettre emportée par une déchirure*

Notes
[1] Non retrouvée.
[2] La lettre 2517 de Charles de Rebecque à BC du 29 août 1814.

2522

Benjamin Constant à Juliette Récamier

nuit du 24–25 septembre 1814

J'ai peur que vous ne trouviez mauvais que je vous écrive tant[1], et pour qu'au moins le premier effet ne soit pas contre moi, j'imagine de vous écrire par la petite poste[2]. Mon Dieu ! Qu'il est malheureux de ne pouvoir s'entretenir qu'avec une seule personne, et de sentir que peut-être par là on se rend insupportable ! Je m'afflige de ce que tant de gens me trouvent amusant et spirituel et de ce que vous le trouvez si peu. Car c'est le trouver peu que de vous en aller tout de suite quand j'arrive[3]. J'ai pourtant imaginé une chose pour me rendre la société plus tolérable ; c'est d'aller chez des gens qui ont la chance de vous voir et de tacher de leur plaire, pour qu'ils vous disent que je suis aimable : car vous me donnez bien peu l'occasion de vous le montrer à vous même. Savez-vous qu'il est presque douloureux de vivre ainsi dans une autre, en ayant avec elle si peu de communication ? On étouffe sans cesse. Demain c'est mon bon jour[4]. Ne me le retirez pas. J'ai déjà assez de difficulté à supporter le régime auquel vous me soumettez ; toutes les fois que je vous vois parler à un autre je me dis pourquoi pas moi. Hier Auguste[5]! Sachez moi gré d'etre gai et je le serai. Il y a pourtant une grande idée[6] qui me calme, parce qu'elle ne peut me manquer. Je vous la dirai si toutefois vous lisez assez ceci pour me la demander. Je voudrais que vous me dissiez si mes lettres vous importunent. Je ne sai si ceci vous parviendra aujourdhui. Je finis, uniquement par l'espèce de tremblement qui me prend de vous déplaire.

à Madame / Madame Recamier / Rue basse du Rempart / N° 32.

Manuscrit   *Paris, BnF, N.a.fr. 13265, ff. 245–246; coté d'une main ancienne : «134»; 4 pp., pp. 2–3 bl., l'adresse p. 4; cachet postal : 25 Septembre 1814; orig. autogr.

Éditions   **1.** Lenormant (1882), n° 9, pp. 16–17.   **2.** Harpaz (1977), n° 11, pp. 36–37. **3.** Harpaz (1992), n° 16, p. 53–54.

Commentaire et Notes   Après l'idylle d'Angervilliers, Juliette Récamier avait fait preuve d'une froideur inexplicable à l'égard de BC : voir le Journal, 21 septembre («Je ne conçois rien à sa conduite à Angervilliers»), et la note du Carnet (*OCBC*, VII, p. 302): «Coquetterie et dureté». C'est Auguste, comte de Forbin, l'amant en place, qui est la cause principale de ce changement d'humeur ; après ses entretiens avec Juliette Récamier des 23 et 24 septembre, BC ne doute plus : «L'inexplicable obstacle est M. de F[orbin]» (voir Journal, sous ces dates).

[1] Lettres non retrouvées.

² Petit bureau de poste desservant Paris et la banlieue.
³ Un incident de ce genre se produisit le 24 septembre chez Mme de Catellan – «Je l'ai vue ce matin chez Mme de Catellan. Elle est partie deux minutes après» (Journal, 24 septembre).
⁴ En fait, BC ne profitera pas de ce rendez-vous : «Je n'y ai pas été, Dieu soit loué» (Journal, 25 septembre).
⁵ Auguste de Staël.
⁶ Celle, sans doute, d'un duel éventuel avec Forbin. Cette affaire s'arrangera à l'amiable, le 27 septembre (voir Journal, 26–27 septembre, et les lettres suivantes). Voir Journal 24 septembre : «Le soir son M. de Forbin est venu». Louis-Nicolas-Philippe Auguste, comte de Forbin (1779–1841), est un peintre de talent. Ex-militaire qui avait servi sous Sebastiani, il obtint son congé et se rendit en Italie où il fut accueilli par plusieurs membres de la famille Bonaparte. De retour à Paris, il fut nommé chambellan de la princesse Pauline, dont il devint l'amant. Ayant repris du service à l'armée, il fit plusieurs campagnes avant de retourner en Italie, où il continua ses études de peintre. C'est en 1813, à Rome, en automne, qu'il devient l'ami intime de Juliette. Plusieurs mois après la catastrophe de 1814 et le retour du roi, Forbin revint à Paris pour continuer ses travaux. Il sera nommé directeur des musées en 1816. Il restera longtemps l'ami de Juliette.

2523

Benjamin Constant à un correspondant non identifié

25 septembre 1814

Monsieur,
Une course que j'ai faite à la campagne m'a empêché de vous remercier plutot de l'excellente brochure¹ que vous avez bien voulu me faire remettre par Monsieur Guizot. Bien que je vous trouve trop sévère, si j'ose le dire, envers l'idéalisme, qu'on ne peut guères appeler un simple paradoxe, puisque toutes les philosophies en partent ou y ramènent, comme vous même le reconnoissez, il y a tant d'idées lumineuses et profondes dans ce petit écrit, que j'ai concu, depuis que j'ai eu le tems de le méditer, une toute autre idée et de meilleures espérances sur la France intellectuelle. Ce que vous dites des faits primitifs et des erreurs où toute révolte contre ces faits, sous le pretexte qu'ils sont inexplicables, doit jeter l'esprit humain, est d'une justesse parfaite, et de l'utilité du genre le plus relevé. Si vos occupations me permettoient de vous rencontrer, je serais heureux de m'éclairer avec vous sur des spéculations dont j'ai été détourné depuis longtems, mais qui contiennent le mot de la grande énigme, et qui décident en réalité de notre véritable destinée présente et future.
Agréez Monsieur mes remercimens et l'hommage de ma haute admiration.

B. de Constant

Paris 25 7bre 1814

20

Manuscrit   *Paris, BI, Ms. 3990, f. 28; 2 pp., p. 2 bl.; orig. autogr.

Notes
[1] Nous n'avons pu identifier ni cette brochure ni son auteur.

2524

Benjamin Constant à Juliette Récamier

27 septembre 1814

Je ne puis m'empêcher de vous écrire un mot pour vous supplier de ne pas mettre obstacle à ce que la personne que vous savez[1] vienne ce soir là où je dois l'attendre. Vous m'avez arraché ce misérable petit secret : mais ne faites pas tourner contre moi votre toute puissance. Il est indispensable que cette personne et moi nous ayons une conversation[2] ensemble : cette conversation 5 peut très bien ne pas amener ce que vous ne voulez pas, mais elle doit nécessairement avoir lieu, sans cela la personne croira toujours que je vous en ai parlé pour l'éviter et je serais forcé de lui faire dire demain que je l'ai attendue inutilement toute la nuit, ce qui seroit de sa part une autre imper- tinence. Je vous promets toute la modération compatible avec ce que je me 10 dois. Songez que l'opinion est méchante pour moi, et que je ne puis lui donner la plus legère prise. J'ai déja perdu bien du bonheur en vous voyant si peu. La folie de ce matin n'est pas ma faute : ne m'en punissez, ni en me privant du peu de momens que je passe avec vous, ni en empêchant une conversation qui ne sera rien, mais qui ne peut s'empêcher, car elle m'a été 15 demandée sans que je la provoquâsse. Songez que vous m'avez fait serment de n'en rien dire. Songez que je me suis toujours efforcé de vous prouver mon devouement, et que je vous défie de vous retracer une circonstance ou je n'aïe pas été pour vous tout affection, amour, et dévouement sans bornes. Laissez donc venir la personne que je vais attendre et croyez que vous plaire 20 en tout est mon plus vif desir.

Madame / Recamier

Manuscrit   *Paris, BnF, N.a.fr. 13265, ff. 68–69; coté d'une main ancienne : «37»; 4 pp., l'adresse p. 4; orig. autogr.

Éditions   **1.** Lenormant (1882), n° 47, pp. 117–119.   **2.** Harpaz (1977), n° 12, pp. 38–39.
3. Harpaz (1992), n° 17, pp. 54–55.

Commentaire et Notes   Le duel entre Forbin et BC aura lieu le 27 septembre (voir Journal 26
septembre). D'après la présente lettre, il est prévu pour «ce soir»; elle date donc du 27.

¹ Forbin. Il est évident que Juliette Récamier s'efforce d'empêcher le duel.
² De toute évidence il s'agit du duel.

2525

Benjamin Constant à Juliette Récamier

27 septembre 1814

Vous m'avez percé le cœur d'un mot, en me disant que j'avois dit des choses
indiscretes à M. de F.¹ et qu'il ne m'en avoit pas répondu. Il m'a pris un
remords fort au dessus de ce que vous pouvez croire. Au fond, ce n'est pas
sa faute, s'il profite des heures que vous lui accordez : je ferais tout comme
lui à sa place, et me prévaloir de ce qu'il peut y avoir de pénible dans ses   5
souvenirs est mal. Je vous envoye un billet pour lui², vous jugerez s'il convient de le lui remettre. C'est une chose sérieuse entre hommes. Heureusement que vous ne pouvez méconnoître mon motif, et c'est à votre opinion
seule que je tiens. Je n'ai pu le rattraper hier³, et il ne s'est passé ni ne se
passeroit rien entre nous. Par conséquent c'est de ma propre volonté que je   10
cherche à effacer en lui une impression pénible. Jugez donc mon billet par
vous même et votre cœur. Je ne vous cache pas que c'est aussi pour ne pas
gater les momens où vous me permettez d'être avec vous que je fais cette
démarche. Je voudrais effacer tout ce en quoi j'ai pu vous déplaire. Soïez un
peu bonne pour moi. Je vous aime tant ! Je vous suis si devoué ! Je vais faire   15
une belle action ! Je suis si bon enfant ! Je vous verrai après diné⁴. Je travaillerai tout le matin. Je ne vis que pour vous. Soïez bonne, et donnez moi
quelques momens avec un peu de liberté. De manière ou d'autre ceci finira
bientot, vous partirez⁵, et moi certainement je ne pourrai pas rester. Ne me
mettez pas au supplice. Laissez moi vous devoir du calme et vous vouer un   20
sentiment éternel dont la reconnoissance puisse faire partie. Adieu à ce soir.

Madame Recamier

Manuscrit   *Paris, BnF, N.a.fr. 13265, ff. 70–71; coté d'une main ancienne : «38»; 4 pp., p. 3
bl., l'adresse p. 4; orig. autogr.

Éditions   **1.** Lenormant (1882), n° 50, pp. 120–121.   **2.** Harpaz (1977), n° 15, pp. 40–41. **3.** Harpaz (1992), n° 20, pp. 57–58.

Texte   **16** verrai] verrai ⟨demain⟩

Commentaire et Notes   Le contenu et le ton de cette lettre laissent supposer qu'elle est postérieure à la lettre 2524 mais antérieure au duel.

[1] Au cours de la journée du 26 septembre, sans doute ; voir Journal sous cette date.
[2] Non retrouvé.
[3] Encore le 26.
[4] BC la verra, en effet, le soir du 27, après l'arrangement qui a mis fin à l'affaire du duel.
[5] Juliette Récamier partira pour Angervilliers le 30 septembre (voir Journal, sous cette date).

2526

Benjamin Constant à Juliette Récamier

27 septembre 1814

Tout est arrangé[1]. Je me suis fié à votre parole[2]. Vous seriez bien coupable de me tromper : car j'ai perdu une bien belle occasion. Il est vrai qu'elle peut se retrouver[3]. Oh ! Je braverais mille morts pour une heure passée avec vous. Je vous verrai donc à trois heures[4]! Quel bonheur ! Il y a longtems que mon cœur n'a éprouvé cette joye.   5

a Madame / Madame Recamier / Rue basse du Rempart / N° 32

Manuscrit   *Paris, BnF, N.a.fr. 13265, ff. 72–73; coté d'une main ancienne : «39»; 4 pp., pp. 2–3 bl., l'adresse p. 4; orig. autogr.

Éditions   **1.** Lenormant (1882), n° 48, p. 119.   **2.** Harpaz (1977), n° 13, p. 39.   **3.** Harpaz (1992), n° 18, p. 56.

Commentaire et Notes   La date est suggérée par le contenu.

[1] Le duel entre BC et Forbin; voir les lettres précédentes.
[2] Voir Journal, 26 septembre : «J'ai obtenu [de Juliette] la promesse de m'accorder beaucoup d'heures, si je ne me battais pas».
[3] Voir Journal, 27 septembre 1814 : «Nous sommes convenus, M. de F. et moi, de tomber l'un sur l'autre au premier mécontentement».
[4] Voir Journal, 27 septembre : «Je l'ai vue. Nous avons causé bien librement plus d'une heure, et j'ai retrouvé beaucoup de calme».

2527

Benjamin Constant à Juliette Récamier

27 septembre 1814

J'ajoute un mot au petit billet que je vous ai écrit ce matin[1]. Tout est arrangé, mais tout peut se déranger par une seule chose, c'est si M. de F. se doute le moins du monde que vous soïez instruite de rien de cette affaire. Alors tout recommence inévitablement. Du reste il s'est fort honorablement conduit. Votre nom cõe de raison n'a pas été même indiqué et nul, pas même 5 lui, je crois, ne s'en doute. Je vous écris en hâte pour que vous soïez en garde avec lui si vous le voyez avant moi. A trois heures je vous verrai. Cela vaut mille vies.

a Madame / Madame Recamier

Manuscrit   *Paris, BnF, N.a.fr. 13265, ff. 74–75; coté d'une main ancienne : «40»; 4 pp., pp. 2–3 bl., l'adresse p. 4; orig. autogr.

Éditions   **1.** Lenormant (1882), n° 49, pp. 119–120.   **2.** Harpaz (1977), n° 14, pp. 39–40. **3.** Harpaz (1992), n° 19, pp. 56–57.

Texte   **1** je] *ajouté dans l'interligne*   ai] ⟨aurez⟩ *corrigé en* ai

Note
[1] La lettre précédente.

2528

Benjamin Constant à Juliette Récamier

nuit du 29–30 septembre 1814

Avouez que vous connoissez bien toute l'étendue de votre puissance et de cette soumission magique que vous m'avez imposée, quand, lorsque je vous demande si vous recevrez quelqu'un ce soir, vous me répondez *pas vous au moins*. Mon dieu, qu'ai-je fait pour être si asservi, et pour ne pas même oser me plaindre ! J'ai eu avec M[de] de S. une longue conversation[1] sur ce qu'elle a 5 essayé pour moi. Je voudrais vous en parler. Si vous partez à quatre heures[2], pourquoi ne me recevez vous qu'à trois. Je vais passer au moins trois jours sans vous voir[3]. Je ne sai coment je les supporterai. Soïez bonne pour

moi au moins aujourdhui. J'ai vu dans ma conversation de ce soir[4] que vos
précautions si cruelles ne sont pas nécessaires. Personne ne se doute de mon   10
sentiment. On a attribué mon profond malheur à de tout autres causes. Je
vous réponds que mon voyage à Angervilliers[5] ne fera pas la moindre sensation. Ne pouvez-vous pas me permettre ce matin de vous accompagner un
peu sur la route[6]. Ce seroient quelques instans de plus-enfin soïez bonne, je
vous en supplie. Mon affreux malheur avoit frappé tout le monde, et auroit   15
pu me perdre. Vous m'avez rendu un peu de calme. Ne gatez pas votre
ouvrage. Jamais cœur ne fut si dévoué. Faites moi du bien, vous faites de
moi tout ce que vous voulez.

A Madame / Recamier

Manuscrit   *Paris, BnF, N.a.fr. 13265, ff. 46–47; coté d'une main ancienne : «24»; 4 pp., p. 3
bl., l'adresse p. 4; orig. autogr.

Éditions   **1.** Lenormant (1882), n° 15, pp. 30–31.   **2.** Harpaz (1977), n° 16, pp. 41–42.
3. Harpaz (1992), n° 21, pp. 58–59.

Notes
[1] Allusion non élucidée.
[2] Juliette Récamier part le 30 septembre pour le château d'Angervilliers, rejoindre son amie la
     marquise de Catellan; voir Journal sous cette date.
[3] BC a l'intention de rejoindre Juliette Récamier à Angervilliers le 3 octobre.
[4] Avec Germaine de Staël.
[5] BC fera ce voyage, en effet, le 2 octobre, mais sans parvenir à se faire recevoir chez Juliette,
     voir Journal, 2 octobre.
[6] Souhait qui sera comblé : Juliette Récamier permettra à BC de l'accompagner jusqu'à Orsay
     et même de pousser jusqu'à Saint-Clair (Gometz de nos jours), à onze kilomètres d'Anger-
     villiers ; voir Journal, sous la date du 30 septembre, et la lettre 2553, note 11.

2529

Benjamin Constant à Juliette Récamier

30 septembre – 1ᵉʳ octobre 1814

Vous m'avez dit de vous écrire[1]. Vous m'avez promis de me répondre. Vous
lirez donc ma lettre, et, en me répondant, vous interrogerez votre cœur,
votre pitié, avant de tracer une réponse, qui, je vous le jure, décidera de mon
séjour, ou de mon départ[2], et de tout mon avenir et de ma destinée entière.
Votre habitude de moi a du vous convaincre que je n'exagère rien. Je me   5
contrains quand je suis auprès de vous, j'atténue ce que j'éprouve, j'évite
tout ce qui pourroit vous ébranler, parce que je sai que tout ébranlement

vous est pénible. J'ose le dire, cet empire sur moi même, cet empire que jusqu'à présent je n'ai jamais eu sur moi, au milieu de la plus vive souffrance, est une preuve de sentiment telle que peu d'hommes vous en donneroient ; car elle va contre tout ce que je désire sur la terre, et je sacrifie le seul vœu que mon cœur forme à la moindre crainte de vous affliger. Enfin vous l'avez senti vous même, vous m'avez dit d'y réfléchir, vous m'avez promis d'y penser vous même. Prononcez donc. Je vous aime chaque jour plus et vous n'en doutez pas. Je n'ai pas une autre occupation que vous. Vous voir un instant chaque jour, voilà ma journée. Tout l'intervalle est une agonie, et cependant je me soumets à tout. Je me replie dans des convulsions de douleur quand vous vous éloignez ; tout mon sang s'arrête à la moindre preuve d'indifférence ou d'inattention, et je vous le déguise, et nul ne me devine, décidé que je suis à me briser intérieurement, plutot que de vous causer le moindre embarras. J'en atteste votre bonne foi : ne voyez vous pas tout cela en moi et ne me rendez-vous pas justice ? Vous l'avez senti, il faut que vous prononciez sur ce sentiment. Il mérite que vous daigniez y faire attention. Qui vous a aimé comme je vous aime ? carrière, ambition, étude, esprit, distraction, tout a disparu. Je ne suis plus rien qu'un pauvre être qui vous aime. Ne vous y trompez pas. Ce n'est pas sur mon sentiment seul, et sur nos rapports que vous allez prononcer, c'est sur tout moi, car je ne puis rien si je n'ai de votre cœur ce que j'ai mérité d'en obtenir et ce dont j'ai besoin pour vivre. Juliette, Juliette, ne reprenez pas cette froideur qui a pensé me couter la raison, je ne parle pas de la vie, car je ne veux point menacer. Jugez moi dans la bonté de votre ame, sauvez moi, vous le pouvez seule, et votre cœur vous dit que vous ne manquerez, en le fesant, à aucun devoir. Vous parlez de loyauté, et la pitié pour un malheur si vrai, et la reconnoissance pour un sentiment si dévoué ne sont-elles pas aussi de la loyauté ? Les engagemens portent sur des actions, et quelles actions vous demandé-je, moi, qui, sans cesse entrainé vers vous, passe à vous regarder, à m'enyvrer de votre vue, la moitié des courts instans que vous m'accordez, moi qui ne peux vous voir oter un de vos gands sans que tous mes sens soient bouleversés, et qui pourtant n'ose pas vous prendre la main quand votre regard me repousse ? Quels engagemens avez-vous pu prendre qui soient contraires à ce que vous reconnoissiez ce qu'un sentiment pareil a de valeur pour la femme [à qui] on le consacre ? Peut-on s'engager à ne pas estimer ce qui est bon, à ne pas aimer ce qui est pur, à ne pas être reconnoissante de ce qui est profond et sincère ? Que vous demandé-je encore une fois, sinon de me juger comme je le mérite, et pouvez-vous le refuser ? C'est là que seroit la déloyauté, c'est là que seroit l'injustice. C'est votre ame que j'invoque. Tout ce qu'il y a de noble et de passionné dans la mienne reclame de la vôtre le prix qui lui est du. Laissez là de vains sophismes, ne disputons pas sur la place

que vous m'accorderez. Donnez moi ce que votre cœur, ce que votre sentiment intime, ce que la conviction que je suis digne de votre affection, ce que   50
la certitude que vous me frappez à mort en me repoussant, vous disent de
m'accorder. Appelez le amour, amitié, qu'importe le nom ? Mais qu'il n'y
ait pas entre nous une barrière de fer, ou soiez sure que cette barrière me
tuera. Je puis tout supporter, je vous l'ai prouvé, tout, hors votre indifférence. Mais répétez vous sans cesse, car cela est, que c'est aux dépens non   55
pas seulement de mon bonheur, mais de toute mon existence que vous laisseriez subsister une pareille barrière entre nous. Vous m'avez vu, lorsque
vous avez essayé de rompre. Tout le monde m'a vu hors de toute raison, de
toute mesure, sans forces et ne parlant que comme un mourant ou un insensé. Demandez à Prosper, à Auguste, à sa mère³. Je n'ai conservé qu'une   60
seule force, celle de ne pas trahir la source de mon effroyable malheur, parce
que je vous aurais inquiétée. Quand Prosper m'a vu fondant en larmes, je lui
ai parlé de l'ennui de ma vie, et je l'ai conduit à penser que l'ambition
trompée étoit mon supplice. Quand j'avois soif de me jeter sur l'épée de M.
de F.⁴ pour qu'elle ouvrit un passage à ce sang qui me bruloit, il peut vous   65
dire avec quelle joïe j'acceptais cette chance, et cependant, je ne lui ai rien
laissé entrevoir. Quand Mᵈᵉ de S. attribuoit mon agitation à de la vanité
blessée j'ai encouragé cette conjecture. Je me suis sacrifié : j'ai subi la honte
l'humiliation, les faux jugemens qui me nuisent, de peur qu'une tracasserie
ne troublât un instant votre repos.   70

Je vous implore à genoux. J'attends de vous tout ce qui me reste d'avenir.
Un mot et vous le détruisez. Je ne puis rester près de vous si nos cœurs ne
s'entendent. Je ne puis vivre avec une espèce de tranquillité si je ne vous
parle librement. Je ne puis supporter des privations nécessaires, si je ne suis
sur d'une affection vraye, vive, occupée de moi, et préparant à mes sacrifices   75
à ma soumission des dédommagemens et des récompenses.

Je finis cette lettre, car je crains que vous la lisiez à peine. Je la finis
comme un condamné finiroit une lettre pour demander grâce. Vous m'avez
promis une réponse. Je la reclame. Elle décidera de toutes mes résolutions.
Je ne démentirai point cette soumission cet abandon que je vous ai voués.   80
Ne craignez rien de moi. Si vous me repoussez je partirai. Je partirai et je ne
verrai plus la seule créature qui me calme ou me donne du bonheur. Croyez
vous que quand je parle de Nantes, ce soit pour aller avec Prosper? Nantes
est un port de mer, et le monde peut s'ouvrir devant moi, et l'Amérique ou
l'on se bat⁵, ou l'on peut se faire tuer sous le prétexte de la liberté, et ma   85
fortune peut être à ma femme, et vous pouvez être délivrée d'un malheureux
sentiment qui vous importune, et je puis mourir en défendant une noble
cause. Dites vous alors que j'étais mecontent de ma situation en Europe.
Cherchez les causes apparentes d'un parti bizarre. Je ne vous envie pas ces

consolations dont peut être pendant quelques jours votre cœur aura besoin. 90
Je les désire, car à Dieu ne plaise que je veuille vous couter une heure de
peine.

Mais aujourdhui que mon sort est en vos mains, Juliette chère Juliette, ne
vous faites pas ces illusions. Un mot peut me sauver. Dites que vous me
verrez sans cesse, que vous laisserez votre cœur me juger, que si vous me 95
trouvez digne de votre affection, vous ne ferez pas violence à votre ame pour
la repousser, que si je suis le plus passioné, le plus dévoué, le plus fidèle de
vos amis, vous reconnoitrez que je suis le plus passioné, le plus dévoué et le
plus fidèle. Surtout que je vous voye, que je vous voye souvent, librement,
que je puisse vous ouvrir mon cœur, vous consulter, vous prendre pour 100
guide. J'en ai tant besoin. Un peu d'espérance renait dans mon ame. Ne la
tuez pas, par pitié, ne rejettez pas un rocher sur ce cœur qui se rouvre à
peine. Adieu. Vous m'avez promis une réponse. J'y compte. Non, vous ne
voudrez pas me replonger dans un etat qui a pensé me perdre, et qui si j'y
retombais me perdrait infailliblement. 105

Je vous ai obéi en tout. Je vous ai quittée dans une auberge⁶. Je me suis
haté d'arriver. J'ai couru à ce bal⁷ par obéissance. J'ai parlé pour vous plaire
comme si vous étiez près de moi. J'ai causé avec M. de Blacas⁸. J'ai soigné
mon avenir comme s'il etoit en moi. Auguste et Victor Broglie⁹ veulent que
j'aille avec eux lundi à Angervilliers. Vous m'avez dit qu'avec eux et repar- 110
tant avec eux cela n'auroit point d'inconvénient. Si vous en trouvez, dites le
moi. Je ne veux rien faire qui vous déplaise. Mais avec eux mon voyage est
bien simple. Seulement ne me fuyez pas plus qu'eux. Accordez nous à chacun une heure de causerie. Suis-je assez humble et assez docile.

Répondez, décidez. Vous disposez souverainement de toute ma destinée. 115
Adieu. Pitié, affection, justice au nom de Dieu, et point de barrière factice
entre mon sentiment et celui dont vous me trouverez digne.

Manuscrit   *Paris, BnF, N.a.fr. 13265, ff. 143–144; coté d'une main ancienne : «78»; 4 pp.;
orig. autogr.

Éditions   **1.** Lenormant (1882), n° 16, pp. 31–38.   **2.** Harpaz (1977), n° 17, pp. 42–47.
3. Harpaz (1992), n° 22, pp. 60–65.

Texte   **42** [à qui]] *omis par inadvertance*

Commentaire et Notes   BC note par deux fois le fait d'avoir écrit à Juliette, le 30 septembre et
le 1ᵉʳ octobre. Nous supposons qu'il n'a écrit qu'une seule lettre, dont la première partie date du
30 septembre, avant le bal du duc de Wellington, la deuxième, le lendemain matin. Il s'agirait
donc d'une lettre composite, et la coupure se situerait au début du troisième paragraphe : «Je
finis cette lettre».

¹ Voir aussi *Journal*, 30 septembre.
² BC songe toujours à retourner en Allemagne, pour rejoindre sa femme ; voir *Journal*, 22
   septembre.

³ Prosper de Barante, préfet de Nantes jusqu'au 20 mars 1815, avait été témoin du désarroi de BC le 18 septembre, Auguste de Staël le 8 septembre ; Germaine de Staël est à Paris depuis le 20 septembre (voir, sous ces dates, le Journal de BC).

⁴ Pour ce duel manqué, voir ci-dessus les lettres du 27 septembre 1814.

⁵ L'Amérique est en guerre avec l'Angleterre depuis 1812, mais il fallait attendre la chute de Napoléon pour que l'Angleterre puisse expédier une puissante flotte en Amérique. Au mois d'août les Anglais prirent la ville de Washington et l'incendièrent avant de se retirer. Deux armées anglaises devaient envahir le pays, l'une venant du Canada, l'autre du golfe du Mexique, mais la première fut vaincue en 1814, la deuxième sera vaincue au mois de janvier 1815. Le traité de paix sera signé à la fin de 1814. BC voudrait rivaliser avec La Fayette, en se battant contre la vieille puissance coloniale. Mais il abandonnera cette idée : voir ci-dessous la lettre du 6 octobre à Prosper de Barante.

⁶ Il s'agit de l'auberge tenue par une certaine Mme Thibauden, à Saint-Clair ; voir la lettre suivante, note 6.

⁷ Le bal du duc de Wellington, voir ci-dessus Commentaire.

⁸ Casimir, duc de Blacas d'Aulps (1770–1839), secrétaire d'Etat et ministre de la Maison de Louis XVIII, qui sera pair de France dès 1818. C'est Blacas qui va s'occuper des créances de Germaine de Staël.

⁹ Auguste de Staël et Achille-Léonce-Victor, duc de Broglie (1785–1870), qui épousera Albertine de Staël en 1816. «Lundi»: il s'agit du 3 octobre, mais BC partira plus tôt et seul, le 2 octobre.

2530

Benjamin Constant à Juliette Récamier

2 octobre 1814

Sᵗ Clair ce 2 8ᵇʳᵉ lundi

Pardon pardon. Oh ! Si vous saviez tout ce que je souffre.

[...], pardonnez-moi si je suis si pres de vous. Je n'approcherai pas davantage. Personne ne me verra. Enfermé dans une chambre d'auberge, j'attendrai votre réponse. J'attendrai six heures pour une ligne de votre écriture, et ⁵ je retournerai à Paris. Je ne vis pas sans vous. J'erre, blessé à mort, sans moyen de retrouver de la force : et j'aime bien mieux me fatiguer à cheval que me consumer dans la solitude ou au milieu d'un monde qui ne m'entend plus, auquel je suis étranger et qui ne sait que s'étonner de ma tristesse et lui prêter des causes absurdes. Je ne m'en relèverai pas, je le sens. Mais j'attends ₁₀ votre réponse pour vous délivrer de moi. Dites moi de partir et vous ne serez plus tourmentée par un homme dont un mois a bouleversé l'existence et la raison. Avez vous ma lettre de hier¹? Elle a été remise à M. R. J'espére qu'il n'ouvre pas vos lettres ? L'idée ne m'en est venue qu'après. Si vous ne l'avez pas encore reçue, vous devinez assez ce qu'elle contient. Aimé de vous, je ₁₅ pourrais tout supporter, même l'absence. L'idée que vous pensez à moi me soutiendroit : mais je n'ai aucun appui, aucune idée consolante : je meurs de douleur. Voulez-vous que je vienne demain avec Auguste et Victor de Broglie[2]? Cela n'a nul inconvénient, et mon refus frapperoit plutot que mon arrivée. Mais alors accordez-moi une promenade, une demie heure d'entre- 20 tien. Je vous importune, je vous plains même de mon importunité. Pardon pardon. Si l'affreux obstacle[3] dont vous m'avez menacé est invincible, je partirai, vous ne me reverrez plus. Il faut à tout prix vous épargner de la peine. Un mot de réponse[4], un mot de votre main. Dites moi si je puis venir. Mais ne me laissez pas venir si vous n'avez rien de consolant à me dire. 25 Pardon encore et pitié. Jamais on n'a aimé comme je vous aime. Jamais on n'a souffert autant que je souffre. Adieu. Je repartirai dès que mon messager sera revenu.

Si les autres[5] ne viennent pas, hélas ! Je ne viendrai pas non plus.

Dites que M Rec. vous écrit de St Clair, pour vous prier de vous arrêter 30 chez Mad^e Thibauden[6] a votre retour.

A Madame / Recamier chez / Madame de Catellan / à *Angervilliers*

Manuscrit   *Paris, BnF, N.a.fr. 13265, ff. 48–49; coté d'une main ancienne : «25»; 4 pp., pp. 2–3 bl., l'adresse p. 4; orig. autogr.

Éditions   **1.** Colet (1864), n° 3, pp. 7–8 (avec coupures).   **2.** Lenormant (1882), n° 10, pp. 17–19.   **3.** Harpaz (1977), n° 18, pp. 47–48.   **4.** Harpaz (1992), n° 23, pp. 65–67.

Texte   **3** [...]] *deux ou trois mots emportés par une déchirure*   **29** viendrai] viendrai⟨s⟩ **31** retour] *La phrase originale était :* Dites que Mad^e Thibauden vous écrit, pour vous prier de vous arrêter chez elle à votre retour. *Elle est corrigée dans le sens suivant :* Dites que ⟨Mad^e Thibauden⟩ M. Rec ⟨vous écrit⟩ vous écrit de St Claire, [écrit de St Claire *phrase ajoutée*] ⟨écrit⟩ pour vous prier de vous arrêter chez Mad^e Thibauden [*récrit au-dessous de* [elle]] à votre retour.

Commentaire et Notes   Il s'agit du «message à Juliette» cité dans le Journal, 2 octobre. Le village de St-Clair est aux environs d'Angervilliers. BC est parti sur un coup de tête ; voir le Journal : «projet soudain le soir» (1er octobre). Il y a erreur sur la date : le 2 octobre est en fait un dimanche et non un «lundi», comme l'écrit BC. Il est parti pour St-Clair le matin du 2 et rentre à Paris le soir du même jour (voir Journal).

[1]   La lettre 2529, qu'on aura remise à Jacques Récamier, à Paris.
[2]   Allusion au projet original de faire le voyage à trois. Voir la lettre précédente.
[3]   Il s'agit de la promesse écrite que Juliette Récamier avait donnée à Auguste de Forbin; voir le Journal, 30 septembre : «Elle a donné une de ses promesses par écrit dont elle n'est pas avare, et c'est là l'obstacle».
[4]   Cette réponse se fera attendre (voir le billet suivant).
[5]   Auguste de Staël et Victor de Broglie.
[6]   L'aubergiste du village de Saint-Clair.

2531

Benjamin Constant à Juliette Récamier

2 octobre 1814

N'y a-t-il donc aucune reponse[1]? Je ne puis pas me separer de vous brouillé. Mon misérable cœur se brise. Un moment d'entretien pour fonder une amitié de toute la Vie

M^de Recamier

Manuscrit *Paris, BnF, N.a.fr. 13265, ff. 50–51; coté d'une main ancienne : «27»; 4 pp., pp. 2–3 bl., l'adresse p. 4; orig. autogr.

Éditions **1.** Lenormant (1882), n° 19, p. 46. **2.** Harpaz (1977), n° 19, p. 49. **3.** Harpaz (1992), n° 24, p. 67.

Commentaire et Note
Ce billet suit logiquement la lettre précédente.
[1] Voir Journal, 2 octobre : «Réponse dure».

2532

Benjamin Constant à Prosper de Barante

vers le 6 octobre 1814

Partez vous toujours pour Nantes demain cher Prosper? Je n'irai pas avec vous, parce que votre départ se rencontre précisément avec des affaires que je dois terminer. Mais je pa[rie]rais bien que j'irai vous voir, parce que j'en aurai toujours envie, et parce que j'ai besoin de me reposer de l'agitation de Paris. Dites moi donc si je suis toujours sur de vous y trouver d'ici à deux 5 mois. Je n'excéderai certainement pas ce terme. Je voudrais vous voir avant votre depart. Bonjour.

B.C.

a Monsieur / P. de Barante / Rue Ville l'evêque / N° 27.

Manuscrit *Le Puy, Archives du Château de Barante ; 2 pp., l'adresse p. 2; orig. autogr.

Édition   Deguise (1983), p. 87.

Texte   **3** pa[rie]rais] *lettres emportés par une déchirure due au cachet.*

Commentaire et Note

La datation de cette lettre se base sur l'allusion à Barante dans le Journal du 6 octobre 1814: «[Germaine de Staël] ne me retient pas par sentiment, je pars avec Prosper».

2533

Benjamin Constant à Stanislas de Girardin

7 octobre 1814

Je crois, mon cher Ancien Collègue, vous avoir entendu donner à Lady Holland l'adresse d'un marchand de vin. Pourriez-vous me l'envoyer ?

Aurez vous aussi la collection des discours du Tribunat prononcés de notre tems ? Vous me feriez bien plaisir de me l'envoyer pour un ou deux jours.   5

Mille amitiés

B Constant

a Monsieur / Monsieur Stanislas / de Girardin / rue Blanche N° 22 /près la rue de Clichy

ce 7 8bre   10

Manuscrit   Lausanne, BCU, IS 4863; 2 pp., l'adresse p. 2; orig.autogr.

Texte   *D'une autre main, en tête de la lettre :* a conserver
   1 Lady] ⟨Made⟩ Lady

Commentaire et Note

D'après son Journal, BC a dîné chez Lady Holland à Paris le 24 septembre 1814. Il la reverra souvent pendant son séjour en Angleterre (janvier-septembre 1816). Le destinataire de cette lettre, Cécile-Stanislas-Xavier-Louis marquis de Girardin (1762–1827), avait présidé l'Assemblée législative et avait été incarcéré pendant la Terreur. Libéré le 9 Thermidor, il était entré fin décembre 1799 au Tribunat, dont BC avait été exclu début 1802. Stanislas de Girardin avait servi en Espagne sous Napoléon comme général, avant d'être nommé, en 1812, préfet de la Seine-Inférieure. Il sera en 1815 préfet de Seine-et-Oise.

[1] Elizabeth Vassall Fox, baronne Holland (1771–1845), salonnière anglaise du «cercle de Holland House», qui rassemblait à Londres une société brillante, épouse en 1797 Henry Richard Vassall-Fox, troisième baron Holland, de Foxley (1773–1840), homme politique whig et neveu du célèbre orateur whig Charles James Fox (1749–1806). Grande admiratrice de Napoléon, Lady Holland allait envoyer à l'exilé de Sainte-Hélène des provisions de vivres et des centaines de livres.

2534

Benjamin Constant à Juliette Récamier

11 octobre 1814

Je vous avois priée de m'epargner un supplice horrible[1]. Ce supplice je vais le braver pour la 2de fois. Si je n'ai pas le bonheur de vous trouver, je m'enfuirai a l'autre bout de Paris pour n'avoir plus a me briser contre votre porte. Je ne sai comment je supporterai le diner au quel je suis condamné. Ma tête tourne et mon cœur me manque. Il faut vous délivrer d'un senti-   5 ment trop disproportionné à tout ce que vous pouvez éprouver. Je le ferai. Adieu. Je ne crois pas pouvoir aller ce soir à Clichy[2]. Pardon de mes importunités perpetuelles : elles ne dureront pas.

a Madame / *Recamier*

Manuscrit   *Paris, BnF, N.a.fr. 13265, f. 100; coté d'une main ancienne : «55»; 2 pp., l'adresse p. 2; orig. autogr.

Éditions   **1.** Mistler (1950), p. 85.   **2.** Harpaz (1977), n° 20, p. 49.   **3.** Harpaz (1992), n° 25, pp. 67–68.

Commentaire et Notes   Après la réunion manquée du 3 octobre (voir lettres précédentes), BC a eu du mal à regagner son équilibre : Juliette Récamier revient à Paris le 6 octobre, et consent à le voir le 7, ce qui réussit à lui apporter un calme précaire qui durera jusqu'au 11 octobre. C'est à ce moment-là qu'il retourne chez Juliette, après une course au Val, chez son ami Regnault (voir Journal 10 et 11 octobre), après une courte absence de la part de Juliette, à Angervilliers, et qu'il retrouve sa porte fermée, comme cela avait été le cas le 6 octobre. D'où un nouveau «paroxysme»; voir le Journal, sous la date du 11 octobre : «Le paroxysme est revenu en plein. J'ai pleuré, je lui ai écrit». Juliette répondra au présent billet, en l'invitant à venir chez elle (voir Journal, même date : «Elle a répondu à mon billet. Je la verrai à 4h.1/2»).

[1]   Celui de lui fermer sa porte.
[2]   Germaine de Staël vient de s'installer fin septembre 1814 au château de Clichy, qui avait été, à partir de 1796, la résidence d'été des Récamier. C'est là, en 1798, que les deux amies firent connaissance l'une de l'autre. Il s'agit du dîner évoqué dans les premières phrases de la lettre.

2535

Benjamin Constant à Juliette Récamier

12 octobre 1814

Je vous supplie de vous souvenir que vous m'avez promis de me recevoir seule aujourdhui à 4 heures[1]. J'ai un besoin positif de vous parler de plusieurs choses, et je n'ai pas eu un moment pour le faire. J'ai à vous consulter, et il est vraiment tems que je vous consulte. Car ma vie se perd, et je n'ai qu'une idée, celle de vous parler, et vous esquivez toujours. Cependant la 5 simple amitié ne refuse pas d'entretien, et c'est un service que vous me rendrez, un vrai service, en m'en accordant un. Vous m'avez donné quatre heures pour le Roi de Naples[2]. Je vous en demande une pour moi. Daignez réfléchir à ce que je suis et à ce que je souffre depuis six semaines[3], et écoutez moi une fois, je vous en conjure, pour me faire du bien, sans que vous me 10 pressiez de finir et sans que j'aye la terreur d'etre interrompu.

a Madame / Recamier

Manuscrit *Paris, BnF, N.a.fr. 13265, ff. 44–45; coté d'une main ancienne : «23»; 4 pp., pp. 2–3 bl., l'adresse p. 4; orig. autogr.

Éditions **1.** Colet (1864), n° 5, p. 14. **2.** Lenormant (1882), n° 12, pp. 24–25. **3.** Harpaz (1977), n° 21, p. 50. **4.** Harpaz (1992), n° 26, pp. 68–69.

Commentaire et Notes C'est le 12 octobre que BC note dans son Journal, comme ici, les procédés négatifs de Juliette («décidée à résister, et à éluder pour cela tout tête-à-tête») et qu'il parle de sa détermination «d'avoir un tête-à-tête demain». La présente lettre date donc manifestement du matin du 12 octobre. Le rendez-vous que souhaite BC est donc celui du 12 octobre : «Matinée et promenade avec elle» (Journal, 12 octobre).

[1] BC aura un bref tête-à-tête avec Juliette le 12 octobre : voir les lettres 2536, note 6 et 2537, note 5.
[2] BC avait eu des entretiens avec Juliette au sujet du *Mémoire pour le roi de Naples* les 31 août et 2 septembre (voir les lettres 2519 et 2520).
[3] Depuis le coup de foudre du 31 août.

2536

Benjamin Constant à Juliette Récamier

13 octobre 1814

Savez vous ce qui m'occupe ce matin ? Vous devinez bien que c'est quelque chose qui se rapporte à vous. Ce sont des conseils[1] à une personne digne d'être heureuse, et qui ne l'est pas, parce qu'elle s'est empêtrée[2]. Je les aurai finis avant d'aller chez vous[3], et je vous les rapporterai, bien copiés, sur du beau papier doré sur tranche, et avec une couverture de papier doré. Je suis 5
rentré chez moi hier tout triste[4], de plusieurs choses ; et quoiqu'il y en eut de personnelles, je vous jure que je l'étais surtout de voir l'ennui[5] auquel vous vous laissez condamner par l'homme le moins naturel, le plus maniéré, le plus comédien qu'il y ait au monde. Je ne conçois pas son ascendant, quand votre tact exquis vous avertit si bien de ses prétentions et de son égoïsme. 10
Comparez ma conduite à la sienne, mon dévouement, ma crainte de faire la moindre chose qui vous soit désagréable, mon empressement à me sacrifier dès que je crois que je pourrais être la cause de la moindre sensation pénible. Voyez hier encore[6]: le hazard m'avoit favorisé d'un instant d'entrevue. J'ai cru que M. de F. revenoit, et qu'il vous seroit déplaisant qu'il vit que je 15
n'étais pas sorti avec lui, et j'ai renoncé de moi même à ce qui fait ma seule consolation dans la vie. Cependant, sans votre autre audience de hier soir, vous m'auriez sacrifié à lui sans hésitation. Mon sentiment est si vrai et si profond que je regrette qu'il ne contribue en rien à votre agrément. Enfin je gémis de voir tant de charme, tant d'esprit, de si excellentes et nobles qua- 20
lités, la réunion de tout ce qui est beau, bon, et céleste, n'aboutir qu'a de l'ennui pour celle qui possède tout cela. C'est cette suite de réflexions que j'ai rassemblées. Je vous les remettrai, vous les lirez si vous voulez : elles ne seront pas longues. Je vous les remettrai comme souvenir. Il y a si peu de liens de vous à moi, quoiqu'il y en ait beaucoup de moi à vous ! Il y a tant de 25
chances de séparation ! et quand rien n'existe dans votre cœur en faveur de l'etre le plus dévoué à vous, même à présent que vous me voyez tous les jours, Je dois prévoir qu'à la première absence un peu longue, je vous de-viendrai tout à fait étranger. Vous serez toujours ma première pensée.
Adieu jusqu'a 5 heures[7]. 30

a Madame / Recamier

Manuscrit   *Paris, BnF, N.a.fr. 13265, ff. 61–62; coté d'une main ancienne : «33»; 4 pp., p. 3 bl., l'adresse p. 4; orig. autogr.

Éditions   **1.** Lenormant (1882), n° 67, pp. 152–154.   **2.** Harpaz (1977), n° 23, pp. 53–54. **3.** Harpaz (1992), n° 28, pp. 72–74.

Texte   **11** de] de ⟨vous⟩

Commentaire et Notes   Cette lettre a pu être écrite après le premier entretien de la journée du 13 octobre et avant le deuxième (voir Journal). Elle annonce la lettre de «conseils», rédigée le jour même (voir la note 1).

¹ On pourrait identifier cette lettre de conseils avec la lettre suivante. D'autre part, il se peut qu'il s'agisse d'un autre document non retrouvé.
² Allusion à la nature des rapports de Juliette Récamier avec le comte de Forbin.
³ Cette visite aura lieu, et la lettre de conseils sera remise, mais sans apporter la joie souhaitée ; voir Journal, 13 octobre : «Je lui ai remis ma lettre. L'infâme Forbin y était, et devait rester avec elle. Il a fallu céder».
⁴ Mêmes sentiments exprimés dans le Journal, 12 octobre : «En tout, je suis triste et fatigué».
⁵ Voir Journal, 14 octobre : «J'ai placé M. de F[orbin] en rang de mari : et comme c'est lui qui la gêne, ce sera moi qu'elle aimera, peut-être [...]. Elle m'a parlé avec une sorte d'impatience de l'exigence de M. de F[orbin]».
⁶ Incident non noté dans le Journal, mais cité dans la lettre suivante.
⁷ Voir ci-dessus note 3.

2537

Benjamin Constant à Juliette Récamier

13 octobre 1814

Je serai bien heureux de causer avec vous une fois un peu librement sur ces idées qui, je l'avoue, ne me quittent pas depuis quelques jours : mais comme rien n'est moins certain que les entretiens que vous promettez, je vous écris quelques mots, pour répondre à ce que vous m'avez dit hier¹, comme reproche ; que, dans ces idées, je [ne] m'occupais que de moi, au lieu de 5 chercher à faire du bien aux autres. Je vous assure, qu'en me justifiant là dessus, j'ai moins en vue de vous donner bonne opinion de moi, que de vous oter une prévention, qui pourroit rejaillir sur la nature même de ces idées, qui me sont si salutaires.

Il me semble que, même pour l'avantage des autres, la première chose à 10 faire, est de mettre l'ordre et la paix chez soi. Car sans cela non seulement on souffre beaucoup, mais l'on fait aux autres beaucoup de mal. Je sors d'une crise terrible² ; j'ai enduré des angoisses que je croïois au dessus des forces humaines. Ces angoisses m'ont rendu violent, impatient, dur. Il y a eu dans mon cœur quelque chose de pétrifié, qui me rendoit non seulement 15 malheureux, mais malveillant. Je suis hors de cette convulsion. Des pensées d'un autre ordre m'ont saisi, et je ne sai quelle source de larmes a fondu cette pierre pesante qui étoit sur ma poitrine. M'occuper de cette nouvelle disposition, en rechercher la cause, en remercier l'auteur, est-ce simplement m'occuper de moi, par un sentiment égoiste ? Non, sans doute, c'est me confirmer dans cette disposition plus douce, et cette disposition me sert à ne pas faire du mal. En s'affermissant, elle me conduira peut-être à faire du bien. La preuve en est déjà là. Il y a huit jours que je vous ai fait une espèce de scène, et témoigné une irritation très douloureuse, parce qu'après l'avoir promis, vous ne vouliez pas me garder après M. de F.[3] Si, comme vous le dites, je vous cause de la peine, quand je me tourmente, c'étoit un petit mal que je vous causois. La même chose est arrivée avant hier[4]. Eh bien ! Je ne vous ai pas causé ce petit mal qui, quelque passager qu'il fut étoit trop. Mon ame est restée douce : au lieu de maudire ma vie et le moment où je vous ai connue, je me suis soumis à votre insouciance. Je me suis dit qu'il ne falloit pas vous aimer moins, parce que vous ne m'aimiez pas. J'ai fait des vœux pour votre bonheur. Ainsi ce n'est pas seulement à moi que j'ai épargné de l'angoisse, c'est à vous, que, si toutefois il est vrai que vous compatissiez à ma douleur, c'est à vous, dis-je, que j'ai épargné une petite contrariété. Hier j'ai trouvé M. de F. tête à tête avec vous[5]. Il y a huit jours que peut être je lui aurais cherché querelle. Vous m'avez reproché vous même de blesser vos amis chez vous. Vous savez combien j'ai peu de mesure. Pourquoi n'ai-je point éprouvé d'humeur, ni tenu de ces propos blessans qui vous inquiètent par les suites qu'ils peuvent avoir ? Parce qu'une révolution s'est faite en moi, que, sans être à l'abri de la douleur, je cherche à l'être de l'irritation, et que j'ai, non pas encore le pouvoir, mais la ferme volonté de ne causer aucune sensation pénible à qui que ce soit et de rendre le bien pour le mal.

Permettez-moi de vous le dire, Il se pourroit que, dans une personne qui ne voudroit s'imposer aucune gêne, même pour épargner de l'angoisse aux autres, le soin de sortir d'elle même, ce soin dont elle se feroit un mérite, ne fut qu'un expédient d'un peu d'égoïsme à son insu. Il est facile de soigner les douleurs qu'on ne cause pas, et l'on s'étourdit alors sur celles qu'on cause. Quand par distraction, par insouciance, par caprice, on a déchiré un cœur aimant, on va soigner d'autres cœurs, et en consolant les malheurs qu'on n'a pas à se reprocher, on se fait illusion sur ceux qu'on inflige. C'est comme un médecin qui donneroit un coup de poignard dans la rue, et qui, pour l'oublier, iroit panser des blessés dans un hopital. Ceci ne s'applique à vous que bien indirectement. Vous êtes parfaite d'intention, quand vous y pensez, et je vous dois beaucoup pour la patience avec laquelle vous m'avez souffert, moi qui n'ai jamais pu ni vous intéresser ni vous amuser ni vous plaire. Ceux qui me trouvent aimable me voyent pour eux. Vous ne m'avez jamais vu que par pitié pour moi : et je serais ingrat de vous reprocher des peines qui vous étoient surtout importunes. Aussi je vous aime, et maintenant j'espère n'avoir jamais à m'accuser d'un mouvement mauvais dans nos relations. Je vous aime comme une noble et charmante créature : mais je vous aime plus 60 encore, comme cause de ce que j'éprouve aujourdhui. Je ne l'ai pas acheté trop cher, et si je pouvois vous faire du bien, ce bien seroit toujours au-dessous de ce que je voudrais qu'il fut. A trois heures.

Lisez cette lettre si vous pouvez. Elle ne vous parle nullement du senti-ment ni de la douleur qui vous ennuyoient. 65

Madame / Recamier

Manuscrit *Paris, BnF, N.a.fr. 13265, ff. 76–77; coté d'une main ancienne : «41»; 4 pp., l'adresse p. 4; orig. autogr.

Éditions **1.** Lenormant (1882), n° 58, pp. 139–143 (avec coupures). **2.** Harpaz (1977), n° 22, pp. 50–53. **3.** Harpaz (1992), n° 27, pp. 69–72.

Texte **5** [ne]] *omis par inadvertance* **65** ennuyoient.] *Le post-scriptum est écrit en tête de la lettre.*

Commentaire et Notes Il s'agit ici de la lettre citée dans la lettre précédente comme ayant été composée (le 13) dans le but d'offrir des «conseils à une personne digne d'être heureuse» et destinée à être remise à Juliette en mains propres.

[1] Au cours de l'entrevue du 12 octobre.
[2] Cette crise, avec ses paroxysmes intermittents, a duré du 1er au 11 octobre : voir ci-dessus, lettres 2530, 2531 et 2534.
[3] L'incident en question (refus de Juliette de garder BC chez elle après le départ de Forbin) n'est pas noté dans le Journal.
[4] Voir la lettre 2534, note 1.
[5] Voir la lettre 2536, note 6.

2538

Benjamin Constant à Juliette Récamier

nuit du 15–16 octobre 1814

Pardon, si non content de vous voir toutes les fois que vous me le permettez, je vous écris sans cesse. Vous ne me répondez jamais[1], et je me soumets[2] à votre silence, comme à toutes vos volontés. Vous obéir aveuglément et me soumettre en tout à vous, est devenu ma vie, et la seule espèce de bonheur que je puisse encore gouter. J'espère donc que vous me pardonerez mes 5 lettres, et celle-ci a un but qui ne peut pas vous déplaire, puisqu'il entre dans ce repos que vous désirez. Vous verrez probablement M. de F. avant moi : nous nous sommes promis de ne jamais parler l'un contre l'autre, et de ne jamais vous demander de voir moins que cela ne vous sera agréable l'un ou l'autre de nous. Je n'en ai pas le droit, et quand je l'aurais, comme toute exigeance qui vous seroit le moins du monde pénible, me sembleroit un crime, je me l'interdirais tout de même. Mais encore une fois je n'en ai pas le droit, et je crois à la loyauté de M. de F. à mon égard. Aussi je ne vous écris que pour vous supplier de ne pas vous laisser entrainer par des démonstrations de douleur[3], à quelque détermination contre moi. J'aurais aussi de la douleur à montrer. J'en éprouve assez, vous savez que je ne vous vois jamais seule[4], et que c'est pourtant là tout mon désir. Mais je vous dois encore mille fois mieux dans ma vie que ce que je pourrais devoir à tout autre, et je pense que ne jamais troubler cette ame si angélique et si douce est le devoir de quiconque vous aime. Celui qui a assez de force pour se contenter de ce que vous accordez, et pour répandre autant qu'il le peut de l'agrément dans votre vie, est celui qui vous aime le mieux. Ne laissez donc pas tourner contre moi les efforts que je fais pour être de quelque chose dans votre bonheur, et pour vous amuser et vous plaire au lieu de vous agiter. Ne vous laissez pas persuader qu'un autre[5] souffre plus que moi, parce que mon sentiment me donne la force de ne pas me plaindre, et parce qu'une expression de gaité dans votre visage, un sourire, une preuve que j'ai su vous amuser un instant, me rend du bonheur momentanément, au milieu de toutes les privations que vous m'imposez. Ce qu'il faut, c'est que vous soyez heureuse. Nous ne sommes tous, nous ne devons être que des moyens d'y contribuer. Défendez-moi dans votre cœur contre tout ce qu'une plainte injuste pourroit vouloir vous suggérer contre moi. Je n'exige rien que le droit de me dévouer à vous, comme vous voudrez, sans condition et sans réserve.

a Madame / Recamier / Rue basse du / Rempart / *N° 32*

Manuscrit   *Paris, BnF, N.a.fr. 13265, ff. 26–27; coté d'une main ancienne : «14»; 4 pp., pp. 2–3 bl., l'adresse p. 4; orig. autogr.

Éditions   **1.** Lenormant (1882), n° 28, pp. 63–65.   **2.** Harpaz (1977), n° 24, pp. 55–56. **3.** Harpaz (1992), n° 29, pp. 74–76.

Texte   **16** savez] savez ⟨assez⟩   **24** lieu] au⟨x yeux⟩ lieu *récrit dans l'interligne*

Commentaire et Notes   Il ne serait pas impossible que cette lettre date du 19 octobre, comme le propose Harpaz : c'est le 19, en effet, que BC reçoit une «longue visite» de la part de Forbin (voir Journal, sous cette date), au cours de laquelle les deux rivaux seraient arrivés à l'accord cité dans la présente lettre. Mais il y a de bonnes raisons aussi pour préférer la date du 15 au 16 : voir ci-dessous les notes 2 et 5. En ce cas, cette lettre serait celle que BC écrit le soir du 15, étant rentré chez lui tout «troublé» par la froideur de Juliette : voir Journal, sous cette date.

[1]   Juliette répondra pourtant à une lettre postérieure à celle-ci, en invitant BC à l'accompagner au Musée : voir Journal, sous la date du 16 octobre.

² Même langage dans le Journal, sous la date du 14 octobre : «Ma règle à présent doit être, soumission, impatience, douleur [...]».
³ De la part de Forbin.
⁴ Même phrase dans le Journal, 15 octobre : «Entrevue. Jamais seule.»
⁵ Forbin, bien entendu.

2539

Benjamin Constant à Juliette Récamier

24 octobre 1814

Voici la réponse que je fais aux propositions de Naples¹ – j'espère que vous en serez contente – je dois à votre bonté de n'avoir pas fait une chose qui m'auroit perdu – mais songez aux conditions que vous même m'avez offertes², et sur lesquelles je me repose – de mon coté, je tacherai de reprendre de la raison – je m'efforcerai de changer en une douce amitié ce sentiment funeste qui me dévore et qui vous fatigue – vous n'aurez plus à vous plaindre ni de ma douleur ni de ma violence – Si ce que vous avez daigné appeler un traité entre nous, est observé par vous, ma vie sera tolérable – Si vous y manquez, ma souffrance, quelqu'extrême qu'elle soit, sera domptée par l'idée de son inutilité pour moi et de son importunité pour vous – Je vous verrai donc à quatre heures³, ou avant si vous me le faites dire – donnez ordre, je vous prie, comme vous avez bien voulu me le promettre, qu'on me laisse monter, si vous n'y êtes pas.

a Madame / *Recamier*

Manuscrit *Paris, BnF, N.a.fr. 13265, f. 63; coté d'une main ancienne : «34»; 2 pp., l'adresse p. 2; orig. autogr.

Éditions   **1.** Colet (1864), n° 15, p. 46.   **2.** Lenormant (1882), n° 38, pp. 93–94. **3.** Harpaz (1977), n° 25, pp. 56–57.   **4.** Harpaz (1992), n° 30, p. 76–77.

Notes
¹ Les «propositions de Naples» dont il est question au début de cette lettre arrivent chez BC le 21 octobre (voir Journal, sous cette date). Le roi Joachim avait proposé à BC de se rendre à Vienne en mission secrète pour y défendre ses intérêts au Congrès. Juliette Récamier ne trouvant point qu'une mission secrète puisse être convenablement acceptée par BC, le décide à la refuser, mais non sans de grandes discussions et maints changements d'avis de la part de BC (voir Journal, 21–24 octobre). BC s'occupe des affaires de Naples depuis le 31 août : voir ci-dessus la lettre 2519 pour le Mémoire qu'il avait rédigé à la demande de Juliette; voir aussi, en Appendice, la lettre de la reine Caroline Murat à Juliette Récamier, pour le statut ambigu de la mission proposée à BC.

² D'après le «marché» conclu avec Juliette (Journal, 22 octobre), il est convenu que BC ne partira pas en mission, à la condition d'avoir des tête-à-tête fréquents avec elle : «Tête-à-tête promis, et je ne pars pas» (Journal, 23 octobre).

³ Le tête-à-tête aura lieu, en effet ; voir Journal, 24 octobre : «Soirée et après tête-à-tête avec Juliette».

2540

Germaine de Staël à Benjamin Constant

28 octobre 1814

Pourquoi n'êtes-vous pas venu hier ? Si vous pensez à venir ici aujourd'hui songez que je dîne à 4 heures et demie pour aller à Brunet¹. – Il me paraît inconvenable d'aller dîner demain chez Madame Beugnot², n'en ayant pas reçu un mot. Si vous y dînez dites-lui que je n'ai pas osé y venir, n'ayant pas reçu d'invitation. – Vous ne soignez pas assez vos vrais amis, – vous négligez ₅ ce qui est *sûr*, – mais c'est même mal calculé. –

Vendredi matin

Ce billet était écrit quand le vôtre m'est arrivé, si vous voulez amener Sᵗ-Léon³ pour une heure j'en serais ravie, mais voilà mes projets du jour. – Je n'ai rien de Beugnot. – Merci pour Villers⁴. – ₁₀

Éditions   **1.** Nolde (1907), pp. 180–181.   **2.** *Léon (1928), n° 22, *RP*, p. 316, et vol., p. 78. **3.** Kloocke (1993), n° 119, p. 271.

Texte *Notes de Léon* :   **4** venir] *Avant le mot* venir *il y a* all *d'écrit et de* biffé. **7** *Vendredi matin*] *Le* Vendredi matin *appartient à la première partie du billet.*

Notes
¹ C'est-à-dire, au Théâtre des Variétés, situé à côté du passage des Panoramas, au 7 boulevard Montmartre. Il avait été inauguré par la troupe de Marguerite Brunet, dite Mademoiselle Montansier (1730–1820), le 24 juin 1807.
² Voir la lettre 2514 de Germaine de Staël à BC du 25 août 1814, note 5. Le 29 octobre 1814 BC écrit dans son Journal : «dîné chez Beugnot», ce qui permet de dater cette lettre de la veille, le vendredi 28 octobre 1814.
³ Louis-César-Alexandre Dufresne Saint-Léon (1752–1836), auteur dramatique, ancien commis des finances sous Jacques Necker et récemment nommé conseiller d'État, comme l'a été Jean-Claude Beugnot. BC mentionne «Philomèle, tragédie de Dufresne St Léon» dans son Journal du 28 juin 1814.
⁴ Sur cet écrit, voir la lettre 2463, note 11.

2541

Benjamin Constant à Juliette Récamier
1er novembre 1814

Je crois que vous ne lisez pas mes lettres, je vous supplie de lire celle-ci. Il y va de ma raison, de ma vie qui est peu de chose, mais aussi d'une vie qui vous est plus précieuse que la mienne[1]. Il est cinq heures du matin. J'ai passé une nuit d'enfer. Vous ne croyez pas à mon malheur. Il est au dessus de tout ce que je puis vous dire, et si Dieu m'accordoit la mort dans ce moment, je 5 bénirais sa bonté. Je la lui demande avec ardeur, je n'implore que ce bienfait, j'ai en horreur la vie. Mais ce n'est pas là ce qui vous importe. Continuez donc à lire, je vous en prie. Vous m'avez renvoyé ce soir à onze heures et demie, quand vous pouviez me garder sans aucun inconvénient, sans que personne le remarquât. Quand je suis chez vous avec d'autres, vous me 10 renvoyez pour qu'on ne s'étonne pas de me voir rester. Personne ce soir ne se seroit étonné. Vous m'avez renvoyé, quand j'étais venu niaisement, le cœur plein d'une folle joye, d'avoir une petite nouvelle agréable[2] à vous annoncer. Vous ne voulez pas être seule avec moi, je vous ai trouvée seule avec cet homme[3] que je ne veux pas nommer. Vous ne m'aimez point, je le 15 sai. Vous étouffez mes paroles, vous ne voulez qu'une chose, ne pas voir ma douleur. Que j'en meure loin de vous, peu vous importe. Je veux vous délivrer de moi, je vous le promets, je le ferai. Tout est prêt[4]. Il y a longtems que c'est décidé. Mais jusqu'alors par pitié, au nom de ce dévouement que vous méprisez, au nom de ce cœur que vous déchirez, par pitié pour vous 20 même, soïez bonne, et ne me prouvez pas à chaque instant que je ne suis que de la boue en comparaison d'un [...] contre lequel j'ai peine à me contenir. Je voudrais ne pas le tuer, et mon sang bout dans mes veines, et je le vois rire de ma niaiserie, lui, le fléau de ma vie, qui n'a pas osé se venger de moi, et qui a craint de verser une goutte de son sang pour vous[5]. Je vous le dis, je 25 voudrais ne pas le tuer, je voudrais partir sans tirer vengeance du mal affreux qu'il m'a fait mais vous ne me connoissez pas. Je suis timide avec vous, je parais gai pour ne pas vous déplaire. Mais le désespoir est dans mon cœur, et toute ma raison m'abandonne. Je n'aime que vous, je ne vis que pour vous, je ne suis calme qu'auprès de vous, le reste est agonie et con- 30 vulsion. Laissez moi pendant le peu de jours, le très peu de jours où je serai ici, vous voir et vous parler librement. Alors j'atteindrai le jour du départ, je le saisirai avec transport comme une ressource dernière, et si elle manque, au moins je mourrai loin de vous, et c'est tout ce qu'il vous faut. Mais je suis au bout de mes forces. Vous ne voulez pas que je me venge. Daignez donc 35

me donner assez de raison pour y renoncer. Vous m'avez promis une heure
ce matin, et une ce soir, seule⁶, comme vous l'étiez avec lui. Au nom de
Dieu, n'y manquez pas. Je vous aime follement, pardonnez le moi. Vous êtes
tout pour moi sur la terre. Songez que si vous me repoussez je n'ai rien, rien
au monde à perdre. Si votre porte m'étoit fermée, je coñois la sienne, et l'un   40
de nous ne la repasseroit pas vivant. Pardonnez moi cette lettre. Elle est le
cri de la souffrance la plus affreuse. Elle est le désir de ne vous faire aucune
peine. Ne craignez pas mes plaintes en présence. Vous me subjuguez d'un
mot. Je ne vous parlerai de rien. Mais soutenez moi, tolérez moi jusqu'à ce
depart que je hâterai. Croyez moi, je vous fais un sacrifice. Après le bonheur   45
de vous posséder, il en est un que je mets presqu'à coté, ce seroit celui de
frapper l'homme qui a perdu ma vie, et de mourir après. Pardon encore. Je
ne sai ce que j'écris. Je vous débarasserai, soïez en sure, bientot, bientot. Ce
dévouement qui vous pèse, cet amour qui vous importune, moi enfin, que
vous haissez, tout cela disparaîtra.   50

Manuscrit   *Paris, BnF, N.a.fr. 13265, ff. 56–57; coté d'une main ancienne : «30»; 4 pp.; orig.
autogr.

Éditions   **1.** Lenormant (1882), n° 24, pp. 54–57   **2.** Harpaz (1977), n° 26, pp. 57–59.
3. Harpaz (1992), n° 31, pp. 77–80.

Texte   **2** va] *le manuscrit porte* : Il y a va.   **22** [...]] d'un ⟨*mot lourdement biffé*⟩
27 pas] *ajouté dans l'interligne*

Commentaire et Notes   La «nuit d'enfer» dont il est question dans la troisième phrase doit être
la «nuit agitée», passée par BC à la suite de son exclusion, le soir du 31 octobre, de l'intimité de
Juliette, qui lui préfère Forbin (voir Journal, 1ᵉʳ novembre), et durant laquelle il a l'idée de
provoquer Forbin en duel, comme il l'avait déjà fait une première fois le 26 septembre 1814
(voir ci-dessus, les lettres du 27 septembre).

¹ Celle de Forbin.
² Nous ignorons ce dont il s'agit.
³ Forbin.
⁴ Le voyage en Allemagne, dont BC nourrit le projet depuis longtemps, pour aller retrouver
   sa femme et la ramener en France, n'aura pas lieu.
⁵ Il s'agit du premier projet de duel entre BC et Forbin, voir ci-dessus Commentaire.
⁶ Juliette Récamier lui accordera en effet une entrevue le jour même (voir Journal).

2542

Benjamin Constant à Juliette Récamier

1er novembre 1814

Au nom du ciel une réponse ! Que risquez vous pour un jour et demi[1]! Que je vous voye ! Je ne vous parlerai de rien. Vous ne savez pas dans quel état je suis. J'ai a peine la force de ne pas m'évanouir. En vous voyant je serai bien. Laissez moi la force de me remettre par votre présence. N'accablez pas un homme qui ne vous a pas fait de mal et qui étoit pourtant un homme ₅ distingué il y a peu de tems. Un mot, un quart d'heure, au nom de Dieu !

Madame / Recamier

Manuscrit *Paris, BnF, N.a.fr. 13265, ff. 115–116; coté d'une main ancienne : «64»; 4 pp., pp. 2–3 bl., l'adresse p. 4; orig. autogr.

Éditions   **1.** Lenormant (1882), n° 20, pp. 46–47.   **2.** Harpaz (1977), n° 27, pp. 59–60. **3.** Harpaz (1992), n° 32, p. 80.

Commentaire et Note   Le contenu laisse supposer que ce billet date du même jour que la lettre précédente.

¹ Il s'agit du temps présumé nécessaire pour le départ de BC en Allemagne.

2543

Jean-Samuel de Loys à Benjamin Constant

6 novembre 1814

Lausanne ce 6/9bre 1814

Monsieur !

Comme c'est le 27/du Cour^t qu'écheoit le premier sémestre de votre rente Viagère payable par l'hoirie de feu Mad^e de Nassau, j'ai l'honneur de vous prévenir que vous pouvès faire prendre chès moi à cette epoque contre votre ₅ recû, ou tirer sur moi les huit cent francs de Suisse, montant de la sus ditte rente n'ayant aucun moyen plus court de vous les faire toucher.

Afin de ne pas multiplier les details, surtout pour une bagatelle, telle que le cinquième de la tontine d'Irlande auquel vous avès droit avec mes quatre enfans : ma femme vous propose de lui vendre ce droit ; Mrs de Mollin[1] qui ₁₀ perçoivent pour nous n'ont pû donner aucune notion de ce placement sur la tête de Mad^e Crousaz Crousaz[2] agée je crois d'environ 45/ans ; vous pouvès peut être avoir a Paris des renseignemens sur ce fonds et vous decider en connoissance ; de plus la premiere rentrée vous en fera connoître le montant – Vous voudrès bien aussi vous souvenir d'ors et là sans que je vous le 15 rappelle ; que deux fois par annee vous pouvès disposer sur moi de huit cent francs de Suisse, à chaque sémestre échéant au 27/May et 27/novembre ; pour la rente viagère qui vous a été léguée par feu Madame de Nassau votre tante. Agréès je vous prie, l'expression des sentimens de considération et d'attachement avec lesquels J'ai l'honneur d'être Monsieur Votre t.h. Ser- 20 viteur

J.S. de Loÿs

à Monsieur / Monsieur B^n de Constant / chès Mr Foucault de Pavant / Notaire rue St Honoré N° 343 / *à Paris*

Manuscrit   *Paris, BnF, N.a.fr. 18831, ff. 80–81; 4 pp., l'adresse p. 4; timbre : SUISSE PAR/PONTARLIER ; orig. autogr.

Notes
[1] Sans doute Samuel de Mollin de Montagny, (1769–1851), banquier à Lausanne.
[2] Non identifiée.

2544

Benjamin Constant à Rosalie de Constant

7 novembre 1814

Paris ce 7 9bre 1814

Nous nous écrivons si peu et si mal, chère Rosalie, que cela m'afflige. Vos montagnes et mes occupations, quoique celles-ci soient bien peu de chose, comparées à vos relations avec cette nature, qui se moque des hommes et qui va son train, pendant qu'ils s'agitent et qu'ils passent, ont jeté je ne sais 5 quelles interruptions dans notre correspondance, et elle parait ne pouvoir s'en relever. Je fais cependant encore une tentative. J'ai vu Mme Achard[1] et votre nièce qui est tout à fait gentille. Elle a votre expression de figure, et une voix charmante, qui fait qu'on trouve un vrai plaisir a en ecouter le son même indépendamment de ce qu'elle dit. J'en ai trop peu jouï. M^{de} Achard- 10 m'avoit donné rendez vous le matin de son départ mais je suis arrivé trop tard d'une demie heure. J'ai trouvé la pauvre Mme Achard bien vieillie, mais toujours animée, bienveillante, et s'intéressant à tout. C'est une qualité ici, où personne ne s'intéresse à rien, où il n'y a plus ni conversation, ni activité, excepté pour la chose personnelle de chacun, et où l'ennui se glisse au milieu de l'égoïsme, parce que l'égoisme est si isolé qu'on ne s'écoute plus mutuellement.

Je voudrais bien que vous m'envoyassiez ou une empreinte de nos armes[2], ou un cachet gravé en acier pareil à celui de Charles. A présent que tout le monde reprend à tort et à travers les anciens titres et les nouveaux, mon cachet B.C. me donne l'air d'un marchand de Drap, et comme je n'ai malheureusement rien à vendre, je voudrais avoir tous les avantages d'un homme vivant noblement, c'est à dire n'étant utile ni à lui ni aux autres.

Je me prépare un peu lentement, parce que j'ai encore quelques affaires, qui dureront environ un mois, à faire vers la fin de l'année une Course à Hanovre pour y retrouver les deux choses que j'y ai laissées, ma femme et mon livre[3]. Je rapporterai l'un et ramènerai l'autre ici, au printems. Il est possible que nous passions par la Suisse, c'est bien mon désir.

J'ai vu hier Mr de Vinci[4] qui m'a dit que le pays de Vaud alloit assez bien. Cependant les journaux ou l'on parle de faire de la Suisse un Royaume pour un Prince étranger, ne laissent pas de m'inquiéter pour vous autres[5]. Il paraît que si l'on s'est défait de la personne de Buonaparte, on n'a pas renoncé à ses traditions.

M[de] de Stael[6] est comme vous savez dans une campagne près de Paris. Cette distance fait que je la vois moins que si elle étoit a Paris. Ce n'est pas que son charme et sa célébrité n'attirent chez elle tout ce que Paris contient de distingué en étrangers et en indigènes. Mais il en est de l'interet quand il s'affaiblit, comme de la fortune quand elle diminue. Tel qui se serait trouvé riche de mille écus de rente s'il etoit né sans un sol, se trouve ruiné, parce qu'il en a eu dix mille. De même, les gens qui se sont beaucoup aimés, se sentent indifférens l'un pour l'autre quand ils ne s'aiment que comme tout le monde. D'ailleurs j'ai un peu d'humeur contr'elle, parce que je ne puis parler à aucune femme à Paris qu'elle ne répande le bruit que j'en suis amoureux, ce qui est ridicule à mon age et inconvenant dans ma position[7]. Il me tarde bien d'avoir Charlotte ici, et si j'avais prévu la longueur de notre séparation, je l'aurais prise avec moi à travers les Cosaques. Après les deux douces années d'intimité complette et de solitude presqu'absolue que nous avons passées ensemble à Göttingue, mon ame est mal à l'aise au milieu de tout ce monde où il n'y a personne qui m'intéresse ou qui s'intéresse à moi.

Adieu chere Rosalie. Donnez moi des nouvelles de Charles, de ma tante Charrière, et surtout de vous, et croyez à ma tendre et inaltérable amitié.

à Mademoiselle / Rosalie de Constant, / à Lausanne, / Canton de / Vaud, / *Suisse.*

Manuscrit   *Genève, BGE, Ms. Constant 36/2, ff. 240–241; 4 pp., l'adresse p. 4; timbre : P ; orig. autogr.

Éditions   **1.** Menos (1888), n° 220, pp. 531–533.   **2.** Roulin (1955), n° 144, pp. 202–204.

Texte   **39**   né] né ⟨f[...]⟩   **46**   deux] les ⟨trois⟩

Notes
¹ Anne-Renée Achard, née Bontems (1753–1831), belle-mère de Charles de Constant, cousin germain de BC. Accompagnée de sa petite-fille, la fille de Charles, Anne-Rosalie, née en 1799, elle fait un séjour à Paris en octobre et novembre 1814.
² Les armoiries de la famille de Constant de Rebecque sont : Coupé en chef d'une aigle éployée au champ d'argent et en pointe écartelé d'or et de sable, qui, depuis a été porté en un sautoir d'or, au champ de sable.
³ C'est-à-dire, son grand ouvrage sur la religion.
⁴ Albert-Isaac-Marc de Vasserot (1755–1836), baron de la Bâtie près Genève et ci-devant seigneur de Vincy au pays de Vaud. Fidèle partisan des Bourbons, il vient de servir dans les rangs de l'armée autrichienne du général Ferdinand Bubna von Littitz.
⁵ Il s'agit sans doute d'un bruit provenant du congrès de Vienne (septembre 1814-juin 1815), où sera au contraire confirmée la neutralité de la Suisse.
⁶ Rentrée à Paris le 20 septembre, Germaine de Staël loue une maison à Clichy, qui se trouve à la campagne à cette époque, et à six kilomètres environ de Notre-Dame.
⁷ Il s'agit sans doute de remarques de Germaine de Staël sur l'amour de BC pour Juliette Récamier.

2545

Benjamin Constant à Juliette Récamier

8 novembre 1814

9

Savez vous que vous frappez avec assez de légéreté sur un sentiment que vous avez sans doute fort bien fait de repousser, puisqu'il vous déplaisoit, mais qui m'a trop fait souffrir et qui n'est peut-être pas assez détruit pour ne pas mériter un peu de ménagement ? Je ne vous dirai plus jamais si je vous ⁵ aime : mais ne vous moquez pas d'une chose qui m'a mis durant deux mois¹ dans une agonie convulsive, et qui, je vous le jure, à présent que je n'ai plus aucun but², auroit pu me couter la vie ou la raison. Vous avez entendu Hochet lui même, vous décrire l'état dans lequel j'étais. Mon état présent, peu importe, personne ne le saura. Je n'exigerai de vous que ce que vous ¹⁰ voudrez m'accorder. Quand je croirai être importun, ou avoir à me plaindre de votre amitié, je me tairai et je m'éloignerai. Vous n'entendrez jamais rien qui vous apprenne si cela me coute : j'ai plus de caractère que l'on ne croit quand une fois j'ai du caractère. Mais ne traduisez pas en spectacle aux indifférens des souffrances qui ont été bien réelles, et qui dans un autre peut être auroient laissé un mélange d'amertume. Je ne veux être qu'un agrément dans votre vie. Je ne prétens lutter avec personne, je ne disputerai aucun de vos momens quand ils ne viendront pas de votre plein gré. Mais dans une douleur qui a existé, il y a quelque chose de sacré qui ne peut être l'objet d'une plaisanterie. C'est bien plus cela qui m'a fait chercher querelle à ce pauvre et lourd Hochet que sa bêtise à laquelle je suis fait depuis longtems. Cependant c'est la dernière fois que je reclame sérieusement contre quoi que ce soit au monde. Si, malgré ma prière vous continuez à ne voir dans ma peine passée qu'un sujet de raillerie, je parviendrai peut-être à en railler moi même, et du moins vous ne serez pas impatientée par une susceptibilité à laquelle je ne me livrerai plus. Vous êtes l'etre le plus séduisant, le plus spirituel, le plus fin, le plus gracieux, le plus angélique de bonté : mais aux douleurs du cœur, vous n'y entendez rien si vous croyez que ce qui fait jeter des cris de souffrance et pleurer des nuits entières passe comme un rêve, quand on ne le montre pas. Vous devez être plus convaincue que jamais de la sincérité de ce que j'ai éprouvé, par cela même qu'aujourdhui je ne cherche plus à vous attendrir en vous en parlant. L'éprouvé-je encore, ou ne l'eprouvé-je plus ? C'est mon secret, il n'intéresse personne, vous moins que toute autre. Mais j'ai eu le besoin de vous dire que je n'avais pas encore assez d'oubli du passé pour en plaisanter. Je mets à votre amitié un prix extrême. Je ne connais rien que je ne fisse pour vous servir, dans toutes les circonstances. Je suis charmé quand je crois vous être agréable. Je suis décidé à ne jamais vous etre incommode. J'aimerais mieux ne pas vous voir que vous arracher des minutes par pitié. Le reste est au fond de mon ame, et n'en ressortira de ma vie. Il me semble que ce que je montre et ce que je serai heureux de prouver par le dévouement le plus absolu, à travers les privations, et les dangers, s'il y en avoit, est précisément ce qui vous convient. Je vais écrire à cet ours d'Hochet[3], si lourd, si gauche, si inconvenant, pour qu'il ne soit pas faché contre moi, parce qu'il y a un fonds de bonté dans sa maladresse. Mais je vous assure que je n'ai dit sur sa bêtise, et sa familiarité, et son mauvais ton, et sa curiosité impertinente, que le quart de ce que je pensois. Adieu. Je finis cette lettre comme le billet de ce matin[4] par mille tendres hommages et respectueux hommages, et hommages de tous les genres, pourvu qu'ils ne soient pas du genre de ceux que vous rejetez.

A Madame / *Recamier*

Manuscrit *Paris, BnF, N.a.fr. 13265, ff. 54–55; coté d'une main ancienne : «29»; 4 pp., p. 3 bl.,l'adresse p. 4; orig. autogr.

Éditions   **1.** Lenormant (1882), n° 14, pp. 26–29 (avec coupure).   **2.** Harpaz (1977), n° 28, pp. 60–62.   **3.** Harpaz (1992), n° 33, pp. 80–83.

Texte   **4** peut-être] *ajouté dans l'interligne*   **15** réelles,] réelles, ⟨qui le sont encore⟩
24 passée] dans ma peine passée *ajouté dans l'interligne*

Commentaire et Notes   Cette lettre date de toute évidence du 8 novembre 1814, et non du «9», comme l'écrit BC. Elle fait allusion à la querelle qui avait eu lieu entre BC et Claude Hochet au cours de la soirée passée chez Juliette le 7 novembre ; voir Journal, sous cette date. Étant donné que BC dit dans la lettre qu'il va écrire tout de suite à Hochet et que cette lettre à Hochet parle de la dispute comme ayant eu lieu «hier», la conclusion s'impose : la présente lettre, et la suivante, datent toutes deux du 8 novembre.

[1] Depuis le début de son amour pour Juliette, c'est-à-dire depuis le début du mois de septembre.
[2] C'est en se conformant aux souhaits de Juliette, que BC vient d'abandonner l'idée d'une nouvelle carrière en rejetant les «propositions de Naples» (voir ci-dessus, lettre à Juliette du 24 octobre 1814).
[3] Il s'agit de la lettre suivante.
[4] Non retrouvé.

2546

Benjamin Constant à Claude Hochet

8 novembre 1814

Je me suis inquiété toute la nuit, mon cher Hochet, de la crainte que ce que je vous ai dit hier soir[1], ne vous ait fait contre moi une impression fâcheuse. Mais réfléchissez, que, quand un homme a un défaut de caractère, qui a fait souvent le malheur de sa vie, il y a quelque chose de pénible à l'entendre analyser et développer publiquement. Si j'ai en effet un caractère faible, que vous, qui êtes mon Ami depuis si longtems, et qui m'avez donné des preuves d'Amitié que je n'oublierai jamais, vous m'en avertissiez tête à tête, je ne trouverai rien de mieux, et j'en profiterai, si je puis. Mais que vous me présentiez devant d'autres, quels qu'ils soient sous un point de vue qui peut me nuire, bien malgré vous assurément, voilà ce qui m'a affligé et je vous l'ai témoigné, plus que je ne l'aurais du. Je dis, que votre manière de me présenter pouvoit me nuire, et en effet, vous détailliez, avec une extrême perspicacité, toutes ces raisons qui, en me laissant être un home d'esprit, font que je ne pourrai jamais, selon vous, être un homme d'état, un Ministre, un administrateur, enfin quoi que ce soit d'utile. Je ne crois pas qu'il soit possible de mieux déjouer les projets de Carrière que je pourrais avoir ; et quoique nous n'eussions qu'une personne pour témoin, je sentais fort bien que l'opinion que vous donniez de moi, adoptée par elle, et communiquée sans intention à sa société, car tout ce dont on est bien convaincu échappe involontairement, pouvoit m'être nuisible, dans une occasion ou une autre. 20 J'étais donc faché, et à cause de l'amitié très vraye que j'ai pour cette personne, et à cause de l'effet possible de tout ce que vous disiez. Je ne pouvais pas vous le reprocher bien clairement, parce que ce qui blesse est précisément la chose dont on ne peut jamais convenir, et voilà pourquoi je vous ai reproché d'autres choses que vous m'aviez dites, et qui n'etoient pas le 25 véritable sujet de mon petit mécontentement. Qu'on me prête des amours, des folies, tout ce qu'on voudra, j'y consens, et je crois avoir assez d'esprit pour m'en tirer : mais plus il y avoit dans votre analyse de mes défauts quelque chose de réel, plus elle me fesoit de la peine. Cependant vous devez avoir vu que je me suis repenti de vous l'avoir montrée, cette peine, avant 30 même que j'eusse fini, et l'idée ne m'en a pas été moins désagréable depuis notre séparation. Aussi je vous écris en me levant, pour vous dire que, loin de trouver que vous ayiez eu un tort sérieux, c'est moi que j'accuse d'une impatience déplacée, que je mets à votre amitié un prix extrême, que je me rappelerai toujours les preuves que vous m'en avez données dans des cir- 35 constances orageuses de ma vie, et que je vous demande, si tant est qu'il vous reste quelque chose contre moi, d'être bien convaincu, qu'il n'y a dans mon ame qu'un profond attachement pour vous, et, malgré votre opinion de la prétendue faiblesse de mon caractère, une estime réelle pour le votre, un vif désir que notre longue amitié subsiste, et, si vous croyez que j'ai eu un 40 tort envers vous, une envie sincère de le réparer. J'ajoute que je souhaite que vous ne parliez de ceci à personne parce que tout s'envenime par les tracasseries des tiers, et que lorsque deux hommes comme nous ont un instant cessé de s'entendre, ils doivent revenir d'eux memes, et leurs mésentendus momentanés doivent être ignorés de tout le monde. 45

Adieu Tendre amitié pour la vie.
B.C

à Monsieur / Hochet; / Au Ministère du / grand Juge, en / Rue Grange-batelière / N° *21.*

Manuscrit *Paris, BnF, N.a.fr. 11909, ff. 91–92; 4 pp., l'adresse p. 4; orig. autogr.

Éditions **1.** Mistler (1949), n° 105, pp. 245–247. **2.** Cordey (1974), n° 65, pp. 173–175.

Note
[1] BC s'est querellé avec son ami Hochet le 7 novembre : «Hochet, lourd, pesant, stupide. Je n'ai pu m'empêcher de lui chercher querelle. Ça m'est bien égal» (Journal, 7 novembre 1814). Hochet semble avoir dit, peut-être devant Juliette Récamier, que BC avait un caractère faible.

2547

Benjamin Constant à Juliette Récamier

14 novembre 1814

Cette moitié de lettre à Auguste n'est pas sortie un instant de ma pensée, et quoique je doive vous voir dans peu d'heures, Je ne puis m'empêcher de vous en écrire. Jamais rien de si doux, de si simple, de si sincère, de si dévoué n'a été tracé par une main de femme. Je croïais vous avoir devinée, avoir pressenti ce que vous valiez. Je croïais quelquefois qu'il étoit possible que mon amour, mon adoration de vous me fit illusion : je me trompois. Vous êtes encore mille fois au dessus de ce qu'étoit mon idée. Non, jamais tant de bonté, tant de profondeur de sentiment, tant d'association, je dirai même de soumission à la destinée d'un autre[1], et d'un autre à la fois persécuté et cause de votre propre persécution, jamais rien de pareil n'a existé hors de vous. On voit un ange subjugué par l'affection, une nature divine, croyant parler à d'autres de son espèce, offrant son existence comme une suite naturelle du sentiment, sans sentir elle même le prix du sacrifice, sans affectation, sans pompe, avec toute la simplicité, toute la bonhommie du cœur. Oh ! les malheureux qui n'ont pas senti tout cela ! le malheureux qui a perdu un tel trésor, je le plains même de ne pas le regretter ! J'aime mieux c'est étrange à dire, j'aime mieux ma place que la sienne. Je suis bien malheureux de vous tant aimer, je souffre dans les parties les plus intimes de mon ame des barrieres qui existent entre nous, je souffre de mille manières que je n'ose même vous peindre ; mais au moins je vous apprécie, je possède à présent toute votre image dans mon cœur, et je m'estime de la posséder et de l'adorer. Elle est devenue moi et m'attache à moi même. Je vous demanderai de me laisser lire encore cette lettre, rien ne m'a emu de la sorte. Que j'en recoive une où une telle affection soit peinte, et que je meure ensuite, voilà ma prière. J'ai rêvé que j'etais condamné a mort, je vous cherchais pour vous dire adieu, et je ne vous trouvais pas. Ce songe m'a rempli de tristesse. Oh ! ne laissez pas se placer des obstacles entre moi et le peu que vous m'accordez ! Ne me sacrifiez pas à des scènes préparées[2]! Je vous aime plus que ceux qui les font. Vous êtes ma vie ; deja l'idée de ne vous voir qu'un instant ce matin et pas ce soir m'accable. Je pourrais pleurer. Que votre volonté soit faite, mais donnez moi ce qui est nécessaire à ma vie de chaque jour. Ange adoré, croyez moi, mon sort est de vous aimer toute ma vie, de vous servir si je le peux, de vous entourer de mon pauvre zèle, qui est une jouïssance pour moi. Laissez moi reposer ma tête sur votre main. Laissez moi prendre des forces quand je vous vois pour que je puisse attendre que je vous revoye.

Pouvez vous m'envoyer la lettre de Schinina³?

Madame / Recamier

Manuscrit   *Paris, BnF, N.a.fr. 13265, ff. 40–41; coté d'une main ancienne : «21»; 4 pp., p. 3 bl., l'adresse p. 4; orig. autogr.

Éditions   **1.** Lenormant (1882), n° 27, pp. 60–62.   **2.** Harpaz (1977), n° 29, pp. 62–64. **3.** Harpaz (1992), n° 34, pp. 83–85.

Texte   **19**   que] que ⟨j'ose⟩

Commentaire et Notes   Cette lettre semble faire allusion à la querelle qui avait eu lieu le 14 novembre entre Germaine de Staël et Juliette Récamier, et qui avait été résolue par le moyen de certaines «Lettres qui ont fait ma paix» (Journal, 14 novembre). La lettre de Juliette à Auguste de Staël dont il est question dans la première phrase de la présente lettre doit être celle (non retrouvée) qu'elle lui avait envoyée au mois de septembre 1810, à l'époque où Germaine de Staël venait d'être condamnée à l'exil. Non seulement la lettre de 1810 ne fait aucune allusion au danger imminent où se trouve Juliette, par suite des malheurs de son amie, mais encore elle est pleine de gentillesse et de compassion à son égard ; voir la lettre de Mathieu de Montmorency à Juliette, qui cite «votre lettre si parfaite, si dévouée, si détachée» (lettre du 2 octobre 1810, citée par Levaillant (1956), p. 260). La lettre douce et reconnaissante que Germaine de Staël envoie à Juliette le 30 septembre 1810, citée également par Levaillant (pp. 258–259), doit être la réponse à celle de Juliette à Auguste.

¹ Germaine de Staël.
² Par Forbin.
³ L'intermédiaire des Murat auprès de BC est Mario Schinina, marquis de Sant'Elia (1782–1866). Il s'agit des arrangements au sujet des affaires de Naples ; voir ci-dessus la lettre 2539 du 24 octobre 1814.

2548

Benjamin Constant à Charles de Villers

vers le 15 novembre 1814

Si j'ai tardé à vous répondre, cher Villers, ce n'est pas que votre lettre du 1ᵉʳ Octobre¹ ne m'ait fait grand plaisir. Mais j'ai été distrait, ennuyé, et même un peu malade². Ensuite j'ai eu des affaires, que je me suis donnée. J'ai acheté une maison³, dans une des plus belles expositions de Paris, et il en résulte, ce qui resulte toujours de toute acquisition, beaucoup de petites ₅ affaires minutieuses, qui ont pris mon tems en détail.

Je me suis bien réjoui de l'arrangement définitif apporté par le comte Münster dans votre position⁴. Je vous laisse volontiers croire que j'y ai eu quelque part, car je ne veux repousser aucune conjecture qui peut vous donner quelque amitié pour moi. Si vous executez votre projet de venir ici, ₁₀ je vous offre un appartement dans la plus belle ville du monde. Nous philosopherons à loisir, en reposant nos yeux de chouette sur une mer de verdure. Mais auparavant j'irai chercher mon Polythéisme[5] qu'on me presse d'achever et ma femme dont je ne puis vraiment plus me passer. J'acheve quelques arrangemens de fortune qui me retiendront ici jusqu'au milieu de Décembre, et je prépare ma maison à ce que ma femme puisse y loger. Ensuite je partirai. Je serai à Göttingue au plutard dans le courant de Janvier. Je passerai entre Göttingue et Hanovre février et Mars, et je m'arrangerai de manière à être ici pour les premiers jours d'avril.

J'ai distribué vos exemplaires[6] a M[de] de St, à Reinhard et autres. M[de] de Stael a été enchantée. Je ne sais si elle vous écrit pour vous en remercier. Mais je sai ce qu'elle en a dit devant moi. Elle est toujours aussi brillante et aussi entourée. Je la vois moins, parce qu'elle s'est logée à la campagne, et bien qu'elle soit peu éloignée de Paris, c'est dans cette saison une espèce de difficulté.

En ma qualité de propriétaire, ayant pignon sur rue, je suis prudent, et en conséquence je ne vous parlerai point des affaires publiques. Nous ne jouons pas en Europe un role très brillant : mais quand nous avions de l'éclat, nous étions si malheureux, que notre médiocrité actuelle est une espèce de soulagement pour notre imagination fatiguée.

M[de] Caffarelly[7] est absente, je crois pour longtems, Reinhard[8] est dans ses archives, peu content de sa place et s'impatientant de sa subalternité. Hochet fait des enfans[9]. Suard ne vieillit point. Sa femme est toujours jeune comme à 15 ans et naïve comme une vierge[10] Prosper[11] est à Nantes, dédaignant sa propre ambition, ce qui ne l'empêche pas de la servir de son mieux. Du reste tout est dans l'ordre. Tout le monde se plaint, tout le monde mendie, et tout va comme à l'ordinaire. Les Anglais nous inondent, et se font détester. Lord Wellington promène avec décence une grande gloire sur un grand fonds de médiocrité. Il donne des bals de 4000 personnes[12]. Pendant la semaine, chacun dit qu'il n'y ira pas, pour ne pas faire sa cour à un homme qui a humilié les armes francaises. Quand le jour approche, chacun se met en quatre pour avoir des billets, et le lendemain ceux qui n'en ont pas obtenu disent qu'ils ont refusé.

Adieu cher Villers mille choses à M[de] Rodde. Je me fais une fête de vous voir et je vous aime de toute mon ame[13].

à Monsieur / Monsieur C : de Villers, / chevalier de l'Etoile polaire, / à Göttingue, / Pays d'Hanovre, / Allemagne.

Manuscrit   *Hambourg, SUB, Nachlass Charles de Villers, Mappe 12, ff. 511–512; 4 pp., p. 3 bl., l'adresse p. 4; orig. autogr.

Éditions   **1.** Isler (1879) n° 32, pp. 58–59.   **2.** Kloocke (1993), n° 120, pp. 272–274.

Commentaire et Notes   Le timbre de la poste semble être celui de Göttingen, «26 Nov.», ce qui laisse supposer que la lettre est arrivée à Göttingen ce jour-là et a donc été expédiée environ dix jours avant cette date.

[1] Non retrouvée.
[2] Une allusion peut-être à l'amour pour Juliette Récamier.
[3] Le n° 6, rue Neuve de Berri, entre l'avenue des Champs Elysées et la rue du Faubourg Saint-Honoré, que BC a acquis pour le prix de 32.000 francs. Posséder une maison rend BC éligible. Dans une lettre du 15 février 1815 à Marianne de Constant, BC parlera de «l'achat d'une maison auquel on m'a engagé pour me nationaliser encore davantage en France».
[4] Voir à ce sujet Louis Wittmer (1908), pp. 445–456. Grâce à l'intervention du comte Münster, la pension de Villers avait été augmentée de 3000 à 4000 francs et il n'était plus obligé de quitter l'Allemagne.
[5] On se souvient que BC avait laissé ce manuscrit en Allemagne.
[6] Voir la lettre 2463, note 11.
[7] Voir la lettre de BC à Charles de Villers du 21 avril 1814, note 12. La comtesse Caffarelli s'était rendue à Vienne avec son mari.
[8] Il est directeur de la chancellerie du ministère des Affaires étrangères.
[9] Prosper, fils aîné de Claude Hochet, est né en 1810; il sera suivi de trois filles.
[10] La femme de Suard était Amélie née Panckouke (1750–1830), écrivain et célèbre salonnière, sœur de l'éditeur Charles-Joseph Panckoucke (1736–1798).
[11] Prosper de Barante, nommé préfet à Nantes en 1813.
[12] BC a assisté à l'un des bals du duc de Wellington à Paris, le 30 septembre 1814 (Journal).
[13] BC ne reverra pas son ami Charles de Villers, qui a des problèmes de santé et mourra le 26 février 1815, à Göttingen.

2549

Benjamin Constant à Charles-Frédéric Reinhard

21 novembre 1814

Monsieur,

Le chevalier James Mackintosh[1], que surement vous connoissez de réputation désireroit beaucoup vous être presenté. Il a eu l'avantage de vous voir à Londres il y a bien des années. C'est un homme très intéressant, et mon ami particulier. Si vous aviez du loisir aujourdhui ou demain matin, je vous serais très obligé de me le faire dire, pour que je puisse vous l'amener.   5

Mille complimens

B Constant

ce 21 9bre 1814

a Monsieur / le Baron de Reinhard / Aux affaires étrangères / Rue du Bacq

Manuscrit   *Paris, BnF, N.a.fr. 13627, ff. 24–25; 4 pp., pp. 2–3 bl., l'adresse p. 4; orig. autogr.

Note
1   BC a dîné la veille avec Sir James Mackintosh, son ancien camarade d'études d'Edimbourg (Journal, 20 novembre 1814).

2550

Benjamin Constant à Juliette Récamier

22 novembre 1814

Je ne sai si ma tristesse que je voudrais vaincre influe sur ma santé, ou si la nature pense à m'exaucer bientot. Mais j'ai eu la fièvre toute la nuit, et actuellement la tête me tourne si fort que je ne puis écrire qu'en séparant chaque lettre. Je vais envoyer chercher je ne sai quelle drogue qui m'a guéri de ces vertiges[1], il y a deux mois. Mais je n'en suis pas moins affligé, parce 5 qu'il est impossible de travailler[2], quand la tête tourne, et que si je ne vous porte pas M. de Tall. à deux heures, vous me trouverez importun. Aussi vous en préviens-je, pour ne pas rencontrer en vous en même tems de la surprise et de la colère. Je vous promets de réparer cela, même chez vous, si vous le voulez, ou dans la journée, si comme je l'espère, ma tête se remet. 10 M^de de St. me disoit hier[3] que mon état fesoit peine. Tant de talens perdus, disoit-elle ! C'étoit trop sans doute : mais il y avoit bien quelques talens en moi, et c'est bien extraordinaire que la foudre m'ait ainsi frappé. Ne croyez pas que je me plaigne de vous. Vous faites tout ce que la bonté peut faire, et comme ce que vous faites me sauve de moi même, je vous dois tout, et je 15 vous rends grace de ma vie, quoiqu'elle soit pénible, et de ma raison, quoi-qu'elle soit troublée. Ce n'est pas votre faute, si vous n'avez que de la bonté, et aucune affection involontaire pour moi. Ce n'est pas votre faute, mais c'est le poison qui me tue, dont l'amertume augmente chaque jour, et qui finira par me rendre impossible de supporter la vie. Encore une fois, je ne 20 me plains pas, et je vous bénis du bien que me fait votre présence. Aussi rendez-moi justice. Je prends sur moi. J'ai causé tant bien que mal et le plus gaiement que j'ai pu hier soir. Hélas ! brisé que je suis par une inconcevable destinée, je fais ce que je peux, je n'accuse personne, je bénis celle qui me perd, parce qu'elle daigne quelquefois me plaindre, et l'idée qu'un mot de 25 moi vous a plu, et le bonheur de fixer mes regards sur vous, m'aident a vivre. Vous êtes un être adorable, et j'aime à sentir que c'est au moins pour vous que je souffre, que c'est pour vous que je périrai.

Je sens en écrivant que le vertige augmente. Il seroit possible que je ne pusse pas marcher. Je serais trop malheureux, si vous dérangiez pour moi la moindre chose, sans que je pusse en profiter. Si vous sortez avant que j'arrive, faites moi dire un mot, et fixez moi une autre heure. Sinon, à moins que la nature ennemie ne redouble d'acharnement, à deux heures je serai chez vous.

Madame / Recamier

Manuscrit *Paris, BnF, N.a.fr. 13265, ff. 139–140; coté d'une main ancienne : «76»; 4 pp., p. 3 bl., l'adresse p. 4; orig. autogr.

Éditions   **1.** Lenormant (1882), n° 60, pp. 144–145.   **2.** Harpaz (1977), n° 31, pp. 65–66. **3.** Harpaz (1992), n° 36, pp. 86–88.

Commentaire et Notes   Le contenu de cette lettre (le fait de ne pas pouvoir travailler, le projet d'emmener Talleyrand chez Juliette, le dîner chez Germaine de Staël, qui date d'«hier») conduit à penser qu'elle date du 22 novembre (voir Journal, 21 et 22 novembre 1814).

[1]   Ces vertiges ne sont mentionnés ni dans les lettres ni dans le Journal de BC. Mais voir aussi ci-dessus la lettre du 15 novembre à Villers.
[2]   Voir Journal, 22 novembre : «Peu travaillé, mais un peu. Dîné chez Juliette. Talleyrand».
[3]   BC avait dîné chez Germaine de Staël le 21 novembre (voir Journal, sous cette date).

2551

Benjamin Constant à Juliette Récamier

5 décembre 1814

Schinina sort de chez moi[1]. Il m'a communiqué une idée qui vient de vous. Cela me suffirait pour l'adopter, quelle que fut sa nature, si une longue et triste expérience ne m'avoit appris que je ne suis plus moi, et que pour donner sur moi même une garantie, il faut qu'on me donne à moi même une garantie dans ce qui est aujourdhui toute ma raison et toute ma vie. Il ne faut pas que vous vous engagiez pour moi vis à vis de vos amis de là bas[2], de manière à vous donner un air d'inconséquence, si je ne tiens pas vos paroles : et cependant, ce n'est pas de moi, c'est de vous et de vous seule qu'il dépend que je les tienne. Ne me reprochez pas de mêler du sentiment dans une chose qui vous parait plus grave et plus importante. Chacun fait ce qu'il peut. Les trônes du monde, la richesse, la vie, la mort, le succès, la gloire, l'exil, l'échaffaud, tout cela ne m'est rien à coté d'un signe d'affection de vous, à coté d'un tête à tête d'une demie heure ; je renoncerais à tous les

biens de la terre, je braverais tous les maux, pour être un de vos premiers
amis. Rien ne peut me donner aucune force, quand je crois que vous ne 15
m'aimez point, et j'aurais beau avoir pris tous les engagemens du monde,
ma tête se perdroit, et je n'en tiendrais aucun, si je vous retrouvais, ou pour
mieux dire, si je continuais à vous trouver, cõe vous l'avez toujours été,
insouciante à mes douleurs, indifférente à ma présence, ne me donnant pas
un signe de vie, quand vous savez que je souffre le martyre, en m'éloignant 20
de vous, enfin ce que vous avez été, ce que vous êtes encore, car si je suis
mieux, c'est à ma résignation et non pas à votre amitié que je le dois.
Expliquons nous donc bien ensemble. Je suis prêt à tout, je serai le correspondant le plus exact[3], aucun inconvénient ne m'arrêtera, aucune considération ne mettra obstacle à mes efforts pour servir une cause qui vous 25
intéresse, si au lieu de ne m'accorder que ce que je vous arrache, au lieu de
ne jamais me recevoir seule, et de me négliger plus que vous ne faites personne, vous daignez me soutenir par des témoignages d'une amitié dans
laquelle je puisse remarquer quelque préférence. Je fais donc mes conditions.
Je demande que vous ne vous fassiez plus une règle de me prouver votre 30
indifférence, que vous n'étouffiez pas dans votre propre cœur le peu de pitié
que vous avouez même avoir étouffée, quand la vue de ma tristesse vous
portoit à me donner quelque léger signe d'interet, sous le prétexte que ce
serait un encouragement au sentiment que vous voulez décourager. Vous
voyez bien qu'il ne se décourage pas, et qu'ainsi vous me faites de la peine 35
en pure perte. Je demande enfin que chaque jour, comme vous voudrez,
quand vous voudrez, car mes heures ne s'écoulent et ma vie ne se prolonge
que dans ce seul but, je vous voye seule une demie heure, et que si, car je suis
raisonnable et me plie aux possibilités, que si, dis je, quelque circonstance
met pour un jour ou pour deux obstacle à l'exécution de cette promesse, 40
vous vous regardiez comme liée à m'en dedomager le jour suivant. Je vous
jure que si je pouvais vivre à moins, je le ferais : mais je sais très bien à quel
point ce que je demande est nécessaire, et quand j'aurai promis, et que je ne
pourrai pas tenir, je vous aurai compromise aux yeux de vos amis d'Italie,
j'aurai donné en apparence une preuve de plus d'inconséquence, et j'aurai 45
tout fait manquer. Voyez donc jusqu'où va votre interet pour la cause de
ceux que vous voulez servir, votre reconnoissance, votre enthousiasme pour
de nobles idées, votre ambition de contribuer à une belle cause, et prononcez. Je suis votre instrument, mais il faut savoir se servir de cet instrument, il
sera excellent, si vous voulez, mais si vous le jetez à terre, il se brisera et dans 50
l'explosion il pourra faire du mal à droite et à gauche. Je suis tout calme et
toute raison, quand vous ne me percez pas le cœur, de sorte que c'est vous
seule que vous auriez à craindre, et non pas moi, dont vous disposerez sans
réserve, si vous daignez en disposer. Mais il est indispensable que vous vous

consultiez, et si je vous suis trop importun, si, comme cela est déjà arrivé[4], 55
vous abjurez au bout de deux jours toutes vos promesses de pitié, il vaut
mieux ne rien commencer. Tous mes arrangemens sont faits pour partir, et
sans en parler, je n'attends, pour me jeter sur la grande route, que le premier
moment du courage de vous quitter, et celui où des affaires[5] qu'au fond je ne
fais pas ne serviront plus de prétexte à mon cœur pour retarder mon départ. 60
Voyez donc. La question est de savoir si votre interet pour la cause peut
l'emporter sur votre indifférence pour moi. Si cela est, mon tems, ma vie,
mon sang, tout est à cette cause. Si cela n'est pas, ne me faites pas com̄encer
ce que je ne pourrai achever. Vous savez assez que je ne suis pas exigeant,
que je n'ai point d'amour-propre : que si je crois que vous avez une vraie et 65
particulière amitié pour moi, je serai heureux : que je vous suis dévoué
comme on ne le fut jamais : que je ne calcule ni interet ni péril, ni fatigue,
que je n'ai qu'une pensée, et qu'un besoin. Mais j'ai aussi tous les défauts de
ces qualités. Je ne puis supporter votre indifférence, je ne le puis. Rien ne
m'est possible quand je crois qu'aucun lien d'affection n'existe plus entre 70
nous. Ainsi, à coté de tout ce que j'entreprendrai pour vous plaire, il y aura
toujours un danger si vous n'y prenez garde, celui d'un désespoir subit,
irrésistible, dont vous n'avez aucune idée, mais qui plus d'une fois a épou-
vanté les autres, et qui, à la première violation d'une promesse sur laquelle
j'aurai reposé toute mon existence, peut me saisir et m'entrainer. Il est d'au- 75
tant plus nécessaire que cette question soit résolue que dans le cas ou j'accepterai Schinina m'a parlé de couriers &c[a] choses qui m'obligeraient à
reprendre ce que je lui ai fait remettre[6]. Or ne m'exposez plus à cela, si tout
n'est pas invariablement décidé en vous. Je sens que vous pourriez croire
que je me serais lié par là. Mais sans votre amitié rien ne peut me lier parce 80
que rien ne peut me faire vivre, et qu'un hom̄e aurait beau promettre de
vivre sans respirer, il étoufferoit. Voyez donc. D'un coté, l'Italie, une noble
carrière, mille belles choses, de l'autre une demie heure de tête à tête par
jour.

Je passerai chez vous à 5 h.[7]   85

Madame / Recamier

Manuscrit   *Paris, BnF, N.a.fr. 13265, ff. 34–35; 4 pp., l'adresse p. 4; orig. autogr.

Éditions   **1.** Colet (1864), n° 12, pp. 31–35.   **2.** Lenormant (1882), n° 36, pp. 86–91.
3. Harpaz (1977), n° 32, pp. 66–69.   **4.** Harpaz (1992), n° 37, pp. 88–92.

Texte   **14** la] la ⟨tête⟩   **26** que] *ajouté dans l'interligne*

Commentaire et Notes   C'est le 3 décembre 1814 que Juliette Récamier revient à Paris après
une absence de quelques jours et que BC note dans son Journal la proposition qu'elle lui avait
faite de «renouer l'affaire de Naples» (c'est-à-dire de partir en mission au Congrès de Vienne).
Voir, au sujet de cette affaire, les lettres 2539 et A104. En ce qui concerne le départ imminent

dont il est question dans la présente lettre, BC avait conçu un «plan superbe» (Journal, 6 décembre), d'après lequel, sans doute, il irait en mission à Vienne, en passant par l'Allemagne, pour rechercher sa femme. D'après la phrase, «Tous mes arrangemens sont faits pour partir», qui fait écho à celle du Journal, 5 décembre : «Fini les arrangements pour le voyage», il ressort que cette lettre date également du 5.

¹ Pour Schinina, intermédiaire du roi et de la reine d'Italie auprès de Juliette, voir la lettre 2547, note 4.
² Le roi et la reine d'Italie.
³ Correspondant au service du couple royal.
⁴ Il s'agit du «marché» fait avec Juliette le 23 octobre : voir la lettre 2539.
⁵ BC songe sans doute à l'achat de sa nouvelle maison et aux affaires qui vont suivre.
⁶ Il s'agit sans doute des 1000 louis rendus à Schinina le 24 octobre, au moment du refus de BC des premières propositions qui lui avaient été faites ; voir Journal, 24 octobre : «Rompu avec Schin[in]a. Refusé 1 000 louis. Je les regrette. Mais on a trouvé si bien que je les refusasse qu'on aurait trouvé très mal que je les prisse». D'après la lettre à Jacques Récamier, 11 décembre, BC semble avoir accepté tout de même une nouvelle somme de la part de Schinina pour ce nouveau projet, qu'il sera obligé, encore une fois, de lui remettre.
⁷ Voir Journal, 5 décembre 1814: «Dîné et causé avec Juliette. Mon Dieu ! qu'elle vaut peu, et que j'étais fou de me tourmenter pour elle ! J'ai découvert son but en me poussant à ce voyage : c'est l'idée que son mari en tirera parti».

2552

Benjamin Constant à Juliette Récamier

9 décembre 1814

J'ai voulu réconcilier Mad. de Stael à notre projet, c'est à dire au mien, car je ne vous y mèle en rien. Sa reponse est contre. La voici. Cela ne change rien à ma volonté. Mais je vous prie de ne pas trop lui dire que je suis inebranlable, si elle vous en parle : car elle y verrait votre ascendans et nous rentrerions dans des tracasseries tout à fait eñuyeuses. Je ne sais trop com- ⁵ ment faire pour gagner votre opinion. Si j'envoyais promener les objections, vous diriez que je suis dur : Si je pars sans le dire, vous direz que je suis poltron. Si je ne partais pas, vous diriez bien pis. Mais cette dernière chance est impossible : soïez tranquille.

A ce soir avec Madᵉ de St. ou même avant chez Mᵈᵉ Marmont¹, et demain ¹⁰ enfin un moment seule, à l'instant du départ.²

Je vous aime.

à Madame / Recamier

Manuscrit   *Paris, BnF, N.a.fr. 13265, ff. 119–120; coté d'une main ancienne : «66»; 4 pp., pp. 2–3 bl., l'adresse p. 4; orig. autogr.

Éditions   **1.** Lenormant (1882), n° 61, p. 146.   **2.** Harpaz (1977), n° 34, p. 74.   **3.** Harpaz (1992), n° 39, pp. 97–98.

Commentaire et Notes   BC éprouve toujours de «grandes inquiétudes» sur le projet de sa mission à Vienne. La présente lettre doit être postérieure au moment où Germaine de Staël lui avait déconseillé le départ (voir *Journal*, sous cette date), mais avant celui où BC change entièrement d'avis, le 10, et renonce au projet (voir *Journal*).

¹ Hortense de Perregaux (1779–1859), épouse de Marmont, aide de camp de Bonaparte, plus tard maréchal de France et duc de Raguse.

² BC verra Juliette, en effet, le soir du 9 décembre, mais ni l'entrevue ni le départ prévus pour le 10 décembre n'auront lieu.

2553

Benjamin Constant à Juliette Récamier

9 décembre 1814

Non, a[nge ado]ré, je ne refuserai pas¹. Quand vous recevrez ceci, tout sera décidé, mes engagemens seront pris, et j'aurai soin de les prendre irrévocables. J'hésitais encore avant notre dernière conversation² : je brulais d'être seul avec vous, dans l'espoir vague de vous attendrir. Mais en vous écoutant, j'ai senti que j'obtiendrais vainement d'un attendrissement passager   5
des promesses que vous ne tiendriez³ pas, et mon cœur s'est refusé à toute tentative d'ébranler par la vue de ma douleur une ame sur laquelle je n'aurais jamais que le pouvoir du moment. J'aimerais mieux mourir que de passer encore trois mois comme les deux qui viennent de s'écouler. Je ne puis habiter la ville que vous habitez. Je ne puis prolonger ce supplice de   10
chaque minute, cette crainte, cette attente, ce trouble avant d'arriver chez vous, ce désespoir quand je ne vous trouve pas, cette dévorante impatience quand je ne puis vous parler seule. Le Ciel m'offre un moyen de finir ce tourment, quel que soit ce moyen, je l'embrasse, comme un dernier essai de salut. Je vous ai bien observée. Ce n'est pas mon départ qui vous afflige,   15
c'est que ce départ soit une chose qui vous semble inconvenante⁴. Vous me laisseriez partir, avec aussi peu de regret qu'Adrien de Laval⁵ ou que tout autre, si vous trouviez la carrière où j'entre exempte de tout blâme aux yeux de la société. Moi, ce n'est pas le blâme qui m'importe ; ce n'est pas la carrière ou j'entre qui m'intéresse. C'est la fin d'une longue et horrible ago-   20
nie dont vous n'avez eu aucune pitié. Si je refusais, je perdrais bientot à vos yeux ce qui à présent vous porte à croire que vous feriez pour moi plus qu'auparavant. Je n'ai d'avantage que votre crainte sur mon sort et l'espèce de remords qui vous agite. Rassurée, vous redeviendriez froide, et insouci-

ante. Je connais trop et ce que vous êtes, malgré tant de nobles qualités, et   25
ce que je suis pour vous. Vous faites le charme de tout le monde, vous ne
pouvez faire le bonheur de personne. Vous prendriez avec moi des engagemens solennels qu'il faudrait encore des convulsions et des larmes pour vous
contraindre à les tenir, et ces larmes et ces convulsions vous fatigueroient.
Pardon d'écrire longuement. Bientot je ne vous écrirai plus, et votre vie   30
rentrera dans ce repos animé qui vous convient, et qui vous trompe sur le
mal que vous faites. Je ne vous reproche rien. Ceci est une espèce de mort, et
les mourans pardonnent. D'ailleurs vous avez voulu être bonne quelquefois,
et je vous remercie des efforts inutiles que vous avez faits. Je voudrais par
reconnoi[ssance] trouver un coté tolérable dans le parti que je prends. Il y en   35
a un peut être. Je ne suis pas assez calme pour l'envisager. Mais j'entrevois
que si on vouloit, on pourrait le trouver, en mettant en ligne de compte ma
position en France, ce titre d'étranger qu'on m'opposera toujours[6], les souvenirs de mes opinions, les ennemis que j'ai, enfin la difficulté de donner à
Paris à une femme qui jouït dans son pays de mille avantages, une situation   40
qui lui convienne[7]. Tachez de faire de tout cela quelque chose qui vous
réconcilie avec ma résolution. Je vous livre cette manière de la considérer,
pour vous délivrer de toute pensée pénible. Quant à moi, rien de tout cela ne
me décide. Aimé de vous, ou seulement préféré par vous, j'aurais refusé le
trone du monde. Vous entourer de mon dévouement etoit ma chimère. Elle   45
a été mon supplice, et si au lieu de l'invitation que j'ai reçue, des gendarmes
étoient venus m'emmener, je les bénirais encore. Quoiqu'il arrive, ce qui
arrivera vaudra mieux que le sort qui me seroit tombé en partage, si j'étais
resté ici. Je serais mort ou devenu fou. Il vaut bien mieux que ma destinée
s'accomplisse loin de vous, et de manière à ne pas vous affliger. Ne vous   50
tourmentez donc point. Croyez moi sur ma parole : vous serez consolée
dans huit jours, et vous ne serez pas même inquiète.

Je vous supplie de ne rien dire à Mad[e] de St. Je lui parlerai : mais si vous
l'excitiez à l'opposition, son imprudence ébruiteroit la chose, et alors les
dangers seroient grands. Elle pourroit me faire arrêter. Or comme (je vous le   55
jure, et j'en atteste Dieu, rien ne m'ébranlera) il n'y a que du péril à la mettre
en mouvement dans cette affaire qui est décidée, ne m'exposez pas sans
aucune utilité. Attendez au moins quelques jours, et causons ensemble, non
sur le fonds de la chose, impossible à changer, mais sur la meilleure forme à
donner à un parti devenu irrévocable.   60

Adieu. Je vais écrire le reste de la Nuit. L'idée de vous quitter est horrible.
Celle de rester le seroit plus encore. Il m'est doux de me dire que vous aurez
pourtant décidé de tout mon sort. Je n'aspirais qu'à vous consacrer ma vie ;
et ceci est une manière de me jeter au moins dans un abyme ouvert par vous.
Je vous verrai demain à une heure[8]. Il en est quatre. J'ai encore cette ha-   65

bitude de compter les heures jusqu'à celle qui doit nous réunir. Bientot cette heure ne viendra plus. J'ai une sorte de plaisir à penser que votre idée s'associera désormais à tout ce qui m'atteindra dans cette orageuse et bizarre existence vers laquelle la fatalité, personifiée en vous, m'entraine et me pousse. Combien je vous aimois ! Combien le moindre de vos regards, com- 70 bien un sourire me rendoit heureux ! Quel bonheur vous auriez pu, par votre seule amitié, répandre sur ma vie !

Adieu Juliette permettez ce nom pour la dernière fois. J'ai bien souffert : mais je l'espère, je ne vous ai fait aucun mal. Dieu veuille que personne ne vous en fasse ! Defiez vous de ceux qui veulent agiter votre ame[9] si peu faite 75 pour l'etre ! J'ai été vrai, sincère, dévoué. Je n'ai pas eu dans mon sentiment le moindre mélange d'égoïsme. Puissiez vous trouver des amis pareils, et puissent-ils obtenir de vous cette affection soigneuse et tendre que j'avais cru mériter ! Adieu. Vous irez bientot à Angervilliers, à cet Angervilliers que je croyois revoir avec vous ! Je ne le verrai plus. Toute la France va m'etre 80 fermée. Quand vous y serez, pensez une fois à moi. Quand vous verrez ce sentier qui tourne autour du jardin, pensez que nous en avons fait le tour ensemble, et qu'alors je pouvais espérer un peu d'amitié. Quand vous passerez à St Clair, pensez à M^{de} Thibaudin, ou vous m'avez mené en me disant que c'étoit un moment de plus[10]. Là tout mon bonheur a fini. Adieu. Je 85 m'émeus malgré moi, et j'ai besoin de courage. Je vais braver l'opinion, lutter contre les homẽs : jamais ils ne me feront souffrir comme j'ai souffert par celle à qui tout mon cœur étoit dévoué. Adieu encore. Donnez moi les momens que vous pourrez. Le tems est court, et qui sait si jamais nous nous reverrons sur cette terre ?   90

Quand vous passerez à l'auberge d'Orsay[11] pensez à moi.

O mon Dieu !

A Madame / Recamier

Manuscrit   *Paris, BnF, N.a.fr. 13265, ff. 137–138; coté d'une main ancienne : «75»; 4 pp., l'adresse p. 4; orig. autogr.

Éditions   **1.** Colet (1864), n° 13, pp. 36–43.   **2.** Lenormant (1882), n° 34, pp. 79–85 (avec coupures).   **3.** Cordey (1974), n° 66, pp. 175–179.   **4.** Harpaz (1977), n° 33, pp. 70–74. **5.** Harpaz (1992), n° 38, pp. 92–97.

Texte   **1** ado]ré] *lettres emportées par une déchirure*   **35** reconnoi[ssance]] *lettres emportées par une déchirure*

Commentaire et Notes   Il s'agit toujours du projet de mission de BC au Congrès de Vienne. Cette lettre a dû être écrite après la «soirée avec Juliette» prévue dans la lettre précédente et signalée dans le Journal (9 décembre). Au cours de cette soirée, BC fait à Juliette ses adieux, bien résolu à partir. Le 10, pourtant, revirement total et définitif : «Bien réfléchi. Je ne pars pas» (Journal).

¹ Pour la mission de BC à Vienne, voir ci-dessus, Commentaire.
² Celle du soir du 9 décembre : voir Commentaire.
³ Pour ces «promesses», voir la lettre précédente.
⁴ Étant non officielle.
⁵ Anne-Pierre-Adrien de Montmorency, duc de Laval (1767–1837), ami de longue date de BC et de Juliette, vient d'être nommé ambassadeur à Madrid.
⁶ Allusion possible à une phrase de la lettre de Caroline Murat à Juliette Récamier de la mi-octobre 1814; voir, en appendice, la lettre A104.
⁷ Il s'agit bien sûr de Charlotte, et de son statut de femme deux fois divorcée.
⁸ Ce rendez-vous n'est pas noté dans le Journal.
⁹ Il s'agit sans doute de Forbin et de Nadaillac (pour Nadaillac voir la lettre 2558, note 7).
¹⁰ Pour Mme Thibaudin (ou Thibauden), tenancière de l'auberge de Saint-Clair, voir ci-dessus les lettres du 2 octobre. Il s'agit ici de souvenirs de la belle journée du 30 septembre, où BC avait accompagné Juliette, en route pour Angervilliers, jusqu'au village de Saint-Clair.
¹¹ Ou plutôt Saint-Clair près d'Orsay.

2554

Benjamin Constant à Jacques Récamier

11 décembre 1814

Monsieur,

Vous savez ce dont j'étais convenu avec Monsieur le Marquis Schinina. Quelques avis, que ce qu'il a éprouvé lui-même lui rendront concevable, me font entrevoir la possibilité d'échouer dans une cause qui peut-être réussira d'elle-même, et que je vois non-seulement conciliable mais avantageuse à l'ordre établi en France. Cela ne m'empêchera pas de servir cette cause, mais cela me détermine à ne la servir que pour mon propre compte, et sans rien accepter qui me donne une sorte de dépendance, en y associant mes intérêts. Je tiens donc à remettre à Monsieur Schinina 24000 Fr. qu'il avait laissés chez moi pour frais de voyage, et je tiens aussi à ce que vous, Monsieur, et Madame Récamier sachiez que cette remise a eu lieu. Pour y parvenir, je prends la liberté de solliciter de votre obligeance de faire présenter le mandat ci-inclus à mon notaire, qui, sans en connaître le motif et accoutumé à payer d'assez fortes sommes pour divers achats que j'ai faits, remettra celle en question contre ce mandat, et j'oserai vous prier de la remettre à M. Schinina à qui je dirai de se présenter chez vous. J'ajoute que cela ne change rien au reste, et je me chargerai volontiers des autres objets que M. Schinina m'a confiés, ainsi que de vos commissions à mon très prochain départ. Mais j'ai un vrai plaisir à simplifier ma conduite en écartant de cette affaire la seule chose qui fut équivoque. Mes sentimens pour le maintien d'un gouvernement qui ne peut être menacé sans que la tranquillité de l'Europe soit troublée sont accrus de la reconnaissance pour une faveur honorable qu'il m'a envoyée, et je ne les désavoue pas. Moins j'aurai reçu de lui de faveurs d'une autre espèce, plus je le défendrai avec plaisir dans l'opinion.

Je vous aurais envoyé Monsieur les 24000 francs tout de suite si j'avais été sûr qu'on pût vous les remettre en mains propres, et si vous êtes chez vous je 25 le ferai encore pour vous éviter la peine d'envoyer chez M. [ ].

Agréez mes excuses de cette indiscrétion et croyez à ma considération infiniment distinguée.

Constant

Ce 11 Xbre 1814.   30

Manuscrit   L'orig. autogr. n'a pas été retrouvé. Nous le reproduisons d'après une *transcription dactylographiée déposée à Lausanne dans le Fonds René Le Grand Roy, carton 4.3.1.

Texte   **26**   [ ]] la copie porte : ⟨?⟩

Commentaire
Pour l'affaire Murat, dont Schinina est l'intermédiaire, voir ci-dessus les lettres des 1–2 septembre et 24 octobre. Les 24000 francs qu'il s'agit de rendre maintenant aux Murat avaient été remis à BC en paiement de la mission à Vienne.

2555

Benjamin Constant à Juliette Récamier

16 décembre 1814

Vous serez étonnée, Madame, de recevoir encore une lettre, et moi-même je suis étonné de vous l'écrire. Mais je ne résiste plus à la peine que j'éprouve. Elle m'est inexplicable, mais elle est affreuse et je suis vaincu par elle. Je ne viens pas, vous le pensez bien, vous parler d'amour. Je ne crois pas même avoir précisément de l'amour pour vous. Vous l'avez rejeté si loin que peut 5 être il est détruit. Mais je vous connois depuis si longtems, j'ai toujours éprouvé pour vous une affection véritable, et depuis trois mois cette affection est devenue une telle habitude, qu'il m'est impossible de vivre dans la même ville, en m'imposant la loi de ne pas vous voir. Je me l'étois imposée : je l'ai observée huit jours. Je pensois que l'absence rendroit la privation plus 10 légére : elle la rend plus cruelle et je n'y tiens plus. Je viens donc vous demander s'il est vrai que vous me trouviez un caractère misérable et méprisable. Je vous ai déjà écrit que je le craignois[1], et vous n'avez pas daigné le nier. Je repasse cependant toute ma conduite, et je ne me trouve pas un tort envers vous. Même au milieu de la souffrance la plus aigue, je n'ai rien fait 15 qui put vous blesser. Vous avez été pour moi un objet de culte, et en jetant des cris de douleur, je n'ai pas proféré un mot qui dut m'etre reproché par vous. Je viens donc vous demander si je puis retourner chez vous comme autrefois, sans prétention, sans espérance, au nombre de vos amis, dont je n'ai pas le sentiment d'avoir mérité d'être rayé.   20

Ce n'est pas sans une raison positive que j'ose vous adresser cette question. Je veux et je dois aller trouver M^de de C. Je veux l'empêcher d'arriver ici tant que M^de de S. y sera[2]. J'ai trop de raisons de défiance, et cette défiance est trop profonde en mon cœur pour que des démonstrations la dissipent. Cette même femme qui, si j'en aimais une autre, en seroit blessée   25
et se hâteroit d'en informer la mienne, seroit également blessée, si j'étais heureux avec ma femme, et trouveroit dans son puissant génie, mille moyens de la tourmenter. Je veux donc avant l'époque assez prochaine que M^de de C. a fixée, prévenir son départ en allant auprès d'elle[3]. Mais j'ai quelques motifs de tarder de quelques jours. Je voudrais finir un écrit que vous même   30
m'avez conseillé de faire sur la responsabilité[4]. On m'a proposé de me mettre sur les rangs pour l'Institut[5]. Mais il m'est impossible de rester si je ne suis pas admis à vous voir. Je l'ai essayé, et plus il y a de tems que je ne vous ai vue, plus je souffre. J'ai éprouvé aujourdhui toutes les angoisses qui ont suivi les jours d'Angervilliers[6]. Je vous répète que ce n'est point de l'amour :   35
mais l'amitié vive et dévouée a aussi ses douleurs, et quand je réfléchis que notre relation n'est devenue un peu plus intime que parce que vous l'avez bien voulu et parce que j'ai été heureux de faire ce qui vous étoit agréable, j'éprouve le sentiment d'etre traité avec tant d'injustice que mon cœur en est déchiré. Si par quelque raison que je ne puis juger, vous trouvez nécessaire   40
que je continue à ne pas vous voir, je partirai une heure après votre réponse à ma lettre. Si, ce qui me parait simple, vous ne voïez pas d'inconvénient à ce que je me replace parmi ceux qui sont heureux de vous entourer, je finirai mes affaires avec un peu de calme. Je prendrai même sur moi non pas d'étouffer mais de déguiser mon ressentiment envers une personne[7] que j'ac-   45
cuse d'avoir beaucoup contribué à vous donner contre moi des impressions défavorables. Je prendrai congé d'elle décemment. Si vous me refusez, je partirai ce soir, sans la voir et sans lui écrire. C'est le seul acte de vengeance que je me permettrai, mais il me sera doux.

Je n'ai point cherché à vous émouvoir dans cette lettre. Je vous en avois   50
écrit une où je me livrais à toute la douleur que j'éprouvais de ne vous avoir pas vue. Elle ressembloit aux premières lettres que je vous écrivais dans un tems bien cruel mais que je regrette pour ses espérances, si affreusement décues. Je l'ai déchirée.

Daignez donc me répondre. Il y a quatorze ans que je vous connois. Je   55
n'ai eu que le tort d'être trop entrainé vers vous, et je l'ai payé et je le paye

encor cher. J'ai fait toujours et en tout ce que j'ai pu pour vous prouver du dévouement. Tout ce que je puis eut été à vous si vous l'aviez voulu. Je ne demande pour prix que d'etre recu comme tant d'autres.

En me refusant, vous me ferez beaucoup de peine et un peu de mal. Mais 60
au fond, etre de l'institut, ce qui même n'est pas sur, est peu important : et faire une brochure de plus ou de moins n'est pas d'un grand interet. Vous êtes donc bien libre même comme responsabilité. Consultez votre ame, pour savoir si j'ai mérité de ne plus vous voir. Je ne cesserai jamais de vous chérir, et quoi que vous fassiez, je désirerai votre bonheur : et si le sort me ramène 65
en France, quand M^{de} de S. en sera partie[8], j'essayerai de retrouver cette amitié que j'ai esperée parce que celle que j'eprouve la mérite.

Ne craignez aucune tracasserie. Il ne sera pas question de ce que M^{de} de S. a pu me dire. Personne n'a connu la résolution que j'avois formée de vous fuir, de sorte que personne ne sera etonné de me revoir chez vous après une 70
interruption de huit jours pendant laquelle même je vous ai rencontrée deux fois.[9]

J'attens votre réponse[10] avec un Sentiment que je ne veux pas décrire. Ce n'est pas ma faute s'il existe. J'ai fait ce que j'ai pu pour le surmonter. Mais quand on vous a aimée, il est impossible de cesser, et tout ce que je désire 75
c'est de vous consacrer une amitié tendre, telle j'ose le dire, que peu d'homes savent l'eprouver.

Madame Recamier

Manuscrit *Paris, BnF, N.a.fr. 13265, ff. 102–103; coté d'une main ancienne : «57»; 4 pp., p. 3 bl., l'adresse p. 4; orig. autogr.

Éditions   **1.** Lenormant (1882), n° 18, pp. 41–46 (avec coupure).   **2.** Harpaz (1977), n° 35, pp. 75–78.   **3.** Harpaz (1992), n° 40, pp. 98–102.

Commentaire et Notes   Ayant pris la décision de ne plus revoir Juliette (voir Journal 12 décembre), BC éprouve ce qu'il appelle un nouveau «paroxysme» d'amour et de douleur le 14. La présente lettre doit être celle que le Journal dit avoir été écrite le 16 décembre.

[1]   Dans une lettre non retrouvée.
[2]   Germaine de Staël quittera Paris le 11 mars 1815, au moment du retour de Napoléon en France.
[3]   BC ne retrouvera sa femme qu'à Bruxelles, le 1er décembre, 1815.
[4]   *De la responsabilité des ministres*, commencé le 13 décembre 1814, sera publié par Nicole, à Paris, le 2 février 1815.
[5]   Ce projet échouera, voir Gustave Rudler, «Un chapitre de tragi-comédie académique», in *Bibliothèque universelle et revue suisse*, 98 (1920), pp. 30–33.
[6]   Du 6 au 12 septembre 1814.
[7]   Germaine de Staël.
[8]   BC quittera la France le 31 octobre 1815, et ne reviendra à Paris qu'au mois de septembre 1816.

⁹ Le 12 et, sans doute, le 13 décembre ; voir Journal, sous ces dates.
¹⁰ Voir Journal, 16 décembre : «Elle m'a répondu de venir chez elle».

2556

Benjamin Constant à Juliette Récamier

17 décembre 1814

Voici une lettre de M^{de} de Catelan¹ que je vous envoye pour vous montrer que d'autres trouvent dans ma société quelqu'agrément. Je suis précisément avec vous dans la situation ou étoit une certaine personne² avec moi. Elle m'envoyoit aussi les pauvres lettres qu'on³ lui écrivoit. Mais vous n'êtes pas dans la position où j'étois. Elle me demandait de rompre des liens⁴, ou ₅ d'abandonner la personne à laquelle j'étais lié, je ne demande rien de pareil. Cette nuit⁵ sur laquelle j'ai encore questionné le témoin de ma folie m'a prouvé que la seule chose dont j'aïe besoin, c'est de vous voir et de vous parler quelques instans en liberté, tous les jours ou tous les deux jours. En moralité, en religion, en conscience vous ne pouvez pas me refuser. Il n'y a ₁₀ que cela qui me calme, et cela me calme tout à fait pour quelque tems. Je ne vous ai vue qu'un instant ce matin, et j'ai pris des forces pour jusqu'à ce soir⁶. Si je cause un quart d'heure avec vous de ce que j'éprouve, j'en aurai pour jusqu'à demain, et je vous jure que, malgré moi, il y auroit danger dans un refus. Je ferai de mon coté ce que je pourrai pour me guérir : mais je n'ai ₁₅ encore aucune force. Vous seule pouvez m'en rendre. Je serai aussi gai, aussi calme, aussi aimable que je pourrai pour ne pas vous rendre le sacrifice trop pénible. Mais pensez-y je vous en conjure. Ce n'est pas en rejetant sur mon cœur le sentiment qui m'oppresse que vous me guérirez. Au contraire.

Manuscrit   *Paris, BnF, N.a.fr. 13265, ff. 78–79; coté d'une main ancienne : «42»; 4 pp., pp. 2–4 bl.; orig. autogr.

Éditions   **1.** Lenormant (1882), n° 25, pp. 57–58.   **2.** Harpaz (1977), n° 37, pp. 79–80. **3.** Harpaz (1992), n° 42, pp. 103–104.

Commentaire et Notes   Le contenu de cette lettre montre qu'elle a été écrite entre les deux rendez-vous du 17 décembre avec Juliette, signalés dans le Journal, à cette date.

¹ Non retrouvée. Mme de Catellan aura peut-être répondu à une lettre de la part de BC, la remerciant de la soirée qu'il avait passée chez elle, le 16 décembre (voir Journal, sous cette date).

² Anna Lindsay, ancienne maîtresse de BC, qu'il vient de revoir : voir le Journal des 29 octobre et 9 novembre et *CG*, tomes IV-V). Il dînera avec elle le 24 décembre.

³ Il s'agit surtout des lettres d'Auguste de Lamoignon, conjoint d'Anna Lindsay (voir tome IV, appendice).
⁴ Avec Germaine de Staël.
⁵ La nuit du 16 décembre.
⁶ «Vu Juliette deux fois» (Journal, 17 décembre).

2557

Benjamin Constant à Juliette Récamier

nuit du 18–19 décembre 1814

2 h. du matin.

Je ne puis me coucher sans vous dire quelques mots de reconnoissance. Graces à vous je suis presque tranquille et je n'ai plus l'horrible angoisse qui m'avoit saisi. Daignez continuer. Tolérez mon sentiment quand il m'échappe. Songez qu'en parler me soulage et que je ne puis en parler qu'à vous. ₅ Tenez votre parole de m'accorder quelques entretiens, où je tacherai de vous ennuyer le moins possible. Je vous devrai presque du bonheur. Je vous remercie de cette soirée, de votre interet, mais surtout d'avoir permis que je vous parlâsse de la seule pensée qui est aujourdhui devenue moi. Au reste, la première fois que je vous parlerai librement, ce ne sera pas de moi, mais de ₁₀ vous. J'aurai quelque chose à vous dire quand l'occasion s'offrira. Je n'espère plus le bonheur que j'avais cru entrevoir : mais je serai peut être quelquefois votre bon génie. Vous m'occupez seule, et j'ai sur votre sort l'instinct d'une idée fixe, et la pénétration d'un interet passioné. Je ne suis fou que quand je me crois repoussé de votre amitié même. Mais vous m'avez rendu ₁₅ l'espoir de la posséder, et ce n'étoit pas de votre ame que venoit la dureté que j'avais cru voir. Vous ne trouverez plus en moi que reconnoissance, soumission, zèle pour vous, et bonheur de dévouer ma vie, pour une heure tous les deux jours[1]. Je m'occuperai de ce que vous nommez ma carrière par obéissance pour vous. Mais ne sai-je pas qu'au fond de mon cœur ce que je ₂₀ puis obtenir de votre affection est ma vraïe carrière. La puissance et la gloire ne seroient que des moyens. Ai-je été supportable ce soir ? Adieu. Je vous verrai donc un instant dans cette longue journée.

a Madame / Recamier / *avec des livres.*

Manuscrit   *Paris, BnF, N.a.fr. 13265, ff. 83–84; coté d'une main ancienne : «45»; 4 pp., pp. 2–3 bl., l'adresse p. 4; orig. autogr.

Éditions   **1.** Lenormant (1882), n° 22, pp. 49–50.   **2.** Harpaz (1977), n° 36, pp. 78–79. **3.** Harpaz (1992), n° 41, pp. 102–103.

Commentaire et Notes   Le traité dont parle la présente lettre est mentionné dans le Journal du 18 décembre 1814, ce qui conduit à la dater de la nuit du 18 au 19 décembre.

[1] BC passera la soirée du 19 avec Juliette («il paraît qu'elle veut tenir parole pour les tête-à-tête» (Journal)).

2558

Benjamin Constant à Juliette Récamier

nuit du 21–22 décembre 1814

Je vous remercie d'avoir remarqué que j'étois triste[1]. Oui, je l'étais, je le suis encore, mais un regard de vous, cette bonté, ce signe d'interet, m'ont ranimé et rendu des forces. Aussi je vous ai obéi tout de suite. Je vous obéirai toujours. J'espère au moins que ma docilité empêchera M. de F.[2] de vous tourmenter. Je ne conçois pas qu'il le fasse. Il sait si bien que vous ne ⁵ m'aimez pas, il me le dit sans cesse. Je compte sur votre parole pour demain soir, et je vis de cette espérance. J'irai vous voir avant diner[3] pour savoir précisément l'heure et prendre vos ordres. Toute mon existence est là, chaque jour davantage. J'ai toujours plus d'amour, mais aussi toujours plus que de l'amour. Je vous aime d'une affection si tendre, je sens si bien ce que vous ¹⁰ valez. Votre ame est si profonde, sous votre figure d'ange et de pensionnaire tout à la fois. Je suis bien agité, bien souffrant, et ma vie est une fièvre, mais je préfère ma souffrance à tout bonheur étranger à vous, et ma fièvre au repos. Pourquoi ne dinez-vous pas chez M[de] Marmont[4]? Je m'en désole. Et lundi[5]! Quelle cruelle invitation ! Vous n'aurez personne, et il[6] sera le soir ¹⁵ seul avec vous, au moment où l'on ne fait aucune visite. Invitez M. de Nadaillac[7]. Je voudrais paralyser l'un par l'autre. Combien je vous aime ! Et chaque heure y ajoute, l'absence par la douleur, la présence par le charme. J'aime votre ame comme votre figure. Oh le diné de demain[8]! Quel dommage ! Le Paradis seroit bien vraiment alors pour moi dans la rue du Pa- ²⁰ radis[9]. Excellent M. Ballanche[10]! Je trouve Antigone doublement belle ! Mais n'est-il pas parti trop tot ? Enfin, je me résigne, je me soumets, vous êtes mon culte. Je vous aime avec passion avec yvresse. Un an de vous, et je donnerais mille vies comme la mienne. Adieu. A 4 heures je vous verrai[11] j'espère oh soyez bonne j'en ai bien besoin. ²⁵

à Madame / Recamier

Manuscrit   *Paris, BnF, N.a.fr. 13265, ff. 32–33; coté d'une main ancienne : «17»; 4 pp., pp. 2–3 bl., l'adresse p. 4; orig. autogr.

Éditions   **1.** Lenormant (1882), n° 17, pp. 39–40.   **2.** Harpaz (1977), n° 38, pp. 80–82. **3.** Harpaz (1992), n° 43, pp. 105–106.

Commentaire et Notes   Plusieurs allusions, signalées dans les notes, surtout la mention du dîner de la duchesse de Raguse (voir notes 3, 8 et 9), permettent de dater cette lettre.

[1]   BC avait dîné avec Juliette le soir du 21 octobre, sans plaisir (voir *Journal*, sous cette date : «Dîné chez Juliette. Cette relation ne signifie rien»).

[2]   Forbin.

[3]   Le «dîner» en question doit être celui de la duchesse de Raguse, qui aura lieu le 22 décembre (voir *Journal*, sous cette date). Aucun rendez-vous avec Juliette n'est signalé dans le *Journal* pour le 22 décembre : BC avait bien prévu qu'ils manqueraient tous les deux aux termes de leur traité (voir *Journal*, 18 décembre).

[4]   La duchesse de Raguse : voir la lettre 2552, note 2.

[5]   Lundi, le 24 décembre, BC dînera chez Anna Lindsay (voir *Journal*, sous cette date).

[6]   Forbin.

[7]   Arnoul-François-Odile-Sigismond du Pouget, marquis de Nadaillac (1787–1837) fit sa carrière militaire dans les campagnes de 1806 et 1807 à la Grande Armée, en Prusse et en Pologne, en Espagne, où il fut blessé en 1811, et en Russie (1812). Blessé encore à la bataille de Leipzig en 1813, il fit la campagne de 1814, en France, et fut nommé colonel de cavalerie en août 1814. Il fera la campagne de 1815 en Belgique sous les ordres du duc de Berry. Il est le frère de la marquise de Podenas, une des habituées royalistes du salon de Juliette.

[8]   Celui du 22, chez la duchesse de Raguse.

[9]   La duchesse de Raguse habite 51, rue Paradis.

[10]   Pierre-Simon Ballanche (1776–1847) fit la connaissance de Juliette au mois de juillet 1812, à Lyon. Il est à Paris depuis le 1er octobre 1814 et ne sera de retour à Lyon que le 25 août 1815. Le protagoniste principal de son poème en prose, *Antigone*, publié vers la fin de 1814, doit beaucoup à la figure de Juliette, idolâtrée par Ballanche. BC écrira une critique de cet ouvrage au mois de mars 1815 (qui ne sera publiée qu'au mois de février 1816, voir *OCBC* IX, 1, pp. 497–511). L'amour de Ballanche pour Juliette durera pendant toute sa vie.

[11]   C'est-à-dire avant le dîner de la duchesse.

2559

Benjamin Constant à Rosalie de Constant

23 décembre 1814

Merci du beau cachet et de l'epigramme en arabesque[1]. Vous me représentez un peu comme une girouette, mais je vous pardonne. Puisque vous vous plaignez que je ne réponde à rien, je vais répondre par ordre, à tous les articles de votre lettre.

Je n'ai aucune humeur réelle contre les montagnes, parce que je n'en ai 5
point contre des inconnus. Je leur sais bon gré au contraire du plaisir qu'elles vous font. Moi, j'ai pour principe de n'acheter aucun plaisir par aucune peine, de sorte que tant qu'il faudra monter, pour jouir d'elles, je les laisserai pour ce qu'elles sont. Or cela pourra bien durer, car elles ne descendront pas pour venir à ma rencontre. Elles sont trop mal élevées pour cela. 10

Je n'ai point de tyran, si ce n'est moi, et ce tyran ne l'est pas assez. C'est tout ce que je lui reproche. Je suis fatigué souvent de servir un maitre qui ne veut ou ne sait pas commander. Mais du reste, personne ne me domine, ni ne l'essaye, parce que personne, je parle des gens qui sont à Paris, ne m'aime ou ne prétend m'aimer assez pour cela. 15

Ma relation, si relation y a, avec Mme de St. est plus que simple. Je passe des semaines sans la voir un instant seule et des jours sans la voir du tout. Je ne lui crois nullement aujourdhui l'envie de nuire à M^de de Constant. Au contraire, quand elle prétend que je suis amoureux tantot d'une femme et tantot d'une autre[2], je suis sur qu'elle ne demanderoit pas mieux que de 20 prendre parti pour la mienne contre moi. Cette relation ne troublera en rien le bonheur de Charlotte que je suis décidé à faire à tout prix. Elles se verront je le pense, et Charlotte par lettres me l'a offert. Avec l'existence de M^de de St. son immense entourage et son éloquence, je serais faché d'être brouillé avec elle. Mais elles se verront peu, et si le cœur de Charlotte avoit besoin 25 d'une assurance quelconque, je n'hésiterais pas, quelqu'inconvénient que cette assurance put avoir.

Charlotte m'écrit que soit que j'arrive ou non, elle se mettra en route après le premier de l'an. Je suis retenu ici par des affaires qui j'espère seront terminées bientot : et dans ce cas, je partirai moi même pour aller au devant 30 d'elle.

Ces affaires consistent en ce que j'ai acheté une maison bon marché[3], dans la plus belle situation des fauxbourgs de Paris, avec un assez grand jardin et une vue superbe. Il faut bien se nicher quelque part : Paris est le caravanserail qui me convient le plus ; et votre Suisse me parait peu sure. Elle est 35 agitée comme si elle étoit importante. Je crains pour elle, si elle ne s'arrange pas bientot. La générosité est, comme vous dites, une passion de courte durée, on l'a trop laissé refroidir.

Je n'ai pas la légion d'honneur[4]. La conversation avec le Ministre est vraye : mais je n'ai ni obtenu ni espéré ni demandé une récompense, pour 40 avoir combattu un projet du gouvernement.

L'un des Hardenberg[5] du congrès, le principal et le Ministre, est cousin germain de Charlotte, l'autre qui est envoyé d'Hanovre est son frère.

J'ai vu le Comte Golowkin[6] une seule fois. Il m'a raconté la mort de ma pauvre tante avec des circonstances qui m'ont fait pleurer. Mais depuis on 45 m'a dit que la moitié de ces circonstances etoit fausses il met beaucoup d'invention dans ses recits.

Je suis bien faché que Marianne se lamente. Il est certain que la perte de sa rente est dure. J'aurais bien voulu qu'on put revenir sur ce malheur. Quant à moi, je fais pour elle et ses enfans ce que je puis. Je viens encore, 50 outre la pension que je leur fais, de payer des dettes que Charles[7] avoit laissées à Genève.

Si, comme je l'espère, je vais en Allemagne, ma route naturelle et même obligée n'est pas par la Hollande, de sorte qu'a mon grand regret je ne verrai pas Villars[8]». Peut être lui ferons nous une visite, Charlotte et moi, en 55 revenant.

Adieu chère Rosalie. Mille choses à ma tante je vous embrasse tendrement.
Ce 23 X^bre 1814

à Mademoiselle / Rosalie de Constant, / à Lausanne, / Canton de Vaud, / 60
Suisse.

Manuscrit   *Genève, BGE, Ms. Constant 36/2, ff. 242–243; 4 pp., adresse p. 4; timbre : P ; orig. autogr.

Éditions   **1.** Menos (1888), n° 221, pp. 533–535.   **2.** Roulin (1955), n° 145, pp. 204–205.

Texte   **3** les] *le manuscrit porte :* tous les les   **30** bientot :] bientot *récrit au-dessus de* la semaine prochaine

Notes
[1] Voir la lettre de BC à Rosalie de Constant du 7 novembre 1814, note 2.
[2] Rosalie a peut-être appris par Germaine de Staël ou son entourage la passion de BC pour Juliette Récamier.
[3] Voir la lettre 2548, note 3.
[4] Le 25 octobre 1814, BC a écrit dans son Journal : «Conversation avec Beugnot. Il m'a promis la légion d'honneur, et fait beaucoup d'avances» et encore le 5 décembre, à propos du mémoire qu'il a rédigé en faveur de Joachim Murat, roi de Naples : «Il faut tirer partie de l'histoire de Naples pour obtenir au moins la légion d'honneur». Cependant le 9 décembre 1814 la décoration de Commandeur de l'Ordre des Deux Siciles lui a été décernée par Murat.
[5] Karl August von Hardenberg (1750–1822), fils de Christian Ludwig von Hardenberg (1700–1781), représente la Prusse au congrès de Vienne, et son frère Ernst Christian Georg August von Hardenberg (1754–1825), le Hanovre. Voir la lettre 2462, notes 2 et 3.
[6] Voir la lettre 2376, note 8.
[7] Demi-frère de BC. Voir la lettre de BC à Charles de Constant du 21 août 1814.
[8] Guillaume-Anne de Constant, cousin germain de BC, officier au service de Hollande.

2560

Benjamin Constant à Juliette Récamier

31 décembre 1814

A quelle heure voulez-vous que je vous porte ma lettre au Duc de G[1]? Si je vous importune, je vous l'enverrai ; mais vous savez bien que j'aurais un vif plaisir à vous voir, ne fut-ce qu'un instant[2]; si vous ne sortiez pas de bonne heure, j'irai vous la porter avant deux heures, et je ne resterai que tant que vous voudrez. Cela me rendra libre d'aller à Clichy[3], pour savoir si M[de] de S.   5 sait quelque chose sur le Duc de B.[4] Je le croirais d'après quelques mots d'Auguste[5]. A propos, voulez vous que je lui[6] dise que j'ai diné chez vous[7]? Vous n'avez assurément aucune raison de le taire, et dans ma disposition actuelle, je ne me sens pas non plus de l'envie de ne pas le dire. Mais comme je lui avois écrit le matin que je ne pouvais pas y[8] aller, à cause de M. Suard[9],   10 résigné que j'étais à un diner solitaire, elle y verra un plan de ma part, tandis que vous savez que c'étoit une chose moitié mendiée et tout à fait inespérée. Ce n'est pas son humeur contre moi que je crains ; c'est son ascendant sur vous. Toutes les fois qu'elle se dit bléssée, vous me prenez en grippe. Aussi sous ce rapport et sous ce rapport seul j'ai une peur d'elle que je ne puis dire.   15 Repondez à ma question et comme je sais que vous n'aimez pas à écrire longuement, mettez seulement un oui ou un non. Si c'est oui, je lui dirai que j'ai été a six heures vous demander à diner, ce qui est vrai, et elle verra ce qu'au reste elle sait assez que je n'obtiens que ce que je mendie. Si c'est non, je ne lui en parlerai pas et elle ne pensera pas à me le demander. Si vous me   20 recevez ce matin, il est inutile de m'écrire même ce monosyllabe. Vous me le direz. Savez-vous que je tremble en vous écrivant ? J'ai peur que vous ne voyez de l'ennui pour vous dans cette sotte question. Mais pensez que toutes les fois que cette femme vous a parlé sur moi, vous avez été plus importunée de moi, et vous sentirez que je dois frémir de sa puissance sur vous. Au   25 reste, il ne tient qu'à vous que je sois bien pour elle. Garantissez moi que son influence ne nuira pas à la pauvre et légère relation qui fait ma vie, et je n'aurai aucune amertume. Elle ne peut me faire du mal que par vous, car je ne vis qu'en vous seule. Singulière chose ! Je sais que vous vous passez de moi sans nul regret, sans vous en apercevoir et je ne puis supporter l'idée   30 que votre vue me seroit refusée. Oh ne soiez pas dure pour moi ! Chaque entrevue est un bienfait, chaque regard un bonheur, chaque parole une grace. Vous pouvez me faire tant de bien même pour ma vie extérieure, en donnant par un peu d'amitié du calme à ce caractère agité, qui m'est si funeste. Vous pouvez par la plus simple bienveillance me sauver de moi-   35 même. Jamais on n'eut de pareil pouvoir sur un autre, et même pour vous ce doit etre quelque chose, car enfin on ne sait pas quel est l'avenir, et c'est quelque chose qu'un être tout dévoué, qui dans toutes les circonstances vous consacreroit toutes ses forces, son talent, son esprit, son tems, son existence toute entière, sans rien exiger, détournant ses regards de ce qui pourroit 40 l'affliger, et qui ne croïroit pas trop faire, s'il mouroit par vous, en échange de quelques minutes. Vous ne croyez plus que ce sentiment soit fugitif. Il y a quatre mois qu'il dure, certes, sans encouragement, et à travers bien des humiliations et bien des douleurs. Il ne finira donc jamais. Vous m'accusez de mobilité, tandis que je suis l'homme le plus fixe, car je n'ai qu'une pensée 45 à laquelle je soumets tout. Croïez moi, ce n'est pas un sentiment commun que cette amitié passionnée sans exigeance. Adieu. Je vous porterai ma lettre si vous le permettez et quand vous le permettrez.

Madame / Recamier

Manuscrit   *Paris, BnF, N.a.fr. 14100, ff. 332–333; coté d'une main ancienne : «26»; 4 pp., l'adresse p. 4 ; orig. autogr.

Éditions   **1.** *Lenormant (1882), n° 23, pp. 50–53.   **2.** Harpaz (1977), n° 39, pp. 82–84. **3.** Harpaz (1992), n° 44, pp. 107–109.

Commentaire et Notes   La date est commandée par le contenu ; voir les notes 2, 7, 9.

[1] Il s'agit sans doute des démarches faites par Germaine de Staël auprès du duc de Gaëte pour récupérer les deux millions de francs prêtés par Jacques Necker au Trésor de la France en 1777. Martin-Michel-Charles Gaudin, duc de Gaëte (1765–1841), ministre des finances sous Bonaparte et tombé avec lui, reprendra son poste pendant les Cent Jours. Cette lettre au duc de Gaëte n'a pas été retrouvée.

[2] Voir Journal, 31 décembre 1814: «Je n'ai vu Juliette qu'un instant».

[3] Chez Germaine de Staël.

[4] Le duc de Blacas, favori du roi, doit s'occuper de la dette de Necker, lui aussi.

[5] Auguste de Staël.

[6] Germaine de Staël.

[7] BC avait dîné chez Juliette le 30 décembre (voir Journal).

[8] Chez Germaine de Staël.

[9] BC avait passé la soirée du 30 «chez Mme Suard» (Journal, sous cette date), une connaissance de longue date.

2561

Benjamin Constant à Juliette Récamier

5 janvier 1815

Vous m'avez dit hier d'aller chez vous à trois heures, mais sans trop penser à ce que vous disiez et vous l'avez presque rétracté après. Je ne vous ai presque pas vue hier, je ne dine pas avec vous. Je n'irai pas chez M^de de Catelan[1]. Tout cela est de la souffrance. Vous verrai-je au moins un instant dans la journée. J'en ai bien besoin : mais de grace ne m'indiquez pas une heure où 5 je vous trouve sortie. Je ne sai pourquoi mon cœur qui depuis quatre mois est toujours triste l'est aujourdhui plus que jamais. Que je voudrais qu'il se brisât en fesant pour vous quelque chose. Le dévouement est un grand plaisir et la mort seroit un grand bonheur. Aussi j'y pense plus qu'on ne croit. 10

Madame / Recamier

Manuscrit   *Paris, BnF, N.a.fr. 13265, ff. 131–132; coté d'une main ancienne : «72»; 4 pp., pp. 2–3 bl., l'adresse p. 4; orig. autogr.

Éditions   **1.** Mistler (1950), p. 85.   **2.** Harpaz (1977), n° 41, p. 87.   **3.** Harpaz (1992), n° 46, p. 113.

Commentaire et Notes   L'allusion aux «quatre mois» de tristesse permet de dater cette lettre du début du mois de janvier 1815, et, plus précisément, du 5 janvier. Voir Journal : le 4 janvier, BC avait trouvé Juliette «froide», remarque qui fait écho à la première phrase ; le 5, il jouit de l'«entrevue inespérée» qu'il est en train de quémander ici.

[1]   Grande amie de Juliette ; voir la lettre 2519, note 5.

2562

Benjamin Constant à Juliette Récamier

14 janvier 1815

Pardon si je vous écris encore. Mais je voudrais, s'il est possible, conserver le moyen de finir le malheureux ouvrage[1] que j'ai entrepris, et je sens que si vous n'avez pas, pour quelques jours encore, un peu de bonté, dussiez vous vous la prescrire, je n'aurai plus ni talent ni force. Vous m'avez renvoyé hier durement. Je me suis en allé bien triste, et je n'ai pas eu le courage de 5 retourner chez vous le soir[2]. Je n'ai pas non plus fait d'autres visites. Je laisse rompre toutes mes relations. Jamais il n'y eut destruction plus complète d'un malheureux être, sous tous les rapports, sociaux politiques, et de toute espèce. Le 26 Aoust, je suivais avec activité et même avec adresse une marche qui auroit arrangé peut être ma vie, et surtout celle d'une autre[3], ce qui est plus important. Depuis le 27, tout est changé. Je souffre et je me consume tout seul, et aucune tentative pour reprendre le gouvernail de moi même ne me réussit. Je ne vous parle presque plus de cette longue douleur : mais Croyez moi, tout ce que je vous en écrivais, quand j'espérais vous toucher, subsiste encore, et s'il y a moins de violence apparente, c'est qu'il y a plus de découragement. Je ne m'explique pas comment aujourdhui, que vous êtes bien convaincue et de ma soumission et de mon dévouement si complet, vous ne mettez point de prix à répandre dans une ame dont vous disposez un peu de bonheur ou de calme. La vie est-elle donc si riche en affections qu'il faille fouler aux pieds celles qui ne demandent qu'un signe de bonté pour se consacrer à jamais ? Pardon si je me plains. Mais je n'ai pas un être à qui je puisse parler. Ma peine retombe toute entière sur moi seul, et quand j'ai passé la nuit dans l'agonie et les larmes, je me retrouve le matin effrayé de ma solitude. Aucun signe d'Amitié de vous ne l'interrompt jamais, et si quelque maladie me frappoit, vous me laisseriez mourir chez moi, sans vous être seulement aperçue de mon absence. Pardon encore. Je ne vous accuse pas. Il y a dans tout ceci une volonté surnaturelle. Car tant d'indifférence pour un être qui vous aime tant n'est pas dans la nature humaine. Aussi c'est au ciel plus qu'à vous que je demande grace. Je lui demande à chaque heure et du jour et de la nuit la seule grace que je désire, que j'implore encore de lui, en vous écrivant ces lignes, une mort prompte, car ma vie est perdue, sans retour, et je cesserais de vous aimer, ce qui est impossible, que je ne cesserais pas de regretter le bonheur que j'ai espéré pendant quelques jours[4]. Mais n'avez-vous donc nulle amitié pour moi, pas même autant que pour M. Ballanche ou tout autre[5]? Et si vous en avez, pourquoi me dites vous si souvent le contraire ? Croyez vous que, si un homme se croyoit condamné à mort, ce fut une douce plaisanterie, de lui dire sans cesse que la sentence va s'exécuter ? Oh si vous avez un peu d'amitié, laissez moi la voir : laissez moi respirer un moment, sans angoisse. Je voudrais tant savoir encore une fois ce que peut être la vie sans douleur. Je vous aime avec tant d'yvresse : chaque geste de vous a une telle séduction. Oh si le ciel mettoit auprès de vous un abyme et qu'il y fallut tomber, après vous avoir serrée sur mon cœur, avec quelle joye je me sentirais rouler au fond de l'abyme. Un mot de vous pour que ce matin je puisse travailler. J'ai grand besoin d'avoir fini ; mes retards sont un ridicule, et vous en serez plus mal pour moi. Mais je ne puis rien sans vous, et je mendie un peu de talent de vous qui avez en votre pouvoir tout ce qui m'en reste. Que vous a dit la femme que j'ai laissée avec vous[6]? Elle ne passe jamais nulle part qu'il n'en résulte pour moi quelque chose de funeste ? M'aura-t-elle encore fait du mal ? Vous m'avez permis de diner chez vous[7]. Je vous verrai donc à cinq heures[8], n'est-ce pas. Jusqu'alors je travaille. Avec quel effort, Dieu le sait. Mais, deux jours après que mon ouvrage aura paru vous saurez pourquoi j'étais si impatient de le faire[9]. Adieu jusqu'à cinq heures, n'est-ce pas ? Oh mon Dieu, pourquoi faut-il vous aimer ainsi ? Cela vous est si égal. Adieu, à cinq heures.

Madame / Recamier

Manuscrit   *Paris, BnF, N.a.fr. 13265, ff. 106–107; coté d'une main ancienne : «59»; 4 pp., p. 3 bl., l'adresse p. 4; orig. autogr.

Éditions   **1.** Lenormant (1882), n° 42, pp. 101–105.   **2.** Harpaz (1977), n° 42, pp. 88–90. **3.** Harpaz (1992), n° 47, pp. 114–116.

Texte   **5**   en] *ajouté dans l'interligne*   **28**   nature] *mot emporté par une déchirure* **48**   que] que ⟨j'aye[?]⟩

Commentaire et Notes   Il y a une correspondance étroite entre les événements évoqués dans la présente lettre comme datant d'«hier» et ceux qui sont notés dans le Journal du 13 janvier.

[1] *De la responsabilité des ministres.*
[2] Voir Journal du 13 janvier : «Cette diablesse de Mme de St[aël] est venue. Juliette m'a renvoyé. J'ai pris de l'humeur et je n'y suis pas retourné le soir».
[3] Le mois d'août 1814 avait été consacré à de nombreux dîners et réunions jusqu'au moment du coup de foudre du 31.
[4] Allusion à l'idylle d'Angervilliers (du 6 au 12 septembre 1814).
[5] Pour Ballanche, voir ci-dessus, lettre 2558, note 10.
[6] Voir ci-dessus, note 2.
[7] BC dînera chez Juliette, en effet, le 14 janvier, mais sans grand plaisir (voir Journal).
[8] Voir Journal, 13 janvier : «Demain je m'enferme jusqu'à 5 heures pour avancer».
[9] BC voulait surprendre tout le monde en quittant la France à l'improviste dès son ouvrage terminé.

2563

Benjamin Constant à Juliette Récamier

19 janvier 1815

Trois heures du matin
J'ai l'honneur de prévenir la Protectrice du Couvent que j'ai gagné 24 Napoléons dont en conséquence douze sont acquis aux pauvres qu'elle veut bien soulager[1]. J'aurois peut être gagné plus, mais j'étois si effrayé de l'idée de perdre que je n'osois pas jouer hardiment. Je lui porterai cette petite

offrande, ou plutot je reclamerai, comme prétexte, le bonheur de l'accompagner, parce qu'elle me l'a promis, et que les promesses sont sacrées.

A présent que j'ai fait mon rapport, Je profite de l'occasion pour Vous supplier, Vous qui faites, à bien peu de fraix, tout le bonheur et toute la destinée de ma vie, de vous souvenir que, s'il y a des nuages sur l'horizon, je n'en suis point coupable, que ce n'est pas moi qui me plains, bien qu'à la seconde place, que dans mon extrême soumission, je serais parti[2], la mort dans le Cœur, mais que je serais parti, sans humeur, et que je ne suis resté que parce qu'il n'y avoit pour vous aucune gêne et aucun inconvénient à ce que je restâsse. Il ne seroit donc pas juste et il ne peut être dans votre cœur, de vous en prendre à moi de l'humeur d'un autre[3], si humeur y a. Je n'ai un peu de calme, un peu de facultés et de possibilité de m'occuper, en un mot, je ne vis que depuis que j'espère avoir une place dans votre affection : et si vous comparez l'état où vous m'avez vu à celui où je suis, malgré ce qui doit m'affliger, vous sentirez que vous êtes responsable de ma raison de ma vie que vous conservez par la moindre bonté, et par le charme de votre présence. Mon Dieu, j'ai tant et si horriblement souffert que je crois à peine à un état moins pénible, et que je suis aussi étonné que reconnoissant de ne plus éprouver cette épouvantable douleur. Vous disposez de moi comme jamais femme n'a disposé d'un être : vous en disposez chaque jour davantage : je pouvais me tuer pour vous dans les commencemens de cette passion magique ; aujourdhui je puis me plier à toutes vos volontés, hormis à la privation de vous : je puis souffrir sans me plaindre ; je puis tout pour que votre cœur et même les sentimens qui ne sont pas pour moi n'éprouvent aucune contrariété pénible. Faites donc pour moi ce que vous pourrez : dites vous que j'aurais besoin de tout et que je vous aime si passionémént que je me contente du moins possible, et ne déchirez pas un pauvre cœur qui est tout entier dans votre dépendance, et qui n'existe que par vous.

Je vous verrai à trois heures[4], comme vous me l'avez dit. Pourquoi n'iriez vous pas ce soir à Clichy[5]? Ce seroit un bienfait. Adieu. A trois heures : il n'y en a que douze à passer.

Madame / Recamier

Manuscrit   *Paris, BnF, N.a.fr. 13265, ff. 96–97; coté d'une main ancienne : «52»; 4 pp., l'adresse p. 4; orig. autogr.

Éditions   **1.** Lenormant (1882), n° 53, pp. 128–130.   **2.** Harpaz (1977), n° 43, pp. 90–92. **3.** Harpaz (1992), n° 48, pp. 116–118.

Commentaire et Notes   Lettre compatible par le ton et le contenu avec les relations entre BC et Juliette Récamier à cette époque. Nous aurions tendance à favoriser la date du 19 janvier, ne serait-ce qu'à cause de l'allusion au contretemps avec Forbin, qui a eu lieu le soir du 18 janvier (voir *Journal*, sous cette date). Il s'agirait donc ici de la «lettre pleine de douleur» notée dans le *Journal*, 19 janvier.

¹ Le 16 octobre 1814, déjà, Juliette avait accepté de BC une partie de l'argent qu'il avait gagné au jeu, pour aider les pauvres qu'elle protégeait par charité (voir *Journal*, sous cette date); il s'agissait d'un acte de pénitence pour compenser le mal qu'il avait fait en succombant encore une fois à la tentation du jeu.

² Allusion probable à l'événement noté dans le *Journal*, 18 janvier : «Je l'ai trouvée tête à tête avec M. de F[orbin], elle avait tout bien arrangé pour cela. Elle l'a renvoyé bientôt : j'ai été enchanté, mais elle m'a renvoyé presque aussitôt, et j'ai emporté le soupçon qu'il devait revenir. Fureur, douleur. Je souffre encore. Mais que faire ? Tuer M. de F[orbin] c'est un ridicule, à mon âge, et cela ne mène à rien».

³ Forbin.

⁴ Il la verra, en effet, l'après-midi du 19; voir *Journal*, sous cette date : «Douce conversation avec elle».

⁵ Chez Germaine de Staël. BC dîne chez elle le 18 janvier. On ne relève aucune mention d'une visite chez elle le soir du 19.

2564

Benjamin Constant à Juliette Récamier

nuit du 19–20 janvier 1815

Je suis rentré chez moi, inquiet et troublé, de notre conversation de ce soir, non que je me plaigne de vous, et de votre adorable bonté qui est si nécessaire à ma vie ; mais, gêné que j'étais par la présence d'un tiers¹, je n'ai pas assez bien plaidé ma cause. Occupé trop uniquement de vous, je n'ai pas assez senti que mon sort étoit dans ses mains, que vous le consulteriez, et 5 qu'il pourroit, sans vouloir me nuire, mais faute de me connoître, vous donner des impressions funestes. J'étais sur le point, avant de sortir, de me jeter à ses genoux, pour le supplier de ne pas me faire du mal. Mais tout ce qui parait théatral me répugne, même quand c'est vrai. Je prends donc le seul parti qui me reste, je vous écris avant de me coucher, et de chercher un 10 peu de repos, si j'en puis trouver. J'ai taché de vous parler devant lui avec bien du calme, et de n'exprimer que le sentiment dont personne ne peut me blâmer ; et en effet, je vous le jure, je ne sai pas si j'ai plus d'amour pour vous que d'affection pure profonde et désintéréssée. Pourquoi donc vous effrayer de ce sentiment, qui sans gêner du tout votre vie peut faire le bon- 15 heur, le seul bonheur de la mienne. Je respecte toutes vos volontés, Je me soumets à tous vos ordres. Pourquoi craindriez-vous de me permettre d'etre votre premier Ami ? l'ami le plus dévoué, sans autre prétention, sans autre titre que mon sentiment à un peu de préférence d'Amitié ? Je ne sai ce qui peut vous inquiéter, vous me connoissez si bien, vous savez tellement quel 20 est votre empire. Vous savez comment un seul de vos regards m'arrête et me subjugue. Que craignez vous donc ? de me faire souffrir ? Un mot de vous, un léger signe d'affection, une attention bienveillante quand vous m'aurez fait de la peine changeront cette peine en plaisir : Je ne vous ai dit ce soir aucune des choses que j'aurais du vous dire. Vous avez demandé si souvent 25 ce que vous deviez faire et ce qui résulterait de ma passion pour vous. Je vais vous le dire, ange du ciel, ce que vous devez faire et Ce qui en résultera. Cette passion n'est pas une passion ordinaire, elle en a toute l'ardeur, elle n'en a pas les bornes. Elle met à votre disposition un homme spirituel, dévoué, courageux, désintéréssé, sensible, dont jusqu'à ce jour les qualités 30 ont été inutiles, parce qu'il lui manque la raison nécessaire pour les diriger. Eh bien ! Soyez cette raison supérieure. Guidez-moi, tandis que mes forces sont entières et que le tems s'ouvre devant moi, pour que je fasse quelque chose de beau et de bon. Vous savez comme ma vie a été dévastée par des orages venus de moi et des autres ; et malgré cela, malgré tant de jours, de 35 mois, d'années prodiguées, j'ai acquis un peu de réputation. Né loin de Paris, j'étois parvenu à y occuper une place importante : aujourdhui même, je ne puis me le cacher, les yeux sont tournés vers moi, quand on a besoin d'une voix qui rappelle les idées généreuses. Je n'ai su tirer aucun parti de mes facultés, qu'on reconnoit plus que je ne les sens moi même, parce que je 40 n'ai aucune raison. Emparez vous de mes facultés, profitez de mon dévouement pour votre pays et pour ma gloire. Vous dites que votre vie est inutile, et la Providence remet en vos mains un instrument qui a quelque puissance, si vous daignez vous en servir. Laissons de coté ces luttes sur des mots qui ne changent rien aux choses. Soyez mon ange tutélaire, mon bon génie, le 45 Dieu qui ordonnera le cahos dans ma tête et dans mon cœur. Qui sait ce que l'avenir réserve à la France ! Et si je puis y faire triompher de nobles idées, et si c'est par vous que j'en reçois la force, et si mes facultés qu'on dit supérieures servent à mon pays, et à une sage liberté, direz vous encore que votre vie n'a servi à rien ? Cette moralité dont vous m'accusez de manquer, rendez 50 la moi. La fatigue d'une exagération perpétuelle, plus pénible a voir parce que les actions ne s'accordent pas avec les paroles, cette fatigue m'a rendu sec, ironique, m'a oté dites vous le sens du bien et du mal. Je suis dans votre main comme un enfant, rendez moi les vertus que j'étais fait pour avoir. Usez de votre puissance. Ne brisez pas l'instrument que le ciel vous confie. 55 Votre carrière ne sera pas inutile si dans un tems de dégradation et d'égoïsme, vous avez formé un noble caractère, donné à tout ce qui est bon un courageux defenseur, versé du bonheur dans une ame souffrante, de la gloire sur une vie que le découragement opprimoit : vous pouvez tout cela, vous le pouvez par votre seule affection. Mais ce que vous ne pouvez pas, c'est me 60 détacher de vous et vous ne pouvez pas non plus, avec votre nature angélique, supporter l'affreuse douleur que vous m'infligeriez. Vous me feriez du mal inutilement, car en me voyant au désespoir, mourant dans les convulsions à votre porte ou dans votre rue, vous reviendriez sur vos résolutions, et il n'y auroit eu que de la souffrance sans résultat, tandis qu'il peut y avoir 65 du bonheur et de la gloire et de la morale.

Remettez cette lettre à M. Ballanche. Je voudrais qu'il me jugeât bien, qu'il ne travaillât pas contre moi, qu'il ne m'empêchât pas de devenir par vous ce que la nature veut que je sois, ce que la Providence m'a rendu la possibilité d'être, en fesant descendre sur la terre un de ses Anges pour me 70 diriger.

A trois heures.[2]

Voici mon livre[3]. Oh ! lisez le ! Je crois que vous y verrez partout que j'ai le Sens du bien et du mal.

Manuscrit   *Paris, BnF, N.a.fr. 13265, ff. 30–31; coté d'une main ancienne : «16»; 4 pp., p. 4 bl.; orig. autogr.

Éditions   **1.** Colet (1864), n° 4, pp. 9–13.   **2.** Harpaz (1977), n° 45, pp. 93–95.   **3.** Harpaz (1992), n° 50, pp. 119–123.

Commentaire et Notes   L'allusion à l'entretien à trois avec Ballanche (le «tiers» anonyme de la première phrase) laisse supposer avec assez de certitude que cette lettre a été écrite par BC au cours de la nuit du 19 au 20 janvier : voir Journal, 19 janvier : «Entrevue le soir, mais avec M. Ballanche. Elle m'a fait parler de mon sentiment devant lui». BC aura commencé sa lettre en rentrant chez lui.

[1] Ballanche.
[2] BC verra Juliette, en effet, le 20, par deux fois, le matin et le soir, jamais seul.
[3] Il s'agit sans doute d'une copie de *De la responsabilité des ministres*, dont BC corrigera les dernières épreuves les 28 et 29 janvier.

2565

Benjamin Constant à Juliette Récamier

20 janvier 1815

Me suis-je assez résigné hier[1]? Me suis-je en allé d'assez bonne heure ? Avez-vous daigné penser à ce que j'ai du souffrir ? Cependant, Si vous daignez tenir votre parole, je tiendrai la mienne. Je ne veux pas que votre bonté pour moi vous coute un seul sentiment pénible : et contribuer à votre bonheur, même aux dépens du mien, est un besoin pour moi. D'autres, un autre[2] 5 s'agite, s'exalte, et se demène pour vous dominer. Un jour peut etre vous serez juste. Aujourdhuy, soïez heureuse, et soïez bonne. Je dine donc avec vous[3]. Vous m'avez permis de venir avant diner[4]. J'espère un instant de conversation. Je voudrais aussi faire ma paix avec M. Ballanche que j'ai

quitté un peu brusquement quand il me parlait des vers de Pythagore[5]. Avez ₁₀
vous lu ma lettre de hier[6]? Je vous fais mille questions dans chaque lettre :
vous ne répondez jamais un mot, et vous ne m'en parlez pas quand je vous
vois. Graces au ciel, il est trois heures[7], et M. de F. j'espère n'est plus chez
vous[8].

a Madame / Recamier ₁₅

Manuscrit *Paris, BnF, N.a.fr. 13265, f. 80; coté d'une main ancienne : «43»; 2 pp., l'adresse
p. 2; orig. autogr.

Éditions **1.** Lenormant (1882), n° 13, pp. 25–26. **2.** Harpaz (1977), n° 44, p. 92.
3. Harpaz (1992), n° 49, pp. 118–119.

Commentaire et Notes Pour la date de cette lettre, voir ci-dessous les notes.

[1] Il s'agirait encore une fois de l'entretien à trois avec Ballanche, qui avait eu lieu le soir du 19
janvier ; voir la lettre précédente.
[2] Forbin.
[3] BC dînera avec Juliette le soir du 20 janvier, voir Journal.
[4] Voir la note 8.
[5] Il s'agit de l'ouvrage de Fabre d'Olivet, *Les Vers dorés de Pythagore, expliqués et traduits
pour la première fois en vers eumolpiques français, précédés d'un Discours sur l'essence et la
forme de la poésie chez les principaux peuples de la terre*, publié en 1813. Cet ouvrage
mystico-chrétien fournit à Ballanche de nombreuses idées importantes.
[6] La lettre 2564, en date du 19–20 janvier.
[7] Trois heures de l'après-midi et non trois heures du matin, comme le propose Harpaz (1992),
p. 119.
[8] Le rendez-vous souhaité aura lieu, mais en présence de Forbin; voir Journal, sous la date du
20 janvier : «Juliette m'avait donné rendez-vous ce matin. J'y ai trouvé M. de Forbin».

2566

Benjamin Constant à Juliette Récamier

21 janvier 1815

A Dieu ne plaise que je me plaigne. J'ai trop à remercier le ciel de ce que
vous n'avez pas été malade de votre course de ce matin. J'écoutois tous les
détails du froid affreux qu'il a fait dans l'église[1] et je frémissois. J'ai senti
qu'il y auroit encore une plus horrible douleur que celles que j'ai éprouvées,
ce seroit de vous savoir souffrante et de ne pouvoir vous soigner sans cesse. ₅
Mais en m'interdisant toute plainte, il est pourtant vrai que je n'ai pu depuis
deux jours vous dire un mot seule[2]. Mon cœur s'élance vers vous. J'aurais
besoin de poser ma tête sur votre main, et de vous dire combien je vous

aime. Mon sentiment se fortifie de mille caractères qu'il n'avoit pas. Je découvre en vous mille nouveaux charmes. Votre esprit est le seul qui me convienne, votre grace est la seule qui me touche. Votre gaité si naturelle, si naïve, si vraye, votre ame si pure et si noble, chaque mot de vous indiquant la finesse ou révélant la bonté, j'aime en vous tout ce qu'il y a de beau et d'adorable sur la terre. Ah ! laissez moi vous aimer, j'en vaux mieux, je m'en estime davantage. Je me sais gré de sentir avec tant de force tout ce que vous êtes et tout ce que vous valez. Mon amour étoit ma seule pensée, il devient presque du bonheur, tant il est doux de vous admirer et de vous chérir. Je ne puis résister au besoin de vous le dire, quoique mes pauvres lettres restent toujours sans réponse. Mais je vous aime comme on aime Dieu, qu'on prie, qu'on invoque, et dont on sent, malgré le silence, l'influence bienfaisante au fond de son cœur.

N'oubliez pas que vous m'avez dit de vous aller voir à deux heures[3]. Qu'on ne me renvoye pas[4], et que je puisse une fois vous dire que je vous remercie de tout ce que j'éprouve pour vous. Vous aimer est un bonheur. Vous êtes l'idéal d'une femme, la réunion de tout ce qui séduit de tout ce qui impose, de tout ce qu'on revere et de tout ce qu'on aime. Ne brisez pas mon cœur, qui est à vous comme une partie de vous, qui ne vit que par vous, et qui a besoin d'un peu d'affection pour résister au sentiment qui le domine, et pour supporter la privation de ce que vous lui refusez.

A deux heures, n'est-ce pas ? Mon espérance de vous voir me fait toujours trembler. Je suis toujours sur le bord d'un abyme ou vous pourriez me pousser d'un geste, et je me retiens à votre main, à votre robe, comme un malheureux qui craint de périr.

Madame / Recamier

Manuscrit   *Paris, BnF, N.a.fr. 13265, ff. 42–43; coté d'une main ancienne : «22»; 4 pp., l'adresse p. 4; orig. autogr.

Éditions   **1.** Lenormant (1882), n° 41, pp. 99–101 (avec coupures).   **2.** Harpaz (1977), n° 46, pp. 95–97.   **3.** Harpaz (1992), n° 51, pp. 123–124.

Texte   **23**   puisse] puisse ⟨en[?]⟩

Commentaire et Notes   Nous supposons que la cérémonie religieuse dont il est question au début de cette lettre est celle qui a été célébrée à Saint-Denis le 21 janvier 1815, à la mémoire de Louis XVI et de Marie-Antoinette.

[1]   C'est sans doute Germaine de Staël qui aura fourni ces détails à BC au cours du dîner qui a eu lieu chez elle le soir du 21 janvier. Voir *Journal*, sous cette date.
[2]   Pour les conversations à trois des journées précédentes, en présence de Ballanche ou de Forbin, voir ci-dessus les lettres 2564 et 2565.
[3]   BC aura un «tête-à-tête de deux heures avec Juliette», en effet, le 22 : voir *Journal*, sous cette date.
[4]   Le renvoi le plus récent date des environs du 18 janvier ; voir ci-dessus la lettre 2563, note 2.

2567

Benjamin Constant à Juliette Récamier

24 janvier 1815

Je ne sai si ma timidité m'a bien ou mal guidé hier. La lecture de mon maudit Roman a duré jusqu'à minuit et demie, quelqu'effort que je fisse pour aller plus vite. J'aurais bien consenti à en supprimer la fin, si j'avois osé le proposer. Tant l'interet unique de mon ame anéantit tous les amours propres. Mais il n'y avoit pas moyen. Sitot la lecture finie j'ai planté les gens 5 qui ouvroient la bouche pour me louer, et je suis arrivé chez vous. Je n'ai vu aucune voiture à la porte, aucune lumière en haut, j'ai frappé deux fois, on n'a pas ouvert, il n'y avoit non plus aucune lumiere chez le portier. J'ai craint de mal faire en vous demandant, j'ai [ ] et aussi au nom de votre bonté, je demande à me relever de cette journée de hier où je ne vous ai pas 10 vu trois minutes[1]. J'aurai d'ailleurs des choses assez curieuses à vous dire sur une conversation de trois quarts d'heure avec M. de Forbin qui m'a pris à part vous ne devinerez pas pourquoi ; nous avons été les meilleurs amis du monde. Ce qu'il me disoit produisoit sur moi un singulier effet. J'en étais a la fois inquiet, heureux, et humilié. Du reste, ne lui en dites rien, il croiroit 15 que je me suis moqué de lui. Je prévois qu'il voudra prendre occasion de mon Roman pour vous dire du mal de ma sensibilité : ne le croyez pas. Vous savez mieux que personne que je n'ai de vie et de réalité que dans l'affection. Soïez donc juste, puisque vous êtes ingrate. Au nom de Dieu que je vous voye ce matin[2]! J'ai de bonnes nouvelles pour M^de de Stael[3], et j'y vais de ce 20 pas. Un mot sur l'heure ou je vous verrai.

Madame / Recamier

Manuscrit *Paris, BnF, N.a.fr. 13265, ff. 59–60; coté d'une main ancienne : «32»; 4 pp., pp. 2–3 bl., l'adresse p. 4; orig. autogr.

Éditions **1.** Colet (1864), n° 6, pp. 15–16. **2.** Lenormant (1882), n° 31, pp. 71–73. **3.** Harpaz (1977), n° 49, pp. 100–101. **4.** Harpaz (1992), n° 54, pp. 129–130.

Texte **9** [ ] *mots emportés par une déchirure*

Commentaire et Notes La date est déterminée par l'allusion à «[L]a lecture de mon maudit Roman» [*Adolphe*], qui eut lieu le soir du 23 janvier (voir Journal, sous cette date).

[1] BC n'avait vu Juliette qu'«un seul instant» au cours de la journée du 23 janvier (voir Journal, sous cette date).
[2] Ce rendez-vous aura lieu : voir Journal, 24 janvier : «Juliette douce et amicale».
[3] Les négociations pour obtenir le remboursement de la dette du Trésor de France au nom du père de Germaine de Staël sont près d'aboutir ; voir Journal, 24 janvier : «Couru pour les affaires de Mme de St[aël]. Elle sera payée, je le crois». Voir aussi la lettre suivante.

2568

Benjamin Constant à Juliette Récamier

vers le 25 janvier 1815

Vous avez bien voulu me dire de vous écrire tous les matins ce que je ferais dans la journée. Vous avez ajouté que vous me répondriez. C'est donc une espèce de bulletin[1] que je vous envoye. C'est en effet le cas d'un bulletin, car je suis bien malade. Voici donc mon histoire depuis que je ne vous ai vue, et celle de mes projets. En vous quittant[2], j'ai été dans ma nouvelle maison[3] 5 jeter un coup d'œuil sur cette voiture que vous m'avez fait acheter, dans laquelle je me suis promené avec vous à Angervilliers[4], et qui, d'un moment à l'autre, me conduira peut être bien loin de vous[5]. J'ai vu qu'en une heure elle pouvoit être prête, et j'ai senti un certain soulagement dans l'idée que, si ma douleur devenoit insupportable, je pourrais au moins vous en épargner 10 la vue. J'ai couru ensuite pour M^de de St. et j'ai appris que son affaire étoit en très bon chemin et qu'elle seroit surement payée[6]. J'ai vu avec plaisir que je lui avais rendu un assez grand service, en l'empéchant d'écrire une lettre très violente, qui auroit beaucoup nui à sa cause, puisque déja des expressions trop vives lui avoient fait quelque tort. J'ai été lui porter ces nouvel- 15 les[7]. J'ai trouvé à diner le Duc de Richelieu, Mad^e de Duras, et le Maréchal Ney[8]. J'ai voulu parler, mais le poids qui est sur ma poitrine m'en a ôté la faculté. J'ai donc laissé échapper malgré moi l'occasion de vous obéir en me servant, et l'on m'a dit, par une expression plus proportionnée à mon état qu'on ne le croyoit, que j'avais été silentieux comme le tombeau. La Du- 20 chesse de Luynes[9] est arrivée, et je me suis ranimé, non par calcul, mais parce que tout ce qui vous a approchée a sur moi un effet magique. Ensuite Mad^e de St. à annoncé qu'elle alloit sortir. J'ai vu avec douleur que mon espérance de vous regarder de loin quelques instans alloit être trompée. En m'en allant j'ai reconnu votre voiture, vous m'avez dit bonsoir[10] et je suis 25 parti. J'avais trois engagemens pour la soirée, je n'ai eu le courage d'aller à aucun. Je suis rentré chez moi à dix heures. J'ai fini ma journée[11]. J'aime mieux la solitude que la societé et l'obscurité que la lumière. Ce matin je vous écris. Vous m'avez permis d'espérer une réponse. J'en ai besoin. Je sens que ma vie et ma raison dépendent de deux lignes aussi vagues que vous les 30 voudrez, mais dans lesquelles, en me fesant illusion, je puisse voir un peu d'amitié. Je n'irai ni chez vous, ni chez Mad^e de Catelan, ni nulle part où je puisse vous rencontrer à moins que vous ne me le disiez. Mais écrivez moi. Si vous manquiez à cette dernière parole qui ne peut avoir aucun inconvé- nient, je ne puis répondre de rien, sinon de ne pas vous importuner du 35 spectacle de ma douleur. Mais je souffre si horriblement, au physique. Ma tête est si brulante, mes yeux se remplissent de larmes et je ne puis pas écrire trois mots sans m'arrêter pour respirer. Si vous pouvez me voir sans inconvénient pour vous, faites le. J'etais gai, il y a six mois, je prenais interet à tout, j'arrangeois ma vie[12], j'acquérais quelque réputation. Je ne vous avais 40 jamais fait de mal ; quand vous aviez eprouvé des malheurs ou des chagrins[13], j'y avois pris part. Montlosier m'a invité aujourdhui à diner[14] avec des gens qui veulent dit-il jouir de ma conversation, comme si j'avais encore de la conversation ! On n'a cessé hier de me vanter mon talent[15]. Pourquoi donc est-on venu briser tout cela ? Pardon. Je vous jure que je n'ai 45 que de la tristesse et pas un sentiment amer. Mais la semaine dernière j'etais si heureux, de si peu de chose. Après mon diner, je rentrerai chez moi[16], puisque vous voir m'est désormais défendu, et comme hier soir je chercherai la nuit et la solitude. Voilà ma vie. Si vous pouvez à une heure ou à une autre me voir, vous me donnerez plus de bonheur que je n'en concois main- 50 tenant la possibilité mais je ne l'espère pas. Adieu. Mon Domestique me rapportera votre réponse.

Je vais avoir bien du tems à moi. Les affaires de Mad[e] de St. sont finies [ ] Brochure[17] [ ]

Madame / Recamier 55

Manuscrit *Paris, BnF, N.a.fr. 13265, ff. 121–122; coté d'une main ancienne : «67»; 4 pp., l'adresse p. 4; orig. autogr.

Éditions **1.** Colet (1864), n° 18, pp. 52–55. **2.** Lenormant (1882), n° 33, pp. 75–79 (avec coupure). **3.** Harpaz (1977), n° 40, pp. 84–87. **4.** Harpaz (1992), n° 45, pp. 109–112.

Texte **22** qui] qui ⟨vot[?]⟩ **53** [ ]] *deux mots illisibles* **54** [ ]] *mots emportés par une déchirure*

Commentaire et Notes Il s'agit ici du premier «bulletin» censé être quotidien et proposé à BC par Juliette pour essayer de le rendre à un état de calme. La lettre suivante, qui date de toute évidence des alentours du 25 janvier, pourrait bien être un billet explicatif, écrit pour accompagner ce premier bulletin. Nous en conclurons, sous toutes réserves, que la présente lettre date de la même période. Cette hypothèse est confortée par l'allusion dans la toute dernière phrase aux tentatives de BC pour recouvrer la dette Necker, qui tirent à leur fin, et à la brochure sur la responsabilité des ministres, qui elle aussi est près d'être achevée. D'autres allusions seront signalées dans les notes. D'autre part, il faudrait admettre qu'il y a de légères différences entre le texte de la présente lettre et celui du Journal (voir, par exemple, la note 11).

[1] Cette expression indiquerait qu'il s'agit d'un premier essai de ce genre ; voir ci-dessus, Commentaire.

[2] BC avait demandé un rendez-vous pour le matin du 24 janvier dans la lettre précédente ; voir note 3.

[3] BC avait acquis cette maison, rue Neuve-de-Berry, n° 6, le 12 novembre 1814; le 15 novembre, il achète du terrain ; le 28 le contrat est signé ; le 29, BC arpente le terrain ajouté à sa maison, le 2 décembre il achète encore du terrain. Voir Journal, sous ces dates, et la lettre de BC à Villers du 15 novembre 1814.

[4] Loué dès le 6 septembre 1814, avant d'être acheté, ce cabriolet sera vendu le 29 avril 1815; voir les *Livres de dépenses* de BC, *OCBC*, VII. Pour l'idylle d'Angervilliers (6–12 septembre 1814), voir les lettres du début septembre 1814.

⁵ BC songe depuis longtemps à partir en Allemagne, pour rejoindre sa femme.

⁶ Même phrase, à peu près, dans le Journal, 24 janvier 1815 : «Couru pour les affaires de M^{de} de St[aël]. Elle sera payée, je le crois».

⁷ Voir la fin de la lettre du 24 janvier : «J'ai de bonnes nouvelles pour M^{de} de Stael, et j'y vais de ce pas». Le dîner, sujet des phrases suivantes, n'est pas signalé dans le Journal.

⁸ Le duc de Richelieu (1766–1822), actuellement premier gentilhomme de la Chambre du roi, et noté pour sa droiture et sa modération (voir ci-dessous la lettre 2729, note 2), succédera à Talleyrand comme premier ministre le 25 septembre 1815. Pour la duchesse de Duras, voir ci-dessus la lettre de BC à Anne de Nassau, 24 mai 1814, note 14. Claire de Kersaint, duchesse de Duras (1778–1828), avait épousé le duc de Duras, alors émigré, à Londres. Dès son retour en France, en 1801, elle se fit connaître pour ses brillantes soirées. Son mari, lui aussi, est actuellement premier gentilhomme de la Chambre. Amie de Talleyrand et de Germaine de Staël, dont elle partagea le libéralisme constitutionnel, elle est dévouée à la cause des Bourbons, et très attachée à Chateaubriand. Elle est connue surtout pour ses trois romans, *Olivier* (1822), *Ourika* (1823) et *Édouard* (1825). Le maréchal Ney (1769–1815), ayant abandonné Napoléon au moment de son abdication, ne jouera aucun rôle au cours de la première Restauration. Arrêté après les Cent-Jours, il sera exécuté le 7 décembre 1815.

⁹ Intelligente et originale, et, partant, regardée comme excentrique, la duchesse de Luynes (1755–1830) s'adonna à des études et aux travaux littéraires, surtout à l'imprimerie. C'est une amie de longue date de Juliette, qui appréciait ses grandes qualités et son esprit égalitaire.

¹⁰ Rencontre non signalée dans le Journal.

¹¹ D'après le Journal, BC aurait passé la soirée du 25 janvier chez Juliette, ce qui pourrait mettre en doute la datation proposée.

¹² Voir Journal : le mois de juillet 1814 avait été en effet une période d'activité intense pour BC.

¹³ Allusion au harcèlement de Napoléon envers Juliette, qui s'est terminé par l'exil.

¹⁴ Pour François-Dominique-Reynaud de Montlosier (1755–1838), voir Répertoire. BC a fait la connaissance de cet ardent défenseur de la monarchie au plus tard en 1805. Il l'avait rencontré de nouveau dans le salon de Juliette. Ils se battront en duel pour des raisons de politique (voir les lettres du 28 mai 1815). Mais les deux hommes se respectent mutuellement et resteront en relation. En août 1814, BC avait songé à écrire un article sur lui. Plus tard, il consacrera deux articles au livre de Montlosier intitulé *Des désordres actuels de la France et des moyens d'y remédier* (Paris, Nicolle, 1815) ; ils paraîtront les 1er et 18 octobre 1815 : voir *OCBC*, X,1, pp. 167–171, 172–176.

¹⁵ Au dîner de Germaine de Staël.

¹⁶ BC verra Juliette le soir du 25 janvier, avec Forbin en tiers (voir Journal, sous cette date).

¹⁷ Pour ces allusions aux affaires de Germaine de Staël et à *De la responsabilité des ministres*, voir ci-dessus, Commentaire.

2569

Benjamin Constant à Juliette Récamier

vers le 25 janvier 1815

Voici le bulletin¹. J'exécute vos ordres ponctuellement, vous le voyez. C'est que je ne suis heureux que dans l'exécution de vos ordres. Mais soïez bonne. Il me serait affreux de ne vous voir aujourdhuy que hors de chez vous. Accordez-moi ou une demie heure, vers quatre ou cinq heures², ou quelques

momens libres de la foule à votre rentrée après l'opéra. Je vous en supplie, à ₅
genoux mon bulletin à la main. J'espère qu'après avoir travaillé ainsi ce
matin, j'aurai demain a vous annoncer la nouvelle de Guizot, et Talleyrand
viendra après demain³. Vous remplissez mon cœur et ma vie. Mais songez
que je suis a votre Merci et qu'un mot, un signe de non affection, est pour
moi le supplice de la Roue.   10

Madame / Recamier

Manuscrit   *Paris, BnF, N.a.fr. 13265, ff. 149–150; coté d'une main ancienne : «81»; 4 pp., pp.
2–3 bl., l'adresse p. 4; orig. autogr.

Éditions   **1.** Mistler (1950), pp. 85–86.   **2.** Harpaz (1977), n° 48, p. 100.   **3.** Harpaz
(1992), n° 53, pp. 128–129.

Commentaire et Notes   Ce billet a été rédigé pour accompagner le «bulletin» contenu dans la
lettre 2568. La date est commandée par le contenu ; voir les notes ci-dessous.

¹   Voir Commentaire de la lettre 2568.
²   BC verra Juliette, en effet, le 25 janvier, par deux fois, «avant dîner» et à 11 heures du soir
     (voir Journal sous cette date).
³   François-Pierre-Guillaume Guizot (1787–1874), dont la carrière politique ne débute qu'avec
     le retour des Bourbons en France, est responsable en tant que secrétaire général du ministère
     de l'Intérieur des nominations à la légion d'honneur, que Juliette souhaite pour son protégé
     Ballanche (qui ne sera nommé Chevalier de la légion d'honneur qu'en 1837). BC note un
     rendez-vous avec Guizot le 24 janvier (voir Journal, sous cette date ; voir aussi ci-dessous les
     lettres 2570 et 2571). On ne relève aucune mention de Talleyrand dans le Journal sous ces
     dates, mais il s'agit sans doute toujours des prétentions de Murat au trône de Naples,
     prétentions auxquelles Talleyrand est nettement hostile et dont il refuse d'admettre la légi-
     timité devant le Congrès de Vienne.

2570

Benjamin Constant à Juliette Récamier

25–26 janvier 1815

Quel charme vous répandez sur tous les momens qu'on passe avec vous ! Je
ne puis m'empêcher de vous le dire, quoique vous le sachiez de reste et que
mes lettres restent sans réponse. Vous croirez facilement que la présence de
M. de F. me fesoit de la peine, et que sans me Croire le droit de m'en
plaindre, et reconnoissant d'être admis, je n'avois pourtant pas la force de ₅
ne pas souffrir de vous trouver avec lui. Eh bien ! à peine eutes-vous parlé
quelques minutes, que votre charme agit sur moi, et que je ne pus plus rien
éprouver que le bonheur de vous regarder et de vous entendre. Je vous jure

que je ne crois pas me faire illusion, quand je trouve en vous la raison la plus juste, l'esprit le plus fin, et une finesse si exquise et une gaïté si naïve que rien de ce que j'ai vu ne m'a offert une réunion pareille. Il me semble que chaque jour je découvre une qualité de plus ; ce que votre figure et votre grace ont de séduisant n'est qu'au niveau de ce que votre ame a de touchant et votre esprit d'enchanteur par le naturel de chaque mot, et la vérité de chaque impression. Autrefois je ne jouïssais de votre société que seule, et certes c'est encore à présent la félicité suprême pour moi que d'en jouïr ainsi. Mais vous entendre même devant d'autres, pourvu que ce soit vous qui parliez[1], est la seconde des jouïssances. Oh, accordez moi l'une et l'autre le plus que vous pourrez, car je ne vis qu'auprès de vous, et je me résignerais à tout pour obtenir de vous voir sans cesse, comme vous voudriez, au milieu de la foule, s'il le faut, pourvu que j'entende votre voix, que je m'associe à ce que vous dites, que je recueille avidément ces paroles tour à tour pleines de douceur et de gaité, de noblesse et de charme, toujours vraïes, toujours simples, toujours adorables en mille genres divers. Je n'ai rien encore de M. Guizot[2]. S'il m'arrive quelque chose je vous le porterai à diner[3]. Vous savez que vous m'avez invité avec Mlle de Maillé[4] et un M^r qui doit l'épouser.

Madame / Recamier

Manuscrit   *Paris, BnF, N.a.fr. 13265, ff. 22–23; coté d'une main ancienne : «12»; 4 pp., pp. 2–3 bl., l'adresse p. 4; orig. autogr.

Éditions   **1.** Lenormant (1882), n° 32, pp. 73–75.   **2.** Harpaz (1977), n° 50, pp. 102–103. **3.** Harpaz (1992), n° 55, pp. 130–132.

Commentaire et Notes   Nous supposons que cette lettre est celle qui est citée au Journal sous la date du 25 janvier comme ayant été écrite «pour demain». Il y a une coïncidence étroite entre les événements rapportés ici au sujet de «la présence de M. de F.» qui «me fesoit de la peine» et ceux qui sont notés dans le Journal, sous la même date. Cette lettre, «pleine d'éloges, d'enthousiasme et de reconnaissance», a été écrite dans l'idée de faire faire à Juliette des comparaisons peu flatteuses pour Forbin, «furieux», selon BC, et qui allait certainement faire des scènes de jalousie.

[1] Voir au Journal, 25 janvier, «nous avons causé deux heures à nous trois. Elle a beaucoup parlé, plus à moi qu'à lui».
[2] Voir les lettres 2569 et 2571.
[3] BC dînera chez Juliette le 26, en effet ; voir Journal, sous cette date.
[4] Probablement Claire-Clémence-Henriette-Claudine de Maillé de la Tour-Landry (1796–1861), qui épousera en octobre 1816 Edmond Eugène Philippe Hercule de Croix, duc de Castries (1787–1866).

2571
Benjamin Constant à Juliette Récamier
26 janvier 1815

J'allais vous porter cette réponse de Guizot[1] quand le Général Sebastiani est venu me voir, et je ne puis le renvoyer tout de suite. Vous voyez par la lettre que la chose n'est pas faite[2]. J'y avais été ce matin à 8 h. J'y ai renvoyé à midi. Il annonce la chose comme sure, mais le retard me désole. Plaignez-moi de ce que tout ce que vous voulez n'est pas fait à l'instant même. Je 5 vous conjure si vous êtes chez vous de me faire dire, et si vous rentrez d'envoyer chez moi pour me faire savoir si je pourrai vous voir un instant avant diner. J'ai besoin de respirer c'est à dire d'etre quelques momens avec vous. Comme vous allez faire des visites le soir, vous pourriez m'accorder cette soirée[3]. Enfin je vous implore, arbitre de tout mon sort. 10

Exelmans[4] a été acquitté à Lille à l'unanimité.

Et le Bulletin[5]?

a Madame / Recamier

Manuscrit   *Paris, BnF, N.a.fr. 13265, ff. 141–142; coté d'une main ancienne : «77»; 4 pp., pp. 2–3 bl., l'adresse p. 4; orig. autogr.

Éditions   **1.** Mistler (1950), p. 86.   **2.** Harpaz (1977), n° 51, pp. 103–104.   **3.** Harpaz (1992), n° 56, pp. 132–133.

Commentaire et Notes   La date du 26 janvier, proposée par Harpaz, est en accord avec la chronologie que nous proposons pour cette série de lettres ; voir notes ci-dessous.

[1]   Voir la lettre 2569, où BC attend la réponse pour «demain». Horace, comte de Sébastiani (1775–1851), maréchal de France après une brillante carrière militaire et diplomatique, sera député de la Chambre des Cent-Jours. Sa situation sous la première Restauration reste ambiguë.

[2]   La nomination de Ballanche à la légion d'honneur ; voir la lettre 2569, note 3.

[3]   Après avoir dîné avec Juliette le 26 janvier, BC passera la soirée avec elle, de onze heures jusqu'à une heure du matin ; voir Journal, sous cette date.

[4]   Rémi-Joseph-Isidore Exelmans (1755–1852), aide de camp de Murat et maréchal du palais à Naples, avait été arrêté fin décembre 1814 et déféré au Conseil de guerre de Lille à cause d'une lettre compromettante qu'il avait écrite au roi Joachim 1er. Il vient d'être acquitté le 23 janvier. Voir *OCBC* IX,1, pp. 377–403 pour les deux Pétitions que BC avait rédigées le 21 décembre 1814, en faveur d'Exelmans et de sa femme. On conçoit l'intérêt de BC et de Juliette à son égard, vu leurs rapports avec Murat.

[5]   Voir lettres 2568 et 2569.

2572

Benjamin Constant à Juliette Récamier

27 janvier 1815

Vous savez bien que toute ma vie est à votre disposition comme le peu d'esprit que je puis avoir. Je respire ou je ne respire pas, suivant que cela vous plaît. Il y [a] une minute que j'étais hors d'état de parler, ou de tracer une ligne. Maintenant mon sang coule de nouveau dans mes veines, et je sens dans mon cœur la chaleur de la vie, et cependant qu'avez-vous fait pour   5 cela ? Vous avez daigné m'assurer que vous aviez un peu d'amitié. Vous avez daigné me commander quelque chose[1]. Oh ! prenez pitié d'une existence tellement dépendante de votre moindre signe, que je vous laisse diriger ma conduite ! Et que demandé-je sinon que vous la dirigiez, en vous disant bien que vous obéir est mon but, mon seul but, comme vous aimer ma seule vie.   10 Je vais écrire ce que vous avez la bonté de désirer. Quelle phrase vous ajoutez à la fin[2]! Que je ne le fasse pas si cela m'ennuie ! N'avez vous pas ri en l'écrivant ! Est-ce que je m'ennuie ? Est ce que je m'amuse ? Est-ce que je vis en moi ? A ce soir, avec mon passeport qui seront mes notes. Il y a un tel bonheur à faire quelque chose pour vous que vous auriez presqu'un moyen   15 de vous débarasser souvent de moi, en me demandant quelque chose. N'en abusez pas pourtant. Que je travaille pour vous vingt trois heures et demie, et que je vous voye une demie heure ! A ce soir[3].

Madame Recamier

Manuscrit   *Paris, BnF, N.a.fr. 13265, f. 87; coté d'une main ancienne : «47»; 2 pp., l'adresse p. 2; orig. autogr.

Éditions   **1.** Colet (1864), n° 7, pp. 17–18.   **2.** Lenormant (1882), n° 29, pp. 65–67. **3.** Harpaz (1977), n° 52, pp. 104–105.   **4.** Harpaz (1992), n° 57, pp. 133–134.

Texte   **3** [a]] *omis par inadvertance*

Commentaire et Notes   Il s'agit de toute évidence de la réponse de BC à une lettre non retrouvée de Juliette, lui proposant d'écrire ses Mémoires. (Pour les *Mémoires de Juliette*, voir *OCBC* IX, 1, pp. 277–338.) La première mention de ces mémoires dans le Journal de BC se trouve sous la date du 27 janvier. Nous supposons donc que la présente lettre date du même jour.

[1]   Les *Mémoires de Juliette*.
[2]   A la fin de la lettre de Juliette.
[3]   BC verra Juliette, en effet, le soir du 27 janvier, dans un long tête-à-tête qui durera «de onze à deux heures» (voir Journal, sous cette date, et la lettre suivante).

2573

Benjamin Constant à Juliette Récamier

nuit du 27–28 janvier 1815

Je suis rentré chez moi dans la plus violente colère que j'aye éprouvée. Mon malheureux cocher à qui j'avais dit de rentrer chez lui, avoit compris qu'il devoit entrer, et s'étoit niché dans la cour, puis caché dans l'écurie. J'ai tremblé qu'en sortant je n'ébranlasse la maison, au milieu du silence qui régnoit, et que vous ne m'en sussiez mauvais gré. En arrivant j'ai grondé, 5
payé, chassé homme, cheval et voiture : mais l'inquiétude me reste et au lieu de me coucher, je vous écris. Puisque j'ai commencé, je continue. Cela m'arrive si rarement, que je vous supplie de me lire. Je n'ai rien à dire, il est vrai, que vous ne sachiez, mais vous le répéter est un besoin continuel, auquel je ne résiste que parce que vous m'avez inspiré presqu'autant de crainte que de 10
passion. Certes, vous me devez au moins cette justice que jamais sentiment si violent ne fut moins importun. Je vous aime comme le premier jour où vous m'avez vu fondre en larmes à vos pieds. Je souffre autant à la moindre preuve d'indifférence, et elles sont nombreuses. Ma vie est une inquiétude de chaque minute. Je n'ai qu'une pensée. Vous tenez tout mon être dans votre 15
main comme Dieu tient sa créature. Un regard, un mot, un geste changent toute mon existence : et cependant je me soumets à tout, je ne me plains jamais. Je reçois la douleur, quand vous me l'infligez, comme une condition de ma vie, parce que je ne pourrais vivre sans vous voir, et souvent le cœur tout meurtri des coups que vous me portez, sans vous en douter, je me force 20
à de la gaité pour obtenir de vous un sourire. M. de F. vous fait des scènes[1]. L'idée de voir un nuage sur votre front pour un mot que j'aurais dit me frappe de terreur. Ne voyez-vous pas combien votre empire est absolu, combien il force mon sentiment même à se maîtriser ? Quand je vous contemple, quand mes regards vous dévorent, quand chacun de vos mouvemens porte 25
le délire dans mes sens, un geste de vous me repousse et me fait trembler. Oh ! que je donnerais volontiers ma vie pour une heure ! que je voudrais à ce prix m'élancer sur une épée nue et sentir tout mon sang couler pour vous ! Mais aussi n'êtes-vous pas un Ange du ciel ! N'êtes-vous pas ce que la nature a créé de plus beau, de plus séduisant, de plus enchanteur dans 30
chaque regard, dans chaque mot que vous dites ? Y a-t-il une femme qui réunisse à tant de charmes cet esprit si fin, cette gaité si naïve, et si piquante, cet instinct admirable de tout ce qui est noble, et pur ? Vous planez au milieu de tout ce qui vous entoure, modèle de grace, et de délicatesse, et d'une raison qui étonne par sa justesse et qui captive par la bonté qui l'adoucit. 35

Pourquoi cette bonté se dément-elle quelquefois et pour moi seul ? Jamais je n'ai aimé, jamais personne n'a aimé comme je vous aime. Je vous l'ai dit ce soir ; quand vous aurez à m'affliger, consolez moi en m'indiquant un dévouement, un danger une peine à supporter pour vous. Il est trop vrai, je ne suis plus moi : je ne puis plus répondre de moi. Crime, vertu, héroïsme, lacheté, délire, désespoir, activité, anéantissement, tout dépend de vous. Dieu m'a remis entre vos mains. Tout le bien que je puis faire vous sera compté. Tout ce que je n'aurai pas fait, vous en rendrez compte. Prenez moi donc tout entier, prenez moi sans vous donner, mais dites vous bien que je suis à vous, comme un instrument aveugle, comme un être que vous seule animez, qui ne peut plus avoir d'ame que la vôtre. O mon Dieu, si nous étions unis ! Enfin vous le voyez, vous m'avez à peu de fraix. Faites de moi ce que vous voudrez. Quand vous ne voudrez pas me voir seule, je vous suivrai de mes regards dans le monde. Si votre porte m'étoit fermée, je me coucherais dans la rue à votre porte : et pourtant, quand je vous verrai, je ne vous dirai rien de tout cela, parce que vous ne voulez pas l'entendre. Mais au moins vous pouvez le lire, cela ne vous engage à rien. Comparez ce sentiment avec d'autres[2], et au fond de votre cœur, rendez moi justice. Adieu. Vous me pardonnez, n'est ce pas, de vous avoir écrit ? J'ai vingt lettres com̃encées depuis dix jours, et que l'idée qu'elles vous importunent m'a empêché de vous envoyer. Soïez bonne pour moi, ou bien soyez ce que vous voudrez. Rien ne m'empêchera de vous être dévoué jusqu'à la mort. Rien n'interrompra ce culte d'amour, cette admiration enthousiaste, qui est tout ce qui peut remplir mon cœur, et le seul sentiment qui me fasse vivre. Faites moi, si vous voulez être bonne, dire un seul mot que je puisse interprêter comme un léger signe d'amitié. N'est-ce pas ? Vous n'êtes pas de ces femmes qui sont d'autant plus indifférentes qu'elles sont plus sures d'être aimées ? Non, vous êtes, en figure, en esprit, en noblesse, en pureté, en délicatesse, l'être idéal que l'imagination concevroit à peine, si vous n'existiez pas.

Il est cinq heures. A sept ou huit je me lèverai pour faire le bulletin[3]. Je ferai un article quand vous le voudrez pour Antigone[4]. J'achèverai mon livre[5]. Je travaillerai pour vous[6]. Donnez moi donc plus de choses et des choses plus difficiles à faire. Demandez-moi la moitié de ma fortune pour les pauvres[7], la moitié de mon sang pour une cause qui vous intéresse. Servez vous de moi de quelque manière, et quand je vous aurai bien servie, pour me récompenser de mon zèle, servez-vous de nouveau de moi.

Madame / Recamier

Manuscrit   *Paris, BnF, N.a.fr. 13265, ff. 28–29; coté d'une main ancienne : «15»; 4 pp., l'adresse p. 4; orig. autogr.

Éditions   **1.** Colet (1864), n° 9, pp. 21–25.   **2.** Lenormant (1882), n° 30, pp. 67–71. **3.** Harpaz (1977), n° 47, pp. 97–100.   **4.** Harpaz (1992), n° 52, pp. 125–128.

Texte   **47** voyez,] voyez, ⟨*quatre ou cinq mots biffés*⟩

Commentaire et Notes   Lettre datée par Harpaz du 23 janvier. La nuit du 27 au 28 paraît plus vraisemblable, ne serait-ce que parce que d'après le Journal du 27 (voir aussi lettre précédente), BC avait quitté Juliette à deux heures du matin après un long tête-à-tête, d'où sans doute l'allusion dans la première phrase au «silence qui régnoit». En plus, les projets cités à la fin de la lettre se rapportent tous aux faits et gestes de BC des derniers jours du mois de janvier.

[1] Auguste de Forbin avait l'habitude de faire des scènes, dont la plus récente datait du 25 janvier : voir Journal, sous cette date, et ci-dessus la lettre 2570.
[2] Ceux de Forbin, sans doute.
[3] Pour le premier de ces bulletins, voir ci-dessus la lettre 2568 et commentaire.
[4] Ce projet se réalisera les 27–28 février ; voir Journal, sous ces dates.
[5] *De la responsabilité des ministres*, dont les dernières épreuves seront corrigées les 28 et 29 janvier et que BC considérera comme «fini» le 30 janvier : voir Journal, sous ces dates.
[6] En écrivant les *Mémoires de Juliette* ; voir la lettre précédente.
[7] Voir ci-dessus la lettre 2563, où BC offre à Juliette la moitié de l'argent qu'il vient de gagner au jeu.

2574

Benjamin Constant à Juliette Récamier

29 et 30 janvier 1815

Il est quatre heures du Matin. Je devrois me coucher au lieu d'écrire. Mais je ne le puis. Il y a trois heures que je vous ai quittée[1]. Je n'ai pensé qu'à vous. Je ne puis pas ne pas vous le dire. Vous m'avez promis de l'amitié, une Amitié un peu différente de celle que vous accordez à la foule de vos amis. Je vous en remercie. Je vous consacre ma vie toute entière, ce que je puis 5 avoir d'esprit, de facultés, de forces physiques et morales, en échange de cette amitié si insuffisante, mais si précieuse. Je ne vis que par là. Je vous jure et si j'exagère Je prie Dieu de me priver de cet unique bien qui me soutient dans ce monde, Je vous jure que jamais ni de nuit ni de jour, dans aucun tems, au milieu d'aucune affaire, votre image ne me quitte. Mon 10 amour est une sensation constante, que rien ne suspend, que rien n'interrompt, qui est alternativement un dévouement absolu, qui a sa douceur, et une agonie si affreuse que si vous la prolongiez deux fois vingt quatre heures, vous me tueriez. N'avez-vous pas vu hier encore[2] votre pouvoir ? Ne sentez-vous pas que chaque fois que je vous parle d'autre chose que de mon 15 sentiment pour vous, c'est un sacrifice que je vous fais ? Mais quel sacrifice ne ferais-je pas, pour obtenir de vous voir et de vous entendre ? Si vous saviez quel enchantement j'éprouve, quand vous parlez un peu longtems, avec un peu d'abandon et de confiance, cõe chacune de vos paroles descend dans mon cœur, comme mon ame se remplit de vous comme un repos, un bonheur momentané remplacent l'agitation qui d'ailleurs me dévore ! Oh ! Si vous m'aimiez comme je vous aime, de quelle félicité nous jouïrions ! Quelle certitude nous aurions l'un et l'autre dans la vie ! Si en vous éveillant, vous pensiez avec plaisir à ce sentiment qui vous entoure, qui embrasse depuis les plus petits détails jusqu'aux plus grands intérêts de votre existence, qui s'associe à chacune de vos pensées, qui, si vous le permettiez, ne laisserait aucune de vos émotions, aucun des besoins de votre cœur, sans réponse, à ce sentiment, si exempt de tout égoïsme, qui trouve à se dévouer le bonheur que d'autres cherchent dans l'amour-propre et dans le succès, qui est étranger à tous les autres calculs, pour qui ni la gloire, ni la puissance, ni la fortune, ni l'amusement n'existent, qu'autant qu'ils sont des moyens d'arriver jusqu'à vous et de vous servir ou de vous plaire, Combien votre vie seroit plus pleine et plus forte ! combien ce vague qui vous tourmente deviendroit du bonheur ! car chaque détail de la vie, chaque mouvement de l'ame, chaque interet même vulgaire, seroit une cause d'union, une occasion de sympathie, et les objets qui vous fatiguent ou vous sont indifférens prendroient de l'importance, Comme vous prouvant que vous êtes uniquement et completement comprise, chérie, adorée. Dites vous bien au moins que, si votre caractère votre volonté, vos souvenirs, vous font dédaigner ce bonheur, la certitude qui doit le fonder existe pourtant, que vous disposez de moi, comme d'un instrument qui répond à chaque pensée, à chaque émotion de vous, et qui ne cesserait d'y répondre que si vous vouliez le briser. Ne le brisez pas. Vous en avez été bien près plus d'une fois. Mais aujourdhui, vous ne pouvez avoir ni crainte ni défiance. Vous êtes convaincue au fond de votre ame que je ne serai jamais que ce que vous voudrez, et au moins vous ne pouvez me refuser une place unique parmi vos amis, celle d'un homme qui ne se compte pour rien, qui ne demande rien à la destinée, qui consentiroit à ce qu'on appelle la prospérité, pour obtenir une heure de plus de votre présence, mais qui rejetteroit toutes les prospérités de la terre, s'il falloit les acheter en renonçant à une heure qu'il pourroit obtenir de vous. Ne vous travaillez donc pas contre moi : et que votre amitié m'aide à vivre. Il vous est prouvé que c'est par elle que j'existe, comme repos, comme raison, comme possibilité de m'occuper de moi, pour vous obéir, pour vous voir, pour m'approcher de vous davantage.

Le bal[3] étoit beau. Personne n'a remarqué mon arrivée tardive[4]. M. de F. n'y étoit pas. J'irai vous voir vers quatre heures[5]. Rendez-moi le manuscrit[6], pour que je lie ensemble ce qui est fait et ce qui doit se faire. Ce matin, je cours pour mon ouvrage[7] et pour l'institut[8]. Mais vous êtes au fond de toutes mes actions. Les savans ne se doutent pas que c'est à cause de vous seule que je vais leur faire ma cour.   60

Manuscrit   *Paris, BnF, N.a.fr. 13265, ff. 125–126; coté d'une main ancienne : «69»; 4 pp.; orig. autogr.

Éditions   **1.** Colet (1864), n° 16, pp. 47–50.   **2.** Lenormant (1882), n° 39, pp. 94–98. **3.** Harpaz (1977), n° 54, pp. 107–109.   **4.** Harpaz (1992), n° 59, pp. 136–138.

Texte   **37** vous] *ajouté dans l'interligne*

Commentaire et Notes   Le deuxième paragraphe date de toute évidence du lendemain du bal de la duchesse de Raguse, c'est-à-dire du matin du 30 janvier. On dirait que le premier paragraphe date du même jour, si ce n'est que BC y parle d'avoir quitté Juliette trois heures plus tôt, c'est-à-dire à une heure du matin : or, le rendez-vous prévu avec Juliette pour le soir du 29 janvier a été «manqué» (voir Journal, sous cette date, et ci-dessous la lettre 2575, qui insiste sur ce point). Le rendez-vous date sans doute du soir du 28 janvier, et le premier paragraphe daterait du matin du 29.

[1] Voir commentaire.
[2] L'entretien du 28 janvier : voir Commentaire
[3] Pour le bal de la duchesse de Raguse, voir Journal, 30 janvier et la lettre 2575, note 5.
[4] BC sera arrivé tard au bal, sans doute à cause du rendez-vous souhaité mais manqué, le soir du 29 : voir Commentaire.
[5] BC verra Juliette, en effet, l'après-midi du 30 janvier, voir Journal sous cette date.
[6] Les *Mémoires de Juliette* : BC promettra de s'y remettre dans sa lettre du 2 février.
[7] *De la responsabilité des ministres* paraîtra le 1er février 1815.
[8] BC travaille à cette candidature depuis le 24 janvier. Il n'aura pas de succès.

2575

Benjamin Constant à Juliette Récamier

31 janvier 1815

Je suis le plus importun, le plus incommode, le plus ennuyeux des hommes. Je me le dis à moi même, mais on pardonne à celui qui condamné à mort demande graces, et il n'en a pas plus besoin que moi. J'ai pu vivre, travailler, causer, m'occuper de mon avenir pendant quatre jours[1], parce que durant quatre jours vous m'avez témoigné un peu d'amitié, que je vous ai beaucoup 5 vue, regardée, écoutée, et que j'ai respiré par votre présence du calme et de la raison. Depuis trois jours[2], vous êtes changée, je vous vois à peine, je suis forcé d'étouffer ce que j'éprouve. Je ne puis plus ni travailler ni penser, ni parler à personne ; mes forces me manquent, tout avenir, avec ou sans carrière, me semble insupportable, parce qu'il est séparé de votre idée. Je 10 suis retombé plus faible et plus misérable que jamais. Je me traine donc à

vos pieds, et je vous demande de ne pas me retirer cette protection d'affection qui seule me soutient. Elle vous importune, mais que voulez-vous que
j'y fasse ? Si je pouvois, croyez-vous que je souffrirais ainsi ? Devant Dieu, je
me raisonne, je me travaille, je m'encourage : mais sans vous, sans votre   15
vue, sans votre amitié je ne puis rien. Comment cela est arrivé, je ne puis
vous le dire. Je ne suis pas sous d'autres rapports sans force et sans courage :
et une faiblesse qui ne vient que d'une affection pure désintéréssée et sans
bornes n'est pas méprisable. Écoutez. Grace aux quatre jours d'existence
moins pénible que vous m'avez donnée, mon livre, bon ou mauvais, est   20
fini[3]. C'est pour mon sort en France une époque décisive. Ceux qui me
veulent du bien attendent cette occasion. Si j'en profite bien, les quinze jours
qui vont suivre établiront ma destinée, et me tireront de la position hostile et
équivoque qui me nuit et qui même embarasse mes amis. Si vous le voulez,
j'en profiterai bien. Mais donnez m'en la faculté, recevez moi, écoutez moi,   25
plaignez moi, conseillez moi, et surtout montrez-moi de l'amitié. Car sans
cela tout est inutile. C'est à pure perte que vous vous donneriez la peine de
parler aux autres et de me servir près d'eux, si vous ne me sauvez pas de moi
même. Avant hier, j'ai admirablement parlé à M. de Jaucourt[4], parce que je
comptais sur un entretien le soir. Il a manqué, et chez la Duchesse de Ra-   30
guse[5], je n'ai pu qu'errer comme une ombre et parler de vous à M. de Forbin.
Hier j'ai été plus souffrant encore. M[de] de St.[6] me parloit de moi. Je ne la
regarde pas comme une amie et je l'écoute avec défiance. Mais elle avoit
pourtant raison. Elle me conseilloit de partir. Vous ne pouvez rien faire, me
disoit-elle, dans l'état ou vous êtes, quelle qu'en soit la cause. Vous blessez   35
tout le monde, en n'écoutant pas, en ne répondant pas, en ne vous intéressant à rien de ce qu'on vous dit. Il ne vous restera pas un ami, si vous
continuez. Moi, je ne me soucie deja plus de vous. Votre femme s'en déta-
chera aussi, et si c'est l'amour qui vous met dans cet état, la personne que vous
aimez n'aura jamais d'affection pour vous. Il y avoit bien de la vérité dans   40
ce discours. Je l'ai nié, mais je le sentois. Vous pouvez tout changer. Soyez
pendant quinze jours ce que vous avez été pendant quatre, et certes c'est peu
de chose, car vous ne m'avez pas même laissé vous peindre mon sentiment.
Mais je vous voyais, je respirais près de vous, je reprenais des forces. Au
nom du ciel, continuez pour quinze jours, jusqu'à ce que ma tentative[7] ait   45
échoué ou réussi. Je vous demande votre présence comme d'autres vous
demanderoient votre crédit. Mon Dieu, montrez, si vous le voulez ma lettre
à M. de Forbin. Qu'il sache que c'est un service que j'implore, et non une
prétention que j'exprime. Je ne puis rien, si je ne vous vois pas, si je ne crois
pas que j'ai une petite place dans votre cœur. Votre indifférence m'accable,   50
mon amour me dévore, me consume. Un peu de pitié, pour assurer ma
destinée extérieure, puisque ce n'est qu'à elle que vous vous intéressez. Tout

dépend de là. Vous mettriez tous vos amis en mouvement, on me donneroit toutes les places et les dignités du monde, que si j'étais deux jours sans vous voir, tout serait perdu. Hier, je ne voulois pas aller chez vous. Mais je souffrais tant que j'ai voulu vous regarder pendant quelques minutes. J'ai essayé de causer, vous ne m'avez jamais répondu, vous n'avez parlé qu'à M. de F.[8] Enfin j'ai voulu vous écrire encore, je fais ce que je peux, aidez moi, ou laissez moi renoncer à tout, et m'en aller si je puis, ou bien en finir de ma souffrance et de ma vie, j'en suis plus près que vous ne croyez.

Je vous verrai à 4 h[9]. et si vous n'y êtes pas, je vous attendrai, car j'ai besoin de vous pour n'être pas mort à mon diner[10]. Je crains pour ce soir la longueur de ma lecture[11]. Nous en parlerons, à 4 heures.

à Madame / Recamier.

Manuscrit   *Paris, BnF, N.a.fr. 13265, ff. 66–67; coté d'une main ancienne : «36»; 4 pp., p. 3 bl., l'adresse p. 4; orig. autogr.

Éditions   **1.** Lenormant (1882), n° 43, pp. 105–109 (avec coupures).   **2.** Harpaz (1977), n° 55, pp. 109–111.   **3.** Harpaz (1992), n° 60, pp. 139–142.

Notes
[1] Du 24 jusqu'au 27 janvier, BC a joui de plusieurs tête-à-tête. Voir Journal, sous ces dates.
[2] Du 28 au 30 janvier, il y a eu plusieurs rendez-vous manqués ; voir Journal.
[3] *De la responsabilité des ministres.* Les dernières corrections ont été faites le 29 janvier.
[4] Cette «conversation avec Jaucourt» est notée dans le Journal, sous la date du 29 janvier. Arnail-François, marquis de Jaucourt (1757–1852), vieil ami de Germaine de Staël et que BC connaît depuis 1795, avait été Président du Tribunat et sénateur. Il vota la déchéance de Napoléon en 1814, puis fit partie du gouvernement provisoire et fut nommé pair de France sous Louis XVIII. Il est chargé de suppléer Talleyrand aux Affaires étrangères pendant le Congrès de Vienne.
[5] Voir Journal, 29 janvier, sur le rendez-vous manqué. Le bal de la duchesse a eu lieu dans la nuit du 29–30 janvier ; voir ci-dessus la lettre 2574.
[6] Cette conversation avec Germaine de Staël n'est pas notée dans le Journal.
[7] BC tente de s'installer dans une nouvelle carrière, grâce surtout à son nouvel ouvrage.
[8] Pour cette promenade et cette conversation manquée, voir Journal, 30 janvier.
[9] Journal, 31 janvier : «Entrevue le matin avec Juliette ». Le matin, à l'époque, signifiait n'importe quelle période de la journée avant l'heure du dîner (5 heures du soir).
[10] Ce dîner aura lieu chez la duchesse de Courlande : voir Journal, 31 janvier. Anne-Charlotte-Dorothée de Medem, duchesse de Courlande (1761–1821), est une amie de Talleyrand.
[11] Voir Journal, 31 janvier : «Lu mon roman. Grand succès».

DE LA

RESPONSABILITÉ

DES MINISTRES;

Par M. BENJAMIN de CONSTANT.

DE L'IMPRIMERIE DE A. BELIN.

PARIS,

H. NICOLLE, A LA LIBRAIRIE STÉRÉOTYPE,

RUE DE SEINE, N°. 12.

M. DCCC. XV.

8. Page de titre de *De la responsabilité des ministres*, Paris: H. Nicolle, 1815.

2576

Benjamin Constant à Jean-Pierre Pagès de l'Ariège
1ᵉʳ février 1815

Rue St Honoré No 366
hôtel de Vauban
Monsieur,
M'étant adressé, le 30 décembre, à Mr le Directeur général[1], pour lui
demander un censeur, qui revit le manuscrit d'une brochure sur la respon- 5
sabilité des ministres, j'obtins de lui une réponse très obligeante[2], dans laquelle il me marquoit que je n'avois aucun besoin de censeur, qu'il s'en
remettoit pleinement à mon jugement et à mes bonnes intentions pour me
censurer moi même, et que ce ne seroit que dans le cas où je serois incertain
sur quelques passages de ma brochure qu'il me proposeroit de lui envoyer à 10
lui pour lui seul le Manuscrit, mais que cette hypothèse étoit l'unique dans
laquelle il pouvoit être question pour moi de censure. Cette bienveillance et
cette confiance ne m'ont rendu que plus désireux de la mériter. Le manuscrit
n'étant pas fini, je ne l'ai pas envoyé. Mais j'en ai fait composer les feuilles à
mesure, et aujourd'hui que tout est achevé, je viens d'en faire tirer une 15
bonne épreuve, que j'adresse à M le Directeur Gⁿᵃˡ pour me soumettre à son
jugement. Je me crois sûr qu'il ne trouvera dans mon écrit que les défauts
inséparables de mon peu de lumières, mais rien qui puisse mettre obstacle à
la mise en vente. Je prens donc Monsieur la liberté de m'adresser à vous,
dont la libéralité et l'obligeance me sont connues, pour vous prier de déli- 20
vrer à l'imprimeur le permis, après que vous aurez pris les ordres de M. le
Directeur Général[3]. Je me serais empressé de vous envoyer aussi une bonne
épreuve du tout, me tenant pour heureux de vous consulter. Mais les [ ] p de
mon imprimeur ne lui ont pas permis d'en tirer plus d'une. Je compte donc
Monsieur sur votre obligeance, et je vous prie d'agréer mes très sincères et 25
très humbles salutations

B Constant

Paris 1ᵉʳ fevrier 1815

Manuscrit   Non retrouvé. Le texte que nous reproduisons est tiré d'un *fac-similé publié dans
Les Autographes, Catalogue, automne 2011, n° 83.

Texte   **23** [ ]] *mot illisible*

Commentaire et Notes   Voir, sur le destinataire de cette lettre, le Répertoire

[1] Pierre-Paul Royer-Collard (1763–1845). Nommé à la chaire de philosophie à la Sorbonne, il publia en 1813 un *Cours d'histoire de la philosophie moderne*. En 1814, il se rallia à Louis XVIII, qui le nomma directeur de la Librairie.

[2] La lettre de BC et la réponse n'ont pas été retrouvées.

[3] Le dépôt légal de *De la responsabilité des ministres* est daté du 9–10 février ; la brochure est annoncée dans la *Bibliographie de la France* le 11 février.

2577

Un secrétaire de la Librairie à Benjamin Constant

2 février 1815

[...] Il a reçu sa lettre et l'épreuve qui y était jointe. Permettez-moi de vous répéter que le directeur de la librairie ne peut et ne veut rien avoir à démêler avec les écrivains qui se respectent et respectent le public, bien moins avec les écrivains supérieurs à qui il faudrait réserver la liberté de la presse quand on l'ôterait à tout le monde. [...]

Manuscrit   Non retrouvé. Le texte que nous reproduisons est tiré du *Catalogue Charavay du 6 mai 1867, pièce n° 161: 1 page.

Commentaire
Dans cette lettre il s'agit de la demande d'autorisation de publier *De la responsabilité des ministres* ; voir la lettre précédente.

2578

Benjamin Constant à Juliette Récamier

2 février 1815

Comme vous daignez vous intéresser à moi et à ma brochure[1], que je vous dois d'avoir pu achever, Je vous dirai que j'ai reçu du Directeur de la Librairie[2] une lettre la plus obligeante et la plus pleine d'éloges, ce qui m'annonce qu'ils[3] en seront contens. Demain ou après demain, tout paraîtra[4]. Si vous ne vous y intéressiez pas, cela me seroit bien égal. Mais si vous vous y   5
intéressez, donnez moi la force de profiter de l'occasion, sans quoi je ne ferai

rien que souffrir. Je suis votre ouvrage dans tout ceci. Je vous verrai à quatre heures[5]: Mais que faites-vous ce soir[6]. Il n'y auroit pas assez de vingt quatre heures par jour pour vous voir, si je m'en croyois. Je vais me remettre aux Mémoires[7]. Quand aurai-je une bonne heure pour ne les lire qu'à vous[8]?   10
Vous êtes le génie tutélaire ou l'ange exterminateur, à votre choix.

Madame / Recamier

Manuscrit   *Paris, BnF, N.a.fr. 13265, ff. 113–114; coté d'une main ancienne : «63»; 4 pp., pp. 2–3 bl., l'adresse p. 4; orig. autogr.

Éditions   **1.** Lenormant (1882), n° 44, pp. 109–110.   **2.** Harpaz (1977), n° 56, pp. 112–113.
3. Harpaz (1992), n° 61, pp. 142–143.

Commentaire et Notes   La date se déduit du contenu.

[1]   *De la responsabilité des ministres.*
[2]   Pierre-Paul Royer-Collard (1763–1845), voir la lettre 2576.
[3]   La censure a été réintroduite sous le gouvernement provisoire.
[4]   Le tirage commencera le 3 février (voir Journal, sous cette date).
[5]   Voir Journal, 2 février : «Elle est venue me prendre, pour me mener chez une marchande de modes, me faire l'attendre dans sa voiture, et me ramener chez elle. Assez bon signe».
[6]   «Elle m'a promis un rendez-vous pour demain soir, mais a voulu qu'aujourd'hui je la laissasse avec M. de F[orbin]. J'en ai été triste» (Journal, 2 février).
[7]   Les *Mémoires* de Juliette ont été commencés le 27 janvier ; voir ci-dessus la lettre 2572.
[8]   Le prochain tête-à-tête aura lieu le 3 février ; voir Journal sous cette date.

2579

Benjamin Constant à Juliette Récamier

3 février 1815

Je n'ai pu avoir de chez l'imprimeur les premières feuilles[1] que vous voulez lire, que vous daignez lire par intérêt pour moi. Je les aurai dans la journée, et je vous les enverrai. Mais laissez moi m'arrêter sur la pensée que vous vous intéressez à moi. Je ne sai que trop combien est faible cet interet. Je ne le dois qu'à la conviction que vous n'avez pu repousser, que toute mon   5
existence vous est consacrée, et que ma vie est attachée à un peu d'affection de votre part. Je sai combien mon rang est inférieur, de combien de souffrances me menace chaque mouvement de votre cœur si adorable à la fois et si mobile. Vous êtes un ange qui jetez quelquefois sur nous du haut du ciel un regard de bonté : nous vous suivons des yeux, enchaînés que nous som-   10
mes sur la terre. Mais vous êtes entourée d'un nuage, et nous sommes tristes

ou heureux, souffrans ou satisfaits, suivant que nous distinguons l'ange à travers le nuage, ou que le nuage se referme et dérobe l'ange à notre vue. Continuez donc à nous faire vivre, hélas ! Je dis *nous*, tant j'ai le sentiment que je dois être heureux d'être souffert avec d'autres, disposez des facultés, 15 des forces, de tous les moyens de ceux qui vous aiment. Exercez votre empire, et distribuez à votre gré les consolations, ou les peines. Mais reconnoissez au moins en vous même, que, si votre affection ne me distingue pas, votre équité doit me distinguer. Je ne suis pas, comme les autres, un homme qui se borne à vous aimer. Je suis votre propriété sans réserve. Mes sensa- 20 tions, mes pensées, toutes mes heures, tous mes projets dépendent de vous. Vous me glacez ou me ranimez d'une parole : je n'existe plus en moi sous aucun rapport. Depuis que vous m'avez promis pour dimanche², jusqu'aux plans que je ne désire que pour multiplier mes moyens de vous voir, tout m'est égal, pourvu que je m'approche de vous. Tout est pour moi une route, 25 un regard de vous est le but. A ce soir³. Je vais écrire *nos* Mémoires⁴. Je ne sortirai pas ce matin. Où irais-je, puisque je ne puis aller chez vous ! [ ] Adieu vous qui êtes ma vie !

Madame / Recamier

Manuscrit   *Paris, BnF, N.a.fr. 13265, ff. 108–109; coté d'une main ancienne : «60»; 4 pp., pp. 2–3 bl., l'adresse p. 4; orig. autogr.

Éditions   **1.** Lenormant (1882), n° 45, pp. 110–112 (avec coupures).   **2.** Harpaz (1977), n° 53, pp. 105–106.   **3.** Harpaz (1992), n° 58, pp. 134–136.

Texte   **23** Depuis] depuis ⟨le colin maillard⟩   **26** Mémoires] *ces cinq mots sont coupés en partie*   **27** [ ]] *sept ou huit mots coupés aux ciseaux*

Commentaire et Notes   La date du 3 février s'impose, plutôt que celle du 29 janvier, proposée par Harpaz : les «premières feuilles» dont il est question dans la première phrase n'arriveront sans doute chez BC que le jour du tirage, qui commence, en effet, le 3. Cette hypothèse est confortée par d'autres allusions : voir les notes 2–4.

¹   *De la responsabilité des ministres* est terminé. Le tirage ne commence que le 3 février (voir Journal, sous cette date).
²   Le 5 février.
³   BC jouira d'un tête-à-tête avec Juliette le soir du 3 février (voir Journal).
⁴   Le 30 janvier, ayant demandé à Juliette de lui rendre le manuscrit des *Mémoires de Juliette*, qu'il avait commencé à rédiger le 27 janvier, «pour que je lie ensemble ce qui est fait et ce qui doit se faire» (lettre 2574, note 6), BC promet de se remettre au travail le 2 février (lettre 2577).

2580

Benjamin Constant à Juliette Récamier

5 février 1815

Madame de Stael m'a chargé de vous prier instamment, de sa part, de changer le jour de votre diner de Mercredi[1]. Elle a un besoin urgent de M. Schlegel ce jour là, et ne peut le laisser aller. J'ajoute pour moi que si vous changez le jour, je vous supplie de ne pas prendre Jeudi[2], parce qu'avant la négociation de Mad^e de Stael, je me suis bêtement engagé. Mandez moi par un mot à mon domestique, pour quel jour vous vous décidez, parce que, si Mercredi ne tient pas, j'accepterai chez Mr de Jaucourt[3], qui vient de me le proposer.

Je ne me suis pas relevé de la journée de hier[4]. J'ai souffert le martyre, jusqu'à ce que j'eusse aperçu M. de F. Ensuite j'ai causé avec lui toute la nuit, selon notre coutume.

Je vous assure que je sais assez que vous ne m'aimerez jamais. Il est inutile de me le répéter. Cependant je vous promets deux choses, l'une de ne plus vous dire si je souffre, l'autre de ne vous parler que de ce que vous voudrez. A ce prix, conservez moi les heures qui me sont nécessaires comme l'air, et ne me dites plus de mille manières ce que je ne sais que trop. J'irai savoir de vos nouvelles avant diner[5], pour un instant, et je compte sur vos promesses pour ce soir[6]. J'ai bien besoin d'un moment un peu doux !

Madame / Recamier.

Manuscrit *Paris, BnF, N.a.fr. 13265, ff. 24–25; coté d'une main ancienne : «13»; 4 pp., pp. 2–3 bl., l'adresse p. 4; orig. autogr.

Éditions **1.** Lenormant (1882), n° 26, pp. 58–60. **2.** Harpaz (1977), n° 57, pp. 113–114. **3.** Harpaz (1992), n° 62, pp. 143–144.

Notes
[1] Le 8 février, August Wilhelm von Schlegel (1767–1845) est de retour auprès de Germaine de Staël et restera auprès d'elle de 1814 à 1817.
[2] Le 9 février, BC dînera avec Michael Bruce, voyageur écossais de passage à Paris (voir Journal, sous cette date). Pour Bruce, voir ci-dessous la lettre du 20 septembre 1815, note 2.
[3] Pour le marquis de Jaucourt, voir ci-dessus la lettre 2575, note 4. BC dînera, en effet, chez lui, le 8 février ; voir Journal, sous cette date.
[4] Au bal de Germaine de Staël, BC s'était fort inquiété de l'absence d'Auguste de Forbin, croyant qu'il était chez Juliette : «Enfin je l'ai vu, j'ai causé avec lui, j'ai vu qu'il n'était pas plus heureux que moi, et ma tête s'est calmée» (Journal, 4 février).
[5] BC dînera le soir du 5 chez lord Kinnaird of Inchture (1780–1826), collectionneur écossais, avec Exelmans. Pour Exelmans, voir ci-dessus la lettre 2571, note 4.
[6] Ce rendez-vous aura lieu ; voir Journal, sous cette date.

2581

Benjamin Constant à Juliette Récamier

7 février 1815

Voici la brochure. Si vous la comparez à l'autre, vous verrez ce que vous m'avez fait retrancher[1]. S'ils[2] sont faches tant pis pour eux. Je ne m'en affligerai qu'à cause de vous. Je joins un exemplaire pour Sosthene[3], mais non de ma part. Il pourroit s'en facher. J'irai savoir l'opinion de vous demain.   5

Madame Recamier

Manuscrit   *Paris, BnF, N.a.fr. 13265, ff. 147–148; coté d'une main ancienne : «80»; 4 pp., pp. 2–3 bl., l'adresse p. 4; orig. autogr.

Éditions   **1.** Lenormant (1882), n° 73, p. 163.   **2.** Harpaz (1977), n° 58, p. 114.   **3.** Harpaz (1992), n° 63, p. 145.

Commentaire et Notes   BC distribue des exemplaires de *De la responsabilité des ministres* les 7 et 8 février (voir Journal): nous supposons que Juliette aura reçu le sien dès le 7.

[1]   Le 25 janvier, BC avait songé à abréger la fin de son ouvrage en consignant en appendice tout ce qui se rapportait à la liberté individuelle, au secret entourant les arrestations et les exils et au rôle des agents par rapport aux volontés du monarque. Il y avait là de toute évidence de quoi troubler le calme des amis royalistes de Juliette, tels que Sosthène de La Rochefoucauld. BC finira par en faire un nouveau chapitre (XIV) (voir *De la responsabilité des ministres*, *OCBC*, IX,1, pp. 413–496).
[2]   Les membres du gouvernement, probablement.
[3]   Le vicomte Sosthène de La Rochefoucauld (1785–1865), futur aide-de-camp de Charles X, un des amis ultra de Juliette.

2582

Benjamin Constant à Juliette Récamier

10 février 1815

J'ai donc examiné ma maison[1]. Le Pavillon qui est dans la cour et qui est habité par un homme qui n'a aucune raison ni droit d'y rester, conviendra très bien à *nos* Dames[2]. Il y a une très belle chambre, à ce que mes gens m'ont dit, et à coté il y a moyen d'en faire arranger une autre, à très peu de fraix. Je m'en charge. De la sorte elles ne gêneront en rien personne des   5 habitans présens ou futurs de la maison, et leur domicile y sera pour la vie. Elles auront même un avantage pour moi, parce que si, comme je le crois, M^de de C.[3] n'a pas envie de passer tout l'hyver dans un quartier si éloigné, leur présence me dispensera de laisser une partie de mes gens dans cette maison, quand nous irons loger ailleurs, trois ou quatre mois. Il y auroit encore moyen de les mettre au troisième, mais il n'y a que de petits trous, ou au Rez de chaussée, mais il est laid. Le pavillon vaut mieux. A condition que je les loge pour rien, je contribuerai aussi à la petite pension à leur faire. Mais je veux avoir l'avantage de les loger. Je vous prie donc de ne pas revenir sur nos conventions. Loger ces deux personnes est ma fantaisie. Vous conviendrez que je pourrais en avoir de plus coupables, et que voulant loger chez moi deux femmes, j'en pourrais prendre qui seroient moins à l'abri de tout soupçon. Maintenez moi donc dans le chemin de la vertu. Au reste, je m'y maintiendrai bien moi même ; car, si en réponse à ce billet, vous ne me promettez pas de laisser un libre cours à ma bienfaisance, je m'adresserai directement à ces deux personnes. J'ai déjà écrit à M. Dalmassy[4] pour avoir leur adresse qu'il m'a envoyée. J'y irai donc et je leur porterai des secours et mes offres que je leur ferai bien accepter. Je voulais y aller tout de suite, sans vous le dire, rue de Fourcy N° 1. au coin de la rue des Nonaindières. Mais j'ai pensé que la vue d'un inconnu les peineroit, et ma délicatesse m'a retenu. Vous voyez qu'aucune vertu ne m'est étrangère. Mais c'est à condition que je n'y perdrai pas, et qu'on ne m'enlévera pas mes deux femmes. Je vous demande donc un mot qui m'assure cette propriété sur votre parole.

Comme je n'ai qu'une pensée, vous savez bien que tout ce qui y tient m'occupe uniquement, et que rien ne m'échappe. Je vous dirai donc que je crains de ne pas vous voir aujourdhui, si vous ne daignez vous en occuper. Mathieu[5] va faire à 9 h. et demie une visite avec M^de de Stael, je ne sais où, et elle le mène ensuite chez vous vers 10 ou 11 heures. C'est l'heure que vous m'aviez fait espérer. Je recommande mon sort à votre charité. Je ne vous ai presque pas vue hier. Un mot de réponse aussi sur ce point, qui est tout pour moi.

Pourquoi avez-vous tant attendu M. de Forbin hier soir ? Ne pensez-vous donc qu'à lui ? Je suis sur que vous l'avez retrouvé chez vous ? Je suis pourtant meilleur, et plus aimable, et je vous aime cent mille fois mieux.

J'attends une ligne pour ma bienfaisance, et une autre pour le seul bonheur que j'espère aujourdhui, celui de vous voir[6].

Madame / Recamier

Manuscrit   *Paris, BnF, N.a.fr. 13265, ff. 92–93; coté d'une main ancienne : «50»; 4 pp., p. 3 bl., l'adresse p. 4; orig. autogr.

Éditions   **1.** Colet (1864), n° 10, pp. 26–28.   **2.** Lenormant (1882), n° 54, pp. 131–133 (avec coupures).   **3.** Harpaz (1977), n° 59, pp. 115–116.   **4.** Harpaz (1992), n° 64, pp. 145–147.

Commentaire et Notes   Pour la date de cette lettre, voir *Journal* : le 10 février, BC fait la visite de sa maison, dîne chez Germaine de Staël, souffre à cause de Juliette.

[1] Celle de la rue Neuve-de-Berry, n° 6, acquise le 12 novembre 1814.
[2] Mme Monge Saint-Edmond et sa fille Amélie. Elles ont souffert des revers de fortune, et vivent dans la gêne. Il sera encore question d'elles au cours de la *Correspondance*. Voir en appendice la lettre du 1er mars 1815 (A105).
[3] La femme de BC.
[4] Le baron de Dalmassy, époux de la cousine de Juliette, Adèle-Blanchette des Arnas. Ils habitent le château de Richecourt, en Haute-Saône. Voir aussi la lettre d'Amélie Monge Saint-Edmond à Juliette, du 1er mars 1815 (A105).
[5] Mathieu de Montmorency.
[6] BC verra Juliette le soir du 10 février, mais sans plaisir (voir *Journal*).

2583

Marianne de Constant à Benjamin Constant

10 février 1815

Monsieur

Voila cinq grands mois que nous n'avons point de vos nouvelles et que nous ne savons point si vous etes a Paris avec Madame de Constant. Louise vouloit vous en demander et se rappeller a votre souvenir mais il m'arrive une chose que je ne veut pas vous laiser ignorer au risque d'etre blamée et grondee par vous, pour vous mettre au fait il faut que je vous ennuie par de long details dont je commence a vous demander pardon. Lorsque Mr Charles de Constant m'ecrivis il y a dix huit mois que son beau pere[1] lui mandoit que mon certificat de vie etoit arrivé quelques jours trop tard mais qu'il avoit presenté une petition a laquelle peut etre on auroit egard j'imaginais qu'il me sauroit au moins a dire mon sort et deux ou trois fois j'avois prié Melle Lisette[2] de le lui rappeller dans le mois de septembre dernier elle me repondit que son frere me fesoit dire d'ecrire moi meme a Mr Achard malgré la singularité du conseil j'ecrivis tout de suite et n'ayant recu plus de deux mois apres aucune reponce j'avoue que je me mis d'autant plus en colere que ma misere suite du logement des troupes m'expose a mille chagrins j'ecrivis une lettre a Mr Constant ou je lui reproche ou a son beau pere de m'avoir ruiné et de se moquer ensuite de moi j'adressois ma lettre a Madame de Charriere[3] esperant qu'elle l'engageroit a faire quelque demarche pour le engager je lui disoit ce qui etoit vrai qu'assaillie de creanciers qui m'avois fournis des danrées je cherchois depuis trois mois deux mille francs au 6 p^r cent hypothequée sur Brevans sans pouvoir les trouver que je l'avois mis en vente sans avoir eu un seul acquereur et que la premiere personne qui voudroit me presser me ferait saisir meuble et maison.

Mad de Charriere me repondit qu'elle n'enverroit point ma lettre que je n'etois pas la seul qui eu perdu ses rentes de Mr Victor[4] malgre son intimité avec Lord Wellington &^a &^a n'avois rien pu tirer d'Angleterre. Elle me parle de son econnomie et me dis que Louise peut faire comme Rosalie de Corsy[5] en un mot une lettre ou j'ai grand tord de me plaindre je n'aurois rien repondu a sa lettre mais huit jours apres M^l Lisette me marque que sa sœur Rosalie lui a porté mes deux lettre. Elle me blame aussi d'attaquer son frere qui a fort a se plaindre de Mr Achard je repondis avec toute la moderation possible six lettres de Mr Constant font fois qu'il a recu et envoyé mes certificat on les a presenté ou non. Si oui je ne puis pas etre rayée si non Mr Achard doit seul me repondre de ma rente si les certificat n'etois pas en reigle on devoit m'en avertir la tontine donnoit deux ans pour reclamer je finis par lui dire que cette perte me laisse a la merci de ceux a qui je dois qu'il faut que je vive aux depens de mes enfants que Louise m'a sacrifié un etablissement tres aventageux pour que j'aye du pain que deux attaques d'apoplexie a un mois d'intervale m'ont laissé dans un etat qui ne permet pas a Louise de me quiter.

Il y avoit plus d'un mois que je n'avois plus entendu parler de rien lorsqu'il y a six jours je recois deux lettre incluse[6] l'une dans l'autre l'une de Mr Auguste d'Hermanche[7] l'autre de Lisette qui me disent que sachant les embaras ou me jettois le retard de mes rentes les neveux et nieces de Mr Constant m'envoyais 308£ je vous avoue que quoique je n'eusse pas un ecus dans la maison et que leur motif m'aye touchée vivement un sentiment que vous nommerez delicatesse ou orgueil m'a fait croire que vous trouveriez mauvais que je ne vous eu pas ecris mes peines. J'ai donc accepte mais seulement comme un prets et si une personne qui m'a promis de me pretter deux mille francs dans les mois de mars ou d'avril peut me tenir parole je rendrais les cent écus. Mes enfants m'ont bien proposé de demander par vous a Monsieur de Loÿs cette faveur mais les circonstances politiques peuvent amener des Evenements [ ] vaudroit mieux pour eux avoir cette ressource. On crain la guerre il [ ] d'un camp entre Dole et Besançon on organise la garde Nationale et Cha[rles] meme designé pour officier ce qui exigeroit des fraix de deux a trois cent [   ] et comme il avoit demandé a rentrer dans l'artillerie je ne sais pas quel m[oyen] on pourra prendre pour si soustraire.

Ma santé se ressent tellement au moral et au phisique de mes attaques que ma vie est aussi penible pour les autres que pour moi. Ma pauvre Louise s'effraye tellement de mes maux qu'elle est elle meme maigre pale ne dormant point et ne me quite que par force pour affaires.

Donnez nous je vous prie des nouvelles de votre santé et de celle de Madame. Nous lui offrons mille tendre respects et a vous l'assurance de tout notre attachement.

Brevans le 10 fevrier 15

Monsieur B : de Constant / chez Mr Fourcault de Pavant / rue St Honoré n° 343 / A Paris

---

Manuscrit *Lausanne, BCU, Fonds Constant I, Co 640; 4 pp., l'adresse p. 4; cachet postal : 12 Février 1815; timbre : [ ]/DÔLE ; orig. autogr.; l'adresse de la main de Louise de Constant.

Texte *Plusieurs mots ont été emportés par une déchirure.*

Notes
¹ Il s'agit du banquier genevois Jacques Achard.
² Sœur de Rosalie de Constant.
³ Angélique de Charrière de Bavois (1735–1817).
⁴ Jean-*Victor* de Constant (1773–1850), cousin de BC et demi-frère de Rosalie. Il était au service des Alliés. BC, qui l'a vu à Paris, a écrit dans son Journal, le 24 décembre 1814 : «et Victor ! quel fanfaron !».
⁵ Non identifiée.
⁶ Non retrouvées.
⁷ Louis-Philippe-*Auguste*, dit M. d'Hermenches (1777–1862), fils de David-Louis, dit Constant d'Hermenches (1722–1785), oncle paternel de BC.

2584

Benjamin Constant à Juliette Récamier

13 février 1815

Voici la quotidienne¹ – je dois la rendre – mais si vous ne voulez pas, je la volerai – il n'y a pas de crime que je ne commette volontiers pour vous – Savez-vous que je suis d'une jalousie furieuse contre M. de Nadaillac² ? – Il vous plait cent fois plus que moi – si je n'avois pas la perspective d'un voyage à une époque quelconque, lequel voyage interromprait mon opération, je tuerois tous les hommes au dessous de 50 ans qui approchent dans la rue basse du rempart d'un coté du numero 10 et de l'autre du numero 60 –   5
mais je suis forcé de remettre cette exécution à mon retour – mes ennemis ne perdront rien pour attendre – je m'associerai à M. de Forbin qui doit être

comme moi d'une humeur féroce – et quand nous aurons tout exterminé, nous nous combattrons comme des héros et nous tomberons dans les bras l'un de l'autre *en frères d'armes* –   10

A quatre heures donc – vous avez daigné me faire espérer que vous fermeriez votre porte à tout le monde, excepté à moi : n'allez pas faire le contraire, l'ouvrir à tout le monde et me la fermer –

Que vous etiez belle, devant votre porte, comme un Ange tout blanc, remontant au ciel, et éclairant de sa splendeur les ténèbres de la terre ! Mais 15 les anges ont un cœur, ils aiment, ils sont touchés d'etre aimés – je voudrois bien que vous sentissiez ce qui vous manque pour être un ange, et que la perfection vous tentât.

Madame / Recamier

Manuscrit   *Paris, BnF, N.a.fr. 13625, f. 58; 2 pp., l'adresse p. 2; orig. autogr.

Éditions   **1.** Lenormant (1882), n° 69, pp. 156–157.   **2.** Harpaz (1977), n° 61, pp. 120–121. **3.** Harpaz (1992), n° 66, pp. 152–153.

Notes
¹   D'après Harpaz, il peut s'agir de *La Quotidienne* du 11 février, qui relate la séance du tribunal où se sont affrontés les avocats du comte et de la comtesse de Saint-Leu.
²   Pour le marquis de Nadaillac, un des soupirants de Juliette, voir ci-dessus, lettre 2558. Voir aussi Journal, 12 février : «Matinée avec Juliette. Froide pour moi, tendre, qui le croirait ! pour le plus sot des hommes, Nadaillac. Elle m'a menti le soir, et lui a donné un rendez-vous tête à tête. Ça me fait moins de peine que M. de F[orbin] parce que mon estime pour Juliette est diminuée. Partons, partons».

2585

Antoine-Joseph-Balthazar d'André à Benjamin Constant

13 février 1815

Police Littéraire

Paris ce 13 Février 1815.
Je Vous remercie, Monsieur, de l'envoi que Vous m'avez fait de Votre Ouvrage, Intitulé de la *Responsabilité des Ministres*¹ et des sentimens que vous voulez bien m'exprimer dans la lettre qui y étoit jointe. La question que Vous avez entreprise de traiter est une des plus importantes que puissent 5 faire naître nos nouvelles institutions, et digne sous ce rapport d'occuper tous les Esprits éclairés. Quelle que soit leur opinion sur quelques points de la doctrine que vous professez, Je ne doute pas qu'ils ne se réunissent tous pour rendre Justice au talent distingué et aux intentions vraiment patrioti-

ques que Vous avez portés dans cette discussion. Il m'est agréable, Mon- 10
sieur, de pouvoir joindre mon suffrage au leur, et de vous assurer de la
parfaite considération, avec laquelle, J'ai l'honneur d'Etre,
   Votre très humble et très obéissant serviteur

D'André

M. Benjamin de Constant. Hotel Vauban rue St Honoré 15

Manuscrit *Lausanne, BCU, Fonds Constant I, Co 1185; 2 pp., p. 2 bl.; orig., signature
autogr.

Commentaire et Note L'auteur de cette lettre est Antoine-Joseph-Balthazar d'André
(1759–1825), ministre de la Police. L'un des constituants en 1789, ensuite conspirateur dans la
cause de la restauration, d'André fut appelé par Louis XVIII, le 4 décembre 1814, à succéder à
Beugnot à la tête de la Direction générale de la Police du Royaume.

[1] Cet ouvrage, qui paraîtra chez Nicolle, à Paris, porte le dépôt légal des 9–10 février 1815.

2586

Benjamin Constant à Juliette Récamier

14 février 1815

Je suis d'une tristesse profonde[1]. Votre conversation de hier m'a affligé sous
mille rapports. J'y ai vu, ce qui me déchire le cœur, l'intention que vous
reprenez toujours de rompre même le lien d'amitié qui existe entre nous. J'y
ai vu de plus, ce qui m'afflige, coᵐe une nouvelle barrière entre vous et moi,
l'impossibilité de me faire une situation tolérable dans ce pays-ci. Pour la 5
première fois, je suis triste de ma position extérieure, parce qu'elle influe sur
ce qui est ma véritable vie, mes relations avec vous. Tout cela m'a rendu
toutes mes idées de départ, puisque je n'ai pas la force d'en finir autrement,
et dans ces idées, l'établissement chez moi des deux personnes dont nous
avons parlé[2] me devient plus agréable que jamais. Je vous écris donc pour 10
vous supplier d'arranger cette petite affaire. C'est une chose qui me convient, indépendamment de tout motif de bienfesance, et je les logerai mieux
que personne et avec plus de plaisir. Je ne vous écris que dans ce but, et je
finis ma lettre. Je suis trop triste pour rien ajouter. Il y a dans ma tristesse
un decouragement qui m'empêche même de me plaindre. Adieu. Je ne vous 15
verrai donc qu'a dix heures, ou même plutard[3]. La journée est longue.

Madame / Recamier

Manuscrit *Paris, BnF, N.a.fr. 13265, f. 98; coté d'une main ancienne : «53»; 2 pp., l'adresse p. 2; orig. autogr.

Éditions **1.** Lenormant (1882), n° 52, pp. 127–128. **2.** Harpaz (1977), n° 62, pp. 121–122. **3.** Harpaz (1992), n° 67, pp. 153–154.

Commentaire et Notes Il s'agit de la «lettre à Juliette» signalée dans le Journal sous la date du 14 février.

[1] Voir l'allusion à l'«entrevue avec Juliette», Journal, 13 février.
[2] Mme Monge Saint-Edmond et sa fille Amélie ; voir la lettre 2582.
[3] Elle lui proposera cependant une entrevue plus tôt dans la journée ; voir Journal, 14 février.

2587

Benjamin Constant à Juliette Récamier

14 février 1815

Je vous remercie de votre lettre[1]. Vous avez tort d'accuser ma déraison. Il ne me faut qu'un signe d'affection de votre part pour que je me calme. J'ai baigné votre billet de larmes, et je me reproche de vous causer la moindre peine. Mais il ne tiendrait qu'à vous de me donner des momens de bonheur qui m'aideroient à vivre. Si, par exemple, vous aviez suivi votre mouvement, 5 si en rentrant[2] vous m'aviez écrit deux lignes qu'on m'auroit portées ce matin, j'aurais senti toute mon existence changée. Non je ne suis pas déraisonnable, je vous le jure. Je ne suis que sensible, mais d'une sensibilité facile à satisfaire, parce qu'elle est humble, mais facile a froisser parce que vous l'avez cruellement humiliée. Une action spontanée de vous, qui, une fois, me 10 prouveroit votre souvenir, ferait en moi une révolution salutaire. Adieu. Vous verrez un bel éloge de moi dans le *Journal* de Paris[3]. Tout ce qui flatteroit un autre m'est indifférent. Mais au moins la solitude m'est bonne. Elle me délivre de ces efforts inutiles qui m'abyment sans fruit pour les autres ni pour moi. Adieu, je n'ai voulu que vous remercier. Je vous bénis et 15 je vous aime.

Mad. / Recamier

Manuscrit *Paris, BnF, N.a.fr. 13265, ff. 129–130; coté d'une main ancienne : «71»; 4 pp., pp. 2–3 bl., l'adresse p. 4; orig. autogr.

Éditions **1.** Lenormant (1882), n° 65, pp. 150–151. **2.** Harpaz (1977), n° 63, pp. 122–123. **3.** Harpaz (1992), n° 68, pp. 154–155.

Commentaire et Notes Il s'agit ici de la réponse à un billet (non retrouvé) envoyé par Juliette en réponse à la lettre 2586.

[1] Voir commentaire. Le billet de Juliette avait proposé une entrevue (voir *Journal*, 14 février).
[2] En rentrant chez elle, le 13 au soir ; voir *Journal*, sous cette date.
[3] Le compte rendu, signé «N.», de *De la responsabilité des ministres*, paru dans le *Journal de Paris*, le 14 février 1815. Dans un second article, du 21 février, l'auteur prendra la défense de BC contre un article anonyme du 20 février, publié également dans le *Journal de Paris*.

2588

Benjamin Constant à Alexandre Rousselin de Saint-Albin

mi-février 1815

Que Diable devenez-vous donc, mon cher St Albin? Je vous envoye des ouvrages sur les Ministres[1], ce qui n'est pas peu de chose, dans un pays constitutionnel, comme le Notre, et vous ne me donnez pas signe de vie ! Je vous demande un jour pour diner ensemble et vous laissez partir notre ami, sans me dire un mot ? On ne vous trouve jamais, de sorte que je ne vais pas 5 chez vous, mais si par hazard vous n'êtes pas mort, dites le moi.

B.

Monsieur / Roussellin de St Albin / Rue d'Anjou N° 9

Manuscrit *Paris, BnF, N.a.fr. 13123, ff. 124–125; 4 pp., pp. 2–3 bl., l'adresse p. 4; orig. 10 autogr.

Note
[1] Il s'agit de *De la responsabilité des ministres*, dont le dépôt légal date des 9–10 février 1815, ce qui nous permet de dater cette lettre de cette période.

2589

Benjamin Constant à Marianne de Constant

15 février 1815

J'ai un véritable regret d'etre resté si longtems sans vous écrire. Des occupations et des affaires pourroient bien me servir d'excuse : mais j'aurais du trouver le tems de vous donner de mes nouvelles, et j'aime mieux m'en remettre à votre indulgence que me justifier.

Je suis très peiné de ce que vous me mandez de la perte que M. Achard 5
vous a fait éprouver[1]. J'en ai écrit plusieurs fois à Charles de St Jean, qui m'a
toujours répondu de manière à me laisser espérer que son beau père pourroit revenir là dessus et réparer le dommage.

Je suis d'autant plus peiné de cette circonstance qu'un événement fort
inattendu et sur lequel au reste je vous prie de me garder le secret, parce que 10
rien n'est décidé, peut me jeter dans des embarras, qui n'influeront jamais
sur ce qui a été assuré entre nous, mais qui peuvent me mettre dans la
situation la plus génée.

Mad[e] de Stael marie sa fille et m'a proposé de revenir sur un arrangement
que nous avions fait ensemble. Je m'etais endormi sur cet arrangement, 15
parce qu'en conscience, l'argent, que je parais lui devoir, ayant été employé
en très grande partie à des choses qui la regardoient beaucoup plus que moi,
quand je réunissois ses amis à diner pour ses affaires, quand je louois les
biens séquestrés de son père pour qu'on ne les achetât pas, enfin quand je
l'accompagnois dans ses nombreux voiages, je ne me crois pas moralement 20
son débiteur. Cette affaire cependant m'inquiète assez. Je vous prie de n'en
parler à personne, pas même à vos enfans, et de bruler ma lettre. Vous ni eux
n'avez rien à risquer puisque vos fonds sont assurés entre les mains de M. de
Loys. D'ailleurs, il est très probable, que cela n'aura pas de suite, Mad[e] de
St. ne m'en ayant parlé que dans le cas où elle ne seroit pas payée de 2 25
millions que le gouvernement lui doit, et ce payement venant d'être consenti
hier par le Roi[2]. Mais comme elle sent elle même qu'il y a indélicatesse et
injustice dans la demande qu'elle forme, elle seroit blessée que j'en eusse
parlé et ce seroit une diminution de ses motifs pour n'y pas donner de suite.

Cet incident, l'achat d'une maison auquel on m'a engagé pour me natio- 30
naliser encore davantage en France, et le voyage que je vais entreprendre
tout de suite pour chercher enfin ma femme en Allemagne me rendent impossible tout effort ultérieur. J'espère que la manière dont je me suis conduit
vous empêchera de soupçonner ma bonne volonté. Tout ce que je puis faire,
c'est de vous envoyer dès a present le mandat payable au 1er May prochain. 35

Je ne crois pas que je sois ici quand votre réponse à cette lettre pourrait
arriver. Ecrivez moi cependant toujours à la même adresse, parce que dans
tous les cas vos lettres me seront exactement renvoyées. Croyez à ma sincère
amitié et conservez moi la vôtre.
Paris ce 15 février 1815
40

a Madame / Madame de Rebecque / à Brévans / Dole / Dép[t] du *Jura*

Manuscrit   *Paris, BnF, N.a.fr. 18830, XI, ff. 27–28; 4 pp., p. 3 bl., l'adresse p. 4; orig. autogr.

Notes
[1]   Voir la lettre 2583 de Marianne de Constant à BC, 10 février 1815, note 1.
[2]   Voir la lettre 2504, note 2.

2590

Benjamin Constant à Juliette Récamier

15 février 1815

Que faites-vous aujourdhui ? M^de de St. m'a encore fait courir pour ses affaires, et d'après vos ordres j'ai mis mon tems à sa disposition. Je rentre fatigué et triste, quoique j'aïe de bonnes nouvelles à lui annoncer[1]. Je dinerai chez elle, j'irai ce soir chez M^de de Beauveau [2]. Voilà ce qui est fixe dans ma misérable journée, et il n'y a rien là qui m'intéresse ou me réjouïsse. Je ne me sens pas le courage de vous entretenir plus longtems de moi. Je trouve que je dois vous ennuyer prodigieusement. Je vais travailler aux Mémoires[3]. Je ne resterai que très peu de tems chez M^de de Beauveau ce soir : mais je n'irai chez vous ou là où je pourrais vous voir que quand et comme vous le permettrez.[4]

Madame / Recamier

Manuscrit   *Paris, BnF, N.a.fr. 13265, ff. 127–128; coté d'une main ancienne : «70»; 4 pp., pp. 2–3 bl., l'adresse p. 4; orig. autogr.

Éditions   **1.** Colet (1864), n° 17, p. 51.   **2.** Lenormant (1882), n° 40, pp. 98–99. **3.** Harpaz (1977), n° 67, pp. 126–127.   **4.** Harpaz (1992), n° 72, pp. 159–160.

Commentaire et Notes   Cette lettre date du 15 février (et non du 23, comme le propose Harpaz): voir surtout les allusions au dîner chez Germaine de Staël et au bal de la princesse de Beauvau, qui sont notés tous deux dans le Journal sous cette date.

[1]   Le remboursement de la dette Necker vient d'être autorisé par le Roi, le 14 février 1815. Voir ci-dessus la lettre 2589, de BC à Marianne.
[2]   Dîner et bal auront lieu tous les deux le soir du 15 février ; voir Commentaire. Nathalie de Rochechouart-Mortemart, princesse de Beauvau (1774–1854) avait été la dame d'honneur de l'impératrice Marie-Louise. Son mari, Marc-Étienne-Gabriel de Beauvau-Craon (1773–1849), nommé chambellan par Napoléon en 1809 et comte d'Empire en 1810, sera élevé à la pairie pendant les Cent-Jours.
[3]   C'est ce qu'il fera, en effet : voir Journal, 16 février : «Travaillé aux Mémoires».
[4]   BC verra Juliette, en effet, au cours de la journée du 15, mais la réponse de celle-ci se fera attendre ; voir Journal, 15 février : «Autre journée exécrable. Ecrit à Juliette, point de réponse pendant quatre heures». Voir aussi la lettre suivante.

2591

Benjamin Constant à Juliette Récamier

15 février 1815

Je vous remercie[1] comme si vous m'aviez sauvé la vie. En effet Je ne vivais pas depuis deux heures. Je me promenois avec effort dans ma chambre, me cramponnant aux meubles pour m'empêcher de courir chez vous, et une visite[2] que j'ai eue a été si effrayée de mon agitation qu'on m'a conseillé de faire venir un médecin pour les maux de nerfs que j'avais. Oh ! il est im- 5 possible de vivre avec le sentiment qui me dévore. Vous ordonnez que je ne vous voye pas aujourdhui[3]. Je me soumets. Sachez m'en gré, car après cette matinée j'aurais eu bien besoin de respirer, de me prosterner devant vous, pour vous remercier de n'être pas ce que je crains toujours quand je suis quelque tems sans vous voir. J'ai peine à respirer, mais enfin vous m'avez 10 écrit, vous avez pensé à moi, j'obéis donc. Je travaillerai[4] plutot toute la nuit que de ne pas finir ce que vous me demandez. Hochet est aussi furieux contre la Dame en question[5]. Je vous le conterai. Elle croit au contraire l'avoir charmé. C'est comique. J'aurai pu vous voir entre le diner et le bal[6], mais non, je veux vous prouver que je sais obéir quoiqu'il m'en coute. Je 15 suis dans le ciel en comparaison d'il y a une heure. Par pitié ne me tuez pas. Je vis de si peu. Jamais homme n'aima ni ne souffrit autant. A demain donc à deux heures[7]. Merci de m'avoir tiré de l'égarement où j'étais. A demain à demain. Je me répéterai ces mots toute la journée. Si vous avez quelque chose à me faire dire, je reste chez moi jusqu'a six heures précises. Vous 20 voyez bien que c'est encore un espoir pour aujourdhui. Mais non j'y renonce, je veux vous obéir. A demain. Je reste pourtant chez moi jusqu'à six heures.

Mad. / Recamier

Manuscrit   *Paris, BnF, N.a.fr. 13265, ff. 52–53; coté d'une main ancienne : «28»; 4 pp., pp. 2–3 bl., l'adresse p. 4; orig. autogr.

Éditions   **1.** Lenormant (1882), n° 21, pp. 47–48.   **2.** Harpaz (1977), n° 65, pp. 124–125. **3.** Harpaz (1992), n° 70, pp. 156–158.

Commentaire et Notes   La présente lettre aura été écrite après la réponse tardive (et non retrouvée) de Juliette à la lettre précédente (2590) et à une deuxième lettre non retrouvée ; voir *Journal*, 15 février : «Autre journée exécrable. Ecrit à Juliette, point de réponse pendant quatre heures. Fièvre, angoisse. Récrit. Réponse longue et douce. Un peu de calme».

[1]   Il s'agit de la «réponse longue et douce» que BC vient de recevoir ; voir Commentaire.

² Ce visiteur doit être Claude Hochet, nommé plus tard dans la lettre.

³ BC la verra pourtant ; voir la lettre suivante (2592) et Journal, 15 février.

⁴ Aux *Mémoires sur Juliette* ; c'est ce qu'il fera, en effet : voir Journal, 16 février : «Travaillé aux *Mémoires*».

⁵ Pour les querelles avec Germaine de Staël, voir Journal, 8, 11 et 12 février.

⁶ BC finira par voir Juliette tout de même, entre son dîner chez Germaine de Staël et le bal de la princesse de Beauvau : voir la lettre suivante.

⁷ Ce rendez-vous pour le 16 février sera annulé et remplacé par une promenade d'une demi-heure ; voir Journal.

2592

Benjamin Constant à Juliette Récamier

15 février 1815

Savez-vous qu'il est un peu dur de dépendre de M^de de Stael, comme vous m'avez remis dans sa dépendance ? D'après vos ordres et votre silence, je m'arrange pour passer ma soirée avec elle jusqu'au bal¹. Voilà qu'elle veut aller au Spectacle et me renvoye à 7 heures. Je lui demande une place. Elle me la refuse, parce qu'elle la donnée, dit-elle, à Mr de Rocca. Convenez qu'il est bizarre, après cela de tracasser toutes mes démarches comme elle le fait. Je suis donc rentré à 7 heures et demie j'aurais été chez vous, j'ai eu peur de vous déplaire et j'en ai peur encore. Je ne puis aller chez M^de de Beauveau qu'à dix h. et demie, mais je puis rester chez moi. Aussi n'est ce qu'une simple question. Voyez vous de l'inconvénient a ce que je passe une heure chez vous²? Alors faites moi dire *que vous me verrez demain*. Si vous voulez me recevoir faites moi dire *que vous me priez de passer ce soir*. Je me conformerai à vos volontés. Ne voyez dans ceci qu'une chance inespérée à laquelle je ne puis résister, mais à laquelle je renoncerai sans murmure en comptant sur demain voyez y avec indulgence la preuve que je ne suis jamais une minute, occupé d'autre chose que de vous ; songez que de la part d'un autre cela vous flatterait, et je ne vaux pas moins parce que je vous aime plus

a Madame / Recamier / Rue basse du / Rempart / N° 32.

Manuscrit   *Paris, BnF, N.a.fr. 13265, ff. 123–124; coté d'une main ancienne : «68»; 4 pp., pp. 2–3 bl., l'adresse p. 4; orig. autogr.

Éditions   **1.** Colet (1864), n° 11, pp. 29–30.   **2.** Lenormant (1882), n° 35, pp. 85–86 (avec coupures).   **3.** Harpaz (1977), n° 66, pp. 125–126.   **4.** Harpaz (1992), n° 71, pp. 158–159.

Notes
[1] Le bal de la princesse de Beauvau ; voir les lettres 2590, 2591 et la note 6.
[2] Voir la lettre précédente, note 7. Juliette accordera une entrevue à BC le soir même, comme il le souhaite ; voir Journal, 15 février : «Dîné chez Mme de St[aël]. Visite à Juliette après lui en avoir demandé la permission».

2593

Benjamin Constant à Juliette Récamier

16 février 1815

Voici la réponse de M. de Montlosier [1]. Je suis tout fier d'avoir bien fait vos commissions. Quand je vois les éloges[2] qu'on me donne, et que je pense au peu de cas que vous faites de moi, Il me prend une espèce de désespoir. J'aimerais mieux qu'on me dit que je suis une bête. Au moins cela motive-roit la préférence que vous accordez sur moi à la médiocrité la plus affec-   5
tée[3]. Mais c'est mon sort d'etre loué par les autres, et ensorcelé par vous qui me dédaignez[4].

Je vous verrai donc a quatre heures, c'est quelque chose.

Madame / Recamier

Manuscrit   *Paris, BnF, N.a.fr. 13265, ff. 163–164; coté d'une main ancienne : «89»; 4 pp., pp. 2–3 bl., l'adresse p. 4; orig. autogr.

Éditions   **1.** Colet (1864), n° 22, p. 65.   **2.** Lenormant (1882), n° 59, p. 143.   **3.** Harpaz (1977), n° 64, pp. 123–124.   **4.** Harpaz (1992), n° 69, pp. 155–156.

Commentaire et Notes   On pourrait supposer, avec Harpaz, que cette lettre date du 14 janvier, immédiatement après le dîner avec Montlosier. Mais, d'autre part, l'allusion au rendez-vous projeté pour quatre heures semble faire écho à la troisième phrase de la lettre précédente, «comptant sur demain» et à celle-ci, qui parle également d'un rendez-vous promis : «Au lieu du rendez-vous que m'avait promis Juliette, elle m'a donné une demi-heure de promenade» (Journal, 16 février). En plus, le ton de de cette lettre est assez aigre, ce qui est conforme à la «tristesse dévorante» et la «nuit agitée» citées dans le Journal, sous la date du 15 février.

[1] Pour le comte de Montlosier, voir ci-dessus la lettre 2568, note 14. BC aura profité du dîner avec lui le 14 pour faire les «commissions» de Juliette.
[2] Il s'agit non seulement des «éloges» de l'article du *Journal de Paris* (voir ci-dessus la lettre 2587, note 3), mais encore de ceux qu'on lui avait prodigués au bal de la princesse de Beauvau ; voir Journal, 15 février : «On m'admire, on me loue, mais je ne puis profiter de rien».

³ Il doit s'agir de Nadaillac, encore ; voir lettre 2584.
⁴ Même idée dans le Journal, sous la date du 14 février : «Que d'honneurs on me rend ! Et je suis le jouet d'une misérable femme !!»

2594

Benjamin Constant à Juliette Récamier

19 février 1815

M'[ ] possibilité [ ]. Je vous [ ] autant que pour moi. Je serai le [ ]ai que les faits. Vous connoissez le sen[ ]ppelez à ce que j'abrège.

Vous connoissez ma position ici. Elle est incertaine[1], mais elle s'améliore. Avec de l'activité et de la raison, tout peut s'obtenir, car on est bien disposé, et la nécessité forcera les exagérés à revenir à un homme qui, vous le voyez 5 par les journaux, et je le vois par les conversations de tout le monde, prend chaque jour une place meilleure dans l'opinion. Si je consacre 8 jours de calme à retravailler cet ouvrage[2] qui a eu du succès et qui est sur toutes les tables et dans toutes les bouches, bien qu'il ait été composé au milieu des distractions que peuvent donner toutes les douleurs, je me placerai, j'en 10 réponds, au premier rang politique. Je n'ai point de vanité. Ce sont les autres qui m'avertissent de ce que je vaux, et ce que je dis de ce que je puis faire est une vérité qui m'a été démontrée sans que je la cherchâsse et pour ainsi dire historiquement.

Mais je ne puis rien sans vous. Votre affection est nécessaire à ma raison 15 comme à ma vie, et me conseiller, en me repoussant, c'est vouloir qu'un homme qu'on tue marche et agisse. Vous l'avez vu quand vous m'avez maltraité ces derniers jours[3]. Je n'ai pu soigner personne, parler à personne. Tout a été en moi abattement et folie. Au premier signe d'indifférence de vous, tout cela reviendrait. Ceci n'est pas un moyen que j'employe, mais un 20 fait que je dis, et qui est la baze de tout, car il ne peut changer.

Si donc vous ne vous persuadez pas de ce qui est évident, que toutes mes forces et par conséquent toute ma carrière reposent sur votre affection, il est inutile de me rien faire essayer. Ce n'est que me donner inutilement beaucoup de souffrance et l'air d'une inconséquence ridicule. Après avoir obtenu 25 des autres promesses, interet, service, au premier coup d'œuil froid de vous, je jetterai tout loin de moi. Je ne pourrai pas faire autrement, c'est de là qu'il faut partir.

Il est donc clair que de même que ma position pour s'amélio[rer] obtenir [ ] et que je préparais mon départ[4]. Maintenant tout est p[rêt et je pou]rrai 30 partir dans trois minutes. Votre affection depuis avant [hier][5] m'a redonné la possibilité de vivre. Si vous me la conservez, si je vous vois seule, si je puis soulager mon ame en causant avec vous, je reste et j'arriverai à tout. Mais si des réflexions mal fondées, des défiances injustes doivent me rejeter de nouveau dans l'abyme, il vaut mieux que je m'éloigne. Cela vaut mieux pour vous. Car dans le désespoir que j'éprouve alors, je ne puis répondre de rien. C'est un prodige que j'aye pu me vaincre ces derniers tems, ne pas aller pousser des cris de douleur dans votre rue, ne pas mourir à votre porte, ou ne pas essayer de me venger de ceux à qui j'attribuois votre dureté.

Vous connoissez à présent mon caractère, mon sentiment passionné et sans bornes, mais en même tems ma soumission, mon dévouement, mon ardeur à vous obéir. Vous savez que vous n'avez rien à craindre de moi, si vous me témoignez de l'affection. Prononcez donc. J'ai fait un plan de vie merveilleux, il n'y aura pas une heure de perdue, pas un moyen de négligé. Mais tout repose sur vous, sur votre égalité d'amitié, sur des entrevues libres et fréquentes, où je puisse vous dire ce que je ne puis dire qu'à vous, et vous consulter sur ce que je dois faire d'ailleurs, pour obtenir les succès d'ambition, que je ne désire que comme moyen de vous dévouer ma vie. Ces entrevues seront quand vous voudrez, comme vous voudrez. Je vous verrai peu, au milieu de votre société, si ma présence a de l'inconvénient, ce qui pourtant, quand j'aurai ma tête à moi et que je parlerai aussi bien qu'un autre, ne me parait pas vraisemblable. Je travaillerai, je causerai, je verrai ceux qui peuvent me servir, je soignerai tout le monde. Je vous devrai ma carrière. Vous serez l'ange réparateur de ce qu'une autre femme a détruit. Décidez donc. Moi, je n'ai qu'une pensée, qu'un sentiment, qu'un moyen de vivre, c'est vous, vous seule et toujours vous. Pour vous aussi, cette confiance réciproque, cette certitude que toutes vos impressions seront partagées, qu'il n'y aura rien d'isolé dans votre ame angélique, que vous avez un cœur qui sympathise en tout avec le vôtre et qui seroit brisé sans le vôtre, ne peuvent pas ne pas être une idée douce. Puis-je donc compter sur votre amitié, j'oserai dire sur votre justice ? Ne nommez pas cette union des ames simplement de l'amour. J'ai tout l'amour que jamais homme a pu ressentir, mais j'ai bien plus que de l'amour. Tous les sentimens de la terre et tous les sentimens du ciel sont réunis pour vous dans ce que j'éprouve. Ne dites pas que c'est passager. J'ai eu 15 ans un lien terrible[6], qui ne lioit que moi, et si on examinoit bien tous les détails, ce n'est pas moi qui l'ai brisé.

Ange adoré, à qui je ne demande qu'un regard doux, et une affection pure comme lui, décidez donc. Si vous ne pouvez concevoir cette confiance que je mérite, si vous devez encore, inégale et injuste, me remettre dans les tourmens de l'enfer, pour vous même, dites moi de partir. Ne me laissez pas défaire des arrangemens qui, exigeant quelques jours pour être refaits, m'exposent à des jours d'agonie, et vous même au spectacle de ma folie et de ma douleur. Mais si l'homme qui avant de vous aimer uniquement se sentit toujours entrainé vers vous, si l'homme qui donneroit sa vie pour vous épargner, je ne dis pas à vous, mais au dernier être qui vous intéresse, une piqueure d'épingle, si cet homme, sa carrière, son repos, sa gloire, sont quelque chose à vos yeux, que votre amitié reste égale et bonne. Encouragez moi, guidez moi, mais surtout recevez moi, car vous me ranimez, vous me calmez, vous me rendez la raison, je sors d'auprès de vous plus tranquille, mes facultés sont doublées, mon cœur n'est plus oppressé. Décidez donc, et croyez moi, en descendant en vous même, vous vous direz qu'une telle affection n'est pas méprisable, qu'il est bon de l'avoir rencontrée, de pouvoir se l'approprier, sans rien blesser de ce qu'on respecte, et que cet isolement, cette tristesse que vous éprouvez, est un avertissement du ciel, qu'un être tout dévoué, compagnon de toutes vos pensées, vous comprenant dans ce que d'autres appellent des rêveries, vous égayant par son esprit, vous servant de tout son zèle, ne vous gênant jamais, ne demandant que ce qui est indispensable à sa vie, votre présence, qu'un tel être ne doit pas être repoussé.

Madame / Recamier

Manuscrit   *Paris, BnF, N.a.fr. 13265, ff. 85–86; coté d'une main ancienne : «46»; 4 pp., l'adresse p. 4; orig. autogr.

Éditions   **1.** Lenormant (1882), n° 46, pp. 112–117 (avec coupures).   **2.** Harpaz (1977), n° 60, pp. 117–120.   **3.** Harpaz (1992), n° 65, pp. 148–152.

Texte   **2** *Le haut de la première feuille est déchiré.*

Commentaire et Notes   Les petits faits notés dans cette lettre correspondent mieux avec ceux du Journal pour la période du 19 février qu'avec ceux du 12, date proposée par Harpaz ; voir les notes 1–3, 5.

[1] Voir Journal, 19 février : «Il serait bien essentiel de m'ancrer enfin dans ce pays-ci».
[2] *De la responsabilité des ministres.* BC songe à en publier une seconde édition ; voir Journal, 19 février.
[3] Voir Journal : à la suite de la «journée exécrable» du 15 février, du rendez-vous annulé du 16 et de l'«exécrable journée» du 17, la situation commence à s'améliorer le 18.
[4] Pour l'Allemagne.
[5] Le 17 février, en effet, Juliette avait «fini par être douce» (voir Journal, sous cette date).
[6] Avec Germaine de Staël.

2595

Marianne de Constant à Benjamin Constant

vers le 20 février 1815

Monsieur

Je m'etois flatée je vous l'avoue que vous auriez pitié de l'humiliation ou j'etois de recevoir une charité de cent écus de quatre des neveus de votre pere[1] et que vous vous seriez chargé d'acquiter cette depte par respect pour le nom que je porte. J'avois meme cru vous devoir d'ecrire a Mo^n d'Her- 5 manche[2] que je ne vous avoit point ecris ma situation que sur cela vous m'auriez [peu]t etre aidé puisque moi et mes enfants n'avions qu'a nous louer de vos [pro]cedez depuis que nos affaires etoient finies, vous n'y etes obligé en aucune maniere. Quand a la raison que vous en donnez permetté que je vous dise que comme il y a deux mois que M^dlle Lisette[3] de Constant 10 m'ecrivoit qu'elle me conseilloit de demander a emprunter les deux mille francs dont j'ai besoin a Mad. de S^t[4] a qui le gouvernement rembourçoit deux milion son procedé avec vous[5] en contradition formelle avec son caractere est encor plus incroyable a moins qu'elle ne croye que vous devez signer au contras mais je suis bien certaine que cela ne derangera point vos 15 affaire encor moins celle de mes enfants, qui vous remercient de la lettre de change ils seront peut etre forcez de la negocier si on me fait saisir mes meubles avent que j'aië trouvé a les vendre.

Je souhaite beaucoup que Madame Constant vous rejoigne pour qu'on ne dise plus que vous l'avez abandonnée pour suivre M^de de S^t. 20

On m'a assure que vous etiez nommé a l'institu[6] comme assurement vous avez tout ce qu'il faut pour tenir bien votre place je le desire beaucoup tout vos ouvrages ecris dans le meilleur but et de la maniere la plus persuasive j'espere qu'enfin la carriere literaire contribuera a votre bonheur pour lequel je ne secerai jamais de faire des vœux. 25

J M de Rebecque

Manuscrit   *Lausanne, BCU, Fonds Constant I, Co 644; 2 pp., p. 2 bl.; orig. autogr.

Texte   **7** [peu]t] *lettres emportées par une déchirure*   **8** [pro]] *lettres emportées par une déchirure*.   **13**   en] ⟨est⟩ en

Commentaire et Notes   La présente lettre est la réponse de Marianne à la lettre de BC du 15 février, dans laquelle il lui avait confié ses soucis au sujet d'une éventuelle demande d'argent de la part de Germaine de Staël. BC recevra cette réponse le 24 février («sotte lettre de Marianne», Journal, sous cette date) et répondra par sa lettre du 26 février.

[1]   Il s'agit peut-être, entre autres, des fils de Jean-Samuel de Loys de Middes (1761–1825), époux de Pauline de Chandieu (1760–1840), sœur de la mère de BC.

² Louis-Philippe-Auguste Constant d'Hermenches.
³ Louise-Philippine, dite Lisette (1759–1837), sœur de Rosalie de Constant et nièce de Marianne de Constant.
⁴ Germaine de Staël.
⁵ Sur les différends financiers qui opposent Germaine de Staël à BC, voir le Journal du Iᵉʳ juillet 1814. Au moment de leur rupture, BC aurait reconnu devoir à Germaine de Staël une somme de 80.000 livres, à valoir sur son héritage.
⁶ Le 6 février 1815 BC souhaite être élu à l'Institut : «Courses pour l'Institut. Je ne serai pas nommé cette fois» (Journal).

2596

Benjamin Constant à Juliette Récamier

23 février 1815

[ ]Je me mets ce matin pendant deux ou trois heures à ma 2ᵈᵉ édition¹ que Nicole vient de me faire demander avec instance. Je me ferais un vrai tort en ne l'achevant pas tout de suite. Cependant ce n'est pas ce que j'ai en tête, parce que je n'ai en tête que ce que j'ai dans le cœur. Comment pouvez-vous dire que mon sentiment diminue ? Vous ne le pensez pas. Vous me disiez ₅ vous même que chez Mᵈᵉ de St. avant hier² je tournois sans cesse autour de vous sans oser vous parler. Vous savez que je n'ai pas une autre idée que vous. Ne m'oubliez pas auprès de nos Dames³. Peut être pour les mettre plus à même d'accepter, faudrait il leur présenter la chose comme place et non comme charité, en leur disant que ne logeant pas l'hyver dans cette maison ₁₀ et m'absentant souvent, je désire des personnes qui l'habitent, et que cela m'épargneroit un concierge en titre. Je remets tout cela a votre délicate bonté : mais j'ai la passion de faire du bien par vous. Quand cõmencez vous à vendre les meubles de M Rec. pour en doñer le produit aux pauvres ? Que dira-t-il quand chaque jour il trouvera deux chaises une pendule, ou un ₁₅ rideau de moins ? Combien je vous aime, vous qui êtes à la fois une femme ravissante, un Ange du ciel, et un enfant de cinq ans ! Pourquoi donc ne m'aimez vous pas. J'ai oublié de vous conter une distraction bizarre que j'ai eue avec Mᵈᵉ de St. et qui prouve bien que je ne pense jamais qu'à vous ! Aimez moi donc. ₂₀

a Madame / Recamier.

Manuscrit *Paris, BnF, N.a.fr. 13265, ff. 110–111; coté d'une main ancienne : «61»; 4 pp., pp. 2–3 bl., l'adresse p. 4; orig. autogr.

Éditions **1.** Lenormant (1882), n° 55, pp. 134–135. **2.** Harpaz (1977), n° 69, pp. 128–129. **3.** Harpaz (1992), n° 74, pp. 161–162.

Texte **1** *La première ligne de la lettre n'est plus lisible*

Commentaire et Notes Datée par Harpaz du 28, cette lettre semble dater plutôt du 23; d'après la première phrase, BC est au tout début du remaniement de *De la responsabilité des ministres*, qui commence, en effet, le 23, d'après le Journal.

¹ Ce projet d'une seconde édition ne sera pas réalisé.
² Il s'agirait de la «grande soirée» chez Germaine de Staël le 21 février : voir Journal, sous cette date.
³ Mme Monge Saint-Edmond et sa fille Amélie.

2597

Benjamin Constant à Marianne de Constant

26 février 1815

Paris ce 26 février

Après avoir envoyé ma lettre à la poste, j'ai relu la votre[1], et j'ai pensé que peut être votre intention avoit été moins désobligeante que je ne l'avois cru. Je vous avoue que me dire qu'une chose que je vous avais confié étoit incroyable et qu'un arrangement qui me couteroit plus de la moitié de ma 5 fortune ne me dérangeroit pas, a du me blesser. Quoiqu'il en soit, j'aime à revenir à des impressions plus douces, et je vous réitère ce que je vous avais déja dit hier, que je me chargerais de rembourser la somme des cent écus à ceux qui les ont envoyés de Suisse : mais je ne puis fixer l'époque précise. Cependant ce sera le plutot que je pourrai. J'ajouterai pourtant sans aucune 10 aigreur que je dois regarder ce qui a été convenu entre nous comme nous liant tous, et devant servir de règle à nos procédés et à nos obligations réciproques. Vous vous trouverez toujours bien de croire à mon amitié. Réfléchissez que vous vous êtes déjà souvent laissée aveugler par vos défiances[2], et que tout auroit mieux été sans cela. 15

Mille amitiés.

B.C.

a Madame / Madame de Rebecque / à Brévans / près Dole / *Jura*

Manuscrit *Lausanne, BCU, Fonds Constant I, Co 27; 4 pp., pp. 2–3 bl., l'adresse p. 4; orig. autogr.

Notes

[1] La lettre précédente de BC n'a pas été retrouvée. Il s'agit de la «sotte lettre de Marianne» (lettre 2595), reçue par BC le 24 février.

[2] BC avait évoqué la défiance de son père Juste dans ses lettres à Isabelle de Charrière du temps de la Révolution.

2598

Benjamin Constant à Juliette Récamier

2 mars 1815

Je n'ai fait que penser à tout ce que vous m'avez dit hier. Je n'y concois rien : et votre disposition passe mon intelligence[1]. Que vous soyez mécontente, quand M. de F. vous fait des scènes, ou vous compromet, en cherchant querelle à d'autres, Je le comprens. Mais que vous avais-je fait pour mériter tout ce que vous m'avez dit ? Est-il donc vrai que mon affection ne ⁵ vous parait d'aucune valeur, et que vous désirez que je l'étouffe jusques dans son dernier germe ? Je mets en fait qu'il n'est pas possible de chercher davantage à ne pas vous gêner, et de mettre à plus bas prix le dévouement le plus absolu. Il vous est donc bien importun d'être aimée ! Je ne crois pas depuis deux mois avoir fait une chose qui put vous déplaire, ou en avoir ¹⁰ négligé une que vous parussiez désirer. Vous le sentiez, vous m'en saviez gré. En écartant l'amour, vous promettiez quelque amitié, et c'est tout d'un coup, quand je devois le plus compter sur vous, quand je m'efforçais le plus de me plier à vos volontés, et de mériter votre confiance, que vous frappez mon cœur de tous les coups les plus douloureux ! Êtes vous contente de vous ¹⁵ même relativement à moi ? C'est à votre conscience que j'en appelle. Mais ce n'est pas pour me plaindre que je vous écris, c'est pour vous demander un conseil, et je vous promets de le suivre. Il m'est bien prouvé que votre volonté positive est de ne prendre avec moi aucun lien qui ressemble le moins du monde à l'amour. Mais votre volonté est-elle également que toute ²⁰ amitié cesse entre nous ? Retractez-vous ce que vous m'avez dit dernièrement, que je pouvois être de quelque douceur dans votre vie, parce que vos alentours n'entendoient pas la partie de votre caractère et de votre ame que j'entends peut-être mieux que personne ? Votre desir est-il, que, de ce rang de confident de vos pensées et d'ami plus intime que d'autres, que vous ²⁵ m'avez accordé, je redescende dans la foule de vos connoissances les plus étrangères comme M. de M[ ] ou Lord Kinnaird[2] ? Est-ce là la récompense que vous destinez à six mois[3] du sentiment le plus vrai, le plus soumis, le plus abandonné, et le plus résigné à ne prendre que les formes que vous permettez. Si cela est, si les preuves que je vous ai données que la moindre chance de vous faire plaisir, le moindre succès dans ce que vous désiriez etoit pour moi le bien suprême, n'ont abouti qu'à ce résultat, si six mois d'affection devouée n'ont pas laissé une trace, je dois m'ordonner de ne plus importuner votre vie. Je sais à quoi je m'expose en traçant ces lignes : la terreur me prend dejà, et je pourrais fondre en larmes, à l'idée que votre réponse seroit une confirmation de cette sentence. Mais enfin, ce qui me regarde n'est pas ce qui vous importe : et vous ne saurez plus rien de moi, si vous me le prescrivez. Je puis n'etre que votre ami, et je ne demande que cela. Je demande une place pareille à celle de M. Ballanche[4]. Une simple connoissance je ne puis l'être. Vous m'avez promis mieux, j'ai mérité mieux, j'ai besoin de mieux. Si vous avez changé depuis ces cinq jours[5], une tentative me reste à faire, c'est celle de ce voyage[6] si souvent annoncé. Il peut me nuire, mais il peut me sauver. L'effet de mon ouvrage[7], si j'en crois ce qu'on m'en a écrit est plutot bon : mais tout est subordonné à votre manière avec moi. On m'offrirait le trone de France que si vous me traitiez durement, je ne serais qu'un fou misérable et ridicule. Voyez donc et répondez[8]. Vous m'avez dit dans notre dernier tête à tête[9], que je pouvois avoir près de vous par la simple amitié une place particulière, comme confiance, comme partage de vos impressions. Je l'ai acceptée cette place, je la reclame. Pourquoi m'avez-vous dit hier que cela ne pouvoit durer ? Je ne puis vivre près de vous sans cette place. Si vous me l'otez, qu'importe ce que je ferai ? Mais souffrir ce que je souffre, aucune force humaine ne le peut. Si vous me la rendez, je ne me plaindrai plus. Vous m'en verrez jouïr : mais donnez moi de la sécurité. La coquetterie permet le caprice, l'amour le répare : mais dans l'amitié il faut savoir sur quoi compter. Pensez que cependant l'affection n'est pas chose si commune, que moi même je ne suis pas un être si vulgaire, que vous en avez regretté de moins distingués, que je n'exige rien que d'obtenir la confiance que vous m'avez offerte, de vous être agréable ou utile quand je le pourrai, et que je vous apporte quelque chose comme esprit, comme dévouement, comme appréciation et culte de vous, qui n'est pas tellement à dédaigner : songez que cette relation n'est point d'une nature fragile ou passagère, mais peut, sans blesser personne, durer toute notre vie, et se retrouver dans toutes les circonstances.

Il me reste une prière à vous adresser. Si le sens de votre réponse doit être dur, je ne vous demande point de l'adoucir : mais je vous demande de me ménager ensuite pendant huit jours et de me traiter comme auparavant. Avec cette précaution, je dompterai mon agonie, je ne vous fatiguerai pas de ma souffrance, je ferai tous mes préparatifs de départ[10], et je partirai sans bruit.

Si au contraire, vous avez de l'amitié pour moi, Si vous permettez la 70
mienne, si ce misérable cœur si froissé reprend... mais je ne veux pas prévoir
un bien qui ne m'est pas encore accordé. Je ne veux pas rouvrir mon ame à
la joye, quand peut être toutes les douleurs vont fondre sur elle. Ma lettre
part, mon agonie commence.

Vous sentez bien que [ ] incertitude [ ]partie[ ].   75

Madame / Recamier

Manuscrit   *Paris, BnF, N.a.fr. 13265, ff. 81–82; coté d'une main ancienne : «44»; 4 pp.,
l'adresse p. 4; orig. autogr.

Éditions   **1.** Lenormant (1882), n° 51, pp. 122–126.   **2.** Harpaz (1977), n° 71, pp. 130–133.
3. Harpaz (1992), n° 76, pp. 164–167.

Texte   **27** M[ ]] M⟨ontbrun⟩   **74** commence] *phrase ajoutée au crayon*   **75** [ ]partie[ ].]
mots emportés par une déchirure

Commentaire et Notes   Datation fondée sur l'allusion aux «six mois de sentiment» (voir la
note 3) et sur quelques menus détails (voir ci-dessous les notes 1 et 6). Il s'agirait donc de la
«lettre désespérée» citée dans le Journal, 2 mars 1815.

[1] Journal du 1ᵉʳ mars 1851: «Entretien avec elle devant Jenny après les autres. Il y a quelque
    chose qui n'est pas clair dans sa disposition pour moi». Pour Jenny, dame de compagnie de
    Juliette, voir ci-dessous la lettre 2608, note 3.
[2] En ce qui concerne «M[ ]», il s'agit sans doute de Philippe-François-Casimir, comte de
    Mouret et de Montrond (1769–1843), confident de Talleyrand, confident aussi de BC, à ses
    heures (voir Journal, 26 septembre 1814, à propos du duel manqué avec Forbin : «Je suis
    fâché d'en avoir parlé à Montrond»). Charles, vicomte Kinnaird (1780–1826), amateur et
    collectionneur d'art, était violemment opposé à la guerre entre l'Angleterre et la France et
    soupçonné en Angleterre de tendances jacobines. Voir aussi la lettre 2580, note 5.
[3] Depuis le début du mois de septembre 1814, en effet.
[4] Pour Ballanche, *cavaliere servente* de Juliette, voir ci-dessus la lettre 2558 note 10.
[5] C'est le 24 février que BC commence de nouveau à douter de Juliette, voir Journal, sous
    cette date : «Soirée chez Juliette. Elle a eu envie de reculer comme il y a 8 jours. Cela n'ira
    jamais».
[6] En Allemagne, pour ramener sa femme.
[7] *De la responsabilité des ministres*, qui avait été publié à la fin du mois de janvier 1815.
[8] Voir Journal, 2 mars 1815 : «Vu Juliette. Ma lettre a fait peu d'effet».
[9] Le 26 février ; voir Journal, sous cette date. Le 27 et le 28, en effet, il n'a pu parler à Juliette
    seule. Le 1ᵉʳ mars, il s'agit d'un entretien à trois.
[10] Voir la note 6.

2599

Benjamin Constant à Juliette Récamier

2 mars 1815

Je rentre chez moi[1] dans un état d'agitation difficile à peindre, fâché d'avoir usé en plaintes inutiles votre patience et le peu de tems que vous m'accordez, mais surtout rempli d'un sentiment nouveau, que j'examine avec une espèce de sangfroid[2], comme si je n'étois que le Spectateur de ce que j'éprouve. Autour de moi tout est tranquille. Je suis seul, personne ne s'occupe de ce que je fais. Le seul être qui m'aime[3] peut être encore est à trois cent lieues, et un an d'absence lui a enseigné à se passer de moi. Je jouïs donc d'une liberté complète. Si je voulais, dans une heure, dans cinq minutes je ne souffrirais plus. Si je voulais, et pourquoi ne voudrais-je pas ? Cette pensée est comme un jour soudain qui me frappe, et je sens qu'elle prend une consistance qui m'étonne et me calme. On parle souvent de se tuer : ce sont des paroles sans conséquence : mais quand on approche de la réalité, qu'on pense combien c'est facile, combien de gens l'ont fait, par ennui, par degout, sans beaucoup de courage, et qu'on est depuis six mois[4] dans un enfer, on ne s'explique pas sa patience. Je n'ai qu'un devoir, celui d'épargner à ma femme la connoissance de ma destinée. Je le remplirai. Le père de M^{de} de Catelan[5], m'a t-on dit, a eu le courage de mourir, sans que l'on sût que c'étoit volontairement, pour conserver à sa fille sa fortune. Pourquoi n'en ferais-je pas autant ? Ma femme est dans sa famille[6], une mort naturelle est une chose simple, elle se consolera facilement. Dieu m'est témoin que Ce n'est pas ma faute. Il m'a imposé un fardeau trop lourd. Ce n'est pas moi qui me tue, c'est le poids que je ne puis supporter. Vous partez dans quinze jours[7], vous me défendez d'aller vous voir. Vous qui, sure de votre conduite, avez cent fois bravé [les] apparences qui ne vous atteignent pas, vo[us] avez fait pour mille autres, vo[us] défiances. Le bien que je f[ ] ne vous est d'au[ ] m'aviez pr[ ] que tout[ ] quelqu[e] déchi[ ] mo[ ] av[ ] concois rien, mais il n'est pas nécessaire que je le conçoive. Le fait est là, qu'importe la cause ! Je vivais tolérablement depuis un mois me voilà replacé dans l'agonie où j'étais il y en a cinq. Je me promène dans ma chambre, comme dans une cage de fer, et mes meilleurs momens sont ceux ou je puis fondre en larmes. Il y a trois semaines que vous me disiez de ménager M^{de} de S. parce qu'elle partoit en Avril et que je serais moins observé[8]. Vous partez aussi. Vous me trompiez donc ! Je ne sai ce que j'écris. Vous avez brisé mon cœur et ma tête. J'étais tranquille. Je croyois avoir fait quelques progrès dans votre amitié. Vous m'avez dit que j'étais méchant, que mon caractère étoit des ténèbres[9]! Non. Il n'y a plus de ressource, il n'y en a plus. J'atteste le ciel que je n'avais pas mérité cela de vous. Je vous aime si passionément, avec une résignation si complète, je suis heureux de vos moindres paroles, un de vos regards me ranime, votre seule présence est un bienfait. Je pourrais tout supporter, mais votre défiance, votre injustice, quand je fais tout pour vous prouver que je vaux quelque 40 chose, quand pour un éloge de vous je donnerais ma fortune et ma vie : et votre départ. Cette complication est trop forte. Il faut briser ces filets de douleur qui m'enlacent de tous cotés. J'ai quinze jours[10]. Ma femme est chez son frère[11]. Je suis seul, libre, et je suis repoussé par vous. Je regarde tous les objets qui m'entourent, comme s'ils m'étoient déjà étrangers. Cela devoit 45 finir mal, vous l'avez dit encore hier. Que ne l'avez vous pensé il y a six mois ! Mais soïez tranquille. Tout finira sans bruit, tout finira vite. Oh ! si je pouvois, avant de mourir, vous serrer dans mes bras ! Enfin, le sort est tout puissant, on le prévoit sans lui échapper. Les seules personnes qui [me reg]retteront seront ces deux pauvres femmes[12] à qui ma maison [ ]présomp- 50 tion à moi qui vous aimais d'acheter [ ]l'habiter en paix ! Pardon de cette [a]i-je fait ? Encore hier, que vous [ ] présence, je n'irai pas n'y pas aller [ ] vous ai [ ] moi. Si cependant quelque chose vous choque dans ma lettre, pardonnez le moi. Je vous verrai a quatre heures et demie[13]. Je vais copier l'article de M. Ballanche[14]. Jusqu'a mon dernier jour je veux faire ce que 55 vous aurez voulu.

a madame / Recamier

Manuscrit   *Paris, BnF, N.a.fr. 13265, ff. 135–136; coté d'une main ancienne : «74»; 4 pp., l'adresse p. 4; orig. autogr.

Éditions   **1.** Mistler (1950), pp. 86–88.   **2.** Harpaz (1977), n° 72, pp. 133–136.   **3.** Harpaz (1992), n° 77, pp. 168–171.

Texte   *La partie inférieure de la première feuille est déchirée.*   **54** Je] ⟨A [?]⟩ Je

Commentaire et Notes   Nous suivons Jean Mistler, en proposant la date du 2 mars pour cette lettre, plutôt que le 5, date proposée par Harpaz. Il s'agirait d'une lettre écrite le soir du 2, à la suite du deuxième entretien accordé par Juliette, pour cette journée. Ce deuxième entretien, comme le premier, avait laissé beaucoup à désirer (voir Journal, sous cette date).

[1] Après le deuxième entretien du 2 mars ; voir Commentaire.

[2] Voir Journal, 2 mars : «Je souffre assez peu».

[3] BC avait quitté Charlotte chez son frère, au château de Hardenberg, au mois de février 1814.

[4] Depuis le début du mois de septembre 1814.

[5] Le père de Mme de Catellan, née Julien, était un riche financier et propriétaire d'une luxueuse propriété à Rueil.

[6] Voir ci-dessus, note 3.

[7] Les projets de départ de Juliette seront annulés par le retour de Napoléon, qui arrive au Golfe-Juan le 1er mars et à Paris le 20.

⁸ Germaine de Staël partira plus tôt qu'elle ne l'avait prévu, le 11 mars.
⁹ Voir Journal du 2 mars 1815 : «Elle ne me comprend positivement pas, et me trouve une énigme qui l'effraie».
¹⁰ Avant le départ présumé de Juliette.
¹¹ Voir ci-dessus la note 3.
¹² Les dames Monge, locataires de la nouvelle maison de BC. Il les avait vues le 1er mars : voir en appendice la lettre A105.
¹³ BC verra Juliette, en effet, le 3 mars.
¹⁴ Pour l'*Antigone* de Ballanche voir la lettre 2558, note 10. BC travaillait sur ce compte rendu le 28 février 1815; il ne paraîtra que le 2 février 1816 dans le *Constitutionnel* : voir *OCBC* IX,1, pp. 497–511.

2600

Benjamin Constant à Juliette Récamier

vers le 3 mars 1815

Comme c'est aujourdhuy que vous voyez ces Pauvres Dames[1], je vous récris encore pour vous prier de considérer pour elles, qu'il y a quelque avantage à ce qu'elles puissent consacrer 140 fr. qui font plus du 8e du revenu que vous leur procurez, à leur bien être plutot qu'à leur loyer. Je ferai arranger les 4 ou 5 petites chambres[2] le mieux que je pourrai, et je ferai mettre une porte, pour qu'elles soïent tout à fait chez elles. J'ajoute que comme il me convient que quelqu'un habite cette maison pendant mes absences qui peut être seront longues ou éternelles[3], je gagnerais a ce que vous me permissiez d'ajouter une petite somme à leur revenu, de sorte qu'outre le loyer elles auroient une augmentation en argent. Quant aux pierres qui vous ont si fort choquées, je dois vous dire qu'à la fin de la semaine prochaine elles n'y seront plus, parce qu'elles formeront le mur de Cloture du jardin. Il me semble donc qu'il faut au moins laisser à vos protégées le choix, et je crois qu'elles préféreront employer 2 à 3 cent francs qu'elles auront de plus a vivre plus commodément. Le seul danger seroit que l'arrangement ne fut pas durable, mais je leur ferai volontiers une espece de bail, et même je stipulerai que si j'ai le bonheur de mourir mes heritiers ne pourront les renvoyer qu'en leur Payant une indemnité. Dieu veuille que cette dernière chance se réalise bientot ! Je vous porterai à [ ].

Manuscrit   *Paris, BnF, N.a.fr. 13265, f. 99; coté d'une main ancienne : «54»; 2 pp.; orig. autogr. La fin de la lettre manque.

Éditions   **1.** Lenormant (1882), n° 56, pp. 135–136.   **2.** Harpaz (1977), n° 68, pp. 127–128. **4.** Harpaz (1992), n° 73, pp. 160–161.

Commentaire et Notes Datée par Harpaz du 25 février 1815, cette lettre semble plutôt être postérieure à la lettre du 1ᵉʳ mars, d'Amélie Monge à Juliette Récamier, qu'on retrouvera en appendice (A105). Il y est question d'un rendez-vous qui aura lieu prochainement, et qui doit être celui qui est mentionné dans la première phrase de la présente lettre (voir note 1).

¹ Mme Monge Saint-Edmond et sa fille Amélie. Voir commentaire et les lettres 2582, 2586 et 2596.
² Dans la lettre du 1ᵉʳ mars d'Amélie Monge à Juliette Récamier, il est question, en effet, de la discussion que celle-là avait déjà eue avec BC sur les lieux au sujet du nombre des chambres, ce qui conforterait l'hypothèse selon laquelle la présente lettre serait postérieure au 1ᵉʳ mars.
³ Allusion aux idées sur le suicide de la lettre précédente.

2601

Benjamin Constant à Juliette Récamier

6 mars 1815

Félicitez-vous. Mes malles se font, et je partirai dans la journée. Je me presse parce que j'ai peur que les forces ne me manquent. J'ai passé la nuit avec une fièvre assez forte, je me suis presque trouvé mal en me levant, et j'ai dans ce moment un froid intérieur et un tremblement qui semblent m'annoncer quelque maladie. Je sens je ne sai quoi dans mon cœur et dans ma 5
poitrine qui est prêt à se briser. Mais pourvu que je puisse me mettre en voiture, tout est gagné. Je pourrai à quelques lieues d'ici me mettre dans un lit d'auberge et y mourir seul¹, sans que personne en soit importuné et sans que Madame de Stael² soit blessée. Si vous avez souffert le quart de ce que je souffre à Lyon³, je vous plains. Dieu vous bénisse et vous rende heureuse ! 10
Je n'en puis plus. Adieu.

[Voici] la dernière [ ] que j'avois fai[te] les men[ ], en [ ] j'écrirai. Oh mon Dieu ! Adieu.

J'ai pourtant un sentiment doux en me disant que dussé-je mourir de ce départ, vous en serez plus à votre aise. Mais pour vous même défiez vous de 15
Mᵈᵉ de Stael.

Madame / *Recamier*

Manuscrit *Paris, BnF, N.a.fr. 13265, ff. 151–152; coté d'une main ancienne : «82»; 4 pp., pp. 2–3 bl., l'adresse p. 4; orig. autogr.

Éditions   **1.** Colet (1864), n° 19, p. 56.   **2.** Lenormant (1882), n° 63, p. 148 (avec coupure). **3.** Harpaz (1977), n° 73, pp. 136–137.   **4.** Harpaz (1992), n° 78, pp. 171–172.

Texte   **12** j'écrirai.] *Mots emportés par une déchirure.*

Commentaire et Notes   Cette lettre doit dater de l'aube du 6 mars, c'est-à-dire avant l'arrivée des «nouvelles inattendues» du débarquement de Napoléon en France, qui retardera le départ de BC dont il est question ici ; voir Journal, 6 mars : «Nouvelles inattendues. Serait-il vrai que Buonaparte fût en France ? Mon départ retardé pour cela, mais de bien peu». BC ne partira, en effet, que le 23 mars, pour revenir le 27 (voir ci-dessous lettre 2618).

[1] Pour la tentation du suicide, voir ci-dessus la lettre 2599.
[2] Les relations entre BC et Germaine de Staël sont très tendues à cette époque ; voir surtout Journal, 5 mars : «Querelle avec Mme de St[aël]. La vilaine femme !».
[3] Juliette avait séjourné à Lyon pendant son exil, de l'été 1812 jusqu'au mois de mars 1813, avant de passer en Italie.

2602

Benjamin Constant à Juliette Récamier

6 mars 1815

Je sors d'une longue conversation[1] de deux heures avec M[de] de St. d'abord fort triste, ensuite assez douce. Il y a deux femmes en elle : et je voulois être bien, de sorte qu'en évitant de la blesser je suis parvenu à ne trouver que celle qui étoit presque bonne. Elle m'a d'abord parlé de mon départ[2], qu'elle m'a supplié de retarder de huit jours, tout en convenant que vous ne cessiez 5 de lui dire que tout ce que vous désiriez c'étoit que je partisse. Elle m'a ensuite parlé de mon sentiment sur lequel j'ai taché de lui donner l'idée que vous désirez. Mais elle m'a repondu des choses qui m'ont fort étonné. J'ai bien besoin de croire *qu'elle* y a mis de l'art, sans quoi je serais bien accablé. Cela ne m'a cependant point ébranlé en apparence, et j'ai persisté dans mes 10 assertions. Enfin elle m'a parlé fort longuement de vous, tout en éloges pour vous. Mais il en est résulté je ne sais quelle stupeur en moi, et je ne sais ou j'en suis. Seroit-il possible qu'il n'y eut pas même cette amitié qui me console seule dans la vie ? Je sais qu'elle est très habile, mais je ne puis me rassurer, et je désire comme on désire d'avoir sa grace quand on est con- 15 damné à mort, que vous me rassuriez. Toute la terre me semble ébranlée sous mes pas. Enfin tout s'est terminé très doucement, et je suis bien sur qu'elle ne fera rien de facheux. Elle a une grande envie d'être bien pour vous, et même pour moi jusqu'à un nouvel orage, qui n'aura pas lieu, puis- que je pars irrévocablement demain[3]. Ce soir à onze heures je vous verrai[4]. 20 Faites moi souvenir, si vous y pensez, de vous faire deux questions, qui sont

importantes pour moi. Je vous promets d'etre courageux et de n'être pas
triste. Comme vous recevez M. de Forbin[5] pour ses affaires avant moi,
n'oubliez pas, si vous fermez votre porte, de dire que je ne suis pas compris
dans l'exclusion. Si vous envoyez nos deux noms, cela n'a pas d'inconvé-   25
nient. Mon Dieu ! Que l'éloquence est une terrible chose, si elle peut ainsi
obscurcir la vérité. Mon cœur est plein de vous, et se fie à vous pour n'être
pas brisé.

J'ai eu une visite du Président des Deputés[6] de la part de M. de Blacas[7].

Madame / Recamier / Rue basse du Rempart   30

Manuscrit   *Paris, BnF, N.a.fr. 13265, ff. 90–91; coté d'une main ancienne : «49»; 4 pp., pp.
2–3 bl., l'adresse p. 4; orig. autogr.

Éditions   **1.** Mistler (1950), p. 89.   **2.** Harpaz (1977), n° 74, pp. 137–138.   **3.** Harpaz
(1992), n° 79, pp. 172–174.

Commentaire et Notes   La date de cette lettre est commandée par le contenu. Nous supposons
qu'elle est postérieure de quelques heures à la lettre précédente.

[1] Avec Germaine de Staël ; voir Journal, sous la date du 6 mars : «Conversation le matin avec
Mme de St[aël]. Elle m'a touché, et j'ai senti que, malgré ma colère, je ne la haïssais pas
réellement».
[2] Le voyage en Allemagne n'aura pas lieu. BC ne quittera Paris que le le 23 mars, et son
absence sera de courte durée.
[3] Voir note 2.
[4] Journal du 6 mars : «Soirée avec Juliette».
[5] Le rival dont BC sent qu'il a le plus à craindre.
[6] Le vicomte Joseph-Louis-Joachim Lainé (1767–1835) fit partie du Directoire de la Gironde
en 1795. Rallié à l'Empire, il fut élu au Corps Législatif. Il donna sa démission en 1814,
après avoir manifesté son opposition à l'empereur. Président de la Chambre des Députés de
la première Restauration, il deviendra président de la Chambre Introuvable de la deuxième
Restauration et ministre de l'Intérieur en 1816. La visite de Lainé chez BC n'est pas men-
tionnée dans le Journal, pour le 6 mars. Le lendemain, pourtant, BC note une «visite à
Lainé» de sa part, à la suite de laquelle il se mettra à la rédaction d'un «petit mémoire» qu'il
rédige le 7 mars. Ce mémoire n'a pas été retrouvé, mais il a sans doute servi de base à
l'article de BC qui paraîtra, grâce à Lainé, dans le *Journal de Paris* du 11 mars 1815 : voir
OCBC, IX, 1, pp. 519–529. Cet article reproche à Bonaparte d'avoir régné en tyran et
provoqué l'invasion de la France.
[7] Pierre-Louis-Jean-Casimir, duc de Blacas d'Aulps (1771–1839), favori du roi Louis XVIII,
ministre de la Maison du Roi du 13 mai 1814 jusqu'au 20 mars 1815.

2603

Benjamin Constant à Juliette Récamier

7 mars 1815

J'ajoute quelques mots à ma lettre de hier[1] pour obtenir de vous de la tolérance, pendant que je puis être bon à quelque chose. Je vous donne ma parole d'honneur que, quoiqu'il arrive, aussitot que le danger[2] sera passé, je ne vous demanderai plus rien, et ne vous reverrai de ma vie. Dans ce moment, j'ai besoin de mes forces pour autre chose, et je n'ai pas celle de m'imposer cette privation. Mais une fois cette crise finie, j'irai à la campagne, dans le cas même où je ne partirai pas tout à fait, et j'y resterai jusqu'à ce que votre image me soit complétement étrangère. Je ne mettrai plus jamais les pieds chez vous. Je ne reclamerai ni amour ni amitié, ni affection, ni souvenir, ni bienveillance d'aucune espèce, pas celle que vous avez pour une connoissance d'une heure. Vous m'avez trop blessé, trop humilié, trop marché dessus. Mais au nom de l'utilité dont on croit que je puis être, soutenez moi ces jours ci. Je travaille à un écrit qui servira beaucoup[3], si je puis l'achever. Ne me forcez pas à le laisser là. C'est pour votre pays que je désire le faire. Du reste que je vous voye et je pourrai tout. C'est une maladie qu'il faut guérir pour le moment, parce que la France a besoin de tout le monde. Mais du reste croïez bien que je sai votre disposition, que je ne reclame rien pour moi, que je sai que M. de Forbin[4] vous parait plus estimable et M. de Nadaillac plus spirituel, que parce que je vous aime j'ai tout perdu à vos yeux. Aussi je vous le dis, quelques jours d'encouragement, à cause de ce que je puis faire, mais quant à moi rien, parce que je ne demande n'espère et ne sollicite rien. Servons la bonne cause, donnez moi la force de la servir. Quand cela sera fait nous ne nous reverrons jamais, et je vous promets bien que si je n'éprouve plus le besoin dévorant de vous voir, j'eprouverai celui de fuir celle qui a tout blessé en moi, amour, amitié et amour propre.

a Madame / Recamier

Manuscrit   *Paris, BnF, N.a.fr. 13265, ff. 173–174; coté d'une main ancienne : «95»; 4 pp., pp. 2–3 bl., l'adresse p. 4; orig. autogr.

Éditions   **1.** Colet (1864), n° 25, pp. 71–72.   **2.** Lenormant (1882), n° 72, pp. 161–162. **3.** Harpaz (1977), n° 75, pp. 139–140.   **4.** Harpaz (1992), n° 80, pp. 174–175.

Texte *D'une autre main, sur la page d'adresse :* Benjamin Constant.

Notes
[1] La lettre 2602.
[2] L'arrivée de Napoléon en France.
[3] Il s'agit du mémoire pour Lainé : voir la lettre 2602 et la note 6.
[4] Le comte de Forbin et le marquis de Nadaillac, principaux rivaux de BC.

2604

Benjamin Constant à Juliette Récamier

7 mars 1815

Je voudrais bien avoir à vous mander quelque chose que vous ne sussiez pas, mais on n'a point de détails, et ce que le Moniteur[1] contient vous est connu comme à moi. Je crois la chose plus sérieuse que hier, à la grande terreur que je remarque dans tout le monde. J'ai vu le Président des Députés[2], Mad^e de Luynes, et d'autres. Il est certain que si Buonaparte n'avoit pas des raisons de compter sur d'autres forces que celles qu'il montre, il n'est pas assez fou pour s'avanturer ainsi. Si Massena[3] l'a reçu, et s'est déclaré en sa faveur, c'est énorme. Au milieu de tout cela, j'ai le chagrin de n'être occupé que de vous seule, et je me le reproche. Le monde crouleroit que je ne songerais qu'à vous. Si le Gouvernement se rallie à la nation, tout est encore sauvé, malgré l'armée. Sinon, et si Buonaparte a le moindre succès, dans les premiers momens, je crains fort pour l'issue. J'ai un petit travail à faire jusqu'à trois heures. A trois heures je reverrai Lainé, et j'apprendrai plus de détails. Je rentrerai à quatre : et je serai à vos ordres, si a un moment quelconque le diné excepté[4], vous voulez me voir.

M^{de} /Recamier

Manuscrit *Paris, BnF, N.a.fr. 13265, ff. 165–166; coté d'une main ancienne : «90»; 4 pp., pp. 2–3 bl., l'adresse p. 4; orig. autogr.

Éditions   **1.** Colet (1864), n° 23, pp. 66–67.   **2.** Lenormant (1882), n° 66, pp. 151–152. **3.** Harpaz (1977), n° 76, 140–141.   **4.** Hapaz (1992), n° 81, pp. 175–176.

Notes
[1] Voir Harpaz, 1977, p. 140–141 : «Le *Moniteur* du 7 fait connaître la convocation des Chambres, les décrets contre Napoléon et les complots qui avaient été à l'origine de son retour».
[2] BC avait vu Lainé, Président des Députés, le 6 mars : voir ci-dessus, la lettre 2602, note 6. Pour la duchesse de Luynes, voir ci-dessus la lettre 2568, note 9.

3 Personnage complexe et ambitieux, le maréchal Masséna (1758–1817), commandant de la 8ᵉ division militaire de Marseille, ne se ralliera à Napoléon qu'après de longues hésitations. Les royalistes ne lui pardonneront jamais l'appui qu'il finira par donner à l'Empereur et, plus tard, à Ney.
4 BC dînera avec Germaine de Staël, et verra Juliette, mais sans plaisir : «Je suis un peu las de passer ma vie précisément auprès de la femme qui semble mettre le moins de prix à ma société» (voir Journal du 7 mars).

2605
Benjamin Constant à Juliette Récamier
9 mars 1815

Je me proposais d'aller vous voir, je reçois a l'instant la nouvelle de la mort de l'ami[1] le plus intime que j'eusse au monde, de l'homme avec lequel j'ai passé trois ans en Allemagne, et à qui j'ai du tous les momens où je me rappelois la France, et où nos souvenirs nous consoloient d'en être éloignés. Il est mort au moment où je venois de faire réparer une injustice qui l'avoit frappé[2], et où pour la première fois il se trouvoit heureux. Je vais voir un homme qui le connoissoit[3], pour pouvoir parler de lui. Je vous verrai ce soir[4] de bonne heure si vous le permettez. Je suis tout étourdi de cette nouvelle. La mort se plait bien à frapper ceux qui n'en veulent pas et à épargner ceux qui en veulent ! Quelle folie que l'agitation, quand tout peut finir si vite, et que l'abyme est toujours ouvert sous nos pas. J'ai besoin de vous voir, de fixer mes regards sur vous. Vous regarder me fera du bien.

Madame / Recamier

Manuscrit *Paris, BnF, N.a.fr. 13265, ff. 104–105; coté d'une main ancienne : «58»; 4 pp., pp. 2–3 bl., l'adresse p. 4; orig. autogr.

Éditions **1.** Lenormant (1882), n° 68, pp. 155–156. **2.** Harpaz (1977), n° 77, pp. 141–142. **3.** Harpaz (1992), n° 82, pp. 177–178.

Texte *Au bas de la p. 1, d'une main ancienne :* 9 mars 1815 *et* Villers. **2** l'ami] *le chiffre* 1 *est ajouté dans l'interligne par une main ancienne.*

Commentaire et Notes L'allusion à la mort de Charles Villers, dont BC a eu connaissance le 9 mars (voir Journal, sous cette date), fixe la date de cette lettre.

1 Charles Villers mourut le 26 février. BC avait séjourné à Göttingen du début novembre 1811 jusqu'au mois de septembre 1813.
2 Villers avait été destitué de ses fonctions de professeur à l'université de Göttingen en mars 1814. Grâce aux démarches de BC, entre autres, il avait réintégré sa chaire au mois de novembre 1814.
3 Personnage non identifié.
4 Aucun rendez-vous avec Juliette n'est signalé dans le Journal pour le soir du 9 mars.

2606

Benjamin Constant à Juliette Récamier

11 mars 1815

Je voudrais savoir si vous êtes chez vous. J'ai tant de courses (inutiles) à faire que je suis obligé de les combiner. Je suis bien aise que mon article ait paru. On ne peut au moins en soupçonner aujourdhui la sincérité[1]. Voici un billet que l'on m'écrit[2] après l'avoir lu. Si j'en recevois un pareil d'une autre, je serais gai sur l'échaffaud. Il seroit bizarre que parce que je vous aime vous   5
me refusassiez même votre estime. Je n'ai que cette pensée, au milieu des circonstances qui grossissent incroyablement. J'ai offert mes services de toutes manières. J'ignore encore s'ils seront acceptés. On croit que nous serons cernés dans trois jours[3]. Les troupes des environs se mettent dit-on en mouvement contre nous. Il y a peut-être de l'exagération, car tout le monde a   10
une peur horrible. Ma seule peur est de n'etre pas aimé de vous.

Me donnerez-vous à diner[4]? M^{de} de S. part à 2 h[5]. Si vous êtes chez vous je vous verrai tout de suite.

Madame / Recamier

Manuscrit   *Paris, BnF, N.a.fr. 13265, ff. 178–179; coté d'une main ancienne : «98»; 4 pp., pp. 2–3 bl., l'adresse p. 4; orig. autogr.

Éditions   **1.** Colet (1864), n° 26, pp. 73–74.   **2.** Lenormant (1882), n° 76, p. 168 (avec coupures).   **3.** Harpaz (1977), n° 78, pp. 142–143.   **4.** Harpaz (1992), n° 83, pp. 178–179.

Texte   3 sincérité[1].] sincérité. ⟨Vous[?]⟩

Commentaire et Notes   L'allusion à l'article de BC, qui paraît en effet le 11 mars (voir la lettre 2602, note 6), ainsi qu'au départ de Germaine de Staël pour Coppet (voir Journal 11 mars : «Mme de St[aël] partie»), fixe la date de cette lettre. La phrase «course inutile» se retrouve également dans le Journal.

[1]   Pour cet article, qui plaide la cause du ralliement aux Bourbons et critique Napoléon, voir ci-dessus, la lettre 2602, note 6. BC n'exagère pas : la possibilité très réelle de la mort donne la preuve de sa sincérité. Voir Journal, 10 mars : «Mon article de demain met ma vie en danger».
[2]   Non retrouvé.
[3]   Beaucoup d'unités se prononcent partout pour Napoléon, en général malgré leurs chefs.
[4]   BC dînera en effet avec Juliette le 11 mars : voir Journal.
[5]   Pour Coppet ; voir la lettre 2607.

2607

Germaine de Staël à Benjamin Constant

12 mars 1815

Je vous supplie par notre ancienne affection de partir à l'instant[1]. – Si vous pouvez passer par la Suisse j'en serais bien heureuse, mais ce que j'ose exiger c'est votre départ. Prenez un passeport où le nom de baptême ne soit pas. – God bless you[2]. –

Éditions   **1.** Nolde (1907), p. 194.   **2.** *Léon (1928), n° 24, *RP*, pp. 316–317, et vol., pp. 79–80.

Texte   *Ajouté par Léon en tête de la lettre* : [12 mars 1815, en cours de route de Paris à Coppet]. *Note de Léon :*   **4**   you] *Sur la quatrième page de la main de Madame de Staël :* Monsieur Benjamin Constant.

Note
[1] Germaine de Staël vient de quitter précipitamment Paris le 11 mars pour se réfugier en Suisse et, vu l'article violent contre Napoléon que BC a publié dans le *Journal de Paris*, le 11 mars, elle exhorte son ami à faire de même. BC reconnaît lui-même le péril : «Mon article de demain met ma vie en danger. Vogue la galère. S'il faut périr, périssons bien» (Journal du 10 mars 1814).
[2] *Que Dieu vous bénisse.*

2608

Benjamin Constant à Juliette Récamier

nuit du 14 au 15 mars 1815

Je ne comprends pas comment on peut accabler d'un tel mépris un homme dont on n'a pas à se plaindre et qui obtient pourtant des autres quelques preuves d'estime. Hier vous me renvoyez pour recevoir M. de Forbin[1]. Aujourdhui vous me faites espérer que je pourrai causer quelques instans avec vous[2]: vous vous gardez bien de faire aucun arrangement pour cela. J'espère 5 que vous renverrez M. de Nadaillac, puisque vous dites devant moi que vous voulez vous coucher. Vous le gardez une heure après moi, tandis que vous savez que j'attens chez Jenny[3], et que vous etes si positive et si ferme quand vous voulez me renvoyer. Enfin je rencontre Paul[4], j'invente une nouvelle pour expliquer ma présence, et je suis forcé de partir sans vous 10 avoir vue. Vous préférez donc tout le monde à moi. J'ai beau mettre quelque courage quelque noblesse dans ma conduite, je ne puis obtenir un seul signe d'affection. Votre haine, votre crainte de me donner un instant de bonheur sont telles que même l'idée que je pourrais être utile si vous m'encouragiez ne sauroit vous y déterminer. Partout on me recoit bien. Vous m'humiliez 15 sans cesse. Vous m'otez toute force : que vous avois-je fait pour me faire tant de mal ? Je ne vous concois pas. Jamais on n'a blessé à plaisir comme vous le faites. Cependant je vous ai toujours été dévoué. Ce n'est plus de l'amour que j'espère : mais pas un témoignage de bienveillance, pas un égard. Au nom du ciel, forcez vous pendant quelques jours à me cacher 20 votre aversion. J'ai besoin de ma tête. Je l'expose pour une cause que vous aimez. Je brave Buonaparte[5] qui va revenir et que j'ai attaqué de toutes manières. Tout le monde me dit de ne pas l'attendre. Je reste, pour vous prouver au moins qu'il y a en moi quelque chose de courageux et de bon. Pourquoi donc me fouler aux pieds, m'abreuver d'humiliations ? Je vous le 25 déclare, je puis être utile à ce pays. Ma considération y augmente : tous les partis m'appellent. Vous ne savez pas ce que je vaux, parce qu'avec vous mon sentiment me rend fou. Ménagez moi quelques jours, accordez moi pour quelques jours des tête a tête. Cela sera court. Tout sera décidé cette semaine. J'aurai pris ma place et contribué à sauver la France ou je serai 30 dans un cachot, ou je partirai pour jamais. Faites donc un effort. Je me travaille pour ne pas m'abandonner à ma douleur. Je pleure malgré moi et je passerai une nuit affreuse. J'avais besoin de mes forces Vous me les otez. Je ne vous parle pas de ma destinée. Vous ne vous en souciez pas. Mais le bien que je puis faire, mettez y quelque interet. Que je vous voye seule[6]. Ne me 35 déchirez pas le cœur parce que je vous aime. C'est mon seul crime, ma seule erreur, c'est ma perte. Mais laissez moi faire le bien que je puis. Je saurai que ce n'est pas pour moi que vous le faites. Mais votre présence votre voix me calment. Un entretien d'une demie heure. Je vous en conjure, quand vous voudrez. O mon Dieu, je n'en puis plus. 40

J'ai dit a Paul que je vous portais un passeport mais que je n'avais voulu ni vous le remettre ni vous parler d'une insurrection qu'on a dit avoir eu lieu à Lille[7], devant M. de Nadaillac, pour qu'on ne dit pas à la Cour que j'etais un alarmiste. Il m'a trouvé sur l'escalier et n'a point été étonné de me voir, à cause du passeport. 45

Madame / Recamier

Manuscrit   *Paris, BnF, N.a.fr. 13265, ff. 170–171; coté d'une main ancienne : «93»; 4 pp., l'adresse p. 4; orig. autogr.

Éditions   **1.** Colet (1864), n° 24, pp. 68–70.   **2.** Lenormant (1882), n° 71, pp. 158–161 (avec coupure).   **3.** Harpaz (1977), n° 80, pp. 144–146.   **4.** Harpaz (1992), n° 85, pp. 180–182.

Texte   **38** que] que ⟨je⟩   **43** pas] pas ⟨qu'⟩

Commentaire et Notes D'après les notes 1–2 et 6, surtout, et l'allusion au désarroi prévu par BC pour la nuit qui va venir, on peut supposer que cette lettre a été écrite au cours de la nuit du 14 au 15 mars.

¹ Allusion qui permet de dater cette lettre avec précision. Voir Journal, sous la date du 13 mars : «Vu Juliette. Elle m'a refusé de me recevoir pour donner rendez-vous à M. de F[or-bin]».

² Les détails qui suivent se résument d'une manière très succincte dans cette phrase du Journal, sous la date du 14 mars : «Rendez-vous manqué».

³ Dame de compagnie lyonnaise de Juliette, Jeanne Bassereau, dite Jenny, est née en 1789. Divorcée d'avec un premier mari, elle épousera Yves-Charles-Victor Bataille le 26 octobre 1815 (mariage civil). Ballanche sera témoin du mariage religieux, le 7 novembre. Voir Kettler, *Lettres de Ballanche*, pp. 348–349.

⁴ Paul-François David (1778–1860), fils d'une sœur de Jacques Récamier, Marie David, établie à Bordeaux, a été appelé à Paris par son oncle au mois de juillet 1796, à l'âge de dix-sept ans, et attaché à sa banque. Il habite chez son oncle. Du même âge que Juliette, il n'a pas su résister à ses charmes, comme tant d'autres ; il resta un de ses familiers les plus dévoués.

⁵ Il s'agit de l'article de BC qui vient d'être publié dans le *Journal de Paris* (voir lettre 2602 note 6) qui attaque Napoléon. L'allusion de BC au fait qu'il expose sa tête fait écho à celle du Journal, sous la date du 14 mars : «Ma tête est en danger, et j'ai la bêtise de penser à elle !».

⁶ Ce souhait sera exaucé ; voir Journal, 15 mars : «Soirée et long tête-à-tête avec Juliette».

⁷ C'est à l'instigation de Fouché, paraît-il, que les généraux commandant dans le Nord et dans l'Aisne, Jean-Baptiste Drouet, comte d'Erlon (1765–1844), et les frères Lallemand (François-Antoine (1774–1839) et Henry-Dominique (1777–1823)) tentent de faire marcher leurs soldats sur Paris, en leur faisant croire qu'une insurrection a éclaté. Cette opération échoue, et les frères Lallemand seront arrêtés le 12 mars.

2609

Benjamin Constant à Juliette Récamier

nuit du 17 au 18 mars 1815

Je ne puis pas discuter devant Auguste¹ la question de votre départ, pour une raison bien simple. Nous sommes lui et moi du même avis sur le fonds de la question, c'est à dire je crois comme lui qu'il y a quelque danger à ce que vous attendiez l'arrivée de Bonaparte à Paris², que vous y serez exposée à des persécutions plus ou moins pénibles, et surtout que vous comprome- 5 trez M. Recamier et ses affaires en attirant l'attention et en fesant rejaillir la haine de Bonaparte sur lui. Mais ce point fixé, Auguste désire que vous partiez avec lui pour la Suisse³ et comme cela nous sépareroit pour jamais, car il n'y aura pas pour moi de sureté en Suisse, je ne puis le désirer. Je désire que vous partiez pour Berlin, et vous sentez que je ne puis le dire 10 devant Auguste. Examinez donc bien la question. Vous avez d'un coté Mᵈᵉ de St. Auguste et la Suisse qui peut être agitée d'un moment à l'autre. Vous avez de l'autre le Prince Auguste[4], moi, et toute la famille de ma femme, et la certitude de vivre paisible jusqu'à ce que vous preniez librement tel parti qui vous conviendra, au lieu que la Suisse où l'on s'est battu il y a déjà un mois[5] ne sera peut être pas tranquille dans 15 jours. Mettez de coté ma passion pour vous et ne voyez en moi que l'ami le plus tendre et le plus dévoué, à dater d'aujourdhui, je ne vous parlerai plus d'amour, et mon amitié sera sans mélange comme sans bornes. Ainsi ne craignez pas de me permettre de vous servir. Je suis inconséquent dans les circonstances ordinaires, mais excellent dans les grandes. Celles où nous sommes sont malheureusement si graves que rien ne sera plus simple que de me laisser vous accompagner : et vous pensez bien que dans ce moment où toutes les existences vont être menacées, ce ne sera ni à vous ni à moi ni au Prince Auguste qu'on pensera. Il est tout simple de chercher un azyle et de s'appuyer d'un compagnon de voyage. D'ailleurs, mon attachement très vrai pour vous me rendra capable de toutes les privations pourvu que je vous serve et que je vous sauve. Je vous ai dit que pour peu que M. Recamier eut besoin de tems pour vos arrangemens de fortune, j'avais 20 mille francs à vos ordres, que vous me rendriez quand vous voudriez. Ce n'est pas même un service que je vous offre. Reste donc la question de Mad[e] de Catelan[6]. Je crois que vous ne lui serez bonne à rien, et que même vous lui nuirez en attirant l'attention sur elle. Quant à moi, ma position est simple. Si vous partez pour l'Allemagne, je pars : sinon, je reste, et cours les risques de mon séjour avec Bonaparte. Je vous ai dit plusieurs fois que je sacrifierais volontiers ma vie pour vous : et pourvu que je puisse espérer votre amitié, il me sera doux de vous le prouver. Faites moi dire précisément à quelle heure je puis vous voir seule[7]. Croyez moi, chère amie, permettez ce nom dans ce tems de malheur, je souffre et souffrirai moins, si je péris dans cette crise, que je n'ai souffert quelquefois par vous, et j'éprouve un certain bonheur à vous prouver par des faits, combien mon sentiment est profond et sincère.

Un mot de réponse.

Manuscrit   *Paris, BnF, N.a.fr. 13265, ff. 180–181; coté d'une main ancienne : «99»; 4 pp.; orig. autogr.

Éditions   **1.** Colet (1864), n° 27, pp. 75–77.   **2.** Lenormant (1882), n° 74, pp. 163–166. **3.** Harpaz (1977), n° 81, pp. 146–148.   **4.** Harpaz (1992), n° 86, pp. 182–184.

Texte   **23** existences] existences *récrit au-dessus de* [⟨?⟩]   **29** 20] *leçon incertaine : le texte porte :* 2[*tache d'encre*] mille

Commentaire et Notes   Les allusions au départ supposé imminent de Juliette, ainsi qu'au désir de BC de l'accompagner jusqu'à Berlin, permettent de dater cette lettre de la nuit du 17 au 18 mars. Voir Journal, 17 mars.

¹ Auguste de Staël. Pour les projets de départ de BC, voir aussi la lettre 2610 à Auguste.
² Napoléon se trouve actuellement à Auxerre (voir Journal, 17 mars). Il arrivera à Paris le 20 mars.
³ Germaine de Staël est actuellement en route pour Coppet, voir ci-dessus la lettre 2607.
⁴ L'idylle entre le prince Auguste de Prusse (1779–1843) et Juliette avait eu lieu à Coppet au cours de l'été 1807. Leurs relations se poursuivent avec des intermittences jusqu'en 1809. Ils se revoient de nouveau pendant les années des deux Restaurations, de 1814 et 1815, à l'époque où, après avoir fait partie de l'armée d'invasion, le prince séjourne plusieurs semaines dans Paris occupé. Voir Levaillant (1956), chap. VIII et IX et Edouard Herriot, *Mme Récamier et ses amis*, Paris : Payot (1935), chap. VII et VIII.
⁵ La Suisse avait connu une année de divisions intérieures, qui ne seront résolues qu'après le 20 mars 1815, moment où le Congrès de Vienne reconnaîtra le territoire des dix-neuf cantons suisses de l'Acte de médiation de 1803.
⁶ Amie de longue date de Juliette Récamier.
⁷ BC passera la soirée du 18 mars avec Juliette.

2610

Benjamin Constant à Auguste de Staël

vers le 18 mars 1815

Mille et mille remerciements mon cher Auguste de votre bonté si parfaite à mon égard.

Je reste, malgré mon inclination et d'assez lugubres pressentiments. Mais il faut faire son métier et il y aurait bizarrerie à partir[1].

Bon voyage.

Mille amitiés à tout Coppet et encore une fois mille remerciements à vous.

Manuscrit *Archives de Broglie ; orig. autogr.

Édition Pange (1968), p. 121.

Note
¹ Cependant BC fuira en Vendée le 23 mars, mais reviendra à Paris le 27.

2611

Benjamin Constant à Juliette Récamier

vers le 18 mars 1815

Surement je serai chez vous à cinq heures précises[1]. J'aurai fini mon travail[2]. Pourquoi M^de de Coigny[3] s'avise-t-elle de m'inviter, sans la seule personne pour qui je préfère un lieu à un autre ? J'ai vu du monde ce matin. Je crois que nous entrerons bientot en danse, et que les figures seront diverses. Quel cahos ! Quel avenir ! J'espère que vous n'en souffrirez pas ? A 5 heures.   5

Mad / Récamier

Manuscrit   *Paris, BnF, N.a.fr. 13265, ff. 117–118; coté d'une main ancienne : «65»; 4 pp., pp. 2–3 bl., l'adresse p. 4; orig. autogr.

Éditions   **1.** Lenormant (1882), n° 70, p. 158.   **2.** Harpaz (1977), n° 79, pp. 143–144. **3.** Harpaz (1992), n° 84, pp. 179–180.

Texte   **1** vous] vous ⟨entre⟩

Commentaire et Notes   L'époque de «cahos» est celle des journées qui précèdent le moment du retour de Napoléon à Paris, le 20 mars, et BC «voit du monde» tous les matins. Aimée de Coigny est citée par deux fois dans le Journal, les 14 et 17 mars, sans commentaire. Le «travail» dont il est question doit être le célèbre article qui sera publié dans le *Journal des débats* du 19 mars, ce qui fixerait la date de cette lettre, sous toutes réserves, au 18 mars.

[1] BC passe plusieurs soirées de suite chez Juliette à cette époque, y compris celle du 18 mars : voir Journal.
[2] Pour l'article du 19 mars, voir Commentaire et *OCBC*, IX, 1, pp. 533–538.
[3] Aimée de Franquetot de Coigny (1769–1820), épouse divorcée du duc de Fleury puis du comte de Mouret et de Montrond, confident de Talleyrand, est une femme d'esprit, célèbre à la Cour et sous l'Empire. Sous la Terreur, elle fut la muse d'André Chénier qui l'immortalisa sous le nom de la *Jeune Captive* (1795). Talleyrand demeura l'ami de toute sa vie. Elle connaissait de grandes amies de BC, telles que Julie Talma et Sophie de Condorcet, et eut une liaison avec Garat Mailla (le neveu du sénateur). Elle conspira contre Napoléon, sa bête noire, et devint très proche des milieux royalistes, dont elle ne s'était jamais véritablement éloignée ; elle se lia avec Bruno de Boisgelin qui, avec Talleyrand, préparait en sous-main le retour des Bourbons. Elle laissa à la postérité un remarquable journal.

2612

Benjamin Constant à Juliette Récamier

19 mars 1815

Pardon si je profite des circonstances pour vous importuner. Mais l'occasion est trop belle. Mon sort sera décidé dans quatre à cinq jours surement. Car quoique vous aimiez à ne pas le croire, pour diminuer votre interet, je suis certainement avec Marmont Chateaubriand et Lainé[1], l'un des quatre hommes les plus compromis de France. Il est donc certain que, si nous ne 5 triomphons pas, je serai dans huit jours, ou proscrit et fugitif, ou dans un cachot ou fusillé. Accordez moi donc, pendant les deux ou trois jours qui précéderont la bataille[2], le plus que vous pourrez de votre tems et de vos heures. Si je meurs, vous serez bien aise de m'avoir fait ce bien, et vous seriez fachee de m'avoir affligé. Cela ne peut pas vous compromettre, car 10 dans trois ou quatre jours tout sera fini. Alors ou j'entrerai dans une carrière qui me forcera à y donner tout mon tems, ou je partirai. Quant à vos autres amis, j'ai plus de droit qu'eux à votre bonté dans ce moment, parce qu'il y a plus de dangers pour moi. M. de Nad. et M. de F.[3] si Bonaparte est vainqueur feront leur paix, et reprendront du service sous le nouveau Gou- 15 vernement. Moi seul je périrai, si je tombe en ses mains. Ainsi donc soyez bonne. Ne préparez pas des remords à votre ame, quoique votre cœur soit insensible. Je dine avec vous mais accordez moi aussi un entretien ce soir[4]. Mon sentiment pour vous est ma vie. Un signe d'indifférence me fait plus de mal que ne pourra le faire dans quatre jours mon arrêt de mort, et quand je 20 pense que le danger est un moyen d'obtenir de vous un signe d'interet, je n'en éprouve que de la joye.

Avez vous été contente de mon article[5]? Et savez vous ce qu'on en dit ?

Madame Recamier

Manuscrit   *Paris, BnF, N.a.fr. 13265, ff. 159–160; coté d'une main ancienne : «87»; 4 pp., l'adresse p. 4; orig. autogr.

Éditions   **1.** Colet (1864), n° 21, pp. 61–64.   **2.** Lenormant (1882); n° 75, pp. 166–167. **3.** Harpaz (1977), n° 82, pp. 148–149.   **4.** Harpaz (1992), n° 87, pp. 185–186.

Commentaire et Notes   Cette lettre est antérieure, de toute évidence, aux nouvelles de la «débâcle» qui sera notée dans le Journal (19 mars).

[1]   Le maréchal Marmont, duc de Raguse (1774–1852), est déjà la cible de critiques sévères de la part de Napoléon pour ce qu'il regarde comme sa trahison en se rendant aux Alliés le 5 avril 1814. De plus, Louis XVIII l'a fait pair de France. Il accompagnera le roi en exil. Sous la Seconde Restauration, il sera comblé d'honneurs et votera la mort de Ney. Les rapports

de Chateaubriand avec Napoléon ont toujours été tendus, et Chateaubriand s'est posé à maintes reprises en adversaire du régime napoléonien. Son ouvrage, *De Buonaparte, des Bourbons, et de la nécessité de se rallier à nos princes légitimes pour le bonheur de la France et de celui de l'Europe* avait paru le 4 avril 1814 et n'était pas, on s'en doute, de nature à le réconcilier avec l'Empereur. Actuellement président de la Chambre, Lainé avait été l'auteur du célèbre rapport demandant à l'Empereur des libertés constitutionnelles. Adopté par le Corps législatif le 30 décembre 1813, ce rapport attira la colère de Napoléon. Ayant quitté Paris pour Bordeaux, Lainé fut nommé préfet de la Gironde par le duc d'Angoulême (mars-mai 1814), puis président de la Chambre des Députés. Sous les Cent-Jours, il se réfugiera à Bordeaux, puis en Hollande, et sera élu à la Chambre introuvable en juillet 1815.

2 Au chagrin de BC, aucune résistance ne sera opposée à l'entrée de Napoléon à Paris.

3 En sa qualité de militaire et soldat fidèle de Napoléon, Nadaillac avait peu à craindre du retour de l'Empereur. Forbin, lui aussi, avait été militaire sous Napoléon. Peintre, il avait fait de nombreux séjours en Italie, ce qui lui avait permis de faire la connaissance de plusieurs membres de la famille Bonaparte.

4 Aucun dîner ni entretien n'est noté dans le Journal.

5 Voir lettre 2611, note 2.

2613

Benjamin Constant à Juliette Récamier

19 mars 1815

Si vous voulez me voir ce soir[1], faites moi dire un mot. Je ne me coucherai qu'a minuit. Si vous me voulez demain[2], faites le moi dire encore. Je ne vois plus nulle part de ces gens là[3], de sorte que tout mon tems est à vous. Je vous promets que vous serez contente de moi. Départ séjour, tout m'est égal. Je n'ai que deux idées, l'une que je ne puis pas ne pas mettre en tête de   5 tout, c'est vous, l'autre de séparer ma cause de celle qu'on déshonore[4]. J'ai besoin de causer avec vous, non sur mon devoir que je sai, mais sur vos projets, les miens en dépendent.

Madame / Recamier

Manuscrit   *Paris, BnF, N.a.fr. 13265, ff. 176–177; coté d'une main ancienne : «97»; 4 pp., pp. 2–3 bl., l'adresse p. 4; orig. autogr.

Éditions   **1.** Mistler (1950), p. 90.   **2.** Harpaz (1977), n° 83, p. 149.   **3.** Harpaz (1992), n° 88, pp. 186–187.

Commentaire et Notes   L'hésitation exprimée dans cette lettre sur l'idée d'un départ éventuel de BC de Paris fait supposer qu'elle date du 19 mars, plutôt que du 20 (date proposée par Harpaz), où l'idée d'un départ n'est plus en doute.

¹ BC avait déjà proposé un entretien pour le soir du 19: voir lettre précédente, note 4.
² BC verra Juliette, en effet, le 20 mars, si notre chronologie est exacte : voir la lettre 2614.
³ Les gens du parti royaliste. Le roi quittera Paris pendant la nuit du 19 au 20 mars.
⁴ Voir Journal, 19 mars : «On ne pense plus même à se battre».

2614

Benjamin Constant à Juliette Récamier

20 mars 1815

Depuis que je ne vous ai vue¹, quelques circonstances fâcheuses pour moi²
rendent probable que mon absence sera plus longue que je ne comptois. Je
voudrais vous consulter sur un parti que je dois prendre avant mon départ,
et confier à votre amitié des choses que je ne vous ai pas encore dites. Je
vous prie de m'accorder un entretien d'une demie heure qui sera peut-être le ₅
dernier pour bien longtems. Ne parlez de ceci à personne. S'il vous étoit
impossible de me voir seule aujourdhui, que ce soit demain. J'attendrai.
Mais aujourdhui seroit mieux et le service que j'ai à vous demander presse.
Pardon. C'est la dernière indiscrétion, vraisemblablement.

a Madame / Recamier / rue basse du rempart / N° 32   ₁₀

Manuscrit   *Paris, BnF, N.a.fr. 13265, ff. 64–65; coté d'une main ancienne : «35»; 4 pp., pp.
2–3 bl., l'adresse p. 4; orig. autogr.

Éditions   **1.** Lenormant (1882), n° 62, p. 147.   **2.** Harpaz (1977), n° 84, p. 150.   **3.** Harpaz
(1992), n° 89, p. 187.

Notes
¹ BC aura vu Juliette, comme prévu, le soir du 19 mars (voir lettre précédente).
² Le départ du roi pendant la nuit du 19 au 20 mars avait rendu absurde toute idée d'une
  résistance à Napoléon.

2615

Pierre Fourcault de Pavant à Benjamin Constant

20 mars 1815

ce 20 mars

Monsieur

Au lieu d'employer mon tems a repondre, je l'ai employé a faire la note que vous trouverez sous ce ply.

Si l'on ne veut pas envoyer tous les actes que je demande, qu'on envoye ₅ au moins ceux qu'on jugera apropos de faire.

Agreés monsieur, mille civilités et assurances de devouement.

Fourcault Pavant

P.S. Si vous voulez causer avec m Martin[1], entrez a l'étude en faisant vos courses ; il est sûr de vous procurer l'argent que vous desirez.   ₁₀

Manuscrit   Paris, BnF, N.a.fr. 18836, f.10; 2 pp, p. 2 bl.; orig. autogr.

Commentaire et Note   Cette lettre est la première en date de celles qui ont été conservées concernant l'affaire Duroure, dont les origines remontent à 1801. BC vend alors son domaine de La Chablière. Il juge prudent d'investir son argent sous le nom de sa tante, Mme de Nassau, et place son argent en hypothèque chez Catherine-Françoise-Antoinette-Denise Grimoard-Beauvoir, comtesse Duroure. BC reçoit les intérêts grâce à une procuration faite par Mme de Nassau. A la mort de celle-ci en 1814, Pauline de Loys hérite de l'hypothèque. Le 28 novembre 1814, BC achète une maison située 6 rue de Berry à Paris à Jean-Baptiste-André Clairet, et quelques jours plus tard, pour agrandir les jardins, il achète des terrains à son nouveau voisin Jean-Jacques Fortin. Maison et jardin nécessitent de grands et coûteux travaux. C'est en partie pour cette raison que BC essaie de se faire rembourser les 90.000 francs que lui doit Mme Duroure. Mais il se trouve confronté à deux problèmes qui ne seront résolus qu'au prix de beaucoup d'ennuis : d'une part, il lui faut une procuration de Mme de Loys qui lui permette de se faire rembourser en son propre nom ; d'autre part, Mme Duroure n'était pas en mesure de rembourser ceux de ses nombreux créanciers qui l'exigeaient à cette époque. Tout ceci se trouve détaillé dans les archives de Pierre Fourcault de Pavant, notaire parisien de BC et de Mme Duroure, aux Archives nationales, Paris, notamment sous les cotes ET/L/967, ET/L/969, ET/L/987. Nous datons cette lettre de 1815 en raison de l'invitation de Pavant de passer à son étude, ce qui est possible en mars 1815, alors que BC est à Paris, mais impossible un an plus tard, parce qu'il sera alors à Londres.

   1. Il s'agit probablement de Martin, avoué de Mme Duroure et de BC, qui écrira à BC le 25 mai 1817, dans le cadre de cette affaire, et qui doit, lui aussi, de l'argent à BC.

2616

Benjamin Constant à Juliette Récamier

21 mars 1815

En attendant mes chevaux, j'ajoute quelques lignes aux quatre par lesquelles je vous ai annoncé mon départ[1]. C'est bien à contre cœur que je prens cette résolution. Mais tout le monde est autour de moi pour exagérer le danger non seulement pour moi mais pour ceux qui ont bien voulu me faciliter les moyens de m'en aller, et qui se croyent plus ou moins compromis. Moi je ne crois pas qu'il y ait aucun obstacle, et je serai demain soir à ma destination[2], le plus tranquillement du monde. Je vous écrirai bien exactement, car vous y prenez quelque interet j'aime à le croire. Cette époque est curieuse à observer. La peur qui se mêle au courage, et l'impatience qui perce à travers l'obligeance sont caractéristiques. Un homme a été admirable pour moi[3], et m'a servi avec un zèle, une activité, une bonté indicibles. Je vous le nommerai quand nous nous verrons. Je ne crois pas les mesures severes dans les premiers momens, d'après tout ce que j'ai recueilli. Mais bientot le pays sera inhabitable. Adieu encore. Il n'y a nulle entrave dit-on, et je serai en sureté dans 36 heures. Si tant est qu'il n'y ait pas sureté ici. Adieu.

Madame / Recamier

Manuscrit *Paris, BnF, N.a.fr. 13265, f. 184; coté d'une main ancienne : «101»; 2 pp., l'adresse p. 2; orig. autogr.

Éditions **1.** Lenormant (1882), n° 77, pp. 169–170. **2.** Harpaz (1977), n° 85, pp. 150–151. **3.** Harpaz (1992), n° 90, p. 188.

Commentaire et Notes Cette lettre date de toute évidence du moment du faux départ de BC, le 21 mars. A cause du manque des chevaux qu'il attend encore au moment d'écrire (voir la première ligne), BC ne quittera Paris, en effet, que le 23 mars, après un séjour de deux jours à la légation des Etats-Unis : voir la note 3.

[1] Ces «quatre lignes» n'ont pas été retrouvées.
[2] BC part pour la Vendée, foyer de l'agitation royaliste. C'est à Nantes qu'il espère retrouver Prosper de Barante, mais celui-ci aura déjà pris la fuite avant l'arrivée de BC chez lui (voir lettres suivantes sur le retour inattendu de BC à Paris).
[3] Selon Louise Colet (p. 63), c'étaient La Fayette et Destutt de Tracy qui avaient organisé le séjour de BC à la légation des États-Unis. C'est William Harris Crawford (1772–1834), ministre des États-Unis à Paris de 1813 à 1815, qui lui offrit asile (voir Journal, 25 avril 1815 : «Visite à Crafurd. Il y a un mois que je suis parti de chez lui pour quitter la France»). De là, accompagné du consul Strobel (et non «Sherburne», comme l'avait cru Louise Colet), BC se rendit à Nantes, où Strobel était consul, avant de faire demi-tour et de rentrer à Paris ; voir la lettre du 28 mars et *OCBC*, XIV, pp. 500–501.

2617

Benjamin Constant à Juliette Récamier

23 mars 1815

Au moment où je croyais partir, l'interdiction mise sur les chevaux de poste m'en a oté tous les moyens. Ce n'est qu'à présent que je les retrouve : mais cet accident m'oblige à laisser ma voiture et tous mes effets. Ce n'est pas grand chose, mais j'ai été aussi forcé de laisser rue neuve de Berry n° 6 une grande caisse blanche pleine de livres et de papiers très peu intéressans, mais 5 parmi lesquels sont vos lettres. Assurément il n'y a rien dans ces lettres qui vous rendit facheuse leur publicité : cependant vous aimerez sans doute mieux l'empêcher, et je vous propose de prier les Dames qui occupent l'appartement du 3^{me1} de retirer cette caisse chez elles. Cela ne vous exposera en rien, car j'ai la certitude que jusqu'au moment où je vous écris, il n'a été pris 10 aucune information relativement à moi, et je crois que tout se passera en douceur. J'aurais peut être mieux fait de rester. Ah que je donnerais de choses pour causer un peu avec vous. Mon sentiment est toujours le même mais je ne veux pas en parler, pour ne pas m'émouvoir. Voici l'ordre pour mon Domestique de remettre la caisse en question à la personne qui lui 15 présentera cet ordre. Adieu Adieu. Quand nous reverrons-nous ?

A Madame / Recamier / rue basse du Rampart / N° 32

Manuscrit   *Paris, BnF, N.a.fr. 13265, ff. 329–330; coté d'une main ancienne : «178»; 4 pp., p. 3 bl., l'adresse p. 4; orig. autogr.

Éditions   **1.** Lenormant (1882), n° 78, pp. 170–171.   **2.** Harpaz (1977), n° 86, pp. 151–152. **3.** Harpaz (1992), n° 91, p. 189.

Texte   *D'une main ancienne sur le haut de la p. 1:* 21 mars 1815.

Commentaire et Note   Cette lettre date de toute évidence du véritable départ de Paris et non du 21, date qui se trouve sur le haut de la page 1.
¹ Mme Monge Saint-Edmond et sa fille.

2618

Benjamin Constant à Juliette Récamier

28 mars 1815

Voici le récit de ce qui s'est passé à Rennes[1]. Je me lève après avoir passé la nuit dans la plus affreuse douleur. Mais vous avez désiré quelque chose de moi, et je sens que je vous servirais encore a mon dernier soupir de ma main mourante. Je ne sais ce que je vous ai écrit cette nuit[2]. Mon cœur étoit brisé : il l'est encore. Mais ce n'est pas ma faute. J'ai fait tout ce que j'ai pu pour partir, Je ne l'ai pas pu : J'ai fait auparavant tout ce que j'ai pu pour rompre, Je le puis moins encore. Mon ame est enchainée, elle est en vous, je ne puis que souffrir, et vous demander grace, un mot de bonté, et l'exécution de votre promesse[3]. Je renaîtrai. Pardon, pitié. Jamais on ne fut aimée, comme vous l'êtes. Prenez mon sang, il coulera pour vous avec tant de joye : mais laissez moi vous dire que je vous aime. Le silence m'oppresse : vous en parler me calme. Adieu à quatre heures[4]. Ne laissez pas tomber un nouveau coup sur mon cœur, et si vous n'y êtes pas, qu'on me laisse monter pour vous attendre. Pitié, pitié, je ne respire que par vous, et mon dévouement est toute ma vie.

Madame / Recamier

Manuscrit   *Paris, BnF, N.a.fr. 13265, ff. 155–156; coté d'une main ancienne «85»; 4 pp., pp. 2–3 bl., l'adresse p. 4; orig. autogr.

Éditions   **1.** Colet (1864), n° 20, pp. 57–58.   **2.** Lenormant (1882), n° 64, pp. 149–150. **3.** Harpaz (1977), n° 87, pp. 152–153.   **4.** Harpaz (1992), n° 92, pp. 190–191.

Commentaire et Notes   Cette lettre date d'après le retour de BC à Paris, à la suite de son voyage avorté en Vendée. Ayant fait demi-tour le 25 mars, BC est de retour à Paris le soir du 27. Voir Journal, sous ces dates, et le *Carnet* : «Je pars pour Nantes avec un consul américain. Troubles de la Vendée. J'apprends à Ancenis que Nantes est aux Bonapartistes, et Barante (le préfet) en fuite. Je retourne à Paris, 28 mars. Mad^e Récamier au milieu de tout cela» (Fragment B, *OCBC*, VII, p. 303).

[1]   Ce récit n'a pas été retrouvé.
[2]   La nuit de son arrivée à Paris, le 27. Lettre non retrouvée.
[3]   Nous ignorons la nature de cette promesse.
[4]   BC dînera chez Juliette le 28 mars : voir Journal.

2619

Germaine de Staël à Benjamin Constant

janvier-mars 1815

M. de Balainvillers[1] dit que M. de Blacas[2] a pris à lui toute mon affaire[3] et que je n'ai plus rien à voir à la commission[4]. – Vous me ferez grand plaisir d'aller savoir tous les détails de notre affaire chez M. Forestier[5] demain. – Ne dînez-vous pas chez moi demain. – Quand vous avez le moindre accent de vérité, même sur ce qui me déplaît, je me rapproche de votre âme. – A 5
demain. -
Mardi cinq heures. –

Éditions   **1.** Nolde (1907), pp. 183–184.   **2.** *Léon (1928), n° 23, *RP*, p. 316, et vol., p. 79.

Notes
[1] Non identifié.
[2] Voir la lettre 2602, note 7.
[3] C'est-à-dire la restitution des deux millions de francs que Jacques Necker avait prêté au Trésor.
[4] La commission chargée de régler cette affaire termine ses travaux en février 1815, cette lettre date donc de la période janvier-mars 1815.
[5] Non identifié.

2620

Benjamin Constant à Charlotte de Constant

2 avril 1815

Il y a quelques jours que je t'ai écrit pour te dire combien ma position etait tranquille et pour te rassurer complètement sur moi et sur l'avenir de la France. Je ne puis être suspect de partialité pour l'empereur, en rendant à son génie l'hommage qu'on ne peut lui refuser. J'ai fui son empire, parce que je trouvais qu'il ne donnait pas à la France assez de liberté. J'ai tâché de 5
maintenir, autant que les efforts d'un simple citoyen pouvaient y contribuer, les Bourbons sur le trône ; je pensais que leur faiblesse offrait à la liberté une meilleure chance. J'étais décidé à m'éloigner après leur chute, lorsqu'un changement complet de système dans le gouvernement impérial m'a fait concevoir des espérances inattendues. – La magie du retour de l'empereur, 10
l'assentiment universel de l'armée, l'adhésion non moins générale de la na-

tion, les principes libéraux qu'il a proclamés, la manière dont ses adversaires les plus animés sont restés sous ses yeux sans encourir aucune prescription, tout cela a produit dans les esprits une révolution décisive en sa faveur. Il faut donc se bien persuader qu'aujourdhui la France est unie indissoluble-   15 ment avec lui ; l'attaquer, c'est attaquer la France et l'étranger sait ce qu'il en coûte. – Ainsi, prépare toi à venir par la Suisse, si tu ne peux passer par Francfort ; car, soit qu'il y ait guerre, soit qu'il y ait paix, je ne quitte plus la France[1].

Édition   *J.-P. Pagès, *Dictionnaire de la conversation et de la lecture*, t. XVI, Paris 1835, p. 336; Paris 1860, t. VI, p. 349.

Note
[1] Cette lettre est datée par Pagès du 1er avril 1815, mais le contenu est en accord avec les notes du Journal pour le 2 avril sur les espoirs de BC, ses intentions libérales etc.

2621

Benjamin Constant à Juliette Récamier

2 avril 1815

Je voudrais bien vous voir d'un peu bonne heure. Le Duc de Vicence[1] m'a fait inviter pour causer d'affaires et comme je ne puis pas y diner, Je voudrais y aller auparavant. J'irai donc chez vous tout de suite si vous le permettez. Si je ne vous trouve pas, je ferai quelques visites et je retournerai chez vous. Pour avoir le billet de spectacle[2] pour ce soir. Il y a contre moi un   5 drole de petit article dans le Journal Général'3, mais personne ne s'en doutera que moi et l'auteur.

Vous m'avez fait du bien hier[4] par pitié, tant que ceci durera, accordez-moi quelques instans pareils. Vous m'avez rendu de la force et j'ai pu penser a des choses encore vagues mais qui pourront être utiles, si les événemens les   10 amènent. Soutenu par vous, je sens que je puis encore faire du bien. Donnez ordre qu'on me laisse entrer.

a Madame / Recamier

Manuscrit   *Paris, BnF, N.a.fr. 13265, ff. 202–203; coté d'une main ancienne «111»; 4 pp., pp. 2–3 bl., l'adresse p. 4; orig. autogr.

Éditions   **1.** Colet (1864), n° 33, p. 87.   **2.** Lenormant (1882), n° 80, pp. 173–174.
3. Harpaz (1977), n° 88, pp. 153–154.   **4.** Harpaz (1992), n° 93, pp. 191–192.

Texte   3 donc] donc ⟨un peu⟩

Commentaire et Notes Nous suivons Harpaz, en proposant la date du 2 avril pour cette
lettre : le ton de découragement reflète la tristesse de BC pendant cette période d'incertitude ; le
«spectacle» envisagé pour le soir pourrait bien être «l'opéra» cité dans le Journal sous cette
date ; on pourrait signaler aussi une concordance de phraséologie : les «choses encore vagues»
du deuxième paragraphe se répètent dans le Journal (1er et 2 avril), et signifient sans doute,
comme ici, la nomination éventuelle de BC à un poste dans le nouveau gouvernement.

[1] Louis de Caulaincourt, duc de Vicence (1773–1837), a été réinvesti dans son ancien poste de
    ministre des Affaires étrangères le 20 mars.
[2] Pour l'opéra du 2 avril.
[3] Il s'agit peut-être du petit article anonyme qui se retrouve sous la rubrique *La semaine
    dernière*, dans le *Journal général de France* du 3 avril 1815 (p. 4). Ce petit article, de quelques
    lignes, s'adresse aux rédacteurs (également anonymes) du *Nain jaune*, journal satirique et
    anti-royaliste, en leur proposant d'épargner leurs adversaires maintenant qu'ils sont en dis-
    grâce, à la suite du retour de Napoléon.
[4] BC avait passé la soirée du 1er avril avec Juliette .

2622

Benjamin Constant à Rosalie de Constant

2 avril 1815

Paris ce 2 Avril 1815

Bonjour, chère Rosalie. Je suis sur que vous êtes inquiète de moi. Je vous
aurais écrit plutot, mais le tems m'a manqué. Je répare cette omission, le
plutot que je puis.

Je suis occupé à m'arranger dans la maison que j'ai achetée[1]. J'ai écrit à   5
Charlotte de venir me joindre. Il me sera impossible d'aller la chercher. Je
l'attends avec impatience. Elle passera probablement par la France. Je l'y
invite.

J'ai recu une lettre de Charles[2] sur mon dernier ouvrage[3], bien raisonnée
et bien écrite : mais ce n'étoit pas le moment de discuter des questions   10
spéculatives. Ce n'est pas le moment encore, je ne sai quand il reviendra.

M^de de St. est partie bien précipitamment[4]. Je ne l'ai pas vue avant son
départ, du moins pas de manière à prendre congé d'elle. Elle ne m'a point
écrit depuis, mais j'ai su par d'autres qu'elle étoit heureusement arrivée. Je
suppose au reste qu'elle reviendra bientot.   15

Dites bien des choses de ma part a M^de de Loys et à tous ceux qui se
souviennent de moi, surtout à notre bonne tante Charrière. Je ne puis rien
vous mander sur mes projets : car je n'en ai point de positifs. Adieu chère
Rosalie. Ecrivez moi, et aimez moi comme je vous aime.

Manuscrit   *Genève, BGE, Ms. Constant 36/2, f. 244; 2 pp., p. 2 bl.; orig. autogr.

Éditions   **1.** Menos (1888), n° 222, pp. 535–536.   **2.** Roulin (1955), n° 146, p. 206.

Notes
[1] Voir la lettre 2548 de BC à Charles de Villers, écrite vers le 15 novembre 1814, note 3.
[2] Cette lettre du frère de Rosalie n'a pas été retrouvée.
[3] *De la responsabilité des Ministres.*
[4] Voir la lettre 2607 de Germaine de Staël à BC du 12 mars 1815, note 1.

2623

Germaine de Staël à Benjamin Constant

7 avril 1815

7 avril.

Combien il est pénible de voir un homme tel que vous faire par l'amour du jeu[1] la plus triste des folies. Vous savez que tôt ou tard votre tante[2] vous déshéritera pour cela et vous ne craignez pas à votre âge que tout le monde dise que vous l'avez bien voulu. – Il n'y a pas plus de raison que de dignité à cela et Dieu veuille que le manque d'argent pendant toute votre vie n'expie pas votre passion d'un moment. – Mon Dieu que cela est absurde ! – Je n'ai vu personne ici qui pût ni vous concevoir ni vous approuver. – Je vous en dirais bien plus si cela pouvait être utile mais vous n'avez qu'une idée dans la tête et la passion qui vous domine ne passera jamais parce que vous n'en atteindrez jamais le but, et que vous n'avez jamais connu dans ce monde que la difficulté. – Je vous plains et je suis irritée, je l'avoue, du mal que me fera votre ruine quand elle sera si bien votre faute ! Laissons cela. – Comme j'ai su positivement que l'Emp[ereur], avait bien voulu dire qu'il était très content de mon silence pendant cette année et de toute ma conduite envers lui et que je pouvais revenir, j'ai écrit au ministre de la police[3] et au prince Joseph[4] pour leur dire que ce n'était pas revenir à Paris que je souhaitais mais que la promesse d'inscription[5] que je possède ne fût pas refusée, puisque le mariage de ma fille tenait à cela. – En effet je crois qu'il y tient car il y a quinze jours que nous n'avons pas un mot de Victor[6]; ne dites cela à personne et surtout pas à Madame R.,[7] mais *mandez-moi* ce que vous en savez. Je n'ai pu lui dire ce que vous feriez si je n'étais pas payée et en général je trouverais triste qu'une si charmante personne fut marchandée. – S'il ne s'agissait pas d'elle je ne vous dirais pas un mot d'affaires, car je regarde votre fortune comme perdue si vous continuez la vie de Paris. – Ecoutez-moi comme une prédiction, si vous ne me croyez plus comme une amie. – Savez-vous que Madame Cachet[8] demeure à Genève ?

Éditions   **1.** Nolde (1907), pp. 198–200.   **2.** *Léon (1928), n° 25, *RP*, pp. 317–318, et vol., pp. 80–82.   **3.** Solovieff (1970), p. 494 (fragment).

Texte   *Ajouté par Leon aprés 7 avril* : [1815, Coppet]. *Notes de Léon :*   **1** avril] *Sur la quatrième page une main très soignée, qui n'est pas celle de Madame de Staël, a écrit l'adresse :* Monsieur, Monsieur Benjamin de Constant de Rebecque, rue Neuve-de-Berry, fbg. du Rouille [*sic*], Paris. *Le timbre postal est du 11 avril 1815.*   **16** revenir] *dans l'interligne.*   **17** pas] *Un de* biffé   **19** qu'il] *Récrit sur un* qu'elle *biffé*

Notes
[1] Germaine de Staël attribue le retour de BC à Paris à sa passion pour le jeu. Il écrit dans son Journal, le 11 avril 1815 : «Lettre de M^de de St[aël]. Désapprobation».
[2] Germaine de Staël semble ignorer, ou a oublié, qu'Anne de Nassau est décédée le 27 mai 1814, à Lausanne.
[3] Joseph Fouché (1759–1820), réinstallé dans son ancien poste de ministre de la Police générale par Napoléon aux Tuileries, le 21 mars 1815.
[4] Joseph Bonaparte (1768–1844), frère de Napoléon, ancien roi de Naples et ami de Mme de Staël.
[5] Il s'agit de l'argent que Germaine de Staël veut que l'Etat français lui rembourse.
[6] Victor de Broglie, fiancé d'Albertine de Staël.
[7] Juliette Récamier.
[8] Non identifiée.

2624

Le marquis de La Fayette à Benjamin Constant

9 avril 1815

[...] On m'a reproché toute ma vie de trop me livrer à ma disposition espérante ; je répondrai que c'est le seule moyen de faire quelque chose hors de l'ordre commun. On ne tenterait, en effet, rien d'extraordinaire si l'on désespérait de réussir. Pourquoi faut-il qu'aujourd'hui, lorsque mes amis les plus incrédules deviennent confiants, je paraisse avoir aussi, dans le sens   5 opposé, changé de caractère ?

Si vous vous rappelez ce que je vous ai dit sous le règne des Bourbons, du premier jusqu'au dernier jour, vous n'attribuerez pas mon opinion à de l'engouement pour eux ; les jacobins eux-mêmes doivent avoir le cœur net des petits soupçons qui leur étaient restés de mes liaisons avec cette famille   10 et ce parti. Il n'a tenu qu'à moi, pendant plusieurs années, d'être accueilli par l'empereur; mes obligations envers lui n'ont jamais été plus reconnues que depuis sa chute, nommément dans l'écrit que j'allais publier[1]. Je n'en suis pas moins convaincu, bien à regret, que son gouvernement, avec ses talents et ses passions, est celui de tous qui offre le moins de chances à   15 l'établissement d'une véritable liberté. Je souhaite de toute mon ame me tromper, et alors, j'en conviendrai avec autant de bonne foi que de plaisir.

En attendant, je crains que l'homme auquel il a suffi autrefois pour attraper tant de gens d'esprit, de signer : *membre de l'Institut, général en chef*, qui, aujourd'hui, vient de soulager tant d'amours-propres et tant d'intérêts, et qui succède à tant de sottises, ne finisse par tromper, comme il y a quinze ans², l'honnête espérance des patriotes.

On ne peut être chef actif d'un peuple libre³ que dans une république où, soit comme président, soit comme directeur, on est soumis à une critique continuelle et à une responsabilité légale ; on ne peut être monarque constitutionnel qu'en étant inviolable, c'est-à-dire inactif, et seulement électeur des ministres responsables, et par conséquent juges de chaque ordre qu'ils reçoivent du roi. La première situation est sans doute préférable, non seulement pour Napoléon, mais pour tout homme qui aime l'action et la gloire... Pensez-vous qu'une de ces deux manières d'être puisse convenir longtemps au caractère le plus impétueux, le plus entreprenant, et le plus impatient de contradiction ?

Il ne peut exister de liberté dans un pays, à moins qu'il n'y ait une représentation librement et largement élue, disposant de la levée et de l'emploi des fonds publics, faisant toutes les lois, organisant la force militaire et pouvant la dissoudre, délibérant à portes ouvertes dans des débats publiés par les journaux ; à moins qu'il n'y ait liberté complète de la presse, soutenue par tout ce qui garantit la liberté individuelle ; à moins que tous les délits ne soient soustraits aux tribunaux d'exception, et soumis, même indépendamment de la volonté du corps législatif, au jugement par jurés convenablement formés, les délits civils des militaires en ressortissant aussi, et leurs ordonnances de discipline pénale devant être votées par les assemblées. Je désire être assuré que l'empereur puisse se résigner à de pareilles institutions ; jusqu'à présent, je ne vois pas qu'il le veuille.

En reprochant aux Bourbons la destitution de plusieurs juges, il a destitué ceux que lui-même avait nommés⁴; en parlant de liberté individuelle, il a d'abord distribué vingt-cinq lettres de cachet, il en distribue de nouvelles aux officiers de la maison du roi, et toutes ensemble⁵ ne produiront pas la centième partie de la résistance que nous avons opposée à l'exil d'Excelmans⁶. En proclamant la liberté de la presse, il a soumis chaque gazette à un rédacteur général, et les imprimeurs aux anciens réglements ; de manière que la presse est beaucoup plus enchaînée depuis la suppression de la censure que les ministres de Louis XVIII n'auraient osé le tenter ; en prétendant oublier ce qui s'est fait en son absence, il met en accusation treize personnes⁷ et punit d'une amnistie tous ceux qui ont pensé que, Napoléon ayant violé ses engagements et les devoirs du trône, on pouvait s'occuper de sa déchéance, de manière que les citoyens se trouvent placés hors de la *ligne droite* de l'ile d'Elbe, comme l'aristocratie les plaçait hors de la *ligne droite*

de Coblentz. En proclamant la philosophie et l'égalité, il a rétabli son université telle qu'elle était il a maintenu la nouvelle noblesse et offre à l'an- 60
cienne de lui rendre ses titres. Y a-t-il eu après le 18 brumaire de plus
promptes et nombreuses déviations des déclarations publiques sur lesquelles
on avait compté ?

Je vous ai soumis mes doutes parce que je vous connais incapable de
pactiser avec le despotisme ; vous devez penser que les réflexions de l'em- 65
pereur seront plus fortes que ses habitudes et ses passions. Quelques-uns de
ses ministres, nommément Carnot et Fouché[8], ne s'en rapporteront pas
pour leur sûreté à sa bienveillance personnelle. Croyons-le sincère dans ses
promesses, fidèle dans l'exécution, maintenu par le courage et l'humanité,
par les lumières du patriotisme national... Il me reste à vous faire des ques- 70
tions sur la manière dont on va s'y prendre pour organiser la liberté publique.

Le *Journal de Paris* dit aujourd'hui que Benjamin Constant, Gallois et
Grégoire, ne sont pour rien dans le travail préparatoire ; en est-il de même
de Daunou, Flaugergues, Bédoch et Lambrecht[9]?   75

Y aura-t-il une assemblée constituante ou convention vraiment nationale
pour discuter le projet de constitution, et le soumettre ensuite à l'approbation du peuple[10]? ou bien, fera-t-on délibérer les vingt mille membres des
collèges électoraux ; ou enfin, ces collèges ne paraîtront-ils au champ-de-mai
que pour accéder par acclamation aux volontés du gouvernement, et pour 80
saluer l'empereur au lieu de le réélire ?

Si vous avez quelque influence sur le travail des constituants[11], ne laissez
pas entamer le principe d'élection pour les municipalités, les justices de paix,
les conseils de département et d'arrondissement ; rappelez toutes vos bonnes
pensées sur les élections de la chambre des députés ; ne laissez pas au préfet 85
la formation des listes de jurés, obtenez-nous une magistrature judiciaire
plus indépendante et mieux payée qu'elle ne l'a été jusqu'à présent, dût-elle
être beaucoup moins nombreuse. Laissez faire par les départements et les
communes tout ce qui peut leur être confié ; n'oubliez pas le *mutiny-bill*[12];
organisez la garde nationale ; relisez la loi de l'assemblée constituante sur le 90
droit de paix et de guerre ; excommuniez toute idée de tribunaux d'exception ; détruisez toute possibilité de règlements ou subterfuges contraires à la
liberté de la presse. Souvenez-vous qu'après votre écrit sur la responsabilité
des ministres, vous avez regretté de n'y avoir pas reconnu la faculté que
doivent avoir les députés de dénoncer, comme partie publique, tout attentat 95
du pouvoir, lors même que la partie lésée ou les tribunaux inférieurs auraient négligé de remplir leurs devoirs. Je serais bien plus tranquille si le
comité était composé comme on l'avait dit d'abord.

Permettez-moi de vous demander comment vous formerez votre chambre des pairs ? En supposant que vous donniez la préférence, en dépit de l'opi- [100] nion de Hume[13], au principe d'avoir des législateurs et en quelques cas des juges héréditaires, trouverez-vous dans vos éléments de notabilité des éléments d'hérédité préférables au sénat électif à vie, que le premier comité de l'assemblée constituante avait proposé ? Permettez-moi d'énoncer aussi une autre hérésie contre vos opinions : c'est qu'une simple indemnité telle que [105] celle de 30 francs par jours de service qu'on donne aux membres du congrès américain, me semble préférable à la manière anglaise, de laisser tous les frais à la charge des députés[14]. Je crois bien qu'il sera facile de faire assurer la liberté et l'égalité des cultes ; le gouvernement tiendra à la nomination de ses ministres principaux ; mais il s'épargnerait beaucoup de querelles et [110] d'embarras s'il laissait le choix et le paiement des ministres inférieurs aux communes ou aux congrégations de simples citoyens.

Vous voyez que la confiance me gagne, car en griffonnant à la hâte ma réponse pour le départ de mon fils[15], que l'exil de ses beaux-frères[16], comme officiers des gardes-du-corps, détermine subitement à ce voyage, je me suis [115] mis à vous parler et des bases principales, et même des accessoires, comme si j'étais persuadé que l'empereur ne cherche qu'à faire discuter et décréter par la nation une constitution libre, émanée, comme il dit, de la souveraineté du peuple, ce qui est bien mieux que son discours au conseil d'état en revenant de Russie[17]. [120]

Vous avez bien raison de dire qu'on cause mieux qu'on n'écrit ; j'ajouterai qu'on cause mieux à la campagne qu'à Paris. George[18] vous prouvera qu'il est bien facile de faire une course à Lagrange[19].

Les gazettes me semblent indiquer la guerre : ce serait un motif de plus pour appeler la nation à des délibérations fondatrices de la liberté ; je crains [125] que ce ne soit un prétexte pour s'en dispenser.

On vous attribue des articles de journaux[20]. S'il y en a que vous jugiez éminemment utiles, je conçois que vous les fassiez dans l'opinion espérante où vous êtes ; mais permettez-moi de vous rappeler ce que je vous disais sous l'autre gouvernement, sur l'inconvénient qu'il y a pour vous à satisfaire [130] trop souvent le vœu très naturel qu'on a de se prévaloir, à cet égard, de vos talents, tandis qu'on n'est pas aussi empressé à profiter de vos conseils.

Je vous offre mon incrédulité, et j'y joins mille amitiés.

Édition   *Lafayette, *Mémoires* (1837–1838), V, pp. 406–412.

Commentaire et Notes La Fayette, le «héros des deux mondes», ne prit aucune part aux événements politiques de l'Empire. Il avait voté contre le Consulat à vie et refusé un siège au Sénat. Dans la présente lettre, il exprime ses réserves sur l'attitude de BC, qui est sur le point de se rallier à l'Empereur. Voir le Journal du 11 avril : «Lettre de Lafayette. Désapprobation».

Mais La Fayette finira par jouer un rôle pendant les Cent-Jours, devenant en mai 1815 député de Seine-et-Marne.

¹ Cet écrit n'a pas été identifié.

² Allusion à la proclamation de la Constitution de l'an VIII et au début officiel du Consulat (15 décembre 1799).

³ Dans ce paragraphe et le suivant, La Fayette résume les idées libérales qu'il partage avec BC.

⁴ Pendant l'Empire et la première Restauration les épurations judiciaires furent nombreuses ; voir Jean-Pierre Royer, «Les épurations judiciaires de 1789 à 1815», *L'épuration de la magistrature de la Révolution à la Libération : 150 ans d'histoire judiciaire*, Paris : Loysel, 1994, chap. 1.

⁵ BC énumère à son tour, dans les *Mémoires sur les Cent-Jours* (*OCBC*, XIV, pp. 252–261), ces mêmes mesures, qu'il qualifie de «violentes et tyranniques» (p. 253). Il ajoute : «mais il arrive ce qui arrive toujours chez les nations éclairées, quand l'opinion peut se manifester ; elle vint se placer entre l'oppresseur et les victimes, et l'effet, heureusement, ne répondit pas à la menace».

⁶ Voir, sur Exelmans, la lettre 2571, note 4.

⁷ Allusion à la proscription de treize personnes (décret du 12 mars 1815): Talleyrand, Marmont, Jean-Baptiste Lynch, Nicolas-François Bellart, Vitrolles, Jaucourt, Dalberg, Beurnonville, Montesquiou, La Rochejaquelein, Sosthène de La Rochefoucauld, Bourrienne et Alexis de Noailles. Voir la condamnation de cette proscription par BC dans les *Mémoires sur les Cent-Jours* (*OCBC*, XIV, pp. 253–254) et son commentaire : «mais de ces treize personnes, aucune ne fut atteinte».

⁸ Lazare Carnot venait d'être nommé ministre de l'Intérieur et Joseph Fouché ministre de la Police.

⁹ Jean-Antoine Gallois (1755–1828), tribun, Henri-Baptiste Grégoire (1750–1831), sénateur, Pierre-Claude-François Daunou (1761–1840), tribun, Pierre-François Flaugergues (1767–1836), député de l'Aveyron, et Pierre-Joseph Bédoch (1763–1837), conseiller d'État. Les précisions fournies par le *Journal de Paris* sont inexactes ; voir la note suivante.

¹⁰ Napoléon nomma un comité de Constitution dont les membres étaient Benjamin Constant, Cambacérès, Carnot, Maret (duc de Bassano), Regnaud de Saint-Jean d'Angély, Boulay de la Meurthe et Merlin de Douai. Le travail de rédaction a été confié à BC (voir *OCBC*, IX, 2, pp. 563–571). L'*Acte additionnel aux constitutions de l'Empire* sera promulgué le 22 avril, et un plébiscite l'entérinera.

¹¹ Dans ce paragraphe La Fayette énumère de nombreuses questions d'actualité dont un certain nombre figurent dans *De la responsabilité des ministres* et figureront dans les *Mémoires sur les Cent-Jours*.

¹² La Loi sur la mutinerie était une loi adoptée par le Parlement chaque année en vue de régir l'armée britannique. La Fayette fait allusion au Mutiny Bill de mars 1806, projet de loi destiné à persuader de nouvelles recrues de s'enrôler dans l'armée britannique afin de l'agrandir.

¹³ Allusion à David Hume, *Idea of a perfect commonwealth* (1752); voir Hume, *Political essays*, ed. Knud Haakonssen, Cambridge University Press, 1994, p. 231.

¹⁴ L'*Acte additionnel* accepte le principe d'indemnité pour les députés : «Les membres de la Chambre des représentants reçoivent pour frais de voyage, et durant la session, l'indemnité décrétée par l'Assemblée constituante» (article 11).

¹⁵ George Washington Louis Gilbert Du Motier, fils de La Fayette (1779–1849).

¹⁶ Il s'agit d'Alexandre-César-Charles-Victor Destutt de Tracy (1781–1864), frère de Françoise-Emilie, fille du philosophe Antoine Destutt de Tracy (1754–1836) et épouse du fils de La Fayette, et du comte Louis de Lasteyrie (1781–1820), mari de la fille de La Fayette, Virginie de (1782–1849).

¹⁷ Allusion à Alexandre Iᵉʳ, partisan d'une constitution libre pour la France.

¹⁸ Le fils de La Fayette.

[19] Le château de la Grange-Bléneau, propriéte de La Fayette située à Courpalay (Seine-et-Marne).
[20] Il pourrait s'agir d'«Observations sur une déclaration du Congrès de Vienne», article non signé qui a paru dans le *Journal de Paris*, le 4 avril 1815; voir Courtney, *Guide* (1985), D49 et *OCBC*, IX, 2, pp. 549–553.

2625

Germaine de Staël à Benjamin Constant

10 avril 1815

Ce 10 avril.

Je reçois une lettre[1] de vous dans laquelle vous ne me dites pas un mot de Victor[2]! Mais ce qui est plus surprenant encore, c'est que depuis l'arrivée d'Auguste[3] nous n'avons pas reçu un mot de lui. Ceci est tellement étrange que je ne puis me l'expliquer. Je vous prie *si* ce mariage[4] a lieu et *si* je ne 5 reçois pas mon argent[5], de vous donner la peine de payer ou bien 40.000 francs ou bien 2.000 francs de revenu. Si même je réunissais tous mes moyens je ne pourrai pas dépasser 100.000 écus à cause de mes pertes en Italie qui sont complètes, de celles que j'ai essuyées en Angleterre et de ce que le total est menacé. Tâchez de me faire savoir (sans en parler *à qui que ce soit* 10 *au monde*), comment il se fait que Victor se conduise d'une façon inexprimable[6]; tâchez de lui parler.

Je ne veux rien vous dire au sujet de la politique, je ne puis pas *balbutier des mots profanés*[7]. S'il est vrai que vous travaillez à la constitution[8], je vous conseille de songer plus aux garanties qu'aux déclarations des droits –. Le 15 prince Joseph m'a écrit la lettre la plus aimable du monde ; il me dit qu'il *ne doute pas du succès* de ma réclamation[9]. C'est la seule chose que je désire, surtout à cause de l'ajournement du mariage. – Ma santé ne me permet pas un séjour à Paris, et j'ai besoin du sud pour vivre. – Je ne sais donc pas quand nous nous reverrons. – Puissiez-vous être heureux et raisonnable, – il 20 est difficile qu'à notre âge l'un puisse se passer de l'autre.

Vous devez m'écrire à Genève afin que je reçoive la lettre plus vite.

Éditions   **1.** Strodtmann (1879), II, p. 36.   **2.** Nolde (1907), pp. 201–202 (traduction anglaise de Strodtmann).   **3.** *Léon (1928), n° 26, *RP*, pp. 318–319, et vol., pp. 82–83 (traduction française de Strodtmann).   **4.** Solovieff (1970), p. 495 (fragment).

Texte 1 avril] *Ajouté entre crochets carrés après* Ce 10 avril *par Léon* : 1815, Coppet *Note de Léon : L'adresse :* Monsieur Benjamin Constant de Rebecque, rue Neuve-de-Berry, n° 2, fbg. du Rouille à Paris. [Strodtmann a dû se tromper car l'adresse est ou bien fbg. du Roule, n° 2, ou rue Neuve-de-Berry, n° 6.]

Notes
¹ Non retrouvée.
² Victor de Broglie.
³ Auguste de Staël.
⁴ Celui d'Albertine de Staël et Victor de Broglie pour lequel Germaine de Staël tente de trouver le montant de la dot.
⁵ Voir la lettre 2623 de Germaine de Staël à BC du 7 avril 1815, note 5, et la lettre 2589 de BC à Marianne de Constant du 15 février 1815.
⁶ Germaine de Staël s'étonne du silence de Victor de Broglie à propos du mariage ; BC le voit de temps en temps à Paris.
⁷ Germaine de Staël cite l'article de BC du 19 mars 1815 contre Napoléon, paru dans le *Journal des débats*.
⁸ Le 5 avril le *Journal général de France* a annoncé : «on assure que M. Benjamin Constant a été nommé l'un des commissaires chargés de préparer l'acte constitutionnel». Germaine de Staël approuvera l'*Acte additionnel aux Constitutions de l'Empire*, qui sera promulgué le 20 avril 1815.
⁹ Il s'agit encore de l'argent que l'État français doit à Germaine de Staël.

2626

Napoléon à Benjamin Constant

14 avril 1815

Le Chambellan de service a l'honneur de prévenir Monsieur Benjamin Constant que S. M. l'Empereur lui a donné l'ordre de lui écrire, pour l'inviter à se rendre de suite au Palais des Tuileries. Le Chambellan de service prie Monsieur Benjamin Constant de recevoir l'assurance de sa considération distinguée.

5

Paris, le 14 avril 1815.

Éditions 1. Constant, «Lettres sur les Cent Jours (onzième lettre)», *La Minerve française*, VIII, cahier 3, p. 99 [20–22 novembre 1819]. 2. Constant, *Mémoires sur les Cent-Jours*, Seconde partie, 1822, Lettre 2, p. 19. 3. Constant, *Mémoires sur les Cent-Jours*, Nouvelle édition, Seconde partie, 1822, Lettre 2, p. 19. 4. Constant, *Mémoires sur les Cent-Jours*, éd. O. Pozzo di Borgo, Paris : Pauvert, 1961, p. 132. 5. Harpaz, *Recueil d'articles* (1972), p. 1050 6. *OCBC*, XIV, pp. 207–207.

Commentaire
Dans les imprimés cités ci-dessus, le texte de la lettre est introduit par BC de la manière suivante : «Tout à coup, le 14 avril, je reçus la lettre suivante». Cette introduction est suivie de

trois paragraphes dans lesquels BC décrit ses réactions en recevant l'invitation, qu'il finit par accepter («Je me rendis donc aux Tuileries ; je trouvai Bonaparte seul»). En réalité, comme le souligne Pozzo di Borgo (édition, p. 257, note 7), l'invitation du 14 avril n'avait rien d'imprévu pour BC dont le ralliement était envisagé depuis le début d'avril. Dès le 6 avril, le *Journal de l'Empire* annonce qu'il était l'un des membres de la Commission constitutionnelle ; le même jour Sismondi écrit qu'il avait dîné chez lord Kinnaird avec BC, Gallois, Mme de Souza, etc., et que «le premier, à ce que l'on dit, a été consulté sur la Constitution que l'on prépare pour le mois de mai et y travaille à présent» (*Lettres inédites de Sismondi écrites pendant les Cent-Jours*, Nogent-le-Rotrou : impr. de Gouverneur, 1877, p. 59). Voir aussi la lettre du 9 avril dans laquelle La Fayette met BC en garde contre tout rapprochement avec Napoléon.

2627

Benjamin Constant à Napoléon

vers le 15 avril 1815

Sire,

Je viens supplier V.M., comme l'un de ses serviteurs les plus dévoués, de ne pas tarder à réaliser l'idée généreuse[1] à laquelle Elle a paru s'attacher hier après notre longue conversation. Le temps me manque pour motiver cette intense prière que j'ose Lui [faire] adresser dans son intérêt et dans celui de la France, mais chaque moment de retard est un danger pour la patrie et 5 pour sa personne. La conviction que ce sacrifice magnanime[2] peut seul sauver la chose publique, cette conviction fausse ou vraie, n'en est pas moins le sentiment dominant des Chambres. Elles ne feront rien d'efficace, si elles ne sont pas satisfaites à cet égard, et déjà tout s'agite autour d'elles, et bientôt elles ne seront plus à même de faire ce qu'elles voudront. Je sais avec certitude que les hommes qui semblent le plus animés dans cette direction 10 presque générale seront les plus ardents à défendre la personne et la liberté de V.M. et de sa famille, s'ils obtiennent ce qu'ils croient indispensable pour arrêter la marche de l'ennemi. L'arrêteront-ils ? c'est douteux. Mais c'est la dernière ressource, quoiqu'elle ne soit pas sûre. C'est le dernier moyen de 15 salut pour V.M. même, et ce qui intérese encore plus une grande âme, pour la France entière.

Sire, dans ce moment solennel, il me serait bien moins douloureux de me jeter devant V.M. et de mourir en la défendant contre l'étranger que d'insister sur un conseil qui me ravit de nobles espérances de liberté, car je sais 20 que V.M. la voulait et qui ravit à la France un grand homme. Mais que tenter contre la conviction d'une assemblée, seul point de réunion, quand l'ennemi est là, que les forces sont dispersées, que la nation et la capitale sont divisées ?

Je me sens obligé par un devoir strict d'expliquer à V.M. ce que je crois de 25
tristes, mais incontestables vérités. V.M. aura la gloire d'avoir proposé à la
France une constitution libre meilleure que toutes les précédentes, d'être
remonté sur le trône par sa seule présence, et si la liberté s'établit, sa gloire
sera au comble.

Mais, Sire, c'est à présent, c'est ce matin que la chose est possible et peut- 30
être utile. Tant de générosité réveillera les sentiments généreux dans d'autres
âmes.

J'ai rempli mon devoir, Sire. Mon âme est déchirée. Mon attachement
respectueux s'accroit de vos malheurs.

Je suis etc 35

Manuscrit   Archives Rudler (*transcription dactylographiée).

Notes

1. Napoléon voit dans le publiciste libéral qu'est BC un homme capable de conférer à l'Empire
   une nouvelle respectabilité idéologique. BC est reçu à plusieurs reprises par l'Empereur à
   partir du 14 avril 1815. Dans son Journal du 14 avril 1815 BC parle d'une «longue conversation» avec Napoléon et d'un «projet de constitution» qu'il lui apportera le lendemain (p.
   220). Il s'agit de la première mention de l'*Acte additionnel aux Constitutions de l'Empire*.

2. BC veut garantir la liberté individuelle, mais il écrira dans son Journal le 15 avril : « 2^de^
   entrevue. Mon projet de constitution a eu peu de succès. Ce n'est pas précisément de la
   liberté qu'on veut».

2628

Germaine de Staël   à Benjamin Constant

17 avril 1815

17 avril

Vous aurez vu par mes lettres par la poste que j'aurais mieux aimé pour
vous une autre conduite[1]. – Vous en êtes meilleur juge que moi, mais il me
semble qu'un intervalle était nécessaire et qu'un voyage y satisfaisait. –
Enfin laissons cela. J'ai vu hier Lucien[2] qui attend encore pour revenir à 5
Paris. Je ferai de même à moins que cela ne fût nécessaire à mes affaires. –
Mais comme je suis en conversation politique comme Nicolle du Bourgeois
Gentilhomme[3] et que je vais droit au corps, il me semble que l'Emp[ereur]
lui-même doit trouver mieux que je ne revienne que quand la constitution
sera finie ou qu'il en sera fini des constitutions. – Mon intérêt à moi c'est 10
mon paiement, il y a mille difficultés d'argent que je ne puis lever dans mon
mariage[4], si je ne suis pas payée. Auguste va pour cela, et j'irais et je ferais

tout pour une chose dont mes enfants ont vraiment besoin. – *Si* tous mes efforts sont vains je vous prie de mettre à la disposition d'Albertine chez Fourcault[5] 40 mille francs ou deux mille de revenus. Mon fils porte avec lui 15 l'acte passé entre nous, il vous le rendra contre votre assignation. – Je le répète : *si* je ne suis pas payée avant le contrat d'Albertine, le seul service que vous puissiez me rendre c'est de dire aux puissants que c'est par une loi que je suis liquidée, qu'un contrat est fondé sur cette liquidation, et que c'est absolument comme la vente des biens que l'Emp[ereur] a ratifiée. – Il ne 20 s'agit d'ailleurs d'aucune dépense mais simplement de faire mettre en bas par le ministre des finances : *approuvé la liquidation ci-dessus*. – Au reste parlez-en à Auguste. Je ne me reproche pas de vous occuper des intérêts d'Albertine. - Vous savez très bien que je tiens pas au parti royaliste, si l'Emp[ereur] donne la liberté il sera pour moi le gouv[ernement] légitime ; 25 mais depuis le voyage d'Antibes, surtout, je ne sais qui pourrait lui résister en face. J'en serais moins capable à présent qu'autrefois, jugez de la nation. Enfin je ne pense qu'à ma pauvre Albertine, mais c'est un supplice dont vous n'avez pas d'idée que la complication des devoirs, des engagements, des sentiments. – Ah, mourir arrangerait tout. – Je suis fâchée d'accepter le 30 sacrifice de 40 mille francs que vous voulez faire à mes intérêts actuels ; mais en vérité, si le mariage a lieu et que mon paiement ne soit pas fait, leur situation l'exige. Cela *seul* pouvait me déterminer, vous le savez, à vous le demander. - Puissiez-vous être heureux à votre manière, j'aurais voulu que ce fût à la mienne. – 35

Éditions   1. Nolde (1907), pp. 204–207.   2. *Léon (1928), n° 28, *RP*, pp. 321–322, et vol., pp. 86–89.   3. Solovieff (1970), pp. 495–496 (avec coupures).

Texte   *Ajouté à* 17 avril *par Léon :* [1815, Coppet]. *Notes de Léon :*   **16**   le] le *dans l'interligne.*   **17**   d'Albertine] avant le contrat d'Albertine *dans l'interligne.*

Notes
[1] Le 20 avril 1815 BC écrit dans son Journal fort probablement à propos de cette lettre : «Lettre de M[de] de St[aël]. Elle voudroit que je ne fisse rien pour ma fortune, et que je lui donnasse le peu que j'ai. Jolie combinaison ! ni l'un ni l'autre».
[2] Lucien Bonaparte (1775–1840), prince de Canino, frère de Napoléon.
[3] Nicole, servante du *Bourgeois Gentilhomme* (1670) de Molière, à qui son maître Monsieur Jourdain dit : «Taisez-vous, impertinente. Vous vous fourrez toujours dans la conversation» (Acte III, scène 12).
[4] C'est-à-dire celui de sa fille Albertine de Staël.
[5] Pierre Fourcault de Pavant, notaire parisien de BC et de Germaine de Staël.

2629

Benjamin Constant à Marie-Anne Degérando

22 avril 1815

Mille remerciemens, Madame, de la lettre que vous m'écrivez. L'idée de ne pas démériter de votre opinion me sera une puissante règle de conduite. Celle d'être collègue[1] de M. Degerando m'est bien douce. Quand il aura fait du bien à Metz[2], il reviendra, j'espère en faire à Paris. En attendant, vous me permettrez d'aller causer avec vous de lui et de nos espérances qui sont les siennes et celles de tout ce qui pense en France et en Europe.

Agréez mille tendres respects.

Constant

Ce 22.

a Madame / Madame la Baronne / de Gerando / Rue Cassette N° 38.

Manuscrit   *Lausanne, BCU, Ms. 283(1); 4pp., pp. 2–3 bl., l'adresse p. 4; cachet postal : 23 Avril 1815; orig. autogr.

Édition   Rudler (1913), p. 466.

Texte   *D'une autre main sur la p. 1 ⟨22 Avril⟩*

Commentaire et Notes   Il s'agit sans doute de l'activité de Marie-Joseph Degérando en faveur de l'éducation des classes pauvres. A cette époque, il s'intéressait aux écoles d'enseignement mutuel qui venaient d'être fondées en Angleterre. De cet intérêt naîtra la Société pour l'instruction élémentaire.

[1] Au Conseil d'État, où BC était nommé le 20 avril 1815; Degérando y avait été maintenu par ordonnance du 5 juillet 1814.

[2] Degérando avait été nommé par Napoléon commissaire extraordinaire pour le département de la Moselle. Son itinéraire établi par Rudler (p. 466, note 2) était le suivant : il arriva à Metz le 24 avril (*Quotidienne* du 29), en partit pour Thionville le 29 (*Moniteur* du 3 mai), revint à Paris le 11 mai au plus tard (*Quotidienne* du 12); une lettre de sa femme, du 9 mai, annonce ce retour comme probable pour le jour même. Les commissaires allaient surtout inspecter les fonctionnaires locaux.

2630

Benjamin Constant à Juliette Récamier

nuit du 22–23 avril 1815

Que maudit soit le métier de courtisan ou d'homme d'état[1]! Je crois que je donnerai ma démission demain, et je suis bien sur que je le ferais, si je croyois que vous m'en sussiez gré. Vous avez été seule ce soir, j'aurais pu vous voir, jouïr de ces momens si rares qui font toute ma vie, et de maudits Interets Européens[2] m'ont arraché à cet interet bien plus grand pour moi. Je 5 suis dans un véritable désespoir. Je vous conjure de me dédommager et de me dire quand je pourrai vous voir. Je ne sortirai que pour cela, car j'ai dix choses à faire en moins de tems qu'il ne m'en faudrait pour en faire une seule. Je compte ne pas me coucher et travailler jusqu'au moment ou je recevrai un mot de vous. Je sortirai alors pour vous voir quand et aussi 10 longtems que vous le permettrez. J'ai eu les plus curieuses conversations, et longues, assurément, puisqu'elles ont duré de manière à ne pas me permettre d'arriver chez vous à tems. Je serai donc bon à écouter, si vous êtes curieuse. Mais brulez même ce billet, je vous en prie.

Faites moi dire précisément quand je pourrai vous voir, pour que je n'in- 15 terrompe pas inutilement un travail[3] déjà au dessus de mon tems et de mes forces.

a Madame / Recamier

Manuscrit   *Paris, BnF, N.a.fr. 13265, ff. 185–186; coté d'une main ancienne : «102»; 4 pp., pp. 2–3 bl., l'adresse p. 4; orig. autogr.

Éditions   **1.** Colet (1864), n° 28, pp. 78–79.   **2.** Lenormant (1882), n° 79, pp. 171–173. **3.** Harpaz (1977), n° 90, pp. 155–156.   **4.** Harpaz (1992), n° 95, pp. 194–195.

Commentaire et Notes   BC adopte «le métier de courtisan» depuis le 20 avril 1815, moment où il a été nommé conseiller d'Etat. Il note de longues conversations avec l'Empereur les 14, 15, 18, 19 et 22 avril (voir Journal). La seule journée où il semble avoir manqué de passer sa soirée avec Juliette est celle du 22 avril. Le «travail» dont il est question aux dernières phrases doit être la «rédaction définitive» de l'*Acte additionnel aux constitutions de l'Empire*, notée dans le Journal comme étant du 22 avril. Nous supposons donc, sous toutes reserves, que ce billet date de la nuit du 22–23 avril.

[1]   Voir Journal 23 avril : «Lever. Me voici donc de la nouvelle cour» et 26 avril : «Me voilà donc courtisan».

[2]   Pendant tout le mois d'avril, Napoléon cherche à envoyer par Fouché des émissaires de paix à l'Europe.

[3]   L'*Acte additionnel aux constitutions de l'Empire* sera adopté par plébiscite le 1er juin 1815.

2631

Benjamin Constant à Marie-Anne Degérando

26 avril 1815

J'espère qu'il n'est rien arrivé a M^{de} Recamier. Hier du moins vers onze heures, je l'ai vue[1], un peu indisposée mais pas plus triste qu'à l'ordinaire. Je sai que depuis longtems elle désire une campagne, sans pouvoir en trouver une. Elle se deplait ici, et je le conçois. L'exagération de sa société est telle qu'il est difficile d'y tenir, et malgré le penchant qu'elle a à prendre les 5 opinions de ses amis, sa raison y répugne : et comme elle a aussi des amis de notre coté, elle est péniblement affectée de l'intolérance qu'elle voit. Je désire donc beaucoup aussi qu'elle trouve une campagne ou elle se repose de la fureur insensée des uns et de la défaveur non méritée des autres.

Des occupations et un peu de tristesse de toute l'injustice des jugemens 10 qu'on porte sur ce que nous avons fait en conscience et sur ce qui seul peut nous sauver[2], m'ont empeche d'aller vous voir. J'espère m'en dedomager incessamment.

Mille respects

B. C. 15

Ce 26 Avril

a Madame / La Baronne de Gerando / Rue Cassette n° 38.

Manuscrit   *Lausanne, BCU, IS 4853; 4 pp., p. 3 bl., l'adresse p. 4; orig. autogr.

Notes
[1] «Visite à Juliette. J'y ai laissé sans peine M. de F[orbin]. J'ai bien autre chose en tête» (Journal, 25 avril 1815). Entre les «tracasseries» de Forbin et de Nadaillac et la ruine imminente de Jacques Récamier, Juliette a des raisons de se plaindre (voir Journal, 25–28 avril).
[2] La rédaction définitive de l'*Acte additionnel aux constitutions de l'Empire*, en date du 22 avril.

2632

Benjamin Constant à Marie-Anne Degérando

fin avril 1815

Je vous remercie profondément, Madame, de la lettre que vous m'écrivez et qui me fait plus de bien que je ne puis vous le dire. Vous plaidez ma cause mieux que je ne l'aurais fait moi même, et vos raisonnemens fortifient mon ame qui est douloureusement affectée, non pas uniquement par les motifs et les considérations sociales que vous expliquez si bien, mais par une foule de 5 petits ou même d'assez grands chagrins qui se compliquent et s'aggravent les uns par les autres.

Non, je n'ai ni regret ni repentir de ce que j'ai fait[1]; je trouve au contraire que j'ai suivi la ligne que je devais suivre, et lors même que je suis le plus péniblement ému je préfére encore mon sort à celui que j'aurais eu au de- 10 hors, mendiant la guerre contre mon pays et le massacre de mes concito-yens, pour le rétablissement d'une famille.

Ce qui m'afflige, ce n'est presqu'en rien ce qui tient à la politique. Ce sont des peines de cœur[2], les unes naturelles, les autres bizarres, qui ne peuvent être guéries par aucune distraction extérieure, y compris même celle du 15 danger de l'avenir, et celle de l'Ambition. Une singularité de ma vie, c'est d'avoir toujours passé pour l'homme le plus insensible et le plus sec, et d'avoir constamment été gouverné et tourmenté par des sentimens indépen-dans de tout Calcul, et même destructifs de tous mes interets de position, de gloire ou de fortune. 20

Je crois bien que l'espèce d'isolement complet dans lequel je vis, comme confiance, contribue à cette maladie de mon ame. Il y a des momens où je donnerais dix ans de ma vie, pour une conversation de deux heures ou je pusse épancher tout ce que j'éprouve : et par une fatalité qui me tourmente plus que toute autre chose, un charme particulier fait que je porte cette 25 confiance là où l'on a le moins de tems de s'en occuper, quoiqu'avec la meilleure volonté du monde.

Si une fois nous causons bien librement, je vous parlerai de moi, avec détail. Ce n'est pas ma manière, parce que je ne conçois guères que l'on m'écoute avec interet sur ce qui ne regarde que moi. Mais puisque ma 30 réserve est prise pour de la défiance, je m'en justifierai, peut être à vos dépens, Madame, en vous entretenant de moi plus que vous ne voudrez.

Le petit tort que vous me reprochez relativement à ma Nomination[3] n'en est pas un. Elle me paraissait improbable, et même après que l'Empereur me l'eut dit, j'y croyais peu. Je ne l'ai regardée comme sure que quand elle a été 35 dans le Moniteur : et je craignois en l'annonçant, de me donner au ridicule, si elle n'avoit pas lieu.

Adieu Madame. Mille graces encore une fois j'irai vous chercher bientot, et vous expierez votre accusation de défiance en subissant ma confiance toute entière.   40

J'ai recu hier quelques mots de M. Degerando[4] qui m'ont fait bien plaisir.

Mille tendres respects.

B.C.

a Madame / la Baronne de Gerando

Manuscrit   *Lausanne, BCU, Ms. 283(2); 4 pp., p. 3 bl., l'adresse p. 4; orig. autogr.

Éditions   **1.** Rudler (1913), pp. 466–468.   **2.** Harpaz, *Récamier* (1977), pp. 282–285. **3.** Harpaz (1992), n° 96, pp. 195–197.

Texte   **38** fois] fois ⟨les[?]⟩

Notes
[1] Il s'agit de son ralliement à l'Empire et l'*Acte additionnel aux Constitutions de l'Empire* du 22 avril 1815.
[2] Allusion évidente à sa passion pour Juliette Récamier.
[3] BC a été nommé conseiller d'État par Napoléon le 20 avril 1815.
[4] Cette lettre n'a pas été retrouvée.

2633

Benjamin Constant à Juliette Récamier

30 avril 1815

Si je vais vous voir plus rarement[1], je vous conjure de ne pas croire que j'éprouve moins le besoin de votre présence. Mais je suis triste, humilié, méconnu, et je n'obtiens jamais de vous une entrevue libre, où je puisse vous parler des peines qui me dévorent. Ah ! Il n'est pas question d'amour ! Au milieu de la haine qui m'entoure, je n'oserais pas prononcer ce mot : et dans 5 la sombre carrière où je suis entré, avec le terme que j'aperçois à cette carrière, je bénis le ciel de ce que pas un être n'est attaché par un lien quelconque à ma destinée. Mais un peu d'amitié de vous m'auroit fait du bien, et aujourdhui que je ne puis plus rien espérer[2] plus rien prétendre, j'aurais cru l'avoir mérité par huit mois de dévouement. Il y a aujourdhui 10 huit mois que le mémoire pour Naples me fut demandé : et il a bien influé sur ma vie. Je ne vous demande rien. Si vous pouvez me voir[3] et m'entendre seule, je trouverai quelque douceur à ces entretiens ; c'est la seule consolation qui me soit possible. Dans le monde, c'est inutile. Je souffre de toutes les manières. Je ne puis, je ne dois vivre qu'avec ceux qu'un danger commun réunit[4]. Les autres me semblent blamer ma conduite et attendre ma chute. Ah ! du danger, à la bonne heure, mais tant d'injustice ! Jamais je n'ai tant souffert, excepté par vous, et alors j'espérais de l'avenir. Maintenant, il n'y a dans l'avenir qu'une seule espérance pour moi : car la ruine commune peut m'atteindre, et le succès, je sens trop que je n'en jouïrais pas.

a Madame / Recamier

Manuscrit   *Paris, BnF, N.a.fr. 13265, ff. 196–197; coté d'une main ancienne : «108»; 4 pp., pp. 2–3 bl., l'adresse p. 4; orig. autogr.

Éditions   **1.** Colet (1864), n° 34, pp. 88–89.   **2.** Lenormant (1882), n° 81, pp. 174–175. **3.** Harpaz (1977), n° 89, pp. 154–155.   **4.** Harpaz (1992), n° 94, pp. 192–194.

Commentaire et Notes   Cette lettre semble bien avoir été écrite le soir du 30 avril, et non le 11 avril, date proposée par Harpaz. La «haine» dirigée contre BC est beaucoup plus marquée vers la fin du mois qu'au milieu, à la suite de sa nomination au Conseil (20 avril) et la publication de l'*Acte additionnel* le 22. Le 30 avril, justement, on reparle de l'article virulent du 19 mars contre Napoléon. De plus, l'allusion par BC aux «huit mois» qui viennent de s'écouler depuis l'époque où le mémoire sur Naples lui avait été demandé nous reporte très précisément à la date du 31 août 1814 et au début de sa passion pour Juliette.

[1]   BC voit très rarement Juliette, en effet, entre le 24 et le 29 avril (voir Journal).
[2]   De la part de Juliette.
[3]   BC dînera chez Juliette, le soir du 30 avril, mais les tête-à-tête se feront attendre : Juliette va partir à Angervilliers avec Ballanche le 8 mai ; elle y passera une quinzaine de jours (voir la lettre de Marie-Anne Degérando à Camille Jordan, du 9 mai 1815, citée par A. Kettler, *Lettres de Ballanche à Madame Récamier* (Paris, 1996) p. 340).
[4]   Il s'agit des bonapartistes et des constitutionnels, faisant front commun contre la Coalition européenne.

2634

Benjamin Constant à Jean-Charles-Léonard Simonde de Sismondi

30 avril 1815

Votre lettre[1] me fait un plaisir extrême cher et bien cher ami, et pour moi, et pour cette constitution[2] que je regarde comme la meilleure qui ait existé, et comme un tour de force dans les circonstances. Au nom du ciel, exécutez ce que vous aviez projetté[3]. Je ne puis remplir les engagemens que j'ai pris de l'examiner en détail, parce que les affaires particulieres de la Section, les heures que je passe avec les gens du gouvernement et celles où l'Empereur me fait appeler, qui sont souvent précédées d'une heure d'attente, dévorent mon tems. Mais hatez vous : c'est à présent, à chaque heure, à chaque minute, qu'il faut travailler sur une opinion qui est ingrate autant qu'insensée, et qui nous perdra tous soit en abandonnant le Pays à l'étranger soit 10 d'une autre manière que je vois de plus près et qui, si ceci dure est inévitable. Je suis abreuvé de dégouts de la part de mes anciens amis, de lettres anonymes, d'invectives. Votre lettre m'a fait du plaisir et du bien. Mais écrivez vite, vite. Si vous n'avez pas un *Journal* où vous serez sur de faire insérer tout de suite vos articles, je m'en charge. Je voudrais bien que nous nous 15 vissions. Mille tendres et reconnaissantes Amitiés. Ecrire sera de votre part un bienfait public.

B. C.

à Monsieur / Monsieur de Sismondi / Rue de Grenelle St Germain / N° 26.

Manuscrit   *Pescia, BC, Raccolta Sismondi, A.5.149; 4 pp., p. 3 bl., l'adresse p. 4; orig. autogr.

Édition   **1.** Pellegrini (1932), p. 657; (1938), p. 218; (1974), p. 271.   **2.** King et Candaux (1980), pp. 149–150.

Texte   **9** minute] ⟨jour⟩   travailler] travailler ⟨pour⟩   **14** sur] *ajouté dans l'interligne*

Notes
[1] Non retrouvée.
[2] On se souvient que Napoléon, de retour à Paris, semblait rejeter le despotisme et avait réuni une commission chargée de rédiger une nouvelle constitution susceptible de plaire aux libéraux. Cette commission s'étant trouvée divisée, l'Empereur avait invité BC à lui soumettre un projet. Cet *Acte additionnel* sera surnommé «la Benjamine».
[3] Tout comme BC, Sismondi se rallia à l'Empereur pendant les Cent-Jours et rédigea un *Examen de la Constitution française* (Paris, 1815, in–8°), qui parut également en articles dans *Le Moniteur*.

2635

Germaine de Staël à Benjamin Constant

30 avril 1815

Ce 30 avril 1815, Coppet

La constitution m'a fort satisfaite, – cependant j'ai quelques objections à faire. Que seront les conseillers d'Etat[1]? Sont-ils responsables ou inviolables ? Que signifie leur présence dans la constitution ? Que seront les pairs ?

On n'a pas tout dit en prononçant ce mot. – Une chambre de militaires ne serait pas une garantie pour la liberté. – L'administration des provinces ne sera-t-elle pas confiée à des hommes élus par le peuple ? Quoi qu'il en soit, il faut louer ce qui est louable et je conçois que vous soyez très content d'y avoir collaboré. – Mais ce que vous me dites de la satisfaction que vous ressentez ne me semble pas provenir uniquement de votre conscience. C'est une grande chose que de prononcer de grands principes, les principes gouvernent parfois les hommes plus, que les hommes n'en sont les maîtres. – Quant à vous, vous savez mieux que personne ce qu'on peut dire : je suis personnellement disposée à tout comprendre, sauf en ce qui a rapport à un manque de sentiment, et en ceci vous n'étiez pas lié –. Je me suis permis de vous dire que votre conduite au sujet de mon affaire est bien moins pardonnable. - Vous m'avez *promis* de me rendre 40.000 francs sur les 80, à l'occasion du mariage de ma fille. – Je promets ces 40.000 francs à M. d'Argenson[2] qui le rappelle dans sa dernière lettre à Victor, qui devait s'établir avec cette somme ; que puis-je faire sinon dire que vous vous soustrayez maintenant à votre obligation ? – Notre arrangement, vous le savez, n'est qu'un simple cadeau, qui ne signifie rien. Considérez donc votre situation - en quoi a-t-elle changé depuis votre *promesse* à Paris, sinon pour le mieux ? - Vous m'écrivez, dans votre avant-dernière lettre[3], que vous vous êtes engagé envers moi et Albertine dans l'espoir de devenir député. Maintenant vous êtes conseiller d'Etat, cela rapporte plus. – Dites donc à Fourcault— qu'il subroge ma fille dans une partie de votre créance sur Madame Du Roure[4]. – Vous venez maintenant avec l'invention que votre situation ne saurait avoir de durée, mais puisque vous dites vous-même que l'Empereur est invincible, que craignez-vous ? En outre, quand est-ce que vous trouverez que votre situation sera durable ? Et que m'importe-t-il de savoir ce que vous ferez ou ne ferez pas à une autre époque, alors qu'il s'agit maintenant de quatorze jours, durant lesquels le sort de ma fille doit être réglé. - Nous avons eu autre fois une correspondance qui dura pendant six mois et dans laquelle vous me menaciez tous les jours de me payer par une hypothèque sur Vallombreuse, etc. – Vous n'avez rien perdu depuis et je vous ai prouvé alors que s'il ne s'agissait que de moi je voulais tout vous donner, - mais maintenant, alors qu'il s'agit du sort de ma fille, je dois comme mère poursuivre cette affaire avec toute l'insistance dont on *peut* la poursuivre. – Vous serez préservé de ces désagréments, que je ne veux pas spécifier davantage, si je reçois mon argent, et il me semble que vous pouvez aisément persuader l'Empereur que si une liquidation a lieu maintenant, en proportion à la vente des biens de l'année passée, et s'il suit le principe, sur lequel je me fonde, et l'article de la constitution qui déclare que toutes les *propriétés acquises en vertu d'une loi sont inviolables*[5], ma liquidation est une *propriété acquise.* – Enfin il ne tient qu'à vous de convaincre l'Empereur que je suis une personne sur laquelle la reconnaissance aura toujours un plus grand pouvoir que n'importe quel souvenir. – Je souhaite ardemment que vous soyez fidèle à la constitution, l'estime qu'on aura pour vous en dépend. – Pensez à la situation d'Albertine, je vous en conjure, et à l'inquiétude que   50 je souffre à son égard, et trouvez naturel qu'à un tel moment *tous* les moyens qui sont à ma disposition soient employés pour elle. – Aimez-donc la, *elle* au moins.[6]

Éditions   **1.** Strodtmann (1879), II, pp. 37–39.   **2.** Nolde (1907), pp. 210–214 (traduction anglaise de Strodtmann).   **3.** *Léon (1928), n° 29, *RP*, pp. 322–324, et vol., pp. 89–93 (traduction française de Strodtmann).   **4.** Solovieff (1970), p. 500 (avec coupure).

Texte   **27** Fourcault] *Léon (1928) porte erronément* : Foucault.   **28** Du Roure] *Note de Léon* : *Strodtmann n'a pas pu lire le nom de Madame du Roure.*

Notes
[1] On se souvient que BC est conseiller d'État depuis le 20 avril.
[2] Marc-René Voyer de Paulmy, marquis d'Argenson (1771–1842), beau-père de Victor de Broglie.
[3] Non retrouvée.
[4] Voir la lettre 2615, Commentaire.
[5] Allusion à l'article 63 de l'*Acte additionnel aux constitutions de l'Empire* : «Toutes les propriétés possédées ou acquises en vertu des lois et toutes les créances sur l'Etat, sont inviolables».
[6] BC écrit dans son Journal à propos de cette lettre, qu'il recevra le 6 mai 1815 : «Lettre de Mde de S[taël]. Quelle Harpie ! Elle n'aura pas si bon marché de moi qu'elle croit».

2636

Un correspondant non identifié à Benjamin Constant

1ᵉʳ mai 1815

Monsieur,
Vous voulés bien, par tolérance, ne point exiger actuellement que je fasse exhausser, conformément au Code-Napoléon, le mur de terrasse de ma petite maison rue neuve de Berry[1], pour ne point avoir vue sur votre jardin. Je vous prie d'agréer mes remercimens de cet acte d'obligeance, & je vous prie de croire que je m'empresserai de faire exécuter cet exhaussement aussitôt   5 que vous le jugeréz à propos de me le demander.

J'ai l'honneur d'être avec la considération la plus distinguée,
Monsieur,
Votre très humble serviteur

[ ]

Paris 1ᵉʳ Mai 1815.

10

Manuscrit   *Lausanne, BCU, Fonds Constant I, Co 4763; 2 pp., p. 2 bl.; orig.

Texte   **9** [ ]] *signature illisible, peut-être* Bertineau

Note
¹ De toute évidence, il s'agit d'un voisin de BC dont la signature est malaisée à lire.

2637

Benjamin Constant au marquis de La Fayette

1ᵉʳ mai 1815

Paris, ce 1ᵉʳ mai 1815

Enfin le décret ordonnant la réunion des députés a paru¹! Voilà donc, dans trois semaines, la nation maîtresse de faire marcher la constitution. Ce sera certes sa faute si elle n'en profite pas ; car il n'y en a jamais eu de plus libre. Je suppose que vous allez, mon cher général, vous faire élire ; et je regarde votre élection comme un grand pas vers notre ordre constitutionnel. Si, quand vous et tout ce qui vous intéresse avant moi serez nommés, il reste une place, je la réclame, parce que je serai bien content d'être votre collègue. Je m'en remets à votre amitié et à votre connaissance de moi pour cela, s'il y a possibilité. J'aurai moins de moyens que je n'en aurais eu, si la présidence des collèges électoraux eût été conservée aux nominations de l'empereur. Mais je suis charmé qu'on ait rendu ce droit de plus au peuple.

Ce n'est pas que je sois sans inquiétude. Si les chambres sont très divisée, si le midi nous envoie beaucoup de royalistes et il nous en enverra, je crains bien des orages. Mais au moins nous aurons fait notre devoir.

Adieu, mon cher général ; il me semble avoir un poids de moins sur le cœur depuis que je vois l'époque des élections. Oh ! si j'étais sûr que nous donnerons un beau et imposant spectacle à l'Europe !

Ecrivez-moi si vous êtes satisfait.

Éditions   **1.** *Mémoires sur les Cent-Jours*, t. II (1822), pp. 72–73 (réimprimé dans *OCBC*, XIV, p. 242).   **2.** Lafayette, *Mémoires*, V (1838), pp. 423–424 et VI, pp. 22–23.   **3.** Isbell et Thomas (1998), p. 85.

Texte   *Nous reproduisons la version donnée par La Fayette, que nous croyons plus fidèle à l'original que celle que BC reproduit, sous forme abrégée, dans ses* Mémoires sur les Cent-Jours.

Variantes   (édition 1)   **1** 1815] Paris, ce 1ᵉʳ mai 1815] *sans date*   **3** constitution] constitution. Je suppose que vous   **5** allez] allez être élu, cher général, et je regarde   **8** collègue] collègue. J'aurai pour moi-même bien moins de moyens que si la présidence   **12** charmé] charmé que nous ayons réussi à faire restituer ce droit   **13** chambres] si la Chambre est fort divisée et qu'on nous envoie beaucoup d'ennemis, je crains

Note
[1] Allusion à la convocation, le 30 avril, des collèges électoraux pour élire la Chambre des représentants.

2638

Le marquis de La Fayette à Benjamin Constant

1ᵉʳ mai 1815

Oui, je suis très content et j'aime à vous le dire. La convocation immédiate d'une assemblée de représentans me paraissait, comme à vous, l'unique moyen de salut. On y joint la nomination des présidens par les collèges[1], des officiers municipaux par les communes, et une phrase de dictature provisoire[2] beaucoup meilleure que tout ce qui rappelle d'anciens règnes. Ceux qui ne veulent que le bien de la liberté et de notre pays, doivent convenir que cette direction est sur la ligne droite. J'aurai beaucoup plus de plaisir à m'en mêler, que je n'en aurais eu il y a deux jours.

Édition   *Mémoires sur les Cent-Jours*, t. II (1822), pp. 73–74 (réimprimé dans *OCBC*, XIV, p. 243).

Notes
[1] La Fayette sera nommé président du collège électoral de Seine-et-Marne.
[2] Allusion au préambule du décret du 30 avril 1815, où on peut lire : «nous n'avions que l'alternative de prolonger la dictature dont nous nous trouvions investis par les circonstances et par la confiance du peuple, ou d'abréger les formes que nous nous étions proposé de suivre pour la rédaction de l'acte constitutionnel. L'intérêt de la France nous a prescrit d'adopter ce second parti».

2639

Benjamin Constant à Joseph-Marie Degérando

2 mai 1815

Je crois, mon cher Degerando, que Vous connoissez déja M. Durbach[1], qui vous remettra cette lettre, Je suis sur que vous le connoissez au moins de réputation, ce qui est une très bonne manière de le connoître. Il a courageusement défendu la liberté de la Presse, durant le dernier Gouvernement[2], et son attachement au bon ordre et à la véritable liberté le rendent un 5 Membre très précieux de toute Représentation Nationale. Il retourne chez lui, d'ou j'espère qu'il nous sera renvoyé bientot, avec une mission nouvelle[3]. Il a de très bonnes intentions aussi pour moi. Il veut, s'il est possible, me faire nommer Député. Je le désire fort : si vous pouvez le seconder par des moyens légitimes, c'est à dire, en exprimant votre opinion sur laquelle je 10 compte avec confiance et avec bonheur.

Nous avons été rudement jugés pour notre pauvre Constitution, que je crois, malgré cela, meilleure qu'aucune de celles qui ont paru encore. A l'user, J'espère qu'elle ira bien et que son succès nous justifiera.

Mes occupations pour lesquelles j'ai la ferveur d'un Novice m'ont em- 15 pêché de voir Madame De Gerando depuis quelque tems. Je m'en dedommagerai bientot. Revenez aussi, pour que je jouïsse de deux plaisirs à la fois.

Je vous recommande vivement les Interets de M. Durbach au nom du bien public, et les miens au nom de notre Amitié. Nous sommes dans une Crise[3] où l'on doit être avide de réunir tous Les moyens pour échapper au 20 Sort que les étrangers nous préparent.

Adieu cher ami je vous embrasse tendrement.

Benjamin Constant

Paris ce 2 May 1815.

a Monsieur / Monsieur le Baron / de Gerando / Conseiller d'Etat &c[a] 25

Manuscrit   *Lausanne, BCU, Ms. 282(5); 4 pp., pp. 2–3 bl., l'adresse p. 4; orig. autogr.

Édition   Rudler (1913), pp. 470–472.

Notes
[1] François-Jean-Frédéric Durbach (1763–1827), élu représentant à la Chambre des Cent-Jours en mai 1815. Hostile au retour des Bourbons, il sera exilé par l'ordonnance du 24 juillet 1815.
[2] Il sera réélu dans le département de la Moselle (*Moniteur*, 14 mai 1815).
[3] Le 13 mars 1815 les participants du Congrès de Vienne avaient déclaré Napoléon hors-la-loi et le 17 mars les chefs militaires des puissances coalisées s'étaient réunis chez le duc de

Wellington. Le 29 mars, Wellington avait quitté Vienne pour les Pays-Bas. La bataille décisive de Waterloo se préparait déjà.

2640

Benjamin Constant à Rosalie de Constant

10 mai 1815

Je ne puis laisser partir Madame Achard[1], chere Rosalie sans lui donner un
mot pour vous. Vous avez gardé avec moi depuis tout ce bouleversement[2] un
silence bien impitoyable. Mais j'ai appris au moins que vous n'aviez pas de
raison facheuse de ne pas écrire, et j'aime mieux avoir à me plaindre qu'à
m'inquiéter de vous. Ce que je puis vous dire, c'est que je ne cesserai jamais 5
de vous être bien tendrement attaché. A présent que me voici tout a fait fixé
en France, j'envoye un homme chercher ma femme, pour la tirer du pays où
elle est[3], et où il paraît qu'on perd un peu la tête. Je ne sai quelle est l'idée
qu'on se fait chez vous de notre situation. Elle est d'un calme parfait, et la
convocation des chambres[4] qui representeront le vœu national achèvera de 10
nous rendre inattaquables. Le changement de système de l'Empereur est une
chose difficile à croire, mais cependant incontestable, et c'est la dessus que
repose toute la paix a venir du monde. Je me souviens du tems où nous
disputions vous un peu pour lui, et moi fort contre. Si par hazard vous êtes
contre aujourdhui ce serait une preuve que nous sommes destinés a n'être 15
jamais du même avis en politique.

Je vous en aimerais pourtant tout autant, car j'ai une tolérance extrême,
et je n'ai aucun besoin que l'opinion de mes amis soit conforme à la mienne
pourvu que leurs affections ne s'aliènent pas de moi.

Voici une petite lettre[5] pour ma femme que vous me feriez bien plaisir de 20
mettre a la poste. Les notres ne sont plus admises en Allemagne.

On dit que Charles[6] travaille beaucoup pour la neutralité de la Suisse.
Dieu veuille qu'on la maintienne ! C'est la seule chose qui puisse sauver ce
pauvre pays. Nos forces sont immenses.

Adieu chère Rosalie je vous embrasse tendrement. Mille Choses à ma 25
bonne tante.
Ce 10 May.

Ayez la bonté de savoir s'il ne faut pas affranchir l'incluse –

Manuscrit   *Genève, BGE, Ms. Constant 36/2, f. 245; 2 pp.; orig. autogr.

Éditions   **1.** Menos (1888), n° 123, pp. 536–537.   **2.** Roulin (1955), n° 147, pp. 206–207.

Notes
¹ Voir la lettre 2544 de BC à Rosalie de Constant du 7 novembre 1814, note 1.
² C'est-à-dire, le retour de l'île d'Elbe de l'ex-Empereur et le ralliement de BC à Napoléon.
³ Charlotte se trouve encore en Allemagne.
⁴ La Chambre des pairs et la Chambre des représentants.
⁵ Non retrouvée.
⁶ Charles de Constant, dit le Chinois, frère de Rosalie.

2641

Benjamin Constant à Laurent-François Feuillet

11 mai 1815

Oserais-je vous demander, Monsieur, si, à la bibliothèque de l'Institut se trouvent les ouvrages suivans.

Antonii Sadeelia Chandei Opera theologica, Genève 1592, ou 1599, ou 1615, in folio. (La première de ces éditions seroit préférable)¹.

Chandei Vita, par Lectius 1593 ou 1615.

Vous m'obligeriez infiniment de me le faire savoir. J'aurais un besoin urgent de consulter ces deux ouvrages, pour une Séance de la Chambre, qui aura lieu peut-être ce matin même.

Pardon de mon indiscrétion et veuillez agréer l'assurance de ma très haute considération

Benjamin Constant

rue d'Anjou St. Honoré
n° 15, ce 11 Mai 1815

à Monsieur / Monsieur Feuillet / bibliothécaire de l'Institut / rue de Sorbonne N° 1

Manuscrit   *Mantes-la-Jolie, AM, fonds Clerc de Landresse, ms. 923; 4 pp., pp. 2–43 bl., l'adresse p. 4; orig.autogr.

Édition
Quilci et Ragghianti, n° 1.

Commentaire et Notes   Le destinataire de cette lettre est Laurent François Feuillet (1768–1843). Il entra à la bibliothèque de l'Institut, y fut sous-bibliothécaire, puis bibliothécaire en chef en 1823.

¹ Antonii Sadeelis Chandei, *Opera theologica*, Genevae : Ioannes Le Prevx, 1592. Antoine de la Roche Chandieu (1534–1591), connu également sous le nom de Sadeel, théologien protestant et ancêtre de la famille de la mère de BC.

² C'est-à-dire Jacobi Lectii, *de Vita Sadeelis et scriptis epistola*, Genevæ, sumptibus J. Le Preux, 1593, in–8°.

2642

Benjamin Constant à Marianne de Constant

12 mai 1815

Paris ce 12 May 1815

Il y a longtems que je ne vous ai écrit, mais j'ai su de vos nouvelles par M. de Jacquemont[1], et je n'ai cessé de m'y intéresser. Vous aurez vu par les papiers que ma position a changé[2] d'une manière assez inattendue. J'espère qu'elle me mettra à même d'etre utile à ceux que je voudrais voir heureux, et   5 vous savez bien que vous et vos enfans êtes de ce nombre. Je ne puis pas encore dire que la place que j'ai m'ait mis dans l'aisance. Elle m'a obligé à beaucoup de fraix immédiats, et ce qu'elle produit ne rentre que par mois, de facon que je suis plus endetté que je ne l'ai été depuis 20 ans. Mais je voudrais vous rendre quelque service plus essentiel que des avances qui me   10 gênent, sans rien assurer pour votre avenir. Je crois que je pourrais procurer à Charles[3] quelque place dans votre Département, ou dans un Dép[t] voisin. A Paris, la foule des concurrens est telle qu'il n'y a pas à y penser. Examinez avec lui et vos amis ce qu'il y auroit à demander, sachez quelles places sont vacantes et mandez le moi. Envoyez moi aussi des notes détaillées sur ses   15 services dans la marine. Tout ce que je pourrai faire pour lui, je le ferai. Je vous dirai seulement que je ne voudrais pas que ce fut une place de comptable, receveur, ou rien de pareil, non que je me défie de lui, mais parce qu'il est toujours plus délicat d'en demander de pareilles. Vous n'avez pas voulu croire à ce que je vous mandais il y a trois mois sur les demandes inatten-   20 dues[4] que me fesoit une personne qui a passé dix ans de sa vie à dire qu'elle n'en formeroit point de pareilles, et qui a signé un acte qui me met à l'abri de toutes prétentions de ce genre, ma vie durant. Ces demandes ont reparu avec plus d'exigeance que jamais, et je ne sai trop comment l'affaire s'ar-rangera.   25

Ecrivez moi bientot, et croyez à ma sincère et tendre amitié.

à Madame / Madame de Rebecque / à Brévans / près Dôle / *Jura*

Manuscrit   *Paris, BnF, N.a.fr. 18830, XI, ff. 29–30; 4 pp., p. 3 bl., l'adresse p. 4; orig. autogr.

Notes
1. Voir, sur Jacquemont, la lettre 2493, note 4.
2. BC est conseiller d'État depuis le 20 avril 1815.
3. Charles de Rebecque, fils de Marianne et demi-frère de BC.
4. Celles de Germaine de Staël. Voir la lettre de Marianne de Constant à BC, 20 février 1815, note 5, et la lettre de Germaine de Staël à BC du 30 avril 1815.

2643

Benjamin Constant à Alexis Eymery

14 mai 1815

Monsieur

Mr Hocquet[1] m'a dit que vous désiriez que l'édition[2] que je suis disposé à vous vendre fut de plus de mille exemplaires, a cause de ceux que je me réserverai, et de ceux que vous aurez à distribuer aux journaux. S'il n'est question que d'ajouter à ces mille un très petit nombre, cela n'est pas possible, en que les fraix de composition pour les feuilles déjà brisées après le tirage excéderoient le bénéfice. Si vous voulez que l'édition soit de 1500 et me l'acheter, cela peut se faire. Mais je dois vous communiquer deux observations. 1° Comme je ne veux pas sacrifier a trop de précipitation le mérite littéraire, je ne prévois pas que l'impression puisse être achevée, de manière à ce que l'ouvrage soit mis en vente avant le 1er Juin et je ne puis m'engager que pour cette époque, bien qu'il soit possible que je la devance. 2° Le prix que vous m'offrez par exemplaire n'est nullement en proportion avec ce que j'ai retiré jusqu'ici. Si l'ouvrage a vingt feuilles je vous demande 2^{fr} 10, tous fraix faits[3]. Je puis en disposer de la sorte avec d'autres. Veuillez me faire savoir votre détermination.

Je suis très parfaitement tout à vous.

Constant

a Monsieur / Eymery Libraire / rue Mazarine / N° 30

Manuscrit   *Paris, BnF, N.a.f. 13627, f. 30; 2 pp.; cachet postal : 14 Mai 1815; orig. autogr.

Texte *Note en tête de la lettre, vraisemblablement de la main du destinataire :* ... les frais que je donnerai / 1^f 80^c par lv^{re}

Commentaire et Notes Le destinataire de cette lettre est Alexis Eymery (1774–1854), éditeur parisien qui publiera en juin 1815 les *Principes de politique* de BC.

[1] François Hocquet, imprimeur parisien, qui imprimera les *Principes de politique* en 1815.

[2] Il s'agit des *Principes de politique*, dont 1650 exemplaires seront imprimés et publiés le 2–3 juin 1815 (Courtney, *Bibliography*, 17a).

[3] L'édition sera d'un peu plus de 20 feuilles (xii, 324 pp.) et sera vendue à 4 francs (Courtney, *Bibliography*, 17a).

2644

Benjamin Constant à Alexis Eymery

vers le 15 mai 1815

[Au sujet des *Principes de politique* : «Je vous propose de faire recomposer les feuilles qui n'ont été tirées qu'à mille»]

Manuscrit L'orig. n'a pas été retrouvé ; l'extrait que nous en donnons est tiré du *Catalogue de l'Hôtel Drouot, Paris, enchères du 17 juin 1980, n° 29bis

2645

Germaine de Staël à Benjamin Constant

15 mai 1815

Ce 15 mai

Je ne saurais répondre à votre lettre[1], elle dépasse tout ce que je croyais du cœur humain[2]. – Les lois de ce pays vous regardent comme moi, c'est ici que je consulterai. – Mais dussé-je perdre, j'aurai l'amer plaisir de rassembler des faits qui exciteront une pitié profonde pour une personne assez malheu- 5
reuse pour avoir été liée quinze ans avec vous ! Vous osez vous servir de la générosité que j'ai eue envers vous quand je vous aimais, comme d'un droit ! Et que dites-vous de la promesse que vous m'avez faite à Paris et que vous rappelez dans votre avant-dernière lettre ? Vous me dites que mes enfants auront la plus grande partie de votre fortune après vous, – votre ? La mien- 10

PRINCIPES
DE POLITIQUE,

APPLICABLES

A TOUS LES GOUVERNEMENS REPRÉSENTATIFS

ET PARTICULIÈREMENT A LA

CONSTITUTION ACTUELLE

DE LA FRANCE;

Par M. BENJAMIN CONSTANT,

CONSEILLER D'ÉTAT.

PARIS,

Chez ALEXIS EYMERY, Libraire, rue Mazarine, n°. 30.

De l'Imprimerie de HOCQUET, rue du Faubourg Montmartre, n°. 4.

MAI 1815.

9. Page de titre des *Principes de politique*, Paris: Alexis Eymery, mai 1815.

ne ; puisque je vous prête ces 80 mille francs sans intérêts votre vie durant ; –
si la loi maintient un arrangement dont vous n'avez rempli aucune condition
et qui n'est pas légal puisqu'il n'est pas autorisé[3]. – Si je n'avais pas promis
cet argent à M. d'Argenson[4] *d'après votre promesse* répétée dix fois à Paris,
je vous laisserais à tout ce que vous faites et à tout ce que vous êtes. Mais, si
je le puis, je vous ferai tenir votre promesse ; si je ne le puis pas, nos deux
conduites au moins seront connues. – Cela complètera vos mémoires. Vous
savez qu'une partie de cet argent a été avancé par moi à votre père, – au
reste vous l'avez traité comme vous me traitez. – Quant à votre fortune, je
ne conçois pas pourquoi vous me dites ce qui est faux, quand je la sais
comme la mienne. Vous êtes aujourd'hui plus riche que moi, – vous n'avez
soin de personne, vous n'êtes obligé à rien envers qui que ce soit[5]. – Ainsi
vous n'avez pas une excuse pour une action que vous motivez d'une manière
qui me révolte encore plus que l'action même. – Je vous prie, comme vous le
dites si bien, de ne pas *m'obliger*, – vous me devez 80 mille francs, payez-en
la moitié et laissez-moi du reste sans rapport de service avec vous. – Vous
avez daté du 9 mai ! – Je vous conseille d'être heureux car à présent l'adversité ne vous siérait pas. –

Éditions   **1.** Nolde (1907), pp. 214–217.   **2.** *Léon (1928), n° 30, *RP*, pp. 324–325, et vol.,
pp. 93–95.   **3.** Solovieff (1970), p. 501 (fragment).

Texte   **1**   mai] *Ajouté après* le 15 mai *par Léon* : [1815 Coppet]

Notes
[1]   Non retrouvée.
[2]   Il s'agit de la restitution des 80.000 francs prêtés à BC par Germaine de Staël. A la date du
       19 mai 1815 BC note dans son Journal : «Lettre de Mme de St[aël]. Voilà donc la guerre entre
       nous. Je le veux bien. Je la ferai de bon coeur».
[3]   D'après Léon (vol., pp. 93–95), il s'agit d'une allusion au fait que les femmes étaient dans un
       état de «minorité perpétuelle» dans le canton de Vaud.
[4]   Voir la lettre de Germaine de Staël à BC du 30 avril 1815, note 2.
[5]   Germaine de Staël ignore, ou fait semblant d'ignorer, les obligations de BC envers Marianne
       de Constant et envers les enfants de celle-ci.

2646

Marianne de Constant à Benjamin Constant

23 mai 1815

Ma mauvaise santé m'a empechée Monsieur de vous remercier plutot de votre souvenir et des offres que vous avez la bonté de nous faire de placer Charles[1] chose aussi utile que desirée par lui et par moi et precisement comme vous le marquez dans une regie de bois ou dans le cadastre ou il a deja travaillé pour un de ses amis. Mais par malheur Charles n'est plus ici il 5 a cru devoir faire un petit voyage dans la famille de son pere la ou je fus vous voir il y a 27 ans[2]. Il m'a deja ecris mais d'un moment a l'autre les correspondances peuvent etre defendue et arretée et ne suis pas sure d'avoir une reponce a la lettre ou je lui communique vos offres obligean. Mais il reviendras dans peu et alors il vous remerciera lui meme et vous donnera des 10 details sur ses services et ce qu'il est en etat de faire la resource que vous lui offrez lui est d'autant plus necessaire que j'ai eté forcée par les circonstances les plus impérieuse a accepter l'offre que mes enfans me font de payer ce que je doit avec ce que Louise vous a prié de lui faire payer sur les treize mille francs entre les mains de Mr de Loÿs. J'ai fait tout ce qu'il est possible de 15 faire pour trouver de l'argent sur Brevans j'ai offert jusqu'au dix pour cent mais ceux qui m'avoit fixé un jour ne veulent plus placer la peur fait fermer toute les caisse, et si vous ne pouviez pas venir a notre secour je serai avent un mois avec des deptes exigibles sans un sol et forcée peut etre aux meme depenses qui ont achevé la detresse ou me mest la perte de ma rente en 20 Irlande.

  Ce que vous me dittes Monsieur de votre situation[3] me fait de la peine je ne puis vous dire ce que ma timide amitié me fait craindre vous vous en moqueriez mais je vous avoue que ce que peut faire la personne dont vous me parlez peut se parer par deux mot offrir le compte fondé sur les lettres 25 est bien naturel et arretera ceux qui la conseille.

  Donnez nous quelque mot sur vous et votre sante pour laquelle je ne cesserai jamais de faire des vœux ainsi que pour votre bonheur.

                                                                JM. d. R.

Brevans 23 may 15   30

Manuscrit   *Lausanne, BCU, Fonds Constant I, Co 641; 2 pp.; orig. autogr.

Notes
[1] Voir la lettre 2642 de BC à Marianne de Constant du 12 mai 1815.
[2] C'est-à-dire en 1788. Il s'agit sans doute de la Suisse, mais on ignore les détails de cette visite à laquelle Marianne fait allusion.
[3] C'est-à-dire les demandes d'argent de Germaine de Staël.

2647

Germaine de Staël à Benjamin Constant

23 mai 1815

Coppet ce 23 mai

S'il ne s'agissait que de moi je continuerais de vous faire cadeau de ce que je vous avais prêté, comme j'en ai eu la folie à d'autres époques[1], – mais vous êtes *coupable* de ce que le mariage de ma fille ne puisse se faire, *coupable* parce que vous avez *promis* 40.000 francs et qu'ils sont portés au contrat. – 5
J'ai négligé de vous le faire signer ; mais comme vous me parlez de lettres, j'en ai une de vous qui avoue cette *promesse*. – Mais en outre quel homme, qui ne me supplie pas à genoux de lui permettre de participer au bonheur d'Albertine; - quel homme, qui est aujourd'hui dans une heureuse situation et ne cherche pas, malheureuses que nous sommes, à être utile à ma fille! – 10
Quel homme, qui fait autant de mal à la fille qu'il en a fait à la mère, – quel homme ! L'imagination frémit à l'horreur d'une telle expérience. – Toute la terre jugera votre conduite contre moi, mais au moment de votre mort le souvenir de votre vie passée vous fera trembler. – Du reste tout est fini entre vous et moi, entre vous et Albertine, entre vous et quiconque est encore 15
susceptible de sentiment. – Je ne vous parlerai plus que par l'intermédiaire des avocats et comme tutrice de ma fille. – Adieu. –

Monsieur Benjamin de Constant, conseiller d'Etat, rue Neuve-de-Berry, n° 2, fbg. du Roule, Paris.

Éditions   **1.** Strodtmann (1879), II, p. 39.   **2.** Nolde (1907), pp. 216–218 (traduction anglaise de Strodtmann).   **3.** *Léon (1928), n° 31, *RP*, pp. 325–326, et vol., pp. 95–96 (traduction française de Strodtmann).   **4.** Solovieff (1970), pp. 502–503.

Texte   **1** mai] *Ajouté après* ce 23 mai *par Léon* : 1815.

Note
1   BC recevra cette lettre le 27 mai 1815 et écrira dans son Journal : «Lettre furieuse de Mde de St[aël]. Dieu sait où s'arrêtera sa furie».

2648

Benjamin Constant à Marianne de Constant

27 mai 1815

Paris ce 27 May 1815

Je suis faché que Charles ne soit pas de retour chez vous[1], parce que chaque jour on place quelqu'un, et qu'en conséquence les places deviennent plus rares. Cependant qu'il m'écrive dès son retour, et je ne perdrai pas un moment pour m'en occuper.   5

Si vous désirez que l'affaire dont vous me parlez avec M. de Loys se fasse, je vous prie de lui en écrire. Je l'ai tant tourmenté pour qu'il gardat ce capital, qu'il devient difficile que je lui propose d'en rembourser une partie. Mais si vous vous adressez à lui, je ne doute pas qu'il n'y consente, et alors j'enverrai ma procuration et la chose se fera.   10

Au reste, M. de Loys ne s'est engagé à garder ce capital qu'un an, et cette année est presqu'expirée. Je vous proposerai de le replacer ici, en l'hypothéquant sur la maison que j'ai achetée, et qui est d'une valeur bien au dessus de ce que je dois encore de son prix. D'ici à l'expiration de l'année, les circonstances se décideront, et les craintes que vous pourriez avoir à   15 présent seront dissipées.

J'espère avoir obtenu pour Madame de Jacquemont[2] ce qu'elle désiroit. Dites le à Louise je vous prie. Je l'embrasse tendrement.

Mon affaire avec M^de^ de S. continue avec plus de menace et de violence que jamais. Je la crois ou plutot je la sai capable de tout. Mais qu'y faire ? Je   20 reste immobile et j'attends.

Je vous prie de croire que je vous suis tendrement et inviolablement attaché.

BC

a Madame / Madame de Rebecque / à Brévans / près Dole / *Jura*   25

Manuscrit   *Lausanne, BCU, Fonds Constant I, Co 28; 4 pp., pp. 2–3 bl., l'adresse p. 4; timbre : P ; orig. autogr.

Notes
1   Voir la lettre de Marianne de Constant à BC du 23 mai 1815, note 2.
2   Nous ignorons quel service BC a pu rendre à Mme Jacquemont .

2649

Germaine de Staël à Benjamin Constant

28 mai 1815

Coppet ce 28 mai.
Je ne voulais plus vous écrire sur ce sujet affreux[1] mais les lettres que mon
fils m'apporte[2] exigent une dernière réponse. − Vous me menacez *de mes*
lettres. Ce dernier trait est digne de vous, menacer une femme de lettres
intimes qui peuvent compromettre elle et sa famille pour ne pas lui payer 5
l'argent qu'on lui doit, c'est un trait qui manquait à M. de Sade[3]. − Sans
doute si telle est votre intention, comme Albertine en souffrirait, et que mon
fils en serait irrité, quand il sera prouvé aux yeux de l'Europe que vous me
devez 80 mille francs[4] dont *34 à mon père* pour Hérivaux, 18 pour votre
billet pour Valombreuse[5], etc., etc., point d'intérêts depuis dix ans, je dé- 10
clarerai qu'une femme ne peut pas s'exposer à la menace d'un homme de
publier ses lettres et ce nouveau genre de moyen de s'enrichir sera connu,
car avant vous personne n'eût osé le concevoir. − Ce manque de fortune que
vous affichez, quand vous avez joué tout l'hiver comme vous avez joué, est
une moquerie. − Il vous plaît de dire de moi que je ne veux pas me gêner 15
pour Albertine, oubliant que ma fortune est réduite de moitié par l'exil, − et
que je suis chargée de vingt mille francs de pension y compris Schlegel et
Melle Randall[6]. − Mais cela est égal. − Vous me devez 80 mille francs, notre
absurde convention en est la preuve. − Vous m'avez offert la moitié, ma fille
en est témoin et le projet de contrat en fait foi. D'ailleurs quand j'aurai la 20
signature de tous les avocats de ce pays-ci, si vous me menacez de mes lettres
− je suis prête à faire dire en tribunal que cette menace a suspendu la pro-
cédure. - Ainsi si vous êtes capable d'une lâcheté beaucoup pire qu'un vol, je
veux que cette lâcheté soit connue, mais elle m'arrêtera, du moins pour un
temps. − Car je trouve votre conduite tellement atroce que, sachant parfai- 25
tement que ni l'honneur, ni l'amitié, ni le désespoir que vous avez répandu
sur ma vie, ni le mal que vous faites à ma fille, tout cela n'est rien pour vous,
et que l'argent seul dispose de votre vie politique et privée, je tâcherai de
vous faire rendre ce que vous me devez parce que je sais, que ma fille et moi
nous mourrions de chagrin demain que cela vous ferait beaucoup moins que 30

d'avoir payé vos dettes. – Vous manquez d'esprit à force de méchanceté. – Vous m'écrivez que vous avez voulu rompre avec moi et que *je vous ai retenu par [des ser]vices d'argent* – je le crois, mais il é[tait étrange] de le dire. C'est ainsi que votre esprit vous fait dire quelques fois ce que vous êtes, mais prenez-y garde, vous avez trop lassé la puissance de vos talents, ils ne vous 35 tireront plus de votre caractère, il est trop connu maintenant. – Albertine non moins blessée que moi témoignera l'offre que vous *lui* avez faite à Paris et votre place de conseiller d'état n'a pu la changer. – Vous avez dit à Auguste que Madame du Roure ne vous payait pas ; hé bien, je prends la créance de Madame du Roure[7] en tout ou en partie. – D'ailleurs il ne s'agit 40 pas d'avoir raison, vous savez comme moi la vérité, mais ce que vous savez moins - c'est que le malheur que je vous ai dû, l'horreur de mes souvenirs de jeunesse en entier dévastés par votre effroyable caractère m'ont donné une fermeté de dé[cision] telle que pendant vingt ans [si je les] vis, je suivrai le procès que je vais commencer – adieu. –   45

Éditions   **1.** Nolde (1907), pp. 218–221.   **2.** *Léon (1928), n° 32, *RP*, pp. 326–327, et vol., pp. 96–99.   **3.** Solovieff (1970), p. 503 (fragment).

Texte   *Ajouté par Léon après* ce 28 mai : [1815] *Notes de Léon :*   **1** Coppet] Coppet *rajouté après coup*   **1** ce 28 mai] *ajouté par Leon entre crochets carrés :* 1815   **3** m'apporte] *corrigé sur* apportent   **8** irrité] en serait irrité *dans l'interligne sur* se battrait avec vous *biffé*   **9** Hérivaux] Herivaux *dans l'interligne.*   **33** [des ser]vices] *Les mots et fins de mots entre crochets sont emportés par une déchirure.*   **38** et votre] et *dans l'interligne au-dessus d'un* que *biffé.*   la] la *dans l'interligne*   **44** dé[cision] … [si je les vis]] *les mots et fins de mots entre crochets sont emportés par une déchirure*et

Notes
[1] C'est sans doute à cette lettre que fait allusion BC dans son Journal, le 31 mai 1815 : «Lettre furieuse de M^de de St[aël] Je l'attens et je l'écrase».
[2] Auguste de Staël.
[3] Donatien-Alphonse-François, marquis de Sade (1740–1814), dont les romans sont connus pour leur violence érotique.
[4] Selon le curieux «accord de volonté» signé en Suisse par Germaine de Staël et BC le 21 mars 1810 (*CG*, VIII, p. 593–594), cette somme n'était payable qu'au décès de BC. D'ailleurs ce document, au point de vue juridique, n'était pas valable dans le canton de Vaud, puisqu'à cette époque les femmes y étaient en état de «minorité perpétuelle».
[5] Il s'agit de propriétés ayant appartenu à BC à diverses époques.
[6] Fanny Randall, ancienne institutrice anglaise d'Albertine de Staël.
[7] Voir à ce sujet le Journal en date du 18 octobre 1815. BC avait placé des capitaux à Paris sous le nom de sa tante de Nassau, et après la mort de celle-ci avait continué à recevoir les intérêts de cette hypothèque, en vertu d'une procuration donnée par elle. Cependant sa débitrice, la comtesse Duroure, se trouvait à présent en difficultés.

2650

Benjamin Constant à Napoléon

28 mai 1815

Sire,

Forcé malgré moi à tirer vengeance d'une offense[1] que j'ai reçue d'un homme que d'ailleurs j'estime, et qui a été entrainé par un mouvement irréfléchi
dans une discussion trop animée, je dois de prévenir les impressions facheuses qui pourroient être données à Votre Majesté Impériale soit contre mon   5
adversaire, soit contre la personne chez qui la discussion a eu lieu. Cette
discussion ne rouloit que sur une simple théorie, mais comme cette théorie
tient à la politique, on pourrait supposer que j'ai été insulté par M. de
Montlosier comme défenseur du Gouvernement de V.M. Il n'en est rien. La
querelle s'étoit engagée sur les privilèges de la Noblesse, question sur la-   10
quelle M. de Montlosier a des idées que je crois très fausses : il lui a échappé
des mots qui ne se lavent que dans le sang, et j'ai du suivre la ligne tracée à
tout homme d'honneur. Mais il ne s'agissoit en rien des circonstances présentes, et M. de Montlosier ne s'est permis aucune insinuation quelconque
contre le Gouvernement. Je l'atteste solemnellement, Sire, et cette lettre,   15
écrite uniquement pour être remise à V.M., si je suis tué, se rapporte par là
même a une idée assez sérieuse pour qu'on ait besoin de ne pas s'ecarter de
la vérité, en s'y préparant. Cette justification de M. de Montlosier est en
même tems celle de la personne chez qui cette desagréable affaire a eu lieu,
Madame Recamier. Elle n'étoit pour rien dans cette discussion. De toutes   20
les femmes de Paris, elle est la plus prudente et la plus raisonnable en politique : et depuis que je suis entré au service de V.M.I. je l'ai entendue me
défendre souvent contre la malveillance et l'esprit de parti. J'ose donc supplier V.M. de ne prendre sur elle aucune impression défavorable. Elle est
parfaitement innocente et digne de toute la protection du gouvernement.   25

Je regrette Sire d'avoir eu si peu de tems pour Vous prouver mon zèle.
J'emporte au tombeau une profonde reconnoissance, et mes derniers vœux
sont pour deux choses inséparables, la gloire de V.M. Imp. et la liberté de la
France.

Je suis avec respect, Sire   30
        de Votre Majesté Impériale
           le très humble et très
                obéissant serviteur

et sujet

Benjamin Constant

Paris ce 28 May 1815.   35

Manuscrit   *Paris, BnF, N.a.fr. 13625, ff. 190–191; coté d'une main ancienne «105»; 4 pp., pp. 2–3 bl.; orig. autogr.

Éditions   **1.** Colet (1864), n° 31, pp. 83–84.   **2.** Lenormant (1882), n° 86, pp. 181–183. **3.** Harpaz (1977), n° 94, pp. 160–161.   **4.** Harpaz (1992), n° 101, pp. 204–205.

Note
[1]   Cette affaire n'est pas tout à fait claire. Le 27 mai 1815 chez Juliette Récamier une querelle a eu lieu entre BC et François-Dominique-Reynaud, comte de Montlosier (1755–1838), admirateur de Juliette Récamier. Selon BC, les idées de Montlosier sur la féodalité étaient à l'origine de cette querelle, idées exprimées par Montlosier dans son récent ouvrage, *De la Monarchie française, depuis son établissement jusqu'à nos jours : ou Recherches sur les anciennes institutions françaises, leurs progrès, leur décadence, et sur les causes qui ont amené la Révolution et ses diverses phases jusqu'à la déclaration de l'Empire* (1815). Dans la présente lettre BC disculpe Juliette Récamier de toute activité politique subversive, et assure l'Empereur de la loyauté de Montlosier. Cependant, selon le témoignage du maréchal de Castellane, la dispute portait sur l'*Acte additionnel aux constitutions de l'Empire* rédigé par BC. Au cours du duel BC blessera de son épée son adversaire à la main, puis ils iront dîner ensemble dans un restaurant.

2651

Benjamin Constant à Juliette Récamier

28 mai 1815

Si vous recevez cette lettre, c'est que je ne pourrai pas vous en écrire une autre[1], et c'est pour cela que je la prépare d'avance. Il est impossible d'arranger cette affaire. Il faut que cela soit bien impossible, sans quoi un mot de vous l'auroit fait. Mais un démenti tel que celui là, devant 10 persoñes ne peut s'expier que par la mort d'un des deux. J'en suis faché, mais c'est la   5 règle. Vous verriez, si j'étais capable de consentir à un arrangement quelconque, comme l'opinion tomberait sur moi. Dieu m'est témoin que si je le pouvois, je ferais tout pour vous épargner le moindre désagrément. Je dirai plus. Si vous m'aviez aimé seulement d'une amitié tendre, j'aurais tout sacrifié, même l'honneur. Je serais heureux, si vous m'aimiez, même au milieu 10 du blâme universel. Je tacherai que rien de tourmentant ne vous atteigne. Si M. de Montlosier est tué, je réponds bien que rien ne vous atteindra. Si c'est moi, je laisse une lettre pour l'Empereur[2], et j'y explique et j'y démontre que vous n'êtes pour rien dans cette affaire. Ainsi, quoiqu'il arrive, soïez tran-

quille. Cette lettre ci ne vous sera remise que si je suis tué ou blessé griè-   15
vement ; sans cela je vous verrai[3] de bonne heure. Adieu. Je vous ai bien
tendrement, quoique bien inutilement aimée, et si je meurs, ce sera en vous
aimant, et en fesant des vœux pour vous. Vous avez souvent été dure, et j'ai
peine à concevoir que m'ètant réduit à une simple amitié, mon affection ait
eu pour vous si peu de valeur. Mais je vous dois de voir avec indifférence   20
toutes les chances. Rien ne peut me faire souffrir comme j'ai souffert par
vous. Adieu. Je vous aime autant que jamais. Soyez heureuse.

a Madame / Recamier

Manuscrit *Paris, BnF, N.a.fr. 13265, ff. 187–188; coté d'une main ancienne : «103»; 4 pp.,
pp. 2–3 bl., l'adresse p. 4; orig. autogr.

Texte *déchirure aux premières lignes.*

Éditions   **1.** Colet (1864), n° 32, pp. 85–86.   **2.** Lenormant (1882), n° 85, pp. 179–181.
3. Harpaz (1977), n° 92, pp. 157–158.   **4.** Harpaz (1992), n° 99, pp. 200–202.

Commentaire et Notes Cette lettre, ainsi que les deux suivantes, traitent du duel entre BC et
Montlosier. La présente lettre, comme la lettre précédente, est destinée à être envoyée à Juliette,
au cas où BC serait tué.

[1] Voir commentaire.
[2] La lettre précédente.
[3] BC dinera, en effet, avec Juliette, le 28 mai ; voir Journal, sous cette date.
[4] Pour plus de détails sur cette affaire, voir en Appendice (A106) la lettre de Montlosier à
    Juliette.

2652

Benjamin Constant à Juliette Récamier

28 mai 1815

Pardon de vous avoir laissé si longtems sans vous rien faire savoir. Ce n'a
pas été ma faute. L'affaire est terminée, pas précisément comme vous l'aviez
ordonné, mais à peu près. M. de Montlosier a été blessé à la main, de
manière à ne plus pouvoir tenir son épée, ce qui a fini la chose. J'étois au
désespoir de ne pas vous obéir en tout, mais c'étoit impossible sans me   5
déshonorer. D'ailleurs il y a eu tant de témoins que la chose n'en auroit pas
moins été redite, et j'aurais seulement passé pour un lâche. Maintenant, on
n'en parlera pas davantage, et la chose est terminée. Ce qui est important,
c'est qu'on sache bien que ce n'a pas été une dispute de politique, mais sur
l'ouvrage de M. de Montlosier[1], ce qui met votre sallon a l'abri. Dans la   10

chance que la chose finit autrement, j'y avois pourvu de mon mieux par une lettre à l'empereur, que je joins ici[2] parce qu'elle vous montrera comment la chose sera présentée, de sorte que vous n'aurez rien au monde à en craindre.

Je n'en meurs pas moins de peur que vous ne me sachiez mauvais gré, et que vous ne me regardiez comme un trouble fête. Voulez vous être bonne et faire un marché qui vous conviendra sans me mettre au désespoir. Donnez moi de tems en tems quelque bonne causerie, et j'irai rarement chez vous le soir. D'ailleurs, vous savez que ce n'est pas moi qui manque de mesure et que mon seul but étoit de vous amuser. Mais mon cœur vous est si attaché, que je ne puis me passer de vous tout à-fait. J'y fais ce que je peux. Mais aidez moi en me permettant de me Consoler quelquefois en vous parlant, de l'horrible isolement ou je suis. Mon Dieu ! Il n'est plus question d'amour. Je n'ai plus ni prétention ni espoir, et je ne dois faire ombrage à personne.

Si vous pouvez m'écrire un mot vous me ferez plaisir. Je vais à onze heures et demie à l'audience[3], et je vous verrai à dîner. N'est-ce pas, vous n'êtes pas en colère contre moi ?

Madame / Recamier

Manuscrit *Paris, BnF, N.a.fr. 13265, ff. 192–193; coté d'une main ancienne : «106»; 4 pp., p. 3 bl.; orig. autogr.

Éditions **1.** Colet (1864), n° 29, pp. 80–81. **2.** Lenormant (1882), n° 83, pp. 177–178. **3.** Harpaz (1977), n° 93, pp. 158–159. **4.** Harpaz (1992), n° 100, pp. 202–203.

Commentaire et Notes Cette lettre, ainsi que le billet suivant, ont été écrits après le duel avec Montlosier, et sont joints tous deux aux lettres 2650 et 2651.

[1] Pour cet ouvrage de Montlosier sur la monarchie, voir ci-dessus, la lettre 2650, note 1.
[2] La lettre 2650.
[3] BC dînera chez Juliette, en effet, 28 mai.

2653

Benjamin Constant à Juliette Récamier

28 mai 1815

Voici la lettre[1] a l'Empereur en voici une autre[2] que je vous avais écrit dans la même pensée. Je les trouve à présent si solennelles que je crains le ridicule. N'y voyez que ma bonne intention pour que dans aucun cas vous ne fussiez tourmentée. A diner donc[3]. Je serai toujours ce que vous voudrez que je sois, et me plier a vos convenances, est tout mon desir. Il n'y a qu'une chose que je ne puisse pas, c'est vous oublier.

Madame Recamier

Manuscrit   *Paris, BnF, N.a.fr. 13265, f. 189; coté d'une main ancienne : «104»; 2 pp., l'adresse p. 2; orig. autogr.

Éditions   **1.** Colet (1864), n° 30, p. 82.   **2.** Lenormant (1882), n° 84, p. 179.   **3.** Harpaz (1977), n° 91, pp. 156–157.   **4.** Harpaz (1992), n° 98, p. 200.

Notes
¹ La lettre 2650, que BC sans doute avait oublié de joindre à sa lettre 2652.
² La lettre 2651.
³ BC dînera chez Juliette, en effet, le 28 mai. Voir la lettre précédente.

2654

Benjamin Constant à Juliette Récamier

vers le 30 mai 1815

J'aurai pour vous tous les billets du monde.

Je suis plus heureux de cela que si j'avais eu le plus beau succès personnel.

Mon Dieu ! Pourquoi est-ce que je vous aime tant ? Certes vous ne le méritez que par vos qualités et non par vos sentimens.

Faites moi dire si vous êtes chez vous, ou envoyez chez moi quand vous   5
rentrerez.

Je vous porterai des billets pour le champ de May, qui sera aussi assez curieux à voir : et je vous demanderai quelque chose pour ceux de l'assemblée de la chambre.

J'attends votre réponse.   10
J'ai renvoyé ma voiture aujourdhui et je compte sur les chevaux demain.

Madame / Recamier

Manuscrit   *Paris, BnF, N.a.fr. 13265, ff. 198–199; coté d'une main ancienne : «109»; 4 pp., pp. 2–3 bl., l'adresse p. 4; orig. autogr.

Éditions   **1.** Lenormant (1882), n° 88, pp. 185–186.   **2.** Harpaz (1977), n° 96, p. 62.
3. Harpaz (1992), n° 103, pp. 206–207.

Texte   **1** monde.] *Ce post-scriptum est écrit en tête de la lettre*   **8** demanderai] demanderai ⟨pour [?]⟩

Commentaire   Date approximative. Les «billets» dont il est question à la première phrase sont destinés à l'inauguration de la Chambre des représentants prévue pour le 3 juin, plutôt que pour les fêtes du Champ de Mai, qui auront lieu le 1ᵉʳ juin et qui sont indiquées aux dernières lignes comme étant «aussi» assez curieuses à voir. Ces fêtes ont été inaugurées par Napoléon pour proclamer les résultats du plébiscite sur la nouvelle Constitution.

2655

Marianne et Louise de Constant à Benjamin Constant

30 mai 1815

[*Marianne de Constant écrit* :]

Monsieur

Louise surprise que vous ne lui repondissiez pas et a qui on avoit dit que vous n'etiez pas a Paris stimulée par nos tristes circonstances a prevenu votre ordre d'ecrire a Mr de Loÿs[1] mais si vous avez la bonté de lui dire que vous consentez a la demande de mes enfants peut etre y aurait-il plus 5 d'egard je sent tres bien tout les inconveniens de cette demande aussi depuis huit mois j'ai fais l'impossible pour vendre, ou emprunter sur Brevans. Je donnais meme le dix pour cent a un uzurié qui m'avois promis de l'argent mais le jour meme de passer l'acte il ne veut plus pretter et ayant signe deux billet a ordre comptant sur cette somme je puis me voir expose a des saisies. 10 Si Mr de Loÿs ne peut ou ne veut pas et ayant encor eu une attaque de pretendu maux de nerfs ou plutot d'appoplexie il y a cinq jours je voudrois si je dois laisser la pauvre Louise que mes affaires fussent rangée meme a ses depends c'est bien assé des peur que mes accex lui font et qui l'ont changée, de maniere a me faire craindre une maladie de longueur. Il est vrai que 15 depuis quatre ans tout les Evenements publics particuliers vont a notre ruine et je m'inquiete et m'alarme plus qu'un autre. Votre securité devroit me rassurer mais l'attente de tout ce qu'on nous fait craindre ou esperer est un vrai tourment.

M^d de Jacquemond[2] est enchantée de vos bontes et surtout de la bonne 20 grace pleine de simplicité avec laquelle vous l'avez allegée et je vous suis bien obligée d'avoir prouvé que je vous connoissois bien.

Ce que vous me dittes de M^d S[3] me confond. Croit-elle peut etre vous rattacher. Il est plus digne de vous de ne pas employer vos moyens. Mais cela est bien desagreable et je desire sincerement que cela finisse. Charles est 25 maintenant pres de M. Ebraÿ[4] et rentrera par la. Conservé lui votre bonne volonté et croyez que la mere les enfants ne cesse de former des vœux pour vous revoir heureus et tranquile et croyant a leur tendre attachement.

[*Louise de Constant écrit* :]   ce 30 May 1815

J'ai mille remerciemens a vous faire mon cher Frere pour toute la grace 30 que vous avez mise a obliger M^{eme} de Jacquemont elle m'a ecrit pour me dire combien elle y etoit sensible et reconnaissante ; quoiqu'elle soit bien faite pour interesser par elle meme j'aime a croire que j'y ai quelque part pres de vous et a vous en savoir g[ré. Je] vous remercie aussi beaucoup de vou[loir] vous preter aux circonstances diffi[ciles dans] lesquelles nous nous trouvons 35 sans a[ucun] moyen d'en sortir que celui que nous vous avons demandé. Mais comme maman veut vous repondre a cet egard je lui abandonne la plume et vous prie seulement mon cher frere de croire a mon sincere et durable attachement et de me conserver un peu d'amitié. Je vous embrasse tendrement. 40

Louise

A Monsieur / Monsieur Benjamin de Constant / Conseiller d'Etat / à Paris

---

Manuscrit   *Lausanne, BCU, Fonds Constant I, Co 660; 4 pp., p. 2 bl., l'adresse p. 4; cachet postal : 4 Juin 1815; timbre : 38/DÔLE ; orig. autogr.

Texte   *Plusieurs lettres emportées par une déchirure*

Notes
[1] Voir la lettre 2648, du 27 mai, de BC à Marianne de Constant.
[2] Voir la lettre 2648, note 2.
[3] Voir la lettre 2648.
[4] Le pasteur Jean-Henry Ébray (1769–1840), de l'Eglise réformée de Bâle, qui a marié BC et Charlotte von Hardenberg, le 5 juin 1808.

2656

Benjamin Constant à Juliette Récamier

31 mai 1815

J'ai recueilli de ma visite à l'Elysée un billet d'homme pour la fete de de-main. Je suppose qu'il vous sera plus commode d'y être accompagnée par quelqu'un, et je suis si bon enfant que, dut-ce être M. de Forbin[1], je vous envoye ce billet. Certes, c'est de la générosité. Aimez moi donc, je vous jure, qu'au milieu de l'orage universel, vous n'avez rien de mieux à faire. Moi, je 5 vous aime comme un fou.

Madame Recamier

Manuscrit   *Paris, BnF, N.a.fr. 13265, ff. 208–209; coté d'une main ancienne : «114»; 4 pp., pp. 2–3 bl., l'adresse p. 4; orig. autogr.

Éditions   **1.** Lenormant (1882), n° 90, p. 187.   **2.** Harpaz (1977), n° 97, pp. 162–163. **3.** Harpaz (1992), n° 104, pp. 207–208.

Commentaire et Note   Ce billet, ainsi que les deux suivants, datent de toute évidence de la veille de la fête du Champ de Mai, qui aura lieu le Iᵉʳ juin.

¹ Rival, on le sait, de BC.

2657

Benjamin Constant à Juliette Récamier

31 mai 1815

Encore un billet¹, dans le cas ou vous voudriez aller avec deux hommes au lieu d'un. Je compte bien diner avec vous, pourvu que je ne sois pas retenu par l'étiquette jusqu'à Dieu sait quelle heure.

Madame / Recamier

Manuscrit   *Paris, BnF, N.a.fr. 13265, ff. 210–211; coté d'une main ancienne : «115»; 4 pp., pp. 2–3 bl., l'adresse p. 4; orig. autogr.

Éditions   **1.** Lenormant (1882), n° 91, p. 188.   **2.** Harpaz (1977), n° 98, p. 163.   **3.** Harpaz (1992), n° 105, p. 208.

Note
¹ Pour la fête du Champ de Mai : voir la lettre précédente.

2658

Benjamin Constant à Juliette Récamier

31 mai 1815

L'Empereur partira¹ comme vous l'avez vu dans le moniteur a 11 heures je crois. Mais si vous voulez être bien placées, il faut y aller plutot. Pour les personnes qui arriveront de bonne heure, elles seront bien placées. Le conseil d'Etat y sera à 10 heures, de sorte que s'il y avoit la moindre difficulté je serais à vos ordres². Je vous conseille d'y aller. Il y aura des discours, et la chose sera remarquable indépendamment de son importance future. J'aurai deux billets pour vous et Mᵈᵉ de Catelan³ pour la séance des Députés⁴. Je voudrais bien que vous sentissiez que telle que vous êtes, vous êtes le seul être et la seule chose qui m'occupe. Je fais de l'ambition par désœuvrement et faute de pouvoir être ce soir avec vous, je vais a l'Elysée[5]. Je recois de 10 M[de] de St. une lettre *enragée*[6].

Madame / Recamier

Manuscrit *Paris, BnF, N.a.fr. 13265, ff. 212–213; coté d'une main ancienne : «116»; 4 pp., pp. 2–3 bl., l'adresse p. 4; orig. autogr.

Éditions   **1.** Lenormant (1882), n° 89, pp. 186–187.   **2.** Harpaz (1977), n° 99, pp. 163–164. **3.** Harpaz (1992), n° 106, pp. 208–209.

Notes
[1] Pour la fête du Champ de Mai.
[2] BC sera présent à la fête en tant que conseiller d'État.
[3] Amie de Juliette.
[4] La séance du 3 juin, où la nouvelle Chambre des représentants allait s'assembler pour la première fois.
[5] Cette visite à l'Elysée est notée dans le Journal, sous cette date.
[6] Lettre notée dans le Journal, sous cette date. Il s'agit sans doute de la lettre 2649.

2659

Benjamin Constant à Marie-Anne Degérando

début juin 1815

Je suis aux ordres de M. Degerando, Madame, pour le jour qui lui conviendra, et à vous, depuis demain inclus jusques à dimanche. Veuillez seulement me faire connoître vos intentions et les siennes, demain, s'il vous plait.

Il y a des blessures qu'on ne peut toucher sans les envenimer, quelque légère que soit la main, et quelque bonne que soit l'intention. J'étais assez 5 tranquille en recevant votre lettre. Elle m'a donné une douleur au cœur[1] qui ne passera qu'au bout de quelques heures. Je n'accepte donc point vos conseils, tout en vous en remerciant, et en vous assurant de ma confiance entière. Mais le cœur est chose capricieuse. Ce qu'on lui impose, il le repousse, il faut le laisser solliciter lui même ce dont il a besoin. Quant à de la 10 raison, j'en ai. Mais un mot, un regard, un serrement de main m'ont toujours paru préférables à toute la raison comme à tous les trônes de la terre.

Donnez moi vos ordres pour le diner et croyez à mon tendre respect.

BC

à Madame / La Baronne De Gerando. / Rue Cassette n° 38.   15

Manuscrit   *Lausanne, BCU, Ms. 283(6); 4 pp., pp. 2–3 bl., l'adresse p. 4; orig. autogr.

Édition   **1.** *Rudler (1913), pp. 468–469.   **2.** Harpaz (1992), n° 107, pp. 209–210.

Texte   **1** jour] *le ms. porte* : le jour le jour

Note
[1] Mme Degérando semble avoir osé donner des conseils à BC sur sa passion pour Juliette Récamier .

2660

Benjamin Constant à Juliette Récamier

6 juin 1815

La Séance d'aujourdhuy a, dit-on, été Superbe, pour la bonne cause, c'est à dire pour le gouvernement. Sebastiani[1] a débuté, et très bien réussi, d'après un conseil que je lui avais donné, car je veux aussi avoir ma part du mérite. Je vais aller vous voir tout à l'heure, car il faut que je sois avant cinq heures chez Degerando[2]. Je vous raconterai la Séance telle qu'on me l'a rendue. 5 Faites que votre porte ne me soit pas fermée. Il s'en est bien peu fallu hier que je ne pusse pas la forcer, tant M^de Eustache[3] est sévère. Vous restez aussi chez vous ce soir j'espère : mais dès que mon domestique sera de retour j'irai vous voir avant diner pour mon récit. Mon Dieu ! Que je vous aime ! Pourquoi cela me sert-il à si peu de chose ? 10

Madame / Recamier

Manuscrit   *Paris, BnF, N.a.fr. 13265, ff. 157–158; coté d'une main ancienne : «86»; 4 pp., pp. 2–3 bl., l'adresse p. 4; orig. autogr.

Éditions   **1.** Lenormant (1882), n° 98, pp. 198–199.   **2.** Harpaz (1977), n° 100, pp. 164–165. **3.** Harpaz (1992), n° 108, p. 211.

Notes
[1] S'étant rallié à Napoléon au retour de celui-ci de l'île d'Elbe, Sébastiani avait été élu à la Chambre des Représentants le 8 mai 1815. Le décret du 27 mai 1815 avait stipulé que les pairs et les représentants prêteraient, individuellement, le serment d'obéissance aux Constitutions de l'Empire et de fidélité à l'Empereur, ce qui avait éveillé des scrupules chez ceux qui voulaient être fidèles à la patrie plutôt qu'à l'homme. Le 6 juin, il avait été proposé que la prestation de serment soit ajournée. Au cours de la discussion qui suivait, Sébastiani préconisa l'idée que la nation et l'Empereur ne formaient qu'une seule entité. La Chambre décida que le serment serait prêté, en proposant quelques légères modifications. Napoléon en fut content.
[2] Pour ce dîner chez Joseph-Marie Degérando, voir ci-dessus, la lettre précédente.
[3] La concierge de l'hôtel habité par Juliette : voir Lenormant, p. 199, note 2.

2661

Benjamin Constant à Marie-Anne Degérando

8 juin 1815

Vous ne doutez pas, Madame, que je ne fasse tout ce qui dépendra de moi pour servir deux personnes que j'honore et que je chéris autant. Mais j'ignore si je verrai encore l'Empereur. Je lui écris dans ce moment, et peut être me fera-t-il appeller en réponse. Je serai bien heureux si je reussis en quelque chose, et je transmettrai fidèlement et votre message, et d'autres observations[1] que M. Degerando m'a transmises. Je servirai à la fois la France et l'amitié.

Mille respects et tendre attachement.

B.C.

Ce 8 juin

a Madame / la Baronne De Gerando / Rue Cassette / n° 38

Manuscrit   *Lausanne, BCU, Ms. 283(3); 4 pp., pp. 2–3 bl., l'adresse p. 4; orig. autogr.

Éditions   **1.** Rudler (1913), p. 472.   **2.** Harpaz, *Récamier* (1976), p. 288.   **3.** Harpaz (1992), n° 109, p. 212.

Texte   **10**   juin] *ajouté au crayon, d'une autre main* : 1815.

Note
[1] D'après Harpaz (1992, p. 288, note 5) il s'agirait d'une promotion possible pour Degérando ou d'une mission qui devait servir aux intérêts de la France.

2662

Benjamin Constant à Juliette Récamier

11 juin 1815

Comment êtes vous ce matin, Madame ? J'ai été bien triste de m'en aller avec Auguste[1], en vous laissant souffrante. Imaginez que je ne pourrai pas aller à votre sermon[2]. J'ai une foule de petites affaires toutes plus bêtes les unes que les autres et qui me rendent comme elles. Je suis faché de ne pas faire avec vous ce pas de plus dans la bonne route. Au reste, soit dit sans orgueil, je m'y crois plus avancé que vous, et je puis vous attendre. Mais je n'en regrette pas moins, vous le concevez, une heure passée entre vous et le Ciel, et la place que vous m'aviez promise. Je vous exprimerai mes regrets ce soir, c'est à dire quand ils seront adoucis, puisque je vous verrai.

Comprenez-vous le retour d'Auguste ? Je n'ai rien voulu dire. Comme je crois qu'il ne faut jamais être mecontent de ceux dont on a besoin, je crois aussi qu'il ne faut jamais blamer les choses irréparables. Mais comment n'a-t-il pas attendu 24 h. de plus ? Surtout si le depart pour S. Quentin[3] est prochain, si 2 heures après le sien l'Empereur l'avoit fait demander, il ne s'en consolerait pas, ni sa mère. Il dit qu'il s'en bruleroit la cervelle. C'est un mauvais moyen, outre qu'il est usé, et on ne l'employe guères en affaires.

Je ne sai pourquoi je me mets tout à coup à causer avec vous, et je crains que mon billet ne vous paraisse long et sans motif. J'ai eu le besoin de vous ecrire, et je ne puis finir. Je vais cependant non pas achever cette lettre, car c'en devient une, mais l'interrompre. Voilà qui est fait.

A ce soir donc, Madame. J'espere que vous serez bien. Je me trouve bien grave en comparaison de l'aimable poète[4] qui vous écrit si librement.

A ce soir a dix heures[5]. Je dis toujours la même chose parce que je pense toujours à la même chose. A ce soir.

a Madame / Recamier / Rue basse du / Rempart / N° 32

Manuscrit   *Paris, BnF, N.a.fr. 13265, ff. 217–218; coté d'une main ancienne : «119»; 4 pp., l'adresse p. 4; orig. autogr.

Éditions   **1.** Lenormant (1882), n° 92, pp. 188–190.   **2.** Harpaz (1977), n° 101, pp. 165–166. **3.** Harpaz (1992), n° 110, pp. 213–214.

Commentaire et Notes   La date est indiquée par les allusions au départ de Napoléon pour le front, qui aura lieu le 12 juin et au «sermon» qui aura lieu plus tard dans la matinée. Le 11 juin est un dimanche.

[1]   Auguste de Staël était venu à Paris à propos des millions qui étaient dûs à sa mère. Ce rendez-vous avec Juliette doit être le «rendez-vous manqué» qui est noté dans le Journal, sous la date du 9 juin.
[2]   On ignore de quel sermon il s'agit.
[3]   Napoléon partira pour Saint-Quentin le 12 juin, en route pour le front du nord.
[4]   BC lui-même, bien sûr.
[5]   Ce rendez-vous est peut-être annulé, car le Journal n'en fait aucune mention.

2663

Germaine de Staël à Benjamin Constant

12 juin 1815

Coppet ce 12 juin.

Vous me dites que je suis une personne injurieuse et, pour me donner l'exemple de la modération, vous me citez le passage latin de *spretaeque injuria
formae*[1] que vous croyez le plus insultant de tous pour une femme. – Mais
vous vous trompez, une personne qui a donné toute sa jeunesse à un homme   5
qui a déchiré son cœur, – comme l'auteur des supplices à petit feu, pourrait
le faire, – cette personne n'est plus accessible à l'amour propre. – Si vous
aviez traité comme moi une servante aussi laide que bête mais qui vous
aurait aimé comme je vous ai aimé, vous seriez encore ce que vous êtes : –
l'homme le plus profondément amer et le plus indélicat qui vive aujourd'hui   10
sur la terre. – Vous me dites que depuis six mille ans les femmes se sont
plaintes des hommes dont elles n'ont pas été aimées ; – mais depuis six mille
ans aussi les hommes ont aimé l'argent – et je ne crois pas que depuis deux
mois vous vous y soyez montré indifférent. – Si vous croyez que je devais
vous payer le plaisir de votre entretien, mon père vous devait-il 34 mille   15
francs pour cela ? Vous me dites que ma douleur autrefois vous faisait plus
d'impression, - voulez-vous me dire si elle vous a empêché de vous marier
malgré une promesse de mariage à moi, et de porter à une autre[2], à mon
insu, - la fortune que vous teniez de mon père et de moi ? – Vous m'annoncez que *vous direz du mal de moi*, – je suis fâchée de vous le dire, mais j'ai   20
dix lettres qui me conjurent de marquer que je n'ai plus aucun rapport avec
vous. - Si vous ne vous entendez pas mieux à attaquer les autres qu'à vous
justifier vous-même, vous n'êtes pas à craindre, – d'ailleurs le fussiez-vous,
pensez-vous que vous puissiez me faire une blessure nouvelle ? – Il n'y a pas
une place de mon âme qui ne soit ravagée par votre persévérante haine ; – je   25
m'étais réfugiée dans le passé, il vous a fallu dire à ma fille et à moi que vous
n'aviez jamais aimé une femme trois mois, misérable propos de roué que
vous deviez épargner à l'innocence d'Albertine. – Enfin, après que vous
m'aviez encore ôté jusqu'à l'idée de ces jours de ma jeunesse dans lesquels,
quoique vous en disiez, j'étais digne d'un cœur en retour du mien, je voulais   30
encore conserver un lien avec vous par le service que vous auriez rendu à ma
fille. - Le malheur l'a frappée à 18 ans[3], – on dirait que tout ce qui vous a
connu doit souffrir et qu'il y a dans vous quelque chose d'une puissance
perverse surnaturelle. – Vous qui achetez des maisons, qui les payez de votre
jeu, m'avez-vous dit ? Qui allez tous les soirs au salon des étrangers, vous ne   35

savez pas faire un sacrifice à la fille d'une personne qui vous a donné 80
mille francs, qu'elle lui donnerait aujourd'hui si elle les avait. – Je donnerai
tout ce que je pourrai à ma pauvre enfant et le ciel m'est témoin, que
menacée l'autre jour par des dangers singuliers, je me consolais de mourir
pour augmenter sa dot –. Mais j'ai *promis* ce que vous m'aviez *promis* et je   40
ne puis le tenir. – On me dit en Suisse que l'acte que vous m'avez fait signer
et que vous avez rédigé et écrit vous-même n'est pas légal[4], – nous verrons, –
mais ce que je sais c'est que votre prétendu legs sans hypothèque, sans
garantie ne peut servir à marier Albertine. – Si vous aviez fait quelque acte
chez Fourcault[5] — pour lui donner la nue propriété de 80 mille francs placés   45
en immeubles, je ne sais si cela était valable, vous auriez alors pu n'en
donner l'intérêt à Albertine que pendant la durée de votre place[6]. – En effet
si vous la perdiez vous seriez bien malheureux, – mais vous vous en tireriez
au fond de vous-même. – Moi, depuis que je ne vois dans notre liaison
qu'un sort jeté sur moi par la vengeance de l'enfer, je suis poursuivie par   50
l'idée qu'apparemment je le méritais, que mon père lui-même n'a pu obtenir
mon pardon, – enfin je souffre de ne plus pouvoir vous considérer que
comme un être qui a été chargé de me punir, – je souffre autant que lorsque
je vous aimais. – Si je puis me réconcilier avec Dieu après vous avoir approché – je m'adoucirais peut-être, – mais dans ce moment je fuirais en   55
criant d'un lieu quelconque où je pourrais vous rencontrer et ce me serait
une jouissance de le dire à la face de la terre. – Voilà mes sentiments, mais,
comme il ne s'agit que de ma fille, si vous pouvez m'offrir un arrangement
avantageux pour elle, je l'accepterai. –

Éditions   1. Nolde (1907), pp. 221–226.   2. *Léon (1928), n° 33, *RP*, pp. 327–329, et vol.,
pp. 100–104.   3. Solovieff (1970), pp. 505–506 (avec coupure).

Texte   *Ajouté après* 12 juin *par Léon* : [1815]. *Notes de Léon :*   **8**   moi] comme moi *écrit dans
l'interligne*   **18**   malgré] *écrit dans l'interligne.*   **27**   mois] *Huit mots biffés, illisibles.*
46   immeubles] placés en immeuble ⟨sic !⟩ *écrit dans l'interligne.*   **47**   à Albertine] *écrit dans
l'interligne.*

Notes
[1] «Manet alta mente repostum / Iudicium Paridis spretaeque iniuria formae», Virgile, *Enéide*,
    I, vers 26–27. Il s'agit des sentiments que le poète latin prête à la déesse Junon : le temps n'a
    pu effacer de «ce cœur profondément ulcéré le souvenir du jugement de Pâris, l'injure faite à
    sa beauté».
[2] Germaine de Staël fait allusion au mariage de BC et Charlotte Du Tertre, née von Harden-
    berg, qui a eu lieu le 8 juin 1808, et que Germaine n'a appris qu'en mai 1809, ce qui a amené
    la confrontation des deux femmes à l'auberge de Sécheron, près de Genève.
[3] Albertine de Staël, future duchesse de Broglie (1797–1838), qui a dix-huit ans en 1815.
[4] Voir la lettre de Germaine de Staël à BC du 28 mai 1815, note 4.
[5] Pierre Fourcault de Pavant, notaire parisien de Germaine de Staël et de BC.
[6] BC est conseiller d'État depuis le 20 avril 1815.

2664

Benjamin Constant à Marianne de Constant

13 juin 1815

Conseil d'Etat.

Paris, le 13 Juin *1815*

J'ai reçu de Mr de Loys une lettre dans laquelle je m'attendais qu'il me ferait part de la demande que Louïse lui a faite, et à laquelle je consens de tout mon cœur. Je lui aurais répondu aussitot de tout arranger comme vous le 5
désiriez. Mais il ne me dit pas un mot de cette affaire. Veuillez me faire savoir où elle en est.

Vous me rendrez un service si vous pouvez m'envoyer les pièces relatives a la declaration que mon père a faite en s'établissant à Dole, comme descendant de religionnaires fugitifs[1] et pour profiter de l'art. 22 de la loi de 10
l'assemblée constituante du 22 X^bre 1790. Cette déclaration que j'ai eue, que je lui ai rendue, et dont j'ai perdu la copie que j'avois conservée est du mois de Novembre 1791. Au reste il vous sera facile d'en retrouver la Copie dans les actes de la Municipalité de Dole. Elle est signée par M. de Montciel sous son nom de Terrier, par Brunet [2], Jobard[3] et autres. Je vous serais très obligé 15
si vous voulez y joindre aussi les preuves que mon père a exercé ses droits de cité, que par exemple il a assisté aux assemblées primaires et même je crois qu'il les a présidées, enfin toutes les pièces qui constateroient ses droits et sa qualité de francois : Le tout bien vidimé et légalisé par devant toutes les autorités compétentes. 20

L'Empereur est parti[4] cette nuit. Nous devons nous attendre incessamment à des événemens importans.

En attendant que M. de Loys fasse votre affaire, je vous envoye d'avance une traite pour le semestre qui echeoit au 1er 9bre afin qu'en cas de besoin vous puissiez la négocier. Si je parviens à sortir de l'extrême besoin d'argent 25
où je suis comme tout le monde, je ferai mieux. Mais mon arrangement forcé pour costume et cet^a m'a ruiné pour trois mois.

Mille Amitiés.

B. C

A Madame / Madame de Rebecque / à Brévans / près Dole / *Jura*   30

Manuscrit *Lausanne, BCU, Fonds Constant I, Co 29; 4 pp., pp. 2–3 bl., l'adresse p. 4; l'en-tête imprimés ; timbre : P ; orig. autogr.

Texte *les caractères en italique sont imprimés.*   **17** assisté] assisté ⟨à sa⟩

Notes
[1] BC avait déjà utilisé ces documents pour la préparation de la pétition du 9 thermidor, an IV, adressée au Conseil des Cinq-Cents (*OCBC*, I, pp. 391–393).
[2] Il s'agit d'Antoine-Marie-René, marquis de Terrier de Monciel (1757–1831) et de Charles-Louis-François-Etienne Brunet, notaire à Dole. Voir, sur Monciel, *CG*, IV, p. 533, note 1.
[3] Non identifié.
[4] Napoléon sera victorieux pour la dernière fois à Ligny, en Belgique, le 16 juin 1815, et les Prussiens sous le maréchal Blücher seront obligés de se replier. L'Empereur sera battu à Waterloo deux jours plus tard.

2665

Marianne de Constant à Benjamin Constant

après le 13 juin 1815

Monsieur,
depuis l'instant que j'ai recu votre lettre du 13[1] je me suis occupée de vous procurer les papiers que vous desirez et j'espere que Louise qui a deja beaucoup couru pour cela obtiendra la Legalisation du souprefet assé tot pour la poste de ce soir les dificultez sont nées de ce que le maire de Dole est 5 suspendu que le notre est change et que le nouveau n'a pas encor prettez son serment, mais enfin j'espere que vous les aurez enfin tel qu'il vous les faut j'en joins meme un qui m'a paru pouvoir venir a l'appuis des autres.

Mr de Loÿs c'est refusé d'une maniere fort polie a notre demande disant qu'il c'etoit donné beaucoup de peine pour trouver l'argent. Cette reponce 10 nous plongeoit dans le desespoir parce que des gens a qui je devois etoit poursuivit par les garnissaire que deus autre engage dans les corps francs exigeoit leur petit compte juridiquement un homme qui m'avoit promis cent louis sur Brevans me dit au moment de passer l'acte que les arretations arbitraire du souprefet et les liste de proscription annoncée par ses entour 15 faisant craindre de ne pas coucher chez soi il etoit obligé de garder son argent pour s'il y etoit forcé se soustraire aux incarseration, cette crainte est d'autant plus extraordinaire que cet homme est noté pour son devouement a l'Empereur sa terreur est elle fondée je n'en sais rien mais ce qu'il y a de certain c'est qu'on ne trouverai pas cent ecus meme a usure a Dole, aussi j'ai 20 profite de la lettre de change que vous m'avez envoyé et que j'ai eu bien de la peine a faire accepter a un Banquier en perdant 25 francs et si je ne lui avois pas du 155 francs exigibles il ne l'auroit pas prise ce secour que j'ai epuise en donnant un peu a ceux a qui je devois me laisse dans l'impuissance de vivre et de payer les requisitions les impots et je puis chaque jour me voir 25 arretée expropriée je vous conjure donc Monsieur, si vous pouvez ecrire encor a Mr de Loÿs d'implorer pour nous sa bonne volonté qui peut seule empecher le malheur le plus odieu et le moins merité puisqu'il est une suite du logement d'Autrichiens et des requisitions dans ce meme tems qu'au moins il se tienne pour averti pour le 1[r] de novembre. Je suis si malade et j'ai 30 si souvent des ataques d'appoplexie que les inquietudes augmentent que la pauvre Louise peut etre livrée seule a toutes les orreurs de la misere. Pardon de vous fatiguer de toutes nos miseres vous seul pouvez y remedier sans que cela vous soye a charge.

Nous faisons mille vœux pour que votre sante ne souffre pas et que la 35 paix nous rende le repos a tous.

J M.R.

Manuscrit   *Lausanne, BCU, Fonds Constant I, Co 642; 2 pp.; orig. autogr.

Texte   **4** Legalisation] ⟨Legation⟩

Note
[1] Celle du 13 juin 1815.

2666

Benjamin Constant à Cécile-Stanislas-Xavier-Louis, comte de Girardin

19 juin 1815

J'aurais besoin, mon cher et ancien collègue, de quelques pièces de la Municipalité de Luzarches (Seine et Oise) lesquelles on m'annonce avoir été envoyées au Département et devoir se trouver dans ses archives[1]. Ces pièces sont

le procès verbal de mon admission dans l'assemblée primaire de Luzar- 5 ches, le 2 germinal an 5[2], comme descendant de religionnaires fugitifs.

le procès verbal de ma nomination à la place de Président du Canton de Luzarches en date de fructidor ou vendémiaire an 5[3].

le procès verbal de mon élection aux fonctions d'électeur en germinal an 6[4].
                                                                                          10
Faites moi le plaisir de donner des ordres pour qu'on me les expédie.

Agrééz les sincères assurances de mon inviolable attachement.

B. Constant

Rue S Honoré n° 366

Minute de la réponse :]

Recherches faites aux archives de la préfecture parmi les papiers provenant de l'Ad^on Centrale du Dept, B^aux de la police et du secrétariat.

On ne trouve point le procès v^al de l'assemblée primaire du Canton de Luzarches du 2 germinal an 5. On ne voit que les registres ouverts en pluviose de la même année[5] pour la désignation des Citoyens propres à remplir des fonctions publiques, sur lesquels registres ne se trouve pas porté le nom de Mr Benjamin Constant.

On n'a pas non plus trouvé le procès v^al de la nomination de M. B. Constant à la place de Président du Canton de Luzarches, en f^dor an 4[6] ou dans le cours de l'an 5.

C'est le [...] agent mpal de la Com-^e de Luzarches qui à la dite époque faisait les fonctions de président de l'ad^on mpale du dit Canton, comme le constatent les pièces de correspondance administrative.

Ci joint un extrait du procès v^al de l'assemblée primaire du même Canton du 1er germinal an 6[7], qui a nommé M. B. Constant Electeur de ce Canton

Vérifié à Versailles le 28 juin 1815

a Monsieur

Monsieur Stanislas de Girardin, Préfet de Versailles

Représentant [?]

au Palais de la Chambre des Représentants

Rue St Croix N° 18

[?]Blanche

Manuscrit L'orig. (l.a.s., 1 p. in-4°, avec minute autogr. de la réponse, p. 2) n'a pas été retrouvé. Nous en citons un *extrait dactylographié qui se trouve dans le Fonds René Le-Grand-Roy, 4.3.1, Lausanne, BCU.

Commentaire et Notes Sur Stanislas de Girardin, nommé préfet de la Seine-et-Oise le 17 mai 1815, voir la lettre 2533, Commentaire.

[1] Voir sur Benjamin Constant agent municipal de Luzarches (1797–1799), Déchery, «Benjamin Constant à Luzarches».

[2] Il s'agit du procès-verbal de l'assemblée primaire du canton de Luzarches pour l'élection de trois électeurs à l'assemblée du département, séance du 2 germinal an V [22 mars 1797]. Au premier tour BC, qui n'a eu que 29 voix, n'a pas été élu. Au cours de cette séance, «le citoyen Constant propriétaire à Hérivaux descendant de religionnaires fugitifs qui dans la séance d'hier avait invoqué en sa faveur l'art. 22 de la loi du 15 décembre 1790 ayant observé que le procès-verbal de la séance d'hier ne faisait pas mention de la décision de l'Assemblée en sa faveur [...] a demandé que cette omission fût réparée. L'assemblée consultée a décidé que l'admission du citoyen Constant ainsi que celle du citoyen Oudaille qui avait aussi réclamé seraient mentionnées au présent» (Déchery, «Benjamin Constant à Luz-

arches», p. 152, d'après les AD des Yvelines à Versailles, 1 Lm.370; voir aussi *Chronologie*, 1992, n°1031).

3 D'après le procès-verbal de la séance de l'administration municipale du canton de Luzarches du 10 germinal an V [30 mars 1797], BC a été élu président. Copie sans date, Lausanne, BCU, Co 4827/6 et Paris, AN, F.1B II, Seine-et-Oise 16 (*Chronologie* 1992, n° 1033).

4 Il s'agit probablement de l'attestation du 27 ventôse an VI [17 mars 1798] de l'administration municipale du canton de Luzarches certifiant que BC est inscrit sur le registre civique : voir Pièces diverses concernant la citoyenneté française de Benjamin Constant, p. 212, BCU, Co 4824, Paris, BnF, N.a.fr. 18835, f. 32 B et Procès-verbal de la séance de l'administration municipale du canton de Luzarches du 27 ventôse an VI, AD de Seine-et-Oise, 19 L.2, second registre (*Chronologie*, 1992, n° 1177).

5 Voir ci-dessus, note 3.

6 Voir ci-dessus, note 4.

7 Cette pièce n'a pas été retrouvée.

2667

Benjamin Constant à Juliette Récamier

21 juin 1815

Les nouvelles paraissent être affreuses pour nous, excellentes pour vos amis. D'après vos principes, c'est le cas d'une visite Rue Cerutti[1]. C'est encore plus le cas d'être bien pour moi ; car je vais être dans une facheuse position, si tant est qu'une position soit fâcheuse, quand elle n'influe pas sur le cœur. Faites donc votre mêtier de noblesse et de générosité envers moi. Je bénirai 5 nos malheurs. Quant à moi j'ai déjà recommencé mon mêtier de rallier le parti battu, et d'essayer de persuader à des gens qui veulent vivre de se faire tuer et à des gens qui ont peur d'avoir du courage. Je ne réussirai peut être pas mieux avec ceux-ci qu'avec les autres. [On] a une tendance admirable à se laisser pendre, c'est le point de ressemblance de tous les partis. 10

Si nos malheurs se confirment, j'espère que vous n'aurez plus d'embarras à ce qu'on me trouve chez vous. Votre générosité prendra mon parti.

N'ajoutez pas a nos désastres publics le désastre privé de me faire refuser votre porte à trois heures. Songez que je suis dans l'adversité.

J'ajoute quelques mots. Depuis mon billet, on vient chez moi. Les nou- 15 velles se confirment. Il n'y a plus que quelques heures pour sauver la pauvre France[2]. Ne dites pas ce que je vous mande, surtout comme de moi. Je passerai chez vous peut être avant 3 h. suivant que j'aurai du tems. Nous sommes convoqués au Conseil à dix[3]. Si vous êtes curieuse, dites qu'on me laisse entrer. 20

Madame / Recamier

Manuscrit *Paris, BnF, N.a.fr. 13265, ff. 204–205; coté d'une main ancienne : «112»; 4 pp., p. 3 bl., l'adresse p. 4; orig. autogr.

Éditions **1.** Colet (1864), n° 36, pp. 92–93. **2.** Lenormant (1882), n° 93, pp. 190–191. **3.** Harpaz (1977), n° 102, pp. 166–167. **4.** Harpaz (1992), n° 111, pp. 214–216.

Texte **9** [On]] *mot emporté par une déchirure*

Commentaire et Notes Cette lettre date du 21 juin plutôt que du 20, date proposée par Harpaz. C'est le 21 en effet que les nouvelles de la défaite de Waterloo se confirment : le postscriptum de ce billet en témoigne («Depuis mon billet [. . .], [l]es nouvelles se confirment»).

[1] Résidence d'Hortense de Beauharnais (1783–1839), fille de Joséphine et belle-sœur de Napoléon. BC entend par là que la reine Hortense aura besoin d'aide et que Juliette aimait bien porter secours aux infortunés.
[2] Napoléon abdiquera le 22 juin.
[3] A dix heures le soir du 21 juin. BC dînera en effet chez Juliette l'après-midi du 21, et finira sa soirée avec elle, comme il le souhaite (voir Journal et la lettre suivante).

2668

Benjamin Constant à Juliette Récamier

21 juin 1815

Je vous écris pour vous rappeler votre bonne promesse de me recevoir à onze heures[1]. A moins qu'un devoir ne m'appelle, je me présenterai chez vous. Ne me donnez pas la douleur d'etre renvoyé. Toute douleur qui viendroit de vous serait plus cruelle que tous les coups de la destinée. Je viens de faire une dernière tentative vis à vis de celui que je voudrais engager à se 5 sauver en sauvant la France[2]. Je ne sai quel résultat elle aura. N'étant pas député, c'est tout ce que je puis faire. Mais j'éprouve qu'il est bien plus difficile de dire la vérité au malheur qu'à la puissance. Le tems se perd, et mon ame est déchirée. Aujourdhui est le dernier jour de salut. Je n'espère pas qu'on en profite. Je consentirais à ce qu'on nous mit tous dans une 10 barque pourvu que l'etranger ne regnât pas en France. Vous verrez ce que ce seront les Bourbons doublés des cosaques pour la seconde fois[3]. Enfin j'espère vous voir encore dans une heure. Mon ame se repose sur cette perspective et je ne veux rien prévoir au delà.

Donnez des ordres pour qu'on me recoive. Votre Amitié est ma seule 15 pensee douce et je vous aime tant que je jouïs du malheur qui vous intéresse à moi.

Mad. Recamier

Manuscrit	*Paris, BnF, N.a.fr. 13265, ff. 206–207; coté d'une main ancienne : «113»; 4 pp., pp. 2–3 bl., l'adresse p. 4; orig. autogr.

Éditions	**1.** Colet (1864), n° 37, pp. 94–95.	**2.** Lenormant (1882), n° 94, pp. 192–193. **3.** Harpaz (1977), n° 103, p. 168.	**4.** Harpaz (1992), n° 112, pp. 216–217.

Commentaire et Notes	Cette lettre a été écrite après l'entretien de BC avec Napoléon le soir du 21 juin (voir Journal, sous cette date, et ci-dessus, la lettre 2667, note 3).

¹	Elle le recevra, en effet : voir Journal, sous la date du 22 juin : «Entrevue avec Juliette».
²	Pour cette «dernière tentative» auprès de Napoléon, voir le Commentaire.
³	Les Cosaques étaient entrés dans Paris le 31 mars 1814, au moment de la première Restauration de Louis XVIII.

2669

Benjamin Constant à Claude Hochet

23 juin 1815

J'aurais voulu vous voir, mon cher Hochet, et causer avec vous sur la mission qu'on a confiée¹ à quelques amis de la liberté et à moi qui me range avec bonheur dans ce nombre. Mais je n'ai appris ma nomination qu'à 5h. et tout mon tems depuis a été employé. J'espère que nous réussirons à convaincre les étrangers qu'il faut de la liberté à la France, et que nous 5 épargnerons à la nation la honte d'etre conquise deux fois et de recevoir des bayonnettes des maîtres qu'elle ne veut pas. Faites des vœux pour nous, car assurément notre cause est celle de tous les hommes estimables de la France, je pourrais dire de tous les pays. Nous sommes six² contre six cent mille, mais nous avons une grande détermination et la justice de notre coté. J'espè- 10 re vous embrasser sous peu, et vous voir content de nos efforts et du resultat.

	Mille amitiés.

						B. C

Manuscrit	*Paris, BnF, N.a.fr. 11909, f. 93; 2 pp.; orig. autogr.

Éditions	**1.** Mistler (1949), n° 107, pp. 248–249.	**2.** Cordey (1974), n° 68, p. 181.

Notes
¹	Après la débâcle de Waterloo, Napoléon rentre à Paris le 21 juin et sa défaite est rendue publique le jour même. Fouché diffuse la nouvelle que l'Empereur a l'intention d'établir une dictature. Par conséquent La Fayette déclare que les Chambres siégeront en permanence.

Napoléon abdique pour la seconde fois le 22 juin 1815, vers midi, en faveur de son fils. Un gouvernement provisoire est nommé, et Fouché annonce l'envoi de négociateurs aux Alliés. BC est désigné en qualité de secrétaire d'une des deux commissions de négociation, celle qui est chargée d'étudier avec les Alliés les «moyens d'établir la paix». Il partira le 24 juin 1815 pour Haguenau (Bas-Rhin). Voir *OCBC*, IX, 2, pp. 955–979 (Le dossier des négociations d'Haguenau, 23 juin, 6 juillet 1815).

2 La Fayette (président), La Forest, Sebastiani, Voyer d'Argenson, Pontécoulant et BC.

2670

Benjamin Constant à Juliette Récamier

23 juin 1815

J'aurais bien désiré vous voir hier au soir, mais la Commission de Gouvernement[1] nous a fait causer jusqu'à une heure du matin.

Si vous êtes curieuse à votre tour d'entendre des détails sur ce que j'ai vu, je vous prie de me faire savoir ce que vous faites dans la journée, et quand vous pourrez me voir sans embarras pour vous.

Je me mets parfaitement à ma place, je sens que je suis un être proscrit dans votre société, et ce n'est pas à présent que je suis tenté de reclamer contre cette proscription, qu'au contraire j'appelle de tout mon cœur. Mais vous n'êtes pas votre société, vous êtes un être à part, bon, noble, et que j'aime. Je vous dois donc de ne pas abuser de votre noblesse pour vous mettre dans une situation pénible, et je ne vous verrai que quand et comme vous voudrez. Je n'ai nul embarras à rencontrer personne, mais je ne veux rencontrer que ceux que vous jugerez n'avoir point d'inconvéniens pour vous, car je suis d'autant plus susceptible que je suis plus sans autre protection que ma force physique et morale, et je ne supporterais volontiers ni blame direct ni pitié insolente.

Je vous demanderais volontiers à diner, si j'étais sur d'être libre, mais je ne le suis pas[2]. Si pourtant je puis diner chez vous, dites moi si vous y consentez. C'est l'heure où vos alentours sont les moins hostiles.

J'attends votre réponse pour décider de ma marche d'aujourdhui. Si nous échappons pendant quatre jours à une prise de possession par la conquête, nous aurons de la liberté, et notre mission à nous six[3] aura été utile. Sinon, non.

à Madame / Recamier

Manuscrit *Paris, BnF, N.a.fr. 13265, ff. 200–201; coté d'une main ancienne : «110»; 4 pp., pp. 2–3 bl., l'adresse p. 4; orig. autogr.

Éditions   **1.** Colet (1864), n° 35, pp. 90–91.   **2.** Lenormant (1882), n° 97, pp. 197–198. **3.** Harpaz (1977), n° 104, pp. 169–170.   **4.** Harpaz (1992), n° 113, pp. 217–218.

Notes
[1] Il s'agit du gouvernement provisoire, élu le 22 juin par l'Assemblée nationale : voir la lettre précédente, note 1.
[2] BC dînera chez Caulaincourt le 23, mais il trouvera le temps de faire ses adieux à Juliette, avant de préparer son départ en mission.
[3] Voir la lettre précédente, note 2.

2671

Benjamin Constant à Juliette Récamier

24 juin 1815

Vous pensez bien que je ne partirais pas sans vous ecrire un mot, quand même je n'aurais pas le prétexte du Passeport. Comme vous m'avez demandé quelle lettre on m'avoit écrite pour me nommer commissaire, en voici la copie[1]. Je désire que vos amis malveillans la voyent, parce que comme la nomination des autres a été connue avant la mienne, ils pourroient dire que   5
je me suis fait adjoindre, et je veux qu'on ne m'en soupçonne pas, parce que vous vous intéressez à moi.

Mon dieu, quelle Angélique créature vous êtes. Quoique vous ne donniez point de bonheur, on est heureux de vous aimer, parce qu'on sent qu'on a raison. Quand vous aurez ceci, je serai en route vers l'ennemi. Je ne revien-   10
drai qu'avec de la liberté pour la France[2]. Tout ce que je ferai de bien vous y présiderez. C'est vous qui avez donné l'impulsion à ma destinée. Adieu. Je vous aime du fond de mon cœur avec une passion qui est ma vie.

Envoyez quelqu'un Paul[3] par ex. dans les Bureaux avec le billet ci inclus[4] qui est assez cérémonieux j'espère. Mon dieu que je vous aime.   15

Manuscrit *Paris, BnF, N.a.fr. 13265, f. 214; coté d'une main ancienne : «117»; 2 pp., p. 2 bl.; orig. autogr.

Éditions   **1.** Colet (1864), n° 38, pp. 96–97.   **2.** Lenormant (1882), n° 95, pp. 193–194. **3.** Harpaz (1977), n° 105, pp. 170–171.   **4.** Harpaz (1992), n° 114, pp. 219–220.

Commentaire et Notes   Ce billet d'adieu date de toute évidence du même jour que le départ en mission de BC.

[1] Non retrouvée.

² Le mot «liberté», ici, semble signifier la liberté d'agir, indépendamment du désir des Alliés d'imposer tel ou tel système de gouvernement sur la France. BC reviendra de sa mission très découragé : voir Journal, 6–8 juillet.
³ Paul-François David, neveu de Jacques Récamier : voir ci-dessus, la lettre 2608, note 4.
⁴ Non retrouvé. Les «Bureaux» sont les Bureaux de Police et le billet en question s'adresse à Caulaincourt, duc de Vicence et ministre des Affaires étrangères (voir lettre 2670, note 2). Il doit s'agir du «passeport» cité au premier paragraphe.

2672

Benjamin Constant à Juliette Récamier

25 juin 1815

Soissons 4 h. du matin

Je vous écris pendant que nous changeons de chevaux. Notre voyage n'a jusqu'à présent éprouvé aucun retard. C'est ici seulement que les difficultés physiques commencent. Il y a peu de chevaux et les routes sont fort encombrées de gens qui retournent de votre coté. Si l'on parvient à réorganiser le ⁵ moral de l'armée, les ressources sont immenses. Il y a eu beaucoup [moins] de perte en morts[1] que l'on ne croyoit, et tous les fuyards s'en retournent avec leurs armes. Il n'est question que de leur rendre l'envie de se battre, si l'ennemi en veut à la France et à son honneur.

J'espère que vous avez recu ma lettre de hier[2] avec un billet pour être ¹⁰ montré dans les Bureaux de M. de Vicence, et la copie d'une lettre à moi. Je vous prie de ne pas montrer cette dernière. C'etoit pour vous que je l'avais copiée, Je ne voudrais pas qu'elle tombât en d'autres mains.

Il parait que l'ennemi n'a fait encore aucun progrès réel. J'ai la conviction que si Paris le veut, on aura une paix honorable, qui garantira l'indépen- ¹⁵ dance et la liberté. Mais il ne faut pas tandis que nous négocions qu'on annonce le desir d'embrasser les genoux de l'étranger. La cocarde blanche ne serait pas dans ce moment ci un pacte avec Louis 18 mais une soumission aux Anglais et aux Prussiens. On peut avoir de ce qui est revenu sur ses pas cent mille hommes bien armés en avant de Paris. Le maréchal Grouchy[3] en a ²⁰ bien 50 mille. C'est un bon corps de réserve pour traiter.

Depuis que je ne suis plus à Paris, je suis inquiet de vous. Mais c'est je pense un effet naturel de l'absence plutot qu'une inquiétude motivée sur des raisons. Je crois que si un parti n'agit pas, le parti contraire se tiendra également tranquille. Si les Royalistes remuent, les Fédérés se soulèveront. ²⁵ Il y aura du désordre et du mal sans fruit pour personne, et la paix même peut en souffrir. Montrez donc le plus que vous pourrez votre visage d'ange, qui calme les ames, et vous aurez contribué au salut public.

Les chevaux arrivent. Je suis forcé de finir. Vous a-t-on porté ma caisse blanche[4]? Je ne puis vous dire de m'écrire, car je ne sais où nous allons. 30 Adieu. Vous savez que je vous aime, et que ne pouvant mettre mon bonheur dans le succès, je l'ai mis dans un sentiment dont je ne pourrais pas me passer et qui fait partie de moi même.

A Madame / Madame Juliette Recamier / Rue basse du Rempart / n° 32 / *à Paris*   35

Manuscrit   *Paris, BnF, N.a.fr. 13265, ff. 215–216; coté d'une main ancienne : «118»; 4 pp., p. 3 bl., l'adresse p. 4; cachet postal : 26 juin 1815; timbre : B[AU] G[AL]/ARM. DU NORD ; orig. autogr.

Éditions   **1.** Colet (1864), n° 39, pp. 98–100.   **2.** Lenormant (1882), n° 96, pp. 194–196. **3.** Harpaz (1977), n° 106, pp. 171–172.   **4.** Harpaz (1992), n° 115, pp. 220–222.

Texte   *D'une autre main, en tête de la lettre :* 24 Juillet 1815.   **6** [moins]] *omis par inadvertance*   **32** sentiment] sentiment ⟨que⟩

Commentaire et Notes   L'arrivée de BC à Soissons est notée dans le Journal sous la date du 24 juin ; ce billet date donc de toute évidence de l'aube du 25.

[1] Il y avait 25.000 morts français à la bataille de Waterloo, 18.000 morts parmi les armées des Alliés.
[2] Pour ces lettres, ce billet et la copie en question, voir la lettre 2671.
[3] Le maréchal Grouchy ne s'était pas engagé dans la bataille de Waterloo et a maintenu ses troupes intactes.
[4] Cette «grande caisse blanche» contient des livres et des papiers, y compris les lettres de Juliette : voir la lettre du 23 mars 1815.

2673

Benjamin Constant à Juliette Récamier

6 juillet 1815

Faites moi je vous en prie souvenir si vous y pensez de vous raconter un service que j'ai rendu à M. de Montmorency[1].

N'oubliez pas que vous m'avez accordé l'heure de midi[2]. C'est ma seule consolation, et si j'en crois tous les bruits qui sont revenus ce soir par deux personnes arrivant d'auprès du Roi[3], tous ceux qui ont été du parti vaincu 5 auront besoin de consolations. Pozzo di Borgo[4] est furieux, M. de Talleyrand lui même est violent par complaisance ; on ne parle que de punir et de punir beaucoup. L'on est particulièrement furieux contre les Ambassadeurs[5] dont j'ai été l'un. Pozzo dit que nous avons été honteusement chassés,

que cette dernière action est trop heureuse pour le gouvernement, parce que 10
sans cela il auroit fallu nous ménager, mais que nous nous sommes mis à la
tête de la rebellion, que nous avons commis un crime de lèze majesté et
qu'on pourra nous traiter avec toute la rigueur des loix, et qu'on le fera. En
écoutant tout ce beau discours répété par l'homme à qui Pozzo parlait[6] je
n'ai senti que le plaisir de vous intéresser davantage. Après le bonheur que 15
j'ai manqué, celui d'etre assez bien placé dans la société pour vous voir sans
cesse, le second bonheur est d'être assez malheureux pour vous occuper de
moi : et cela promet. A midi donc. Sans vous, je vous jure que je serois
horriblement triste : grace à vous, je ne le suis pas du tout.

Mad Recamier 20

Manuscrit   *Paris, BnF, N.a.fr. 13265, ff. 219–220; coté d'une main ancienne : «120»; 4 pp.,
pp. 2–3 bl., l'adresse p. 4; orig. autogr.

Éditions   **1.** Colet (1864), n° 40, pp. 103–104.   **2.** Lenormant (1882), n° 99, pp. 199–201.
3. Harpaz (1977), n° 108, pp. 174–175.   **4.** Harpaz (1992), n° 117, pp. 223–225.

Texte   1–2 *post-scriptum ajouté en tête de la lettre*

Commentaire et Notes   L'allusion à l'arrivée de «deux personnes [. . .] d'auprès du Roi» permet de supposer que la présente lettre date d'avant le 8 juillet, moment où Louis XVIII rentrera
à Paris. BC était de retour à Paris le 5. Cette lettre pourrait donc dater du soir du 6 juillet ; le
lendemain, en effet, BC aura une «entrevue avec Juliette à midi» : voir Journal, sous cette date,
et ci-dessous, la note 2.

[1]   Cette allusion à Mathieu de Montmorency n'a pas pu être élucidée.
[2]   C'est à midi, en effet, le 7 juillet, que BC aura cette entrevue avec Juliette. Voir Commen-
     taire.
[3]   Ces deux personnes n'ont pas été identifiées. Louis XVIII se trouve à Gand, attendant le
     moment de revenir à Paris.
[4]   Claude-André, comte, puis duc, Pozzo di Borgo (1764–1842). Partisan de Bonaparte à ses
     débuts en Corse, puis émigré, Pozzo di Borgo mena une vie errante et mouvementée, avant
     de devenir conseiller et ambassadeur ambulant du tsar dès 1804. Membre du gouvernement
     provisoire en 1814, il avait accompagné le roi Louis XVIII à Gand pendant les Cent-Jours.
     Revenu à Paris après Waterloo, il est de nouveau admis dans les délibérations internatio-
     nales. Il s'installe dans la capitale comme ambassadeur du tsar et il y demeurera pendant
     vingt ans.
[5]   Les membres de la commission auprès des Alliés. Voir la lettre 2669.
[6]   Non identifié.

2674

Benjamin Constant à Juliette Récamier

9 juillet 1815

Avez vous vu les éloges sans fin qu'on me donne dans le *Journal* général de France[1]? J'en suis tout étonné. J'ai peur seulement que ce ne soit une occasion offerte aux autres journaux pour tomber sur moi. Enfin il faut prendre le bon de chaque chose et attendre le mauvais. Mais ce dont je ne puis prendre mon parti c'est de ne presque pas vous voir. Si vous saviez combien 5 j'ai peine à me soutenir, combien la privation de votre présence, et le sentiment de la proscription sociale qui m'ote l'unique bien qui ait du prix pour mon cœur me sont douloureux, combien je suis conduit, par la barrière que j'ai élevée entre nous, à regretter ce que j'ai fait, Vous auriez pitié de moi, et dans la parfaite indépendance dont vous jouïssez, vous m'accorderiez, après 10 tout le monde, quelques bons quarts d'heure, qui m'aideroient à vivre le reste du tems.

Vous m'avez permis de vous voir à midi[2]. Mon cœur s'appuye sur cette espérance. Votre amitié est mon seul bonheur, votre présence mon seul bien, mon sentiment pour vous ma seule pensée. Il y a de la magie dans votre 15 charme et dans son action sur moi.

à Madame / Recamier

Manuscrit   *Paris, BnF, N.a.fr. 13265, ff. 182–183; coté d'une main ancienne : «100»; 4 pp., p. 3 bl., l'adresse p. 4; orig. autogr.

Éditions   **1.** Lenormant (1882), n° 82, pp. 175–176.   **2.** Harpaz (1977), n° 107, p. 173. **3.** Harpaz (1992), n° 116, pp. 222–223.

Notes
[1] Il s'agit d'un compte rendu, très élogieux en effet, signé «O», des *Principes de politique* de BC, qui est publié dans le *Journal général de France*, le 9 juillet 1815, p. 4.
[2] Le tête-à-tête souhaité aura lieu, en effet, le 10 juillet ; voir Journal, sous cette date.

2675

Benjamin Constant à Juliette Récamier
19 juillet 1815

[…]

manieres que […] Je reconnois que je n'ai aucun droit à manifester cette douleur. Mais elle est dans mon cœur depuis un an[1], depuis le jour fatal où vous avez voulu voir quelle impression vous produiriez sur moi. Vous croyiez cette impression passagère. Elle a décidé de toute ma vie. Elle a été 5 dévorante à chaque minute. Elle m'a par diverses convulsions entrainé à tout ce que j'ai fait. Ce n'est pas votre faute. Vous ne l'avez pas longtems encouragée. Aussi je la dompte, et vous aurez la justice de convenir que je ne vous en importune pas. Pardonnez donc à ma douleur, si de loin en loin elle se trahit, et ne m'otez pas la dernière consolation de ma triste vie...... Je vous 10 écrivais ceci quand on m'a apporté cette lettre. C'est surement un ordre d'exil qu'on va me notifier[2]. Je résisterai, mais les Etrangers sont derrière. Croyez moi, toutes les persécutions me seront moins pénibles qu'une preuve d'indifférence. Je ne sens rien que par vous. La Quotidienne demande ma punition en place de grève avec M. de la Bédoyère[3]. Cela n'ira pas jusques 15 là. Renvoyez moi la lettre, et dites moi si, malgré vos affaires d'aujourdhui, je pourrai, en sortant de la police, vous voir un moment[4]. J'aime à me flatter que vous mettrez de l'interet à savoir le résultat. Ne fixez pas l'heure car on ne sait quand on sort, si on sort. Mais ce sera pendant votre diner si vous le permettez. Oh ! Vous êtes bonne et généreuse. Mais je suis bien malheureux 20 de ce que ces qualités me suffisent si peu. Je vous aime avec un tel abandon, une telle idolatrie. Adieu. Mon domestique ne peut attendre votre réponse, parce que j'ai besoin de lui. Mais envoyez la moi avec la lettre. Ange compatissant dont je serai peut-être bientot séparé pour jamais, Dieu vous bénisse et veille sur vous. 25

Si par hazard c'étoit indispensable, connoitriez vous un endroit dans Paris ou par votre recommandation je pusse coucher une nuit ?

Manuscrit   *Paris, BnF, N.a.fr. 13265, f. 153; coté d'une main ancienne : «83»; 2 pp., p. 2 bl ; orig. autogr. Le début de la lettre manque.

Éditions   **1.** Colet (1864), n° 41, pp. 105–106.   **2.** Lenormant (1882), n° 101, pp. 203–205. **3.** Harpaz (1977), n° 109, pp. 175–177.   **4.** Harpaz (1992), n° 118, pp. 225–227.

Texte   *D'une autre main, sous le texte de la lettre :* fragment.   **1** […]] *Les éditions 1–2 portent :* Je vous demande pardon d'avoir excité votre impatience hier soir en cédant à la peine que me causait votre indifférence.   **2** […]] *trois ou quatre mots qui ne sont plus lisibles.* **18** que] *le ms. porte :* que que.

Notes

[1] C'est le 31 août 1814 que BC est tombé amoureux de Juliette.

[2] Le nom de BC figure sur la liste non encore publiée des proscrits. Voir *Journal*, 19 juillet : «Ordre d'exil. Nous y voilà enfin». BC aura une conversation avec Élie Decazes, préfet de police, qui fera tout son possible pour l'en faire retirer, et il rédigera le 20 juillet un mémoire apologétique (*OCBC*, X, 1, pp. 35–64) «que je crois admirable de modération et de noblesse» qu'il fera parvenir au Roi. Le 24 juillet, il apprend qu'il a été radié de la liste des exilés par Louis XVIII lui-même : «Grand succès de mon mémoire. Message direct du Roi» (*Journal*, sous cette date).

[3] Charles-Angélique Huchet, comte de La Bédoyère (1786–1815), aide de camp du maréchal Lannes, puis d'Eugène de Beauharnais, fit preuve d'une bravoure exceptionnelle lors de la campagne de Russie ; il donna son appui à Napoléon après le débarquement de celui-ci et prit sa défense après Waterloo. Grand ami de BC, La Bédoyère sera arrêté le 2 août, condamné à mort le 15, fusillé le 19, malgré les efforts de BC entre autres. Pour l'article en question, voir *La Quotidienne*, 19 juillet 1815, p. 1. Il s'agit d'un bref résumé d'un article publié dans le *Times* : «Le *Times* déplore la trop grande indulgence du Roi de France, et l'admission dans le gouvernement, ainsi que dans les places administratives, de plusieurs hommes d'un certain parti. Le Roi aurait dû entrer à main armée, livrer à la justice les principaux rebelles, et les faire pendre en place de Grève, «lieu où l'on exécutait jadis les plus vils criminels». Ce supplice était dû non-seulement aux conspirateurs militaires et civils, mais encore à tous ceux qui les ont applaudis et soutenus. Le *Times* s'est donné la peine de dresser une longue liste nominative de ceux qu'il juge susceptibles de punition immédiate, et cette liste qui commence par le colonel Labédoyère, se termine par M. Benjamin Constant».

[4] Voir *Journal*, 19 juillet : «Conversation avec le Préfet de police». Le rendez-vous avec Juliette ne sera guère encourageant : «M^de Récamier bien sèche» (*Journal*, même date).

2676

Germaine de Staël à Benjamin Constant

21 juillet 1815

C, ce 21 juillet.

Je voudrais que vous crussiez que je suis mieux pour vous que je ne l'étais. – Il y a sûrement des points dans lesquels nous sommes en sympathie, mais il me semble que la conduite du ministère doit vous paraître bonne et l'on ne peut s'empêcher, ce me semble, à présent de désirer le maintien du roi et de 5 la France, il n'y a d'espoir pour l'un que par l'autre. – Je ne sais ce que je ferai. Ecrivez-moi l'état de Paris cela me décidera. – J'ai envie de l'Italie pour laisser passer tout ce flot d'étrangers qui me fait mal, quelque bien qu'il ait pu vous faire. – Je vous conseille à vous deux choses : d'être élu si vous le pouvez, si vous ne le pouvez pas de finir votre ouvrage sur les 10 religions et de le publier.

Madame de Constant a écrit, dit-on, à Rosalie pour savoir de vos nouvelles[1]. Madame de Loys et d'autres vous recevraient très bien à Lausanne.

Le Landamann Pidou[2] dit que depuis Montesquieu il n'y a pas d'ouvrages plus forts que les vôtres. – Votre talent vous soutiendra toujours. – Je vous ₁₅ conseille Paris si vous pouvez y rester, car y revenir est toujours plus diffi-cile, mais il ne faut pas s'exagérer les haines de parti ; le temps les apaise. – Mon fils[3] vous verra bientôt. – J'espère que nous serons payés et alors je m'en tiendrai à vous prouver par la consultation de Sécrétan[4] que j'avais raison *en droit* contre vous ; mais il n'est plus question de cela à présent, ₂₀ puissiez-vous être encore heureux à votre manière. – Ecrivez-moi.

Éditions   **1.** Nolde (1907), pp. 227–229.   **2.** *Léon (1928) pp. 329–330, et vol., pp. 104–105.

Texte   *Le texte de Léon porte* : C[oppet], le 21 juillet [1815]

Notes
[1]   Le 29 juillet, BC écrira à Rosalie : «J'avais reçu par une occasion une lettre angélique de ma femme, avant celle que vous m'avez envoyée. Elle voulait partir de Berlin sans passeport, et se faire conduire jusqu'à moi d'avant-poste en avant-poste». Il s'agit probablement de la lettre que BC a reçue de sa femme le 19 juillet 1815, selon son Journal. Ces lettres de Charlotte à Rosalie et à BC n'ont pas été retrouvées.
[2]   Le landamman Auguste Pidou (1754–1821), l'un des premiers magistrats du canton de Vaud de 1803 à 1821.
[3]   Auguste de Staël.
[4]   Le landamman Louis Sécretan (1758–1839), avocat de Jacques Necker, de Madame de Staël et de BC.

2677

Benjamin Constant à Juliette Récamier

22 juillet 1815

Victor Broglie[1] qui m'a rencontré me disoit que j'avais l'air condamné à mort d'avance. Il attribuoit cela à des chagrins politiques. Helas mon Dieu, mes chagrins, ma proscription, mon bourreau, c'est vous.

J'ai passé des heures affreuses[2], et un mot de vous m'auroit consolé. Ne vous dites-vous donc jamais que quand je suis loin de vous, j'ai peut être ₅ besoin d'un mot. Ce n'est pas de la réserve, car il n'est plus question pour moi d'espoir ni d'amour. C'est du dédain, c'est du mépris, en echange de quoi ? Quel mal vous avais je fait ? Quel tort avais je ? Et quand je serais fou, Rousseau l'étoit. Croyez vous qu'un quart-d'heure consacré a calmer sa misérable tête n'eut pas été une bonne action. ₁₀

Allez à la messe, Juliette. Presentez-vous devant Dieu, et demandez sa pitié, quand vous n'en avez point pour le plus profond malheur, pour un malheur qu'un mot, qu'un regard d'affection, un signe de souvenir font cesser, et à qui vous les refusez.

Je vais partir. Peut être trouverai-je un être qui ne me traite pas comme vous vous feriez scrupule de traiter Barrère[3]. Je verrai, si j'en ai la force. Je vous écris pour traverser les heures qui restent à franchir. Je continuerai peut être jusqu'à mon départ[4]. Vous ne lirez pas ces lettres, je le crois. Vous les lirez peut être un jour. Les choses changent de face quand elles sont devenues irréparables.

J'ai bien cru cette nuit que je n'y survivrais pas. Quel mépris ! Quel silence ! Un mourant dans la rue vous le soigneriez. Une connoissance malade, vous enverriez savoir de ses nouvelles. Mais pour moi rien, et je le répète, il ne s'agit pas d'amour, ce n'est donc pas de la prudence.

Je vous écrirai encore, car je n'ai que votre idée, et ma douleur, dans ce cœur que vous dedaignez ; je n'ai qu'un sentiment celui du mépris dont vous accablez mon affection, celui du désir bien manifeste que vous avez de rompre toute relation entre nous. Je ne croïois pas le mériter. Adieu. Je n'en puis plus, et un mot un quart d'heure d'entretien, m'auroit sauvé.

Un jour viendra ou vous sentirez le mal que vous faites, et vous en serez fachée pour vous même.

Manuscrit   *Paris, BnF, N.a.fr. 13265, f. 101; coté d'une main ancienne : «56»; 2 pp.; orig. autogr.

Éditions   **1.** Lenormant (1882), n° 100, pp. 201–203.   **2.** Harpaz (1977), n° 110, pp. 177–178.   **3.** Harpaz (1992), n° 119, pp. 227–228.

Notes
[1] Le futur époux d'Albertine de Staël.
[2] Voir Journal, 22 juillet : «Cet absurde amour m'a fait encore passer une journée affreuse».
[3] Bertrand de Barrère de Vieuzac (1755–1841). Sous sa présidence, la Convention a instruit le procès de Louis XVI. Représentant à la Chambre des Cent-Jours, il sera exilé, en tant que régicide.
[4] Voir Journal, 22 juillet, où BC se dit «décidé à partir». Son départ, en fait, n'aura lieu que le 31 octobre. Juliette le traitera avec douceur le lendemain.

2678

Benjamin Constant à Marie-Anne Degérando

23 juillet 1815

En rentrant chez moi, Madame, j'ai trouvé une lettre du Préfet de Police[1], qui me prioit de passer chez lui, ayant à m'annoncer disoit-il une chose qui me serait agréable. Je m'y suis rendu, mais trop tard ; il étoit déja sorti. Je suppose que ma lettre aura produit l'effet de faire lever mon exil. Je m'en réjouïs beaucoup plus pour ce symptome en général, que pour moi, dont le 5 sort est ailleurs. Mais cela m'oblige à vous recrire, parce que dans notre conversation[2] j'ai beaucoup mis ce sort entre vos mains. Le silence que vous m'avez promis, Madame, me devient bien plus essentiel que lorsque je me croyois destiné a porter loin d'ici ma triste et bizarre destinée. Il n'est pas encore sur que je reste : mais si vous confiiez cette conversation à qui que ce 10 soit, même à la personne qu'elle regarde[3], il est bien certain que je partirais. Il est aussi impossible que je passe un jour sans la voir en restant à Paris qu'il l'est que je vive sans respirer. C'est donc à vous Madame a juger si vous croyez mon séjour assez utile pour me laisser par un silence absolu la possibilité de rester ici. Vous avez deja bien des droits à mon attachement et 15 à mon respect. Vous en aurez à ma profonde reconnoissance. Vous avez du voir dans tout ce que je vous ai dit que je ne voulois rien qui put troubler le repos de la personne dont je vous ai parlé. Ne tournez donc pas votre influence contre moi. Elle n'est pas en danger, je vous assure, cette personne. C'est moi qui le serais, si on me privoit de son amitié. La fatalité me l'a 20 rendue nécessaire. Ce qui dure depuis un an, ce qui s'est identifié avec mon sang et avec ma vie, ne peut se détruire. Vous pretendez que je puis être bon à quelque chose : mais il y a une condition préalable, c'est d'être, et je ne suis rien que par cette persoñe et si elle me retiroit son peu d'amitié, car il y en a peu, Je ne serais plus ni un homme de talent, ni un citoyen ni un être 25 vivant, de quelque classe que ce puisse être. Songez donc aussi un peu à moi. Je le mérite par l'amitié que je vous ai vouée, et par mon admiration réelle pour votre caractère si noble et si distingué.

Mille tendres Respects.

BC 30

ce 23

a Madame / la Baronne De Gerando / Rue Cassette / N° 38

Manuscrit   *Lausanne, BCU, Ms. 283(4); 4 pp., p. 3 bl., l'adresse p. 4; orig. autogr.

Édition   Rudler (1913), pp. 474–475.

Notes
[1] Pour l'ordre d'exil reçu par BC le 19 juillet, voir la lettre 2675 note 2.
[2] BC note dans son Journal le 23 juillet 1815 : «M^{de} Degerando».
[3] Juliette Récamier.

2679

Benjamin Constant à Juliette Récamier

23 juillet 1815

J'espère que toutes les discussions sur moi vont s'appaiser, car vous voyez par la lettre que je vous envoye[1] que je suis raccomodé avec le gouvernement, et il me semble que vos amis ne doivent pas être plus sévères.

Je n'ai pas vu le Préfet[2], parce que j'ai consumé ma matinée à errer dans Paris, en m'asseyant sur les bancs de Pierre quand je ne pouvois plus me ⁵ soutenir. Je me suis enfin rabattu chez M^{de} Degerando, pour parler à quelqu'un qui vous connût, et je suis rentré trop tard pour trouver le Préfet de police, mais son Sécrétaire [3] qui avoit écrit la lettre m'a annoncé de très belles choses, comme la levée de mon exil &c^a. Ce n'est qu'après avoir reçu votre petit billet[4] que j'en ai éprouvé quelque plaisir.   ¹⁰

Maintenant ma destinée est tout à fait entre vos mains. Me voilà rendu à ma liberté, et j'en suis reconnoissant, de sorte que je profiterai volontiers de cette occasion pour me rapprocher de ceux qui ont des droits par cet acte de justice à ma reconnoissance. Je crois aussi qu'on ne demandera pas mieux. Puisque quelques lignes de moi ont suffi pour arranger mon affaire, on met ¹⁵ quelque prix à moi : Je puis rentrer dans vos rangs[5], qui ne seront les miens que parce que vous y êtes. C'est mal peut être, mais il n'y a pour moi que vous au monde. Je le répète donc mon sort est entre vos mains.

Si vous voulez ou si vous pouvez être mon amie, si vous daignez seulement me traiter comme vos autres amis, et ne pas mettre entre vous et moi ²⁰ une barrière de glace que vous ne mettez pas entr'eux et vous, vous pouvez donner à la France, pardonnez moi cette fatuité, à la France telle que vous la voulez, un homme qui dans les Circonstances actuelles n'est pas indifférent. Vous savez si je suis dévoué : et toutes mes forces, le talent quelconque que j'ai, mon sang, mon tems et ma vie sont à votre disposition. Songez que ²⁵ je sai que je n'ai point d'amour à espérer : mais je ne puis vivre sans toute votre amitié. Avec cet appui, je me soumets, je me résigne, et je me livre à toutes vos directions.

Voyez donc, arbitre de toute mon existence, et dites moi si je dois rester. Ne cherchez pas à vous faire illusion. Vous savez assez ce que je suis et ce que je sens. Il n'est point question de mon amour, mais d'une amitié passionée que j'aspire à vous consacrer, et pour prix de laquelle je ne demande que ce que vous pouvez donner, sans gêner en rien votre volonté et votre vie. Dois-je espérer que je trouverai en vous ce qui est nécessaire pour ma raison et ma vie à moi aussi, car je n'ai de raison et je ne vis que quand je me flatte que j'ai quelque part à votre interet. Vous semblé-je mériter que vous ne me plongiez pas dans un désespoir qui me perd et qui vous fatigue ? Quelqu'orageuse et sous quelques rapports désordonnée qu'ait été mon existence, il paraît qu'elle a encore de la valeur. Je me sens encore une puissance, et je désire me vouer à votre cause qui est noble, mais surtout qui est *vôtre*. Mais c'est pour vous, et à cause de vous. Je vous le disais quand vous avez commencé à agir sur moi. Vous avez touché le point magique, et vous avez décidé mon sort. Un an de soins, de dévouement, et d'angoisse vous prouvent que ce n'est pas la fantaisie d'un moment. Un mot de vous me calme, un regard de vous me ramène. Voulez vous ; sans rien qui tienne à cet amour que vous repoussez, être l'ange ordonnateur de mon être, me faire bon, régulier, sensé, et utile à mon pays ? Je devrois être tout cela par moi même, mais je ne le puis, je ne puis rien que par vous.

Si vous ne pouvez pas m'accorder un interet suivi, me traiter comme les autres amis que vous aimez, abjurer une défiance de moi qui est injuste et qui me navre, je ne puis profiter de rien. Il faut que je parte, et si je pars, tout est dit pour moi en France et en Europe.

Vous me direz cela ce soir, je verrai ce Préfet de police demain[6], j'ai besoin de vous avoir vue pour bien répondre. Un gouvernement qui répare une injustice est tout près de faire mieux. Le moment est donc décisif pour moi. Vous pourrez ensuite faire agir M[de] De Luynes[7]. Je vous devrai tout, mais tout n'est rien sans votre amitié.

Etrange etat d'ame que le mien ! Sur une étroite planche au dessus d'un gouffre, où un regard de vous peut me précipiter !

a Madame / Recamier / Rue basse du Rempart / N° 32   60

Manuscrit   *Paris, BnF, N.a.fr. 13265, ff. 222–223; coté d'une main ancienne : «122»; 4 pp., p. 3 bl., l'adresse p. 4; orig. autogr.

Éditions   **1.** Lenormant (1882), n° 102, pp. 205–209.   **2.** Harpaz (1977), n° 111, pp. 178–181.   **3.** Harpaz (1992), n° 120, pp. 229–231.

Commentaire et Notes   Cette lettre date de toute évidence du même jour que la précédente.

[1]   Il s'agit de la lettre (non retrouvée) du Préfet de Police, citée dans la lettre précédente comme indiquant que l'ordre d'exil du 19 juillet sera révoqué.

² Pour plus de détails sur cette journée perdue et sur l'entretien avec Mme Degérando, voir ci-dessus la lettre 2678.

³ Pierre-Louis Bertin de Vaux (1771–1842), banquier, co-propriétaire, avec son frère, du *Journal des Débats* et député dès 1815, est secrétaire général du ministère de la police.

⁴ Non retrouvé.

⁵ BC soupçonne Juliette de craindre la contamination de sa présence comme *persona non grata* à l'Etat (voir Journal, 23 juillet : «Je conçois que le déchaînement de la société contre moi la tourmente»).

⁶ BC verra Decazes, en effet, le 24 juillet (voir Journal, sous cette date).

⁷ Pour la duchesse de Luynes, voir ci-dessus la lettre 2568, note 9. Grande amie de Juliette et ayant beaucoup de crédit auprès de personnages puissants dans l'entourage du roi, la duchesse pourrait aider BC, ne serait-ce qu'en lui offrant de bons conseils, surtout en ce qui concerne la question qu'il se pose dans le Journal sous la date du 24 juillet : «Message direct du Roi. Faut-il en profiter ou, à présent que ma tranquillité est assurée, vivre indépendant ?». BC contactera la duchesse le 24 juillet : voir ci-dessous les lettres 2680 et 2682.

2680

Benjamin Constant à Juliette Récamier

24 juillet 1815

Pour cette fois si vos Amis sont encore implacables, Ils seront plus Royalistes que le Roi. Voici l'histoire de ma conversation avec le Préfet de Police, de chez qui je sors¹ et dont je vous transcris les propres paroles.

Vous m'avez transmis avant hier un exposé de votre conduite² que j'ai lu avec l'empressement qu'inspire tout ce que vous écrivez, et qui m'a parfaitement convaincu. Vous m'aviez chargé, si je le croyois utile de le transmettre aux Autorités Supérieures. J'ai pensé que la meilleure autorité étoit le Roi. Je le lui ai remis avant hier même. Il l'a pris et hier matin il m'a dit qu'il l'avoit lu avec attention, qu'il le trouvoit parfaitement raisonnable, parfaitement explicatif de votre conduite. Il a ajouté plusieurs choses très flatteuses sur votre talent et votre personne. Je lui ai demandé si en conséquence il m'autorisoit à vous oter de la liste où vous étiez : non seulement il m'a répondu que oui, mais il a ajouté qu'il m'autorisoit à vous dire que c'etoit lui même qui de son propre mouvement vous en avoit fait oter, et qu'il désiroit que vous le sussiez.

Vous conviendrez que Si après cette manière du Roi de s'exprimer sur mon compte, manière qui m'a inspiré une vraïe reconnoissance, et qui prouve sa justice et sa bonté, vos amis croyent devoir encore me poursuivre et m'éviter comme un pestiféré, c'est une étrange manie, et c'est mal servir leur cause et mal entrer dans les Intentions du gouvernement qu'ils veulent soutenir.

Le Préfet de Police m'a autorisé à raconter tout ce qu'il m'a dit à ceux qui s'intéressent à moi, et en effet il vaut bien mieux qu'on sache que je reste parce que mon exil est levé par un acte d'équité, que si on pensoit que je résiste. Vous pouvez donc lire à qui vous voudrez cette analyse de la conversation de M. de Caze, et il me semble que vous pourriez partir de là pour me recevoir une fois avec ceux qui m'évitent et pour me parler devant eux de cette affaire. Je voudrais avoir une occasion de faire ma profession de foi de reconnoissance.

J'ai bien envie d'une entrevue avec M^{de} de Luynes[3]. Je lui écrirai ce que je vous mande.

Ai-je besoin de vous dire que c'est a cause de vous que je m'en réjouïs ? Le bien n'est bien, le mal n'est mal pour moi que sous ce rapport unique. Je fais copier mon mémoire[4] pour vous en donner une copie. Ils désirent qu'il ne soit pas imprimés, mais trouvent naturel que je le communique à mes amis. Seulement ne le laissez pas sortir de vos mains mais pour exciter la Curiosité des Royalistes, dites que le Roi l'a lu et l'a approuvé. Il y a vraiment dans ce procédé de la noblesse et de la bonté.

Adieu jusqu'à ce soir[5]. J'espère que vous serez bien aise que je sorte ainsi de mon état de proscription.

Je vous aime plus que tout ce qui vous entoure, et Je ne m'attache pas aux femmes des Ministres de Bonaparte[6] pour revenir à vous quand ces Ministres sont disgraciés. Je vaux quelque chose par moi même et beaucoup par mon sentiment pour vous.

Si vous aviez avant ce soir dans votre sagesse des conseils à me donner pour profiter de la Circonstance un mot de vous serait bien bon.

Dans tous les cas ce soir à 7 heures.

N'oubliez pas les preuves qu'on vous a promises pour l'affaire des cent mille francs[7].

Madame / Recamier

Manuscrit   *Paris, BnF, N.a.fr. 13265, ff. 224–225; coté d'une main ancienne : «123»; 4 pp., l'adresse p. 4; orig. autogr.

Éditions   **1.** Lenormant (1882), n° 103; pp. 209–212.   **2.** Harpaz (1977), n° 112, pp. 181–183.   **3.** Harpaz (1992), n° 121, pp. 232–234.

Notes
[1] Voir lettre 2679 et Journal, sous la date du 24 juillet.
[2] Il s'agit du «mémoire apologétique» envoyé par BC au Préfet de Police le 21 juillet (voir Journal, sous cette date). Voir *OCBC*, X,1, pp. 35–64, *OCBC*, XIV, pp. 555–573.
[3] Pour cette entrevue avec la duchesse de Luynes, voir ci-dessus la lettre 2679 et ci-dessous la lettre 2682.
[4] Voir la note 2.

[5] «Bon tête-à-tête avec Juliette» (Journal, 24 juillet).

[6] Il s'agit sans doute de Forbin, qui avait beaucoup fréquenté le salon de la reine Hortense (voir Louise Cochelet Parquin, *Mémoires sur la reine Hortense et la famille impériale*, Paris : Ladvocat 1836–1838, II, p. 218).

[7] Allusion non élucidée.

2681

Marianne de Constant à Benjamin Constant

24 juillet 1815

On me mande que vous etes revenu a Paris mais je ne sais point si vous y aviez reçu ou si vous y avez trouvé un gros paquet des papiers que vous aviez demandes[1] Monsieur je vien donc vous demander de vos nouvelles dont j'ai le plus grand besoin vous trouverez peut etre aussi ridicule que peu sensé mes inquietudes elle tiennent aux circonstances qui en nous donnant 5 ce que nous avons le plus desiré laisse encor de l'incertain sur la sincerité d'un des aliez et sur la mauvaise tete de corps qu'on remue tant qu'on peut tout ce que je vous demande Monsieur c'est de me dire si vous etes tranquile un mot de vous me persuadera plus que tout ce qu'on debite et retire chaque jour. 10

Charles forcé de quiter Dole pour ne pas etre enfermé par ordre du sou prefet a qui il avoit deplu en le forceant de reformer un jugement qui acablait cette commune et qui se servoit du pretexte de Royalisme pour incarcerer tous ceux qui lui deplaisoit etoit allé joindre ses compatriotes nous n'en avions eu aucune nouvelle depuis six semaine lorsque hier je recus cette 15 lettre dont je joins ici copie ce M[r] de St Wandelin[2] est un homme bien né riche jouissant d'une tres bonne reputation qui a acheté une terre a Rheinfel[3]. Voyez donc Monsieur si vos circonstances vous permettent de vous meller de cela. Chaque jour notre situation devien plus facheuse, les requisitions arrivent seulement depuis huit jours et de la maniere la moins em- 20 barassante mais non la moin couteuse. J'ai employé pour Charles et en requisition les 650 francs payables en novembre et si vous ne pouvez pas engager Mr de Loÿs a nous donner un accompte je serai exposée a toute les suite de termes manqué a n'avoir pas un morceau de bois, ajoutez a cela que voila deux nouvelles attaque d'appoplexie qui m'ote la memoire et la vue, 25 ayez pitié de Louise que si elle venoit a me perdre elle ne fut pas forcée de vendre a la fole enchere vous voyez Monsieur que j'ose croire que mon tendre attachement me donne droit a votre amitie.

J M. R.

Brevans 24 juillet 1815.

30

Manuscrit   *Lausanne, BCU, Fonds Constant I, Co 643; 2 pp., p. 2. primitivement bl.; orig. autogr.

Texte   *Au verso, d'une main ancienne :* Brévans.

Notes
[1] Voir la lettre 2664 de BC à Marianne de Constant du 13 juin 1815.
[2] Nous ignorons la nature de cette affaire. Charles, demi-frère de BC, est capitaine dans l'armée royale de l'Est.
[3] Il semble s'agir des chutes du Rhin (Rheinfall) à Neuhausen, près de Schaffhouse, en Suisse.

2682

Benjamin Constant à Juliette Récamier

24 juillet 1815

Voici la réponse de Mad[e] de Luynes. Ce sera donc pour demain[1]. M[de] de Catelan[2] a-t-elle lu mon apologie ? Pouvez vous me la renvoyer. Je désire toujours que cet exemplaire qui n'est pas parfaitement exact, ne sorte pas de vos mains, et si votre interet daignoit vous suggérer l'envie de montrer cet écrit à d'autres, je vous en enverrais un autre copie tout à fait conforme à   5
celle qu'a vu le Roi.

Maintenant un mot sur ce soir. Je vous demande une grace. Je me suis résigné a ne pas vous importuner aujourdhui de tout le jour. Mais au nom du ciel ne me faites pas venir à onze heures[3] pour ne pas me dire un mot en particulier et pour garder d'autres après moi. J'en éprouverais une telle   10
douleur que je frémis en vous écrivant. Il y auroit de la férocité à me faire passer une nuit d'agonie. Je m'en remets à votre bonté. Mon sentiment la mérite. Gardez moi donc un quart d'heure où je puisse vous voir librement. Que votre volonté soit faite mais ne faites pas un mal affreux et gratuit à un cœur qui se livre à vous.

15

a Madame / Recamier

Manuscrit   *Paris, BnF, N.a.fr. 13265, ff. 227–228; coté d'une main ancienne : «125»; 4 pp., pp. 2–3 bl., l'adresse p. 4; orig. autogr.

Éditions   **1.** Colet (1864), n° 42, pp. 107–108.   **2.** Lenormant (1882), n° 105, pp. 215–216. **3.** Harpaz (1977), n° 113, p. 183.   **4.** Harpaz (1992), n° 122, pp. 234–235.

Commentaire et Notes   C'est le 23 que BC avait décidé d'écrire à la duchesse de Luynes (voir note 1). Il vient de recevoir une réponse de la part de la duchesse (première phrase). Il est donc très probable que la présente lettre date du matin du 24 juillet.

¹ Il s'agit sans doute de l'entrevue que souhaite BC avec la duchesse.
² L'avis de Mme de Catellan, amie de longue date de Juliette, et ultra-royaliste, servirait comme point de repère. Pour l'apologie, envoyée au Roi le 21 juillet, voir la lettre 2680, note 2.
³ Voir Journal, 26 juillet : «Tête-à-tête long et doux avec Juliette». Parmi ces «autres» auxquels songe BC on compterait, bien sûr, Nadaillac et Forbin.

2683

Benjamin Constant à Charles, comte d'Artois

26 juillet 1815

[Lettre, Paris, 26 juillet 1815, adressée «à Son Altesse»¹: lettre importante où il lui annonce que le roi l'excepte de l'ordonnance qui traduisait devant un conseil de guerre les fonctionnaires ayant pris part aux Cent-Jours. «Non seulement l'invitation de m'éloigner a été révoquée, mais S.M. m'a fait dire que c'était elle qui, après lu l'exposé de ma conduite², me faisait retirer de la   5 liste... Si Votre Altesse lit mon mémoire, Elle verra que j'avais, après le retour de Bonaparte, une idée dominante, celle de rendre à la France des représentants quelconques qui missent un terme à la Dictature. J'ai aussi aujourdhui une idée dominante, celle qu'il faut délivrer la France de l'inon- dation des étrangers, et pour cela, donner par l'union la plus complète l'idée   10 que nous sommes une Nation. Et je vous réponds que nous sommes une nation. Le roi, en donnant le mouvement de l'indépendance nationale, ré- unira toutes les opinions et fera disparaitre tous les partis.

Puis-je être bon à quelque chose ?]

Manuscrit   L'orig. (l.a.s., 2¼ pp. in-4°) n'a pas été retrouvé ; signalé (avec extrait) par la *Revue des autographes*, XXIVe année, n° 124 (décembre 1889), n° 58. Ce manuscrit, encarté dans un exemplaire de l'édition originale du *Cahier rouge*, p.p. L. Constant de Rebecque, figure dans le Catalogue Roux-Devillas («à La Licorne») n° 1 (avec extrait), reproduit dans la *RHLF*, 35 (1928), 617. Le texte que nous reproduisons est celui de la **Revue des autographes* 1889, complété, grâce à l'extrait donné par le **Catalogue Roux-Devillas*.

Texte   **6** Si] *l'extrait donné par le Catalogue Roux-Devillas commence ici*   **11** *L'extrait donné par la* Revue des autographes *se termine à* nation.

Notes
[1] Le frère du roi Louis XVIII et futur Charles X.
[2] Voir la lettre de BC à Juliette Recamier, 24 juillet 1815.

2684

Benjamin Constant à Talleyrand

26 juillet 1815

[Très curieuse lettre où, le lendemain des Cent-Jours, B. Constant offre son sincère dévouement au gouvernement du roi].

Manuscrit   L'orig. (l.a.s., $2\frac{1}{2}$ pp. in–4° n'a pas été retrouvé ; les précisions que nous en donnons sont tirées de l'*Amateur d'autographes*, 16 août 1864, p. 250 & des Bulletins Charavay 200 et 249.

Commentaire
    Ce billet a sans doute été envoyé à Talleyrand en même temps que le mémoire apologétique de BC, qu'il envoie à Talleyrand le 26 juillet : voir Journal, sous cette date : «Envoyé le mémoire à Talleyrand».

2685

Benjamin Constant à Marianne de Constant

27 juillet 1815

Paris ce 27 Juillet 1815

L'interruption des communications durant près d'un mois ne m'a pas permis de répondre plutot à votre lettre[1]. Je ne sai si ces communications sont rouvertes, mais j'essaye maintenant à tout hazard de vous faire parvenir ma réponse. J'écris à M. de Loys pour lui proposer le remboursement de la 5 somme qui est déposée entre ses mains ; comme lui même m'a déclaré ne pas vouloir la garder au delà d'un an et que l'année va expirer dans deux mois, je ne doute pas qu'il n'y consente. Alors je vous offre de payer à vos enfans, les mille écus que vous desirez, et de vous donner pour les 10000 fr. restant une première hypothèque spéciale sur une maison à Paris d'une valeur de 10 80000 fr. Le prix de cette maison n'est pas encore payé, parce que les termes ne sont pas échus : mais comme le vendeur a envie d'accélérer le payement, il consentira volontiers à ce que pour les 10000 fr. qu'il recevra, il vous soit donné une première hypothèque, qui, primant toutes les autres dettes, vous procurera complète sureté. Veuillez consulter sur cette affaire, qui aura l'avantage de fonder un placement fixe, de sorte que vous n'aurez plus à vous en occuper, et donner une procuration à quelqu'un à Paris pour cet objet. 15

Vous penserez facilement que je me ressens des circonstances : mais il y a tant de choses plus intéressantes qu'on serait honteux de parler de soi. Ma 20 femme[2] est en route pour me rejoindre.

Mille amitiés.
B.C.

Manuscrit   *Lausanne, BCU, Fonds Constant I, Co 30; 2 pp., p. 2 bl.; orig. autogr.

Note
[1] Il s'agit non de la lettre 2681, qui s'est croisée avec la présente lettre, mais de la lettre 2664, écrite en effet un mois auparavant.
[2] BC ne reverra Charlotte que le 1er décembre 1815, à Bruxelles.

2686

Benjamin Constant à Marianne de Constant

28 juillet 1815

Je vous ai écrit hier[1], relativement à l'affaire de M. de Loys, et je lui ai écrit en même tems. J'attends sa réponse et je prendrai tout de suite les arrangemens qui vous conviendront le mieux.

Les derniers événemens ont eu sur moi une influence très grande, comme vous pouvez bien le supposer. Il a même été question, fort injustement, à ce 5 que je pense de me comprendre dans une mesure d'exil. Je n'ai eu recours à personne pour l'éviter. J'ai fait un exposé de ma conduite et l'ai fait parvenir directement au Roi, qui après l'avoir lu, m'a fait dire qu'il trouvoit ma conduite irréprochable et qu'il étoit bien aise que je susse que c'étoit par son ordre personnel que j'etois excepté de la mesure qu'on alloit prendre. Ma 10 sureté est donc à couvert, mais l'esprit de parti n'en est pas moins violent, et je vis à peu près en Hermite, ne voulant pas voir les gens qui sont mal pour moi, et évitant de voir les hommes qui ont pris la même ligne, pour n'etre pas accusé d'encourager ou de partager l'opposition.

Ma fortune a reçu un echec plus difficile à réparer, mais dont je me tirerai 15 cependant avec de l'économie. J'ai reformé mon cabriolet, et quand je pourrai loger dans ma maison, j'epargnerai un loyer. Je suis à chercher les moyens de la payer, cette diable de maison. Ce ne sera qu'alors que je reprendrai un peu d'aisance. Mais en même tems que mes créanciers me pressent, mes débiteurs ne me payent pas. Aussitot que M. Deloys m'aura répondu, je mettrai à votre disposition la somme que vous désirez, en vous donnant pour le reste l'hypothèque que je vous ai indiquée hier. Envoyez une procuration a Paris pour cet effet.

J'ai recu une lettre de vous contenant l'acte de réintégration de mon père dans ses droits de francais. Mais je ne sai si c'est le gros paquet dont vous me parlez[2]. Je n'ai rien reçu de plus. Avec le bouleversement de ma place, j'ai perdu le moyen de faire pour Charles ce que j'avais espéré. Je ne vois point M. de Talleyrand, et il faudrait que les choses changeâssent beaucoup pour que j'eusse du crédit auprès de lui. Je ne l'ai pas même vu depuis son retour, et je ne prévois guères le moment où je le verrai.

Adieu. Écrivez moi sur l'affaire de M. de Loys. Je vous informerai de suite de sa réponse.

Manuscrit   *Paris, BnF, N.a.fr. 18830, f. 31; 2 pp.; orig. autogr.

Texte   **26** Avec] ⟨L'[...]⟩ Avec

Notes
[1] La lettre 2685.
[2] Voir la lettre 2681 de Marianne que BC venait manifestement de recevoir.

2687

Benjamin Constant à Rosalie de Constant

29 juillet 1815

Paris ce 29 juillet

Je n'ai pas pu vous écrire de Bâle, chère Rosalie, pour une bien bonne raison, c'est que je n'en ai pas approché de cent lieues. Notre course diplomatique s'est arrêtée à Haguenau[1], et c'est là que nous avons entamé cette négociation qui a si bien fini. Depuis mon retour, je n'ai pas su si la communication étoit ouverte, ou plutot j'ai su qu'elle ne l'étoit pas. Ce n'est que depuis la réception de votre lettre que j'ai appris qu'on pouvoit s'écrire de nouveau, avec quelque chance de voir parvenir ce qu'on écrivoit. J'ai d'ailleurs été occupé à me sortir de la classe des exilés où j'avais été compris, mais d'où un simple exposé de ma conduite, mis sous les yeux du Roi m'a

fait retirer par son ordre exprès. Je vous envoye cet exposé, en vous priant
de ne pas le laisser sortir de vos mains : mais vous pouvez le lire à ceux que
la chose intéresse. Il m'est important qu'il ne soit pas imprimés, et cela
pourroit arriver, s'il tomboit entre des mains étrangères. Mais je désire que
quelques personnes le connoissent.   15

Mad^e de Stael m'a écrit une lettre plus amicale[2] que je ne m'y attendais en
renonçant à ses prétentions. Elle auroit eu de la peine à les faire valoir sur
ma fortune que ces derniers événemens n'ont pas arrangée. Mais les mouvemens qui paraissent bons doivent toujours être pris pour tels tant qu'ils
durent.   20

J'avais reçu par une occasion une lettre angélique de ma femme[3], avant
celle que vous m'avez envoyée. Elle vouloit partir de Berlin sans passeport,
et se faire conduire jusqu'à moi d'avant-poste en avant-poste. Je la crois au
Hardenberg chez son frère, où elle attend de mes nouvelles. Elle se mettra en
route aussitot après, et suivant l'etat de nos frontières, qui sont fumantes et 25
ensanglantées, mais qui peut être seront traversables, quand elle y arrivera,
elle viendra droit ici, ou bien elle passera par la Suisse.

Je ne me plains nullement du sort. Je suis beaucoup mieux que beaucoup
d'autres, tombés de plus haut. J'ai conservé quelques facultés auxquelles je
trouve qu'on rend plus que de la justice. J'ai quelques amis, j'ai une femme 30
excellente. Le dérangement que ceci a mis dans ma fortune est encore réparable : et j'aurai bientot cinquante ans. Je ne compte pas ceci parmi les
bonheurs mais parmi les motifs de résignation. Ma reputation littéraire,
passablement établie déja, le sera mieux par l'ouvrage[4] auquel je vais me
livrer pour l'achever enfin. De tous cotés les libraires m'offrent des arran- 35
gemens avantageux. Il faut donc vivre, aimer ceux qui m'aiment, et attendre
le terme de tout. Ne gémissez donc pas trop sur moi, chère Rosalie, à moins
que vos gémissemens n'ajoutent a votre amitié. Je ne suis pas fier et je
consens à la pitié pourvu que l'affection s'en augmente.

Adieu chere et bonne cousine. Je profite de ma liberté rendue pour rester 40
ici. Ce n'est pas le moment de courir l'Europe. Aucune absence n'a l'air
d'etre volontaire, et par une combinaison bizarre, plus on croit un homme
forcé de voyager, plus on met sur les routes d'obstacles à son voyage. Dites
bien des choses de ma part à tous ceux qui se souvieñent de moi, et sou-
venez-vous-en vous même.   45

Manuscrit   *Genève, BGE, Ms. Constant 36/2, ff. 246–247; 4 pp., p. 4 bl.; orig. autogr.

Éditions   **1.** Menos (1888), n° 224, pp. 538–539.   **2.** Roulin (1955), n° 148, pp. 207–209.

Notes
1 Voir la lettre de BC à Claude Hochet du 23 juin 1815, note 1.
2 La lettre de Germaine de Staël à BC du 21 juillet 1815.
3 Non retrouvée.
4 Son livre sur la religion, que Germaine de Staël vient de conseiller à BC de finir et de publier, dans sa lettre du 21 juillet 1815.

2688

Marianne et Louise de Constant à Benjamin Constant

4 août 1815

[*Marianne de Constant écrit* :]
Monsieur
Ce que vous avez evité par une conduite sage et franche me paroit bien estraordinaire et me donne du regret que vous ayez placé un si gros capital a Paris dont la tranquilité n'est pas encor aussi assurée que nous le desiron je vous avoue que s'il y avoit une autre maniere de laisser en Suisse les dix 5 mille francs restant mes enfants l'auroit preferé mais puisque notre misere les force a en prendre une partie et qu'il vous convient de donner pour hipotheque la maison que vous avez a payer la seule maniere sure de le faire est celle ci. Le notaire qui a passé l'acte de vente de votre maison devra expressement stipuler dans le recu de la somme que vous payerez que dix 10 mille francs ont ete fournis par M^r et Melle de Rebecque ce qui joint a une premiere hipotheque sur la maison mettra ces fonds hors des atteintes de tous autres creanciers et meme du gouvernement. D'apres un article du code civil.

Si cette maniere vous convient nous enverrons une procuration pour pas- 15 ser l'acte par lequel vous recconnoitrez que cette somme est entre vos mains. Et qui remplacera l'acte de depot qui avoit eté fait chez Mr Févot[1] a Lausanne ; en remplissant aupres de Mr de Loÿs les formalités necessaires. S'il etoit en votre pouvoir de nous avancer sur les 3,000 francs que nous de- mandons une lettre de change a terme d'un mois et de 1000, francs. Vous 20 nous rendriez service nous voyant a la veille de fortes demandes pour les frais de guerre et requisitions sans avoir de moyen de les acquitter.

Je me suis trouvée si souffrante que j'ai ete obligée de dicter a Louïse le reste de ma lettre vous comprenez que toutes les precautions que nous pre- nons n'ont que les circonstances pour cause. Croyez a mon tendre atta- 25 chement.

M. de Rebecque

[*Louise de Constant écrit* :]

Votre lettre nous a tiré d'inquietude mon cher frere en nous aprenant que vous etes enfin a l'abri de toutes vexations et que vous le devez a vous seul : vous n'aviez rien a craindre que l'esprit de parti mais la justice et la bonte du Roi ne sont jamais en defaut et ont su aprecier votre conduite – les petits desagremens que vous eprouvez d'ailleurs sont bien peu de choses et cesseront avec l'effervescence et l'exaltation que causent d'heureuses circonstances : Charles est revenu de l'armée royale de l'Est avec le grade de Capitaine mais son brevet n'est pas encor revetu de la signature du Roi elle n'a que celle de M^r de La Rochefoucault[2]. Il a le projet de rejoindre ses camarades a Bomlans village pres de Besancon, ou le corps de volontaires est cantonné on dit que ces M^rs n'obtiendront rien s'ils ne vont a Paris et alors le pauvre Charles ne sera surement pas placé car il est bien difficile avec nos circonstances qu'il se rende a Paris, et tous les autres y allant il sera bientot oublié ; sauriez vous quelque chose de positif sur la formation de l'armée, &c &c. Si l'on s'en occupoit maintenant, Charles tacheroit d'entrer dans la ligne avec son grade ou si les volontaires etoient licencies ; ou d'obtenir la confirmation de son brevet dans le meme Corps il faut absolument qu'il tache de faire quelque chose soit civil, ou militaire. Ce qui lui conviendroit mieux parce que cette vie libre et active s'accorde mieux a son caractere que la vie sedentaire. Maman s'inquiete de son avenir et avec raison. S'il laisse echaper cette circonstance jamais il n'obtiendra rien et avec quoi vivra-t-il s'il n'est pas placé.

Nous avons apris avec bien du plaisir le retour de M^eme de Constant[3] sa presence diminuera les ennuis dont vous parlez et vous les fera entierement oublier voulez vous bien mon cher frere me rappeller a son souvenir en lui disant mille choses tendres et aimables de ma part. Je n'ai point oublié les bontés qu'elle a eu pour moi et l'amitié qu'elle a bien voulu me temoigner.

La santé de Maman me donne de grandes inquietudes elle est faible et languissante et ne veut employer aucun remede. Oserais-je vous prier mon cher frere si vous nous envoyez la lettre de change que Maman vous demande de faire chercher par votre domestique du thé vert d'une bonne qualité sans etre tres cher. On en trouve ici de fort bon mais horriblement cher, et l'economie nous est bien necessaire. Maman ne prend presque que cela si vous en trouviez audessous de 10. ou 12 francs et qui fut buvable je vous prierais mon cher frere de m'en envoyer quelques livres que vous voudriez bien payer et rabattre sur la lettre de change pardon mille fois de vous donner cette commission, j'en aurais bien chargé mon amie M^eme de Jacquemont mais je ne sais si elle est maintenant a [Paris] ou partie pour le Gevaudan[4].

Charles me charge de vous parler de lui et de [vous] dire qu'il vous prie de lui conserver votre amitié. [Vou]lez vous bien mon cher frere recevoir l'assurance de tout l'attachement que je vous ai voué pour la vie et me per- 70
mettre de vous embrasser tendrement.
Jeudi
4. Aout. 1815

Voudriez vous bien mon cher frere me donner votre adresse ne la sachant
pas j'ecris toujours a Mr Fourcault   75

Monsieur B : de Constant / chez Mr Fourcault de Pavant rue / Saint
Honoré n° 34 / A Paris

Manuscrit   *Lausanne, BCU, Fonds Constant I, Co 645; 4 pp.; cachet postal : 6 Août 1815;
timbre : 38/DÔLE ; orig. autogr.

Texte   *Plusieurs mots ont été emporté par une déchirure.*   **74–75** *post-scriptum écrit sur un pli
de l'adresse*

Notes
1   Louis Févot, notaire à Lausanne.
2   Sosthène de La Rochefoucauld (1785–1864), député ultra-royaliste et aide de camp de 1814
    à 1836 de Charles, comte d'Artois.
3   Voir la lettre 2685 de BC à Marianne de Constant du 27 juillet 1815, note 2.
4   Province française qui, à la Révolution, est devenue le département de la Lozère.

2689

Benjamin Constant à Sir James Mackintosh

4 août 1815

Paris ce 4 Aoust 1815
La paresse et la fatigue m'ont jeté dans une apathie qui m'a empêché de
répondre à aucun de mes correspondans depuis près de trois mois, mon cher
ami, et toute mon amitié pour vous, et la joye momentanée que m'a causée
votre première lettre par Mad^e votre fille[1], n'ont pu contrebalancer ma dis- 5
position découragée et silentieuse. Il n'y a pas de raisons pour que mon
découragement ait cessé, mais je veux au moins rompre le silence ; et vous
donner, sur notre triste pays, si c'est encore un pays, des détails qui, j'espère,
vous seront transmis surement par M. Murray[2]. Si par hazard vous com-
muniquez les faits ou que vous en fassiez usage de quelque maniere, je vous 10
prie de ne point me nommer du tout. C'est essentiel dans un moment où le

sort de tout francais est à la merci d'un Russe qui l'insulte, d'un Prussien qui le vole, d'un Autrichien qui ne l'entend pas, et d'un Anglais qui ne voit dans les vexations des autres qu'une occasion de louer la discipline Anglaise et Lord Wellington. Je ne vous parlerai point de moi. Vous verrez dans le mémoire ci joint[3] que j'ai fait tenir au Roi, en réponse à une invitation d'exil qui m'avoit été faite et qui a été retractée avec une grande bienveillance, vous verrez, dis-je, dans ce mémoire, quelles raisons j'ai eues d'agir comme je l'ai fait. J'ai promis que ce mémoire ne serait pas publié, de sorte qu'il est indispensable qu'aucune infidélité ne soit commise et je vous demande de ne jamais le laisser sortir de vos mains, lors même que vous le communiqueriez à quelques curieux, et dans ce cas, d'exiger d'eux leur parole qu'aucun paragraphe relatif à cet objet ne sera inséré dans vos papiers. Vous compromettriez à la fois et ma santé et mon honneur.

Pour en venir à ce qui est plus intéressant qu'un individu, je vous dirai que cette rechute de conquête me semble annoncer la destruction physique de notre malheureuse patrie, au moment où il y avoit, même depuis le retour des Bourbons, plus de chances que jamais pour une liberté raisonnable. L'Esprit national, qui s'étoit formé durant les onze mois de leur premier règne, malgré les fautes de leur Ministère, n'avoit point été étouffé par Bonaparte qui s'étoit au contraire vu forcé de le ménager ; de sorte qu'à leur retour, ils ont trouvé une volonté unanime assez prononcée pour qu'ils se crussent contraints à la respecter. Mais les étrangers viennent à la traverse, de la manière la plus impudente et la plus déhontée. Ils ne savent pas trop ce qu'ils veulent. Tantôt l'eau leur vient à la bouche pour démembrer la France, d'autrefois ils se bornent à la ruiner. Traités, promesses, déclarations, tout est oublié. Ce que nous avons fait ailleurs, et certes nous avons fait d'assez vilaines choses, n'est rien en comparaison de leur lâche et arrogante atrocité. Les Prussiens surtout sont la lie de l'espèce humaine. Ces brigands romantiques mêlent au pillage positif l'espèce de vague qu'ils appellent l'idéal. Il y a la rudesse de l'état sauvage avec la corruption de la civilisation, et cette espèce d'ironie ignoble qui est la gaïté de la force brutale dansant sur le corps des vaincus. Il est impossible de prévoir aucune fin à ceci. Notre gouvernement est tour à tour poussé à bout par les vexations de l'étranger, et ramené vers eux par la peur qu'il a de la malveillance nationale. Il perd l'occasion de détruire cette malveillance, en se mettant à la tête du parti vraiment francais. Il se rend responsable aux yeux de la nation des excès qu'il ne désapprouve pas assez. Il s'aliène les étrangers, en insinuant qu'il les regarde comme des ennemis secrets, et il finira par n'avoir de points d'appui ni au dedans ni au dehors. Les troupes étrangères arrivent toujours, sans qu'on trouve nécessaire d'alléguer un prétexte. On pille les maisons et on saisit les meubles, puis quand les Propriétaires reclament, les Souverains donnent un ordre de tout restituer, et quand cet ordre est présenté aux pillards, ils rouent de coups celui qui le porte et continuent leurs pillages. Jusqu'à présent, les choses n'en étoient pas à ce point à Paris : mais depuis deux jours, on a pris de la part de la police Prussienne des mesures si vexatoires et si blessantes que tout indique le désir de provoquer un mouvement, pour motiver des vexations plus générales. Vos Anglais se conduisent bien, quant à leurs personnes. Le Duc de Wellington est toujours le héros froid et médiocre, que la nature a créé pour prouver que le talent militaire pouvoit exister sans autres qualités, et l'intégrité pécuniaire sans autres vertus. Il donne des bals où les Francais vont peu et ne dansent point, premier symptome d'esprit national, dans la classe Royaliste. Je ne désespère pas d'elle, puisqu'elle s'est donné le mérite de refuser une contredanse.

Ma position ici est fort solitaire. J'ai rompu avec tous les gens du gouvernement, sans conserver beaucoup de relations avec les Bonapartistes avec lesquels je ne m'étais réuni que par occasion et pour des motifs très différens des leurs. Je n'espère rien, et je ne prévois rien, sinon un démembrement de la France, ou une St Barthelemy des patriotes, ou des Vêpres Siciliennes[4] contre les étrangers. Les trois choses pourront bien arriver successivement.

Je ne connois rien de si peu généreux que votre conduite à l'egard de Bonaparte, si ce n'est la manière dont vos journaux s'expriment à ce sujet. Qu'on le confine à St Hélène, c'est déjà passablement dur[5]. Mais qu'on sépare de lui les personnes qui se sont attachées à son sort, et qui dans une telle retraite, ne seroient d'aucun danger pour l'Europe, me paraît un rafinement peu noble de sévérité. Nos journalistes vont plus loin. Ils demandent qu'on mette en prison les hommes qui ont suivi un homme malheureux, et qu'on recompense le dévouement par le cachot. A aucune époque, je le pense, les idées morales n'ont subi un pareil renversement.

Je vous envoye un exemplaire d'un livre[6] que j'ai publié il y a deux mois. La plupart des choses constitutionnelles que j'ai recommandées sont adoptées. On m'assure que si je ne m'étais pas mis du coté de Bonaparte, j'aurais pu avoir à présent beaucoup d'influence. Je réponds que je suis trop heureux qu'une barrière quelconque se soit élevée entre moi et ceux qui aujourdhui sont forcés de gouverner sous le joug de l'étranger.

Mes projets, si on peut parler de projets dans cette tour de Babel ou les arrêts des destinées nous sont transmis en quatre langues dont aucune n'est la nôtre, mes projets sont de rester ici je crois fort longtems. Paris est le lieu de l'Europe continentale où l'on se ressent le moins de la réaction universelle. J'y attends ma femme, qui a voulu quitter Berlin et sa famille pour me rejoindre, dès qu'elle m'a cru dans une position pénible. J'espère vous y voir au mois de septembre, et causer avec vous. Je ne crois pas que M^{de} de Stael y vienne. Ceux de ses amis qui, revenus avec les étrangers, sont encore charmés de les y voir, l'invitent fort à venir. Je le lui déconseille,

Nous attendons notre nouvelle Chambre de Députés. Je n'espère ni ne 95
désire en être, quoi qu'on m'ait fait des offres à cet égard. Mais la destination de cette Chambre etant d'etre un moulin à accusation, j'aime autant
que d'autres se chargent de ces fonctions honorables : et à moins que je ne
me trouve compris dans les accusés, car je crois qu'une fois cette rotation
commencée, on ne peut guères savoir ce qu'elle entrainera dans son orbite, 100
je désire de grand cœur n'etre que spectateur silentieux. Les élections se
partageront entre la Noblesse de Cour et la Noblesse de Province, c'est a
dire entre l'insolence et l'ignorance, avec la vengeance pour centre commun.

Je vous recommande encore une fois le petit mémoire que je vous envoye,
pour qu'il ne sorte pas de vos mains. N'allez pas me faire exiler, car je ne 105
saurais quelle route prendre.

Farewell

B.C.

Manuscrit   *Londres, BL, Add. Mss. 52452, ff. 164–165; 4 pp.; orig. autogr.

Édition
King (1978), pp. 37–41.

Texte   *Note en tête de la dernière page :* B. Constant, / Aug 4.1815.   **54** et] *le ms. porte :* est

Notes
[1]   Non retrouvée. De son premier mariage avec Catherine Stuart, décédée en 1797, Sir James
Mackintosh avait eu trois filles : Mary (1789–1876), femme de Claudius James Rich, Maitland Mackintosh (1792–1861), femme de William Erskine, et Catherine Mackintosh
(1795–?), femme de William Saltonstall Wiseman, 7e Baronet (1794–1845). De son second
mariage avec Catherine Allen (1765–1830), belle-sœur de Josiah Wedgwood (1769–1843),
Mackintosh avait eu deux filles : Frances Emma Elizabeth, dite Fanny (1800–1889), future
épouse de Hensleigh Wedgwood (1803–1891) et Bessy (1804–1823). Nous ignorons l'identité
de la fille de Mackintosh dont il s'agit ici.
[2]   Le célèbre éditeur londonien John Murray (1778–1843).
[3]   Le mémoire apologétique que BC a fait parvenir au Roi.
[4]   C'est-à-dire une révolte, comme celle des Siciliens contre Charles d'Anjou en 1282.
[5]   L'île de Sainte-Hélène se trouve à 2.000 kilomètres environ du continent d'Afrique. Napoléon a été obligé de quitter sa famille et ses amis, mais il lui a été permis de choisir, outre son
chirurgien, trois de ses officiers pour l'accompagner dans son exil, à l'exception des généraux
Savary et Lallemand.
[6]   Les *Principes de politique applicables à tous les gouvernemens représentatifs*, ouvrage commencé le 3 avril 1815 et publié à Paris par Eymery le 30 mai 1815.

2690

Benjamin Constant à Juliette Récamier

5 août 1815

Voici une lettre que j'ai envie de faire insérer dans les journaux[1]. Mais je suis indécis parce que je ne sai si mon nom servira a ce pauvre la Béd. Décidez moi, Vous êtes ma lumière et ma conscience mais renvoyez la tout de suite, sans quoi il sera trop tard.

Manuscrit   *Paris, BnF, N.a.fr. 13265, f. 226; coté d'une main ancienne : «124»; 2 pp., p. 2 bl.; orig. autogr.

Éditions   **1.** Lenormant (1882), n° 108, p. 220.   **2.** Harpaz (1977), n° 116, p. 186. **3.** Harpaz (1992), n° 125, p. 238.

Commentaire et Note   La lettre consacrée à la défense du général Labédoyère dont il est question à la première phrase sera publiée dans *L'Indépendant* du 7 août 1815 (*OCBC*, X, 1, pp. 85–90). Labédoyère, qui avait été arrêté le 2 août, sera condamné le 15 et exécuté le 19 (voir ci-dessus la lettre du 19 juillet, et ci-dessous la lettre 2694).
[1] L'article paraît sous forme d'une lettre anonyme. Le journal sera supprimé le 8.

2691

Benjamin Constant à Juliette Récamier

6 août 1815

Etes vous tranquillisée, et avez vous passé une nuit calme ? Me saurez-vous une fois gré de ce que vous n'avez pas une volonté, à laquelle je n'obéisse ? Vous avez été témoin que je n'avois aucun tort. Me punirez-vous du tort d'un autre ? Il ne manqueroit plus que cela. J'ai cédé trop vite. Vous ne sentirez pas mon mérite, et vous serez ingrate cette fois comme toujours. Je ⁵ vous demande cependant une récompense. J'ai besoin de savoir précisément ce que vous avez dit et fait, dans cette petite affaire. Recevez moi un instant le plutot que vous pourrez et dans tous les cas avant deux heures, ne fut-ce qu'une minute[1]. J'en ai plus besoin que vous ne pensez, et c'est essentiel pour ma décision future. Je le mérite par ma déférence. Quand trouverai-je ¹⁰ le moyen de vous plaire un peu, soit en me battant, soit en ne me battant pas ? Quand vous ne me garderiez qu'un instant, c'est tout ce qu'il me faut. J'attends votre réponse.

Vous devez concevoir vous même le besoin que j'ai d'etre rassuré sur deux
choses, la 1ère que vous n'avez rien dit à M. de N. qui puisse me faire tort   15
dans son esprit, et il est si facile dans ce genre là de donner sans le vouloir
une impression facheuse, la 2de que vous n'imaginez pas de ne pas me voir,
parce que M. de N. m'a fait une chose déplacée[2]. Je sacrifierais toujours ma
vie pour une heure avec vous, et cette fois-ci où je n'ai eu aucun tort et où
j'ai été d'une modération parfaite, comme il n'est question que d'un retard,   20
j'ai un beau motif mais tout dépend d'un de vos regards, et j'aimerai la vie
jusqu'à etre poltron si je crois à quelqu'affection de vous. Recevez moi donc
ne fut-ce qu'une seconde en vous réveillant.

Madame / Recamier

Manuscrit   *Paris, BnF, N.a.fr. 13265, ff. 88–89; coté d'une main ancienne : «48»; 4 pp., pp.
2–3 bl., l'adresse p. 4; orig. autogr.

Éditions   **1.** Colet (1864), n° 8, pp. 19–20.   **2.** Harpaz (1977), n° 114, pp. 184–185.
3. Harpaz (1992), n° 123, pp. 235–236.

Texte   **1** vous] avez vous *ajouté dans l'interligne*   passé] *Constant avait d'abord écrit :*
passiez vous ; passiez *corrigé en* passé ; vous *biffé*

Commentaire et Notes   La présente lettre est écrite à propos du duel avec Nadaillac, proposé le
4 août, ajourné le 5, par l'entremise de Forbin, avant d'être annulé, le 8 août. Elle doit dater du
matin du 6 : si Juliette est bel et bien «tranquillisée», c'est que le duel a été ajourné.
[1] BC dînera avec Juliette le 6 août.
[2] L' «insolence» de Nadaillac à l'égard de BC est notée dans le Journal dès le 23 juillet : «Il me
la paiera sous deux jours. Je ne m'en tiendrai pas à une égratignure comme avec Montlosier.
S'il me tue, à la bonne heure. L.v.d.D.s.f».

2692

Benjamin Constant à Juliette Récamier

6 août 1815

Voici mes deux articles, je vous ai déjà envoyé le premier hier[1]. Je ne sais si
on vous l'a remis, ou si vous l'avez lu. Je suis curieux de l'effet que le
troisième fera sur les Puissances[2]. Elles le comprendront mieux que les Francois, qui ne savent pas assez que les ordres que je rappelle[3] comme ayant été
donnés par le Roi de Prusse, étoient de tuer tous les militaires francois   5
isolés, et qu'il autorisoit les paysans à les assassiner dans leur lit, ce qui est
un peu plus fort que de se battre avec eux en rase campagne, crime pour
lequel on fusille tous les jours de pauvres Alsaciens[4]. J'espère que vous serez

contente de mes éloges pour le Roi⁵. Si on savoit que l'article est de moi⁶, on croirait que je veux me vendre, et ce n'est pourtant qu'a vous que je m'offre 10 et vous ne voulez pas m'acheter.

J'irai à 4 h. chez vous reclamer mes pauvres heures. Dieu sait si je vous trouverai. Il y a bien longtems que je n'ai diné chez vous⁷. Je le dis aujourd-huy parce que j'ai deux engagemens, de sorte que pour aujourdhui mon observation est désinteressée. Elle pourrait bien ne pas l'etre pour demain. 15

Manuscrit *Paris, BnF, N.a.fr. 13265, f. 175; coté d'une main ancienne : «96»; 2 pp., p. 2 bl.; orig. autogr.

Éditions **1.** Lenormant (1882), n° 107, pp. 219–220. **2.** Harpaz (1977), n° 115, pp. 185–186. **3.** Harpaz (1992), n° 124, pp. 236–237.

Commentaire et Notes Les trois articles dont il est question, publiés tous les trois dans *L'In-dépendant*, sont imprimés, le premier, le 31 juillet, le deuxième, le 4 août et le troisième, le 6 août ; voir *OCBC*, X, 1, pp. 79–89.

¹ Le «premier» article cité ici est celui du 31 juillet. Il s'agit, sous guise d'une mise au point générale, d'une défense par BC de son ralliement à l'Empereur pendant les Cent-Jours (voir *OCBC* X, 1, pp. 69–73). En ce qui concerne les deux autres articles, des 4 et 6 août, il s'agit en fait de deux «lettres» formant chacune la moitié d'un seul article.

² Ce troisième article sur «les intentions des souverains alliés» est à la fois un appel indirect aux monarques européens de ne pas détruire l'équilibre précaire du nouveau gouvernement français et une attaque contre leur conduite actuelle.

³ Il s'agit de l'allusion dans l'article du 6 août au «landsturm» ordonné par le roi de Prusse contre les Français en 1813: «J'ai sous les yeux cette salutaire ordonnance du landsturm, revêtue de sa signature auguste, en 1813»; voir *OCBC*, X, 1, p. 87.

⁴ BC songe peut-être à la bataille de La Souffel (28–29 juin 1815). Chargé de surveiller la frontière près de Strasbourg, le général Rapp décide d'y rester pour ralentir la progression alliée. Il rencontre près de Strasbourg le IIIᵉ Corps de l'armée autrichienne du Haut-Rhin. Battu, il se retire sur Strasbourg. Après la bataille, les habitants de Souffelweyersheim sont accusés par les Austro-Allemands d'avoir soutenu les Français. Dix-sept villageois, menacés d'être fusillés, sont en fin de compte graciés.

⁵ Ces éloges se retrouvent un peu partout dans les articles des 4 et 6 août.

⁶ Ces articles sont signés tous les trois «JR», ce qui donne beaucoup à penser.

⁷ BC dînera pourtant chez Juliette le 6 août ; voir Journal, sous cette date.

2693

Germaine de Staël à Benjamin Constant

11 août 1815

Ce 11 août.

Votre justification[1] est parfaite et je me suis sentie ébranlée en la lisant ; – il n'y a pas une possibilité de vous attaquer légalement ; – il n'y a que vos amis qui peuvent s'affliger de l'extrême mobilité de votre caractère, vous avez des réponses excellentes à vos ennemis. – Quant à moi, si j'allais à Paris, avez- 5 vous un doute que je vous verrais comme jadis ? Si j'ai pu vous pardonner votre conduite envers moi sont-ce les considérations de société qui pourraient agir sur moi ? Mais si je puis éviter de voir la France dans l'état où elle est, je le souhaite ardemment. Si j'osais me flatter qu'après avoir tant loué les Allemands[2] dans leur adversité, ils m'écouteraient dans leurs triomphes, 10 j'irais non pour me taire mais pour parler, car je ne sais rien qui puisse étouffer dans mon âme ce qui y est. – Mais tant de personnes en France doivent leur faire entendre la vérité qu'il y aurait de la présomption à me croire plus heureuse qu'une autre ; j'attends donc le résultat de mes affaires et je me voue uniquement au sort d'Albertine. – Mon intention est d'aller à 15 Rome où nous aurons nous-mêmes la dispense[3]. Peut-être se mariera-t-elle à Saint-Pierre, Coppet est plus Saint encore. – J'ai montré votre mémoire, mais selon vos ordres il n'est pas sorti de mes mains. Tout le monde a dit que sans l'article du 19[4] il n'y aurait rien à dire contre vous. – C'est l'éclat de votre propre talent qui a fait votre tort. – Dieu a voulu que vous eussiez tout 20 dans vos mains, et qu'une fée malfaisante vous fit tout rejeter. – Ayez cependant du courage, soutenez la cause de la France ; ne vous abandonnez pas vous-même et faites-vous des principes immuables. – Assurément Mirabeau et plusieurs autres en ont rappelé de plus loin que vous. – L'esprit de parti par degrés s'apaise et les grandes couleurs de votre vie, l'amour de la 25 liberté et le talent reparaîtront. – Evitez les duels, à présent cela ne signifierait rien. C'est peu de choses que la Société à présent, il y a plus grand que cela dans les affaires du monde. – Supportez ce que vous n'avez pas, vous avez tant fait d'efforts pour vous débarrasser de ce que vous aviez. – Vos lettres sont pour moi d'un intérêt très grand, maintenant nous sommes d'ac- 30 cord, profitons de ce moment pour nous écrire. – Donnez de bons conseils à mon fils pour mon affaire[5], – ne pensez plus à celle dont il a été question entre nous. –

Éditions **1.** Nolde (1907), pp. 234–237. **2.** *Léon (1928), n° 35, *RP*, pp. 330–332, et vol., pp. 106–108. **3.** Solovieff (1970), pp. 508–509.

Texte *Léon ajoute après* 11 août : [1815, Coppet]. *Notes de Léon :* **7** sont-ce] moi *et* sont *dans l'interligne.* **30** maintenant] maintenant *dans l'interligne sur un* et puisque *biffé.*

Notes
¹ Le mémoire apologétique de BC.
² Allusion à *De l'Allemagne* que Mme de Staël avait publié en septembre 1810 et qui fut pilonné le mois suivant sur les ordres de Napoléon.
³ On se souvient que la famille de Germaine de Staël est protestante.
⁴ L'article violent de BC contre Napoléon qui a paru dans le *Journal des débats*, le 19 mars 1815, la veille de la rentrée triomphale de l'Empereur à Paris.
⁵ Auguste de Staël. Il s'agit de la restitution des deux millions de francs que Jacques Necker avait prêtés au Trésor.

2694

Benjamin Constant à Juliette Récamier

11 août 1815

J'ai trouvé hier en rentrant une lettre¹ qui me tourmente beaucoup. Elle me met dans une alternative très douloureuse, entre le mouvement de mon ame et ma tranquillité. J'ai tout à fait besoin de vous consulter comme ma conscience. Vous êtes précisément faite pour juger dans une affaire pareille. Je ferai aveuglément ce que vous me direz que vous feriez à ma place. Je vous 5 demande donc un moment d'entretien, ce matin². Vous déciderez si c'est un devoir de faire ce qu'on me demande³, quoiqu'il n'existe aucun lien, et que la personne et moi n'ayions nul rapport même de société depuis dix ans, sauf des rencontres fortuites. Mais tromper la confiance du malheur est si affreux, et je sens qu'après un événement qui est inévitable⁴, je serai pour- 10 suivi de cette idée. Enfin vous prononcerez. Envoyez moi un mot de réponse pour que je sache quand je pourrai vous voir ; jusqu'alors je m'enferme pour n'être pas obligé de repondre moi même.

à Madame / Recamier.

Manuscrit *Paris, BnF, N.a.fr. 13265, ff. 333–334; coté d'une main ancienne : «180»; 4 pp., pp. 2–3 bl., l'adresse p. 4; orig. autogr.

Éditions **1.** Lenormant (1882), n° 113, pp. 236–237. **2.** Harpaz (1977), n° 117, p. 187. **3.** Harpaz (1992), n° 126, pp. 238–239.

Commentaire et Notes La lettre dont il est question dans la première phrase, comme ayant été reçue «hier», et qui vient de la part de la femme du général Labédoyère, est notée dans le Journal, sous la date du 10 août. La présente lettre date donc du 11 août.

[1] Cette lettre n'a pas été retrouvée. Victoire-Georgine de Chastellux avait épousé en 1813, à l'âge de vingt-trois ans, le comte Charles de Labédoyère.
[2] BC verra Juliette, en effet, le 11 août ; voir Journal, sous cette date.
[3] BC verra Labédoyère le 12 et écrira «un petit morceau» en sa faveur le 13.
[4] L'exécution de Labédoyère aura lieu le 19 août.

2695

Benjamin Constant à la maréchale Aglaé Ney

vers le 15 août 1815

C'est avec un regret véritable, Madame, que Je me vois forcé de renoncer au bonheur de vous servir[1]. Mais il est physiquement impossible que je puisse vous être bon à quelque chose, vu le peu de tems que vous laissent les circonstances impérieuses que vous me détaillez dans votre lettre. Je vous nuirais, en apportant dans l'examen d'une affaire si essentielle la précipita- 5 tion que ces circonstances nécessitent. Je comptais, après une lecture approfondie, rendre compte à M. Brune des idées qu'elle m'auroit fait naître et non me livrer à une rédaction que ma position personnelle ne me permet pas. Il me semble de plus qu'il y a très peu de chose à changer au Mémoire que je viens de lire. Tout au plus faut-il y apporter un peu plus d'ordre, et 10 resserrer les faits. La cause sera aussi bien défendue qu'elle peut l'être, si M. le Maréchal prouve

1° qu'il n'a pas été de la conspiration qui a fait revenir Bonaparte, s'il y en a eu une.

2° qu'il étoit de bonne foi dans ses promesses au Roi. 15

3° qu'il n'a cédé qu'à l'idée que sa résistance exciteroit inutilement la guerre civile.

4° qu'il n'a point cherché à profiter du titre que la défection sembloit lui donner à la reconnoissance de Bonaparte, parce qu'en effet il n'avoit agi que forcément et nullement pour Bonaparte même. 20

5° qu'il a déclaré, à la Chambre des Pairs, qu'il n'y avoit aucune possibilité de défense, et que cette déclaration provoquoit manifestement la rentrée de S.M.

6° enfin qu'il a sans doute commis une faute infiniment grave, mais que cette faute n'a point donné le résultat général et funeste qui a eu lieu et que 25 Bonaparte auroit triomphé sans lui.

Voilà Madame le resumé qui doit terminer le Mémoire, qui d'ailleurs contient tous ces faits et que l'on peut, avec peu de changemens, employer tel qu'il est.

Agréez mes regrets, mes excuses, permettez que je réitère la prière de n'etre point nommé, et recevez l'hommage du respect du a vos vertus et à vos malheurs.

Manuscrit   *Paris, AN, 137 AP 16 (Papiers Ney), pièce 7; 4 pp., p. 4 bl.; orig. autogr.

Édition   Kurt Kloocke, «Une lettre inédite de Benjamin Constant à la maréchale Ney», *ABC*, n° 20 (1997), pp. 127–151.

Texte   *D'une autre main pp. 1 et 3:* Benjamin Constant.

Notes
[1] Michel Ney, duc d'Elchingen, prince de la Moskowa, maréchal de l'Empire (1769–1815), s'était rallié à l'Empereur en 1815 et avait commandé les 1er et 2e corps d'armée dans la campagne de Belgique. Après la défaite de Waterloo, il fut arrêté pour s'être mis au service de Napoléon avant le 20 mars 1815, et arriva à Paris sous escorte le 19 août 1815. Incarcéré au Palais du Luxembourg et condamné à mort, le 6 décembre 1815, par la chambre des Pairs, il fut fusillé place de l'Observatoire le lendemain matin. La maréchale Ney implora en vain sa grâce auprès de Louis XVIII et du duc de Wellington.

2696

Benjamin Constant à Rosalie de Constant

28 ou 29 août 1815

C'étoit plus pour vous, chere Rosalie, que pour toute autre persoñe que je vous avois envoyé le mémoire[1] qui m'a été si utile. Je suis bien aise que vous en ayez été contente. Comme il n'est plus question de cette affaire, je n'y pense plus.

J'ai été fort inquiet de ma femme, qui l'a été egalement de moi. Elle m'a écrit une foule de lettres qui se sont perdues, et celles que je lui ai adressées ont eu le même sort. Enfin j'ai de ses nouvelles, quoiqu'elle n'ait point des miennes, et je suppose que, si elle peut traverser les armées, elle arrivera au premier jour.

Mad. de St. a renoncé a toutes ses pretentions, depuis que ma position est changée : et ses lettres sont redevenues amicales, en raison de ce qu'elle m'a vu malheureux.

Votre Suisse me paraît peu hospitalière[2]. Il y a de la sagesse dans cette conduite, et il faut espérer qu'elle sera utile, car c'est assurément le seul bon coté qu'elle puisse avoir.

Si, comme je l'espère, tout devient tous les jours plus tranquille en France, ce que nous devrons uniquement à la sagesse du Roi, je ne compte pas quitter Paris. Ma femme m'apportera mon ouvrage d'Allemagne, et j'en publierai une partie cet hyver.

Je n'occupe point encore ma maison qu'heureusement je n'avais point 20 meublée. Un Commissariat anglais s'y est établi, et me laisse pour loyer le fumier de cinquante chevaux, ce qui a sa valeur. J'espere pourtant la louer autrement par la suite.

Adieu chère Cousine. Dites mille choses à tous ceux qui pensent à moi, surtout à M^de de Loys et à notre excellente tante de Charrière. Je vous 25 embrasse tendrement.

Manuscrit   *Genève, BGE, Ms. Constant 36/2, f. 248; 2 pp.; orig. autogr.

Édition   Roulin (1955), n° 149, p. 209.

Notes
1   L'apologie qui a valu à BC d'être radié de la liste des exilés.
2   Les bonapartistes et les membres de la famille de l'Empereur n'ont pas été autorisés par le gouvernement helvétique à séjourner sur le territoire suisse.

2697

Germaine de Staël à Benjamin Constant

1er septembre 1815

Ce 1er 7-bre.

Votre état de santé[1] m'inquiète beaucoup, mon cher ami, je puis tout supporter de vous à présent excepté que vous soyez malade. − J'ai trouvé dans le fond de mon cœur à ce mot des émotions que je croyais éteintes. − Vous avez été bien fou et bien cruel, mais, enfin, vous avez un esprit et des 5 facultés uniques et vous devez au bon Dieu, qui vous a fait tel, de vous soigner avec scrupule. − Vous pouvez à jamais compter sur ma fille et moi, non telles que nous voulions être, mais telles que vous nous avez permis d'être, en amies, − et vous finirez par trouver que c'est encore ce que vous avez de mieux. − M. de Langallerie[2] qui est ici me charge de vous dire qu'il 10 m'a répété ce matin toutes les conversations qu'il avait eues avec vous, hélas, à quoi bon ? − Votre brochure[3] que je prête est extrêmement admirée ici par les Anglais et par ceux des Genevois qui savent lire, on me mande de Paris qu'elle réussit beaucoup, c'est une belle carrière que la vôtre si vous pouvez apprendre la liberté à la France. − Vous me dites que tout le monde 15 croit que je serai payée[4], – je l'espère aussi, mais j'ai pris une telle habitude de la crainte que je ne dépenserais pas un louis sur ces deux millions. – S'ils arrivent j'espère que V. de Broglie[5] pensera à nous, vous voyez que je suis modeste. - Si vous pouvez servir à cela faites-le, je m'en remets en entier à votre fierté comme à votre zèle dans ce qui concerne Albertine. – Vous avez écrit à Ch. Constant[6] que vous passeriez peut-être par ici en allant en Allemagne, j'espère que c'est une phrase d'usage, mais j'ose espérer que vous n'irez pas. – Vous auriez l'air ou d'un exilé ou d'une tentative manquée en vous en allant à présent. – Je compte partir le 15 7-bre[7], vous pouvez encore m'écrire ici, – ne l'oubliez pas, – mais adressez par Genève et non par la Suisse, cela retarde. Donnez-moi des nouvelles exactes de votre santé. –

Éditions   **1.** Nolde (1907), pp. 242–245.   **2.** *Léon (1928), n° 36, *RP*, pp. 332–333, et vol., pp. 108–110.   **3.** Solovieff (1970), p. 509 (fragment).

Texte   *Ajouté après* Ce 1er 7-bre. *par Léon :* [1815, Coppet].

Notes
[1] Peut-être s'agit-il de l'abattement de BC à cause de l'exécution le 19 août 1815 de La Bédoyère, qu'il avait essayé de défendre, ou de son désespoir à cause de Juliette Récamier. Le Journal n'en dit rien.
[2] En 1807 BC avait été attiré par le mysticisme de la secte des «Ames intérieures» que dirigeait son cousin germain, le chevalier Charles de Langalerie (1751–1835), chef des piétistes lausannois.
[3] *Les Principes de politique applicables à tous les gouvernemens représentatifs*, parus le 30 mai 1815.
[4] Voir la lettre de Germaine de Staël à BC du 18 janvier 1814, note 2.
[5] Victor de Broglie, futur mari d'Albertine de Staël.
[6] Charles, frère de Rosalie de Constant. Cette lettre n'a pas été retrouvée.
[7] En Italie Germaine de Staël soignera John Rocca, très malade.

2698

Marianne de Constant à Benjamin Constant

2 septembre 1815

Vous aurez eté bien surpris Monsieur de ne pas recevoir de reponce a la lettre ou vous nous annonciez[1] que Mr de Loÿs rembourceant le 10 de septembre il faloit arrenger l'hipoteque que vous nous offriez pour dix mille francs et recevoir les trois autre mille c'est un mésentendu suite de ma mauvaise tete et peu de memoire qui en est cause mes enfants ont ecris a Mr de Loÿs pour leur annoncer cet arrengement tel que vous l'offrez et ils ont en meme tems envoyé au chevailler de Langalerie une procure et l'acte de

Depot pour qu'il donne a Mr de Loÿs toutes les decharges. Ils ont en meme tems adresse a Mr de Jacquemond une procuration pour arrenger avec vous le placement sur votre maison et quoiqu'il se trouve parti j'espere que sa 10 femme auras un homme d'affaire qu'elle employera je doit vous avouer qu'il faut mon entiere confiance en vos principes pour placer sur le gouffre ou nous sommes tous et surtout Paris le seul morceau de pain de mes enfants et que je suis desolée que vous y ayez mis vous meme une si grosse somme dans un tems ou notre ruine a tous est la raison et le mobile de toute la 15 politique, je loge depuis un mois des capitaines leur gens leur chevaux leur meute et si l'on vouloit me tenir quite a dix Ecus par jour je serai contente encor est on exposé aux insulte des domestiques car leurs maitres sont encor honnetes quoique tres exigeant, mater les Francois pour qu'il soyent tranquille, Auxonne est pris et 320 pieces de canon &^{a} Besançon le sera aujourd- 20 hui ou demain et Salin aussi on prepare un camp de cent mille hommes pour les Empereur pres de Dijeon.

Excuse le retard de ma reponce j'avois cru que mes enfants vous avoit ecris il y a huit jours. Puisse votre santé et tout ce qui vous interesse ne pas trop souffrir.   25

J. M. R.

Le 2 7bre

Manuscrit   *Lausanne, BCU, Fonds Constant I, Co 646; 2 pp.; orig. autogr.

Texte   **11** doit] ⟨ne puis⟩   **15** est] *le ms. porte* : est est

Note
[1] Non retrouvée.

2699

Germaine de Staël à Benjamin Constant

3 septembre 1815

Coppet, 3, 7-bre.
Je mène une si cruelle vie toujours inquiète de la santé de la personne sur qui tout mon bonheur repose[1] que j'ai quelques fois des instants de véritable désespoir. Croyez-moi toutes les choses politiques ne sont rien à côté de ce qui tient au cœur. − Mais laissons cela, c'est comme le terme de l'existence, 5 Dieu seul sait ce qui en est. − Un Anglais, homme de sens, que j'ai vu avant-hier me disait qu'il n'avait rien lu qui lui parût aussi beau que votre dernier

ouvrage sur les principes politiques et que nulle part la constitution anglaise
n'était si bien présentée. Si donc quelques circonstances vous amenaient en
Angleterre et que vous voulussiez écrire de là des faits avec des réflexions, je   10
crois encore que vous y auriez une grande influence. Le talent efface bien
vite ce qui est inconsidéré mais pas coupable. – Dans ce pays aussi vous
seriez très bien ; je crois vous avoir écrit que le landamann Pidou[2], qui est
vraiment un homme d'esprit très cultivé, m'a parlé de vos écrits avec beaucoup d'enthousiasme. – Je ne puis pas vous dire avec certitude ce qui con-   15
cerne Madame de Constant ; mais on m'a assuré qu'elle était en Allemagne.
Auriez-vous des raisons de la faire venir à Paris, si ses parents[3] n'y restent
pas ? Il me semble que les chambres sont composées de manière à ne pas
propager les idées libérales, enfin il faut voir. – Ce que je voudrais c'est que
mes affaires et le mariage qui s'en suit fussent terminées. – Victor[4] et mon   20
fils viendront me rejoindre en Italie dès qu'ils auront les bans. – Ecrivez-moi
toujours ici jusqu'à ce que je vous donne une autre adresse. – J'ai reçu deux
lettres de l'Empereur Alexandre[5] en réponse aux miennes dont l'une surtout
est vraiment superbe. – C'est un miracle que des idées si fermes de liberté
dans la tête d'un homme, – et je ne conçois pas comment on n'en tire pas   25
plus de bien pour la France. – Dans quel état est le midi[6]? Et comme on
prend cela tranquillement ; l'esprit de parti a les mêmes effets chez tous les
hommes. - Sismondi est ici malade et triste à un degré qui fait pitié. – Il
avait trop peur de la malveillance pour s'y exposer ainsi. – Je l'ai recueilli
chez moi et Manget(?) dans sa famille de Bernes(?)[7], la plus impertinente de   30
toutes, n'a pas manqué de le dire. – Mais que signifierait l'amitié si l'on ne se
retrouvait pas dans le malheur. D'ailleurs dans les affaires politiques je
trouve qu'il n'y a que les battus avec qui l'on puisse causer. – Mandez-moi
ce que vous pensez de l'avenir. – Adieu, au printemps. –

Éditions   **1.** Nolde (1907), pp. 246–248.   **2.** *Léon (1928), n° 37, *RP* pp. 333–334, et vol.
pp. 110–113.   **3.** Solovieff (1970), p. 509 (avec coupures).

Texte   *Ajouté après* 3 7-bre *par Léon :* [1815].   *Notes de Léon :*   **1**   **3**] *Le* 3 *en surcharge sur
un* 2   **20**   et] *et dans l'interligne*

Notes
[1] John Rocca.
[2] Voir la lettre de Germaine de Staël à BC du 21 juillet 1815, note 2.
[3] Les Hardenberg, qui sont à Paris depuis la victoire des coalisés à Waterloo.
[4] Victor de Broglie, qui épousera Albertine de Staël le 20 février 1816.
[5] Alexandre Ier (1777–1825), empereur de Russie. Ces lettres, dont l'une est datée de Heidel-
     berg le 13 / 25 juin 1815 et l'autre de Paris le 13 août 1815, ont été publiées en français dans
     la *Revue de Paris* du 1er janvier 1897, pp. 5–22.
[6] Des troubles anti-bonapartistes et anti-protestants avaient déchiré le sud de la France. Le
     maréchal Brune (1763–1815), ancien général de la Révolution, qui avait essayé d'arrêter la
     guerre civile en Provence après la défaite de Waterloo, fut assassiné à Avignon, le 2 août
     1815.

⁷ Allusion non élucidée. Les points d'interrogation entre parenthèses sont reproduits ici d'après le texte de Léon.

2700

Benjamin Constant à Juliette Récamier

3 septembre 1815

Je vous envoye mon mémoire pour M. de Catelan¹ avec une petite lettre pour lui, telle que vous avez daigné m'en Commander une. Je l'envoye chez vous à part, parce que j'ai peur que le reste de mon paquet n'arrive après le départ de la personne quelconque² qui partira de chez vous. Vous ne m'avez point marqué d'heure³ et je suis disposé à croire que pour vous aller joindre⁴ on se met en route le plutot qu'on peut.

Mon autre paquet⁵ suivra dans deux heures, et si l'on n'est pas parti de chez vous, on le joindra à celui ci.

Que je vous remercie de votre lettre⁶! Je ne suis pas précisément moins triste, mais ma tristesse est plus douce et toute mon existence moins pénible. Il se peut qu'une espèce d'affaiblissement physique contribue à ce que j'éprouve de découragé. Après avoir beaucoup souffert, je commence à ressentir que la douleur use. J'étonne ceux qui me voyent par un air de maladie que je ne crois malheureusement pas encore un présage de repos. Mais je suis moins en état de supporter de la peine. Je pourrais vous en donner une preuve, si je vous racontais le mal que m'a fait un mot d'Auguste⁷, dit sans intention, et qui m'a tourmenté depuis hier.

Cependant grace à vous, je suis mieux, beaucoup mieux. Mais votre bonté, votre tolérance me sont bien nécessaires. Il est de fait que mon attachement pour vous a quelque chose de tellement vif que je le sens me consumer. Il est étrange, cet attachement, et d'une nature singulière. Il est de fait que ce n'est pas de mon bonheur que j'aurais besoin, mais de vous en donner. Physiquement moralement, religieusement, je sens que je renoncerais avec délices à toute jouïssance pour moi, si je pouvais être pour vous la source de toutes, et quand vous me repoussez, je souffre encore plus du dévouement dont vous ne voulez pas profiter que de ma douleur propre.

Enfin depuis un an vous me connoissez. Je n'ai pas eu d'autre pensée que vous : et je n'en aurai jamais d'autre, quand même ma vie ne s'approcheroit pas d'un terme que je désire, puisque je ne vous suis presque bon à rien. Je l'ai senti, dès le premier jour où vous avez tourné sur moi vos regards par curiosité ou désœuvrement. Ne dites pas que vous avez eu tort envers moi.

Vous me croyiez tout autre. Mais dites vous que ce que j'ai été depuis un an, sans me démentir, à travers toutes les agonies que votre ignorance de mon caractère me fesoit subir de votre part, je le serai toujours, que vous pouvez me consoler ou me briser à votre gré, que ce n'est pas me briser qui est 35 difficile. Je le suis à demi : je le suis plus que vous ne croyez. Mais je renais par le moindre signe d'affection, et si en me les refusant tous, vous acheviez ma perte, votre ame douce et rêveuse ne m'oublieroit pas : et pour dernier malheur, j'aurais celui de vous poursuivre malgré moi jusques dans la soli-tude dont vous avez besoin pour vous reposer d'un monde indigne de vous. 40

A après demain[8].

Manuscrit *Paris, BnF, N.a.fr. 13265, f. 112; coté d'une main ancienne : «62»; 2 pp.; orig. autogr.

Éditions **1.** Lenormant (1882), n° 104, pp. 212–214. **2.** Harpaz (1977), n° 118, pp. 188–190. **3.** Harpaz (1992), n° 127, pp. 239–242.

Commentaire et Notes La date proposée pour cette lettre est conforme aux menus faits cités dans les notes 6 à 8. Juliette a quitté Paris pour passer un ou deux jours à Saint-Germain-en-Laye, où elle loue un appartement, chez un certain Monsieur de Courcy, dans la rue de Pontoise (voir ci-dessous les lettres 2715 et 2721), et tout près de ses amis, la marquise et le marquis de Catellan, cités au premier paragraphe. Il faudrait supposer que la présente lettre a été envoyée chez Juliette à Paris, pour qu'un messager la lui transmette, ainsi que la copie du mémoire au Roi, destinée au marquis.

[1] Le mémoire en question est celui qui avait permis à BC de se faire radier des listes de proscription ; voir ci-dessus la lettre 2675, note 2.
[2] Le domestique chargé de transmettre le courrier en effectuant la liaison entre le domicile des Récamier et celui du marquis de Catellan.
[3] L'heure de départ du domestique.
[4] A Saint-Germain-en-Laye.
[5] Non retrouvé.
[6] Sans doute la «réponse douce» envoyée par Juliette à la «lettre déchirante» (non retrouvée) que BC lui avait envoyée au cours de la nuit du 2 au 3 septembre.
[7] BC avait dîné chez Auguste de Staël le soir du 2 septembre ; voir Journal, sous cette date : «Dîné chez Auguste. Abattement et douleur affreuse».
[8] En l'occurrence, BC dînera chez Juliette le soir même du 3 septembre, sans doute à Saint-Germain-en-Laye.

2701

Benjamin Constant à Juliette Récamier

4 septembre 1815

Je voulois vous écrire en me levant, pour vous remercier d'avoir passé une nuit plus calme, et d'avoir moins souffert, depuis hier[1]. Je n'ai eu que le souvenir de l'horrible peine que j'ai éprouvée, et cette tristesse habituelle qui est mon partage depuis plus d'un an. Mais il m'est venu une foule de visites, et je vous dois d'avoir pu les recevoir, leur répondre, causer enfin comme un être raisonnable. Au nom du ciel, ne me replongez pas, par des preuves d'indifférence, dans l'effroyable angoisse dans laquelle je suis si prêt à retomber. Toute ma vie, toute ma raison, toutes mes facultés, sont entre vos mains, et il me faut si peu de chose pour me calmer, il vous suffit tellement d'un mot, d'un regard, d'un serrement de main pour appaiser ma souffrance, qu'il faudroit que vous y prissiez plaisir pour la renouveller. Ce n'est pas le cas de vous mettre en garde, comme vous avez l'habitude de le faire, contre ceux qui vous persécutent de leur amour. Ce mot ne suffit pas pour exprimer mon affection pour vous. Cette affection unique et entière, cette vie perdue dans vous seule, cette occupation exclusive, en absence encore plus qu'en présence, cet empire physique et moral que vous exercez, c'est autre chose que de l'amour. C'est une ame qui se presse autour de la votre comme autour de son centre. Vous êtes le ciel, vous êtes Dieu pour moi. Quand le ciel se ferme, quand Dieu me repousse, je me sens saisi par l'enfer. Tout ce qui est bon, tout ce qui est doux, en moi, renaît ou meurt par vous. Prenez-en pitié, et sauvez moi. Vous le pouvez, vous le pouvez seule. Je ne trouble point votre vie. Je n'y pénètre point malgré vous. Je me retire humblement, dès que je me crois à charge. Ne l'avez-vous pas vu hier encore, quand M[de]de B. est arrivée[2]. Mais un quart d'heure de tête à tête, un mot doux, une assurance de bienveillance, c'est de l'eau dans le désert. Ma peine vous afflige : pourquoi ? C'est qu'il y a du mal à la causer, quand vous pouvez la faire cesser dans une minute et si facilement. Ne vous prescrivez pas de dureté inutile, avec une ame soumise, dévouée, sans exigeance, unie à la vôtre par un lien qu'elle ne peut rompre qu'en brisant le cœur que ce lien enlace jusque dans ses replis les plus intimes. Croyez moi, un an de souffrance, mes facultés bouleversées, tout vous l'atteste. Entre la destruction et moi, il n'y a que vous, et souffrir comme j'ai souffert, est plus impossible qu'un moment de courage, qui suffit pour s'en délivrer.

Je suis calme, résigné, raisonnable, humble, comme aucun mortel ne le fut jamais, sans amour-propre, sans calcul, mais tout dépend de vous, et sans vous, la folie est là qui m'attend, et la mort aussi pour me délivrer de la folie.

Vous m'avez promis ce soir à onze heures. Je vous verrai avant[3]. Mais vous n'aurez peut-être pas encore eu cette lettre. Et le diner de M[de] Degerando[4]? Oh ! ne vous faites pas illusion. Pensez qu'à tous les momens je 40 pense à vous, et que vous n'avez pas un mouvement contre moi qui ne retentisse dans mon ame et ne la déchire.

Manuscrit *Paris, BnF, N.a.fr. 13265, ff. 133–134; coté d'une main ancienne : «73»; 4 pp.; orig. autogr.

Éditions **1.** Lenormant (1882), n° 106, pp. 216–218 (avec coupures). **2.** Harpaz (1977), n° 119, pp. 190–192. **3.** Harpaz (1992), n° 128, pp. 242–244.

Texte **12** garde,] garde, ⟨contre ceux q⟩

Commentaire et Notes D'après la concordance entre les faits signalés dans la présente lettre et ceux notés dans le Journal, cette lettre date du 4 septembre, jour où BC rendra visite pour la première fois à Mme de Krüdener (voir la lettre suivante).

[1] Voir ci-dessus la lettre 2700 sur le désarroi que BC venait d'éprouver et Journal, 3 septembre, pour l'effet calmant de la présence de Juliette, au dîner du 3, chez elle.
[2] Il se peut qu'il s'agisse de la comtesse de Boigne (1781–1866), amie intime de Juliette.
[3] La visite prévue pour l'après-midi aura lieu ; voir Journal, 4 septembre : «Juliette chez elle. Peu de moments. Elle m'a promis un tête-à-tête pour ce soir». Mais le rendez-vous promis pour le soir sera manqué, comme si souvent, à cause de la présence du comte de Forbin (voir encore Journal, sous cette date), ce qui provoquera un nouvel accès de désespoir chez BC, et son recours à Julie de Krüdener : voir les lettres suivantes.
[4] Dîner non signalé dans le Journal, mais prévu sans doute pour le soir du 4 septembre.

2702

Benjamin Constant à Julie de Krüdener

4 septembre 1815

M[r] B de Constant a l'honneur de se présenter chez Madame de Krudener, non seulement comme ayant eu l'honneur de la voir autrefois, mais parce que Madame Recamier lui a dit que Madame de Krudener lui permettoit de lui offrir ses hommages.

Benj de Constant

Manuscrit Saint-Pétersbourg, RNB, Fonds Krüdener, carton n° 2; 2 pp.; orig. autogr.

Édition   Ley (1967), p. 211.

Commentaire   Pour Julie de Krüdener, voir Répertoire. Cette lettre marque le début d'un épisode assez singulier de la vie amoureuse et spirituelle de BC. Elle doit dater du 4 septembre, jour où BC note dans son Journal qu'il a «vu Mme de Krüdener». La baronne Julie de Krüdener (1764–1824), auteur, puis mystique religieuse, prophétesse et voyante, connaît Juliette Récamier depuis fin 1803 (voir la lettre de Julie de Krüdener à Camille Jordan du 28 janvier 1804, citée par Ley, 1994, p. 175). Son roman, *Valérie* (1803), fut considéré à l'époque comme faisant concurrence à *Delphine* (1802) et ne plaisait pas à BC (voir *CG*, V, p. 167 (27 février 1804) et Journal, 26 février 1804). BC fait la connaissance de Mme de Krüdener en 1802 (Ley, 1996, p. 141). Le jugement porté sur elle par Germaine de Staël, nuancé à certains égards, fut plutôt favorable en ce qui concerne la finesse de son esprit. Enthousiaste et ambitieuse, Julie de Krüdener devint la confidente du tsar Alexandre Ier à Heilbronn dès le 4 juin 1815 et exerça une grande influence sur son esprit. Faisant appel à sa foi ardente, elle l'a persuadé d'entreprendre la régénération de l'Europe, au moyen du christianisme ; c'est cette idée qui détermine en partie les termes du traité de la Sainte-Alliance de 1815, entre la Russie, l'Autriche et la Prusse. Arrivée à Paris à la suite du tsar le 14 juillet 1815, elle s'installa tout près de lui (qui avait élu domicile au Palais Elysée-Bourbon) dans l'Hôtel Montchenu, rue du Faubourg Saint Honoré, n° 35, et le tsar lui rendait visite presque tous les soirs. C'est là, à l'Hôtel Montchenu, qu'elle ouvrit un cercle de prière qui attira plusieurs disciples dont certains (tel Chateaubriand) semblent avoir été séduits moins par les charmes de la religion en elle-même que par la volonté d'effacer tout souvenir de Napoléon en rétablissant le vieil ordre royaliste et chrétien. BC se montrera plus susceptible que ne l'avait été Germaine de Staël aux séductions de la foi religieuse telle qu'elle était entendue par Julie de Krüdener, mais il gardera ses distances envers les gens un peu farfelus qui l'entourent et les formes parfois exagérées sous lesquelles cette foi se manifeste : «Le fond me touche, mais leurs formes et leurs annonces de miracles me font l'effet contraire» (Journal, 4 septembre 1815). Il faut reconnaître aussi que Julie de Krüdener non seulement le traitait avec une douceur qu'il cherchait en vain ailleurs, mais encore lui offrit un moyen détourné de plaider sa cause auprès de Juliette : «Je voudrais que Mme de Krüdener créât entre nous un lien d'âme, et me rendît nécessaire à elle sous ce rapport» (Journal, 6 septembre 1815). Pour plus de détails, voir Ley 1961, 1967, 1994. Voir aussi le Journal tenu par la fille de Julie de Krüdener, Juliette de Berckheim (1787–1865), qui vient d'épouser le baron Franz Karl von Berckheim (1785–1831) au mois de janvier 1815. Le Journal de Juliette (cahiers I-XIV (1806–1824)) se trouve aux archives de M. de Viéville, Paris (voir Ley, 1994, p. 427). Il existe une copie de ce journal aux Archives de Genève, dans le fonds Francis Ley B.18 : pour l'époque qui nous concerne, voir le cahier VIII (13 mai–28 novembre).

2703

Benjamin Constant à Julie de Krüdener

5 septembre 1815

J'espérais Madame me présenter chez vous à quatre heures, ma destinée bizarre, douloureuse, inexplicable s'y oppose. Vous avez cru me voir hier[1] dans un état malheureux, c'était un des jours les plus doux qui m'ayent été donnés depuis une année. Aujourd'hui la barre de fer qui traverse ma poitrine est revenue, chaque pensée est une douleur morale, chaque mouvement   5

10. Portrait de Julie de Krüdener par Gustav Karl Friedrich Lüderitz. Collection particulière.

un déchirement physique[2]. Ces peines que je comparais avec vous à celles qu'on dit éternelles, sont là dans mon cœur : je n'obtiens du repos qu'en restant immobile. Même en vous écrivant chaque effort que je fais pour tracer une phrase renouvelle l'agonie qui ne s'apaise que lentement. Vous m'avez dit que j'avais droit à des miracles de votre part ; à Dieu ne plaise que j'en exige et que je tente la bonté céleste ! Mais si vous pouvez en faire des miracles, faites en pour me sauver, le temps presse.

Mon état d'âme n'est pas sans cause, mais vous raconter cette cause serait long et inutile, et ne vous l'expliquerait pas.

Je passe pour un homme ambitieux, imbu de telle ou telle opinion, désireux de pouvoir ou de gloire littéraire, que sais-je enfin mu comme d'autres hommes par un espoir, par un calcul par une raison telle que celle qui conduit la vie humaine. Je ne suis rien de tout cela, je suis une créature foudroyée depuis un an, une créature à qui une autre a plongé dans l'âme un poignard, et qui se débat s'agite, se relève et retombe, sans que rien puisse détacher ce trait qui me perce. Depuis cette année, je n'ai plus rien su de ce que je ferais. J'ai brisé pièce à pièce l'édifice de ma vie. J'ai été par une inconséquence apparente l'étonnement de ceux qui m'ont vu, Je me suis rallié à tout ce qui semblait promettre l'orage[3]. J'ai brigué les périls les tempêtes, une douleur autre que celle que sa prolongation me rendait insupportable, tout à été en vain. Je vois tout, je juge tout, mais je ne sens que la barre de fer qui est sur mon cœur.

Ne croyez pas à ces expressions qu'il s'agisse d'amour. Il s'agit d'une amitié passionnée qui a été foulée aux pieds, d'un dévoûement, d'une confiance, d'un besoin de sympathie que l'on a fait naître, pour le refouler sur mon cœur, et qui l'écrasent.

N'exigez pas que je vienne chez vous. L'immobilité seule allège ma souffrance, mais si votre voix est entendue, élevez la pour moi. Ne trahissez pas ce secret, je le place sur votre conscience, et je regarde ma confiance comme vous liant par un serment sacré. Il est ignoré de tous, et ne paraîtrait en moi qu'un bizarre ridicule, un seul être le sait qui en est à la fois l'objet et le dépositaire, et qui, bien sûre que sa voix me calme, que ses conseils me soulagent, ne trouve pas que ma vie vaille une demi-heure par jour.

C'est une punition je le crois, j'ai aussi foulé aux pieds l'affection[4], j'ai aussi vu couler sans pitié des larmes amères.

Pardon si je ne vais pas chercher ce trésor de bonté que vous m'avez offert. Votre voix est douce et puissante, mais rien n'agit sur moi qu'une seule chose, je le sais depuis un an et je ne vous fatiguerais d'inutiles expériences.

Adieu madame, continuez à répandre autour de vous le calme et le bonheur, et croyez que vous avez tous les vœux qu'il me reste la force de faire. 45

BC.

Manuscrits   **1.** *Moscou, RGADA, Fonds Krüdener, carton n° 8 ; 4 pp.; copie ancienne. **2.** Paris, Archives Francis Ley ; 5 pp., p. 6 bl.; résumé de la main de Julie de Krüdener.

Éditions   **1.** Privat, *JG*, 9 mars 1908.   **2.** Ley (1967), pp. 212–213.   **3.** Harpaz (1992), n° 130, pp. 246–248.

Commentaire et Notes   Cette lettre est écrite à la suite de la grande crise du soir du 4 septembre, causée par le tête-à-tête manqué avec Juliette (voir la lettre 2701, note 3). C'est au cours de cette crise que BC avait «pris la résolution de mourir» (Journal, sous cette date). Il s'agit donc ici de la lettre qui donne le «tableau de mon affreux malheur», et qui est citée dans le Journal. Julie de Krüdener a fait des résumés de quelques-unes d'entre les lettres qu'elle avait reçues de BC, sous le titre général, «D'un homme très connu, eté [*sic*] lié aux grandes affaires». Pour le résumé de la présente lettre, voir ci-dessous.

¹ Le 4 septembre, date du premier rendez-vous entre BC et Julie de Krüdener (voir ci-dessus la lettre 2702).
² La situation de BC avait empiré depuis son premier entretien avec Julie de Krüdener, à la suite du rendez-vous manqué le soir du 4 septembre.
³ Allusion aux activités politiques récentes de BC, en raison du retour de Napoléon surtout, qui intéressaient beaucoup Julie de Krüdener.
⁴ Allusion possible à Anna Lindsay, sinon à Germaine de Staël.

Résumé (ms. 2)

Du même

Vous avés crû me voir hier dans un etat malheureux, et depuis longtems je n'ai eu de jour aussi doux : ah quand chaque pensée est une douleur morale, chaque moment un dechirement.

Ces pensées que je comparois avec vous a celles qui dit-on sont eternelles. 5 Elles sont dans mon cœur.

Vous m'avés dit que j'avois droit aussi aux miracles ; A Dieu ne plaise que j'en exige et que je tente la Bonté Celeste.

Mais demandés pour me sauver, demandés en le tems presse.

Qu'on se trompe sur les homes, on m'a crû ambitieux imbu de telle ou 10 telle oppinion desireux de Gloire, ou de pouvoir, que sais-je mû come d'autres homes par un espoir, ou un calcul – je ne suis rien qu'une Créature foudroiée, qui se débat s'agite se releve et retombe j'ai brisé pierre a pierre l'edifice de ma Vie, j'ai eté par une inconséquence apparante l'etonnement de Ceux qui m'ont vû je me suis ralliée a tout ce qui semblait promettre 15 l'orage. J'ai brigué les perils, la tempète une douleur autre que celle que j'ai en moi. Ne croïés pas aussi qu'il s'agisse d'amour.

C'est une punition, je le crois pardon si je ne viens pas, Votre voix est douce et puissante mais je Vs. fatiguerai repandés autour de Vous le calme et le bonheur.   20

Texte   **15** semblait] semblait ⟨pouvait⟩   **16** celle que] que *ajouté en interligne* /
19 mais] *ajouté en interligne*

2704

Benjamin Constant à Juliette Récamier

5 septembre 1815

[ ] J'ai bien souffert : pourquoi veniez-vous me chercher, quand je ne songeois pas à vous ? J'arrangeois ma vie : elle auroit peut-être été tolérable : ma reputation grandissoit. Enfin c'est détruit. Qu'importe ?

Que vous êtes charmante ! Quelle magie dans tous vos mouvemens ! Quelle trompeuse sensibilité dans votre regard ! Comme une minute de conversa- 5 tion avec vous changeoit toute mon existence ! Quelle puissance de bonheur vous auriez pu avoir, sans rien faire de ce que vous ne vouliez pas ! Vos conseils m'auroient guidé, votre interet m'auroit soutenu, vous m'auriez donné ce qui me manquoit. Rien ne m'auroit couté pour vous obéir. Mais il n'y avoit pas un de vos amis à qui vous ne parlassiez plutot qu'à moi. 10 Singulier sort d'avoir été si complètement dévoué, précisément à la personne qui sentoit le moins ce que je puis valoir.

Le jour baisse. Plusieurs heures se sont écoulées depuis que cette lettre est commencée. C'est autant de gagné. Mon entreprise est difficile. Je ne voudrais pas être méprisé comme un insensé. Je ne voudrais surtout pas 15 affliger un être innocent[1] qui arrivera bientot, mais trop tard. J'invente des prétextes, je ferme ma porte, j'explique ce qui frappe ceux qui la forcent. J'en viendrai à bout, mais il est fatigant de mettre de l'art jusques là. C'est pourtant un devoir, et j'ose le dire, c'en est un pour vous aussi. Il y aura donc au moins un secret commun entre nous. Cette idée m'est douce. N'est 20 ce pas ? Vous ne vous moquerez pas de moi ? Vous ne rendrez pas ma pauvre mémoire ridicule.

Vous me blamerez peut être : mais que pouvais-je faire ? Pour vivre il me falloit une demie heure de conversation avec vous par jour. Je ne pouvois l'obtenir. Devois-je continuer cette longue souffrance ? Vivre et me montrer 25 comme un insensé, comme depuis un an[2]? Quand vous avez voulu me plaire, l'arrêt a été prononcé. Ne soyez pas amère. Ce n'est pas un grand mal.

Depuis un an, j'avois si misérablement arrangé ma vie. Tout le monde se trouvera bien de ce que je fais, vous surtout que j'importunais.

La nuit est venue. Je n'enverrai ma lettre que demain³. Je vous en épargne ₃₀ autant que je peux. J'aurais voulu vous revoir⁴, mais vous n'auriez pas voulu me comprendre. D'ailleurs, demain déjà cela sera difficile⁵, après demain impossible. Ne me trahissez pas, ne vous tourmentez pas, comme vous êtes capable de le faire pendant un quart d'heure. Il y auroit plus de délicatesse à moi à ne vous rien dire. Mais l'effort étoit au dessus de mes forces. Je ne ₃₅ puis remplir que par vous ces longues heures. Adieu chère Juliette. Cet adieu n'est pas encore le dernier.

Manuscrits   1. *Paris, BnF, N.a.fr. 13265, f. 254; coté d'une main ancienne : «139»; 2 pp.; orig. autogr. Le début de la lettre manque.   2. Paris, Archives Ley ; résumé de la main de Julie de Krüdener

Éditions   1. Mistler (1950), pp. 93–94.   2. Harpaz (1977), n° 138, pp. 220–221. 3. Harpaz (1992), n° 150, pp. 285–287.

Texte *D'une autre main, en tête de la lettre :* Fragment.

Commentaire et Notes BC a voulu se suicider par amour pour Juliette par deux fois, le 5 septembre et le 9 octobre. Cette lettre, par sa méthode de composition surtout, s'accorde mieux avec les faits et gestes du 5 septembre, tels qu'ils sont notés dans le Journal, qu'avec ceux du 9 octobre. Il s'agit d'un fragment, en trois parties : la première partie, dont le début manque, aura été commencée après la lettre précédente de BC à Julie de Krüdener, c'est-à-dire tôt le matin du 5 septembre ; elle aura été reprise le soir («Le jour baisse. Plusieurs heures se sont écoulées depuis que cette lettre est commencée»: début du troisième paragraphe). Elle sera terminée la nuit tombée («La nuit est venue», phrase du début du cinquième paragraphe).

¹ Charlotte; BC croit qu'elle va arriver à tout moment. Voir Journal, 27 août : «Lettre de ma femme. Elle arrive». Le 3 septembre, il l'attend encore (Journal, sous cette date).
² Depuis le coup de foudre du 30 août 1814.
³ BC lui enverra pourtant la lettre suivante sans attendre.
⁴ Le Journal note, non sans ironie, le 6 septembre : «Juliette était venue à ma porte, et si je n'avais été enfermé, je l'aurais vue hier».
⁵ BC a dû recevoir la lettre que Juliette lui avait écrite de son côté, lui proposant un rendez-vous pour le lendemain ; voir Journal, sous cette date : «Elle m'a écrit de son côté. Je la verrai demain, dit-elle, à deux heures».

2705

Benjamin Constant à Juliette Récamier

nuit du 5–6 septembre 1815

Pardon, pardon, j'ai peut être tort à quelques égards, mais dans une situation si cruelle[1], est-il étonnant qu'on soit susceptible ? Et si vous vouliez, je ne le serais pas. Un mot de vous remet du calme dans mon ame, et de la raison dans ma tête. Mais pourquoi faut-il toujours que j'arrache ce mot ? Je vous jure que cela me tue, et que je suis plus épuisé d'une nuit de telles souffrances[2], que de je ne sai quelles douleurs physiques dont tout le monde frémiroit. Ce n'est pas ma faute si je vous aime tant : et pourtant je ne vous témoigne que je vous aime que de la manière que vous le voulez. Il est certain que si vous m'aviez écrit une ligne hier matin[3], vingt quatre heures d'agonie m'étoient épargnées. Je renais à présent, mais je renais comme après une crise affreuse ou toutes les forces ont été brisées. Croyez-vous que cela soit volontaire ? Croyez-vous que je ne donnerais pas la moitié de ma vie pour retrouver pendant l'autre moitié le repos que j'ai perdu ? Au nom du ciel, je vous en conjure à genoux, au nom de ma vie, je me connois bien, je n'exagère rien, je ne joue point le désespoir quand je n'en ai pas, rendez moi ces momens où je pouvois causer avec vous. Ils suffisent à m'aider à vivre, mais vous vous êtes malgré vous emparée de moi, et quand le lien qui m'unit à vous me paraît se rompre, je ne puis que tomber dans un délire qui est plus fort que moi, et je détruis le peu de moyens qui me restent de me relever de ma triste et douloureuse position. Je me trouve maudit de Dieu quand vous m'abandonnez. Toute la nature me semble me repousser. L'abandon, l'opprobre, la malédiction semblent m'entourer. Il s'en est peu fallu que je ne me tuâsse cette nuit[4]. J'ai voulu prier. J'ai frappé la terre de mon front. J'ai invoqué la pitié céleste. Point de pitié. Il se peut que je commence à devenir fou. Une idée fixe, depuis [un] an, peut bien rendre tel. Quelle année, grand Dieu ! Mais vous pouvez tout. N'est-ce rien que de sauver un être qui vous aime ? de sauver sa vie et peut être son ame ? Car s'il y a un Dieu, c'est mal de se révolter comme je le fais, de chercher du secours contre le sort, par tous les moyens de maudire sa destinée, d'offrir sans cesse, en échange d'une heure passée avec vous, tout ce qu'on peut esperer sur la terre et après la terre. Dites vous donc que je n'ai de forces qu'en vous voyant ; qu'un jour passé sans vous me brise, que quand je ne viens pas chez vous, c'est que je me fais une violence qui me bouleverse, que vous êtes le ciel pour moi, que je ne puis me passer de vous qu'en eprouvant l'enfer tout entier. Il y a quelque chose de mystérieux dans ce lien. Une passion n'est pas

si invincible et une passion si peu encouragée : une passion exige autre chose. Je me contente de tout. Respirer près de vous, et pouvoir vous parler
suffit à ma vie. Je n'en puis plus d'épuisement. Mais je vous verrai[5], et je
respire.

Madame Recamier

Manuscrit *Paris, BnF, N.a.fr. 13265, f. 172; coté d'une main ancienne : «94»; 2 pp., l'adresse p. 2; orig. autogr.

Éditions   **1.** Mistler (1950), pp. 91–92.   **2.** Harpaz (1977), n° 120, pp. 192–193. **3.** Harpaz (1992), n° 129, pp. 244–246.

Texte   **25** [un]] *omis par inadvertance*

Commentaire et Notes Cette lettre a pu être écrite en réponse à celle que BC avait reçue de la part de Juliette le soir du 5 septembre, indépendamment de celle qu'il lui avait déjà écrite (la lettre 2704).

[1] Il s'agit du tête-a-tête manqué du 4 septembre et des rapports de Juliette avec Forbin; voir ci-dessus la lettre à Juliette du 4 septembre.
[2] Celle du 4 au 5 septembre ; voir commentaire et Journal, 5 septembre : «Délibéré la nuit. Pris la résolution de mourir».
[3] Si Juliette avait pris la peine d'écrire à l'avance pour annuler le rendez-vous promis pour le soir du 4 septembre, cela aurait épargné à BC le choc d'un rendez-vous manqué, sans avertissement.
[4] Voir la note 2.
[5] A deux heures, le 6 septembre.

2706

Benjamin Constant à Julie de Krüdener

6 septembre 1815

Je profiterai surement Madame de votre permission[1] ou plutot de votre
offre si pleine de bonté. Mais pardonnez si auparavant un homme qui se
connoit profondément, car il ne s'est que trop étudié à ses dépens, ose faire
avec vous, en quelque sorte, ses conditions. Je sens que c'est une témérité,
presqu'une révolte mais ce n'est pourtant pas une révolte. Malgré vos lumières dont la source explique pourquoi elles sont si supérieures, vous pouvez vouloir vous servir pour moi de remèdes qui, je le sai, par une longue et
triste expérience, me feraient mille fois plus de mal que de bien. Je viens
donc vous demander à vous que je prendrai si volontiers pour guide trois
promesses, qui ne peuvent nuire en rien à ce que vous daignez désirer pour
moi. L'une de ne point me demander de nom propre. Ce ne serait plus mon

secret, et quoique je n'aye rien à révêler qui ne puisse être publié en face du monde, je n'ai pas le droit de faire prononcer dans ce qui me regarde le nom d'une personne qui n'est en rien responsable de ma manière de sentir ni de ma douleur. Ensuite, je vous supplie, si vous le deviniez par quelque moyen, de ne jamais en parler à la personne qui le porte. Au fond, je n'ai nul droit à me plaindre. Ce qu'on appelle vulgairement amitié, je l'ai obtenu, comme mille autres. Ce qui me jette dans l'état déplorable que je vous ai peint, c'est une susceptibilité, un besoin de sympathie, une affection passionnée, que souvent je ne revêle pas même à la personne qui en est l'objet, et qui me donnant subitement, à la moindre apparence d'oubli ou d'insouciance un coup dans le cœur, grandit en absence et devient cette douleur aigue que je ne puis supporter. Car du reste, bonté, noblesse, intérêt à ce qui me touche, tout ce qui caractérise une amie généreuse et même sensible dans le sens ordinaire, je le trouve, quand je suis capable de l'accepter. Enfin, n'essayez pas, dans l'idée que l'absence absolue me guériroit, de provoquer de quelque manière cette absence absolue. Je l'ai essayée. Elle va contre son but. Mon sentiment est si loin d'être de l'amour, qu'une conversation d'une demie heure sur des objets indifférens me calme et m'appaise. C'est quand des jours se passent sans que ces conversations puissent avoir lieu, que la douleur revient sans motif, presque physique, et grandit enfin comme vous l'avez vue hier[2]. Aussi, ce qui paraît un remede aggrave au contraire et même crée ma souffrance. Si je pouvois être chaque jour une heure auprès de la personne dont je vous parle, comme un frère auprès de sa sœur, je sens que je serai meilleur et heureux, et je me demande souvent d'ou vient cette disposition, que je n'ai jamais eue pour aucune femme, et dont je me serais moqué dans un autre. Loin d'etre un sentiment ordinaire, n'est ce pas plutot une sympathie de l'ame, qui veut s'établir pour le bonheur de tous deux ?

Voila Madame ce que j'ose demander. Vous êtes un ange de lumière et de bonté. Vous ne repousserez pas le cœur qui vous implore. Vous pardonnerez à un malade de vous indiquer, d'après une longue expérience, ce qu'il a appris sur sa maladie.

Je vous bénis, je vous aime, je vous remercie, et je vous verrai surement aujourdhui[3].

B.C.

Manuscrit   *Moscou, RGADA, Fonds Krüdener, carton n° 8; 4 pp., p. 4 bl ; orig. autogr.

Édition   Ley (1967), pp. 214–215.

Commentaire et Notes   Cette lettre fait écho aux idées qu'on retrouve dans le Journal, sous la date du 6 septembre, sur le rôle que BC souhaiterait voir jouer par Julie de Krüdener dans ses rapports avec Juliette : «Je voudrais que Mme de Krüdener créât entre nous un lien d'âme et me rendît nécessaire à elle sous ce rapport. Je doute qu'elle y réussisse». Nous supposons donc qu'elle date du même jour.

[1] Voir Journal, 6 septembre : «Mme de Krüdener m'a écrit, et j'ai été la voir».
[2] Il s'agit de la lettre 2703, qui donne le «tableau de mon affreux malheur».
[3] Voir la note 1. Le 6, il avait «causé quelques moments avec elle» (Journal).

2707

Benjamin Constant à Juliette Récamier

nuit du 6–7 septembre 1815

Je vous remercie de votre lettre[1]. Elle m'a fait du bien, comme le moindre témoignage de votre plus faible interet. J'espère pouvoir aller demain vous voir[2], ou plutot j'en suis sur, à moins d'un accident imprévu, car, fussé-je malade, j'irai tout de même. J'ai trop souffert hier[3] de n'y avoir pas été. Je commence d'ailleurs à croire que mon indisposition ne sera pas violente. Je prends la fièvre depuis trois jours tard le soir, et elle me quitte le matin. Pardon de ce détail ennuyeux et inutile.

Je suis bien malheureux si ma manière de vous interprêter ou de vous parler vous blesse, et vous rend différente de vous même. Je ne le concois pas. Jamais homme ne s'est plus résigné à n'obtenir que des preuves d'un interet d'amitié en échange du dévouement le plus absolu. Toutes mes paroles sont des essais pour obtenir un mot qui certes n'auroit d'autres conséquences que de me soulager de l'affreuse douleur qui m'abyme. Quand il y a quelques jours je vous disais que j'avais espéré faire un peu de progrès dans votre affection par l'habitude, mais que je vous étais aussi étranger que le premier jour, comment cela par exemple pouvoit-il vous blesser ? Comment ne voyez vous pas que c'étoit l'humble supplique d'un malheureux qui se meurt et qui avoit besoin d'un pauvre soulagement qu'il imploroit ? Vous avez gardé le plus froid silence. Je ne vous accuse pas. Ce n'est pas votre nature. Il y a quelque chose d'inexplicable dans votre disposition pour moi. Vous n'êtes pas comme cela avec les autres. Mais Il est certain que vous me voyez souffrir, sans avoir aucune pitié. Quand M. Ballanche[4] est blessé, ou affligé par vous, vous avez besoin d'une explication. Pourquoi ne suis-je pas M. Ballanche pour vous ? Avec moi loin de vouloir une explication, vous laissez peser la douleur sur mon cœur jusqu'à ce qu'elle le brise. Vous en serez fachée une fois. Vous ne pouvez vous faire illusion. Votre influence sur mon sort n'est pas méconnoissable. Hélas ! Je suis content de si peu. Vous qui parlez de faire du bien, pourquoi ne m'en faites-vous pas ? Croyez-vous qu'il n'y ait pas quelque mal à froisser une affection si vraye, et si soumise, et à laquelle vous rendez justice ? Vous apercevez dans les autres de la fatuité, des prétentions. Mais en moi, y a-t-il l'ombre d'amour propre dans mon dévouement ? Ne savez vous pas vous même, mettez la main sur votre conscience et répondez vous, que je proclamerais aux yeux de toute la terre, ce qu'il y a de plus humiliant pour la vanité, en échange d'un seul regard d'affection ? Je vous jure que j'en suis quelquefois affligé pour vous. Quand 35 Il sera trop tard, vous vous reprocherez peut être, quelque soin que vous preniez d'étouffer votre vie sous de bonnes actions de détail, vous vous reprocherez de n'avoir pas fait ce qu'il était si facile de faire, pour sauver un ami tel que le ciel en donne rarement et qui demandoit si peu. J'aurais pu être si bon par vous, si bon et si heureux. Pourquoi avez vous craint de 40 m'associer au bien que vous faites ? Pourquoi quand j'ai voulu être charitable, m'avez vous repoussé ? Pourquoi avez-vous traité tous mes bons mouvemens, les plus purs, les plus simples, avec autant de rigueur que mon amour ? Je ne cherche point à faire des scènes. Je souffre solitaire ma porte fermée, et chaque minute est de l'accablement et de la douleur. Et vous 45 pouvez me soulager d'un mot. Votre lettre de hier[5] m'a donné trois heures de relache. J'avais passé ma journée tout seul, et je n'etais sorti que pour aller voir M^{de} de Krudener[6]. L'excellente femme. Elle ne sait pas tout, mais elle voit qu'une peine affreuse me consume. Elle m'a gardé trois heures pour me consoler. Elle me disoit de prier pour ceux qui me fesoient souffrir, d'offrir 50 mes souffrances en expiation pour eux, s'ils en avoient besoin. Je l'ai fait de bien bon cœur. Je voudrais croire et j'essaye de prier. J'ai dit à cette Puissance inconnue que je me résignais à mourir dans l'isolement où vous me laissez, pourvu que vous fussiez heureuse. Une fois vous m'avez dit qu'il étoit doux de prier pour ceux qu'on aimoit. Je ne vous veux que du bien. Je 55 crains pour vous, quand ma vie se sera usée. Il n'y a que vous qui ne voyez pas qu'elle s'use. Il n'y a que vous qui ne daignez pas remarquer la différence de ce que j'étais et de ce que je suis. Je lisais hier cet article sur moi dans un Journal[7]: et je me demandais pourquoi j'ai ainsi disparu du monde. Vous le savez. Croyez vous qu'il n'y ait aucun mal à causer tant de peine à 60 qui ne veut que vous aimer, à qui ne demande point d'amour ?

Adieu. Je suppose que vous aurez cette lettre quelques heures avant mon arrivée[8]. Traitez moi doucement. Je ne vis que par vous. Adieu. Ne soïez pas fachée. Il n'y a point de murmure au fond de mon cœur, et si j'avais un moyen de vous causer un instant de plaisir, je serais consolé de toutes mes 65 peines.

Manuscrit   *Paris, BnF, N.a.fr. 13265, ff. 233–234; coté d'une main ancienne : «128»; 4 pp.; orig. autogr.

Éditions   **1.** Colet (1864), n° 45; pp. 116–119.   **2.** Lenormant (1882), n° 112, pp. 232–236. **3.** Harpaz (1977), n° 121, pp. 193–196.   **4.** Harpaz (1992), n° 131, pp. 249–252.

Texte   **59** ainsi] *ajouté dans l'interligne*   **61** d'amour ?] d'amour ? ⟨*deux lignes et demie lourdement biffées*⟩

Commentaire et Notes   La date est commandée par le contenu ; voir surtout les notes 2–3, 6.

[1] Non retrouvée.
[2] BC dînera chez Juliette le soir du 7; voir Journal, sous cette date.
[3] Le 5 septembre ; le 6, il l'avait vue «quelques minutes chez elle» (Journal).
[4] Sur Ballanche, voir la lettre 2558, note 7.
[5] Voir la note 1.
[6] Pour cettte entrevue avec Julie de Krüdener le 6 septembre, voir ci-dessus la lettre 2706.
[7] Il s'agit peut-être de l'article très élogieux du *Journal de Paris* cité dans la lettre du 14 février 1815, ou bien de celui qui avait paru dans le *Journal général de France* du 9 juillet (voir lettre de cette date).
[8] Voir la note 2.

2708

Benjamin Constant à Julie de Krüdener

nuit du 6–7 septembre 1815

Combien vous m'avez fait de bien, aujourdhui[1], Madame, et quel besoin j'ai de vous écrire ! Que vous êtes bonne, indulgente, et puissante en consolation ! Je ne suis plus seul dans le monde, et le bonheur d'avoir une amie, un guide, une voix qui vient du ciel, relève mon ame. Oui, certes, je n'aurai rien de caché pour vous. Votre inépuisable bonté m'encouragera à tout vous 5 détailler. Vous suffisez à tout, comme ce Dieu, dont vous êtes la puissante missionnaire : et tous les malheurs trouvent en vous et loisir pour les entendre, et force pour les consoler. Déja je m'afflige de votre moindre absence, je voudrais vous suivre partout. Je retomberai dans la solitude quand vous partirez[2]. Quand pourrai-je vous voir aujourdhui[3], en vous troublant le 10 moins possible, et en vous possédant aussi le plus longtems que je pourrai. Ce besoin m'occupe, et depuis que je suis sorti de chez vous, cette pensée ne m'a pas quitté. C'est la première fois que j'ai eu une autre pensée que celle que je vous ai confiée, et ce partage est déjà un bien.

Je sai que vous avez plusieurs rendez vous, et je voudrais prendre le tems 15 qui vous conviendra le mieux. Excepté de quatre à six heures, je suis libre toute la journée.

Vous m'avez rendu une puissance que j'avais perdue, c'est de faire au milieu du monde une espèce d'acte d'adoration, qui me calme et me sépare de ce monde si vuide et si fatigant. Je n'ai pourtant pas retrouvé dans ces 20 actes l'efficacité complète qu'ils avoient autrefois pour moi. Mais c'est quelque chose que d'en avoir retrouvé le souvenir qui avoit disparu de ma tête pendant des années.

Parmi les rendez vous que vous avez aujourdhui, il y en a un qui est avec une personne[4] au sort de laquelle je m'intéresse vivement, qui éprouve un grand attrait pour vous, qui a besoin de quelque chose qui satisfasse son ame, fatiguée du monde, mais qui, j'ai peur, n'entrera pas complettement dans les voyes sérieuses, au milieu des distractions qui la dominent, et d'une insouciance à demi rêveuse qui est devenue son habitude. Je voudrais causer avec vous sur elle, avant le rendez vous qu'elle vous a demandé pour une heure, parce que j'ai causé avec elle de l'effet que vous lui produisiez. Quoique vous fassiez là dessus, ne lui dites pas que je vous en ai parlé, je vous en supplie.

Si je m'en croyois, je passerais la nuit à vous écrire. Mon ame est pleine de vous : et cependant je ne vous ai vue que deux fois[5]. Comment au milieu d'une mission si grande, pouvez vous ainsi vous intéresser aux individus ? Mais il n'y [a] de grand que le sentiment; le nombre, le rang, l'éclat n'y font rien. L'ame est tout, et une ame émue vaut tout un peuple, comme un seul fidèle a plus de valeur que toutes les merveilles de la nature physiques, comme un acte d'adoration plus de prix que toutes les éloquences. Que je voudrais qu'après avoir ranimé mon sentiment, vous me convainquissiez de tout ce qui manque à ma croyance ! Je ne rejette rien, je respecte tout : mais je voudrais m'unir à vous sur les faits, comme je le suis sur les émotions, sur cette communication si rapide et si intime, dès que l'ame a la force de faire abnégation d'elle même, et de se jeter, passive et soumise entre les bras de la puissance dont elle émane. Je l'avois bien plus, autrefois, cette force. J'ai vécu deux ans comme un enfant, au milieu des orages sans calculer ma route, me sentant guidé, fort de ma propre ignorance, sentant que Dieu me devoit si j'ose parler ainsi, devoit à la Créature qui s'abandonnoit sans réserve, de la guider et de la protéger contre le monde, et surtout contr'elle même. Oh ! Pourquoi ai je repris un gouvernail inutile, d'un bras incertain. Elle est lourde, la rame que l'homme veut soulever lui même pour la diriger dans l'océan de la vie. Elle est pesante, notre individualité.

Quand vous verrai-je donc[6], Madame ? J'en reviens toujours là. Helas ! Je ne pourrai plus vous le demander de plusieurs jours, et quelque tems après, jamais peut être ! Cette idée me poursuit. Enfin, vous qui m'avez déjà fait tant de bien, qui m'avez fait l'inestimable bien de pouvoir m'occuper d'autre chose que de l'idée fixe qui me domine, faites m'en encore. Disposez de mon ame, de mon cœur, de mes facultés.

Quand vous verrai-je, sans vous importuner ? Ce matin est il possible ? J'envoye ma lettre de bonne heure, et j'attens vos ordres.

Hommage respect devouement reconnoissance et tendresse.

B.C.

a Madame / Madame de Krüdner / Rue du fauxbourg St Honoré / N° 35.

Manuscrits   2. *Moscou, RGADA, Fonds Krüdener, carton n° 8; 4 pp., l'adresse p. 4; orig. autogr.   **2**. Paris, Archives Francis Ley ; 4 pp.; copie de la main de Julie de Krüdener.

Édition   Ley (1967), pp. 216–218.

Texte   *Cette lettre est la seule que Julie de Krüdener ait recopiée en entier. Ce manuscrit (le ms. 2) comporte en tête un titre donné par Julie de Krüdener :* D'un homme très connû, & qui avoit eté lié aux grandes affaires. *Ce ms. est daté à la fin :* Paris 1815 *et comporte, également à la fin, la note suivante (soulignée) :* De quelqu'un qui avoit recu cette Lettre
   Variantes du ms.2, sauf indication contraire (un début d'alinéa est indiqué par ¶*):*   **1** aujourd'hui ... monde] aujourd'hui & j'ai besoin de Vous ecrire Je ne suis donc plus seul dans le monde   **4** je n'aurai] je n'aurois   **5** Votre inépuisable bonté m'encouragera] Votre inexprimable Charité m'encourage   **6** Vous suffisez ... malheurs] Vous etes la puissante Missionnaire de ce Dieu qu'il faut adorer, amie de toutes les puissances de Son *Ame* tous les malheurs   **7** les entendre] Vous entendre   **9** retomberai] retomberois   **11** pourrai] pourrois   **12** m'occupe, et depuis] m'occupe depuis   **13** quitté] quitté. ¶Je sais que Vous avés plusieurs rendez Vous ; je voudrai prendre   **16** mieux. ¶Vous m'avés rendu   **20** si vuide et si fatigant] si vuide, si fatigant   **22** c'est quelque chose d'en avoir] c'est beaucoup d'en avoir   **22** souvenir] le saint Souvenir disparu de ma tête depuis des années   **24** Parmi] *ce paragraphe est remplacé par :* ¶Vous verrés aujourd'hui une personne remarquable qui a un Grand attrait pour Vous et que le monde ennuye prodigiousem qui a besoin que son Ame fatiguee soit relevée. ¶Si je m'en croiois   **36** ainsi vous interésser] Vous interresser ainsi   **37** [a]] *ms. 1:* [a] *omis par inadvertance*   **37** que le sentiment, le nombre] Que l'amour Divin, puisqu'il vient de Dieu, le nombre   **41** ranimé mon sentiment] ranimé en moi mon sentiment   **41** convainquissiez] convainquiés   **44** si rapide et si intime] si rapide si intime   **45** se jeter, passive] rester passive   **46** la puissance] la Toute puissance   plus] plus, autrefois, cette force] plus cette Foi   **47** orages, sans calculer] Orages fous calculant   **50** et surtout contr'elle même] et contre elle même   **52** la rame] la lance   **53** notre] cette   **55** pourrai] pourrois   quelque tems après] quelques tems après –¶Cette idée me poursuit, enfin Madame Vous m'avés fait tant de Bien, l'inestimable Bien, de m'avoir oté ce qui me dominoit tristement. Disposés de mon Ame de mon cœur de mes facultés. ¶Quand vous reverrai-je sans etre importun. ¶Homage respect devouement tendresses...

Commentaire et Notes   Cette lettre a été écrite de toute évidence dans la nuit du 6 au 7 septembre, dans le feu des impressions ressenties au cours de la longue conversation de BC avec Julie de Krüdener le 6; voir la phrase : «je passerais la nuit à vous écrire». Pour la copie faite par Julie de Krüdener, voir ci-dessus, notes textuelles. Il s'agit de la «lettre touchante» citée dans le Journal de Juliette de Berckheim sous la date du 7 septembre.

[1] Au cours de leur entrevue du 6 : voir la lettre 2706, note 1.
[2] Le tsar Alexandre allait passer ses armées en revue dans les plaines de la Champagne, à Vertus, pour montrer sa force à ses alliés. Julie de Krüdener partira pour l'y rejoindre le 8 septembre ; elle verra la revue le 10 et rentrera à Paris le 14 septembre.
[3] BC aura deux conversations avec Julie de Krüdener au cours de la journée du 7; voir Journal, sous cette date.
[4] Juliette.
[5] Les 4 et 6 septembre.
[6] Voir la note 3.

2709

Benjamin Constant à Julie de Krüdener

7 septembre 1815

Voici, Madame, le discours de M. de Chateaubriand dont je vous ai parlé ce matin[1]. Je ne juge pas[2], mais je vous soumets ce discours, comme j'aimerai à vous soumettre toute ma vie. Vous faites du bien à mon ame ; pourquoi faut-il que vous partiez demain ! A ce soir surement[3]. Vous me donnerez la force d'attendre votre retour. Je vous remercie de vous emparer de moi. Je 5 vous remercie de daigner m'aimer un peu.

B.C.

Manuscrit   *Saint-Pétersbourg, RNB, Fonds Krüdener, carton n° 2; 2 pp., p. 2 bl.; orig. autogr.

Édition   Ley (1967), p. 218.

Commentaire et Notes   Julie de Krüdener partira pour Vertus à la suite du tsar, le 8; ce billet date donc de la veille («pourquoi faut-il que vous partiez demain !»). Il a dû être écrit après la première conversation de BC avec Julie de Krüdener le 7 septembre et avant la deuxième (voir note 3).

[1] Chateaubriand avait été nommé ministre d'État le 9 juillet. La Chambre des Députés ayant été dissoute le 13 juillet, Chateaubriand fut désigné le 26 pour présider le Collège électoral du Loiret. Le discours en question avait déjà été prononcé au collège électoral le jour même de l'élection (22 août) et repris le 4 septembre devant la nouvelle Chambre et en présence du roi. Il fut publié dans le *Moniteur* le 5 septembre. Ce discours exhorte le roi à prendre un rôle nettement plus agressif qu'auparavant et fait des allusions transparentes à l'exécution de Labédoyère, ami, on le sait, de BC : «Vous avez saisi le glaive[...]». Reçu avec des cris d'enthousiasme de la part des royalistes, il a suscité une réponse beaucoup plus modérée de la part du roi : «Je connais toute l'étendue de mes devoirs ; il en est de rigoureux, mais j'espère en remplir de plus doux, en faisant le bonheur de mon peuple, et je suis sûr d'y parvenir au moyen de l'union de la Chambre avec moi».

[2] BC donnera son avis sur le discours de Chateaubriand dans son compte rendu, «Sur les assemblées électorales, et sur les discours de leurs présidens», *Journal des Arts*, les 15, 18 et 21 septembre (*OCBC*, X,1, pp. 147–152, 153–157, 158–162). A propos du discours de Chateaubriand le troisième article comporte une critique robuste de ce «quelque chose de tranchant et d'exclusif, qui se rapproche de l'esprit qu'on a nommé réactionnaire» et qui fait preuve de sentiments plus militants que chrétiens.

[3] Cette seconde entrevue aura lieu.

2710

Benjamin Constant à Juliette Récamier

8 septembre 1815

J'ai vu hier Mad. de Kr. d'abord avec du monde, ensuite seul pendant plusieurs heures[1]. Elle a produit sur moi un effet que je n'avais pas eprouvé encore, et ce matin, une circonstance y a ajouté. Elle m'a envoyé ce matin un manuscrit[2], avec prière de vous le communiquer et de ne le remettre qu'à vous. Elle y met beaucoup de prix, à ce qu'il me semble, car elle m'a fait demander un reçu. Je voudrais le lire avec vous. Il m'a fait du bien. Il ne contient pas des choses très nouvelles. Ce que tous les cœurs éprouvent, ou comme bonheur, ou cõe besoin, ne sauroit être neuf. Mais il a été à mon ame, dans plus d'un endroit. Je suis gêné à vous en parler. Je crains que dans l'impression que j'éprouve, il ne se mêle de votre impression. L'idée que c'étoit à moi que M[de] de Kr. l'envoyoit pour vous m'a ému à elle seule. Je ne sai s'il en est résulté l'ebranlement qui dure encore et qui augmente, chaque fois que je parcours quelques phrases de ce cahier. Je vous l'ai dit plusieurs sont communes, et cependant ces phrases communes ont pénétré en moi, je ne sai comment. Il y a des vérités qui sont triviales et qui tout à coup m'ont déchiré. Quand j'ai lu ces mots qui n'ont rien de frappant :

Que de fois j'enviois ceux qui travailloient à la sueur de leur front, ajoutaient un labeur à l'autre, et se couchoient à la fin de tous ces jours, sans savoir que l'homme portoit en lui une mine qu'il doit exploiter ! Mille fois je me suis dit : sois comme les autres[3].

J'ai fondu en larmes. Le souvenir d'une vie si dévastée, si orageuse, que j'ai moi même menée contre tous les écueils avec une sorte de rage, m'a saisi d'une manière que je ne puis peindre. Quoiqu'il en soit du reste, cela est pourtant vrai, que sans malheur extérieur, j'ai souffert plus d'angoisses que le malheureux sur la roue, que je les avais méritées, car j'avois aussi fait souffrir, et que j'ai envié cent fois tout ce qui ressembloit à une vie réglée et que je n'ai trouvé de paix nulle part. Je ne vous dis pas le quart de ce que je sens. Je crains de gater une impression en essayant de vous la faire passer par moi. Je vous porterai demain le manuscrit[4]. Si vous me le laissiez vous le lire, d'autant qu'il est assez mal écrit vous me feriez plaisir. Je vous aime.

a Madame / Recamier

Manuscrit   *Paris, BnF, N.a.fr. 13265, ff. 229–230; coté d'une main ancienne : «126»; 4 pp., pp. 2–3 bl., l'adresse p. 4; orig. autogr.

Éditions   **1.** Colet (1864), n° 44, pp. 113–115.   **2.** Lenormant (1882), n° 109, pp. 220–224 (avec coupure).   **3.** Harpaz (1977), n°ˢ 122–123, pp. 196–198.   **4.** Harpaz (1992), n°ˢ 132–133, pp. 252–255.

Texte   7   nouvelles.] ⟨Mais⟩

Commentaire et Notes   Cette lettre date de toute évidence du 8 septembre 1815 : voir la première phrase et la note 1.

¹ Pour ces deux visites chez Julie de Krüdener, le 7 septembre, voir la lettre précédente.
² Il s'agit d'un manuscrit autographe de la main de Julie de Krüdener, intitulé *Histoire d'un Solitaire*, fragment du roman *Othilde*, qui n'a jamais été publié et dont les divers manuscrits paraissent perdus. L'original de cet extrait se trouve dans les archives de Francis Ley. Traduit en allemand, il fut publié à l'insu de Julie de Krüdener, par la Weygandsche Buchhandlung à Leipzig en 1818 sous le titre *Der Einsiedler* (voir Ley, 1994, pp. 250–251). Il a été publié à nouveau par Paul Lacroix dans *Mᵐᵉ de Krüdener, ses lettres et ses ouvrages inédits*, Paris, Ollendorff, 1880, pp. 153–174. L'histoire en question est la confession d'un vieil anachorète dont la vie tumultueuse et désordonnée se trouve purifiée et apaisée par son retour au Christ (Ley, 1994, p. 327). Le Journal de BC en accuse réception, en effet, le 8 septembre.
³ Voici le texte de ce fragment, tel qu'il se trouve dans Ley, *Mᵐᵉ de Krüdener et son temps*, 1961, p. 383: «que de fois j'enviai ceux qui travaillaient à la sueur de leur front, ajoutaient un labeur à l'autre, et se couchaient, à la fin de leurs jours, sans savoir que l'homme portait en lui une mine qu'il doit exploiter ! Que de fois je regardais avec étonnement ceux qui, en suivant les occupations quelconques d'un état, se croyaient avoir été si utiles ! Mille fois je me disais : «L'Univers n'est-il pas comme une vaste fourmilière ? Sois comme les autres ; contente-toi d'être la fourmi, qui apporte son grain de sable et s'endort à l'ombre de ses travaux»».
⁴ La grande idée de BC était bien sûr de faire en sorte que Juliette Récamier lise le manuscrit en tête-à-tête avec lui, dans l'espoir que l'émotion la gagnerait ; elle fera la sourde.

2711

Benjamin Constant à Juliette Récamier

nuit du 9–10 septembre 1815

Je n'ai pas su, si je devois remonter pour la lecture que j'avais tant d'envie de faire avec vous¹. J'ai craint de vous contrarier. Je suis accoutumé à vous voir ne mettre aucune importance à ce que vous me laissez espérer dans ce genre. Je suis donc parti avec les autres, et sans doute j'ai bien fait². Il y a huit jours qu'après une promesse de la même espèce³, vous m'avez causé ₅ plus de douleur que je n'en avois eue depuis une année. Je n'ai pas osé en braver une pareille. Je suis parti sans murmurer⁴, sans me plaindre de vous, même au fond de mon cœur. Il y a huit jours que pour la même cause je suis rentré maudissant la destinée, méditant le suicide, et que je suis resté trente six heures immobile⁵, et seul, dans l'agonie du désespoir. Maintenant je suis ₁₀ calme et doux[6]. Ma guérison n'est pas complète ; mais l'inestimable Amie[7], l'Ange du ciel que le ciel m'a envoyé a arraché le trait qui me déchiroit le cœur. Ce cœur est encore malade et souffrant. Je crains de le heurter contre la dureté des autres : mais au moins il n'y a plus cette révolte, le plus effroyable des tourmens. Je conçois maintenant pourquoi il a fallu que vous exerçâssiez sur moi cette épouvantable et mystérieuse puissance. Il a fallu que vous brisâssiez ce cœur révolté, que vous blessâssiez tout ce qui étoit rebelle en moi, mon amour, mon amour-propre, que vous m'humiliâssiez de toutes les manières, et que votre insouciance me foulât aux pieds. Ce n'étoit pas vous, vous n'étiez qu'instrument[8], vous l'étiez à votre insu. La dureté que j'ai si profondément sentie n'étoit pas dans votre nature. Ce que vous fesiez pour d'autres, vous ne me l'auriez pas refusé, vous n'auriez pas vu sans pitié mes angoisses, si une autre volonté[9] ne vous avoit dirigée. Je ne vous fesois aucun mal, et vous avez refusé de me faire le moindre bien. Une seule des promenades que vous accordiez à M. de Nad.[10] une seule entrevue libre, m'auroit donné du bonheur, et pendant une année, vous n'avez pas eu une fois le mouvement de me causer un instant de joye ! Et vous reconnoissiez mon dévouement, et vous y comptiez ! Non tout cela n'étoit pas dans votre nature. Le ciel vous avoit choisie pour me faire traverser cette terrible épreuve. Vous avez bien rempli votre mission. J'espère qu'elle est finie. Je ne cesserai jamais de vous aimer. Je vous suis attaché comme un frère. Vous ne voulez pas en tirer le peu d'avantage que cependant toute affection procure. Soit. Je ne vous en aimerai pas moins. Mais si je retombais dans l'affreux état ou vous m'avez mis, où vous m'avez vu, sans chercher une fois à le calmer, ce n'est plus près de vous que j'irai mendier des consolations que vous ne donnez jamais. J'irai plutot dans une église, j'irai aux pieds de cette croix, symbole de la douleur et de la pitié que n'ont pas les hommes, j'irai frapper de mon front le marbre, moins dur que vous ne l'avez été pour moi, et je prierai tant, que l'angoisse s'appaisera. Je ne vous demande point quand je vous verrai. La manière dont vous me voyez doit vous faire si peu de plaisir ! C'est malgré vous, en courant ; il n'y a pas un de vos amis avec qui vous n'aimiez mieux être. Dites vous seulement que ce m'est un grand bonheur de vous voir. Ce n'est pas je le sai un motif pour vous de rien faire. Je vous ai dévoué une année entière, et je vous suis plus étranger que le premier jour : et des Amis faux, fats[11], affectés, égoistes, m'ont chaque jour et à chaque heure été préférés. Dieu de bonté, tu le voulois, pour m'apprendre que cet esprit, cette conversation, cette amabilité que d'autres m'attribuoient, n'étoient que de vaines et impuissantes chimères : et encore à présent, je retombe dans les fautes qui ont été punies : je dis du mal de ceux qui ont servi à me corriger en m'humiliant. Mais je le retracte, ce mal : je n'ai plus d'amour propre, plus de prétentions. J'abjure ces rechutes d'une horrible maladie qui m'avoit frappé pour mieux me guérir.

Je vous supplie de me renvoyer le manuscrit[12]. Il a sur moi je ne sai quelle force magique. J'en ai besoin. Quand vous trouverez quelque plaisir à me voir, dites moi un mot : j'accourrai. Quand vous aurez des idées sérieuses, si vous croyez que je puisse en causer avec vous, mandez le moi. Je suis bien loin de me croire détaché de vous, mais je ne veux plus rien arracher. Je vous dirais bien que si vous passez longtems sans aucune envie de me voir, vous me ferez beaucoup de peine ; mais cela seroit bien inutile. Ma peine ne vous a jamais rien fait. Tout vous a paru trop pour moi. Je vous ai paru indigne de tout, même de lire avec vous une demie heure[13]. Faites donc ce que vous voudrez. Je suis à vous quand vous le voudrez : mais je n'exige, je ne demande, je n'arrache plus rien. Je fais des vœux pour vous : je désire que vous soïez heureuse. Vous étouffez et desséchez votre vie ; c'est une triste ressource. Croyez au moins que ce cœur que vous dédaignez est et sera toujours à votre disposition. Ce n'est pas fierté, humeur, fatigue ou détachement qui m'éloigne. C'est le sentiment profond de vous être inutile, de vous être à charge. Quand jamais on ne recherche, n'appelle ni ne retient, quand au contraire on repousse sans cesse, on n'a ni gout ni amitié pour l'homme que l'on traite ainsi. Adieu, je suis à vous au premier mot, au premier signe, et je souffrirai de n'en pas recevoir. Mais il y a un azyle contre la douleur, un azyle doux et tendre, un sein qui nous reçoit, une voix qui nous répond. Il m'est doux de penser que je vous dois cet azyle. Vous me l'avez ouvert en me traitant avec tant de dureté. Dieu veuille que je n'en sorte jamais. Dieu me protège contre les hommes et contre moi même. Je frémis de mes souffrances passées, mais ce frémissement, je l'espère, me garantira.

Adieu bonne Juliette, adieu ma sœur, vous l'êtes malgré vous. Je serai bien heureux, si vous avez jamais besoin de moi : et rien de ce qu'un être humain peut faire, rien de ce qu'un cœur peut éprouver ne sera étranger au mien pour vous aimer et pour vous servir.

Je rouvre ma lettre[14] pour vous supplier de me renvoyer le manuscrit[15]. Je me lève plus agité plus amer que je ne voudrais ou devrais l'être. J'ai besoin de relire ces phrases qui me font pleurer, il y a 8 jours que je vous demande un quart d'heure seul et je n'ai pu l'obtenir. Je ne me plains pas, je ne murmure pas[16], mais renvoyez moi mon manuscrit. Ce n'est pas près des hommes qu'il faut chercher des consolations. Ma disposition au reste n'est changée que comme douleur. Je ne vous aime pas moins. Je vous suis tout dévoué. Je ne vous accuse de rien. Vous n'etes qu'instrument de ma douleur. Je l'ai aussi été pour un autre[17], cependant j'y etais moins insensible que vous. Dieu veuille que votre tour ne vienne pas !

Manuscrit *Paris, BnF, N.a.fr. 13265, ff. 255–256, 145–146; coté d'une main ancienne : «140» et «79»; 4 pp. et 1 p.; orig. autogr.

Éditions **1.** Lenormant (1882), n° 110; pp. 225–230 (avec coupures). **2.** Harpaz (1977), n° 132, pp. 198 (dernier paragraphe), 212–215. **3.** Harpaz (1992), n° 144, pp. 254–255 (dernier paragraphe), 276–279.

Texte **1** su,] su, ⟨*[deux ou trois mots biffés]*⟩   **3** voir] *ajouté dans la marge de gauche* **46** chaque] chaque ⟨jour⟩ **82** *Le texte des ff. 145–146 commence ici*

Commentaire et Notes La date du 9 au 10 septembre s'impose (et non celle du 15 octobre, proposée par Harpaz) grâce aux allusions au «manuscrit» (deuxième paragraphe : il s'agit toujours de l'*Histoire d'un solitaire*), et aux conditions de sa non-lecture, allusions qui se conforment aux notes du Journal sous cette date. Il s'agit donc ici de la «longue lettre» citée dans la lettre suivante et, en ce qui concerne le dernier paragraphe, du «billet ajouté», cité dans la même lettre.

[1] Il s'agit, de toute évidence, de la lecture à deux du manuscrit *Histoire d'un Solitaire*, dont BC avait rêvé dans sa lettre du 8 septembre.
[2] Voir Journal, sous la date du 9 septembre : «Juliette m'avait dit de venir à 4 heures. Elle est rentrée à 5 1/2. Elle avait promis de lire avec moi le manuscrit. Elle a prolongé une conversation frivole avec d'autres et nous a tous renvoyés. Je n'ai point murmuré, je me suis soumis».
[3] Le rendez-vous manqué du 4 septembre et ses conséquences.
[4] On relève la même phrase dans le Journal du 9 septembre : voir ci-dessus la note 2.
[5] Pour la tentation de suicide et la claustration volontaire, voir les lettres du 5 au 6 septembre.
[6] On retrouve l'expression des mêmes sentiments dans le Journal, 9 septembre : «J'ai prié et j'ai éprouvé une douleur douce».
[7] Pour les effets calmants de la conversation de Julie de Krüdener, voir Journal, sous la date du 6 septembre : «Sur la passion qui me tourmente, elle a été adorable».
[8] On retrouve la même phrase dans la lettre suivante : voir la note 8.
[9] Le comte de Forbin.
[10] Le marquis de Nadaillac, bien entendu.
[11] Voir ci-dessus, la note 2.
[12] Juliette lui renverra le manuscrit, en effet ; voir la lettre suivante.
[13] L'*Histoire d'un Solitaire*, encore.
[14] Ce paragraphe est bien à sa place ici. Il s'agit du «billet ajouté» (voir lettre suivante), qui date du matin du 10 septembre («Je me lève. . .»).
[15] Voir ci-dessus la note 12.
[16] Répétition de la phrase du Journal du 9 septembre : voir ci-dessus la note 2.
[17] Anna Lindsay, sans doute.

2712

Benjamin Constant à Juliette Récamier

10 septembre 1815

Je vous renvoye le manuscrit, et vous remercie de me l'avoir prêté[1]. Comme c'est pour vous que je l'ai reçu de M[de] de Kr., son intention me parait être qu'il reste entre vos mains, et je vous prie de le garder jusqu'à son retour qui sera après demain[2], à ce que j'espère. J'ai vu par le désir que vous avez exprimé de l'avoir à deux heures, en me fesant dire d'aller chez vous à 5 quatre[3], que vous préfériez le lire sans moi[4], et je m'y soumets. Quant à ma visite à quatre heures, comme c'est une permission de votre bonté, et non un désir, je n'envisagerai que le besoin que j'aurai de vous voir, et ce ne sera que, si ce besoin est irrésistible, que j'aurai l'indiscretion de vous ennuyer de ma présence. Ne croyez pas que je sois insensible à ce que vous faites par 10 pitié, quand vous y pensez. Je vous remercie et je vous aime. Si vous avez eu la patience de lire ma longue lettre de ce matin, indépendamment du billet ajouté[5], vous aurez vu que je ne puis vous savoir mauvais gré de rien. Vous aviez la mission de briser mon cœur, pour qu'une autre mission fut remplie[6]. Si les êtres[7] auxquels j'avais fait du mal m'avoient puni, j'aurais vu 15 l'enchainement naturel des causes. Il a fallu, pour m'éclairer, que le supplice me vint d'un être à qui je n'avais fait aucun mal, à qui j'aurais voulu faire tout le bien possible, pour qui mon cœur étoit et sera toujours plein d'affection, et dont la nature etoit d'accorder au malheur plus mille fois que je ne lui demandais. Vous n'avez été qu'instrument[8]. J'ai souffert parce que 20 j'avais fait souffrir, et précisément comme j'avais fait souffrir. Ne souffrez jamais à votre tour ce que j'ai souffert. Comptez sur moi dans toutes les circonstances. Je vous aime et comme le chef-d'œuvre et comme l'agent de Dieu.

Manuscrit *Paris, BnF, N.a.fr. 13265, ff. 251–252; coté d'une main ancienne : «137»; 4 pp., pp. 2–4 bl.; orig. autogr.

Éditions   **1.** Lenormant (1882), n° 111, pp. 230–231 (avec coupure).   **2.** Harpaz (1977), n° 124, pp. 199–200.   **3.** Harpaz (1992), n° 134, pp. 255–256.

Texte   **9** ennuyer] ennuyer ⟨de ma pré-⟩

Commentaire et Notes   L'allusion à «ma longue lettre de ce matin» et au «billet ajouté» (lettre précédente, en date du 9 au 10 septembre) permet de penser que cette lettre date du 10.

[1] Ayant reçu le manuscrit de l'*Histoire d'un solitaire* de la part de Juliette, comme il l'avait demandé (lettre 2711), BC le lui rend.

[2] BC est dans l'incertitude quant à la date du retour de Julie de Krüdener à Paris. Elle ne rentrera en fait que le 14 septembre.

3 Ce rendez-vous aura lieu : «Vu Juliette avec douceur» (Journal, 10 septembre).
4 Pour la suggestion de cette lecture à deux, voir la lettre 2710.
5 La lettre 2711; voir ci-dessus, commentaire.
6 Même idée dans la lettre 2711, sur la «mission» de Juliette.
7 Anna Lindsay, Germaine de Staël, Charlotte.
8 Même phrase, par deux fois, dans la lettre 2711.

2713

Benjamin Constant à Julie de Krüdener

vers le 12 septembre 1815

Quand revenez-vous, Madame[1]? Que je suis impatient de vous revoir ? Je sai
que dans votre bonté céleste vous me recevrez dès que vous le pourrez ;
j'aurai presque dit, dès que j'aurai besoin de vous voir, mais ce seroit trop
dire, car j'en ai besoin sans cesse, et je ne puis vous enlever à tous ceux qui
éprouvent le même besoin que moi. Vous m'avez déjà fait un bien infini. Les 5
trois derniers jours[2] sont plus doux ou moins amers qu'aucun de ceux que
j'ai passés depuis plus d'une année. J'ai lu ce que vous m'avez envoyé[3], et je
ne sai quelle source de larmes s'est ouverte et a amolli mon cœur, et comme
fondu la pierre qui l'écrasoit. J'ai remis ce manuscrit à l'autre personne[4]. Je
voulais le lire avec elle. Elle l'avoit promis, puis l'a esquivé. Mais elle l'a lu 10
seule et en a recu de l'impression. Seulement toutes ses impressions sont
passagères, et son système est de les rendre le plus passagères qu'elle peut.
Elle craint de rentrer en elle même et pour s'excuser, elle se dit que s'occuper
de soi même est de l'egoïsme. Dieu veuille que vous ayez sur elle cette
influence salutaire que vous avez sur les cœurs souffrans ! 15

Faites moi dire a l'instant votre retour. J'ai a vous parler, j'ai besoin de
votre inépuisable bonté. Je sens que le trait qui déchiroit mon cœur[5] est
sorti : mais la blessure est ouverte et saigne encore.

Restez vous longtems ! Hélas ! Quand vous partirez[6] tous mes tourmens
recommenceront peut être. Je ne me calme je ne m'attendris que par l'idée 20
de vous voir. Mon cœur se dessèche et se referme sans cesse malgré moi.
Enfin que je vous voye, et disposez de cette ame dévastée à laquelle seule
vous savez parler.

B.C.

à Madame / Madame la Baronne / de Krüdner / Rue du fauxbourg S^t 25
Honoré / N° 35.

Manuscrit   *Saint-Pétersbourg, RNB, Fonds Krüdner, carton n° 2; 4 pp., p. 3 bl., adresse p. 4; orig. autogr.

Édition   Ley (1967), pp. 220–221.

Commentaire et Notes   L'allusion aux «trois derniers jours [...] plus doux» indique que cette lettre date des environs du 12 septembre : les notes du Journal, pour le 10 septembre, citent la nouvelle douceur éprouvée par BC, suite aux effets calmants de la lecture du manuscrit de l'*Histoire d'un solitaire*.

¹ Julie de Krüdener rentrera à Paris le soir du 14 septembre.
² Voir commentaire.
³ Pour le manuscrit du *Solitaire*, voir lettres précédentes.
⁴ Juliette.
⁵ Même image dans la lettre 2711.
⁶ Julie de Krüdener repartira en effet le 23 octobre 1815.

2714

Benjamin Constant à Julie de Krüdener

15 septembre 1815

Vous êtes de retour ! Je vous ai tant désirée que j'ai une sorte de timidité à vous exprimer mon besoin de vous voir. Il me semble qu'un désir si vif même, quand il n'est pas manifesté, doit être importun. Cependant je hazarde ma requête. Je sors pour une heure, ou deux, je serai de retour chez moi avant midi : et toute ma journée excepté l'heure du diner pour laquelle   5 je suis engagé¹ est à vos ordres, de midi a quatre heures, et depuis huit heures du soir². J'ai été fort triste depuis votre départ : cependant je me ressens encore du bien que vous m'avez fait. Mais il faut le renouveller. Je compte sur une réponse comme sur votre Angélique Bonté. Pardon de la forme de ce billet. Toutes les formules que j'employe avec les autres me   10 semblent ne pouvoir être employées avec vous.

    Mille tendres hommages et reconnoissance.

B.Constant.

à Madame / Madame la Baronne / de Krüdener / Rue du fauxbourg Sᵗ Honoré / n° 35   15

Manuscrit   *Saint-Pétersbourg, RNB, Fonds Krüdener, carton n° 2; 2 pp., l'adresse p. 2; orig. autogr.

Édition   Ley (1967), p. 223.

Texte *D'une autre main sur la page d'adresse :* Benj. Constan   **7** depuis] depuis ⟨q⟩ **9** compte] ⟨J'att⟩ Je compte

Commentaire et Notes   Julie de Krüdener étant rentrée à Paris le soir du 14 septembre, ce billet date de toute évidence du matin du 15.

¹ BC dînera chez «Lady Caroline» le soir du 15 septembre (voir Journal, sous cette date). Lady Caroline Lamb (1785–1828), femme de lettres anglaise, avait épousé William Lamb (1779–1848), plus tard deuxième vicomte Melbourne, premier ministre. La liaison orageuse qu'elle avait eue avec Byron lui inspirera son premier roman, *Glenarvon*, 1816.
² BC verra Julie de Krüdener, en effet, dans la soirée du 15 septembre : voir Journal, sous cette date.

2715

Benjamin Constant à Juliette Récamier

16 septembre 1815

Je suis rentré chez moi avec une telle fièvre, un tel frisson que j'ai tout à fait le sentiment d'une maladie qui commence. Si cela dure je ne pourrai pas aller à Sᵗ Germain¹, et j'envoye un commissionaire pour que vous sachiez que Mᵈᵉ de Krudner est de retour, qu'elle ne reste ici que peu de jours, et qu'elle sera charmée de vous voir² […] Si je me trouvais assez bien pour   5
entreprendre une course c'est à dire seulement pour me lever, ce que je viens d'essayer inutil[em]ent […] j'irais à Sᵗ Germain malgré mon messag[er mais j'en dé]sespère ; car écrire même est un eff[ort et je suis] forcé de m'interrompre. Helas ! une heure de conver[sat]ion libre par semaine m'auroit évité l'angoisse qui mine ma force et desorganise toute ma vie. Mais cela ne peut   10
avoir lieu que quand cela se trouve et cela se trouvoit toujours pour les autres et jamais pour moi. Encore avanthier³. Pardon. Je ne voulois rien dire de tout cela : mais je suis si triste de ne pas vous voir, et si malheureux de la manière dont je vous vois. Quelle fatalité m'a frappe depuis une année ! Ne m'achèvera-t-elle donc pas ?   15
    Adieu Je vous aime.

Madame / Recamier / chez M de Courci⁴ / près de la Terrasse / a Sᵗ Germ[ain]

Manuscrit   *Paris, BnF, N.a.fr. 13265, f. 221; coté d'une main ancienne : «121»; 4 pp., pp. 2–3 bl., l'adresse p. 4; orig. autogr.

Éditions   **1.** Lenormant (1882), n° 117, pp. 241–242.   **2.** Harpaz (1977), n° 125, pp. 200–201.   **3.** Harpaz (1992), n° 136, pp. 260–261.

Texte   *D'une autre main, p. 3:* Benjamin Constant. *Plusieurs mots ont été emportés par une déchirure.*   **5**   voir] voir ⟨*trois ou quatre mots biffés*⟩

Commentaire et Notes   Les allusions à la course à Saint-Germain-en-Laye, au retour de Julie de Krüdener et aux événements d'«avant-hier» permettent de supposer que cette lettre date du matin du 16 septembre ; voir notes.

[1]   La course de BC à Saint-Germain-en-Laye, pour voir Juliette, avait été prévue pour le 16 septembre : voir Journal, sous la date du 14 : «Elle m'a invité à la campagne pour après-demain». BC abandonne cette idée, en effet, le 16 septembre (voir Journal, sous cette date), pour des raisons autres que la fièvre, au moins dans le sens littéral : voir lettre suivante à Julie de Krüdener.

[2]   Julie de Krüdener partira pour la Suisse le 23 octobre ; BC l'avait vue au cours de la soirée du 15: voir Journal, sous cette date.

[3]   Voir Journal, 14 septembre : «Juliette. Encore un tour de sa façon. Elle m'appointe à 4 heures. Je la trouve sortie, et M. de F[orbin] l'attendant. Je prévois que je ne pourrai pas lui parler seule, je lui demande à dîner, elle y consent, promet de m'emmener à la campagne, et me dit de m'en aller, pour que M. de F[orbin] ne le sache pas. J'obéis, elle dit devant moi qu'on ne laisse entrer personne sous prétexte de s'habiller. Je reviens au bout d'une heure, j'y trouve encore M. de Forbin [etc]».

[4]   Il s'agit du propriétaire de l'appartement de Juliette à Saint-Germain-en-Laye, sa résidence d'été (voir le commentaire de la lettre du 3 septembre).

2716

Benjamin Constant à Julie de Krüdener

16 septembre 1815

Mon seul Ange tutélaire, mon seul guide, mon seul appui dans ce monde, pardon si devant vous voir aujourd'hui[1], je vous écris d'avance. Vous portez la peine du bien que vous faites[2], et de celui que vous voulez faire. Les malheureux se pressent autour de vous, sans discrétion, sans réserve. La douleur est plus forte que toutes les règles qu'ils voudraient s'imposer. Je 5 vous écris pour vous demander trois choses, l'une bien puérile et bien minutieuse, les deux autres plus importantes, quoiqu'au fond, sans votre Angélique bonté, vous dussiez les trouver toutes trois bien insignifiantes. La première est donc de ne pas parler de ce voyage à St Germain que je voulais faire. Je ne le ferai pas[3]: mais il m'importe qu'on ne sache pas que j'en ai eu 10 le projet ou la possibilité. Elle a une aversion particulière pour qu'on parle de rien de ce qui la regarde, même des choses les plus indifférentes. Je n'avais obtenu d'aller la voir aujourd'hui qu'en promettant de ne pas le dire. Je vous l'ai dit, parce que mon cœur vous est ouvert comme à Dieu. Mais il en résulterait, si cela lui revenait, de nouveaux coups sur ce cœur si déchiré, 15 et cela pourrait lui revenir par des routes que je connais pour peu que vous en parlassiez a qui que ce fut. Pardon mille fois je souris de pitié, de mépris pour moi même en vous écrivant de pareilles choses. Mais j'ai tant souffert mon cœur est si meurtri, l'agonie rend si faible si pusillanime. Vous me pardonnerez. Ma seconde prière est plus importante. Vous êtes liée et vous 20 demeurez avec une personne que je respecte[4], puisque vous l'aimez, et qu'el-le partage vos pensées ; mais qui a cru avoir à se plaindre de celle dont il s'agit[5] entre nous. Si elle savait ce que j'éprouve, elle croirait peut être y reconnaître un effet de cette coquetterie dont elle a souvent parlé autrefois. Je ne me consolerais jamais d'avoir été la cause d'un mot pénible pour celle 25 qui me fait tant de mal, le plus souvent sans y penser. Elle même verrait en moi une source de tracasseries qui lui deviendraient odieuses. J'ai bien re-marqué que Madame votre fille[6] savait quelque chose de ce que j'éprouve, et j'ai même été entraîné a vous en parler devant elle. Je vous supplie de mettre vos soins à ce que rien n'en paraisse. Pardon encore, mais au milieu de 30 l'étrange souffrance qui ne me quitte pas, une goutte de plus suffirait pour faire verser le vase. Enfin ma troisieme supplique tient à un mot que vous même m'avez dit hier[7]. Vous avez cherché à détruire des impressions défa-vorables qui vous semblaient m'atteindre injustement. Ah ! Ne les detruisez pas à ses dépens ! Que son nom ne soit jamais prononcé. L'opinion des 35 hommes m'importe si peu. Ma carrière dans ce monde est tellement perdue. Elle est la cause de tout mais la cause innocente. Dès le 10ème jour, elle m'a expliqué son léger et funeste caractère. Elle a tout fait pour tuer ce qu'il y avait de trop dans mon sentiment. Ce n'est pas sa faute si ce n'est que moi qu'elle a tué. Elle s'y est prise de son mieux comme une personne qui ne se 40 doutait pas de ce qui frappe un cœur devoué. Il y a eu ignorance dans sa dureté, et bonne intention dans ses efforts.

En voilà bien assez, en voilà trop, sur une situation dont je me reproche de vous entretenir. Il me semble qu'il y a une sorte de profanation à ne pas rester auprès de vous, tout entier à ces idées, que vous faites pénétrer dans 45 les esprits avec tant de douceur et de force. Je sens que si vous ne deviez pas partir[8], je ne désespérerais de rien. Votre départ seul fait ma terreur. Je vous jure que lorsque j'allais chez vous ces trois derniers jours[9] dans l'incertitude de votre arrivée, j'éprouvais la même angoisse que lorsque je vais chez elle, à une heure indiquée, avec la crainte de ne pas la trouver, ce qui arrive sans 50 cesse. Je ne sais pourtant mais une voix secrète me dit que vous ne partirez pas sans m'avoir fait un bien durable. J'éprouve de l'idée que vous daignez m'accorder un peu d'affection, une douceur inconnue à mon âme depuis bien longtemps. Je suis mieux parce que vous êtes à Paris. Ma raison est plus nette, mon cœur plus calme. J'envisage avec plus de sang froid 55 l'absence comme un remède. Vous voyez que je suis de bien bonne foi, et que je ne cherche point à flatter ma faiblesse. Dieu m'aidera, si vous m'aidez.

Je vous verrai donc aujourd'hui a quatre heures[10]. J'ai eu la fièvre toute la nuit. Mais à mesure que le moment de vous voir approche je me sens mieux. 60 Cet espoir me redonne la force que ne me donnait pas même la possibilité d'aller à St Germain. Vous me parlerez de choses élevées, et je tacherai de ne vous fatiguer que le moins possible de mes misères.

A quatre heures donc. Je repète cette heure fixe avec plaisir ; et je me felicite de voir le temps s'écouler   65

                                        B. C.[11]

Manuscrits   **1.** Orig. autogr., faisant partie en 1908 des archives de la baronne Juliette d'Oppell de Krüdener ; localisation actuelle inconnnue.   **2.** *Moscou, RGADA, Fonds Krüdener, carton n° 8; 6 pp., p. 6 bl.; copie ancienne.   **3.** Paris, Archives Francis Ley, 6 pp., p. 6 bl.; résumé de la main de Julie de Krüdener.

Éditions   **1.** Raoul Privat, *Journal de Genève*, 9 mars 1908.   **2.** Ley (1967), pp. 224–226. **3.** Harpaz (1992), n° 135, pp. 259–260.

Texte   **29** vous en] *ajouté dans l'interligne*

Commentaire et Notes   Les allusions à la «fièvre» de BC, et au fait que la visite à Saint-Germain-en-Laye avait été prévue pour «aujourd'hui» permettent de supposer que cette lettre date du même jour que la précédente.

[1] Cette visite n'aura pas lieu ; voir ci-dessous, la lettre 2717.
[2] Même idée dans le Journal, sous la date du 15 septembre : «Soirée avec Mme de Krüdener. Sa conversation me fait du bien».
[3] La course prévue pour le 16 sera bel et bien annulée, mais BC partira néanmoins pour Saint-Germain le 18: voir Journal, sous cette date.
[4] Il s'agit de Françoise-Renée de Bricqueville, née Carbonel de Canisy. Veuve d'un premier mari qu'elle avait épousé en 1793, et qui avait été tué à Quiberon en 1796, elle épousa en secondes noces le comte Adrien de Lezay-Marnésia, décédé à la suite d'un accident de voiture, le 9 septembre 1814. Connaissant ce couple depuis longtemps, Julie de Krüdener avait réussi à les convertir tous les deux en 1813, à Strasbourg, à l'époque où le comte était préfet du Bas-Rhin. Consolée par Julie de Krüdener, Mme de Lezay-Marnésia lui avait offert son appartement à l'Hôtel Montchenu, dès son arrivée à Paris ; voir Journal de Juliette de Berckheim, VIII, p. 77: «rencontre de Mme de Lezai qui offre un appartement libre à côté de Elisa [*nom de code pour le tsar Alexandre*] qui est reçu là par Johanna [*Julie de Krüdener*]».
[5] Juliette.
[6] Pour Juliette de Berckheim, voir ci-dessus, lettre 2702, Commentaire.
[7] La visite du 15 septembre est notée dans le Journal.
[8] Julie de Krüdener partira le 23 octobre 1815.
[9] BC ne semble avoir appris le retour de Julie de Krüdener qu'en allant chez elle, le matin du 15.
[10] Voir la note 1.

Résumé (ms. 3)
     Du même Paris le, ... 1815.
Mon Seul Ange tutélaire mon seul Guide mon Seul appui dans ce monde, pardon si devant Vous voir je Vous écris, Vous portés la peine du bien que

Vous faites et de celui que Vous voulez faire, les malheureux se pressent –
autour de Vous. Sans discretion sans reserve. La douleur est plus forte que 5
toutes les rêgles qu'ils voudroient s'imposer.

Quand j'allois chés Vous pendant Votre Absence. Je sens que si Vous ne
deviés pas partir, je ne desespererai de rien mais Votre depart fait ma terreur
quand j'allois chés Vous ces trois derniers jours dans l'incertitude sur Votre
arrivée j'eprouvois une Angoisse.   10

Je ne sais mais une voix secrete m'annonce que Vous ne partirés pas. Je
suis mieux parce que Vs êtes a Paris.

J'ai eu la fievre toute la nuit mais a mesure que l'heure approche ou je
dois Vs voir cet espoir me doñe de la force.

Vous me parlerés de choses elevées et j'oublierai les miseres   15

A 4 heures donc je repete cette heures fixe et je me felicite de voir le tems
s'ecouler.

2717

Benjamin Constant à Julie de Krüdener

16 septembre 1815

Je ne puis vous dire combien je suis triste de ne pas vous voir aujourd'hui.
C'est de l'égoïsme, car vous êtes employée à de meilleures choses, ou du
moins a d'aussi bonnes. Et vous ne pouvez pas ne faire du bien qu'à moi
seul. C'est aussi de la faiblesse, car mon âme devrait vous [bénir]. Et en se
rappelant votre puissance, l'éprouver et en jouir encore. Mais cela est pour- 5
tant et je ne puis me consoler qu'en vous écrivant. J'espérais d'abord vous
parler de votre Amie. Elle vous échappe, à mon grand regret, précisement
par la qualité qui devrait vous l'attacher, par une rêverie que la campagne
favorise et qui la retient loin de Paris, en lui faisant pourtant bien moins de
bien que vous ne lui en feriez. Je désespère sans cesse de la voir unie de cœur 10
à ce dont toutes les âmes ont tant de besoin, et la sienne plus qu'une autre.
Je serais au désespoir qu'elle partit[1] sans vous revoir, et si elle se laisse aller à
sa rêverie paresseuse, cela sera. Ensuite je voulais [vous dire] aujourd'hui

que l'amitié qu'elle m'a témoignée[2] m'a rendu la force de penser à des choses
plus générales, [de] ne plus tant vous parler de moi, mais vous consulter sur   15
mille objets. Fanchette[3] m'avait dit que vous m'invitiez à revenir à sept
heures : mais Melle de Lesay[4] m'a dit que vous ne seriez point visible ce soir.
Dans l'incertitude je renonce à toute visite pour aujourd'hui. Je suis toujours tenté de m'en faire un grand mérite, parce que c'est un grand sacrifice
et une vraie douleur. J'ai enfin une autre inquiétude. Mon âme est ombra-   20
geuse, parce qu'elle est souffrante. J'ai trouvé Melle de Lezay moins amicale.
Peut être est-ce simplement parce qu'elle était avec quelqu'un et que je l'ai
derangée : mais il m'est venu dans l'esprit que votre bonté ayant voulu me
justifier, on vous avait dit du mal de moi. Oh laissez les autres penser ce
qu'ils veulent. Je ne leur demande rien. Mais conservez-moi l'affection dont   25
j'ai besoin. Enfin demain je vous verrai à quatre heures[5]. Je me repose sur
cette idée pour ne pas m'attrister.

B.C

Manuscrit   *Moscou, RGADA, Fonds Krüdener, carton n° 8; 4 pp., p. 4 bl.; copie ancienne.

Édition   Ley (1967), pp. 228–229.

Texte   **4** [bénir]] *omis par inadvertance*   **11** dont] dont ⟨les⟩   **13** dire]] *omis par
inadvertance*   **20** une] une ⟨g⟩

Commentaire et Notes   La date du 16 septembre (plutôt que le 18, date proposée par Francis
Ley) est suggérée par l'allusion au rendez-vous manqué. D'après la lettre précédente, datée elle
aussi du 16, BC avait eu la ferme intention de voir Julie de Krüdener à quatre heures le 16.

[1]   Juliette part pour Saint-Germain-en-Laye le 16.
[2]   En l'invitant à la campagne, sans doute.
[3]   Sans doute la femme de chambre de Julie de Krüdener. On pourrait supposer que BC s'était
présenté chez Julie de Krüdener à quatre heures, comme prévu.
[4]   Voir lettre 2716, note 4.
[5]   BC passera la soirée du 17 septembre chez Julie de Krüdener.

2718

Benjamin Constant à Julie de Krüdener

18 septembre 1815

Je vous envoie, Ange protecteur, l'extrait[1] que vous m'avez demandé. J'en ai
retranché tout ce qui ne doit pas être su. Je n'ai pas cherché à remplir les
lacunes, parce que je ne l'aurais pu sans un but qui aurait dénaturé ce
sentiment intime, que je conserve si précieusement, comme ma seule ressource. Je n'ai pas non plus voulu continuer, parce que l'idée que ce que j'ajou-   5

terais serait vu, aurait nui peut-être malgré moi, à cette complète vérité qui est la première des conditions pour l'émotion de l'âme.

Je ne vous verrai que demain[2] et cela m'attriste. Je vais à la campagne avec plus de terreur que de plaisir. Le Sentiment que le premier regard, le premier mot, la première distraction décideront de tout moi, me poursuit et me pèse. J'ai tant souffert que je crains plus la douleur que je ne désire la joye, toujours incomplète et passagère.

A demain donc. Mes heures véritablement douces et salutaires sont celles que je passe près de vous.

Benj. Const.   15

à Madame / Madame la Baronne de Krudener, / Rue du Fau-bourg-St-Honoré, n° 35.

Manuscrits   **1.** Orig. autogr., faisant partie des archives de la baronne Juliette d'Oppell de Krüdener, actuellement non localisées.   **2.** *Paris, Archives Francis Ley ; transcription dac-tylographiée.

Éditions   **1.** Ley (1967), p. 227.   **2.** Harpaz (1992), n° 137, pp. 261–262.

Commentaire et Notes   La date du 18 septembre est commandée par l'allusion à la visite de BC chez Juliette, à Saint-Germain-en-Laye, qui aura lieu le 18, en effet, et qui empêchera à BC de voir Julie de Krüdener avant le 19. BC aura essayé tout de même de prendre contact avec Julie le soir du 18.

[1]   Il s'agit de la prière que BC avait composée le 10 septembre (voir *Journal*, sous cette date : «Ecrit une prière qui m'a fait fondre en larmes»); voir *OCBC*, IX,1, pp 339–352. En ce qui concerne «tout ce qui ne doit pas être su», voir *OCBC*, IX,1, p. 348, pour les phrases censurées : «[...] tu avais pris un être céleste [...]». Cet être céleste, qui doit frapper le pécheur et le ramener à Dieu, c'est évidemment Juliette.

[2]   Aucun entretien entre BC et Julie de Krüdener n'est signalé dans le *Journal* sous la date du 19 septembre.

2719

Benjamin Constant à Julie de Krüdener

19 septembre 1815

Je suis arrivé trop tard hier[1] pour aller chez vous sans indiscretion. Mais j'ai soif de vous voir, et à moins que vous ne me fassiez dire le contraire, je me présenterai à une heure.

Tendres hommages

B.C.   5

à Madame / la Baronne de Krüdener / Rue du fb^g St Honoré / n° 35.

Manuscrit   *Kiev, Musée panukrainien ; 4 pp., pp. 2–3 bl., l'adresse p. 4; orig. autogr.

Édition   Ley (1967), p. 229.

Texte   *Sur la page d'adresse de mains anciennes* : Benj-Const. *et* Benjamin Constans.

Note
[1] BC est rentré à Paris après sa visite chez Juliette à Saint-Germain, le 18. Voir les lettres précédentes.

2720

Benjamin Constant à Julie de Krüdener

20 septembre 1815

Il m'a été impossible de me lever de table hier[1] avant les autres et je n'ai pas osé aller chez vous, plutard, parce qu'il n'y auroit eu que de l'égoïsme, et que je sens que vous ne pouvez pas vous dérober à des soins plus importans, pour ne soigner qu'une ame triste et malade. Aujourdhui, je vous ai déjà dit qu'un malheureux engagement chez M Bruce[2] me retiendra aussi malgré 5 moi, plus tard que l'heure à laquelle Je voudrais tant me réunir à vous : et comme je suppose que vous verrez l'Empereur ce soir, Je n'oserai pas me présenter à votre porte, à moins que sa visite étant remise, vous ne me fassiez dire quelque chose. Mais il est impossible à mon cœur de renoncer à l'idée de passer quelques momens libres avec vous avant votre départ[3]. Dites 10 moi donc quand je pourrai vous voir sans vous importuner du tout. Toutes mes heures sont à votre disposition vous le savez.

Tendresse et hommages
B.C.

Madame / La Baronne de Krudener / Rue du fauxbourg St Honoré / n° 35. 15

Manuscrit   *Paris, Archives Francis Ley ; 4 pp., p. 3 bl., l'adresse p. 4; orig. autogr.

Édition   Ley (1967), pp. 229–230.

Texte   **1** table] *le ms. porte* : de table de table

Commentaire et Notes   C'est autour du 20 septembre, peu avant de quitter la France, que le tsar Alexandre prend l'habitude de rendre visite tous les soirs à Julie de Krüdener, afin de parler avec elle de la préparation du Traité de la Sainte-Alliance, qu'il présentera aux rois de Prusse et d'Autriche le 23 septembre, et qui sera signé le 26. BC dîne chez le duc de Vicence le

19 septembre (voir Journal, sous cette date). On peut donc supposer, avec Francis Ley (1967), que la présente lettre date du 20.

[1] Il s'agirait du dîner chez la duchesse de Vicence; voir ci-dessus, Commentaire.

[2] Michael Bruce (1787–1861), Ecossais et fils de Crauford Bruce (ami de Germaine de Staël), était venu à Paris avec son père au début du mois d'octobre 1814. Il avait voyagé pendant cinq années en Syrie et en Asie Mineure, où il avait fait la connaissance de la célèbre voyageuse, Lady Hester Stanhope, dont il devint l'amant. Rentré en Angleterre au mois de septembre 1814, il était venu à Paris au début du mois d'octobre 1814. Ami de Lady Caroline Lamb, qui se trouvait comme lui à Paris, et qui connaissait bien BC, Bruce était un grand admirateur de Napoléon et, comme BC, craignait la désintégration de la France sous l'occupation par les puissances ennemies. Voir les archives de la famille Bruce, du 18e au 20e siècle, Bibliothèque Bodleian, Université d'Oxford, copyright T.D.Rodgers, 1996, et les ouvrages d'Ian Bruce, descendant de Michael, *The Nun of Lebanon : the love affair of Lady Hester Stanhope and Michael Bruce ; their newly discovered letters*, éd. Ian Bruce, London : Collins, 1951, et *Lavalette Bruce : his adventures and intrigues before and after Waterloo*, London, H. Hamilton, 1953. BC avait dîné avec lui le 9 février 1815 (voir Journal, sous cette date). Julie de Krüdener le recevra chez elle le 29 août (voir *Lavalette Bruce*, p. 130) et le 30 septembre, sans grand plaisir : voir le Journal de Juliette von Berckheim, samedi 30 septembre (VIII, p. 114): «Mr Bruce vint voir Maman les Ang[s] parlent de l'Emp[ereur] sans se gener et se demasquent». Bruce, de sa part, trouve Julie de Krüdener «folle et extravagante» (*Lavalette Bruce*, p. 132). Bruce sera compromis, quelques semaines plus tard, dans l'évasion d'Antoine Marie Chamans, comte de Lavalette (1769–1830), qui était resté fidèle à Napoléon et sera condamné à être exécuté le 27 novembre 1815, mais sera gracié en 1820.

[3] Julie de Krüdener ne partira de Paris que le 23 octobre.

2721

Benjamin Constant à Juliette Récamier

21 septembre 1815

Si vous avez envie de voir encore Mad[e] de Krüdner qui vous aime et le désire, il ne faut pas perdre de tems. L'Empereur de Russie part après demain[1], et je crois qu'elle le suivra peu d'heures après. J'aurais bien voulu que vous la vissiez. J'avais à lui demander une chose qui m'est importante. Avec mon caractère, Je n'ai pu le prendre sur moi. Vous auriez peut être eu ⁵ cette bonté.

Notre conversation de lundi[2] m'a laissé une impression douce, quoique triste. Croyez que je sais au fond du cœur que vous n'êtes point frivole dans l'ame : ce que j'en dis est, tantot, pour obtenir que vous réfutiez mes accusations de manque de toute amitié, parce que la moindre assurance que vous ¹⁰ en avez pour moi m'est un soulagement ; tantot parce que je vous vois le système d'étouffer votre meilleure et plus profonde nature, et c'est un mal que vous vous faites, et que vous faites à ceux de vos amis qui sont dignes de vous aimer. C'est par politesse que je mets cette expression au pluriel. Non,

nos Natures ne sont pas différentes. La crainte de souffrir vous donne un air 15
d'insouciance, comme elle me donne un air ironique. Mais il y a en nous
quelque chose de bien mieux et qui, quoique vous en pensiez, établira, à une
époque quelconque, une sympathie durable et indestructible entre nous.

Hélas ! le moment n'en est pas venu, et les circonstances vont probablement nous séparer plus que jamais. Si j'avais obtenu le rang d'Amitié que je 20
méritais peut-être, j'aurais bravé toutes les circonstances.

Je ne puis vous mander que la nouvelle que tout le monde sait, le renvoi
de Fouché[3]. On dit qu'il sera suivi de celui de plusieurs autres ministres.

Si vous ne venez pas à Paris[4], je vous supplie de m'écrire un mot : et je
voudrais aussi prendre le jour le plus prochain pour aller vous voir encore[5], 25
quand je serai sur de n'offenser personne par ma présence.

Adieu, mon cœur vous est tout dévoué.
ce 21.

a Madame / Madame Recamier / chez M de Courcy / près la Terrasse / Rue
de Pontoise / *à St Germain* 30

Manuscrit   *Paris, BnF, N.a.fr. 13265, ff. 241–242; coté d'une main ancienne : «132»; 4 pp., p.
3 bl., l'adresse p. 4; timbre : P ; orig. autogr.

Éditions   **1.** Colet (1864), n° 47, pp. 121–122.   **2.** Lenormant (1882), n° 118, pp. 242–244.
3. Harpaz (1977), n° 126, pp. 201–202.   **4.** Harpaz (1992), n° 138, pp. 262–264.

Commentaire et Notes   BC reçoit les nouvelles de la démission de Fouché le 20 septembre ;
cette lettre date donc du lendemain au plus tard.

[1] L'empereur ne partira en fait que le 27 septembre, à la suite des retards apportés à la
signature du traité ; voir ci-dessus la lettre 2720.
[2] Le 18 septembre, au cours de la visite de BC à Saint-Germain-en Laye ; Journal, 18 septembre : «Course à St Germain. Juliette très douce et très amicale».
[3] C'est le tsar Alexandre qui avait suggéré à Louis XVIII le renvoi de Fouché, ainsi que celui
de Talleyrand. BC voit juste en ce qui concerne le renvoi d'autres ministres : tout le ministère
finira par être renvoyé le 21 septembre (Journal, 22 septembre).
[4] Juliette sera à Paris du 24 au 26 septembre (voir Journal, sous ces dates).
[5] BC verra Juliette à Paris le 24 septembre et lui rendra visite à Saint-Germain le 28; voir
Journal, sous ces dates.

2722
Benjamin Constant à Julie de Krüdener
22 septembre 1815

J'ai respecté les ordres de Fanchette[1], qui m'a assuré que vous aviez prié qu'on vous laissât reposer. Je ne veux pourtant pas ne pas vous dire que je suis bien faché de laisser passer ce jour sans vous voir. J'ai beaucoup entendu parler de l'Empereur de Russie hier, et je vois avec plaisir que l'opinion commence à bien distinguer celui qui veut nous sauver de ceux qui 5 veulent nous perdre[2]. Vous savez ce qui est arrivé hier au Duc de Wellington, au spectacle[3].

Mon ame est toujours malade. Je ne suis pas content de moi. J'ai de mauvais mouvemens d'irritation et d'amour-propre contre une personne que je ne voudrais qu'aimer. Ce que j'éprouve surtout, et ce qui est bien 10 bizarre, c'est un ardent desir de ne plus la voir, tout en souffrant de son absence. Mais si on me disait que par quelque obstacle indépendant de sa volonté et de la mienne, elle ne reviendrait jamais dans aucun lieu où je serai, je crois que je me sentirais soulagé. J'ai trop souffert plus d'un an de suite, et je tressaille dès que je touche à la blessure[4]. 15

Dites moi pourtant où je pourrai trouver ce magazin des fidèles[5] que je lui porterai après demain, si je puis me le procurer. Je voudrais aussi avoir la Bible pour laquelle j'ai souscrit. Je n'en ai point d'exemplaire.

Si par hazard vous étiez libre et moins fatiguée quand ceci vous sera remis, je pourrais me rendre chez vous tout de suite. Mais ceci sans vous 20 importuner. Je ne sortirai de chez moi qu'à 6 heures[6].

Mille tendres hommages
B.C.

à Madame / Madame de Krudener / Rue du fauxbg St Honore / n° 35

Manuscrit   *Saint-Pétersbourg, RNB, Fonds Krüdener, carton n° 2; 2 pp., l'adresse p. 2; orig. autogr.

Édition   Ley (1967), p. 231.

Texte   *D'une main ancienne sur la page d'adresse :* Benj. Const   **21**   de] de *écrit dans l'interligne*

Commentaire et Notes   En supposant que la lettre précédente date du 21 septembre, on peut dater celle-ci du 22. Il est question ici de voir Juliette «après-demain» (troisième paragraphe); BC la verra, en effet, le 24 septembre (voir Journal, sous cette date).

[1] Pour Fanchette, voir ci-dessus la lettre 2717, note 3.

² Modéré et libéral, le tsar Alexandre se distingue par là des autres Alliés.
³ Il doit s'agir de l'incident suivant, noté par Lenormant, *Souvenirs et correspondance*, pp. 268–269: après la bataille de Waterloo, le duc de Wellington, qui se trouvait à l'Opéra, «se fit ouvrir la loge royale dans laquelle il aurait, avec ses aides de camp, assisté au spectacle, si les murmures du parterre indigné ne l'eussent averti de l'inconvenance qu'il commettait».
⁴ Mêmes sentiments dans le Journal, sous la date du 22 septembre, ce qui confirmerait la date de la présente lettre : «Si Mme Rec[amier] ne revenait pas avant mon départ, je serais bien plus calme. La revoir me fera du mal».
⁵ Ce périodique n'a pas été identifié.
⁶ BC ne verra Julie de Krüdener que le lendemain (voir Journal, 23 septembre).

2723

Benjamin Constant à Julie de Krüdener

24 septembre 1815

Je suis si occupé de terminer des affaires essentielles pour mon départ¹ que je n'ai pas un instant pour aller vous voir. Vous le devinez bien, puisque je me prive d'un si grand plaisir. J'attends un avocat pour lui laisser ma procuration², et je ne pourrai sortir que lorsqu'il sera venu. En attendant, pour que vous soyez sans inquiétude, je vous confirme que j'aurai mes fonds 5
demain dans la matinée³, mais j'ai bien peur que ce ne soit trop tard pour que vous puissiez partir le même jour. Il est malheureux que je n'aie su votre désir et votre bonne détermination pour moi qu'un samedi⁴, parce que le dimanche est un jour où tous les bureaux sont fermés.

Mais en même temps faites-moi le plaisir de me faire dire si, comme le 10
bruit s'en est répandu partout et m'a été confirmé hier par un diplomate qui me l'a certifié positivement, tous les départs sont retardés. Je ne puis guère en douter, d'après son assurance positive. En ce cas, votre départ le serait aussi. Cela me conviendrait fort, ne fût-ce que de deux jours. Cependant, rien ne m'arrêtera, si c'est toujours pour demain⁵; mais si cela n'était pas, je 15
serais charmé d'en être prévenu. Dès que je pourrai sortir, j'irai vous voir.

Mille hommages
B.C.

Manuscrit   Orig. autogr., faisant partie en 1908 des archives de la baronne Juliette d'Oppell de Krüdener ; localisation actuelle inconnue.

Éditions   1. *Privat, *JG*, 9 mars 1908.   2. Ley (1967), pp. 232–233.

Commentaire et Notes   C'est le 23 septembre que Julie de Krüdener demande à BC de lui prêter de l'argent pour l'établissement de son Eglise (voir note 4). Ce billet, donc, doit dater du 24, qui est effectivement un dimanche, «jour où tous les bureaux sont fermés».

¹ BC a eu l'intention d'accompagner Julie de Krüdener jusqu'à Bade, en route pour l'Allemagne (voir note 4 et Journal, sous les dates du 23 et 25 septembre). Cette idée n'aura pas de suite : BC ne quittera la France que le 31 octobre.

² Pour les problèmes financiers suscités par l'achat récent de la maison de BC, 6, rue Neuve-de-Berri, qui ne seront résolus en entier qu'en 1817.

³ BC verra Julie de Krüdener, en effet, le 25 septembre, mais en «modifi[ant] l'affaire d'argent» (Journal, sous cette date).

⁴ Voir le Journal de Juliette von Berckheim : «Samedi 23. Ce matin Johanna a reçu de grandes consolations. Il lui a été montré de parler à Benjamin Cons de sa situation et il veut nous suivre en Allemagne et prètera a Maman les 8 mille francs qu'il avait mis de coté pour cela».

⁵ Le départ de Julie de Krüdener n'aura lieu que le 23 octobre.

2724

Albertine et Germaine de Staël à Benjamin Constant

25 septembre 1815

Ce 25 7-bre 1815, Lausanne.
Je ne veux pas quitter la Suisse sans vous dire adieu, quoique vous ne nous donniez plus signe de vie. Nous partons demain pour l'Italie, nous laissons nos affaires dans un assez triste état, car, vraiment, on n'avance à rien, il faut s'entendre [répéter] les mêmes phrases et faire les mêmes démarches que ₅ l'année passée. Nous allons être séquestrés à peu près de toute nouvelle en Italie et peut-être quand nous reviendrons tout sera changé. Je voudrais savoir ce que vous faites, à quoi vous vous décidez ; vous m'oubliez sûrement beaucoup mais il n'est pas en votre pouvoir de m'empêcher de penser à vous, de regretter les temps où nous vivions ensemble, et de me dire ₁₀ souvent que je n'en aurai peut-être jamais de plus doux. Vous avez tant agité l'existence de ceux qui vous ont connu intimement que, lors même que les liens sont rompus, on conserve un profond ébranlement sur tout ce qui vous regarde. Vos chers parents, que vous aimiez tant autrefois, sont les plus violents du monde contre la France, je me suis beaucoup disputé avec votre ₁₅ cousine Madame d'Arlens¹ qui remue sa petite vieille tête avec une véhémence extraordinaire. Cependant j'aime assez Lausanne, on sent que des gens d'esprit y ont passé et cela laisse une certaine trace lors même que les habitants actuels n'en ont guère. Vous devinerez aisément que je suis très française et que hors un certain point (sur lequel il m'amuserait beaucoup de ₂₀ vous entendre parler) nous serions tout à fait d'accord. Ma mère se trouvera

peut-être obligée de revenir de Milan pour ses affaires. Je voudrais pouvoir croire que Paris sera alors moins *peuplé* qu'aujourd'hui. Adieu, si vous voulez, vous pouvez donner une lettre pour moi à Auguste.

[*La suite est de Germaine de Staël*].   25
Je n'ai pas reçu une ligne de vous depuis un mois et cependant nous aurions eu besoin de savoir par vous ce qu'il faut faire pour notre liquidation ; s'il faut se décider à vendre. Mais depuis que vous avez su par moi que je renonçais au procès pour lequel j'avais l'approbation en forme du docteur Sécrétan[2], – on dirait que vous n'avez plus rien à me dire. – Il faut pourtant   30
être animé par un autre principe que celui des injures. – Vous voyez souvent, m'a-t-on dit Madame de Krudener, j'adore son souverain[3] et j'espère que vous lui parlez de liberté et qu'elle l'aime. – J'ai reçu une lettre de l'Emp[ereur] Alexandre que mon père aurait signée, je ne puis rien dire au delà. – Adieu. – Je serai peut-être à Paris dans six semaines. –   35

Éditions   1. Nolde (1907), pp. 256–259.   **2.** *Léon (1928), n° 38, *RP*, pp. 334–336, et vol., pp. 113–115.

Texte   *Notes de Léon :*   **1** Lausanne] *La date est de la main de Madame de Staël*   **6** être] *dans l'interligne*   **9** votre] *dans l'interligne*   **9** penser] *Un* souvent *biffé*   **11** peut-être] *dans l'interligne*   **20–21** (sur lequel … parler)] *Les parenthèses sont d'Albertine*   **31** Vous] *Il y a un second* vous *biffé*

Notes
[1] Constance de Cazenove d'Arlens (1755–1825), épouse d'Antoine Cazenove d'Arlens, fille de Constant d'Hermenches (1722–1785), et cousine de BC.
[2] Voir la lettre de Germaine de Staël à BC du 21 juillet 1815, note 4.
[3] Alexandre Ier (1777–1825), empereur de Russie.

2725

Benjamin Constant à Marianne de Constant

26 septembre 1815

Paris ce 26 7bre 1815
Après bien des retards, provenant de l'absence de M. de Jacquemont, et de la difficulté d'y suppléer, notre affaire est enfin arrangée. J'envoye à M. de Loys l'expédition de l'Acte, contenant mon consentement à ce que vous touchiez 3000 fr. sur les 13000 qu'il a en main, et le consentement de votre   5
fondé de pouvoirs à ce que M. de Loys me remette les 10000 fr. restans, lesquels seront hypothéqués sur ma maison à Paris, par premiere hypothèque et privilège, primant même mon vendeur pour ce que je puis lui rede-

voir, de sorte que vous n'avez rien à risquer d'aucune manière. M. Rigaud de Rochefort[1], le fondé de pouvoirs que M[de] de Jacquemont avoit choisi 10 pour remplacer son mari absent, vous aura rendu compte de l'examen très scrupuleux qu'il a fait des titres et de votre garantie. Cette maison[2] située dans un des plus beaux quartiers de Paris avec un grand jardin, m'a été vendue, sans un terrain que j'y ai ajouté, 39000 fr. quoique le contrat n'en porte que 32, mais j'ai une quittance particulière pour les 7 autres, qui n'ont 15 pas été mentionnés, afin d'éviter les frais. J'ai acquis un terrain contigu très considérable, pour 19000 fr. et j'ai fait des améliorations pour dix. Depuis j'ai fait estimer cette Maison, et l'estimation a été de 80000 à cent mille francs. Vous voyez que vous ni vos enfans ne courez aucun risque, en me remettant 10000 fr. par première hypothèque sur cette propriété. J'espère 20 que M. de Loys vous aura fait tenir de suite les 3000 fr. qu'il doit vous remettre. N'ayez pas trop d'inquiétude sur cette diminution du revenu de vos enfans : si, cõe je l'espère, les affaires publiques s'arrangent, je mettrai tous mes soins à arranger les miennes, et je ne négligerai rien pour diminuer aussi les embarras et les pertes que les circonstances vous ont fait éprouver. 25

Comptez sur mon amitié et accusez moi je vous prie la reception de cette lettre.

B Constant

à Madame / Madame de Rebecque / à Brévans, / près Dole, / Dép[t] du *Jura*.

Manuscrit   *Lausanne, BCU, Fonds Constant I, Co 31 ; 4 pp., p. 3 bl., l'adresse p. 4 ; timbre : P ; orig. autogr.

Notes
[1]   Rigault de Rochefort, chevalier : d'abord magistrat, ensuite, sous la Restauration, secrétaire des commandements de la duchesse d'Orléans (J. M. Quérard, *La vie littéraire*, t. 8 (1838), p. 50).
[2]   Voir la lettre de BC à Charles de Villers, écrite vers le 15 novembre 1814, note 3.

2726

Benjamin Constant à Julie de Krüdener

27 septembre 1815

Je ne vous écris que quelques lignes en attendant que je vous voye à une heure[1]. Cependant, pour peu que vous soïez occupée, soit avec M[d] R. soit autrement renvoyez moi. Mais je veux vous écrire pour vous dire combien ce commencement de révolution qui s'est fait en elle[2], si conforme à vos prédictions[3], et que je croyois si difficile et si improbable, m'a donné 5 d'espoir, et pour elle, et pour la conviction que je cherche et que je désire de si bonne foi. Je ne lui ai pas caché ma joye, et elle sent profondément que le monde ne vaut rien ; sa seule Crainte est une défiance d'elle même et de ne pas persévérer. J'y pourrai quelque chose, si elle m'écoute : car je suis de ses amis non seulement le seul qui lui parle dans ce sens, mais le seul qui ne lui 10 parle pas dans le sens contraire. Elle sait non pas que vous avez eu la bonté d'écouter le récit de tout ce que j'ai souffert, mais que je vous ai dit que je lui étais tendrement attaché. Je crois la conversation que vous aurez avec elle aujourdhui bien décisive. Je connais assez son caractère pour vous supplier de ne pas lui dire que je me suis plaint d'avoir souffert par sa faute. C'est ce 15 qu'elle déteste et ce qui la révolte le plus que des plaintes de ce genre, parce qu'elle les sent un peu fondées. Mais si vous croyez utile de la bien disposer pour moi, Dites lui ce que vous pensez et sur moi et sur mon genre d'affection pour elle. Je ne suis pas assez peu sincère pour ne pas convenir que mon plus vif désir est de prendre dans la sienne une place à part. Mais Dieu m'est 20 témoin que cette place est celle du frère le plus tendre, et de l'ami le plus désintéressé comme le plus dévoué.

Pardon. Vous êtes la bonté, l'affection, et par là la puissance même : et Notre Amie mérite d'etre a Dieu et à vous. Recommandez lui cette charité cet aumone de l'ame que vous exercez si bien. Pardon encore. Je suis im- 25 portun, parce que je suis confiant en vous, et que c'est un bonheur si rare pour moi que la confiance.

A une heure, d'après vos ordres de hier Si cela ne vous dérange pas[4].

Madame / la Baronne de Krüdener / Rue du fbg St Honoré / n° 35 / pressé

Manuscrits   **1.** *Saint-Pétersbourg, RNB, Fonds Krüdener, carton n° 2; 4 pp., p. 3 bl., l'adresse p. 4; orig. autogr. [Ley].   **2.** Paris, Archives Francis Ley ; 1 p.; résumé de la main de Julie de Krüdener.

Édition   Ley (1967), p. 234.

Texte   *D'une main ancienne sur la page d'adresse :* B. – C –.

Commentaire et Notes   Nous supposons que cette lettre date du matin du 27 septembre, c'est-à-dire après la «révolution étonnante» opérée chez Juliette au cours de la séance de prières qui avait eu lieu chez Julie de Krüdener au cours de la soirée du 26 (voir Journal, sous cette date, et ci-dessous, la note 2).

¹ BC verra Julie de Krüdener, en effet, au cours de la journée du 27 (voir Journal).
² Voir ci-dessus, Commentaire, et le Journal de Juliette von Berckheim, sous la date du 26 septembre : «Ce soir la duchesse de Bourbon et trois dames vinrent à la prière. M^d Récamier vint et parait se convertir entièrement».
³ Même idée dans le Journal sous la date du 26 septembre : «Mme de Krüdener me l'avait prédit».

Résumé (ms. 2)

Paris 1815.
Du même
Je ne Vous ecris que quelques lignes en attendant que je Vous voÿe, Mad.
cep. pour peu que Vous soïés occupé soit avec quelqu'un, qui doit venir
Vous voir soit autrement renvoïés moi ; il y a quelqu'un dans lequel s'est fait   5
ce Commencement de revolution que je croïois si difficile et si improbable ;
combien cela m'a donné d'espoir par la conviction que je cherche.
Pardon, Vous êtes la charité l'affection et par la la puissance même [puis-
sions nous donc enfin apprendre que les lois icy même] ne peuvent avoir
aucune puissance, que toute puissance vient de Dieu et que nous ne soᵐes   10
rien et pire que rien : car nous soᵐes – – – – – – detestables.

Texte   **1**   1815] *trois ou quatre mots lourdement biffés*   **4**   quelqu'un] *ajouté d'une autre main au-dessus de* quelqu'un *et lourdement biffé :* Mad Recamier   **7**   combien] ⟨et⟩ combien
8   l'affection] ⟨*trois mots biffés*⟩ ⟨Volonté⟩ e   **8–9**   *Les mots entre [ ] ont été probablement ajoutés par Julie de Krüdener*

2727

Benjamin Constant à Juliette Récamier

fin septembre 1815

Je m'acquitte avec un peu d'embarras d'une commission que M^{de} de Krüdener vient de me donner. Elle vous supplie de venir la moins belle que vous
pourrez. Elle dit que vous éblouissez tout le monde, et que par là toutes les
ames sont troublées et toutes les attentions impossibles. Vous ne pouvez pas
déposer votre charme : mais ne le rehaussez pas. Je pourrais ajouter bien des   5
choses sur votre figure à cette occasion : mais je n'en ai pas le courage. On
peut être ingénieux sur le charme qui plait, non sur celui qui tue. Je vous
verrai tout à l'heure. Vous m'avez indiqué 5 heures, mais vous ne rentrerez
qu'à 6[1] : et je ne pourrai vous dire un mot. Je tacherai pourtant d'etre aimable encore cette fois.   10

à Madame / Recamier

Manuscrit   *Paris, BnF, N.a.fr. 13265, ff. 239–240; coté d'une main ancienne : «131»; 4 pp.,
pp. 2–3 bl., l'adresse p. 4; orig. autogr.

Éditions   **1.** Colet (1864), n° 46, p. 120.   **2.** Lenormant (1882), n° 115, p. 239.   **3.** Harpaz
(1977), n° 127, p. 203.   **4.** Harpaz (1992), n° 139, pp. 264–265.

Texte   **10**   fois.] *la fin de la lettre (une ligne et demie) est lourdement biffée*

Commentaire et Notes   La présence de Juliette à Paris du 24 au 26 septembre est attestée dans
le Journal de BC, mais elle semble bien en avoir été absente à partir du 27 septembre jusqu'au
1er octobre, date où elle assiste à une séance de prières chez Julie de Krüdener. Voir le Journal
de Juliette von Berckheim pour les inquiétudes de Julie de Krüdener au sujet de l'allure irrésistible de Madame Récamier : «dimanche 1 octobre : A la prière il y eut M^d Recamier la
Princesse Val. Mais quelques hommes, qui nous genèrent». Tout porte à croire que ce billet date
de la même époque.

[1]   Il arrive assez souvent que les réunions chez Julie de Krüdener dépassent les limites prévues.

2728

Benjamin Constant à Juliette Récamier

vers le 3 octobre 1815

Le changement de Ministère[1] a d'abord fort effrayé l'opinion. On a cru y voir le signal de l'impulsion tout a fait contre révolutionnaire. Depuis, le besoin que chacun a de repos fesant qu'il a envie d'y croire, on s'est rassuré de fatigue. On espère beaucoup du Duc de Richelieu[2], parce qu'il a bien administré en Russie et qu'il a professé il y a un an des principes assez 5 modérés, quoiqu'on dise qu'il les a abjurés depuis. On espère de M. de Cazes[3], parce que c'est un homme d'esprit, et je crois que les espérances qui reposent sur lui sont les mieux fondées. Il est convenu de dire que M. de Vaublanc[4] sera modéré, parce qu'il l'a été il y a vingt deux ans[5], et quoiqu'on sache qu'il est le plus exagéré de tous aujourdhui. Quant au Duc de Feltre[6], 10 si veut le Roi, si veut la loi, est sa devise sous tous les régimes. Le Parti de l'ancien Ministère est furieux[7], d'avoir été dupe de son propre mouvement : et jamais on ne parla mieux sur le triste état de la France, et la perfidie des étrangers[8]. C'est dommage que ce soit si tard. M. de Talleyrand[9] est digne et mesuré, comme à son ordinaire. Ses amis le trahissent en le répétant. Les 15 agens secondaires voudroient concilier l'honneur d'une démission avec le profit de rester en place. M. de Barante[10] sollicite du regard et du geste le conseil de ne pas quitter son poste. M. Beugnot[11] qui se plaignait de n'etre pas ministre il y a huit jours se vante aujourdhui de ne l'etre pas, et se dégage de la solidarité du Ministère. Mais tout ce parti ne tient à rien, ne 20 s'appuye sur rien, et a mecontenté ceux qui l'auroient soutenu pour appaiser ceux qui l'ont jeté par terre. Si le Ministère nouveau est le moins du monde raisonnable, il sera beaucoup plus fort que l'ancien, parce qu'il n'a point de complices à trahir, et qu'il peut être pur sans être traître. Il est donc probable que ce petit mouvement passera comme les autres, et que cette Ré- 25 volution de palais sera sans conséquence, surtout avec l'intervention des étrangers qui nous vexent tant que nos sottises ne laissent point de trace. S'ils partoient[12], le Roi peut, en peu de jours, avoir toute la Nation pour lui. Mais tant qu'ils y seront, les mesures intérieures ne sont que des sujets de conversation, et tout ce qu'on fait est indifférent, et tout ce qu'on essaye 30 inutile.

Manuscrit *Paris, BnF, N.a.fr. 13265, f. 154; coté d'une main ancienne : «84»; 2 pp.; orig. autogr.

Éditions   **1.** Lenormant (1882), n° 122, pp. 250–252.   **2.** Harpaz (1977), n° 128, pp. 203–205.   **3.** Harpaz (1992), n° 140, pp. 265–267.

Commentaire et Notes   Il s'agit d'un bulletin politique, envoyé sans doute à la demande de Juliette, qui se trouve de nouveau à Saint-Germain-en-Laye et donc privée de nouvelles. Voir Lenormant, p. 250, note 1: «Cette note [a été] remise à madame Récamier pour être communiquée à quelque personnage publique». Nous sommes à «huit jours» à peu près de la création du cabinet Richelieu, qui avait eu lieu le 24 septembre. D'après Harpaz, cette lettre serait celle que Juliette avait attendue en vain jusqu'au 2 octobre, ce qui paraît exact : elle daterait des alentours du 3 octobre.

¹   Le nouveau ministère avait été constitué le 24 septembre. Il est ultra-royaliste, en dépit de son président, le duc de Richelieu.

²   Le duc de Richelieu était un modéré. Il avait fait un long séjour en Russie, où il avait conquis l'estime et l'affection de l'empereur Alexandre. Il a été gouverneur de la Nouvelle Russie, vaste territoire le long de la Mer Noire, pendant plus de dix ans, à partir de 1803. En 1814, le retour des Bourbons l'avait obligé à quitter Odessa pour Paris, où il avait repris son service de premier gentilhomme de la Chambre. Pendant les Cent-Jours, il avait repris sa place au grand quartier général russe, tout en se tenant en rapport avec le gouvernement réfugié à Gand autour du roi. Il avait refusé le ministère de la Maison du Roi en juillet 1815, mais il finit par accepter de succéder à Talleyrand.

³   Préfet de police depuis le début de juillet 1815, Élie Decazes (1780–1860) est maintenant ministre. Jeune, beau, intelligent, c'est le nouveau favori du roi.

⁴   Vincent-Marie Viennot, comte de Vaublanc (1756–1845), député à l'Assemblée législative en 1791, au Conseil des Cinq-Cents et au Corps législatif par la suite, s'est rallié à l'Empire. Nommé préfet de la Moselle, il accueillit en 1814 avec enthousiasme les Alliés, et leur livra la ville de Metz. Il allait servir comme ministre de l'Intérieur dans le Cabinet Richelieu pour peu de temps ; il sera nommé député du Calvados de 1820 à 1824.

⁵   C'est-à-dire, sous la Terreur.

⁶   Henri-Jacques-Guillaume Clarke, duc de Feltre et comte d'Hunebourg (1765–1818), militaire célèbre de la Révolution et de l'Empire, fut ministre de la guerre de 1807 à 1814, encore sous la Restauration, en remplacement de Soult, le 12 mars 1815, et, à nouveau, au mois de septembre, à son retour de Gand. Il était très sévère pour ses anciens compagnons d'armes.

⁷   C'est-à-dire le parti du premier ministère de la seconde Restauration, qui avait duré trois mois. Parti constitutionnel, il avait voulu résister aux excès de la réaction royaliste.

⁸   Les sacrifices imposés à la France par les Alliés, tant territoriaux que financiers, étaient d'autant plus cruels qu'après tant de promesses ils étaient plus imprévus, étant donné les grands efforts de Talleyrand, notamment, auprès de Wellington.

⁹   Talleyrand avait été président du conseil de l'ancien ministère avant d'être renvoyé le 24 septembre.

¹⁰ Prosper de Barante avait démissionné de son poste de préfet de la Loire-Inférieure le 20 mars 1815. Il se rallia avec enthousiasme aux Bourbons et tenta d'organiser la résistance dans les départements de l'Ouest pendant les Cent-Jours. Elu à la Chambre introuvable en août 1815, il vient d'être nommé secrétaire général du ministre de l'Intérieur.

¹¹ Nouvellement nommé directeur général des postes, Beugnot vient d'être exclu du second ministère de la Restauration comme il l'avait été du premier.

¹² Le tsar Alexandre vient de partir le jeudi 28 septembre. Le départ définitif des troupes d'occupation de la France n'aura lieu qu'en 1818, et ceci grâce aux efforts de Richelieu.

2729

Benjamin Constant à Juliette Récamier

8 octobre 1815

Je vous verrai à cinq heures[1]: mais je veux auparavant vous remercier de l'indulgence que vous avez eue pour le mouvement d'impatience qui du reste, n'a laissé aucune impression dans l'esprit d'Auguste[2]. Nous avons beaucoup causé en revenant, et nous sommes arrivés les meilleurs amis du monde, sans qu'il attribuât à rien de personnel à vous, l'accès d'humeur que 5 j'avais eu le tort de laisser apercevoir. Je deviens si bizarre dans le monde, je suis tour à tour si découragé, si taciturne, ou si irritable, que bientot mes paroles ne compteront plus. Je suis comme un homme qui se meurt de la poitrine : je vois mourir chaque jour ma raison et mes facultés. Votre bonté rend cette mort beaucoup plus douce, et si, quand vous avez le tems d'y 10 penser, l'idée de m'épargner beaucoup d'angoisse, peut vous être douce, vous pouvez vous rendre ce témoignage. Le malheur de n'avoir pas été aimé de vous est irréparable. Du moment où mon funeste sentiment s'est emparé de moi, ma perte a été décidée. Mais vous n'avez rien à vous reprocher. Vous ne pouviez deviner ce caractère peut être unique au monde, qui ne peut 15 être saisi que par une seule pensée, et qui en est dévoré, comme par un oiseau de proye acharné sur lui. Ce qui n'eut été pour un autre qu'une tentative et une douleur de trois mois a été l'anéantissement de ma vie. Mais encore une fois vous êtes bonne pour moi, et ce que je souffre ne me rend plus injuste comme dans les premiers tems. Quelquefois aussi je me dis que 20 dans cette passion inexplicable et si douloureuse, il y a peut être de la volonté divine, qu'au milieu de cet amour dont je ne vous parle presque pas, et précisément pour ne pas vous en parler, je vous fais entendre des mots salutaires, que je rappelle dans votre ame l'ordre des sentimens qui vous reclament ; je suis une lyre que l'orage brise, mais qui en se brisant retentit 25 de l'harmonie que vous êtes destinée à écouter.

Oui, je le crois, malgré la lutte que vous éprouvez, malgré ce monde qui vous retient, malgré les amis qui vous enchainent au cercle de distractions et d'interets où vous trouvez si peu d'alimens, vous vaincrez ces obstacles, ou pour mieux dire, le ciel les vaincra, il vaincra cette partie de vous, qui, sans 30 le méconnoitre, veut négocier avec lui, et dispute la suprématie de la meil- leure partie de vous même. Vous sentez le vide, et il ne se remplira pas. Tout ce que les jouïssances de l'amour propre, l'empressement des hommages, le plaisir d'être entourée, l'amusement de la société, le sentiment d'être une personne à part, l'égale de tous les rangs, la première de tous les cercles, où 35 votre présence est une faveur, tout ce que tout cela peut donner, et plus encore le langage de l'amour, qu'on vous prodigue, le charme des émotions passagères que ce langage vous cause, cette espèce de sensation agréable par le mélange même de la crainte que vous éprouvez en vous en approchant sans vouloir y céder, ce qui constitue l'irrésistible séduction de ce qu'on 40 appelle votre coquetterie, toutes ces choses vous sont connues, elles sont épuisées pour vous : elles ne remplissent ni votre cœur ni votre vie. Vous en êtes fatiguée, et quand vous voulez vous y borner, vous êtes fatiguée de vous même.

Je me dis donc quelquefois que ce n'est pas par un simple effet de votre 45 charme que je n'ai plus d'autre existence que de la douleur pour moi, et de l'affection pour vous. Je suis destiné à vous éclairer en me consumant, à vous racheter par ma souffrance, et quand cette souffrance devient trop aigue, quand, en traversant tous mes membres, comme un poison rapide, elle me donne un pressentiment de mort qui se réalisera bien un jour, je me 50 dis que cet événement même est peut être le choc nécessaire que vous avez besoin de subir. Ce n'est pas de la vanité. Je sais que dans l'état naturel de nos relations si peu intimes, ma mort ne produirait en vous qu'un regret bien faible. Mais une séparation irrévocable, la conviction alors que rien n'est joué, la comparaison du dévouement que vous seule m'empêchez de 55 vous prouver, à toutes les heures, avec l'égoisme, le calcul, le factice de tout le monde, donneroit peut être à votre insu et par dégrés plus de puissance que vous ne pensez à mille souvenirs qui aujourdhui ne sont rien. Je vous le jure, cette idée me console du triste prodige qui s'est opéré en moi, de ces facultés dont je ne puis faire usage, de cette indifférence sur tout ce qui m'est 60 personnel, de ce découragement que ni les éloges, ni les sollicitations ni les offres ne peuvent surmonter. Je me dis qu'il faut que je sois ainsi, pour vous ramener à la sphère d'idées dans laquelle je n'ai pas le bonheur d'être tout à fait moi-même. Mais la lampe ne voit pas sa propre lumière et la répand pourtant autour d'elle. C'est là ce que j'ambitionne, ce qui m'aide à vivre. 65 Du reste, je n'ai plus rien à faire en ce monde. Mon amour-propre peut être excessif est humilié. Vous m'avez averti que je ne pouvais plus obtenir d'affection. Vous m'avez rendu odieux les dons de l'esprit qui n'ont pas su vous plaire, les éloges qu'on me donne, les facultés qui me les attirent, mon talent, ma réputation me sont en horreur, comme ayant trahi mon unique désir. 70

Je demande au ciel une mort douce et prompte qui laisse une trace de moi dans votre pensée, et qui vous aide à vivre dans la sphère ou tant de mouvemens intérieurs vous appellent. Mon cercueil serait plus eloquent que ma voix, mon souvenir moins importun que ma présence. Pour moi, que me sert-il de vivre ? Qu'est-ce que la vie quand on ne peut plus être aimé ? Mais 75 alors j'aurai vécu pour vous faire un peu de bien en mourant.

Madame Recamier

Manuscrit   *Paris, BnF, N.a.fr. 13265, ff. 249–250; coté d'une main ancienne : «136»; 4 pp., l'adresse p. 4; orig. autogr.

Éditions   **1.** Colet (1864), n° 48, pp. 123–127.   **2.** Lenormant (1882), n° 123, pp. 252–257. **3.** Harpaz (1977), n° 129, pp. 205–208.   **4.** Harpaz (1992), n° 141, pp. 267–270.

Texte   38 de] de ⟨sentiment⟩   75 Qu'est-ce] qu'est-⟨te⟩ce

Commentaire et Notes   Les allusions à la visite peu satisfaisante que BC avait faite chez Juliette à Saint-Germain-en-Laye le 7 octobre 1815, en compagnie d'Auguste de Staël, ainsi que le ton désespéré, permettent de préciser la date de la présente lettre : elle a dû être écrite le matin du 8 octobre, avant le rendez-vous prévu pour cinq heures.

¹ Ce rendez-vous sera manqué : voir Journal, 8 octobre : «Rendez-vous manqué. Le paroxysme revenu plus fort que jamais [. . .]. Rentré chez moi au désespoir».
² Auguste de Staël, ex-soupirant, dont BC craint les racontars.

2730

Benjamin Constant à Julie de Krüdener

nuit du 8–9 octobre 1815

Chère amie, vous qui avez eu pitié de moi, vous qui avez essayé de sauver une vie perdue, je viens vous remercier, vous bénir encore, et vous dire adieu pour toujours¹. Il y a un dégré d'angoisse et de peine que la force humaine ne peut supporter ; on ne peut certes m'accuser de faiblesse moi qui souffre depuis plus d'un an tous les déchirements d'une âme brisée ; on ne peut ⁵ m'accuser de révolte, moi qui depuis un an supplie le Ciel d'arracher de mon cœur la douleur qui me tue, ou d'inspirer à l'être qui la cause un peu de pitié. Je vous le jure, si je pouvais me soumettre, si l'agonie n'était pas tellement violente que tous mes nerfs sont en convulsion, si respirer n'était pas un supplice, si quelque chose me soulageait je me jetterais à genoux, je ¹⁰ remercierais la bonté de Dieu, je bénirais celle qui fait mon supplice, mais la douleur est trop affreuse, et quand je pense qu'il y a treize mois qu'elle dure, qu'elle peut durer encore plus longtemps, que treize mois d'un dévoûement sans bornes, d'une occupation de toutes les minutes n'ont pu obtenir la moindre affection, qu'elle est heureuse de tromper mes plus humbles et mes ¹⁵ plus tremblantes espérances, qu'elle sait que ma vie serait de la voir quelquefois seule, et qu'elle accumule les obstacles à plaisir sans but, sans qu'elle ait rien à craindre, avec une obstination que rien ne désarme, je frémis de l'idée de prolonger cette angoisse, je me sens excusable dans tous les moyens

que je sais prendre pour l'abréger. Vous dire pourquoi je suis dans une 20
situation de nouveau si affreuse serait inutile. Tout peut s'expliquer froide-
ment les preuves d'indifférence sont susceptibles d'interprétations si simples,
chacune isolément est l'effet du hazard, mais quand je vois ce hazard n'atteindre que moi, quand je vois qu'il est preparé d'avance, quand j'apprends
qu'avant hier, de peur de m'accorder une pauvre heure qui eut été une 25
goutte d'eau pour un malheureux qui meurt de soif, elle avait écrit à l'un de
ses parents² d'accourir, quand je rencontre partout cette volonté de m'éviter,
quand je la vois si douce et si affable avec d'autres, et si impitoyable avec
moi, je ne puis me faire illusion. Je suis prêt à me briser la tête contre la
muraille, mes larmes sont comme un poids sur mon cœur, et ne peuvent me 30
soulager. Je n'y résiste plus, je ne puis y résister, et cependant, tout est si
bien combiné qu'elle parvient à ignorer ma douleur, à s'en épargner le spectacle, à me laisser me consumer seul de manière à ce que rien ne lui parvienne qui puisse exciter sa pitié. Aujourd'hui encore³ je l'ai vue deux minutes,
elle m'a proposé de dîner avec du monde, mais elle préfère que je meure que 35
de me laisser la voir un instant en liberté, et j'ai comme à mon ordinaire été
traîner mon agonie au milieu d'indifférents. Il a fallu parler, répondre, paraitre calme m'entendre louer de mon esprit, de cet esprit que je déteste,
parce qu'il n'a pas su lui plaire. Non vous même, mon unique amie, vous ne
pouvez m'imposer la prolongation d'un tel supplice. Je ne manque à aucun 40
devoir je les remplirai tous, et je ferai du bien à tout le monde. Ma femme⁴ a
vecu seize mois sans moi que ferait elle d'un cœur abimé? Si elle m'aime
encore ce serait alors qu'elle serait malheureuse ; il vaut bien mieux qu'elle
me regrette. Mon père a laissé dans une situation peu aisée des enfants dont
la naissance équivoque est déjà un malheur : ma fortune le réparera. Une 45
seule chose m'est [importante], c'est que nul ne sache que je n'ai pu supporter la vie, nul ne le saura. Avec un peu d'adresse et quelques heures de
plus, qui déjà sont moins douloureuses parce que mon parti est pris, tout
paraîtra naturel et je n'exciterai dans la seule créature qui peut être daigne
encore aimer cet être si misérablement foulé aux pieds par une autre que des 50
regrets ordinaires et passagers comme ils le sont tous. A vous même je
l'aurais caché, si dans un moment encore, je ne voulais pas, dans la solitude
de mon agonie me dire que vous me plaignez. Pardon : c'est de l'égoïsme,
mais il est si dur de mourir seul. Vos prières m'entoureront, dans cette
chambre solitaire, fermée désormais à tout être vivant, jusqu'au moment où 55
quelqu'un de plus heureux viendra l'habiter. A elle je ne lui écris point. Elle
verrait une scène, un jeu peut-être, une tentation, elle a vu mon désespoir
plus d'une fois, elle ne croit que l'irrévocable. Elle retourne à la campagne
demain elle y sera huit jours⁵. C'est huit fois plus qu'il ne faut. Elle sera bien
libre à son retour, je l'importunais tant. Mon Dieu ! Que je l'ai aimée, que je 60

me suis retourné de mille manières pour qu'il y eut entre nous un lien quelconque. Combien j'étais empressé de la servir, heureux d'obeir au moindre signe, avide de m'associer à elle dans la moindre chose. Elle même l'a souvent reconnu. Elle me l'a dit. Pourquoi m'a-t elle tué ? Je suis à concevoir qu'elle ait pu vouloir avec une telle volonté de fer que je ne fusse rien dans sa vie. Comme elle a profité de tout pour m'éloigner ! Depuis trois mois je ne l'ai pas vue seule deux fois ! Comme ce qu'elle faisait autrefois sans y penser, ce qui etait si simple et si naturel, elle l'évite maintenant ! Et ce qu'elle me refuse, elle l'accorde à tout le monde. On la voit librement, elle écoute, elle répond, elle loue. Moi seul, elle me repousse, et un quart d'heure de tête à tête lui semble un malheur.

Ange tutélaire du dernier mois de mon existence je vous remercie et je vous bénis. Vous m'avez fait du bien, et malgré ce qui vous parait peut être un crime, mon âme retournera meilleure demander grâce à son Créateur. Non, ce n'est pas un crime. A qui fais-je du bien, ai-je l'usage de mes facultés ? Depuis un an, elles sont anéanties. C'est une maladie physique, et je ne suis pas plus coupable que si je mourrais de tout autre maladie. A quoi servirait-il que je devinsse fou ? Et croyez vous qu'une idée fixe, une douleur sans relâche ne me mène pas droit à la folie ? Plus d'une fois je m'en [suis] senti bien près.

Une idée me vient et m'effraye. Vous croirez peut être de votre devoir d'essayer, je ne sais quel moyen pour me détourner. Songez que vous n'en avez aucun, que vous ne feriez que me rendre la risée du monde, et que j'en serais encore plus malheureux si mon malheur pouvait augmenter. Vous mettriez entre elle et moi, un nouvel obstacle si je consentais à vivre. Elle me haïrait de l'avoir agitée, non, il n'y a plus de ressource, plus d'espoir. Croyez-moi ; même à présent j'en chercherais encore mais il n'y en a point : soyez bonne, comme je vous le demande. Priez pour moi, priez pour elle, Elle est moins coupable que je ne le fus envers une autre[6] et c'est pour cela que je suis puni. Ne lui dites rien de moi, et si vous la revoyez après, dites lui que je l'aimais bien, mais ne lui parlez pas du mal qu'elle m'a fait. Au nom du Ciel, voyez bien que vous ne pouvez rien faire. Si vous lui parliez elle croirait que je l'ai voulu, elle me mépriserait d'une méprisable ruse. Oh n'abusez pas de ma confiance, ne m'attirez pas son mépris.

Je devrais ne pas vous envoyer cette lettre, mais je ne puis renoncer à vos prières, à votre intercession peut-etre efficace, il y a quelque chose de si aride dans ma solitude : et l'idée que vous compatissez a mon sort me soulage. Ma tête est peut être affaiblie. Je sens que vous écrire est absurde, et cependant cela m'est doux. Mais ne me faites pas le dernier mal qu'on puisse me faire, et pardonnez-moi femme religieuse et bénie de Dieu pardonnez-moi : n'essayez rien sur elle[7]. Elle ne vous croirait pas. Je lui ai dit souvent que je mourrais si je n'établissais pas entre elle et moi une amitié tendre, et que j'avais besoin de la voir, elle ne m'a jamais cru. Vous me vaudriez peut être si quelque chose d'elle pouvait encore me parvenir, un moment affreux. Elle hait la folie, et mon sentiment et mon désespoir n'en sont ils pas ? 105

Je me suis calmé en vous écrivant : mais c'est l'idée de la mort qui me calme. Je sens que si je reprenais à la vie, toutes mes convulsions reviendraient. Vous ne pouvez me faire de bien que par vos prières, vous ne pouvez rien auprès d'elle que la révolter contre moi. Elle ne croit pas m'avoir fait de la peine, elle ne s'en doute pas. Elle croit m'avoir fait plaisir 110 en m'invitant aujourd'hui à un diner ou je n'aurai pas la possibilité de lui dire un mot[8]. Croyez que si je n'étais pas décidé je ne ferais pas ce qui ne peut que l'aliéner davantage. Je suis comme tous les insensés. Il y a de la raison dans mon délire, que voulez vous ? Priez pour moi ne tentez rien. Aimez moi, car je vous aime. Il est cinq heures du matin. Je vais arranger 115 mes affaires. Ces pauvres enfants de mon père seront tout étonnés de se trouver riches. Leur bonheur me fait plaisir.

Adieu, vous qui faites tant de bien, vous m'en avez fait aussi. Cachez ma faute à ce qui vous entoure. Ne m'attirez pas leur blâme. Dépositaire de mon secret respectez-le. J'ai cede au besoin de vous associer à moi, pour être 120 moins horriblement seul. Mon domestique a l'ordre de ne recevoir personne. Ma porte est irrévocablement fermée. Je ne la verrai plus s'ouvrir quand cette lettre sera partie.

Encore une fois, faites moi le seul bien que vous puissiez me faire, priez pour moi. Mais ne lui dites rien. Que je ne meure pas avec l'idée d'être 125 méprisé par elle. Croyez moi, elle le saurait qu'elle n'y croirait pas. Elle verrait un nouveau motif pour me repousser. Si j'avais pu me contenter de ce qu'elle me donne, je l'aurais fait. Je ne l'ai pas pu : elle donnerait moins encore. Il n'y a pas de ressource.

Encore une fois adieu à genoux. Faire du bien aux autres, les mettre dans 130 l'aisance, ne plus importuner personne est ce un grand mal ? Et moi, quel bien pourrais-je faire ? Mes facultés ne sont-elles pas bouleversées ? Adieu. Adieu.

B.C.

Manuscrit   *Moscou, RGADA, Fonds Krüdener, carton n° 8; 9 pp.; copie ancienne.

Édition   Ley (1967), pp. 236–240.

Texte   6   qui] moi qui ⟨me tue⟩   9   convulsion] convulsion⟨s⟩   11   mon] mon ⟨suppllce⟩   29   illusion] illusion⟨s⟩   33   lui] lui ⟨⟨paraisse⟩⟩   44   situation] situation ⟨équivoque⟩   46   [importante]] *omis par inadvertance*   65   telle] telle ⟨vivacité⟩   79   [suis]] *omis par inadvertance*   82   me] m ⟨en⟩   93   voulu] voulu⟨e⟩,   106   calmé] calmé⟨e⟩

Commentaire et Notes C'est dans la nuit du 8 au 9 octobre que BC écrit à Julie de Krüdener et qu'il pense à se suicider ; voir Journal, 9 octobre. L'heure est notée ici, au cinquième paragraphe : «Il est cinq heures du matin». La cause de ses vœux suicidaires, c'est le rendez-vous manqué du 8 octobre.

1. BC pense à se suicider ; voir commentaire.
2. Il s'agirait plutot d'Auguste de Staël : voir lettre précédente.
3. BC dîne le 8 octobre chez la duchesse de Rovigo (voir Journal, sous cette date).
4. BC avait quitté Charlotte et l'Allemagne fin février 1814.
5. D'après le Journal, Juliette sera absente de Paris du 10 au 14 octobre 1815.
6. Anna Lindsay.
7. Julie de Krüdener parlera à Juliette, en dépit des prières de BC, le 10 octobre (voir Journal, sous cette date).
8. BC dînera chez Juliette, en effet, le soir du 9 octobre, et Nadaillac sera de la compagnie : voir Journal, sous cette date, et ci-dessous la lettre du 10 octobre : «Elle m'a invité à dîner pour hier, et me dit qu'elle sera quelques instans seule. J'y suis à cinq heures : elle rentre à six. Elle en a invité d'autres. Ils y sont tous. Elle ne peut me dire un mot».

2731

Benjamin Constant à Julie de Krüdener

9 octobre 1815

Après vous avoir écrit, l'épuisement de la douleur m'a fait m'endormir et soit pitié du ciel, soit esprit plein d'une seule idée, je n'ai cessé de causer avec vous, et vos prières me soulageoient. Je me suis réveillé, moins en révolte contre la douleur. Je voudrais ne pas être coupable. Peut-être aussi la nature répugne-t-elle à sa destruction. Mais déjà depuis que toutes mes pensées 5 reviennent, l'angoisse reprend son empire. Je ne puis parler à force de larmes : et je sens toute l'horreur de la souffrance revenir. Je remets cependant mon sort en vos mains autant que j'en ai la faculté. Je vous l'assure, je ne puis pas vivre dans l'étouffement où elle me tient par sa décision de ne pas me voir seule et les précautions adroites qu'elle employe. Elle ne me croit 10 pas quand je lui écris : elle m'enlève toute possibilité de le lui dire, et s'épargne le spectacle de ma douleur en me forçant à dissimuler. Mais je ne puis pas y résister. Avertissez-là. Je n'espère je ne demande point d'amour, point d'affection même. Je demande la charité comme un malade, comme un mendiant dans la rue. Je reconnois que je n'ai rien qui lui plaise, que je 15 l'ennuie, que je la fatigue, que c'est par miséricorde qu'elle me recevra. Mais qu'elle se consulte. Sera-t-elle sans remords quand j'aurai perdu la raison ou cessé de vivre ? Ai-je eu un tort envers elle ? N'ai-je pas été le dévouement, la soumission même ? Est-ce ma faute si je l'aime ? Enfin si c'est possible, ce que je ne crois pas, sauvez-moi par elle. Parlez-lui[1]. Qu'elle vous promette 20 une chose fixe quelconque sur quoi mon misérable cœur puisse se reposer. Mais hâtez-vous. Elle repart demain[2]. Elle ira vous voir je crois ce matin[3]. Vous lisez dans mon âme. Elle vous croira plus que moi. Je ne veux pas écrire davantage. Je pleure comme un insensé. Comme elle s'entoure pour ne pas le voir ! Pardon. Si mon sentiment n'étoit pas ce qu'il est, oserais-je 25 vous écrire ? Je voudrais la voir devant vous. Si elle veut, faites-moi avertir, quand vous lui aurez parlé ce matin. Si elle me voyait, je suis sûr qu'elle ne s'étourdirait plus par le mal qu'elle fait. Enfin voyez. Je reste chez moi. Je n'en sortirai que sur votre lettre. Qu'une fois je lui parle devant vous à cœur ouvert. Ce misérable cœur est si plein : et jamais elle ne me laisse l'épancher. 30 Pardon, Pardon, Bonté que Dieu a envoyée sur la terre. Je pleure, je vous bénis. J'attends.

Benj. Const.

Manuscrits **1.** Orig. autogr., avant 1915, dans les archives de la baronne Juliette d'Oppell **de Krüdener.** **2.** *Paris, Collection Francis Ley ; transcription dactylographiée.

Édition Ley (1967), pp. 240–241.

Commentaire et Notes Le contenu de cette lettre s'accorde avec les notes du Journal pour le 9 octobre 1815.

[1] Voir Journal, 10 octobre : «Mme de Kr[üdener] a parlé à Juliette ».
[2] Juliette part, en effet, pour St-Germain-en-Laye, où elle restera jusqu'au 14 octobre.
[3] BC verra Juliette le 9, chez Julie de Krüdener (voir Journal, sous cette date).

2732

Benjamin Constant à Julie de Krüdener

10 octobre 1815

Ne me faites plus de frayeur, m'avez-vous dit hier au soir[1], quand je vous ai quittée. Ce mot me poursuit. Croyez vous donc que toute ma lettre[2], que toute ma douleur avoit pour but de vous effrayer ? Je sens combien en épiloguant sur chaque mot, je deviens importun. Hélas ! Je n'étais pas tel jadis. Un malheur sans interruption m'a rendu ombrageux : une idée fixe 5 m'a rendu fol. Non, chere amie, ce n'est pas pour vous effrayer que je *vous écrivais hier matin*[3]. Le désespoir étoit dans mon ame, et le besoin de ne plus l'éprouver dans tout mon sang. J'avais soif de le voir quitter ces veines qu'il brule, et ce cœur où il se précipite pour le déchirer en le traversant. Ma souffrance est devenue physique. Elle est incurable. Un mot, un souvenir, 10 un obstacle la fait naître mais aucun effort de raison ne peut la calmer. Vous

l'aviez calmée hier, et l'idée de voir aujourdhui celle qui la cause[4], une espérance absurde, sans fondement, sans raison, mais qui plane autour de
moi, quoique je la repousse, m'avoient rendu près de vous ces éclairs de
gaité, vestiges d'un esprit anéanti, et d'une existence écrasée. Mais puisque
ce matin vous expliquerez mon cœur[5] à celle qui ne veut pas le connoître, au
nom de votre pitié, ne vous trompez pas sur moi. La douleur est toujours là,
la soif de ne plus la ressentir me dévore. Oserai-je vous le dire. Même vous,
vous l'avez augmentée, en me disant que je ne souffrirais pas moins, mais
que mon ame erreroit près d'elle, sans pouvoir se communiquer. Ce ne serait
donc pas d'elle que viendroit l'obstacle. Cette volonté de m'éviter qui fait
mon supplice ne s'exerceroit plus contre moi. Ce ne seroit plus à elle que
j'aurais à m'en prendre. Oh ! Croyez moi, tous les autres supplices seroient
du bonheur à ce prix. Pardon. Je vous blesse peut être. Ce n'est pas mon
intention. Je me montre à vous tel que je suis, tel que je voudrais bien ne pas
être. Je ne chéris point mon mal. Je demande à Dieu de l'arracher de mon
cœur : mais depuis un an ma prière est inutile. Hier je vous ai quittée plus
calme. La fatigue de la nuit dernière[6] m'a fait dormir. Helas ! En me reveil-
lant, ma force étoit revenue, et avec elle toute l'agonie. Connoissez donc
bien tout mon mal. Voyez bien ce qui le cause, puisque vous daignez lui en
parler. Ce n'est point de n'avoir point son amour, c'est un besoin de confiance, de sympathie, de devouement qu'elle ne rend que plus irrésistible, en
mettant son adresse à l'éluder. Deux minutes où je puis l'en assurer me
soulagent : mais quand des jours entiers s'écoulent, sans que mon cœur
puisse une fois s'épancher, toute ma force y succombe. Ainsi voulez vous
savoir ce qui me met dans l'affreux état ou vous m'avez vu ? C'est toute une
semaine d'angoisse pareille. Dimanche dernier, elle m'invite pour le surlendemain[7]. J'y vais. J'y trouve du monde. Je ne puis lui dire un mot. Elle voit
ma peine. Elle en est touchée : elle saisit un moment pour m'inviter pour
deux jours après. J'y retourne. Nouvelle impossibilité. Elle est de nouveau
émue. Elle me dit que je pourrai la voir avant hier. J'y vais. Elle est entourée. Elle sent que mon cœur se brise. Elle m'invite à diner pour hier, et me
dit qu'elle sera quelques instans seule. J'y suis à cinq heures : elle rentre à
six. Elle en a invité d'autres. Ils y sont tous. Elle ne peut me dire un mot.
Ainsi ma vie s'use d'obstacle en obstacle de promesse en promesse, d'esperance trompée en espérance trompée. Qu'elle me connoisse enfin. Qu'elle
sache que de m'avoir fait sortir de chez elle sans que je sois tombé de
douleur, c'est seulement me renvoyer chez moi pour que j'y subisse mon
supplice sans qu'elle le voye. Hélas ! Je tremble pour elle. J'en ai fait autant[8]. Ce que je dis, on me le disoit. J'etais aussi heureux de m'échapper, de
ne plus voir de larmes. On les versoit loin de moi, et le chatiment est arrivé.
Ne sent-elle pas qu'il y a du mystère et de la justice divine dans ce que

j'éprouve ? Je l'avais vue si longtems sans rien éprouver ! Elle sait elle même comme elle a cherché à tuer mon sentiment. Je lui rends justice : elle a fait ce qu'elle a pu. Mais je devois être puni. Pourquoi veut-elle faire le même mal, encourir la même peine ? L'instrument du supplice en devient l'objet à son tour. Causer un malheur aussi affreux est toujours coupable. Elle demande ce qu'elle peut faire. C'est bien facile. Qu'elle m'assure *une heure par jour une heure tous les deux jours*, ou je puisse lui parler. Elle sait son pouvoir sur moi, elle n'a rien à craindre. N'est-ce pas assez humble à moi de me presenter comme un fardeau ? Ne pourrais-je pas croire que je l'ennuyerais aussi peu qu'un autre ? Si ce léger effort la gêne, qu'elle me livre à mon sort. Mais qu'alors elle ne s'afflige pas de mon angoisse et de ma mort. N'ai-je pas tout supporté ? Après neuf mois ou je fesais partie de sa société intime, ne me suis-je pas laissé chasser comme un homme indigne d'etre reçu ? Cela pourtant étoit pénible. Un autre s'en fut offensé. J'ai cru que cela lui convenoit. Je me suis soumis. Elle pouvoit m'en dédommager. Elle l'a voulu. Mais les momens qu'elle m'accordoit n'ont jamais été libres. Ceux qu'elle recevoit chez elle quand j'en etais chassé, je les retrouvais quand j'y étais admis. Elle m'a laissé porter le poids de la proscription, sans m'offrir les consolations que sa générosité naturelle lui auroit fait prodiguer à un indifférent. Et cependant elle sait, elle reconnoit que je l'aime mieux que personne. Il y a crime à fouler aux pieds une telle affection. Elle veut la tuer, c'est moi qu'elle tuera. Si je lui disais tout ce qu'est devenue mon existence durant cette funeste année, elle frémiroit. Un tems viendra qu'elle se reprochera tant d'insouciance. Moi, je souffre, je mourrai. Je ne me plains pas. Cette matinée[9] decidera de ma vie. Je crois en vous, parce que mon affection si dévouée et si pure n'a rien qui ne mérite votre interet. Cependant j'espère peu. J'écris avec effort. L'agonie me saisit à chaque instant. Qu'au moins elle le sache. Qu'elle sache que cette agonie ne me quitte pas. Je lui ecrivais avant hier[10] que si ma souffrance pouvoit lui faire du bien, que si en mourant de douleur je lui donnois l'impulsion salutaire qui la tireroit du vide ou elle s'agite sans bonheur, je bénirais ma souffrance et ma mort. Elle a pris ma lettre ; elle ne m'a pas seulement dit ensuite qu'elle l'avoit lue. J'avais tant versé de larmes en lui écrivant. Ces larmes sont retombées sur mon cœur.

Pardon de tant de plaintes. Je n'espère rien. Je vous le dis, je suis frappé à mort. J'en ai l'infaillible présage. Je prierai, je souffrirai, mais je mourrai. Il y a du mystère dans cette destinée. Puisse ce mystère ne pas retomber sur elle.

Je serai chez vous bientot[11]. Pardon. Vous faites du bien vous me direz ce que je dois faire. Prenez les reste[s] de ma misérable vie. Ma tete est perdue. Emparez vous de moi comme d'un instrument qu'elle a brisé, qu'elle dé-

daigne, qui l'importune. *Laissez moi donner ma fortune aux pauvres.* Envoyez moi chez les sauvages. Tirez moi de ce lieu de supplice. Vous ne l'atten- 95
drirez pas. Mon Dieu que lui avais je fait ? Pardon. Je vous verrai encore.
Ayez pitié de moi. Qu'elle ait pitié de moi si elle peut.

B.C.[12]

a Madame / la Baronne de Krudener / Rue du fbg St Honoré / n° 35

Manuscrits   **1.** *Moscou, RGADA, Fonds Krüdener, carton n° 8; 4 pp., l'adresse p. 4; orig.
autogr.   **2.** Paris, Archives Francis Ley, 6 pp., p. 6 bl., résumé de la main de Julie de
Krüdener.

Édition   Ley (1967), pp. 242–245.

Texte *D'une main ancienne sur la page d'adresse :* Benj. Constan.   **85** tant] tant ⟨de⟩
92 reste[s]] *lettre oubliée par inadvertance*

Commentaire et Notes Cette lettre date de toute évidence du 10 octobre, d'après la chronologie donnée au cours du premier paragraphe.

¹ BC avait vu Julie de Krüdener le soir du 9 octobre (voir Journal).
² La lettre 2730.
³ La lettre 2730, encore.
⁴ BC verra Juliette à Saint-Germain-en-Laye le 10 pour quatre heures de conversation : voir
   Journal.
⁵ Julie de Krüdener parlera à Juliette le matin du 10 octobre, comme BC le lui avait demandé
   dans la lettre 2731: voir la note 1.
⁶ La nuit du 8 au 9 octobre (et non du 9 au 10).
⁷ Ce résumé des huit jours précédents est quelque peu approximatif : les faits notés pour
   «dimanche dernier» (1ᵉʳ octobre) et «le surlendemain» (3 octobre) ne s'accordent pas tout à
   fait avec la version donnée dans le Journal.
⁸ Des souvenirs d'Anna Lindsay, de Germaine de Staël, de Charlotte...
⁹ Le rendez-vous avec Juliette prévu pour le 10.
¹⁰ La lettre 2729, en date du 8 octobre : il y est question, en effet, de «propos salutaires» pour
   Juliette et du vide qui l'entoure.
¹¹ Cette visite n'est pas signalée dans le Journal.

Résumé (ms. 2)
Du même Ecrivain philosophe.

B. Constant

Ne me faites plus de fraieur m'avez Vous dit hier au soir quand je Vous ai
quitté, ce mot me poursuit : je sens que je deviens importun en epiloguant
chaque mot, je n'etais pas tel autrefois, des douleurs de l'ame m'ont rendu
ombrageux, une idée – – – – – – Non je ne veux pas Vous effraïer : le 5
desespoir cep. etait dans mon ame, il battoit dans mon sang et dans ce cœur
ou il se precipite quelquefois, que peut la raison la dessus. Et ses vains
efforts une espérance – m'a rendu près de Vous de ces éclairs de gaité,
vestiges d'un esprit anéanti, d'une existence écrasée.

La soif de ne plus sentir une douleur devorante, me devore. Vous m'avés 10 fait connoitre, Ce que sont ces existences devastées après la mort, ces ames errantes autour de ce qui fit ici l'objet principal de leur affection de leur tendance, banis dans la Region qu'ils se créent eux même banis tristement : et mille fois plus devoré plus dechiré qu'ici même.

Je demande a Dieu d'arracher de mon cœur – pardon de tant de plaintes ;   15
je prierai, je souffrirai.

Je serois chés Vous bientot prenés le reste de ma miserable vie emparés Vous de moi côme d'un instrument brisé.

Aiés pitie de moi

Texte   3   quitté] quitté⟨e⟩,   8   de gaité] de gaité ⟨de bonheur.⟩ *écrit dans l'interligne*
9   écrasée] écrasée *suivi de* Trop celebre peut-être (*peut-être commentaire de Julie de Krüdener*).

2733

Benjamin Constant à Juliette Récamier

11 octobre 1815

Je vous ai écrit 20 lettres dans la matinée[1]. Le sentiment de leur inutilité me les a fait interrompre ou supprimer. Mais je ne puis consentir à ce que vous vous fassiez illusion sur ce que j'eprouve et sur la vie que je mène. Je vous envoye donc celles que je prends au hazard sur ma table[2], et qui sont autant de cris de douleur contre vous. Mad. de Krudener[3] dit que vous vous af-   5
fligez de ma peine. Je crois qu'elle se trompe, ou que du moins vous vous persuadez commodément que je ne souffre pas, pour m'oublier à votre aise. Eh bien, sachez, quoique vous prétendiez en croire, que ma vie est un supplice continuel, que je passe de la gaité du désespoir comme hier[4] à l'accablement et à l'agonie, que vous tuez toutes mes facultés, que vous me re-   10
poussez de la religion, que vous me faites maudire vous, moi, toute la terre. Sachez aussi, pour vous oter toute excuse, qu'un quart d'heure d'entretien libre avec vous dissipe par magie toutes mes souffrances, et que vous me le refusez. A présent j'ai dit. Faites ce que vous voudrez, comme depuis un an. Je dépose devant Dieu ma douleur. Dédaignez la, marchez dessus. Invitez   15
moi avec dix personnes, quand j'ai besoin de vous voir seule[5]. Le tems passe, la mort viendra. Vous aurez fait le mal volontairement. Depuis hier, je suis dans cet état, je voudrais y résister, je suis sorti, rentré[6]. Je ne puis me vaincre. Un quart d'heure avec vous m'auroit calmé. N'avois-je donc rien de bon, de digne de pitié !

20

Madame / Recamier

Manuscrit   *Paris, BnF, N.a.fr. 13265, ff. 235–236; coté d'une main ancienne : «129»; 4 pp., pp. 2–3 bl., l'adresse p. 4; orig. autogr.

Éditions   **1.** Lenormant (1882), n° 114, pp. 237–238.   **2.** Harpaz (1977), n° 137, pp. 219–220.   **3.** Harpaz (1992), n° 149, pp. 284–285.

Texte   **2** Mais] *ajouté dans l'interligne*   **6** vous] vous ⟨for⟩   **14** un] *ajouté dans l'interligne*

Commentaire et Notes   La date du 11 octobre, proposée par Ley (1994), pp. 284–285, nous semble préférable à celle du 23, proposée par Harpaz (1977), p. 219, à cause des correspondances plus étroites avec les faits notés dans le Journal ; voir ci-dessous. C'est le 11 octobre, en effet, que BC note qu'il avait «[é]crit à Juliette ».

1   Voici la raison principale pour laquelle l'édition Harpaz penche pour la date du 23 octobre, journée au cours de laquelle BC «écrit sans cesse à Juliette », d'après le Journal.
2   Lettres non retrouvées.
3   BC avait vu Julie de Krüdener, en effet, le 9 octobre, et Julie de Krüdener avait parlé à Juliette le 10 (voir Journal).
4   BC avait passé quatre heures avec Juliette le 10 octobre, à Saint-Germain.
5   Cette trop grande affluence d'invités chez Juliette est le grief principal énoncé par BC dans la lettre à Julie de Krüdener du 10 octobre.
6   Voir Journal, sous la date du 11 octobre : «Tristesse tout le jour».

2734

Benjamin Constant à Juliette Récamier

11 octobre 1815

Les Chambres se sont assemblées samedi[1]. Le discours du Roi[2] a fait assez de plaisir aux hommes modérés. Les constitutionnels trop exigeants ont trouvé qu'il n'en disait pas assez et les royalistes purs qu'il en disait trop. C'est en faire l'éloge. Plusieurs députés, en prêtant le serment, ont voulu y mettre des restrictions qu'on a étouffées, mais qui paraissent aux espérances des uns et aux craintes des autres des pierres d'attente[3]. En effet, c'est ce qui est toujours arrivé dans nos assemblées. Les exagérés s'y montrent ; on les repousse : ils recommencent et ils l'emportent. La discussion de la Chambre des pairs à ce sujet est de nature à laisser prévoir quelque chose d'analogue. Deux avis ayant été ouverts, l'un d'exclure formellement les pairs qui refusent le serment, l'autre de se borner à exprimer que les pairs qui l'avaient prêté avaient été admis à siéger ; ce dernier avis, qui est un moyen d'éluder

la question et d'épargner aux pairs qui refusent toute mention désavanta-
geuse, a été soutenu, non seulement par les royalistes purs de l'assemblée,
comme l'ancien évêque de Langres et M. de Frondeville, mais encore par M.
le duc de Berry[4] ; et, comme il arrive toujours, un parti mitoyen a prévalu :
on n'a prononcé l'exclusion de personne, mais on n'a admis que ceux qui
avaient prêté le serment. Les pairs qui l'ont refusé ont persisté et se sont
retirés, avec la faveur qui accompagne un sacrifice.

M. de Richelieu[5] est intervenu dans la discussion avec des formes qui
prouvent que le ministère et les constitutionnels se sentent vis-à-vis des royalistes purs dans la même position où étaient, dans les commencements de la
Révolution, les royalistes constitutionnels vis-à-vis des patriotes exagérés.
La marche des choses est invincible. Les votes pour les candidats, dans la
Chambre des députés, portent le même caractère. L'unanimité pour M. Laî-
né est un hommage de souvenir[6]. Mais 170 voix pour M. de la Trémoille, et
125 pour M. de Clermont Mont-Saint-Jean[7], qui a promis, dans un discours
public aux électeurs, qu'il professerait les mêmes principes qu'il avait professés dans l'Assemblée constituante[8], où il était l'aristocrate le plus prononcé, sont des indices de la ligne qu'au moins la moitié de l'Assemblée
suivra d'affection. On dit le ministère ébranlé[9]; ce n'est pas que l'opinion
publique ne l'appuie, mais il n'a qu'un tour, comme le chat de la Fontaine[10],
et ce tour est bon tant qu'il réussit : c'est d'offrir sa démission toutes les fois
qu'on le contrarie. Il l'offrira tant, qu'un beau jour il l'obtiendra. Les journaux qu'on appelle de l'opposition font de longs articles en sa faveur[11]. C'est
mauvais signe.

La paix est toujours présumée détestable. Les Anglais soupçonnent les
Prussiens et déchirent les Russes. Ceux-ci détestent les Anglais et désa-
vouent les Prussiens. La mode de tous ces étrangers, mode fort insolente de leur
part, est de dire que les Bourbons ne peuvent plus régner. C'est bon pour
rattacher la nation au Roi. Le Roi et la nation y gagneront.

L'affaire d'Espagne[12] paraît réellement apaisée. Le peuple espagnol hait
les libéraux. C'est une démence de vouloir le contraindre à être mieux gouverné que ce n'est son goût. Une même gazette officielle[13] contient deux
ordonnances : l'une qui nomme une quantité de ministres d'État avec 20 000
francs d'appointements, l'autre qui ordonne que ces 20 000 francs n'auront
pas lieu ; c'est conférer des faveurs à bon marché.

Madame de Krüdner continue sa mission. Sa puissance est une conviction
profonde, et son charme une bonté immense. On oublie, en l'écoutant, ce
qu'elle a qui paraît bizarre, ou plutôt on passe à côté pour ne pas se faire
mal à soi-même. Il y a en elle quelque chose que la religion seule donne et
qui tient de la nature divine : c'est de s'occuper à la fois de toutes les douleurs et de suffire à toutes pour les soulager. On dirait qu'elle a donné au

temps quelque qualité de l'éternité et qu'il suffit à tout dans ses mains. Aussi elle est fort entourée : et ceux qui la trouvent étrange ne peuvent se défendre 55 de l'aimer. Elle est dans le mouvement religieux actuel, qui est vif et vague, une apparition assez importante. L'incrédulité a rompu la communication de la terre au ciel, et l'homme se trouve dans un cachot. Toutes les fois qu'il en est là, il a soif de voir la communication se rétablir.

Éditions　　**1.** Colet (1864), n° 43, pp. 109–112.　　**2.** *Lenormant (1882), n° 121, pp. 246–250.
3. Harpaz (1977), n° 130, pp. 208–211.　　　**4.** Harpaz (1992), n° 142, pp. 271–274.

Texte　*Variantes (édition 1)*　　**9**　de] d'une　　**22**　commencements] le commencement
27　Mont-Saint-Jean[7],] Clermont-Saint-Jean,　　**46**　n'auront] qui ordonne que le payement de ces 20,000 francs n'aura　　**59**　rétablir.] la communication rétablie.

Commentaire et Notes　La date proposée est en accord avec les événements de l'époque, tel que l'ouverture des Chambres, qui date du 7 octobre. Les allusions au caractère réactionnaire de la nouvelle assemblée trouvent un écho dans le Journal du 12 octobre. Il se peut que BC ait remis cette lettre à Juliette au moment de sa visite à Saint-Germain-en-Laye, le 14 octobre.

[1]　C'est-à-dire samedi le 7 octobre.
[2]　Dans son discours d'inauguration des sessions parlementaires, Louis XVIII fit des allusions aux maux provoqués par le retour de Napoléon, insista sur le respect qu'on devait à la Charte, et évoqua les souffrances dues à l'occupation ; voir Duvergier de Hauranne, III (1859), chap. 12.
[3]　Duvergier de Hauranne (t. III, p. 259) cite le cas d'un seul député, Domingon, qui ne voulut prêter serment qu'avec certaines réserves. Ayant été interrompu par le président de la Chambre, et averti que, d'après les usages de l'ancienne monarchie, personne ne pouvait prendre la parole sans la permission expresse du roi, Domingon prêta le serment demandé. La lutte entre ceux qui étaient en faveur du serment tel quel et ceux qui refusaient, encore latente à la Chambre des députés, éclata avec une certaine vivacité à la Chambre des pairs. Ceux qui avaient déjà prêté serment au début de la première Restauration, en 1814, refusaient de prêter serment une deuxième fois et sans discussion préalable à une Charte qui n'existait pas en 1814. D'autres, trouvant que la religion était très mal servie par la nouvelle Charte, refusaient de prêter serment sans qu'elle soit modifiée. Tout cela avait suscité bien sûr, comme le dit BC, autant d'espérances chez les ultras que de craintes parmi la minorité modérée, et, en fin de compte, le problème a été résolu en permettant plus ou moins tacitement les abstentions et en n'excluant personne.
[4]　César-Guillaume de la Luzerne (1738–1821) fut nommé en 1770 abbé de Bourgueil, évêque de Langres, et donc duc et pair de France. Il prit part à l'Assemblée des notables de 1787 et aux Etats généraux de 1789. En 1791, il refusa de prêter serment à la Constitution civile du clergé et s'exila en Suisse, en Autriche, puis à Venise. Il revint en France sous la Restauration, fut créé cardinal par Pie VII et devint ministre d'Etat (1817). Il vient d'être nommé au conseil privé du roi : voir *Le Moniteur universel* du 7 octobre 1815. Thomas-Louis-César, marquis de Lambert de Frondeville (1757–1816), royaliste intransigeant dès la réunion des Etats-Généraux, rentré d'émigration après le 18 brumaire, avait été nommé préfet le 10 juin 1814, et, de retour de Gand, conseiller d'Etat honoraire et pair de France. Charles, duc de Berry, second fils du comte d'Artois et neveu du roi, avait prononcé son discours le 23 août 1815; voir *OCBC*, X,1, p. 148. Hédoniste, le duc de Berry s'intéressait peu à la politique.
[5]　Il s'agit peut-être d'avertissements tels que celui qui est signalé ci-dessus, dans la note 3.
[6]　Lainé fut l'auteur du célèbre rapport demandant à l'Empereur des libertés constitutionnelles, qui fut adopté par le Corps législatif le 30 décembre 1813. Ce rapport lui attira l'animosité de Napoléon, et c'est en partie la raison pour laquelle la Chambre ultra votait en sa faveur, pour qu'il devienne président. Le prince de la Trémoïlle et le marquis de Clermont-Mont-Saint-Jean (voir note 7), ultras tous les deux, servent comme indices, comme le dit BC, de la ligne que la plus grande partie de l'Assemblée allait suivre.

[7] Charles-Bretagne-Marie-Joseph, duc de Tarante, prince de la Trémoïlle (1764–1839), partisan du comte d'Artois, s'étant retiré sur ses terres sous l'Empire, fut nommé lieutenant général et pair de France à la première Restauration. Jacques, marquis de Clermont-Mont-Saint-Jean (1752–1827), colonel, royaliste intransigeant, offrit ses services au roi de Sardaigne et ne rentra en France qu'après le coup d'état de Bonaparte; nommé, à la deuxième Restauration, Inspecteur des gardes nationales de Seine-et-Marne, il sera député à la Chambre introuvable.

[8] L'Assemblée constituante (9 juillet 1789–20 septembre 1791).

[9] Voir Duvergier de Hauranne, t. III, p. 269: «dans le ministère comme dans la Chambre des députés, tout à ce moment était tâtonnement, confusion, inexactitude [. . .], [des] associations éphémères se faisaient et se défaisaient chaque jour». Il s'agit d'un «pêle-mêle», où le seul point commun était la haine de la Révolution. Richelieu pense à démissionner : «Si c'est là l'esprit [c'est-à-dire *ultra*] de la nouvelle Chambre, il faudrait la renvoyer» (Richelieu, cité par Hauranne, III, p. 269). C'est ce qu'il fera, six mois plus tard.

[10] La Fontaine, *Fables*, IX, 14, vers 13–17: Le renard au chat dit enfin : / Tu prétends être fort habile, / En sais-tu tant que moi ? J'ai cent ruses au sac, / Non, dit l'autre : Je n'ai qu'un tour dans mon bissac ; / Mais je soutiens qu'il en vaut mille.

[11] Voir Duvergier de Hauranne, III, p. 262 et suiv.: «La lutte des opinions signalée ci-dessus suscita des calomnies contre les dissidents, qui étaient répandues dans les journaux».

[12] En 1813, les Bourbons étaient revenus au pouvoir en Espagne. Mais le calme était illusoire, et le règne de Ferdinand VII (1814–1833) sera marqué de luttes sanglantes entre royalisme et libéralisme.

[13] Il s'agit d'un rapport dans le *Moniteur universel* du samedi 7 octobre 1815, p. 1105: «LOUIS, PAR LA GRACE DE DIEU, ROI DE FRANCE ET DE NAVARRE, A tous ceux qui ces présentes verront, salut. Nous nous sommes fait représenter notre ordonnance du 19 septembre dernier, qui institue notre conseil privé, nomme les ministres d'état appelés à en faire partie, et porte qu'ils recevront annuellement un traitement de 20,000 fr. Notre attention a dû se fixer sur les nouvelles circonstances qui imposent des privations et des sacrifices extraordinaires à tous les serviteurs de l'Etat, et particulièrement à ceux qui en approchant du trône, se trouveront le plus honorés de suivre l'exemple que nous nous proposons nous même de donner. A ces causes, nous avons ordonné et ordonnons ce qui suit : Art. 1er Le traitement annuel des ministres d'état fixé à vingt mille francs par notre ordonnance du 19 septembre, est ajourné jusqu'à l'époque où il sera modéré et déterminé par la loi des finances [...]».

2735

Benjamin Constant à Juliette Récamier

12 octobre 1815

Ma première lettre n'a été prise par personne et l'on m'a fait dire que personne ne la porterait aujourdhuy à St Germain[1]. J'avais bien envie de la porter moi même. Mais je n'ai pas osé. J'ai peur des coups que vous donnez au cœur, quand on vous dérange.

Je ne sai si vous aurez la patience de lire les huit pages[2] que je vous envoye 5 sur la religion. Elles contiennent le fonds de toutes mes idées. Le reste ne consiste qu'en applications. Mais malgré toute la peine que je me suis donnée pour être court et clair, j'ai peur que vous ne me trouviez ennuyeux et obscur. J'ai trouvé que le commencement etoit si grave que je désespère que vous l'acheviez. Je voudrais que vous commencassiez par la fin, parce que je 10 crois le résultat assez important pour que vous trouviez ensuite la force de voir coment j'y ai été conduit. Si donc, après avoir commencé par le commencement, vous ne vous trouvez pas le courage de continuer prenez l'avant dernière page à l'endroit que j'ai marqué $ et allez jusqu'a la fin.

J'ai été ému et triste pour vous en pensant à toutes ces emotions vagues 15 que vous avez et qui indiquent une si céleste Nature, et que vous laissez interrompre et hacher par Messieurs tels et tels, qui sont des poids qui vous tirent à terre. Votre peu de bonheur vient de ce tiraillement qui est au moral ce qu'il seroit au physique. Le ciel et le monde se disputent un être qui ne peut etre satisfait par le dernier, et qui ne peut se donner à l'autre. Je 20 voudrais que vous m'aimassiez, ne fut-ce que pour mettre un poids dans la balance. Enfin il m'est doux de penser que cette sphère ne me sera pas disputée par vos autres alentours.

Manuscrit   *Paris, BnF, N.a.fr. 13265, f. 253; coté d'une main ancienne : «138»; 2 pp.; orig. autogr.

Éditions   **1.** Mistler (1950), pp. 92–93.   **2.** Harpaz (1977), n° 131, pp. 211–212. **3.** Harpaz (1992), n° 143, pp. 274–275.

Texte   *D'une autre main, en tête de la lettre :* Fragment 7bre 1815.

Commentaire et Notes   C'est le 12 octobre 1815 que BC travaille à «un morceau sur la religion pour Juliette », qui est mentionné ici, au deuxième paragraphe, et qui a dû lui être envoyé le même jour.

[1] Cette «première lettre» doit être la lettre 2734. Juliette est à Saint-Germain-en-Laye depuis le 10 octobre ; voir ci-dessus, la lettre 2731, note 2. Elle reviendra à Paris le 15; voir lettre suivante.
[2] Il s'agit probablement de la «Profession de foi» qu'on retrouvera dans *OCBC* IX,1, pp. 354–361; voir surtout p. 355, note 2.

2736

Benjamin Constant à Juliette Récamier

16 octobre 1815

Madame de Krudener ne part pas de sitôt à ce que m'ont dit ses gens, car je n'ai pu la voir ce matin[1]. J'y retournerai dans quelques heures. Je suis tenté de croire un peu que le désir de vous voir la fait retarder de quelques jours, car elle m'a paru vous aimer beaucoup, ce que je ne trouve que trop naturel.

Je vous le mande donc pour que vous ne lui fassiez pas la peine de n'y pas 5
aller.

Je me présenterai chez vous à 5 heures[2], et je souffrirai si vous n'y êtes
pas, non qu'il ne soit naturel que vous restiez plus longtems dehors que vous
ne le prévoyiez ; mais c'est qu'alors vous pourriez me fixer une autre heure
de consolation.   10

Au reste vous savez que tout mon bonheur est de vous voir : ainsi je dois
attendre que vous y trouviez aussi un peu de plaisir.

J'ai vu M. de Cazes ce matin. Tout va bien mal[3].

Madame / Recamier

Manuscrit   *Paris, BnF, N.a.fr. 13265, ff. 243–244; coté d'une main ancienne : «133»; 4 pp.,
pp. 2–3 bl., l'adresse p. 4; orig. autogr.

Éditions   **1.** Lenormant (1882), n° 119, pp. 244–245.   **2.** Ley (1967), pp. 232–233.
3. Harpaz (1977), n° 133, pp. 215–216.   **4.** Harpaz (1992), n° 145, pp. 279–280.

Commentaire et Notes   Les allusions à Decazes, qui font écho au Journal du 16 octobre,
datent cette lettre d'une façon certaine, tandis que la date des deux lettres suivantes n'est que
probable.

[1]   Julie de Krüdener ne partira que le 23 octobre.
[2]   Juliette est revenue à Paris de Saint-Germain-en-Laye le 15 octobre ; voir Journal, sous cette
      date.
[3]   Cette phrase fait écho à une autre, qui se trouve dans le Journal, 16 octobre : «Conversation
      avec Decazes. Ils [*les membres du gouvernement*] vont bien mal». Decazes est actuellement
      ministre de la police.

2737

Benjamin Constant à Juliette Récamier

16 octobre 1815

Etes vous de retour ? J'ai reçu des nouvelles de M[de] de C[t]. J'irai à sa rencontre. Cela est nécessaire sous plus d'un rapport. Cette nécessité d'une
absence momentanée influe sur moi d'une manière profonde. Je voudrais
m'éloigner en n'ayant que des sentimens doux sur la seule idée qui remplit
mon ame, et je recueille dans ma mémoire toutes les preuves d'intérêt que 5
j'ai arrachées par ma douleur. Oui. Vous avez quelquefois été bonne, et si on
pouvoit vous voir librement, votre amitié seroit un don du ciel.

Si vous ne me faites rien dire, Je serai chez vous à 5 h. pour le rendez vous
de M[de] de Luynes[1]. Sans cela, j'irai avant, sur un mot de vous.

Je vous aime bien passionément. 10

Madame Recamier

Manuscrit *Paris, BnF, N.a.fr. 13265, ff. 247–248; coté d'une main ancienne : «135»; 4 pp., pp. 2–3 bl., l'adresse p. 4; orig. autogr.

Éditions   **1.** Lenormant (1882), n° 120, pp. 245–246.   **2.** Harpaz (1977), n° 134, pp. 216–217.   **3.** Harpaz (1992), n° 146, p. 281.

Commentaire et Notes   Cette lettre pourrait dater du 16 octobre : la deuxième phrase fait allusion aux «nouvelles de M^de de Ct», que BC avait reçues le 16 octobre, d'après le Journal ; la première phrase, «Etes vous de retour ?», rappelle le deuxième paragraphe de la lettre précédente, qui fait allusion à une course de Juliette, qui risque de la retenir dehors.

[1]   Ce rendez-vous n'est pas signalé dans le Journal.

2738

Benjamin Constant à Julie de Krüdener

17 octobre 1815

Vous devinez bien, chere excellente Amie, que je suis fort triste, puisque je ne vais pas vous voir. Cependant ne vous inquiétez pas, avec votre angélique Bonté. Votre douce voix a mis dans mon ame une résignation qui n'appaise pas ma peine, mais qui me préserve de tout sentiment de révolte. Ce que je ne puis, c'est voir sans frémir recom̄encer ma vie de plus d'une année, son 5 insouciance, ou sa volonté de ne pas me voir, des entretiens manqués[1], un étouffement de chaque minute, et toujours une raison simple pour chaque détail, tandis qu'un peu de bonté arrangeroit si bien un pauvre quart d'heu-re. J'aime mieux me renfermer et me laisser aller à cette espèce de tristesse stupide qui est devenue mon état habituel, quand ma souffrance n'est pas 10 trop grande. D'ailleurs j'ai honte de fatiguer de moi votre infatigable pa-tience. Puisque vous ne partez pas aujourdhui[2], j'irai vous demander demain votre intérêt si puissant et si efficace auprès de tout ce qui est audessus de ce triste monde. Votre depart prochain ajoute à mon découragement. Cepen-dant vous m'avez fait un bien dont je vous bénis et que j'espère conserver. 15

à Madame / la Baronne de Krüdener, / Rue du fbg St Honoré, N° 35.

Manuscrit   **1.** *Paris, Archives Francis Ley, copie ;   **2.** Saint-Pétersbourg, RNB, Fonds Krüdener, carton n° 2; 4 pp., p. 3 bl., adresse p. 4; orig. autogr.

Édition   Ley (1967), pp. 245–246.

Texte *D'une autre main, sur la page d'adresse :* Benjamin Constan.

Commentaire et Notes La date proposée tient surtout à l'existence de deux billets qui semblent avoir été échangés entre Julie de Krüdener et Juliette le soir du 17 octobre, date proposée avec justesse par Francis Ley, au sujet d'une réunion qui avait été annulée à cause du mauvais temps. Pour le texte de ces billets, voir Appendices, A107 et A108. Le 17 octobre était en effet un «mardi», jour qui est inscrit en tête du billet de Julie de Krüdener. Il est probable, d'après la phrase, «je ne vais pas vous voir», que BC venait de recevoir un billet semblable de la part de Julie de Krüdener.

¹ Il y aura effectivement un «rendez-vous manqué» le soir du 17, en raison de la présence chez
  Juliette du prince Auguste de Prusse ; voir Journal, sous cette date
² Julie de Krüdener partira le 23 octobre.

2739

Benjamin Constant à Juliette Récamier

19 octobre 1815

J'ai peur de vous avoir déplu par ma lettre¹, quoiqu'elle ne contint aucune plainte. Croyez qu'en souffrant malgré moi de ne pas être de quelque chose dans votre vie, je sens le prix de tout ce que vous faites. Votre bonté à me concilier M. de Cat. est une pensée sur laquelle je m'arrête pour moins souffrir : et vous savez bien que je n'y mets de prix qu'à cause de vous. J'ai ₅ voulu vous dire cela pour vous montrer que je ne méconnois rien. Je ne sortirai aujourdhui que si rentrée à quatre heures ou avant diner² vous daignez me le faire dire. Je ne suis pas déraisonnable et ce n'est pas par choix que je souffre.

Madame / Recamier / Rue basse du Rempart   ₁₀

Manuscrit *Paris, BnF, N.a.fr. 13265, ff. 231–232; coté d'une main ancienne : «127»; 4 pp., pp. 2–3 bl., l'adresse p. 4; orig. autogr.

Éditions **1.** Mistler (1950), p. 90.   **2.** Harpaz (1977), n° 135, p. 217.   **3.** Harpaz (1992), n° 147, pp. 281–282.

Commentaire et Notes L'allusion au fait que le marquis de Catellan est «concilié» fait supposer que ce billet a quelque rapport avec la note qui se trouve dans le Journal, sous la date du 19 octobre : «M. de Catellan. Mon mémoire l'a convaincu». Le mémoire en question est celui que BC avait envoyé au Roi le 21 juillet et qui l'avait sauvé de l'exil. BC envoie une copie du mémoire au marquis de Catellan le 3 septembre 1815 : voir la lettre 2700.

¹ Non retrouvée.
² BC dînera chez Juliette le soir du 19.

2740

Benjamin Constant à Julie de Krüdener

20 octobre 1815

Je n'irai pas vous voir, ce matin, chère et excellente Amie. Vos tristes arrangemens de départ, et votre course à la campagne rempliront votre matinée[1] : mais je veux vous écrire, pour vous remercier de ce qu'aujourdhui, pour la première fois, depuis près de quatorze mois, je me suis réveillé sans douleur, et n'ai pas, deux minutes après mon réveil, senti le poids accoutumé descendre sur ma poitrine, pour y peser pendant tout le jour. Je vous remercie, je remercie le Dieu qui vous dirige, et qui vous fait pénétrer dans tous les Cœurs. Vous m'avez fait plus de bien que je ne puis vous le dire : non seulement vous avez expliqué à la personne[2], qui, sans le vouloir, me fesoit tant de mal, le genre de ce sentiment si dévoué, qu'elle confondoit avec les hommages passagers qu'on lui a prodigués, tandis qu'il a quelque chose de merveilleusement profond et pur : Mais, en l'éclairant sur ce que la souffrance a droit de reclamer de la bonté, vous m'avez en quelque sorte rouvert les portes du Ciel. Une puissance surnaturelle me force à passer par cet intermédiaire pour être bon et religieux. Elle même vous dira que, dès les premiers jours, j'ai supplié, pour qu'elle me permit de m'associer à elle, pour faire du bien ; j'ai mis à sa disposition le peu de bonnes qualités que je puis avoir : son charme, et cet attrait indéfinissable qui la rend pour moi la dispensatrice de toutes mes sensations, produisoient dans mon ame une tendance à devenir meilleur, qui me rendoit plus horrible d'etre repoussé : il me sembloit que Dieu même rejettoit le pauvre bien que je voulois faire : et la prière ma seule ressource se refusoit à moi, parce que je me sentais renié du Ciel. Oh mon Dieu ! Que j'ai souffert, et comme elle m'a méconnu ! Graces vous soient rendues ! Vous n'avez pas seulement adouci mon mal, vous avez sauvé mon ame. J'ai passé cette nuit a remercier le ciel qui me recoit de nouveau, et pour la première fois, depuis ce sentiment inexplicable, s'il n'étoit pas une volonté plus qu'humaine, j'ai contemplé la vie sans frémir. Je me souviens encor des momens ou j'ai voulu la quitter cette vie devenue si cruelle. Je vous jure que, tant que j'avais mon regard fixé sur ces projets de mort, je ne souffrais pas, mais qu'à peine je sentais ma résolution devenir incertaine, que des convulsions me saisissaient à l'idée de redescendre dans ces peines que je ne puis comparer qu'aux peines éternelles. Je ne veux point vous effrayer. Il est possible que soit scrupule, soit faiblesse, même si je retombais dans cette affreuse agonie, je n'exécute jamais un projet que vous désapprouvez : mais quand même je me résignerais à vivre,

tenir un homme dans un perpétuel supplice, anéantir son bonheur, sa raison, des facultés qui peuvent être utiles, c'est encore un mal. Vous me connoissez mieux que moi même : et je consens à prendre le calme dont je jouïs
depuis peu de tems, si j'ai une idée, un sentiment audelà de ce dévouement
complet, de cette association de cœur, d'affection et de prière qui est néces-   40
saire à mon existence désormais. Mais je tremble de votre départ³. Je suis
comme un malheureux esclave, dont un missionaire a attendri le maître, et
qui craint en perdant cet ange tutelaire de voir reparaitre les fouets et les
chaines dont il est encore tout meurtri. Oh ! Faites moi bien connoitre à
elle ! Toutes mes qualités sont en elle. J'en ai peut être d'immensément bon-   45
nes, si elle daigne en disposer. Mais tout m'abandonne, et le Ciel se referme,
et mon ame devient une pierre brulante, quand elle songe à me repousser. Si
elle étoit mal pour moi, à présent, j'aurois un malheur de plus. Sa bonté m'a
donné le comencement de cette conviction que je désire avec tant d'ardeur.
Je vois dans cet adoucissement l'effet de vos prieres, des miennes, et de ce   50
nom mystérieux et sublime que je voudrais prononcer avec la ferveur de
votre foi. Il y a du miracle à ce qu'après treize mois d'une inflexibilité
qu'aucunes larmes n'avoient pu émouvoir, son amitié soit venue verser du
baume sur mes blessures, précisément quand vous avez prié pour moi. Oh !
Conservez-moi ce bienfait. Peut être aussi sera-ce un bien pour elle. Elle   55
peut avoir le desir qu'un être s'entretienne avec elle de ces pensées qui l'attirent et qui doivent la conquérir. Elle peut faire de moi ce qu'elle voudra, et
le ciel m'a peut etre donné quelques facultés, pour l'aider dans sa route
encor douteuse. Je me sens quelquefois si bon, si aimant, que quand je crois
ne pouvoir plus vivre, je me regrette come on regretteroit un autre.   60

   Pardonnez moi l'envoi bizarre qui accompagne cette lettre. J'ai promis à
Dieu d'acquitter envers les pauvres chacun de ses bienfaits, et dès que je ne
suis pas hors d'etat de respirer, la douleur des autres me revient à l'esprit.
Vous vous êtes plainte de ne pouvoir secourir tout ce qui souffroit. Ce que
j'envoye est bien peu de chose. Mais peu de chose est beaucoup quelquefois   65
pour le malheureux qui n'a rien. Donnez cette petite somme à un pauvre⁴, et
qu'il prie pour vous, pour elle et pour moi.
          Je vous verrai ce soir sans faute.

Manuscrit   *Moscou, RGADA, Fonds Krüdener, carton n° 8; 4pp.; orig. autogr.

Édition   Ley (1967), pp. 247–249.

Texte   7 je] je ⟨vous⟩   53 son] *écrit dans l'interligne au-dessus de* ⟨l'⟩.

Commentaire et Notes   Il s'agit de la «lettre d'actions de grâces» signalée dans le Journal sous
la date du 20 octobre.

¹   Une excursion à Versailles avec Juliette est notée dans le Journal de Juliette von Berckheim,
   20 octobre : passage cité dans Ley, *Madame de Krüdener et son temps*, Paris : Plon, 1962, p.
   508 [et 1967 p. 249].

² Julie de Krüdener avait parlé à Juliette le 10 octobre au sujet de BC : voir ci-dessus, la lettre 2732 note 5.
³ Julie de Krüdener partira pour la Suisse le 23 octobre.
⁴ Cet envoi d'argent pour les pauvres est noté dans le Journal, sous la date du 20 octobre.

2741

BC à Juliette Récamier

21 octobre 1815

Je reviens de Clichy ou j'ai accompagné Me de Krüdener et toute sa famille. J'y ai vu le curé[1], qui est vraiment un homme admirable, de charité et de cette eloquence que donne la charité. Il nous a lu un morceau ou son ame a mis un talent prodigieux. J'en ai été bien ému. J'aurais voulu que vous l'entendissiez.

Mad^e de Kr. m'a dit que vous aviez été souffrante hier[2]. J'espérais trouver un mot de vous aujourdhui. Si vous souffrez je crains bien que me recevoir ne vous soit à charge : et je ne veux plus rien demander pour moi. Vous savez que vous voir est mon seul bonheur, et qu'une trop longue privation m'ote toute force et même tout ce que j'ai de bon dans l'ame. Mais cela bien établi, et vous n'en pouvez douter, Je me soumets et je vous aime.

Faites moi au moins dire coment vous êtes : et si vous pouvez, sans vous gêner le moins du monde, me recevoir, quand vous voudrez[3].

Je dine chez Auguste avec Victor et des Anglais[4].

Je reçois le billet d'Amélie[5], et je vous en remercie. A 4 h. et demie. Je suis bien triste de votre migraine. Je voudrais souffrir pour vous pas *par vous*.

a Madame / Recamier

Manuscrit *Paris, BnF, N.a.fr. 13265, ff. 237–238; coté d'une main ancienne : «130»; 4 pp., pp. 2–3 bl., l'adresse p. 4; orig. autogr.

Éditions **1.** Lenormant (1882), n° 116, pp. 240–241. **2.** Harpaz (1977), n° 136, pp. 217–218. **3.** Harpaz (1992), n° 148, pp. 282–283.

Texte **8** rien] rien ⟨exiger⟩

Commentaire et Notes Pour la date, voir Journal, 21 octobre : «Eté à Clichy avec Mme de Krüdener».

¹ Jean-Baptiste de Lasnes d'Aiguebelle, pourvu de la cure de Saint-Vincent-de-Paul à Clichy le 27 septembre, 1815, et décédé en 1822. Voir Journal de Juliette von Berckheim, cité dans Ley, 1967, p. 249.
² La veille, Julie de Krüdener et Juliette avaient fait une course ensemble à Versailles ; voir la lettre précédente.

³ Voir Journal, 21 octobre : «Billet de Mme Récamier. Rendez-vous à 4 heures. Renvoyé pour le prince Auguste [...]. Retourné, d'après un second rendez-vous, à 7 heures. Renvoyé pour Mᵐᵉ de Catellan. Retourné à 9. Elle m'a gardé pour me dire que je la compromettais, et me montrer une vraie impatience de ce que je la forçais d'être assez courageuse pour me rece-voir. Mᵐᵉ de Krüdener n'a pas été prophète. C'est donc fini».
⁴ Voir Journal, 21 octobre : BC note qu'il avait dîné avec Auguste de Staël et Sir Samuel Romilly ; Victor de Broglie n'y figure pas. Sir Samuel de Romilly (1757–1818), juriste et parlementaire anglais, grand ami de BC, l'accueillera pendant le séjour de celui-ci à Londres (1816). Il demanda en 1815 l'intervention de l'Angleterre en faveur des protestants de Nî-mes, victimes de la Terreur blanche. BC prononcera son éloge funèbre à l'Athénée en 1818.
⁵ Marie-Joséphine, dite Amélie Cyvoct (1803–1893), nièce de Jacques Récamier. C'est après la mort de la mère de l'enfant, le 18 décembre 1810, que Juliette se chargea d'elle. Elle s'appela désormais Amélie, prénom de la marquise de Catellan. Elle épousera l'archéologue Charles Normant, en 1826, et publiera la correspondance de BC avec Juliette, sous le nom de Lenormant. Il s'agit du «[b]illet de Mme Récamier» noté dans le Journal, sous la date du 21 octobre.

2742

Benjamin Constant à Julie de Krüdener

21 octobre 1815

Votre départ¹ me fait trop de peine pour que je ne vous en parle pas encore, non pour vous en détourner, je sens que vos affaires doivent décider, mais pour vous demander pourquoi vous voulez nous enlever quelques pauvres jours pour aller à une campagne², au lieu d'attendre au moins que tous vos arrangemens soïent pris et terminés ici. Vous pouvez y vivre aussi seule que 5 vous le voudrez, et je suis sur que chaque conversation de plus que vous auriez avec notre Amie lui feroit un bien incommensurable. Pardon d'etre si insistant. Mais vous connoissez déjà mon caractère souffrant passionné, et qui n'a jamais qu'une idée, qui, à force d'intensité devient une douleur. Je me crois d'ailleurs excusable, car mon motif est ma conviction de votre 10 pénétrante et douce puissance, le souvenir du bien que vous m'avez fait deux fois, et la crainte du mal où me rejettera votre éloignement. Songez que chaque heure d'entretien sera un bienfait pour une ame plus pure et plus précieuse que la mienne. Tout est indication dans ce monde. Je me livre donc à vous dire tout ce que j'éprouve, parce que moi aussi je suis une 15 indication.

A demain à une heure³. Je me repose sur l'idée de vous voir encore. Elle m'est nécessaire pour respirer.

Madame / la Baronne / de Krudener / Rue du fbg S Honoré / N° 35⁴

Manuscrits   **1.** *Moscou, RGADA, Fonds Krüdener, carton n° 8; 2 pp., l'adresse p. 2; orig. autogr.   **2.** Paris, Archives Francis Ley ; 6 pp., p. 6 bl.; résumé de la main de Julie de Krüdener.

Édition   Ley (1967), pp. 250–251.

Texte *D'une autre main sur la page d'adresse :* Benjamin Constan.   **11** puissance] *le ms. porte :* puissante   **16** indication] indication. ⟨Cepend⟩

Commentaire et Notes   La date est celle qui est proposée par Francis Ley, 1967, p. 250.

[1] Le départ de Julie de Krüdener pour la Suisse aura lieu le surlendemain.
[2] Non localisée.
[3] Ce dernier rendez-vous avec Julie de Krüdener n'est pas noté dans le Journal. Mais il est signalé par Juliette de Berckheim dans son Journal à elle, sous la date du 22 octobre : «Benj dit aujourd'h. qu'il etait bien aise qu'on partit craignant que Maman n'eprouva des désagrements. Benj. fut bien affecté de quitter sa mère spirituelle». Plus tard, en effet, lorsqu'elle sera en Suisse, Julie de Krüdener éveillera des soupçons auprès des autorités pour ses activités auprès des pauvres.

Résumé (ms. 2)

Du même

Votre depart me fait trop de peine pour que je ne Vous en parle pas encore, pourquoi, pourquoi nous enlever quelques pauvres Jours, pour aller a une Campagne, ne pouvés Vous être seule a Paris quelques jours : pardon d'etre si insistant.   5

Vous connoissiés dejà mon caractère souffrant passionné, je me crois d'ailleurs excusable mon motif est une conviction de Votre pénétrante puissance le Souvenir d'un bien que Vs m'avés fait Je me repose sur l'idée de Vous voir elle m'est necessaire pour respirer.

2743

Mme Grimoard de Beauvoir Duroure à Benjamin Constant

21 octobre 1815

Je quitte a l'instant Mr de Pavan[1], Monsieur, il m'a promis de faire l'impossible pour m'acquitter enver vous d'ici a quelques jours, mais je voudrois partir jeudi pour la campagne, et livrer ma maison à Mde de Lévis[2] qui va l'occuper ; j'ai besoin de votre consentement pour enlever mes meubles, votre seconde lettre me donne la confiance de vous le demander. Il me seroit absolument impossible de vous rembourser aujourdhui la somme principale que je vous dois mais je vous en conjure, croiés bien Monsieur au soin extreme que je mettrai a vous faire toucher exactement les interets et a vous prouver que je mérite l'estime que je vous demande.

Je suis, Monsieur, avec la plus parfaite considération votre très humble et très obéissante servante.

P. le 21 8bre.

du Roure du Roure

Manuscrit   Paris, BnF, N.a.fr. 18836, f. 3; 2 pp., p. 2 bl.; orig.autogr.

Commentaire et Notes   Cette lettre pourrait être de 1815 ou 1816. L'ordre de conservation à la BnF suggère 1815, ce qui n'est pas en conflit avec le contenu de la lettre, qui repousse à un avenir imprévisible le remboursement de la créance de Mme Duroure (voir le commentaire de la lettre de Fourcault de Pavant à BC du 20 mars 1815). Il n'est pas possible, cependant, d'exclure 1816, parce que la correspondance de BC est fournie à cette époque de nombreuses allusions à une affaire Duroure près d'être enfin résolue.

[1]   Pierre Fourcault de Pavant, notaire parisien de Mme Duroure comme de BC. Sur l'affaire Duroure, voir le commentaire de la lettre de Fourcault de Pavant à BC du 20 mars 1815.
[2]   Nous ignorons de quelle Mme de Lévis il s'agit ici, mais la famille remonte à Guy de Lévis, qui participa à la croisade contre les Albigeois au douzième siècle. Il reçut la terre de Mirepoix en récompense. Pierre-Marc-Gaston de Lévis (1764–1830), député à la Constituante avant d'émigrer, devenu par la suite pair de France, sera nommé à l'Académie Française par ordonnance de 1816.

2744

Marianne de Constant à Benjamin Constant

22 octobre 1815

Monsieur une attaque d'apoplexie quoique moins forte que les autre m'a laisse la tete si affoiblie et la vue si foible que je n'ai pas pu repondre a votre derniere lettre mais cela n'a arreté en rien la fin de l'affaire de mes enfants ; 5 ayant été informe deux jours avent ce que vous me mandez par Mad de Jacquemond que l'acte etoit passé j'avois écris a lettre vue a Monsieur de Langalerie pour terminer avec Mr de Loÿs en lui donnant toutes les quitances qu'il pourroit demander en laissant a votre ordre les dix mille francs : il m'a envoyé le solde des mille Ecus dont il avoit eu la bonte de nous avencer 10 trois cent francs. Et soit habitude soit generosité il ne nous en a pas couté un

sol pour des traite sur Paris, mais il n'en a pas été de meme ici le premier et
le plus riche banquier de Dole n'a voulu les escomptée qu'a un pour cent et
terme de quinze jours pour la moitié de la somme tant le numeraire est rare
ici. En attendant on nous acable de requisition de logement d'avence d'im-   15
position et tout cela par contrainte nous nous etions flatez que le passage de
trouppe etoit fini et qu'il n'y avoit plus que des garnisons a loger nourir
mais sans en savoir la raison six mille homme de cavalerie sont annoncé
pour le 24 et six autre mille pour peu de tems après et nous sommes bien sur
que les vilages pres de la ville seront forcez de les nourir eux et leur chevaux   20
et la plupart de maison n'ont presque pas de foin pas un grain d'avoines et
sans argent ny moyen d'en faire. Je m'etois flatée que le sacrifice que faisoit
mes enfants payeroit tout ce que nous devions et nous laisserai pour six
mois de vivre mais sans recolte forcé de vendre mes vaches dont on a mangé
le foin il faudra encor abuser de la bonté de Mr Duzillet[1] en gardant six cent   25
francs que nous lui devons et cela maintenant sans savoir avec quoi nous
l'aquiteron car avec les mille livre qui reste a mes enfans comment payer le
capital.

Charles ne sait encor rien de son sort il a deja employé asse d'argent s'il
est placé il faudras encor des equipages et avec quoi c'est dans de pareilles   30
circonstances que ce que Mr Achard m'a fait perdre par malice exite de cruel
regrets.

Puissiez vous realiser vos projets d'arrengement de fortune mais je vous
avoue que je voudrai savoir vous et votre fortune sur un theatre plus [pro-
fi ?]table j'accepte avec reconnoissance vos bonnes intentions j'ose croire   35
qu'elles merite par leur attachement le mien a commence il y a plus de
quarante ans[2] il finira avec ma vie pardon si je finie mon grifonnage mais je
ne vois plus. Adieu Monsieur.

J M de Rebecque

22 8bre 1815   40

Manuscrit   *Lausanne, BCU, Fonds Constant I, Co 661; 2 pp., p. 2 bl.; orig. autogr.

Notes
[1] Non identifié.
[2] Marianne s'était occupée de BC pendant son enfance.

2745

Benjamin Constant à Alexis Eymery

23 octobre 1815

J'ai réfléchi, Monsieur, en lisant le projet que vous m'avez envoyé[1], qu'il impliquoit naturellement, que si quelque circonstance m'empêchoit de fournir mon contingent en Articles, je pourrais, dans le cas du besoin de fonds, être obligé de le fournir autrement. Je préfère donc renoncer au bénéfice de l'action que vous m'avez proposée, et concourir simplement à la rédaction 5 du Mercure[2], en ajoutant au prix offert par article, l'équivalent de l'avantage auquel je renonce, équivalent que j'évalue à un tiers en sus. Il me semble que cela doit vous convenir puisque cela remet à votre disposition une action pour laquelle vous pourrez trouver des fonds qui seront utiles à l'entreprise. Veuillez donc me retrancher du nombre des actionnaires, en me 10 comptant dans celui des collaborateurs, et me faire tenir votre réponse. Agréez l'assurance de ma parfaite considération.

B.

ce 23 8ᵇʳᵉ 1815

Monsieur Eymery / Libraire / rue Mazarine / N° 30   15

Manuscrit   *Paris, BnF, N.a.fr. 13627, ff. 31–32; 4 pp., pp. 2–3 bl., l'adresse p. 4; orig. autogr.

Texte   *D'une autre main sur la p. 1:* B.C. / B.

Notes
[1]   Il s'agit d'un projet d'édition chez le libraire-imprimeur Eymery.
[2]   Supprimé en 1811 par Napoléon, le *Mercure de France* renaîtra en 1816.

2746

Benjamin Constant à un correspondant non identifié

27 octobre 1815

Le morceau que vous m'avez communiqué, Monsieur, me parait assez bien écrit pour avoir du succès, et je ne vois aucune raison pour que vous ne l'imprimiez pas. Je ne puis m'engager à y répondre parce que je suis peu disposé à écrire. Mais il me paraît que les risques de l'Impression sont bien peu de chose, et je suis persuadé que la vente produirait du bénéfice.   5

Votre résolution de présenter un Tableau exact en ne vous écartant point de la Gazette officielle me semble convenable sous tous les rapports.

Mille complimens

B C^t

P.S. M. Eymery me doit une petite somme de cent francs. Si vous pouvez me la faire tenir par le porteur, vous m'obligerez.

Ce 27 8bre 1815

Manuscrit *Lausanne, BCU, Ms. 304; 2 pp., p. 2 bl.; orig. autogr.

2747

Benjamin Constant à Juliette Récamier

31 octobre 1815

Pourrai-je avoir aussi[1] avec vous un entretien particulier ? Cette porte que je n'ai jamais pu obtenir de faire fermer un instant en ma faveur, et que j'ai trouvée hier si hermétiquement fermée, pourra-t-elle me rendre le même service pour une demie heure ? Quoique vous refusiez de le croire, il est certain que je pars aujourdhui[2]. Mes amis blament mon départ, comme me donnant l'air d'y être obligé, quand rien ne m'y force. Mais il faut sortir d'une situation trop douloureuse. Mon but, en vous demandant si vous pouvez ou plutot si vous voulez me recevoir seule[3], est de causer avec vous sur mes projets et d'emporter un souvenir doux après un an d'angoisse. Mais si, comme vous me l'avez dit souvent, fermer votre porte pour ne recevoir que moi vous compromet aux yeux de vos gens, tandis que la fermer en faveur du P^ce A. ou de M. de F.[4] ne vous compromet pas, je préfère renoncer à une visite qui, au milieu des interruptions, ne seroit pour moi qu'une douleur. Je vous remercie des preuves d'amitié que vous avez taché de me donner. Je souhaite que vous trouviez, à l'époque où les hommages ne vous suffiront plus, un sentiment aussi dévoué, aussi naturel et aussi sincère que celui qui m'a couté tant de souffrances et vous a causé tant de fatigue, et séparé de vous pour jamais car on ne brave pas deux fois des peines affreuses, Je demande au ciel que vous soyez le quart aussi heureuse que vous m'avez rendu malheureux.

a Madame / Recamier

Manuscrit   *Paris, BnF, N.a.fr. 13265, ff. 161–162; coté d'une main ancienne : «88»; 4 pp., l'adresse p. 4; orig. autogr.

Éditions   **1.** Mistler (1950), pp. 90–91.   **2.** Harpaz (1977), n° 139, pp. 221–222. **3.** Harpaz (1992), n° 151, pp. 287–288.

Texte   **17**   et] et ⟨a⟩   **18**   fatigue] fatigue⟨s⟩

Commentaire et Notes   La date est commandée par les allusions au rendez-vous de Juliette avec le prince Auguste de Prusse ainsi qu'au prochain départ de BC.

[1]   Juliette avait fermé sa porte à BC le 30 octobre, en faveur du prince Auguste ; voir Journal, sous cette date : «Rendez-vous à 4 heures. Elle était enfermée avec le Prince de Prusse. Je n'ai pu la voir». Voir aussi ci-dessous l'allusion à la porte «que j'ai trouvé[e] hier si hermétiquement fermée».

[2]   *Persona non grata* en politique comme en amour, BC part pour Bruxelles le 31 octobre.

[3]   Ce dernier rendez-vous ne sera pas manqué : Juliette verra BC à quatre heures ; voir Journal, 31 octobre.

[4]   Le prince Auguste de Prusse et le comte de Forbin.

2748

Benjamin Constant à Juliette Récamier

[31 octobre 1815]

Sachez-moi gré de partir sans vous montrer toute ma douleur. Elle est profonde. Je ne veux me retracer que [les] occasions où vous avez été bonne pour moi. Aujourdhuy encore. Dieu vous protège et vous donne la force d'etre heureuse puisque vous êtes loin de l'être dans votre vie actuelle. Souvenez vous de moi. Écrivez moi à Brusselles[1] poste restante. Jamais Cœur ne 5 vous fut plus dévoué. Je vous aime comme si vous ne m'aviez fait que du bien. Adieu. Ange de charme, chère Juliette, adieu.

Madame / Recamier

Manuscrit   *Paris, BnF, N.a.fr. 13265, ff. 257–258; coté d'une main ancienne : «141»; 4 pp., pp. 2–3 bl., l'adresse p. 4; orig. autogr.

Éditions   **1.** Colet (1864), n° 49, p. 128.   **2.** Lenormant (1882), n° 124, pp. 257–258. **3.** Harpaz (1977), n° 140, pp. 222–223.   **4.** Harpaz (1992), n° 152, pp. 288–289.

Texte   **2**   veux] veux ⟨que⟩   [les]] *omis par inadvertance*

Note
¹ BC arrivera à Bruxelles le 3 novembre.

2749

Benjamin Constant à Juliette Récamier

1ᵉʳ novembre 1815

Senlis à 11 h.

Je crois vraiment que j'ai fait un effort au dessus de mes forces. J'espérai que le voyage me jetteroit dans une autre sphère, et ma pensée est fixée plus obstinément que jamais sur ce qui l'occupe depuis un an. Si cela dure, je mourrai dans quelque auberge. Mon Dieu, que vous avois-je fait, pour ₅ détruire ainsi ma vie ? Enfin le sort est jetté. Nous verrons si l'éloignement, l'affection d'une autre¹, que sai-je, les preuves d'oubli que vous me donnerez sans doute, me guériront ou me tueront. J'ai mal mené ma vie, même sous le rapport de mon sentiment pour vous. Je vous voyois beaucoup, je devois profiter de tous les momens, et ne pas renoncer à ce qui fesoit ma conso- ₁₀ lation, parce que je n'obtenois pas ce qui auroit fait mon bonheur. Je remonte en voiture, sans savoir pourquoi. Mon voyage est absurde. Je manquerai peut être la personne au devant de qui je cours, Et vous perdrez jusqu'à cette habitude de me voir, qui jointe à la pitié, suppléait à l'affection. Ecrivez moi à Brusselles². Ce sera une charité. J'y serai demain, ou ₁₅ après demain³. Car je voyage lentement. Je n'ai pas le courage de presser les postillons, et je sens que n'étant pas près de vous, et n'allant pas vers vous, je n'ai aucun interet a arriver.

Adieu Ange funeste que j'aimerai toujours.

Manuscrit   *Paris, BnF, N.a.fr. 13265, ff. 259–260; coté d'une main ancienne : «142»; 4 pp., pp. 2–3 bl.; orig. autogr.

Éditions   **1.** Colet (1864), n° 50, pp. 131–132.   **2.** Lenormant (1882), n° 125, pp. 258–259. **3.** Harpaz (1977), n° 141, pp. 223–224.   **4.** Harpaz (1992), n° 153, pp. 289–290.

Commentaire et Notes   Cette lettre est écrite le 1ᵉʳ novembre, au moment où BC va quitter Senlis, où il a passé la nuit du 31 octobre ; voir Journal, sous cette date : «Couché à Senlis».

¹ Charlotte rejoindra BC à Bruxelles le 1ᵉʳ décembre.
² BC a des inquiétudes, encore plus que d'habitude, à cause d'une indiscrétion de sa part ; voir Journal, 31 octobre, sur la «sotte confidence» qu'il avait faite à Auguste de Staël, sans doute au sujet de Juliette. Il ne sera soulagé à cet égard que lorsque la lettre de celle-ci arrivera enfin, le 8 novembre.
³ BC arrivera à Bruxelles, en effet, le 3 novembre.

2750

Benjamin Constant à Sir James Mackintosh

4 novembre 1815

Here I am, my dear Friend, having taken the sudden resolution of leaving Paris[1] for some time. The state of France, though sufficient to render a temporary absence from it convenient and agreeable, has not been my only inducement. But I intend availing myself of a travellers independence, and publishing some very free reflections on the present situation and conduct of 5 our affairs. I believe I know better than most men what has happened since the first return of the Royal family. Anything may be printed here or at Antwerpen, but I think it better, if possible, to publish a political pamphlet in England. I therefore recurr to your friendship, to know whether you can make with Mr Murray[2] any suitable arrangement for me. My fortune has 10 considerably suffered by the kind assistance you have lent to our nation, in order to help her to the enjoyment of her legitimate Sovereign, and advantageous terms from Mr Murray would be no indifferent thing for me. Were the terms important enough to induce me to go to England, I should feel happy to breathe the freeest air of Europe, though its genuine purity has 15 been lately pretty much impaired. Let me have your answer as soon as possible, and direct it to any of your English acquaintance or to any Banker here, with the request of finding me hôtel Bellevue. Let my whole plan be a secret, till it be executed ; but be kind enough to lose no time, as things are rushing on in France in a most desperate and rapid way. Though I sign not 20 my letter, you will easily know my hand, and if that were not sufficient, you will still more easily remember the degenerate Hercules you have seen so long at the feet of Omphale[3].

Your sincere friend.

Brussels, Nov^ber 4th 1815.   25

I write like wise to Mr Murray by this very post.

Manuscrit   *Londres, BL, Add. Mss. 52452, f. 170; 2 pp.; orig. autogr.

Édition   King (1978), pp. 41–42.

Texte   *Note en tête de la p. 2:* B. Constant. / Nov. 4. N° 17. 1815.

Notes
[1] BC a quitté Paris le 31 octobre 1815 et a atteint Bruxelles le 3 novembre.
[2] John Murray (1778–1843), éditeur londonien.

[3] Dans la mythologie grecque Héraclès, ou Hercule, fut acheté par la reine Omphale de Lydie qui, pendant les trois ans d'esclavage du héros, l'obligea à se travestir en femme et à filer la laine à ses pieds.

Traduction

Me voici donc, mon cher Ami, ayant pris la résolution subite de quitter Paris pour quelque temps. Bien que l'état actuel de la France soit tel qu'une absence temporaire me convienne et soit agréable, cela n'a pas été ma seule raison. Cependant j'ai l'intention de profiter de l'indépendance du voyageur pour publier des réflexions très libres sur la situation et la conduite actuelles de nos affaires. Je crois savoir mieux que la plupart des hommes ce qui s'est passé depuis le premier retour en France de la famille royale. On peut publier tout ce qu'on veut ici ou à Anvers, mais je crois qu'il serait préférable, si c'était possible, de publier un pamphlet politique en Angleterre. J'ai donc recours à votre amitié pour savoir si vous pourrez arriver à un arrangement avec Monsieur Murray pour moi. Ma fortune a beaucoup souffert du secours que vous avez eu l'amabilité de prêter à notre nation pour l'aider à jouir à nouveau de son souverain légitime, et par conséquent des conditions avantageuses de la part de Monsieur Murray ne me seraient nullement indifféren-tes. Si ces conditions étaient assez avantageuses pour m'encourager à me rendre en Angleterre, je serais heureux de respirer l'air le plus libre d'Europe, quoique sa pureté authentique ait été quelque peu altérée récemment. Donnez-moi votre réponse le plus rapidement possible et envoyez-la à une de vos connaissances anglaises d'ici ou à un banquier d'ici en lui demandant de me contacter à l'hôtel Bellevue. Ne révélez pas mes projets avant qu'ils ne soient réalisés, mais je vous prie de ne pas perdre de temps, car les événements se précipitent en France de façon rapide et désespérée. Bien que je ne signe pas ma lettre, vous reconnaîtrez aisément mon écriture, et si cela ne suffisait pas, vous vous souviendrez encore plus facilement de l'Hercule dégénéré que vous avez vu pendant si longtemps aux pieds d'Omphale.

Votre ami sincère,
Bruxelles, le 4 novembre 1815.
J'écris aussi par ce même courrier à Monsieur Murray.

2751

Benjamin Constant à John Murray

4 novembre 1815

Brussels Novbre the 4th 1815
Sir

Though I apply to my friend Sir J. Mackintosh in order to communicate to you [a] proposition relative to a publication I am preparing[1], I still think a direct application useful, in case Sir James were not in town or at leisure to manage this affair as soon as I wish it to be done. The Pamphlet or book I intend to publish, for I have yet no positive notion of its size, will contain a   5 complete history of the government of France from the return of the Royal family in March 1814 to the day of the book being printed, by which time things must have taken in France a decisive turn. It will be written with the utmost freedom, though not of a libellous nature, which would be repug-

nant to my character, nor so as to prevent my returning to France, under 10
any regular and just government. The period I mean to describe is better
known to me than to most men in Europe and my name will perhaps be of
some interest, as a witness an[d] an actor in the last events. Should you be
tempted to undertake the publication of this book, I should willingly take a
trip to England, where I probably would find more complete materials for 15
my book than here, though I have taken with me almost every thing necessary. In that case, Sir James and you must be so kind as to procure me a
passport, that I be not detained at Margate.

yours Sincerely

BC   20

Mr Murray, / Bookseller / Albemarle Street, / London. / England.

Manuscrit   Edimbourg, NLS, Ms. 40264; 4 pp., p. 3 bl., l'adresse p. 4; orig. autogr. Marque
postale : p. 94.P. / BRUXELLES ; FOREIGN NO 11 1815. Note à l'encre et au crayon sur un
pli de la lettre : 1814 Nov. 4 / Constant / Brussels.

Texte   2 [a]] *Le ms. porte* : an an

Note

[1]   Allusion à l'«Apologie» dont il est question dans plusieurs entrées du Journal de novembre
1815 (voir, par exemple, celle du 8 novembre : «Décidément je publie mon apologie»). Il
s'agit des *Mémoires sur les Cent-Jours*, qui seront publiés en septembre-novembre 1819 dans
la *Minerve française* et en deux volumes en 1820–1822.

Traduction
  Bruxelles, 4 novembre 1815
  Monsieur,
  *Bien que je m'adresse à mon ami Sir James Mackintosh afin de vous faire parvenir une
proposition relative à une publication que je prépare, je crois néanmoins qu'il pourrait être utile
que nous communiquions avec vous tous les deux, au cas où Sir James ne serait pas en ville ou qu'il
n'ait pas le loisir de traiter cette affaire aussi tôt que je le souhaite. Le pamphlet ou le livre que je
voudrais publier (jusqu'ici je n'ai aucune idée exacte de sa longueur) contiendra une histoire
complète du gouvernement de la France depuis le retour de la famille royale en mars 1814 jusqu'au
jour où le texte sera imprimé, car à cette époque les choses auront pris en France sans aucun doute
une tournure décisive. L'ouvrage sera écrit avec la plus grande liberté, mais ne sera pas diffa-
matoire, ce qui me répugnerait personnellement, et il ne sera pas de nature à empêcher mon retour
en France lorsque ce pays aura un gouvernement stable et juste. Je connais mieux la période que je
vais décrire que la plupart des hommes en Europe et mon nom présentera peut-être un certain
intérêt, car j'ai été à la fois acteur et témoin des derniers événements. Au cas où vous seriez tenté
de vous charger de la publication de ce livre, je me rendrais volontiers en Angleterre, où je
trouverais probablement une plus ample documentation qu'ici, quoiqu'en partant j'aie pris presque
tout ce qui m'est nécessaire. Si je décide de traverser la mer, il faudra que vous et Sir James ayez
la bonté de me procurer un passeport, afin que je ne sois pas retenu à Margate.*
  Je vous prie d'agréer, Monsieur, l'expression de mes sentiments les meilleurs.
  C

2752

Benjamin Constant à Juliette Récamier

6 novembre 1815

Bruxelles, 6 novembre 1815

N'est-ce pas absurde que je vous écrive sans cesse pour vous parler de la même personne[1]? Mais que voulez-vous que j'y fasse ? Je comptais sur l'effet de l'absence, et il est contraire à ce que j'en attendais. Je m'attache à elle par le souvenir. Je la trouve meilleure que je ne l'avais senti. Je m'accuse d'avoir 5 été injuste et ingrat. Je me désespère de l'avoir quittée. Je frémis de la crainte d'être oublié par elle, et je crois que je mourrai de douleur dans cette affreuse auberge[2], inconnu, seul, sans qu'un être me rende d'autre service que de me faire enterrer. Que maudits soient les conseils des hommes et toutes les théories qu'on ne puise pas dans son propre cœur ! Je me suis laissé entraî- 10 ner par tous les lieux communs sur l'absence. J'ai jugé de moi par les autres. J'ai rompu l'espèce de lien qui s'était pourtant établi. Je suis hors de sa vie, sans avoir repris la mienne, et je souffre plus que le premier jour, et cette présence qui m'aidait à vivre m'est ravie, et, quand je retournerai auprès d'elle, je ne la retrouverai pas. Pardon de vous occuper ainsi de moi. Mais 15 vous avez été bonne et vous savez que vous êtes la première cause de ce que je souffre.

Ma vie est horrible. Je n'ai pas eu le courage de retourner chez madame de Béranger[3] ; je ne puis lui parler de ce qui m'occupe. Je n'ai de force pour rien. Je voulais vous écrire, je ne le puis. S'il n'était pas si cruel de se tuer 20 sans intéresser personne, je ne résisterais pas à l'envie qui m'y pousse. Mais ces indifférents qui viendraient me contempler avec un étonnement stupide ! Au moins elle m'aurait plaint ! Je me suis privé de cette seule consolation. Jeté dans un monde étranger, je ne sais que devenir ? A qui parler ; où porter ma tête ? Oh ! Qu'elle m'a fait de mal ! Et comment l'avais-je mérité 25 d'elle ? Mais elle s'était trompée. Depuis elle a été bonne : c'est moi qui suis parti. Elle me tolérait, tout est ma faute.

Dites-lui que je lui demande à genoux une lettre douce[4], si elle ne veut pas lire un beau jour que je me suis tué ici à Bruxelles, avec quelques réflexions du journaliste sur ce que telle doit être la fin de tous les hommes de ce parti. 30 Qu'elle me dise que rien n'est changé, qu'à mon retour je retrouverai son amitié. Elle risque peu de chose : quelque douleur qui me dévore, je ne retournerai à Paris que décidé à ne pas l'importuner, à me contenter de sa bienveillance. Enfin qu'elle m'écrive, elle trouvera bien une demi-heure pour me faire ce bien. J'ai tant souffert, je souffre tant pour elle ! 35

Des nouvelles, je n'en sais point. On est ici antifrançais. On déteste le passé, mais on méprise le présent et l'on ne croit point à l'avenir. Ma femme est encore dans les régions inconnues[5], à moins qu'elle ne soit allée à Paris par une autre route, ce que je crains quelquefois.

Vous écrire m'a soulagé. L'aimer est, je crois, vraiment la destinée du reste de ma vie. J'en aimerais mieux une autre ; mais, puisqu'elle a fait d'elle-même ce qu'il fallait pour cela, qu'elle en prenne pitié et qu'elle ne se prépare pas un remords.

Un mot de réponse. Je suis si seul, et le silence qui m'entoure est si cruel !

Éditions	**1.** Colet (1864), n° 51, pp. 133–135.	**2.** *Lenormant (1882), n° 126, pp. 259–262.
3. Harpaz (1977), n° 142, pp. 224–226.	**4.** Harpaz (1992), n° 154, pp. 290–292.

Notes
[1] Juliette.
[2] L'Hôtel Bellevue ; voir ci-dessus la lettre 2750.
[3] La duchesse de Chatillon, née Pauline de Lannois, épousa en secondes noces le comte Jean de Bérenger (1767–1850). Médecin, un des promoteurs du 18 brumaire, ancien membre du Tribunat, directeur de la Caisse d'amortissement sous l'Empire, il se rallia à la Restauration et fut nommé directeur des contributions directes. BC avait vu Mme de Bérenger de temps en temps à Paris (voir Journal des 7 mai et 8 juillet 1815), et continuera à la fréquenter à Bruxelles.
[4] BC recevra une lettre de Juliette le 8 novembre.
[5] Charlotte le rejoindra à Bruxelles le 1er décembre.

2753

Benjamin Constant à Juliette Récamier

8 novembre 1815

Bruxelles ce 8 Nov^bre 1815

Je me suis déjà bien désolé de n'avoir pas de vos lettres. Hier ma douleur étoit si vive que j'avois pris la résolution de me mettre en route pour Hanovre, quoiqu'ayant écrit à M^de de C. en partant de Paris, je n'eusse à peu près aucune chance de la trouver encore chez son frère[1]. Mais j'aimais mieux courir la poste, et trouver de la distraction dans la fatigue que me désoler en pensant que j'étois oublié de vous. Votre lettre est venue ce matin[2], et me donne la force de rester ici, ce qui est ce que j'ai de mieux à faire. Ce n'est pas qu'elle soit longue, votre lettre : seize demi lignes, quand, si je m'en croyois, je vous écrirais des volumes. Mais enfin elle est une preuve que vous croyez à mon sentiment : et c'est tout ce que je veux. Vous êtes assurément faite pour plaire et pour subjuguer, mais vous le verrez, tous les sentimens qui vous entourent sont mêlés d'égoïsme, ils s'useront tous. Le mien seul est à part, il leur survivra, et il y aura une époque quelconque ou par droit de date, je serai votre ami le plus sur, le plus dévoué, de votre aveu, comme je le suis déjà aujourdhui, par le fait, au fond de mon cœur.

Mon désespoir sur votre silence a pensé produire un effet si ridicule que je n'ai pu m'empêcher d'en rire, malgré ma tristesse. J'avais commencé une lettre pour vous par ces mots. Je vous avertis que votre oubli me désespère, et que je ne vivrai pas, si vous ne venez pas à mon secours. Prenez y garde pour vous même. Ni vous ni moi ne savons ce que c'est que la mort, et quand vous m'y aurez précipité &c^a. J'avais en même tems écrit à M. Meuss[3], correspondant de M. R. pour le prier de prendre chez lui quelques effets pendant ma course à Hanovre. Dans le trouble où j'étais, je me trompe de lettre et j'envoye à M. Meuss celle qui vous étoit destinée. Heureusement il étoit sorti et j'ai fait reprendre ma lettre. Mais quand je me figure ce banquier qui m'avoit fait une visite la veille recevant ma lettre et lisant que son oubli me met hors de moi et que je me tuerai s'il me néglige, je ne puis imaginer son étonnement sans rire.

Ma vie est toujours très solitaire. M^{de} de Berenger et Lady Charlotte Greville[4] sont les seules maisons où j'aille. La société est d'ailleurs aussi exagérée qu'à Paris, dans une direction un peu différente. Ce n'est pas tel ou tel parti, mais la France en masse que l'on déteste, et l'on hait Bonaparte surtout comme le représentant de la force francaise. En ma qualité de vaincu, il ne m'est permis de céder sur aucun point, et si je voyais du monde, je passerais bientot pour un ennemi de ce qui existe parce que je plaide pour la dignité francaise.

80000 Prussiens[5] devoient arriver ici demain : mais ils ont reçu contre-ordre et se cantonnent en France. Des bruits absurdes annoncoient des craintes sur la tranquillité de Paris. Je sai qu'il n'y a rien à craindre dans ce genre. Le gouvernement me parait aller avec sagesse et modération, et tout s'arrangera sans doute au gré de tout le monde.

J'ai trouvé ce qu'on appelle mon apostasie bien plus Européenne que je ne croyois, Je pourrais [être] aussi flatté d'une part qu'affligé de l'autre de l'envie qu'on aurait d'avoir le mot de cette énigme. Je le donnerai probablement, vous même vous ne le savez pas tout entier, non que je vous aye rien caché assurément : mais vous êtes un peu distraite, et l'on n'est pas invité à détailler ce que vous n'écoutez pas. La Gazette de France m'attaque de nouveau[6]. Tant pis pour eux. Si je dis pourquoi je les ai abandonnés, ils en seront fachés. Vous croyez bien du reste que je ne franchirai pas cette mesure qui n'est ni dans mes sentimens, ni dans mes paroles, ni dans mes actions, mais qui est éminemment dans ce que j'écris.

M^{de} de C. n'est point arrivée[7]. Mes projets sont vagues. Je crains Paris à cause de vous. Si ce dont je vous ai parlé dans mes deux dernières lettres[8], Car je vous en ai écrit déjà deux d'ici, si dis je cela n'existoit plus, mon 55 amitié pour vous feroit mon bonheur. Mais tant que l'amitié sera en seconde ligne et sacrifiée aux mélodrames, et la sincérité et le dévouement à l'affectation et à la vanité, je crains l'enfer. Vous avez décidé de ma vie depuis le 30 Aoust 1814[9]. Vous en déciderez encore quoi que je fasse.

Écrivez moi je vous en supplie[10]. Vos lettres seules me donnent de bons 60 momens. Je vous aime autant que jamais, et j'espère que cette amitié s'identifiera une fois avec votre vie.

Pour la tante d'Amélie[11] / avec bien des complimens / pour Mlle Amélie elle même

---

Manuscrit   *Paris, BnF, N.a.fr. 13265, ff. 261–262; coté d'une main ancienne : «144»; 4 pp., l'adresse p. 4; orig. autogr.

Éditions   **1.** Colet (1864), n° 52, pp. 136–139.   **2.** Lenormant (1882), n° 127, pp. 262–266. **3.** Harpaz (1977), n° 143, pp. 226–228.   **4.** Harpaz (1992), n° 155, pp. 292–295.

Texte   **44** [être]] *omis par inadvertance*

Notes
[1] Auguste-Wilhelm-Karl, frère aîné de Charlotte; il avait exercé diverses fonctions dans l'administration hanovérienne, puis celles de grand maître des cérémonies à la cour de Jérôme Bonaparte. Charlotte avait habité chez lui, au château de Hardenberg, près de Hanovre, pendant l'absence de BC en France.
[2] Lettre non retrouvée.
[3] François-Joseph Meuss (1765–1821), banquier, membre du conseil municipal, des États-Généraux et de la Société littéraire de Bruxelles. C'était un des chefs du parti libéral.
[4] Pour Mme de Bérenger, voir ci-dessus la lettre 2752, note 3. Lady Charlotte Bentinck (1773–1862), fille du troisième duc de Portland, avait épousé Charles Greville (1762–1832) en 1793. Son mari, capitaine dans l'armée des alliés, avait été affecté à Bruxelles.
[5] L'entrée des Prussiens n'est pas sans rapport avec la ratification du Traité de Paris, qui aura lieu le 20 novembre 1815.
[6] C'est dans un compte rendu d'une brochure sur la *Défense de la nation française* d'Emmanuel d'Harcourt, qui vient d'être publiée (Paris, Le Normant, 1815), que la *Gazette de France* vient d'attaquer BC, sans le nommer, le 26 octobre 1815, pp. 1193–1194, comme faisant partie de ce groupe de «malveillans», ces «quelques folliculaires étrangers» dont le style «séduit» le lecteur pour qu'il voie les faits sous un faux jour, à l'envers d'Emmanuel d'Harcourt (qu'on ne pourrait soupçonner, il est vrai, du péché de bien écrire): «il est si doux pour les coupables d'associer la nation entière à leurs fautes, qu'ils n'en perdent jamais l'occasion dans leurs écrits comme dans leurs discours. Il faut donc leur répondre avec tous les moyens que l'esprit prête à la raison. Ils n'en diront pas moins que le silence qu'a gardé la France depuis vingt-cinq ans, sous ses différens tyrans, est une approbation tacite de tout ce qui s'est passé ; mais après avoir lu la brochure de M. d'Harcourt, qui prouve jusqu'à l'évidence que la majorité des Français a vécu pendant ce tems dans un véritable état d'esclavage, quelques honnêtes gens cesseront d'être séduits par de misérables sophismes, et rendront plus de justice à notre nation». Pour d'autres attaques sur BC dans la *Gazette de France*, voir Journal, 9 août 1814 et 27 février 1815.
[7] Charlotte arrivera à Bruxelles le 1er décembre.

⁸ Il s'agit de la lettre du 6 novembre, où il est question surtout de son amour. BC a dû écrire une autre lettre (non retrouvée) en date du 4 novembre, jour où il avait écrit de nombreuses lettres (voir Journal, sous cette date).
⁹ Le 31, plutôt.
¹⁰ La prochaine lettre de Juliette arrivera le 19 novembre.
¹¹ Amélie Cyvoct, nièce de Juliette ; voir ci-dessus la lettre 2741, note 5.

2754

Benjamin Constant à Juliette Récamier

12 novembre 1815

Brusselles ce 12.

Je n'ai encore reçu de vous qu'une pauvre petite lettre de seize demi lignes, qui m'ont pourtant été bien précieuses[1]. Je vous ai écrit trois fois[2] depuis mon arrivée. J'espère bientot un signe de vie.

Ma femme n'est point arrivée[3]. Je me crois à l'abri du danger de la manquer, puisqu'elle n'etoit pas à Paris le 8, et qu'elle aura reçu le 9 la lettre qui lui annonçoit par quelle route je venais au devant d'elle. Si elle ne s'est mise en voyage qu'après la réception de cette lettre, je ne l'attends que dans huit jours.

Je pourrais regretter d'etre parti de Paris trop tôt si je n'avais eu que le but d'aller au devant d'elle. Mais j'en avais un autre, et je l'ai tristement atteint. Quand un malheur est sans remède, Il y a l'agitation et les douleurs de détail de moins, et la vie s'écoule sombre et misérable, mais au moins sans convulsion.

Je jette souvent un regard de douleur et de surprise sur cette longue année, la plus effroyable de ma vie. Elle y laissera des traces que rien ne peut effacer, et le mal qu'elle m'a fait n'est pas réparable. M'en restera-t-il au moins une place dans votre souvenir, dans votre amitié ? Vous rappelez-vous encore mon dévouement, les efforts sans nombre que j'ai faits pour m'associer à vous dans quelque chose ? Si je retourne une fois à Paris, me verrai-je encore le plus dédaigné de tous vos amis, et sacrifié, toutes les fois qu'il plaira à un homme[4] qui n'a que de la vanité et de l'affectation, d'exiger que vous me sacrifïiez ? Je vous jure que votre bonheur m'est si précieux, que si cet homme, ce composé de prétentions, de fatuité, et de fausseté, pouvoit vous donner quelque bonheur, Je me résignerais à voir l'espèce de despotisme qu'il exerce, sans que vous l'aimiez, et par la seule puissance de l'hypocrisie et de l'importunité. C'est pour vous que je le crains, comme je craindrais un animal venimeux pour une fleur.

Je crois vous avoir déjà marqué que mes projets sont encore très vagues. Je redoute Paris, vous devinez pourquoi : Je n'y rentrerais aujourdhui qu'avec terreur, et je crois que quelques affaires me serviront de prétexte, quand M^de^ de C. sera arrivée pour aller en Angleterre[5]. 30

Je voudrais vous mander des nouvelles pour rendre mes lettres moins ennuyeuses. Mais je ne vois que Mad^e^ de Berenger, qui elle même ne voit personne, et quelques Anglais, qui ne savent rien[6]. Les étrangers sont toujours aussi mal pour nous que des gens doivent l'etre qui ont a se dedommager de 25 ans d'infériorité. Les Prussiens[7] disent qu'ils regrettent de n'avoir pas brulé méthodiquement Paris. Ils s'exagèrent tous l'instabilité de notre position, et attendent par chaque courier la nouvelle de quelques troubles. Pour moi, je n'y crois point. J'examine la marche des Chambres, et je la trouve moins rapide qu'elle ne devroit l'être naturellement. Je n'en prétends pas moins qu'elles arriveront au résultat que la force des choses prépare[8], mais il y aura quelques mois de plus. 35 40

Adieu. Écrivez moi donc. Si j'étais là, je vous fournirais des nouvelles à envoyer à vos correspondans : mais puisque vous m'avez forcé à partir, Il est juste que vous m'ecriviez vous qui me fesiez écrire pour les autres. Vous aviez donc un grand besoin de vous débarasser de moi, et mon dévouement vous étoit bien importun ! 45

J'espère que le vainqueur de Maubeuge[9] est encore a Paris. Son départ m'affligeroit comme une preuve de la victoire du serpent[10], et d'un serpent si misérable. 50

Adieu. Je vous aime. Vous me feriez une peine horrible en ne m'écrivant pas.

pour la tante de / Mlle Amélie[11]

Manuscrit   *Paris, BnF, N.a.fr. 13265, ff. 263–264; coté d'une main ancienne : «145»; 4 pp., l'adresse p. 4; orig. autogr.

Éditions   **1.** Lenormant (1882), n° 128, pp. 267–270.   **2.** Harpaz (1977), n° 144, pp. 229–230.   **3.** Harpaz (1992), n° 156, pp. 296–298.

Texte   **34** voit] *écrit en surcharge sur* voient

Notes
[1] La lettre que BC avait reçue de la part de Juliette le 8 novembre ; voir ci-dessus la lettre 2753, qui en accuse réception.
[2] La lettre du 4 novembre (non retrouvée) ainsi que celles des 6 et 8 novembre.
[3] Charlotte arrivera à Bruxelles le 1er décembre.
[4] Auguste de Forbin.
[5] BC partira, en effet, pour l'Angleterre, le 24 janvier 1816.
[6] Pour Mme de Bérenger, voir ci-dessus la lettre 2752, note 3. Pour les Anglais dont il est question, il s'agit de Lord et Lady Greville, entre autres : voir Journal, 8, 11 et 12 novembre et ci-dessus, la lettre 2753, note 4.

[7] Voir ci-dessus la lettre 2753, note 5.
[8] Il s'agit de l'évolution constitutionnelle du nouveau régime en France.
[9] Auguste de Prusse, commandant de l'artillerie prussienne, fit le siège de Maubeuge, le 21 juin 1815.
[10] Forbin, encore ; voir la lettre 2756, note 13.
[11] Amélie Cyvoct, nièce de Juliette .

2755

Julie de Krüdener à Benjamin Constant

vers le 12 novembre 1815

Cher Benjamin, je profite du moment qui se présente, pour vous réitérer les assurances de mon amitié, et d'un interêt que vous savez être bien vrai. Puissai-je être aussi persuadée de votre bonheur et me dire qu'il n'est plus au pouvoir des hommes de le troubler. C'est à l'Eternel que je demande cette grâce *Lui* que j'ai tant appris à connaître comme l'inépuisable miséricorde, 5 et qui ne veut que sauver et bénir. En partant de Paris[1] je vous écrivis encore pour vous recommander la prière qui seule calme, je sais combien vous êtes enlevé à tous les mouvements politiques, et combien peu ils vous intéressent. Quand on a senti la nullité des conceptions humaines pour le Bonheur véritable et le néant de toutes les Entreprises de l'homme, comment voudrait 10 on voguer sur cette mer orageuse du monde en se conduisant soi même, ou ce qui est pis en voulant conduire les autres.

La France me fait l'effet d'un vaste hôpital[2] ou toutes les fièvres qui détruisent règnent, et ou ceux qui sont chargés de la garde des malades comptent les têtes et les dépouilles. Ah ! Si quelque chose pouvait encore 15 intéresser votre cœur que je sais être si malheureux et qui à la fin s'est brisé contre les passions de la vie, et s'est flétri par toutes ses insuffisances, je voudrais essayer d'un autre pays. Cherchez des montagnes de solitude, et quittez ces arènes ou combattent sans cesse les mensonges et les crimes. Mais l'homme l'emporte tout entier, et sa condamnation après la terrible 20 chute a été d'avoir en soi le monde au lieu d'avoir Dieu, qu'il ne devait jamais quitter. Il a le triste besoin de se distraire par le mal, même en sentant que le mal est horrible, et captif de toutes les puissances terrestres, les ailes qui devraient le transporter dans les régions du Bien lui manquent. Ah s'il voulait croire, bientôt il guérirait. Croyez donc, cher Benjamin, croyez en 25 cette voix. Que la charité seule anime, et que vous savez si bien n'avoir pas été instruite par les hommes. Si pour vous même vous n'avez plus de pitié, si vous vous abandonnez comme ne pouvant plus vous aimer, et qu'avec un barbare plaisir vous contempliez votre propre ruine ; Je sais que vous ne pourrez effacer ces sublîmes facultés qui rendent votre cœur dépendant des autres. Laissez moi donc exercer pour votre repos même ce despotisme du sentiment, le seul dont vous reconnaissiez l'empire, laissez moi vous intéresser à vous, par la peine que vous me feriez à moi ; si vous ne reveniez à une situation plus douce et moins malheureuse. Croyez moi donc, cher Benjamin allez tous les jours dans la simplicité de votre cœur à la source de la Félicité, au Dieu vivant. Détournez vous de cette triste nation d'incrédules par tout deshéritée, par tout motive du mal. Levez vos yeux vers l'Orient, attendez le Salut de celui qui est l'amour, et que vos genoux se ployent devant Celui qui fait trembler l'enfer, et qui ne résiste pas à un Enfant. Bientôt vous verrez votre cœur se rafermir. Aidez moi à demander à Celui dont Seul je me glorifie à Jésus Christ : le miracle qu'il ne refuse a personne qui vient à Lui : *La Foi vivante.* Ah comme tout change autour de nous quand la Grâce entre dans nos cœurs, et que le roi des roi détrône toutes nos idoles, et bannit toutes nos douleurs.

Nous avons fait notre voyage fort heureusement le silence et la tranquillité m'arrangeaient beaucoup, je me reposais au milieu de ces campagnes desertes de cette turbulente activité de Paris, et je m'occupais de ceux que j'avais laissé dans l'agitation[3]. Vous n'êtes pas oublié cher Benjamin, et en rencontrant de ces âmes pieuses et saintes qui vivent avec le Ciel, je leur ai donné votre nom, pour prier pour vous[4]. J'ai trouvé ici[5] de ces êtres excellents comme il y en a partout. La guerre et les désastres des temps présents leur avait tout ôté et ces femmes n'avaient au milieu de cette pauvreté aucun souci. Je ne puis vous dire ce qu'elles m'ont fait éprouver. Je savais que c'était mettre vos interêts en bonnes mains, et quoiqu'elles ignorassent votre nom, il ne sera pas oublié. Donnez moi donc de vos nouvelles, parlez moi franchement de tout ce qui vous tourmente et vous intéresse. Comment va notre Amie. Lui avez vous remis la lettre que je vous envoyai[6]? Êtes vous un peu plus tranquille, causez vous ensemble[7]? Je vous prie de vous informer si elle a vu le curé de C. que je désirais que vous vissiez[8] pour lui parler à cœur ouvert, et recevoir de cet homme si respectable de salutaires conseils. Avez vous eu des nouvelles de votre femme ? Enfin que faites vous. La personne qui vous remettra cette lettre vous donnera mon adresse. Portez vous bien et croyez à mon sincère attachement, dont vous êtes J'espère bien persuadé.

J de Krüdener.

Manuscrit *Paris, Archives Francis Ley ; 4pp.; copie ancienne.

Édition Ley (1967), pp. 252–254.

Texte **30** votre] rendent votre *récrit au-dessus de* ⟨vous conduit⟩ **37** deshéritée] deshéritée, ⟨pour⟩ **43** roi] roi ⟨banni⟩ **52** n'avaient] en *ajouté dans l'interligne* **59** de] *d'une autre main, au-dessus de «C.»* : Clichy

Commentaire et Notes Les ressemblances entre cette lettre et celle que Julie de Krüdener envoie à Juliette le 12 novembre 1815 conduisent à supposer que les deux lettres ont été écrites le même jour. Pour la lettre de Julie de Krüdener à Juliette, voir Lenormant, *Souvenirs et correspondance*, I, pp. 288–290 et Francis Ley, *Madame de Krüdener et son temps*, 1961, pp. 519–520. Étant partie de Paris le 23 octobre 1815, avec sa fille et d'autres fidèles, Julie de Krüdener passe par Troyes, Bar, Chaumont, Langres, Vesoul et Belfort pour arriver à Beningen, petit village situé à un quart de lieue de Bâle, le 30 octobre. Voir le Journal de Juliette von Berckheim pour l'itinéraire de ce voyage, ainsi que pour les impressions de route. Paul, fils de Julie de Krüdener, chargé d'affaires de Russie près la Confédération suisse, viendra la chercher à Bâle, et l'emmènera à Berne, où elle séjournera chez lui, à l'hôtel de l'Ambassade, du 11 jusqu'au 22 novembre, moment où elle retournera à Bâle, pour reprendre sa «sainte mission». Julie de Krüdener ne semble pas encore savoir que BC ne se trouve plus à Paris ; voir surtout la note 7.

[1] Le 23 octobre 1815; lettre non retrouvée.
[2] Les voyageurs avaient été choqués par l'état de dévastation de quelques-unes des régions qu'ils avaient traversées en route pour la Suisse, surtout dans l'Est de la France, où on se battait encore contre les troupes autrichiennes : voir le Journal de Juliette von Berckheim, *passim.*
[3] Des amis qu'elle avait laissés à Paris, aux prises avec les remous du changement de régime.
[4] Julie de Krüdener fait allusion à deux femmes pauvres et pieuses que les voyageurs avaient retrouvées sur la route, entre Vesoul et Bonchamp, et que Julie de Krüdener avait abordées, en leur demandant de prier pour BC. Voir le Journal de Juliette von Berckheim, sous la date du 28 octobre 1815 (p. 139): «avant d'arriver a Bonchamp nous avons vu deux femmes à genoux sur le chemin, l'on a fait arreter la voiture leurs prières nous ont touchés l'un delle a dit la prière des morts Jacob a voulu leur donner de petits ouvrages elles en ont été touchée jusqu'au larme lorsqu'on leur a temoigné tant damitiés lorsque nous disions a la plus agée priés pour nous elle nous parla de la prière d'une manière touchante disant que cetait tout son bonheur la nuit le jour dans son lit a l'Eglise de prier son bon Dieu. Lorsqu'on lui a demandé si elle aimoit bien son Sauveur elle a repondu, je trouve que je n'ai pas le coeur assez haut assez elevé pour le aimer assez. Il y a de quoi gemir a t-elle dit de voir que notre Dieu n'a plus par ci par la que quelques pauvres ames pour l'aimer pour l'adorer et elle sest mise a prier pour les ames qui sont en purgatoire Joh [*sobriquet de Julie de Krüdener*] l'a prié de penser a Benj. Vous rappellerez vous bien de ce nom lui a t-elle dit Oh ! Si je l'oublie je sais bien comment je fais, je dis a mon bon Dieu : Vous savez bien pour qui je vous prie».
[5] Le Journal de Juliette von Berckheim signale plusieurs personnes d'une piété exemplaire, à Berne comme à Bâle.
[6] Cette lettre à l'«Amie» (Juliette) aura été envoyée à BC au moment du départ de Julie de Krüdener de Paris. C'est sans doute celle dont il parlera dans sa lettre du 29 novembre (voir ci-dessous la lettre 2758). Voir aussi la lettre de Julie de Krüdener du 12 novembre : «Que fait ce pauvre Benjamin ? En quittant Paris, je lui écrivis encore quelques lignes, et lui envoyai quelques mots pour vous, chère amie ; les avez-vous reçus ? Comment va-t-il ? Ayez beaucoup de charité pour un malade bien à plaindre et priez pour lui» Ley, 1961, 520.
[7] Voir commentaire : Julie de Krüdener le croit encore à Paris.
[8] Il s'agit du curé d'Aiguebelle, auquel BC avait rendu visite, le 21 octobre, accompagné de Julie de Krüdener et Juliette ; voir ci-dessus la lettre 2741. Voir aussi la lettre de Julie de Krüdener à Juliette du 12 novembre, qui pose la même question : «Voyez-vous M.Delbel [*sic*]? C'est un homme bien excellent ; je désire beaucoup que Benjamin le voie».

2756

Benjamin Constant à Juliette Récamier

20 novembre 1815

Bruxelles ce 20 9ᵇʳᵉ 1815

Je reçois votre lettre[1], et je vous en rends graces. Elle me soulage, elle me tire d'une tristesse profonde, elle me fait du bien. J'y vois surtout que vous daignez ne pas désapprouver que je revienne à Paris, si je m'y détermine. En recevoir le conseil de vous est un grand bonheur. Mais dois-je le suivre ? Il y 5 a bien des choses à dire là dessus. Je ne parle pas de ce qui est ma vie et ma pensée, vous les savez comme moi. Vous savez aussi que dévoué dans mon affection, humble dans mes espérances, il est facile de rendre ma vie supportable sous ce rapport. Mais il y a d'autres considérations qui prennent de l'importance, parce qu'elles influent même sur cela. Vous croyez que je me 10 puis me faire à Paris une bonne existence. Je ne le crois pas. Vous savez quels obstacles[2] se sont élevés dans mes rapports les plus doux, les plus simples et ceux sans lesquels je ne puis vivre. Ces obstacles ne cesseront pas. L'esprit d'intolérance s'accroit au lieu de s'appaiser. Si je reviens d'ailleurs comme vous me le conseillez, d'autres difficultés se présenteront. Je n'aime 15 pas à les indiquer, vous les devinez. Elles existoient déjà, lors même que contre moi personnellement, il n'y avoit pas de défaveur. Si l'on[3] vous a reproché de me voir le matin, moi pauvre diable qui m'étais résigné à m'exclure de chez vous le soir, n'y auroit-il pas d'autres objections, des objections à double, à ce que vous *nous* vissiez[4]: et sans vouloir pour ce qui 20 tient à moi une liaison qui n'est que le résultat de l'habitude et du gout, une exclusion ou absence totale de visites est impossible. Souvenez-vous de ce que vous m'avez dit un soir, de votre existence, *frêle* quoique bien arrangée. Ce mot plus que toute autre chose a contribué à me faire partir, et l'intervalle qui s'est écoulé n'a tenu qu'à la peine horrible que me causoit ce 25 départ.

De plus, je vous ai déjà mandé que j'avais été frappé de la disposition de l'opinion pour moi[5]. Elle est toute différente de ce qu'elle se montre à mon égard à Paris. On ne me blâme pas, mais on ne me comprend point, et il m'est si facile de me faire comprendre. Je vois et je ne suis pas enclin à me 30 flatter, que je serai cru et approuvé, si je parle : et souvent mon honneur me semble l'exiger. Mais c'est une guerre, et je ne suis pas un soldat vulgaire. Il faut que j'aïe toutes mes forces, et je ne puis me défendre qu'en accusant[6]. Il m'est impossible de tout dire ici, et je ne le voudrais pas pour vous même. Mais convenez qu'on m'a mis bien à mon aise, et qu'on a tout légitimé, en 35 me poursuivant jusque dans mes pauvres relations si incomplettes avec l'être de qui dépend tout pour moi. En vous quittant, je me suis comparé à Témugin[7], qui sait ?

Ma femme n'arrive point[8]. Je ne puis aller au devant d'elle, parce qu'il y a dix routes. Je resterai ici sans bouger encore quinze jours. D'ici là, je saurai ses projets que je ne veux point gêner, et alors, dans toutes les hypothèses, j'y ferai une course.

La Société est peu animée. J'y suis un objet de curiosité et les Provinciaux ont une qualité, c'est d'écouter. L'opinion est anti-francaise, ce qui me blesse : elle est aussi anti-autre chose[9], et je ne suis pas obligé de m'en blesser.

Nous ne comprenons rien à la marche des troupes[10]. Il paraît qu'elles rentrent en France, au lieu d'en sortir. On annonce aussi des Régimens arrivés d'Angleterre par Calais. Les papiers Anglais sont incroyables dans leurs prédictions. Les papiers allemands prétendent qu'il n'y a de changé que les noms, et que les chambres actuelles sont comme toutes celles qui les ont précédées. Il y auroit vraiment utilité à faire une apologie de la Nation qui vaut mieux que toutes les autres et qu'on méconnoit : mais il y auroit autre chose à dire dans cette apologie que M^r d'Harcourt[11].

J'ai eu un grand plaisir à apprendre par mon domestique que votre troisième Dame[12] étoit logée chez moi. N'en auriez vous pas une quatrième ? Sérieusement, j'aime bien mieux que ma maison soit un azyle qu'une cazerne, et l'on m'annonce qu'on va y loger quarante hommes incessamment. L'idée que vous en disposiez m'a causé une vive joye. Si ces trois Dames ont de la reconnoissance pour moi, elles ont tort. C'est moi qui leur en dois.

Merci de ce que vous me dites des *Serpens*[13]. Je voudrais y croire. Je suis comme cet homme[14] qui, dès qu'il falloit une religion, en vouloit cinquante. C'est le seul moyen pour que chacun soit toléré, et c'est sur cet espoir que je fonde celui qu'on me permettra d'avoir aussi ma petite chapelle.

J'ai enfin vu Mr Meeuss[15], qui m'a fait beaucoup de politesses. Serez-vous assez bonne pour en remercier de ma part M. Recamier ?

Comme le tems passe même quand il passe tristement ! Voici le 19e jour que je ne vous ai pas vue ! Il y avoit quinze mois que jamais je n'avais été séparé de vous si longtems.

Adieu. Je baise les mains d'Amélie[16], et je voudrais bien baiser les votres. Vous savez que vos lettres sont mon seul bonheur, ma seule espérance, ma seule consolation.

Manuscrit *Paris, BnF, N.a.fr. 13265, ff. 194–195; coté d'une main ancienne : «107»; 4 pp.; orig. autogr.

Éditions   **1.** Lenormant (1882), n° 129, pp. 270–275.   **2.** Harpaz (1977), n° 145, pp. 231–233.   **3.** Harpaz (1992), n° 157, pp. 298–301.

Texte   **14** d'ailleurs] d'ailleurs ⟨avec⟩   **21** moi] pour... moi *ajouté dans l'interligne*

Notes

[1] Lettre non retrouvée, reçue le 19 novembre ; voir Journal, sous cette date.

[2] Il s'agit ici et dans les lignes suivantes de Forbin, de sa jalousie à l'égard de BC, et de ses préjugés contre lui, tant sur le plan politique que sur celui de la moralité, désapprobation qui ne fera que s'accroître si BC se présente chez Juliette accompagnée de Charlotte, deux fois divorcée.

[3] Forbin, surtout.

[4] BC et Charlotte, bien sûr.

[5] Pour l'opinion des gens dont BC fait connaissance à Bruxelles, voir la lettre 2753.

[6] L'Apologie que médite BC verra le jour en 1819 sous la forme du *Mémoire sur les Cent-Jours*.

[7] Temoudjin, c'est le nom que portait Gengis Khan avant son élévation à la souveraineté. On assimilait ce conquérant mongol à Napoléon.

[8] Charlotte arrivera à Bruxelles le 1er décembre.

[9] Sans doute le roi Louis XVIII.

[10] Plus d'un million de troupes étrangères occupent la plus grande partie de la France et y resteront jusqu'en 1818. Le nouvel influx n'est pas sans rapports avec la ratification du Traité de Paris, signé le 20 novembre.

[11] La brochure du royaliste Emmanuel d'Harcourt sur la *Défense de la nation française* (1815). Voir sur cette brochure la lettre du 8 novembre, note 6.

[12] La troisième dame qui vient habiter la maison de BC, en plus des dames Monge, est sans doute la Polonaise qui vient d'être recommandée à Juliette par Julie de Krüdener dans sa lettre du 12 novembre (voir commentaire de la lettre de Julie de Krüdener à BC du 12 novembre 1815).

[13] Forbin, Nadaillac *et al* ; Juliette Récamier a dû relever l'allusion au «serpent», qui se retrouve dans la lettre de BC du 12 novembre (voir la lettre 2754, note 10).

[14] Il s'agit sans doute d'un souvenir imparfait d'une citation très répandue à l'époque, attribuée à diverses personnes, selon laquelle il n'existerait – ou ne devrait exister – qu'une seule religion, servie à cinquante sauces.

[15] Banquier à Bruxelles et ami de Jacques Récamier ; voir ci-dessus la lettre 2753 note 3.

[16] Nièce de Juliette .

2757

Benjamin Constant à Alexis Eymery

22 novembre 1815

Brusselles ce 22 9bre
1815

Je vois annoncé, Monsieur, dans les journaux, un ouvrage de M. Regnaud Warin[1] sur l'histoire du dernier Règne de Bonaparte[1]. Si vous pouviez me le faire tenir ici, Je vous en aurai une grande obligation. Je m'adresse à vous, ₅ tant parce que cet ouvrage est annoncé comme ayant paru chez vous que parce que je compte, vu nos relations sur votre obligeance. Je serai charmé de renouveller Ces relations à mon retour à Paris.

Agréez mes très parfaites Salutations.

B. Constant 10

Veuillez adresser ici poste restante.

Monsieur / Monsieur Eymery / Libraire / Rue Mazarine / à Paris

---

Manuscrit *Paris, BnF, N.a. fr. 13627, ff. 33–34; 4 pp., pp. 2–3 bl., l'adresse p. 4; cachet postal : 25 Novembre 1815; timbre : BRUXELLES ; orig. autogr.

Texte *Note en tête de la lettre :* Envoyé.

Note
[1] Il s'agit de l'ouvrage de Jean-Joseph Regnault-Warin (1775–1844), *Cinq mois de l'histoire de France, ou fin de la vie politique de Napoléon*, Paris : Plancher, 1815.

2758

Benjamin Constant à Juliette Récamier

29 novembre 1815

Brusselles ce 29.

Puisque vous ne m'écrivez pas, Il faut bien que je vous envoye la lettre ci-incluse que Mad^e de Krudener m'avoit addressée pour vous[1]. J'ai tardé deux jours, dans l'espoir de recevoir de vous une réponse.

Votre silence[2] m'afflige et m'abat plus qu'il ne m'étonne. Je l'avois tou- 5 jours craint : mais je n'en souffre pas moins de voir mes craintes ainsi confirmées.

J'ai enfin reçu des nouvelles de M^de de C. Elle est en route depuis plusieurs jours, et je l'attens à chaque minute[3]. Ce ne sera qu'après ma réunion avec elle que je prendrai une résolution[4]. Mais je redoute Paris tellement que 10 je ne crois pas que j'aye la force de m'en rapprocher. Votre silence achève ce que tant de souvenirs tristes avoient commencé.

Je suppose que ma femme voudra se reposer quelques jours d'un voyage de 150 lieues par cette saison. Il est d'ailleurs possible qu'elle ne soit pas partie le jour qu'elle avoit fixé. Je crois donc que je serai encore ici assez 15 longtems pour recevoir votre réponse à cette lettre. Votre reponse contribuerait à me décider. Après ce que je vous ai mandé, dans l'avant dernière des miennes[5], persistez vous à me conseiller Paris ?

Adieu. Une correspondance si peu encouragée ne me laisse pas la force de satisfaire le besoin que j'aurais de vous écrire sur vous et sur moi. ²⁰
Vous m'avez fait un mal qui durera toute ma vie.

A Madame / Madame Recamier / Rue basse du Rempart / N° 32 / *à Paris*

Manuscrit *Paris, BnF, N.a.fr. 13265, ff. 267–268; coté d'une main ancienne : «147»; 4 pp., p. 3 bl., l'adresse p. 4; cachet postal : 4 Décembre 1815; timbre : BRUXELLES ; orig. autogr.

Éditions   **1.** Lenormant (1882), n° 130, pp. 275–276.   **2.** Harpaz (1977), n° 146, pp. 233–235.   **3.** Harpaz (1992), n° 158, pp. 302–303.

Notes
¹ Il se peut que cette lettre destinée à Juliette ait été jointe à la lettre du 12 novembre, de Julie de Krüdener à BC. Ou bien elle pourrait être celle que Julie de Krüdener avait envoyée à BC pour Juliette, au moment de son départ de Paris, le 23 octobre (voir lettre 2755, note 6); si c'est le cas, la lettre aura traîné à Paris avant d'arriver chez BC à Bruxelles.
² BC ne recevra une lettre de Juliette que le 11 décembre 1816; voir Journal, sous cette date.
³ Charlotte arrivera à Bruxelles le surlendemain.
⁴ Voir Journal, 28 novembre : «Lettre de ma femme. Elle peut arriver à chaque instant. Voyons ce que j'ai de mieux à faire. Aller avec elle à Paris, l'y envoyer, aller avec elle en Angleterre, y aller seul ?»
⁵ Il s'agirait de la dernière lettre de BC, du 20 novembre, et non de l'«avant-dernière». Il y est question des désagréments éventuels que sa femme aurait à souffrir en l'accompagnant à Paris. BC aura peut-être écrit une autre lettre à Juliette entre le 20 et le 29 novembre qui n'a pas été retrouvée.

2759

Benjamin Constant à Juliette Récamier

7 décembre 1815

Brusselles ce 7 X^bre 1815
Le premier qui vit un chameau
s'enfuit à cet objet nouveau.¹
Il est donc bien décidé que vous ne voulez plus m'écrire. Je crains au reste de m'etre attiré votre Silence, par je ne sai quelle lettre ou je causais avec ⁵ trop de bavardage². Ce n'est cependant qu'une conjecture que je saisis pour ne pas m'affliger d'un oubli qui me ferait plus de peine s'il venoit du cœur que de la prudence.
Ma femme est arrivée³. Elle a fait au milieu de l'hyver 150 lieues pour me rejoindre par des chemins affreux, et ce qui rend la chose plus méritoire, ¹⁰ c'est qu'elle n'entend rien à ma conduite et désapprouve plus que personne le parti que j'ai pris. Il est vrai que le résultat n'en est pas agréable pour elle,

puisque je ne lui présente qu'un avenir vague et agité. Mais elle dit qu'elle auroit été bien plus malheureuse, si j'avais réussi, et qu'elle bénit le ciel d'avoir à partager mon adversité, plutot que ma prospérité coupable qu'au reste elle auroit refusé de partager. C'est une excellente personne, d'un cœur très aimant, d'une ame fort noble, et d'une intégrité de caractère et d'honnêteté qui fait mon admiration. Je jouïs de son blâme, par l'estime qu'il me donne pour elle, quoique je ne le trouve pas fondé.

Savez vous que quand je considère le profit qu'ont retiré plusieurs personnes de m'avoir aimé, je trouve que vous avez fort bien fait de n'en pas vouloir. Je vous en féliciterais d'avantage, si cela vous avoit plus couté. Le seul tort que vous ayez eu c'est d'avoir voulu vous faire aimer de moi, par je ne sais quelle lubie qui ne vous a duré que cinq jours[4]. Je vous en parle sans rancune, parce que la douleur de cœur, la seule que je redoute, est passée. Mais vous m'avez fait un mal véritable et sans remède, comme carrière, fortune, réputation, bonheur de tout genre : et vous êtes venue, pendant que je travaillais pour moi et pour une autre[5], a me préparer un bon avenir, donner une chiquenaude à mes projets, et les renverser tous. Je ne pense à ce que j'ai souffert qu'en frissonnant, et vous voyez bien que je ne veux rien vous exagérer car je ne dis point que je souffre encore. Mais je vous jure que depuis 15 jours[6] surtout que l'eloignement et votre silence commencent à opérer, je me suis consolé de toutes les choses pénibles qu'il y a dans ma vie, du jugement injustement rigoureux qu'on porte sur moi, de la peine même que ma femme en éprouve, de la perte de tout mon avenir, de la pauvreté qui m'attend peut être, en comparant toutes ces souffrances, à une seule de celles que vous m'avez infligées. Aussi je ne retournerais pas à Paris d'ici à un An[7], quand on m'y promettroit l'empire du Monde, je suis guéri à distance, mais je retomberais en me rapprochant de vous. Croyez-vous que quelques messes que vous entendez et quelques aumones que vous faites reparent le mal de ces souffrances que vous répandez autour de vous. Quand après m'avoir laissé espérer de vous voir, vous me repoussiez, soit pour M. de F.[8] soit pour un autre, et que je passais la nuit dans les larmes, ou que dans mon angoisse j'allais au sallon perdre dix mille francs, ce qui m'est arrivé quatre ou cinq fois, croyez vous que ce jeu fut bien innocent de votre part ? Chacun a un moyen de nuire, et chacun est également coupable quand il s'en sert, depuis l'homme qui poignarde jusqu'à la femme qui veut s'assurer de son charme, au risque de l'agonie à laquelle elle abandonne ensuite le malheureux qui s'est laissé prendre.

Je m'apercois que cette lettre est un sermon et j'ai peur qu'il ne vous déplaise. Pardonnez-le moi, car j'ai une véritable amitié pour vous. Je ne vous reverrai probablement que quand le tems vous aura désarmée, et ce sera long. Mais je ferai toujours des vœux pour votre bonheur. Dans la ligne

que vous suivez, vous n'en gouterez guères. On ne trouve que ce qu'on
donne.   55

Si vous étiez assez bonne pour m'écrire que ce soit *poste* restante à la
Haye[9]. Je vous aime tendrement, et à présent que la blessure est guérie, je
n'ai plus que de l'affection sans aucune rancune, ce qui est bien la preuve
que je suis bon.

a Madame / Madame J. Recamier / Rue basse du Rempart / n° 32 / à   60
Paris

Manuscrit   *Paris, BnF, N.a.fr. 13265, ff. 265–266; coté d'une main ancienne : «146»; 4 pp.,
l'adresse p. 4; cachet postal : 11 Décembre 1815; timbre : BRUXELLES ; orig. autogr.

Éditions   **1.** Lenormant (1882), n° 131, pp. 276–280 (avec coupures).   **2.** Cordey (1974), n°
71, pp. 186–188.   **3.** Harpaz (1977), n° 147, pp. 235–237.   **4.** Harpaz (1992), n° 159, pp.
303–306.

Notes
[1] Voir La Fontaine, «Le chameau et les bâtons flottants», IV, 10, vers 1–2. Le «chameau» doit
     être BC, vu par Juliette.
[2] Les lettres précédentes ne péchant pas par excès de tact, presque tous les sujets abordés
     auraient pu froisser Juliette d'une manière ou d'une autre.
[3] Charlotte est à Bruxelles depuis le 1er décembre.
[4] L'idylle d'Angervilliers avait duré du 6 jusqu'au 12 septembre 1814.
[5] Charlotte.
[6] La dernière lettre de Juliette est arrivée le 19 novembre.
[7] BC retournera à Paris le 7 octobre 1816.
[8] Forbin.
[9] Voir Journal, 7 décembre 1815 : l'intention actuelle de BC est de ramener Charlotte à La
     Haye, et de se séparer d'elle «jusqu'à de meilleures circonstances». Le projet de partir seul en
     Angleterre, tandis que Charlotte rentrerait à Hanovre, ne se réalisera pas, et ils partiront
     tous les deux en Angleterre, où ils arriveront le 25 janvier 1816.

2760

Benjamin Constant à Sir James Mackintosh

17 décembre 1815

Brussells, December 17th 1815
I thank you most warmly, my dearest friend, for your kind interference in
my literary concerns[1]. I shall willingly agree to the terms which you trans-
mitted to me, if you think that mode of publication [better] than undertak-
ing the whole at my own expense and profit. But it will be time enough to   5
decide this point when the work is finished[2], and I in England, where I think

I shall be by the beginning of the ensuing month. My reason for taking the whole upon my own hands is my desire of treating the matter in my own way, and according to my public and private prospects in France. I hope the book will not be uninteresting. But though my having left in France the greatest part of my fortune makes the benefit of it of some importance, yet my maintaining my character and the place which events it would be useless to describe may give me and other friends of liberty is still more important to me, and I would not be obliged, for the sake of mere popularity, to say either more or less than is consistent with these considerations. Anecdotes and narrative there will be, since the whole is a sort of narrative, and many facts, unknown to the public, will be revealed, others explained. But the character of a mere anecdote and portrait-writer I can not assume ; and though I wish for success in England, my eye is fixed upon France, where I am sure of the effect, because experience warrants it to me. Of all this more when we meet. I am preparing for my departure and do not intend staying here beyond ten or twelve days.

I am here in a town where proscribed and exiles arrive every day. The various laws which our moderate Ministry have proposed and carried, and which give every magistrate in France the right of detaining any citizen during any time, and of bringing him before a Prevotal Court for political delinquencies, makes our country difficult to inhabit. The nation, if called upon to support the ministers, would make them much stronger than the violent party ; but they are afraid of calling the nation to their a[id and] will fight the battle with their own forces, w[hich] makes them weaker than their ennemies. The fate of France would be easily forseen, were it not for British politics and Northern avidity : and notwithstanding those two elements which may entangle the combination, I still think I could point out the man to whom I would say tu Marcellus eris[3]. He is in England.

Present my respectful compliments to Lady Mackintosh. I am not sure to be here long enough to receive an answer to this letter. But if no accident prevents my putting my present plan into execution, I hope to have crossed the sea long before this day a month[4].

Let me thank you again and again and believe me

Your sincere old friend,

BC.

Sir James Mackintosh / M.P. / London / England

Manuscrit   *Londres, BL, Add. Mss. 52452, ff. 176–177; 4 pp.; cachets postaux : 26 D[ ] 1815; timbres : P94R BRUXELLES ; Foreign ; FO [ ] DE 25 1815; FREE 26 D 1815; orig. autogr.

Édition
King (1978), pp. 42–44.

Texte *Note sur un pli de la page d'adresse :* Constant. / Bruxelles / Decr 1815.   **4** [better]]
omis par inadvertance   **29** and]] *lettres emportées par une déchirure*   **30** w[hich]] *lettres
emportées par une déchirure*

Notes
¹ Voir la lettre de BC à Sir James Mackintosh du 4 novembre 1815, note 2.
² Il s'agit d'*Une Histoire du gouvernement de la France depuis le retour des Bourbons jusqu'au
   présent*; voir les lettres 2750 et 2751.
³ Dans l'*Enéide* de Virgile (livre VI, vers 882–883), Anchise montre à Enée les futurs héros de
   Rome, dont Marcellus, fils d'Octavie, considéré comme le successeur de l'empereur Auguste,
   mort prématurément à vingt ans : «Heu, miserande puer, si qua fata aspera rumpas / Tu
   Marcellus eris !» *Hélas, malheureux enfant, si tu peux vaincre un destin trop cruel, tu seras un
   jour Marcellus*. Selon la *Vie de Virgile* de Suétone, lorsque Virgile lisait ce passage à Auguste, Octavie s'évanouit en se souvenant du fils qu'elle avait perdu.
⁴ En effet BC arrivera à Douvres avec sa femme le 25 janvier 1816.

Traduction

Bruxelles, le 17 décembre 1815
    *Je vous remercie de tout mon cœur, mon très cher ami, de votre aimable intervention dans mes
affaires littéraires. J'accepterai volontiers les conditions que vous m'avez transmises si vous croyez
que cette manière-là de publier vaut mieux que publier à mes propres frais et bénéfices. Mais il
sera temps d'en décider quand l'ouvrage sera terminé et que je serai en Angleterre, où je compte
être dès le début du mois prochain. La raison pour laquelle je me charge de tout, est mon désir de
présenter les choses à ma manière et d'après mes espoirs pour mon avenir public et privé en
France. J'espère que ce livre ne sera pas sans intérêt. Mais, bien que j'aie laissé en France la plus
grande partie de ma fortune et que cela donne une certaine importance à l'idée de faire des
bénéfices, le maintien de ma réputation et le tour des événements, qu'il serait inutile de préciser,
pourraient prendre pour les amis de la liberté et pour moi-même la plus grande importance. Je ne
voudrais pas me voir dans la nécessité de dire plus ou de dire moins que ce qui est compatible avec
ces considérations, et cela uniquement pour acquérir une certaine popularité. Dans cet ouvrage il y
aura des anecdotes et des récits, puisque l'ensemble est une sorte de narration, et de nombreux
faits que le public ignore y seront révélés, et d'autres encore seront expliqués. Mais je ne peux
assumer le rôle d'un simple auteur d'anecdotes et de portraits, et quoique je souhaite avoir du
succès en Angleterre, mes regards sont tournés vers la France, où je suis sûr de produire un effet,
puisque mon expérience le permet. Nous reparlerons de tout ceci quand nous nous verrons. Je fais
des préparatifs pour mon départ et ne compte pas rester ici plus de dix ou douze jours.*
    *Je me trouve dans une ville où les proscrits et les exilés arrivent tous les jours. Les diverses lois
que notre ministère modéré a proposées et votées, et qui donnent à tout magistrat le droit de
détenir n'importe quel citoyen pendant n'importe quelle période de temps et le faire comparaître
devant un tribunal prévôtal pour délinquance politique, rendent notre pays difficile à habiter. Si la
nation était invitée à donner son soutien aux ministres, elle les rendrait beaucoup plus forts que le
parti violent. Mais les ministres ont peur de solliciter l'aide de la nation, et ils se battront en
utilisant leurs propres forces, ce qui les rend plus faibles que leurs ennemis. Sans la politique
britannique et l'avidité des gens du Nord, le sort de la France serait facile à prévoir. Mais en dépit
de ces deux éléments qui risquent de compliquer la situation, je crois encore pouvoir désigner
l'homme à qui je dirais «Tu Marcellus eris». Il est en Angleterre.*
    *Veuillez présenter mes compliments respectueux à Madame Mackintosh. Je ne suis pas certain
de rester ici assez longtemps encore pour recevoir une réponse à cette lettre, mais à moins qu'un
contretemps n'empêche la réalisation de mes projets actuels, j'espère avoir traversé la mer bien
avant qu'un mois ne se soit écoulé.*
    Permettez-moi de vous remercier mille fois, et croyez-moi votre vieil ami sincère

BC.

2761

Benjamin Constant à Goswin-Joseph-Augustin, baron de Stassart

29 décembre 1815

Je vous renvoye, Monsieur, le livre de M. de Pradt[1], en vous remerciant mille fois et de me l'avoir prêté, et de me l'avoir fait lire. Je vous dois le plaisir qu'il m'a fait, car sans votre recommandation je ne l'aurais vraisemblablement pas lu. C'est un ouvrage excellent, bien au dessus de tout ce que l'auteur avoit écrit jusqu'à présent, et indépendamment de son mérite in- ⁵ trinsèque, il me fait plaisir par le caractère de l'auteur, chez qui le Courage ne peut être qu'un bon calcul ; j'ai essayé de vous trouver chez vous avant hier. Je voudrais bien que nous nous vissions davantage. Vous avez eu la bonté de me promettre les Moniteurs du mois de juillet et suivans. Si je pouvais les avoir, ils me seroient fort utiles. ¹⁰
    Agréez mille remerciemens et mille Amitiés.
B.C.

ce 29 X^{bre}
1815

Manuscrit   *Bruxelles, Archives générales du Royaume, Corr. Stassart, 464, f. 2; 2 pp.; orig. autogr.

Texte   *Notes du destinataire en tête de la lettre :* Sans rep / Je lui avais / prêté l'ouvrage / sur le congrès de Vienne / St ; Le 1ᵉʳ Volume.

Commentaire et Note   Voir sur Goswin-Joseph-Augustin, baron de Stassart, le Répertoire.

[1] Dominique-Georges-Frédéric de Riom de Prolhiac de Fourt de Pradt (1759–1837), archevêque de Malines. Il s'agit de son *Congrès de Vienne*, Paris : Deterville, 1815, 2 vols.

2762

Pierre Fourcault de Pavant à Benjamin Constant

31 décembre 1815

Ce 31 décembre 1815

M Carron[1], monsieur, n'a pas beaucoup avancé vos affaires parce que made Du Roure[2] n'a pu tenir la promesse qu'elle vous avoit donnée de vous remettre 1,000f à compte en intérêts échus ; il a pourtant souvent écrit a son

homme d'affaires pour réclamer ses fonds qui n'ont pu être versés, à cause 5
des dépenses énormes causées par le séjour des Prussiens dans la Beauce, et
des contributions extraordinaires qu'on a levées dans ce Pays, et il est décidé
a Poursuivre made Duroure si elle ne parvient pas, dans ce mois, a réaliser
ses promesses.

M Carron a reçu chez mm Mallet, Banquiers[3], des fonds envoyés de 10
Suisse, qu'il a sur le champ remis a M Clairet à valoir sur le prix de la
vente[4].

Il doit vous écrire pour vous rendre compte de tout cela, mais je ne peux
vous ecrire que parce que j'ai vu, hier, m. Fortin qui m'a donné votre
adresse que vous avez oublié de m'indiquer.   15

M Fortin[5] me paroit Disposé à vous accorder un delai ; cependant il ne
m'a rien promis à ce sujet ; il doit venir me voir, au commencement de la
semaine pour décider quelque chose.

Croyez, monsieur, que je veillerai avec autant de soins que de zele, à vos
interets, et que je ferai tout ce qui dependra de moi pour vous eviter le 20
moindre desagrement.

Agreez monsieur, l'assurance de la plus haute consideration.

FP

Manuscrit   Paris, BnF, N.a.fr. 18836, f. 4; 2 pp., p. 2 bl.; orig. autogr.

Notes
[1] Avoué de la rue du Marché des Jacobins à Paris, dont le nom figurera à plusieurs reprises
    dans la correspondance de BC en 1816.
[2] Sur l'affaire Duroure, voir le commentaire de la lettre de Fourcault de Pavant à BC du 20
    mars 1815.
[3] Mallet frères, banquiers parisiens de BC.
[4] BC avait acheté à Jean-Baptiste-André Clairet sa maison située 6, rue de Berry.
[5] Jean-Jacques Fortin, avocat parisien, à qui BC avait acheté un terrain attenant au jardin de
    sa nouvelle maison.

APPENDICES

XXIII. Correspondance de Charlotte de Constant

A101

Charlotte de Constant à Charles de Villers

2 mars 1814

Hannovre ce 2 mars

Soyez assez bon pour remettre a Benjamin cette lettre s'il est encore prés de vous—sinon renvoyez la moi, cher ami, et dites moi de grace ce qui l'a engagé a partir aussi promptement. Pardon si je ne vous écris que quelques mots mais je suis si bouleversée que je ne sais véritablement pas ce que je fais et que je compte sur   5 votre extrême bonté pour me comprendre et me pardonner. Écrivez moi je vous en conjure tout de suite. Mille amitié a Mme Rode.

Ch. de Constant

au Hochmarckt chez *Breul* A Monsieur / Monsieur de Villers / A Göttinguen

Manuscrit   *Hambourg, SUB, Nachlass Charles de Villers, Mappe 12, ff. 493–494; 2 pp., l'adresse p. 2; orig. autogr.

Éditions   **1.** Rudler, *Bibliographie* (1909), p. 28.   **2.** Kloocke (1993), n° 84, p. 208.

A102

Charlotte de Constant à Claus von der Decken

28 mai 1814

Je reçois dans l'instant une lettre de Mr de Willers qui me demande de vouloir remettre à votre Excellence le mémoire ci-joint je saisis avec empressement une occasion de lui recommander un homme aussi distingué par la loyauté de son caractère que par son talent et je prie votre Excellence de recevoir l'expression de ma parfaite considération.   5

Charlotte de Constant

Samedi Matin 28 Mai

A Son Excellence / Monsieur le Baron / v. Decken

Manuscrit   *Göttingen, Universitätsarchiv, Pers.-Akte Villers, f. 24; orig. autogr.
Édition   Kloocke (1993), n° 105, p. 248.

A103

Charlotte de Constant à Charles de Villers

14 décembre [1814]

Hanovre ce 14 X^bre

Vous aurez peut-être appris mon cher ami que j'ai été assez malade pour n'avoir pas seulement pu lire votre lettre qui est restée pendant quatre jours cachetée sur ma table. Quoique bien faible encore, je veux pourtant vous dire que j'ai fait partir votre lettre pour Benjamin qui effectivement a acheté une maison à Paris. Nous y voilà ₅ donc définitivement fixés, j'aurais préféré tout autre pays je ne le nie pas et ne considère la France que comme une fatalité contre laquelle je ne puis rien. Il faut donc se soumettre. Venez bientôt, cet espoir m'est agréable, tout ce qui me retracera ce pays-ci me le sera, vous particulièrement.

Ce que vous me dites de l'accueil qu'on vous a fait ne m'étonne pas, tout autre ₁₀ m'eut semblé impossible.

Hannovre est plus brillant, ou si vous l'aimez mieux plus peuplé que jamais. M^rs. les députés à pieds et en voiture obstruent toutes nos rues. Je vois cela de ma fenêtre et ne le verrai longtemps encor que comme cela.

On dit que nous aurons la guerre avant que la paix soit faite, que le congrés est à ₁₅ chaque instant prêt à se dissoudre, le Prince de Ligne dit qu'il danse mais qu'il ne marche pas. Les bons mots ne nous consolent pas des mauvaises choses, nous autres tristes allemands.

Adieu mon cher Villers mes yeux sont trop faibles pour écrire longtemps. J'espère que mon départ n'est pas retardé de beaucoup et que bientot je vous verrai et je vous ₂₀ emmenerai si vous le voulez ce qui serait fort aimable à vous mais je ne l'espère pas vous avez trop de racines.

Charlotte de Constant

Mille choses à Mme Rodde je vous prie.

A Monsieur / Monsieur de Villers / à Goettingue.   ₂₅

Manuscrit   *Hambourg, SUB, Nachlass Charles de Villers, Mappe 12, ff. 513–514; 4 pp.; orig. autogr.

Édition   **1.** Rudler 2 (1909), pp. 28–2   **2.** Kloocke (1993), n° 121, pp. 275–276.

XXIV. Correspondance de Juliette Récamier

A104

Caroline Murat à Juliette Récamier

mi-octobre 1814

[...]On ne peut faire tout ce que vous désirez pour l'auteur du manuscrit. Si je pouvais causer un quart d'heure avec vous, je vous en aurais bientôt convaincue. Mais si vous voulez y réfléchir seulement un instant, vous avez trop d'esprit, trop de sens, votre tête est trop parfaitement organisée pour ne pas sentir toute l'importance des raisons qui s'y opposent. D'abord, le danger de mécontenter les ministres char- 5 gés de cette affaire ; puis, la nation tout entière qui regarderait comme un affront pour elle qu'un étranger fût chargé de ses intérêts ; enfin, jusqu'au roi de France qui peut dire qu'on offre un refuge, un asile, un point de ralliement à tout ce qui a été grand patriote, et en prendre prétexte pour tourmenter. Et cela, dans un moment où il nous faut absolument du calme. J'espère, cependant, que Benjamin Constant sera 10 content des propositions¹ qui lui seront faites, et qu'il ira là-bas, qu'il soutiendra nos intérêts, et que nous vous devrons l'attachement à notre cause d'un homme dont les talents nous seront très-utiles.

Éditions   **1.** *Colet (1864), n° 14, pp. 44–45.   **2.** Lenormant (1882), n° 37, pp. 92–93. **3.** Harpaz (1977), n° 30, p. 64.   **4.** Harpaz (1992), n° 35, pp. 85–86.

Commentaire et Note   C'est à la mi-octobre 1814 que le roi et la reine de Naples (Caroline Murat) font leurs premières propositions concrètes à BC, concernant sa mission non officielle au Congrès de Vienne : voir, dans le Journal, sous la date du 21 octobre, et surtout la lettre du 24 octobre 1814.

¹ Note de Louise Colet : «On offrait à Benjamin Constant, pour le décider à se charger de cette mission, de grands avantages pécuniaires qu'il refusa».

A105

Amélie Monge Saint Edmond - à Juliette Récamier

1ᵉʳ mars 1815

A Madame / Madame Juliette Récamier,
Madame et aimable bienfaitrice,
Je me suis rendue ce matin, a 2. heures, d'après l'invitation que vous m'en avez fait hier par mademoiselle votre Cousine¹, rue Neuve de Berry, au logement que

votre bonté nous accorde : j'y ai été agrèablement surprise d'y recevoir le proprié- 5
taire, monsieur B. De Constant ; et vivement touchée de ce que votre bienfaisant
interêt pour nous, ait ajouté a tout ce que vous faitez, de nous donner un nouveau
Protecteur d'un aussi grand mérite : ce Monsieur à eù la bonté d'ajouter Deux pièces
de plus aux quatre autres que vous avez choisi ; en me disant du ton le plus aimable ;
que nous serions par ce moyen logées plus commodément : Il à lui-même dit au 10
menuisier, ce qu'il avoit à faire.

Cet homme m'a dit qu'il poserait cela dans les premiers jours de la semaine
prochaine : Il m'a prié aussi de vous en prévenir, Madame, afin qu'avant qu'il place
ses ouvrages, on puisse m'a-t-Il dit, blanchir les murs et Plafonds à la chaux vive,
pour détruire les insectes qui pourraient s'y trouver, ce qui ne serait plus facile s'il 15
plaçait d'abord les boiseries, et qu'il y en avoit qui ne pouvoient être posées que
Nous y étant : nous nous sommes aussi aperçu d'une Poutre qui est très près du
foyer de la cheminée, et sur laquelle il serait absolument nécessaire de mettre Dale en
pierre, où plaque de fer pour evîter le danger du feu ! Il serait possible encore
d'agrandir le petit sallon, si l'on pouvoit ôter une Cloison fort mince qui le sépare 20
d'une autre pièce.

Si vous vouliez, Madame, avoir la bonté de m'indiquer le jour et l'heure où vous
pourriez venir au logement, Maman où moi nous y rendrions pour vous expliquer
cela ; a moins qu'il ne vous soit plus agréable que l'une de nous se rendit chez vous,
pour vous y accompagner ? 25

Cela nous procurerait l'avantage de témoigner à notre charmante Protectrice,
quoique d'une manière bien faible, tout ce que ses bontés nous inspirent.

Votre reconnaissante et dévouée

Amélie-Monges-Sᵗ Edmont

rue de Fourcy, Sᵗ Antoine, N° 1. au coin de la rue de Jouy. 30
Ce mercredy 1ᵉʳ mars, 1815.

A Madame / Juliette Récamier, rue Basse-du-Rempart, / N° 32. près celle du
Mont-Blanc. / A Paris

Manuscrit   *Paris, BnF, N.a.fr. 13265, ff. 94–95; coté d'une main ancienne : «51»; 4 pp., p. 3
bl., l'adresse p. 4; cachet postal : [?] Mars 1815; timbre : B.2ᴱ ; orig. autogr.

Éditions   **1.** Lenormant (1882), n° 57, pp. 137–139.   **2.** Harpaz (1977), n° 70, pp. 129–130.
3. Harpaz (1992), n° 75, pp. 163–164.

Commentaire et Note   Mme Amélie Monge Saint-Edmond, une des nombreuses protégées de
Juliette, viendra occuper avec sa fille une partie de la nouvelle maison de BC, 6 rue neuve-de-
Berri ; voir aussi les lettres 2582, 2586 et 2596.
¹ Pour Mᵐᵉ de Dalmassy, voir la lettre 2582, note 4.

A106

François-Dominique de Reynaud, comte de Montlosier à Juliette Récamier

28 mai 1815

Paris 28 mai 1815 (rue de Rivoli, 8).

Vous me rendez justice, madame, si vous voulez bien croire que j'ai été extrême-ment malheureux de la scène d'hier et de tout le déplaisir qu'elle a dû vous causer. Je vous en fais toutes mes excuses, que je ne veux atténuer en aucune manière. Cepen-dant je ne puis m'empêcher de vous rappeler qu'il m'a paru la chose la plus sauvage 5 de m'entendre accuser, non pas relativement à des opinions, ce qui serait peu de chose, mais relativement à ma conduite, et surtout de m'entendre imputer, à l'appui d'un prétendu changement subit, des conversations particulières, que je ne dois pas dire avoir été controuvées, mais que je dois bien dire certainement avoir été altérées et défigurées. En laissant de côté ces imputations et ces révélations qui me paraissent 10 inexplicables, je dois convenir au moins que la conduite de M. de Constant envers moi comme homme d'honneur a été parfaite en tout point. Je n'ai qu'à lui rendre hommage à cet égard, comme je me plais à le faire autant que je le peux sur tous les reproches qu'on lui fait assez généralement. Nos démêlés sont terminés, il me reste actuellement à traiter avec vous. J'en reviens pour cela à mes excuses, à mes regrets 15 et à ma véritable douleur d'avoir pu un seul moment vous affliger et vous contrister. Je vous prie de faire part de ces sentiments aux dames qui étaient avec vous et de continuer à recevoir avec votre bonté accoutumée l'hommage des respectueux sen-timents avec lesquels je suis depuis longtemps,

Madame, 20

Votre très humble et très obéissant serviteur,

Montlosier.

Éditions   **1.** *Lenormant (1882), n° 87, pp. 183–185.   **2.** Harpaz (1977), n° 95, p. 161.
3. Harpaz (1992), n° 102, pp. 205–206.

Commentaire   Pour le duel entre le comte de Montlosier et BC, voir les lettres 2650 à 2653.

A107

Julie de Krüdener à Juliette Récamier

17 octobre 1815

Mardi soir.

Chère amie, Comme il ne viendra peut-être personne ce soir à la prière, puisqu'il pleut, remettriez-vous à demain de venir ? Je crois que cela vous arrangera aussi à cause du temps. J'aurai le bonheur, j'espère, cher ange, de vous embrasser demain et de causer avec vous.   5

                   Agréez mes hommages
                       B. De Krudener

Manuscrit   1. *Paris, Archives Francis Ley, copie.

Édition   Ley (1967), p. 246, copie.

Commentaire   Pour ce billet, ainsi que le suivant, voir le commentaire de la lettre 2738.

A108

Juliette Récamier à Julie de Krüdener

17 octobre 1815

J'aurai le bonheur de vous voir demain puisque vous le préférez. J'ai bien besoin de vous et vous etes si bonne ! Je vous envoie des lettres de notre ami.
                   Agréez mes hommages.

Manuscrit   Paris Archives Francis Ley, copie

Édition   Ley (1967), p. 246.

Commentaire   Pour ce billet, ainsi que le précédent, voir la lettre 2738.

Répertoire

BARANTE, Amable-Guillaume-Prosper Brugière, baron de (1782–1866). Diplômé de l'École Polytechnique, où il était entré en 1799, il a été engagé au ministère de l'Intérieur en 1802, sur la recommandation de Chaptal. Venu voir son père, préfet à Genève, il a vingt et un ans quand BC le rencontre. Devenu très vite un familier de Coppet, il tombera amoureux de Mme de Staël et un projet de mariage s'ébauchera, que son père ne favorisera pas. Affecté à l'intendance de l'armée, il fera la campagne de 1806–1807 et, dégoûté, renoncera à son poste pour devenir sous-préfet à Bressuire. Il fait paraître en 1809 un *Tableau de la littérature française au dix-huitième siècle* qui séduit Napoléon. Il est alors nommé préfet de la Vendée. Il se marie et devient préfet de la Loire-Inférieure. A la Restauration, il sera Secrétaire général du ministère de l'Intérieur, puis député. Fait pair de France en 1819, il sera, sous la Monarchie de Juillet qu'il a soutenue, ambassadeur à Turin puis à Saint-Pétersbourg. Il est l'auteur de divers ouvrages, dont une remarquable *Histoire des ducs de Bourgogne* (1824–1826).

BERNADOTTE, Jean-Baptiste-Jules, maréchal, roi de Suède et de Norvège (1763–1844). Né à Pau (Béarn) le 26 janvier 1763, fils de Jean-Henri Bernadotte (1711–1780), il est lieutenant en 1791 et, après avoir combattu à Fleurus et sur le Rhin, il rejoindra Bonaparte en Italie en 1797. Sous le Directoire il est nommé ministre de la Guerre (3 juillet – 14 septembre 1799) et se montrera hostile au coup d'Etat du 18 Brumaire. Néanmoins Bonaparte lui confie le commandement de l'armée de l'Ouest. Le 16 août 1798 il épouse Bernardine-Eugénie-Désirée Clary (1777–1860), ancienne fiancée de Bonaparte. Promu maréchal en 1804 et nommé prince de Ponte-Corvo en 1806, Bernadotte ne jouera qu'un rôle mineur à la bataille d'Austerlitz et décevra Napoléon à celles d'Eylau (1807) et de Wagram (1809). Malgré sa médiocrité en tant que stratège, le 21 août 1810 les Etats généraux d'Örebro l'éliront prince héréditaire de Suède. Napoléon ne s'y oppose pas, mais en 1813 le prince Bernadotte entrera dans la coalition contre la France et sera victorieux à Grossbeeren (23 août 1813) et Dennewitz (6 septembre 1813). En 1814 Germaine de Staël et BC souhaitent voir Napoléon remplacé par Bernadotte, mais leurs espérances seront déçues : les Alliés réinstallent les Bourbons sur le trône en la personne de Louis XVIII. Le 5 février 1818 Bernadotte deviendra roi de Suède et de Norvège sous le nom de Charles XIV. Il règnera jusqu'à sa mort, survenue le 8 mars 1844, à Stockholm (Alan Palmer, *Bernadotte : Napoleon's Marshal, Sweden's King*, Londres : Murray,1990).

BLUMENBACH, Johann Friedrich (1752–1840), médecin et professeur à Göttingen, fut l'un des grands savants de son temps et compta Alexandre von Humbold parmi ses disciples. Il est l'auteur d'un important manuel d'histoire naturelle et avait constitué, dans sa ville, une étonnante collection de crânes humains. Il était secrétaire, en 1812, de la Société Royale des Sciences de Göttingen.

Böttiger, Karl August (1760–1835), directeur du Gymnasium de Weimar depuis 1791, avant d'être envoyé à Dresde en juin 1804 pour y prendre la direction de l'école militaire. Il fut un agent culturel influent. Ami de Wieland au nom duquel il rédigea le *Neue Teutsche Merkur* (1797–1809), il collabora à de nombreuses revues littéraires dont les *Horen* et les *Propyläen*. Sa renommée posthume repose sur ses *Literarische Zustände und Zeitgenossen*, recueil de portraits littéraires contemporains dont ceux de Mme de Staël et de BC.

Brinkman, Carl Gustav von (1764–1848). D'origine suédoise, après avoir fait ses études en Allemagne, il était entré dans la diplomatie sous le règne de Gustave IV. A partir de 1792, il était secrétaire d'ambassade et chargé d'affaires à Paris (il collabora avec Eric Magnus Staël von Holstein). En 1807 il sera nommé ministre de Suède auprès du roi de Prusse et en 1808, auprès du roi d'Angleterre. Cette même année, il sera créé baron. Correspondant de Germaine de Staël, philosophe et littérateur polyglotte, Brinkman a publié pendant sa vie des ouvrages de philosophie et d'esthétique (en allemand et en suédois) et des poésies (en allemand, en anglais et en latin). En 1827 il sera élu membre de l'Académie suédoise, qui lui décernera le grand prix de poésie pour son poème intitulé *Monde du génie*.

Constant, *Charles*-Samuel, dit le *Chinois*, cousin germain de Benjamin Constant, né le 3 octobre 1762 à Genève, mort à Londres le 15 juillet 1835, fils de Samuel de Constant et de Charlotte Pictet. Tout jeune, il se lança dans les affaires et, après trois voyages en Chine (1778–1782, 1783–1786, 1789–1793), se fixa à Londres, où il épousa, le 4 août 1798, Anne-Louise-Renée, dite Ninette, fille du banquier genevois Jacques Achard et d'Anne-Renée Bontems; ils eurent deux enfants : Anne-Rosalie, née en 1799, qui épousa, en 1819, Frédéric-Jacques-Louis Rilliet, et Henriette-Anne-Louise, née en 1800, qui épousa, en 1819, Édouard-Pierre-Paul Rigaud. En 1810 Charles revint à Genève, où, dès 1813, il joua un certain rôle politique. (*Généalogies vaudoises*, iii, pp. 223–224; Louis Dermigny, *Les Mémoires de Charles de Constant sur le commerce à la Chine*, Paris : sevpen, 1964).

Constant, Charlotte de, *voir* Hardenberg, Charlotte de

Constant, Louise-Philippine, dite *Lisette*, de, cousine germaine de Benjamin Constant, née à Genève le 6 novembre 1759, morte célibataire à Lausanne en 1837, seconde fille de Samuel de Constant et de Charlotte Pictet. Sous l'influence de son cousin Charles de Gentils de Langallerie, elle adhéra aux «Ames intérieures», groupe quiétiste lausannois que ce dernier animait, avec Gautier de Tournes, cousin de Germaine de Staël. (*Généalogies vaudoises*, iii, p. 223).

Constant, *Rosalie*-Marguerite de, cousine germaine de Benjamin Constant, née à Genève le 31 juillet 1758, morte célibataire à Genève, le 27 novembre 1834, fille aînée de Samuel de Constant et de Charlotte Pictet. (*Généalogies vaudoises*, iii, p. 223; Achard).

Constant de Rebecque, Anne-Marie-Louise (1792–1860), fille de Juste et de Marianne. Elle épousera, le 17 janvier 1817, le chevalier Claude-Louis Balluet d'Estournelles, dont elle aura deux fils, Léonce (1817–1859), dont Benjamin sera le parrain, et Arnold (1828–1830). Louise, qui fera une carrière honorable dans les lettres, publiant plusieurs romans (*Alphonse et Mathilde*, 1819, *Pascaline*, 1821 et

Deux femmes, 1845), obtiendra grâce à Benjamin, en 1830, la direction des postes à La Flèche, dans la Sarthe. Quant à Léonce, qui était au service des eaux et forêts, il mourra un an avant sa mère, laissant six orphelins, dont l'un, Paul-Henri-Benjamin d'Estournelles de Constant, fera une grande carrière politique, sera député puis sénateur et recevra le Prix Nobel de la Paix en 1909.

CONSTANT DE REBECQUE, *Charles*-Louis (1784–1864), fils de Juste de Constant et Marianne Magnin. Il voulut faire carrière dans la marine. Malgré une jeunesse dissipée, il aurait pu devenir officier lorsque, en 1809, un accident l'obligea à changer d'orientation. Grâce à l'appui de Germaine de Staël, il entra dans l'administration au service du préfet du Léman. Il finira par rentrer en France, s'installant à Poligny, où il épousa en 1828 Marie Émilie Pilot et devint président de la Société d'agriculture, science et arts.

DEGÉRANDO, Joseph-Marie (*de Gérando* jusqu'à la Révolution) (1772–1842), juriste, philosophe et philanthrope. Né à Lyon le 29 février 1772, fils d'un architecte d'origine italienne Antoine de Gérando (1739–1785), Degérando participa en 1793 à l'insurrection lyonnaise contre la Convention, évita de justesse l'exécution, et se réfugia en Suisse et ensuite à Naples. De retour en France, il s'engagea dans l'armée comme chasseur à cheval et en 1800, il publia à Paris l'essai *Des signes et de l'art de penser, considérés dans leurs rapports naturels*, qui avait remporté le prix de l'Institut en 1799 ; *De la génération des connaissances humaines* (Berlin, 1802), pour lequel l'Académie de Berlin lui décerna un prix ; et, en 1804, *Histoire comparée des systèmes de philosophie considérés, relativement aux principes des connaissances humaines* (3 vol., Paris, 1804). En 1804, il entra à l'Institut et devint secrétaire général du ministère de l'Intérieur. Napoléon lui confie d'importantes missions en Italie et en récompense, le 11 mars 1811, l'empereur le fit baron de Rathsamhausen. Il fut nommé à la chaire de droit administratif à la faculté de droit de Paris en 1819. Ami de Germaine de Staël, de Juliette Récamier et de BC, Degérando s'intéresse aux questions sociales et, en 1815, fonda la Société pour l'instruction élémentaire. Considéré aujourd'hui comme l'un des précurseurs du catholicisme social, il s'intéressa à l'éducation des pauvres, notamment à l'enseignement mutuel, et aux institutions de bienfaisance. Il publia une *Education des sourds-muets de naissance* (1827) et un *Cours normal des instituteurs primaires* (1832). Pair de France depuis 1837, Degérando s'éteignit à Paris, le 12 novembre 1842. Ses œuvres complètes ne comportent pas moins de 25 volumes.

FAURIEL, Claude-Charles (1772–1844), critique et homme de lettres, né à Saint-Étienne. Secrétaire du général Dugommier (1738–1794), il fut ensuite attaché au cabinet du ministre Fouché à qui Français de Nantes l'avait présenté, avant d'abandonner une carrière administrative pour les lettres. Fauriel se lia d'amitié avec ceux qu'il était appelé à surveiller par le ministère de la Police – non seulement avec Mme de Staël et BC, mais aussi avec Cabanis, Gérando et Destutt de Tracy, chef des Idéologues (héritiers des Encyclopédistes). Il se mit en ménage avec Sophie de Condorcet qui jouissait d'une grande fortune et, désapprouvant la fondation de l'Empire, il quitta le ministère vers le 20 mai 1802. Il connaissait plusieurs langues et s'intéressait aux sujets les plus divers – à la philosophie de

Kant, aux stoïciens, à la philologie des langues indo-européennes, aux dialectes provençaux. Après la mort de Mme de Condorcet le 8 septembre 1822, Fauriel se mit en ménage avec la femme de lettres Mary Clarke et s'installa avec elle chez son ami Manzoni à Milan. En 1824–1825 il publia les *Chants populaires de la Grèce*, 2 vol., qui suscitèrent un grand intérêt pour la cause des Grecs. Après la révolution de juillet 1830, les amis de Fauriel arrivèrent au pouvoir, et grâce à Guizot (1787–1874) il fut nommé à une chaire de littérature française à la Faculté des lettres de Paris le 21 octobre 1830, et élu membre de l'Institut en 1836. Il publia *De l'origine des épopées chevaleresques au Moyen Age* (1832) et une *Histoire de la Gaule méridionale sous la domination des conquérants germains* (1838), édita l'*Histoire de la croisade contre les hérétiques albigeois* en vers provençaux (1837) et laissa en mourant des ouvrages posthumes, une *Histoire de la poésie provençale* (1847, 3 vols) et *Dante et les origines de la langue et de la littérature italiennes* (1854, 2 vol.). Fauriel mourut rue des Saints-Pères à Paris, dans la nuit du 14 au 15 juillet 1844. Il est peut-être plus connu aujourd'hui pour *Les derniers jours du Consulat* (1886). Selon la *Correspondance générale* de Germaine de Staël (IV/2, pp. 380–382) BC était déjà en correspondance avec Fauriel au cours de la troisième semaine de mai 1801.

FORSTER, Therese (1786–1862), fille de Georges Forster et de Thérèse Heyne (sur celle-ci voir sous Thérèse Huber). Therese Forster a passé quelque temps chez Isabelle de Charrière pendant les dernières annnées de sa vie et c'est elle qui a annoncé son décès à BC en décembre 1805.

FOURCAULT DE PAVANT, Pierre, notaire parisien de la rue Saint-Honoré et homme d'affaires de Necker, de Germaine de Staël, de BC et de nombreux Suisses de Paris.

HARDENBERG, *August* Wilhelm Karl, comte von (1752–1824), frère de Charlotte. Il étudie le droit à Leipzig et à Göttingen, et devient garde du palais à Hanovre. Sous l'Empire il est préfet du département de Fulda et ministre du royaume de Westphalie.

HARDENBERG, Charlotte Georgine Auguste von, née le 29 mars 1769 à Londres, morte le 22 juillet 1845 à Paris, fille de Hans Ernst comte von Hardenberg et d' Eleonore née von Wangenheim. En 1787 la comtesse Charlotte von Hardenberg épouse en premières noces Wilhelm Albrecht Christian, baron von Marenholtz et lui donne un fils en 1789. Le 11 janvier 1793, elle rencontre Benjamin Constant pour la première fois, tombe amoureuse de lui et divorce d'avec le baron von Marenholz le 15 août 1794. Le 14 juin 1798, à Brunswick, elle épouse en secondes noces le vicomte Alexandre Maximilien Du Tertre, Français et catholique. En octobre 1806 Charlotte revoit Constant et une liaison s'engage. A la demande de Du Tertre, son mariage avec Charlotte est déclaré nul par le diocèse catholique de Paris, le 11 avril 1808. Chez Juste de Constant à Brevans, près de Dôle, le 5 juin 1808, Charlotte épouse en troisièmes noces Benjamin Constant. La cérémonie religieuse qui les unit est célébrée suivant le rite de l'église réformée par le pasteur Jean-Henry Ebray de Besançon.

HARDENBERG, *Carl* Philipp, comte von (1756–1840), frère de Charlotte, auditeur au tribunal de la cour, à Hanovre, conseiller à la cour d'appel de Celle (1781), juge à la cour de Hanovre (1806) et *Oberhofmarschall* (grand maréchal) de la cour à Hanovre à partir de 1815.

HARDENBERG, *Ernst* Christian Georg August, comte von (1754–1827), frère de Charlotte. Ayant fait des études de droit à Leipzig, il devient auditeur à la chancellerie de Hanovre (1775), conseiller de légation (1779) et ambassadeur de Hanovre à Vienne.

HARDENBERG, Friedrich August Burchardt von, comte (1770–1837), frère de Charlotte, ministre prussien, commandant de l'état-major de Blücher en 1813–1814.

HOCHET, Claude (1772–1857), secrétaire de la section de l'Intérieur au Conseil d'État (1799), puis membre de la commission du Contentieux (1806), il deviendra en 1815 secrétaire général du Conseil d'État. Il a longtemps collaboré au *Journal des Débats* et au *Publiciste*. Ami de Germaine de Staël et de Benjamin Constant, dont il avait fait la connaissance chez les Suard, leur correspondance a été publiée par J. Mistler (*Benjamin Constant et Mme de Staël, Lettres à un ami*, Neuchâtel : La Baconnière, 1949).

HUBER, Maria *Therese* Wilhelmina, femme de lettres allemande, fille du célèbre professeur et humaniste Christian Gottlob Heyne (1729–1812), née à Göttingen le 7 mai 1764, décédée le 15 juin 1829 à Augsbourg. Elle épousa, en premières noces, Johann *Georg* Adam Forster le 4 septembre 1785 et lui donna quatre enfants. En secondes noces elle épousa Ludwig Ferdinand Huber le 10 avril 1794, dont elle eut six enfants. Romancière, traductrice et journaliste, elle écrivit une suite en allemand des *Lettres trouvées dans des porte-feuilles d'émigrés* d' Isabelle de Charrière et traduisit les *Ruines de Yedburg*.

KOREFF, David Ferdinand (Johann Ferdinand Koreff à son baptême en 1816), (1783–1851), médecin allemand dont le nom apparaît souvent dans les journaux de BC et dans la correspondance de Charlotte. Adepte, sous l'influence de Schelling, de la médecine naturaliste et du magnétisme, il fréquente à Berlin Rahel Levin, Varnhagen von Ense et Adalbert von Chamisso. Fixé à Paris en 1804, il y exerce son art jusqu'en 1813. Rentré en Allemagne, il est attaché à la personne du chancelier de Prusse Hardenberg puis obtient une chaire de médecine à Berlin. Après sa disgrâce en 1822, il reviendra à Paris et y achèvera sa carrière. Magnétiseur doué, il a aussi une réputation de charlatan. (Voir S. Balayé, «Mme de Staël et le docteur Koreff», *Cahiers staëliens* 3 (1965), pp. 15–32, où l'on trouve, outre des renseignements bibliographiques, l'essentiel des lettres qu'ils échangèrent).

KRÜDENER, la baronne Beate Barbara *Juliane* (dite Julie) de, née à Riga le 22 novembre 1764, et décédée le 25 décembre 1824, à Karassoubazar (Crimée), femme de lettres et mystique. Issue d'une vieille famille germano-balte, fille d'Otto Hermann de Vietinghoff-Scheel (1722–1792), ancien officier de Catherine II de Russie et conseiller de Livonie, rationaliste et franc-maçon, et de la comtesse Anna Ulrike de Münnich (1741–1811), luthérienne stricte, Juliane grandit dans l'aisance, apprend le français et l'allemand, voyage beaucoup avec ses parents, et, le 29 septembre 1782, devient la troisième épouse du baron Burckhard Alexis Constantin de Krüdener (1744–1802), diplomate au service de Russie. Coquette, dépensière et cherchant souvent à se faire remarquer, elle suivra son mari qui sera nommé ambassadeur de Russie à Mittau (1782–1784), à Venise (1784–1786), et à Copenhague (1787). Après la naissance de sa fille Juliette en 1787 elle aura des problèmes de santé et s'installera à Paris, où elle rencontre Bernardin de Saint-Pierre. En 1789 elle aura une idylle romantique avec un capitaine de cavalerie, Charles-Louis-Joseph de Gau de Frégeville (1762–1841), mais, rentrée avec lui à Copenhague, elle n'obtiendra pas de divorce de son mari, qu'elle quittera. De Frégeville part pour la guerre et le baron mourra le 14 juin 1802 sans revoir sa femme. Mme de Krüdener rend visite à Germaine de Staël à Coppet en 1801 et l'année suivante publie des *Pensées et maximes,* avec une préface de Chateaubriand. En décembre 1803 elle publie un roman sentimental, *Valérie,* et rentre l'année suivante à Riga. C'est là qu'elle aura une crise mystique en 1804 qui la rapproche de la foi chrétienne. Une période d'errance suivra. Elle se rend à Herrnhut (Saxe) chez les frères moraves, et écoute le pasteur Heinrich Jung-Stilling (1740–1817) à Karlsruhe. Imbue de piétisme et de millénarisme, dont elle fréquente désormais les milieux, elle ira dans les Vosges écouter le pasteur Jean-Frédéric Fontaines, qui passe pour un prophète et faiseur de miracles, et la prophétesse Marie Gottliebin Kummer. La prédication exubérante et les prophéties de la baronne de Krüdener attirent les foules et l'hostilité de Napoléon. Elle fondera une colonie pour les «élus» au Württemberg, mais sera expulsé du royaume. Elle continuera sa mission pendant les années suivantes à Lichtenthal, près de Bade, à Karlsruhe et à Riga. Auprès du Strasbourgeois Johann Kaspar Wegelin (1766–1833) elle est plongée dans les doctrines de l'anéantissement total de la volonté et de la mort mystique. Ayant converti le préfet du Bas-Rhin, Adrien de Lezay-Marnésia (1769–1814) en 1812, elle fera des disciples parmi des calvinistes genevois mécontents, dont Henri-Louis Empeytaz, et en juin 1815, à Heilbronn, le tsar Alexandre Ier fond en larmes en l'écoutant. A Paris, après les Cent-Jours, elle logera à l'hôtel de Montchenu, au 35 rue du Faubourg Saint-Honoré, tout près du quartier général de l'empereur Alexandre Ier. Juliette Récamier, BC, Chateaubriand, Madame de Duras et d'autres sont attirés par les réunions et les mystiques emportements de la baronne de Krüdener. En proie à sa passion dévorante pour Mme de Récamier, BC correspond avec Juliane de Krüdener et cherche du réconfort dans ses conseils exaltés, comme il l'a déjà fait chez les piétistes lausannois en 1807. Le 26 septembre 1815 les souverains d'Autriche, de Prusse et de Russie signent un pacte que Mme de Krüdener a rédigée : la *Sainte-Alliance,* qui entend inaugurer une époque de paix et de bonne volonté fondée sur les préceptes chrétiens. C'est l'apogée de l'influence de la baronne de Krüdener sur l'Empereur. Elle quitte Paris pour Saint-Pétersbourg le 22 octobre 1815, mais en Suisse (octobre 1815-octobre 1817) elle essayera de secourir et de convertir les pauvres. Les rassemblements de la baronne attiraient trop l'attention et elle est expulsée des cantons suisses ; en mai 1818 elle s'installe avec des «élus» sur ses terres de Kosse, en Estonie. Elle soutiendra en vain la cause grecque auprès du tsar Alexandre, qui encourage les chiliastes suisses et allemands à s'établir en Crimée, et le gendre de la baronne, Berckheim, y fonde des colonies. Malade, Juliane de Krüdener se rend en Crimée avec la princesse Galitzine et elle y mourra, dans la colonie suisse de Karassoubazar, le 25 décembre 1824. Voir, sur Mme de Krüdener, Francis Ley, *Mme de Krüdener et son temps*, Paris : Plon, 1961 et, sur le contexte intellectuel, Stella Ghervas, *Réinventer la tradition. Alexandre Stourdza et l'Europe de la Sainte-Alliance,* Paris : Honoré Champion, 2008.

LA FAYETTE, Marie-Joseph Paul Yves Roch Gilbert du Motier, marquis de, né le 6 septembre 1757, au château de Chavaniac (Haute-Loire), mort à Paris le 20 mai 1834, général et homme politique. Fils d'un colonel aux Grenadiers de France tué à la bataille de Minden et orphelin à l'âge de 13 ans, le jeune marquis de La Fayette fait ses études au collège Du Plessis à Paris et entre dans l'armée. En 1774, il épouse Marie Adrienne Françoise de Noailles (1759–1807) qui lui donnera trois filles et un fils, Georges Washington de La Fayette (1779–1849). Sa participation à la Guerre d'Indépendance des Etats-Unis (1775–1783) le rendra célèbre et lui vaudra le surnom de «héros des deux mondes». Dès l'âge de 19 ans, il décide de donner son soutien aux insurgés américains et part sans l'autorisation du Roi pour les aider. George Washington, avec qui il se liera d'amitié, lui donnera le commandement des troupes de Virginie. Il participera à la bataille de Yorktown, qui conduira à la capitulation décisive de l'armée anglaise sous le général Cornwallis, le 17 octobre 1781. De retour en France, La Fayette réclame l'émancipation des esclaves et s'enthousiasme pour les réformes politiques inspirées par son séjour en Amérique. Il sera membre des États-Généraux de 1789, deviendra chef de la Garde nationale, et fera démolir la Bastille. Mais soupçonné par les révolutionnaires d'être de connivence avec la Cour lors de la fuite et de l'arrestation du Roi, il finira par s'attirer l'hostilité des deux partis. Placé à la tête de l'Armée du Nord, La Fayette est déclaré «traître à la nation» le 19 août 1792, en raison de son opposition au Club des Jacobins. Il cherchera asile à l'étranger, mais sera arrêté par les Autrichiens et incarcéré dans la forteresse d'Olmutz. Libéré en 1797, grâce à l'intervention de Napoléon, il se retirera dans son château de la Grange-Bléneau (Seine-et-Marne). Toujours libéral dans ses opinions, il n'apprécie guère le régime impérial, reste à l'écart de la vie publique, et refuse d'entrer au Sénat. En 1814, il se rallie aux Bourbons qui, à leur tour, ne tarderont pas à lui montrer leur antipathie. Lors des Cent-Jours, La Fayette met en garde son ami Constant contre Napoléon, mais ce dernier acceptera néanmoins le titre de conseiller d'Etat. Fin juin 1815, après la bataille de Waterloo, La Fayette fait partie d'une commission chargée des négociations avec les puissances étrangères à Haguenau, tout comme Constant. En 1818, La Fayette sera élu à la Chambre par le collège électoral de la Sarthe et s'opposera avec acharnement aux mesures prises par les ministres de la deuxième Restauration qu'il juge rétrogrades. Il retournera en Amérique en 1824–1825 et y fera une tournée triomphale. De retour en France et toujours sur les bancs de l'opposition libérale, il harcèle de ses discours les ministres de Charles X. Il est actif à Paris aux côtés des insurgés de la Révolution de juillet 1830 et soutiendra Louis-Philippe. Durant les premiers mois du nouveau régime, il réorganise la Garde nationale avant de reprendre à la Chambre son rôle traditionnel de chef de l'opposition libérale. Il assiste pour la dernière fois aux débats parlementaires en janvier 1834 et mourra quelques mois plus tard. Voir sur lui

Mémoires, correspondance et manuscrits du général Lafayette publiés par sa famille, Paris : H. Fournier aîné ; Leipzig, Brockhaus & Avenarius, 1837–1838, 6 vols.

LECONTE, Léon-Joseph, banquier de la rue du Sentier, à Paris.

LOYS, Antoinette-*Pauline* de, tante maternelle de Benjamin Constant, née le 12 août 1760, morte en 1840, fille de Benjamin de Chandieu-Villars. Épousa, le 6 juin 1784, Jean-Samuel de Loys de Middes (1761–1825), agronome vaudois distingué. Ils eurent cinq enfants. (Delhorbe).

MACKINTOSH, Sir James, né à Aldourie, près d'Inverness en Ecosse, le 24 octobre 1765, mort à Londres le 30 mai 1832, homme politique, jurisconsulte, écrivain. Il fit d'abord ses études au King's College, de l'Université d'Aberdeen, avant d'étudier la médecine à l'Université d'Edimbourg de 1784 à 1787, où il fit la connaissance de Benjamin Constant aux débats de la Speculative Society. Mackintosh s'intéressait à beaucoup de domaines – philosophie, philologie, littérature, histoire, droit, politique – et l'étendue de ses connaissances devait faire grande impression sur Constant. Mackintosh épousa en 1789 Catherine Stuart, qui mourut en 1797, et en secondes noces, Catherine Allen, belle-soeur de Josiah Wedgwood (1769–1843), fils du célèbre fabricant de faïence Josiah Wedgwood (1730–1795). Mackintosh publia en avril 1791 *Vindiciae Galliae*, apologie de la Révolution française dans laquelle il répondait aux *Reflections on the Revolution in France* d'Edmund Burke. Admis au barreau de Londres en 1795, Mackintosh y devint célèbre pour ses dons oratoires, ce qui lui valut d'être nommé juge assesseur (*recorder*) à Bombay, en 1804. Revenu des Indes au printemps de 1812, il fut élu député whig en juillet 1813. Ami de Germaine de Staël, Mackintosh était connu pour sa conversation brillante et pour son éloquence tout particulièrement en faveur de la réforme parlementaire et du code pénal. Il revit Constant après la première abdication de Napoléon en 1814, et leur amitié se renoua. De 1818 à 1824, Mackintosh fut professeur de droit et de politique à Haileybury, collège de la British East India Company, et en 1829 ses pensées parurent en français à Paris chez Johanneau sous le titre de *Mélanges philosophiques*. Voir sur lui *Memoirs of the Life of the Right Honourable Sir James Mackintosh edited by his son Robert James Mackintosh*, London : Edward Moxon, 1835, 2 vols. (Seconde édition, London : Moxon, 1836).

MAGNIN, Jeanne-Suzanne-Marie, dite Marianne Marin, belle-mère de Benjamin Constant, née à Daillens le 15 mars 1752, morte à Brevans le 20 février 1820, fille de François Magnin, de Bettens, et de Marguerite Allamand, paysans vaudois. En 1761, Juste de Constant l'enleva à sa famille et se chargea de son éducation ; vers 1772 il lui confia le jeune Benjamin et, le 22 juillet de cette année, il signa une promesse de mariage ; un contrat de mariage daté du 11 juillet 1792 a également été conservé, mais la date exacte du mariage n'a pas été établie. Marianne donna à Juste deux enfants : *Charles*-Louis, né à Lausanne le 30 septembre 1784, et *Louise*-Marie-Anne, née à Brevans le 3 juin 1792. (*Généalogies vaudoises*, III, p. 221; Rudler, *Jeunesse*).

MONTLOSIER, François-Dominique-Reynaud, comte de (1755–1838), écrivain politique. Né à Clermont-Ferrand le 16 avril 1755, il fut admis à siéger à la Constituante en septembre 1789. Royaliste et hostile aux réformes, Montlosier émigra à Coblence en 1791 pour rejoindre l'armée des Princes, et se rendit ensuite à Londres, où il publia, avec Mallet du Pan et Malouet, le *Courrier de Londres*. Rallié à Bonaparte après le 18 Brumaire, il fut attaché au ministère des Affaires étrangères en 1803. Montlosier devint un ami de Germaine de Staël. A la demande du Premier Consul, il écrivit une *Histoire de la monarchie française*, qui ne parut qu'en 1814–1815 (Paris, 4 vol.). Peut-être à cause de cet ouvrage, BC et Montlosier se battirent en duel le 28 mai 1815 et BC le blessa à la main, mais le fond de la dispute n'est pas parfaitement clair. Sous Charles X, Montlosier allait dénoncer les jésuites et la Congrégation dans un célèbre *Mémoire à consulter sur un système religieux et politique : tendant à renverser la religion, la société et le trône* (1826), et en 1829 il publia *De l'origine, de la nature, et des progrès de la puissance ecclésiastique en France*. Montlosier donna son soutien à Louis-Philippe après la révolution de 1830, et devint pair de France en 1832. Il mourut le 9 décembre 1838, à Blois, mais ses vues anticléricales lui firent refuser une sépulture ecclésiastique. (Joseph Brugerette, *Le Comte de Montlosier et son temps, 1755-1838 : étude de psychologie et d'histoire*, Aurillac : Editions U.S.H.A., 1931).

NASSAU, comtesse de, née *Anne*-Marie-Pauline-Andrienne de Chandieu, tante maternelle de Benjamin Constant, née à Lausanne le 27 juillet 1744, morte à Lausanne le 27 mai 1814, fille de Benjamin de Chandieu-Villars. Épousa, le 4 avril 1768, le comte Lodewijk Theodoor de Nassau La Lecq (1741–1795), seigneur d'Ouwerkerk, dont la première femme, Jeanne-Françoise-Élisabeth de Crousaz (qu'il avait épousée à Utrecht en 1767) était morte à Lausanne le 3 février 1768. Deux ans après ce second mariage, le comte repartit pour la Hollande sans payer ses dettes, et ne revint plus. De cette union naquit un fils, *Louis*-Philippe-Charles, né le 21 août 1769, mort à Lausanne le 11 avril 1794. (Delhorbe ; Charrière de Sévery ; ACV, Archives Charrière de Sévery ; ACV, dg 357 8° rég. 395, F 18, p. 509).

PAGÈS, Jean-Pierre, dit Pagès de l'Ariège pour le différencier d'autres Pagès (1784–1866), homme politique, écrivain, journaliste. Né à Seix (Ariège) le 9 septembre 1784, Pagès fit son droit à la faculté de Toulouse et, à l'âge de vingt ans, fut reçu avocat au barreau. Membre de l'Académie de Toulouse, il s'intéressa à la géologie et à l'archéologie. Procureur impérial à Saint-Girons (1811–1815), Pagès donna sa démission après Waterloo et, à Paris en 1816, se lia avec BC, Lafayette et Lafitte et allait collaborer à la *Minerve*. Après la révolution de 1830, Pagès fit partie de l'Opposition constitutionnelle et fut successivement élu député de l'Ariège (Saint-Girons) en 1831, 1834, 1837 et 1839, et de la Haute-Garonne en 1847 (Opposition constitutionnelle) et 1848 (Centre gauche). En 1834, dans un discours violent contre la politique des ministres, il proféra une phrase devenue célèbre : «Je désobéirai à votre loi pour obéir à ma conscience». Il mourut le 3 mai 1866, à Banières (Tarn).

RÉCAMIER, Jeanne-Françoise-Julie-Adélaïde, dite Juliette, née Bernard à Lyon le 3 décembre 1777, décédée le 11 mai 1849. Sa naissance reste mystérieuse, car, bien que son acte de baptême indique que ses parents étaient le notaire Jean Bernard et sa femme Marie-Julie Matton, le bruit se répandra de son vivant qu'elle est la fille de Mme Bernard et de son amant Jacques-Rose Récamier (1751–1830), régent de la banque de France, que Juliette (prénom qu'elle portera toujours) épousera à Paris le 24 avril 1793. Il a 27 ans de plus qu'elle. Ce mariage, conclu par les parents dans le but d'assurer la sécurité matérielle de Juliette pendant la Terreur, restera un mariage blanc, peut-être parce que l'époux aura peur de commettre un inceste. En 1796 Jacques-Rose Récamier loue le château de Clichy pour sa femme, dont la beauté, la grâce et un air d'ingénuité attireront de nombreux admirateurs et lui vaudront d'être peinte par David en 1800 et Gérard en 1802. En 1798 elle s'installe avec son mari à l'hôtel de la rue du Mont-Blanc, ou son salon est fréquenté par la haute société, et l'année suivante Lucien Bonaparte lui fera la cour. Mais Juliette sait repousser les avances de ses soupirants sans les réduire au désespoir. D'ailleurs elle est souvent chaperonnée par sa mère. Un voyage en Angleterre en 1802 l'y rendra célèbre. Le Premier Consul soupçonne Juliette d'être hostile à son régime et fermera son salon en 1803. Ces soupçons se confirmeront lorsqu'elle séjourne à Coppet chez Germaine de Staël en 1807 et en 1809. A Coppet Juliette promet d'épouser le prince Auguste de Prusse, mais son mari refusera de divorcer. Exilée à Lyon par le régime impérial, elle y aura pour confident le philosophe Pierre-Simon Ballanche (1776–1847), et lors d'un voyage en Italie en 1813 elle rencontrera les Murat à Naples. Il est possible que BC ait rencontré Juliette chez Germaine de Staël, dont elle est devenue l'amie à la fin du Directoire. Il la voit à Paris, à Coppet et ailleurs pendant plus de quinze ans et ne paraît pas être particulièrement sensible à son charme, mais il se prendra pour elle, en septembre 1814, d'une passion dévorante. Juliette se servira de sa séduction pour amener BC à se rallier à la cause des Murat, qui cherchent à assurer leur défense devant le congrès de Vienne (sur cet épisode et sur les écrits de BC relatifs à Juliette, voir *OCBC*, Œuvres, t. IX, pp. 189–361). BC adressera à Juliette des épîtres enflammées pendant plusieurs mois, mais n'obtiendra jamais ce qu'il désire. Il se tournera même vers leur amie Mme de Krüdener et au mysticisme religieux de celle-ci, mais en vain. C'est Chateaubriand, que Juliette rencontrera chez Germaine de Staël le 18 mai 1817, qui gagnera son cœur et qui restera son compagnon jusqu'à la mort de celui-ci, survenue le 4 juillet 1848. Leur salon de l'Abbaye-aux-Bois deviendra l'un des foyers de la vie intellectuelle en France. Juliette survivra moins d'un an à Chateaubriand et mourra le 11 mai 1849.

REINHARD, Karl Friedrich, diplomate français d'origine allemande et écrivain, né le 2 octobre 1761 à Schorndorf (Baden-Württemberg), mort le 25 décembre 1837 à Paris. Fils d'un pasteur, il étudia la théologie, la philosophie et l'histoire à Tübingen, où il apprit également l'arabe, le français et l'anglais. Lecteur de Rousseau, grand enthousiaste des Lumières et francophile, Reinhard était à Bordeaux au moment de la chute de la Bastille. En 1792 il accompagna le nouvel ambassadeur de France à Londres. Le 16 février 1793, il fut nommé premier secrétaire de légation à Naples. Il rentra à Paris fin 1793 pendant la Terreur, et le 9 Thermidor était sur le point d'être arrêté. Le 24 juillet 1795 il fut nommé ambassadeur de France auprès des villes hanséatiques et s'installa à Hambourg. Ce fut là que

Reinhard allait fréquenter la bourgeoisie éclairée de la ville, Sieveking et la famille Reimarus. Le 12 octobre 1796 il épousa la fille cadette de Reimarus. Nommé ambassadeur de France à la cour du Grand Duc Ferdinand III de Toscane, en 1798, il est à Florence au printemps 1799 au moment où la guerre éclate et que le grand duc s'enfuit. Bonaparte le nommera ambassadeur de France à Berne (1800–1801) et, en 1802, ambassadeur auprès des villes hanséatiques en vue de s'assurer leur coopération dans la guerre contre l'Angleterre. Celles-ci hésitent, craignant leur déclin économique, et Reinhard sera révoqué le 22 mars 1805. L'année suivante, il sera nommé ministre auprès des provinces turques du Danube à Iasi, et en décembre 1806 sera fait prisonnier par les Russes, ainsi que sa famille. Sa santé et celle de sa femme en souffriront et, libéré le 20 janvier 1807, il s'installera avec elle à Carlsbad. Reinhard y verra journellement Goethe, s'entretiendra avec lui de sa théorie des couleurs, et par la suite correspondra avec lui. Reinhard achète une propriété à Falkenlust (Rhénanie-Westphalie) et a des entretiens sur la religion avec Friedrich Schlegel. Début septembre 1808 Napoléon le nomme ambassadeur à la cour du roi Jérôme de Westphalie, frère de l'Empereur, à Cassel. Napoléon entend faire de ce royaume un état-modèle pour l'Allemagne, qui incarnera les acquis de la Révolution de 1789 – constitution écrite, abolition du servage, liberté civile et égalité. Elu membre de la Société royale des Sciences de Göttingen en 1809, comme le sera BC, Reinhard deviendra Baron de l'Empire l'année suivante. Tout en donnant son appui aux réformes dans le royaume de Westphalie, il constatera néanmoins le manque de popularité du roi Jérôme. C'est à Cassel que Reinhard se lie d'amitié avec BC. Après les revers militaires de fin 1812, Reinhard s'enfuira de Cassel. Il s'y rendra encore en octobre 1813, avant de prendre la fuite une nouvelle fois le même mois et de s'installer à Paris, où, en mai 1814, Talleyrand le nommera directeur de bureau du Conseil d'Etat. Sous la Restauration et après la Révolution de 1830 l'efficacité et la diligence de Reinhard lui vaudront d'autres postes diplomatiques en Allemagne. Voir sur lui, Jean Delinière, *Karl Friedrich Reinhard. Ein deutscher Aufklärer im Dienste Frankreichs (1761–1837)*, Stuttgart, 1989 (*Veröffentlichungen der Kommission für geschichtliche Landeskunde in Baden-Württemberg*, Reihe B, Forschungen, Bd. 110), traduction d'une thèse de l'Université Paris IV de mai 1983.

ROUSSELIN DE CORBEAU DE SAINT-ALBIN, Alexandre-Charles-Omer de, comte, né à Paris le 11 mars 1773, mort dans la même ville le 15 juin 1847. Homme politique, journaliste et historien, ami de Danton et du futur Louis-Philippe. Secrétaire-général de Bernadotte (ministre de la Guerre en 1798), il était fort opposé au coup d'État du 18 Brumaire, aussi subit-il quelques persécutions sous le Consulat et l'Empire. Il ambitionnait de devenir le Plutarque des généraux de la Révolution (d'où son surnom de «Plutarque»). Il s'en tiendra cependant à la rédaction d'une *Vie de Hoche* (1797), qui a longtemps fait autorité. Ami intime de Julie Talma, aussi spirituel qu'érudit, il figurera souvent dans la correspondance de BC. Fils du teinturier Charles Rousselin, certaines sources affirment qu'il était le fils naturel du duc d'Orléans. Vers 1809, il fut adopté par le comte Antoine-Pierre-Laurent de Corbeau de Saint-Albin (v. 1750–1813), qui était lié sentimentalement avec sa mère. Ami de Camille Desmoulins et de Danton, dont il fut secrétaire, il fut nommé très jeune, en novembre 1793, commissaire civil à Troyes. Commis au bureau des administrations civiles, il fut également le rédacteur de la *Feuille du salut public*, organe semi-officiel du Comité. Emprisonné et poursuivi comme ami de Danton en 1794, il fut acquitté par le tribunal révolutionnaire. En 1796, il fut nommé secrétaire général du département de la Seine, puis secrétaire du directeur Barras et attaché aux états-majors de Hoche, de Chérin et de Bernadotte. Entre 1797 et 1799 il eut une liaison avec Julie Talma. En 1799, grâce à l'appui de Bernadotte, il fut choisi comme secrétaire général du ministère de la Guerre. En 1806, il épousa Clémentine de Montpezat († 1816) pour légitimer le fils qui leur était né le 8 décembre 1805, prénommé Marie-Philibert-Hortensius. Il réapparut, pendant les Cent-Jours, comme secrétaire général de Carnot au ministère de l'Intérieur. Sous la Restauration, Rousselin de Saint-Albin fut le principal fondateur du *Constitutionnel*, dont il était le directeur et l'un des rédacteurs les plus actifs jusqu'en 1838. A côté de cette activité, il participa à la rédaction secrète des *Mémoires* de Barras. En 1821, il épousa en secondes noces Amélie Marc (née en 1801), qui lui donna deux enfants : Louis-Philippe (né en 1822), dont le parrain et la marraine furent Louis-Philippe d'Orléans et Marie-Amélie, et Hortense-Joséphine (née en 1824). Après la révolution de Juillet, il fut l'un des conseillers les plus écoutés de Louis-Philippe, roi des Français. (*Larousse du XIXᵉ siècle*).

SIEVEKING, Karl (1787–1847) était le neveu de Mᵐᵉ Reinhard, née Reimarus, et un ami de Villers et de Mᵐᵉ Rodde. Après des études à Heidelberg et à Göttingen, suivies de plusieurs séjours à l'étranger, il enseignait l'histoire de la République de Florence à l'université de Göttingen. En 1813, les événements le détourneront de sa vocation d'historien, malgré les réticences de Reinhard, pour faire de lui le défenseur de Hambourg et des villes hanséatiques. En 1819, il sera chargé d'affaires des villes hanséatiques à Saint-Pétersbourg et en 1821 deviendra syndic de Hambourg.

SIMONDE DE SISMONDI, Jean-*Charles*-Léonard. Né le 9 mai 1773 à Genève et mort à Genève le 25 juin 1842, historien et économiste, Sismondi sera l'auteur célèbre de l'*Histoire des républiques italiennes du moyen âge* (1817) et de l'*Histoire des Français* (1821–1835). Lors des troubles révolutionnaires de 1792 à Genève, la famille Simonde (Charles adoptera le nom Sismondi à partir de 1806) décide de se réfugier en Angleterre, et ensuite achète une métairie à Pescia, près de Lucques. De retour d'Italie, Charles publie à Genève au début de 1801 son premier ouvrage, *Tableau de l'agriculture toscane*, qui soutient que la liberté de l'individu permet à un pays de prospérer, alors que le despotisme est porteur de mort – thèse qui ne pourra que plaire à BC à cette époque. En 1803 il combattra le protectionnisme et l'intervention de l'état dans les deux volumes de son ouvrage *De la Richesse commerciale ou Principes d'économie politique appliqués à la législation du commerce*. Cependant il s'écartera plus tard des idées d'Adam Smith dans ses *Nouveaux Principes d'économie politique* (1819). Ami de Constant, de Charles-Victor de Bonstetten, du critique allemand Schlegel et de Germaine de Staël, il accompagnera celle-ci dans son voyage en Italie en 1804.

SABRAN, Louis-Marie-*Elzéar* de (1774–1846), était le fils d'un marin mort jeune. Le marquis de Boufflers, ami de sa mère, née Françoise-Eléonore de Jean de Mandeville (1752–1827), avait pris son éducation en charge. De santé fragile, il s'adonna à la poésie, composant à quinze ans une tragédie, *La Mort d'Annibal*, qui eut un certain succès dans les salons. Il émigra en compagnie de Boufflers, qui épousa sa mère à Berlin en 1797. Il revint à Paris en 1800 et se lia d'amitié avec Mme de Staël. Il est avec elle à Coppet, à Auxerre, à Chaumont, où il continue d'écrire. Sa sœur, Delphine, est la comtesse de Custine, mère d'Astolphe de Custine.

STAËL-HOLSTEIN, Anne-Louise-Germaine, baronne de, née le 22 avril 1766 à Paris, morte à Paris le 14 juillet 1817, fille unique de Jacques Necker (1732–1804), ministre des Finances de Louis XVI, et de Suzanne Curchod (1737–1794). Epousa en premières noces, par contrat du 6 janvier 1786, le baron Eric Magnus Staël von Holstein (1749–1802), ambassadeur de Suède à Paris ; ils eurent quatre enfants : Gustavine (1787–1789); Auguste (1790–1827); Albert (1792–1813); et Albertine (1797–1838), qui épousera Victor, duc de Broglie le 20 février 1816 à Pise. Germaine de Staël épousa, en secondes noces, John Rocca (1788–1818) le 10 octobre 1816, dont elle avait eu un fils, Louis-Alphonse (1812–1842). Elle rencontra Benjamin Constant pour la première fois le 18 septembre 1794 à Lausanne, chez les Cazenove d'Arlens. Il lui fit la cour et, après une période de résistance de la part de Germaine, ils devinrent amants. Arrivée à Paris le 25 mai 1795 avec BC, elle rouvrit son salon qui attira des partisans du républicanisme modéré. Cette longue et orageuse liaison, dont Albertine était peut-être le fruit, ne se termina qu'en 1810, deux ans après le mariage de BC avec Charlotte.

STASSART, Goswin-Joseph-Augustin, baron de (1780–1854), diplomate, administrateur, homme politique. Né à Malines, le 2 septembre 1780, et issu d'une ancienne famille d'origine belge, Stassart fit ses études à Namur et ensuite à la Faculté de droit de Paris, où il remporta des prix. En 1805 il fut nommé auditeur près le Conseil d'Etat et le Ministère de l'Intérieur. Brillant et énergique administrateur, dès décembre 1805 il fut nommé intendant du Tyrol et du Vorarlberg, à Innsbruck, avant de passer à d'autres intendances, à Varsovie, Elbing et Tilsitt. Le 12 juillet 1807 il reçut la croix de la Légion d'honneur. Le 20 décembre 1810, le baron de Stassart épousa Caroline-Gabrielle-Jeanne du Mas, comtesse de Peysac, et, en 1811, l'Empereur le nomma intendant à La Haye, à cause de l'esprit d'opposition au gouvernement impérial qui grandissait en Hollande. Après la chute de Napoléon en 1814, il resta fidèle à ses serments et, peu avant la bataille de Waterloo, fut nommé maître des requêtes au Conseil d'Etat. Après la victoire des Alliés, le baron de Stassart rentra en Belgique et se fixa à son château de Corioule. Il allait jouer un rôle important dans la vie politique de sa patrie entre 1821 et sa mort, survenue à Bruxelles le 10 octobre 1854 (voir *Biographie nationale*, tome XXIII, Bruxelles, 1921–1924, pp. 683–692).

VILLERS, Charles de (1765–1815), officier d'artillerie émigré sous la Révolution. Il enseignait la littérature française à l'Université de Göttingen et contribua, avant Mme de Staël, dont il était l'ami, à faire connaître la littérature et la philosophie allemandes en France (voir ses articles dans *Le Spectateur du Nord*, ainsi que *De la philosophie de Kant*, 1801 et l'*Essai sur l'esprit et l'influence de la Réformation de Luther*, 1803). BC a fait sa connaissance le 8 novembre 1803 à Metz. A la fin de sa vie, Villers sera victime d'intrigues politiques dues aux guerres napoléoniennes qui lui feront perdre son poste de professeur, ce dont il souffrira beaucoup.

Tables et Index

Table chronologique des lettres

2450. Benjamin Constant à Bernadotte, 7 mars 1814
2451. Benjamin Constant à la comtesse Anne-Pauline-Andrienne de Nassau, 19 mars 1814
2452. Germaine de Staël à Benjamin Constant, 22 mars 1814
2453. Benjamin Constant à Sir James Mackintosh, 27 mars 1814
2454. Benjamin Constant à Karl August Böttiger, 30 mars 1814
2455. Germaine de Staël à Benjamin Constant, 1er avril 1814
2456. Benjamin Constant à Talleyrand, 3 avril 1814
2457. Benjamin Constant à Charles de Villers, 11 avril 1814
2458. Benjamin Constant à Alexandre-Charles-Omer Rousselin de Saint-Albin, 15–30 avril 1814
2459. Benjamin Constant à Claude Fauriel, 15–30 avril 1814
2460. Benjamin Constant à Claude Fauriel, 18–30 avril 1814
2461. Benjamin Constant à Marianne de Constant, 19 avril 1814
2462. Benjamin Constant à la comtesse Anne-Pauline-Andrienne de Nassau, 20 avril 1814
2463. Benjamin Constant à Charles de Villers, 21 avril 1814
2464. Benjamin Constant à Frédéric-César de La Harpe, 21 avril 1814
2465. Benjamin Constant à Joseph-Marie Degérando, 24 avril 1814
2466. Germaine de Staël et Albertine de Staël à Benjamin Constant, 24 avril 1814
2467. Ernst Friedrich von Münster à Benjamin Constant, 24 avril 1814
2468. Frédéric-César de La Harpe à Benjamin Constant, 26 avril 1814
2469. Marianne et Louise de Constant à Benjamin Constant, 30 avril 1814
2470. Benjamin Constant à Rosalie de Constant, 2 mai 1814
2471. Benjamin Constant à Joseph-Marie Degérando, autour du 1er mai 1814
2472. Benjamin Constant à Joseph-Marie Degérando, 3 mai 1814
2473. BC à John Murray, 3 mai 1814
2474. Benjamin Constant à Marianne de Constant, 5 mai 1814
2475. Heinrich Friedrich Karl von Stein à Benjamin Constant, 6 mai 1814
2476. Benjamin Constant à Karl Friedrich von Arnswald, autour du 7 mai 1814
2477. Benjamin Constant à Charles de Villers, autour du 8 mai 1814
2478. Benjamin Constant à Charles-Frédéric Reinhard, 14 mai 1814
2479. Benjamin Constant à Charles de Villers, 15 mai 1814
2480. Benjamin Constant à Charles-Frédéric Reinhard, 15 mai 1814
2481. Benjamin Constant à Charles de Villers, 23 ou 24 mai 1814
2482. Benjamin Constant à la comtesse Anne-Pauline-Andrienne de Nassau, 24 mai 1814
2483. Benjamin Constant à Rosalie de Constant, 25 mai 1814
2484. Benjamin Constant au comte Nicolaï Aleksandrovitch Tolstoi, 25 mai 1814
2485. Benjamin Constant à Frédéric-César de La Harpe, 26 mai 1814
2486. Benjamin Constant à la comtesse Anne-Pauline-Andrienne de Nassau, 1er juin 1814
2487. Benjamin Constant à Rosalie de Constant, 15 juin 1814
2488. Benjamin Constant à Charles de Villers, 15 juin 1814

2532. Benjamin Constant à Prosper de Barante, vers le 6 octobre 1814
2533. Benjamin Constant à Stanislas de Girardin, 7 octobre 1814
2534. Benjamin Constant à Juliette Récamier, 11 octobre 1814
2535. Benjamin Constant à Juliette Récamier, 12 octobre 1814
2536. Benjamin Constant à Juliette Récamier, 13 octobre 1814
2537. Benjamin Constant à Juliette Récamier, 13 octobre 1814
2538. Benjamin Constant à Juliette Récamier, nuit du 15–16 octobre 1814
2539. Benjamin Constant à Juliette Récamier, 24 octobre 1814
2540 Germaine de Staël à Benjamin Constant, 28 octobre 1814
2541. Benjamin Constant à Juliette Récamier, 1er novembre 1814
2542. Benjamin Constant à Juliette Récamier, 1er novembre 1814.
2543. Jean-Samuel de Loys à Benjamin Constant, 6 novembre 1814
2544. Benjamin Constant à Rosalie de Constant, 7 novembre 1814
2545. Benjamin Constant à Juliette Récamier, 8 novembre 1814
2546. Benjamin Constant à Claude Hochet, 8 novembre 1814
2547. Benjamin Constant à Juliette Récamier, 14 novembre 1814
2548. Benjamin Constant à Charles de Villers, vers le 15 novembre 1814
2549. Benjamin Constant à Charles-Frédéric Reinhard, 21 novembre 1814
2550. Benjamin Constant à Juliette Récamier, 22 novembre 1814
2551. Benjamin Constant à Juliette Récamier, 5 décembre 1814
2552. Benjamin Constant à Juliette Récamier, 9 décembre 1814
2553. Benjamin Constant à Juliette Récamier, 9 décembre 1814
2554. Benjamin Constant à Jacques Récamier, 11 décembre 1814
2555. Benjamin Constant à Juliette Récamier, 16 décembre 1814
2556. Benjamin Constant à Juliette Récamier, 17 décembre 1814
2557. Benjamin Constant à Juliette Récamier, nuit du 18–19 décembre 1814
2558. Benjamin Constant à Juliette Récamier, nuit du 21–22 décembre 1814
2559. Benjamin Constant à Rosalie de Constant, 23 décembre 1814
2560. Benjamin Constant à Juliette Récamier, 31 décembre 1814
2561. Benjamin Constant à Juliette Récamier, 5 janvier 1815
2562. Benjamin Constant à Juliette Récamier, 14 janvier 1815
2563. Benjamin Constant à Juliette Récamier, 19 janvier 1815
2564. Benjamin Constant à Juliette Récamier, nuit du 19–20 janvier 1815
2565. Benjamin Constant à Juliette Récamier, 20 janvier 1815
2566. Benjamin Constant à Juliette Récamier, 21 janvier 1815
2567. Benjamin Constant à Juliette Récamier, 24 janvier 1815
2568. Benjamin Constant à Juliette Récamier, vers le 25 janvier 1815
2569. Benjamin Constant à Juliette Récamier, vers le 25 janvier 1815
2570. Benjamin Constant à Juliette Récamier, 25–26 janvier 1815
2571. Benjamin Constant à Juliette Récamier, 26 janvier 1815
2572. Benjamin Constant à Juliette Récamier, 27 janvier 1815
2573. Benjamin Constant à Juliette Récamier, nuit du 27–28 janvier 1815
2574. Benjamin Constant à Juliette Récamier, 29 et 30 janvier 1815

2575.   Benjamin Constant à Juliette Récamier, 31 janvier 1815
2576.   Benjamin Constant à Jean-Pierre Pagès de l'Ariège, 1ᵉʳ février 1815
2577.   Un secrétaire de la Librairie à Benjamin Constant, 2 février 1815
2578.   Benjamin Constant à Juliette Récamier, 2 février 1815
2579.   Benjamin Constant à Juliette Récamier, 3 février 1815
2580.   Benjamin Constant à Juliette Récamier, 5 février 1815
2581.   Benjamin Constant à Juliette Récamier, 7 février 1815
2582.   Benjamin Constant à Juliette Récamier, 10 février 1815
2583.   Marianne de Constant à Benjamin Constant, 10 février 1815
2584.   Benjamin Constant à Juliette Récamier, 13 février 1815
2585.   Antoine-Joseph-Balthazar d'André à Benjamin Constant, 13 février 1815
2586.   Benjamin Constant à Juliette Récamier, 14 février 1815
2587.   Benjamin Constant à Juliette Récamier, 14 février 1815
2588.   Benjamin Constant à Alexandre-Charles-Omer Rousselin de Corbeau de Saint-Albin, mi-février 1815
2589.   Benjamin Constant à Marianne de Constant, 15 février 1815
2590.   Benjamin Constant à Juliette Récamier, 15 février 1815
2591.   Benjamin Constant à Juliette Récamier, 15 février 1815
2592.   Benjamin Constant à Juliette Récamier, 15 février 1815
2593.   Benjamin Constant à Juliette Récamier, 16 février 1815
2594.   Benjamin Constant à Juliette Récamier, 19 février 1815
2595.   Marianne de Constant à Benjamin Constant, vers le 20 février 1815
2596.   Benjamin Constant à Juliette Récamier, 23 février 1815
2597.   Benjamin Constant à Marianne de Constant, 26 février 1815
2598.   Benjamin Constant à Juliette Récamier, 2 mars 1815
2599.   Benjamin Constant à Juliette Récamier, 2 mars 1815
2600.   Benjamin Constant à Juliette Récamier, vers le 3 mars 1815
2601.   Benjamin Constant à Juliette Récamier, 6 mars 1815
2602.   Benjamin Constant à Juliette Récamier, 6 mars 1815
2603.   Benjamin Constant à Juliette Récamier, 7 mars 1815
2604.   Benjamin Constant à Juliette Récamier, 7 mars 1815
2605.   Benjamin Constant à Juliette Récamier, 9 mars 1815
2606.   Benjamin Constant à Juliette Récamier, 11 mars 1815
2607.   Germaine de Staël à Benjamin Constant, 12 mars 1815
2608.   Benjamin Constant à Juliette Récamier, nuit du 14 au 15 mars 1815
2609.   Benjamin Constant à Juliette Récamier, nuit du 17 au 18 mars 1815
2610.   Benjamin Constant à Auguste de Staël, vers le 18 mars 1815
2611.   Benjamin Constant à Juliette Récamier, vers le 18 mars 1815
2612.   Benjamin Constant à Juliette Récamier, 19 mars 1815
2613.   Benjamin Constant à Juliette Récamier, 19 mars 1815
2614.   Benjamin Constant à Juliette Récamier, 20 mars 1815
2615.   Pierre Fourcault de Pavant à Benjamin Constant, 20 mars 1815
2616.   Benjamin Constant à Juliette Récamier, 21 mars 1815

2617. Benjamin Constant à Juliette Récamier, 23 mars 1815
2618. Benjamin Constant à Juliette Récamier, 28 mars 1815
2619. Germaine de Staël à Benjamin Constant, janvier-mars 1815
2620. Benjamin Constant à Charlotte de Constant, 2 avril 1815
2621. Benjamin Constant à Juliette Récamier, 2 avril 1815
2622. Benjamin Constant à Rosalie de Constant, 2 avril 1815
2623. Germaine de Staël à Benjamin Constant, 7 avril 1815
2624. Le marquis de La Fayette à Benjamin Constant, 9 avril 1815
2625. Germaine de Staël à Benjamin Constant, 10 avril 1815
2626. Napoléon à Benjamin Constant, 14 avril 1815
2627. Benjamin Constant à Napoléon, vers le 15 avril 1815
2628. Germaine de Staël à Benjamin Constant, 17 avril 1815
2629. Benjamin Constant à Marie-Anne Degérando, 22 avril 1815
2630. Benjamin Constant à Juliette Récamier, nuit du 22–23 avril 1815
2631. Benjamin Constant à Marie-Anne Degérando, 26 avril 1815
2632. Benjamin Constant à Marie-Anne Degérando, fin avril 1815
2633. Benjamin Constant à Juliette Récamier, 30 avril 1815
2634. Benjamin Constant à Jean-Charles-Léonard Simonde de Sismondi, 30 avril 1815
2635. Germaine de Staël à Benjamin Constant, 30 avril 1815
2636. Un correspondant non identifié à Benjamin Constant, 1er mai 1815
2637. Benjamin Constant au marquis de La Fayette, 1er mai 1815
2638. Le marquis de La Fayette à Benjamin Constant, 1er mai 1815
2639. Benjamin Constant à Joseph-Marie Degérando, 2 mai 1815
2640. Benjamin Constant à Rosalie de Constant, 10 mai 1815
2641. Benjamin Constant à Laurent-François Feuillet, 11 mai 1815
2642. Benjamin Constant à Marianne de Constant, 12 mai 1815
2643. Benjamin Constant à Alexis Eymery, 14 mai 1815
2644. Benjamin Constant à Alexis Eymery, vers le 15 mai 1815
2645. Germaine de Staël à Benjamin Constant, 15 mai 1815
2646. Marianne de Constant à Benjamin Constant, 23 mai 1815
2647. Germaine de Staël à Benjamin Constant, 23 mai 1815
2648. Benjamin Constant à Marianne de Constant, 27 mai 1815
2649. Germaine de Staël à Benjamin Constant, 28 mai 1815
2650. Benjamin Constant à Napoléon, 28 mai 1815
2651. Benjamin Constant à Juliette Récamier, 28 mai 1815
2652. Benjamin Constant à Juliette Récamier, 28 mai 1815
2653. Benjamin Constant à Juliette Récamier, 28 mai 1815
2654. Benjamin Constant à Juliette Récamier, vers le 30 mai 1815
2655. Marianne et Louise de Constant à Benjamin Constant, 30 mai 1815
2656. Benjamin Constant à Juliette Récamier, 31 mai 1815
2657. Benjamin Constant à Juliette Récamier, 31 mai 1815
2658. Benjamin Constant à Juliette Récamier, 31 mai 1815
2659. Benjamin Constant à Marie-Anne Degérando, début juin 1815

2703. Benjamin Constant à Julie de Krüdener, 5 septembre 1815
2704. Benjamin Constant à Juliette Récamier, 5 septembre 1815
2705. Benjamin Constant à Juliette Récamier, nuit du 5–6 septembre 1815
2706. Benjamin Constant à Julie de Krüdener, 6 septembre 1815
2707. Benjamin Constant à Juliette Récamier, nuit du 6–7 septembre 1815
2708. Benjamin Constant à Julie de Krüdener, nuit du 6–7 septembre 1815
2709. Benjamin Constant à Julie de Krüdener, 7 septembre 1815
2710. Benjamin Constant à Juliette Récamier, 8 septembre 1815
2711. Benjamin Constant à Juliette Récamier, nuit du 9–10 septembre 1815
2712. Benjamin Constant à Juliette Récamier, 10 septembre 1815
2713. Benjamin Constant à Julie de Krüdener, vers le 12 septembre 1815
2714. Benjamin Constant à Julie de Krüdener, 15 septembre 1815
2715. Benjamin Constant à Juliette Récamier, 16 septembre 1815
2716. Benjamin Constant à Julie de Krüdener, 16 septembre 1815
2717. Benjamin Constant à Julie de Krüdener, 16 septembre 1815
2718. Benjamin Constant à Julie de Krüdener, 18 septembre 1815
2719. Benjamin Constant à Julie de Krüdener, 19 septembre 1815
2720. Benjamin Constant à Julie de Krüdener, 20 septembre 1815
2721. Benjamin Constant à Juliette Récamier, 21 septembre 1815
2722. Benjamin Constant à Julie de Krüdener, 22 septembre 1815.
2723. Benjamin Constant à Julie de Krüdener, 24 septembre 1815
2724. Albertine et Germaine de Staël à Benjamin Constant, 25 septembre 1815
2725. Benjamin Constant à Marianne de Constant, 26 septembre 1815
2726. Benjamin Constant à Julie de Krüdener, 27 septembre 1815
2727. Benjamin Constant à Juliette Récamier, fin septembre 1815
2728. Benjamin Constant à Juliette Récamier, vers le 3 octobre 1815
2729. Benjamin Constant à Juliette Récamier, 8 octobre 1815
2730. Benjamin Constant à Julie de Krüdener, nuit du 8–9 octobre 1815
2731. Benjamin Constant à Julie de Krüdener, 9 octobre 1815
2732. Benjamin Constant à Julie de Krüdener, 10 octobre 1815
2733. Benjamin Constant à Juliette Récamier, 11 octobre 1815
2734. Benjamin Constant à Juliette Récamier, 11 octobre 1815
2735. Benjamin Constant à Juliette Récamier, 12 octobre 1815
2736. Benjamin Constant à Juliette Récamier, 16 octobre 1815
2737. Benjamin Constant à Juliette Récamier, 16 octobre 1815
2738. Benjamin Constant à Julie de Krüdener, 17 octobre 1815
2739. Benjamin Constant à Juliette Récamier, 19 octobre 1815
2740. Benjamin Constant à Julie de Krüdener, 20 octobre 1815
2741. Benjamin Constant à Juliette Récamier, 21 octobre 1815
2742. Benjamin Constant à Julie de Krüdener, 21 octobre 1815
2743. Mme Grimoard de Beauvoir Duroure à Benjamin Constant, 21 octobre 1815
2744. Marianne de Constant à Benjamin Constant, 22 octobre 1815
2745. Benjamin Constant à Alexis Eymery, 23 octobre 1815

Table alphabétique des correspondants

André, Antoine-Joseph-Balthazar d'
2585. Antoine-Joseph-Balthazar d'André à Benjamin Constant, 13 février 1815

Arnswaldt, Karl Friedrich von
2476. Benjamin Constant à Karl Friedrich von Arnswald, autour du 7 mai 1814

Artois, Charles-Philippe de Bourbon, comte d'
2683. Benjamin Constant à Charles, comte d'Artois, 26 juillet 1815

Barante, Amable-Guillaume-Prosper Brugière, baron de
2388. Prosper de Barante à Benjamin Constant, vers la mi-août 1813
2352. Benjamin Constant à Prosper de Barante, 30 janvier 1813
2363. Benjamin Constant à Prosper de Barante, 7 avril 1813
2502. Benjamin Constant à Prosper de Barante, fin juillet 1814
2532. Benjamin Constant à Prosper de Barante, vers le 6 octobre 1814

Bernadotte, Jean-Baptiste-Jules, maréchal, roi de Suède et de Norvège
2407. Benjamin Constant à Bernadotte, 15 novembre 1813
2416. Benjamin Constant à Bernadotte, 4 décembre 1813
2422. Benjamin Constant à Bernadotte, 23 décembre 1813
2436. Benjamin Constant à Bernadotte, 27 janvier 1814
2439. Benjamin Constant à Bernadotte, 29 janvier 1814
2441. Benjamin Constant à Bernadotte, 3 février 1814
2442. Benjamin Constant à Bernadotte, 3 février 1814
2443. Bernadotte à Benjamin Constant, 3 février 1814
2444. Benjamin Constant à Bernadotte, 5 février 1814
2445. Bernadotte à Benjamin Constant, 8 février 1814
2448. Benjamin Constant à Bernadotte, 13 février 1814
2450. Benjamin Constant à Bernadotte, 7 mars 1814

Böttiger, Karl August
2454. Benjamin Constant à Karl August Böttiger, 30 mars 1814

Chênedollé, Charles-Julien de
2380. Benjamin Constant à Charles-Julien de Chênedollé, 10 juillet 1813

Constant de Rebecque, Charles-Louis de
2369. Charles de Rebecque à Benjamin Constant, début mai 1813
2390. Benjamin Constant à Charles et Louise de Constant, 20 août 1813
2517. Charles de Rebecque à Benjamin Constant, 29 août 1814

Girardin, Cécile-Stanislas-Xavier-Louis, comte de
2533.   Benjamin Constant à Stanislas de Girardin, 7 octobre 1814
2666.   Benjamin Constant à Stanislas de Girardin, 19 juin 1815

Grimoard de Beauvoir Duroure, Mme
2743.   Mme Grimoard de Beauvoir Duroure à Benjamin Constant, 21 octobre
1815

Hahn, Bernhard Dietrich
2419.   Benjamin Constant à Heinrich Wilhelm et Bernhard Dietrich Hahn, 17 décembre 1813
2421.   Benjamin Constant à Heinrich Wilhelm et Bernhard Dietrich Hahn, 21 ou 22 décembre 1813
2431.   Benjamin Constant à Heinrich Wilhelm Hahn et Bernhard Dietrich Hahn, 14 janvier 1814

Hahn, Heinrich Wilhelm
2419.   Benjamin Constant à Heinrich Wilhelm et Bernhard Dietrich Hahn, 17 décembre 1813
2421.   Benjamin Constant à Heinrich Wilhelm et Bernhard Dietrich Hahn, 21 ou 22 décembre 1813
2431.   Benjamin Constant à Heinrich Wilhelm Hahn et Bernhard Dietrich Hahn, 14 janvier 1814

Hochet, Claude
2348.   Benjamin Constant à Claude Hochet, 13 janvier 1813
2350.   Benjamin Constant à Claude Hochet, 29 janvier 1813
2358.   Claude Hochet à Benjamin Constant, vers le 15 mars 1813
2364.   Benjamin Constant à Claude Hochet, 7 avril 1813
2377.   Benjamin Constant à Claude Hochet, 5 ou 6 juin à 5 h. du matin 1813
2546.   Benjamin Constant à Claude Hochet, 8 novembre 1814
2669.   Benjamin Constant à Claude Hochet, 23 juin 1815

Huber, Maria Therese Wilhelmina, née Heyne
2374.   Benjamin Constant à Therese Huber, 28 mai 1813

Krüdener, Beate Barbara Juliane von, dite Juliane de
2702.   Benjamin Constant à Julie de Krüdener, 4 septembre 1815
2703.   Benjamin Constant à Julie de Krüdener, 5 septembre 1815
2706.   Benjamin Constant à Julie de Krüdener, 6 septembre 1815
2708.   Benjamin Constant à Julie de Krüdener, nuit du 6—7 septembre 1815

Mackintosh, Sir James
2453. Benjamin Constant à Sir James Mackintosh, 27 mars 1814
2689. Benjamin Constant à Sir James Mackintosh, 4 août 1815
2750. Benjamin Constant à Sir James Mackintosh, 4 novembre 1815
2760. Benjamin Constant à Sir James Mackintosh, 17 décembre 1815

Michaud, Louis-Gabriel
2500. Benjamin Constant à Louis-Gabriel Michaud, fin juillet 1814

Monge Saint-Edmond, Amélie
A105. Amélie Monge Saint Edmond- à Juliette Récamier, 1er mars 1815

Montlosier, François-Dominique-Reynaud, comte de
A106. François-Dominique de Reynaud, comte de Montlosier à Juliette Récamier, 28 mai 1815

Münster, Ernst Friedrich von
2467. Ernst Friedrich von Münster à Benjamin Constant, 24 avril 1814
2492. Ernst Friedrich von Münster à Benjamin Constant, 4 juillet 1814

Murat, Marie-Antoinette-Caroline, née Bonaparte
A104. Caroline Murat à Juliette Récamier, mi-octobre 1814

Murray, John
2426. Benjamin Constant à John Murray, 8 janvier 1814
2473. Benjamin Constant à John Murray, 3 mai 1814
2751. Benjamin Constant à John Murray, 4 novembre 1815

Napoléon
2626. Napoléon à Benjamin Constant, 14 avril 1815
2627. Benjamin Constant à Napoléon, vers le 15 avril 1815
2650. Benjamin Constant à Napoléon, 28 mai 1815

Nassau, Anne-Pauline-Andrienne, comtesse de, née de Chandieu
2347. Benjamin Constant à la comtesse Anne-Pauline-Andrienne de Nassau, 4 janvier 1813
2351. Benjamin Constant à la comtesse Anne-Pauline-Andrienne de Nassau, 30 janvier 1813
2367. Benjamin Constant à la comtesse Anne-Pauline-Andrienne de Nassau, 20 avril 1813
2376. Benjamin Constant à la comtesse Anne-Pauline-Andrienne de Nassau, 1er juin 1813

2520. Benjamin Constant à Juliette Récamier, nuit du 1–2 septembre 1814
2522. Benjamin Constant à Juliette Récamier, nuit du 24–25 septembre 1814
2524. Benjamin Constant à Juliette Récamier, 27 septembre 1814
2525. Benjamin Constant à Juliette Récamier, 27 septembre 1814
2526. Benjamin Constant à Juliette Récamier, 27 septembre 1814
2527. Benjamin Constant à Juliette Récamier, 27 septembre 1814
2528. Benjamin Constant à Juliette Récamier, nuit du 29—30 septembre 1814
2529. Benjamin Constant à Juliette Récamier, 30 septembre — 1er octobre 1814
2530. Benjamin Constant à Juliette Récamier, 2 octobre 1814
2531. Benjamin Constant à Juliette Récamier, 2 octobre 1814
2534. Benjamin Constant à Juliette Récamier, 11 octobre 1814
2535. Benjamin Constant à Juliette Récamier, 12 octobre 1814
2536. Benjamin Constant à Juliette Récamier, 13 octobre 1814
2537. Benjamin Constant à Juliette Récamier, 13 octobre 1814
2538. Benjamin Constant à Juliette Récamier, nuit du 15–16 octobre 1814
2539. Benjamin Constant à Juliette Récamier, 24 octobre 1814
2541. Benjamin Constant à Juliette Récamier, 1er novembre 1814
2542. Benjamin Constant à Juliette Récamier, 1er novembre 1814.
2545. Benjamin Constant à Juliette Récamier, 8 novembre 1814
2547. Benjamin Constant à Juliette Récamier, 14 novembre 1814
2550. Benjamin Constant à Juliette Récamier, 22 novembre 1814
2551. Benjamin Constant à Juliette Récamier, 5 décembre 1814
2552. Benjamin Constant à Juliette Récamier, 9 décembre 1814
2553. Benjamin Constant à Juliette Récamier, 9 décembre 1814
2554. Benjamin Constant à Jacques Récamier, 11 décembre 1814
2555. Benjamin Constant à Juliette Récamier, 16 décembre 1814
2556. Benjamin Constant à Juliette Récamier, 17 décembre 1814
2557. Benjamin Constant à Juliette Récamier, nuit du 18—19 décembre 1814
2558. Benjamin Constant à Juliette Récamier, nuit du 21—22 décembre 1814
2559. Benjamin Constant à Rosalie de Constant, 23 décembre 1814
2560. Benjamin Constant à Juliette Récamier, 31 décembre 1814
2561. Benjamin Constant à Juliette Récamier, 5 janvier 1815
2562. Benjamin Constant à Juliette Récamier, 14 janvier 1815
2563. Benjamin Constant à Juliette Récamier, 19 janvier 1815
2564. Benjamin Constant à Juliette Récamier, nuit du 19–20 janvier 1815
2565. Benjamin Constant à Juliette Récamier, 20 janvier 1815
2566. Benjamin Constant à Juliette Récamier, 21 janvier 1815
2567. Benjamin Constant à Juliette Récamier, 24 janvier 1815
2568. Benjamin Constant à Juliette Récamier, vers le 25 janvier 1815
2569. Benjamin Constant à Juliette Récamier, vers le 25 janvier 1815
2570. Benjamin Constant à Juliette Récamier, 25–26 janvier 1815
2571. Benjamin Constant à Juliette Récamier, 26 janvier 1815

2634. Benjamin Constant à Jean-Charles-Léonard Simonde de Sismondi, 30 avril 1815

Staël-Holstein, Albertine de
2429. Albertine de Staël à Benjamin Constant, 10 janvier 1814
2434. Germaine et Albertine de Staël à Benjamin Constant, 23 janvier 1814
2504. Albertine de Staël à Benjamin Constant, 2 août 1814
2724. Albertine et Germaine de Staël à Benjamin Constant, 25 septembre 1815

Staël-Holstein, Anne-Louise-Germaine de
2366. Germaine de Staël à Benjamin Constant, 17 avril 1813
2373. Germaine de Staël à Benjamin Constant, 20 mai 1813
2383. Germaine de Staël à Benjamin Constant, 3 août 1813
2414. Germaine de Staël à Benjamin Constant, 30 novembre 1813
2417. Germaine de Staël à Benjamin Constant, 12 décembre 1813
2427. Germaine de Staël à Benjamin Constant, 8 janvier 1814
2430. Germaine de Staël à Benjamin Constant, 10 janvier 1814
2432. Germaine de Staël à Benjamin Constant, 18 janvier 1814
2434. Germaine et Albertine de Staël à Benjamin Constant, 23 janvier 1814
2449. Germaine de Staël à Benjamin Constant, 27 février 1814
2452. Germaine de Staël à Benjamin Constant, 22 mars 1814
2455. Germaine de Staël à Benjamin Constant, 1ᵉʳ avril 1814
2466. Germaine de Staël et Albertine de Staël à Benjamin Constant, 24 avril 1814
2509. Germaine de Staël à Benjamin Constant, 17 août 1814
2510. Germaine de Staël à Benjamin Constant, 18 août 1814
2514. Germaine de Staël à Benjamin Constant, 25 août 1814
2540. Germaine de Staël à Benjamin Constant, 28 octobre 1814
2607. Germaine de Staël à Benjamin Constant, 12 mars 1815
2619. Germaine de Staël à Benjamin Constant, janvier-mars 1815
2623. Germaine de Staël à Benjamin Constant, 7 avril 1815
2625. Germaine de Staël à Benjamin Constant, 10 avril 1815
2628. Germaine de Staël à Benjamin Constant, 17 avril 1815
2635. Germaine de Staël à Benjamin Constant, 30 avril 1815
2645. Germaine de Staël à Benjamin Constant, 15 mai 1815
2647. Germaine de Staël à Benjamin Constant, 23 mai 1815
2649, Germaine de Staël à Benjamin Constant, 28 mai 1815
2663. Germaine de Staël à Benjamin Constant, 12 juin 1815
2676. Germaine de Staël à Benjamin Constant, 21 juillet 1815
2693. Germaine de Staël à Benjamin Constant, 11 août 1815
2697. Germaine de Staël à Benjamin Constant, 1ᵉʳ septembre 1815
2699. Germaine de Staël à Benjamin Constant, 3 septembre 1815

INDEX DES NOMS PROPRES